JN485620

國際經濟關係의 政治經濟論

The Political Economy of International Economic Relations

저자소개

노택환(盧宅煥) roth@ynu.ac.kr

영남대학교 상경대학 국제통상학부 교수
영남대학교 총장비서실장, 신문사주간, 학생처장, 야강부 학장,
사회과학연구소장, 경영대학원장
미국 Washington State University (USA) 경제학과 객원교수
호주 Macquarie University (AUS) 경영대학원 객원교수
한국무역학회·한국국제통상학회, 한국국제경제학회 운영이사
대구시사 편찬위원, 대구상의 100년사 편찬위원,
국가고시(관세직) 출제위원

저서 : 무역학개론 (박영사, 1985) (공저)
다국적기업의 해외직접투자이론 (학문사, 1990)
기업의 합병 매수론 (영남대 출판부, 1994) (공저)
국제통상의 이해 (박영사, 2004) (공저)
국제통상정책론 (박영사, 2008)
경제·경영·정보시스템의 이해 (페가수스, 2008) (공저)
다국적기업 경제학 (율곡출판사, 2012)
다국적기업의 경제적 영향과 정책 (영남대 출판부, 2012)
국제통상의 이해 제2판 (박영사, 2014) (공저)
국제통상론 (박영사, 2014)

國際經濟關係의 政治經濟論
The Political Economy of International Economic Relations

초판 발행 2014년 9월 13일

지은이 노택환
펴낸곳 영남대학교출판부
펴낸이 노석균

출판등록 1975년 9월 5일 경산 제16-1호

주소 경북 경산시 대학로 280
전화 053) 810-1801~3 | FAX 053) 810-4722
홈페이지 book.yu.ac.kr

ISBN 978-89-7581-488-4 93320

이 도서의 국립중앙도서관 출판예정도서목록(CIP)은 서지정보유통지원시스템 홈페이지(http://seoji.nl.go.kr)와 국가자료공동목록시스템(http://www.nl.go.kr/kolisnet)에서 이용하실 수 있습니다.
(CIP제어번호 : CIP2014025608)

國際經濟關係의
政治經濟論

The Political Economy of International Economic Relations

盧 宅 煥

영남대학교출판부

머리말

국가와 국가 간의 경제관계 및 상호의존성을 연구하는 국제경제학은 애덤 스미스(A. Smith) 이후지금까지 많은 발전과 확장을 거듭해 왔음에도 불구하고 오늘날의 국제경제 현실을 설명하는 이론적 체계로서 미흡한 측면이 많다는 비판을 받고 있다. 하나의 응용경제학으로서 근대경제학이나 주류경제학이 안고 있는 접근방법상의 한계를 지니고 있을 뿐만 아니라, 현실의 국제경제가 양적으로 팽창되고 질적으로 고도화되고 있음에도 여전히 전통적인 분석의 틀 속에 머물러 현실의 변화를 충분히 포괄하지 못한다는 한계도 지니고 있다.

이러한 한계성을 극복하려는 노력이 국제경제학 내부에서도 이루어져 전통적 국제경제학의 한계를 보완하고 외연을 넓힘으로써 보다 현실적이고 적실성 있는 시각들을 제공해주었다. 그럼에도 불구하고 오늘날의 국제경제관계에는 전통적인 국제경제학의 2분법적 프레임워크만으로 포괄하기 힘든 새로운 문제들이 계속 제기되고 있다. 이러한 한계를 극복하기 위해서는 지금까지의 국제경제학 연구를 토대로 하면서도 그것과는 다른 어떤 새로운 접근체계, 지금까지의 학문적 발전을 바탕으로 여타 인접학문의 학문적 성과를 수용하는 접근방법, 전통적인 문제들을 포괄하면서도 지금까지의 테두리를 뛰어 넘는 어떤 외연적 확장이 필요하다. 이것이 국제경제관계적 연구의 필요성인 동시에 국제경제관계 연구가 추구해야 할 방향이기도 하다.

이처럼 국제경제관계론적 연구에 대한 필요성이 인식되고 있지만 이러한 연구는 역사가 일천(日淺)하고 그 대상 자체가 학제적 성격(學際的 性格)을 내포하고 있어 이론체계와 방법론이 명확하지 못한 것이 사실이다. 그러한 기본적인 한계 속에서 그나마 가능한 하나의 대안적 접근방법은 세계경제에 대한 역사적 관점과 국제정치경제적 분석체계를 국제경제관계 연구에 도입하고 수용하는 일이라고 생각한다.

정치와 경제의 상호작용을 논의하는 정치경제학(political economy)은 다양한 의미를 지니고 있어 그것의 학문적 범주 역시 다양하게 정의된다. 이를 넓게 해석하는 경우 그 역사는 멀리 17C의 중상주의로부터 19C의 마르크스경제학은 물론 1970년대 이후의 현대적 정치경제학에 이르기까지 매우 깊고 넓다. 이처럼 경제학의 발전역사 속에서 정치경제학이 면면이 이어왔지만, 여러 가지 학문적·현실적 여건 변화에 따라 학문적 내용이 변화되어 왔을 뿐만 아니라 그 중요성 역시 부침을 거듭하여 왔고, 이러한 과정에서 경제학과 정치학의 연구태도도 분리와 통합의 경향을 거치며 그 상호관계가 변화되어 왔다.

16~18C 유럽제국에서 성행했던 중상주의는 그 자체가 정치경제학의 원형이었고 고전학파 경제학 역시 정치경제학이라는 이름으로 논의되어 18~19세기에는 정치경제학이 지배적인 학문이었다. 그러나 19세기 중엽 이후 학문의 분업과 전문화가 심화되면서 경제학의 주류적 연구는 경제문제만을 대상으로 하는 순수학문으로 발전되어 왔다. 이러한 학문연구와 발전과정에서 경제와 정치의 상호작용은 무시된 채, 경제학은 부(富)와 효율(效率)의 문제를 다루는 학문으로 발전하고 정치학은 권력(權力)과 분배(分配)의 문제를 다루는 학문으로 존재하면서 양자 모두 과학적 이론정립(theorizing)에만 치우침으로써 '이론을 위한 이론정립'·'방법론을 위한 방법론연구'로서의 성격에 머물게 되었다.

이에 따라 정치와 경제 간의 상호작용을 연구해야 하는 정치경제학의 학문적 영역은 설자리를 잃게 되었고 정치학과 경제학 간의 대화도 단절되었다. 경제학과 정치학의 이러한 발전과정으로 인하여 국제관계연구 역시 국제경제학과 국제정치학이 독립적으로 논의되어 양자의 상호관계를 논의하는 국제정치경제학(International Political Economy) 역시 침체를 맞이하게 되었다. 이러한 경향에 따라 전후 국제관계에 있어 국가정책의 우선순위는 정치·안보 등 정치문제였고 경제문제는 항상 뒤로 밀려나 '선안보·후경제'의 기조가 팽배되었다. 심지어는 국제관계에 있어 정치·군사문제는 고위정치(高位政治, high politics)로 중시된 반면 경제문제는 이에 부수되는 저위정치(低位政治, low politics)로 간주되기도 하였다.

그러나 1970년대 이후 지금까지 경험하지 못하였던 새로운 경제문제들이 해결하여야 할 중요한 경제현안으로 떠오르게 되었지만 기존의 경제학은 이러한 문제들에 대한 뚜렷한 해결책을 제시하지 못한 채 무력함을 나타내었다. 실천과학으로서의 경제학에 대한 의문이 제기되었고 경제학에 대한 이러한 위기의식을 배경으로 주류경제학의 테두리 밖에서 새로운 접근방법 내지 새로운 패러다임을 통하여 경제학의 지평을 새로이 하고자 하는 이른바 반주류경제학(反主流經濟學)이 나타나게 되었다

반주류경제학은 그 방법과 내용이 각기 다양하여 한마디로 성격 지을 수 없지만, 접근방법이라는 관점에서 보면 지금까지의 경제학연구에서 나타났던 학문적 자기완결성으로부터 과감히 탈출하여 인접학문과의 학제적 접근(inter-disciplinary approach)을 이룩하여야 한다는 필요성을 강하게 제기하는 특성을 나타내었다. 이러한 학문적 요청에 따라 정치와 경제의 상호관계를 연구대상으로 하는 정치경제학의 학문적 중요성이 다시 인식되게 되고 지금까지 소홀하였던 정치경제학의 부활이 이루어지는 계기가 마련되었다. 1970년대 이후의 이러한 정치경제학의 부활과 함께 국제관계연구에서도 국제정치와 국제경제의 학제적 접근에 대한 필요성이 더욱 높아지게 되었다.

1970년대 이후 국제관계의 중심축이 정치·안보·군사적인 문제로부터 무역·금융·투자·기술이전 등과 같은 경제문제로 이전됨에 따라 현실의 국제정치와 국제경제가 더욱 밀접하게 작용함으로써 양자의 상호작용을 다루는 국제정치경제학에 대한 필요성도 높아지게 된 것이다. 이러한 일련의 과정은 오늘날의 국제관계에서 국제정치 문제보다도 국제경제 문제의 중요성이 더욱 높아져오고 있음을 의미하는 것이지만, 다른 한편으로 국제경제관계가 정치적 문제들과 강한 인과관계를 형성하고 있어 이를 순수한 경제학적 접근만으로 설명하고 분석하기에는 어려움이 있다는 특성을 나타내고 있다. 이러한 점에서 오늘날의 국제관계연구에 있어서 국제정치경제학적 연구의 필요성이 더욱 높아지고 있다.

이러한 관점에서 오늘날의 국제정치경제학은 정치 중심의 국제정치학의 범위를 넘어서는 새로운 학문분야, 경제 중심의 국제경제학을 넘어서는 새로운 학문분야라고도 할 수 있다. 그럼에도 불구하고 전통적인 학문분류상 국제정치경제학은 여전히 국제정치학의 한 분야로 간주되는 것이 일반적이고 또한 이에

대한 연구 역시 경제학자들보다는 정치학자들에 의해 주도되어 온 것이 사실이다. 1970년대 이후 경제학은 경제학 대로 또한 정치학은 정치학 대로 그들이 소홀히 했던 정치적·경제적 요소를 자신의 학문연구에 포괄하려는 노력을 행한 것은 사실이지만, 이러한 노력은 정치학 쪽에서 더 강하게 이루어져 대부분의 국제정치경제론은 정치학적 토대 위에서 이루어져 왔고 대부분의 고등교육과정에서 행해진 '국제관계론' 역시 사실상은 '국제정치학체계'를 기반으로 한 것이 사실이다.

본서의 목표는 경제학적 기초 위에서 정치학적 분석시각과 학문적 성과들을 활용하면서 국제경제학의 지평을 확장하는 국제정치경제학을 열어보고자 하는 것이다. 본서의 목표가 국제경제관계를 정치경제적 관점에서 고찰하는 것이지만, 정치학적 토대 위에서 접근하는 (정치학도가 추구하는) 국제정치경제가 아니라 경제학적 토대 위에서 정치학의 학문적 성과를 수용하고 활용하는 (경제학도가 추구하는) 국제정치경제를 논의하는 것이 진정한 목표이다. 지금까지 국제경제학을 통해서 학습한 국제무역·국제금융·국제투자에 대한 경제학적 지식과 이해를 바탕으로 하여 정치경제학적 이해와 통찰을 추가하고 확장하는 것이 목표이다. 이를 위하여 본서는 전체 내용을 5편 9장으로 구성하여 다음과 같은 내용을 논의하였다.

제1편(총설)에서는, 전통적인 국제경제학의 내용을 요약하고 국제경제학이 오늘날의 국제경제관계를 분석함에 있어서 나타나는 한계는 무엇이고 이를 극복하기 위한 방향은 무엇인가를 논의한다. 이어서 국제경제관계를 연구하기 위한 학문적 접근으로서 국제정치경제학의 성격과 내용을 살펴본다.

제2편(국제정치경제학의 제 이론과 시각)에서는 국제정치경제의 본질을 기술·설명·예측하고 정책을 처방하는 3대 기본시각, 즉 중상주의(mercantilism)·자유주의(liberalism)·급진주의(radicalism)의 이념과 주장을 요약하고 비교하여 국제정치경제를 포괄적으로 이해하기 위한 개념적 틀(conceptual framework)을 제공한다. 아울러 이러한 기본시각 위에서 정립된 국제정치경제학의 제 이론들을 학습하고 평가하였다.

제3편(국제통상의 정치경제론)에서는 국제통상과 관련되는 정치경제적 논의로서 ① 자유무역정책론과 보호무역정책론의 주요 논리를 소개하고 평가하는 규범적 논의, ② 자유무역과 보호무역체제의 역사적 흐름에 대한 정치경제적 논의, ③ 세계무역체제나 일국의 통상정책이 이루어지는 정치경제적 요인이 무엇인가라는 실증적 정치경제이론들을 논의하였다.

제4편(국제 통화·금융의 정치경제론)에서는 ① 국제통화체제의 정치경제적 함의를 논의하고 이에 대한 역사적 고찰과 함께 추후의 전망을 논의하고, ② 오늘날 우리 눈앞에 전개되고 있는 경제세계화 및 금융세계화의 원인과 영향에 대한 정치경제적 논점들을 소개하는 등 국제통화·금융체제에 대한 정치경제적 논의를 행하였다.

제5편(국제금융위기의 정치경제론)에서는 금융세계화의 흐름과 더불어 최근 빈번하게 발생하고 국제금융위기와 관련하여 ① 국제금융위기의 역사적 흐름과 함께 그것의 대한 원인논쟁을 소개하고 동아시아 외환금융위기 및 글로벌 금융위기를 정치경제적 관점에서 논의하였고, ② 글로벌 금융위기 이후 세계경제 및 국제경제체제의 전망에 대한 다양한 정치경제적 논의를 소개하였다.

이처럼 본서는 국제경제관계의 양대 축이라고 할 수 있는 국제무역과 국제통화·금융에 대하여 정치경제적으로 중요한 이슈들을 나름대로 논의하고 있다. 그러나 국제경제관계를 정치경제적 관점에서 보다 폭 넓게 이해하고 연구하기 위해서는 이들 주제 이외에 경제발전(남북문제)·국제경제기구·세계화·지역주의·국제환경문제·국제자원문제·국제기술이전문제 등 실로 다양한 주제들이 국제정치경제의 주요한 연구대상이 되어야 하지만 본서에서는 이러한 주제들까지는 논의하지는 못하였다.

오늘날 모든 학문분야에서 그러하지만, 학문적 발전과 지식의 분화가 눈부시게 이루어지고 있음에도 불구하고 대학의 강의서들은 오히려 그 내용이 단순해지고 얕아지고 있다. 이러한 경향은, 한편으로는 대중교육·시민교육으로 탈바꿈하고 있는 대학교육의 성격변화를 반영하는 합리적인 트렌드일 수도 있지만, 다른 한편으로는 깊이 사유하기를 싫어하여 보다 전문적이고 깊이 있는 지식보다는 피상적이고 기술적인 지식만을 추구하는 대학생들의 왜곡된 학문적 수요에 타협하는 파괴적인 트렌드이기도 하다.

이런 점에서 본서는 오늘날 대학생들의 학문적 접근태도나 교육적 수요의 트렌드와는 배치되는 시도를 행하고 있다. 국제경제관계 현실에서 나타나고 있는 현상의 배후에 놓여있는 본질과 배경이 무엇인가를 애써 논의하려고 하였고, 결과적으로 나타난 현상보다는 그러한 결과를 둘러싸고 있는 본질적 원인과 문제점에 대하여 더욱 천착하도록 노력하였기 때문이다. 그러나 이 때문에, 국제정치경제에서 다루어야 할 다양한 주제들을 모두 포괄하지는 못하였지만, 적어도 논의하고 있는 주제들에 대해서는 지금까지 이루어진 다양한 이론과 시각들을 폭넓게 소개하고 평가하여 더 이상 다른 서적들을 참고하지 않아도 좋을만한 수준으로까지 논의의 폭과 깊이를 확장하려고 노력하였다.

나름대로의 이러한 목표 때문에, 복잡한 이론과 논의들을 보다 정리된 형태로 설명해주는 수준의 절제(moderation)를 보여주지 못하였고 논의대상의 경중에 따라 논의분량을 적절히 할당하는 균형(balance)된 편집을 하지도 못하였다. 보다 근본적으로는 모든 주제들을 더 높은 곳에서 내려다 볼 수 있을 만큼의 높은 지식과 혜안을 갖추지 못한 저자의 한계 때문이지만, 나름대로 더 많은 것을 더 깊이 보여주려는 욕심 때문에 일정 부분 불가피하기도 하였다는 변명을 드린다. 또한 원고 준비에 너무 오랜 시간이 소요되어 오래 전에 쓴 글과 최근에 쓴 글의 글쓰기가 사뭇 다른 점도 없지 않다. 동학제현(同學諸賢)의 깊은 양해를 바란다.

본서의 출판을 담당해준 영남대학교 출판부와 출판부 담당자 이종백 선생께 감사드린다. 많은 분량의 원고를 읽고 교정에 도움을 준 영남대학교 대학원생 이동현·김민형 제군에게도 감사한다. 끝으로, 여러 가지 부족함에도 불구하고, 현실의 국제경제문제를 경제학적 토대 위에서 정치경제적 관점으로 논의의 범위와 깊이를 더하고자 하는 이 책의 학습자들에게 조금이나마 보탬이 되고 기여가 되는 영광이 있다면, 내게 학문의 길을 열어주신 스승님과 당신의 아들 역시 선비가 되기를 원하셨던 선고(先考)께 바친다.

2014년 여름의 끝자락에
지난 35년을 늘 함께 한 연구실에서
저자 드림

차 례

제5편 국제금융위기의 정치경제론

제1편

총 설

제1장 국제경제관계론과 국제정치경제론

국가와 국가 간의 경제적 관계 및 상호의존성을 연구하는 국제경제학은, 경제학의 원리를 '국제'라는 무대로 확장시킨 하나의 응용경제학으로서 뿐만 아니라 독자적인 연구대상과 연구방법론을 갖춘 독립적인 학문체계로서, 애덤 스미스(A. Smith) 이후 지금까지 많은 발전과 확장을 거듭해 왔다. 그러나 이러한 국제경제학의 이론적 확장과 발전에도 불구하고 오늘날의 국제경제현실을 설명하는 이론적 체계로서 미흡한 측면이 많다.

경제학에 대한 하나의 응용경제학이라는 성격 때문에 근대경제학이나 주류경제학이 안고 있는 접근방법상의 한계를 그대로 지니고 있을 뿐만 아니라, 현실의 국제경제가 양적으로 팽창되고 질적으로 고도화되고 있음에도 불구하고 여전히 전통적인 분석의 틀 속에 머물러 현실의 변화를 충분히 포괄하지 못한다는 한계도 지니고 있다. 이러한 한계를 극복하기 위해서는 지금까지의 국제경제학 연구의 테두리를 뛰어 넘는 어떤 외연적 확장, 지금까지의 국제경제학 연구를 포괄하면서도 그것과는 상이한 어떤 새로운 접근체계를 지닌, 보다 광범위한 연구체계와 접근방법이 필요하다. 이것이 국제경제관계론적 연구의 필요성인 동시에 국제경제관계 연구의 방향이기도 하다.

이와 같은 국제관계론적 연구의 필요성이 널리 인식되고 있음에도 불구하고 이러한 연구는 역사가 일천하고 그 대상자체가 학제적 성격을 내포하고 있어 그 이론체계와 방법론 역시 명확하지 못한 것이 사실이다. 그럼에도 불구하고 가능한 하나의 대안적 접근방법은 세계경제에 대한 역사적 분석방법과 국제정치경제학의 학문발전내용을 국제경제관계연구에 수용하는 일이다.

이에 제1절에서는 ① 국제경제학은 어떠한 내용으로 구성되고 발전되었는가, ② 오늘날의 국제경제관계를 분석함에 있어서 전통적 국제경제학의 한계는 무엇이고 이를 극복하기 위한 방향은 무엇인가를 논의한다. 제2절에서는 국제경제관계를 연구하기 위한 학문적 접근으로서 국제정치경제학(International Political Economy)의 성격과 내용을 살펴본다. 끝으로 제3절에서는 본서가 논의하고자 하는 목표가 무엇이고 본서는 어떠한 내용으로 구성되어 있는가를 논의한다.

제1장

국제경제관계론과 국제정치경제론

제1절 국제경제관계론의 연구의의

1. 국제경제학의 개요

1.1 국제경제학의 학문적 의의와 성격

(1) 국제경제학의 의의

국제경제학(international economics)이란 국가와 국가 간의 모든 경제적 거래에서 발생되는 경제적 관계와 상호의존성(economic relations and interdependence)을 연구하는 학문이다. 여기서 국가 간의 경제적 관계란 국가 간에 이루어지는 ① 재화의 이전, ② 생산요소(노동·자본·기술 등)의 이전, ③ 금융자산(공채·사채·주식 등)의 이전, ④ 해외직접투자를 포함한 실물자산의 이전 등 모든 실물과 화폐의 국제적 이전과 관계되는 일체의 문제들을 포함한다.

오늘날 어떠한 국가도 다른 국가와 고립해서는 그 국민경제를 효율적으로 영위하기가 어려울 만큼 경제적 상호의존성이 심화되고 있다. 또한 국제분업과 국제투자의 증대로 국민경제의 개방화와 국제화가 가속됨에 따라 이 같은 국제간의 상호의존성은 더욱 복잡한 양상을 띠고 있다. 국제경제학이 학문적으로 연구되어져야할 중요성과 의의가 바로 여기에 있다.

일반적인 경제학(economics)이 일국 경제 내의 여러 가지 현상들을 설명하고 예견함으로써 보다 바람직한 정책대안을 제시함을 그 궁극적인 목표로 하는 것과 같이, 국제경제학(international economics) 역시 이같이 더욱 복잡해지고 더욱 중요성을 띠고 있는 국제경제현상들을 설명하고 예견하는 이론체계를 정립함과 동시에 이와 관련되는 정책을 논의함에 그 목표를 두고 있다.

(2) 국제경제학의 학문적 성격

국제경제학은 경제학의 내용과 방법론을 '국제'라는 무대로 확장시킨 「응용경제학」(applied

economics)이다. 국내경제와 국제경제는 여러 가지 서로 다른 특성들을 나타내고 있지만 그러한 양자의 상이성은 절대적이라기보다는 상대적인 것이며, 또한 국제경제학의 연구에 있어서 경제학의 기초를 이루는 미시이론이나 거시이론의 이론적 체계나 분석도구들이 기본적으로 원용되고 있다.

이처럼 국제경제학이 경제학의 응용적 성격을 가지고 있는 것이 사실이지만 동시에 그 자체 하나의 독자적 학문영역으로서의 「독립성」을 가지는 것도 부인할 수 없다. 국제경제학이 이같이 독립성을 가질 수 있는 주된 이유는 다음과 같다.

분석 대상 국제경제학의 학문대상인 국제경제(international economy)라는 실체가 국내경제(domestic economy/interregional economy)와는 상이한 특성을 지닌다. 따라서 국제경제는 국내경제와는 상이한 원리에 의해 지배되며 봉쇄경제체제 하에서의 국내 경제원리나 정책이 그대로 개방경제체제 하의 그것이 될 수 없다.

분석 도구 이러한 이유 때문에 국내경제의 분석에 이용되는 것과는 다소 상이한 분석도구(tools of analysis)를 필요로 한다.

연구 역사 역사적으로 국제경제학은 200여 년 전부터 스미스(A. Smith), 리카도(D. Ricardo), 밀(J. S. Mill), 마아샬(A. Marshall) 등에 의해 경제학의 특수한 분야로서 독자적으로 연구되어져 왔다.

이상과 같은 점들을 종합적으로 고려해 보면, 국제경제학은 강한 응용경제학의 성격을 지니고 있으면서도 단순한 응용에 머물지 않고 동시에 하나의 학문적 독립성도 병유하고 있다고 할 것이다. 따라서 국제경제문제에 대한 올바른 분석을 위해서는 국내경제문제의 분석에 이용되는 미시적·거시적 제이론체계와 분석도구들을 수정·확장·통합하는 노력들이 추가되어져야 한다.

(3) 경제학과 국제경제학의 관계

이상과 같은 국제경제학의 학문적 성격을 「경제학」과 「국제경제학」의 관계를 통하여 좀 더 구체적으로 살펴보면 다음과 같다.

(1) 국제경제학의 연구는 기본적으로는 경제학 이론의 응용적 성격을 지니지만 국제경제 자체가 가지는 특성상 단순한 응용이라고 할 수 없는 독특한 면을 지닌다. 즉 국제무역이론의 경우 기본적으로는 미시적 일반균형분석체계를 이용하지만 생산요소의 국제적 불이동성(international factor immobility) 등과 관련되는 특수한 문제들이 추가되어지며, 국제금융론의 경우 기본적으로는 거시적 화폐이론체계를 이용하지만 국가 간 화폐가 상이하고 국가주권이 서로 상충되기 때문에 발생되는 새로운 문제들이 여기에 추가되어진다.

(2) 국제경제이론 중에는 일반 경제학의 이론과는 상이한 독자적 이론들도 포함되는데 그러한 것들로서는 국제무역이론의 중심과제인 비교우위이론이나, 요소가격의 국제적 균등화명제, 환율의 결정에 관한 외환이론 등이 있다.

(3) 때로는 국제경제학의 발전과 확장이 경제학의 발전과 확장에 그 이론적 토대와 계기를 제공하여 주기도 하였다. 예컨대 무역의 균형을 설명하기 위한 밀(J. S. Mill)의 상호수요이론은 수요와

공급이론의 발전에 기여하였고, 또한 무역후생의 분석이나 관세동맹의 차선이론(second best theory) 등은 후생경제학의 발전에 크게 기여하였다.

요컨대 일반적 경제이론(general economic theory)이 단일의 폐쇄경제의 문제를 연구하는 것이라면 국제경제학(international economics)은 이들 경제 간의 상호작용을 연구하는 것이다. 따라서 국제경제학은 일반경제학에 비해 보다 광범위한 성격을 지니며 동시에 국제경제학은 일반 경제학의 원리를 '국제'라는 무대로 확장한 것이다. 따라서 국제경제학연구에 있어 일반경제학에 대한 연구와 훈련은 하나의 필수적인 요건과 전제가 된다. 그러나 그것은 어디까지나 중요한 요건일 뿐 그것 자체가 바로 국제경제학의 내용이 될 수는 없는 것이다.

1.2 국제경제학의 실물적 분석과 화폐적 분석

(1) 분석의 2분화 (실물적 분석과 화폐적 분석)

국제경제의 문제도 국내경제와 마찬가지로 실물경제와 화폐경제의 혼합체인 만큼 그것의 올바른 분석을 위해서는 양자의 종합이 바람직하다. 그러나 현재의 이론적 발전수준으로서는 실물경제와 화폐경제의 2분화(dichotomy)가 불가피하다. 이러한 2분화의 불가피성은 대내경제를 설명함에 있어 미시(micro)와 거시(macro)의 양분과도 상통된다. 물론 오늘날 미시와 거시의 양분에 대한 많은 회의적 견해들이 표명되고 있기는 하나 근본적으로 이러한 이분화가 존재하는 한 국제경제학의 2분화 역시 불가피한 것이다.

따라서 국제경제학의 학문적 연구도 실물적 분석인 「국제무역론」과 화폐적 분석인 「국제금융론」으로 대별되어 왔다. 그런데 이러한 실물부문과 화폐부문의 상호작용은 국제경제에서 더욱 두드러지게 나타난다. 왜냐하면, 미시적 분석방법으로 연구되는 일국의 수출과 수입이 그 국민경제에 있어서의 거시적 변수가 되고 또한 수출과 수입이라는 실물의 변화는 그 국민경제의 화폐수급에 영향을 미치기 때문이다. 따라서 미시와 거시의 일반화된 종합적 이론체계의 완성이야말로 국제경제학에서 가장 크게 기대되는 과제라고 할 수 있다.

(2) 국제무역론과 국제금융론의 주요 과제

국제경제의 실물적 분석으로서 국제무역론은 국제무역의 순수이론(pure theory)과 무역정책론(trade policy)으로 구성되는데 그 주요한 이론적 과제와 내용들은 대체로 ① 국제적인 무역이 왜 발생하느냐?(causes of trade / basis for trade), ② 어떤 국가는 어떤 재화를 수출하고 어떤 재화를 수입하는가?(pattern / direction of trade), ③ 재화의 국제교환비율은 어떻게 결정되고 이에 따른 무역의 이익배분은 어떠한가? (terms of trade), ④ 무역의 균형은 어떠한 수준에서 이루어지고 이러한 균형의 안정조건은 무엇인가?(trade equilibrium), ⑤ 무역은 어떠한 경제적 이익과 효과를 발생시키느냐?(gains from trade, economic effects of trade), ⑥ 가장 효율적인 무역정책은 무엇이며 무역에 대한 정책수단과 경제적 효과는 어떠한가?(commercial policy) 등의 문제들이다.

한편 국제경제학의 화폐적 분석은 국제금융론(international finance)으로 지칭되는데 이는 넓은 의미로 사용되기도 하고 좁은 의미로 사용되기도 한다. 넓은 의미의 국제금융론은 대체로 ① 외환(foreign exchange)·외환시장(foreign exchange market)·환율(foreign exchange rate)·외환제도(exchange system) 등을 논의하는 외환론, ② 국제수지(balance of payment)의 구조·균형 및 불균형·균형이론과 조정정책 등을 논의하는 국제수지론, ③ 국제금융시장(international financial market)의 원리와 기능·운영구조 및 거래기법 등을 논의하는 국제금융시장론, ④ 국제통화체제(international monetary system)의 기능·역사·제도개편문제와 지역통화동맹 등을 논의하는 국제통화체제론, ⑤ 국제자본이동 내지 국제투자가 이루어지는 원인·경제적 영향·정책 등을 논의하는 국제투자론 등이 포함될 수 있다.

(3) 국제무역론과 국제금융론의 성격

이상과 같이 국제경제의 실물적 흐름에 대한 국제무역론과 화폐적 흐름에 대한 국제금융론은 그 연구대상이 서로 상이함에 따라 그 학문적 성격 역시 서로 상이하다고 할 수 있는데 그러한 차이점을 대비하면 다음과 같다.

(1) 국제무역론은 모든 경제변수가 화폐와는 독립적으로 결정된다는 이른바 화폐의 중립성(neutrality of money)을 전제로 순수한 실물경제, 즉 물물교환경제 하에서의 재화의 국제적 이전문제를 규명하는 반면 국제금융론은 화폐적 요인에 초점을 두고 있다.

(2) 국제무역론이 실물적 요인에 초점을 두고 있는 만큼 장기이론적 성격을 가지는데 비하여 화폐적 요인에 초점을 두는 국제금융론은 상대적으로 단기이론적 성격을 지닌다.

(3) 국제무역론은 환율·고용·이자·물가·국제자본이동 등의 거시적 변수는 일정한 것으로 간주하고 재화의 상대가격(relative price)을 통한 분석을 행하므로 미시경제학(micro economics) 특히 일반균형이론적 분석도구를 주로 사용한다. 반면 국제금융론은 이러한 거시적 변수를 통한 화폐적 요인들을 분석하므로 거시경제학(macro economics)의 분석도구가 주로 사용되어진다.

1.3 국제경제학의 실증적 분석과 규범적 분석

(1) 실증적 분석과 규범적 분석

경제학의 임무는 궁극적으로 희소한 자원을 여러 경제단위 간에 배분하는 데서 야기되는 문제를 취급하는 사회과학인바. 이를 해결하기 위해서는 실증적인 측면과 규범적인 측면이 대두된다. 따라서 경제학의 분석은 이러한 측면에 따라 실증적 분석과 규범적 분석으로 구분된다.

실증적 분석 실증적 분석(positive analysis)이란, 현실경제에 내재하는 경제법칙을 규명하기 위하여 현실경제내의 주요한 경제변수들을 발견하고 일정한 행태가설 하에서 그 변수들의 법칙성을 규명하며 그러한 경제법칙의 결과를 예측하는 분석이다. 따라서 이러한 분석은 경제학의 1차적 목표가 되는 것으로 어떤 경제현상의 '사실 그대로'(what actually is)를 분석하는 존재(sein)의 분석이다. 또한 이 분석은 경제현상의 객관적 인식과 법칙성의 발견을 목표로 하는 만큼 그 분석에 있어 분석자의 엄격한 가치중립성(wertfreiheit)을 전제로 한다. 따라서 이러한 실증적 분석은 ① 분석을 위한 프레임워크 설정(the framework for analysis), ② 여러 가지 전제적 가정 설정(construction of hypothesis), ③ 해명과 예측(explanation and prediction), ④ 경험적 검정(empirical verification)의 과정을 거치게 된다.

규범적 분석 규범적 분석(normative analysis)이란, 경제의 후생적 분석(welfare analysis)으로서 현실경제에서 발생되고 있는 경제현상이나 경제정책이 어떠한 후생적 효과를 가지느냐를 평가하고 이러한 후생의 증진을 위하여 '마땅히 있어야 할 상태'(what ought to be)가 무엇인가를 분석하는 당위(sollen)의 분석이다. 따라서 경제학의 일차적 목표는 경제현상의 객관적 인식과 법칙성의 발견이라는 실증적 분석이 되겠으나 경제학의 궁극적 목표는 후생증진의 문제를 다루는 규범적 분석이라고 할 수 있다. 또한 이러한 규범적 분석은 어떤 경제현상이나 경제정책이 좋은가 나쁜가, 바람직한가 아닌가의 문제를 다루는 것인 만큼 실증적 분석과는 반대로 오히려 분석자의 가치판단 judgement)을 전제로 한다. 이때 이러한 가치판단의 기준이 되는 일반적 공준으로서는 ① 효율성(efficiency), ② 형평성(equity), ③ 자유성(freedom), ④ 안정성(stability), ⑤ 유연성(flexibility) 등을 들고 있다.

(2) 국제경제학의 실증적 분석

국제경제학의 실물적 분석인 「국제무역론」에서의 실증적 분석은, 무역의 성립과 패턴의 결정요인·교역조건과 무역균형의 성립 등과 같은 정태적 이론(static theory)과 여건의 변화 즉 경제성장이 이루어졌을 때 이러한 요인들이 어떻게 변동되는가라는 동태적 이론(dynamic theory)으로 구성되는, 이른바 국제무역의 순수이론의 영역이다. 이러한 여러 가지 이론적 과제들 중 가장 중심이 되는 문제는 무역의 패턴과 효과(pattern and effect of trade)의 문제이다.

사실 국제무역에 대한 고전파적 연구의 중심은 무역의 후생적 효과로서 무역의 이익이 어떻게 발생되며 누구에게 귀속되는가라는 규범적 측면에 치우쳐 있었다. 이것은 물론 그 당시의 경제학 자체가 정치경제학(political economy)의 개념에서 출발하였음과도 연관된다. 그러나 신고전파 이후의 경제학이 정치적·사회적 문제들을 제외시키고 순수한 경제만의 이론을 추구하는 과정으로 전환됨으로써 경제학의 중점이 종래의 규범경제학(normative economics)으로부터 실증경제학(positive economics)으로 옮겨지게 됨에 따라, 국제무역의 연구도 무역의 이익문제에만 머물지 않고 무역의 실증적 측면(positive aspect)을 강조하기 시작하여 이것이 오히려 국제무역연구의 중심적 위치를 확보하게 되었다.

한편 국제경제학의 화폐적 분석인 「국제금융론」에서의 실증적 분석은 대체로 환율의 결정원리·국제수지조정이론·국제자본이동의 경제적 원인 등을 다루게 된다.

경제이론, 보다 일반적으로 모든 실증적 이론(theory)의 목표는 그 학문의 대상이 되고 있는 실체와 현상에 내재하는 법칙을 발견하고 이를 통하여 그러한 경제실체나 현상을 올바르게 설명(explain)하고 예견(predict)하는 일이다. 따라서 이러한 설명과 예견을 위한 이론을 정립함에 있어서 가장 먼저 해야 할 작업은, 복잡한 실체에 내재하는 여러 가지 부차적인 요소들을 사상시키고 추상화하여 가장 중요하다고 생각되는 몇 가지 요소들의 관계에 초점을 두는 일이다.

때문에 모든 이론연구의 첫 단계에서 가장 먼저 요구되는 것은 이러한 추상화를 위한 가정, 이른바 「분석을 위한 단순화가정」(simplifying assumptions)의 설정문제이다. 이러한 논리는 경제이론의 연구에 있어서도 예외일 수 없으며 따라서 우리는 경제이론을 공부함에 있어서 「다른 조건이 동일하다면」(*cetris paribus*, Being others equal) 등의 표현을 자주 접하게 된다. 때문에 이러한 가정 위에서 정립된 경제이론이란, 그 이론이 현실경제에 부합되는지를 경험적으로 검증해보아야만 하는 일종의 가설(hypothesis)이라고 할 수 있다.

국제경제이론의 경우는 어떤 주어진 시점에서 보다 여러 개의 변수들을 동시에 취급하지 않으면 안 되는 만큼 경제학의 어떤 분야에서보다 더 많은 가설들을 필요로 하게 된다. 때문에 이러한 제 가정들은 때때로 너무 지나치게 제한적인(restrictive) 것으로 보인다. 그러나 그렇게 제한적인 가정들 하에서 얻어진 대부분의 결론들은 그러한 가정들의 단계적인 제거(remove one by one)와 완화를 통하여 보다 현실세계에 적합한 이론으로 확장될 수 있는 기초를 제공해주게 되는 것이다. 예컨대 2국·2재 모델을 다국·다재의 경우로 확장하는 것과 같은 경우가 그것이다.

(3) 국제경제학의 규범적 분석

국제경제의 실물적 거래에 대한 규범적 분석은 「무역정책」(commercial policy)으로 대표된다. 무역이론과 무역정책의 관계는 경제이론과 경제정책 간의 상호관계에 비유될 수 있다. 무역정책은 무역이론의 이론적 기초 위에서 국제거래에 대한 정부의 정책적 개입이 그 국민경제나 특정경제부문에 어떤 효과를 가져 올 것인가, 또는 대외거래를 바람직한 방향으로 유도하기 위하여 어떠한 정책수단을 어느 범위 내에서 어떻게 실시할 것인가 하는 문제들을 포괄한다.

따라서 이러한 정책의 문제를 논의하는 무역정책론에서는 대체로, 무역이익의 국가간 배분문제·자유무역과 보호무역의 사회적 후생효과 및 효율성문제·무역정책목표를 달성하기 위한 정책수단의 할당문제·무역정책수단의 경제적 효과문제 등을 논의하게 된다. 한편 국제경제의 화폐적 거래에 대한 규범적 분석은 「국제수지 및 금융론」내에서, 적정한 환율정책과 효율적인 환율제도의 문제. 대내적 균형과 대외적 균형 즉 종합균형을 달성하기 위한 조정정책 및 국제자본이동에 대한 정책문제 등이 논의되어질 수 있다. 이러한 관점에서 국제경제의 규범적 측면을 그 영역에 따라 구분한다면 ① 무역정책(commercial policy) ② 국제수지 조정정책(balance of payment adjustment policy) ③ 대외투자정책(foreign investment policy)으로 구분 할 수 있다.

이상과 같은 규범적 논의에 있어서는 어떠한 「정책목표」(policy aims/objects/goals)를 추구할 것인가라는 문제가 제기된다. 국제경제정책 역시 경제정책의 일부인 만큼 일반적인 경제정책목표가 곧 국제경제정책의 목표이지만 대외경제거래와 관련되는 문제를 대상으로 한다는 점에서 더 추가되거나 강조되는 정책목표들이 있게 된다. 국제경제와 관련되는 일반적 정책목표들로서는 ① 물가안정과 완전고용(대내균형의 달성), ② 국내산업의 보호와 육성, ③ 자원의 효율적 배분, ④ 국민후생과 복지의 증진, ⑤ 국민소득증대(경제성장)와 경제발전, ⑥ 국제수지균형(대외균형 달성), ⑦ 교역조건의 개선 등을 들 수 있다.

한편 이상과 같은 정책목표들이 책정되면 그러한 목표들을 달성하기 위한 「정책수단」(policy instruments)이 채택되어야 하는데 이러한 정책수단들은 크게 다음과 같이 구분할 수 있다.

무역정책 일국의 수출입거래에 대한 무역정책으로서, 수입제한을 위한 관세(tariff)가 가장 전통적인 정책수단이었으나 오늘날에 있어서는 비관세장벽(NTB : non-tariff barrier)과 수출촉진정책(export promotion policy)들이 그 중요성을 더해가고 있으며 새로운 정책수단으로서 관리무역정책수단들이 활용되고 있다.

국제수지조정정책 국제수지의 균형을 유지하기 위한 국제수지조정정책으로서 이는 다시 ① 지출조정정책(expenditure adjusting policy)으로서 재정정책(fiscal policy)과 통화정책(monetary policy) ② 지출전환정책(expenditure switching policy)으로서 외환정책(foreign exchange policy) ③ 기타 대외거래에 대한 행정적 조치를 통한 직접적 통제(direct controls)정책을 들 수 있다.

국제투자정책 국제적인 자본이동 즉 차관·간접투자·직접투자에 대하여 거의 모든 나라가 한편으로는 이에 대한 규제정책(investment restriction policy)을 채택하면서 다른 한편으로는 이에 대한 유인정책(investment inducement policy)을 동시에 부과함으로써 국제투자와 관련되는 편익을 극대화하는 동시에 비용을 극소화하려는 국제투자정책을 활용한다.

〈표 1-1〉 국제통상정책의 영역과 정책수단

정책수단 / 정책영역	수입제한정책		수출촉진정책	지출조정정책		지출전환정책		직접적 통제정책	국제투자정책	
	관세	비관세		재정정책	금융정책	환수급조정	환율정책		규제정책	유인정책
무역정책	●	●	●							
국제수지정책				●	●	●	●	●		
국제투자정책									●	●

이상과 같은 내용을 보여주는 것이 〈표 1-1〉이다. 이 표에서 각 점(dot)들은 각각의 정책영역과 가장 밀접한 관계를 가지는 정책수단들을 나타내준다. 그러나 경제적 상황에 따라서는 이것과 상이한 정책수단들이 그 정책영역과 관련되어질 수 있음은 물론이다. 예컨대 국제수지에 대한 정책수단으로서 관세 및 비관세장벽들이나 투자정책수단들이 채택될 수 있음이 그 예이다.

2. 국제경제학과 국제경제관계론

2.1 국제경제학 연구의 한계

국제경제의 현실과 이론의 괴리를 해소하기 위한 국제경제학 내부의 이론적 확장과 발전에도 불구하고 전통적인 국제경제학연구는 오늘날의 국제경제현실을 설명하는 이론적 체계로서 여전히 미흡한 측면이 많다. 이러한 미흡한 측면을 보완하기 위해서는 지금까지의 국제경제학연구의 테두리를 뛰어 넘는 어떤 외연적 확장이 요구되는데 이러한 측면에서 전통적인 국제경제학이 가지는 문제점은 다음과 같은 2가지로 요약된다.

첫째는 경제학에 대한 응용경제학으로의 성격 때문에 주류경제학이 지니는 접근방법상의 한계를 그대로 지니고 있다는 '분석의 시각·연구방법상의 한계'이고, 둘째로는 현실의 국제경제가 양적으로 팽창되고 질적으로 고도화되고 있음에도 불구하고 기존의 분석적 틀 속에 머물고 있어 오늘날의 현실변화를 충분히 포괄하지 못한다는 '분석의 대상·연구범위상의 한계'라고 할 수 있다. 전자에 속하는 한계로서는 ① 순수한 경제적 분석, ② 실증적 분석, ③ 자유주의시각에만 입각한 접근방법상의 문제점을 들 수 있고 후자에 속하는 한계로서는 ④ 국가만을 분석단위로 하는 접근방법, ⑤ 국제관계를 독립적 관계로만 파악하려는 태도 등을 들 수 있다.

(1) 경제적 요인 분석에만 치중(정치경제적 시각의 도입 필요성)

16~18C 중상주의는 국가의 대외경제정책과 국력 간의 상호관계를 중시하는 정치경제학이었고 고전파경제학 역시 정치경제학적 성격으로부터 출발하였다. 신고전파 이후의 경제학발전이 정치적 요소를 배제하고 순수이 경제적인 문제만을 학문대상으로 하는 이론연구에 치중하여 정치적·사회적 문제를 배제함으로써 경제와 정치를 통일적으로 파악하려는 과학적 태도가 결여되게 되었다. 따라서 국제정치경제학 역시 국가 간의 권력(power)문제를 다루는 국제정치학과 국가 간의 부(wealth)의 문제를 다루는 국제경제학으로 분리되어 양자의 상호관계를 분석할 여지가 없어졌다.

그러나 최근에 들어오면서 국제경제의 정치화 및 국제정치의 경제화현상의 심화로 인하여 국제정치와 국제경제의 상호관련성이 증대되었다. 또한 경제공간과 정치공간 사이의 모순으로 인하여 새로운 문제들이 제기되었다. 예컨대, 경제의 국제화진전에 의한 국경 없는 경제(borderless economy)가 도래되어 경제적 개념의 국가가 소멸됨으로써, 경제적 측면에서는 전 세계적 관점에서의 논리성과 합리성이 추구되어야 하지만 정치적인 측면에서는 여전히 국민국가(민족국가)로 머물고 있어 정치적 개념의 국가가 존재하고 있는 것이 그것이다.

이 때문에 정치와 경제의 상호작용을 중시하는 학제적 연구(inter-disciplinary study, multi-disciplinary study) 경향이 1970년대 이후 활발하게 일어나게 되었다. 1970년대 이후 복지와 평등의 문제, inflation 문제, 공해문제, 소외문제, 공공경제학의 필요성 증대 등 순수한 경제논리 만으로서는 해결할 수 없는 문제들이 제기되게 되자 지금까지 배제되었던 정치적·사회적 문제들이 다시 경제학의 관심대상으로 등장하였다.

따라서 각각의 전문화과정에서 무시되었던 정치와 경제의 상호작용에 주목하는 자기반성으로부터 출발된 정치경제학의 부활을 경제학은 경제학 대로 또 정치학은 정치학 대로 추구하였다. 이러한 사실을 보다 일반적으로 말한다면 기존의 경제학의 자기완결성으로부터 탈출하여 학제적 연구를 이룩하려는 노력이 이루어졌다고 할 수 있다.

이러한 노력은 국제경제나 국제정치의 연구에 있어서도 그대로 나타나게 되었다. 말하자면 이제는 국제경제와 국제정치를 단절시키는 접근방법으로서는 현실의 세계경제현상에 대한 과학적이고 총체적인 분석에 도달될 수 없게 되었고, 따라서 국제경제관계의 연구에 있어서도 국제정치와 국제경제의 상호관계와 상호작용을 중시하는 학제적인 접근이 필요하게 되었음을 의미한다. 말하자면 국제경제관계의 연구에는 국제정치와 국제경제의 상호작용을 논의하는 정치경제학적 연구의 중요성에 대한 인식이 필요하게 된 것이다.

(2) 논리실증주의적 연구 치중 (규범적·역사적 관점 도입 필요성)

고전파경제학은 보다 규범적인 성격을 띠고 있었으나 신고전파경제학 이후 경제학의 중심이 실증경제학으로 옮겨지면서 과학적 방법론에 입각한 순수이론(pure theory)의 정립에 치중하였다. 이러한 실증적 측면 중심의 경제학연구는 다음과 같은 기본적 문제점을 야기하였다.

(1) 경제의 분석에 있어 몰가치성·가치중립성의 문제를 야기하였다. 학문으로서의 경제학은 몰가치적이어야 하지만 경제학자 자신은 오히려 명확한 가치판단의 전제가 필요하다. 실증적 연구중심의 경제학은 규범적 문제를 회피하려는 노력을 행하는 반면 현실의 경제문제는 오히려 명확한 가치판단을 요구하고 있기 때문이다.

(2) 경제현상 간의 인과관계의 규명에 주력함으로써 추상적이고 비현실적인 이론정립에 치우침으로써 역사적 분석·실천적 분석을 결여하고 있다고 할 수 있다. 이러한 경향은, 후술하는 바와 같이 수학 및 통계학을 도구로 하는 분석방법의 발전에 의해 더욱 조장되게 되었다.

이러한 근대경제학의 기본적 성격에 연유하여 응용경제학으로서의 국제경제학 역시 다음과 같은 결함을 지니게 되었다.

(1) 국제경제학 역시 논리실증적 연구에 치중하고 있다. 예컨대 국제무역이론은 비교우위패턴의 결정문제에 치중한 나머지 무역이익의 배분문제 등을 너무 소홀히 취급하였고 요소부존비율이론의 이론적 정치화에 너무 많은 에너지를 소모하여 오히려 더 중요한 의미를 가지는 규범경제학적 분석이나 보다 명확한 가치판단을 전제로 한 정책적 연구는 소홀히 하였다.

(2) 국제경제체제 역시 각각의 역사적 단계에서 나름대로의 운동법칙이나 기본적 흐름이 존재한다. 예컨대 국제체제의 성립·발전·쇠퇴의 주기적 변동이나 헤게모니국가의 흥망성쇠, 국제체제를 형성하는 기본정신으로서 일방주의·쌍무주의·다자주의·지역주의의 부침, 국제무역기구나 국제통화체제의 생성과 발전 등과 관련되는 자기보전적 작용과 자기파괴적 작용의 상호관계가 존재한다. 따라서 국제경제체제를 불변의 프레임워크로 간주하는 실증주의적 연구태도는 지양되어야 하고 오히려 국제체제변동 자체에 대한 역사적 인식과 시각이 도입되어야 한다.

(3) 자유주의적 시각 치중 (종합적 시각의 도입 필요성)

전통적 경제이론은 경제사회가 다수의 평등한 경제단위, 즉 동질적·합리적·평등한 주체 간의 자유경쟁에 의해 구성되어 있다는 원자적 경제우주관에 입각하고 있다. 따라서 전통적 경제이론은 사회 각 부문 및 계층의 조화와 균형을 전제로 하므로 서로 다른 집단 간의 이해관계의 갈등과 대립의 측면을 도외시한다. 예컨대 자본과 노동이 결합되어 산출물이 나오는 기술적 관계에만 주목하고 이때 자본과 노동 간의 동반자적 관계를 묵시적으로 전제하여 양자 간의 갈등과 대립의 측면을 도외시한다.

국제경제학 역시 각국을 독립된 동일 능력의 개체로 파악하여 평등한 주체들 간의 관계에 초점을 두고 있다. 따라서 국가와 국가 간의 자유로운 교역이 상호 유익한 결과를 가져올 수 있다는 점만을 강조하고 이러한 무역이익의 배분의 불균등으로 인한 문제들에 관심을 덜 기울이게 된다.

따라서 이들이 제시하는 이론이나 정책처방은 항상 보편적(universal)이어서 그 결과 부국이나 빈국을 막론하고 자유주의 경제정책이 가장 바람직하다고 건의한다. 그러나 이러한 교의는 비현실적이다. 현실적으로 각국의 국제적 파워와 영향력의 차이가 존재하여 정치력·경제력의 강약이 국제무역·국제금융·국제투자 등의 경제관계에 커다란 영향을 미치며 이들과 관계되는 국제경제협상 역시 이러한 국가적 파워 여하에 영향을 받는다. 따라서 이러한 현실적 비대칭성과 불평등성을 무시하는 자유주의적 시각에 치중된 국제경제학의 주류적 이론들은 때때로 강자의 논리를 대변하는 도구가 되기도 한다.

또한 현실적으로 모든 국가들은 국제주의(internationalism)나 세계주의적 정향(cosmopolitan orientation)과 함께 민족국가의 이익을 추구하는 민족주의적 정향(nationalistic orientation)도 함께 지니므로 국제경제관계는 조화와 갈등이 병존한다. 따라서 국가와 국가 간의 관계가 자유롭고 조화적이라고 전제하는 자유주의적 시각만으로서 국제경제관계의 모든 현실을 설명하기 어렵다. 말하자면 국제경제관계의 연구에 있어서는 이러한 자유주의 시각과 함께 중상주의적 시각과 급진주의적 시각을 함께 고려하는 종합적 시각의 도입이 이루어져야한다.

(4) 분석의 기본단위를 국가로 한정(국가중심적 패러다임의 지양)

국제관계학은 전통적으로 정부에 의해 주도되는 민족국가 간의 관계를 다루는 국가중심적 패러다임(state-centric paradigm) 하에 있었고 국제경제학 역시 국가를 기본단위로 하는 분석체계 하에 존재하였다. 그러나 오늘날 국제경제관계 및 국가와 국가 간의 경제적 거래에는 정부 이외의 행위자들의 역할이 증대되고 있다. 예컨대 세계적 다국적기업·국제금융기관·국제경제기구·비정부기구(NGO : non-governmental organization)의 역할과 영향력 증대 등이 그것이다.

전통적 무역이론은 분석의 기본단위를 국가로 하여 국가와 국가 간의 교역만을 설명할 뿐 개인이나 기업의 존재에 대해서는 특별한 고려 없이 국가들의 이해관계에 일치하여 행동함을 암묵적으로 전제한다. 그러나 다국적기업이 존재하는 오늘날에 있어서는 세계적 다국적기업들이 그들 자체의 개별적인 목표 아래 국가의 이해관계와는 상관없이 여러 가지 재화와 생산요소를 국제적으로 이전시킨다. 따라서 국제경제거래에 대한 의사결정의 기본단위는 국가라기보다는 오히려 기업이며 때로는 이들이 국가의 이해와 상치되기도 한다.

또한 중앙정부가 존재하지 않는 국제사회에 있어서 그 구성원인 개별국가들이 자발적으로 일정한 규칙과 제도를 만들어 국가 간의 이견을 좁히고 공동의 이익을 추구하면서 이러한 이익에 반하는 행위들을 규율하고 통제하는 국제경제기구가 초국가적 행위자(transnational actor)로서 그 영향력을 점차 증대시키고 있다. 또한 최근 세계적 비정부기구(NGO)들 역시 국제무역·국제금융·국제환경문제 등에 대한 영향력을 급속히 확대시키고 있다.

따라서 국제경제관계의 올바른 이해와 연구를 위해서는 국가와 국가 또는 정부와 정부 간의 관계에 초점을 둔 지금까지의 전통적 시각을 뛰어 넘어, 이들 비국가적 행위자들의 행태와 영향력을 분석에 포함시키고 고려하는 시각의 확장이 필요하다. 아울러, 앞서 언급한 바와 같이, 세계경제 그 자체를 하나의 독립적 주체로서 파악하여 그들의 역동성과 운동법칙을 규명하는 시각의 도입 역시 이루어져야 할 것이다. 말하자면 국제경제관계의 연구에 있어 지금까지의 전통적 분석단위였던 국가(정부) 이외에 다국적기업·국제경제기관·국제경제기구·비정부기구 등의 역할과 영향력을 고려하는 동시에 하나의 체제로서의 세계경제 그 자체를 분석의 대상으로 삼는 연구범위의 확장이 이루어져야 할 것이다.

(5) 국가 간의 독립적 관계만을 전제 (상호의존성증대에 따른 새로운 문제 포괄)

전통적인 국제경제학은 국민경제를 기본단위로 하면서 그 국민경제는 정치적·경제적으로 독립성을 지님을 전제로 한다. 따라서 국가와 국가와의 관계(국제관계)를 다루려는 노력을 소홀히 하였다. 국제관계는 다양하여 그 속에는 독립성(independence)·종속성(dependency)·상호의존성(interdependence)이 동시에 존재한다. 따라서 국가와 국가 간의 관계를 독립적으로만 파악하는 국제경제학의 시각만으로 현실의 국제경제문제를 설명하기 어려운 점이 많다. 특히 오늘날의 국제경제관계에 있어 상호의존관계의 증대에 따른 새로운 문제들이 끊임없이 제기되고 있는바 이러한 상호의존성의 심화로 인한 가장 중요한 문제는 다음과 같은 2가지 측면에서 파악된다.

경제마찰에 따른 문제 각국 경제의 상호연계는 상호의존 → 상호경쟁 → 상호대항관계로 발전되었고 이에 따라 무역마찰 → 기술마찰 → 투자마찰 → 구조마찰의 시대로 변화되면서 현실적으로 해결해야만 할 많은 경제마찰의 격화를 가져온다. 따라서 오늘날의 국제경제사회는 자기책임의 시대로부터 연대책임의 시대로 변화되어 가고 있고 국익대변(보호)자로서의 정부역할이 국익간의 마찰에 대한 조정자로서의 역할로 변화되고 있다. 그럼에도 불구하고 전통적으로 국제경제이론은 완전경쟁을 전제하여 이른바 마찰 없는 세계에서의 자유무역을 전제한다. 그러나 현실의 국제경제는 불완전경쟁시장, 특히 경제마찰에 따른 경제적 장벽의 존재가 중요한 의미를 갖는다.

국제적 협조와 조정의 필요성 증대 오늘날 세계에는 초국가적으로 해결해야 할 문제, 개별국가의 문제라기보다는 인류가 공동으로 대처해야 할 문제들이 점차 증대되고 있다. 이러한 새로운 문제들은 국제경제관계 차원의 협조와 조정을 통해서만 해결이 가능해지는 만큼 이러한 국제경제의 협조와 조정에 따른 연구 역시 시급하다고 할 수 있다.

그러한 문제들 중의 중요한 하나는 빈곤극복의 문제이다. 이는 많은 저개발국의 발전이론에도 불구하고 근본적으로 해결되지 못한 과제로서 오늘날 60억 가운데 2/3 이상이 여전히 절대빈곤의 상태이며 국가간 소득격차 및 국내적 소득격차 역시 해소되지 않고 있다. 또한 공업화의 진전 및 산업구조변화에 따른 새로운 문제들이 제기되고 있다. 전 지구적 규모의 자원부족문제 및 공해(환경)문제, 선진국과 신흥공업국의 국제경쟁력 역전현상, 정보 및 서비스산업의 발전에 따른 선후진국의 격차문제 등이 그것이다. 또한 1990년대 말에 발생한 동아시아 금융위기나 최근에 발생한 미국발 금융위기와 같이 어떤 특정지역에서 발생한 금융위기가 전 세계적으로 확산되는 글로벌 금융위기와 관련하여서도 국제적인 협조와 조정의 필요성이 더욱 커지고 있다.

2.2 국제경제관계론 연구의 필요성

이상에서 논의한 국제경제학의 한계성을 극복하고자 하는 노력이 국제경제학 내부에서도 나름대로 증대되어 왔다고 할 수 있다. 즉 ① 순수한 경제적 분석에만 치중하였던 접근방법으로부터 정치경제학적 시각을 도입하려는 학문적 노력, ② 실증적 분석에만 치중하였던 접근방법으로부터 역사적·규범적 연구를 도입하려는 노력, ③ 자유주의시각에만 입각한 접근방법으로부터 중상주의적·급진주의적 시각을 도입하려는 노력, ④ 국민국가만을 분석단위로 하는 접근방법으로부터 비국가적 행위도 분석의 대상으로 삼거나 세계경제 전체를 하나의 독립운동체(체제)로 보려는 시각의 도입, ⑤ 국제관계를 독립적 관계로만 파악하려는 태도로부터 종속적 관계나 상호의존적 관계도 중시하는 시각의 도입노력 등이 그것이다.

이상과 같은 학문적 노력들은 지금까지의 전통적인 국제경제학연구의 한계를 보완하고 국제경제학의 학문적 외연을 넓힘으로써 보다 현실적이고 적실성 있는 유용한 시각들을 우리에게 제공해주었다. 그러나 여전히 오늘날의 국제경제관계를 분석함에 있어서 이러한 국제경제이론을 이용하는 것은 가능하고 또 바람직하지만 그것만으로 불충분하다는 것을 인식하지 않으면 안 된다. 오늘날의 국제경제관계에는 전통적인 국제경제학의 2분법적 프레임워크만으로는 포괄하기 힘든 새로운 문제들이 계속 제기되고 있기 때문이다.

따라서 이러한 문제들을 포괄하면서도 지금까지와는 상이한 어떤 새로운 접근체계를 지닌 보다 광범위한 연구체계와 접근방법이 필요하다고 할 수 있는데 이것이 국제경제관계론적 연구의 필요성인 동시에 방향이기도 하다. 이와 같은 연구의 필요성이 널리 인식되고 있음에도 불구하고 이러한 국제경제관계의 연구는 연구역사가 일천(日淺)하고 그 대상자체가 학제적 성격을 내포하고 있어 그 이론체계와 방법론 역시 명확하지 못한 것이 사실이다.

생각건대, 국제경제학의 연구측면에서 기존의 연구가 가지고 있는 한계를 극복하고 오늘날 국제경제관계의의 현실을 제대로 이해하기 위해서는 종래의 경제학적인 엄밀성과 정밀성 위에 ① 정치경제학적 관점의 도입(국제정치경제학적 연구), ② 규범적 측면의 도입, ③ 역사적 관점의 도입(세계경제체제론적 연구) 등을 통하여 국제경제연구의 지평을 새롭게 확장하는 노력이 이루어져야 할 것이다.

제2절 국제정치경제학의 개념과 발전

1. 국제정치경제학의 개념

정치경제학(political economy)이란 한마디로, 정치(국가)와 경제(시장)의 상호작용을 연구하는 학문이다. 현대사회과학이 각기 전문화되는 과정에서 경제학은 부(富, wealth)를 연구하는 학문이고 정치학은 힘·권력(power)을 연구하는 학문으로 각기 구분되어 왔지만, 이는 어디까지나 연구를 위한 학문상의 구분일 뿐 실제에 있어서 양자는 상호불가분의 관계를 가지어 왔다.

인간이 생존하고 생활하기 위해서는 수많은 재화가 필요하고 이러한 재화를 구입하고 교환하기 위해서는 화폐가 필요하다. 이와 같은 재화와 화폐의 교환이 이루어지는 곳이 시장(market)인데 현대의 시장은 스스로 존재하고 제대로 작동하기 어려우므로 이러한 시장이 존재하고 제대로 작동하기 위해서는 국가(state)에 의한 어떤 정치적인 규칙 제정과 규율이 이루어져야한다. 이렇게 시장이 존재하고 작동하도록 하는 틀을 제공하는 것이 정치적 권력이지만 시장을 통한 경제적 부와 힘은 정치권력의 중요한 기반이 된다. 따라서 부를 추구하는 경제(시장)와 권력을 추구하는 정치(국가)는 서로 깊은 상호관계를 맺고 있다. 바로 여기에 양자의 상호관계를 연구하는 정치경제학의 학문적 의의가 존재한다.

이에 허시만(A. O. Hirschman)교수는, 정치경제학을 '정치학 겸 경제학'(politics cum economics)으로 표현하여 정치와 경제라는 이원화된 현상의 연구가 아니고 '정치와 경제의 상호작용'이라는 일원화된 특수현상을 연구하는 학문임을 강조하였다.[1] 오늘날에 있어서도 정치경제학을 연구하는 사람들의 접근태도는 다양하여, 어떤 사람들은 경제활동의 정치적 토대에 관한 연구에 중점을 두는가 하면 또 다른 사람들은 정치행동의 경제적 토대에 관한 연구에 중점을 두고 있지만, 이 두 가지 핵심적 관심은 상호보완적이다.

이 같이 정치경제학(political economy)이 정치와 경제의 상호작용을 연구하는 학문이라고 하였을 때 국제정치경제학(IPE, International Political Economy)이란 국제관계에 있어서의 정치와 경제의 상호작용을 연구하는 학문이다. 말하자면 국내적으로 뿐만 아니라 국제적인 맥락에서도 정치와 경제 또는 국가와 시장은 상호 밀접한 관계를 가지게 되는데 이러한 양자의 상호관계를 논의하려는 것이 국제정치경제학의 핵심이다.

이에 경제학자인 킨들버거(C. P. Kindleberger)교수는, 경제와 정치는 각각 가격(시장)메커니즘(price mechanism)과 정부의 예산(budget)에 의하여 자원과 가치를 배분하고 있어 서로 그 방법은 다르지만 양자 간에는 긴밀한 관계가 있다고 주장하면서, 오늘날 국제관계 특성을 국제정치의 경제(economics of international politics)와 국제경제의 정치(politics of international economics)로 표현하여 양자의 상호관계를 중시하였다.[2] 또한 정치학자인 코헤인(Robert Keohane)과 나이(Joseph

---

1 A. O. Hirshman (1971) p.7.

2 C .P. Kindleberger (1970) p.5.

Nye) 두 교수는, 정치가 기본질서를 창조하는 어떤 구조(structure)를 확립하는 것이라면 경제는 이 구조 내에서 가치를 배분하는 과정(process)이라고 파악하여 양자의 관계를 강조하였다.[3]

이들은 각각 정치와 경제의 상호작용을 중시하였다는 점에서 넓은 의미의 정치경제학자로 볼 수 있다. 그러나 이들의 분석은 어디까지나 정치와 경제라는 2원화된 질서를 전제로 하여 '정치의 경제화현상' 또는 '경제의 정치화현상'이라는 두 가지 레벨의 분석(two levels of analysis)을 시도하고 있다. 이런 점에서 정치경제학을 '정치와 경제'라는 2원화된 질서로서가 아니고 '정치와 경제의 상호작용'이라는 1원화된 질서로서 연구하고자 하는 좀 더 적극적인 의미에서의 정치경제적 접근으로서는 미흡한 점이 없지 않다.

이에 길핀(Robert Gilpin)교수는, 정치와 경제의 상호성(reciprocity)에 초점을 두고 양자 간의 끊임없는 상호작용의 기능이야말로 현대 국제관계의 요체라고 할 수 있는데 이를 연구하는 학문이 국제정치경제학(international political economy)이라고 정의하였다.[4] 이러한 관점에서 보면 국제정치경제학은, 국제정치 측면에서는 경제적 요인의 중요성을 부각시키고 또한 국제경제 측면에서는 정치적 요인의 중요성을 제기하는데 기여함으로써, 국제정치학과 국제경제학 모두의 지평을 넓히고 국제적 현실에 대한 좀 더 폭넓은 이해와 시야를 갖는 데에도 기여하고 있다고 할 수 있다.

2. 국제정치경제학의 발전

2.1 정치경제학 연구의 역사적 흐름

정치와 경제라는 두 가지 개념의 혼합체로서의 정치경제는 이러한 이유 때문에 다양한 의미를 지닐 수 있고, 따라서 정치와 경제의 상호작용을 논의하는 정치경제학(political economy)의 범주 역시 학자들에 따라 다양하게 정의 내려지고 있다. 정치경제학의 학문적 범위를 넓게 해석하는 경우 그 역사는 멀리 17C의 중상주의로부터 19C의 마르크스경제학, 또한 1970년대 이후의 현대적 정치경제학에 이르기까지 매우 깊고 넓다고 할 수 있다.

고전적 중상주의 정치경제학 16~18C 유럽을 중심으로 이루어진 중상주의(mercantilism)에 대해서는 많은 해석이 존재하지만, 이것의 가장 기본적인 핵심은 국력 또는 군사력과 같은 권력(權力, power)의 문제였으므로, 부(富, wealth)는 이러한 권력을 얻고 유지하고 행사하기 위한 도구로 인식되었다. 이를 국제경제관계에 대입하면, 부국강병을 위하여 국가는 그 당시 국부(國富)의 척도가 되는 귀금속의 획득과 축적에 전력하여야 하였고 또한 대외무역을 통하여 무역차액을 획득하여야 했다. 이러한 전제 위에 서 있는 중상주의정책이나 중상주의사상은 그 자체가 정치(권력)와 경제(국부)의 상호작용을 전제로 하고 있는 정치경제학이었다.

고전학파의 정치경제학 18C 영국을 중심으로 하는 고전학파는 오늘날의 경제학을 정치경제학(political economy)으로 지칭하였는데 그것은 국가가 경제에 관한 여러 가지 일들을 관리하는 일,

3 Robert Keohane and Joseph Nye (1973) pp.116-117.
4 Robert Gilpin, (1975) pp.21-22.

즉 국가경제의 합리적 운영을 연구하는 경제원론을 지칭하는 것이었다. 따라서 그들에게 '정치경제학'은 '경제학'과 동의어였다. 이에 애덤 스미스(A. Smith)는 정치경제학을 '국민들에게 충분한 생존기반을 마련해주는 동시에 국가(왕)에게는 공공사업을 행할 수 있는 충분한 재정을 제공하기 위한 정치와 입법에 관한 학문'이라고 규정하였다. 그 후 리카도(D. Ricardo)는 노동가치설을 통하여 지대·이윤·임금의 분배에 대한 고전파 정치경제학의 원리를 체계적으로 정립하여 노동분업에 근거한 사회계급의 결정과 계급 간의 이익분배문제에 대한 정치경제학적 연구의 토대를 마련하였으며, 또한 국제무역의 이익배분과 관련되는 '국제무역의 정치경제학'을 제공하였다.[5]

역사학파의 정치경제학 19C 중엽 독일의 역사학파 리스트(Friedrich List)는 '세계정부가 존재하지 않는 현실 속에서 모든 국가는 자국을 보호하기 위하여 산업을 일으키고 발전시킬 필요가 있으며 전쟁이나 전쟁위협에 대비하기 위하여 강대국은 반드시 산업기반을 갖추어야 함'을 주장하였다.[6] 리스트의 이러한 국민주의경제학은 '민족주의적 정치경제학'의 성격을 내포하고 있었다. 리스트는, 영국 고전파의 정치경제학은 인류공영을 전제하여 갈등으로 가득 차 있는 국제현실을 간과함으로써 국가이익에 바탕을 둔 진정한 정치경제학을 정립하지 못하였고 또한 국부에 대해 관심을 기울였지만 국부 그 자체보다 더 중요한 것은 그 국가가 '국부를 창출하는 생산력'(the power of producing wealth)이라는 점을 강조하였다. 이러한 관점에서 리스트는 중상주의적 사고를 지지하고 있었다고 할 수 있다.

사회주의 정치경제학 19세기 마르크스주의(Marxism)에 의한 사회주의경제학은 고전파 정치경제학 이론을 철저히 비판하고 재구성함으로써 새로운 정치경제학을 정립하였다.[7] 그들은, 부(富)의 계급 간 분배문제에 논의의 초점을 맞추고 경제적 하부구조와 정치적 상부구조와의 관계를 논의하는 '생산의 정치경제학'을 정립함으로써, 정치와 경제의 상호작용을 논의하는 진정한 의미의 정치경제학의 길을 열었다. 또한 이후 레닌(V. I. Lenin)은, 마르크스주의자들의 제반 이론을 종합하여 제국주의이론을 정립하고 이러한 이론을 국제관계에 적용함으로써 전통적 마르크스의 정치경제학을 국제정치경제학으로 탈바꿈하였다.

현대적 정치경제학 1970년대 이후 새로이 제기된 경제적 문제들에 대한 이론적 해명과 정책적 처방이 한계를 드러내자 경제학 내부에서의 이론적 수정과 확장이 시도되었음은 물론, 경제학의 지평을 확장하여 신고전파 이후에 배제되었던 정치적 요소들을 다시 분석의 대상 속에 포함하려는 노력, 즉 정치경제학적 연구방법론으로 돌아가려는 경향이 나타나게 되었다. 이러한 이론적 경향들은 다양하였지만 대체로 뒤에서 설명하는 공공선택이론이나 게임이론 등과 같은 합리적 선택이론을 비롯하여 제도학파적 경제학, 종속이론 및 신마르크스이론, 저개발국경제학 등으로 대변된다. 이러한 현대적 정치경제학적 접근들은 국내적인 정치경제문제에 대한 논의도 있었지만 국제적인 정치

---

5 D. Ricardo, Principles of Political Economy and Taxation (1817).

6 F. List, The National System of Political Economy (1841).

7 마르크스주의자들은 사회주의나 공산주의체제가 자본주의체제보다 우월하다고 주장하기 위하여 '정치경제학'이라는 용어를 즐겨 썼다. 이로 인해 오늘날까지도 정치경제학을 마르크스주의나 급진경제학과 동의로 보는 경향이 있다.

경제적 측면의 논의들이 오히려 주류를 이루었다.

이같이 경제학의 발전역사 속에서 정치경제학적 접근 또는 국제정치경제학적 접근들이 면면이 이어왔지만, 여러 가지 학문적·현실적 여건이 변함에 따라 이러한 접근의 내용이 변화되어 왔을 뿐만 아니라 그 중요성 역시 부침을 거듭하며 변화되어 왔고, 또한 이러한 과정에서 경제학과 정치학도 분리와 통합의 경향을 거치며 그 상호관계가 변화되어 왔다.

2.2 정치경제학의 침체

상술한 바와 같이 16~18C 유럽제국에서 성행했던 중상주의는 그 자체가 정치경제학의 원형이었고 고전학파 경제학 역시 정치경제학이라는 이름으로 논의되어 18~19세기에는 정치경제학이 지배적인 학문이었다. 그러나 19세기 중엽 이후 학문 간의 분업이 심화되면서 경제학의 주류적 연구는 경제적 문제만을 대상으로 하는 순수학문으로 발전되어 왔다. 이러한 학문연구와 발전과정에서 경제와 정치의 상호작용은 무시된 채, 경제학은 부(富)와 효율(效率)의 문제를 다루는 학문으로 발전한 반면 정치학은 권력(權力)과 분배(分配)의 문제를 다루는 학문으로 분리되면서 정치경제학의 연구는 침체를 맞이하게 되었다. 이같이 정치경제학이 침체하게 된 학문적 배경을 살펴보면 다음과 같다.

(1) 경제적 자유주의의 학문적 유산(정치와 경제의 분리연구)

애덤 스미스(A. Smith) 이후 나타난 서구의 경제적 자유주의(economic liberalism)는, ① 경제란 수요와 공급이라는 시장원리(보이지 않는 손)에 의해 예정적인 조화가 이루어지는 만큼 경제외적인(정치적인) 요소의 개입은 오히려 경제의 효율을 저해하게 된다고 주장하고, ② 경제의 1원화된(통합된) 질서(a unified political and economic order)를 부정하는 대신 정치질서(political order)와 경제질서(economic order)를 독립적으로 취급하는 2원화된 연구를 행하였다. 이후 이러한 경제적 자유주의가 경제학연구의 주류를 형성하였다.

이에 따라 학문적으로도 정치학은 권력(power)을 다루는 학문임에 대하여 경제학은 부(富, wealth)를 다루는 학문으로서 각기 독립적으로 존재하게 되었고 이후의 학문적 발전과정에서도 각기 전문화(specialization)만을 추구하여 정치와 경제가 상호 관련되고 중복되는 분야를 오히려 애써 외면해 왔다. 이러한 경향에 따라 국제정치경제학도 국제정치학(international politics)과 국제경제학(international economics)으로 분리되어, 국제경제학자들은 국제경제문제에 있어서의 정치적 요소들을 배제한 반면 국제정치학자들은 국제정치문제에 있어서의 경제적 요소들을 도외시하여 왔다. 이에 따라 국제정치와 국제경제의 상호작용을 논의하는 국제정치경제학의 고유한 학문적 성격과 범위가 불명확해지게 되었다.

(2) 경제학의 발전과 성숙과정

이 같이 경제학이 하나의 독립된 사회과학으로서 형성되면서부터 정치적 문제가 그 연구대상에서 배제되었고 이로 인해 본래의 정치경제학은 설 자리를 잃게 되었다 그러나 경제학의 학문적 발진과 싱숙과징 역시 정치경세학의 침체를 가속화시킨 것이 사실이다.

우선 경제학을 독립된 사회과학으로 정립시킨 고전학파는, 일국의 부(富)가 자본가·노동자·지주 간에 어떻게 분배되는가를 다루는 것이 경제학의 중요한 임무라고 강조하였다. 그런데 이러한 분배 문제는 여러 계급 간의 이해관계대립과 조정문제를 수반하기 때문에 이러한 경제학을 정치경제학이라고 하였음은 전술하였다. 그러나 주류경제학은 성장이나 후생증대라는 포괄적인 표현 아래 계급 간의 이해관계 대립이나 조정과 같은 문제를 소홀히 하였다.

또한 신고전학파 이후 경제학의 발전이 종래의 규범경제학(normative economics)으로부터 점차 실증경제학(positive economics)에 치우치게 되었다. 따라서 경제학의 연구가 국가의 공공경제정책(public economic policy) 또는 정책지향적 연구(policy oriented study)보다는, 과학적 방법론에 입각한 순수이론(pure theory)의 정립에 치우치게 되었다. 이러한 학문적 경향에 따라 부의 분배문제나 공공정책에 역점을 두었던 정치경제학의 비중과 역할은 자연히 축소되게 되었다.

신고전학파 이후의 주류경제학은 모든 경제주체가 합리적인 존재라고 전제하며 모든 경제주체를 비인격화(de-humanization)하여 기계나 다름없다고 전제한다, 모든 소비자는 일관성 있는 선호체계와 합리성을 갖추고 있으며 자신의 이익을 위하여 수단과 방법을 가리지 않는다고 전제하며, 생산자 역시 노동과 자본을 몇 단위 투입하면 생산물이 몇 단위 생산된다는 식의 기계적 비용함수나 생산함수로 표현될 뿐이다. 소비자나 생산자뿐만 아니라 제3의 경제주체인 정부도 실현가능한 정책 가운데 가장 효율적인 대안만을 채택하는 존재로 모형화한다. 이처럼 모든 경제주체를 비인격화하고 일종의 기계처럼 간주하는 패러다임으로 인하여 경제학은 철학·정치학·사회학·심리학 등 인접학문과 철저히 유리되는 모습으로 발전하였다.

또한 이 같은 실증경제학의 발전은 그 성격상 수학 및 통계학을 도구로 하는 분석방법론의 발전을 수반하게 되었다. 이러한 분석방법의 발전은 정밀과학으로서의 경제학의 발전에 지대한 공헌을 한 것이 사실이다. 그러나 이러한 분석방법에 지나치게 집착한 나머지 ① 지나치게 현실과 맞지 않는 가정적 조건을 설정함으로써 현실과 유리된 이론을 정립하게 되거나, ② 전체적인 통찰력이 결여되어 지나치게 낙관적인 결론을 제시한다든지, ③ 분석에 있어 반드시 고려되어야 할 요소들을 사상시킨 지나친 분석의 단순화로 인하여 '이론을 위한 이론'으로서의 연구에 머물게 하는 것과 같은 바람직하지 못한 결과들을 수반하기도 하였다.

뿐만 아니라 경제학이 이렇게 학문의 수리적·기술적 엄밀성을 강조하면서부터 '가치문제'나 '정치'로부터 급격히 떨어져 나가기 시작하였다. 경제학을 가치로부터 분리하는 작업은 마샬(A. Marshall)에 이르러 정점에 달하였고 이후 주류경제학은 정치학뿐만 아니라 모든 인접학문과 유리된 채 20C를 풍미하였다. 이러한 경제학의 방법론적 경향 역시 경제학의 연구에 있어 정치적·사회적·심리적 요소 등을 사상시키는 요인이 되게 되었다.

이상과 같은 과정으로 전개된 경제학의 발전은 정교한 방법론(methodology)을 얻는 성과를 누렸지만 가치판단의 문제나 인접학문과의 교류를 철저히 잃어버리는 손실을 입었다. 이러한 경제학의 기본전제와 발전과정은, 경제학의 응용과학으로서의 국제경제학연구에도 그대로 적용되어, 국제경제학 역시 순수이 경제적인 문제들만을 주된 분석의 대상으로 하여 국제경제관계의 정치적 요소들을 배제하였고 또한 실증적 연구에 치우침으로써 이론의 정립에만 몰두하여 국제경제관계가 안고 있는 규범적 문제들을 소홀히 하여 왔음은 앞에서 논한 바와 같다.

2.3 정치경제학의 부활 (1970년대 이후)

정치와 경제를 2원적 질서라는 체계 속에서 연구할 것을 주장하였던 애덤 스미스(A. Smith)조차도 국가안보를 위해서는 정책적 관세가 필요하며 국방의 중요성이 경제적 풍요보다 우선하여야 한다고 주장함으로써 정치경제의 중요성을 인정하였다. 또한 1930년대 이후 거시경제학의 발전과정에 있어서도 공공정책에 깊은 관심이 주어짐으로써 이러한 문제가 경제학의 주요한 관심대상이 되어왔다고 할 수 있다. 그러나 전통적인 경제학의 주류적 흐름, 특히 1870년대 마샬(A. Marshall) 이후 주류경제학에 있어서의 주된 연구는 정치적이고 사회적인 문제들을 분석의 대상에서 제외시키고 순수이 경제적인 문제들만을 경제학의 대상으로 채택함으로써 정치학과 경제학 간의 대화는 단절된 채 서로 서로 자기완결적인 전문화만을 추구하여 왔음은 전술한 대로이다.

그러나 1970년대 이후 지금까지 경험하지 못하였던 새로운 경제문제들이 경제학이 해결하여야 할 중요한 경제현안으로 떠오르게 되었다. 예컨대 스태그플레이션(stagflation), 소득분배의 불평등, 공해와 환경문제, 인종차별 및 인간소외문제, 공공부문과 사적부문의 조화문제 등이 그것이다. 그러나 기존의 경제학은 이러한 문제들에 대한 뚜렷한 해결책을 제시하지 못한 채 무력함을 나타내었다. 이에 따라 실천과학으로서의 경제학에 대한 의문이 제기되었고 이는 이른바 '경제학의 제2의 위기론'으로 나타나게 되었다. 이러한 위기의식을 배경으로, 주류경제학은 주류경제학 대로 전통적인 경제학의 내용을 수정·확장·개편함으로써 보다 현실에 적합한 경제학을 구축하려는 노력을 행한 반면, 주류경제학의 테두리 밖에서 새로운 접근방법 내지 새로운 패러다임을 통하여 경제학의 지평을 새로이 하고자하는 이른바 반주류경제학(反主流經濟學)이 나타나게 되었다

반주류경제학은 그 방법과 내용이 각기 다양하여 한마디로 성격 지을 수 없지만, 접근방법이라는 관점에서 보면 지금까지 경제학의 연구에서 배제되고 사상되었던 정치적·사회적 제 문제들을 포함하여 고려함과 동시에 지금까지의 경제학연구에서 나타났던 학문적 자기완결성으로부터 과감히 탈출하여 인접학문과의 학제적 접근(inter-disciplinary approach)을 이룩하여야 한다는 필요성을 강하게 제기하였다는 특성을 나타내었다. 이러한 학문적 요청에 따라 경제분석에 정치적인 요소들을 포함하여 고려하는 연구가 경제학 내부(재정학·공공경제학·국제경제학 등)에서 이루어졌음은 물론 정치와 경제의 상호관계를 주된 연구의 대상으로 하는 정치경제학의 학문적 중요성이 다시 인식되게 되었다.

〈부록 1-1〉 정치학 측면에서 본 정치경제학의 침체와 부활

1. 정치학 측의 정치경제학 침체 배경

앞에서 살펴본 바와 같이 정치학과 경제학의 분리를 먼저 선언한 것은 경제학적 측면이었고 경제학 자체의 학문적 발전과정이 양자의 분리에 결정적인 원인이 되었지만, 정치학 자체의 학문적 발전과정 역시 양자의 분리에 기여한 바 있다.

1960년대 초까지만 해도 국제정치학의 주류적 위치를 형성해 왔던 정치현실주의(political realism)는, 국제정치를 정부에 의하여 행해지는 국민국가(nation state) 간의 정치 및 안보관계(political security relation)를 다루는 학문으로 정의하면서, 그 본질을 권력(power)이라는 개념에 바탕을 둔 국가중심패러다임(state-centric paradigm)에 기초하였다. 이러한 패러다임 하에서는 국가 간의 권력관계가 국제관계의 중심개념이 되게 된다. 따라서 경제는 정치권력의 수단 내지 도구(means or instrument)로 밖에 취급되지 않아 국제정치(international politics)의 문제가 곧 국제관계(international relations)를 대표하게 되었다. 따라서 정치학자들이 말하는 국제관계학이란 곧 국제정치학을 의미하게 되었다.

더욱이 전후 1950~1960년대의 국제정치학 역시, 도덕적·법률적 접근(moralistic·logistic approach)에 바탕을 둔 규범이론(normative theories)으로부터 점차 현실적·역사적·경험적 접근(historical·empirical approach)에 바탕을 둔 경험이론(empirical theories)으로 발전하였다. 또한 1960년대 이후 사회과학 일반에서 일어난 이른바 행태과학혁명(behavioral revolution)이 국제관계학에도 불어 닥치면서 그 연구의 중심이 경험적·분석적 연구(empirical-analytic study)에 더욱 치중하게 되었다. 따라서 학계의 관심과 노력이 경제학에서와 마찬가지로 과학적 순수이론(pure theories)의 정립에 기울어지게 되었는데 이러한 정치학의 학문적 경향 역시 정치경제학적 연구를 소홀히 하게 하는 원인이 되었다.

2. 정치학 측의 정치경제학 부활 움직임

이처럼, 1970년대 이후 정치경제학의 부활에 더욱 열의를 보인 것은 경제학 측에서였지만 정치학 내부에 있어서도 정치와 경제의 통합적 연구 내지는 학문 간의 학제적 연구의 필요성이 강하게 제기되었는데 이러한 요구는 국제관계학에 있어서도 예외가 아니었다. 이러한 관점에서 1970년대 이후 국제정치경제학이 부활하게 된 요인을 살펴보면 다음과 같다.

국제정치학의 이론적 적실성 문제 제기 전후 사회과학 일반에 있어서의 행태과학혁명이 국제관계학에도 영향을 미치면서 국제관계의 연구가 지나치게 이론의 정립(theorizing)과 방법론(methodology) 연구에 치우치게 되었음은 상술하였다. 그러나 이러한 연구방법은 국제사회의 본질적 문제를 제대로 다루지 못한다는 비판을 받게 되어 국제관계학으로서의 이론적 적실성(theoretical relevance) 문제가 제기되게 되었다.

국가중심적 패러다임에 대한 반성 종래의 국제관계학, 즉 국제정치학의 연구는 국민국가를 중심으로 하는 국가중심적 패러다임(state-centric paradigm) 하에 있었으므로 그 연구대상을 국가의 행위·정부간 협정·국제법·국제기구 등 정태적인 것에 국한하였다. 그러나 국제관계의 행위자도 세월의 흐름에 따라 그 종류와 성격이 변하는 것인 만큼 국제관계학의 연구대상 역시 국가는 물론 국가를 대리해서 움직이는 개인 및 집단 등의 상호작용과 국제사회에서의 제반행태라는 동태적인 것으로 옮겨지게 되었다. 이에 따라 국제관계학의 이론 역시 이러한 새로운 요소들을 수용하는 방향으로 발전하게 되었다.

규범적 연구와 실증적 연구의 조화 1970년대 후기 행태주의(post behaviorism)에 이르러, 전통적인 규범적 연구와 현대적인 경제적 연구가 상호보완적일 수 있다는 데 착안하여 이를 종합하려는 방향으로 국제관계학이 발전하였다. 이에 따라 정치와 경제의 상호작용에 깊은 관심이 주어지게 되었고 이것이 국제정치경제학적 연구가 활발하게 이루어지도록 하는 계기가 되었다.

이상과 같은 여러 가지 요인에 의하여 정치학 내부에서 경제학을 수용하고 양자를 통합적으로 연구하려는 노력이 이루어지게 되었고 그 결과 양자의 상호관계를 연구하는 정치경제학의 부활이 정치학의 측면에서도 이루어졌다. 일찍이 정치학자 카(E. H. Carr)는 '완벽한 정치이론이란 정치적 요소와 경제적 요소를 다 함께 갖고 있는 것이다'고 갈파하면서 정치와 경제의 분리연구를 주장했던 경제적 자유주의이론을, 현실적으로 실현되기 어려운 지적 오류(intellectual fallacy)라고 비판하였다

2.4 국제정치경제학의 침체와 부활

(1) 국제정치경제학 침체

전술한 바와 같이 정치학과 경제학은 서로가 분업화되고 전문화되는 과정에서 행태과학혁명의 영향을 받아 양자 모두 과학적 이론정립(theorizing)에만 치우침으로써 '이론을 위한 이론정립'·'방법론을 위한 방법론연구'로서의 성격에 머물게 되었다. 따라서 정치와 경제 간의 상호작용을 공동으로 연구해야하는 정치경제학의 학문적 영역은 설자리를 잃게 되었으며 정치학과 경제학 간의 대화도 단절되게 되었다. 경제학과 정치학의 이러한 발전과정으로 인하여 국제관계에 대한 연구 역시 국제경제학과 국제정치학이 서로 독립적으로 논의됨으로써 양자의 상호관계를 논의하는 국제정치경제학의 연구 역시 침체를 맞이하게 되었다.

그러나 이 같은 변화가 있게 된 데에는 그러한 학문적 측면의 원인과 더불어 전후 새로운 국제체제(international system)가 형성되는 과정에서의 현실적 원인도 크게 작용하였다. 전후 동서 간의 냉전시대(cold war era)가 도래함에 따라 국제정치의 주요관심이 동서 간 이데올로기갈등 및 이에 수반되는 안보문제(security issues)들에 집중되어 경제적인 문제들은 국제관계에 있어 크게 중요하지 않은 것으로 생각되는 경향이 짙어지게 되었기 때문이다. 이러한 점 역시 국제관계연구에서 국제정치경제학이 침체되는 원인이 되었는데 전후에 이러한 국제환경이 조성되었던 것은 다음과 같은 이유 때문이었다.

전후 세계경제체제의 특성 전후 냉전체제에 의해 양극화된 정치체제 때문에 국제경제체제 역시 자본주의체제와 사회주의체제로 분리되었다. 따라서 자본주의권은 미국의 주도 하에 GATT와 IMF로 대표되는 브레튼우즈체제(Bretton Woods System)를 구축하여 이러한 체제 하에서 눈부신 경제적 번영을 구가한 반면, 사회주의권은 사회주의권 대로 소련의 주도 하에 코메콘(COMECON)을 중심으로 한 경제적 자급체제를 형성하였다. 이로 인해 동서 간의 경제적 교류는 극소화되었고 따라서 양자 간의 경제적 문제는 상대적으로 중요시되지 못하였다.

전후 동맹체제의 특성 전후 동서 간의 이념대립에 의해, 미국은 공산주의의 팽창을 막기 위한 봉쇄정책을 대외정책의 기본으로 삼았으며 이를 효과적으로 수행하기 위해서는 동맹국들 간의 단결을 기초로 한 동맹체제(alliance politics)가 필요하였다. 이를 위해 미국은 동맹국들에 대한 경제적 지

원을 아끼지 아니하였음은 물론 동맹국 간의 경제적 마찰을 최소화하려고 노력하였다. 또한 소련은 소련대로 동일한 이유로 자국의 경제적 손실을 감수하면서까지 코메콘경제권을 지키려고 노력하였고 동구권 제국의 경우 그들의 정치적 안보적 안정을 소련에 의존하지 않을 수 없는 상황에서 경제적 문제로 소련과의 갈등을 야기할 입장이 되지도 못하였다.

전후 제3세계의 특성 전후 제3세계(the third world)국가들의 대부분이 형식적으로는 독립하였다고 하나 실질적으로는 정치적·경제적 종속관계를 탈피하지 못하였다. 따라서 이들은 서방선진국들과 공식적·비공식적으로 제국주의적 관계(imperial relations)를 유지하면서 서방국가들에 의해 만들어진 국제경제체제에 일방적으로 편입되어 순응하지 않을 수 없었다.

이상과 같은 이유 때문에, 전후 국제관계에 있어 국가정책의 우선순위는 정치·안보에 주어졌고 경제문제는 항상 뒤로 밀려나 '선안보·후경제' 의 기조가 팽배되었으며 경제는 오히려 정치와 안보의 수단으로 여겨지는 경향이 짙게 되었다. 이로 인해 국제관계에 있어 정치·군사문제는 고위정치(高位政治, high politics)로 중시된 반면 경제문제는 이에 부수되는 저위정치(低位政治, 1ow politics)로 간주되었다.

이 때문에 전후 유럽경제공동체(EEC), 영국파운드화의 문제 등 특정 경제문제가 때때로 국제관계의 이슈로 제기되기는 하였지만 그것들은 여전히 저수준의 정치문제로 취급된 반면 소련의 동구지배·미소의 핵전략·독일의 분단·NATO·한국전쟁 등은 고수준의 정치문제로 다루어졌다. 이에 따라 국제정치이론에 있어서도 체제분석(system analysis), 정책결정이론(decision making theory), 전략 및 게임이론(strategy and game theory), 모의실험(simulation), 분쟁해결(conflict resolution) 등이 중요한 연구과제가 되었다.

이러한 전후의 역사적 배경 때문에 국제관계에 있어 정치와 경제는 따로 분리되는 경향이 짙어졌고 따라서 국제정치와 국제경제의 상호작용을 논의하는 국제정치경제학은 침체되는 현상이 나타나게 되었다. 이에 따라 국제정치와 국제경제의 상호작용을 논의하는 국제정치경제학은 국제관계학 또는 국제정치학의 하위분야로 간주되는 것이 일반적이었다.

(2) 국제정치경제학의 부활 (1970년대)

한편 1970년대 이후 경제학은 경제학 대로 또한 정치학은 정치학 대로 지금까지의 학문적 분업화와 전문화과정에서 배제되었던 정치적 또는 경제적 요소들을 자신의 분석에 포괄하려는 노력을 통하여 지금까지의 학문적 편협성을 반성하는 동시에 새로운 학문적 지평을 열고자하는 시도가 행해짐에 따라 정치와 경제의 상호작용을 연구하는 정치경제학의 부활이 이루어지는 계기가 되었음은 전술하였다.

이러한 학문적 경향과 더불어 1970년대 이후의 국제체제의 현실적 변화 역시 국제정치와 국제경제를 통합적으로 논의해야 할 필요성을 더해 주게 되었는데 이러한 요인을 요약하면 다음과 같다.

국제관계의 중심 이동 1950년대의 국제관계는 양극체제 하의 동서냉전이라는 특수상황으로 인하여 동서 간의 경제적 교류는 극소화되어 양 진영 간의 경제적 문제보다는 정치·군사적 문제가 중시되었다. 그러나 1960년대 이후 동서진영 간의 데탕트(detente)로 인하여 국제관계에 있어 정치·군사적 문제의 비중은 줄어들게 된 반면 경제적 문제의 비중이 오히려 높아지게 되었다.

전후 동맹체제의 변질 전후 이데올로기 대립으로 강화되었던 동맹체제가 한편으로는 동서데탕트로 인하여, 또 다른 한편으로는 동맹국 내의 분열과 갈등으로 인하여 정치적 결속력이 약화된 반면 비군사적·비정치적인 경제문제가 동맹국간의 현안문제로 부상됨으로써, 동맹정책도 '안보적 협조-경제적 갈등'의 양상으로 나타나게 되었다.[8]

남북문제의 격화 1970년대 이후 동서관계가 긴장완화시대로 접어들면서 동서문제 못지않게 남북문제가 중요한 국제적 현안으로 떠오르게 되었다.[9] 이와 같은 상황의 진전을 통하여 국제관계에 있어서의 중요현안이 동서문제에서 남북문제로 옮겨지게 되었고 이러한 남북문제의 주요한 정치적 관심사는 주로 경제와 관련된 것들로서 발전·원조·무역·투자 등의 문제였고 궁극적으로는 그들의 경제적 자립이었다. 따라서 새로이 제기되는 남북문제의 핵심적 요체는 국제정치와 국제경제의 문제가 상호 관련된 복합적 성격을 띠게 되었다.

요컨대 1970년대 이후 국제관계의 중심축이 되고 있는 동서체제·서서체제·남북체제 등에 있어서의 중요한 관심이 정치·안보·군사적인 문제로부터 무역·금융·투자·기술이전 등과 같은 경제문제로 이전됨에 따라 국제체제도 적과 동지의 구별이 없어지고 오직 경제적 이해관계에 따라 달라지는 극히 유동적이고 가변적인 것으로 변화되었다. 이러한 체제 하에서는 국제정치문제와 국제경제문제가 더욱 밀접하게 작용하게 됨으로써 양자 간의 정책적 우선순위가 불명확해지게 되었다. 바로 여기에 국제정치와 국제경제의 상호작용을 종합적으로 다루는 국제정치경제학적 연구가 다시 요구되어지는 현실적 필요성이 존재하였던 것이다

(3) 현대적 국제정치경제학 연구의 흐름 (1980년대 이후)

이상에서와 같은 1970년대의 국제정치경제 현실의 변화가 국제정치경제학의 활성화를 가져온 배경이 되었지만 이후 나타난 1980년대와 1990년대의 국제경제변화 역시 국제정치경제 연구의 필요성과 중요성을 더욱 높이게 되었는데 그러한 변화들을 요약한다면 다음과 같다.

사회주의권의 몰락 우선 국제정치경제질서의 변화에 가장 결정적인 계기가 된 것은 1989년 동구공산권의 몰락이었다. 이러한 공산권의 몰락은 지금까지 국제관계의 중심축이 되어왔던 국가 간 안보·군사·정치문제 등의 중요성이 약화됨으로써 '역사의 종언'·'정치경제학의 종언'이 회자되기

---

8 우선 자본주의권은 서독과 일본의 경제적 부흥으로 미국주도의 단일지배체제가 다극화되면서 이들 간의 경제적 마찰과 대립이 증대되게 되었고 최근에는 신흥공업국(NICs : Newly Industrialized Countries)의 등장으로 인해 이러한 분권화가 더욱 촉진되었다. 이 같은 신세력들의 등장으로 전후 미국중심의 단일지배체제하에서 확립되었던 국제경제체제에 대한 폭 넓은 합의가 붕괴됨으로써 전후 자본주의경제권의 기본 메커니즘으로 기능하였던 브레튼우즈체제는 변질되고 약화되게 되었다. 또한 사회주의권은 사회주의권대로 중소분쟁으로 인한 내부분열과 동구제국의 탈위성국가화조짐으로 인하여 동맹국간의 정치적 결속은 약화된 반면 경제적 갈등은 심화되었다. 이러한 상황 하에서 미국과 소련은 더 이상 안보적인 이유로 추가적인 경제적 부담을 지거나 안보공약을 얻어내기 위하여 경제적 양보를 계속하는 일을 하지 않게 되었다.

9 70년대 초 석유수출국기구(OPEC)에 의한 석유무기화전략이 극적인 성공을 거두자 이에 용기를 얻은 제3세계국가들은 UNCTAD를 무대로 이른바 77그룹(Group-77) 중심이 되어 신국제경제질서(NIEO)를 요구하기에 이르렀다.

도 하는 계기가 되었다. 물론 이러한 시각에 대해서는, 공산권의 몰락이 곧 마르크스주의의 사멸을 의미하지 않는다는 반론이 제기되었고 이는 또한 경청할만한 것이지만, 공산권의 몰락은 그 자체로서 국제관계연구에 있어서 순수이 국제정치적인 문제보다는 국제경제 또는 국제정치경제적인 요인의 중요성이 더욱 커지는 결과를 가져왔다.

새로운 세계경제질서의 모색 이러한 공산권의 몰락으로 전후 하나의 축으로 작용하였던 소련의 헤게모니는 해체된 상태에서 남아 있는 하나의 헤게모니, 즉 미국의 경제적 패권에 대한 관심과 논란이 높아지게 되었다. 소련의 붕괴로 세계체제에 대한 미국의 역할은 강화되었음에도 불구하고 미국 홀로 세계경제를 지배할 수 있는 힘은 오히려 약화되었다. 유럽과 일본을 중심으로 한 선진국들의 위상이 높아졌고, 1970년대 석유파동 이후 석유생산국들의 국제적 입지가 높아졌으며, 1980년대 이후 개도국들 중 두드러진 성장을 이룩한 신흥공업국들의 부상도 현저하였다. 또한 1990년대 이후 EU를 중심으로 하는 지역주의(regionalism) 역시 파고를 높여 왔다. 이러한 변화들은 전후 구축되어온 세계경제질서에 대한 도전으로서 이후 새로운 질서 창출을 위한 과제들이 국제정치경제학의 새로운 연구대상이 되고 있다.

경제의 세계화 1970년대 브레튼우즈체제의 붕괴와 신보호무역주의가 대두된 이래 세계무역과 국제통화·금융체제에 대한 변화가 이루어졌다. 1980년대 후반 우루과이라운드(UR)협상이 시작되어 1995년 새로운 무역기구로서 WTO가 발족됨으로써 새로운 다자주의적 무역질서가 마련되었다. 또한 석유파동 이후 1980년대에 들어와 개도국의 채무위기가 발생하였고, 브레튼우즈체제 붕괴이후 구축된 변동환율체제는 극심한 환율변동·단기성 투기자금의 급격한 이동 등을 수반하여 개도국의 금융위기·동아시의 금융위기 등을 가져와 국제통화금융체제의 혼란이 이루어졌다. 1990년대에 들어와 급격히 진행된 생산·시장·정보의 국제화는 이른바 경제의 세계화(globalization)현상을 가져와 그에 대한 논쟁 역시 뜨겁다.

이러한 일련의 과정은 오늘날의 국제관계에서 국제정치적 문제보다도 국제경제문제의 중요성이 더욱 높아져 오고 있음을 의미하는 것이지만, 다른 한편으로 이러한 요인들은 국내외 정치적 문제들과 강한 인과관계를 형성하고 있어 순수한 경제학적 접근만으로 이를 설명하고 분석하기에는 어려움이 있다는 특성을 나타내고 있다. 이러한 점에서 오늘날의 국제관계의 연구에 있어서 국제정치경제학적 연구의 필요성이 더욱 높아지고 있는 것이다. 왜냐하면, 국제관계에 있어서 국가는 부와 권력을 동시에 추구하는 존재이며 이 양자는 수단과 목적으로 상호작용 한다는 가정이 전제되는 한, 국제정치경제학이 국제관계연구의 중심적 역할을 할 것이기 때문이다.

이상과 같은 관점에서 오늘날의 국제정치경제학은 정치중심의 전통적인 국제정치학의 범위를 넘어서는 새로운 학문분야, 경제중심의 전통적인 국제경제학을 넘어서는 새로운 학문분야라고 할 수 있다. 그럼에도 불구하고 전통적인 학문분류상 국제정치경제학을 여전히 국제정치학의 한 분야로 간주하는 것이 일반적이고 또한 이에 대한 학문연구 역시 경제학자들보다는 정치학자들에 의해 주도되고 있는 것이 사실이다. 본서의 목표는 경제학적 기초 위에서 국제정치학의 분석시각과 학문적

업적들을 활용하면서 국제경제학적 분석의 지평을 확장하는 국제정치경제학을 열어보고자 하는 것이다.

3. 국제정치경제학의 연구영역

3.1 정치와 경제의 상호작용

킨들버거(C. P. Kindleberger)교수는 국내외적 차원에서 정치와 경제의 상호작용이 가능한 영역을 [그림 1-1]을 통하여 보여 주고 있다. 이를 통하여 알 수 있듯이 정치와 경제의 상호관계는 모두 4가지 차원에서 도출될 수 있는데 이들 중 국내정치와 국내경제의 상호관계는 국내정치경제학의 연구영역에 속하는 만큼 국제정치경제학의 연구영역은, ① 국내정치와 국제경제, ② 국내경제와 국제정치, ③ 국제정치와 국제경제 간의 3가지 인과관계라고 할 수 있다. 이들 중 국제정치경제론이 가장 중요하게 다루는 인과관계는 물론 국제정치와 국제경제의 상호관계이지만 이들 3가지의 인과관계는 서로 상호 관련성을 가지고 있음은 물론이다. 이러한 3가지의 측면을 보다 상술하면 다음과 같다.

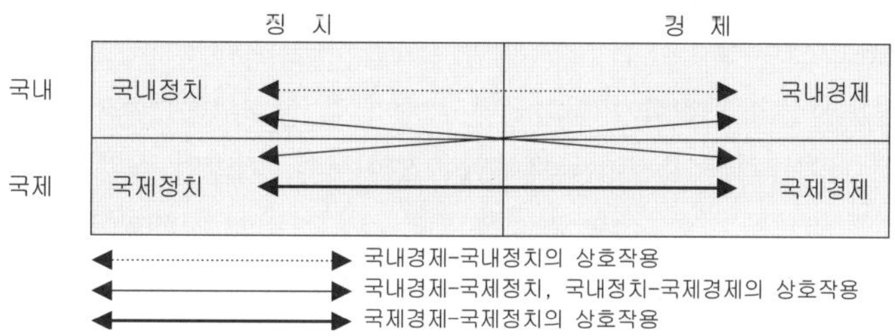

[그림 1-1] 국제정치경제의 연구영역

자료 : C P. Kindleberger (1970) p.16.

국내정치 ↔ 국제경제 상호작용 이는 다시 국내정치가 국제경제에 영향을 미치는 관계와 국제경제가 국내정치에 영향을 미치는 관계로 대별할 수 있다. 어떤 사안에 대한 국내 이해집단 간의 견해 차이를 반영한 국내정치적 의사결정이 국제무역·국제금융·국제투자 등에 대한 일국의 대외경제정책을 결정하고 이것이 국제경제관계에 영향을 주게 되는 것이 전자의 예라면, 국제경제기구·지역경제공동체·다국적기업 등의 의사결정이나 경제활동이 어떤 국가의 국내경제에 영향을 주는 것은 물론 일국의 정치주권 등 국내정치에 영향을 미치게 되는 것이 후자의 예이다.

국내경제 ↔ 국제정치 상호작용 이 역시 국내경제상황이 국제정치에 영향을 주는 측면과 국제정치상황이 국내경제에 영향을 주는 측면으로 대별해 볼 수 있다. 예컨대 특정국가의 경제발전수준이나 경제력의 변화가 국제정치에 영향을 미침으로써 세계의 패권국이 부침하는 것이나 일국의 대외경제정책이 개방적이냐 폐쇄적이냐에 따라 그 국가의 대외정책의 기조가 결정되어 그것이 국제정치에 영향을 미치는 경우 등은 전자의 예이다. 반면 전쟁이라는 국제정치상황이 국내경제체제를 전시경제화 함으로써 일상의 소비재보다는 군수품의 생산을 늘리게 되어 국내경제의 수요 및 생산구조에 변화를 초래하는 경우 등은 후자의 예이다

국제정치 ↔ 국제경제 상호작용 국제정치경제학연구에서 가장 중요한 비중을 차지하는 것으로서, 이 역시 국제정치가 국제경제에 영향을 주는 측면과 국제경제가 국제정치에 영향을 주는 측면으로 대별 할 수 있다. 전후 미소 간의 국제정치적 이념대립이 동서 간의 경제적 교류를 폐쇄시켰지만 80년대 후반 이후 양진영 간의 정치적 대립이 종식됨에 따라 동서 간의 경제적 교류가 확대된 것은 전자의 예이다. 반면 1960년대 석유위기를 계기로 한 남북 간의 경제적 갈등이 국제정치적 갈등으로 연결된 것이나 1980년대 후반 이후 EU·NAFTA 등의 지역경제통합이라는 국제경제적 움직임이 이들 블록간의 국제정치적 문제들을 유발시킨 것 등은 후자의 예이다.

3.2 국제정치경제연구의 3대 요소와 하위체제

(1) 국제정치경제 연구의 3대 요소 (객체)

국제무역 (international trade) 국제무역은 국제경제거래 중 가장 전통적이고 근원적이면서도 지속적인 동력이다. 국제무역은 일찍이 19세기 중반 이후 영국을 중심으로 하는 자유무역체제 하에서 급속한 확대가 이루어졌고 또한 2차 대전 이후 미국이 주도하는 GATT체제 하에서 더욱 확대됨으로써 재화와 용역 등 상품시장의 동질화가 심화되면서 국가 간 상호의존관계가 확대되어 왔다. 또한 최근에는 정보통신기술의 급격한 발전이 국제무역에 있어서의 '거리의 소멸'을 촉진시켰을 뿐만 아니라 종전의 GATT를 대체하는 WTO의 결성을 통한 무역장벽의 철폐로 '경제적 개념의 국경소멸'이 이루어짐으로써 세계시장의 통합화가 진전되었다. 또한 WTO협정은 전통적인 제조업품은 물론 농업·첨단산업·서비스시장에 대한 교역자유화와 시장접근기회를 더욱 확대함으로써 세계시장의 단일화·무역의 세계화를 더욱 공고히 하고 있다.

국제통화체제와 국제금융 (international monetary system and international finance) 국제경제거래는 전통적으로 국제무역을 기본으로 하여 이루어졌으나 오늘날 국제경제는 자본 및 금융의 국제적 이동에 이해 주도되고 있다고 할 수 있다. 이러한 금융의 국제화는 각국의 통화제도 및 금융시장이 상호연계를 맺어 통합되는 현상을 말하는데 이는 국제자본이동에 대한 자유화는 물론 국내금융체계의 자유화·탈규제화·민영화를 포함하고 수반한다. 전후 미국의 막강한 경제력과 패권을 바탕으로 형성된 브래튼우즈체제가 붕괴된 1973년 이후 국제금융시장의 실질적인 무국적화가 이루어졌고 이러한 무국적 자금(stateless money)은 천문학적인 규모에 이르고 있다.[10] 따라서 오늘날 경제의 세계화를 논의하는 학자들 중에 많은 사람들이 세계화의 주된 흐름을 금융세계화에서 찾고 있다.

---

10 2004년 기준으로 국제적으로 이동된 금융규모는 약 770조 달러(전통적인 외환거래 약470조 달러, 파생금융상품 약 300조 달러)수준에 달하고 있는데 이러한 금액은 동년 세계총생산(약30조 달러)의 16배·세계총수출(약 7.4조 달러)의 100배 수준에 해당된다. 이러한 수치는 그 금액 면에서 거대할 뿐만 아니라 전체 자금이동 중 무역거래로 인한 비중이 1%에 불과하고 나머지 99%가 금융적 거래임을 나타내고 있다. 1990년대 중반까지만 하더라도 외환거래의 5~8%가 실물거래와 관계되고 92~95%가 금융거래와 관련된다고 보고 되고 있음을 고려할 때 오늘날 세계경제에 차지하는 금융거래의 비중이 실물거래의 비중에 비하여 얼마나 커져 있음을 보여준다.

국제투자와 국제생산(international investment and production) 오늘날 경제적 세계화의 특징 중의 하나는 국제투자를 통한 생산의 세계화가 급진적으로 진전되고 있는 점인데 이러한 생산의 세계화는 앞서 말한 무역의 세계화·금융의 세계화를 통해서 더욱 더 촉진되고 있다. 그런데 이러한 생산의 세계화는 전 세계시장을 대상으로 해외에서 생산·판매하는 해외직접투자(foreign direct investment)에 의해 주도되었고, 이러한 해외직접투자활동을 주축으로 경영활동을 전개하는 주체는 다국적기업(multinational enterprise)이다.

오늘날 세계적인 다국적기업들은 ① 가장 저렴하게 생산할 수 있는 곳에서 상품을 생산하고, ② 금융비용이 가장 싼 곳에서 자본을 조달하며, ③ 세금이 가장 낮은 곳에 생산거점을 구축하거나 기업소득을 이전시키고, ④ 자본수익과 환차익이 가장 높은 곳으로 자금을 이동시키고 있으며, ⑤ 판매와 수출을 최대화시킬 수 있는 곳으로 생산기지를 옮기고, ⑥ 정치적·경제적 안정성이 유지되는 곳에서 사업 활동을 전개한다. 따라서 그들은 범세계적인 차원의 ① 이윤극대화, ② 자본조달비용극소화, ③ 조세부담극소화, ④ 자본수익 및 환차익의 극대화, ⑤ 판매 및 수출의 최대화, ⑥ 정치적·경제적 안정의 극대화를 추구하며 범세계적인 생산·시장·경영·재무활동을 전개함으로써 생산의 세계화를 주도하고 이러한 활동은 앞으로도 계속 확대·심화될 것이다.

(2) 국제정치경제학연구의 3대 하위체제

국제정치경제적 갈등과 협력관계 또는 국제정치경제체제의 본질적 특성을 이해하기 위해서는 국제체제가 내포하고 있는 하위체제의 특성과 상호관계를 이해하는 것이 필요하다. 스페로(J. E. Spero)는 이러한 하위체제로서 ① 상호의존적인 성격을 지닌 서서체제(western system of inter- dependence), ② 종속적인 성격을 지닌 남북체제(north-south system of dependency), ③ 상호 독립적인 성격을 지닌 동서체제(east-west system of independence) 등 3가지 하위체제를 규정하였다.[11]

국제경제체제를 이와 같은 3대 하위체제로 구분하는 방법, 특히 서서체제를 남북체제에서 분리하는 것은 인위적이라는 비판이 있다. 왜냐하면 실제에 있어서는 여러 상호작용들이 체제 간에 뒤엉켜 복잡하게 중복되어 있기 때문이다. 그럼에도 불구하고 이러한 3가지 하위체제를 상정하는 것은, 그들 3대 하위체제가 나름대로의 독특한 정치경제적 문제를 제기하고 있기 때문에 이러한 체제를 검토함으로써 각각의 독특한 문제들에 초점을 맞출 수 있기 때문이다. 따라서 국제경제체제를 이같이 3대 하위체제로 나누는 것은 다소 인위적이기는 하지만 국제체제의 연구를 위해서는 하나의 유익한 방법론이라고 할 수 있다.

그런데 1980년대 말에 이르러 이러한 국제정치경제의 3대 하위체제에는 각기 다음과 같은 중대한 변화가 야기되고 있어 종전과 같은 의미와 함의가 변화되고 있다.

서서체제 내의 경쟁심화 서서체제는 기존의 상호의존관계가 더욱 심화됨으로써 경제적 다극화와 경제적 경쟁관계가 더욱 치열해지면서 다자주의·쌍무주의·지역주의가 혼재되는 양상을 보여주고 있다.

남북관계의 정체 1970년대 이후 이른바 신국제경제질서(NIEO)로 상징되던 상호 대립적 남북관계

11 J .E. Spero 신정현역 (1987) pp.3I-38.

는 1980년대 이후 신국제경제질서의 창출은 실종된 채 남북 간의 경제적 빈부격차는 더욱 심화되어 세계경제의 안정성을 위협하고 있지만, 남북 간의 대화와 협상은 정체기에 접어들었다. 신국제경제질서를 중심으로 하던 남북의 대립관계는, 선진국과의 연계강화전략을 통하여 경제발전에 성공할 수 있었던 신흥공업국(NICs)의 등장으로 말미암아 새로운 전기를 맞이하게 되었다. 이들의 성공은 많은 개도국들에게 선진국으로부터의 자본과 기술공급을 통한 무역증대가 그들의 경제발전에 중요하다는 것을 일깨워주었고, 이에 따라 세계의 많은 낙후지역들이 새로운 경제발전을 도모하기 위하여 선진국으로부터의 자본과 기술의 도입을 적극적으로 추진하면서 종래의 남북 간 대립구도는 협력과 연계라는 새로운 국제경제질서로 전환되었다.

동서관계의 실종 1980년대 중반 이후 구소련을 중심으로 한 사회주의체제가 붕괴되면서 상호 독립적이고 대립적인 동서관계는 근본적인 변화를 맞고 있다. 특히 중국식 혼합경제체제의 등장은 구 사회주의 경제권의 세계시장경제로의 통합이라는 새로운 국제정치적 현상을 낳고 있다. 따라서 종전의 동서관계는 사실상 실종되었다고 할 수 있다.

제3절 본서의 목표와 구성

본서의 목표는 국제경제관계를 역사적이고 정치경제적인 관점에서 고찰하는 것이다. 전술한 대로 1970년대 이후 경제학은 경제학 대로 또한 정치학은 정치학 대로 종전까지의 학문적 분업화·전문화과정에서 배제되었던 정치적·경제적 요소를 자신의 학문연구에 포괄하려는 노력을 통하여 새로운 정치경제학적인 지평을 열고자 하는 노력이 이루어진 것은 사실이지만, 이러한 노력은 정치학 쪽에서 더 강하게 이루어져 대부분의 국제정치경제적 논의가 정치학적 토대 위에서 이루어져 왔고 대부분의 고등교육과정에서 행해진 '국제관계론'이 사실상 '국제정치학적 체계'를 기반으로 교육되어 온 것이 사실이다.

따라서 국제경제관계를 정치경제학적 관점에서 고찰한다고 하더라도 국제정치학적 토대 위에서 국제경제문제에 접근하는(정치학도가 추구하는) 국제정치경제가 아니라 국제경제학적 토대위에서 국제정치학의 학문적 성과를 받아들이고 활용함으로써 경제학적 지평을 더 확장해가는 입장에서 접근하는(경제학도가 추구하는) 국제정치경제를 논의하는 것이 본서의 목표라고 할 수 있다. 따라서 지금까지 국제경제학을 통해서 학습한 국제무역·국제금융·국제투자에 경제학적 지식과 이해를 바탕으로 하여 정치경제학적 이해와 통찰을 추가하고 확장하는 것이 목표이다.

이렇게 국제경제관계를 정치경제적 관점에서 논의하는 연구에는 다양한 접근방법과 연구과제들이 있을 수 있는데 이들 중 가장 대표적인 접근방법 및 연구과제로서 다음과 같은 3가지를 들 수 있다.

(1) 첫 번째 연구과제로서는 국제정치경제에 대한 다양한 시각과 이념들을 연구하는 것이다. 국

제정치경제현상을 설명하는 데에는 다양한 경쟁적 시각과 이론들이 존재하는데, 이를 크게 나누어 보면 자유주의·중상주의(현실주의)·급진주의의 3대 시각으로 구분할 수 있다. 이들은 각기 그들이 전제하는 기본 가정과 주장이 다르고 따라서 이를 바탕으로 하는 다양한 이론들이 존재한다. 따라서 이러한 정치경제적 시각들의 내용과 한계를 살펴보면서 그 장단점을 비교 연구하는 것이다.

(2) 두 번째 연구과제는 국제정치경제의 현실에 대한 사안별·부문별 연구이다. 국제통상·국제통화·국제금융·국제투자 등이 가장 기초적인 연구대상이 되고 그밖에도 경제발전·국제경제기구·세계화·지역주의·환경문제·자원문제·국제기술이전문제 등 실로 다양한 주제들이 연구대상이 될 것이다. 이러한 사안들은 그 자체 독자적으로 주요한 연구대상이 되지만 이들 간의 상호관계 역시 연구대상이 될 것이며12 이들을 둘러싼 국내정치와 국제경제, 국제경제와 국내정치, 국제경제와 국제정치 문제 등도 주요한 연구대상이 된다.

(3) 세 번째의 연구과제는 지역별 관점에서 이러한 문제들을 논의하는 연구이다. 이러한 지역별 연구는 매우 다양하게 진행될 수 있다. 예컨대 한국의 통상문제나 해외투자에 대한 정치경제적 접근과 같은 개별국가별 연구, 유럽연합·아시아국가 등 특정 지역의 정치경제적 특성에 대한 지역별 연구, 또는 선진국그룹 간의 문제나 남북 간의 정치경제적 문제 등을 연구 등의 모두 가능하고 또 중요하다.

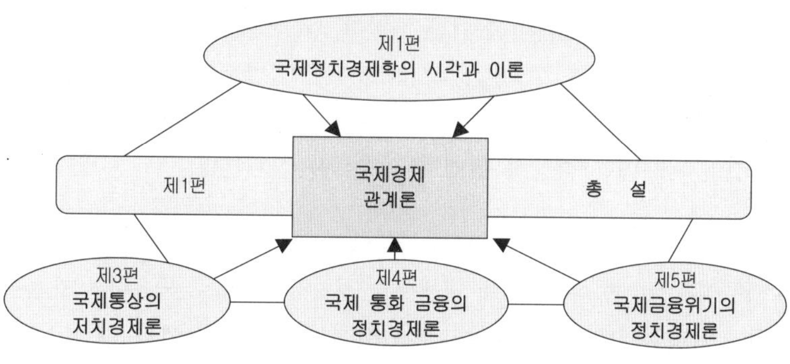

[그림 1-2] 본서의 구성과 내용

본서에서는 이러한 3가지 연구 방법과 과제 중 앞의 2가지만을 주로 다루기로 한다. 제2편을 통하여 이러한 국제정치경제학의 다양한 시각과 이념들을 소개하고 논의할 것이고, 제3~5편을 통하여서는 국제통상·국제통화·국제금융과 관련되는 주요 정치경제적 문제들에 대하여 논의할 것이다. 이를 위하여 전체 내용을 [그림 1-2]와 같이 전체 5개의 편으로 구성하여 다음과 같이 논의하였다.

국제정치경제학의 제 이론과 시각(2편) 국제정치경제의 본질을 기술·설명·예측하고 정책을 처방하는 기본 입장과 시각은 대체로 ① 중상주의시각(mercantilist perspective), ② 자유주의시각(liberal

12 예컨대 통상과 투자 간의 관계, 금융과 통화 간의 관계, 세계화와 지역주의의 관계, 각각의 실체와 관련 국제기구 간의 관계 등이 모두 주요한 연구대상이다

perspective), ③ 급진주의시각(radical perspective) 등 3대 시각으로 크게 분류된다. 제2편에서는 이러한 3대 시각의 기본이념과 주장이 어떻게 다른가를 요약하고 비교하여 국제정치경제를 포괄적으로 이해하기 위한 개념적 틀(conceptual framework)을 제공하고 이러한 기본시각 위에서 정립된 국제정치경제학의 제 이론들을 학습한다.

국제통상의 정치경제론(3편) 제3편에서는 국제통상과 관련되는 정치경제적 논의로서 자유무역정책과 보호무역정책에 대한 규범적·역사적·실증적 관점에서의 정치경제적 논의를 행한다. 이를 위하여 ① 자유무역정책론과 보호무역정책론의 주요 내용과 양자의 주장은 어떻게 평가할 수 있는가라는 규범적 논의, ② 자유무역과 보호무역이 역사적으로 어떻게 전개되어 왔으며 이러한 역사적 과정에 대한 정치경제적 논의, ③ 국제무역체제의 성립이나 일국의 통상정책이 이루어지는 정치경제적 요인이 무엇인가라는 실증적 정치경제이론들을 소개한다.

국제통화 및 금융의 정치경제론(4편) 제4편에서는 국제무역과 함께 국제경제관계의 또 다른 축이 되는 국제통화·금융체제에 대한 정치경제적 문제들을 논의한다. 이를 위하여 ① 국제통화체제가 어떤 정치경제적 함의를 가지며 역사적으로 국제통화체제가 어떻게 변화되어 왔는가를 분석하고 앞으로의 국제통화체제를 전망해 보고, ② 오늘날 우리 눈앞에서 전개되고 있는 경제의 세계화를 주도하고 있는 금융세계화의 원인과 영향에 대한 정치경제적 논쟁의 요체가 무엇인가를 논의한다.

국제금융위기의 정치경제론(5편) 제5편에서는 금융세계화의 흐름과 더불어 최근 빈번하게 발생하고 국제금융위기와 관련되는 정치경제적 논의를 행한다. ① 국제금융위기의 역사적 흐름을 개관하고 그것의 원인에 대하여 이루어졌던 논쟁을 소개하고 최근에 발생한 동아시아 외환금융위기 및 글로벌 금융위기의 정치경제적 함의를 논의하고, ② 글로벌 금융위기 이후 세계경제 및 국제경제체제가 어떻게 변화될 것인가에 대한 다양한 논쟁과 전망들을 살펴본다.

이처럼 본서는 국제경제관계를 정치경제적 관점에서 논의하기 위하여 국제경제의 양대 축이라고 할 수 있는 국제무역과 국제통화·금융에 대해서는 정치경제적으로 중요한 이슈들을 나름대로 논의하고 있다. 그러나 국제경제관계를 정치경제적 관점에서 보다 폭 넓게 이해하고 연구하기 위해서는 이러한 주제들 이외에 경제발전(남북문제)·국제경제기구·세계화·지역주의·국제환경문제·국제자원문제·국제기술이전문제 등 실로 다양한 주제들이 국제정치경제의 주요한 연구대상이 되어야 함은 상술한 바와 같다.[13]

13 다만 이들 주제 중 세계화문제에 대해서는 제4편 제1절에서 금융세계화와 함께 간략히 논의하고 있다.

제2편

국제정치경제의 제 시각과 이론

국제정치경제학(international political economy)은, 국제정치경제의 본질을 기술·설명·예측하고 정책을 처방하는 기본 입장과 시각의 차이에 따라 ① 중상주의 시각(mercantilist perspective), ② 자유주의시각(liberal perspective), ③ 급진주의시각(radical perspective)의 3대 시각으로 크게 분류된다.

이들 3대 시각은 각기 서로 다른 독특한 전제들을 가졌을 뿐만 아니라, 국제정치경제의 본질 파악, 행위주체의 규정, 국가와 시장의 역할, 정치와 경제 간의 실질적이고 바람직한 관계 등에 대하여 서로 다른 결론을 보여준다. 따라서 국제정치경제학의 모든 이론들은 그들이 기초하고 있는 기본적 시각에 무엇이냐에 따라 그 내용이 달라지고 다양해진다.

제2편에서는 국제정치경제에 대한 이러한 3대 시각의 기본 이념과 주장이 어떻게 다른가를 요약하고 비교하여 국제정치경제를 포괄적으로 이해하기 위한 개념적 틀(conceptual framework)을 제공하고 이러한 기본시각 위에서 정립된 국제정치경제학의 제 이론들을 학습한다.

이를 위하여 우선 ① 중상주의·현실주의, ② 자유주의, ③ 급진주의 시각에 바탕을 둔 국제정치경제 및 국제정치의 전통적 사상의 흐름과 이론들을 소개하고(제2장), 이후 이러한 전통적 기본시각들을 수정하고 절충하였다고 할 수 있는 새로운 국제정치경제이론의 시각과 내용들을 소개하고 평가한다(제3장).

국제정치경제의 3대 시각과 전통적 이론

제1절 국제정치경제의 3대 기본시각 개관

국제정치경제학(international political economy)은 국제정치경제의 본질을 기술·설명·예측하고 정책을 처방하는 기본적인 입장과 시각이 어떠하냐에 따라 ① 중상주의(mercantilism, mercantilist perspective), ② 자유주의(liberalism, liberal perspective), ③ 급진주의(radicalism, radical perspective)의 3대 시각으로 분류된다.[1] 이러한 3가지 기본시각을 국제정치경제의 3대 이데올로기 또는 3대 패러다임이라고도 한다.[2]

이데올로기(ideology)란, 다양한 의미로 사용되지만 '세계와 삶을 바라보는 기본적인 가치관념·현실을 설명하는 논리체계·미래에 대한 일정한 지향이념'을 말한다. 또한 패러다임(paradigm)이란, '특정시대의 전체 사회나 특정집단이 어떤 상황이나 현실에 대하여 보편적으로 공유하여 진리로 인식하고 있는 이념·이론·가치·규범 등과 같은 인식의 틀' 또는 '다양한 관념을 서로 연관시켜 질서지우는 체계나 구조'라고 정의된다.[3]

---

1 이러한 기본시각에 대한 분류 역시 학자들에 따라 서로 상이하다. 예컨대 크래스너(Stephen Krasner)는 ① 현실주의, ② 자유주의, ③ 마르크스주의, ④ 국내정치 등 4가지로 분류하고 있고, 길핀(Robert Gilpin)은 ① 자유주의, ② 민족주의, ③ 마르크스주의 등 3가지로 분류하고 있다.

2 길핀(Robert Gilpin)은 이들 각 입장이 인간과 사회의 성격에 대한 총체적인 신념체계를 수반하기 때문에 '이론'이라기보다 '이데올로기'라는 개념이 더 적합하다고 지적한다.

3 이 용어는 미국의 유명한 과학철학자인 토마스 쿤(Thomas S. Kuhn)의 저서 과학혁명의 구조(*The Structure of Scientific Revolution)*에서 정상과학(normal science)의 지식이 고대로부터 어떤 발전과정을 거쳐서 생겼는가를 규명하면서 처음으로 사용되었다. 그는 자연과학이 진화적 과정을 거치지 않고 전통적 이론과의 단절을 통한 혁명적 과정을 거치며 발전하였다고 주장하면서 코페르니쿠스 패러다임·뉴턴 패러다임·아인슈타인 패러다임을 예거하였다. 그 후 패러다임이라는 용어는 자연과학에서 뿐만 아니라 사회과학·인문과학 등 여러 분야에서 특정한 시대를 휩쓸었던 이념·이론·가치·규범 등을 언급할 때 빈번하게 사용되어 왔다.

그런데 이들 3대 기본시각·이데올로기·패러다임들은 각기 독특한 전제를 가지고 있으므로 국제정치경제를 분석함에 있어서도 서로 다른 입장과 세계관을 보여준다. 이 때문에 어떠한 시각도 그 자체만으로 국제정치경제의 현실을 모두 다 설명하지 못하므로 국제정치경제 현실을 종합적으로 이해하기 위해서는 이러한 3대 시각의 종합과 통합이 필요하다. 그럼에도 불구하고 이러한 3대 시각들은, 현실을 분석하고 이해함에 있어 기본이 되는 개념적 틀로서의 역할과 기능을 하므로 이들 기본입장에 대한 이해와 이들 간의 비교연구는 국제정치경제를 종합적으로 이해하는데 있어 매우 중요하다.

물론 최근의 여러 이론들의 수정과 수렴현상으로 인하여 이러한 3대 시각의 경계선이 모호해지기는 하였지만 이들 3대 시각은 여전히 우리에게 주는 시사점이 많다. 따라서 이러한 3대 시각의 기본이념과 주장이 어떻게 다른가를 간략히 요약하고 비교하는 일은 국제정치경제학을 포괄적으로 이해하고 그에 대한 개념적 틀(conceptual framework)을 구축하기 위한 전제조건이 된다. 이하에서는 이러한 3대 기본시각이 각기 어떠한 전제를 바탕으로 하고, 따라서 국제정치경제의 본질과 현상에 대하여 어떻게 서로 다른 결론에 제시하고 있는가를 살펴본다.

1. 국제정치경제의 중상주의 시각

중상주의시각(mercantilist perspective)은 3대 시각 중 가장 오래된 경제사상 또는 국제정치사상으로서 자유주의시각보다도 더 오랜 전통을 갖고 있는 정통주의 학파에 속한다. 중상주의는 경제관계의 본질·경제활동의 주체·경제활동의 목표·정치와 경제의 상관관계를 보는 관점 등에서 자유주의시각이나 급진주의시각과 다르다.

중상주의시각은, 인간의 본성은 경쟁적이고 투쟁적이어서 개인들에 의한 경쟁은 필연적으로 갈등을 초래한다고 보고 이러한 상호작용의 결과 경제관계는 본질적으로 제로-섬게임(zero-sum game)의 형태를 취하게 된다고 본다. 중상주의시각이 이렇게 경제관계의 본질을 분쟁과 갈등으로 파악한다는 점에서 경제관계가 필연적으로 조화와 균형을 이루는 것으로 보는 자유주의시각과 다르고 오히려 급진주의시각과 더 가깝다고도 할 수 있다. 이와 같이 중상주의시각은 경제관계의 본질을 조화보다는 분쟁·갈등의 관계로 파악하는 만큼 국제관계에 대해서도 국제경제관계의 통합이 확대된다고 해서 자국의 경제적 번영이 스스로 이루어지는 것으로 보지 않는다.

경제활동의 주체를 누구로 파악하는가라는 점에서도 중상주의는 자유주의나 급진주의와 다르다. 자유주의자들이 경제활동의 주체를 개인·기업으로 파악하여 국가 이외의 행위자들도 중시하는 반면, 급진주의자들은 국내에서는 물론 국제관계에 있어서도 경제활동의 기본 행위주체는 경제계급으로서 지배계급의 이익이 국가의 외교정책을 결정하게 된다고 주장한다. 이들과는 달리 중상주의시각은 국제경제관계의 진정한 주체는 국민국가(nation-state)로서 이러한 국민국가는 세계경제에 있어서도 가장 중요한 행위자이므로 국가이익(national interests)이야말로 그 나라의 외교정책을 결정하는 가장 중요한 요소라고 파악한다.[4] 따라서 자유주의가 국제주의(internationalism)·세계인주의(cosmopolitanism)적인 정향을 갖고 있다면 중상주의자는 국가이익을 생각하는 국가주의(statism) 또는 민족주의(nationalism)적인 정향을 갖고 있다.

또한 중상주의자들은, 경제활동으로 창출되는 부와 권력의 분배에 더욱 신경을 쓰고 이와 관련된 가치판단을 내리고 있다. 자유주의는 자유로운 경제활동을 통하여 발생한 이득을 관련 국가들이 모두 공유할 수 있다는 전제를 바탕으로 국가의 절대적 이익(absolute gains)에 초점을 맞추는 반면 중상주의는 경제관계에서 발생한 이익을 어떤 국가가 더 많이 차지하고 어떤 국가가 덜 차지하는가라는 상대적 이익(relative gains)에 더 초점을 맞춘다. 따라서 자유주의는 공동의 이익을 통한 국가 간의 협력적 관계를 강조하는 반면 중상주의는 국가 간 경제적 이익의 분배문제로 인한 갈등관계를 강조한다.

이러한 점에서, 희소자원을 최적하게 배분하고 이를 효율적으로 활용해서 인류 전체의 후생극대화를 경제활동의 목표로 삼지만 소득의 구체적 분배에 관해서는 어떤 뚜렷한 가치판단을 내리지 않고 있는 자유주의자와 다르고 오히려 급진주의와 공통점이 있다. 그러나 급진주의가 사회계급 간(inter-social class)의 배분문제를 중요시하는 데 비하여 중상주의는 국민국가 간(inter-nation state)의 부와 권력의 배분문제나 국가와 국가 간의 상대적 이득을 중요시한다는 점에서 서로 다르다.[5]

중상주의시각은 국제체제에 있어 정치와 경제의 상대적 중요성에 관해서 자유주의나 급진주의와 입장을 달리하고 있다. 자유주의자들은 세계경제가 통합되고 상호의존이 증대됨에 따른 세계경제의 효율적 성장과 조화가 세계평화의 기반이 되고 있다고 보는 데 반해, 중상주의자들은 세계평화의 구축은 경제적 기능만으로 이루어지는 것은 아니고 오히려 정치권력(political power)의 의도적 조정에 의해서만 성취될 수 있다고 주장한다. 이처럼 중상주의는 경제에 대한 정치의 우위(the primacy of politics over economics)를 주장하여 정치가 경제기구의 성격을 결정해야 한다고 보며, 특히 국가안보나 산업발전 등에 있어 자국의 이익확보가 우선적으로 고려되어야 한다는 입장을 취한다.

이러한 점에서 중상주의는, 경제와 정치의 관계를 상호의존적으로 보면서도 정치에 대한 경제의 우위를 전제하는 자유주의와 다르고 또한 경제적 생산양식(mode of production)이 정치관계라는 상부구조를 실제로 결정한다는 마르크스주의시각과도 다르다. 따라서 중상주의자는 정치에 대한 경제의 종속·시장에 대한 국가의 우위를 전제로 하여 시장의 작동은 국가에 의하여 가능해지고

4 경제행위의 주체가 계급이냐, 기업이냐, 아니면 국가냐 하는 위와 같은 이견은 바로 국가의 본질과 공공정책(public policy)에 대한 이들의 기본견해가 다른 데 기인한다. 자유주의자의 경우 국가란 곧 사적 이익(개인이익)의 총화를 대표하는 것이므로 공공정책이란 여러 이익단체들 간의 다원적 경쟁의 산물로서 이해된다. 반면 급진주의(마르크스주의)에 있어 국가란 단지 지배계급의 '집행위원회'(executive committee)일 뿐이므로 공공정책은 지배계급의 이익만을 대표하게 된다고 믿게 된다. 그런데 이들과는 달리 중상주의에 있어 국가란 그 자체로서 어떤 권리를 갖고 있는 유기적 단위이며 부분의 합보다 더 큰 어떤 전체를 형성하고 있어 개개인의 이익의 총합보다 더 중요한 국가 자체로서의 이익을 갖게 된다고 전제한다.

5 따라서 중상주의는 국가의 고용 및 산업능력의 상대적 수준과 국제수지의 흑자, 그리고 이것들과 직접적인 상관관계에 있다고 믿는 군사력의 분포상태에 더 큰 가치를 부여하고 국가 간에 이루어지는 국제무역에 있어서도 절대적인 이득보다도 상대적인 이득의 배분문제에 더 관심을 가진다.

또 한계지어진다고 주장하면서 국가의 필요와 이익에 따라 시장은 간섭될 수 있고 때로는 통제되어야 한다고 생각한다. 또한 국가 간의 관계에 있어서도 경제관계를 국가의 관장사항으로 취급하여 경제에 정치(국가)가 개입해야 함을 당연시한다.

2. 국제정치경제의 자유주의 시각

자유주의시각(liberal perspective)의 기본 입장은, 국제정치 및 국제경제 질서가 본질적으로 선한 것도 악한 것도 아닌 중립적(neutral)인 것이고 국제경제관계의 본질이 화해와 균형을 이루어 모든 참여자들에게 이익이 된다는 포지티브-섬게임(positive-sum game)적인 시각을 내포하고 있다. 따라서 자유롭고 개방적이며 경쟁적인 경제활동을 통하여 자기이익을 추구하는 것은 국내적으로는 물론 국제적으로도 모두에게 최대의 경제이익을 가져오는 동시에 이를 통하여 국가간 갈등이 최소화될 수 있다는 믿음에 기초하고 있다. 말하자면 국제경제관계의 본질이 근본적으로 화해와 균형을 이루고 모든 참여자들에게 이익이 되는 조화로운(harmonious) 것으로 진단한다.

자유주의자들은 이같이 국제정치 및 국제경제의 질서가 중립적이라고 보기 때문에 어떤 국가가 이러한 세계질서로부터 이익을 볼 수 있느냐 없느냐는 국제체제가 어떤 성격을 지니고 있는가에 달려 있는 것이 아니고 그 국가의 정책·행동·성과 여하에 달려 있다고 본다. 따라서 국가경제정책에 대한 이들의 처방은 항상 보편적(universal)인 것이 되어 부국과 빈국을 막론하고 자유주의 경제정책이 가장 바람직한 정책이라고 건의하고 있다. 또한 현 국제경제관계를 지배하는 원칙이나 이러한 원칙이 준수될 수 있도록 하고 있는 각종 국제경제기구들은 모든 국가에게 정치경제적으로 중립적인 성격을 띠고 있는 것이지 급진주의자들이 주장하는 것처럼 착취와 불균형을 유도하는 편파적인 것이 아니라고 주장한다.

자유주의자는 국제적 차원에서도 국가와 국가 간에 근본적인 이익의 조화가 존재한다고 믿는다. 따라서 이들은 모든 개인이 국경으로 인한 장애가 없이 원하는 곳에서 자유롭게 교역하면 세계후생이 극대화될 것이라고 주장한다. 이런 면에서 자유주의자들은, 현 국제경제관계가 경제거래에서 발생되는 이익이나 혜택을 국가 간에 완벽할 정도로 평등하게 분배한다고는 할 수는 없지만 상호이익이 되는 결과를 가져오는 것은 틀림없는 사실이라고 주장하면서, 정치경제적 관계에 있어 상대적 이득보다 절대적 이득(absolute gains)을 중시한다. 또한 자유시장이 국내적인 구조적 장치인 것처럼 상품·자본·기술·노동 등 생산요소가 장애받지 않고 유통되며 비교우위(comparative advantage)에 의해 지배되는 개방된 세계경제에서는 모든 국가가 각국의 비교우위에 따라 상품생산을 할 수 있게 됨으로써 세계 전체의 후생이 극대화된다고 믿는다. 따라서 자유교역을 가로막는 국가의 인위적인 장벽은 철폐되어야 한다고 주장한다.

앞에서 설명한 중상주의가 국민국가를 주요한 행위주체로 전제하고 뒤에서 설명하는 급진주의가 경제계급을 주요한 행위주체로 전제하지만 자유주의는 보다 다양한 행위주체를 전제한다. 물론 그들 역시 계급 간 갈등의 중요성을 인식하고 있고 경제성장과 경제정책을 국가적 측면에서 분석하기도 하지만,[6] 그들에게 있어 경제활동의 주요한 행위주체는 어디까지나 개인·기업이지 결코 국가나 계급이 아니다. 따라서 자유주의자들은 국제정치경제관계에 있어서 국가만을 유일한 행위자로 보지 않고 다양한 비국가행위자, 예컨대 다국적기업·국제기구·비정부행위자(NGO) 등의 역할과 중요성을 인정한다.

자유경제사상의 신봉자인 이들 자유주의시각은 일국의 경제정책의 초점을 경제성장·경제후생·효율성의 극대화에 두어야 한다고 믿고 있다. 따라서 자유주의자들은 경제적 성공이나 실패의 평가기준은 곧 국내총생산(GDP)·무역량·투자 및 소득의 수준, 그리고 성장 등으로 표시되는 총량적 측정치(aggregate measures)이다. 이들은 경제정책의 선택을 결정하는 기본가치는 자유주의 경제원칙의 규범(norms)에 입각하여 운영되는 세계경제의 테두리 안에서 자국의 경제성장을 위한 자원의 최적배분(optimal allocation of resources)이어야 한다고 주장한다.

그러므로 한 국가의 경제성장과 효율성은 물론 전체 세계경제의 성장과 효율성을 위하여 모든 국가는 외국상품과 자본에 대해 문호를 개방하고 비교우위에 입각한 생산의 특화와 분업이 활발하게 이루어져야 한다고 생각한다. 따라서 만일 현 국제경제관계가 경제성장과 자원의 효율적 배분을 이룩하지 못하는 점이 있다면 이는 곧 정부의 경제정책입안자들이 자유주의 경제원칙에 입각한 합리적 경제정책을 추구하고 있지 않기 때문이라고 본다.

자유주의의 이상은 정치와 경제의 분리와 상호성에 있으므로 양자의 관계에서 어느 쪽의 우위보다는 양자의 상호작용을 중시한다. 그러나 만일 현실적으로 정치기구(political organization)와 경제적 합리성(economic rationality) 사이에 모순이 존재할 때에는 경제적 합리성을 우선 살리는 방향으로 모순이 해결되어야 한다고 주장하여, 결국 부의 추구가 정치질서의 성격을 결정해야 한다고 본다. 이러한 점에서 자유주의는 자유시장과 자유경쟁, 국가에 대한 시장의 우위, 경제에 대한 국가의 불개입을 중요한 전제로 한다. 자유주의자들의 이러한 인식의 근저에는, 자유시장의 경제행위는 합리적인데 비하여 정치행위는 비합리적인 것이므로 경제에 대한 정치적 간섭과 간여는 효율을 떨어뜨리고 많은 비용을 치르게 된다고 보는 전제가 깔려있다.

3. 국제정치경제의 급진주의 시각

마르크스주의적 전통 위에 서 있는 급진주의시각(radical perspective)의 기본가정은 자유주의의 세계관과는 전혀 다른 관점에서 출발하므로 모든 점에서 자유주의시각과 대비된다. 일찍이 19C 마르크스(K. Marx)는 유럽의 자본주의체제에 분석의 초점을 맞추고 부르주아(자본가계급)는 자신의 경제력을 이용하여 프롤레타리아(무산계급)를 억압하고 착취함을 이론화하였고, 네오 마르크스주의자(neo-Marxist)들은 이러한 분석체계를 국제관계에 적용하여 부유한 자본주의국가들에 의해 통제

---

6 리카도(D. Ricardo) 슘페터(Joseph Schumpeter) 같은 자유주의경제학자도 계급간 갈등의 중요성을 인식하고는 있고 또한 존슨(Harry Johnson) 같은 신자유주의자(neo-liberalist)들도 경제성장과 경제정책을 국가경제의 측면에서 분석하기도 한다.

되는 세계 자본주의경제가 제3세계나 빈곤한 개도국들을 더욱 빈곤하게 만든다고 주장하였다.

상술한 대로 급진주의자들은 국내에서는 물론 국제관계에 있어서도 경제활동의 기본적 행위주체는 경제계급이고 지배계급의 이익이 국가의 외교정책을 결정하게 된다고 주장한다.[7] 또한 이들은, 경제관계의 속성은 바로 분쟁·갈등으로서 자유주의가 주장하는 것처럼 예정조화가 아니라고 주장한다. 이들에 의하면 경제관계란 한쪽의 득(得)이 바로 다른 한쪽의 실(失)을 가져오는 '제로-섬게임'(zero-sum game)이다. 따라서 이들 역시 절대적 이득보다는 상대적 이득, 효율과 후생의 극대화보다는 분배의 형평이 더 중요하다고 주장한다.

국제관계에 있어서도 경제성장과 효율증대가 국가의 중요한 정책목표이기는 하지만 그보다 더욱 중요한 것은 국가의 자결권이 보장되느냐 하는 것과 균등한 소득분배(equitable income distribution)가 이루어지고 있는가라고 주장한다. 따라서 현재와 같이 빈국과 부국 간에 극심한 소득격차와 정치경제적 자결능력의 차이가 존재하는 상태에서 제3세계의 약소국가들이 자유주의적 경제원리에 의해 운영되는 세계경제에 참여하게 될 경우 불이익을 자청하게 될 뿐이라고 주장한다.

빈곤한 개발도상국들이 외국의 상품과 자본에 대해 시장을 개방하고 비교우위에 따른 특화를 시도하는 것은, 규모와 능력에 있어 실력의 차이가 심각한 경제단위가 세계의 시장이나 자원의 쟁탈과 획득을 위해 똑같은 조건으로 경쟁하게 되는 것을 의미하므로 그 결과는 자명하게 된다는 것이다. 따라서 국제경제관계에서 발생되는 혜택은 결국 부국에게만 유리하게 분배되어 부국과 빈국 간에 비대칭적(asymmetrical)인 분배가 이루어질 수밖에 없으며, 이러한 분배의 비대칭적 성격이 지속됨에 따라 지배국가와 종속국가 간의 관계가 착취적인 것으로 되고 있다고 주장한다.

따라서 급진주의자들은, 제3세계 약소국들이 빈곤에서 탈피하려는 그들의 경제적 갈망을 성취시키지 못하는 원인은 그들 자신의 경제정책이 잘못된 데 있는 것이 아니라 이들에게 불리하게 운영되는 현 국제경제질서 그 자체의 모순에 있다고 본다. 따라서 빈국들이 자유주의 경제원칙에 입각한 경제정책을 추구한다 하여도 국제경제거래에서 발생되는 경제적 이익이 비대칭적으로 분배됨으로써 결국 저발전과 빈곤·외국의 침투·부국에 대한 종속의 영구화만을 초래할 뿐이라고 보고 있다.

요컨대 국제경제관계를 제로-섬게임으로 보는 이들의 입장에서는, 국가 간 경제이익을 둘러싼 갈등은 고유하고 불가피한 것이므로 자유주의의 주장처럼 선후진국에 공통으로 적용할 수 있는 보편적인 정책처방이란 존재할 수 없다. 세계경제의 중심권에 속해 있는 부국들에게 적절한 정책이 주변의 빈국들에게 적절한 정책이 되지 못한다는 것이다. 급진주의자들은 고전적 자유주의 경제사상이 부국들의 경제이익에 잘 부합하는 반면 빈국들의 이익을 보호하지 못하므로, 현존하는 국제경제체제가 자유주의자들이 말하는 것처럼 결코 정치경제적으로 중립적인 것이 아니라고 보고 있다. 오히려 주요 국제경제기구의 정책과 운영은 물론 대부분의 경제적 교류에서 발생되는 경제혜택이 항상 부국에 유리하게 분배되어 선진공업국가들에 의한 세계정치경제관계의 지배를 영구화시켜주

7 이러한 점에서 보면 국제정치경제의 3대 시각 모두 경쟁(競爭)을 전제로 하지만 자유주의는 기업 간 경쟁, 중상주의는 국가 간 경쟁, 그리고 급진주의는 계급 간의 경쟁 또는 선후진국 간의 경쟁을 주요한 전제로 삼는다고 할 수 있다.

고 있다고 비판한다.

한편 급진주의자들은, 하부구조로서의 경제적 생산양식(mode of production)이 상부구조인 정치관계를 결정한다는 정치에 대한 경제의 우위(the primacy of economics over politics)를 주장하는 마르크스주의에 입각하고 있어, 세계경제와 세계정치의 관계에 대하여서도 경제가 정치를 결정한다고 본다. 이들은 국가의 장기적 목표나 이러한 목표의 실현가능성 역시 모두 경제에 의하여 결정되며 국가 간의 정치적 관계 역시 경제적 관계로서의 연장으로서만 존재한다고 보기 때문에, 이러한 급진주의시각을 '경제적 결정론주의'라고도 한다. 이와 같이 급진주의자들이 경제적 변수를 중요시한다는 점에서 경제에 대한 정치의 우위를 주장하는 중상주의보다는 오히려 자유주의와 궤를 같이한다고 할 수 있다. 그러나 관심을 두는 초점과 해석에 있어 자유주의자는 부의 증대와 효율에 치중하는 반면 급진주의자는 분배와 불평등의 해소에 치중하고 있다는 점에서 서로 다르다.

4. 국제정치경제 3대 시각의 비교

국제정치경제의 3대 기본시각, 즉 자유주의·급진주의·중상주의가 각기 어떠한 전제들을 가졌고 국제정치경제의 본질의 파악·행위주체의 규정·국가와 시장의 역할·정치와 경제 간의 실질적이고 바람직한 관계 등에 대하여 어떻게 서로 다른 결론에 제시하는가를 요약해서 비교하고 있는 것이 〈표 2-1〉이다.

〈표 2-1〉 국제정치경제의 3대 시각 비교

구 분		중상주의 시각	자유주의 시각	급진주의 시각
경제관계의 본질		분쟁·갈등 zero-sum game (상대적 이득 중시)	조화 positive-sum game (절대적 이득 추구)	분쟁·갈등 zero-sum game (분배의 형평 추구)
주요 행위주체 (경쟁체제)		국민국가 (국가 간 경쟁)	개인·기업 등 다양한 주체 (기업 간 경쟁)	(경제)계급 (계급 간 투쟁)
경제활동 목적		국가이익 극대화	사회적 후생·효율 극대화	계급이익 극대화
경제(시장)와 정치(국가)관계		정치가 경제를 규정함 시장에 대한 국가우위	상호적·독립적 관계, (국가에 대한 시장우위)	경제(하부구조)가 정치(상부구조)를 규정함.
국가관		국가의 자율성, 개인에 대한 국가우위	국가에 대한 개인의 우위	국가는 지배계급의 이익을 위한 도구
접근방법	국제정치경제학	중상주의, 역사학파, 신중상주의, 보호주의	주류경제학/고전파경제학, (상업적)신자유주의	고전적 마르크스주의 제국주의, 신마르크스주의, 구조주의(종속이론, 세계체제론), 민족주의[17]
접근방법	국제정치학	현실주의, 국가주의 신(구조주의적)현실주의, 민족주의[8]	상호의존론, 국제주의 (제도적)신자유주의	

자료 : R. Gilpin (1975) p.27, 박경서 (2001) p.56, 김준형 (2003) p.303 참조 수정·보완

8 국제관계 연구에 있어서 또 다른 하나의 기본시각인 민족주의(nationalism)는 경제활동이 국가형성과 국가이익에 종속적이며 또 그래야만 한다는 것으로서 기본적으로는 중상주의시각과 일치한다. 그러나 이러한 민족주의는 종속이론에서와 같이 때로는 급진주의적 입장과 결합되어 있는 경우도 있다.

이러한 3대 시각의 주요 내용에 대해서는 앞에서 이미 설명하였으므로 이러한 시각들이 각기 국제정치경제학이나 국제정치학의 여러 가지 접근방법들과 어떠한 관계에 있느냐를 살펴보면 다음과 같다.

중상주의시각 중상주의시각은 경제사상으로서 중상주의·역사학파·신중상주의·보호무역주의 등에 기초하고 있으며 국제정치학이나 국제관계학의 현실주의(realism)·신현실주의(neo-realism)와 민족주의(nationalism)·보호주의(protectionism)·국가주의(statism) 등과 관련된다. 국제관계학에서의 현실주의란, 인권·복지·도덕 등에 주된 관심을 두는 이상주의(idealism)와 대조되는 개념으로서, 정책결정의 지침으로서 권력·힘 등에 초점을 두는 개념이다. 따라서 이러한 현실주의는 국가 및 정부의 역할에 1차적인 중요성을 부여하고 있다는 점에서 중상주의와 맥락을 같이한다고 할 수 있다. 이 때문에 국제정치경제학의 중상주의시각을 '현실주의적 중상주의 패러다임'(realist-mercantilist paradigm)이라고 부르기도 한다.

자유주의시각 자유주의시각은 고전학파 경제학 내지는 전통적인 주류경제학의 자유주의적 경제철학에 바탕을 두고 있음은 물론, 국제정치학의 상호의존이론·신자유주의·국제주의·세계주의·통합이론 등과 관련되는 기본시각이다. 따라서 이러한 자유주의시각을 '자유주의적 상호의존 패러다임'(liberal-interdependence paradigm)이라고 부르기도 한다. 후술하는 바와 같이 상호의존모델은, 한편으로는 경제자유주의의 영향을 받으면서 또 다른 한편으로는 국제관계학의 현실주의이론이 지나치게 국가중심의 권력론적 접근에 치중하고 있음에 대한 반동으로 제기되었다.

급진주의시각 상술한 대로 급진주의시각은 고전적 마르크스 정치경제학을 바탕으로 하는 시각과 이념을 지칭하는데 마르크스적인 입장에 있는 현대적인 정치경제이론들 역시 이러한 시각을 바탕으로 하고 있다. 따라서 급진주의시각은 국제정치경제학의 제국주의·신마르크스주의·구조주의(종속이론·세계체제론) 등이 기초하고 있는 시각으로서, 특히 1960년대 말 이후 라틴아메리카를 중심으로 발전한 종속이론이 이러한 시각과 상호 밀접한 관계를 지니고 있다는 점에서 '급진주의적 종속 패러다임'(radical- dependence paradigm)으로 지칭하기도 한다.

〈부록 2-1〉 국제정치 3대시각의 기본적 관점(보충)

이상에서 설명한 국제정치경제학의 자유주의·중상주의·급진주의와 같은 3대 기본시각들은 국제정치학의 자유주의·현실주의·구조주의와 관련된다. 따라서 이러한 국제정치학의 3대 시각들은 우리가 논의하려는 국제정치경제학의 시각들과 연계되어 자주 언급될 것이다. 예컨대 중상주의시각은 국제정치의 현실주의시각과 함께 논의하고 급진주의의 경우 그 이론적 스펙트럼이 넓지만 주로 구조주의(종속이론·세계체제론)를 중심으로 논의된다.

이렇게 국제정치경제학의 3대 시각들은 결국 국제정치학의 3대 시각들과 관련되어 논의되는데 이러한 국제정치학의 3대 시각들이 어떠한 기본전제를 지니고 있는가를 비교적으로 설명하고 있는 것이 〈표 2-2〉이다. 이를 중심으로 이들 3대 시각의 기본 전제와 성격을 살펴보면 다음과 같다.

〈표 2-2〉 국제정치경제의 3대 시각 비교

구 분	현실주의 시각	자유주의 시각	구조주의 시각
국제정치의 주요 행위자	국제정치에 있어서 가장 중요한 행위자는 국가이다.	국제정치에 있어서는 국가 이외에 다양한 행위자가 있다.	다양한 행위자가 있지만 이들 행태를 결정하는 것은 전체의 구조적 힘이다.
국가의 단일성	내부적 이견에 상관없이 국가는 국제정치에 있어 단일행위자이다.	국가는 단일의 행위자가 아닌 다양한 목소리를 가진 존재이다.	국가는 단일하지 않으며 지배계급과 피지배계급으로 나뉘어져 있다.
국가의 합리성	합리적인 행위자로서 항상 국익의 관점에서 행동한다.	국가가 이익만을 위해 움직이는 것은 아니다.	합리적·자율적 존재가 아니라 자본주의체제의 반영일 뿐이다.
국제정치의 중요 이슈	무정부상태에서 국가생존·국가안보가 가장 중요하다. (정치적·군사적 힘 중시)	정치·경제·사회·문화 등 다양한 국제협력 중요하다. (경제적·기술적 힘 중시)	경제문제가 중요하다. 특히 중심부와 주변부간의 경제적 불평등문제가 가장 중요하다.

1. 국제정치의 현실주의

현실주의(realism)는 이상주의(idealism)에 대한 반발로서 등장하였는데 이름 그대로 정치현상을 윤리·도덕·법률과 같은 당위와 규범으로부터 분리시키고 철저하게 이익 위주로 움직이는 권력 중심의 이기적인 국제정치현실을 직시하는 시각이라고 할 수 있다. 따라서 이들은 국제관계에 있어서 국가권력(national power)·국가이익(national interest)·갈등(conflict)을 주요 개념(key word)으로 한다. 이러한 현실주의 국제정치이론은 후술하는 바와 같이 여러 갈래로 다양하지만 국제체제의 기본특성에 대하여 이들이 공유하는 공통적인 전제는 다음과 같은 몇 가지로 요약할 수 있다.

국가중심적 관점 현실주의는 국제정치에 있어 가장 중요한 행위자를 국가로 파악하는 국가 중심적 관점(state-centric view)에 서 있다. 따라서 자유주의자들이 중요한 행위자로 간주하는 개인·국제기구·다국적기업·NGO 등과 같은 비 국가행위자들 역시 국제정치활동에서 때로는 중요한 영향력을 발휘하지만 이들은 국가에 대한 부차적인 행위자들일 뿐이라고 전제한다.

단일의 합리적 행위자 현실주의는 국가를 국제정치에서 한 목소리를 내는 단일의 행위자(unitary actor)로서 파악하여 국내에 다양한 목소리와 견해가 있지만 대외정책에 있어서 궁극적으로는 단일의 목소리를 내는 존재로 규정한다. 현실주의는 또한 국가를 본질적으로 합리적인 행위자(rational actor)로 파악하여 비용과 이득을 잘 고려하여 가장 효율적인 정책을 선택하는 행위자로 간주한다.

국가(정치)중심주의 현실주의는 '국제사회의 무정부성'을 전제로 국제정치에서 가장 중요한 이슈를 전쟁·안보 등의 문제로 규정하고, 그 밖의 경제·사회·문화·환경 등 다양한 이슈들이 존재하지만 이것은 부차적인 문제일 뿐이라고 전제한다. 따라서 국가 간의 경쟁과 갈등이 불가피하며 공동의 이익문제에 대하여서도 국가 간의 협력이나 평화유지가 어렵다는 비관적인 견해를 전제로 한다.

무정부상태·안보딜레마·생존 국제정치는 국내정치와는 달라서 국가 간의 문제가 생겼을 때 이를 해결해 줄 중앙정부와 같은 중심적 권위체가 존재하지 않는다. 이렇게 중앙정부와 같은 중심적 권위체가 존재하지 않고 국가권력(national power)의 차이에 따르는 질서만 존재하는 상태를 현실주의자들은 무정부상태(anarchy)라고 부른다. 이러한 무정부상태 하에서 개별국가는 자기의 생존(survival)에 대한 보장이 없으므로 국가안보(national security)문제가 국가의 가장 기본적인 목표가 되는데 이러한 상황은 다른 나라 역시 동일하여 결국 모든 나라들은 서로가 서로에게 안보상 위협이 되는 잠재적 적국이 된다. 따라서 개별 국가는 자신의 생존을 위하여 군비확장·국력증강이 필요하고 이러한 군비확장·국력증강은 상대방 국가에게 더 큰 안보위협이 되어 상대방 국가 역시 동일한 노력을 하게 되어 결국 국가 간 군비경쟁·세력경쟁을 멈출 수 없는 안보딜레마(security dilemma)에 빠지게 된다. 현실주의는 이러한 상황에서 국가가 생존하고 안보를 지키는 방법은 1차적으로는 자신의 권력을 키워 스스로에게 의지하는 자조(self-help)이지만 이러한 자조에 의한 안보의 영속적인 확보는 불가능하므로 전체적으로는 힘의 균형(balance of power)에 의하여 잠정적으로 유지된다고 전제한다.

2. 국제정치의 자유주의

국제정치학의 자유주의는 현실주의에 대한 비판 내지 대안으로서 제시되었다. 따라서 기본전제나 내용면에서 현실주의와 정반대의 견해를 가지고 있다. 그러나 이러한 자유주의시각은 상당히 넓은 이념적 스펙트럼을 보이고 있어 하나의 이론으로 분류하기 어려운 다양한 갈래의 이론과 이념들을 포괄하고 있다. 따라서 이들의 기본인식과 전제를 단순화 하기는 쉽지 않지만 국제관계 내지 국제정치에 대한 이들의 공통분모적인 인식과 전제를 현실주의의 그것과 비교하여 요약하면 다음과 같다.

국가중심성의 부정 현실주의는 국제정치에 있어 국가가 가장 중요한 1차적 행위자임을 전제로 하지만 자유주의는 국가 이외의 다양한 행위자의 중요성을 중시한다.[9] 따라서 자유주의는 국가 이외의 개인·기업·조직·기구·제도 등의 비국가적 행위자(non-state actor)의 역할과 기능을 중요시한다. 말하자면 현실주의가 전제하는 '국제체제의 국가중심성'을 부인하고 국가가 더 이상 국제체제의 가장 중요한 행위자가 아니라고 가정하고 다원적인 행위자들에 의하여 이루어진다는 관점을 가지고 있다.

비합리적인 행위자 현실주의는 국가를 합리적이고 통합된 행위자로 규정하는데 비하여 자유주의는 국가란 개인·관료·이익단체·제도 등 다양한 내부의 행위자로 구성되어 있어 다양하게 분할된 행위자로 가정한다. 따라서 자유주의는 다양한 비국가적 행위자들이 국익과는 다른 자신의 이익을 추구하고 관료조직 간에도 이해관계의 상충과 타협이 필요하다고 본다. 이 때문에 현실주의는 국가를 합리적 행위자로 보지만 자유주의는 국가가 비합리적일 수 있다고 본다. 긴박하게 돌아가는 국제정치경제 상황에서 이해관계가 충돌되는 여러 행위자들에 의한 합리적 결정이 어렵다고 보기 때문이다.

국가(정치)중심주의의 부정 현실주의는 국제정치의 가장 중요한 이슈를 전쟁·안보의 문제로 규정하는데 비하여, 자유주의는 안보문제가 중요하지 않는 것은 아니지만 안보 이외에도 경제·사회·문화·환경 등 다양한 이슈들이 존재하고 이들에 대한 관심이 점차 높아짐에 따라 협력과 공존의 중요성에 대한 인식이 점차 높아지면서 인류역사는 미래의 진보를 향하여 열려 있다고 본다. 말하자면 현실주의가 국제체제라는 무정부상태에서 평화와 협력이 이루어지기 어렵다고 전제하는 비관적 견해를 보이는데 비하여 자유주의는 국제적 무정부 상태 하에서도 상호의존이 협력과 평화를 가져오는 것이 충분히 가능할 뿐만 아니라 실제로 그러한 상태가 실현되고 있다고 주장하여 낙관적·이상주의적 사고체계를 보여준다.[10]

국제정치의 무정부성 부정 · 다양한 국제협력 중시 현실주의가 국제관계를 무정부상태로 간주하여 이러한 무정부상태에서의 국가생존·국가안보를 가장 중요한 이슈로 삼는데 비하여 자유주의는 국제정치는 결코 무정부상태가 아니며 국내정치와 마찬가지로 도덕·여론·국제법·제도 등과 같은 국제규범이 존재하여 국제정치의 구성원인 국가들이 이를 일반적으로 준수한다고 전제한다. 따라서 국가 간 충돌이나 분쟁보다는 협상이나 협력이 훨씬 더 일상적인 일이며 전쟁이 오히려 아주 예외적인 것이 된다고 본다.[11] 따라서 현실주의가 국가권력(힘)을 정치적·군사적 관점에서 정의하는데 비하여 자유주의는 국제체제에서 경제력 또는 기술력 등을 중요한 권력(power)의 형태로 간주하여 경제력 및 기술력(economic and technological forces)이 국제정치의 상호의존을 가져오는데 중요한 역할을 한다고 본다.[12]

3. 국제정치의 구조주의

일반적으로 국제정치의 구조주의(structurallism)란, 국제관계를 설명함에 있어서 국가의 개별적 행위나 특성에서 그 요인을 찾지 않고 국가가 그 구성요소로서 속해 있는 국제체제의 구조적 특성(structural characteristic)에서 찾는 연구경향을 일컫는다. 따라서 이러한 구조주의에는 뒤에서 설명하는 신(구조)현실주의도 여기에 속한다고 할 수 있다. 그러나 여기서 말하는 급진주의적 구조주의는 마르크스주의의 지적 전통 아래에서 국가간의 불평등성문제나 저개발국의 저발전 및 빈곤문제 등을 세계자본주의체제의 구조적인 모순에서 찾으려는 연구경향을 말한다.

급진주의적 구조주의가 이렇게 전체세계를 분석의 단위로 하여 그러한 세계체제의 구조를 논의한다는 점에서 '구조주의'라는 명칭 대신에 '세계주의'(globalism)라고 지칭하는 사람들도 있다. 이러한 국제정치의 구조주의의 기본적인 성격을 보면 다음과 같다

거시적 · 총체적 정치구조의 분석 구조주의는 국제관계에서 벌어지는 전쟁·조약·협력 등과 같은 국가 간 행위나 개인·관료·사회 등과 같은 수준의 행위를 이해하고 설명하기 위해서는 전 지구적인 자본주의체제라는 구조에 대하여 우선적인 이해를 하여야 한다고 주장한다. 따라서 구조주의는 자본주의체제의 속성이나 역사적 전개와 같은 본질적인 부분 또는 가장 거시적·총체적인 수준의 분석을 행한다. 따라서 분석의 출발점을 국제체제의 전반적인 구조에 두고 일국의 발전과 저발전도 이러한 국제체제의 구조적 결과물로 이해하려고 한다. 따라서 국제정치에서 벌어지는 전쟁이나 조약·국제협력 등과 같은 행위는 자본주의체제라는 구조의 산물이므로 어떤 국제정치현상이나 국가의 행위를 직접적으로 분석할 필요는 없다고 본다. 이러한 전제는 국가 간의 차이는 별 의미가 없으므로 개별국가의 행태를 연구할 필요도 없다고 보는 전통적인 마르크스주의 국제정치이론에 기초한다고 볼 수 있다.

경제적 요소의 강조 구조주의는 사회를 총체적으로 보되 그 사회를 움직이는 기본 메커니즘이 바로 경제적인 관계라고 전제한다. 따라서 저개발국을 종속적인 위치로 떨어뜨리게 하는 것이나 세계체제의 진화와 기능 역시 경제적 변수가 절대적인 역할을 한다. 말하자면 국제관계의 모든 현상을 경제문제의 관점에서 해석하고 처방한다. 따라서 그들은 현실주의자나 자유주의자들이 관심을 기울인 전쟁이나 협력과 같은 이슈들은 국제관계에서 단지 밖으로 드러나는 표피적인 현상일 뿐이고 정말 중요한 것은 경제적인 문제라고 규정한다. 예컨대 현실주의가 가장 주목하는 전쟁·안보위협 등은 결국 자본주의질서가 초래한 불평등으로 인한 것이고 자유주의자들이 추구하는 협력·평화 등은 강대국이나 다국적기업의 이익을 대변하는 것일 뿐 진정한 평화는 경제적 불평등을 해결하지 않으면 불가능하다고 결론짓는다.

역사적 분석의 중시 구조주의는 국제정치를 구조적인 관점에서 분석하는데 수준에서 한 걸음 더 나나가 역사적인 분석의 중요성까지를 강조하는 마르크스주의에 기초하고 있다. 마르크스주의자들은 생산기술의 발달 → 생산양식의 변화 → 생산관계의 진화 → 사회의 변혁이라는 인과관계를 전제하므로 구조적인 분석에서 한걸음 더 나아가 역사적인 분석의 중요성까지를 강조한다. 따라서 마르크스이론은 고대노예제도·중세봉건제도·자본주의제도로의 역사적 변화, 특히 16~7세기 이래 생성·발전·변화되어 온 자본주의체제의 역사적 전개과정을 계급간의 대결의 관점에서 이론화한다.

마르크스주의 이상과 같이 급진주의적 구조주의는 대체로 마르크스주의적 전통 위에 서 있지만 그 구체적인 내용에 있어 전통적인 마르크스주의와는 구별되는 신마르크스주의(neo-Marxism)에 기반을 두고 있어 양자 간에 서로 다른 전제를 두고 있다. 예컨대 사회의 기본적인 갈등구조를 전자가 계급 간 갈등(class conflict)으로 보는데 비하여 후자는 국가 간 갈등(state conflict)으로 본다. 또한 자본주의의 발생과 확산에 대하여 전자가 소수의 몇몇 국가에서 발생하여 이것이 점차 확산되어 전 세계로 퍼져나간다고 보면서 그 결과를 긍정적이고 낙관적으로 보는데 비하여 후자는 현재의 저개발국은 선진국과 다른 과정을 밟을 것이

고 선진국의 발전은 오히려 후진국의 침체와 저발전을 가져온다는 비관적인 견해를 전제로 한다.

이상과 같은 기본성격을 지닌 구조주의 역시 다양한 이론적 갈래를 가지고 있지만 국제정치경제 관점에서 주목되는 이론은 1960년대 후반 라틴아메리카를 중심으로 하는 종속이론(dependency theory)과 1970년대 후반 이후 전개된 월러스타인(I. Wallerstein)의 세계체제론(world system theory)이다.

〈부록 2-2〉 국제정치경제 현실에 대한 3대 시각의 관점

이상에서 국제정치경제학의 자유주의·중상주의·급진주의의 기본성격과 그들 시각이 갖는 유용성과 한계를 상호 비교적으로 설명하였다. 이러한 국제정치경제의 3대 시각들이 각각의 입장에서 오늘날의 국제정치경제의 현실적 문제에 대하여 어떠한 진단과 처방을 내리고 있는가를 살펴보면 이들에 대한 이해를 보다 쉽게 높일 수 있다. 〈표 2-3〉은 몇 가지의 주요한 국제경제 현안들에 대하여 이들 시각들이 내린 진단과 분석을 요약하여 비교하고 있다.

〈표 2-3〉 국제정치경제 현실에 대한 3대시각의 관점 비교

구 분		중상주의 · 현실주의	자유주의	급진주의 (구조주의)
국제경제	무역	• 국익극대화 위한 정책수단	• 자연스럽고 호혜적 교류현상	• 제국주의적 목표 위한 수단
	금융	• 선진금융우위 활용 위한 전략	• 기술·금융기법발전 따른 확대	• 이윤의 증식 위한 자본의 속성
	다국적 기업	• 투자본국의 영향력 행사와 국익 극대화 위한 노력	• 환경(기술·시장)변화에 대한 기업의 대응(방어적 투자)	• 신제국주의 도구 (공격적 투자) • 독점력 통한 이윤극대화 행위
	국제 기구	• 국가의 이해관계 반영 (강대국의 이익 대변)	• 주권국가에 대한 독립적·준독립적 지위(국제레짐 강조)	• 선진자본주의 국가의 세계지배 위한 도구·수단
세계화	배경	• 강대국의 국익극대화를 위한 국가 전략과 정책의 선택 결과	• 교통·통신·생산·금융 등 기술의 획기적 발전 • 이념의 종식 의한 시장통합	• 자본주의의 내적 논리 • 자본주의 위기극복 위한 선진 자본주의의 선택
	본질	• 행태변화일 뿐 새로운 자본주의 아님. (이념적 허상임)	• 새로운 글로벌 자본주의 (자본주의의 본질적 변화)	• 기존의 자본주의 체제에 내재한 속성의 심화 현상
	영향	• 국가 간 갈등심화 (민족주의·문명충돌·무역분쟁 등) • 국가주권의 유지 또는 강화	• 효율·성장·후생의 증진 지구적 생활수준·협력 향상 • 국가자율성 약화·쇠퇴	• 불평등·시장위주의 양육강식 • 저개발국 국가자율성 상실, 국가 이상 상위권력 존재 불가
	전망	• 추후 국가적·국제적 정치 환경 변화에 따라 가변적임	• 필연적·불가역적인 추세로서 추후 더욱 강화될 것임.	• 자본주의 세계체제의 이행기 (위기)도래·자본의 모순심화
세계질서	문제점	• 자유화·세계화로 인한 국가이익과 자율성 훼손	• 신중상주의·신보호주의 팽배 • 자유경제의 이익·안정성 훼손	• 여전히 제국주의적 속성 심화 (신제국주의 현상의 심화)
	처방	• 국가의 역할과 기능강화, • 국가간 협상 통한 해결강화 (지역주의+다자주의 강화)	• 자유화·개방화 노력의 확대 • 개도국의 구조조정 촉진 • 다자적 협력의 강화	• 자본주의의 사회주의화 • 주변부국가의 대외단절·자율성 확대

9 이렇게 다양한 행위자의 역할 중시한다는 점에서 자유주의를 다원주의(pluralism)라고 부르기도 한다.

10 그들은 이러한 관점에서 '국제정치의 장은 권력정치가 난무하고 무법적인 정글(jungle)이 아니라 국제협력과 평화를 키울 수 있는 정원(garden)이다'라고 규정한다.

11 그들은 전쟁이 가끔 발생하기도 하지만 이는 대체로 상대방국가에 대한 오해에서 비롯된 예외적인 경우이며, 특히 과거에는 국제적인 규범과 제도가 미비하였기 때문에 전쟁이 빈번하였지만 오늘날과 같이 상호의존이 높고 국가간 협력이 증가한 상황에서는 그 가능성이 점차 감소하고 있다고 생각한다.

12 박재영 (2002) p.286.

제2절 전통적 국제정치경제이론

1. 중상주의·현실주의 국제정치경제론

1.1 중상주의 국제정치경제론

국제정치경제의 중상주의나 국제정치의 현실주의는 가장 강력한 국제관계이론으로서 오랜 경험을 통하여 도출된 이론이다. 중상주의(mercantilism)는 16~18C 중엽 유럽제국을 중심으로 성행하였던 국가중심의 경제정책 및 경제사상으로서 이후 이러한 중상주의는 19세기 독일의 '역사학파'나 20세기 현대적 '신중상주의'로 나타났다. 국제정치경제의 중상주의는 국제정치의 현실주의(realism)와 관련된다.

국제정치의 현실주의는 이상주의(idealism)에 대한 반발로서 등장하였는데 이름 그대로 철저하게 이익위주로 움직이는 권력중심의 국제정치현실을 직시하는 시각이라고 할 수 있다. 이러한 현실주의의 사상적 기원은 고대 역사가 투키디테스(Thucydides)로부터 마키아벨리(Niccolo Machiavelli)나 토마스 홉스(Thomas Hobbes) 등에서 찾을 수 있지만, 20세기 이후 나타난 현대적 의미의 현실주의 국제정치론은 ① 1940~1960년대의 「고전적·전통적 현실주의」, ② 1950~1960년대의 「행태주의적 현실주의」, ③ 1970년대 후반 이후 국제관계의 구조를 강조하는 「신(구조)현실주의」로 구분해볼 수 있는데 여기에서는 고전적·전통적 현실주의에 대해서만 소개한다.

(1) 중상주의 정치경제론의 기본 전제

중상주의(mercantilism)란, 16~18세기 근대민족국가의 건설과 근대적 산업체제의 확립을 위하여 유럽제국에서 채택되었던 국가우위·국가본위의 정책 내지 이를 기초로 한 정책사상을 말한다. 이러한 중상주의정책사상은, 프랑스의 재상 콜베르(J. Colbert)의 콜베리즘(Colbertism), 미국의 재무장관이었던 해밀턴(A. Hamilton)의 산업분화론, 독일의 경제학자 리스트(F. List)의 유치산업보호론 등에 의한 지적 발전이 이루어졌다.

따라서 좁은 의미의 중상주의는 이 시대에 그들이 채택하였던 수입을 제한하고 수출을 장려하여 부국강병을 이룩하려던 국가적 노력과 이후의 중상주의자들의 정책사상을 의미하지만, 이러한 중상주의적 사고는 국제정치경제학의 한 접근방법으로서 중요한 의미를 가진다. 즉 모든 민족국가는 국가안보의 증대를 위하여 국가가 부와 권력을 형성하며 독립성을 유지하려는 목표를 추구한다는 것을 가장 중요한 전제로 삼는 국제정치경제학의 시각이다.

이러한 고전적 중상주의의 사상에 뿌리하고 있는 중상주의 정치경제적 핵심적인 전제들을 보면 앞에서 설명한 바와 같은 ① 경제의 본질을 분쟁·갈등으로 파악하는 제로-섬(zero-sum)적 세계관, ② 경제의 행위주체를 국민국가로 보고 국가이익의 극대화를 경제의 주요한 목표로 삼는 경제관, ③ 경제(시장)에 대한 정치(국가)의 우위를 규정하는 국가관을 기본으로 하면서 아울러 다음과 같은 전제들을 기본적인 핵심요인으로 삼고 있다.

권력과 부의 상호관계론 중상주의에는 권력과 부를 상호보완적인 관계, 즉 권력은 부를 가져오고 부는 권력을 강화시키는 것으로 믿는 경향이 있다. 따라서 중상주의자에게 있어서 경제정책은 국가안보정책의 일부이다. 자유주의나 마르크시즘과는 달리 중상주의는 정치가 경제관계를 결정해야 한다고 주장한다. 따라서 중상주의는 국가에 의한 경제적 통제를 합법화하는 데 이용되는 민족주의의 형태로 정의된다.

경제발전촉진자로서의 국가역할론 중상주의는 시장에 대한 국가개입과 조작을 강조한다. 중상주의의 중심적인 전제는 국가의 부와 권력을 증대하고 권력의 주요한 요소를 확보하기 위하여 국내경제와 대외무역을 규제하는 것으로 특징지어진다. 중상주의 이론가들은 민족경제의 보호가 국가의 안보와 존속에 필수적인 것으로 간주한다. 그들은 경쟁적인 국가 간의 관계에서 자국의 경제이익을 보호하거나 강화하는 국가의 역할을 강조한다. 따라서 국가는 국제경제의 통합현상이 자동적으로 자국의 경제정책을 좌우하도록 방치해서는 안 되며, 오히려 타국의 경제정책과 경제문제로부터 자국의 경제이익을 보호하기 위한 의도적 정책을 펼쳐 나갈 때, 국가는 자국의 경제목표를 가장 잘 성취할 수 있다고 주장한다. 즉 국가 간의 경제관계를 국가의 관장사항으로 취급해서 경제에 정치(국가)가 개입해야 함을 당연시하고 있는 것이다.

국내산업보호론 또한 중상주의시각은, 국가들은 산업화정책을 추구해야한다고 주장한다. 중상주의의 중심사상은 경제활동이 국가이익에 종속되어 있고 또한 종속되어야 한다는 것으로서, 아래에서 설명하는 바와 같이 시대에 따라 그 내용도 다양하지만, 제1의 목표는 산업화 또는 산업보호주의로 요약된다. 이러한 관점에서 각각의 중상주의 단계마다의 산업보호정책을 살펴보면, ① 고전적 중상주의는 상업자본주의시대에 있어서 무역의 촉진·무역수지의 흑자가 중심이었고, ② 19C 산업자본주의시대의 중상주의는 농업에 대한 공업·제조업의 보호가 중심이었으며, ③ 오늘날의 신중상주의는 기술보호와 첨단산업부문의 장악경쟁으로 그 중심이 옮겨져 있다고 할 수 있다.

(2) 중상주의 정치경제론의 3대 흐름

이와 같이 중상주의는 경제활동이 국가이익에 귀속되어야 하고 민족국가의 정치경제적 이익이 세계경제의 효율성보다 우선시되어야 함을 중심사상으로 하는 시각으로서 그에 대한 명칭도 민족주의·국가주의·보호주의 현실주의·역사학파 등으로 다양하다. 이러한 중상주의적 경제사상은 역사적으로 ① 16~18C 까지 유럽제국을 중심으로 한 고전적 중상주의사상, ② 19C 독일의 역사학파를 중심으로 한 중상주의적 지적 발전, ③ 20C 이후의 국제경제현실에서 나타난 신중상주의로 이어져 왔다.[13]

이에 사람들은 이러한 역사적 흐름을 중상주의의 3대 물결로 표현하기도 하는데 그 주요한 특징

---

13 이러한 3차례의 중상주의 외에 1차 대전과 2차 대전 사이에 세계대전·대공황의 충격 속에서 자유경제질서에 대한 회의가 생겨나면서 새로운 중상주의적 행태가 되살아났던 전간기를 또 다른 중상주의로 규정한다. 당시 대공황을 관리하기 위하여 각국은 고용수준유지·무역수지흑자보전을 위하여 경쟁적 평가절하·경쟁적 관세인상과 같은 이기적인 근린궁핍화정책(beggar thy neighbor policy)을 감행함으로써 국제무역이 급격히 감소하고 국내소비가 위축되어 다시 고용감소가 초래되는 악순환을 경험하게 되었다.

은 다음과 같다.

제1의 물결 (고전적 중상주의) 16세기로부터 18세기에 걸쳐 주로 상인과 관료에 의해 주도되어 온 고전적 중상주의로서 이들의 주된 관심은, 금을 비롯한 귀금속류를 확보하여 부국강병을 이룩하려는 중금주의(bullionism), 국가가 무역차액을 유지할 수 있도록 보호무역정책을 추구하는 무역차액론, 이러한 무역차액을 확보하고 국내산업을 진흥하기 위한 산업보호론이었다. 중상주의는 이렇게 무역에서 얻는 이익으로 금을 비롯한 귀금속류를 확보하여 이로써 신흥국가의 힘과 국민단합을 이룩하려던 일종의 폐쇄적 보호무역정책이었다.

제2의 물결 (19C 중상주의) 독일의 리스트(F. List)를 중심으로 하는 역사학파에 의해 대표적으로 주창되었던 19세기의 중상주의를 칭하는 것으로서, 주로 국내의 유치산업(infant industry)보호를 통한 국내생산능력증대를 위하여 사회활동의 모든 분야에서 국가가 결정적 역할을 담당하고 자유무역이 아니라 보호무역정책을 추구해야 한다고 주장해 왔다.

제3의 물결 (신중상주의) 신중상주의(neo-mercantilism)라고도 불리는 이러한 중상주의의 제3의 물결은 주로 20세기 초반의 자유방임적 개방정책에 입각한 세계경제 상황에 환멸을 느낀 경제학자들에 의해 주도되었다. 따라서 신중상주의는, 타국 내지는 국제경제에 미치는 영향은 고려하지 않고 오직 자국의 이익극대화만을 위하여 대외경제관계를 조정하는 전통적 중상주의의 민족주의·국가주의·보호주의적 특성이 20C에 다시 부활되고 있는 특징적 현상을 일컫는 용어이다.

(3) 신중상주의의 특성

이처럼 신중상주의는 본질적으로는 전통적인 중상주의와 동일하지만 시대와 환경의 변화에 따라 그 양상과 형태가 달라진 현대적 중상주의라고 할 수 있는데 이러한 신중상주의가 전통적 중상주의와 차별되는 점은 다음과 같다.

보다 정교하고 세련된 논리와 정책수단 전후 국가 간 정치경제적 상호의존성이 심화됨에 따라 개별국가의 정책이 다른 국가들에 의해 제약받게 되고 국내문제와 국제문제의 구별 역시 모호해지게 되자 이런 상황에서 국가들은 보다 더 정교해진 대외경제정책이 필요하게 되었다. 따라서 고전적인 중상주의와 같은 중금주의정책이나 직접적으로 수출을 장려하고 수입을 제한하는 등과 같은 극단적인 무역정책을 사용하지 않고 보다 세련된 논리와 정책을 통하여 자국의 경제적 목표를 달성하려는 노력을 행하게 되었다. 1970년대 이후 미국의 통상정책의 이념과 수단이 공정무역·상호주의·관리무역체제 등으로 나타난 것들이 이러한 변화의 단적인 예이다.

보다 광범위한 보호정책의 목표 고전적 중상주의의 보호목표가 무역흑자에 역점을 둔 무역차액론에 국한되어 있었고 역사학파적 중상주의의 보호목표가 국내산업보호에 있었다면, 신중상주의의 보호목표는 무역흑자나 산업보호라는 목표에 머물지 않고 자국의 고용유지·성장과 안정 등 거시적 목표로 이전되었다. 따라서 국내의 실업·인플레이션 등의 발생요인을 타국에 전가시키고, 보다 세련된 수출입통제수단을 통하여 자국의 국제시장점유율을 높이며, 선진기술을 더 많이 확보하는 동시에 기술의 우위와 독점력을 유지하기 위하여 기술을 통제하는 등과 같은 다양한 형태로 나타나고 있다. 또한 신중상주의가 말하는 국가이익(national interests)이란, 완전고용·물가안정·기술과 첨단산업보호·국제경쟁력강화 등과 같은 국내적 관심사는 물론 국가안보·독립유지 등과 같은 외교정책사항도 있어서 고전적 중상주의보다 훨씬 포괄적인 광의의 개념이라 할 수 있다.

국제경제상황에 대한 비관적 전망 이상과 같은 시각을 전제로 하는 신중상주의자들은 당연히 20C의 국제경제 상황에 대하여서도, 시장의 통합을 통하여 보다 자유롭고 개방적인 경제체제가 이루어질 것이라고 전망하는 자유주의자들과는 달리, ① 시장보다는 국가의 역할과 기능이 오히려 유지·강화되고, ② 보다 폐쇄적인 경제체제가 도래할 것이며, ③ 지역별 자급자족체제로서의 지역주의가 더욱 강화될 것이라는 등 비관적인 전망을 내리기도 하였다. 이에 대하여 [부록 2-3]이 보다 자세히 논의하고 있다.

〈부록 2-3〉 신중상주의 정치경제론의 주요 내용과 평가

1. 신중상주의 모델의 주요 내용

이상에서 설명한 신중상주의는 20C에 들어와서도 제1차 대전 전후의 혼란기와 1930년대 세계적 공황기에 극단적인 보호무역정책과 강력한 국가경제전략으로 나타난 바 있고, 전후 GATT에 의한 자유무역체제 하에서도 그 명맥을 유지하여 왔으며, 또한 1970년대 이후 나타난 신보호무역주의 역시 이러한 신중상주의적 경향의 표현이라고 할 수 있다. 이러한 의미에서 중상주의는 고전적인 동시에 현대적인 현상이라고 할 수 있다. 이러한 신중상주의가 내포하고 있는 오늘날의 국제정치경제상황에 대한 평가와 전망을 몇 가지로 요약한다면 다음과 같다.

국가의 역할과 기능의 유지·강화론 자유주의는 경제의 자유화·개방화가 진전되어 국가 간 상호의존성이 더욱 심화되고 국제기구·다국적기업 등과 같은 초국가적 실체(transnational entity)가 세계경제의 주요 행위자(actor)로 기능함에 따라 전통적인 국가의 역할이나 국가주권이 약화 내지 쇠퇴할 것이라고 보는데 반하여 신중상주의모델은 국가는 여전히 주요한 행위주체로서 국가의 역할과 기능은 유지되고 때로는 더욱 강화될 것이라고 전망한다. 그들은 경제의 상호의존과 시장의 통합 속에서도 군사·안보적인 문제나 공공재의 공급과 서비스재공 등과 같은 국가의 본질적 기능과 역할은 여전히 중요하며, 상호의존증대에 따르는 경쟁의 격화에 대응한 국가의 역할 과 상호의존증대가 가져오는 마찰·부작용의 폐해를 극복하고 대응해야 하는 국가의 역할이 새로이 요구됨으로써 국가의 역할과 기능이 결코 약화되지 않는다고 본다.

상호의존적 자유체제의 종말·폐쇄적 경제체제의 형성 자유주의자들이 무역·금융·생산의 국제화가 전후 세계경제의 급속하고도 지속적인 성장을 가져왔다고 주장하는데 대하여 신중상주의는 경제성장이 오히려 국제경제의 상호의존성을 심화시켜 국가경제의 자주능력과 안정성을 약화시켰다고 반박하면서 상호의존적 자유주의경제체제는 종말을 고할 수밖에 결국 국가가 주도하는 폐쇄적 경제체제가 형성될 것이라고 주장한다. 이들이 이러한 주장의 주요한 논거로서, 전후 세계경제의 급속한 성장의 원동력이 되었던 저렴하고 풍부한 에너지와 주요자원이 차츰 고갈되고 있고 상호의존적 세계경제를 이끌어왔던 미국의 정치·경제·군사적 지도력이 약화된 점, 자유주의경제체제는 자체 내에 자유주의적 성격을 파괴하는 고유속성을 내포하고 있다는 점, 상호의존체제로 인하여 손해를 입게 되는 기업과 노동자들은 그들의 국가로 하여금 보호주의정책을 추구하도록 압박을 가하게 되어 국가가 폐쇄적 경제정책(policies of economic closure)을 택하지 않을 수 없다는 점 등을 들고 있다.

지역별 자급자족체제로서의 지역주의 그들은 또한 미국의 국력이 상대적으로 후퇴함으로써 지역경제동맹(regional economic alliance) 이나 지역경제블록(blocs)이 형성되어 지역경제의 이익을 최대로 증대시키려는 지역주의가 팽배할 것이라고 주장하였다. 따라서 국제무역·금융통화·투자 등이 점차 지역 간 레벨(interregional level)에서 이루어질 것이고 이러한 경제관계의 지역화추세가 미국이 주도하던 다자간 자유무역(multilateral free trade), 달러화의 국제통화로서의 역할, 그리고 미국의 다국적기업의 군림을 억제하고 이를 대치하고 있으며 또 그렇게 되는 것이 바람직하다고 주장하였다. 이같이 그들은 세계경제의 지역주의경향을 전망하면서도 이러한 지역주의에 대한 평가에 대해서는 양성중상주의(benign mercantilism)와 악성중상주의(malevolent mercantilism)로 나누어져 서로 다른 견해를 보여주었다. 전자는 지역주의가 안정되고 평화로운 정치경제질서를 만들어줄 것이라는 낙관적 견해인데 반하여 후자는 지역주의의 기능과 전망을 비관적으로 보는 견해이다.

2. 신중상주의모델에 대한 비판

이상과 같은 신중상주의모델에 대한 비판은 크게 2가지로 나타난다. 하나는 보호주의적 대외경제정책이 과연 민족국가의 이익을 극대화시켜 줄 수 있느냐 하는 것이고, 또 다른 하나는 그들의 주장처럼 상호의존 되어있는 자유주의 경제체제가 그 자체 내에 파멸의 요인을 내포하고 있기 때문에 세계경제를 지역별 자급자족체제로 분리시키는 것이 세계경제의 안정을 위하여 오히려 더 바람직한 것이냐 하는 것이다.

민족국가의 이익문제 신중상주의는 수입억제·국내생산촉진·수출확대 등을 통하여 무역흑자유지·국내생산증대·고용수준유지를 이룩하고자 하는 정책이다. 이러한 정책이 모든 국가에게 매력적임은 부인할 수 없는 사실이지만 이러한 중상주의정책들은 타국의 희생 위에서 자국의 이익을 추구하는 이른바 근린궁핍화정책(beggar thy neighbour policy)으로서의 성격을 지니다. 따라서 단기적으로는 이를 통하여 민족국가의 이익을 얻을 수 있을지 모르지만 장기적으로는 필연적으로 제로-섬게임(zero-sum games)적 경쟁과 마찰을 유발하게 되기 때문에 민족국가의 경제적 이익이 오히려 훼손되게 된다.

지역별 자급자족체제의 문제 신중상주의에 대한 비판론자들은, 신중상주의의 주장처럼 국가별·지역별 자급자족경제체제가 개방적 자유주의경제체제보다 세계경제의 효율측면에서나 국제관계의 평화적 기반조성이라는 측면에서 유익하다는 증거는 아직 없다고 비판한다. 또한 그들은 혁명적인 교통통신의 발달로 세계가 일일생활권으로 점차 통합되어가고 있어 세계경제의 상호의존성은 불가피한 현실이라고 반박하고 있다. 또한 국가별 내지는 지역별 폐쇄정책이 근린궁핍화정책으로 확대되어 세계대전을 유발시켰던 경험으로 미루어 보아 그러한 정책이 안정과 조화보다는 오히려 불안과 갈등을 낳게 된다고 비판을 가하고 있을 뿐만 아니라, 남미가 추구하던 수입대체산업의 육성을 통한 폐쇄적 민족주의경제정책이 실패한 예만 보아도 신중상주의가 주장하는 지역화정책은 바람직하지 못하다고 비판한다.

한편, 신중상주의모델이 세계경제의 지역블록화를 논하고 있는 이유 중의 하나는 전후 자유주의경제체제를 이끌어 왔던 미국의 국력이 차츰 쇠퇴하고 또한 상호의존적 자유주의경제체제를 필요로 했던 정치·안보적 필요성과 기반이 붕괴되고 있다는 것인데 이러한 주장에 대해서도 반론이 제기되어 왔다. 즉 비록 미국의 상대적 국력이 저하되었다 해도 아직은 미국이 세계경제의 지배적 위치를 확보하고 있으며 따라서 미국 지도하의 자유주의경제체제의 유지가 가능하다는 것이다.

버논(R. Vernon)교수는 많은 국가들이 미국의 광대한 시장을 필요로 하고 있고 미국경제의 고유한 테크놀로지의 개발능력은 타의 추종을 불허할 뿐더러 미국이 갖고 있는 농산물을 비롯한 풍부한 주요 자원은 미국경제가 세계경제를 주도해 나가기에 충분하다고 주장한다. 그들은 또한, 설사 미국이 경제분야의 지도력을 상실했다고 하더라도 안보분야에서의 지도력으로 이를 보완할 수 있고 서구와 일본 그리고 제3세계로부터의 도전이 미국의 지도적 위치를 붕괴시킬 수는 없는 만큼 미국 주도하의 자유주의경제체제가 유지될 것이라고 전망하였다. 서구제국이 미국에 의존하지 않아도 될 정도로 이들이 정치 경제 및 군사적으로 통합되어 있는 것도 아니고, 일본도 가장 중요한 안보면에서 미국에 절대 의존하고 있는 현실을 감안할 때 세계경제가 주도적 세력이 없는 지역블럭화할 것이라는 신중상주의의 주장은 신빙성이 없다고 길핀(Robert Gilpin)교수는 주장하였다.

3. 국제경제의 신중상주의적 현실

신중상주의의 주장에 대한 이상과 같은 여러 가지 반론에도 불구하고 현 국제경제체제의 현실은 신중상주의의 주장을 전적으로 부정만 할 수 없는 것이 사실이다. 1970년대 초의 에너지를 비롯한 각종 주요자원파동으로 시작된 세계경제의 장기적 침체로 각국이 점차 노골적인 보호무역정책을 실시하였고, 자원과 시장에 대한 쟁탈전이 치열해져 근린궁핍화정책을 되풀이할 조짐마저 보여 신중상주의의 우려가 현실화되고 있는 느낌마저 든다. 또한 계속 증가하는 인구와 대량생산체제의 확립은 식량과 자원의 해외의존도를 높게 만들어 국가의 자급자족경제능력을 상실케 하고 산업화된 선진공업국조차 더욱 불안해하는 경향이 짙어지고 있는 것도 사실이다.

상호의존성이 증대되는 오늘날 세계경제의 아이러니(irony)는, 상호의존성의 증대가 경제의 성장과 효율성측면에서 더 바람직하다고 할 수 있지만 동시에 그것이 새로운 경쟁과 갈등의 원인도 되고 있다는 것이다. 한 국가의 경제가 다른 국가의 시장과 자원에 심각하게 의존되어 있으면 이를 확보하기 위한 절박감 때문에 불안과 상호간 의심을 낳게 되고, 이러한 상태는 국제관계를 평화롭게 만들기보다는 갈등관계로 몰고 가기 쉽다는 신중상주의의 주장도 무시할 수는 없는 것이다. 말하자면, 신중상주의의 주장에 대한 많은 비판과 반론이 이루어졌지만 그러한 비판에도 불구하고 1970년대 이후의 국제정치경제의 현실은 이러한 신중상주의자들의 전망과 일치하는 현실을 나타내 왔던 것이 사실이라는 것이다.

따라서 우리는 이러한 현실에서 신중상주의 모델의 현실에 대한 일정한 적실성을 읽을 수 있다고 하겠다. 그러나 다른 한편으로는, 1980년대 중반 이후 동구권이 자유화되고 중국도 시장경제체제를 수용하면서 이데올로기적 대립이 종식되었고, 1995년 이후 종전의 GATT체제가 WTO체제로 전환되면서 세계경제의 자유화가 더욱 확대되었으며, 정보통신과 교통수단의 혁명적 발전으로 세계경제가 하나의 시장으로 통합되고 있는 이른바 세계화(globalization)로 인하여 중상주의적인 국가별·지역별 폐쇄주의 경제모델이 점차 약화되고 있는 것도 사실이다.

1.2 현실주의 국제정치이론

(1) 현실주의 국제정치이론의 의의

앞에서 살펴 본 국제정치경제의 중상주의는 국제정치를 설명하는 국제정치이론들 중 가장 강력하고 지배적인 이론이라고 할 수 있는 현실주의와 관련된다. 현실주의(realism)는 이상주의(idealism)에 대한 반발로서 등장하였는데 이름 그대로 정치현상을 윤리·도덕·법률과 같은 당위와 규범으로부터 분리시키고 철저하게 이익 위주로 움직이는 권력 중심의 국제정치현실을 직시하는 시각이라고 할 수 있다. 따라서 이들은 국제관계에 있어서 국가권력(national power)과 국가이익(national interest)을 주요 개념(key word)으로 한다.

이러한 현실주의 국제정치이론은 여러 갈래로 다양하지만 국제체제의 기본특성에 대하여 이들이 공유하는 공통적인 전제는 ① 국제정치에 있어 가장 중요한 행위자를 국가로 파악하는 국가중심적 관점(state-centric view)에 서서, ② 국가는 국제정치에서 한 목소리를 내는 단일의 행위자(unitary actor)로서 비용과 이득을 잘 고려하여 가장 효율적인 정책을 선택하는 합리적인 행위자(rational actor)로 파악하며, ③ '국제사회의 무정부성'을 전제로 국제정치에서 가장 중요한 이슈를 전쟁·안보의 문제로 규정하고, ④ 국가가 생존하고 안보를 지키는 방법은 1차적으로는 자신의 권력을 키워 스스로에게 의지하는 자조(self-help)이고 전체적으로는 세력균형(balance of power)이라고 전제함을 앞에서 살펴보았다.

이러한 현실주의의 사상적 기원은 아테네와 스파르타 간의 전쟁에 대한 「펠로폰네소스전쟁」을 저술한 아테네의 역사가 투키디데스(Thucydides)나 15~16세기 「군주론」(The Prince)을 저술한 이탈리아의 마키아벨리(Niccolo Machiavelli)에 까지 거슬러 올라간다. 근대에 이르러서는 17세기 「리바이어던」(Leviathan)을 저술하고 '만인에 대한 만인의 투쟁'(everyone against everyone)을 외친 토마스 홉스(Thomas Hobbes) 등에서 찾을 수 있고 19세기부터 20세기까지 활동하였던 독일의 사회학자 베버(Max Weber) 등도 현실주의자로 거론된다.

그러나 20세기 이후 현대적 의미의 현실주의 국제정치론은 대체로 ① 현실주의의 아버지로 불리는 한스 모겐소(Hans Morganthau)를 중심으로 하는 고전적(전통적) 현실주의(1940~1960년대), ② 사회과학 전반에 걸쳐 이루어졌던 행태주의(behavioralism)의 영향을 받은 행태주의적 현실주의(1950~1960년대), ③ 현실주의에 대한 자유주의나 급진주의의 여러 가지 도전을 수용하면서 국제관계의 구조를 강조하는 신(구조)현실주의(1970년대 후반 이후)로 구분해볼 수 있다. 이들 중 행태주의적 현실주의와 후술하는 국제정치경제의 합리적 선택이론과 관련하여, 또한 신현실주의는 국제정치의 새로운 시각과 관련하여 살펴보기로 하고 이하에서는 고전적 현실주의와 대하여 간략히 살펴보기로 한다.

(2) 전통적 (고전적) 현실주의의 내용

전통적(고전적) 현실주의는 제1차 대전 후 2차 대전까지 이루어졌던 이상주의(idealism)와의 논쟁을 배경으로 등장하였다. 국제정치의 이상주의자들은 제1차 대전의 발발을 오해와 무지 또는 교육과 제도의 부재에서 빚어진 예외였다고 주장하였고 여전히 윌슨대통령의 이상주의에 바탕을 둔 국제연맹을 통한 평화유지노력이 계속 진행되어 왔다. 그러나 1929년을 기점으로 하는 세계대공황의 도래와 더불어 이러한 평화유지노력이 여지없이 파괴되었고 급기야 제2차 대전이 다시 발발하자 이러한 이상주의의 가정과 결론에 대한 새로운 평가가 이루어지게 되었다. 이에 따라 국제정치의 본질을 권력투쟁이라고 규정하는 현실주의가 힘을 얻게 되었다.

이러한 일련의 국제정치현실은 국제정치체제를 국가주권 위에 군림하는 어떤 상위 권력체가 존재하지 않는 무정부상태를 전제하게 되었고, 국제법·국제기구를 중심으로 하는 이상주의적 연구를 국제정치·국가권력을 중심으로 하는 현실주의적 연구로 바꾸도록 하였다. 이처럼 전통적 현실주의는 이성과 합리성을 기반으로 하는 이상주의에 대한 도전과 비판으로서 그동안 국제정치연구에서 무시되어 온 국가권력(national power)에 대한 새로운 배려와 권력의 관점에서 정의된 국가이익(national interest)의 추구를 촉구하게 되었다.

이러한 전통적 현실주의를 대표하는 학자는 '현실주의의 아버지'로 불리는 한스 모겐소(Hans J. Morgenthau)이다. 그는 1948년 현실주의의 고전이라고 불리는 「국가 간의 정치」(Politics among Nations)를 출간하고 현실주의 국제정치의 이론적 체계를 집대성하였다. 그는 이 책을 통하여 국가 간의 정치적 관계를 결정하는 근원이 무엇인지를 밝히려고 하였고 그 결과 현실주의의 6가지 기본원칙을 제시하였다.14

그는 이를 통하여 국제정치현상에는 객관적이고 보편적인 타당성을 갖는 진리가 존재한다고 보고 그것은 국제관계에 있어서의 끊임없는 힘·권력의 추구라고 규정하였다. 말하자면 그는, 모든 인간에게 공통된 지배욕과 그에 근거하고 있는 권력투쟁(power politics)이 인간사회의 본질이라고 정의하고 이러한 인간성의 이론을 국제정치에 도입하여 국가도 자국의 국가이익과 국가권력을 추구한다고 이론화하였다. 따라서 그는 국제관계에 대한 이상주의의 법적·제도적 접근방법의 위험성을 강조하고 집단적 안전보장이나 사법적 해결과 같은 국제제도의 실효성에 깊은 회의를 보였다. 또한 그동안 이상주의와 현실주의의 절충을 주장하는 일부 학자들의 견해를 비판하고 이상주의적 요소가 배제된 보다 철저한 현실주의를 제시하면서 당시 이상주의에 바탕을 둔 미국외교정책의 쇄신을 요구하였다.

이와 같은 주장을 펼친 그가 국제정치연구에 끼친 영향은 매우 크지만 그동안 법학(국제법)이나 역사학(외교사)과 구별되지 않았던 국제정치 분야를 하나의 독자적 영역으로 확립하는 계기를 가져오게 되었다는 점과, 국제정치에 대한 체계적이고 과학적인 연구의 기반을 열었다는 점을 들 수 있다. 그는 현실과 관계없이 평화와 질서를 위해 필요한 조건이 무엇인가를 열거하는 데 이상주의는 집중하였다고 비판하고 당위가 아닌 있는 그대로의 현실에 대한 국제정치연구가 필요함을 역설하며 국제정치가 하나의 과학이 되어야 함을 강조하였다. 이러한 그의 주장과 태도는 일어나게 된 행태주의적 현실주의의 전주곡이 되었다.

이상과 같은 모겐소의 국제정치이론을 중심으로 한 전통적 현실주의는 단순하지만 그만큼 일관성이 있고 현실에 기반한 이론이므로 설득력이 있는 것이 사실이다. 그러나 이러한 현실주의 역사관은 결정론적이고 폐쇄적이며 따라서 미래에 대하여서도 비관적이다. 이러한 현실주의 사고에 대해서는 당연히 자유주의나 급진주의로부터 비판이 가해졌다. 자유주의자들은 현실주의의 국가중심

---

14 그의 6가지 기본원칙은 ① 정치란 인간본성에 내재하는 불변의 법칙이 존재한다. ② 국가의 이익은 권력으로 정의된다. ③ 권력은 가변적이다. ④ 국제정치에서 도덕의 중요성을 인정하지만 이것이 국가행동에 그대로 적용되지는 않는다. ⑤ 특정국가의 도덕적 열망과 세계를 지배하는 보편적인 도덕법칙이 동일시되지 않다. ⑥ 경제적 기준 등 정치적 기준 이외에 다른 기준들이 존재하고 그 관련성도 인정하지만 이러한 기준들은 정치적 기준에 종속된다는 것이다.

적 관점·단일의 합리적 행위자 관점·군사안보중심주의 등에 대하여 비판하였고, 급진주의는 국가간 불평등문제·국제사회의 변혁 등에 관심을 기울이지 않은 채 현재의 국가중심적 체제를 옹호하면서 이러한 체제 하에서의 강대국에 의한 지배와 종속을 수용하고 이들에 의한 힘의 추구를 정당화하는 이론이라고 비판하였다.

그러나 전통적 현실주의에 대한 비판은 현실주의 내부로부터도 제기되었다. 이들은 현실주의가 역사를 너무 비관적으로 해석하고 고정된 인과관계를 과장하여 결정주의의 오류 속으로 빠져 들어가 냉소주의에 빠질 위험성이 있다고 비판하고, 또한 권력이 국제정치의 기본요소임을 부인하지 않으나 도덕이나 이념(ideology) 등과 같은 다른 요인들도 중요함을 역설하였다. 또한 모겐소를 포함하는 전통적 현실주의자들이 그들의 접근법이 과학에 기초를 두어야 한다고 주장하였지만 이론을 전개하면서 선험적인 인간의 권력추구 본성이라든지 정치철학이나 직관 등에 의존하였으며 과학적·계량적 접근 대신에 역사적 경험적 교훈을 중심으로 하는 논의를 함으로써 과학적 방법에 의한 이론보다는 정책, 예측보다는 설명에 치우쳤다는 비판을 받았다.

2. 자유주의 국제정치경제론

자유주의(liberalism)는 앞에서 설명한 중상주의·현실주의에 대한 비판과 대안(anti-thesis)으로서의 성격이 강하다. 따라서 국제(정치)경제적 측면에서는 중상주의 경제정책을 비판한 애덤 스미스(A. Smith)를 비롯한 고전파 경제학의 전통을 그 배경으로 하고, 국제정치적 측면에서는 자유·질서·정의·관용 등과 같은 가치를 국제관계에 투시하려고 하였던 칸트(I. Kant)나 벤덤(J. Bentham) 등과 같은 이상주의(idealism)를 그 배경으로 한다고 할 수 있다.

이와 같은 자유주의 국제정치경제의 흐름은 경제학에서 19C 「고전학파의 국제경제이론」으로 나타난 이후 1970년대 초 국제정치학의 「상호의존모델」(inter-dependence model)로 이어지게 되었는데 이러한 상호의존모델이 신현실주의의 공격을 받게 되자 1970년대 말~1980년대에 이르러 다시 신현실주의를 비판하는 「신자유주의」(neo-liberalism)로 이어지게 되었다. 여기에서는 고전학파의 정치경제론과 상호의존론에 대하여 살펴본다.

2.1 자유주의 정치경제론의 의의

자유주의적 시각은 애덤 스미스(Adam Smith)의 '보이지 않는 손'(invisible hand)에 의한 조화와 균형의 원리, 리카도(David Ricardo)의 비교우위에 입각한 무역이익 등으로 대표되는 고전파적 경제자유주의(classical economic liberalism) 전통을 그 배경으로 하고 있다. 이러한 자유주의 신념체계의 핵심은 ① 개인, ② 자유시장과 자유경쟁, ③ 국가개입 최소화라고 할 수 있다.

개 인 자유주의적 사고는 개인(個人)을 정치경제학의 주체로서 이해하고 개인은 이성적이고 효용극대화를 추구하는 합리적인 행위자로 가정한다. 자유주의자의 목표는 개인의 자유 및 부의 촉진과 보호이다. 따라서 자유주의는 평등의 문제보다는 자유(自由)의 문제에 관심을 가져왔다. 개인의 자유에 대한 이와 같은 자유주의의 신념은 정치적으로나 경제적으로 어느 정도의 불평등을 용인하는 것으로 이어진다.

자유주의자들이 이렇게 어느 정도의 경제적 불평등을 용인하는 정치적 논거는 부의 불평등을 제거하기 위한 국가개입은 오히려 권력과 개인 간의 더 큰 불평등을 야기 시키고 개인의 자유를 억압하는 결과를 가져온다는 것이고, 불평등을 용인하는 경제적 논거는 인간의 숙련도나 재능의 차이 때문에 소득과 부의 경제적 격차가 존재하지 않을 수 없으며 더욱이 그 격차는 창조와 혁신을 위한 자극으로서 발전을 위하여 필요한 것으로 간주된다. 이러한 점에서 어느 정도의 불평등은 자유주의의 중요한 추진력의 하나가 된다고 할 수 있다. 그러나 자유주의자들은 그러한 경제적 격차를 불변적인 것으로 보지 않는다(Condliffe 1950, 122).

자유시장과 자유경쟁 (시장의 우위) 자유주의의 또 다른 전제는 기본적으로 사회의 조화는 개인의 자유로운 경쟁(競爭)에서 온다는 점이다. 모든 개인의 자기이익 추구는 결과적으로 모든 사람의 복지를 증진시키게 되는데 이것은 개인 간의 자유경쟁이 효율을 극대화를 가져오기 때문이다. 그 결과 경제성장은 자동적으로 확산되고 궁극적으로 모든 사람의 후생을 증진시킨다고 믿는다. 이러한 점에서 자유경제의 주요한 동인은 개인 간의 경쟁적 상호작용이다.

이때 개인들은 시장이라는 사회제도를 통해 그들의 능력과 만족을 극대화하게 되는 것이다. 따라서 자유주의 경제구조의 기초는 시장(市場)이다. 자유주의는 자유시장, 즉 자원의 최적배분과 '보이지 않는 손'(invisible hand)으로서의 가격메커니즘을 신봉한다. 이상적인 자유시장은 어떤 생산자나 소비자도 가격에 영향을 줄 수 없는 상태의 완전경쟁에서 이룩된다. 자유주의자는 시장은 인간이 고안한 산물이라기보다는 자연발생적인 사회제도이며, 시장은 인간의 욕구를 충족시키는 시장 고유의 내적 논리를 가지고 기능한다는 것을 믿는다.

국가 최소개입주의 스미스 이후 자유주의자는 정치권력의 집중과 경제에 대한 국가개입에 대해 강력한 두려움을 가져왔다. 그들은 정치와 경제의 분리를 통하여 서로 구별되고 견제할 수 있는 균형상태를 이룰 수 있다고 믿는다. 자유주의자의 중요한 기조는, 국가는 합법적이고 존재의 가치를 가지지만 자유롭고 경쟁적인 시장의 존재를 창출하고 유지하는 제한된 역할을 수행할 뿐이라는 것이다. 그러므로 자유주의자는 국가가 국가적 영역을 넘는 개인 간의 경제거래에 대해 간섭해서는 안 된다고 주장한다.

이때 극단적인 자유주의자들은 어떠한 형태의 국가간섭도 허용하지 않는 반면 수정주의적 자유주의자들은 시장의 규칙을 위반하는 자들에 대한 규제나 경제적 불평등문제를 완화하기 위한 최소한의 국가역할은 필요하다고 본다. 이러한 수정주의적 자유주의가 케인즈적인 복지국가시스템으로 나타났다. 그러나 1970년대 이후 케인즈경제학은 고비를 맞게 되었고 시장의 역할을 새로이 강조하는 신자유주의가 나타나게 되는 것은 후술하는 바와 같다.

2.2 고전파 경제학의 국제경제이론

상술한 대로 자유주의는 국가가 권력과 부(富)를 확장하기 위해 국내외경제를 광범위하게 통제하던 중상주의를 강력히 비판하며 그에 대한 반작용으로 나타났다. 그들은 국가의 부가 개인 간이나 국가 간의 자유교환을 허용함으로써 최대한 신장된다고 주장함으로써 중상주의를 비판했다.

18C 초기까지 유럽제국에 있어 중상주의의 정책체계나 사상도 변질되었지만 외국무역이 국부(화폐)를 획득하는 중요한 수단이라는 근본개념은 기본적으로 견지되고 있었다. 그러나 18세기 중엽이후 이러한 중상주의정책과 이를 추구하는 절대군주제는, 중산층을 대변하는 록크(John Locke)와 같은 자유주의철학자와 흄(David Hume)·아담 스미스(Adam Smith)와 같은 자유주의경제학자들에 의해 신랄히 비판되었는데 그들은 개인의 자유주의와 경제의 자유방임주의를 강력히 주장하였다.

아담 스미스의 명저 국부론(國富論, *An Inquiry into the Nature and Causes of the Wealth of Nations*)은 근대사회의 여명기, 산업혁명에 의한 산업자본주의의 태동기라고 할 수 있는 1776년에 출간되었다. 이것은 근대국민국가의 형성과정에서 중시되었던 경제사상인 중상주의에 대한 반발로서, 또한 18세기 중엽부터 본격적으로 싹트기 시작한 영국의 자유주의(liberalism)와 계몽주의(enlightenment)사상, 케네(F. Quesney)를 중심으로 한 프랑스 중농주의(physiocracy)의 자유방임론을 그 이론적 배경으로 하고 있다.

아담 스미스는 그의 국부론을 통하여, 분업과 자유경쟁에 의한 교환이 소비자의 이익을 위하여 가장 소망스럽다는 분업론·자유경쟁론·소비자이익론을 주창하였다. 그는 이러한 사상을 바탕으로 하여 국내분업의 원리를 국제간에도 적용하여, 이론적으로는 절대생산비에 의한 국제분업론을 정립하고 정책적으로는 자유무역정책을 주장함으로써, 국제무역의 원리와 이익을 설명하는 이론적 기초를 제공하였다.

이러한 스미스의 사상체계는 그 후 이론적으로는 리카도(D. Ricardo)의 비교우위론에 의해 수정되고 일반화되어져 더욱 확장 발전되어졌지만, 정책적으로는 자유무역의 우월성을 주장하는 자유무역정책론의 가장 유력한 논거로서 자유무역정책론에 대한 이론적 기초를 제공한 것이다. 이러한 고전파적 자유주의 경제학이 국제정치경제학의 자유의시각의 바탕이 되었다.

2.3 자유주의 상호의존모델

1970년대에 들어오면서 국제정치경제학에서 가장 큰 논의를 일으킨 중요한 주제는 상호의존론(inter-dependence theory)이었다. 국제관계를 상호의존적 시각에서 분석하고자 하는 학자들은 다양한 영역에 있어서의 상호의존현상(inter-dependence phenomena)을 다루었지만 특히 국제정치경제의 상호의존관계에 대한 연구가 중심을 이루었다. 이러한 연구는 주로 킨들버거(C. P. Kindleberger)·버논(R. Vernon)·존슨(H. G. Johnson) 등으로 대변되는 자유주의경제학자(liberal economist)들이 주류를 이루었고 국제관계의 상호의존현상을 국제정치적 관점에서 연구하기 시작한 학자는 경제학자인 쿠퍼(Richard N. Cooper)교수였다.[15]

상호의존의 정치경제(political economy of interdependence)에 대한 경제학자들의 연구에 자극을 받아 정치학자 측에서도 상호의존의 정치경제적 연구에 활기를 띠게 되었다. 그들에 의하면, 국가 간의 비정치적 교류의 급격히 증대되어 복잡한 관계가 형성되었는데 이러한 비정치적 분야에서의 상호의존성 증대는 제로-섬(zero-sum)이 지배하는 정치적 분야와는 근본적으로 다른 포지티브-섬(positive-sum)적인 성격이 짙기 때문에 이러한 새로운 현상에 대한 정확한 인식 없이는 국제관계의 실질적 파악이 어렵게 되었다는 인식을 나타내었다.[16]

이러한 시대적 인식을 바탕으로 하여 1970년대 제기된 대표적 상호의존모델에는, 버논(R. Vernon) · 존슨(H .G. Johnson) 등 자유주의 경제학자를 중심으로 제안된 「주권궁지모델」과[17] 정치학자로서 코헤인과 나이(Keohane and Nye)가 제안한 「복합적 상호의존모델」이 있다.[18] 이에 대하여 〈부록 2-4〉에서 보다 구체적으로 설명하고 있는데 그 핵심적인 내용을 살펴보면 다음과 같다.

주권궁지모델 (sovereignty-at-bay model) 주권궁지모델은, 국가 간의 경제적 상호의존성이 더욱 증대되고 교통통신기술이 급격히 발달됨으로써 민족국가의 경제에 대한 권리와 기능은 차츰 다국적기업·국제금융시장·세계은행 등으로 이전되고 있기 때문에 경제문제에 관한 한 민족국가의 기능은 상대적으로 축소될 것이라고 전제하였다. 따라서 국가적 이익보다는 경제의 효율성과 성장을 우선적 목표로 삼는 상호의존적 경제체제가 성립되고 이들 간의 자발적이고 협조적인 관계가 세계자원의 최적 활용·세계경제의 합리성과 효율성의 극대화를 이룩하여 인류전체의 복지에 기여할 수 있게 될 것이며, 또한 다국적기업이 성장의 주요 견인차가 되는 시혜적 기업질서(beneficial corporate order)가 확립될 것이라고 주장하였다.

복합적 상호의존모델 (complex inter-dependence model) 이 모델은, 과거 군사력을 바탕으로 하는 권력·힘 중심의 관계로부터 복합적인 상호의존이 형성되는 새로운 국제관계가 형성되고 있다고 전제하였다. 이러한 복합적 상호의존관계 하에서는 ① 국제적 상호작용이 국가적 행동을 포함하는 다원적 통로를 통하여 행해지며, ② 그동안 국제관계에서 가장 중요한 것으로 간주되던 안보문제와 여타 경제적·사회적 문제들 간에는 어떤 위계(우선순위)가 존재하지 않고 각기 독립적으로 존재하며, ③ 국가 간 협력과 갈등을 해결함에 있어서 군사력은 별로 도움을 주지 못하여 국가 간 정책조정과 협조에 의해서만 소기의 목표를 달성할 수 있다고 주장한다. 말하자면 이 모델은 종래 국제경제에 대한 국제정치의 우위를 주장하던 정치학자들이 국제정치에 대한 국제경제의 영향력을 인식하고 강조함과 동시에 국제관계에도 포지티브-섬(positive-sum)이 존재할 수 있음을 시사한 이론이다.

---

15 Richard Cooper (1968).

16 이같이 국제정치학자와 국제경제학자들이 모두 이러한 상호의존에 대한 관심을 보여 국제관계의 상호의존현상을 주요 연구대상으로 삼는 것은 경제학자나 정치학자 모두 같지만, 자유주의 경제학자들의 연구는 부(富)의 확대를 중시하는 반면 정치학자들의 연구는 부의 확대는 물론 부의 분배문제가 연구의 핵심문제라고 주장하는 점이 서로 다르다.

17 Raymond Vernon (1971).

18 Robert O. Keohane & Joseph S. Nye (1972) 및 (1977).

〈부록 2-4〉 자유주의 상호의존모델의 주요 내용과 평가(보충)

1. 상호의존모델의 등장 배경

상술한 바와 같은 상호의존이라는 개념은 과거에 없었던 새로운 개념이 결코 아니다. 그럼에도 불구하고 1970년대에 이러한 개념이 특별히 부상하고 이것이 하나의 새로운 국제정치경제이론인 상호의존모델로 등장한 것은 1960년대 이후 다음과 같은 세계 정치경제적 환경변화로 인하여 상호의존성에 대한 인식이 높아지면서 그 때까지 국제정치를 주도하던 현실주의의 기본전제에 대한 새로운 의문이 제기되었기 때문이다.

(1) 1960년대 말 동서데탕트로 인하여 냉전구조가 퇴조하고 월남전에서의 미국의 패배로 인하여 군사력의 한계를 보여줌으로써 국가 간 군사적 경쟁에 대한 의미가 퇴색하였고 유럽과 일본의 부상으로 미국의 패권적 지위가 상대적으로 약화되었으며 1970년대 초 발생한 석유위기로 인하여 권력(power)의 속성에 대한 전통적인 가정에 회의를 유발시켰다.

(2) 1960년대 급격한 무역의 증대 다국적기업의 활발한 활동으로 인하여 국제체제에 있어서 비국가행위자의 역할의 중요성이 높게 인식되었고 동시에 국제관계에 있어서도 정치적·군사적 문제보다 경제적 문제에 대한 중요성이 높아졌다. 또한 석유위기를 계기로 더욱 격렬해진 남북문제에 있어서도 신국제경제질서(NIEO ; New International Economic Order) 등 경제적·사회적 문제들이 중심적 이슈가 되었다.

(3) 1972년 로마클럽이 발간한 「성장의 한계」(*The Limits to Growth*)라는 보고서는 전 세계가 현재와 같은 템포의 인구증가·경제성장·공업화를 지속하면 100년 이내에 결정적인 파국이 올 것이라고 지적하면서 따라서 전 세계의 인류가 공동으로 해결하여야 할 문제로서 인구과잉·환경오염·식량부족·지구자원고갈 등을 제시하였다. 이러한 문제 제시는 국제관계학자들로 하여금 그 연구시야를 세계적 수준으로 확장하도록 하는 계기가 되었고 이러한 인식변화는 국가적·지역적 차원에서 국제관계를 논의하는 현실주의의 논의수준에 대한 퇴조를 가져왔다.

이상과 같은 상황변화로 인하여 세계는 상호의존적이고 이러한 상호의존이 국제관계의 협력과 평화를 가져올 수 있다는 인식을 가져다주었는데 이러한 인식변화는 무정부상태·갈등과 경쟁·안보를 중심으로 하는 국제정치의 현실주의의 가정과 모순되는 것이었다. 따라서 자유주의의 상호의존모델은 전통적인 현실주의의 기본인식에 대한 비판으로부터 출발되었다고 할 수 있고 이들에 따르면 상호의존은 평화와 협력의 기초가 되므로 바람직한 현상이다.

2. 대표적 상호의존모델

상술한 대로 1970년대 대표적 상호의존모델에는, 버논(R. Vernon), 존슨(H. Johnson) 등 자유주의 경제학자를 중심으로 제안된 주권궁지모델(sovereignty-at-bay model)이 있고, 정치학자로서 코헤인과 나이(Keohane and Nye)가 제안한 복합상호의존모델(complex inter-dependence model)이 있다.

(1) 주권궁지(제약)모델 (자유주의 경제학자들의 시각)

1960년대 다국적기업의 급격한 발전과 팽창을 목도하면서 하버드대학의 버논(R. Vernon, 1971)교수는 다국적기업의 위력 앞에 국가주권·국가경제력과 같은 개념은 그 의미를 상실하였다고 주장하면서 전통적인 국민국가가 누리는 주권은 한계를 가지게 되었다는 이른바 주권궁지모델(sovereignty-at-bay model)을 제시하였다. 이 모델의 핵심적 주장은, 국가 간 경제적 상호의존성이 증대되고 교통통신기술이 급격히 발달됨으로써 민족국가의 경제에 대한 권리와 기능은 차츰 다국적기업·국제금융시장·세계은행

등으로 이전되고 있기 때문에 경제문제에 관한 한 민족국가를 시대착오적인 무용지물로 만들고 있다는 것이었다.

이들은 또한 민족국가는, 상호의존과 통합으로 인한 경제의 효율성과 이익으로부터 이탈할 수 없고 또한 이탈하려 하지도 않는다고 본다. 또한 국민들도 국가가 지나친 경제적 민족주의·경제적 자주성만을 고집하다가 상호 의존된 경제로부터 얻을 수 있는 경제적 혜택을 희생시키는 것을 바라지도 용납하지 않으리라는 것이다. 말하자면 현대국가의 복지국가로서의 기능과 점차 높아져 가는 국민들의 경제적 욕구와 기대감에 정부가 더욱 민감해지고 있기 때문에 국가는 점차 자유주의 국제경제체제(international economic system)에 의해 제공되는 경제적 혜택에 의존할 수밖에 없다는 것이다.

이들은 이러한 국제정치경제 환경 하에서 가장 중요한 행위자는 다국적기업(multinational enterprise)인데 그들은 그 자체의 유연성과 기동성, 그리고 광대한 인적 및 물적 자원을 확보하고 있기 때문에 비록 그들이 활동하기에 좋은 정치경제적 환경이 변한다 해도 민족국가와의 대결에서 유리한 입장을 차지하게 되므로, 이러한 관점에서 보면 다국적기업과 민족국가의 경제적 싸움에서 잃는 자는 결국 민족국가가 될 것이라고 보고 있다. 따라서 민족국가의 자주적 경제기능은 상대적으로 축소되어 국가의 선택에 의하여 민족국가의 경제적 주권이 어느 정도 제약된다 해도 경제의 효율성과 성장을 우선적 목표로 삼을 것이라는 것이 상호의존모델의 주권궁지이론이다.

요컨대 자유주의경제 시각에 입각한 상호의존모델, 그 중에서도 특히 '주권궁지모델'이 상정하는 세계란, 상호 의존된 경제 간의 자발적이고 협조적인 관계가 세계자원의 최적 활용·세계경제의 합리성과 효율성의 극대화를 이룩하여 인류전체의 복지에 기여할 수 있으며. 개발의 동반자적 동기를 갖고 있는 다국적기업이 자본·기술·아이디어 그리고 성장의 주요 견인차가 되는 시혜적 기업질서(beneficial corporate order)가 확립되는 세계라는 것이다.

(2) 복합상호의존모델 (자유주의 국제정치학자들의 시각)

1960년대를 지나오면서 국제적 상호의존성의 증대되고 전통적인 국경이 무시되면서 국가수준을 초월하는 통합적 경향이 더욱 심화됨에 따라, 종래의 현실주의적 국제관계연구에 대한 반성과 함께 새로운 국제관계이론정립을 위한 노력이 이루어졌다. 이러한 경향이 1970년대 이후 국제정치경제학이 국제관계연구의 주된 관심사로 부상하게 된 계기가 되었지만, 이러한 경향 가운데서도 가장 대표적으로 나타난 국제관계이론이 상호의존모델이다. 이러한 이론적 경향의 대두는 그때까지 이루어진 국제관계연구의 전통적 패러다임에 대한 다음과 같은 수정과 확장을 전제로 하였다.

국가중심적 시각에 대한 반성 기존의 국제관계연구가 국가중심적인 시각(state centric pers-pective)을 바탕으로 국가만이 유일한 행위주체이고 그 밖의 행위주체, 예컨대 다국적기업이나 국제기구 등과 같은 초국적 행위주체들은 독립적 국제행위자 일 수 없는 것으로 취급되어 왔던 점에 대한 재고가 요구되었다. 오늘날의 국제관계에 있어서는 국가만이 유일한 행위자는 아니며 경제의 발전과 더불어 사회의 다원화가 진전되면서 비정부간 교류나 초국적 행위자도 국제관계에 매우 중요한 영향을 미치기 때문이다. 따라서 이들은 현실주의가 국제관계를 '무정부상태'라고 규정하는데 대하여 이는 너무 단순한 용어로서 국가를 포함한 다양한 주체들이 다양하게 연결되어 있는 국제정치의 특징을 기술하는데 이 용어는 적절하지 못하다고 주장한다.

권력관계중심적 시각에 대한 반성 기존의 국제관계연구가 권력관계에만 치중하여 국제관계에서 발생되는 모든 분쟁은 군사적 안보를 기준으로 처리되어야 하고 그 밖의 다양한 쟁점들은 이러한 군사적 안보정치에 예속되는 위계질서 하에 있어야 한다는 전통적 시각에 대한 재고가 요청되었다. 오늘날의 국제관계에서는 경제적·사회적 문제가 안보문제와 동등하게 주요하거나 오히려 더 중요할 수도 있으므로 따라서 이러한 쟁점들 간의 서열이 존재하지 않으며 따라서 군사안보가 더 이상 지배적인 의제가 되지 않는다.

국제관계이론의 전통적 패러다임에 대한 이러한 반성과 수정노력으로서 나타난 국제정치경제모델이 상호의존모델이다. 코헤인(R O. Keohane)과 나이(J. S. Nye)교수는, 종전의 국가중심적 패러다임의 한계성을 극복하는 초국가주의(transnationalism)에 입각한 폭 넓은 국제관계의 분석을 시도하면서, 국제관계는 이제 민족국가를 유일한 행위주체로 보는 전쟁과 평화에 대한 연구로부터 모든 지구적 행위자들이 행하는 전 지구적 현안문제들을 포괄적으로 다루어야 하며, 그 분석의 초점은 상호의존 현상이 국가관계에 어떠한 영향을 미치고 있는가에 맞추어져야한다는, 이른바 복합적 상호의존모델(complex interdependence model)을 제시하였다.

이러한 복합적 상호의존모델은, 과거 군사력을 바탕으로 한 권력·힘 중심의 관계로부터 다변적인 채널로 연결된 보다 다원적인 관계로 특징지어질 수 있으므로 복합적인 상호의존이 형성되고 있다고 보고, 따라서 새로운 국제관계에 있어서는 경제 또는 사회문제가 안보문제와 동등하거나 오히려 중요할 수 있다고 본다. 특히 국제관계에 있어서 경제적 상호의존관계의 확대는 종래 국제관계에서 볼 수 없었던 여러 가지 쟁역(issue area), 예컨대 인플레이션·국제무역·국제원조·국제통화 등의 문제영역에 있어서 국가가 상당한 자율적 통제력을 상실하고 각기 서로 다른 민감성과 취약성을 나타내게 되었는데 이러한 현상을 '복합적 상호의존관계'라고 불렀다.

이러한 복합적 상호의존모델은 복합적 상호의존관계의 특징으로서는 ① 국제적 상호작용이 국가적 행동을 포함하는 다원적 통로를 통하여 행해지며, ② 그동안 국제관계에서 가장 중요한 것으로 간주되던 안보문제와 여타의 쟁점들 간에는 어떤 위계(우선순위)가 존재하지 않고 각기 독립적으로 존재하며, ③ 국가 간 협력과 갈등을 해결함에 있어서 군사력은 별로 도움을 주지 못하게 되었다는 3가지 특징을 제시하였다.

그 결과 국가 간 당면문제들을 해결하기 위해서는 상호협력과 상호갈등이 동시에 존재하게 되었는데, 이러한 경우 초국가주의에 입각한 국가 간 정책조정과 협조에 의해서만 소기의 목표를 달성할 수 있음에도 불구하고 민족주의적 정치지도자들이 보호적인 방법으로만 문제를 해결하려고 하기 때문에 긴장이 야기된다고 지적하였다. 말하자면 이것은 국제정치학자들이 국제정치에 대한 국제경제의 영향력을 인식하고 강조한 것이며 동시에 국제관계의 포지티브-섬(positive-sum)이 존재할 수 있음을 시사한 것이다.

한편, 경제학자들에 의한 상호의존론이 국제경제의 상호의존성 증대로 결국 민족국가의 국경선과 주권을 무의미하게 할 것이라고 전제하여 국제경제변화로 인한 국제정치의 역할을 부정하는데 비하여, 정치학자들에 의한 복합상호의존모델은 오히려 새로운 유형의 국제정치가 창출될 것이라고 전망한다. 예컨대 현실주의자들이 말하는 것처럼 군사력이 모든 쟁역에서 우선 하는 것은 아니지만 어떤 쟁역에서는 군사력이 경제관계를 지배할 수 있다는 점을 부정하지 않으며, 또한 국가들이 자의에 의하여 국제레짐(international regime)을 제도화하여 국가권력의 실질적 사용을 제한하기도 함으로써, 상호의존성이 정치를 부정하는 것이 아니라 오히려 이를 재정의 한다고 주장한다.[19]

3. 상호의존의 제 개념

이와 같이 상호의존모델은 전통적인 현실주의 대한 비판으로부터 출발하였지만 상호의존이 구체적으로 무엇을 의미하는가에 대한 합의가 존재하지 않아 그 개념이 실로 다양하고 때로는 불명확한 경우도 있다. 가장 일반적인 의미로서는 '일 국가의 행위가 직접적으로 다른 국가에 영향을 미치는 상태' 또는 '2개 이상의 단위가 서로 의존하며 공존하는 상태'라고 할 수 있다. 상호의존은 일반적으로 이와 같이 개념화되지만 그 구체적인 용어의 사용형태는 〈표 2-4〉에서 보는 바와 같이 다양하다. 이러한 상호의존의 다양한 개념 중 중요시되는 2가지의 개념은 대칭적·비대칭적 상호의존과 민감성·취약성 상호의존개념이다.

〈표 2-4〉 국가 간 상호의존의 제 형태

구 분	내 용
협의의 상호의존 광의의 상호의존	• 쌍방이 서로 의존하고 있는 쌍방적 의존만을 지칭하는 좁은 개념 • 쌍방적 의존·일방적 의존 모두를 포함하는 넓은 개념
정(正)의 상호의존 부(負)의 상호의존	• 당사국의 이익이 서로 합치하는 의존관계 • 당사국의 이익이 서로 반하는 의존관계
세계적 상호의존 지역적 상호의존	• UN가맹국 간에서와 같은 전 지구적 차원의 상호의존 • 지역통합체에서와 같은 역내국들 간의 지역적 차원의 상호의존
대칭적 상호의존 비대칭적 상호의존	• 의존되어 있는 국가의 상대적 중요성이 대등한 관계의 의존 • 대국·소국 간처럼 어느 일방이 더 심각히 의존되어 있는 관계의 의존
민감성 상호의존 취약성 상호의존	• 일국의 상황·정책변화가 단지 타국에 민감한 의존관계 • 일국의 상황·정책변화가 단지 타국에 민감할 뿐만 아니라 타국에 심각한 영향을 주며 관계단절시 그로 인한 비용이 현저하게 큰 의존관계

대칭적 vs 비대칭적 상호의존 국가 간 상호의존관계는 대칭적(symmetrical)일 수도 있고 비대칭적(asymmetrical)일 수도 있다. 대칭적 상호의존관계란 의존관계를 맺고 있는 국가의 상대적 중요성이 비교적 대등할 때 이루어지는 반면 비대칭적 상호관계란 한 국가가 상대방 국가에게 보다 심각하게 의존하고 있어 대등하지 못할 때 발생하게 된다.

예로서 한-일 무역관계는 무역에 있어 비대칭적 상호의존관계를 형성하고 있다고 할 수 있는 바 한국무역이 일본에 의존하고 있는 비중이 일본무역이 한국에 의존하고 있는 비중보다 월등히 크기 때문이다. 그러나 일본무역에 차지하고 있는 한국의 비중도 중요하다는 측면에서는 한-일 관계는 비록 비대칭적일망정 상호의존관계에 있다고 할 수 있다. 물론 여기에서의 상호의존은 상호성을 강조하는 개념이기 때문에 일방적 성격을 띠고 있는 종속(dependency)과는 구별되어야 한다. 이때 완전한 이상주의적 경우라면 완벽한 의미에서의 대칭적 상호의존만을 상호의존으로 정의하지만 그러나 대체적으로는 상호의존성의 정도에 차이가 있어 비록 비대칭적일지라도 그것이 종속에 가까울 만큼의 심각한 비대칭성에 이르지 않는 경우라면 긍정적인 것으로 간주하는 것이 자유주의자의 핵심적 주장이다.

민감성 vs 취약성 상호의존 코헤인과 나이(Keohane and Nye)교수는 상호의존관계를 민감성과 취약성으로 구별한다. 이때 민감성(sensitivity)이란 국가간의 의존현상으로 생기는 비용이 긍정적이거나 최소한 중립적이어서 그에 대한 대외정책을 마련하지 않아도 되는 상태를 말하는 반면, 취약성(vulnerability)이란 상호의존에 드는 비용이 이익을 초과하였을 경우 이에 대한 새로운 대안이나 정책을 마련하여야 하고 이것이 마련된 이후에도 여전히 대가를 지불해야하는 상호의존을 말한다.

예컨대 산업혁명 이후 거의 모든 국가가 석유를 주요 에너지로 사용하면서 석유에 대한 의존도, 즉 석유가격이 인상되었을 때 받게 되는 민감성은 모든 나라에서 높아졌다. 따라서 석유수출국기구(OPEC)가 석유가격을 인상하였을 때 모든 수입국들은 자국의 석유가격을 인상하지 않을 수 없으므로 동일하게 높은 민감성을 보이지만 1970년대와 같은 오일쇼크가 발생하였을 경우 받게 되는 석유에 대한 취약성은 나라마다 서로 달랐다. 미국과 같은 나라는 단일국가로서는 세계최대 석유보유국이므로 자국의 국내생산을 늘림으로써 위기에 대처할 수 있기 때문에 취약성이 낮지만 그렇지 못한 다른 나라들은 에너지 절약 이외에는 다른 대안이 없으므로 취약성이 높다고 할 수 있다. 이 때문에 미국은 오일 쇼크 이후에도 계속 친이스라엘정책을 펼쳤지만 유럽·일본·한국 등은 친아랍정책을 펴지 않을 수 없었다.

국제정치경제를 상호의존적 시각에서 분석하고자 하는 경우 정치학자와 경제학자간 상호의존(interdependence)의 개념도 조금 다른 뉘앙스를 풍기고 있다. 일반적으로 경제학자(자유주의자)들은 외부경제변화에 대한 자국경제의 민감성(sensitivity)이 증가할 때 경제의 상호의존관계가 존재한다고 말하는데 비하여, 정치학자(현실주의나 급진주의)들은 정치·경제·안보·지구생태문제 등 국제관계의 전반적 현상에 있어 상호이해관계가 밀접하여 일국의 입장 내지는 정책이 변화하면 타국도 그 변화에 의해 심각한 영향을 받게 되는 취약성(vulnerability)까지를 가지는 상태를 상호의존관계로 보고 있다. 예로서 코헤인과 나이(Keohane and Nye)교수는 상호의존관계란, '국제체제에 있어 행위자들이 다른 행위자들의 행위에 대하여 민감하고 취약한 상태'라고 정의하면서, 모든 분야의 민감성뿐만 아니라 취약성까지를 상호의존의 개념에 포함시키고 있다.

4. 상호의존모델의 이론적 유용성

상호의존모델의 핵심적 내용은, 세계경제의 상호의존성이 더욱 긴밀해지고 있어 민족국가의 역할과 기능이 축소되어 다국적기업이 주도하는 기업질서가 민족국가가 만들어가는 정치질서를 압도해가고 있으며 이러한 기업질서는 부의 창출에 효과적이기 때문에 경제적으로 유익한 것이라는 것이며, 이러한 상호의존과 통합현상은 갈등과 전쟁을 억제하고 민족국가간 협력을 강조함으로써 세계평화의 정치적 기반이 된다는 것이다. 물론 국제관계를 상호의존적 시각에서 연구하고 있는 자유주의적 경제학자들의 연구가 주로 경제적 상호의존을 모델로 연구하고 있지만, 이러한 상호의존적 연구정향(research orientation)이 국제관계를 연구하는 데 다음과 같은 이점 내지는 공헌을 하고 있다고 평가된다.

국제관계의 긍정적 측면 강조 상호의존적 사고방식은 협조적 습관이 상호 적대적 감정보다는 우호적 태도를 고취한다는 것을 전제로 하기 때문에 국제관계에 있어 긍정적 측면을 강조하고 이를 부각시키게 된다. 또한 상호의존관계는 동 체제에 참여하고 있는 행위자들 간의 적대행위는 모두에게 손해를 끼칠 수 있음을 전제로 하기 때문에 되도록 갈등을 회피하려는 노력을 기울이게 된다. 또한 상호의존관계가 국가의 국내정책결정이 더 이상 고립상태에서 타국과는 무관하게 이루어질 수 없음을 깨닫게 함으로써, 상호의존적 사고방식은 민족주의에 집착하기보다는 좀 더 넓은 시야의 세계인적 시민상을 장려한다고 볼 수 있다. 따라서 상호의존관계란 상호의존 되어 있다는 사실로 인해서 갈등보다는 협조와 평화를 구축하는 데 공통의 이해를 갖게 하므로 세계평화에 기여할 것이라는 다분히 이상주의적 성향을 띠고 있다고 하겠다. 그러므로 이들 상호의존론자들은 상호 의존되어 있는 국제정치경제는 평화에의 유인역할을 하며, 따라서 이를 더욱 확대시켜 나가는 것이 바람직하다고 결론짓고 있다.

국제정치경제에 대한 새로운 시각 상호의존론은 국제관계를 무정부상태·안보문제·민족국가를 중심으로 파악하는 현실주의와는 달리 국제적 행위와 결과가 안보를 포함하는 다양하고 복합적인 동기로부터 야기됨을 강조함으로써 국제정치경제에 대한 새로운 시각을 열어주었으며 이후 신현실주의에 대한 비판으로 제기된 신자유주의의 발전에 대한 길을 열어 주게 되었다.

5. 상호의존모델의 비판과 평가

그러나 이러한 상호의존모델에 대해서는 정치적 현실주의자(political realist)와 종속이론가(dependency theorist)들로 부터 비판을 받았는데 그 내용은 다음과 같이 크게 3가지 측면이다.

(1) 상호의존성이 과연 증대되고 있는가?

현실주의 정치학자 월츠(K. N. Waltz) 교수는, 상호의존이라는 개념을 국가 간 경제관계의 상호민감성

(mutual sensitivity)으로 본다면 현 국제사회는 분명히 상호의존이 심화되어 있다고 볼 수 있지만, 상호의존을 공존의 상호성에서 야기되는 동등한 취약성(vulnerability)으로 이해한다면 현 국제사회는 전보다 오히려 상호의존의 정도가 낮아지고 있다고 반론을 제기하였다. 그는, 상호의존이란 동등한 힘을 가진 행위자간의 상호관계에서 가능한 것인데 현실적으로는 국가간 힘의 불균등이 오히려 심화되고 있어 그러한 의미의 상호의존은 존재하지 않는다는 것이다. 그러나 현 국제관계에 있어 국제관계의 상호의존의 확대는 결코 신화만은 아닌 현실이라는 사실을 보여주고 있다고 믿는 학자가 많다.

(2) 상호의존성 증대가 과연 바람직한가?

상호의존 되어 있는 개방적 자유주의경제체제가 과연 경제의 효율성을 제고시키고 국제평화의 기반이 되고 있는가 하는 문제에 대해서는 주로 종속이론으로부터 신랄한 비판을 받고 있다. 그들은 현 국제경제질서는 상호의존학파가 믿는 것처럼 모든 나라에 이로운 시혜적 기업질서(beneficial corporate order)가 아니고 부국이 빈국을 수탈하는 제국주의적 기업질서(imperial corporate order)이며 상호의존관계의 주역을 담당하고 있는 다국적기업이 빈국에서 부국으로의 경제잉여의 역류현상을 나타냄으로써 국가 간 불평등과 종속을 심화시키게 된다고 지적하고 있다. 또한 정치현실주의는 현 국제체제에 있어 상호의존보다는 일방적 의존이 심화되고 있을 뿐만 아니라 이러한 상호의존이 심화됨에 따라 그에 따른 갈등(conflict)과 마찰(friction)이 촉진되고 있다고 본다.

(3) 다국적기업이 민족국가의 경제적 기능을 대행할 수 있는가?

상호의존모델은 국제사회에서 다국적기업(경제세력)이 민족국가(정치세력)의 대외경제기능을 점차 대행하면서 세계경제의 통합(integration)을 계속 이룩해 나갈 것이라고 전망하고 있지만 현실주의들은 이러한 그들의 주장에 에 대해 의문을 제기하였다. 그들은 다국적기업의 세계적 확장이 투자본국의 개입 없이는 불가능하므로 다국적기업은 국가의 보호 아래 보호를 통하여 보호 속에서 이루어진다고 전제하면서, 예컨대 새로운 경제세력을 대표하는 미국의 다국적기업의 힘은 궁극적으로는 이를 지원하는 미국정부의 정치력에 달려 있다고 규정한다. 다국적기업과 민족국가간의 이러한 논의들을 좀 더 일반화하면 상호의존론은 국제관계에 있어서 민족국가의 잠재력과 지속성을 너무 과소평가하고 다국적기업과 같은 비국가행위자들의 역할과 기능을 과대평가함으로써 국제체제변화의 주된 원인이 국가의 행동과 선택임을 간과하고 있다는 것으로 요약할 수 있다.

이와 같이 상호의존모델은 현실주의나 급진주의(종속이론)로부터 비판받고 실제의 국제관계 현실을 설명함에 있어서도 한계를 가지는 것도 사실이지만, 또 다른 한편으로는 1990년대 이후 전개된 이른바 세계화(globalization)로 인하여 자유시장질서가 국제관계를 주도하는 현실에 대한 이론적 적실성을 보여주고 있다고 할 수 있다. 종합적으로 평가하자면, 상호의존모델은 현실주의에 대한 대안으로서가 아니라 자유주의에 모델에 현실주의적 성격을 보완함으로써 자유주의모델에 주요한 수정을 가하게 되었고 특히 국제기구나 레짐(regime)에 대한 중요성을 강조함으로써 앞으로 설명하게 될 신자유주의적 제도주의로의 발전에 기여하였다고 할 수 있다.

---

19 박경서, 국제정치경제론 (법문사 2001) p.102 참조.

3. 급진주의 국제정치경제론

국제정치경제의 자유주의가 중상주의·현실주의가 상호 비판과 대안으로서의 성격을 갖는 반면 국제정치경제의 급진주의(radicalism)는 이들 2개의 시각과는 전혀 다른 차원에서 자본주의체제나 세계경제에 대한 예리한 도전을 제시한다. 자유주의와 중상주의 어느 이론도 사회변화에 대한 포괄적인 이론을 가지지 못한 데 반하여 급진주의는 국제체제변화 내지 국제체제의 역동성에 초점을 맞추고 있기 때문이다.

국제정치경제의 급진주의이론 역시 다양한 이론적 갈래가 있지만 주류적인 이론들은 마르크스 정치경제론의 지적 토대 위에 서 있다. 국제관계에 대한 분석을 하고 행하고 있지 않은 전통적인 마르크스이론은 이후 「제국주의론」(imperialism)에 의해 국제관계를 설명하는 이론으로 발전하였고 이러한 지적 전통은 급진주의적 구조주의(structuralism), 즉 「종속이론」(dependency theory)이나 「세계체제론」(world system theory)으로 계승되었다. 여기서는 마르크스정치경제론과 제국주의론에 대하여 살펴본다.

3.1 마르크스 정치경제론의 핵심적 개념

국제정치경제의 급진주의시각은 마르크스적 정치경제론에 기초하고 있다. 자유주의가 중상주의에 대한 반작용으로 출현한 것이라면 마르크스주의는 19세기 중엽의 자유주의와 자본주의 정치경제론에 대한 새로운 해석과 비평으로부터 출발하였다고 할 수 있다. 즉, 자본주의 체제의 산업화 과정에서 노출된 자본과 노동 간의 갈등관계에 대한 해석으로부터 출발하여 자본주의체제의 붕괴에 대한 예언에까지 이른다. 이러한 마르크스 정치경제론이 주요한 전제로 삼고 있는 몇 가지의 핵심적 개념을 요약하면 다음과 같다.

(1) 사적 유물론 (생산양식, 상부구조와 하부구조)

마르크스이론의 가장 중요한 가정은 역사에 대한 경제적 해석으로서 역사변화의 과정은 궁극적으로 경제발전의 반영이라고 보는 사적 유물론(historical materialism)이다. 유물론(唯物論)의 근본사상은 역사가 발전하는 원동력은 관념이 아니라 물질적인 것이라고 하는 데 있다. 마르크스주의 이전의 역사관에서는 역사의 추진력을 운명·섭리·세계정신 등 초자연적 관념에 두거나 영웅이나 천재의 열정이나 능력 등 개인적·우연적 요소로써 역사과정을 설명하는 이른바 관념론(觀念論)적인 역사관 또는 기후·풍토 등에 의한 지리적 결정론에 의존하고 있었다. 이에 대해 사적 유물론에서는 인간의 존재에 필요불가결한 물질적 생산이 정치·경제·법률·종교·학문 등의 관념을 발달시키는 기초라고 생각하였다.

그에 따르면 사회구조에서 가장 지배적인 경제적 토대는 역사적으로 주어진 특정 시기의 생산력과 생산관계의 총체인 생산양식(mode of production)이다. 여기서 생산력이란 생산과정에서 결합되는 요소들로서 특정한 시기에 가용한 생산수단과 노동력을 포함하는 것이고, 생산관계(relations of production)는 생산·교환·분배의 과정상에서 나타나는 인간 사이의 관계로서 생산과정을 진행하는데 필요한 기술적·제도적 관계뿐만 아니라 생산수단이나 생산물의 소유형태와 관련된 속성이다. 이때 인간의 사회생활을 움직이는 가장 기본적인 요소는 물질적 욕망이며 사회생활을 존립시키기 위한 기본적인 조건은 이 욕망을 충족시키기 위한 생산이므로 생산관계야말로 사회의 기초를 이루는 하부구조(下部構造)이고 법·정치·도덕·종교 등은 이러한 하부구조에 의하여 결정되는 상부구조(上部構造)일 뿐이다.

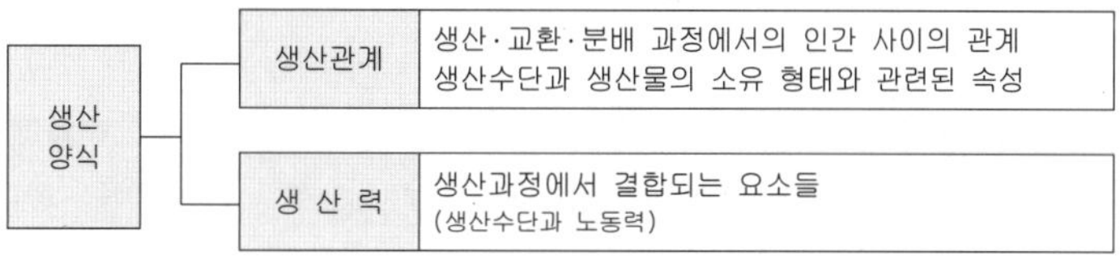

[그림 2-1] 마르크스(K. Marx) 이론의 생산양식(mode of production)

마르크스에 따르면, 이러한 생산양식은 그 자체 동태적 성격을 가지는데 생산력이 생산관계 보다 빨리 발전하기 때문에 양자 간의 모순이 발생한다. 예컨대 기술진보가 이루어져 생산수단이 발전하게 되면 기존의 생산관계는 시대착오적인 것이 되어 새로운 생산능력의 효율적 활용에 제약이 되는 족쇄가 된다. 따라서 이러한 생산수단을 보다 잘 수용하기 위한 새로운 생산관계가 형성되어야 한다. 그들의 주장에 따르면 사회의 물질적 생산력이 일정한 단계에 이르게 되면 그 때까지 작동해 온 소유관계(현존의 생산관계)와 충돌하게 되어 이때 사회혁명의 시대가 시작된다. 말하자면 사회의 경제적 토대(하부구조)가 변동됨에 따라 문화·법·정부와 같은 거대한 사회·정치적 제도(상부구조)가 변혁되는 것이다.

이와 같이 마르크스는, 역사의 흐름을 사회의 경제발전이 진행해가는 동안 각각의 시기를 대표하는 일련의 다양한 생산양식의 변화로 보았다. 새롭게 이어지는 양식은 보다 높은 경제발전의 수준을 나타내며, 한 양식에서 다른 양식으로의 사회적 변화과정은 각각의 생산양식 내에 존재하는 모순의 내적인 역동성에 의해 이루어진다. 이러한 사회변동에 대한 역사적 사례는 원시공산사회(생산수단의 공유에 의한 원시공동체적 생산양식) → 고대노예제사회(귀족과 노예 간의 노예제적 생산양식) → 중세봉건사회(군주·영주 등 지배계급과 농노 간의 봉건제적적 생산양식) → 자본주의사회(자본가계급과 임금노동자 간의 자본주의적 생산양식)로 변화한 것이고 공산주의사회가 역사발전에 있어서 필요하고도 바람직한 마지막 단계라고 규정하였다.

(2) 계급투쟁론

마르크스주의 분석에서 중요한 역할을 하는 개념은 계급이다. 다양한 행위 주체(사회이익집단)들 간에 조화가 이루어진다는 자유주의자와는 달리 마르크스주의자들은, 사회는 체계적으로 계급갈등의 성향을 갖는다고 주장한다. 이에 마르크스와 엥겔스(F. Engels)는 그들의 「공산당선언」의 첫머리에 '지금까지의 모든 인류역사는 계급투쟁의 역사'라고 간파하였다. 이들에게 계급투쟁이란 모든 생산양식 내에 존재하는 모순을 폭로하는 것이기 때문에 이러한 계급투쟁이론이 역사의 경제적 해석을 보완하고 있다고 할 수 있다.

그들에게 계급은 역사의 발전을 가져오는 중요한 동인(動因)이며 정치경제학에서의 적절한 분석 단위이기도 하다. 따라서 그들은 계급투쟁을 이해하지 않고는 역사를 올바르게 이해할 수 없다는 관점을 가진다. 그들은 사회의 물질적 생산력이 일정한 단계를 넘어서면 이러한 생산력은 기존의 생산관계와 모순되게 되는데, 이때 기존의 생산관계를 그대로 유지하려는 착취(지배)계급과 새로운 생산력에 걸 맞는 새로운 생산관계를 확립하려는 피착취(피지배)계급 사이에 대립과 항쟁이 있게 된다고 규정한다.

그들은 자본주의 하에서의 주된 계급 간 갈등은 부르주아(자본가계급)와 프롤레타리아(노동자계급) 간의 갈등이라고 정의한다. 그들은 자본주의사회에서의 생산관계를 특징짓는 2가지 요소로서 생산수단의 사적 소유와 임금노동으로 규정하고 자본주의는 자본가가 시장을 통하여 이윤을 획득하고 자본을 축적하는데 몰두하는 것이라고 믿는다. 그러므로 마르크스주의자는 자본주의와 시장이 자본가에게는 부의 극대화를 가져오지만 노동자에게는 빈곤의 극대화를 가져다주는 것으로 보았다. 또한 그들은, 생산수단이 전체사회가 아닌 어떤 개인에 속해 있는 자본주의 하에서는 인간에 대한 인간의 착취·지배와 종속의 관계가 수립되지만 생산수단이 공유되는 사회주의 하에서는 이러한 착취와 종속도 없다고 주장하였다.

(3) 국가의 성격(국가소멸론)

마르크스에 의하면 '국가 또는 정부는 기본적으로 한 계급이 다른 계급을 억압하는 도구'로서 '현존하는 소수의 지배계급이 자신들의 이익 유지와 확대를 위하여 다수의 피지배계급을 지배하는 도구'라고 규정하였다. 마르크스는 상부구조의 중심요소가 되는 국가(정치체제)는 하부구조(경제)에서 발생되는 계급투쟁의 대립적 상황을 제도화한 것으로서 자본주의사회에서 그것은 결국 지배계급(부르주아)에 의한 독재를 은폐하는 도구라고 규정하였다. 이러한 의미에서 마르크스와 엥겔스는 '근대국가의 행정부는 부르주아의 공동이익을 대변하는 위원회에 불과하다'고 주장하였고 이러한 시각은 그 후 레닌에 의해서도 유지되었다.

마르크스주의자들은 이처럼 국가를 계급적 산물 또는 계급투쟁의 도구로 간주함으로써 계급 없는 공산주의사회가 되면 그 존재기반이 상실되어 국가라는 존재는 소멸할 것이라고 보았다. 그러나 그들은, 자본주의체제가 혁명적으로 전복된 뒤에도 국가형태가 즉시 소멸되지는 않고 고도의 공산주의 단계가 실현되기 전까지는 여전히 국가에 버금가는 정부형태가 존속해야 한다고 보았다. 종래의 낡은 생산관계가 일시에 새로운 형태로 바뀌는 것이 아닐뿐더러 자신들의 경제적·정치적 기득권을 되찾으려는 기도가 감행되기 때문에 자본주의가 공산주의로 이행되는 혁명적 전환기에 혁명적 성과를 수호하는 폭력기구가 반드시 필요하다고 보았다. 이러한 과도기적 정부형태를 그들은 프롤레타리아 계급독재라고 불렀다.

레닌(V. Lenin)은 「국가와 혁명」에서, 자본주의적 민주주의가 '가진 소수'(haves)를 위한 민주주의라면 프롤레타리아 독재는 '가지지 못한 다수'(have-nots)를 위한 민주주의라고 주장하였다. 공산주의로의 이행기에서 나타나게 되는 프롤레타리아독재는 실질적으로 완전한 민주주의인 공상주의를 제공할 수 있는데 그 민주주의가 완벽하게 되면 될수록 빠른 시일 내에 그 존재가 필요 없게 되면서 스스로 사라질 것이라고 주장하였다. 이처럼 마르크스주의자들은 부르주아가 지배하는 국가는 혁명에 의하여 붕괴되고 프롤레타리아 독재국가가 출현하게 되며 이후 계급의 대립이 완전히 해소되고 나면 완전한 공산주의 무계급사회 수행됨과 더불어 국가는 소멸된다고 규정한다.

(4) 자본주의체제 소멸의 3대 법칙

이상과 같이 마르크스주의자들은 현존하는 자본주의사회가 생산력과 생산관계의 모순이 격화되고 또 자본가계급과 노동자계급의 계급투쟁이 심화됨으로써 스스로 붕괴할 것이라고 예언하면서 최후의 소멸은 다음과 같은 3가지의 필연적인 경제법칙에 의하여 지배된다고 규정하였다.[20]

이윤율 저하의 법칙(law of falling rate of profit) 마르크스주의자들은, 이윤추구를 본질로 하는 자본주의의 자유경쟁 하에서 자본가는 부단히 자본축적을 도모하지만 자본이 축적되고 더욱 더 풍부해질수록 자본가의 이윤율은 저하될 수밖에 없는 자본주의 내부의 모순이 존재하여 자본주의사회가 붕괴될 수밖에 없다고 주장한다.

즉, 자본가는 더 높은 초과이윤을 얻기 위하여 자본을 축적함과 동시에 노동자를 기계로 대체하여 생산비를 낮추고 생산성을 높이려고 노력하게 되는데 이러한 자본가의 노력은 결국 자본의 유기적 구성도(불변자본/총자본)를 높이어 자본의 이윤율을 떨어뜨리게 된다. 말하자면 자본가들이 시장경쟁에서 살아남기 위하여 생산성향상을 꾀하지 않을 수 없고 이를 위하여 새로운 기계·기술을 더욱더 도입하게 되는데 이러한 노력이 이루어지면 질수록 전체자본 중에 불변자본이 차지하는 비중이 높아져 이윤율이 저하되는 모순이 발생된다는 것이다.

자본의 집중과 집적의 법칙(law of concentration and centralization) 자본주의사회에서 자본가들은 더 많은 이윤을 얻고 경쟁에서 이기기 위하여 더 많은 자본의 축적이 필요해지는데 이러한 자본축적과정은 필연적으로 더 큰 자본의 집중과 집적을 불러일으킨다. 그 결과 자본주의가 발전할수록 부(富)가 효율적인 소수에게만 집중되고 나머지 다수가 궁핍화되는 과정이 심화된다.

우선 이러한 자본의 집중과 집중은 필연적으로 대기업에 대한 중소기업의 패배를 가져오고 대자본가들은 사전 결탁을 통하여 더욱 더 자본집중을 증가시킴으로써 부의 편중화현상이 심화된다. 다른 한편 자본가들에 의해 자본의 유기적 구성도가 높아지면 대량의 산업예비군(실업자)을 낳게 되고 이를 통하여 점점 더 많은 사람들을 절대적 빈곤과 상대적 빈곤에 빠뜨려 궁핍한 프롤레타리아계급으로 전락시킨다. 이러한 부의 편중과 격차확대로 인하여 자본주의사회는 사회주의혁명을 향하여 성숙되어간다.

불균형의 법칙(law of dis-proportionality) 고전파 경제학자 세이(Say)는 '공급은 스스로 수요를 창출한다'는 세이의 법칙을 통하여 공급과 수요가 항상 균형을 이루어 과잉생산이란 존재하지 않는다고

---

20 이러한 3대 법칙과 더불어 아래에서 설명하는 제국주의론, 즉 자본주의체제가 국내시장 포화상태에 도달되면 다른 국가로 확대하는 방법밖에 없고 이러한 제국주의가 경쟁과 전쟁으로 종결되어 자본주의가 소멸하게 된다는 '제국확산의 법칙'(law of imperial expansion)까지를 포함하여 「4대 법칙」으로 지칭하기도 한다.

전제하였다. 그러나 마르크스는, 자본주의경제에서는 자본축적과 집중으로 인하여 특정 상품을 과잉생산하려는 경향이 있는 반면, 상품을 구매하는 근로대중은 빈곤화로 인하여 이러한 상품을 구매할 수 있는 구매능력이 부족하여 과소소비가 발생하는 자본주의의 본질적 모순이 있다고 주장하였다.

이와 같은 과잉생산과 과소소비로 인한 수급의 불균형이 시장의 무정부적 속성으로 인하여 더욱 심화됨으로써 주기적인 불경기와 경제파동이 필연적으로 발생하게 되고 이러한 불균형이 되풀이되면 경제위기와 공황이 발생하게 된다. 이러한 경제위기와 공황은 자본주의체제의 내적 모순에 기인하는 구조적 현상이기 때문에 고통 받는 프롤레타리아들은 계급의식에 눈을 떠 서로 단결함으로써 체제에 도전하게 된다고 주장하였다. 결국 자본주의사회는 폭력혁명에 의하여 붕괴되고 시장경제체제는 사회주의체제로 넘어가지 않을 수 없다는 것이다.

3.2 제국주의론 (마르크스주의의 국제정치경제론)

본래 마르크스주의의 이론적 전통 속에는 국제관계가 중요한 위치를 차지하지 못하였다. 그들의 연구는 국제관계를 중요하게 여기지 않은 채 국가내부의 계급구조(국내정치경제) 또는 일국 내의 생산관계에 중점을 두었기 때문이다. 그러나 마르크스주의의 추종자들은 이후 그들의 제국주의론(imperialism)을 통하여 마르크스사상을 자본주의국가들 간의 국제정치경제분야로 확장하였다.[21]

이를 통하여 마르크스주의자들은, 상술한 자본주의 파멸의 3대 법칙 위에 또 다른 자본주의 법칙으로서 제국확산의 법칙(law of imperial expansion)을 추가하였다고 할 수 있다. 이 법칙에 의하면, 자본의 축적과 확대의 속성을 가진 자본주의가 국내시장의 포화에 직면하면 다른 국가들에 대한 자본 진출을 통하여 그들의 자본주의체제를 확산하는 제국주의적 성격을 갖게 된다는 것이다. 상술한 3개의 법칙이 주로 국내의 정치경제적 현상을 설명한 것이라면 이러한 제4의 법칙은 자본주의의 국제적 확산현상과 관련된 법칙이라고 할 수 있다.[22]

(1) 고전적 제국주의론

고전적 제국주의론자들은 1870년대 이후의 세계열강들의 해외팽창과 상호경쟁 현상을 제국주의로 규정하고[23] 이러한 제국주의가 발생된 역사적 동인을 마르크스가 제시한 자본주의체제의 3대 법칙(이윤율저하법칙·자본의 집중과 집적의 법칙·불균형법칙)을 통하여 설명하였다. 특히 대표적인 제국주의 이론가인 레닌(V. Lenin)은 그의 유명한 저서 「제국주의, 자본주의 최고의 단계」(Imperialism, The Highest Stage of Capitalism)를 통하여 국제정치경제영역에 마르크스이론의 체계적 적용을 시도한 최초의 이론이라고 할 수 있는 제국주의론을 전개하였다.

그는 자본주의의 생산양식과 계급투쟁론을 이해하지 않고서는 역사를 올바르게 해석할 수 없다

21 힐퍼딩(Hilferding), 룩셈부르크(Luxemburg), 부하린(Bukharin), 레닌(Lenin)등이 그들이다.

22 김석우 (2011) p.63.

23 이러한 제국주의시대의 범위에 관해서는 학자에 따라 논란이 있는데, 레닌은 1898년, 룩셈부르크는 1885년, 코헤인은 1875년 이후를 제국주의시대로 부르고 있다.

는 마르크스의 기본 관점을 전제로 하면서도 마르크스와는 부분적으로 다른 견해를 제시하였다. 즉, 마르크스는 독점의 심화라는 자본주의체제의 모순으로 인해 부르주아계급과 프롤레타리아 간에 충돌이 일어나고 결국 후자에 의한 혁명으로 전자가 몰락한다는 구도를 제시하였지만, 레닌은 자본주의국가들이 제국주의정책으로 나아감에 따라 마르크스의 예언과는 2가지 관점에서 다른 상황이 일어나고 있다고 주장하였다.

그 중 하나는 필연적인 붕괴를 향하여 달려가던 자본주의체제가 제국주의정책을 통하여 해외에서 새로운 시장과 노동력을 발견하면서 그 생명이 연장될 수 있게 되었다는 것이고, 다른 하나는 이러한 제국주의정책으로 인하여 자본가와 노동자의 계급투쟁뿐만 아니라 국가 간의 경제적 불평등구조와 갈등이 발생되었다는 것이다. 다만 그는 이렇게 제국주의로 인하여 자본주의가 생명을 연장하더라도 결국은 제국주의국가들끼리의 갈등과 전쟁으로 인하여 자본주의는 결국 붕괴한다고 주장하면서 제국주의의 5가지 특징을 다음과 같이 제시하였다

생산과 자본의 집중화 자본의 과대한 축적으로 인한 자본주의의 이윤율 하락경향에 따라 '생산과 자본의 집중'이 고도의 단계에 달해, 경제생활에서 결정적 역할을 수행하는 독점체가 형성되기에 이른다.

금융과두체제 소수의 거대한 은행자본이 산업자본과 융합하여 금융자본(financial capital)을 이루고, 이를 기초로 하여 금융과두체제(financial oligarchy)가 형성된다.

자본수출 독점이 지배하는 제국주의단계에서는, 국내이윤율 하락경향을 회피하기 위한 자본수출(export of capital)이 국가의 비호 하에 활발히 이루어짐으로써, 상품수출이 주종을 이루던 과거와는 달리 자본수출이 압도적 비중을 차지하게 된다.

독점자본가연합의 결성 독점자본은 우선 국내시장을 분할한 후 타국과의 거래·식민지교역·세력권설정 등을 통하여 '국제적 독점자본가 연합'을 결성하여 세계를 분할한다.

열강의 세계분할 독점자본가 연합의 결성과 함께 국가들 간에도 영토분할·식민지획득·경제영역확대경쟁 등이 이루어져 자본주의 거대열강에 의한 '전 세계의 영토적 분할'이 이루어진다. 이러한 경쟁이 점차 치열해지면서 자본은 물론 군사력까지 수단화하여 제국주의전쟁을 야기하여 결국 자본주의를 파국으로 인도한다. 따라서 제국주의는 자본주의가 필연적으로 밟아야 할 최후의 단계인 동시에 사회주의 혁명의 전조이다.

그는 이러한 제국주의의 5가지 특징을 전제로 하여 마르크스가 제시한 국내 계급간의 불평등과 투쟁이 선진자본주의국가들에 의하여 제국주의정책으로 이어지고 이러한 제국주의전쟁으로 인하여 자본주의는 붕괴 할 것이라고 보았다.

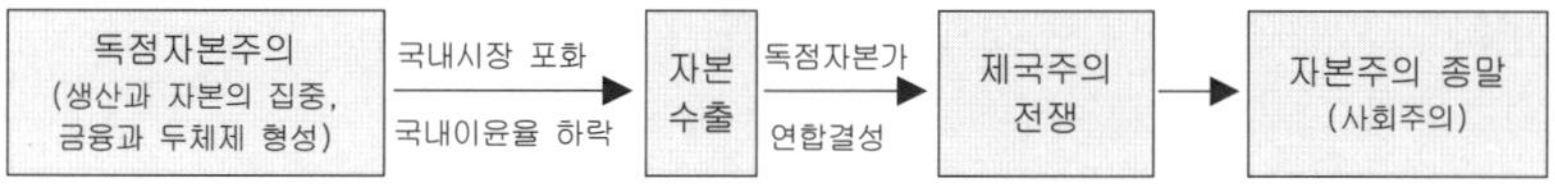

[그림 2-2] 레닌의 자본주의 발전단계

(2) 냉전기의 제국주의론

레닌을 포함한 고전적 마르크스주의자들의 이러한 제국주의론은 구 소련의 공식적인 교의가 되었다. 그러나 제2차 대전 후 냉전체제가 구축되면서 자본주의의 발전과정에서 적지 않은 변화가 일어남에 따라 마르크스주의자들도 그들 이론에 대한 수정 압력을 받게 되었다. 예컨대 많은 식민지들이 정치적으로 독립하였지만 경제적 지배가 계속되었고, 그들의 예견과는 달리 자본주의가 지속적 성장을 보였으며 마르크스가 불가능하리라고 믿었던 복지국가가 출현하였고 거대한 규모의 다국적기업들이 금융자본 대신 지배적 위치에 올라 선 것처럼 보였다. 이러한 새로운 변화에 대응하여 마르크스주의자들은 일부 수정을 가한 새로운 제국주의론을 펼치게 되었는데 주요한 명제들을 간략히 요약하면 다음과 같다.[24]

신식민주의론(neo-colonialism) 전후 강대국들은 그들의 식민지에 정치적 독립은 부여했지만 다른 간접적 수단, 예컨대 무역과 투자 등의 경제·문화·외교 등을 통한 지배가 이루어져 그들을 신식민지(neo-colony) 내지 비공식적 식민지(informal colony)로 전락시킨 채 제국주의적 목표를 존속시키고 있다.

경제적 잉여론(economic surplus theory) 경제적 제국주의는 이윤율저하경향이 아닌 경제잉여의 상승경향을 가지는데, 이것은 독점자본주의체제에서는 독점자본이 가격결정자로서 독점가격을 형성함으로써 이윤과 경제적 잉여의 증대가 일어나기 때문이다. 그런데 자본주의체제는 실업으로 인한 유효수요의 부족으로 이러한 잉여를 충분히 흡수할 수 없으므로 이러한 잉여를 흡수할 수 있는 방법은 다국적기업을 중심으로 하는 제국주의와 군사비지출 증대를 위한 군국주의뿐이다.

국가독점자본주의론(state monopoly capitalism) 독점자본주의가 더욱 진전된 20C초 이후 소수의 거대한 독점자본이 자본주의경제를 지배할 뿐만 아니라 정치적인 지배 권력을 장악하고 국가기관을 종속시키는 국가독점자본주의가 출현하게 된다. 이러한 세계자본주의체제 하에서 국가가 수행하는 역할은, 특정의 생산수단과 부를 독점적으로 소유하고 예산과 가격정책을 통해 국민소득을 독점자본에게 유리하도록 분배하며 자본가와 노동자의 관계를 통제하는 것이다.

다국적기업의 지배적 역할론 맥도프(Magdoff) 등은 국가와 결탁한 다국적기업의 출현을 현대적 제국주의의 핵심적 특징으로 파악하였다[25]. 그들은, 기업이 시장경쟁에서 살아남기 위해서는 시장규모를 끊임없이 확대해야 하는 것이 필연적인데 이는 결국 자본주의 경제의 팽창적 속성을 말해주는 것으로서, 이 과정에서 다국적기업들과 국가 간의 유착이 이루어지게 되며, 이러한 소수의 거대기업들이 현대독점자본주의를 지배하기 때문에 금융자본의 지배가 사라졌다고 설명한다.

이러한 수정에도 불구하고 전후 냉전체제 이후의 자본주의 변화에 대한 이들 마르크스주의자들의 해석은 결국, 자본주의체제의 어떠한 외형적 변화에도 불구하고 제국주의의 보편적 속성과 본질에는 어떠한 변화도 있을 수 없다는 것으로 요약 할 수 있다.

---

24 신연재 (2000) pp.96-106 참조.

25 이들 뿐만 아니라 냉전기의 마르크스주의자들은 모두 다국적기업을 현대제국주의의 주요한 행위자로 규정하였다. 즉 그들은 다국적기업을, 신식민주의의 경제적 대리인(신식민주의이론), 개도국으로부터 선진국으로의 경제적 잉여유출의 주역(경제잉여이론), 국가와의 결탁을 통한 경제의 군사화·생산수단의 독점·잉여가치의 수탈자 (국가독점자본주의)로 평가하였다.

제3장

국제정치경제의 새로운 시각과 이론

제1절 새로운 국제정치경제이론

앞에서 살펴보았던 국제정치경제 또는 국제정치의 전통적 3대 시각들은 국제정치경제 상황의 변화와 치열한 이론적 논쟁을 거치면서 대체로 1970년대를 기점으로 하여 각각의 시각은 나름대로 다음과 같은 이론적 수정과 확장을 이룩하게 되었다.

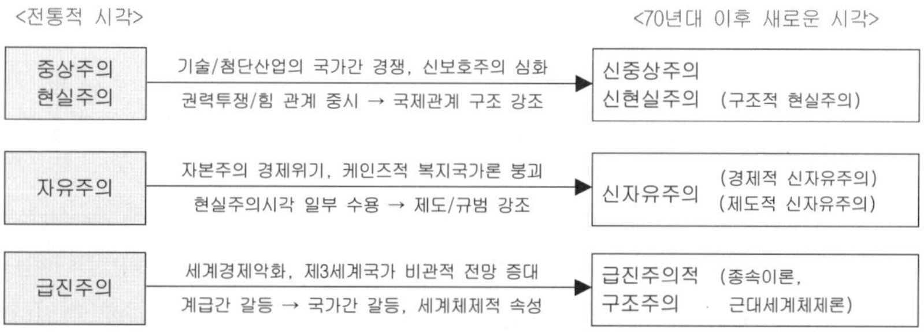

[그림 3-1] 1970년대 이후의 새로운 국제정치경제이론의 시각

현실주의의 수정 1970년대 이후 나타난 이러한 변화의 중심은, 양차 대전 이후 오랜 기간 동안 국제정치경제의 주류적 위치를 차지하고 있던 현실주의가 심각한 도전에 직면하게 된 것에서 찾을 수 있다. 이러한 현실주의의 퇴조는 급격히 증대된 신자유주의나 구조주의의 도전에도 영향이 있음은 물론, 1970년대 이후 미소의 대결구조가 평화공존과 협력관계로 변화될 수 있다는 가능성이 높아지게 됨에 따라 국제정치는 권력투쟁의 장이며 안보는 힘에 의한 힘의 균형으로만 확보될 수

있다는 현실주의의 가장 기본적인 전제가 흔들리기 시작하였기 때문이다. 이에 따라 현실주의는 국제정치의 무정부상태가 단순히 국가의 의사대로만 움직일 수 있는 상황이 아니라 국제정치체제를 움직이는 구조적인 법칙이므로 구조를 강조하는 신(구조)현실주의로 변모하게 되었다.

자유주의의 수정 1970년대 이후 냉전이 이완되고 다원화된 정치적 변화와 함께 국제정치경제에 있어서 정치적·군사적 문제의 중요성이 약화되고 무역·금융·투자·운송·통신 등의 교류가 활발해지고 국제협력이 중요해지자 국제관계에 대한 많은 낙관적인 전망과 이론들이 나타나게 되었는데 이들 중에서도 자유주의적 시각이 부활되고 강조되기 시작하였다. 이러한 신자유주의는 새로운 시대적 상황을 수용하면서 전통적인 자유주의의 과도한 낙관주의를 경계하고 현실주의가 지적하는 비판도 많이 수용하여 보다 객관적인 이론체계로서 거듭 태어나게 되었다.

급진주의의 수정 1970년대를 거치면서 세계경제가 더욱 악화됨에 따라 제3세계국가들은 자본주의체제가 확대되면 될수록 선진국에 대한 자신들의 종속이 더욱 강화되고 자신들은 더욱 가난해질 뿐이라는 비관적 견해를 가지게 되었다. 따라서 자본주의의 기본적인 갈등구조를 계급 간의 갈등으로 이론화한 전통적인 급진주의를 국가 간 갈등으로 확대·수정하여 저개발국의 외부적 구조·자본주의체제의 거시적 구조에 주목하는 신마르크스주의적 구조주의가 종속이론·세계체제론으로 나타나게 되었다. 한편 이러한 급진주의는 스스로 대안으로 제시하였던 혁명의 가능성이 점점 희박해지자 경제적 변수의 절대성이나 혁명의 필연성에 대한 과도한 집착을 버리는 한편 생태·환경·문화 등으로 이슈영역을 확대하는 시도를 행하고 있다.

이처럼 국제정치의 현실주의는 1970년대 이후 국제정치의 구조적 측면을 강조하면서 신(구조)현실주의로, 자유주의는 현실주의의 비판을 수용하면서 신자유주의로, 급진주의는 분석의 영역을 외연화하면서 구조주의·신마르크스주의로 수정·확장되었다고 할 수 있다. 이하에서는 이러한 새로운 시각으로서 신(구조)현실주의, 신자유주의, 구조주의 국제정치경제론에 대하여 살펴본다.

1. 신현실주의 국제정치경제론 (구조적 현실주의·수정현실주의)

1930년대에 등장하여 1960년대에 이르기까지 특히 동서냉전시대에 국제정치이론을 지배하여 왔던 전통적 현실주의는, 상술한 대로 자유주의적 상호의존모델이나 급진주의(구조주의)로부터 강한 도전에 직면하게 되었을 뿐만 아니라 현실주의 내부로부터도 여러 가지 도전에 직면하여 왔다. 또한 전통적 현실주의는 동서냉전시대를 배경으로 하는 이론이었지만 1970년대 동서데탕트·오일쇼크·제3세계 도전 등과 같은 새로운 국제환경변화로 현실주의적 가정과 전제에 대한 회의가 높아졌지만 1980년대 다시 긴장구조인 신냉전을 맞이하게 되자 새로운 현실주의의 대한 요구 역시 높아지게 되었다.

이러한 요구에 따라 여러 학자들이 새로운 국제정치이론의 수정과 구성을 시도하였는데 그 결과로써 나타난 국제정치이론의 새로운 사조가 신현실주의(neo-realism)이다. 이러한 신현실주의는 전통적 현실주의의 기본전제인 국가중심주의나 권력투쟁론에 대하여 기본적으로 동의하면서도 전통적인 현실주의가 포괄하지 못하였던 여러 가지 변화된 상황에 대한 설명을 시도한다. 예컨대, 여전히 정치·군사적인 문제가 중심이 되기는 하지만, 그동안 다루지 않았던 비정치적인 문제에 대한 설명을 시도한다거나 국제정치에 있어서의 협력을 전면 부정하지는 않고 제한적인 협력을 인정한다는 등이 그것이다.

그러나 전통적 현실주의와 구별되는 두드러진 특징은 국제관계에 좀 더 과학적이고 엄밀한 이론을 만들려는 노력을 기울였다는 점과 함께 국제정치의 무정부상태가 단순히 국가라는 행위자가 마음대로 움직일 수 있는 정책이나 상황이 아니라 국제체제의 구조에 의하여 결정된다는 구조적 설명을 중시한다는 점에서 찾을 수 있다. 따라서 이러한 신현실주의를 수정현실주의 또는 구조적 현실주의(structural realism)라고도 한다.

신현실주의를 대표하는 국제정치학자로서 왈츠(Kenneth Waltz)는 그의 저서 「국제정치이론」(*Theory of International Politics*, 1979)을 통하여 전통적인 현실주의의 문제점을 지적하면서 국제체제·구조를 중심으로 하는 새로운 현실주의이론을 전개하였다.[26]

그는 국제관계의 역사를 보면 전통적 현실주의가 주장하는 것처럼 행위자인 국가가 의도하는 대로 그 결과가 빚어지지 않는 경우가 많다고 지적하였다. 예컨대 1970년대 이후 미국과 소련의 정권이 바뀌고 냉전적 봉쇄정책이 긴장완화와 공존체제로 바뀌었음에도 불구하고 여전히 냉전은 계속되고 분쟁은 격화되어 국제정치의 결과가 똑같이 반복되는 현실이 그렇다는 것이다. 따라서 그는 국제관계를 결정짓는 요인으로서 국가의 의도나 노력과는 다른 어떤 새로운 독립변수가 있다고 주장하면서 그는 이러한 독립변수를 국제체제의 불안정성과 같은 구조적인 차원에서 찾으려 하였다.

그는 또한 전통적 현실주의 국제정치론이 그 이전의 이상주의 국제정치론에 비해서는 분명히 과학적이고 체계적인 논리를 전개하였지만 검증이 불가능한 선험적 인간성을 바탕으로 직관이나 철학에 의존하는 비과학적인 방법론과 분석수준을 적용하였다고 비판하면서 보다 과학적이고 엄밀한 구조적 요인을 강조하였다. 말하자면 그와 같은 전통적 현실주의자는 무정부상태의 갈등과 불안을 인간본성에서 찾으려한 반면 신현실주의자는 그것을 국가들 간의 힘의 분포로 결정되는 국제체제의 구조적인 요인을 집중적으로 강조함으로써 인간성이란 요인을 제거하였다. 이렇게 구조적인 특성을 훨씬 더 강조한다는 점에서 신현실주의는 전통적 현실주의보다 더욱 단호하고 결정론적인 특성이 강화되었다고 할 수 있다.

이렇게 전통적 현실주의가 한 국가가 자신의 안보를 위하여 권력의 극대화를 어떻게 이룰 것인가에 초점을 맞추는 것이라면 신현실주의는 서로간의 안보적 비교나 국제정치체제의 힘의 분포에 초점을 맞춘다. 이러한 점에서 신현실주의는 국제정치의 거시적 측면 또는 국제시스템에 대한 이해를 제공하였다고 할 수 있다. 이와 관련하여 왈츠는 여러 열강들이 난립하고 있는 다극체제로 갈수록 무정부적 성격이 더 강해져 불안정성과 분쟁가능성이 더 높아지는 반면 2개의 초강대국이 균형을 이루는 양극체제(bipolar system)가 가장 안정적인 체제라고 보았다.

---

26 Kenneth Waltz (1979).

신현실주의자로 분류되는 또 다른 대표적 학자로서 로버트 길핀(Robert Gilpin)을 들 수 있다. 길핀 역시 왈츠와 마찬가지로 국제정치의 권력배분상태(즉 구조)를 강조하지만 권력배분 상태 중에서 가장 안정된 구조가 양극체제라고 보는 왈츠와는 달리 단일의 지배적인 패권국가가 존재하는 일극체제(unipolar system)가 가장 안정적인 체제라고 본다. 그는 패권국가가 일국 내의 정부와 같은 역할을 함으로써 무정부상태인 국제체제의 불안정성을 극복하고 안정을 가져올 수 있다는 이른바 패권적 안정이론(hegemonic stability theory)을 주장하였다. 이에 대해서는 절충적 이론과 관련하여 뒤에서 다시 논의하기로 한다.

이렇게 국제정치의 신현실주의는 전통적인 현실주의가 간과하였던 국제정치의 거시적 측면, 즉 국제정치의 구조 또는 시스템에 대한 깊은 이해를 제공하였다. 반면 전통적 현실주의 입장에서는, 이렇게 구조적인 특성을 강조함으로써 결정론적인 특성이 강화되어 개인수준이나 국가수준에서 일어나는 현상을 설명하기 어렵고 또한 신현실주의의 주장 대로 구조·시스템만 중요하다면 국제관계에서 국가의 역할은 전혀 없어지게 되는 문제점이 있다는 비판을 받게 되었다.

2. 신자유주의 국제정치경제론

2.1 신자유주의의 의의

앞에서 언급한 바와 같이 자유주의 국제정치경제론은 다양한 이론적 갈래가 존재하여 이러한 여러 갈래의 자유주의이론이 각각 나름대로 신자유주의에 영향을 주어 다양한 유형의 신자유주의를 나타내고 있다.[27] 그러나 국제정치경제적으로 주목받는 신자유주의는 경제적 신자유주의와(상업적 신자유주의)와 국제정치의 신자유주의(제도적 신자유주의)를 들 수 있다. 최근 경제의 세계화현상과 연관되어 이들 중 경제적 신자유주의에만 시선이 집중되는 경향이 있지만 양자는 본질적인 철학에서 크게 다르지 않다고 할 수 있다. 이러한 2개의 신자유주의 국제정치경제론을 가로지르는 핵심적 요소를 요약하면 다음과 같다.[28]

시장의 역할에 대한 신뢰 자유주의는 시장이 자원을 가장 효율적으로 배분하고 시장을 통한 상호의존관계에 참여함으로써 모두가 이익을 얻고 평화를 증진시킬 수 있다고 전제한다. 따라서 신자유주는 국가개입의 철폐·자유화와 개방화·시장의 복원을 외치고 있는데 이러한 점에서 신자유주의는 고전적 자유주의로의 복귀를 의미하는 것으로 보인다. 또한 오늘날의 세계경제통합이나 이른바 경제의 세계화는 이러한 신자유주의 이념의 결과이자 원인이기도 하다.

호혜적 국제협력가능성 전제 신자유주의는 국가들이 이기적이지 않다거나 국가들 사이에 이익의 조화가 자연적으로 이루어진다고 전제하지 않고 국가들 간에 자국의 국익극대화를 위한 갈등이 당연

---

27 볼드윈(D. Baldwin)은 현대 국제관계에 영향을 신자유주의의 갈래를 ① 상업적 신자유주의(commercial liberalism), ② 공화주의적 자유주의(republican liberalism), ③ 사회학적 자유주의(sociolological liberalism), ④ 자유주의적 제도주의(liberal institutionalism) 또는 신자유주의적 제도주의(neoliberal institutionalism)로 유형화하였다 (D. Baldwin ed., 1993 참조).

28 정진영 (2004) pp.402-4.

히 발생할 수 있다고 전제한다. 그러나 이러한 이기적인 국가들 사이에도 협력이 가능하고 그러한 협력을 통한 국제경제질서의 안정이 가능하며 이를 통하여 모두가 이익을 볼 수 있다고 가정한다.

국제제도의 중요성 강조 신자유주의 국제정치이론은 국제제도를 국제관계에서 매우 중요한 변수로 고려한다. 현실주의가 국가의 힘과 국제관계의 구조를 중시하면서 국제제도를 주변적인 변수로 취급하는데 비하여 신자유주의는 국제제도가 국가들 사이에 정보를 제공하는 역할을 하고 약속의 이행을 도우며 선호와 정책형성에 영향을 미치는 것으로 파악한다. 이런 점에서 신현실주의와 신자유주의를 구분하는 핵심적 기준들 중의 하나가 국제제도의 역할에 대한 인식의 차이라고 할 수 있다.

2.2 경제적 신자유주의 (상업적 신자유주의)

일반적으로 경제적 신자유주의(economic neo-liberalism)는 사회적 관계의 총체를 시장경제적 관계로 재편하거나 시장경제시스템에 최대한 종속시킴으로써 시장원리(market principle)·자유경쟁(free competition)·시장개방(market opening)을 통하여 자원의 효율적 배분을 실현시키려는 사고방식과 사상체계를 말한다.

이와 같은 신자유주의의 기본전제는 아담 스미스(A. Smith)류의 고전적 자유주의와 궤를 같이 하여 '고전적 자유주의로의 복귀'를 의미하기도 한다. 그러나 고전적 자유주의는 근대시민사회가 형성되는 시기에 중상주의와 절대왕정체제를 극복하려는 사상체계였던 반면 신자유주의는 독점적 성격을 지닌 현대자본주의 하에서 전후에 형성된 복지국가체제를 극복하려는 사상이다. 더욱이 시장원리를 관철시킴에 있어서도 고전적 자유주의가 국가개입을 최소화하는 자유방임적 정책이었던 반면 신자유주의는 국가권력을 통하여 시장경쟁질서를 강화시키고 강제하려는 정책적 전제를 지니고 있다는 점이 서로 다르다. 이러한 경제적 신자유주의는 다시 대내적 측면과 대외적 측면의 신자유주의로 구분해볼 수 있다.

(1) 경제적 신자유주의의 대내적 측면

① 경제적 신자유주의의 개념은 다양하여 그 스펙트럼이 매우 넓지만 일반적으로는 1970~80년대에 나타난 자본주의의 위기상황을 타개하기 위해 제시된 새로운 정치경제적 시도로서 정의된다. 따라서 전후 자본주의의 경제정책이나 사회정책의 기초가 되었던 케인즈주의의 이론과 정책을 비판하고 그것에 대한 대안으로서의 성격을 지닌다. 말하자면, 고전적 자유주의가 불러온 전후 자본주의의 첫 번째 위기였던 1930년대 대공황을 극복하기 위하여 케인즈주의가 등장하였다면 1970년대 중반 이후 나타난 자본주의의 새로운 위기를 극복하기 위하여 신자유주의가 나타나게 되었다. 따라서 신자유주의는 다음과 같이 케인즈주의 경제이론과 복지국가론에 대한 문제제기로부터 출발하였다.

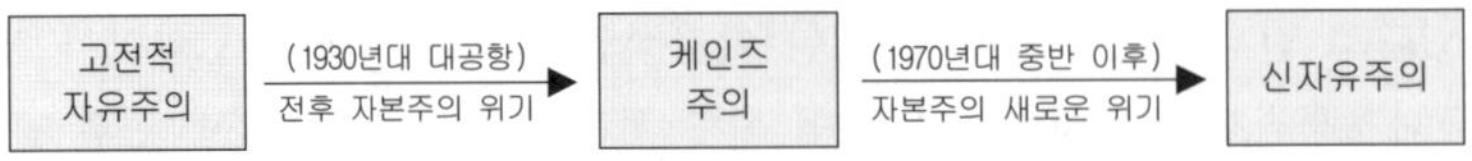

[그림 3-2] 경제적 신자유주의의 출현

탈케인즈 경제학 1970년대 이후에 만연한 인플레이션(inflation) 또는 불황 속에 진행된 인플레이션인 스태그플레이션(stagflation)현상을 계기로 케인즈경제학의 실효성에 대한 논란이 일기 시작하였다. 1930년대 이후 불황과 실업을 해결하기 위하여 재정확대를 통한 유효수요확대를 강조하는 케인즈경제학의 진단과 처방은 효력을 발휘하여 세계대공황을 극복하고 1950~60년대 자본주의의 황금기를 이룩하는 데 결정적 역할을 하였지만 1970년대에 이르러 계속되는 인플레이션과 재정적자로 인하여 전후 자본주의체제가 위기에 빠지게 되었다.

이에 프리드만을 중심으로 하는 통화주의(monetarism)는 고전적인 화폐수량설에 입각하여 인플레이션을 억제하는 동시에 케인즈적 완전고용정책을 포기할 것을 촉구하였고, 뷰캐넌·와그너 등의 공공선택학파는 하비로드가설(Harvey road proposition)의 폐해를 전제로 균형재정론을 주장하였으며, 공급중시경제학(supply side economics)은 지나치게 총수요중심적인 케인즈경제학의 한계를 지적하며 포디즘체제의 수익성위기를 극복하기 위한 유효수요의 자극책을 공급적인 시각에서 바라볼 것을 주장하였다.

탈개입주의 정책 총수요관리정책을 기본으로 하는 케인즈 경제정책론은 가격기구의 제약성이나 시장실패(market failure)를 전제로 국가의 적절한 개입과 조정을 통하여 시장의 비효율성을 시정하고 자본주의 내의 개혁을 가능케 하는 개입주의(activism)를 전제로 하였다. 이에 대하여 신자유주의 경제학자들은 이러한 케인즈적 개입주의의 폐해와 정부실패(government failure)로 인하여 새로운 자본주의 위기가 조성되었다고 주장하며 시장기능을 중시하고 자유주의 내지는 비개입주의(non-activism)로 돌아갈 것을 주장하였고 케인즈적인 '큰 정부'로부터 '작은 정부'(small government)로 돌아갈 것을 주장하였다.

이러한 신자유주의사상은, 일찍이 어떠한 정부개입도 「예종의 길」(*Road to Serfdom*)을 자초한다고 보고 인간과 제도의 자유를 외친 하이에크(F. A. Hayek)로부터 시작되었다. 이러한 지적 전통 위에서 프리드만(M. Friedman)을 중심으로 하는 시카고학파의 통화주의는 케인즈적인 재량적 거시경제정책에 대한 폐해를 지적하였고 이후 합리적 기대론(rational expectation theory)은 완전경쟁적 시장경제론·경제정책의 무력성 명제(economic policy impotence proposition) 등을 통하여 비개입주의적 경제정책을 강조하였다.

탈복지국가론 신자유주의는 또한 케인즈주의를 파탄에 몰아넣은 이러한 재정위기의 원인을 전후에 형성된 케인즈주의적 복지국가론 때문이라 파악하였다.[29] 사실 1950~60년대 자본주의의 황금기에

---

29 케인즈주의적 복지국가론은 일반적으로 ① 노동조합과 사회민주주의의 힘을 배경으로 복지제도를 발전시키는 것, ② 복지정책을 통하여 대중의 소비시장이 확대됨으로써 대량생산·대량소비의 포디즘적 성장체제를 지탱하는 것, ③ 성장과 복지의 병행을 통하여 노사간 계급적 타협체제가 실현되는 것, ④ 적자재정을 용인하여 복지국가형의 큰 정부를 허용하

는 이러한 복지국가형 메커니즘에 문제가 없었지만 1970년대 후반 이후 재정위기의 원인이 이러한 복지국가론에 있다는 비판이 일어나게 되면서, 케인즈주의적 경제개입과 과다한 사회복지지출이 경기침체·인플레이션의 원인으로 비판받게 되었다. 또한 거대한 노조의 협상력과 고임금이 국제경쟁력을 떨어뜨리고 실업률을 증가시키는 원인으로 간주됨으로써 케인즈정책의 효용성이 사라지고 복지국가체제의 비효율성이 부각되었다.

② 신자유주의는 이렇게 1970년대 중반 이후의 세계경제위기를 케인즈적 국가개입과 복지정책 남용의 결과로 규정하여 ① 국가의 탈규제와 민영화, ② 사회복지정책의 해체, ③ 생산시장과 노동시장의 유연화를 통하여 자본주의의 위기를 극복할 것을 주장하였다.[30]

이러한 신자유주의의 확산으로 1970년대 이후 세계는 신자유주의적 방향으로의 개혁이 진행되었는데 가장 성공적이었던 나라가 영국과 미국이었다.[31] 영국의 신자유주의는 보수당 당수 마가렛 대처(Margaret Thatcher)가 1979년 총선에서 승리하여 이른바 영국병(British disease)의 원인을 복지정책의 병폐에서 찾으며 전후 영국을 지배하였던 케인즈형 복지국가를 해체하고 국영기업 민영화·노동시장 유연화(노동자탄압)·시장주의(규제완화)를 근간으로 하는 이른바 대처리즘(Thacherism)을 탄생시켰다. 이러한 신자유주의정책은 국제경쟁력 약화·헤게모니의 쇠퇴에 대한 우려가 높았던 1980년대에 미국으로 건너가 공급중시경제학의 이론체계까지를 결합시킨 이른바 레이거노믹스(Reagonomics)를 탄생시켰다.

이와 같이 영국이나 미국 등 선진국에서 시작된 신자유주의정책은 1980년대 이후 외채위기와 IMF의 경제구조조정정책을 배경으로 개도국으로까지 퍼져나가 그 활동공간을 더욱 높여갈 수 있게 되었다. 1980년대 남미제국은 그들의 경제위기를 극복하는 과정에서 IMF와 초국적자본이 제공하는 구제금융과 함께 선진국들의 신자유주의정책을 도입하였고 이후 신자유주의는 남미제국을 실험대상으로 삼아 세계적 확산의 기반을 강화하기 시작하였다. 이러한 상황은 1990년대 후반 동아시아의 경제위기 때에도 반복되어 중심부국가와 그들의 이해관계를 반영하는 국제기구가 개도국들에게 그들의 신자유주의적 진단과 처방을 내림으로써 신자유주의의 세계적 확산을 가져오게 되었다.

(2) 경제적 신자유주의의 대외적 측면 (국제경제에 대한 신자유주의 시각)

전후 자본주의 황금기를 떠받치고 있던 정치경제체제인 케인즈적 복지국가의 붕괴로부터 1970년대 자본주의의 위기가 시작되었듯이 전후 자본주의 황금기를 지배하던 대외적 정치경제체제마저 심각한 위기에 부딪치게 되었다. 전후에 형성된 브레튼우즈체제는 기본적으로는 자유로운 국제무

는 것 등을 의미한다.

30 이러한 점 때문에 신자유주의정책은 1970년대에 나타난 자본주의의 위기에 대응하여 '그동안 기업경영자·노동자·국가권력에 빼앗겼던 자본의 주도권을 자본이 되찾고 이를 통하여 노동자의 임금과 복지지출을 줄여 자본의 이윤을 증대시키려는 자본의 목표' 또는 '노동자에 대한 탄압과 자본의 자유를 확대하려는 자본의 새로운 대응'으로 해석되기도 한다.

31 이들은 구조적 불황의 심도가 상대적으로 강하고 노동자의 힘이 상대적으로 약했던 나라들이라고 할 수 있고 또한 이들 나라의 자본주의유형은 자본의 소유자 또는 주주가 경제의 주도권을 잡는 이른바 앵글로색슨형의 자본주의국가들이었다.

역과 투자를 표방하면서도 개별국가 차원에서의 복지국가 달성을 위하여 국가의 개입과 통제를 용인해주는 타협적 체제, 이른바 '내재화된 자유주의'(embedded liberalism)에 기초하고 있었다.[32] 그러나 이러한 국제체제가 1970년대 후반 이후 '탈내재화된 자유주의'(dis-embeded liberalism)로 전환되면서 여러 가지 불안요인이 증대되고 급기야 커다란 국제정치경제적 격변이 나타날 우려마저 있게 되었기 때문이다.

제2차 세계대전 이후 1970년대 이전까지 내재적 자유주의가 전제되었던 시기에는 무차별주의에 입각한 자유무역체제의 구축에 대한 강한 의지를 전제하면서도 사회적 안전장치의 구축·고용증대·복지국가의 달성이라는 목표를 추구하기 위한 개별국가의 적극적인 개입이 허용되었다. 또한 고정환율체제를 기본으로 하는 국제통화체제(브레튼우즈체제)의 운용에 있어서도 국제자본이동에 대한 상당한 통제를 기초로 개별국가의 자율적 통화정책을 허용해줌으로써 개별국가의 정책적 자율성을 보장해주는 시스템이 운용되었다.[33] 이러한 내재화된 자유주의적 국제관계질서 속에서 서구 자본주의국가들은 대내적으로는 케인즈적 경제정책과 복지국가론적 국가관리시스템이 이루어졌고 대외적으로는 국제무역·금융·투자에 대한 개별국가의 자율적 관리와 통제가 이루어지면서 자본주의의 황금기를 이루어갔다.

그러나 1970년대 이후 세계경제가 석유위기·스태그플레이션·저성장을 겪으면서 대내적으로 복지국가를 지탱할 재원이 부족하게 되었고, 또한 전후 자본주의체제를 이끌어왔던 미국의 대외적 위상이 상대적으로 약화되면서 기존의 국제경제질서가 붕괴되기 시작하였다. 세계무역의 팽창과 무역의존도 증대로 인하여 국내수준의 수요관리가 효력을 발휘할 수 없게 되었고, 거대한 다국적기업의 등장과 확대로 보호된 국내시장을 바탕으로 공존을 위한 타협을 이룩하던 체제가 무너지고 세계시장에서의 경쟁에 적합한 형태로 자신을 변화시키지 않으면 생존에 위협을 받는 상황에 직면하게 되었다. 또한 미국의 국제수지 적자와 대외지출 증대로 달러의 신인성이 위협받는 가운데 미국은 달러의 금태환(金兌換)을 일방적으로 중지시킴으로써 금환본위제의 근간이 붕괴되었고 이어서 고정환율제가 붕괴되고 변동환율제가 채택됨으로서 전후의 국제통화체제의 기본메커니즘이 붕괴되었다.[34]

---

32 일찍이 러기(John G, Ruggie)는 이를 국제체제가 시장기능을 중시하는 자유주의를 기본적으로 추구하는 동시에 국내안정의 확보를 위해 개별국가의 시장개입을 정당한 사회목적으로 인정하고 수용함으로써 시장기능이 총체적 사회로부터 유리되지 않고 그 안에 내재하도록 만들어 사회적 통합을 유지하고자 하는 자유주의, 다자주의적 관점에서 자유화를 추구하면서도 동시에 '국내적 안정성과 자율성'(domestic stability and autonomy)확보를 위하여 개별국가의 시장개입을 정당한 사회적 목적으로 인정하고 수용하는 자유주의라고 이론화하였다. 이러한 내재화된 자유주의는 '내장된 자유주의'·'연계된 자유주위'·'착상된 자유주의'·'배태된 자유주의'라고 번역되기도 하고 '확장된 자유주의'·'타협적 자유주의'·'절충적 자유주의' '제한적/규제된/관리된 자유주의' 등으로 의역되기도 한다.

33 이것은 고정환율체제·자본이동자유화·각국정부의 자율적 통화정책이라는 3가지 목표를 동시에 달성하는 것은 불가능하고 그 중 오직 2가지 목표만이 양립할 수 있다는 이른바 '3위 불일치론'(impossible trinity theory)의 입장에서 보면 전후 브레튼우즈체제는 실물적 자본이동은 자유화하되 화폐적 자본이동에 대한 통제를 통하여 개별국가의 자율적 통화관리를 허용해주는 체제였다고 할 수 있다.

34 따라서 개별 국가들은 안정적 환율을 유지하기 위해서 통화정책의 자율성을 포기하거나 아니면 통화정책의 자율성을 유지하기 위하여 안정적인 환율유지를 포기할 수밖에 없는 통화정책자율성과 환율안정성이라는 2가지 목표의 상충(trade off)에 직면하게 되었다.

이렇게 전후 황금기의 자본주의의 국제정치경제시스템을 붕괴시킨 결정적 요인은 국제금융시장의 급격한 팽창과 발전이었다. 다국적기업의 활동이 늘어나고 1970년대 석유위기 이후 중동의 석유달러가 국제금융기관으로 유입되면서 유러달러시장 등 국제금융시장이 급속히 팽창하였고, 금융수단과 정보통신기술의 발전에 힘입어 자본의 국제적 이동에 대한 개별국가 차원의 통제가 효력을 상실하였으며, 미국과 영국은 뉴욕과 런던을 국제금융시장의 중심지로 만들기 위하여 자본이동에 대한 규제를 완화하기 시작하였다. 이에 따라 주요선진국들의 금융자유화가 경쟁적으로 추구되기 시작하였는데 이는 금융압박과 통제를 전제로 한 자본주의 황금기의 메커니즘과는 상반된 것이었다. 전후 브레튼우즈체제 하에서 개별국가의 통화정책이 자율성을 가질 수 있었던 것은 국제자본이동에 대한 상당한 통제를 기초로 하여 성립되었지만 이러한 자본이동이 자유화됨에 따라 개별국가의 정책적 자율성이 사라진 곳에 일국 단위의 통제와 관리에 기초를 둔 '내재화된 자유주의'적인 타협은 있을 수 없게 되었기 때문이다.

이와 같은 국제경제의 환경변화로 인하여 자유로운 국제무역과 자본이동에 대한 제한과 통제는 이제 다국적기업들의 원활한 활동을 방해하고 더 높은 이윤을 위해 움직이는 자본의 주권을 훼손하는 것으로 인식되기 시작하였다. 이러한 상황 하에서 신자유주의는 국내시장에서와 마찬가지로 세계시장에 대해서도 탈규제·개방화·민영화·자유화·유연화 등을 구호로 외치게 되었다. 이후 이러한 신자유주의는, 경제적으로는 세계적 자본축적양식을 IMF나 WTO와 같은 국제기구를 통하여 제도화·규범화하고, 정치적으로는 신자유주의적 국가체제로의 개편을 단행하였으며, 이념적으로는 신자유주의 이데올로기 신화를 창출·확산해갔다.

이렇게 1940년대 이래 유지되어 왔던 내재적 자유주의가 1980년대 이후 탈내재화된 자유주의(dis-embeded liberalism)로 전환되면서 여러 가지 불안요인이 증대되었고 급기야 커다란 국제정치경제적 격변이 나타날 우려마저 있게 되었다.

2.3 국제정치경제의 신자유주의 (제도적 자유주의)

(1) 신자유주의(제도적 자유주의)의 의의

국제정치의 신자유주의는 1980년대 중반 이후 신현실주의 국제정치이론에 대한 반발로서 등장하게 되었다. 전술한 대로 1970년대 초 상호의존론이 등장하였지만 이후 1980년대 국제정치는 소련의 아프가니스탄 침공·중동분쟁 격화·미국 레이건정부의 대 소련강경책 등으로 갈등의 기류가 확산되자 국제정치의 분쟁이 구조적인 문제라는 기본인식이 높아지고 안보딜레마로 인하여 국가 간 협력이 불가능하다는 신현실주의적 시각이 보다 적실성을 나타내는 것으로 평가되었다. 그러나 이러한 신현실주의 시각과는 달리 1980년대 중반부터 소련의 개방과 개혁정책·사회주의권의 붕괴 등으로 인하여 상호의존성이 증대되고 세계경제가 통합되는 세계화가 진전되자 이러한 시대적 상황을 반영하듯 국제정치에 있어서도 새로운 신자유주의가 대두하게 되었다.

또한 이러한 국제정치의 신자유주의는 신현실주의의 한 내용을 이루고 있는 패권적 안정이론에 대한 반발로서의 성격도 지니고 있다. 패권적 안정이론은 국제체제의 무정부성으로 인하여 국가 간 협력이 어렵다는 왈츠(Kenneth Waltz)의 주장과는 달리 패권국의 존재에 의하여 협력과 안정적 질서가 가능하다는 논리를 전제로 한다. 그러나 1980년대 이후 미국의 패권이 쇠퇴하고 있다는 논란 속에서도 어느 정도 자유로운 국제질서와 국제협력이 유지되고 있는 현실을 논리적으로 설명하기 위한 시도로서 신자유주의가 대두되었다. 이에 신자유주의는 패권국의 부재 속에서도 안정적이고 자유로운 국제질서와 협력이 가능하도록 하는 요인으로서 국제레짐(international regime)과 같은 국제제도(international institution)의 존재를 중요시하였다.

이 때문에 국제정치의 신자유주의를 제도적 자유주의(institutional neo-liberalism) 또는 신자유주의적 제도주의(neo-liberal institutionalism)라고도 한다. 이러한 신자유주의는 전통적인 자유주의와 내용이나 표현에 있어서 유사하지만 기존의 자유주의와는 달리 신현실주의의 일부 가정을 수용함으로써 '현실주의와 자유주의의 결합'이라는 성격을 지니고 있다. 이러한 신자유주의의 기본인식을 몇 가지 관점에서 비교적으로 설명하면 다음과 같다.

이론적 접근방법 신자유주의는 전통적인 자유주의시각이 지나치게 낙관주의적 태도 또는 이상주의적 태도를 지닌 것을 지양하고 국제협력이 가능한 조건을 보다 엄격하게 적용하는 접근을 행하면서 신현실주의자들과 마찬가지로 좀 더 과학적이고 객관적인 방법론을 적용하기 위해 노력하는 등 신현실주의에 근접하는 이론체계를 보이고 있다. 따라서 이러한 신자유주의를 '현실주의와 자유주의의 결합'이라고도 지칭한다는 것은 상술한 바와 같다.

기본 전제와 주요 관심 국제정치의 주요한 행위자가 누구이고 국가는 어떠한 성격을 가졌는가에 대하여, 신자유주의는 국가가 국제정치의 중요한 행위자이고 국가는 통합된 합리적 존재이며 무정부상태가 국가 간의 협력을 저해하는 가장 큰 원인이라고 보는 현실주의의 가정을 일부 수용한다. 따라서 국가 이외의 다양한 비국가적 행위자들을 인정하고 국가가 항상 합리적인 것은 아니고 다양한 목소리를 가진 존재라고 보며 무정부상태의 영향력을 부정하는 전통적 자유주의와는 다르다.[35]

국제협력과 국제체제안정의 조건 국제관계의 협력가능성에 대하여 신현실주의가 지나치게 비관적인 태도를 보여 무정부상태 하에서의 국제협력이나 국제제도의 실현가능성을 비관적으로 보는데 비하여, 신자유주의는 어려운 가운데서도 국제협력은 가능한 일이며 이러한 협력은 국제제도를 통하여 이루어질 수 있다고 본다. 다만 이러한 과정에서 구성국가의 외교적 노력이나 전략이 상당한 힘을 발휘할 수 있다고 본다. 따라서 신자유주의가 바라보는 국제체제안정의 조건은 신현실주의자들이 주장하는 '구조' 그 자체에 있는 것이 아니고 체제를 구성하고 있는 규범과 제도 그리고 그것을 안정적으로 운영하고자 하는 구성국가의 태도라고 할 수 있다. 말하자면 현실주의가 전제하는 무정부성과 국가중심주의를 일부 수용하되 그것은 숙명적인 것이 아니고 국가가 중심이 되어 특정 이슈

35 따라서 전통적 자유주의의 주요관심이 '상호의존 속의 협력'(corporation under interdependence)이라면 현실주의의 주요관심은 '무정부상태 하의 갈등'(conflict under anarchy)이라고 할 수 있고 신자유주의의 주요관심은 '무정부상태 하의 협력'(corporation under anarchy) 내지는 '쇠퇴하는 패권 하에서의 협력'(corporation under declining hegemony)이라고 할 수 있다. 박재영 (2002) p.409.

를 중심으로 점진적인 협력을 이끌어 내는 국제기구나 국제레짐과 같은 국제제도의 형태로 국제협력을 이끌어 낼 수 있다고 주장한다.

(2) 신자유주의(제도적 자유주의)에 대한 비판

이와 같이 국제정치의 신자유주의이론의 주요개념은 결국 국제제도(international institution)를 통한 국제협력(international corporation)으로 요약되는데 이러한 신자유주의의 기본시각은 신현실주의자 왈츠(Kenneth Waltz)에 대한 신자유주의자 코헤인(Robert O. Keohane)의 비판을 통하여 보다 뚜렷이 나타난다.

왈츠는, 그의 국제정치이론(*Theory of International Politics*, 1979)을 통하여, 국제정치구조는 하나의 독립변수로서 개별국가의 중앙정부와 같은 중앙집권적 권위체가 없는 무정부상태 하에서의 질서는 국가권력의 배분상태로서 결정된다고 규정한다. 또한 국제정치구조의 질서를 유지하는 2가지 유형으로서 양극제체와 다극체제가 있는데 전자가 후자보다 국가 간의 경제관계를 더 안정적으로 유지시켜준다고 설명한다. 그는 경제적 상호의존이 심화되면 될 수록 경제적 갈등이 심화되므로 양극체제가 다극체제에서보다 국가 간 상호의존이 적게 일어나고 경제적 갈등도 적게 일어난다고 보았기 때문이다. 결국 신현실주의자 왈츠는 무정부상태인 국제관계에서 국가 간 경제협력이 일어나기 힘들다고 전제하고 국제제도의 형성을 통한 국제협력의 가능성에 대해서는 논의하지 않았다.

이러한 왈츠의 신현실주의적 견해에 대하여 대표적 신자유주의자인 코헤인(Robert O. Keohane)은 다음과 같이 비판하였다.[36] 그는, 왈츠는 국가권력(power)을 정치력·경제력·군사력을 포함하는 총체적인 개념으로 보았기 때문에 국제경제관계를 제대로 설명하기 어려운 만큼 국가권력으로서 국제관계를 설명하기 위해서는 문제영역(issue area)에 따라 세분화된 개념으로 정의되어야 한다고 주장하였다. 또한 국가 간 상호의존증대가 곧 바로 경제적 갈등으로 이어지는 것은 아니며 갈등이 발생되더라도 국가이익의 상호조정과 교섭을 통하여 얼마든지 국가 간 협력을 달성할 수 있다고 주장하였다. 또한 왈츠는 국제관계현상의 원인을 국제구조라는 분석수준에 한정하고 있지만 보다 높은 설명력을 갖기 위해서는 국제구조뿐만 아니라 그것이 이루어지는 과정(process), 즉 국가 간의 상호작용(interaction)도 함께 보아야 한다고 주장하면서, 마지막으로 그는 국제제도(international institution)가 이러한 국가 간 협력을 촉진시킬 수 있다고 주장하였다.

이상과 같은 국제정치의 신자유주의 또는 제도적 신자유주의에 대해서는, 중앙정부가 존재하지 않는 국제체제에서 상호의존성의 증대에 따른 여러 가지 문제들을 어떻게 협력·조정·관리해 가는가를 국제제도를 통하여 설명해줌으로써 이에 대한 이해를 도와주고 국가들이 좀 더 협력적인 미래를 탐색하도록 해준다는 긍정적 평가를 내려준다. 반면 현실주의자나 급진주의자들은 이러한 신자유주의에 대하여 각기 자신의 입장에 입각한 비판을 내렸다.

우선 현실주의자들은, 제도가 개별국가들의 무임승차경향을 억제하고 총체적인 부(富)의 증대에 이를 수 있는 협력을 촉진한다는 것은 인정하지만 부의 상대적 배분을 둘러싸고 필연적으로 전개되

36 Robert O. Keohane (1989) chapter 7 참조.

는 갈등을 과소평가하고 이러한 갈등의 결과가 국가 간의 상대적인 힘에 의해 결정된다는 것을 등한시한다고 평가하면서, 제도의 역할과 한계를 인식하지 못한다고 비판하였다. 그들은 또한 역사적으로도 국제제도가 국가행위의 패턴을 바꾸었다는 경험적 증거가 미약하다고 비판하였다. 한편 급진주의자들은 국제제도 자체가 국제체제의 권력이라는 변수에 기반을 두고 성립된다고 보고 결국 국제기구나 국제레짐 역시 강대국의 이익을 반영한다는 점을 신자유주의는 인식하지 않는다고 비판하였다.

3. 급진주의적 구조주의 국제정치경제론

앞에서 설명한 바와 같이 국제정치의 구조주의(structurallism)란, 국제관계를 설명함에 있어서 국가의 개별적 행위나 특성에서 그 요인을 찾지 않고 국제체제의 구조적 특성(structural characteristic)에서 찾으려는 연구경향을 일컫는다. 따라서 이러한 구조주의에는 앞에서 살펴 본 신(구조적)현실주의도 여기에 속한다고 할 수 있다. 그러나 여기서 말하는 급진주의적 구조주의는 마르크스주의의 지적 전통 아래에서 국가 간의 불평등성문제나 저개발국의 저발전 및 빈곤문제 등을 세계자본주의체제의 구조적인 모순에서 찾으려는 연구경향을 말한다. 급진주의적 구조주의가 이렇게 전체 세계를 분석의 단위로 하여 그러한 세계체제의 구조를 논의한다는 점에서 '구조주의'라는 명칭 대신에 '세계주의'(globalism)라고 지칭하는 사람들도 있다.

앞서 언급한 것처럼 고전적 마르크스이론에는 국제관계에 대한 직접적인 분석이 존재하지 않고 자본가와 노동자의 착취·피착취관계를 전 지구적 구조로 파악하였는데 제국주의 이후 이러한 급진적 구조주의자들은 착취와 피착취의 도식을 국가와 국가 간의 관계에서 찾으려고 하였다. 따라서 구조주의자들은 저개발국의 저발전과 빈곤의 원인을 대내적인 요인이 아닌 세계체제의 구조적인 모순 등 대외적 요인에서 찾고 국제관계의 본질을 철저하게 제로-섬게임(zero-sum game)으로 파악한다. 물론 이러한 급진주의적 구조주의에는 마르크스주의자가 아닌 사람들도 일부 있지만 대부분의 주류적인 이론들이 마르크스가 지적한 자본주의의 본질적인 모순과 혁명과 붕괴라는 마르크스적 세계관과 분석의 틀을 공유하고 있다.

이러한 구조주의이론이 등장하게 된 것은 1950년대와 60년대 제3세계의 경제발전문제에 대한 문제의식으로부터 출발하였다. 당시 후진국의 경제발전문제에 대한 전통적인 자유주의이론은 이른바 근대화이론(modernization theory)과 확산이론(diffusion theory)이었다. 전자는 후진국의 저발전의 원인을 정치적 부패·자본의 부족·합리적 경제정책의 결여 등과 같은 대내적 요인에서 찾으려는 이론이고 후자는 발전국의 기술과 자본이 저개발국에 전파됨으로써 저발전국의 근대화가 이루어져 발전이 확산된다는 이론이다. 따라서 저개발과 저발전은 사회정치적 개혁과 효율적인 경제정책 및 외국의 자본과 기술의 도입을 통하여 해결할 수 있다고 보았다.

그러나 이러한 자유주의의 예측과는 달리 저개발국의 발전은 그들이 예측한대로 이루어지지 않았고 국가 간의 격차는 더욱 커져갔다. 이러한 시대적 배경 하에서 남아메리카를 중심으로 하는 종속이론이 제기되었고 이러한 사상적 아이디어는 이후 세계체제론으로 발전하게 되었다. 물론 이러한 급진주의적 구조주의에도 서로 다른 이론적 경향들이 있어 차이를 보이지만 그럼에도 불구하고 이들은 대체로 마르크스주의적 전제와 분석틀을 공유하고 있는 신마르크스주의에 기초하고 있다.

구조주의는 또한 ① 분석의 출발점을 국제체제의 전반적인 구조에 두고 가장 거시적·총체적인 수준의 분석을 행하고, ② 국제관계의 모든 현상을 경제문제의 관점에서 해석하고 처방하여 정말 중요한 것은 경제적인 문제라고 규정하며, ③ 국제정치경제문제를 구조적인 관점에서 분석하는데 그치지 않고 한걸음 더 나아가 역사적인 분석의 중요성을 중시하여 자본주의체제의 역사적 전개과정을 계급간의 대결의 관점에서 이론화한다는 것을 앞에서 살펴보았다([부록 2-1] 참조). 구조주의는 특히 저개발국의 발전을 가로 막으며 세계적 규모의 불균등발전을 초래하는 메커니즘으로서 선진국과 저개발국 간의 착취와 피착취·지배와 종속의 관계로서 파악하고 이를 중요한 기초로 삼는다.

이상과 같은 성격을 나타내는 구조주의 역시 다양한 이론적 갈래를 가지고 있지만 국제정치경제적 관점에서 주목되는 이론은 1960년대 후반 라틴아메리카를 중심으로 나타난 종속이론(dependency theory)과 1970년대 후반 이후 전개된 월러스타인(I. Wallerstein)의 세계체제론(world system theory)이다.

3.1 종속이론

(1) 종속이론의 배경과 의의

1950년대 이후 선진국이 제시하였던 근대화이론·확산이론 등이 저개발국의 현실과 괴리를 나타내자 프레비쉬(R. Prebisch)를 중심으로 하는 라틴아메리카 경제위원회(ECLA : Economic Commission for Latin America)는 단기적으로는 교역조건의 개선을 요구하면서 장기적으로는 개도국 자신이 수입대체적 공업화(import substitutional industrialization)를 채택할 것을 제안하는 등 적극적인 개혁정책을 제시하였다. 또한 프레비쉬는 중심부(center)와 주변부(periphery)라는 개념을 가장 먼저 개발하고 이들 간의 교역에서 이루어지는 1차산품 교역조건의 장기적 악화론(thesis of secular deterioration of terms of trade)을 제시하기도 하였다.

이러한 그들의 온건적이고 개혁적인 제안들은 이후 1964년에 설립된 유엔무역개발회의(UNCTDAD)와 1970년대 초 UN총회에서 선언된 신국제경제질서(NIEO : New International Economic Order) 등에 지적인 토양을 제공하기도 하였다. 그러나 이러한 정책들이 실패로 돌아가자 1960년대 중반 이후 라틴아메리카를 배경으로 하는 이른바 종속이론(dependency theory)이 등장하게 되었다.

이들은 저개발국의 저발전은 불합리한 국제분업을 기반으로 하는 국제경제관계의 고유한 모순과 사회경제적 저발전의 악화를 가져오는 종속관계에서 연유한다고 규정한다. 따라서 저개발국들이 세계경제체제 특히 중심국들에게 통합되고 종속됨으로써 발전에 대한 구조적 장애가 심화되고 국제적 불평등이 확대되는 만큼 중심과 주변 간의 종속관계의 축소야말로 저발전의 해결책이라고 주장하였다. 그들은 또한 빈곤한 국가들이 비교우위에 있는 상품생산에 특화하여 외국상품과 자본을 자유로이 받아들이는 것이 동등하게 경쟁할 수 있는 국제경제관계를 형성하는 것으로 보일지 모르나 그러한 국제경제관계에서 얻어지는 이익은 부국에게만 유리하도록 불균형적으로 배분되므로 부국과 빈국 간에는 결국 지배와 종속의 착취관계가 형성된다고 규정하였다.

이처럼 저개발국의 저발전을 주요한 주제로 삼는 종속이론의 접근방식은 결국 지배국과 종속국 간의 불평등성을 전제한다는 점에서 신식민주의(neo-colonialism) 또는 신제국주의(neo-imperialism)라고 불리어지지만, 그들의 생성배경·접근방법·이론적 강조점·정책건의 등에 있어서는 모든 종속이론들의 주장이 반드시 동질적인 것은 아니고 그들 간에도 커다란 스펙트럼이 존재한다. 따라서 종속이론에 대한 분류가 〈부록 3-1〉이 보여주는 바와 같이 여러 가지 관점에서 이루어지고 있다.

(2) 종속이론의 기본적 시각

이와 같이 종속이론은 그 주장자에 따라 접근방법과 정책대안 등이 서로 상이한 점이 있는 것이 사실이지만 저개발국의 저발전에 대한 그들의 공통된 기본시각 내지 분석방법 상의 기본적 특성은 다음과 같이 정리할 수 있다.

남(南)의 대항적 패러다임 · 근대화이론 비판 종속이론은, 선진국인 서구를 배경으로 하는 북(北)의 발전이론적 패러다임을 배격하고, 라틴아메리카 등 저개발국을 배경으로 하는 남(南)의 대항적 패러다임(counter-paradigm) 또는 경쟁적 패러다임(contenting-paradigm)의 성격을 띠고 출발하였다. 따라서 1960년대 이전 발전사회학의 확산이론(diffusion theory)이나 근대경제학의 발전이론(development theory) 등 서구의 학문적 전통에 대한 도전인 동시에 그에 대한 대안으로서의 성격을 가진다.

현실적 · 역사적 · 실천적 접근이론 기존의 서구적 발전이론들은 비현실적이고 비역사적인 추상적 특성을 지니고 있으며 저개발국의 기본적인 문제를 은폐하고 기존질서를 옹호하는데 역점을 두고 있어 실천성이 결여되어 있다. 이에 대하여 종속이론은 라틴아메리카의 한계상황·종속·저발전 등을 이해하기 위하여 저개발국의 고유한 문제를 저개발국의 입장에서 바라보는 자아준거적·주체적 관점에서 출발하여 현실적이고 역사적인 분석방법을 채택하였다고 주장된다. 따라서 서구적 발전이론들이 저발전의 문제를 비역사적인 공간 속에서 파악함으로써 개별적인 역사성과 구체적 상황을 무시한 채 전개되었음에 비하여 종속이론은 저개발국의 저발전에 대한 현실적·역사적 분석방법을 채택하고 있다. 또한 종속이론은 저개발국의 기본적인 문제를 철저히 규명하는 동시에 기존질서를 개편하는데 역점을 두고 있다는 점에서 강한 실천성을 전제로 한다고 할 수 있다.

거시적·전체적·구조적 분석방법 기존의 서구적 발전이론들이 주권국가를 분석단위로 삼는 미시적이고 행태주의적 분석을 행하였음에 대하여, 종속이론은 개별국가나 지역의 발전은 오로지 그 국가나 지역이 유럽의 식민지화정책에 의해 파생된 세계정치경제체제에 역사적으로 어떻게 편입되었느냐에 달려있다고 전제하고 세계체제 및 세계체제의 상호작용을 통한 분석을 행함으로써, 보다 거시적·전체적·구조적 분석방법을 채택하고 있다고 주장된다.

발전과 저발전의 통일적 파악 기존의 서구적 발전이론의 인식론적 전제는, 선진국과 저개발국은 동일한 역사적 과정을 밟으며 발전한다는 것으로서 저개발국은 단지 그 시간의 흐름에 뒤져 있을 뿐이라고 규정하는 선형적(단선적) 역사발전법칙이다. 그러나 종속이론은 이러한 서구적 발전이론의 인식은 기존의 서구 발전에 대한 설명방법으로서 제3세계 저개발국에는 이론적 적실성과 적용가능성(relevance and applicability)이 없다고 배격하고, 발전과 저발전이라는 것이 시간의 순서에 따르는 단계(stage)의 문제가 아니라 국제체제에 있어서의 위치(locations)의 문제이며 또한 양자가 상호 독립된 별개의 측면이 아니라 동일한 현상의 다른 측면에 불과하므로 하나의 통일적 상태(unifying state)로 파악하여야 한다고 주장하였다.

이러한 기본적 인식에 따라 많은 종속이론가들은, 비록 그 구체적 표현은 서로 다르지만, 발전과 저발전의 문제를 서로가 서로에게 조건이 되는 동일한 존재로 규정하였다.

(1) 도스 산토스(T. Dos Santos)는 '종속이란 어떤 국가의 경제가 그들이 종속된 다른 국가의 발전과 팽창에 의하여 조건화되는 상황을 의미한다'고 정의하였고, 선켈(O. Sunkel)은 '발전과 저발전을 하나의 보편적 과정의 두 가지 측면으로 관찰하여 이들은 통합된 세계의 두 가지 요소로서 역사적·기능적으로 연결되어 상호 작용하는 동시적 과정'이라고 규정하였다.

(2) 프랭크(A. G. Frank)는 '발전과 저발전은 동전의 양면과 같이 한쪽이 없으면 다른 한쪽도 있을 수 없도록 서로가 서로를 구속한다는 점에서 상호 관련적이고, 또한 전자가 후자보다 더 진보하였다는 비교적이고 양적인 것이 아니고 양자는 동일한 구조로서 서로 다른 부분을 구성하는 질적인 것'이라고 규정하였다. 따라서 그는 모든 선진국은 과거에 미개발(未開發, un-development)의 상태에 있었다고는 할 수 있어도 결코 저개발(低開發, under- development)의 상태는 아니었으며 세계자본주의 체제의 상호의존성과 그 질적인 변혁을 역사적으로 고찰할 때 개별 주변국들이 이미 발전된 중심국들이 밟아온 발전경험을 되풀이하기란 불가능하다고 결론지었다.

(3) 근대세계체제론자인 월러슈타인(I. Wallerstein)은, 중심부와 주변부가 통합된 전체(integrated whole)로서 상호작용하고 기능하므로 중심부의 경제발전과 주변부의 저발전은 동전의 양면(opposite of the same coin)과 같다고 주장하였다. 따라서 제3세계의 저발전은 그 자신들의 국내적 요인에 의한 것이 아니고 이러한 세계경제의 구조적 관계가 저발전을 심화시키므로 세계경제가 발전하면 할수록 주변부가 발전하기는 더욱 어렵고 그들이 세계적 시장의 힘을 벗어나기 위해서는 더욱더 혁명적인 노력이 필요하다고 역설하였다.

(3) 종속이론의 주요 명제

이상과 같은 기본시각과 분석방법에 기초하고 있는 종속이론의 주요 명제를 요약하면 다음과 같다.

중심-주변 모델 종속이론은 저발전과 종속의 문제를 연구함에 있어 '중심과 주변'의 모델을 가장 기본적인 이론적 틀(theoretical framework)로 삼는다. 이러한 중심과 주변(center-periphery)의 개념은 남미 경제학자 프레비쉬(R. Prebisch)에 의해 처음으로 제시된 후 여러 학자들에 의해 다양한 용어로 변화된 채 사용되어졌다. 프랭크(A. G. Frank)는 이를 '중심과 위성'(metropolis- satellite), 아민(S. Amin)은 이를 '중심부 자본주의와 주변부 자본주의'(capitalism of center- capitalism of periphery)로 개념화 하였다.

중심-주변 간의 수탈적 질서 종속이론은 또한 이러한 중심부와 주변부 간의 종속관계 때문에 경제성장으로부터 창출되는 부가 주변부로부터 중심부로 역류되는 수탈적 질서(exploitative order)·부등가교환(unequal exchange)의 메커니즘이 형성됨으로써 중심부는 더욱 부유해지는 반면 주변부는 계속 빈곤한 상태로 남게 되는 불균형적 발전·양극화 발전(polarization development)·저발전의 발전(development of underdevelopment)이 이루어진다고 규정하였다.37

본질의 연속성 종속이론은 또한 중심부에 의한 주변부로부터의 경제잉여의 수탈 및 점유는 특정의 제국주의 단계에서만 나타난 것이 아니라 16세기 중상주의시대부터 산업자본주의·독점자본주의·현대에 이르기까지 세계자본주의체제의 어떠한 질적 변화나 그에 따른 주변부의 내부구조 변화에도 불구하고 본질적인 변화 없이 지속적으로 전개되어 왔다고 주장한다. 이에 프랭크(A. G. Frank)는 양극적인 자본주의체제는 16세기 이래 변화 없이 지속되고 있으며 어떠한 시대나 지역을 막론하고 발전과 저발전을 낳는 구조적 본질은 지속적이고 동일한 것이라고 하여 이를 '연속성(continuity in change)의 모순'이라고 정의하였다.38

대외무역과 경제발전에 대한 극단적 비관론 종속이론은 저개발국의 대외무역과 경제발전에 대하여 극단적인 비관론을 전개하였다. 종속이론가들은, 비교우위에 따른 무역을 통하여 모든 나라가 혜택을 입는다는 가정 하에 상호의존성을 강조하는 중심부의 전통적 경제이론은 이미 죽은 이론이라고 전제하고, 국제무역의 실제 역사는 중심부에 의한 주변부의 착취로 얼룩져 중심부만이 주변부의 희생 위에서 이득을 보았다고 주장하였다. 따라서 그들은 중심부의 국가들에게는 국제적 경제거래가 성장의 원동력(engine of growth)이었지만 주변부 국가들에게는 착취의 도구(instrument of exploitation)였다고 규정하였다.

(4) 종속이론의 종합적 평가

이처럼 종속이론은 지금까지 통념적으로 받아들여졌던 발전이론에 대한 북(北)의 패러다임을 대신하는 남(南)의 패러다임으로서, 서구에 의해 주도되어온 주류경제학의 틈바구니 속에서도 자신의

---

37 엠마뉴엘(A. Emmanuel)은 세계자본주의 내부에 있어서 중심부에 의한 주변부의 수탈 메커니즘으로서 '부등가교환'(unequal exchange)을 논의하고 이를 통하여 생산관계에서만 가치의 착취가 일어나는 것이 아니라 유통의 단계에서도 이러한 착취가 일어남을 강조하였다. 프랭크(A. G. Frank)는 자본주의의 독점성 때문에 경제잉여가 중추부에 의해 수탈되고 전유되는 '경제잉여의 수탈 및 전유(expropriation and appropriation of economic surplus)의 모순' 때문에 중추부와 주변부간의 양극화(polarization)가 발생되어 중추부의 경제발전이 진전되면 진전될수록 위성부의 저개발이 심화된다는 '저발전의 발전'(development of underdevelopment)을 논하였다. 또한 아민(S. Amin)은 '세계자본주의의 축적과정은 주변부자본주의에 대한 중심부자본주의의 수탈과정 이외의 아무것도 아니며 생산력을 직접 담당하는 생산재부문은 어디까지나 중심부자본주의에 의해 관장되므로 양자간에는 불평등발전의 메커니즘이 불가피하다'고 주장하였다.

38 종속론자들은 이러한 관점에서 대외종속의 메커니즘을 역사적으로 유형화하였다. 즉 푸르타도(C. Furtado)는 비교우위에 따른 1차산품 수출단계 → 수입대체단계 → 다국적기업단계로 구분하였고, 도스 산토스(T. Dos Santos)는 식민지적 종속(colonial dependence) → 금융·산업적 종속(financial-industrial dependence) → 다국적기업에 의한 새로운 종속(new type of dependence)으로 유형화하였다. 제국주의 및 종속구조에 대한 종속이론의 이러한 통시대적 인식은 뒤에서 소개하는 자유무역제국주의론(free trade imperialism)과 그 맥을 같이 하는 것이라고 할 수 있을 것이다.

문제를 보다 주체적으로 인식하고 그 해결책을 모색하려는 학문적 노력으로서, 저발전이란 무엇인가·저발전상태는 왜 지속 되는가·부유한 국가나 계층은 어떠한 방법으로 빈곤한 국가나 계층을 조건화 하는가 등과 같은 저발전문제(question of under development)에 대한 유용한 시각과 방향을 우리에게 제시해주었다고 할 수 있다.

그러나 이러한 종속이론에 대해서는 여러 가지 관점에서의 많은 비판들이 제시되었다. 종속이론에 대한 많은 비판들의 주요 내용을 간략히 요약한다면 다음과 같다.

연구방법 및 이론체계 ① 종속이론에서 사용되는 비대칭적 구조 및 분석도구들이 객관적 정밀성(real precision)과 개념적 명료성(conceptual clarity)을 결하고 있고, ② 객관적 사실보다는 주관적 판단에 입각한 논리를 전개하고 있어 진리와 이데올로기의 구별을 분명히 하지 못하며, ③ 예시된 경제적 증거들이 빈약하고 과장되어 있으며 결정적이지 못하다. 따라서 종속이론은 여전히 하나의 이론이라기보다는 접근방법이며, 새로운 패러다임을 지닌 정상과학의 지위에는 이르지 못한 패러다임 이전의 단계에 그치고 있다. 말하자면 학문적 과학성이 결여된 채 한 시대를 풍미하였던 이데올로기 수준의 접근방법이었다.

이론적 논리성 종속의 개념이 잘못 정의되고 있고 종종 착취와 저발전이 동일시되어 순환론적 추론으로 인도되어 있다. 즉 ① 종속관계의 발생이 과연 국제체제의 구조적 특징에 기인되느냐가 문제시되며, ② 제3세계가 경제적으로 종속되어 있는 것은 사실이지만 종속되어 있기 때문에 저발전상태에 있느냐 아니면 저발전상태에 있기 때문에 종속되느냐에 대한 대답이 분명치 못하고, ③ 중심과 주변관계를 종속적이고 착취적인 것으로 단정하는 이분법적 분류를 사용하고 있지만 실제로 양자는 상호의존적인 관계도 가지고 있으므로 종속관계가 과연 수탈적 기능만을 가진다고 보는 것은 문제가 있다.

현실적 적실성 ① 일부 개도국의 경제발전모형에 대한 개별적인 사례연구에 머물러 있어 일반성이 결여되어 있는 반면, 종속관계를 일률적으로 형성된다고 단정하고 있어 제3세계 국가 간의 다양한 차이점을 설명하고 있지 못하며, ② 특히 탈종속의 대안이 지극히 애매하고 막연하여 보다 구체적이고 명확한 대안에 이르고 있지 못하다. 따라서 지금까지 발표된 일련의 실증분석에 의하면 종속이론의 일부가설이 수락되기도 하고 기각되기도 하여 미결의 상태에 있지만 지난 20여 년간의 개도국 경제성장의 역사를 보면 오히려 대외적 종속정도가 컸던 나라들의 경제성장이 상대적으로 높았던 것으로 나타났다. 종속론자들은 이에 대해 대외적 종속 하에서도 발전이 이루어질 수 있다든지 또는 종속과 발전이 병존할 수 있다는 종속적 발전(dependent development)이라는 시각을 통하여 설명하였지만 구체적인 설명이 여전히 명확하지 못하다.

〈부록 3-1〉 종속이론의 다양한 스펙트럼

위에서 살펴본 대로 종속이론의 접근방식은 결국 지배국과 종속국 간의 불평등성을 전제한다는 점에서 신식민주의(neo-colonialism) 또는 신제국주의(neo-imperialism)라고 불리어지지만 그들의 생성배경·접근방법·이론적 강조점·정책건의 등에 있어 그들의 주장이 반드시 동질적인 것은 아니다. 따라서 이들의 분류 역시 여러 가지 관점에서 이루어지고 있지만, 그러한 분류 중 하나의 기준은 비 마르크스주의적인 구조주의자와 마르크스주의적인 급진주의자로 분류하는 것이다. 이러한 분류에 따라 양쪽의 기본적 시각과 이론적 강조점을 대비하면 다음과 같다(〈표 3-1〉 참조).

〈표 3-1〉 종속이론의 분류

구 분	비 마르크스적 구조주의	네오 마르크스적 급진주의
시대적 배경	초기적 종속학파	후기적 종속학파 (협의의 종속학파)
저발전의 원인	중남미제국의 내부 구조적 특성	국제관계의 모순 세계자본주의의 타율적 관계
이론적 성향	개량적·개혁적 구조주의	사회주의적 혁명론
대표적 학자	ECLA, 보수적 종속론자 급진주의적 종속론자 내부식민주의자	세계체제론자 계급분석론자 신종속론자

(1) 비 마르크스주의적인 학자로서는 프레비쉬(R. Prebisch) 중심으로 하는 라틴아메리카 경제위원회(ECLA : Economic Commission for Latin America)의 보수주의적 종속론자, 이들을 수정 계승한 선켈(O. Sunkel)·푸르타도(C. Furtado)·갈퉁(J. Gultung)·카르도소(F. H. Cardoso) 등의 종속론자를 들 수 있다. 마르크스주의적인 종속론자로서 아민(S. Amin)·프랭크(A. G. Frank)·월러슈타인(I. Wallerstein)·엠마뉴엘(A. Emmanuel)·계급분석론자로서의 페트라스(J. Petras)·스크라(R. L. Skra)·신종속론자로서의 도스 산토스(T. Dos Santos) 등을 들 수 있다.

(2) 비 마르크스주의 종속론이 대체로 초기적 종속학파를 형성하는 반면 마르크스주의적 종속론이 후기적 종속학파를 형성하고 있는데, 이들 중 후자가 협의의 종속론자로서 주류적 위치를 차지하고 있다고 평가되기도 한다. 또한 전자가 저발전의 원인을 중남미 사회의 내부구조적 특성에서 찾으려 하는 반면, 후자는 내부구조적 생산관계에서보다는 외부적 국제관계 내지는 세계자본주의와의 타율적 관계 속에서 찾으려 한다.

(3) 비 마르크스주의적인 종속론이 신속한 산업화와 총체적 경제성장이라는 목표를 위해 오히려 자유주의적 경제학자와 의견을 같이하는 측면을 가지어 국제경제구조에 대한 개량주의·개혁주의·민족주의적 성격을 지니는 구조적 개혁론자(structural reformist) 들인 반면, 마르크스주의적인 종속론은 왜곡된 발전(distorted development) 또는 발전 없는 성장(growth without development)에 회의를 품고 계급투쟁을 통한 탈종속을 주장하는 사회주의적 혁명론자(socialistic revolutionist)들이라고 할 수 있다. 말하자면 종속론자들은 다같이 종속의 단절을 요구하며 현존하는 정치경제적 상황에 어떤 근본적인 변화를 필요로 한다는 점에서 의견을 같이한다. 그러나 구체적인 탈종속의 대안에 대해서는 온건론적 종속론자들은 자본주의 체제를 원칙적으로 인정하면서 대체로 사회적 개혁(social reformation)을 통한 변화를 추구하는데 비하여 급진론적 종속론자들은 혁명 특히 사회주의적 혁명(socialistic revolution)을 주장한다.

3.2 세계체제론

(1) 세계체제론의 이론적 배경과 의의

저개발국의 발전문제를 둘러싼 자유주의이론과 종속이론과의 논쟁은 1970년대 중반부터 퇴조하기 시작하였다. 종속이론의 이러한 퇴조와 더불어 종속이론에 기반을 둔 새로운 구조주의이론, 즉 월러스타인(I. Wallerstein)을 중심으로 하는 세계체제론(world system theory)이 등장하였다.[39] 이 이론은 종속이론에서 제기된 중심-주변의 논의를 더욱 전 지구적이고 전 역사적인 규모로 확장시켰고 패권국가의 흥망성쇠라는 주기적 패턴과 연관하여 세계체제의 주기적 변화를 설명하려고 하였다. 이러한 의미에서 월러스타인의 세계체제론은 종속이론가들에 의하여 제기되어 온 중심부-주변부 논의를 정리하고 완성하는 의미를 담고 있다고 하겠다.

1970년대 중반 이후 이러한 세계체제론이 등장하게 된 것은, 한국·홍콩·대만·싱가포르와 같은 신흥공업국(NICs)의 부상에 대하여 급진적인 종속이론은 물론 보다 온건적인 종속적 발전론 역시 충분한 설명력을 제시하지 못하였고 사회주의국가들의 경제가 침체되고 외국자본의 침투로 인한 사회주의의 위기적 상황이 나타나게 되자 종속이론이 제시하는 '세계경제와의 단절'이라는 대안이 과연 적절한가에 대한 회의가 유발되었기 때문이다. 또한 1970년대 발생한 석유위기·세계불황·동서데탕트 등으로 인하여 경제문제가 중요한 국제정치 의제로 떠오르자 국제정치와 국제경제를 따로 떼어 생각하지 않고 양자가 상호작용 하는 것으로 인식하려는 경향이 높아짐에 따라 이러한 세계체제론이 등장하였다고 볼 수 있다.[40]

월러스타인의 세계체제론은, 세계를 자본주의라는 구조적 특성을 가지는 하나의 체제(system)로 보고 국가나 사회를 분석단위로 삼는 것이 아니라 '자본주의 세계체제' 그 자체를 하나의 분석단위로 파악한다. 그는 세계경제의 현 구조에 대한 어떠한 설명도 이러한 세계체제에 대한 장기적이고 구조적인 연구 없이는 설명하기 어려우며 이러한 세계체제에 대한 이해가 이루어진 다음에야 특정 국가·지역·사회의 변화를 이해할 수 있다고 주장하였다. 따라서 그는 우선 인류역사에서 가장 지배적인 체제는 세계체제(world-system)이고 이러한 세계체제의 하위범주로서 세계제국과 세계경제라는 2가지 형태가 있다고 규정하였다.

여기서 세계제국(world-empires)이란, 중앙집권적인 하나의 정치체제가 직접적인 권력을 사용하여 강제적인 명령으로 주변부의 재화를 제국의 중심으로 모아서 다시 주변부로 재분배하는 방식의 체제로서, 고대 로마제국이나 중국이 주변국들에게 조공의 형태로 재화를 집중시켰던 것을 지칭한다. 한편 세계경제(world-economies)체제란, 세계제국과 달리 어떤 중앙집권적 권위체가 없고 서로 경쟁하는 다수의 중심국가들로 이루어져 제국체제에서와는 달리 직접적인 명령이나 규칙에 의해 지배되지 않고 시장이라는 매개체를 통하여 재화의 분배와 재분배가 이루어지는 체제이다.[41]

---

39 I. Wallerstein, (Sept. 1974), (1979), (1980) 참조.

40 박재영 (2002) p.520.

41 그는 세계체제(world-systems), 세계제국(world-empires), 세계경제(world-economies)의 경우 모두에 하이픈(-)이 붙여져 있는 것은 그 자체가 하나의 세계인 체제들이라는 것을 분명하게 하기 위함이라고 설명하고 있다

따라서 명령이나 권력에 의하지 않고 시장을 통하여 지배하므로 그 방식은 다르지만 결국 재화가 중심부로 집중된다는 점에서 그 결과는 동일하다. 그 결과 중심부는 더욱 부유해지고 주변부는 더욱 빈곤해짐으로서 세계체제는 불평등구조를 심화시키는 방향으로 나아간다는 것이다.

이런 면에서 세계체제론은, 종속이론이 제기한 중심과 주변·부등가교환·중심과 주변 간의 수탈적 질서 등의 개념을 차용하고 있고 발전과 저발전을 구조적 모순과 결부시켜 인과론적인 관점에서 파악하고 있다는 점에서 종속이론과 유사하지만, 그 논의를 더욱 전 지구적·전 역사적인 규모로 확장하고 이를 보다 정리하고 완성하는 의미를 담고 있다고 할 수 있다. 따라서 세계체제론은 다음과 같은 몇 가지 점에서 종속이론과 차이점이 있다.

〈표 3-2〉 종속이론과 세계체제론의 비교

구 분	종속이론	세계체제론
분석 초점	주변부의 저발전	전 세계차원에서 발전과 저발전 (총체적 관점)
분석 관점	국가단위의 분석관점 (라틴아메리카 특수 상황 전제)	자본주의 세계체제 자체를 분석단위로 해석 (라틴아메리카도 다른 저개발국과 다름없는 일부)
구조 분류	중심과 주변	중심과 주변 + 반주변(semi-periphery) (NICs와 같은 일부 주변국가의 발전 설명)
구조 관계	중심-주변의 결정론적 관계	중심-반주변-주변 차등관계 (중위서열 반전 가능)
접근 방법	구조적-역사적 접근방법	역사적 접근방법

(1) 종속이론은 주변부의 저발전문제에 초점을 두고 있지만 세계체제론은 전 세계적인 발전과 저발전의 문제를 총체적인 관점에서 이해하려고 한다. 따라서 세계체제론은 선진국과 제3세계국가 또는 사회주의국가 모두가 불평등한 발전(uneven development)을 이해하기 위한 검토의 대상이 된다.

(2) 상술한 대로 종속이론은 여전히 국가를 분석단위로 하여 국가 간의 불평등문제에 주목하고 있지만 세계체제론은 자본주의 세계체제를 하나의 분석단위로 한다. 따라서 종속이론이 배경으로 삼고 있는 라틴아메리카 역시 다른 저개발국과 다를 바 없어 종속문제가 라틴아메리카에만 해당되는 특수한 문제가 아니므로 그들의 경험을 세계자본주의체제의 총체적 특징 중의 하나로 본다.

(3) 후술하는 바와 같이 종속이론은 세계를 중심과 주변으로 나누고 있으나 세계체제론은 반주변부(semi-periphery)를 추가시킨다. 종속이론은 중심부국가와 주변부국가 사이에 지배와 종속의 수탈적 질서가 형성되어 주변부국가들은 저발전 또는 종속적 발전만이 가능하다는 결정론적인 결론을 제시하지만, 세계체제론은 이러한 반주변부를 추가시킴으로써 신흥공업국(NICs)과 같은 일부 주변부국가들의 독자적인 발전을 설명하려 한다.

(4) 이렇게 종속이론이 중심-주변관계를 종속관계로 규정짓고 결정론적으로 인식하는데 반해 세계체제론은 중심-준주변-주변 관계를 우열적인 차등관계로 인식하여 세계경제의 경기변동과 각국의 정책성과에 따라 층위의 서열이 반전될 수 있다고 본다. 이러한 점에서 종속이론이 구조적-역사

(I. Wallerstein, 2004 p.49).

적 접근방법을 채택하는데 반해 세계체제론은 역사적인 접근방법을 채택하고 있다고 할 수 있다.

세계체제론은 이와 같이 종속이론이 제기한 중심-주변의 논의를 더욱 전 지구적·전 역사적 규모로 확장하고 이를 보다 정리하고 완성하는 의미를 담고 있으며, 또한 아래에서 보여주는 바와 같이 패권국가의 흥망성쇠라는 주기적 패턴을 세계체제와 연관시켜 세계체제의 주기를 설명하려는 이론이다. 따라서 세계체제론의 주요한 개념은 ① 중심-반주변-주변(공간적 차원), ② 세계체제의 주기적 변화·장기적 추세·세계체제의 모순과 위기(시간적 차원), ③ 자본주의 세계체제와 패권이라는 3대 측면으로 요약할 수 있다.

(2) 세계경제의 공간적 차원(중심-반주변-주변)

세계체제론은 세계경제의 공간적 차원으로서 종속이론이 제시한 중심부(core)와 주변부(periphery)를 전제로 한다. 현존하는 자본주의 세계체제는 모든 국가가 서로 유기적으로 연결된 단일의 경제구조로서 세계제국에서와 같은 중앙집권적 정치체제가 존재하지 않으므로 자본의 논리, 즉 시장원리에 의한 재분배가 이루어지는데 이것은 바로 중심부에 의한 주변부의 수탈을 의미한다.

이러한 자본주의체제는 세계적인 차원의 노동분업(division of labor)과 생산특화에 기초하고 있는 바, 중심부는 고부가가치를 생산할 수 있는 기술·자본집약적인 산업에 주력하고 주변부는 노동집약적 산업이나 원료생산에 주력하는 불평등한 구조가 형성된다. 따라서 세계경제는 자본축적의 수혜자인 중심부와 잉여를 착취당하는 주변부로 나누어지며 이러한 양자 사이의 불평등교환은 역사적으로 결정되어져 주변부는 종속과 저발전을 면치 못한다고 규정한다.

세계체제론은 여기에 반주변부를 추가시켜 자본주의세계를 지탱하고 또한 그것을 재생산하는 기본적인 틀을 '중심부-반주변부-주변부'(core-semi periphery-periphery)의 위계적 체제로 개념화하였다. 이때 반주변부는 중심부와 주변부의 특성을 함께 지닌 혼합형 국가로서 한편으로는 중심부에 예속되고 착취당하면서 다른 한편으로는 어느 정도의 경쟁력과 자율성을 가지고 있어서 주변부를 이용해 이득을 취하기도 한다.

이러한 반주변부는 전체 세계체제에서 아주 중요한 역할을 행하게 되는데 그 중에서도 가장 핵심적 역할은 세계체제의 안정성에 기여하는 것이다. 즉, 반주변부는 중심부에서 부족한 값싸고 경쟁력 있는 노동력을 제공하는 동시에 중심부에서 사양화된 산업체의 해외이전을 위한 입지를 제공함으로써 중심부의 경제위기를 완화시켜주는 역할을 한다. 동시에 반주변부는 주변부국가에게도 저발전을 극복하고 발전을 이룩할 수 있다는 희망을 제공함으로써 혁명 등 기존구조를 타파하려는 움직임에 제동을 걸고 중심부와 주변부의 위계적 양극화와 불평등에 대한 불만을 막는 완충지대적 역할을 하여 자본주의체제가 존속될 수 있도록 하는 기능을 수행한다는 것이다.

〈표 3-3〉 세계체제의 중심부·반주변부·주변부 간의 상호관계

구 분	중심부	반주변부	주변부
정 부	민주적 정부	권위주의적 정부	비민주적 정부
수 출	공산품	성숙공산품·원자재	원자재
수 입	원자재	공산품·원자재	공산품
임 금	고임금	저임금	생계수준 이하
복 지	높은 서비스	낮은 서비스	없음

자료 : John Baylis *et als,* (2005) p.245.

월러스타인은, 이들 3그룹의 국가들은 16세기 이래 축소와 확장이라는 일련의 과정을 지속적으로 계속하여 왔다고 주장하면서 세계체제론에서의 '발전'(development)이라는 것은 이러한 세계자본주의체제 내에서 더 유리한 지위(advantages position)를 달성함을 의미한다고 주장하였다. 따라서 이들 3그룹 간에는 일정한 정도의 상향 또는 하향의 이동성이 존재한다고 본다. 역사적으로 극히 예외적이지만 반주변부와 중심부 간에 이동이 존재하였다고 주장하면서 스페인·포르투갈이 중심부에서 반주변부로 이동하였고 네덜란드는 반주변부에서 중심부로 이동하였으며 19세기 반주변적 위치에 있던 미국이 20세기 패권적 중심부국가로 이동하였다고 예거한다. 또한 그는 21세기 벽두에 반주변부라고 할 수 있는 국가로서 한국·브라질·인도 등을 예거하고 이들은 주변부국가들에게 철강·자동차·의약품 등을 수출하고 중심부로부터 선진적인 제품들을 수입하고 있다고 지적하였다.

월러스타인은 또한 주변부국가들이 반주변부국가가 될 수 있는 발전전략으로서 ① 어느 정도 산업기반을 갖추어 필요시 산업기반을 확장할 수 있는 여건을 갖춘 나라가 세계경제 위축기에 효과적으로 채택할 수 있는 수입대체전략, ② 산업발전 경험이 부족한 경공업중심의 국가가 세계경제 호경기에 효과적으로 채택할 수 있는 해외자본유치전략, ③ 외국으로부터의 압력을 극소화할 수 있는 국가들에게 효과적인 자립경제 확립전략 등을 제시하였다. 또한 반주변부국가가 중심부국가로 부상하기 위한 지름길은 다른 생산자들보다 저렴한 비용으로 선진기술의 제품을 생산하고 소화할 수 있는 시장을 확보하는 것으로 파악하고 이러한 시장의 확보방법으로서 국가의 통합·무역장벽과 보조금정책·임금인상을 통한 구매력증대·국내소비자의 기호조절 등과 같은 구체적 방안을 제시하기도 하였다.

(3) 세계경제의 시간적 차원 (주기적 순환 · 장기적 추세 · 모순 · 위기)

이상과 같이 중심-반주변-주변은 세계경제에 있어서의 공간적 차원을 구성하지만 시간의 흐름에 따라 이들 간의 상호작용을 이해하기 위해서는 월러스타인이 말하는 세계경제의 시간적 차원에 주목해야 한다. 그는 모든 제도는 자본의 역사법칙에 따라 생성·유지·소멸한다고 보면서 세계제국이 부침을 거듭하였듯이 세계체제 역시 등장과 쇠퇴의 주기를 겪는다고 전제하고 이러한 시간적 차원의 변화를 다음과 같이 주기적 순환·장기적 추세·모순·위기의 과정으로 설명하였다.

주기적 순환과 장기적 추세 윌러스타인은 자본주의 세계경제체제의 특징 중의 하나로 확대와 수축이라는 주기적 순환(cyclic rhythms)이 반복된다는 점을 들고 있다. 그는 구체적으로 이러한 순환이 40~60년의 주기로 반복된다고 보고 이는 콘드라티에프파동(Kondratieff wave)과 관련 있는 것으로 파악하였다. 그는 이러한 확대와 수축의 주기가 반복되면서 장기적인 추세(secular trends)를 형성하게 되는데 그 추세란 세계경제의 성장률이 장기적으로 상승한다는 점이다.

모순(contradiction) 윌러스타인은 또 다른 세계체제의 특징으로서 모순을 들고 있다. 이러한 모순은 단기적인 관점의 최적과 중장기적인 관점의 최적이 서로 상반되는 체제의 구조적 제약 때문에 발생된다. 단기적으로 보아 자본주의체제 내에서 노동자의 임금을 떨어뜨리는 것이 자본가의 이익이 되지만 중장기적인 관점에서 보면 노동자의 임금하락은 구매력의 감소를 가져와 과소소비(underconsumption)를 초래할 수 있다는 모순이 구조적으로 존재한다는 것이다.

위기(crisis) 세계체제의 위기란 세계체제의 생존기간 동안 단 한번 나타나는 것으로 이상과 같은 주기적 순환·장기적 추세·모순이 결합되어 체제 자체를 지속적으로 재생산해내지 못할 때 발생한다. 특정한 세계체제에서의 위기는 그 체제의 종말과 다른 체제로의 대체를 알리는 것이다. 윌러스타인은 1990년대 이루어진 냉전의 종식이 자유주의가 승리를 거둔 것이라기보다는 오히려 자유주의의 붕괴가 임박하였음을 보여준다고 주장하면서 이러한 붕괴가 현 세계체제의 위기를 촉발할 것이라고 주장하였다.

(4) 자본주의 세계체제와 패권국

왈러스타인(I. Wallerstein)은 또한 그의 「세계체제론」(world system theory)에서 패권세력의 흥망성쇠를 분석하였다. 그는 세계체제를 중심·준주변·주변의 3층 구조로 파악하면서 여기에 헤게모니국(패권국)의 개념을 추가하였다. 그는 자본주의 세계체제라는 단일의 역사체제(a single historic system)가 16세기 이후 현재까지 존재해오고 있는데 이러한 자본주의 세계체제(system)와 패권(hegemony)의 존재는 동일체의 양면으로서 양자는 서로 떼어 낼 수 없는 통합된 하나의 현실로서 파악하여야 한다고 주장하였다.

그는 이러한 세계체제론을 통하여 패권국의 흥망성쇠를 자본주의경제의 장기순환(40~60년의 콘트라티프의 경기순환)과 결합하여, 경기상승기에는 패권국의 위치확정 → 위계질서 정립·유지 → 격차확대의 과정을 거치지만, 하강기에는 패권국의 세계체제 내 지위변화가 이루어진다는 가설을 정립하였다. 결국 이러한 주기적 순환에 따라 패권의 부상(ascending) → 승리(victory) → 성숙(maturity) → 쇠퇴(declining)라는 패권국의 부침이 발생함을 이론화 하였다.

그는 이러한 패권국가의 역사적 경험으로서 17C 중반의 네덜란드, 19C 중반의 대영제국, 20C 중반 미국의 패권국 지위를 예거하고 이들 패권국의 전체적 구조는 서로 다르지만 자본주의 체제의 순환적 변동을 반영한다는 점에서 다음과 같은 많은 유사점이 있다고 설명하였다.

① 패권국은 농업 및 산업·상업·금융의 순서 대로 우위를 확보하고 또 쇠퇴한다.

② 패권을 장악한 패권국은 지구적 자유주의(global liberalism)를 주창한다.

③ 막강한 해군력(해공군력)을 바탕으로 출발하지만 결국 강력한 육군을 필요로 한다.
④ 패권 시기는 장기적 경기순환의 정점 전후에 위치한다.
⑤ 패권의 계승에 있어서는, 패권약화 후 두 개의 경쟁적 후계자가 등장하여 이들 중 하위동반자가 그 다음의 패권적 지위를 계승한다.[42]

그는 이러한 패권국의 존재 하에서 세계경제의 불균등발전과 장기 순환(long-term cycle) 때문에 부의 축적은 시대에 따라 한 지역에서 다른 지역으로 이동된다는 사실을 지적하였다. 그리고 어떤 역사적 힘(historical force)이 특정시대의 패권국가를 탄생시키며 일단 패권적 세력으로 등장한 국가의 이익은 전세계체제의 유지와 불가분의 관계를 갖게 되는데 이를 자본주의적 세계경제(capitalist world economy)에서 발견할 수 있다고 주장한다. 이러한 체제에서 패권국가는 세계경제의 중심과 주변의 노동분업(division of labor)을 강요하기 때문에 갈등이 야기된다고 본다. 현재 패권국인 미국이 자국에 유리한 자본주의체제를 하나의 체제로 유지하기 위하여 국제경제관계를 자유화하고 개방화하려고 강요하고 있다는 결론도 이에서 유추해 낸 결론이다.

이와 같이 세계체제론적 관점에서의 패권적 안정이론은 국가 간 체제의 패권현상을 체제론적 관점에서 접근함으로써 현실주의의 국가중심적 접근의 한계성을 탈피하고 국제정치경제론의 거시적 이론화에 기여하였다. 그러나 패권의 흥망성쇠라는 정치경제적 현상을 자본주의 세계경제의 특성으로만 이해하여 사회주의 경제권의 패권현상에 대한 설명이 곤란하고, 정치적 패권문제를 경제의 산물로서만 이해하려고 한다는 문제점을 지니고 있다는 비판을 받는다. 또한 월러스타인이 예측한 방향으로 현재의 세계패권 현상이 이동되지 않는다는 점에 대한 비판 역시 제기되고 있다.

〈부록 3-2〉 자본주의 세계체제의 안정과 위기에 대한 세계체제론의 해석

1. 자본주의 세계체제의 안정 요인

월러스타인은 자본주의 세계체제가 16세기 이래로 안정을 유지하여 왔는데 이러한 자본주의 세계체제의 안정을 가능케 하는 요소로서 다음과 같은 요인의 존재와 역할을 강조하였다.

국가 간 체제 자본주의 세계체제는 경합하는 주권국가를 구성단위로 하는 정치체제, 즉 국가 간체제를 특징으로 한다. 여기서 국가는 자본주의체제의 핵심이라고 할 수 있는 재산권(property rights)을 보호하고 또한 입법기능과 공공지출을 통하여 체제에 내내해 있는 모순을 완화하는데 결정적인 역할을 한다. 또한 이러한 국가간 체제 내에서 중심-반주변-주변국가들은 각기 세계체제의 안정에 기여하는 역할을 한다.

패권적 중심국가 패권적 중심국가의 존재는 세계 자본주의체제의 안정을 위하여 특히 중요한 기능을 수행한다. 패권적 중심국은 생산의 효율성으로 인하여 다른 경쟁국들보다 뛰어난 경제력·군사력을 보유하는 패권국은 모든 국가간 거래를 지배하는 제도를 강제함으로써 자본축적이 이루어질 수 있는 예측 가능

---

42 네덜란드패권 이후 프랑스와 영국의 경쟁, 영국패권 이후 독일과 미국의 경쟁에 있어 결국 패권국의 하위동반자(junior partner)인 영국과 미국이 패권을 계승하였다는 것이다.

한 환경을 만드는데 중대한 역할을 하기 때문이다.

반주변부국가 반주변부는 세계체제 내에서 중심부의 지위로 옮겨가기 위한 국가발전전략에 중점을 두고 있으면서, 상술한대로 중심부에 필요한 노동력을 제공하고 중심부에서 경쟁력을 잃은 사양산업의 해외기지로서 입지하며 중심부와 주변부간의 마찰에 대한 완충지대역할을 통하여 세계체제의 안정에 기여한다.

주변부국가 주변부국가에는 자신이 소속되어 있는 국가의 이익보다 중심부국가 또는 외국자본(다국적기업)의 이익을 증진시키는 방식으로 행동하면서 자신의 이기적 목표도 달성하는 매판계급(comprador class)이라고 불리는 엘리트집단이 존재하여 이들 역시 세계체제안정에 기여한다. 이러한 지배계급의 존재로 인해 세계자본주의의 불평등으로 의해 야기될 수 있는 긴장의 일부가 완화될 수 있기 때문이다.

문화적 틀 월러스타인은 이상과 같은 국가간 체제의 역할 이외에, 자본주의 세계체제를 지배하는 이념으로서 자유주의(liberalism)와 과학주의(scientism)를 들고 이들이 보편적인 원칙·보편적인 법칙·보편적 이익이라는 이데올로기를 만들어내며, 이러한 보편주의에 대한 강조에도 불구하고 불평등한 결과가 자본주의 세계체제 내에 빚어지는 것에 대한 정당성을 주는 필수요소로서 인종차별주의(racism)와 성차별주의(sexism)를 든다.

2. 자본주의 세계체제의 위기 요인

월러스타인은 이상과 같은 요인들로 인하여 자본주의 세계체제의 안정이 유지되어 왔으나 최근에 이르러 이러한 요인들의 변화로 인하여 자본주의 세계체제의 안정이 훼손되고 있고 자신이 세계체제의 한 국면으로 이론화한 위기(crisis)의 단계로 접어들고 있다고 판단하고 있다. 이러한 위기를 초래한 요인으로서 여러 가지 경제적·정치적·문화적 요인들을 지적하고 있다.

경제적 요인 자본주의체제가 가지는 모순으로서 반복되는 불황의 경우 과거에는 세계경제의 확장을 통하여 이것을 극복이 가능하였지만 최근에 이르러서는 거의 모든 지역이 이미 자본주의 세계체제에 포함되었고 그동안 자본주의 지역 내에서 자본주의적 관계를 심화시켰던 도시화·상품화가 모두 이루어져 이러한 모순의 극복책이 이제는 작동하기 어려워졌다. 더욱이 지난 5세기동안의 자본축적과정에서 지구의 생태계가 훼손되어 환경적인 재앙이 예고되고 있다.

정치적 요인 그동안 세계체제를 특징짓는 불평등에 대하여 다양한 반체제운동이 없지 않았지만 그들 대부분이 국가에 의한 복지제공 등을 통하여 포섭됨으로써 체제에 통합되어 왔다. 그러나 이러한 반체제운동의 포섭이 점차 감당하기 어려운 비용을 동반하고 있고 반체제운동의 세련화·네트워크화로 인하여 이들의 포섭이 더욱 어렵게 되었다. 더욱이 이러한 어려움은 통신기술의 혁명적 발전에 의하여 더욱 심각해지고 있다.

문화적 요인 지금까지 자본주의 세계체제의 사상적 지주였던 자유주의와 과학주의에 대한 도전이 강도를 더하고 있고 더욱이 자유주의는 국가주의(statism)를 특징으로 하여 자본주의 세계체제의 국가간 체제를 지원하지만 최근에 이러한 국가주의에 대한 도전이 증대되고 있다.

이처럼 월러스타인은 자본주의라는 것도 하나의 역사적 체제이기 때문에 항구적인 것이 아니고 나름대로의 수명을 지니고 있다고 보고 이러한 현 자본주의체제의 위기는 1970년대 초에 나타나기 시작하여 이제는 다른 체제의 이행기로 접어들었다고 본다. 그러나 이러한 자본주의체제가 어떤 체제에 의하여 대체될 것인가에 대해서는 누구도 이에 대한 명확한 해답을 내릴 수 있는 입장에 있지 않다고 믿고 있다. 다만 최근에 전개되고 있는 세계화현상과 관련하여 세계화로 인한 자유주의의 붕괴와 현 세계체제의 위기를 논하면서 이러한 위기는 이를 대체할 새로운 체제를 결정짓는 기회가 될 수도 있다고 역설한다. 그리고 그 자신은 현 세계체제보다 훨씬 더 형평성이 높아질 세계체제건설을 위한 정치적 프로그램을 개발하려는 시도에 집중하고 있다고 쓰고 있다(I. Wallerstein, 1998, 1999).

제2절 절충주의적 국제정치경제이론

1. 3대 시각의 종합적 평가와 절충이론

1.1 3대시각의 종합적 평가

이상에서 살펴본 바와 같이 서로 다른 가정을 기반으로 하는 국제정치경제에 대한 세 가지 패러다임은 각기 서로 다른 장단점을 가지고 있다. 따라서 어떠한 시각도 그 자체만으로 국제정체경제의 성격과 역동성에 대한 완벽하고 만족스러운 이해를 제공해 주지는 못하지만, 이러한 시각들은 각기 그 나름대로의 유용한 통찰력을 제시해 줄 수 있다. 이러한 관점에서 이들 각각의 시각들이 가지는 강점과 한계를 평가하면 다음과 같다

〈표 3-4〉 국제정치경제 3대 시각의 이론적 장단점 비교

구 분	이론적 특성과 강점	이론적 약점
중상주의 현실주의	• 행위자로서 국가의 역할 강조 • 간결·단순하여 힘 있는 이론 • 현실적 설득력 강함	① 국가 간의 갈등적 관계만을 강조, ② 국제협력과 평화에 대한 폐쇄적·비관적 전망 ③ 지나치게 국가만을 강조 ④ 결정론적이고 독선적·패권적 경향
자유주의	• 시장의 기능과 역할 강조 • 국제협력·국제평화에 대한 긍정적·낙관적 전망 제공	① 가정의 비현실성 ② 적실성 부족한 낙관론 ③ 부의 분배문제 무시 ④ 서구우월적 사고 경향 ⑤ 국제정치경제의 역동성이론 부족
급진주의 구조주의	• 국제체제의 역동성 이론 제공 • 부의 분배·불평등문제 중시 • 자본주의·세계체제에 대한 거시적·총체적 분석 제공	① 현실과 유리된 관념론(이데올로기) ② 경제적·대외적 측면의 지나친 강조 ③ 현실적 대안제시의 한계

(1) 중상주의 · 현실주의 시각의 평가

국제정치경제의 중상주의시각이나 국제정치의 현실주의시각이 지니고 있는 최고의 강점은, 국제관계에서 여전히 핵심행위자·국가안보 및 경제발전 촉진자로서의 역할을 담당하는 국가의 존재를 강조하는 데 있다. 비록 초국가적인 조직이나 국제기구와 같은 비국가행위자들(non-state actors)의 국제사회에 대한 역할이 증대하는 것은 사실이나 국가가 보유한 정치·군사·경제적 영향력을 고려할 때 여전히 다른 모든 행위자들에 비하여 국가는 여전히 우월한 위치를 유지하고 있기 때문이다.

이러한 점에서 중상주의·현실주의 이론은 단순하지만 그만큼 일관성이 있어 힘(설득력)이 있고 현실적인 정책과의 관련성도 높아 정치가들이나 정치학자들뿐만 아니라 정책결정자들에게도 매력적인 시각으로 평가된다. 그러나 이러한 중상주의·현실주의 시각은 다음과 같은 한계를 지닌다.

갈등적 관계만을 강조 중상주의는 대외경제관계를 제로-섬(zero-sum)의 형태로만 파악함으로써 자유로운 국제경제거래에 의한 상호이익의 증대가 이루어질 수 있다는 점을 제대로 설명하기 어렵다. 따라서 중상주의는 어떤 국가가 자국의 시장을 보호하는 동시에 타국의 시장을 공략함으로써 부의 증대를 이룩할 수 있다고 전제하지만, 이는 타국의 보복을 불러와 본래의 목표를 달성할 수 없을

뿐만 아니라 세계 전체의 경쟁관계 형성으로 모두가 손실을 입을 가능성이 크다. 실제로 타국의 희생 위에서 자국의 이익만을 추구하는 근린궁핍화정책(beggar thy neighbour policy)이 실패로 돌아가거나 공범자의 딜레마모델(prisoners' dilemma game)이 보여주는 바와 같이 자국의 이익을 극대화 하려는 노력이 오히려 비합리적인 결과를 가져오는 경우가 많다. 따라서 중상주의정책을 통한 부의 축적이 장기적으로 지속될 수 없다는 비판도 받고 있다.

비관적 전망 전제 국제정치의 현실주의 역시 모든 국가가 각기 국가이익을 극대화하기 위하여 움직이는 국제관계에서 발생되는 국가 간 갈등을 조정해 줄 수 있는 중앙권위가 존재하지 않는 무정부상태 하에서 국가의 생존과 이익을 보장받는 방법은 자신의 힘을 키우는 자조나 세력균형에 의해서만 가능하다고 본다. 따라서 중상주의·현실주의적 역사관은 결정론적이고 폐쇄적이며 국제협력이나 국제평화에 대하여 상당히 비관적인 전망들을 제시하고 있다는 점에서 한계를 가진다. 또한 이러한 국가이익과 국경을 중시하는 현실주의의 국가주의적 시각은 오늘날과 같은 다자주의적 국제화나 지역주의적 통합을 통한 국가 간 협력관계를 설명함에 있어서도 어려움이 있게 된다.

지나치게 국가만을 강조 중상주의는 국제정치경제의 중요행위자로서 국가만을 강조하는 단일행위자모델로서 사회적으로 다원화된 사회이익집단들의 역할을 등한시 할 수 있다는 한계를 지닌다. 따라서 어떤 정치집단이나 특정 생산자집단이 국가기구를 장악하여 자신들의 정치적·경제적 이익에 유리하도록 노력하는 경우, 중상주의논리는 그들의 이익을 위한 방어막으로 작용될 수 있다. 결과적으로 중상주의는 정치지도자의 도덕성을 보장하지 못할 경우 정치적 권위주의로 추락할 가능성이 매우 크다고 할 수 있다. 국제관계에 있어서도 결국 힘이 지배하고 힘을 가진 자가 자국의 이익을 추구하는 것은 당연하다고 보는 강대국 위주의 사고에 머물기 쉽다.

독선적·패권적 경향 국제정치의 현실주의는 대부분 비도덕적이라는 비판을 받기도 하고, 국제정치이론으로서 힘이 있고 일관된 논리를 제공하는 대신 여러 면에서 독선적인 경향을 가진다고 비판받는다. 또한 국제정치란 결국 힘이 지배하고 힘을 가진 나라가 자국의 이익을 추구하는 것은 너무나 당연하다고 본다는 점에서 약육강식의 사고·강대국 위주의 사고·패권적 사고를 바탕으로 한다는 비판도 받는다. 물론 이에 대하여 현실주의자들은 자신들의 이론이 전쟁을 선호하기보다는 권력을 통하여 전쟁을 방지하는데 더 큰 관심을 가지고 있으며 오히려 이상주의자들의 헛된 평화적 이미지가 가져다 줄 엄청난 비극을 막아주는 역할을 한다고 반박한다.

부와 권력의 관계 중상주의는 부와 권력의 일체성을 강조한 나머지 때로는 경제적 이익을 위하여 국가권력을 다소 희생하기도 하고 때로는 국가권력의 이익을 위하여 경제적 이익을 희생하기도 하는 국제관계의 현실을 설명하는 데 한계가 있다는 비판도 받는다. 말하자면 부와 권력을 상호보완적인 관계로만 파악하여 종종 현실적이지 않다는 비판이다.

(2) 자유주의 시각의 평가

자유주의시각의 강점은 시장의 기능과 역할을 잘 설명해준다는 점에 있다. 즉 시장은 경제적 관계를 조직하는 가장 효율적인 수단이고 가격메커니즘은 상호이익을 보장하는 방향으로 작동함을 설명해 줌으로써, 희소자원으로부터 부를 극대화할 수 있는 분석도구와 정책을 제시해준다. 따라서 국가 간의 자유롭고 상호 유익한 거래의 효과에 대한 설득력있는 설명력을 우리에게 제공해준다. 또한 국제관계에 있어서의 국제협력에 대한 이론을 개발하고 인류의 역사는 미래의 진보를 향하여 열려있다고 전제하여 국제관계의 장래에 대한 낙관적인 견해를 제공해준다.

이처럼 경쟁·효율·창조·성장 등과 같은 가치를 강조하는 이론을 바탕으로 하여 국가 간 자유무역이 확대가 이루어져 왔고 또한 실제로 이러한 자유주의이념을 바탕으로 경제정책을 펼친 국가들이 더 큰 경제적 성공을 거둔 것이 사실이며 국가의 개입이 최소화되면 그만큼 국가 간 갈등도 적어질 수 있다는 점에서 국가 간 평화와 협력이 증진될 수 있다.

그러나 국제정치경제의 자유주의시각은 다음과 같은 점에서 비판의 대상이 된다.

가정의 추상성·비현실성 가장 심각한 문제점은 합리적인 경제행위자들의 존재나 완전경쟁시장 등과 같은 가정들이 비현실적이라는 것이다. 자유주의자들은 교환은 항상 자유로우며 완전한 정보를 가진 동등한 주체들 간에 자유경쟁에서 이루어지므로 교환을 통하여 공동이익을 얻을 수 있다고 주장한다. 그러나 현실적으로 교환은 그렇게 자유롭지도 동등하지도 못한 경우가 허다하다. 특히 국가 간에 이루어지는 국제교환은 진공 속의 두 당사자가 하는 것이 아니라 힘이 다른 당사자 간의 파워게임적 성격이 강하다. 또한 자유주의는 개인·국가·비국가행위자 등과 같은 경제행위주체의 자율성을 지나치게 과장하는 경향이 있다. 개인이나 국가의 행동에는 역사나 구조에 의한 어떤 제한이 없을 수 없는데 자유주의는 이들이 어떠한 제한도 없이 마음대로 정책을 펼칠 수 있다고 본다.

적실성 부족한 낙관론 자유주의의 이 같은 가정의 추상성·비현실성 때문에 현실적인 국제정치경제에 대한 적실성이 떨어지는 것으로 비판받아왔다. 현재적 가치보다는 미래의 당위적 가치를 강조하는 성격 때문에 현실보다 이상(理想)을 중시하는 경향이 강하기 때문이다. 따라서 국제관계에 대하여 자유주의자들은 항상 인류의 역사는 미래의 진보를 향하여 열려있다는 낙관적인 견해를 전제하고 있고 이렇게 지나친 낙관론은 결국 국제관계의 갈등과 경쟁이라는 현실을 무시한다는 비판을 받게 된다. 역사학자 카(E. H. Carr)는 국제정치경제환경이 상대적으로 갈등과 긴장이 강하였던 시기에는 현실주의가 우세한 경향을 보였지만 갈등과 긴장이 이완되고 평화나 통합의 무드가 강해질 때는 자유주의가 우세한 경향을 보였다고 분석하였다.

부의 분배문제 무시 자유주의들의 주된 관심이 성장·효율·후생의 극대화에 있고 이를 이룩하는 메커니즘으로서 자유로운 시장·경쟁을 강조하는 만큼 강자의 논리로서의 성격을 가진다. 이런 점에서 자유주의는 서구우월주의 내지는 미국중심주의라는 비판을 받기도 한다. 또한 자유주의자들은 경제활동의 결과로서 생기는 정의나 평등의 문제나 한 사회의 구성원들 사이의 그리고 국가 간에 일어나는 부의 분배문제를 무시하려는 경향에 있어 이러한 주제는 자유주의경제학의 주요 관심사 밖에 놓여 있다. 따라서 자유주의자들은 국가와 국가 간의 상호의존 증대에 따른 정치경제적 마찰이나 국가 간 불평등과 종속의 심화와 같은 문제들에 무관심하다는 비판을 받게 된다.

서구 우월주의적 사고 자유주의를 구성하는 가장 중심적인 지적 흐름이 바로 당시의 강대국인 영국이나 미국식의 서구 우월적 논리를 강요하는 속성을 지니고 있다. 19세기 영국이나 20세기 미국이 주창한 자유무역주의나 최근에 나타난 신자유주의의 논리가 결국 '권력 있는 자들의 자기합리화'이거나 '강자의 논리'로서의 속성을 지니고 있기 때문이다. 예컨대 지구의 한쪽에서 자유와 이상이라고 말하는 것이 지구의 다른 한쪽에서는 그것으로 인해 억압과 희생을 강요당하는 이유가 되고 최근에 이루어지고 있는 미국식 신자유주의나 세계화논리가 지구의 반대편에서는 서구화(westernization)·미국화(Americanization)로 귀착되는 결과를 초래하게 된다.

국제정치경제의 역동성이론 결여 자유주의는 일정시점에서의 현상이나 상태를 중심으로 분석하여 그러한 증상을 묘사하는데 머무를 뿐 그러한 현상이 일어나는 근본원인이 무엇인가에 대한 설명력을 제공하지 못한다. 따라서 비판론자들은 자유주의가 경제활동이 이루어지는 제도적 틀이나 기술적 환경의 변화 등을 무시한 미시적·정태적 분석에 머물러 있어 국제정치경제의 거시적 역동성에 대한 이론이 결여되어 있으므로 이론이 갖추어야 할 설명력과 예견력 그리고 간결성을 갖추지 못한다고 비판한다. 또한 이 때문에 경제적 현상유지에 따른 안정성과 장점들만을 당연한 것으로 받아들이려는 경향이 있다고 비판된다.

(3) 급진주의·구조주의 시각의 평가

국제정치경제에 대한 마르크스주의 이론은 자유주의나 중상주의와는 전혀 다른 차원에서 자본주의체제나 세계경제에 대한 예리한 도전을 제시한다. 그 이전의 분석들이 주로 시장과 국가라는 경제주체들에 초점이 맞춰진 반면 마르크스주의는 계급이라는 새로운 경제주체를 부각하여 현실을 설명하는 또 다른 측면을 강조하였다 또한 정치경제적 자유주의와 중상주의 어느 이론도 역사적 사회변화에 대한 포괄적 이론을 제시하지 못한데 반하여 마르크스주의는 국제체제변화 내지 국제체제의 역동성에 초점을 맞추었다는 점에서 주목받는다. 따라서 급진주의는 세계자본주의 변화에 대한 일관성·명료성·간결성을 지닌 거시적 이론 틀을 제공하고 있으며 자유주의나 현실주의에 대한 새로운 대안을 제시해준다.

또한 자유주의자들이 분배문제를 등한시하고 중상주의자들은 주로 부의 국제적 분배에만 초점을 맞추고 있는데 반하여 마르크스주의자들은 부의 국내적 분배 및 국제적 분배 모두에 중점을 두고 있다. 따라서 급진주의는 자유주의나 현실주의가 주목하고 있지 못한 선후진국 간의 정치경제적 관계에 대한 종합적 해석을 제시하고 있다고 할 수 있다. 특히 자유주의나 현실주의 모두 서구 중심적 시각을 가지고 있는데 대하여 저개발국의 관점에서 국가 간 부의 불평등문제에 대한 통찰력을 제공해주고 있다.

그러나 국제정치경제학의 한 이론으로서 마르크스주의나 구조주의는 다음과 같은 한계와 약점을 지니고 있다.

현실과 유리된 관념론 마르크스적 급진주의나 구조주의는 혁명의 필연성을 지나치게 강조함으로써 현실과 유리된 관념적인 논의로 치우쳤다. 특히 가치지향성이 너무 강한 관계로 쉽게 이데올로기화하여 초기의 과학적인 시도와는 달리 이론에 맞는 경험적 증거들을 선별적으로 취합하는 경향을 보이기도 하는 등 이론적으로 지나치게 경직되어 있다는 비판을 받는다.[43] 아울러 마르크스주의가 지향하는 공산주의 경제체제가 가지고 있는 근본적인 문제점에 대한 고려가 부족하다는 비판도 받고 있다. 특히 인간의 본성과 관련하여 도덕적 해이(moral hazard)로 인하여 발생될 수 있는 문제점을 고려하지 못하였다.

경제적·대외적 측면 지나친 강조 급진주의는 국제관계에 있어서 정치적이고 전략적인 동기 등을 무시하고 경제적인 요인만을 지나치게 강조함으로써 국가가 가지는 역할과 기능을 제대로 평가하지 못한다는 비판을 받는다. 또한 저개발국의 저발전이나 불평등의 원인을, 저개발국의 대내적 요인에서 찾는 자유주의의 근대화이론(modernization theory)과는 달리, 대외적 요인 또는 국제체제의 구조적 요인에서 찾음으로써 또 다른 시각을 열어주었다. 그러나 너무 지나치게 대외적인 변수에만 의존한 나머지 국내의 정치·경제·사회·문화적 변수들의 역할을 과소평가함으로써 저발전의 원인을 선진자본주의의 탓·국제체제의 구조적 탓으로만 돌리는 잘못을 범하고 있다.

현실적 대안의 한계 급진주의시각은 현실의 국제정치경제관계가 지니고 있는 본질과 속성을 파악하고 이해하는데 매우 유용한 시각을 제공하고 있는 것은 사실이지만, 이러한 현실을 해결하기 위한 대안(alternatives)에 대한 적절한 해답을 제시하는 데에는 근본적인 한계를 지니고 있다. 급진주의는 분배의 평등을 주요한 가치목표로 삼지만 이를 실현시키는 현실적인 방법에 문제가 있기 때문이다. 시장을 대체하는 계획경제는 경제의 비효율만을 확대재생산하였고 분배의 평등을 이룩하기 위한 국가개입이나 국가기구의 확대는 거대 관료집단의 부패와 사회구성원의 자유침해라는 결과를 초래하였으며. 또한 탈종속을 향한 외부와의 단절은 더욱더 낮은 성장과 비효율을 초래하기도 하였기 때문이다. 더욱이 1990년대 사회주의권의 몰락은 현실적인 대안으로서의 약점을 더욱 극명하게 보여주었다.[44] 마르크스의 예측과는 달리 자본주의체제는 지속적으로 성장하고 발전하고 있는데 오히려 공산주체제를 채택하였던 구소련과 동구권국가들은 몰락하고 말았기 때문이다.

1.2 절충주의 국제정치경제이론의 등장

국제정치경제의 3대 시각들의 이상과 같은 장단점 때문에 어떤 하나의 시각만으로 국제정치경제의 문제들을 만족스럽게 해석하기는 어렵다. 이에 길핀(Robert Gilpin)교수는 중상주의·자유주의·급진주의 등 국제정치경제학의 3대 시각은 모두 정치와 경제라는 두 현상 중 강조하는 역점이 서로 다른데 있음을 간과하는 오류를 범하고 있다고 지적하면서, 국제정치경제학의 올바른 시각은

---

43 김준형 (2003).

44 사회주의권의 몰락으로 급진주의나 구조주의의 이론적 적실성이 상실되었다고 하는 이러한 주장에 대해서는 강한 반론들이 존재한다. 그러한 반론들 중에서 하나의 유력한 주장은, 소련을 위시한 사회주의국가들이 채택한 정책들이 급진주의적 이상과는 거리가 멀어 사회주의권 내에서도 비난이 표적이 되어왔다는 주장이 있다. 또 다른 하나의 주장은, 고전적인 급진주의자들이 제기한 이슈들(생산의 집중·유효수요의 부족·자본의 국제화·저발전과 발전의 공존·산업자본과 금융자본의 연계성 등)이 오늘날과 같은 자본주의의 글로벌리제이션국면에도 여전히 유효하다는 것이다. 따라서 이들은 이러한 점에서 급진주의나 구조주의가 가지는 거시적 관점과 해석은 오늘날의 국제관계에 있어서도 여전히 강한 생명력을 지니고 있다고 주장한다.

정치가 의도하는 바와 경제가 의도하는 바의 차이점을 정확히 파악한 연후에 이들 양 현상 간의 역동적 상호작용(dynamic interaction)을 논의한 것이어야 한다고 주장하였다.

그는 경제가 정치에 우선해야 한다는 자유주의시각, 경제가 정치를 실제로 지배하고 있다는 급진주의시각, 그리고 정치가 경제에 우선해야 한다는 중상주의시각이 모두 국제정치경제의 정곡을 찌르지 못하고 그 일면만을 보고 있다고 비판하면서 이들 3대 시각을 종합한 절충적 시각(eclectic perspective)이 필요함을 강조하였다.

또한 국제정치경제의 현실에 있어서도 최근에 이르러 제3세계가 복잡한 양태를 띠게 되고 사회주의 경제권이 붕괴됨에 따라 급진적 모델의 근본적 수정이 불가피하게 되었다. 또한 1970년대 이후 세계 경제관계가 복잡해짐에 따라 순수한 자유주의나 순수한 중상주의 역시 수정이 불가피하게 되었다. 국제정치경제의 절충학파들은 이와 같은 환경변화로 인하여 3대 시각을 종합한 절충적 시각이 필요하다고 역설하였다. 생각건대 이러한 절충주의는 3가지 기본시각을 종합하고 절충하기 때문에 이론적 엄밀성에 도달되는 길은 아닐지라도 때때로 유일하게 실현가능성이 있는 길이 될 수 있는 것이다.

이와 같은 절충학파의 주장처럼 국제정치경제학 3대 시각은 이미 1970년대에 각 패러다임(paradigm) 내의 수정과 절충을 통해 종합적 시각의 탄생을 예고하고 있었다. 그리고 1980년대의 활발한 이론적 발전을 거쳐서 1990년대에는 자유주의·급진주의·중상주의(또는 민족주의) 간에 상호 학문적 교류와 수용의 결과로 더 이상 전통적인 3대 범주분류(tripartite categorization)만 가지고는 어디에 속한다고 할 수 없는 종합적·절충적 이론들이 주목을 받게 되었다.

이하에서는 이러한 절충주의적 이론들 중 대표적인 3대 이론, 즉 ① 중상(현실)주의가 자유주의적 경제학의 원리와 개념을 도입하여 절충한 합리적 선택이론(rational choice theory), ② 기본적으로는 국제체제의 구조를 강조하는 신현실주의이론이지만 자유주의나 급진주의 역시 이를 주요한 개념으로 사용하여 패러다임의 종합적 성격을 띠고 있는 패권적 안정이론(hegemonic stability theory), ③ 기본적으로 신자유주의 내지 제도주의적 자유주의에 속하는 이론이지만 모든 패러다임들이 논의의 대상으로 삼고 있는 국제레짐이론(international regime theory)에 대해 살펴본다.

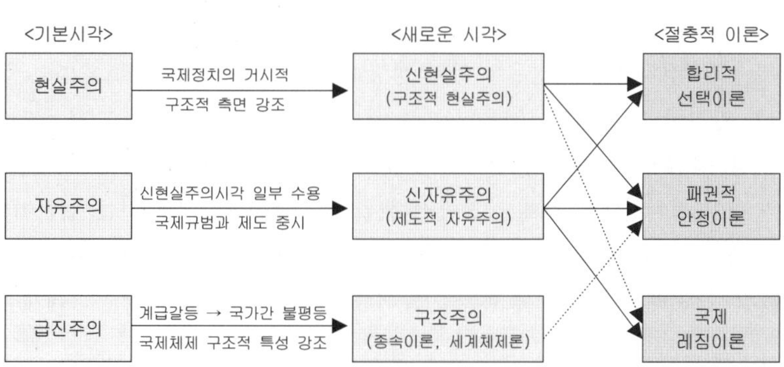

[그림 3-3] 국제정치이론의 변천과 절충적 이론

2. 합리적 선택이론/공공선택이론 (절충주의이론 I)

1.1 합리적 선택이론의 기본개념

(1) 합리적 선택이론의 의의

합리적 선택이론(rational choice theory) 또는 공공선택이론(public choice theory)으로 불리어지는 이 접근방법은, 신고전학파 경제학의 기본가정과 분석도구를 정치·사회·심리 등 비경제현상에 적용하려는 학문적 경향을 말하는데, 이러한 접근방법이 국제정치경제학 분야에 본격적으로 적용된 것은 1980년대 중반 이후부터였다. 이후 이러한 접근방법은 매우 커다란 호응을 받으며 빠른 속도로 확산되어 갔다. 이러한 접근방법이 이같이 급속히 확산된 것은 경제적 자유주의와 정치적 현실주의를 결합시킴으로써 경제학적 방법론이 정치적 선택에 적용되게 되었기 때문이다. 따라서 이러한 접근방법을 '신정치경제학'(new political economics) 또는 '경제적 정치이론'(economic theory of politics)이라고도 한다.

합리적 선택이론이 국제정치경제학분야에 이렇게 급속히 확대될 수 있었던 것은 이러한 방법론이 국제정치의 현실주의적 전통과 깊은 연관성 때문이라고 할 수 있다. 즉 합리적 선택이론의 기본전제인 행위자의 이기성(利己性, self-interestedness)은 현실주의 국제정치이론의 기본전제인 국가이익(national interest)이라는 개념과 크게 다르지 않기 때문이다. 이같이 합리적 선택이론은 경제적 자유주의의 기본철학, 즉 개인의 '합리적 이기'(合理的 利己, rational egoism)라는 자유주의 경제학의 핵심적인 전제에 기초하여 중상주의 또는 급진주의가 관심을 가지고 있는 집단과 조직의 행동원리나 국가의 행동원리를 도입하여 하나의 절충적 분석모델을 구축한 것이다.

따라서 이들은 ① 사람들은 왜 경제적으로 최선(optimal)이 아닌 차선(suboptimal)의 결과를 선택하는가, ② 스미스(Adam Smith)적인 자유시장경제의 이상이 왜 실현되지 않는가, ③ 자유무역이라는 이상 대신에 왜 보호무역정책이 현실적으로 더 선호되는가 등에 대한 정치경제적 설명을 시도하고 있다.[45] 그러면서 자유주의 정치경제학의 개인주의적 방법론을 집단·조직·국가행동을 설명하는 데에 활용하고 있다.

이같이 국가(또는 정부)를 하나의 합리적(합목적적) 행위자로 간주하고 그 상호작용을 분석하는 합리적 선택이론은 국제정치경제학 연구에 있어 상당히 광범위하게 인용되고 있다. 국제정치경제학 분야에서 이러한 합리적 선택이론을 적용되는 분야는 그 분석수준에 따라 ① 한 국가 내 여러 집단 간에 벌어지는 정치적 과정을 이러한 합리적 선택의 관점에서 설명하는「국내 차원의 접근이론」, ② 국가와 국가 간의 정치경제적 관계를 전략적 행위라는 측면에서 설명하는 접근이론으로서 주로 게임이론이나 협상이론을 활용하는「국가간 전략적 접근이론」, ③ 안보동맹·세계무역체제·국제통화체제·국제레짐 등에 대하여 공공재 제공을 둘러싼 국제협력문제를 다루는「세계적 차원의 접근

45 공공선택이론은 정부의 정책이 이익집단에 의하여 영향을 받는다는 것을 핵심적 개념으로 한다. 따라서 '정부는 왜 또한 어떻게 그러한 병리의 먹이가 되는가?'를 규명하기 위한 학문분야라고도 할 수 있다(이성규, 2010 p.14).

이론」으로 구분할 수 있다.

(2) 공공재 개념의 도입

합리적 선택이론은 일반적으로 공공재(公共財, public goods)의 개념을 도입하고 이러한 공공재이론을 국제정치경제학에 적용하여 분석의 중심개념으로 삼는다. 공공재는 사적 재화(private goods)와는 달리 공동의 혜택을 제공하는 재화로서 다음과 같은 특성을 가진다.[46]

소비의 비경합성(non-rivalry of consumption) 사적 재화의 경우 어느 한 사람의 소비가 있을 경우 동시에 다른 사람이 소비할 수 없는 경합성을 지니지만 공공재의 경우 여러 소비자들이 동시에 사용할 수 있는 특성을 지닌다. 말하자면 공공재의 소비에 있어서는 한 사람의 소비가 다른 사람의 소비와 경합되지 않고 따라서 추가적인 비용 없이(한계비용이 零) 다른 구성원에게도 동시에 혜택을 줄 수 있다.

혜택의 비배제성(non-excludability of benefits) 사적 재화의 경우 가격을 지불하지 않은 소비자를 소비하지 못하도록 배제할 수 있지만 공공재의 경우 가격을 지불하지 않은 소비자라도 소비로부터 배제하기 어려운 속성을 지닌다. 예컨대 국가가 제공하는 국방·경찰서비스 등과 같은 공공재의 경우 그 대가를 지불하지 않았다고 하여 그러한 서비스혜택을 받지 못하도록 배제할 수 없다. 이러한 특성 때문에 공공재의 수요자는 그것을 만드는데 드는 비용은 분담하지 않으면서 그것의 혜택은 공짜로 누리려고 하는 무임승차자(free-rider)가 되려는 속성을 가진다. 따라서 공공재 문제에는 반드시 이러한 무임승차문제가 제기된다.

이상과 같은 공공재의 성격 때문에 공공재의 공급은 효율적으로 이루어지지 않는다. 구성원들이 공공재의 제공에는 기여하지 않고도 무임승차하려는 집단행동의 논리(logic of collective action)가 지배하기 때문이다. 국제정치경제학의 합리적 선택이론에서는, 국가안보나 정치적 동맹관계·자유무역체제·국제통화체제 등을 이와 같은 공공재로 규정하여 이들의 인과관계를 이러한 공공재적 속성을 통하여 설명한다. 모든 나라는 이러한 공공재의 속성을 활용하여 혜택을 극대화하면서 비용은 극소화하려는 '합리적 이기'를 지니고 있다는 것을 전제로, 서로 다른 비용분담 하에서도 동맹이 유지되는 이유나 개별국가들의 보호역무역적인 성향 속에서도 세계적인 자유무역체제가 유지되는 메커니즘 등을 설명한다.

2.2 국내 차원의 합리적 선택이론

국내 차원의 합리적 선택이론은 합리적 선택의 원리를 국내의 다양한 이익집단 간의 상호관계로서 설명하려는 접근으로서, 비시장적(정치적) 의사결정에 경제학적 시각을 도입하여 집단 간의 홍정의 결과로 파악하려는 접근이론이다. 예컨대 전통적 무역이론은 자유무역이 가장 바람직한 정책임을 주장하고 있지만 실제의 정책은 보호적인 경향을 띠게 되는데, 이러한 원인을 특정 무역정책으

46 공공재의 특성을 이렇게 소비에 있어 경합성과 배제가능성을 지니면 사적 재화이고, 비경합성과 배제불가능성을 지니면 공공재라고 분류하고 있으나 이러한 구분이 완전한 것은 아니다. 어떤 재화는 어느 정도 경합적이면서 약간은 배제불가능한 재화들도 많이 있기 때문이다. 따라서 어떤 현실을 공공재개념으로 설명함에 있어서는 그것이 진정한 공공재인가에 대한 논쟁이 일어나기도 하고 이러한 분류의 불완전성 때문에 설명력이 제한되기도 한다.

로부터 이익을 보는 집단과 손해를 보는 집단 간의 정치적 경쟁과정을 분석함으로써 그 원인을 설명하려는 접근이 대표적 예이다.

이러한 접근이론의 대표적 예로서 프뤠이(B. S Frey)의 「자유무역에 대한 중위투표자모델」(the median-voter model)이 있다.[47] 그는, 만약 일국의 대외무역정책(관세)에 대해 단 한 번의 직접 다수결투표로 관세를 결정한다면 중위투표자는 자유무역을 선택할 것이지만 그럼에도 불구하고 현실적으로 관세의 철폐가 어렵고 자유무역정책이 실현되지 않는 것은 의사결정과정에 합리적 선택이 작용하기 때문이라고 설명한다. 예컨대 관세인하(자유무역)로 손실을 보게 되는 집단이 다수(majority)를 이룰 경우 이에 따른 보호정책이 실행되는 것은 당연할 수 있겠지만 오히려 다수의 국민이 자유무역을 선호한다고 하더라도 현실적으로 이러한 자유무역은 달성되기 어렵다.

왜냐하면, 관세인하로 이득을 보는 집단(자유무역론자)은 관세부과로 인한 피해가 간접적일 뿐만 아니라 다수이지만 광범위하고 조직화되어 있지 않으므로 투표에 참여하여 자기 뜻을 관철시키려는 노력이 약한(무임승차유혹이 존재하는) 반면, 관세인하로 손실을 보는 집단(보호무역론자)은 그 피해가 직접적이고 소수이지만 조직화되어 있어 공동목표를 관철하려는 노력이 강하기 때문이다. 뿐만 아니라 보호무역의 경우 이에 따르는 편익과 비용이 반드시 발생하지만, 이들 중 보호로 인한 편익(benefit)은 일부 보호를 받는 산업들에게 돌아가는 반면 비용(cost)은 경제 전체(일반 국민전체)로 분산되게 되는, 이른바 편익과 비용 간의 비대칭성이 발생하게 된다. 이러한 비대칭성이 존재하는 경우 정치인들은 이에 따른 자신의 정치적 비용과 편익을 고려하여 선택하게 된다.

이같이 중위투표자모델(the median-voter model)은, 비록 국민의 다수가 자유무역을 선호한다고 하더라도 자유무역의 이상이 달성되기 어려운 이유 또는 무역정책의 결정에 있어서는 중위투표자 모델이 적용되기 어려운 이유를 국내의 다원적인 이익집단·조직 간의 상호 홍정의 결과로 분석함으로써, 합리성의 원칙이 집단과 조직의 차원에서도 그대로 작용한다고 보고 있다.

한편, 이러한 설명들은 보호무역정책이 채택되는 원인을 정책의 수요측면에서 논의한 것이지만, 정책의 공급측면에서도 여러 가지 정치경제적 요인이 작용한다. 합리적 선택이론의 입장에서 볼 때 정치인이나 관료는 더 이상 국가와 사회전체의 이익을 도모하는 중립적이고 공정한 행위자가 아니다. 정치인들은 다음 선거에서의 재선을 위하여 관련 이익집단들의 정치적 지지가 절대 필요하며, 관료들의 경우 업무범위와 예산배정과 관련되는 정치적 고려가 작용하기 때문에 그들 역시 각기 나름대로의 사적 이익이 개재된다. 또한 관세인하는 정부의 재정수입감소 등과 같은 공급측면의 요인이 있어 정부도 그것을 바라지 않는다. 이러한 공급측면에서 보호무역정책이 채택되는 정치적 과정을 설명하는 이론들도 다수 있는데 여기에 대해서는 제5장에서 다시 재론한다.

47 중위투표자모델이란 전체 투표자의 성향으로 보았을 때 한 가운데에 위치한 투표자로 정의된다.

2.3 국가 간 전략적 접근모델 (게임이론)

합리적 선택이론의 두 번째 분석수준으로서는, 국가나 기타 행위자 간의 쌍무적·다자적 관계에서 이루어지는 합리적 선택문제이다. 이러한 문제에 대해서는 각각의 행위주체들이 주어진 상황 하에서 자신의 효용극대화·비용극소화를 추구한다는 가정 하에서 전개되는 게임이론 또는 협상이론을 적용하여 서로 간의 관계를 분석·예측하려는 노력이 이루어져 왔다.

게임이론(game theory)은 한 사람의 의사결정이나 행위가 서로에게 영향을 미치는 경쟁적 대립 상황에 있어 자기의 이익을 극대화하려는 전략적 행동을 수학적으로 분석·연구하기 위한 이론으로서 흔히 상호의존적 결정이론(theory of interdependent decision)이라고 불리어진다. 말하자면, 상대방이 합리적이라는 전제를 가지고 그의 행동을 예측하여 자신에게 가장 유리한 선택을 찾아내고자 하는 이론이다. 합목적적 행위자를 가정하는 수리적 모델로서의 게임이론은 냉전이 극에 달했던 1950~60년대에 당시 미소 간의 극심한 군비경쟁(특히 핵전략)문제를 이해하고 그 해법을 찾아내는 방편으로서 주로 사용되다가 1980년대부터는 국제정치경제의 연구에 광범위하게 활용되어 왔다.

국제정치경제의 연구에 사용되는 대표적인 게임이론 모델들(〈부록 3-3〉 참조)은 국제관계에 있어 협력이 가장 최선의 방법인줄 알면서도 서로가 갈등하고 경쟁할 수밖에 없는 현실을 전제로 한다는 점에서 신현실주의적 입장을 수용하고 있지만, 이러한 상황에서도 일정한 조건 하에서 협력이 가능하다는 점을 설명하고 있다는 점에서 신자유주의적 입장을 수용하고 있어, 하나의 절충적인 이론이라고 할 수 있다.

그러나 이러한 게임이론을 실제 상황에 적용할 때 문제가 되는 것 중의 하나가 '개인의 합리성'과 '사회의 합리성'이 때때로 일치하지 않아 개인 차원에서는 합리적으로 이루어진 선택이 사회 전체적으로는 비합리적인 결과를 낳을 수도 있다는 점이다. 도박을 포함하여 많은 일상사에서 일의 결말은 특정한 행위자의 결정에 의하여 이루어지는 것이 아니라 복수의 참가자들에 의해 공동으로 결정되므로 당초에 의도하지 않았거나 예측하지 않은 결과가 도출되기도 하기 때문이다.

이 때문에 이러한 게임이론적 접근방법에 대한 비판적인 시각도 만만치 않다. 각 행위자를 이기적 존재로만 규정하는 가치론적 전제를 가졌을 뿐만 아니라, 복잡다기한 정치경제관계를 하나의 도식적인 틀 안에서 설명하려 한다는 점에서 현실을 이론에 꿰맞추려 한다는 비판을 받기도 한다. 그럼에도 불구하고 게임이론은 국가와 국가 간의 전략적 의사결정의 인과관계를 단순화시켜 분석하고 그 해법을 제시함으로써 나름대로의 유용한 개념적 틀을 제공해준다. 따라서 이러한 게임구조를 응용하면 현실의 국제정치경제의 제 문제들을 효과적으로 분석하고 해답을 제시하는 이론적 도구로 사용될 수 있다. 이런 의미에서 흔히 교육적 가치(heuristic value)가 있다고 말하여진다.

〈부록 3-3〉 국제정치경제의 대표적인 게임이론모델

국제정치경제에서 인용되는 게임이론에는 매우 다양한 모델들이 제시되고 있지만 가장 널리 가장 기초적으로 응용되는 게임이론모델들로서 다음과 같은 모델들이 주로 활용된다.

1. 죄수의 딜레마게임 모델 (PD게임모델)

상호 국익의 극대화를 추구하는 이기적인 경쟁자인 국가와 국가 간의 전략적 행동을 설명함에 있어 가장 기초적으로 활용하는 게임이론모델이 죄수의 딜레마(prisoner's dilemma)게임이다.[48]

'죄수의 딜레마' 게임이라는 이름을 붙여진 이유는 이렇다. 어느 범죄의 공범자로 지목된 A와 B 두 용의자가 검사의 조사를 받고 있는데 검사는 이들의 심문과정에서 당해 범죄뿐만 이들이 과거 다른 범죄 행위까지를 하였다는 심증을 가졌다. 그러나 과거의 범죄를 입증하기에는 증거가 불충분하므로 그들의 과거 범죄를 밝히는 데는 용의자 자신들의 자백이 중요하다.

이때 검사는 두 사람이 모의하지 못하도록 격리수용하고 자백하여 수사에 협조하는 사람에게는 수사에 협조한 점을 참작하여 가벼운 죄로 구형(6개월형)하는 대신 본인이 자백을 거부하고 상대방이 자백하여 죄가 드러났을 경우 가중 처벌(3년형)할 것이라고 제안한다. 이 경우 두 사람 모두 자백하지 않았을 경우 이미 밝혀진 당해 범죄에 대해서만 처벌(1년형)하게 되지만 만약 모두가 자백하면 추가적으로 밝혀진 범죄 전체에 대한 구형(2년형)을 하게 될 것이다.,

이 때 A와 B는 각각 다른 방에서 동시에 취조를 받고 있으므로 서로 연락할 수 없고 또한 서로의 의중을 알 방법이 없으므로 서로 상대방이 검사의 질문에 어떻게 대답하고 있는지를 모른다. 이 같은 경우 각자는 어떻게 할 것인가를 고민하게 되는데 이 경우 두 용의자는 나름대로 다음과 같은 합리적 선택을 하게 된다.

(1) 만약 상대방이 자백하고 있다고 가정하면 자신도 순순히 자백하는 것이 더 우월한 전략이다. 만약 자신만이 끝까지 묵비권을 행사할 경우 상대방은 감경(6개월형)되겠지만 자신의 죄상은 그 만큼 더 무거워져 가중처벌(3년형)되기 때문이다.

(2) 만약에 상대방이 자백하지 않는다고 가정하는 경우에도 그를 배반하고 순순히 범죄를 자백하면 자신은 감경(6월)받을 수 있다. 이것은 모두가 자백하지 않아 당해범죄에 대해 처벌(1년형) 받을 경우 보다 우월한 전략이 되기 때문이다.

이러한 이유 때문에 두 사람은 모두 상대방이 어떻게 나오든 자기는 그를 배반하고 자백하는 것이 좋겠다고 동일하게 생각하게 된다. 따라서 이러한 게임의 결과는 모두가 자백하여 보다 더 중한 처벌(2년형)을 받게 되는 것으로 종결된다. 이러한 결과는 A와 B 모두에게 딜레마이다. 이것은 A와 B 모두가 자신의 이익을 극대화하기 위하여 합리적으로 행동하였음에도 불구하고 그 결과는, 모두가 자백하지 않아 당해범죄에 대해서만 처벌(1년형) 받게 되는 가장 유리한, '최선'이 아닌 것으로 귀결되어졌기 때문이다. 이때 만일 서로를 신뢰할 수 있어서 둘 다 자백하지 않는다면 가장 바람직한 결과(the best)를 가져올 수 있지만 서로 상대방을 신뢰할 수 없어 자백함으로써 그 보다 못한 결과(worse-off)를 얻게 된다. 즉 개인적 입장에서의 합리적 선택이 전체적으로는 비합리적인 결과를 낳게 되는 딜레마이다(〈표 3-5〉 참조).

〈표 3-5〉 공범자에 대한 죄수의 딜레마 모델

		공범 B	
		침 묵	자 백
공범 A	침 묵	a (1년, 1년)	b (3년, 6월)
	자 백	c (6월, 3년)	d (2년, 2년)

註 : ( ) 속의 앞의 값이 공범 A, 뒤의 값이 공범 B의 구형량을 나타냄.

이러한 죄수의 딜레마게임이론은, 1950~60년대 냉전시대 미소간의 군비경쟁에 있어, 왜 양국이 모두 군축을 원하면서도 결과적으로 소모적인 군비경쟁에 빠지게 되는가를 설명하는데 이용되었다. 미국과 소련 모두 군비확장보다는 군비축소가 바람직하다고 생각하지만 동시에 양국 모두 상대방보다 자신이 군사적 우위에 서는 것을 가장 바람직하게 생각하는 반면 상대방이 자기보다 군사적 우위에 서는 것을 최악의 경우라고 생각한다. 이러한 게임구조 하에서, 양국 모두 군비축소를 선택하면 모두에게 이익이지만 안보딜레마, 즉 상대가 자기보다 우위에 서는 것은 절대로 용납할 수 없다는 조건 때문에 군비확장을 선택하게 된다. 이 또한 개별적 합리성추구가 전체적으로는 비합리적인 결과를 초래하였다고 할 수 있다.

이러한 '죄수의 딜레마'의 원리가 보호무역주의의 선택에 적용되어, 양국 모두 자유무역이라는 최선의 선택이 있음에도 결국 양국 모두 보호주의를 선택하는 결과를 가져오는 이유를 설명한다(〈표 3-6〉 참조). 보호주의를 선택하는 것이 최선의 선택은 아니지만 이를 회피했을 때 상대국이 자국보다 더 큰 이익을 향유하게 되는 최악의 경우를 회피하기 위해서는 보호무역을 채택하는 것이 가장 안전하게 되어 이를 채택하기 때문이다.

〈표 3-6〉 자유무역과 보호무역에 대한 죄수의 딜레마 모델

		B 국	
		자유무역	보호무역
A 국	자유무역	a (100, 100)	b (50, 120)
	보호무역	c (120, 50)	d (70, 70)

註 : ( ) 속의 앞의 값이 A국, 뒤의 값이 B국의 무역이익을 나타냄.

이 경우 모두가 자유무역을 채택함으로써 전체이익을 극대화하게 되는 최선이 방법(a)이 있음에도 불구하고 각국은 자신의 입장에서의 합리적인 선택을 행함으로써 결국 그 보다 못한 결과(d)를 초래하게 된다. 자국의 이익만을 추구하는 관세전쟁이나 평가절하경쟁이 단기적으로는 자국의 이익을 증대시키는 것 같지만 결국 이로 인해 모두가 후생의 손실을 입게 되는 현실들을 우리는 역사적으로 경험하여 왔는바 이러한 현실이 죄수의 딜레마게임이라고 할 수 있다.

이러한 죄수의 딜레마현상은 국제무역에서 협조(상호간 자유무역 채택)가 현실적으로 대단히 어렵다는 점을 보여주고 있지만 이러한 경우에도 자유무역은 가능해 질 수 있다. 예컨대 각국의 비협조적 행위를 강제하고 규제할 수 있는 어떤 제제수단(예컨대 국제기구나 국제조약 또는 이를 강제할 수 있는 강대국의 존재)이 있는 경우 이를 방지 할 수 있으며, 또한 이러한 죄수의 딜레마게임이 한 번에 그치지 않고 반복적으로 일어나는 '반복적 게임'이 될 경우 경험도 생기고 학습효과가 발생하여 배신행위가 어려워짐으로써 합리적 경기자들은 협조적 행위를 할 가능성이 있기 때문이다.

2. 치킨게임모델 (겁쟁이게임모델)

치킨게임(game of chicken)은, 1960~70년대 미국의 젊은이들 사이에서 누가 더 남자다운가를 겨루기 위하여 주말 야간에 교통량이 없는 한적한 도로에서 두 명이 각기 자신의 자동차를 몰고 정면으로 돌진하는 게임이다. 이러한 게임을 행하는 경우의 선택은 ① 충돌직전에 피해서 자기의 생명은 구하는 대신 동료들로부터 겁쟁이(chicken)라고 불리든지, ② 끝까지 피하지 않고 충돌해서 겁쟁이라고 불리지는 않는 대신 장렬하게 개죽음하는 것, 둘 중의 하나이다. 이 게임에서 서로가 합리적임을 가정한다면 둘 중의 어느 하나가 굴욕을 감수하고서라도 피해서 모두 생명을 보전하는 것이 균형점이다. 이러한 치킨게임은 합리적인 개인이 자신에게 최대의 이익을 가져다주는 선택을 하지 못한다는 것과 게임의 결과로서 협력이 일어날 수 있음을 보여준다.

국제정치학자들은 이러한 치킨게임의 논리를 가지고 실제로 핵전쟁이 일어나지 않으면서 핵에 의하여 평화가 지속되는 이유를 설명한다. 즉 자동차의 충돌을 서로가 회피하듯이 핵전쟁도 서로가 자제하여 회피한다고 본다. 그러나 상호 핵억제가 안정적으로 성립한다고 하더라도 공포와 의심에 가득 찬 평화일 수밖에 없다. 이러한 치킨게임과 관련되는 것으로서 이른바 '벼랑 끝 전술'이라고 불리는 경우가 있다. 이는 치킨게임의 어느 일방 당사자가 게임에서 차를 피하지 않고 돌진하여 죽을 것을 각오하는 단호함을 보임으로써 합리적인 상대방으로 하여금 피하도록 하는 것이다.

국제정치학자들은 1960년대 쿠바의 미사일위기를 일종의 치킨게임으로 설명한다. 당시 만일 소련이 쿠바에서 미사일을 철수하지 않고 미국 역시 해상봉쇄 대신 직접 군사력을 투입하는 강경노선으로 나갔었다면 결과는 어찌 되었을까? 그러나 소련의 포기로 인하여 이런 결과 없이 문제는 해결되었다.

3. 사슴사냥게임 모델

사슴사냥게임(game of stag hunt)이론은, 루소의 사회계약론에 등장하는 우화를 통하여 자연 상태에서 왜 협력이 발생하는가를 예시해주는 이론이다. 자연 상태에서 5명의 배고픈 사람들이 우연히 만났다. 이들은 사슴 한 마리를 잡으면 모두의 허기를 해결할 수 있기 때문에 공동으로 사슴을 포위하여 사냥하기로 하고 일정한 간격으로 포위망을 만들었다. 이 때 이들 가운데 한 사람 앞으로 자기가 잡을 수 있는 거리에서 토끼 한마리가 지나가면 그는 두 가지 선택에 직면하게 된다.

첫째는, 공동으로 사슴을 사냥하는데 끝까지 협력하여 장기적이고 더 큰 공동의 이익을 위해 협조하는 방법이다. 둘째는, 눈앞에 나타난 토끼를 잡기 위해 포위망을 푸는 것이다. 이 경우 자신은 토기를 사냥하여 허기를 면하겠지만 사슴사냥은 불발로 돌아가 나머지 4명의 사냥꾼들은 토끼도 사슴도 얻지 못한다. 말하자면 사슴이라는 장기적이고 공통적인 이익이지만 불확실한 이익과 토끼라는 작지만 단기적이고 이기적인 개인적 이익이지만 확실한 이익 사이의 딜레마에 빠지게 된다.

이러한 경우 상호 협조가 이루어지면 사슴사냥에 성공하겠지만 어느 일방이 배반할 경우 토끼사냥으로 끝난다. 다시 말하면 이 게임에서 모든 사람들이 합리적으로 생각하여 모두 협력하면 사슴을 사냥한 후 모두가 배를 채우게 되겠지만 자신의 눈앞의 이익만을 고려하여 사슴사냥을 포기한 채 토끼를 사냥하면 사슴사냥으로부터 얻을 수 있는 공동의 이익은 소멸된 채 자신만 토끼 한 마리를 얻게 된다. 마찬가지로 국제정치경제의 현실에서 모두가 공동의 세계이익(사슴사냥)을 존중한다면 국제적 협력이 가능하지만 각국이 편협한 국가이익(토끼사냥)만을 추구한다면 국제적 협력은 불가능해진다. 그러나 문제는 간단하지 않다. 그 한사람의 사냥꾼이 이탈하지 않더라도 다른 누군가가 똑 같은 상황에 처하게 되고 그 사람이 자신의 목전의 이익을 위하여 토끼를 사냥하면 그는 사슴은 물론 토끼도 놓치게 되기 때문이다.

2.4 세계적 차원의 합리적 선택모델

합리적 선택이론의 세 번째 분석수준으로서는, 국제공공재 제공과 관련되는 다자적 체제 또는 세계적 차원에서의 접근이론이다. 국내와는 달리 세계정부가 존재하지 않는 국제사회에서 집단안보·자유무역체제·세계환경보호체제 구축과 같은 국제공공재의 창출과 유지가 어떻게 이루어지고 이와 관련되는 무임승차자(free rider)문제를 어떻게 해결하는가와 관련되는 합리적 접근이론들이 다양한 측면에서 제시되었다. 이러한 제이론들 중 집단안보(동맹)와 자유무역을 국제공공재의 관점에서 설명하는 이론을 간략히 소개한다.

(1) 국제동맹에 대한 공공재이론

올슨(M Olson)과 젝하우저(R. Jeckhauser)는 NATO를 「집단안보」라는 서비스를 제공하는 공공재로 규정하였다. 왜냐하면 이러한 동맹체제는 ① 동참하는 모든 참여자가 공동의 혜택을 받고, ② 추가적 비용(한계비용) 없이도 다른 구성원에 혜택을 주며(비경합성), ③ 비구매자도 이 재화의 이용(혜택)을 배제 할 수 없다는 특성(비배제성)을 갖기 때문이다.

이 경우 각국은 이러한 공공재의 혜택은 극대화하면서 비용을 극소화 하려는 「합리적 이기」를 가진다. 따라서 이러한 동맹의 유지에 필요한 비용이 불균형적으로 부담되더라도 동맹이 분괴되지 않는다. 왜냐하면, 많은 비용을 부담하는 미국의 경우 어차피 부담해야 할 비용을 벨기에와 같은 나라의 참여로 그 만큼이나마 감소시킬 수 있는 이익이 있고, 작은 비용을 분담하는 벨기에의 경우 미국과 동일한 비용부담을 요구할 경우 무임승차의 유혹 때문에 오히려 참여하지 않을 수도 있으므로 작은 비용부담이더라도 무방하기 때문이다. 이러한 결과는 결국 개별국가들이 각자 자신의 합리적 이기에 입각하여 추구한 것이다.

국제공공재 중에서도 긴박한 안보위기나 전쟁과 같은 우월재(superior goods)가 있는 경우에는 비용분담의 불균형성은 오히려 역전될 수 있다. 이러한 경우 방위비분담의 불균형이 극소화되거나 때로는 안보위협에 노출되어 있는 약소국이 더 많은 비용을 부담할 수 있기 때문이다. 그러나 이 경우에도 동맹이 목적으로 하는 공공재의 제공이 국가간에 불균형하게 이루어진다는 점에서는 그 법칙이 적용된다.

(2) 자유무역체제에 대한 공공재이론

킨들버거(C. P. Kindleberger)는 자유무역체제의 유지는 국제공공재(international public goods)적인 시각에서 분석되어야 한다고 보았다. 어떤 국가는 자유무역을 유지하기 위한 비용을 지불하지 않아도 결코 국제공공재의 혜택으로부터 배제되지는 않을 것이라는 기대감 때문에 무임승차(free ride)의 유혹에 빠진다고 분석하면서 이러한 관점에서 보호무역주의가 계속 매력을 갖고 대두되는 원인을 분석하였다. 이러한 해석의 저변에는 자유무역체제가 국제공공재이고, 국가란 국제협력의 비용과 혜택을 냉철히 계산하여 자신의 정책을 선택하는 합리적 행위자(rational actor)라는 합리적

---

48 사람에 따라서 이를 공범자의 딜레마·용의자의 딜레마·수인(囚人)의 딜레마 등으로 부른다.

선택이론의 전제가 깔려 있다고 할 수 있다.

이러한 관점에서 보면, 뒤에 설명하는 '패권적 안정이론'이나 '국제레짐이론' 역시 세계체제적 차원에서 논의된 합리적 선택이론의 범주에 속한다고 할 수 있다. 뒤에 설명하는 바와 같이, 패권안정이론은 패권국의 존재가 자유무역체제라는 국제공공재의 제공을 용이하게 한다는 점을 이론의 핵심으로 하고 있으며, 국제레짐이론은 세계정부가 존재하지 않는 무정부상태 하에서도 공공재제공을 위한 국제적 협력은 가능하여 이것이 하나의 국제적 레짐으로 기능함을 이론화하고 있기 때문이다. 이들에 대해서는 뒤에 다시 설명하기로 한다.

2.5 합리적 선택이론의 종합적 평가

앞에서 살펴본 바와 같이 합리적 선택이론의 연구대상인 보호주의(protectionism)를 분석하는 방법에 있어서도 여러 가지 유형의 합리적 선택이론이 각기 조금씩 다른 접근방법을 택하고 있지만 이들 사이에는 몇 가지 유사점을 발견할 수 있다. 즉, 합리적 이기(rational egoism)라는 자유경제의 핵심개념을 전제로 하고 이것을 집단이나 국가 간의 행동에도 적용함으로써 모든 차원의 정치적 영역에 시장경쟁의 원리가 작용한다고 보는 점이다.

그런데 이러한 합리적 선택이론은 그들이 전제로 하고 있는 추상적인 가정들 때문에 이론적인 설명력이 제한적이라는 평가를 받고 있다. ① 우선 경제학적 접근방법을 정치적인 행위에 과연 그대로 적용할 수 있는가 또한 그것이 가능하다고 하더라도 이를 통하여 과연 얼마나 많은 성과를 거둘 수 있는가, ② 인간의 '합리적 이기'라는 전제가 과연 타당한가, ③ '다른 사정이 같다면'이라는 전제 하에 이루어지는 예측이 다양한 외적 변수들에 의해 반증(falsify)될 가능성은 없는가 등과 같은 비판들이 그것이다.

이러한 점들이 바로 진공상태에서 설정되고 있는 경제적 자유주의의 원리에 기초한 합리적 선택이론의 약점이라 할 수 있다. 그렇기 때문에 이러한 합리적 선택모델을 하나의 '이론'으로 간주하기보다는 하나의 '분석적 기법'(analytical technique)으로 보고 이를 합리적 선택분석(rational choice analysis)이라고 흔히 부르기도 한다. 그럼에도 불구하고 이러한 합리적 선택이론의 주요한 개념들이 그 동안 자유주의나 현실주의 국제정치경제이론의 연구에서 널리 활용하여 왔음은 물론 최근에는 급진주의에서도 원용되고 있다. 이러한 점에서 합리적 선택모델은 국제정치경제의 3대 주요시각을 종합하고 있다고 볼 수 있으며 또한 그러한 관점에서 일정한 이론적·현실적 유용성을 보여주고 있다고 할 수 있다.

3. 패권적 안정이론 (절충주의이론 II)

3.1 패권적 안정이론의 의의와 등장 배경

(1) 패권적 안정이론의 의의

국제경제질서의 성격과 특성에 영향을 미치는 요인은 실로 다양하여 이에 대한 이론 역시 다양하게 제시되어 왔지만 1970년대 이후 국제정치경제에서 가장 주목받는 이론이 패권적 안정이론(hegemonic stability theory)이다. 이 이론의 핵심적 요체는 국제경제의 개방과 폐쇄 또는 안정과 불안정을 좌우하는 변수가 패권세력의 존재 유무와 상관관계가 있다는 것이다.

이에 패권적 안정이론은 자유롭고(개방적이고) 안정적인(효율적인) 국제정치경제질서가 탄생·유지되기 위해서는 정치적으로나 경제적으로 이를 주도할 수 있는 어떤 패권국가(hegemonic state)의 존재가 필요하다고 주장한다. 따라서 패권안정이론은 국제경제질서의 개방성(openness)·안정성(stability)·국가 간 힘의 분포(distribution of power) 간의 상관관계를 논의하는 국제정치경제이론이라고 할 수 있다.

국제경제관계에서 어떤 패권국가의 존재가 안정되고 자유로운 국제경제체제의 형성과 운영을 위해 필수적이라는 이 이론은 자연히, 각국이 왜 자유무역정책을 채택하거나 거부하는가를 설명하는 동시에 국제무역에 있어 왜 자유무역레짐이 형성되고 해체되는가를 설명하고 있다. 앞서 설명한 합리적 선택이론이 자유주의경제학의 분석방법에 기초해서 현실주의(중상주의)나 급진주의 국제정치경제학에 영향을 미친 데 비하여, 패권적 안정이론은 처음부터 정치경제의 3대 시각에서 동시에 발달할 정도로 그 이론적 기초가 종합적이다. 따라서 이 이론은 자유주의·급진주의·현실주의 패러다임의 종합적 성격을 지니고 있다.

(2) 패권적 안정이론의 등장 배경

제2차 세계대전 이후 미국 주도로 형성된 국제경제질서는 1960년대 후반과 1970년대를 거치면서 변화를 보이기 시작했다.

그동안 GATT의 가장 중요한 원칙인 무차별주의가 약화되기 시작하였고 비관세장벽을 수단으로 하는 신보호주의경향이 강화됨으로써 자유무역질서는 점차적으로 퇴조하고 있었다. 또한 국제통화체제에 있어서도 미국 달러를 기축통화로 운영하던 전후의 브레튼우즈(Bretton Woods)체제가 달러의 실질가치하락으로 붕괴되어 1973년 모든 주요 통화는 변동환율제를 채택하게 되었다. 또한 전후 금융질서는 국제투기자본의 폐해가 가져올 국제금융질서의 혼란을 막기 위하여 실물이동(국제무역)과 관련된 자본이동 이외의 자본이동을 통제하는 질서 하에 운영되었으나 오일쇼크 이후 막대한 오일머니가 역외시장에 유입되고 변동환율제에 따른 단기자본이동이 급격히 커지면서 국제금융시장에도 혼란이 증대되었다.

바로 이러한 1970년대의 국제현실을 배경으로 하여 미국의 국제정치학자들은 미국의 상대적 권력 약화(정치적 변수)와 국제경제질서(경제적 변수) 간의 상관관계에 대해 생각해 보게 되었고 미국의 상대적인 권력이 약화될 경우 앞으로 국제경제질서가 어떻게 변화할 것인지에 대한 문제제기가 이루어졌다. 이러한 역사적 상황을 배경으로 패권적 안정이론은 패권적 세력의 존재와 개방적 경제체제의 상관관계를 경험적 자료에 의해 분석하였는데 체험적 연구대상은 주로 19세기의 영국과 제2차 대전 이후의 미국의 역할이었다.

한편, 앞에서 살펴보았듯이 제2차 대전이후 국제관계학의 이론적 주류는 현실주의가 지배하였고 전후 뒤이어 나타난 냉전체제 때문에 자유주의적 시각은 크게 위축되어 있었다. 그러나 1970년대에 이르러 미국과 소련 간의 데탕트가 이루어져 전쟁가능성이 감소되었을 뿐만 아니라 국제적인 협력과 교류가 경제·사회·문화 등 모든 분야에서 높아져 국제적 상호의존성이 높아지자 국제관계에서 비정치·경제분야의 중요성이 커지고 국가적 행위 못지않게 비국가적 초국적 행위자들의 중요성이 커졌으며 국가이익 못지않게 국제제도의 중요성이 부각되기도 하였다.

이에 따라 국제관계를 단순히 힘의 관계로만 보는 현실주의가 도전받게 되고 자유주의적 사고가 국제정치의 주요한 위치로 부상하게 되었다. 이러한 이론사적 환경 하에서 패권적 안정이론은 국제협력이나 국제제도의 공급 역시 패권적 힘의 전제 하에서 가능해질 수 있음을 이론화하려는 움직임이 나타나게 되었는데 이러한 이론적 경향 역시 패권적 안정이론의 이론적 배경이 되었다고도 할 수 있다.

3.2 패권적 안정이론의 이론적 전개

패권적 안정이론은 패권국가가 존재할 때 개방적·안정적 세계경제질서와 자유무역체제가 형성되는 반면 패권국가가 쇠퇴할 때 불안정하고 폐쇄적인 세계경제질서와 보호무역적인 체제가 형성된다고 주장한다. 이러한 패권적 안정이론을 발전시킨 대표적인 학자들로는 자유주의자 킨들버거(C. P. Kindleberger), 현실주의자 크래스너(S. Krasner), 절충주의자 길핀(R. Gilpin) 등이며 그리고 앞에서 설명한 급진주의자 왈러스타인(I. Wallerstein)도 패권적 중심국가를 세계체제의 중요한 내용으로 전제하였다.

따라서 이들 패권적 안정론자들의 구체적 주장과 해석은 서로 각기 상이하다. 패권적 안정이론이 3대시각의 종합적 성격을 띠고 있는 만큼 패권적 세력의 의미와 중요성에 대한 그들의 해석 역시 국제정치경제에 대한 그들의 기본시각이 무엇이냐에 따라 서로 달라지기 때문이다. 따라서 이러한 논의들을 크게 분류하면 ① 자유주의의 공공재적 패권안정이론, ② 신현실주의의 구조주의적 패권안정이론, ③ 급진주의의 세계체제론적 패권이론으로 구분할 수 있다.

자유주의적 패권안정이론은 1970년데 국제정치경제현실을 반영하여 미국패권이 공공재적인 국제경제질서의 안정을 제공하였음을 규명하려는 것이고 현실주의적 패권안정이론은 국제협력을 국가간 힘의 분포라는 구조적 변수를 통하여 설명하려는 이론이다. 따라서 전자의 패권은 일종의 시혜적 패권으로서의 성격을 가지는데 비하여 후자의 패권은 이기적 패권으로서의 성격을 가진다. 반면 왈러스타인의 구조주의적 입장에서는 패권국의 존재와 자본주의 세계체제는 동일체의 양면으로서 패권국이 자본주의체제의 본질적 존재라고 규정하였다. 이에 대해서는 앞에서 설명하였으므로 여기서는 재론하지 않는다.

(1) 자유주의적 패권안정이론(공공재적 · 시혜적 패권)

패권적 안정이론은 경제학자인 킨들버거(C. P. Kindleberger)가 1930년대에 발생된 세계대공황의 원인에 대하여 논의한 그의 저서 「대공황의 세계」(*The World in Depression, 1929-39*)를 통하여 처음 제기되었다. 그는, 세계대공황의 원인에 대하여 대부분의 경제학자들이 미국의 통화정책당국이나 금융기관들의 잘못 등과 같은 경제변수를 통하여 설명한 것과는 달리, 국제경제체제에 있어 지도력(leadership)을 발휘할 수 있는 어떤 패권국이 부재하였다는 사실을 통하여 설명함으로써 패권국의 존재를 국제체제의 안정과 협력의 전제조건으로 설명하는 패권적 안정이론을 처음으로 제시하였다.[49]

그는, 당시의 혼란스러운 국제경제를 안정시킬 수 있는 패권국의 존재가 필요하였지만 영국은 패권국가로서의 역할을 할 '의사는 있었으나 능력이 없었고'(willing but unable) 미국은 '능력은 있었으나 그러한 역할을 행할 의사가 없어'(able but unwilling) 세계공황이 발생하였다고 진단하였다.

이러한 킨들버거의 명제는 이후 공공재이론(public goods theory)과 결합되면서 좀 더 정교해지고 가다듬어졌다. 국제경제체제의 안정이라는 국제공공재(international public goods) 역시 소비의 비경합성과 혜택의 비배제성이라는 속성 때문에 무임승차자가 발생할 수 있으므로 이러한 공공재가 효율적으로 제공되기 위한 하나의 유력한 조건으로서는 지배적 수혜자(dominant beneficiary)가 있어야 한다는 것이다. 이러한 지배적 수혜자는 공공재로부터 얻는 혜택이 매우 크므로 다른 구성원의 의사와 무관하게 비용을 감당하려하기 때문에 공공재에 대한 집단행동의 논리가 발생하지 않기 때문이다.

이러한 공공재이론을 국제경제체제에 적용하면 '국제경제의 개방과 안정을 위해서는 패권국의 존재가 필요하다'는 논리로 요약될 수 있다. 따라서 그는, 국제경제체제의 안정이라는 국제적 공공재(公共財)는 비이기적이고 장기적인 안목을 지닌 어떤 패권국이 존재하고 이 패권국이 지도력을 발휘하여 무역·외환·금융 등 3가지 측면에서의 역할을 원만히 수행할 때 가능해진다고 보았다. 그는 이와 관련하여, 패권국이 아닌 다양한 형태의 국가연합을 통하여서도 이러한 국제공공재의 제공이 가능하다고 생각하기 쉽지만 이들 개별국가의 경우 속임수(cheating)나 무임승차(free rider) 유인이 너무 크기 때문에 이들에 의한 공공재의 공급은 불안정할 수밖에 없다고 주장하였다.

이같이 그는 자유주의적 경제질서가 유지되기 위해서는 하나의 지도력 있는 국가가 존재하여야 하며 세계경제의 안정을 위해서 책임을 질 수 있는 안정자로서의 국가가 필요하다고 결론지었다. 이때, 구체적으로 패권국가의 어떤 요인이 이러한 협력을 가능하게 하는가에 대해 그는 패권국의 지배적인 경제력을 그 주된 요인으로 파악하며,[50] 패권국이 자유무역이라는 국제공공재를 기꺼이 제공하고자 한다면 매우 긍정적인 것이라고 판단하였다. 말하자면 킨들버거가 말하는 이러한 패권은, 개방적 국제경제질서라는 공공재를 만들고 유지하는 데에는 많은 비용이 들지만 패권국이 이러한 역할을 맡고 기타의 국가들(특히 작은 국가들)은 그에 상응하는 기여를 행하지 않고도 이러한 개방

49 킨들버거는 당초 '패권국가'(hegemon)라는 용어 대신에 '지도국가'(leadership) 라는 용어를 사용하였다.

50 패권국이 제공하는 자유주의질서가 많은 국가들의 일반적 이익을 위한 것이라는 자유주의의 견해를 선의의 헤게모니 관점(benign view of hegemon)이라고 지칭하는 반면 패권국 자신의 이익을 위하여 지배적인 정치적·군사적·지정학적 능력을 협력의 주요한 요인으로 보는 길핀 등이 현실주의적 패권을 악의적 헤게모니(malign view of hegemon)라고 지칭하기도 한다.

이익을 향유하는 무임승차(free ride)가 허용되는, 일종의 시혜적 패권(benevolent hegemony)을 의미한다고 할 수 있다.

이처럼 자유주의자 킨들버거는, 자유주의질서라는 국제공공재가 성립되기 위해서는 어떤 패권적 권력이 필요한데 이때 하나의 안정자(stabilizer)로서의 역할을 행하는 패권국가는 국가 간의 경제적 갈등에 초연하여, 세계경제 전체의 체제적 이익에 봉사하는 주체여야 한다고 주장하였다. 다시 말하면, 국제경제체제의 안정이라는 공공재는 비이기적이고 장기적인 안목을 지닌 패권국이 존재하고 이 패권국이 지도력을 발휘할 때 가능하다는 것이다.

이렇게 킨들버거의 패권적 안정이론은 공공재이론에 근거를 둠으로써 이론적 정교함을 더하는 동시에 국제협력의 다양한 측면을 새롭게 조명할 수 있는 통찰력을 지니게 되었다. 그러나 이러한 자유주의적 패권안정이론 내지는 공공재적 패권안정이론의 시각에 대해서는 몇 가지의 비판들이 제기되었다. 그 중 가장 대표적인 것으로서는 ① 국제공공재 개념의 모호성에 관한 것으로서 자유무역질서가 과연 패권국 이외의 다른 모든 나라들에게 공통의 혜택을 주는 진정한 공공재인가에 대한 문제제기. ② 공공재의 공급이 패권국에 의해서만 제공되는가라는 문제제기인데, 이들에 대해서는 패권안정이론의 평가와 관련하여 후술한다.

(2) 신현실주의적 패권안정이론(구조적 · 이기적 패권)

신현실주의자들도 패권적 안정이론을 다루고 있는데 크래스너(S. Krasner)와 길핀(R. Gilpin) 등은 킨들버거의 자유주의적 해석과는 또 다른 패권적 안정이론을 제시하였다. 이들은, 패권국이 제공하는 자유경제질서는 자유주의자들이 말하는 것처럼 많은 국가들의 일반적 이익을 위해서가 아니라 패권국 자신의 이기적 이익을 위한 것임을 강조한다. 따라서 패권국의 행위가 필연적으로 공공재의 공급과 필연적으로 연결되는 것은 아니라고 본다.[51]

이들은 패권국이 자국의 이익을 위해 국제레짐의 규칙을 제재하기도 하고 국제레짐을 유지하기 위해 작은 국가들로부터 대가의 지불을 강제하기도 한다고 본다. 또한 패권체제 내에서 유지되는 이러한 국제레짐을 패권국가의 경제적 능력이 아닌 정치적·군사적 힘의 차원에서 설명함으로써 패권적 권력이란 국가간 정치적 경쟁의 결과로 보고 있다. 이러한 관점에서 그들이 말하는 패권은 자유주의자들이 말하는 시혜적 패권(benevolent hegemony)이 아닌 이기적 패권(selfish hegemony) 또는 강제적 패권(coercive hegemony)이라고 할 수 있다.

크래스너의 패권적 안정이론 그는 국가는 무역정책을 통하여 자국의 국민소득증가와 경제성장 뿐만 아니라 자신의 정치적 힘의 증대와 사회적 안정의 유지라는 다양한 목표를 추구한다고 전제하고 이러한 목표들이 어떻게 달성되고 개방에 대한 선택이 어떻게 결정되는가는 경제력의 국제적 분포구조에 따라 결정된다고 규정하였다. 이러한 관점에서 개방적 질서가 가장 강한 경우는 다른 국가들에 비하여 훨씬 크고 발전된 한 국가가 상승기에 있는 패권체제라고 결론지었다. 상승기의 패권

---

51 길핀은 패권국이 제공하는 국제경제체제가 사유재이든 공공재이든 패권은 국제자유경제체제에 필수적이라고 말한다 (Robert Gilpin, 1987, p.88).

국은 개방을 통하여 소득증대와 경제성장효과를 누릴 수 있고 개방으로 인한 사회적 비용도 감당할 수 있으며 개방체제를 다른 국가들에게 강요하기도 쉽기 때문이다. 반면 패권국이 쇠퇴기에 접어들면 개방으로 인한 소득증대와 경제성장효과가 둔화되는 한편 사회적 비용을 감당하기가 어려워지며 다른 국가들을 개방적 질서로 유도할 수 있는 경제적·군사적 자원의 동원도 어려워지게 되어 개방적 질서가 유지되기 어렵게 된다.

그는 1820년대부터 1970년 까지 국제무역체제의 개방성과 폐쇄성을 6개의 시대로 구분하고 전반적으로 패권의 성장기에는 개방성(자유무역)이 증가하고 패권의 쇠퇴기에는 폐쇄성(보호무역)이 증가하였다고 관찰하였다.[52] 그는 2차 대전 이후 세계무역질서가 개방으로 나아갈 수 있었던 것은 미국이라는 패권국이 존재하여 장기적인 국제정치경제적 이익을 위하여 단기적인 자국의 이익을 포기할 수 있었기 때문이며, 그 후 미국의 패권적 쇠퇴로 인하여 장기적 안정을 위하여 단기적 희생을 감수할 의지가 약화됨으로써 세계무역체제는 외부적인 충격에 더욱 취약한 불안정한 체제로 변화되었다고 설명하였다.[53]

이러한 크래스너의 패권적 안정이론에 대해서는 ① 그의 이론은 패권의 존재와 국제무역의 개방·폐쇄의 상관관계에만 중점을 두고 국제제체의 안정성에 대해서는 관심을 두지 않아 '패권적 개방론'일뿐 '패권적 안정론'이 아니라는 비판, ② 패권이 쇠퇴한 이후에도 어느 정도 자유로운 개방적 질서가 유지되는 현실을 제대로 설명하지 못한다는 비판이 주어졌다.

길핀의 패권적 안정이론 또 다른 현실주의자인 길핀(Robert Gilpin)은 패권적 안정이론의 정교화에 노력하였고 패권국가에 대한 명확한 정의를 제시하였다. 그는, 개방적이고 자유로운 세계경제체제를 위해서는 패권국가의 존재가 필요한데 패권국은 자유로운 경제질서를 위한 규범(norms)이나 규칙(rules)을 설정하고 유지하기 위한 능력과 의지를 보유하고 있어야 하고 이러한 의지와 능력이 쇠퇴하면 자유경제질서는 약화된다고 규정하였다. 그는 또한, 패권국이 존재한다고 해서 자유무역체제가 자연적으로 발전하는 것처럼 패권적 안정이론을 마치 결정론적인 이론으로 착각하지만 그렇지 않으며, 자유무역체제는 ① 패권국의 존재, ② 자유주의적 이데올로기에 대한 동의, ③ 국가간 공동이익의 존재라는 3가지 조건이 함께 이루어져야 한다고 강조하였다.

또한 패권국은 우월한 경제적 효율성을 지니고 있기 때문에 자유무역체제로부터 가장 큰 이익을 얻을 수 있는 동시에 월등한 정치적·군사적 힘에 의존하여 타국의 개방정책을 강제할 수 있는 능력을 가졌다는 점을 중시하였다. 따라서 그는 패권국이 이러한 영향력을 활용하여, 경제적 민족주의에 빠져들지 않도록 국제적 갈등을 줄이고 협력을 유도하며 기만행위나 무임승차를 방지하고 자유원칙을 준수토록 하고 체제유지비용을 분담토록 독려하는 역할, 국제통화·자본·금융시장이 위기에 처했을 때 개입하여 조정하는 위기관리자의 역할, 국제무역과 투자의 확대를 통한 세계경제성장의 견인차적 역할 등, 준정부(quasi-government)처럼 공공재를 제공하면서 타국으로 하여금 그가

52 Stephen Krasner (Aprl. 1976).

53 Stephen Krasner (Dec. 1979).

제공하는 공공재에 세금을 부과하는 것과 같은 패권국의 역할과 기능을 중시하였다.

그는 역사적으로 패권적인 지도력과 자유무역체제가 공존했던 경우는 2번밖에 없었는데, 그 하나는 나폴레옹전쟁 이후 제1차 대전까지 영국에 의해 주도된 팩스-브리태니카(Pax-Britannica)시대로서 영국 중산층의 자유주의적 이념과 경제적 성공이 그 원동력이었고, 다른 하나는 전후 미국에 의해 주도된 팩스 아메리카나(Pax-Americana)시대였다고 지적하였다. 미국은 이후 국제기구의 확대·다자간협상·동맹체제 강화 등을 통하여 자신의 패권을 유지하고자 하였지만 1970년대 이후 미국의 상대적 세력약화로 자유주의경제질서는 다시 위협받게 되었다고 주장하였다.

3.3 패권적 안정이론의 평가

(1) 패권적 안정이론의 유용성

이상과 같은 패권적 안정이론은 국제정치경제의 3대 시각을 망라하는 종합적 이론으로서 현실의 국제정치경제의 변화에 대한 직관적 설득력을 제공함으로써 다음과 같은 이론적 유용성을 보여주었다고 할 수 있다,

(1) 국가적 패권현상을 세계적 관점에서 접근하여 전통적인 국가중심적 접근의 한계성을 탈피하고 국제정치경제론의 거시적 이론화에 기여하였다. 또한 국제정치경제의 체제적 수준의 변화를 설명하는데 있어서 설명의 간결성·인과관계의 명확성이라는 장점을 지니고 있어 나름대로 유용한 시각을 제공하고 있다.

(2) 앞 절에서 소개한 합리적 선택모델이 추상적인 논의임에 대하여 패권적 안정이론은 19C 영국과 20C 미국의 패권이 확립되고 해체되는 과정과 관련하여 국제체제의 생성·유지·쇠퇴에 대한 직관적 예측력과 통찰력을 제공해주며 패권적 세력과 개방적 경제체제 간의 상관관계를 경험적 자료에 입각하여 분석함으로써 국제체제변화에 대한 역사적·현실적 시사점을 우리에게 제공해주고 있다.

그러나 이러한 패권안정이론에 대한 비판과 반론이 여러 가지 관점에서 이루어지고 있다. 그러한 비판들 중 가장 기본적인 비판으로서는, ① 국제경제질서라는 종속변수에 대하여 헤게모니국가라는 단일의 독립변수의 영향만을 가정함으로써 방법론적으로 지극히 단순함(parsimony)을 보여주고 있다는 비판, ② 탈냉전상황이나 국제기구에 의한 협력의 가능성 등을 고려하지 않고 여전히 힘(권력·헤게모니)의 배분상태만을 가지고 설명하는 현실주의 사고에 머물고 있어 지나치게 국가중심·강대국 중심적 시각을 견지하고 있다는 비판 등이 있다. 이밖에도 패권적 안정이론에 대한 다양한 비판들이 이루어지고 있는데 그 내용을 크게 분류해보면 다음과 같이 ① 이론적·논리적 관점의 비판과 ② 현실적·경험적 관점의 비판으로 나눌 수 있다.

(2) 이론적 · 논리적 관점의 비판

국제경제의 개방과 폐쇄, 안정과 불안정의 변화를 패권세력의 존재 유무와 연결시켜 국제경제질서의 개방성(openness)·안정성(stability)과 힘의 분포(distribution of power) 간의 상관관계를 논의하는 패권적 안정이론에 대하여, 패권적 안정이론과는 또 다른 관점에서 국제관계를 설명하려는

학자들이 각기 그들 나름의 시각에서 이를 비판하였는데 그 주요한 논점은 다음과 같다.

국제레짐이론에 의한 비판 자유주의적 입장에 서있는 학자들은, 패권안정이론이 지나치게 국제체체제의 힘의 배분상태에만 치우쳐있다는 점을 지적하면서, 패권의 쇠퇴여부와 관계없이도 국제적인 협력이 이루어질 수 있음을 설명하고자 하였다.[54] 이러한 입장에 서 있는 신자유주의자들은 대체로 국제레짐을 통한 협력을 강조하면서 패권국의 존재가 국제레짐(자유주의적 협력적 질서)의 형성에 영향을 미칠 수 있지만 패권의 쇠퇴 이후에도 국제레짐은 지속적으로 존재하고 발전할 수 있으므로 패권국의 쇠퇴가 곧 국제레짐의 쇠퇴로 이어진다는 패권적 안정이론의 시각은 국가간 협력의 가능성을 무시한 단순한 이론이라고 비판하였다. 따라서 그들은, 패권적 안정이론은 패권적 권력구조가 강력한 국제레짐의 형성·발전에 매우 유리한 환경을 조성하고 반대로 패권적 구조의 쇠퇴는 국제경제체제의 힘이 약화될 것으로 전망하는 직관적 예측(first-cut approximation)에 도움을 줄 수 있을 뿐 그 이상의 정확한 예측에는 한계를 지닐 수밖에 없다고 주장하였다.

게임이론에 의한 비판 국제관계를 국가 간의 전략적 관계로 이해하려는 게임이론가들은 국가들의 이기적 전략과 행동이 무정부적 국제협력의 바탕이 될 수 있다고 주장하면서, 죄수의 딜레마(prisoner's dilemma)게임 상황 하에서도 국제협력의 가능성이 있음을 주장하였다. 즉, 죄수들이 게임의 반복성(repetition of games)과 지금의 선택이 미래에 있어서도 영향을 미칠 수 있다는 사실(shadow of future)을 인지할 경우, 그들이 처한 전략적 상황은 변하게 되고 결국에는 그들 간에도 협력이 이루어질 수 있으므로 패권국의 존재가 자유무역체제의 필수적인 조건은 아니라는 것이다.

국제공공재 관련 비판 자유무역체제를 하나의 국제공공재로 파악하려는 패권적 안정이론의 전제를 비판하는 사람들은 자유무역을 국제공공재로 규정하는 분석적 기초에 의문을 제기한다.[55] 그들은, 패권국가는 자유무역체제의 지배적인 수혜자일 뿐만 아니라 자유경제체제의 형성과 유지를 위한 공동노력에 공헌하지 않는 무임승차국들을 방치하지 않고 무역보복·경제제재·수출금지(embargo)·수입금지·경제단절 등과 같은 수단을 통하여 제제하거나 공공재 제공에 소요되는 비용을 강제로 부과할 수도 있기 때문에, 자유무역체제의 경우 공공재가 갖추어야 할 혜택의 비배제성(non-excludability)이라는 특성을 지니지 않는 만큼 이를 공공재로 파악하는 전제에 오류가 있다고 비판한다.

(3) 역사적 · 현실적 관점의 비판

이상과 같은 추상적·논리적 비판 이외에도 경험적 현실을 근거로 하여, 패권적 안정이론이 기초하고 있는 전제의 비현실성이나 실제의 역사적 현실이 패권적 안정이론이 제시하는 바와 일치하지 않는다는 비역사성을 지적하면서, 패권적 안정이론의 한계를 논의하고 그에 대한 대안적 아이디어를 제시하는 다수의 논의들이 존재한다.

---

54 Robert O. Keohane (1984) pp.31-2. 및 (1989) p.2.

55 Duncan Snidal (1985 Autumn) John A. C. Conybeare (Mar. 1984).

이처럼 패권적 안정이론을 역사적 경험과 관련하여 비판하는 사람들은, 지난 역사를 관찰하여 보면 패권국이 존재하는 시기에 자유무역이 실현되지 않기도 하였고 패권국이 존재하지 않는 시기에 자유무역이 실현되기도 하는 등 패권국의 성쇠와 자유무역체제 간에 어떠한 일관된 정합성이 존재하지 않는다고 주장하기도 하였고, 패권국이 존재하는 시기에 자유무역이 이루어진 것도 그 원인이 패권국의 존재 때문이 아니라 당시의 경기호황·주요국의 무역선호도·주요국 간의 타협적 결과 등에 의한 것이므로 패권국의 존재가 자유무역체제를 위한 필요조건도 충분조건도 되지 못한다고 주장하기도 하였다.

이렇게 자유무역체제와 패권국의 존재 간의 비정합성을 비판하는 사람들은 특히 1970년대 후반 이후 미국의 패권이 약화된 이후에도 어느 정도 자유로운 개방적 국제무역질서가 유지되고 있는 현실과 관련하여 패권적 안정이론의 적실성을 비판하였다. 물론 이러한 비판에 대하여 패권적 안정이론을 지지하는 사람들은, 패권이 쇠퇴한 이후에도 일정한 경우 자유무역질서가 유지될 수 있다든지 또는 1970년대 후반 이후 미국의 패권이 쇠퇴하였다는 인식 자체가 잘못된 전제이므로 이를 바탕으로 패권적 안정이론의 적실성을 논의하는 것이 반드시 타당한 것은 아니라는 등의 반론이 제기되기도 하였다. 이러한 논의들에 대해서는 제5장에서 다시 상론하기로 한다.

4. 국제레짐이론 (절충주의적 이론 III)

4.1 국제레짐이론의 의의와 성격

정치학분야에서 '제도'에 대한 관심이 높아지는 것과 함께 국제정치의 영역에서도 '국제레짐'(international regime)에 대한 관심과 연구가 활발히 이루어졌다. 국제공공재 제공을 위한 국제협력 문제에 대해 국제기구(international institution) 또는 국제레짐의 역할을 강조하는 이른바 '신자유주의적 제도주의'(neo-liberal institutionalism)가 특히 그러하다.[56]

이들의 기본가정은, 세계정부가 존재하지 않는 무정부상태 하에서도 구성원들이 자발적으로 일정한 규칙과 제도를 만들고 국제공공재를 제공하기 위한 국제적 협력은 얼마든지 가능하고 또한 필요하다는 것이다. 따라서 이들은, 이러한 국제레짐을 통하여 얼마든지 국가 간 이견을 좁힐 수 있고 공동의 이익을 추구할 수도 있다고 전제하고, 이러한 레짐이라는 개념화를 통하여 국제정치경제 문제를 연구하는 이론을 시도하였다.

레짐(regime)이란 원래, 국내정치에서 빌려온 개념으로서, 국내정치에서는 기존의 정치질서 또는 국내의 개인·집단·계급 간의 관계를 통치하기 위해 만들어진 일련의 규칙이나 제도를 말한다. 따라서 레짐은 국내정치에서의 정권이나 정부를 지칭하는 말인데 국제정치에서는 이러한 국내정체에

56 국제정치의 신자유주의와 관련하여 살펴본 바와 같이 국제정치경제학의 신자유주의 전통은 ① 상업적·경제적 자유주의와 ② 제도주의적 자유주의로 대별된다. 이러한 제도주의는 다시 고전적 제도주의와 1980년대 이후 나타난 신자유주의적 제도주의로 구분하는데, 후자는 국제기구의 중요성을 강조한다는 점에서 전자의 전통을 받아들이는 반면 국가를 가장 중요한 행위자로 받아들이고 국제관계의 무정부성을 인정한다는 점에서 전자의 견해와 다른 접근을 행한다.

있어서의 정부와 비슷한 역할을 할 수 있는 형태의 권위체를 말한다고 할 수 있다. 신자유주의자들은 오랜 협력과 갈등·제도나 규범의 반복·국가들의 경험에 의한 학습효과를 통하여 점진적으로 레짐이 형성됨을 주장하였다.

국제정치에 있어서 레짐의 정의는, '패턴화 된(patterned) 국제적 행태'라는 광범위한 것으로부터 '다자적 합의'(multilateral agreements)를 지칭하는 협의의 정의도 있다. 그러나 학계에서 가장 보편적으로 받아들여지는 정의로서는 코헤인(R. Keohane)에 의한 레짐의 정의라고 할 수 있다. 그는, '국제관계의 주어진 어떤 영역에서 행위자의 기대가 수렴되는 명시적 또는 묵시적인 원칙·규범·규칙 또는 의사결정과정'이라는 4가지 수준으로 정의하였다.[57] 여기서 원칙(principle)이란 포괄적이고 보편적인 행동기준이라고 할 수 있고, 규범(norm)은 규칙보다는 다소 구체적이라고 할 수 있는 권리 및 의무의 기준을 말하며, 규칙(rule)은 허용된 것과 금진된 행위의 보다 구체적인 지침을 말하며, 의사결정과정(decision making process)은 의사결정방식이나 분쟁해결방식과 같은 레짐이 구체화되는 마지막 단계에서의 절차를 의미한다.

이러한 레짐은 어떤 명시적인 행위조정을 통하여 성립된다는 점에서 '기대의 단순한 수렴을 나타내는 규범이나 관습'과는 다르며, 또한 일정한 지속성을 전제로 한다는 점에서 단지 '일회적인 거래를 규율하는 협정'과도 다르다. 또한 레짐은 공식적인 국제기구와 관계를 맺지 않는 경우도 있으므로 '국제기구' 그 자체와 구별된다.

이와 같은 국제레짐의 현실적 예로서는 ① 국제기구는 아니면서도 국제무역질서에 영향력 지녔던 GATT, ② 국제기구는 아니면서도 이를 통한 규칙체계를 활용하여 개별국가들의 행위를 규제하는 국제금융분야의 IMF·World Bank, ③ 국제환경분야의 협력과정에서 만들어진 비엔나협약·몬트리올의정서 등과 같은 국제협약 등이 있다.[58]

이러한 국제레짐이론이 해답을 얻고자 하는 주요 질문은 레짐을 형성하는 규칙과 규범들이 어떻게 국가 혹은 초국가적 행위자(transnational actor)의 형태에 영향을 미치는가라는 것이다. 혹자는 원칙이나 규범 같은 것은 국가 간의 기본적인 권력관계의 미미한 반영에 지나지 않기 때문에 아예 레짐의 중요성을 무시하기도 한다. 그러나 자유주의자들은, 상호통합현상이 심화되고 있는 오늘날의 세계정치경제(world political economy)하에서 레짐을 기본적인 요소로 중시하여, 레짐은 오늘날의 국제사회의 거의 모든 분야에서 발견되며 국가의 행동에 큰 영향을 미칠 수 있는 존재라고 본다.

4.2 국제레짐이론의 주요 내용

국제레짐이론은 신자유주의적 제도주의자들이 주도하는 국제정치경제이론이지만 현실주의자나 게임이론가들 역시 그들의 연구에 레짐의 개념을 원용하고 있어 다양한 측면에서 전개되고 있다. 자유주의로 분류되지만 현실주의적 시각을 상당히 수용하고 있는 코헤인(R. Keohane)과 나이(J .S.

57 Robert Keohane (1984) p.57.

58 이러한 국제경제레짐(international economic regime) 이외에 국제정치적레짐으로서는 비핵확산레짐이나 국제안보레짐 등이 있다.

Nye)의 상호의존이론도 실은 주요 쟁역(issue-area)에서의 국제레짐을 다루고 있고, 또한 현실주의자들도 그들의 연구에 레짐의 개념을 활용하고 있다. 이 때문에 레짐(regime)이라는 개념이 국제정치경제의 주요 시각들을 통합시키는 절충주의적 이론으로서의 성격을 보여준다고 할 수 있다.[59]

우선, 코헤인(R. Keohane)과 같은 자유주의자들이 레짐의 기능주의적 이론(functionalist theory)을 발전시켰다. 그들은, 국제레짐이 자국이익을 추구하려는 패권국가에 의해 형성된다는 명제를 수용하지만 일단 형성된 레짐은 패권국가를 포함한 개별국가들의 이익으로부터 어느 정도의 자주성을 갖게 된다고 보았다. 그리고 참여국가들 역시 대체로 국제레짐에 따르게 되는데 그것은 상호의존이 높아진 상황 하에서 레짐의 규칙을 위반하면 그에 따라 자국 경제의 손실이 자초된다고 보기 때문이며, 또한 패권적 세력이 없어도 참여 국가들이 국제레짐을 구축하려고 시도하는데 그것은 레짐이라는 형태의 국제협력관계를 통해 그들의 이익이 더 잘 확보된다고 믿기 때문이라는 것이다.

코헤인은 또한, 미국의 패권적 세력이 약화되었다는 점을 인정하면서도 패권의 쇠퇴가 국제레짐에 미치는 영향은 레짐의 종류에 따라 다르게 나타나므로 패권적 안정이론만으로 국제레짐의 변화를 충분히 설명할 수 없다고 주장하면서, 그렇기 때문에 국제레짐에 대한 구체적 연구가 국제정치경제학의 발전에 중요하다고 강조하였다. 이처럼 국제레짐이론은, 특히 패권적 안정이론과의 비교와 비판을 통하여 더욱 명확해질 수 있는데 이와 관련하여서는 패권적 안정이론에 대한 국제레짐이론의 비판과 관련하여 앞에서 언급하였다.

한편 크라스너와 같은 신현실주의자도 그의 구조적 갈등(structural conflict)의 연구에 레짐의 개념을 활용하고 있다. 그러나 그들 현실주의적 분석은, 레짐은 권력의 국제적 분포의 반영으로서 레짐의 자주성은 극히 미약한 것이라고 보고 있다. 따라서 레짐은 경제적 원리에 따르면서 정치를 부정하는 것이 아니고 단지 정치적 전략을 재정의 하는 기능을 갖고 있다고 보아 자유주의와는 다른 의견을 제시하였다. 말하자면 그들은, 레짐을 지키려하거나 수정하려는 모든 노력들이 실은 모두 자신의 국가이익을 위한 전략이라고 보는 것이다.

이상과 같이 자유주의자 코헤인이나 신현실주의자 크라스너 모두, 레짐이 실제로 존재하고 이것이 또 국제관계에서 영향을 미칠 수 있다는 데에는 동의하고 있지만, 각기 서로 다른 시각에서 레짐의 기능과 역할을 정의하고 있어 그에 대한 결론 역시 서로 다르게 내리고 있다.

한편 1980년대 이후, 이러한 국제레짐이론에 게임이론을 접목시키려는 노력이 이루어졌다. 이러한 연구들이 가져다 준 중요한 인식은 행위자들의 그룹 내에 중심적인 국가적 권위가 존재하지 않아도, 이타적이고 연대적인 규범을 전제하지 않아도 협력이 이루어질 수 있다는 것이었다.[60] 악셀로드(Robert Axelord)는 컴퓨터 시뮬레이션을 통하여 특정한 조건 하에서 이기적인 행위자들 간에 전개되는 각자의 이익추구가 반드시 '모두가 모두에게 대한 전쟁'으로 연결되는 것이 아니라 협력이 일어날 수도 있다는 사실을 보여 주었다.

---

59 이에 크래스너(Stephen D. Krasner)는 레짐이라는 것이 자유주의자들과 현실주의자들이 1970년대의 사건들을 더 잘 이해할 수 있도록 하는 분석 구조를 제공하였다고 설명하였다.

60 손기웅 (1997) p.33.

4.3 국제레짐이론의 평가

이같이 레짐에 대한 연구는 다양한 관점에서 이루어지고 있지만, 현재로서는 이러한 레짐분석(regime analysis)에 있어서 그 개념의 구체화는 물론, 특히 레짐이 국가의 행동에 어떤 영향을 미치는가에 대해 각 시각을 종합한 이론화가 더욱 진전되어야 할 것이다. 이러한 점을 전제해 두고 국제레짐이론을 평가해 보면 다음과 같은 이론적 유용성이 있다고 평가된다.

(1) 현실적으로 이러한 레짐이 실제로 존재하고 있고, 이러한 개념화는 기존의 개념으로 설명할 수 없는 실체의 확인이나 설명이 가능하게 해준다. 특히 기존의 '국제기구'라는 개념이 갖는 한계를 초월하여 분석단위나 수준을 확장하는데 유용하다. 또한 '체제'(system)라는 추상적 개념보다는 '레짐'(regime)이라는 개념이 보다 구체적이어서 현실의 국제정치경제적 문제를 분석하고 해석하는데 보다 유용할 수 있다.

(2) 기존의 국제정치경제이론들이 현실의 국제정치경제의 변화를 제대로 설명하지 못한다는 한계성을 극복하기 위한 하나의 대안으로서, 기본적으로는 자유주의적 시각을 기초로 하지만 결코 비현실적인 이상주의에 빠지지 않고 있는 국제레짐이론이 유용할 수 있다. 앞에서 보았던 합리적 선택이론이나 패권적 안정이론도 이러한 국제레짐의 개념에 기초하고 있어 국제레짐이론이 하나의 접근방법으로서의 유용성이 인정된다.

이처럼 국제정치경제의 분석에 있어 레짐이라는 개념의 필요성·유용성은 인정되지만 무정부적인 국제질서 상황에서 국가나 국제관계에 미치는 국제레짐의 영향력에 대해 설명이 모호할 뿐만 아니라 여전히 이상주의적인 차원에 머물고 있다는 점을 부정할 수 없다. 이러한 점에서 국제레짐이론은 여전히 하나의 이론으로서의 모호성·추상성·현상유지적 편견을 함축하고 있다고 비판받는다. 따라서 국제레짐이론은, 현재로서는 국제정치경제론의 주목받는 하나의 유력한 하위분야로서 앞으로 더욱 광범위한 이론적 세련화·일반화가 요구되는 접근방법이라고 평가할 수 있다.

제3편

국제통상의 정치경제론

제4장 자유무역과 보호무역의 정치경제론

제5장 무역체제 및 통상정책 결정의 정치경제론

자유무역과 보호무역의 문제는 오랜 역사를 통하여 끊임없는 논쟁의 대상이 되어왔고 또한 오늘날에 있어서도 여전히 계속 논쟁의 중심이 되고 있는 실로 '오래고도 새로운'(old and new) 하나의 갈등이다. 따라서 이에 대한 논쟁은 국제경제의 여러 가지 문제들 중 가장 핵심적이면서도 가장 난해한 하나의 쟁점이었으며 역사적으로도 해결되지 못한 하나의 난제였다.

또한 이론적으로는 자유무역이 옳다고 주장되면서도 현실적으로는 보호무역을 실시하는 이율배반적 경향을 보여 왔고, 전통적으로 자유무역을 주장해온 국가들도 자국의 이익을 추구해야 할 필요성이 있을 때는 과감하게 보호무역의 실시를 행하였다. 또한 자유무역과 보호무역의 역사적 전개과정도, 자유무역과 보호무역에 관한 이론적 논거들이 서로 대립되고 교차되면서 발전되어 왔듯이, 서로 대립되고 교차되는 역사적 과정을 거치며 진행되어 왔다.

따라서 자유무역과 보호무역의 문제는 결국 광범위한 정치경제적 이해관계와 그때마다의 역사적 상황에 따라 결정되는 것이며, 자유무역정책론이나 보호무역정책론 역시 하나의 과학적 설명방법으로 제시되고 있지만 사실은 하나의 이데올로기적 도구로서의 성격을 지니고 있다. 따라서 제3편에서는 자유무역정책과 보호무역정책에 대한 규범적·역사적·실증적 관점에서의 정치경제적 문제들을 다음과 같이 논의한다.

(1) 자유무역정책론과 보호무역정책론의 주요 내용은 무엇이고 이러한 양자의 주장은 어떻게 평가할 수 있는가라는 규범적 논의 (제4장 1절)

(2) 자유무역과 보호무역이 역사적으로 어떻게 전개되어 왔으며 이러한 역사적 과정은 정치경제적으로 어떻게 해석할 수 있는가라는 역사적 논의 (제4장 제2절)

(3) 국제무역체제의 성립이나 일국의 통상정책의 선택이 이루어지는 정치경제적 요인이 무엇인가라는 실증적 정치경제이론 (제5장)

제4장

자유무역과 보호무역의 정치경제론[1]

제1절 통상정책론의 정치경제론

국제정치경제의 3대 시각은 국가와 국가 간에 이루어지는 국제무역의 성격과 영향에 대하여서도 서로 다른 전제와 평가를 내리고 있다.

자유주의적 시각은, 국제무역은 서로의 필요성에 따라 자연스럽게 발생하는 교류현상으로서 이를 통하여 상호 유익한 경제적 이득을 누리게 되는 동시에 국제협력과 평화에도 증진하게 되는 만큼, 이러한 무역을 규제하는 것은 어떤 정치적 목적을 달성하기 위한 것으로서 종국적으로 국민경제의 효율성을 떨어뜨리는 행위일 뿐이라고 전제한다. 반면 중상주의 또는 현실주의의 시각은 국제무역을 자국의 국익극대화를 위한 대외정책의 일환으로 파악하는 경향이 강하고 또한 급진주의시각은 국제무역을 제국주의적 수단으로 파악하거나 강대국과 약소국 간에 경제적 불평등과 종속을 초래하는 실체로 파악하려한다.

따라서 자유주의자들은 자유롭고 호혜로운 교역을 증진시키는 자유무역정책을 주장하는 반면 중상주의나 급진주의자들은 자유주의자들이 주장하는 자유무역정책론의 전제에 대하여 논리적으로 비판하는 동시에 국제무역이 초래한 역사적 경험을 바탕으로 자유무역이 결코 약자의 이득을 보장하지 않는다고 주장하면서 대외무역에 대한 일정한 보호와 규제를 행하는 보호무역정책을 주장한다.

이러한 기본적 전제의 차이를 바탕으로 하여 자유무역정책론과 보호무역정책론이 끊임없이 전개되어 왔고 상호간의 비판과 반비판을 통하여 이론적 수정과 확장을 거듭하여 왔을 뿐만 아니라 시대적 환경의 변화에 따라 새로운 자유무역정책론이나 보호무역정책론이 새로운 이데올로기로서 등

1 이하 노택환 (2012) 제3편의 내용 발췌 및 보완.

장하기도 하였다. 이하에서는 국제무역에 대한 이러한 정책론을 국제정치경제의 3대 시각이라는 관점에서 논의하는 대신 자유무역정책론과 보호무역정책론이라는 2개의 이데올로기가 주장하는 기본적 내용과 그에 대한 상대방의 비판내용을 종합적으로 정리하여 소개하고 논평하기로 한다.

1. 자유무역정책론의 논거와 비판

1.1 자유무역정책론의 이론적 논거

국가와 국가 간의 교역에 있어 '왜 자유무역이 더 바람직한 정책인가'에 대한 자유주의적 논의는 애덤 스미스(A, Smith)와 리카도(D. Ricardo) 등 고전학파의 무역정책론으로부터 체계화되었다. 그러나 이러한 자유무역 정책사상은 고전학파 이전, 농업만이 부를 축적할 수 있다고 생각한 중농주의(重農主義, physiocracy)의 사상 속에서도 발견된다. 이러한 고전적 자유무역정책론들은, 16C부터 유럽을 지배하던 중상주의(重商主義, mercantilism)체제가 지나친 보호무역정책을 채택함으로써 그로 인한 폐해가 지대하였음을 지적하고 이에 대한 비판으로부터 출발하였던 측면이 없지 않다.

따라서 자유무역정책론의 이론적 논거는 자유무역이 가져다 줄 수 있는 경제적 효과가 무엇인가로부터 출발하여 그것을 바탕으로 하여 논의해볼 수 있는데, 자유무역의 경제적 효과는 정태적 측면과 동태적 측면으로 나누어 논의할 수 있다. 전자는 자원이 보다 효율적으로 배분되고 이전됨으로써 누리는 경제적 효과를 의미하는데 비하여 후자는 자유무역을 통하여 일국 경제를 성장시키고 발전시키는 경제적 효과를 의미한다. 또한 자유무역은 자유경쟁을 전제로 하므로 이러한 자유경쟁이 가져다주는 경제적 효과도 있으며 자유로운 교역은 국제적인 협조와 세계평화에 기여하는 효과도 있다.

〈표 4-1〉 자유무역의 경제적 효과와 자유무역정책론

구 분		자유무역의 경제적 효과	자유무역정책론
정태적 효과	자원의 효율적 배분효과	• 비교생산비 차에 따른 자원의 효율적 배분 (생산특화효과, 소비확장효과)	• 자원의 효율적 배분론
	후생증대효과	• 자유교환 의한 소비자이익 및 후생증대	• 후생증대론
	소득 재분배효과	• 요소가격변화 의한 소득배분의 변화 (생산자-소비자, 수출산업-수입대체산업)	• 소득분배개선론
자유경쟁의 효과		• 경쟁을 통한 효율증대 및 경쟁력 향상	• 자유경쟁론
동태적 효과	수출의 동태적 효과	• 필요외화 조달 • 국민소득 증대 • 시장규모 확대 • 생산성 증대효과 • 국내저축 증대 및 자본축적효과	• 대외무역을 통한 경제발전론
	수입의 동태적 효과	• 경제발전 위한 필요물자의 조달 • 새로운 수요·투자·개발의지의 확대	
비경제적·대외적 효과		• 자유무역을 통한 국제협조증진 및 세계평화에의 기여	• 세계평화론/국제협력론

이에 따라 자유무역의 경제적 효과를 강조하는 자유무역정책론은, ① 자유무역의 정태적 효과와 관련되는 자원의 효율적 배분론·후생증대론·소득분배개선론, ② 자유경쟁이 가져다주는 경제적

효율성과 관련되는 자유경쟁론, ③ 자유무역의 동태적 효과와 관련되는 대외무역을 통한 경제발전론으로 대표될 수 있고, ④ 이에 추가하여 비경제적 논거로서 자유무역을 통한 세계평화론/국제협력론 등으로 요약할 수 있다. 이러한 자유무역정책의 이론적 논거들을 정리한 것이 〈표 4-1〉이다.

(1) 자원의 효율적 배분론

자유무역의 우월성을 주장하는 논리로서 오늘날까지도 자유무역의 가장 유력한 논거가 되는 사상이 국제분업론(international division of labor theory)이다. 애덤 스미스(A. Smith)는 절대적 생산비 차이에 따른 분업이 이루어지면 각자가 모든 재화를 자급 생산하는 것보다 훨씬 능률적이므로 노동생산성이 제고될 뿐만 아니라 이기심에 의한 자유경쟁이 촉진됨으로써 생산물의 교환가치가 증대된다고 주장하고, 이러한 국내분업의 원리를 국제무역에 적용시켜 국제분업의 원리와 이익을 이른바 절대생산비설(theory of absolute cost)을 통하여 설명하였다.

스미스의 이러한 국제분업론은 그 후 리카도(D. Ricardo)에 계승되어 비교생산비설(theory of comparative cost)로서 보다 일반화되었다. 이러한 논리를 바탕으로 이후 또 다른 자유주의 경제학자인 밀(J. S. Mill)은 자유무역의 이익을 더욱 확장시키고 자유무역정책의 유리함을 강조하였다. 이같이 고전적 자유주의학파의 국제무역에 대한 사상은 이론적으로는 비교우위론으로 나타났지만, 정책으로는 국내적으로 분업이 바람직한 것처럼 국제적으로도 각국이 생산비의 절대적 차에 따라 국제분업을 이룩하고 그에 따른 생산물들을 자유롭게 교역하는 자유무역정책이 생산의 증대·생산요소의 절약 등과 같은 효율의 증대가 이루어짐을 강조하였다.

이렇게 비교생산비 차이에 따른 국제분업(무역)이 이루어지면 각국은 비교우위재화의 생산에 특화(specialization)하게 된다. 이러한 특화가 이루어지면 폐쇄경제 하의 생산균형점은 자유무역 하에서 생산자에게 이윤극대화를 보장해주는 생산점, 즉 비교우위재 생산이 보다 증가되는 새로운 균형점으로 이동된다. 따라서 자유무역은 비교우위재화를 더 생산하고 비교열위재화를 덜 생산하도록 국내자원을 재배분하는 결과를 가져온다. 자유무역에 의한 이러한 생산패턴의 변화를 「생산특화효과」라고 한다. 말하자면 자유무역은 이러한 생산특화효과를 통하여 무역이 이루어지지 않았을 경우나 보호무역이 이루어졌을 경우보다 더 효율적인 자원의 배분을 이룩할 수 있게 된다.

한편 이러한 생산특화효과로 인하여 무역참가국의 총소비는 무역이 발생하지 않는 자급자족상태나 보호무역이 이루어졌을 경우보다 더 높은 수준의 소비를 가능하게 하므로 자유무역은 그 나라의 총소비 수준을 향상시키는 「소비확장효과」가 발생된다. 뿐만 아니라 자유무역은 소비자의 선택범위를 더욱 넓혀 보다 합리적이고 보다 효용이 높은 소비를 누릴 수 있게 된다. 이러한 생산특화효과와 소비확장효과를 통하여 보다 효율적인 자원배분효과를 누리게 된다.[2]

2 이러한 자유무역에 의한 자원의 효율적 배분효과를 거꾸로 말하면, 관세와 같은 보호무역정책수단을 실행할 경우 이로 인하여 생산과 소비의 왜곡(distortion)이 일어나 자원의 비효율적 배분이 발생된다. 이에 대해서는 관세 등 무역정책수단의 경제적 효과와 관련하여 다시 논의한다.

(2) 후생증대론

전술한 대로 스미스는 '소비는 목적이며 생산은 수단'이라고 하여 경제행위의 최종목표는 소비이므로 상업정책 역시 소비자의 이익과 사회후생이라는 관점에서 실시되어야하는 만큼 자유무역이 유익함을 역설하면서, 소비자이익의 극대화를 위해서 자유무역이 가장 바람직한 정책이라는 이른바 「소비자이익론」을 주장하였다. 이 이론은 소비자이익을 주안점으로 삼았던 고전적 자유무역론으로서 일찍이 스미스가 처음으로 주장한 후 다시 리카도에 의해 보다 철저하게 논증된 이후 자유무역론의 유력한 근거가 되어 왔으며, 오늘날에 있어서는 보다 일반적인 형태로서 자유무역이 사회적 후생을 증대시킨다는 「사회적 후생증대론」으로 논의되고 있다.

위에서 설명한 바와 같이 자유무역은 생산특화효과를 통하여 비교우위재화의 생산에 자원을 재배분하는 자원의 재배분효과를 가진다. 그렇다면 자유무역에 의한 이러한 자원의 재배분이 바람직한 것인가? 이러한 문제를 평가하는 기준으로서 자유무역의 사회후생효과가 논의된다. 이러한 사회후생효과의 분석은 주로 사회무차별곡선(social indifference curve)의 도입을 통해 이루어진다. 그것은 사회무차별곡선이 가지는 여러 가지 개념적 난점에도 불구하고 이를 통한 분석이 보다 명확하고 용이하다는 유용성을 가지기 때문이다. 말하자면 일국의 소비수준이 무역이 이루어지기 전보다 무역 후에 더 높은 사회무차별곡선에 도달됨으로써 더 높은 수준의 후생을 달성하고 있다는 것이다.

그러나 사회무차별곡선의 개념을 통하여 자유무역이 사회후생을 증가시킨다는 이상의 논의는 재고의 여지를 남긴다. 왜냐하면 자유무역은, 아래에서 설명하는 바와 같이, 요소가격의 변화를 통하여 소득재분배효과를 가지므로 자유무역에 의하여 후생이 증가되는 계층과 후생이 감소되는 계층이 반드시 있게 마련이기 때문에 자유무역으로 이득을 얻는 계층의 후생증가가 손실을 입는 계층의 후생감소보다 큰 경우에만 자유무역의 사회후생효과가 플러스(+)로 나타나기 때문이다.

그러나 이러한 논리는 서로 다른 산업 또는 계층 간의 후생비교가 가능하다는 전제 위에서 내려진 결론이지만, 무차별곡선은 서수적인 개념이므로 서로 다른 개인과 계층의 후생을 절대적으로 비교할 수 없는 만큼 자유무역으로 인한 이익계층과 손실계층의 후생비교 역시 불가능하다. 이러한 어려움을 극복하고 자유무역의 사회후생효과를 옹호한다는 입장에서 논의되어진 것이 이른바 「자유무역의 잠재적 사회후생효과」이다.

여기서 잠재적 사회후생(potential social welfare)이란 무역으로 인해 변경된 소득배분을 적절한 정책에 의해 재교정 함으로써 얻을 수 있는 사회후생수준을 뜻한다. 예컨대 적절한 소득재분배에 의해 자유무역으로부터 이익을 얻은 계층이 손해를 입은 계층을 보상함으로써 사회후생수준이 무역 이전보다 증가될 수 있다면 자유무역은 잠재적인 사회후생효과를 가진다는 보상의 원리(principle of compensation) 명제가 성립된다는 것이다.[3] 즉 자유무역으로 인하여 분배할 파이(pie)

3 이렇게 보상의 원리와 잠재적 후생의 개념을 통한 자유무역의 사회후생효과의 분석은 사무엘슨(P. A. Samuelson, 1939)에 의해 최초로 시도된 이후 볼드윈(R Baldwin, 1952)·켐프(M. C Kemp, 1962)·사무엘슨(P. A. Samuelson, 1962)·바그와티(J. Bhagwati, 1968)등에 의해 더욱 확장 발전되었다. P. A, Samuelson (May. 1938), R. Bhaldwin (Feb. 1952), M. C. Kemp(Dec. 1962), P. A. Samuelson(Dec. 1962), J. Bhagwati (July. 1968).

가 더 커져 자유무역으로부터 발생된 손해를 보상하고도 남음이 있다면 무역을 하지 않았을 때보다 더 큰 이득을 얻게 된다는 것이다. 물론 이때 자유무역을 통하여 이득을 본 사람들이 손해를 입은 사람들의 손실을 실제로 보상하지는 않으므로 한 나라 전체가 자유무역을 통하여 이득을 얻게 될 '가능성'이 있다고 말할 수 있는 것이다. 이러한 후생증대론과 관련하여 자유무역론자들은 자유무역주의의 기본원리로서 이른바 「세계후생증대론」을 제기한다. 각국이 비교우위재화만을 생산하고 비교열위재화를 수입하는 자유무역을 행할 경우 주어진 세계전체의 자원이 보다 효율적으로 이용되어질 수 있으므로 세계전체의 생산량이 증가하고 이에 따른 후생의 증가도 있게 되므로 자유무역은 교역당사국의 후생은 물론 세계전체의 후생을 증대시킨다는 것이다.

(3) 소득분배개선론

재화가격과 요소가격 간의 1 : 1의 대응관계를 전제하고 있는 헥셔-오린모형 하에서, 자유무역으로 양국의 재화가격이 변동되면 이러한 재화가격의 변동에 따라 요소가격의 변동이 일어난다. 이와 같은 자유무역에 의한 요소가격의 변동을 「요소가격효과」라고 하는데 이러한 요소가격효과는 다시 ① 국내 요소가격변동에 의해 일국 내 소득분배가 변동되는 대내적인 '소득재분배효과'와 ② 국가 간 요소가격변동에 의해 국제적으로 요소가격이 균등화되는 대외적인 '요소가격의 국제적 균등화효과'를 가져온다.

이들 중 소득재분배효과란 자유무역에 의해 비교우위재화의 생산에 특화가 이루어지면 그 재화의 생산에 집약적으로 투입되는 생산요소에 유리하게 소득이 재분배되는 효과이다. 이것은 비교우위재의 생산이 증가함에 따라 그 재화의 생산에 집약적으로 투입되는 생산요소에 대한 수요가 증가함으로써 그 생산요소의 가격이 상승하기 때문이다. 예컨대 자유무역으로 노동풍부국(A국)이 노동집약재(X재)에 특화하면 노동의 가격(w)은 상승하고 자본의 가격(r)은 하락하게 된다. 무역 이전과 이후에 완전경쟁을 가정하는 한 이 같은 요소가격의 변화는 노동자의 실질소득은 증가시키고 자본가의 실질소득을 감소시킨다.[4] 따라서 노동풍부국의 경우 자유무역은 노동자에게 유리하고 자본가에게 불리한 소득의 재분배를 가져온다.

이를 보다 일반화하면, 자유무역은 일국 내에서 보다 풍부한 생산요소의 실질소득을 증가시키고 보다 희소한 생산요소의 실질소득을 감소시키는 소득재분배효과를 가진다. 이러한 경우 상대적으로 풍부한 요소에게 유리한 소득배분이 이루어지기 위해서는 자유무역이 이루어져야하는데 이러한 관점에서 자유무역을 주장하는 논거가 소득분배개선을 위한 자유무역정책론이다.[5]

이러한 자유무역의 소득재배분효과는 일국의 무역정책을 정하는데 때로는 정치적인 논쟁의 대상이 될 수 있다. 예컨대 농산물의 생산이 비교열위에 있고 공산물의 생산에 비교우위가 있을 경우

---

4 여기서 유의할 점은 이러한 모든 결과가 헥셔-오린의 기본가정이 유지되는 상태에서만 가능하다는 것이다. 특히 완전경쟁의 가정이 무너지면 요소가격변화의 방향을 알 수 없고 따라서 소득재배분의 방향도 불명확해진다.

5 이러한 소득재분배효과를 자본풍부국의 입장에서 보면, 자유무역으로 인한 노동집약재의 수입이 국내노동자의 실질임금을 저하시키므로 그 경제에 희소한 요소(노동)의 실질소득을 증가시키기 위해서는 보호무역이 필요하다. 이러한 주장을 하는 이론이 스톨퍼-사무엘슨 정리(Stolper-Samuelson theorem)인데 이에 대해서는 보호무역정책론의 이론적 논거와 관련하여 후술한다.

농민들은 보호무역을 주장하는 반면 제조업 고용 노동자들은 자유무역을 주장하게 될 것이다. 또한 일반적으로 자유무역은 국내소비자에게 유리하고 국내생산자에게 불리한 결과를 가져오는 만큼 소비자들은 자유무역을 선호하지만 국내생산자들은 보호무역을 선호하게 될 것이다. 따라서 이러한 소득분배개선론은 국내 요소 중 어느 쪽의 소득분배개선을 위하느냐에 따라 자유무역정책론의 논거가 되기도 하고 이후에 설명하는 보호무역정책론의 논거가 될 수도 있다.

(4) 자유경쟁론

앞에서 살펴 본 바와 같이 중농주의자 케네(F. Quesney)는 개인의 이익이 보장되면 사회의 유대관계도 강화된다고 전제하고, 개인이익의 향상과 사회진보를 위해서는 자유경쟁이 성립되어야 하며 국가는 다만 개인의 생명과 재산을 안전하게 보호함에 그쳐야한다고 주장하는 자유방임(laissez faire)주의를 주장하였다. 또한 그는 농업만이 국부를 형성할 수 있다는 중농주의를 주장하면서, 무역차액론에 입각하여 수출정책과 수입제한정책에만 열중한 종전의 중상주의적 보호정책을 비판하고 곡물의 자유거래를 위한 자유무역정책을 주장하였다.

이후 애덤 스미스는, 개인의 이익과 사회전체의 이익이 신의 섭리에 의해 예정적으로 조화된다는 예정조화설의 관점에서, 인간은 제각기 이기심에 따라 자기의 이익을 추구하면 결국 '보이지 않은 손'(invisible hand)의 작용에 따라 사회전체의 이익과 행복이 추구된다고 설명하였다. 이러한 그의 자연법적 사상은 자유방임주의 내지 경제적 자유주의의 사상적 기초가 되는 것으로서 국가의 간섭을 최소한으로 축소하고 자유경쟁의 원리에 따라 개인의 활동을 방임하는 것이 국가전체의 이익을 가져옴을 강조하고 있다. 그는 이러한 논리의 연장선상에서, 일국 내에서 자유경쟁이 유익하듯이 외국과의 무역에서도 자유무역이 유익함을 주장하였다.

이러한 스미스의 사상을 프랑스에서 최초로 계승한 학자 세이(J. B. Say)는 자신의 저서 「경제학요론」에서, 상업은 재화를 어떤 장소로부터 다른 장소로 옮겨 그 가치를 증대시키므로 공업과 마찬가지로 그 만큼 사회의 부를 증대시킨다고 규정하였고, 그의 이러한 상업관은 자유경쟁을 매우 중요시하는 철저한 자유무역론으로 나타났다. 그는 국내적으로 상업상 자유경쟁이 행해지면 생산기술의 진보와 개선·생산비절감을 가져와 물가를 하락시키고 사회경제적 진보를 촉진시키는 것과 같이, 국제적으로도 자유무역을 통한 자유경쟁이 이루어지면 일국의 생산기술과 경영방법에 자극제가 되어 개량과 진보를 촉구하게 된다고 주장하였다.[6]

확실히 자유무역은 경쟁압력을 극대화한다. 약간의 예외를 제외하고는 세계의 거의 모든 산업과 시장에는 수많은 국가의 수많은 공급자(생산자)가 존재하고 또한 새로운 공급자가 끊임없이 등장하므로 세계시장에서의 경쟁은 국내시장과는 달리 무한대로 커진다. 이와 같은 치열한 경쟁압력 속에서 모든 공급자는 끊임없이 생산성을 높이고 신기술을 개발하고 경영을 혁신하지 않으면 생존할 수 없다. 따라서 자유경쟁을 전제로 하는 자유무역은 이런 면에서 끊임없는 생산성향상·기술진보

6 또한 그는 보호무역의 경우 ① 이러한 경쟁효과가 발휘될 수 없고, ② 소수의 생산자는 이익을 보지만 다수의 소비자는 희생을 강요당하며, ③ 보호정도가 높아지면 국민의 의타심만 강화되어 이익추구정신이 박약해지고 이에 따라 국민경제 발전도 침체되지 않을 수 없다고 주장하였다.

·경영혁신의 유인을 부여하게 된다. 이 때문에 자유주의론자들은 '자유무역이 인류문명진보의 근본원인이다'라고 말하기도 한다.

또한 자유무역을 통한 자유경쟁이 이루어지는 세계에서는 장기적으로 독과점적 이윤을 누릴 수 있는 기업은 존재하기 어렵다. 개별국가의 수준에서는 독점과 같은 존재가 어느 정도 가능하기도 하지만 세계시장에서는 독점적 지위를 누리는 기업이 존재하기 어렵고 비록 단기적으로 이러한 독점이 허용되더라도 장기적으로 이러한 독점을 유지하기란 거의 불가능하게 된다. 일국의 시장개방이 개별국가 내의 독점문제를 완화하거나 해소하는 가장 강력한 정책수단이 되는 것도 이 때문이다. 외국으로부터 저렴하고 질 좋은 제품과 서비스가 자유로운 교역을 통하여 수입될 때 국내의 독점기업이 횡포를 부리거나 독점적 이윤을 누리는 것은 불가능해진다. 실제로 많은 나라들이 국내의 독점적 폐해를 해소하기 위하여 시장개방을 행하는 경우가 많은 것도 이러한 자유경쟁의 효과 때문이다.

(5) 대외무역을 통한 경제발전론

전통적 비교우위론은 일국의 자원을 효율적으로 배분함으로써 얻을 수 있는 정태적 이익을 주된 관심사로 하여 이를 강조하고 있다. 그러나 자유무역론자들은 대외무역이 이러한 정태적 이익뿐만 아니라 이를 통하여 무역당사국의 경제가 성장하고 발전하는 성장의 원동력(engine of growth)으로서의 동태적 이익이 있음을 주장하였다. 말하자면 이들은 자유무역이 바람직한 이유로서 이른바 '대외무역을 통한 경제발전론'을 주장하였다.

이러한 대외무역을 통한 경제발전론의 내용은 다양하지만 그 주요한 내용은 대체로, 자유무역은 자급자족적 경제에서 누릴 수 없는 소득증대 및 생산유발효과·외화조달 및 자본축적효과·시장규모 확대효과·생산성(기술)향상 효과·새로운 수요의 창출효과 등을 통하여 무역당사국의 경제성장 및 발전효과를 가져온다는 것이다. 따라서 이들은 무역이 저개발국의 경제발전에 도움이 되며 무역이익과 성장이익은 상호 조화되므로 저개발국은 자유무역을 지향하여 적극적으로 참여할 것을 주장한다.

또한 자유무역론자들은, 이렇게 자유무역이 이론적으로 바람직하다는 것이 근대경제학의 가장 강력한 명제로서 자리매김하여 왔을 뿐만 아니라 자유무역의 우월성이 역사적·경험적으로도 입증되어 왔다고 주장한다. 특히 1960년대 개도국의 경제개발과정에서 대외지향적 성장전략(outward-looking growth strategy)을 추구했던 개도국들이 수입대체적 성장전략(import-substitution growth strategy)을 고집했던 개도국들에 비하여 상대적으로 월등한 경제적 성과를 이룩하였다는 역사적 사실을 이들은 강조하였다.

1.2 자유무역정책론에 대한 비판

고전학파 이래의 자유무역정책론은 정교한 이론과 기준에 의해 뒷받침되어 근대경제학의 가장 강력한 명제로서 자리매김하여 왔고 또한 자유무역의 우월성이 역사적·경험적으로도 입증되어 왔다. 그럼에도 불구하고 현실적으로는 자유무역보다는 보호무역이 지배적인 정책기조가 되어 왔을 뿐만 아니라 자유무역정책의 이론적 논거에 대한 비판과 반론 역시 여러 측면에서 끊임없이 제기되어 왔다. 물론 이러한 비판과 반론들이 보호무역정책론의 이론적 논거가 되기도 하지만 여기서는 자유무역정책론에 대한 비판이라는 관점에서 이들의 주장을 개관하기로 한다.

앞에서 살펴본 바와 같이 자유무역정책론은, 국내에서의 자유분업이 특화와 교환의 이익을 가져옴으로써 바람직하듯이 국제적으로도 비교생산비에 따른 국가 간 생산특화와 교환이 생산자원의 합리적 배분과 소비자의 후생수준을 향상시키는 효과가 있으며 또한 자유경쟁을 통하여 효율의 증대가 이루어지기 때문에 자유무역정책이 더 바람직한 정책이라고 주장한다. 아울러 자유무역정책론은, 국제무역을 통하여 경제가 성장하고 발전하는 동태적 이익이 있어 무역이익과 성장이익이 상호 조화되므로 저개발국은 자유무역을 지향하여 적극적으로 참여할 것을 주장하는 이른바 '대외무역을 통한 경제발전론'을 주장하기도 한다.

자유무역정책론자들이 주장하는 이러한 자원의 효율적 배분론·소비자이익론·자유경쟁론·대외무역을 통한 경제발전론 등에 대하여서는 다음과 같은 보호무역론자들의 비판이 제기되었다(〈표 4-2〉 참조).

〈표 4-2〉 자유무역정책론의 논거와 비판

자유무역론의 논거	자유무역정책론에 대한 비판
자원의 효율적 배분론	자원의 효율적 배분을 위한 전제조건(완전경쟁·완전고용 등)이 충족되지 않는 경우 보호무역이 오히려 더 바람직할 수 있음.
소비자이익론 사회후생증대론 세계후생증대론	단기적·정태적 관점에 서 있는 소비자이익론의 한계 있음. 보상의 원리·소득재배분장치의 원활한 작동 경우에 의미 있음. 세계전체의 후생과 개별 교역당사국의 후생효과 다를 수 있음.
자유경쟁론	경제의 역사성을 무시한 강자의 논리임 • 소득의 역류효과론 (强益强·弱益弱) • 무역이익배분의 불균형 (1차산품교역조건의 장기적 악화, 궁핍화성장) • 자유무역으로 인한 대외적 착취와 종속의 심화
대외무역을 통한 경제발전론	• 산업구조 및 무역패턴의 정태성·불균형성 발생 우려 • 경제발전을 위한 자본축적의 저해 우려

(1) 전제조건의 결여

자유무역정책론이 주장하는 바와 같은 경제적 효과가 나타나기 위해서는 자유무역정책론이 기초하고 있는 가정과 전제가 충족되어야 하는데 현실적으로 이러한 가정과 전제들이 충족되지 않는다. 예컨대 완전경쟁·완전고용의 전제가 충족되지 않거나 생산물시장·요소시장에 왜곡이 있는 경우, 특히 생산요소의 이동이 자유롭지 못하여 산업간 임금 및 생산성의 격차가 존재하는 개도국의 경우 자유무역에 따른 생산 및 소비의 최적배분이 실현되지 못하여 자유무역론자들이 주장하는 바와 같은 무역이익이 실현되지 못한다. 이러한 경우 자유무역 보다 오히려 보호무역을 통한 이의 시정이 필요할 수도 있다.

우선 자유무역정책론이 완전경쟁을 가정하고 있는데 이것은 시장가격이 사회적 비용을 정확하게 반영함을 전제하는 것이지만 현실적으로 가격기구가 제대로 작동하지 않는 경제에서는 상대가격구조가 적정하게 설정되어 있지 못하여 어떤 상품이 비교우위를 가지는지 조차 파악하기 어렵고 이렇게 부정확한 정보위에서 추진된 특화와 자유무역은 자원배분을 오히려 왜곡시키거나 효율적인 결과를 산출하기 어려울 가능성이 있다.

아울러 후생증대를 위한 보호무역정책론에 살펴본 바와 같이 완전경쟁 대신에 독점이나 기타의 시장왜곡이 존재하는 경우 자유무역보다는 보호무역이 후생을 증대시키는 정책이 될 수 있다. 또한 자유무역정책론은 모든 자원이 완전고용상태에 있음을 전제로 하지만 구조적 요인으로 불완전고용상태가 계속되는 상황에서는 자유무역정책보다 보호무역정책을 통한 수입제한이나 수출보조가 더 나은 결과를 만들 수도 있다.

(2) 소비자이익론 · 후생증대론에 대한 비판

자유무역을 통하여 소비자의 후생이 극대화된다는 「소비자이익론」의 논거도 단기적·정태적 관점에서는 타당할 수 있지만 장기적·동태적 관점에서 보면 반드시 타당하다고 말할 수 없다. 오히려 보호무역을 통한 국내산업 발전이 국내생산량을 증대시키고 이러한 과정에서 국내산업경쟁력이 강화되어 생산비가 인하되면 이를 통한 국내소비자의 후생증대가 가능해진다. 말하자면 자유무역이 국내소비자의 후생을 향상시킨다는 논거 역시 장기적·동태적 관점을 결여하고 있다고 할 수 있다.

한편 자유무역에 의해 이득을 보는 집단도 있고 손실을 입는 집단도 있지만 전자가 후자보다 크다면 자유무역은 사회 전체의 후생을 증대시키므로 자유무역정책이 바람직하다는 「사회후생증대론」은 무역으로부터의 이익이 원활한 소득재분배(보상의 원리)작용을 통하여 조정될 수 있다는 전제를 암묵적으로 깔고 있다. 즉 '요소가격의 국제적 균등화이론'이 제시하듯이 자유무역은 국내요소가격의 변화를 가져와 자유무역 이후 소득증대가 이루어지는 집단·계층이 존재하는 동시에 자유무역으로 인한 소득감소가 이루어지는 집단·계층이 존재하게 되는데, 이 때 전자의 이익이 후자의 손실을 능가하여 전체로서의 순이익(net gains)이 발생되고 이러한 순이익은 보상의 원리(principle of compensation) 차원의 재분배가 이루어짐으로써 이득을 얻는 자와 손실을 입는 자간의 형평성이 이루어질 수 있음을 전제한다.

그런데 자유무역을 통하여 사회 전체가 잠재적인 이득 내지는 후생의 증대를 얻는다고 해서 실제로 모두가 이득을 얻는다는 것은 아니다. 이득을 얻는 사람과 손실을 입는 사람들 간의 소득재분배 장치나 보상의 제공이 원활하게 이루어지지 않는다면 자유무역으로 인한 피해집단·계층은 오히려 자유무역으로 인한 소득의 불평등에 직면하게 된다. 이 같은 경우 때로는 보호무역을 통하여 이러한 손실집단을 보호해주어야 할 필요성마저 존재하게 된다.

물론 이러한 주장에 대하여 자유무역론자들은, 무역을 금지하거나 제한하는 것보다 자유로운 무역을 허용하고 무역에 의해 손실을 입는 사람들에 보상을 해주는 것이 더 바람직하다고 주장한다. 그들은 현대산업국가들은 무역에 의해 피해를 본 집단들의 손실을 보상해 줄 수 있는 여러 종류의 소득지원방안(산업수당·재교육·산업구조조정 등)을 가지고 있으므로 무역을 제한하기보다 자유무역을 하되 이러한 보상을 강화하는 것이 바른 접근방식이라고 주장한다. 말하자면 보상이 부족하다면 보상을 늘릴 것이지 무역 자체를 제한하는 것은 바람직하지 않다는 것이다.

한편 자유무역이 세계의 생산량을 증대시킴으로써 교역당사국의 후생은 물론 세계전체의 후생을 증대시킨다는 「세계후생증대론」 역시 보호무역론자들에 의하여 끊임없이 도전을 받아왔다. 이들에 의하면 자유무역이 교역당사국에 미치는 효과는 서로 다를 수 있으므로 자유무역이 세계전체의 후생을 증대시킬 수는 있지만 개별 교역당사국의 후생을 반드시 증대시키는 것은 아니며 또한 모든 국가에게 동일한 비율로 증진시키는 것도 아니라는 점에서 반드시 최선의 정책이라고 할 수는 없다고 주장한다.

무역이익이 어떻게 개별국가에 배분되느냐 하는 것은, 무역당사국의 이익과 관련하여 전술하였듯이, 결국 국제적인 교역조건이 어떻게 결정되느냐와 그 나라가 특화하는 산업의 성격이 어떠하냐에 따라 달라진다고 할 수 있다. 따라서 오늘날 대부분의 국가들이 자유무역의 이점을 인정하면서도 완전한 자유무역보다는 일정한 제한을 두는 무역이 바람직하다는 관점에서 여러 가지 무역제한 조치들을 시행하고 있는 것이 현실이다.

(3) 자유경쟁론에 대한 비판

일국 내에서 자유경쟁이 바람직한 것처럼 국제간의 교역에서도 자유경쟁이 바람직하다는 고전학파적 논리는, 영국이라는 선진국을 배경으로 한 논리로서 대외무역의 형태나 기능이 그 국민경제의 경제발전단계에 따라 서로 다를 수 있다는 역사성(歷史性)을 무시하고 있으며, 또한 당시 산업혁명을 거쳐 세계의 공장으로 군림하면서 새로운 판매시장의 확보가 필요한 영국의 입장을 대변하는 강자(强者)의 논리로서의 성격을 지닌다는 비판이 제기되었다. 그들은, 역사적 경험에 비추어 볼 때 국제무역이 오히려 저개발국의 발전을 저해하도록 작용하였다고 할 수 있으며 특히 강자와 약자간의 거래에 있어서는 국제시장력이 올바르게 작용하지 못하여 경제적 약자인 개도국들에게 다음과 같은 문제점들을 초래한다고 비판한다.

소득의 역류효과론 어떤 사람과 사람·지역과 지역·국가와 국가 간 경제적 교류가 이루어질 때 한쪽의 발전이 다른 쪽의 발전으로 연결되는 확산효과(spread effect)와 한쪽의 발전이 다른 쪽의 정체와 후퇴의 원인이 되는 역류효과(backwash effect)가 발생되는데, 이러한 효과의 크기는 구성원의 힘의 차이가 없을수록 전자의 효과가 크고 구성원의 힘의 차이가 클수록 후자의 효과가 크다. 따라서 선진국과 개도국이 자유무역을 하는 경우, 무역으로 인한 전체의 이익은 증가되지만 소득의 확산효과 대신에 소득의 역류효과가 발생되어 강익강·약익약(强益强·弱益弱)의 결과를 가져온다.[7]

무역이익배분의 불균형문제 자유무역에 의해 선진공업국에서 생산되는 2차산품의 교역조건은 개선되지만 1차 산품 생산에 특화하여 이를 수출하는 개도국의 교역조건은 장기적으로 악화된다는 주

---

7 이러한 소득의 역류효과론을 제기한 사람은 스웨덴의 제도학파 경제학자인 뮈르달(G. Myrdal)이다. 그는 일국 내에서의 이러한 작용은 어느 정도 정부의 정책을 통하여 시정될 수 있지만 국제경제거래의 경우 이를 규제할 세계정부가 없으므로 이러한 역류효과는 더욱 더 커진다고 주장하였다.

장이 「1차 산품의 교역조건의 장기적 악화론」이다. 이에 따르면 선진국과 개도국 간의 자유무역으로부터 발생되는 무역이익이 점차 선진국에 유리하고 개도국에 불리하도록 배분되어 양자 간의 격차가 더욱 확대되는 역사적 과정을 밟아 왔다. 따라서 1차 산품을 수출하는 개도국의 경우, 수출이 증가하여도 교역조건이 악화됨으로써 실질소득이 저하되는 궁핍화성장(immerserizing growth)을 면치 못한다.

대외적 착취와 종속의 심화 급진주의 경제학자들은 또 다른 관점에서 자유무역에 따른 국가간 무역이익 배분문제를 제기하는데 그것이 이른바 「부등가교환론」(theory of unequal exchange)이다. 그들은 선후진국 간에 수직적 분업구조가 형성되고 부등가교환이 강요되어 저개발국의 경제적 잉여가 선진국으로 유출되며 성장의 잠재력이 훼손됨으로써 대내외적 불균등이 심화될 것이라고 주장한다. 따라서 자유무역을 통하여 모든 나라가 혜택을 입는다는 전통적 경제이론은 이미 죽은 이론으로서 국제무역거래의 실제역사는 중심부에 의한 주변부의 착취로 얼룩져 있다고 주장한다. 따라서 중심부국가들에게는 자유무역이 성장의 원동력(engine of growth)이었지만 주변부국가들에게는 착취의 도구(instrument of exploitation)이므로, 선진국과 저개발국간의 국제거래는 종속 및 착취관계를 면할 수 없다고 주장한다.

(4) 대외무역을 통한 경제발전론에 대한 비판

전통적 비교우위론을 바탕으로 하는 자유무역정책론은 정태적 가정 하에 있으므로, 비록 자원의 합리적 배분이나 국민후생증대의 관점에서 바람직하다고 하더라도 일국의 경제발전이라는 관점에서는 오히려 바람직하지 않거나 일정한 한계를 가져올 수 있다는 다음과 같은 비판이 제기되었다. 말하자면 자유무역정책론이 전제로 하고 있는 정태적 비교우위론은 다음과 같은 관점에서 반드시 타당한 것은 아니라는 것이다.

산업구조 및 무역패턴의 문제 자유무역을 통한 경제발전문제에 대해 비판론자들은, 전통적 비교우위론이 제시하고 있는 산업 및 무역유형과 경제발전의 입장에서 요구되는 산업 및 무역유형이 반드시 일치된다고 할 수 없다고 비판한다. 예컨대 극단적인 모노컬쳐(mono-culture)적 산업구조를 가진 경우[8] 이들의 산업구조는 자의든 타의든 그 비교우위성에 충실하였다고 할 수 있다.

그러나 그들의 경제현실은, 중동산유국을 제외한 거의 대부분의 국가들은 저소득수준을 면치 못하고 있으며 소득수준이 다소 높은 국가라고 하더라도 산업구조의 파행성 및 불균형성으로 국민경제의 취약성 및 불안정성에 직면하고 있다. 또한 전통적 비교우위론에 따른 산업구조가 이루어질 경우, 선진국은 자본·기술집약적인 공업화를 통하여 무역의 동태적 효과를 충분히 향유하는 반면 저개발국은 1차산업 또는 노동집약적 산업에만 특화함으로써 공업화의 기회 또는 산업고도화의 기회를 박탈당한 채 영원한 저개발국으로 남을 우려를 안고 있다.

자본축적의 문제 전통적 비교우위론의 제시하는 저개발국의 자원배분 및 무역유형은 일반적으로 노동집약적 산업에 특화하여 이를 수출해야 한다는 것이다. 이러한 논리는 높은 실업률을 특징으로

---

8 예컨대 중동아랍제국의 석유, 브라질 및 살바돌의 커피, 온두라스의 바나나, 잠비아의 땅콩 등의 경우이다.

하는 저개발국에 대하여 단기적이고 정태적인 관점에서는 분명히 타당한 일면을 지니고 있다. 그러나 자본부족을 특징으로 하는 저개발국의 경제발전을 위하여 가장 우선시 되어야할 자본축적이라는 측면에서 보면 반드시 그렇지 않을 수도 있다. 즉 일반적으로 자본가의 저축성향이 노동자의 저축성향 보다 높다면 경제발전을 위한 자본축적을 위해서는 자본가에 분배되는 소득의 몫이 크게 되는 소득분배정책이 더 바람직하다고 할 수 있기 때문이다.[9]

2. 보호무역정책의 이론적 논거와 비판

2.1 보호무역정책의 이론적 논거

앞에서 살펴 본 것처럼 이론적으로는 자유무역이 가장 바람직한 정책이라고 주장되지만 그럼에도 불구하고 자유무역이 과연 최선의 정책(the best policy)인가에 대한 의문이 계속 제기되어 왔고, 이 때문에 자유무역이 반드시 지배적인 정책기조가 되지 못하는 현실이 존재하여 왔다. 따라서 이러한 현실을 정당화해주는 보호무역정책론들이 국가와 시대에 따라 다양하게 제시되어 왔을 뿐만 아니라 오늘날에도 여전히 새로운 논리들이 다양하게 개발되고 있다.

자유무역정책론과 관련하여 설명한 바와 같이 자유무역이 가장 최선의 정책이라고 말하는 주요한 근거는 자유무역이 무역당사국의 자원배분이나 후생이라는 관점에서 가장 바람직한 정책이라는 것이다. 따라서 보호무역정책론의 논거는, '이렇게 자원배분이나 후생 면에서 가장 바람직한 정책이 자유무역임에도 불구하고 보호무역이 선호되는 모순이 왜 발생하는가?'로부터 찾아야 할 것이다.

그 이유는 크게 보아 2가지 관점에서 찾을 수 있을 것이다. 하나는 보호로 인하여 발생되는 후생수준 저하라는 비용(cost)을 지불하고서도 그것을 상쇄하는 또 다른 어떤 보호의 편익(benefit)이 있는 경우이고, 다른 하나는 자유무역이 후생수준을 극대화한다고 주장하지만 현실적으로 그러한 가설이 충족되지 않으므로 보호무역을 통하여 오히려 후생수준을 높일 수 있는 경우이다.

전자의 경우로서는 고용·국제수지·성장 등과 같은 거시경제적 목표를 달성하기 위한 경우, 국내산업을 보호하고자 하는 경우, 국가안보 등 비경제적 목표를 달성하고자하는 경우 등이 있을 수 있다. 후자의 경우로서는 시장왜곡이 존재하여 보호무역을 통하여 오히려 후생을 극대화 할 수 있는 경우, 일정한 조건 하에서 최적관세를 통하여 교역조건을 개선함으로써 후생을 극대화하는 경우 등이 있다.

이렇게 보호무역을 주장하는 구체적 논거는 매우 다양하지만 이러한 보호무역정책론의 다양한 논거들을 보호목적에 따라 대표적인 논거들을 정리한 것이 〈표 4-3〉인데 그 주요한 내용은 ① 국내산업보호를 위한 보호론, ② 후생증대·소득분배개선을 위한 보호론, ③ 신보호무역주의적 보호론(공정무역론·전략적 산업정책론), ④ 거시경제적·비경제적 목표를 위한 보호론으로 구분할 수 있다.

---

9 상대적으로 노동이 풍부하고 자본이 희소한 저개발국이 보호무역을 행할 경우 스톨퍼-사무엘슨정리(Spolper-Samuelson theorem)에 따라 희소한 요소인 자본의 가격은 상승하여 자본가의 소득배분을 상승시킨다. 이때 고전적 저축함수론에 따를 경우 자본가계층의 한계저축성향은 노동자계층의 그것보다 높으므로 보호무역에 의한 소득의 재분배는 자본축적에 기여하는 효과를 가진다.

〈표 4-3〉 보호무역정책론과 주요 논거

보호목적	보호무역정책론	보호의 구체적 목표
거시경제 목표	고용증대(보호)론	보호를 통한 국내산업의 고용증대 및 고용안정
	재정수입증대론	관세부과 등을 통한 정부 재정수입의 증대
	국제수지개선론	외국으로부터의 수입제한을 통한 국제수지의 개선
	경제성장론/물가안정론	보호무역을 통한 경제성장 또는 물가안정의 달성
산업보호 목표	유치산업보호론	현재는 비교우위를 확보하지 못하였지만 보호를 통하여 비교우위를 가질 수 있는 개도국 유망산업의 육성
	정체산업보호론/ (사양산업보호론)	국제경쟁력이 약화되어 도산위기(정체)에 있는 산업과 그러한 산업의 종사자 보호
	첨단기술산업보호론 산업분화(고도화)론	신생기에 있는 선진국 첨단기술산업의 보호·육성, 산업의 균형발전 또는 구조고도화를 위한 보호·육성
후생증진/ 소득분배개선 목표	시장왜곡개선론	생산물시장과 요소시장의 파레토 최적조건을 저해하는 시장왜곡의 개선을 통한 후생의 증대
	교역조건개선론	관세부과 등을 통한 교역조건개선과 후생의 증대
	소득분배개선론	자유무역에 의한 소득배분의 왜곡과 피해의 방지 (저임금노동보호론, 선진국생활수준유지론)
신보호주의 이념적 목표	공정무역론	상대국 불공정 무역행위(덤핑·보조금)에 대한 제제, 공정경쟁을 위한 수입제제 또는 상대국의 시장개방요구
	전략적 무역정책론	과점적 전략산업에 대한 전략적 지원 통한 경쟁기업의 진입저지·시장점유율 및 초과이윤확보·후생증대
비경제적 (정치경제적) 목표	국민경제자립론 (자급자족론)	국민경제의 과도한 해외의존도의 경감, 국민경제의 안정과 건전한 자급자족체제의 구축
	생산/소비목표론	일정한 생산량(증대)/소비량(억제) 목표의 달성
	국가안보론(국방론)	안보·국방과 관련되는 산업의 육성과 보호
	산업선택론	국민이나 정부가 중요하다고 생각하는 특정산업의 보호·육성 (집단선호산업·가치산업 보호론)
	협상전략적 보호론	상대국과의 무역협상에서 유리한 조건을 확보하기 위해 수입제한조치를 높여두기 위한 보호론

(1) 거시경제적 목표 위한 보호론

모든 국가들은 정도의 차이는 있지만 수입을 제한하고 수출을 장려하는 보호무역정책을 통하여 자국의 여러 가지 거시경제목표, 즉 고용증대·재정수입증대·국제수지개선·경제성장·물가안정 등을 달성하려는 노력을 행한다. 이러한 거시경제목표를 달성하기 위한 보호무역정책론이 고용보호론·재정수입증대론·국제수지개선론·경제성장론·물가안정론 등이다.

고용증대론/고용보호론 보호무역조치, 예컨대 수입관세가 부과되어 수입이 감소하면 먼저 국내 수입대체산업의 생산이 활성화되어 고용이 증대하고 이러한 현상이 다시 연관산업에 파급되어 경제 전반에 걸쳐 고용이 증대된다. 또한 수입제품으로 인하여 경쟁력을 잃게 되는 국내 사양산업의 경우 수입품에 대한 관세가 부과되면 이러한 산업의 도태를 막게 되므로 실업이 감소하고 국내고용이 유지될 수 있다. 이렇게 수입관세를 통하여 고용을 증대시키거나 고용의 안정을 가져올 수 있다는 보호무역론이 고용증대론 또는 고용보호론이다.

재정수입증대론 관세수입은 일국의 재정수입의 주요한 원천으로서 큰 비중을 차지하고 있고 또한 관세는 다른 세금과는 달리 반대급부가 존재하지 않는 특성을 지니므로 전통적으로 관세는 재정수입을 목적으로 하는 재정관세로부터 출발하였다. 이렇게 국가재정수입을 증대하기 위하여 관세를 부과한다는 주장이 재정수입증대론이다. 그러나 오늘날 대부분의 관세는 재정관세로서가 아니라 보호관세로서의 성격이 강하여져 더 이상 보호가 필요 없는 산업이나 커피·차·향료 등 기호품의 수입에 대한 관세만이 여전히 재정관세로서의 성격을 지니고 있다.

국제수지개선론 국제수지가 적자인 나라의 경우 국제수지의 개선이나 균형달성을 위해서는 보호무역조치를 통하여 수입을 억제해야 한다는 주장이 국제수지개선론이다. 이러한 주장은 만성적인 국제수지적자가 해당국의 대외지불능력을 약화시켜 해당국의 원활한 대외거래를 저해하여 국민경제의 안정기조를 동요시키고 경제발전을 이룩할 수 없다는 이유에서부터 외국과의 무역에서 더 많은 차액을 남겨야한다는 중상주의 적 논거까지 다양하다.

보호무역을 통한 경제발전론 자유무역론자들과 마찬가지로 보호무역론자들 역시 국내시장과 수요의 확대를 통한 경제발전을 이룩하기 위하여 보호무역이 바람직하다고 주장한다. 로젠슈타인 로당(P. N. Rosenstein Rodin) 등은 산업의 불균형적 발전보다는 균형적 발전이 국내산업간의 상호수요와 상호시장을 확대함으로써 경제발전이 이룩될 수 있다는 균형성장론(balanced growth strategy)을 강조한다.[10] 반면 허시만(A. O. Hirschman, 1958) 등은, 어떤 일산업의 육성이 그 산업과 연관성을 가지는 전후방산업의 수요와 시장을 확대시켜 타 산업을 연쇄적으로 발전시키는 연관효과(linkage effect)를 강조하면서 이러한 연관효과가 가장 큰 산업에 대한 집중투자를 행하는 불균형성장론(unbalanced growth strategy)을 주장한다. 그런데 이러한 균형성장론과 불균형성장론 공히 저개발국에 있어서 보호무역정책을 지지하게 된다.

이렇게 보호무역을 통하여 수출촉진·수입억제를 함으로써 국제수지균형(대외적 균형)과 완전고용·물가안정(대내적 균형)과 같은 거시경제적 목표를 달성하려는 보호무역정책은 단기적으로 일정한 성과를 나타낼 수 있고 또한 국민정서면에서도 호응을 얻기 쉽다. 예컨대 국내실업문제가 심각할 때 수입증가로 인하여 국내의 수입대체산업이 도산하고 이 때문에 실업자가 양산되는 것을 목격할 때 고용보호를 위한 보호무역을 하여야 한다는 주장이나 국제수지적자가 심각해질 때 국제수지방어를 위하여 수입을 제한하여야 한다는 주장 등은 정치적으로 그리고 국민정서면에서 매우 감동적이고 설득력 있는 주장처럼 보일 수 있다.

그러나 수입국이 보호무역을 통하여 이러한 거시경제적 목표를 달성하는 경우 이러한 목표달성은 상대수출국 이익의 침해나 희생 위에서 추구되는 전형적인 근린궁핍화정책(beggar thy neighbour policy)으로서 국제적 비난의 대상이 되어 정당성을 인정받기 어려울 뿐만 아니라 상대국 역시 자신의 거시경제적 목표달성을 위하여 보호무역으로 대응하는 결과를 초래하게 된다. 뿐만 아니라 이러한 거시경경제적 목표는 보호무역을 통하여 장기적으로 보장되지 않는 목표이며 또한 그러한 목표를 달성하는 데 가장 적합하고 효율적인 정책수단도 아니라는 것은 보호무역정책론의 일반적 비판

10 예컨대 농업부문의 생산증대는 농민의 소득증대를 가져와 공산물의 수요증대를 가져오며 동일한 이유로 공업부문의 생산증대는 농산물의 수요증대를 가져오므로, 농업부문 또는 공업부문만이 발전하는 경우보다 농업부문과 공업부문이 동시에 균형적으로 발전되는 경우가 보다 확대된 시장을 제공하므로 경제전체의 발전을 촉진할 수 있다는 것이다.

과 관련하여 후술하는 바와 같다.

(2) 국내산업보호 위한 보호론

역사적으로 어떠한 국가도 자국의 산업발전을 포기한 나라는 없었던 만큼 모든 나라들이 외국으로부터의 수입을 제한함으로써 국내산업을 보호하고 육성하려는 목표를 주요한 정책목표로 삼아왔다. 다만 이러한 국내산업보호론은 그 시대 그 국가의 특성에 따라 보호대상이 되는 국내 산업이 무엇인가에 따라 서로 다른 보호무역론으로 이론화되었다.

예컨대, 산업발전이 후진적인 후진국의 경우 국내 유망산업의 경쟁력향상을 위한 유치산업보호론이나 산업의 균형발전이나 산업구조고도화를 위한 산업분화론·산업고도화론 등의 형태로 국내산업보호론을 제기하였고, 선진국의 경우 경쟁력을 잃게 된 전통산업의 보호를 위한 정체(사양)산업보호론이나 새로운 첨단기술산업의 지원·육성을 위한 첨단산업보호론 등의 형태로 국내산업보호론을 제기하였다.

유치산업보호론(infant industry arguments for protection) 유치산업보호론이란,[11] 어떤 산업이 현재는 비록 미발전된 상태여서 국내에서 생산하는 것보다 수입하는 것이 후생 면에서 유리하지만 일정기간 그 산업에 대한 적정한 보호정책을 수행할 경우 예측 가능한 장래에 비교우위산업이 되어 국민경제발전에 공헌할 가능성이 클 경우, 국가는 보호무역으로 인한 후생저하라는 단기적 비용에도 불구하고 그러한 잠재적 비교우위산업을 보호·육성 하여야 한다는 주장이다. 역사적으로 이 이론은 18세기 후반 미국의 재무장관 해밀톤(A. Hamilton)에 의해 산업분화론이라는 이름의 소박한 형태의 공업보호론으로 제시되었다. 그 후 19세기 중엽 독일의 역사학파인 리스트(F. List)에 의해 체계화되었다.

이러한 유치산업보호론은 선진국 경제에 대한 저개발국 경제의 입장을 가장 최초로 명확하고 광범위하게 논의한 것으로서 오늘날까지도 보호무역정책론의 가장 전통적이고 유력한 이론적 근간을 형성하고 있다. 또한 역사적으로 미국 및 유럽제국으로 하여금 19세기 보호주의적 수입정책을 강화하는데 이론적인 뒷받침을 제공하여 그들이 선진공업국으로 발전할 수 있는 터전을 마련하는 바탕이 되었다. 또한 오늘날에 있어서도 유치산업보호론의 논리는 이른바 신흥공업국의 공업화전략으로 재발견되어 저개발국의 산업 및 무역정책에 중요한 의미를 시사해주고 있을 뿐 아니라 때때로 선진국 신흥공업 및 쇠퇴산업의 보호를 위한 방어논리로서도 원용되고 있다.

정체산업보호론(senescent industry argument) 정체(사양)산업 보호론이란, 국내외 경제여건과 환경의 변화에 따라 비교우위를 상실하고 외국과의 경쟁에서 쇠퇴하고 있는 국내기업이나 산업에 종사하고 있는 계층의 고용안정과 소득을 보호하기 위하여 보호무역정책이 필요하다는 주장이다. 시장에서 새로운 경쟁자가 출현하고 소비자의 기호가 변동되어 기존 산업이 사양화되고 정체되는 동태적인 변화과정에서 구조조정 속도가 느려 사양산업으로부터 노동·자본과 같은 생산요소가 비교우위산

---

11 유치산업보호론이 보호무역정책의 가장 유력한 논거로서 사용되고 있지만 그 영어표현이 '이론'(theory)이 아니고 '주장'(argument)으로 쓰이는 것은, 이러한 사고가 일찍이 중상주의시대의 문헌에서부터 나타나 오늘날에까지 이르고 있지만, 여전히 엄밀한 이론적 구조와 체계를 갖추고 있지 못하고 거듭된 논란에도 불구하고 명확한 결론에 도달되지 못하였음을 의미한다고 할 수 있다.

업으로 순조롭게 이동하지 못하면 사양산업에 실업이 발생되고 사양산업에 속한 계층의 소득이 감소하여 사회적 불안과 비효율이 초래되게 된다. 따라서 자유무역에 의한 노동의 실업과 자본의 유휴화를 막고 사양산업의 구조조정과정에서 발생되는 문제를 극소화하기 위하여 그러한 사양산업에 대한 보호조치가 필요하다는 주장이 정체산업보호론이다.

이러한 정체산업보호론은, 주로 후발국에 의해 주장되는 유치산업보호론과 달리 선진국들에 의해 주장되는 보호무역정책론이다. 따라서 유치산업보호론이 현재는 비교열위산업이지만 장차 새로운 비교우위를 확보하기 위한 동태적인 관점의 보호무역론이라면 정체산업보호론은 비교우위를 상실해가는 산업의 보호를 위하여 진행되고 있는 동태적 변화를 저지하거나 연장시키기 위한 보호무역정책론이다. 따라서 전자가 일정한 기간 동안의 잠정적·교육적 보호를 전제로 하는 것이라면 후자의 경우 그러한 보호가 시작되면 영구적이어야 하는 점이 서로 다르다.

첨단산업보호론/산업고도화론 1970년대 중반 이후 이른바 신보호무역주의가 확산되면서 미국 등 선진국을 중심으로 첨단기술산업보호론(high technology industry argument)이 제기되었는데 이것은 신생기에 있는 컴퓨터·유전공학·신소재 등과 같은 첨단기술산업을 정부가 강력히 보호하여 육성하여야 한다는 보호정책론이다. 이러한 첨단기술산업보호론은 상술한 유치산업보호론의 특수한 해석이라고 볼 수 있으나 이와는 상반되는 논리를 지니고 있다.

우선 유치산업보호론이 선진국에 비하여 뒤떨어져 있는 후발국들의 유망산업이 경쟁력을 갖추도록 일정한 기간 보호하여야 한다는 주장인데 비하여 첨단산업보호론은 선진국들이 앞서가는 선발산업의 경쟁력과 선점효과를 확보하거나 유지하기 위하여 보호하여야 한다는 주장이다. 따라서 전자가 경쟁관계에 있는 외국의 수입제품에 대하여 관세 등을 부과하여야 한다고 주장하는데 비하여 후자는 첨단기술의 개발이나 이미 보유하고 있는 기술의 보호를 위하여 보조금을 지급하거나 타국의 지적재산권침해에 대한 강력한 보호조치 등을 취해야 한다고 주장한다.

이처럼 첨단기술산업보호론이 주로 선진국들이 그들의 국내산업를 위한 보호정책론이라면 개도국 역시 자국의 산업발전이나 산업구조변화를 위한 보호정책론을 주장하였다. 일찍이 19C 농업위주의 산업구조를 가진 미국이 공업도 함께 발전시켜 균형적인 산업구조를 이룩하기 위하여 국내제조업의 육성을 위하여 보호무역이 필요하다는 주장이나 최근에 이르러 전통산업과 신산업간의 균형적인 발전을 위하여 신산업분야에 대한 보호가 필요하다는 산업분화론, 또한 비교우위의 동태적 변화과정에서 일국의 산업구조를 고도화하기 위하여 보다 부가가치가 높고 기술집약적인 산업들을 지원·육성하기 위하여 보호무역이 필요하다는 산업고도화론 등이 그러한 보호무역정책론들이다.

(3) 후생증대·소득분배개선 위한 보호론

일반적으로 자유무역이 무역참가국의 후생을 증대시키는 반면 보호무역정책은 후생을 감소시키지만 때때로 보호무역을 통하여 오히려 그 나라의 후생을 증대시킬 수 있다는 주장이 제기되었다. 예컨대, 자유무역정책론이 전제하고 있는 가정이 충족되어 있지 못하고 시장이 왜곡되어 있는 경우에 대한 시장왜곡개선론, 또한 경제적 대국(大國)의 경우 관세를 부과하여 교역조건을 개선시키면

이로 인한 후생증대를 이룩할 수 있다는 교역조건개선론 등이 그것이다. 한편 자유무역으로 인하여 실질소득의 저하를 가져오는 집단·계층을 보호하고 그에 따른 소득불평등을 개선하기 위하여 외국의 수입품에 대한 일정한 보호가 필요하다는 주장 역시 제기되었는데 그것이 소득분배개선론이다.

시장왜곡개선론 자유무역론자들은 자유무역이 무역당사국이나 세계전체의 후생을 극대화한다고 주장하는데 대하여 보호무역론자들은, 자유무역이 세계전체의 후생을 극대화시킬 수는 있지만 일국의 후생측면에서는 자유무역이 최선의 정책이 되지 못하는 경우가 있다고 주장하면서, 시장의 왜곡이 존재하는 경우 보호무역이 오히려 그 나라의 후생을 증대시킬 수 있다고 주장한다. 따라서 시장왜곡개선론(distortion arguments for protection)이란 시장에 불완전경쟁이나 외부효과 등으로 인한 시장왜곡(market distortion)이 존재하는 경우 보호무역을 통하여 그러한 왜곡을 개선하는 것이 자유무역의 경우보다 오히려 그 나라의 후생을 극대화시킬 수 있다는 보호무역정책론이다.

교역조건개선론 일반적으로 관세는 관세부과국의 국민후생을 저하시키므로 자유무역이 후생을 극대화하는 정책이지만 일정한 경제규모를 가진 대국(大國)이 당해상품에 대한 시장지배력을 가지는 경우 수입품에 대하여 관세를 부과하면 자국의 교역조건이 개선됨으로써 관세부과가 그 나라의 대외교역조건을 개선시켜 관세부과국의 후생을 오히려 증진시킬 수 있다. 이처럼 보호무역을 통하여 자국의 국제교역조건을 개선하고 이를 통하여 자국의 국민후생을 증대시키기 위하여 보호무역정책을 하여야 한다는 주장이 교역조건개선론이고, 이같이 교역조건개선을 통하여 관세부과국의 국민후생을 극대화시켜주는 관세를 최적관세(optimum tariff)라고 한다.

소득분배개선론 국제무역으로 인한 소득재분배과정에서 피해를 입게 되는 생산요소·집단·계층·산업의 손실과 불평등을 방지하거나 보상하기 위하여 보호무역을 행하여야 한다는 주장이 소득분배개선을 위한 보호무역정책론이다. 말하자면 자유무역으로부터 피해를 입게 되는 경제적 약자의 피해를 막아주고 자유무역으로 인해 발생되는 소득분배의 왜곡을 개선하기 위하여 보호무역을 실시하여야 한다는 주장이다.

(4) 신보호주의적 보호무역론(공정무역론·전략적 무역정책론)

1970년대의 석유위기로 시작된 세계경제의 위기, 독일과 일본의 경제적 부상에 따른 미국경제의 상대적 하락 등을 배경으로 한 신보호무역주의(new protectionism)는 미국통상정책의 기본방향과 행태를 바꾸어 놓았고 이러한 과정에서 종전에는 찾아볼 수 없었던 이데올로기적 보호무역정책론들이 새로이 나타나게 되었다. 이러한 보호무역정책론으로서는 1980년대 이후 주로 미국의 통상정책 전개과정에서 나타난 공정무역론·전략적 산업정책론을 들 수 있다.

공정무역론 외국의 불공정무역행위나 산업정책을 통한 수출증대행위에 대하여 수입을 제한하거나 상대국의 시장개방을 요구하는 형태의 무역정책론을 말하는데 '무엇이 공정(公正)한 것인가'라는 공정성(fairness)의 개념이 시대에 따라 또한 사용자에 따라 서로 다른 개념과 목적으로 사용되어 공정무역의 개념 자체가 매우 다의적이므로 공정무역론의 내용 역시 다양하고 다의적이다. 대체로 전통적 공정무역론이나 GATT의 공정무역주의는 경쟁규칙의 공정성·기회의 공정성·방어적 상호주의를 전제로 하는 개념이었지만 신보호주의 이후 주장된 공정무역론은 경쟁조건의 공정성·결과의 공정성·공격적 상호주의를 전제로 하여 공정무역의 개념을 보다 자의적으로 해석하고 그 적용범위를 보다 확대하여 새로운 보호무역정책의 논거로서 활용되어 왔다.

전략적 무역정책론 1980년대 이후 세계무역이 점점 과점적 경쟁으로 변화하는데 무역현실에 착안하여 이러한 과점적 산업의 초과이윤확보나 세계시장점유율확보를 위한 정부간섭을 옹호하는 전략적 무역정책론(strategic trade policy)이 제기되었다. 전략적 무역정책론은 불완전경쟁(imperfect competition)이 지배하는 세계시장에서 어떤 특정 산업부문에 대하여 정부가 전략적인 정책수단으로 자국기업에 유리한 방향으로 시장경쟁조건을 조성해주는 지원과 보호를 해주면 그 산업의 경쟁력향상·초과이윤확보·시장점유율향상이 이룩되고 이를 통하여 국민후생이 증대될 수 있다는 보호무역정책론이다.[12]

(5) 비경제적 목표 위한 보호론

이상과 같은 보호무역정책론과 함께 여러 가지 비경제적·정치경제적 관점에서 보호무역의 필요성을 주장하는 논거들이 제시되어 왔다. 이러한 보호무역정책론들은 이러한 목표 달성을 통하여 얻게 되는 비경제적·정치경제적 편익(benefit)이 경제원칙에 입각한 경제적 비용(cost) 보다 더 중요하다고 생각하는 가치판단에 입각한 주장들이다. 이러한 관점에서 제기되는 다양한 보호무역정책론 들 중 대표적인 논거들을 살펴보면 다음과 같다.

국민경제자립론/자급자족론 세계 각국은 각자 비교우위에 따른 특화와 자유무역을 통하여 국민경제활동을 영위하고 있다. 그러나 이러한 자유무역체제에서는 외국의 경기변동·교역조건변동 등으로 인한 충격이 국내경제에 영향을 미치고 이러한 영향 때문에 때로는 재정정책이나 통화정책과 같은 거시경제정책을 독립적으로 시행하기 어렵게 된다. 더욱이 국가 간 정치경제적·군사적 갈등이나 마찰로 인하여 국제경제환경이 급변하는 경우 국민경제가 지나치게 대외의존적인 국가는 심각한 충격을 받게 된다. 이러한 대외적 영향을 최소화하고 미래에 발생할지도 모르는 위험과 충격을 미연에 방지하기 위하여 과도한 대외의존을 줄이고 국민경제의 자립도를 높이기 위하여 또는 일정한 수준의 자급자족도(self-sufficiency)를 유지하기 위하여 일정한 보호무역정책이 필요하다는 주장이 국민경제자립론 또는 자급자족론이다.

소비목표론/생산목표론 어떤 사회적 이유 때문에 특정상품(예컨대 사치품)의 국내소비를 일정수준 이하로 억제하기 위하여 보호무역정책이 필요하다는 주장이 소비목표론이다. 이러한 소비목표론은 주로 개도국이 국제수지방어를 위하여 채택하는 경향이 있다. 나라에 따라서는 자원의 효율적 배분이라는 경제적 차원보다는 국가안보·사회·문화·보건 등 비경제적 차원에서 특정산업의 국내생산

---

12 이러한 점에서 전략적 무역정책론은 '국내산업보호를 위한 보호정책론'이나 '후생증대를 위한 보호정책론'으로서의 성격을 지니고 있다고 할 수 있다. 한편 이러한 전략적 무역정책론은 국내기업에 대한 지원과 보조를 통하여 자국기업의 경쟁력을 향상시키고 이를 통하여 외국기업의 이익을 희생시키고자 하는 정책인 만큼, 보조금 등 산업정책을 활용한 외국의 불공정무역관행에 대하여 제제하거나 대응하려는 목표를 가진 공정무역론과는 서로 이율배반적인 논리를 지닌다고 할 수 있다.

을 일정수준 이상으로 촉진하거나 일정수준 이하로 억제하는 정책목표를 세우는 경우가 있는데 이러한 목표를 위하여 보호무역정책이 필요하다는 주장이 생산목표론이다. 이러한 생산목표론의 대표적인 경우가 아래에서 설명하는 국가안보론이나 집단선호론이다.

국가안보론/국방론 국방상의 이유 또는 안보상의 이유 때문에 특정산업제품에 대한 일정량의 국내생산이 유지되도록 하기 위하여 보호무역정책이 필요하다는 주장이 국가안보론 또는 국방론이다. 예컨대 무기산업·기간산업·전시소모품산업 등은 유사시에 대비하여 국내공급원을 확보하는 것이 바람직하다. 16C 이후 중상주의자들도 이러한 논거에 기초하여 해운산업의 보호를 주장하였고 자유무역론자인 애덤 스미스(A. Smith)도 그의 국부론에서 '국방은 경제적 풍요보다 중요하다'고 주장하며 국방을 위한 예외적 보호조치를 인정하였다. 이처럼 전통적인 국가안보론은 특정산업제품의 일정한 국내생산과 유지를 목표로 하는 것이지만 최근에 이르러 첨단과학기술의 국가적 보호와 육성이 국가의 경제적·군사적 안보상 중대한 비중을 차지함에 따라 전략적으로 중요한 물자가 다른 (적성)국가로 수출되어 국가안전을 위태롭게 하거나 할 우려가 있을 경우 그러한 거래행위를 금지시키는 통상규제 역시 중요해지고 있다.

산업선택론/집단선호산업론/가치산업론 개인과 마찬가지로 국민경제 역시 하나의 독립된 경제공동체로서의 기반·위신을 유지하기 위하여 국민들이 일반적으로 중요하다고 여기는 특정산업이 존재할 수 있다. 예컨대 자동차·철강산업·반도체산업·항공기산업·원자력산업 등과 같이 국민들이 일국의 존립에 불가결하다고 생각하는 필수적 산업(essential industry), 경제발전이나 국가경제의 정상적인 운영을 위하여 가치 있고 중요하다고 생각하는 전략적 산업(strategic industry)이나 기간산업(key industry) 등이 그러하다. 말하자면 국민이나 정부차원에서 중요하고 가치 있는 산업이라고 평가되는 특별한 산업을 선택하여 보호·육성하여야 한다는 주장이다. 이와 같이 국민이나 정부가 어떤 특정산업을 선택하여 이 산업의 보호와 육성을 위하여 보호무역정책이 필요하다는 주장이 산업선택론이고 사람에 따라서 이를 '집단선호산업 보호론' 내지는 '가치산업(merit industry) 보호론'이라고도 한다. 앞에서 설명한 선진국들의 첨단기술산업보호론이나 전략적 산업정책론 역시 이러한 보호정책론의 범주에 포함될 수 있을 것이다.

협상전략적 보호론 무역정책이 순수하게 국내적 목표만을 위하여 이루어진다면 국제적인 자유무역체제가 이루어지기 어렵지만 실제로 선진국들은 국제적 협상을 통하여 무역자유화수준을 높여왔다. 1930년대에는 쌍무적 무역협상을 통한 관세의 인하가 이루어졌고 GATT체제 이후에는 다자간 협상을 통하여 획기적인 관세의 일관인하가 이루어졌다. 따라서 보호무역론자들 중에는 관세를 높여두는 것이 상대국과의 무역협상에서 유리하고 또한 상대국이 관세를 인상할 경우 보복조치로서 자국의 관세도 인상하는 것이 협상의 무기가 되는 만큼, 국제협상에서 유리한 조건을 확보하기 위하여 일정한 보호조치가 필요하다고 주장하기도 한다. 이러한 주장이 이른바 상호주의(reciprocity)에 기초한 협상전략적 차원의 보호론이다.

이상과 같은 다양한 비경제적 목표를 위한 보호무역정책론이 타당한 것인가 하는 평가는 경제학의 소관이 아닐 수 있으며 따라서 자급자족·국가안보·가치산업 등과 같은 비경제적·정치경제적 가치판단에 바탕을 둔 보호무역정책론을 경제적 관점에서 반박하기는 어렵다. 그러나 오늘날 안보산업 또는 전략산업이 단순히 무기산업에 그치지 않고 반도체 등과 같은 전자산업이나 전력산업은 물론 국가비상시 중요한 의미를 가지는 식료품이나 생활필수품까지도 포함될 수 있으며, 또한 중요산업·가치산업·집단선호산업 등과 같이 막연하고 추상적인 개념을 기준으로 보호대상 산업을 논의할 때 과연 어떤 산업까지를 안보산업 또는 가치산업의 범주 속에 포함시킬 것인가 하는 근본적 문제가 남게 된다. 말하자면 이러한 비경제적 목표를 이유로 한 보호의 논리가 한없이 남용될 수 있다는 것이다.

2.2 보호무역정책론에 대한 비판

이같이 다양한 보호무역정책론에 대해서 역시 다양한 관점에서의 비판과 반론들이 제시되어 왔다. 이러한 비판과 반론들의 내용을 보면, 여전히 자유무역정책이 가장 바람직하다는 전제에서 보호무역이 가져올 수 있는 폐단과 문제점을 지적하는 비판이거나 보호무역정책론이 말하는 당초의 목표가 제대로 달성할 수 없다는 점에 대한 비판, 또한 보호무역에 대한 일반론적인 비판뿐만 아니라 앞에서 살펴 본 것처럼 개개의 보호무역정책론이 가지는 한계와 문제점들을 지적하는 비판 등 다양하게 제시되어 왔다. 이러한 여러 가지 비판들 중 보호무역정책론 일반에 대한 총론적 관점에서 제시된 주요비판들을 살펴보면 다음과 같다.

(1) 보호로 인한 효율성 저하(비용과 편익의 문제)

자유무역론자들은, 정부의 간섭과 규제에 의한 인위적인 보호무역정책은 자유무역이 가져다줄 수 있는 경제적 이익을 훼손하거나 포기하게 된다는 점을 지적한다. 따라서 보호무역정책은 ① 자원의 합리적 배분을 저해하고, ② 소비자의 후생수준을 저하시키며, ③ 자유경쟁도입을 통한 생산효율의 증대나 국제경쟁력강화를 이룩할 수 없다고 비판한다.

또한 보호정책의 개별적인 목표가 단기적 일시적으로 성취된다고 하더라도 장기적 경제전체적으로는 비효율성을 초래하며, 또한 보호로 인한 단기적 편익(benefit)이 발생하였다고 하더라도 이로 인한 손실(cost)을 보상하고도 남음이 있다는 보장이 확보되지 않는다고 비판한다. 따라서 보호무역정책은 그로 인한 편익보다도 더 큰 비용만을 초래하게 되는데, 특히 사양산업이나 독과점산업에 대한 보호의 경우 이같이 나쁜 결과를 초래할 가능성이 더욱 커진다.

(2) 정책수단으로서의 열등성

고용증대·소득분배개선 등과 같은 사회적 목표를 달성하기 위한 보호무역정책은 고용증대나 소득분배를 위한 직접적인 정책수단에 비하여 열등한 정책이다. 예컨대 국내고용을 보호하고 증대시키기 위해서는 대내적인 재정·금융정책과 대외적인 환율정책 등이 사용될 수 있는데 이들을 적절히 결합하면 수입관세를 부과하는 것보다 더욱 더 효과적인 결과를 얻을 수 있다. 또한 자유무역을 통하여 피해를 입는 소득계층의 손실을 보상함에 있어서도 생산·소비 측면 모두에서 비효율을 초래하는 관세정책은 생산 측면에서의 비효율만을 초래하는 보조금 지급정책보다 비효율적인 정책이다.

이러한 논리는 국제수지개선을 위한 보호무역론의 경우에도 마찬가지이다. 일국의 국제수지적자는 그 나라 생산자나 소비자와 같은 경제주체들의 의사결정의 결과이지 원인이 아니다. 따라서 국제수지를 개선하기 위해서는 적자를 초래하는 원인을 제거하는데서 찾아야지 그 결과인 국제수지 적자 자체의 감소에만 주력하는 것은 효과적인 정책수단이 아니다. 이런 점에서 국제수지를 개선하기 위해서는 관세를 통한 보호무역정책보다 재정·금융정책 등 거시적 총수요관리정책이나 국내산업의 경쟁력을 높이기 위한 산업정책이 오히려 더 효율적인 정책이다.

또한 국내시장에 왜곡이 있는 경우에도 보조금지급이나 조세정책 등을 통하여 그 왜곡 자체를 시정하는 정책이 관세를 부과하는 것보다 더 효율적인 정책수단이다. 뿐만 아니라 시장왜곡을 개선하기 위하여 관세를 부과하는 경우 국내가격과 국제가격의 차이를 발생시켜 또 다른 왜곡을 초래하게 되어 시장왜곡을 개선하기 위한 인위적 정책개입이 새로운 시장실패를 초래하게 된다.

이처럼 고용증대·소득분배개선·국제수지개선·시장왜곡개선 등과 같은 정책적 목표를 달성하기 위해서는 이러한 목표를 달성하기 위한 직접적인 정책을 통하여 추구하는 것이 바람직하고 이러한 정책목표를 보호무역을 통하여 달성하려고 하는 것은 바람직하지 않을뿐더러 보다 효율적인 정책도 아니다. 이런 점에서 보호무역정책은 보다 열등한 정책수단이라고 할 수 있다.

(3) 대내적 이해관계 상충과 부패조장 우려 (대내적 문제점)

앞에서 설명한 바와 같이 일국의 통상정책은 규범적·종합적·정치경제적 성격을 지니므로 보호무역정책은 이러한 성격으로 인한 여러 가지 대내적 문제점들을 발생시킨다.

차별적 영향과 계층 간 갈등유발 보호무역은 차별적이기 쉽다. 우선 보호무역 그 자체가 국내생산자에게 유리하고 소비자에게 불리함은 물론 다양한 차별적 결과를 파생시킨다. 예컨대 수입할당제를 실시하는 경우 수입할당을 전년도 수입실적을 기준으로 하는 경우 기득권자가 유리하고 신규진입하려는 기업들이 차별을 당하는 등 특정이해집단에 차별적 영향을 주게 된다. 따라서 보호무역은 국민화합에 역작용을 유발하기 쉽고 계층 간 갈등을 조장하기 쉽다.

지대추구사회 및 부패조장 우려 따라서 보호무역은 지대추구(rent seeking)사회를 만들기 쉽다. 보호무역은 공급을 인위적으로 통제하기 때문에 이로 인한 지대가 발생되기 때문이다. 따라서 기업들은 기술혁신이나 품질관리 등과 같은 노력보다는 정부에 로비(lobby)를 잘해서 지대를 얻으려는 노력을 행할 수 있고, 수입할당제의 경우 이로 인한 쿼터지대(quota rent) 때문에 국내생산업자들이 과대하게 생산량을 증대시킬 수도 있다. 이로 인해 보호무역은 국민화합에 역작용을 발생시키고 공무원의 부패를 조장할 가능성도 있다. 우선 보호무역으로 인하여 이득을 보는 집단과 손해를 보는 집단 간에 갈등이 커질 수 있고 또한 보호무역이 높아지면 높아질수록 특정상품에 대한 관세율의 책정이나 쿼터 량의 배분에 있어 이를 결정하는 공무원들과 이해당사자들 간에 부패가 높아질 수 있기 때문이다.

보호의 영속화 경향 이러한 이유와 관련하여 보호무역정책은 영속화경향을 가진다. 보호무역이 일단 시행되고 나면 특정집단은 그들의 이익을 영속화하기 위한 노력을 경주하게 된다. 따라서 어떤 정책개입이 이루어질 경우 그 목표가 달성되면 그 정책은 바로 철회되어야 하지만 일단 이루어진 보호무역정책은 당초의 보호요인이 사라졌을 경우에도 철폐되지 않고 지속됨으로써 비효율과 시장왜곡을 영속화시키는 속성을 가지고 있다.

(4) 정책효과의 비현실성과 무력성(대외적 문제점)

보호무역을 통한 국내고용증대·재정수입증대·국제수지개선·교역조건개선 등과 같은 정책목표는 결국 '타국의 희생 위에서 자국의 이익을 확보'하려는 근린궁핍화정책(beggar thy neighbour policy)으로서의 성격을 나타낸다. 이러한 중상주의적 정책은 상대방국가의의 보복(retaliation)을 불러와 본래의 정책목표를 달성하지 못할 뿐만 아니라 세계무역전체의 위축을 초래함으로써 결국 그 피해가 자신에게도 돌아오게 된다. 1930년대를 중심으로 한 양차 대전기에 세계의 주요열강들이 이러한 보호정책을 경쟁적으로 실시함으로써 국제무역이 현저히 위축되고 경제공황이 더욱 심화되는 과정을 우리는 역사적으로 경험한 바 있다.

이와 같이 일국의 이기적 보호무역정책은 상대방의 보복을 불러 일으켜 그 정책효과가 무산될 뿐만 아니라 상대국의 대응이 이 같은 보복적 수준에까지 이르지 않더라도 일국의 보호무역조치에 대한 수출국기업이나 국내생산자들의 대응여하에 따라 당초 기대했던 보호주의적 목표는 달성되지 않을 수도 있다.

우선, 지금까지 자신이 수출하고 있던 제품에 대하여 수입국의 일방적 보호조치가 취해지면 수출기업들은 수입규제를 받지 않는 제품으로 수출을 대체하거나 수량적 제한조치 취해질 경우 품질고급화로 대처하게 되며, 때로는 무역장벽 회피형 해외직접투자(FDI)를 통하여 종전의 수출을 현지생산으로 대체하게 되고 특정국수출에 대한 차별적인 제한의 경우 제3국으로의 해외투자를 통한 우회진출도 이루지게 된다. 어떠한 경우이든 수입국의 보호조치가 표면적으로는 수입제한효과를 달성한 것처럼 보이지만 종국적으로는 그러한 목표를 달성하지 못하게 된다.

또한 국내산업보호를 위한 보호무역정책이 전제 하는 인과관계는 수입제한 → 수입경쟁산업에 대한 수요증대 → 고용과 이윤증대 → 국제경쟁력향상을 위한 이윤재투자 → 국제경쟁력제고이지만 이러한 인과관계가 제대로 이루어지지 않는다. 어떤 특정산업에 대한 보호정책으로 얻어진 추가적 이윤은 그러한 특정산업과는 무관한 산업에 전용될 수 있고, 사양산업이나 독과점산업에 대한 보호는 보호비용만 추가될 뿐 더 나쁜 결과를 초래할 수 있다.

특히 독과점적 국내산업을 보호하기 위한 수입제한정책이 얼마나 어리석은 것인가를 보여주는 단적인 예가 1980년대 미국의 자동차산업에 대한 보호조치였다. 말하자면 보호무역정책으로 나타나게 된 추가이윤을 기술개발이나 신제품개발 등 국제경쟁력향상을 위하여 재투자하지 않고 보호의 이익만을 향유하는 경우, 단기적인 후생감소에도 불구하고 장기적인 경쟁력향상을 도모하려는 보호무역의 목표는 달성되지 않는다. 이에 국내산업보호를 위한 보호무역정책을 반대하는 사람들은, 당해 산업이 그러한 메커니즘으로 발전할 수 있는 산업이라면 국가의 보호 없이도 자본시장의 자금조달을 통하여 이러한 결과가 나올 수 있다고 주장한다.

3. 통상정책론에 대한 종합적 평가

3.1 자유무역정책론과 보호무역정책론의 비교

(1) 무역정책론의 일반적 성격 비교

이상에서 살펴본 바와 같이 자유무역정책론과 보호무역정책론은 서로 상반된 주장과 목표를 추구하며 오랜 기간 동안 대립되어 왔는데 오늘날에 있어서도 여전히 어느 한쪽만이 타당하다고 할 수 있는 일방적인 설득력을 확보하지는 못하고 있다. 또한 현실적으로 어떤 나라도 자유무역과 보호무역 중 어느 한쪽만을 일방적으로 추구하는 경우는 없어 어떤 분야는 자유화되지만 또 다른 분야는 보호화 되는 형태를 취하기도 한다.

이러한 점에서 자유무역론과 보호무역론은 상대적인 구분이라고 할 수 있으며 또한 자유무역과 보호무역 중 어느 것이 옳고 그르다는 평가도 어렵다. 그러나 이론적인 측면에서 자유무역론과 보호무역론은 현격히 서로 대비되는 논리구조와 성격을 지니고 있다. 이러한 내용을 〈표 4-4〉가 요약하고 있는데 그 내용을 좀 더 구체적으로 살펴보면 다음과 같다.

〈표 4-4〉 자유무역정책론과 보호무역정책론의 비교

구 분	자유무역정책론	보호무역정책론
역 사	• 영국의 고전학파 이후 체계화	• 더 오랜 역사 (중상주의정책 등)
이론의 전제와 성격	• 많은 가정 전제 (완전경쟁·완전고용 등) • 추상적 성격 • 일반균형론적 성격, • 보편적 논리구조에 입각 • 이론적 정밀성 바탕	• 가정의 미충족 경우 (불완전경쟁 등) • 현실적·경험적·역사적 성격 • 부분균형론적 성격, • 단편적·특정적 논리구조에 입각 • 현실적·정치적 정서에 부합
목표와 가 치	• 소비자의 이익 중심 • 효율성·전체후생의 극대화 • 단기적·정태적 이익/효율성 추구	• 생산자의 이익 중심 • 형평성·개별주체의 후생극대화 • 장기적·동태적 이익/효율성 강조
지지자	• 경제이론가들의 지지 • 고전학파 및 자유주의 경제학자 (근대경제학의 주요명제) • 전통적으로 선진국들 지지	• 정책담당자·일반국민들의 선호 • 역사학파 및 급진주의 경제학자 (정치경제학적 명제) • 전통적으로 후진국들 지지, 때로는 선진국들이 주도함

이론의 역사 자유무역정책론과 보호무역정책론 중 오늘날 지배적인 패러다임으로 자리 잡고 있는 것은 자유무역정책론이지만, 그 사상의 역사적 연원을 보면 오히려 보호무역정책론의 역사가 더 오래이다. 자유무역정책론은 18C 중엽 애덤 스미스(A. Smith)로부터 시작되는 고전파 경제학자들에 의하여 그 이론적 논거가 정립되었다고 할 수 있지만, 보호무역정책론은 더 일찍이 근대 이전의 중상주의시대부터 하나의 정책적 이데올로기로서 자리 잡고 있었기 때문이다.

이론의 전제와 성격 자유무역정책의 이론적 논거는 완전경쟁이나 완전고용 등 많은 엄격한 전제조건과 가정 위에 정립되어 있고 따라서 추상적인 동시에 논리적 엄밀성을 띠고 있다. 반면 보호무역정책론은 자유무역론이 전제하고 있는 가정들이 충족되지 않는 경우 예컨대 불완전경쟁·불완전고용·외부효과 등이 존재하는 경우를 전제로 하며 따라서 보다 구체적이고 경험적이며 역사적인 성격을 띠고 있다.

따라서 자유무역정책론은 많은 비현실적 가정들을 전제로 하고 있지만 정교한 경제이론과 기준에 의해 뒷받침되어 있지만, 보호무역론은 대부분 국가안보·국제적 위신·역사문화적 요인·소득분배와 관련된 정치적 고려 등 실로 다양한 논거들이 동원되고 이론적 체계 면에서도 취약성을 보이고 있다. 이 때문에 보호무역론은 정교한 논리체계를 갖추고 검증되어진 이론(theory)이 아닌 주장(argument)의 수준에 머물고 있는 경우가 많다.

또한 자유무역의 논거가 정교한 일반균형적 경제이론과 기준에 의해 뒷받침되고 있고 보편적 논리구조에 입각해 있는 반면, 보호무역의 논거는 대체로 특정산업·특정부문을 분석대상으로 하는 부분균형적 분석에 기초하고 있고 단편적·특정적 논리에 입각하여 있다. 따라서 보호무역론은 자유무역이론을 적용하기 어려운 특수한 상황에 기초한 이론 또는 자유무역의 예외적 경우로 볼 수 있는 이론인 경우가 많다.

또한 자유무역정책이 세계경제 전체의 이익과 후생극대화 차원에서 주장되는 데 비하여 보호무역정책은 개별국가의 이익과 후생의 측면에서 주장되고, 또한 일국의 관점에서 보더라도 자유무역정책은 일국경제 전체의 입장에서 주장되는 반면 보호무역정책은 일국 내 특정 산업 또는 특정 집단의 입장에서 주장되는 경우가 많다.

정책목표와 가치 자유무역정책론은 자유무역을 통한 소비자 후생증대론이 말해주듯이 소비자의 이익이 강조되고 단기적·정태적인 성격을 띠고 있는 데 반해, 보호무역정책론은 유치산업보호론과 같이 국내생산자의 이익이 중심이 되고 장기적·동태적 성격을 띠고 있다. 따라서 자유무역정책론은 효율성·전체후생의 극대화를 중요한 가치목표로 삼는데 비하여 보호무역정책론은 형평성·개별주체의 후생극대화를 가치목표로 중시한다. 또한 효율성의 추구에 있어서도 자유무역정책론이 단기적·정태적 효율을 추구하는데 비하여 보호무역정책론은 장기적·동태적 효율성을 추구한다.

정책의 지지자 이같이 자유무역정책의 논거가 이론적 정밀성에 바탕하고 있으므로 경제이론가들로부터 지지받는 대신 보호무역정책론은 현실적·정치적 정서에 더 잘 부합되므로 정책담당자들에 의해 더 잘 옹호된다. 실제로 자유무역정책론은 무역으로부터 발생되는 비경제적 비용을 간과하기 쉽다. 예컨대 어떤 국내 산업이 국제경쟁력을 상실하면 산업조정이 이루어지는 것이 불가피하고 그것이 국가 전체적으로 바람직한 방향이기도 하지만 그러한 과정에서 개별기업이나 노동자들은 일정한 희생과 비용을 부담하게 된다. 따라서 대외무역정책과 관련하여 이러한 비경제적 비용과 희생을 최소화하는 노력 역시 어느 정도 필요해지게 된다. 이 때문에 자유무역이 최선의 정책(the best policy)이라는 이론적 처방은 현실적으로 무수히 외면되어 왔다. 따라서 실제 세계무역의 역사를 보면 보호무역은 '원칙'이었고 자유무역은 오히려 '예외'이었다.

또한 경제학의 학문적 경향에 따라서도 달라진다. 고전학파나 자유주의경제학자들이 자유무역정책을 지지하는 반면 역사학파나 급진주의 경제학자들은 보호무역을 옹호한다. 말하자면 자유무역론이 근대경제학의 주요 명제라면 보호무역론은 정치경제학의 주요 명제였다고 할 수 있다. 또한 역사적으로 자유무역체제가 강요되던 시기에는 대체로 자유무역론이 강자의 논리였고 보호무역론은 약자의 방어였던 만큼 선진국은 자유무역을 강제하고 후진국은 보호무역을 주장하였다. 그러나 보호무역체제가 지배적인 시대에는 오히려 이러한 공격적 보호주의의 흐름을 선진국들이 주도하였다.

(2) 공통적인 논거의 비교

자유무역정책론과 보호무역정책론은 대체로 이렇게 서로 상반되는 가정과 전제에 입각하여 서로 상반되는 목표들을 제시하고 있지만 어떤 주장들은 양쪽 모두가 동일한 목표들을 이유로 각각 자유무역과 보호무역을 주장하기도 한다. 예컨대 자유무역정책론이나 보호무역정책론 공히 대외무역을 통한 소득분배개선론이나 무역을 통한 경제발전론을 주장하는 경우가 그러하다.

〈표 4-5〉 소득분배개선론과 대외무역을 통한 경제발전론 비교

구 분	자유무역정책론	보호무역정책론
소득분배 개선론	• 무역을 통한 이득집단의 소득분배개선 • 보상의 원리의 원활한 작동 전제	• 무역을 통한 손실집단의 소득분배개선 • 보상의 원리의 원활한 작동 부정
대외무역을 통한 경제발전론	• 비교우위산업의 육성 통한 경제발전 • 해외시장 지향적 발전 • 정태적 비교우위·효율성 추구	• 비교열위산업의 육성 통한 경제발전 • 국내시장 지향적 발전 • 동태적 비교우위·효율성 추구

우선 자유무역정책론이나 보호무역정책론 공히 그들 주장의 근거로서 소득재분배효과를 주장한다. 앞에서 설명한 바와 같이 일반적으로 국제무역은 무역으로부터 이득을 얻는 요소·집단·계층·산업과 손실을 입게 되는 요소·집단·계층·산업을 발생시키므로 어느 쪽의 소득배분의 개선을 목표로 하느냐에 따라 자유무역정책론의 논거가 되기도 하고 보호무역정책론의 논거가 될 수도 있다. 대체로 자유무역정책론은 자유무역을 통하여 이득을 얻게 되는 쪽의 소득배분의 개선을 강조하는 반면 보호무역정책론은 국제무역으로 인한 소득재분배과정에서 피해를 입게 되는 쪽의 손실과 불평등을 방지하거나 보상하기 위하여 보호무역을 행하여야 한다고 주장한다.

따라서 이러한 소득재배분 효과를 중심으로 하는 자유무역정책론과 보호무역정책론은 때로는 정치적인 논쟁의 대상이 될 수 있다. 예컨대 자유무역정책론은 상대적으로 풍부한 생산 요소·비교우위 산업·소비자계층의 소득배분개선을 위하여 자유무역이 바람직하다고 주장하는 반면 보호무역정책은 상대적으로 희소한 생산요소·비교열위산업·국내생산자의 손실과 불평등을 방지하기 위하여 보호무역이 바람직하다고 주장하기 때문이다. 이러한 예는 역사적으로도 뚜렷이 나타나기도 한다. 영국의 공업화과정에서 지주세력들과 새로운 산업자본가 간의 대립이나 개도국들의 공업화과정에서 자본가들과 노동자들 간의 이해대립 또는 새로운 시장개방과정에서 비교우위산업과 비교열위산업 간의 이해대립이 그것이다.

이러한 경우 자유무역 정책론자들은 소득재분배효과를 이유로 보호무역을 행하는 것보다 자유무역을 허용하고 필요하다면 그로부터 손실을 입는 집단에 대한 보상을 증대시키는 것이 바람직하다고 주장한다. 다시 말하면 자유무역 이후 소득증대가 이루어지는 쪽과 소득감소가 이루어지는 쪽이

존재하게 되지만 이때 전자의 이익이 후자의 손실을 능가하여 전체로서의 순이익(net gains)이 발생되고 이러한 순이익이 보상차원에서의 재분배가 이루어져 이득을 얻는 쪽과 손실을 입는 쪽 간의 형평성을 기할 수 있다고 주장한다.

말하자면 무역으로부터 발생되는 피해를 무역으로부터 얻어진 이익으로 보상해주는 보상의 원리(principle of compensation)가 제대로 작동한다면 소득분배개선을 위한 보호무역론은 정당성을 갖지 못한다고 비판한다. 이러한 주장에 대하여 보호무역정책론자들은, 이러한 소득의 재분배장치가 원활하게 이루어지지 않으므로 오히려 보호무역을 통하여 이러한 손실집단을 보호해주어야 할 필요성이 존재한다고 주장한다.

한편 자유무역론자들은 국제무역이 일국의 자원을 효율적으로 배분함으로써 얻을 수 있는 정태적 이익을 주된 관심사로 하여 이를 강조하고 있지만 대외무역이 이러한 정태적 이익뿐만 아니라 이를 통하여 무역당사국의 경제가 성장하고 발전하는 성장의 원동력(engine of growth)으로서의 동태적 이익이 있음을 주장하여 이른바 '대외무역을 통한 경제발전론'을 주장하였다. 이들은 또한 이렇게 자유무역이 이론적으로 바람직하다는 것이 근대경제학의 가장 강력한 명제로서 자리매김하여 왔을 뿐만 아니라 자유무역의 우월성이 역사적·경험적으로도 입증되어 왔다고 주장한다.

반면, 자유무역론자들과 마찬가지로, 보호무역론자들 역시 국내시장과 수요의 확대를 통한 경제성장을 이룩하기 위하여 보호무역이 바람직하다고 주장한다. 앞에서 설명한 바와 같이 개발경제학의 균형성장론(balanced growth strategy)이나 불균형성장론(unbalanced growth strategy) 공히 저개발국에 있어서 보호무역정책을 지지한다. 일반적으로 저개발국들은 공업보다는 농업, 중공업보다는 경공업에 비교우위를 가지는데 균형성장론의 입장에서 후진적인 공업 또는 중화학공업을 육성하기 위해서는 보호무역이 필요하다고 주장하고, 불균형성장론의 입장에서도 농업보다는 공업, 경공업보다는 중화학공업의 생산과정이 보다 큰 연관효과를 발휘하므로 주로 농산품이나 경공업제품을 수출하는 저개발국의 경우 경제발전을 위하여 자유무역보다는 보호무역이 바람직하다고 주장한다.

이같이 자유무역정책론이나 보호무역정책론 공히 대외무역을 통한 경제발전론을 주장하지만 자유무역정책론은 비교우위산업의 육성과 해외시장을 통한 시장확대와 성장을 추구하는데 비하여 보호무역정책론은 비교열위산업의 육성과 국내시장을 통한 시장확대와 성장을 추구하는 점이 서로 다르다. 또한 산업구조면에서 전자가 정태적인 비교우위성·효율성을 추구하는데 비하여 후자는 동태적인 비교우위성·효율성을 추구하는 점이 서로 다르다.

3.2 통상정책론의 정치경제적 성격

(1) 이론과 현실의 이율 배반성(통상정책론의 이데올로기적 · 역사적 속성)

자유무역과 보호무역의 문제는, 오랜 역사를 통하여 끊임없이 논쟁의 대상이 되어왔고 또한 오늘날에 있어서도 여전히 계속 논쟁의 중심이 되고 있는, 실로 '오래고도 새로운'(old and new) 하나의 갈등이다. 또한 이론적으로는 자유무역이 옳다고 주장되면서도 실제의 정책은 보호무역을 실시하는 이율배반적인 경향을 띄면서 전개되어 왔고, 전통적으로 자유무역의 정책기조를 견지하여온 국가들도 자국의 이익을 위하여 필요하다고 판단될 경우 언제든지 보호무역정책으로 선회하였던 것이 엄연한 역사적 사실이었다.

이러한 이론과 현실의 이율배반성과 관련하여 놓치지 말아야 할 핵심적 요점은, 그 나라의 무역정책기조가 자유적이든 보호적이든 동서고금을 막론하고 자신의 국익을 포기하는 대외무역정책을 선택하는 나라는 결코 없다는 사실이다. 따라서 국제무역체제의 문제나 자국의 무역정책을 논의하는 저변에는 항상 자국이익실현이라는 1차적 목표가 전제되어 있고 경제적 자유의 증진이나 인류의 복지증진 등과 같은 고상한 주장은 외교적 수사이거나 오히려 부수적인 목표일 경우가 많다. 이러한 사실은 자유무역이나 보호무역을 주장하거나 시행한 시대적 배경을 살펴보면 더욱 명백해진다.

이것은, 자유무역론과 보호무역론 모두 그 자체 나름대로의 논리성을 지니고 있지만, 동시에 '자국의 국익극대화를 위한 이데올로기적 도구로서의 성격'을 지니고 있기 때문이다. 예컨대 중상주의 시대의 보호무역정책론이 당시 새로이 건설하려는 근대국가의 부국강병을 위한 이데올로기였다면, 19C 이후 제기된 해밀턴의 산업분화론이나 리스트의 유치산업보호론 역시 당시 후진국이었던 미국과 독일의 공업발전을 위한 이데올로기였다. 또한 1970년대 이후 신보호주의의 이론적 배경이었던 공정무역론이나 상호주의는 경쟁력이 쇠퇴하고 있는 자국의 사양산업을 보호하기 위한 선진국들의 이데올로기적 속성을 지니고 있었고, 새로운 보호주의로서 전략적 무역정책론 역시 선진국의 과점적 첨단산업의 이익을 극대화하기 위한 이데올로기적 속성을 지니고 있다.

이와 같이 다양한 보호무역정책론들이 보호무역을 추진하는 주체들이 처해 있는 시대적 상황을 반영하는 이데올로기였음은 별로 놀라울 바가 아니지만 영국 고전학파의 자유무역정책론 역시, 당시 가장 먼저 산업혁명을 완성하여 가장 강력한 산업경쟁력을 지닌 영국의 국익을 대변하는 제한적 성격을 지닌, 자유무역 이데올로기(free trade ideology)의 하나였음을 부정할 수 없다.

이렇게 일국의 무역정책론이 자국의 현실을 바탕으로 국익극대화를 위한 이데올로기였다는 점에서 자유무역과 보호무역은 그 때마다의 세계경제가 처해있는 상황이나 각국경제가 처해있는 현실에 따라 변동되고 변화해가는 '역사적 성격'을 지니고 있다. 앞에서 살펴 본대로 자유무역과 보호무역에 관한 이론적 논거들이 서로 대립되고 교차되면서 발전되어 왔듯이 실제의 무역정책 역시 그 시대마다의 자본주의체제·세계경제환경·국민경제의 경제적 상황에 따라 그 정책의 목표나 수단들을 달리하면서 서로 대립되고 교차되는 역사적 과정을 거치며 진행되어 왔다. 따라서 자유무역정책론과 보호무역정책론에 대한 평가는, 단순히 이론적이고 논리적인 관점에서 추상적으로 이루어질 것이 아니라, 자유무역과 보호무역의 전개라는 역사적이고 경험적인 관점에서 파악될 필요가 있다(본서에서는 이를 제2절에서 논의한다.).

(2) 이해관계 상충에 따른 정치경제적 속성

자유무역이 바람직한가 아니면 보호무역이 바람직한가에 대한 논쟁이 영원히 해결되지 못한 주제이기는 하지만, 자유무역정책이 비록 완전한 것은 아니라고 하더라도 '꽤 좋은 정책'(pretty good policy)이며 이것을 일탈하려는 보호무역정책의 논리가 아무리 정교하다고 하더라도 결국 득(得)보다 실(失)을 초래할 것이라는 것이 경제학자들의 보편적인 견해이다. 그럼에도 불구하고 현실적으로는 이러한 자유무역정책이 보호무역정책보다 영향력이 작은 것이 사실이다.[13]

이것이 통상정책의 정치경제적 성격을 반영한다. 왜냐하면 일국의 통상정책은 항상 서로 다른 집단에 차별적인 효과(differential effect)를 유발하여 무역으로부터 이득을 보는 사람뿐만 아니라 손실을 보는 사람을 만들기 때문이다. 이렇게 무역은 승자와 패자(winner and loser)를 만들어내므로 정치적으로 그러한 이해관계를 조정해 나가지 않으면 안 되는 핵심적인 정치이슈(political issue)가 된다.

따라서 일국의 통상정책에 대해서는 항상 서로 다른 차원의 주장과 논리가 대립되게 마련이다. 예컨대 어떤 산업의 경쟁력약화로 인해 기업이 도산하고 실업이 증대되는 경우, 자유무역론자들은 고용유지가 목적이라면 소득이전과 직업재훈련 등과 같은 구조조정정책이 보호무역정책보다 월등히 나은 정책이라고 주장하지만, 당해 산업의 자본가·노동자는 물론 정치인이나 일반국민들까지도 이러한 산업에 대한 보호무역장벽의 설치를 통하여 고용을 보호하려는 경향을 지닌다.

실제로 보호무역정책의 후생효과를 연구한 실증적 연구들은, 사양산업의 보호로 인한 사회적 비용은 그 산업의 고용을 유지하였을 때 노동자들이 받는 임금총액의 수배에 달함을 보여주고 있어 보호무역을 통하여 그러한 산업을 보호하는 것보다 자유무역을 통하여 외국의 제품을 수입하고 그에 따른 구조조정비용을 국가가 부담하는 것이 오히려 효율적이라고 주장한다. 그럼에도 불구하고 실제의 통상정책은 보호를 주장하는 목소리가 받아들여져 자유무역보다는 보호적인 정책으로 나가기가 쉽다. 이 때문에 학자들은, '국제무역분야 만큼 잘못된 정책선택으로 인해 엄청난 경제적 손실과 비용을 초래하고 또한 이론과 현실의 괴리가 심한 분야는 없다'라고 지적하고 있다.[14]

국제통상이 이같이 정치경제적 성격을 강하게 띠는 것은 국제무역에 따른 소득재분배문제와 관련된다. 국제무역은 무역이 없을 경우에 비하여 무역을 행하는 당사국 모두에게 절대적 이득(absolute gains)의 증대를 가져온다는 점에 동의하지만 전체 무역이익의 국가 간 배분문제에 대해서는 국가 간 이해관계의 대립이 일어나게 된다. 또한 대내적으로도 국제통상에 참여한 그룹과 참여하지 못한 그룹·수출산업과 수입대체산업·생산자와 소비자·자본가와 노동자 간의 소득재분배 문제가 야기되므로,[15] 이러한 주체들 간에 다양한 갈등관계가 이루어진다. 따라서 이러한 대내외적

13 병최선 (1999) p.4.

14 A. Dixit (1996) p.11.

15 후술하는 바와 같이 대외무역의 소득재분배문제와 관련되는 국내이익집단 간의 경쟁유형에 대해서는 2가지 이론이 있다. 그 중 하나는 스톨프-사뮤엘슨정리(Stolper-Samuelson theorem)를 기초로 하는 생산요소간 (자본과 노동)의 계급적 갈등관계를 중시하는 시각이고, 다른 하나는 산업간 (수출산업과 수입경쟁산업) 갈등관계를 중시하는 시각이다.

갈등과 협력관계가 정치경제학의 주요한 주제가 된다.

국제무역에 의한 소득재분배와 관련하여 서로 상반되는 주장과 이러한 주장을 뒷받침하는 각각의 경험적 연구결과들에 있어서도 논쟁이 계속되고 있다. 이러한 논의들 중 어느 것이 더 타당한가와 상관없이 이러한 논쟁 자체가 국제통상정책의 정치경제적 성격을 대변해 준다. 동시에 국제통상정책을 연구하고 평가함에 있어서도 반드시 이러한 정치경제적 시각 위에서 고찰하여야 함을 보여준다.

이러한 국제통상의 정치경제적 성격 때문에 통상정책의 수립과 실천에는 많은 이해관계의 조정이 필요해진다. 우선 대외적으로 교역당사국간의 이해조정이 필요할 뿐만 아니라 대내적으로도 여러 국내 이익집단 간의 이해조정도 필요하기 때문이다. 이 때문에 국제통상정책은 대외정책인 동시에 대내정책으로서의 성격도 지니게 되며 때로는 이러한 양자의 정책목표 간에 갈등이 발생하기도 한다. 따라서 국제통상정책의 결정과정에서는 어떤 특정산업·특정부문·특정집단의 경제적 이익과 국가전체의 경제적 이익을 종합적으로 고려하는 최적한 선택이 이루어져야 한다.

〈부록 4-1〉 영국 곡물법의 역사와 곡물법논쟁의 정치경제적 함의

1815년에 제정되어 1864년에 폐지된 영국의 곡물법논쟁은 오늘날의 시각에서 보더라도 대단히 치열했던 자유무역 대 보호무역 논쟁의 전형이었고 무역정책이 어떠한 정치경제적 함의를 지니는가를 극명하게 보여주는 역사적 증거라고 할 수 있다. 여기에서는 이러한 곡물법논쟁의 진행과정을 간략히 살펴봄으로써 일국의 대외무역정책이 어떠한 정치경제적 함의를 가지는가를 살펴보기로 한다.

영국의 곡물법(The Corn Law)은 국내수요를 충족하기 위한 충분한 양의 곡물을 확보하는 동시에 곡물가격을 적정이윤이 보장되는 수준으로 유지함을 목적으로 곡물수입에 관세를 부과하는 것이 주요 내용이었다. 곡물법의 역사는 매우 길어서 영국에서 최초로 이 법이 제정된 것은 1436년이었고 이로 인해 영국의 곡물생산자들이 사실상 국내시장을 독점할 수 있도록 하여 곡물가격이 인위적으로 높은 수준에 유지되도록 하였다. 따라서 이법은 지주들에게는 아주 유리한 법이었지만 일반 대중에게는 매우 경제적 부담이 큰 법이었다. 곡물가격이 높아 식품비가 높은 반면 이것이 임금에 미치는 영향을 막기 위하여 정부가 임금통제를 가하고 있어 노동자들은 고통이 심하였고 더 나아가 계급간의 경제적 격차를 영속화시키는 굴레가 되었다.

이후 16~18세기를 거치면서 그 때 그 때의 정치경제적 상황변화에 곡물법은 여러 차례 개정되어 오다가 19세기에 들어와 나폴레옹전쟁 이후 곡물가격이 폭락하자 1815년 의회가 곡물가격이 일정한 수준으로 회복될 때까지 거의 모든 곡물수입을 금지시키는 경직적인 곡물법을 제정하였다. 이에 대해 지나치게 보호주의적이라는 비판이 일어났고 이 때문에 재정수입도 감소하는 결과를 초래하자 몇 차례의 개정이 이루어지기도 하였다. 그러나 곡물법에 대한 폐지논쟁이 본격적으로 이루어진 것은 1830년대 전후였다. 당시 영국의 인구가 급격히 늘어나 농업의 자급능력이 상실되고 있었고, 신흥 산업인 제조업(섬유공업)의 생산과 무역업의 수출신장세가 둔화하자 산업자본가들은 농업(곡물)에 대한 불공정한 보호에 대해 불만을 터뜨렸다. 이러한 시대상황하에서 흉작과 함께 경기침체가 심화되자 산업자본가들은 곡물법폐지

운동에 적극 참여하데 되었다.

이러한 시대적 배경 하에서 1833년 반곡물협회(Anti-Corn Law Association)가 속속 형성되었고 1839년에는 반곡물연맹(Anti-Corn Law League)이 출현하였는데 이 연맹은 전국적 규모를 가진 영국 최초의 근대적인 정치적 압력단체였다. 이러한 움직임에 대하여 곡물법폐지를 반대하는 그룹들은 반연맹(Anti-League)과 농업보호회(Agricultural Protection Society)를 결성하여 대립하였다. 이렇게 곡물법폐지문제는 표면적으로는 식품비를 둘러싼 단순한 대립같이 보이지만 그 이면에는 성장하는 공업부문 및 무역부문과 쇠퇴하는 농업부문과의 갈등, 산업적 중산계급과 지주귀족계급간의 정치적 힘의 대결이 진행되고 있었다. 당시 필(Peel)수상 역시 논리적으로는 곡물법폐지에 공감하였으나 곡물법폐지를 극력 반대하는 지주귀족들이 주축을 이루고 있는 자신의 정당이 취하고 있는 정치적 입장 때문에 이러지도 저러지도 못하고 있었다.

이러한 와중에 1840년대 중반에는 엄청난 아일랜드의 감자기근(potato famine)이 일어났고 이어 영국의 밀농사 흉작이 겹치면서 곡물법의 즉각적이고 완전한 폐지를 주장하는 압력이 폭발지경에 이르렀다. 이러한 위기 속에 1845년 당시 내각은 곡물법을 폐지하기로 결심하였고 드디어 1846년 5월 16일 의회에서 327 대 229로 곡물법 폐지를 가결하였다. 이렇게 영국에서 산업혁명이 일어난지 150여년이 지난 시점에서 영국의 곡물법이 폐지되었던 것은 정치적·경제적·역사적·사회적으로 매우 큰 의미를 지녔다고 할 수 있다. 이러한 관점에서 당시 곡물법폐지 논쟁의 주요 논점과 의미를 정리해보면 다음과 같다.

(1) 곡물법 논쟁은 계급 간 갈등의 산물이었다. 곡물법폐지를 주장한 산업자본가들은 곡물법이 지주계급의 착취수단이라고 주장한 반면 곡물법폐지를 반대한 지주계급들은 저임금을 향유하기 위한 산업자본가들의 음모라고 주장하였다. 말하자면 급성장하기 시작한 공업부문과 무역업에 종사하는 중간계급과 쇠퇴의 길에 들어선 농업부문의 지주계급 간의 경제적 갈등이 정치적 갈등으로 대변되었다고 할 수 있다.

(2) 곡물법폐지를 둘러싼 논쟁에서의 승패가 노동자와 서민들의 지지확보 여부에 달려 있었기 때문에 식품가격과 임금의 상관관계가 큰 쟁점이 되었다. 곡물법폐지 반대론자들이나 보호무역론자들은 산업자본가들이 곡물법을 폐지하려는 진정한 동기는 저임금을 유지하려는 것이라고 주장하면서 비록 곡물법이 폐지되어 식품가격이 하락할지라도 외국의 곡물수출업자가 시장을 독점하여 가격을 올리게 되면 식품가격은 다시 오르게 되고 더 나아가 농업이 쇠퇴하여 이농이 늘면 노동공급이 증가하여 임금은 하락할 것이라고 주장하였다.

(3) 곡물법폐지 반대론자(보호무역론자)들은 영국이 공산품에 특화하기 위하여 농산물의 자급자족을 포기하는 것은 국가안보에 큰 위협을 가하는 것이라고 주장하였다. 이에 대해 곡물법폐지론자(자유무역론자)들은 영국이 대륙의 국가들과 전쟁을 수행하는 기간에도 적대국인 프랑스로부터 곡물을 수입한 역사적 사실을 적시하면서 어떤 산업이든 채산성이 맞으면 육성되지만 그렇지 않으면 문을 닫고 다른 산업에 자원을 배분하는 것이 효율적인 만큼 농업도 예외가 아니라고 주장하였다. 또한 곡물법폐지 반대론자들은 곡물법폐지가 정부의 재정수입을 감소시켜 외국에 대한 이자지불을 어렵게 할 것이라고 주장한데 대하여 곡물법폐지론자들은 곡물법폐지에 따라 공업이 활발해지고 수출이 증대되면 소득세가 증수되어 재정수입이 증가될 수 있다고 주장하였다.

이상에서 알 수 있듯이 우리는 '1815년에 제정된 곡물법이 논쟁 끝에 1846년에 폐지되었다'라고 단순하게 말하지만 이러한 변화가 있기까지는 많은 이해관계집단 간의 피나는 논쟁과 정치적 대립이 있었으며 이러한 논쟁과 대립의 배후에는 여러 가지 정치경제적 요인들이 배경으로 깔려 있었음을 알 수 있다. 이러한 이유 때문에 영국의 곡물법문제는 오늘날까지도 경제학자들뿐만 아니라 정치학자들이 관심을 가지는 주요 연구대상이 되고 있다. 아울러 자유무역과 보호무역의 논쟁에 있어서도 오늘날 우리들이 주장하는 논리와 논거들이 이미 19세기 초반에도 꼭 그대로 곡물법을 둘러싸고 논쟁되었음을 발견하게 된다.

한편 산업혁명이 시작된 지 150여년이 지난 시점에서 이루어진 이러한 영국의 곡물법 폐지는 당시 정치경제사회적으로 심대한 의미를 가진 일대 사건이었다. 오늘날까지도 많은 국제정치경제학자들이 이러한 곡물법폐지에 대하여 다음과 같은 다양한 해석을 내리고 있다.[16]

자유주의적 해석 자유주의적 견해는, 영국이 곡물법을 폐지한 것은 가장 싼 시장에서 사서 가장 비싼 시장에서 팔 수 있는 권리와 자유를 인정해야 하고 교역상대국에게 상호적인 관세인하를 주장하지 않는 일방적 자유주의를 주장한 맨체스터학파(Manchester School) 정치경제학의 사상과 이념이 승리한 결과로서, 자유무역은 단지 영국의 이익뿐만 아니라 세계경제적 이익과 세계평화에 기여한다는 보편적 의도도 가진 것으로 보아야 한다고 주장하였다(C. P. Kindleberger 등).

현실주의적 해석 패권적 안정이론의 관점에 서있는 사람들은 영국이 곡물법을 폐지한 것이 영국에 의한 국제경제적 패권의 시작이었다고 해석한다, 이들은 곡물법폐지에 따른 노동임금의 하락은 영국 공산품생산의 경쟁력을 강화시키고 곡물생산국으로 하여금 영국공산품을 수입할 수 있는 여력을 높여주며 또한 당시 유럽대륙이나 미주국가들이 추구하는 산업화과정을 멈추게 하거나 역전시킬 수 있을 것으로 믿고 있었던 만큼, 곡물법폐지를 통하여 영국의 패권적 지위를 확보하려는 의도와 노력이 있었다고 해석한다(David A. Lake and Scott C. James).

급진주의적 해석 급진주의들 중에는 영국의 곡물법폐지는 새로운 형태의 자유무역제국주의(free trade imperialism)적인 동기에서 비롯된 것이라고 해석한다. 이들은 당시 패권국가로 부상한 영국이 유럽대륙의 제조업 발전을 지체시켜 공산품무역에서 독점적 지위를 유지하려는 제국주의적 동기에서 비롯되었다고 평가한다. 이들은 당시 독일관세동맹은 영국의 곡물법에 자극을 받아 만들어졌기 때문에 영국이 곡물법을 폐지한다면 프러시아 지배하의 독일관세동맹은 농업에 좀 더 집중적으로 투자하게 될 것이므로 이들의 제조업을 향한 행진이 더디게 될 것이라고 생각하였다고 해석하였다.

16 최병선 (1999) pp.330-33.

제2절 자유무역과 보호무역의 역사적 전개와 평가

1. 세계무역체제의 역사적 전개

1.1 세계무역체제의 변화 개관

제1절에서 살펴 본 바와 같이, 자유무역과 보호무역의 문제는 오랜 역사를 통하여 끊임없는 이론적 논쟁점이 되어 서로 대립되어 왔고 오늘날에 있어서도 여전히 논쟁의 중심에 서 있는 실로 '오래고도 새로운'(old and new) 하나의 갈등이다. 또한 이론적으로는 자유무역이 옳다고 주장하면서도 실제의 정책은 보호무역을 실시하는 이율배반적인 성격을 띠면서 전개되었고 전통적으로 자유무역을 선호하는 나라들도 자국의 이익을 추구할 필요가 있을 때는 과감하게 보호정책으로 선회한 것이 역사적 사실이었다.

따라서 자유무역정책론이나 보호무역정책론 역시 하나의 과학적 이론으로 제시되고 있지만 사실은 하나의 이데올로기적 도구로서의 성격을 지니고 있다고 할 수 있다. 자유무역과 보호무역에 대한 이론적 논쟁이 이처럼 통일적인 결론을 도출하지 못하였듯이 실제 무역정책의 역사적 과정 역시 그 시대와 국가가 처해 있는 자본주의 발전의 정도·세계경제환경의 변화·각 국민경제가 처해 있는 경제적 상황과 전제의 차이에 따라 그 정책의 목표나 수단들을 달리하면서, 서로 대립되고 교차되는 역사적 과정을 거치며 진행되어 왔다.

자유무역과 보호무역이 역사적으로 실행되어온 이상과 같은 과정을 단순화시켜 보면, 중상주의적 상업자본주의시대에서부터 산업자본주의를 거쳐 오늘에 이르기까지 자본주의의 발전단계에 따라 자유무역과 보호무역이 서로 교차되며 진행되는 모습을 보여 왔다고 할 수 있다. 이러한 역사적 흐름을 극히 단순화시켜 요약하고 있는 것이 〈표 4-6〉이다.

〈표 4-6〉 세계무역정책기조의 변화

시 대	2차 대전 이전의 세계무역체제				전후의 세계무역체제	
	16~18C중엽	18C말~ 1870년대	19C 중엽이후	1870년대~ 2차 대전	2차 대전~ 1960년대	1970년대 이후
자본주의 단계	상업자본 주의시대	산업자본 주의시대	산업자본 주의후기	독점자본 주의시대	(수정자본 주의시대)	(복지자본 주의시대)
무역정책 기조	중상주의적 보호무역	고전적 자유무역	고전적 보호무역	제국주의적 보호무역	전후의 자유무역	신보호 무역주의

이 표는 세계무역체제의 정책적 기조가 자유무역이었느냐 또는 보호무역이었느냐를 중심으로 하여 세계적 무역정책의 전개과정을 2차 대전 이전의 ① 중상주의적 보호무역, ② 고전적 자유무역, ③ 고전적 보호무역, ④ 독점자본주의적 보호무역과, 2차 대전 이후의 ① 전후의 자유무역, ② 신보호무역주의로 구분하고 있다. 이러한 역사적 단계 중에서도 1970년대 이후의 신보호무역주의가

가장 최근에 전개된 무역체제였고 또한 무역정책의 정치경제적 속성을 잘 반영하고 있으므로 이하에서는 이러한 신보호주의의 배경과 특성에 대하여 개관한다.

1.2 신보호무역주의(1970년대 후반 이후)

(1) 신보호무역주의의 역사적 배경

2차 대전 이후 1960년대까지의 세계경제는, GATT를 통한 자유무역체제 확립과 IMF를 중심으로 한 환율안정에 힘입어 전성시대를 구가하였다. 그러나 GATT체제는 1967년 케네디라운드를 정점으로 서서히 무너지게 되었고 IMF체제 역시 1973년의 변동환율제의 채택을 전환점으로 하여 동요되기 시작하였다. 이러한 전후경제체제의 붕괴과정 속에서 1960년대 말부터 보호주의적 경향이 서서히 나타나기 시작하여 70년대 이후 각국은 앞 다투어 신중상주의적 대외무역정책을 추구하였다.

이러한 경향이 이른바 신보호무역주의(new-protectionism)로서 이러한 보호무역주의는 80년대 이후 세계적인 경향으로 정착되어졌다. 이같이 신보호무역주의란 70년대 후반 이후 선진국을 중심으로 확산되었던 세계적 보호주의 경향을 총칭하는 것으로서 그 보호대상과 정책수단 등이 전통적인 보호주의와는 다르다는 점에서 이와 구별되었는데, 이러한 신보호무역주의역사적 배경으로 다음과 같은 요인들이 지적된다.

(1) 우선, 1970년대 이후 세계경제는 그 이전과는 다른 새로운 구조적 변화를 겪게 되었는데 이러한 「세계경제구조의 변화」가 보호무역주의의 강화를 초래하였다.

미국경제력의 상대적 약화 전후 팩스-아메리카나(Pax-Americana)를 구가하던 미국의 경제력이 상대적으로 약화되어 미국의 주도 하에 있던 세계경제체제가 다극화되는 현상을 보였다. 사실 전후의 무역자유화가 크게 진전되었던 것은 전후 세계경제의 주도국이 된 미국이 그들의 국익상 자유무역주의를 채택하였기 때문이었는데 이러한 경제력의 상대적 약화는 자연히 이러한 전제조건을 무너뜨렸고, 이러한 미국의 변화는 그 후 구미제국의 신보호무역주의의 기조를 강화시키는 전기가 되었다.

장기적 세계 불황 전후 무역의 자유화가 크게 진전되었던 것은 미국주도의 GATT·IMF체제의 기능과 역할에도 원인이 있었지만 전후 주요국들의 경제성장이 순조로워 무역자유화에 수반되는 국내산업구조의 조정에 따른 마찰이 경제성장 과정 속으로 용이하게 흡수되어질 수 있었기 때문이었다. 그러나 1970년대 이후에는 지속적인 세계경제의 불황으로 인하여 이러한 인과관계가 제대로 작용할 수 없었고 이것은 보호무역주의를 더욱 강화시키는 원인이 되었다.

GATT-IMF체제의 변질 전후 국제경제체제의 기초를 형성하여 무역자유화구조의 중심적 기능을 해주었던 GATT와 IMF체제의 붕괴 역시 신보호무역주의의 배경으로 지적된다. 우선 비관세장벽에 의한 신보호주의경향이 확대됨에 따라 관세인하를 주된 수단으로 하여 자유무역을 실현하려는 GATT 본래의 이념은 자연히 퇴색할 수밖에 없었다. 또한 이러한 국제무역상의 위기에 대처하여야 할 GATT가 여러 가지의 내재적 결함과 여건 악화로 적절히 대처하지 못하였다. 또한 전후 환율의 안정적 운용을 통하여 세계무역의 신장과 자유화에 크게 기여하였던 IMF체제의 변화, 특히 변동환율제로의 이행 역시 신보호무역주의적 경향을 촉진하는 요인이 되었다.

(2) 다음으로, 이러한 세계경제구조의 변화과정에서 세계무역 및 국가별 산업구조 역시 변화하게 되었고 이러한 변화과정에서 국가 간 비대칭성이 증대되어 이에 따른「국가적 이해관계의 조정문제」가 보호주의를 강화시키는 요인이 되었다.

세계적 비교우위구조변화 2차 대전 이전까지의 세계무역은 선진국 대 저개발국 또는 종주국 대 식민지국간의 수직적 무역(vertical trade) 형태가 주종을 이루었으나 전후에는 이러한 수직적 무역은 상대적으로 감소되고 공업국간의 수평적 무역(horizontal trade)이 크게 증대되었다. 그런데 이러한 전후 수평적 분업질서는 미국경제의 절대적 우위를 바탕으로 한 것이어서 60년대까지는 미국이 절대적 우위를 누렸으나 이후 상당수 산업의 비교우위가 유럽 또는 일본으로 전환되었고 또다시 한국·대만·홍콩·싱가포르 등 이른바 신흥공업국(NICs : newly industrialized countries)들로 이전되게 되었다. 이 같은 국제적 비교우위의 이전과 변화로 세계 산업구조가 동질적·경쟁적인 성격을 띠게 되었고 이는 결국 새로운 보호무역주의를 강화하는 원인이 되었다.

지역별 국제수지의 비대칭성 이러한 비교우위구조의 변화와 관련하여 지적해둘 또 하나의 경제적 현상은 70년대 중반 이후 지역별 무역수지구조의 비대칭성이 확대되었다는 점인데 그 주요한 특징은 미국의 적자누적현상·일본의 흑자누적현상·신흥공업국의 대선진국 흑자현상으로 나타났다. 따라서 구조적인 국제수지악화를 겪는 나라들은 자신의 적자를 방어하기 위한 수단으로 보호정책을 강화하였고 이러한 경향이 세계적인 보호주의의 확산을 가져오는 계기가 되었다.

산업구조조정의 지연 이러한 비교우위구조의 마찰과 국제수지의 불균형문제와 함께 보호무역주의가 강화된 또 다른 원인으로서는 선진국경제의 구조적 경직성(structural rigidity)이 증대되었고 이에 따라 적절한 산업구조조정이 지연되었다는 점을 들 수 있다. 이러한 산업구조조정의 지연은 대내적으로 노동력을 계속 사양산업에 잔류시킴으로써 노동력의 비효율을 가속화시키고 이는 다시 산업조정을 지연시키는 악순환을 초래할 뿐 아니라, 대외적으로 경제적 마찰의 심화와 함께 대외적 보호조치의 선호로 귀결되는 결과를 가져왔다.

(3) 끝으로, 대외무역에 있어서의 이러한 선진국들의 보호주의는 그에 상응되는 여러 가지 경제적 손실들을 초래하지만 이러한 경제적 손실이 있음에도 불구하고 보호주의적 장벽을 강화한 것은 순수이 경제적 요인들을 넘는 보다 광범위한「정치경제적 요인」들이 그 배경으로 작용하였기 때문이다.

경제의 해외의존성 심화 각국경제의 해외의존성과 상호의존성이 심화됨으로써 개개의 국민경제가 외부환경의 변화에 지나치게 민감히 반응되는 결과를 가져와 외국으로부터의 수입에 경쟁해야하는 수입경쟁산업이 점차 확대되고 수입에 의해 피해를 입는 기업이나 노동자 등의 압력단체가 더욱 증가되는 결과를 가져왔다.

국가관의 변화 1930년대 대공황 이후 경기조절을 위한 정부의 정책적 개입이 정당시되었고 또한 케인즈적 거시경제이론이 시장기능에 대한 정부간섭의 경제학적인 정당성을 부여하였다. 또한 20세기 이후 나타나게 된 복지국가관의 영향에 따라 국민경제에 대한 정부의 역할과 비중이 증대되는 동시에 산업의 번영과 국민개개인의 복지가 정부의 책임으로 간주되게 되었다. 이러한 국가관하에서 어떤 산업의 고용과 소득이 수입으로 인해 피해를 입게 되었을 때 정부가 수입을 제한하여야한다는 수입제한론자들의 주장은 매우 큰 영향력을 가지게 되었다.

국내정치적 요인 대부분의 선진국에서는 그 정치제도상 여론과 유권자의 압력을 무시할 수 없기 때문에 선진국정부가 선택할 수 있는 정책에는 스스로 한계가 존재하며, 따라서 보호무역정책 역시 상반되는 이해관계집단의 상호작용에 의해 결정되게 된다. 그런데 보호무역조치를 취하게 될 경우 가격상승과 후생 손실을 입게 되어 보호무역을 원하지 않는 소비자계층은 넓게 존재하지만 그들이 정치세력화 되기에는 너무도 분산되어 있다. 반면 자유로운 수입이 이루어지게 될 경우 피해를 입게 되는 기업과·노동자 및 노동조합들은 산업적·지역적·조직적으로 집중되고 결집되어 정치적 세력으로서의 힘을 가진다. 따라서 정부와 정치가들은 자유무역이 가지는 장기적 이익과 편익보다는 보호주의라는 임시적인 방편과 수단을 선택하게 된다.

(2) 신보호무역주의의 특성

이상과 같은 역사적 배경 위에서 1970년대 이후 대두되게 된 신보호무역주의는 이전의 보호무역주의와는 서로 다른 내용과 수단을 통하여 전개되었다. 이러한 비교는 특히 전통적인 보호주의, 즉 19C중엽 이후 당시 후발국이었던 미국과 독일을 중심으로 전개된 고전적 보호주의와 비교할 때 더욱 뚜렷이 나타나게 된다. 신보호주의가 고전적 보호주의와 어떻게 다른가를 시대적 배경·보호주체·보호대상·보호의 성격 등의 관점에서 비교하면 〈표 4-7〉과 같다.

〈표 4-7〉 고전적 보호주의와 신보호주의의 비교

구 분	고전적 보호무역주의	신보호무역주의
시대적 배경	18C 말~19C 중엽 (산업자본주의 후기)	1970년대 중반 이후 (복지자본주의시대)
보호의 주체	후진국 중심 (당시 미국·독일)	선진국 주도 (미국)
보호의 대상	유치산업보호, 후발신생산업육성	사양·정체산업보호, 첨단신산업육성
보호의 성격	특정산업보호 (미시적 목표)	고용보호·국제수지개선 (거시적 목표)
보호의 기간	잠정적·일시적 보호 전제	장기적·영구적 보호 필요
보호의 수단	보호관세 중심의 보호	비관세장벽 (NTB) 중심의 보호
보호의 성격	차별적 요소 없음 방어적 상호주의	보호의 차별성·선별성 공격적 상호주의

시대적 배경과 보호주체 고전적 보호주의가 18세기말 이후 19세기 중엽의 산업자본주의시대를 배경으로 하고 있음에 비해, 1970년대의 신보호주의는 복지국가(welfare state)로 이행된 수정자본주의를 그 시대적 배경으로 하고 있다. 또한 고전적 보호주의가 후진국의 보호였다면 신보호주의는 선진국중심의 보호였다.

보호 대상 고전적 보호주의가 아직 경쟁력을 갖추지 못한 유치산업(infant industries) 내지는 신생산업의 육성을 위한 것이었지만 신보호주의는 이미 국제경쟁력을 잃은 사양산업(declining industries)의 보호에 그 목적을 두고 있다. 1970년대 이후의 신보호주의는 사양산업·정체산업(declining or senescent industry)의 보호와 첨단기술산업의 전략적 보호를 동시에 추구하였다. 이같이 사양산업보호·첨단산업육성이라는 중상주의적 경향을 보이고 있어 이를 신중상주의(neo-mercantilism)라고 부르기도 하였다.

보호의 목적과 성격 고전적 보호주의와 신보호주의는 모두 수동적·방어적 성격을 띠고 있다는 점에서 양자는 유사하다. 그러나 그 구체적인 목적에 있어서, 전자는 유치산업을 보호하여 산업구조를 보다 고도화한다는 구조변화의 성취에 목적을 두고 있는 반면 후자는 시장교란(market disruption)의 방지라는 이유로 구조변화의 저지를 목적으로 하고 있어 양자는 구별된다. 또한 고전적 보호주의가 특정산업의 지원과 같은 미시적 목표에서 출발된 것이었다면 신보호주의는 고용보호·국제수지개선 등과 같은 거시적 목표를 추구하는 수단으로 존재한다는 점에서도 구별된다.

보호의 기간 이러한 보호목적의 차이 때문에 고전적 보호주의가 잠정적·일시적 성격을 띠는 것이었다면 신보호주의는 장기적·영구적 성격을 띠게 된다. 리스트의 유치산업보호론은 교육적(educational)·일시적(temporary) 보호(protection)이었으며 또한 보호의 손실을 극소화하기 위하여 장래 발전가능성과 확실성이 있는 산업만을 선택하여 보호하여야한다는 제한적 보호론(restricted protectionism)이었다. 그러나 신보호주의는 이미 경쟁력을 상실하여 국가에 의한 보호가 있더라도 경쟁력을 회복할 전망이 없는 사양산업의 보호이므로 이것은 장기적 또는 영구적 성격의 보호로 귀결된다. 또한 선진국의 이른바 전략적 보호주의는 보호주의의 장기적 제도화를 가능케 할 위험을 내포하고 있다.

보호정책 수단 고전적 보호주의는 보호관세가 가장 중요한 수입규제수단이었지만 신보호주의는 보호수단으로서 대부분 비관세장벽(NTB : non-tariff barrier)이 동원되었다. 아울러 신보호무역주의는 여러 가지의 수입규제조치가 GATT의 테두리 밖에서 비공식적이고 비제도적인 형태로 이루어졌다는 점을 특징으로 하고 있다

보호의 원칙 고전적 보호주의하의 보호관세는 무차별적이었지만 신보호주의의 정책수단으로서의 비관세장벽은 외견상으로는 무차별적인 것처럼 보이지만 실질적으로는 개도국들에게 크게 불리하게 작용하기 때문에 개도국에 대해 사실상 차별적인 성격을 지녔다. 또한 신보호주의는 GATT의 무차별원칙을 위배하는 상품별·국별 선별주의를 채택하고 있었다. 또한 신보호주의는 특정산업의 보호라는 종전의 수동적·방어적 성격에서 자국과 상당할 정도로 상응하는 시장개방을 요구하는 공격적·보복적·쌍무적 상호주의를 나타내었다.

〈부록 4-2〉 신보호주의 관리무역정책의 정치경제적 성격

1. 관리무역정책의 의의

1970년대 후반 이른바 신보호주의 이후 미국은 쌍무적 통상협상에서 수출자율규제(VERs)나 시장질서협정(OMAs) 등 GATT 테두리 밖의 수입제한조치를 취하거나 수량·시장점유율 목표치를 설정하여 상대국의 시장개방과 확대를 요구하는 방식을 취하였다. 이러한 새로운 접근방식들은 당사자간의 합의에 의해 비제도적·비공식적으로 시행되어져 정치적·행정적 조정과정에 따라 결정되므로 결국 행정적 재량권에 의하여 지배되게 되었는데 이러한 무역체제를 관리무역이라고 칭하게 되었다.

이같이 '관리무역'(managed trade)이라는 새로운 용어가 대두되었지만 그 구체적인 정의와 특성 등이 학문적으로 완전히 정립되어 있지 못한 채 사용되어 왔다.[17] 일반적으로 관리무역이란 '관련 국가들 간의 쌍무적·다자적인 합의에 의해 국제간의 교역이 관리되는 형태' 또는 '어느 정도의 정부개입(통제·지시·관리)이 이루어진 가운데서 이루어지는 무역의 상태'를 의미한다. 따라서 관리무역은 그 형태는 다양하지만 정부가 어떤 정책목적 하에 무역흐름을 의식적으로 조정하고 통제함으로써 무역결과에 직접적인 영향을 미치는 무역형태라고 할 수 있다.

이같이 관리무역의 개념을 넓게 해석하면 다양한 협정내용들이 포함되는데 협상의 당사자·내용에 따라 크게 ① 협상의 주체에 따라 쌍무적 관리무역협정과 다자간(국제적) 관리무역협정, ② 협정의 정책목표에 따라 거시적(전반적) 관리무역협정과 미시적(부문별) 관리무역협정으로 구분되고, ③ 이들 중 미시적 관리무역협정은 협정내용에 따라 규칙지향적 관리무역과 결과지향적 관리무역으로 나누어진다.

거시적 관리무역협정 양국 간의 전반적인 무역불균형 조정을 목표로 한 것으로서, 예컨대 미국이 장기적인 대일무역수지적자를 시정하기 위하여 흑자국인 일본에게 미국으로부터의 수입을 확대하거나 미국에 대한 수출을 자제토록 합의하거나 정치적 압력을 행사하는 협정이 그것이다.

미시적·부문별 관리무역협정 개별 산업이나 개별 제품의 무역을 제한하는 데 초점이 맞추어져 있다. 이러한 부문별 관리무역협정은 다시 ① 교역의 규칙(rules for trade)을 합의하는 규칙지향적 협정과 ② 무역의 목표치(target outcomes)를 합의하는 결과지향적 협정으로 구분할 수 있다.

규칙지향적(rule-oriented) 관리무역협정 협정국들이 지켜야 할 어떤 무역규범(trade rules)과 지침(guide-line)을 미리 정하는 협정으로서, 어떤 개별부문의 무역량을 직접 관리하는 것이 아니라 그러한 관리규칙(managing rules)의 준수를 강요하여 결과적으로 그 수량적 목표를 달성하는 것이다. 예컨대, 정부조달협정·농산물협정·보조금협정·원산지규정·금융통신 등 서비스산업협정·경쟁정책 등 세계적인 무역규범이 아직 잘 확립되어 있지 못하거나 있더라도 애매한 부분이 많은 경우 이와 관련되는 무역결과를 관리하기 위하여 수입국정부가 준수해야할 규범이나 지침을 규정하는 경우이다.

결과지향적(result-oriented) 관리무역협정 개별상품거래에 관한 가격·수량·증가율 등에 대한 어떤 수량적 목표를 설정하여 이를 실현시키는 것으로 한국과 같은 개발도상국들이 가장 우려하는 관리무역협정형태가 이 후자의 경우이다. 예컨대 다자간섬유협정(MFA)·수출자율규제(VER)·시장질서협정(OMA) 등과 같이 개별국가들의 특정산업이나 특정상품의 수출량을 제한하는 무역협정과, 미일반도체협정과 같이 특정국의 수입을 확대시키려고 고안된 수입자율확대조치(VIEs) 등이 그것이다. 따라서 자유무역론자들에 의해 많은 비판을 받고 있다.

2. 주요 관리무역정책수단

이상과 같이 관리무역에는 여러 가지 형태들이 있지만 가장 대표적인 정책수단은 수출자율규제와 수입자율확대조치이다. 수출자율규제(VERs : voluntary export restrains)란 타국으로부터의 수입에 의하여 국내의 산업이 위협을 받거나 시장교란의 우려가 있을 때 무역장벽을 강화시키겠다고 위협하면서 상대수출국으로 하여금 수출을 자율적으로 규제하도록 하는 협정을 체결하는 무역제한조치를 말한다.

GATT체제 하에서 세계무역은 1950년대와 60년대 전반에 걸쳐 급속하게 성장하게 되었는데 이와 같은 세계무역의 급성장 속에서 일부 선진국들의 특정산업부문이 개도국들의 저가제품 대량수입에 의한 국내시장 교란현상에 직면하게 되었다. 선진국들은 이러한 국내시장교란현상을 제거할 목적으로 새로운 형태의 보호조치를 취하게 되었는데 이것이 바로 1956년 미국과 일본 간에 맺어진 면제품부문에서의 수출자율규제였고 바로 이 조치가 관리무역수단의 시발이 되었다. 그 후, 이러한 수출자율규제는 섬유·철강 등과 같은 특정부문에 국한된 무역수지적자문제 또는 시장교란문제를 해결하기 위해 종종 사용되어졌고, 가장 잘 알려진 사례로는 80년대 초 미국이 자국의 자동차산업을 보호하기 위하여 일본에 압력을 가해 일본의 자동차업계가 대미수출을 자발적으로 규제하였던 경우이다.

한편 이러한 수출자율규제협정과 유사한 정책수단으로서 시장질서유지협정(OMAs : orderly marketing agreements)이 있다. 이 협정은 수출자율규제보다 더 온건한 표현을 사용한 것으로 1974년 미국의 통상개혁법(Trade Reform Act of 1974)에서 처음으로 사용하였던 것으로 기본적으로는 수출자율규제와 동일하다. 즉 수출자율규제와 마찬가지로 수입증가로 인한 시장교란을 방지하기 위하여 상호간 협정에 따라 일정량의 수출만 이루어지도록 하는 것인데, 다만 일정한 제한물량을 초과하는 경우 수출자율규제는 수출국의 자율에 의해 수출을 자제토록 하는데 비하여 시장질서협정은 수입국이 자동적으로 수량제한조치를 취한다. 이러한 점에서 수출자율규제보다는 시장질서협정이 보다 엄격한 수입제한조치라고 볼 수 있으나 두 제도의 경제적 효과는 거의 같다고 볼 수 있다. 주로 신발·가전제품의 경우에 이러한 정책수단이 활용되었다.

1970년대 후반 미국은 또 다른 새로운 관리무역수단, 즉 수입자율확대(VIEs : Voluntary Import Expansions)조치를 도입하였다. 이것은 수출국이 자국의 수출을 증대시킬 목적으로 수입국으로 하여금 당해 제품의 목표수입량 또는 목표시장점유율을 설정하여 이 수준까지 수입을 자율적으로 확대시키게 하는 무역정책수단이다.

따라서 이러한 수입자율확대조치 역시 협상을 통한 합의를 조건으로 하는 자율적 정책수단의 하나로서 대표적 관리무역정책수단이라고 할 수 있다. 이러한 조치는 1978년 미·일 정부간에 쇠고기·오렌지의 수입량에 대한 합의가 이루어지면서 하나의 관리무역수단으로 등장하게 된 이후, 1986년에 체결된 '미·일간 반도체협정'에서부터 본격적으로 활용되기 시작하였고, 그 후 자동차부품부문에 있어서 미·일간 수입자율확대를 위한 협상이 전개된 바 있다.

이러한 제도를 수출자율규제와 비교해 보면, 수출자율규제가 수입규제형 관리무역수단이라면 수입자율확대조치는 상대국으로 하여금 자국제품에 대한 수입수요를 자율적으로 증대시켜 자국의 수출을 증대시키고 나아가 무역수지를 개선시킬 목적으로 하는 수출증대형 관리무역수단이라 할 수 있다. 따라서 이러한 수입자율확대조치는 '수입제한'이 아닌 '수입확대'를 지향하고 있다는 점에서 보호무역과 거리가 있다고도 볼 수 있다.

그러나 이를 비판하는 자유무역론자들은 수입자율확대조치 역시 또 다른 보호무역수단일 뿐이라고 비판한다. 즉 특정국으로부터의 수입확대를 강요하는 것이어서 GATT의 '무차별원칙'에 위배될 뿐만 아니라 이러한 강요는 결국 제3의 수출국에게 피해를 주는 것이므로 결코 자유무역적이라고 할 수 없다는 것이다. 이에 바그와티(Jagdish Bhagwati)교수도 수출자율규제조치가 수입보호주의(import protectionism)라면 수입자율확대조치는 수출보호주의(export protectionism)일 뿐이라고 비판하였다.

3. 관리무역정책의 성격

이러한 관리무역정책에 대하여 그것이 자유무역지향적인가 보호무역지향적인가에 대한 이론적 논쟁들이 1980년대 중반 이후 활발히 이루어졌다. 일부의 학자들은 이러한 관리무역의 성격을 보호지향적인 것으로 해석하는 반면 또 다른 학자들은 이를 자유지향적인 성격으로 파악하려한다.

보호지향적 성격으로 규정하는 견해의 기본입장은, 아무런 정부의 간섭 없이 자유롭게 이루어져야 할 자유로운 교역에 어떤 형태로든 정부가 개입하여 관리한다는 점에서 자유무역과는 다르며, 물론 이러한 무역 하에서도 시장기능이 제한적으로 작동하고 있는 것은 사실이지만 무역흐름이 직간접적으로 당해 정부가 의도하는 대로의 영향을 받는다는 점에서 보호의적이라는 것이다. 따라서 관리무역은, GATT의 기본원칙에 위배되는 보호무역조치이지만 다자적인 합의에 입각하여 시행된다는 이유로 제재를 받지 않는 것에 불과한 '합법화된 보호무역주의'라고 규정한다.

이러한 견해와는 달리 관리무역을 자유지향적 성격으로 규정하는 견해들은, 전통적 보호무역이 주로 국내산업보호에 주안점이 있는 반면 관리무역은 국제수지균형·무역영향의 적절한 조절·국가안보 등 과 같이 다양하고, 또한 모두가 그 개념이 애매모호 할 뿐만 아니라 명시적 목표와 실질적 목표가 괴리되기도 하여 엄밀한 의미에서의 보호무역과는 다르며, 특히 전통적 보호주의와는 달리 국가간 협상에 의해 이루어진다는 점에서 더욱 자유지향적으로 보아야 한다는 것이다.

관리무역의 이러한 양면성 때문에, 세계전체의 무역자유화와 후생증대라는 측면에서 바람직한 측면과 바람직하지 못한 측면이 있다고 할 수 있다. 우선 바람직한 측면이란 통제되고 관리되는 형태로나마 국제무역을 허용하지 않는다면 아예 국제교역이 일어나지 못할 최악의 경우를 상정하면 그나마 차악(second worst)의 선택이 될 수 있다는 것이고, 바람직하지 못한 측면이란 자유무역의 원리를 침해하여 수출국의 무역기회를 결과적으로 차별하는 등 다자주의적 무역체제와 마찰을 일으키고 있다는 것이다.

이러한 양면성 때문에 관리무역은 자유무역과 보호무역의 절충적인 중간형태의 무역이라고 할 수 있고 이 때문에 이를 '차선의 대안'으로 미화하려는 경향을 가지게 되는데 이러한 경향의 대표적 주장은 다음과 같다.

(1) 국제무역체제가 보호주의에서 자유주의로 이행해 가는 과도기적 체제로서 관리무역체제가 대두되었다. 관리무역의 주된 목표가 시장의 질서유지인 만큼, 보호주의의 심화를 불러일으키게 될지도 모르는 각국의 이기적인 무역행위를 공정하면서도 질서 있는 것으로 만들기 위해서 관리무역이 필요하다. 이는 관련국간의 합의하에 일종의 긴급피난기간 동안만 수입제한을 행하여 이 기간동안 수입제한당사국이 산업구조의 신속한 개혁을 추진하여 새로운 국제분업체제를 만들어 다시금 자유무역체제로 복귀해가기 위한 과정이다(심승진, 1995).

(2) 완벽한 자유무역이 최선이기는 하지만 그것은 아직 한번도 달성된 적이 없는 이상에 불과하다(Kuttner, 1996). 현실세계에서는 완전한 자유무역의 상태가 존재하지 않으므로 궁극적인 최적상태의 자유무역을 만들기 위하여 자국의 후생증대와 타국의 불공정무역관행개선을 위해 정부가 적극 개입하는 것이 관리무역이다. 따라서 관리무역은 '차선 중 최선을 만드는 노력'(making the best of the second best)이며, 또한 현명한 정책결정자가 취할 수 있는 실질적인 선택대안은 자유와 보호의 양자택일이 아니라 이들을 적절히 조합하는 일이다(Tyson, 1990).

(3) Bagwell과 Staiger(1990)은, 무역규모에 따라 정상적일 때와 급변할 때로 나누고, 정상적 교역량을 가진 시기에서는 국가간의 명시적 또는 묵시적 합의에 의해 자유무역이 구현되지만, 수입급증과 같이 무역규모가 급변하는 경우에는 관련국간의 합의에 의해 특별한(special) 보호조치가 취해질 수 있다는 것이다.

이러한 절충주의적 입장에 대하여 자유무역론자들은 이러한 논리 속에 위험이 도사리고 있음을 경고하면서 다음과 같이 비판한다.

(1) 현실적으로 상당한 국제무역이 GATT규범을 위반하거나 우회한 채 이루어지거나 GATT 밖에서 이루어지고 있는 것은 사실이지만, 그렇다고 하여 이것이 관리무역을 추구할 수밖에 없다는 결론을 정당화 시킬 수는 없는 것이므로 이것은 어디까지나 관점의 문제일 뿐이다(Bhagwati, 1991). 더욱이 오늘날에는 WTO로 인하여 많은 허점들이 극복된 시점에서는 더욱 그러하다

(2) 국제무역에 대하여 한번 정부개입이 시작되면 누적적인 정부개입의 증가가 이루어지게 된다. 비록 관리무역이 시장경제과 양립할 수 있다고 하더라도, 일단 이러한 체제가 성립되면 장기간 계속될 뿐만 아니라 그 범위도 점차 확대되는 속성을 가지게 된다는 사실을 인식할 필요가 있다(최병선, 1999).

4. 관리무역정책의 이념적 배경 : 공정무역과 상호주의

관리무역정책은 공정무역(fair trade)의 개념을 앞세운다. 이러한 관리무역수단을 부과할 때 상대국과 상대기업들이 불공정무역의 혐의를 받을 만한 여지가 있을 때 더 큰 설득력을 지닐 수 있기 때문이다. 이러한 공정무역의 개념은 미국의 캘리포니아주에서 도입된 '공정거래법(Fair Trade Law)'에서 그 시초를 찾을 수 있다. 이 법은 그 후 미국의 모든 주에 도입되었고 다시 미국연방법이 되었다. 이렇게 국내적으로 적용되던 공정거래법이 1960년대 말부터는 대외적으로 적용되어지기 시작하였다.

1970년대 이후 미국은 외국의 불공정무역행위를 이유로 하여 자국산업에 대한 보호조치를 빈번히 취하였으며, 교역상대국에 대한 자국수준만큼의 시장개방을 요구하는 법제를 강화하기 시작하였다. 소위 상호주의에 근거한 공정무역의 원칙을 강화한 것이다. 그 이후 미국은 타국의 시장개방과 무역자유화를 요구할 때 대외명분으로서 공정무역의 원칙을 표방하게 됨으로써 공정무역은 관리무역의 한 이념적 배경이 된 것이다

국제무역에 있어서 상호주의는 전통적으로 무역협정 당사국들이 의무적으로 상대방에 대하여 대등한 수준의 무역양허를 제공하는 것, 즉 '쌍무적 무역양허의 제공'을 의미한다. 그러나 이러한 의미의 전통적 상호주의는 1980년대 중반 이래 중대한 도전에 직면하게 되었다. 미국이 보복위협을 전제로 아무런 반대급부의 제공 없이 특정국으로 하여금 일방적인 양허를 제공하도록(또는 특정시장의 개방을 확대하도록) 강요하는 무역전략을 구사하면서 이를 '상호주의'라는 이름으로 포장하였기 때문이다.

미국이 추구해 온 상호주의적 통상정책의 목표는 '경쟁조건의 대등성' (leveling the playing field)과 "시장접근의 대등성"의 확보로서 요약될 수 있다. 미국이 새롭게 들고 나온 상호주의는 반대급부의 제공 없이 상대국의 일방적 양허만을 요구하는 점에서 기존의 전통적 상호주의와는 근본적으로 성격을 달리하고 있다. R. Wonnacott(1984)와 Keohane(1986)는 이러한 상호주의를 '공격적 상호주의(aggressive reciprocity)'라고 부르고 있다.

결론적으로, 관리무역은 자유무역을 전제로 하되 이러한 자유무역을 달성하기 위해서는(또는 외국의 불공정 무역관행을 제거하기 위해서는) 보호무역수단을 사용하는 자유무역과 보호무역의 타협적 체제인 것이다. 이러한 관리무역은 현실적으로 공정무역의 형태로 나타나고 또한 공정무역은 결국 상호주의의 발현체인 것이다. 따라서 상호주의·공정무역·관리무역은 따로 떼어내어 생각하는 것은 무의미하다고 할 수 있는데, 이러한 이들의 관계를 나타내고 있는 것이 [그림 4-1]이다.

---

17 과거 관리무역이라는 용어는 일반적으로 'managed trade' 또는 'controlled foreign trade' 등으로 다양하게 사용되고 있었으나 거의 'managed trade'로 사용되어져 그 용어 면에서는 어느 정도 통일이 이루어졌다.

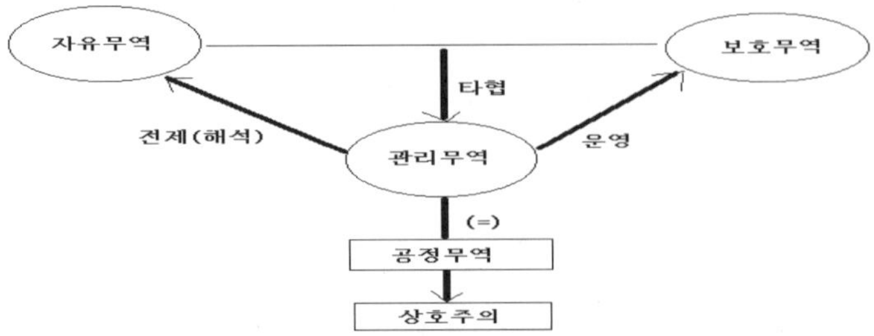

[그림 4-1] 관리무역의 기본 패러다임

5. 관리무역정책의 정치경제적 의의

이러한 논쟁이 계속되고 있음에도 불구하고 현실적으로 미국을 비롯한 선진국들은 이들 관리무역정책수단을 강하게 선호하는 경향을 보였다. 이같이 관리무역정책수단이 현실적으로 선호되는 이유는 관리무역정책의 특성에서 비롯되었다고 할 수 있다.

앞서 설명한대로 관리무역은 공정무역·상호주의를 이념적 배경으로 하고 있고 또한 당사국간의 협정에 의하여 실행되므로 여타의 무역정책과는 다른 특성을 지니고 있다. 따라서 다른 정책수단에 비하여 현실적으로 더 선호되는 경향이 있는데, 수입국(정책부과국)의 입장에서 수출자율규제가 선호되는 정책적 장점은 다음과 같다.

국제적 비난과 국내적 저항의 회피 실질적으로는 선진국의 위협에 의하여 강제된 것이지만 형식적으로는 자율적으로 이루어지므로 자유무역을 훼손한다는 국제적 비난을 피할 수 있다. 또한 불공정무역을 시정한다는 명분으로 그 책임을 상대국에 전가함으로써 교역상대국의 정치적 저항이나 무역보복을 예방할 수 있으며, 특히 개도국의 대선진국 항쟁의식을 진정시키는 작용을 행할 수 있다. 또한 관세나 수량할당제의 경우 이로 인해 손해를 보는 국내이익집단의 정치적 저항이 있을 수 있지만 관리무역정책수단은 상대방국가의 행위에 의해 그 결과가 도출되므로 이러한 국내 정치적 저항을 최소화 할 수 있다.

정책수단으로서의 효율성과 편의성 수출자율규제의 경우 관세 등 가격메커니즘을 통한 보호정책수단과는 달리 수입할당제와 같이 수량자체를 제한하므로 강력한 수입억제효과가 나타난다. 또한 정치·외교적으로 강한 힘을 지닌 선진국의 경우 상대국에 강제하기가 용이하고 국내적으로도 찬반양론이 대립되는 입법절차 없이 상대국과의 협정에 의해 실시되므로 그 채택이 용이하며 또한 정부간에 직접 협상되어져 비밀성이 보장된다는 장점이 있다. 따라서 간편하고 조용히 효력이 발생되며 또한 필요에 따라 적시에 실시할 수 있으므로 정책운용의 편의성이 매우 크다.

정책수단으로서의 차별성 관리무역정책수단은 특정국·특정상품에 대하여 실시하고 협정대상이 아닌 국가나 상품의 경우 이러한 제한을 받지 않으므로 선별적이고 차별적인 정책운용이 가능하다. 말하자면 당사국간의 쌍무적 협상에 의해 체결되므로 제3국에 대해 차별적 특성을 가진다. 따라서 선진국들은 그동안 자국에 대하여 수출증대속도가 높거나 자국상품의 수출이 부진한 특정국을 선별하여 이 제도를 강요하는 경향이 높았다.

이같이 관리무역정책수단이 선호된 근본적인 원인은 그것의 경제적 합리성 때문이라기보다 ① 정치적으로 극심한 대내외적 저항에 부딪치지 않고 더 쉽게 정치적 지지를 받을 수 있다는 정치적 이유, ② 여타의 보호정책수단 보다 쉽고 간편하며 차별적으로 부과할 수 있다는 정책운용의 편의성과 용이성 때문이라고 할 수 있다. 이같이 수출자율규제는 수입국(정책부과국)의 입장에서 여러 가지 장점이 있지만 상대수출국이나 제3국의 입장에서도 이러한 수출자율규제를 싫어하지 않을 정치경제적 요인들이 존재한다.

먼저 수출국의 경우 이러한 협정을 통하여 수입국의 보복조치를 회피함으로써 더 나쁜 상황을 예방할 수 있으며, 이로 인한 수출물량의 감소는 수입국내 당해 제품의 가격을 상승시켜 이로 인한 경제적 지대가 발생하고 동시에 수출기업들의 제품고급화가 촉진될 수 있는 계기가 되기도 하며, 또한 수출국정부는 이로 인한 쿼터의 배분과정에서 각종 산업정책을 실시할 수 있기 때문이다. 한편 본 협정의 당사자가 아닌 제3국의 경우, 가장 강력한 경쟁국의 수출제한으로 인해 자국의 시장점유율 확대기회가 증대될 수 있고 이에 따른 당해 제품의 수입국내 가격상승에 무임승차할 수 있다는 이익이 발생되기 때문이다.

이와 같은 이해관계 때문에 수출자율규제조치가 현실적으로 선호되고 있지만, 반면 이러한 관리무역정책수단은 어디까지나 상대국의 자발적 조치를 전제로 하므로 그 효과가 불확실하게 되고, 상대국이 이러한 수출자율규제협정을 회피하여 우회수출이나 대체수출등과 같은 다른 방법으로 대처하거나 수출자율규제대상이 아닌 상품의 수출증대전략을 구사하는 경우 그 효과가 불확실하거나 또 다른 부작용이 발생할 수 있다는 한계가 있다.

일반적으로 수입자율확대조치는 그에 대한 합의를 도출하기 어렵다는 단점을 지니고 있다. 이러한 합의도출이 어려움에도 불구하고 최근 미국 등이 이조치를 자주 활용하려는 것은 이러한 정책수단이 내포하고 있는 다음과 같은 정책적 유용성 때문이라고 할 수 있다.

대외적 명분획득 용이성 이 조치는 수입국이 수출국의 강압에 의해 실시할 수밖에 없더라도 수입억제수단이 아니라 수출증대수단으로서 오히려 자유무역을 촉진시킨다는 명분을 통해 국제적 비난을 회피하기 쉽다. 또한 수입국의 구조적 무역장벽을 제거하여 수출량을 확대하자는 것이므로 국내 보호론자는 물론 자유무역론자까지도 정치적으로 적극 지지를 할 수밖에 없다.

불공정무역국에 대한 실효성 이 조치는 경쟁력을 갖춘 불공정무역국, 즉 복잡하고 불투명한 비관세장벽 등의 존재로 인해 시장폐쇄성이 강한 국가에 대한 최고의 무역수지개선수단이 된다. 만약 일본과 같이 기업들의 배타적인 거래관행과 기업집단 내 계열거래 등과 같은 수입국내에 구조적 무역장벽이 존재한다면, 어느 정도의 경쟁력을 갖춘 수출국기업으로서도 수출실적은 저조할 수밖에 없을 것이다. 이러한 상황에서 이 협정이 체결되어 일정한 수량범위 또는 시장점유율을 수입국으로부터 보장받는다면 수출증대를 통한 무역수지개선효과를 극대화시킬 수 있이다.

정책의 편의성과 차별성 이 조치 역시 수출자율규제와 마찬가지로 정책수단으로서의 편의성과 차별성을 나타낸다. 즉, 이 조치 역시 수입국기업과의 협상에 의해 바로 실시되기 때문에 관세나 수입쿼터 등의 전통적 정책수단 채택의 경우와 같은 번거로운 국내입법절차가 필요 없어 정책수단으로서의 편의성과 용이성을 가진다. 또한 수출국의 입장에서 볼 때 자국과의 무역에서 전반적 또는 특정산업부문에서 흑자를 남기고 있는 국가만을 상대로 선별적으로 채택할 수 있기 때문에 차별적인 대외통상정책수단으로서 이용될 가능성이 높다.

이상과 같이 관리무역정책수단 중, VERs은 이로 인한 지대소득이 수출국에 귀속되기 때문에 수입국 입장에서는 주로 회피되는 정책수단이며 또한 VIEs조치는 그에 대한 합의도출의 어렵다는 단점이 있다. 뿐만 아니라 관리무역이 추구하는 목적을 위해서는 GATT가 인정하는 정규의 수입제한조치들(예컨대 세이프가드, 반덤핑제도, 상계관세 등)이 있다. 이러함에도 불구하고 현실적으로 관리무역정책수단이 많이 채택되는 것은 위에서 설명한 바와 같은 정치경제적 이유가 존재하기 때문인데 이러한 이유와 배경을 〈표 4-8〉에서 요약하고 있다.

이를 통하여 알 수 있듯이 이들 관리무역정책수단이 선호되는 것은 경제적인 합리성 때문이 아니라, ① 여타의 보호무역정책수단 보다 쉽고 간편하며 차별적으로 부과할 수 있다는 정책운용의 편의성과 용이성, ② 정치적으로 극심한 대내외적 저항에 부딪치지 않고 더 쉽게 정치적 지지를 받을 수 있다는 정치적 이유가 가장 주요한 이유라고 할 수 있다.

〈표 4-8〉 VERs와 VIE의 선호이유와 배경

구분	입 장	선 호 이 유 와 배 경
VERs (수출자율규제)	수입국 (VERs 부과국) 입 장	• 당해 산업의 구조조정은 막대한 비용이 소요되어 정치적 압박이 매우 크지만 VERs는 이러한 위험이 없고, 다른 정규의 수입제한조치들의 경우 일정한 요건과 절차 요구되지만 VERs는 간편하고 조용히 효력 발생되어 정책운용의 편의성 큼. • 당사국 간의 쌍무적 협상에 의해 체결되므로 제3국에 대해 차별적 특성가지고, 정부 간에 직접 협상 되어져 비밀성이 보장된다는 장점이 있음. • VERS은 수입쿼터와 같은 효력 빌생 하여 관세보다 확실한 수입억제효과 있음. 또한 국내생산자와 외국생산자의 이익을 적절히 조절할 수 있음. • 쿼터는 국제적 비난받지만 VERs는 그런 위험 없고, 국내적으로도 불공정 무역국 제제의 명분 하에 정치적 지지 받으며 책임을 수출국에 전가할 수 있음.
	수출국 (VERs 수용국) 입 장	• 수입국의 보복조치를 회피함으로써 더 나쁜 상황을 예방할 수 있음. • 수출물량의 감소는 수입국내 당해 제품의 가격을 상승시켜 이로 인한 경제적 지대가 발생하고, 동시에 수출기업들의 제품고급화가 촉진될 수 있음. • 수출국정부는 이로 인한 쿼터의 배분과정에서 각종 산업정책을 실시할 수 있음.
	제3국 입 장	• 가장 강력한 경쟁국의 수출제한으로 자국의 시장점유율 확대기회가 증대됨. • VERs에 따른 당해 제품의 수입국내 가격상승에 무임승차할 수 있음.
VIE (수입자율확대)	수출국 (VIE 부과국) 입 장	• 복잡하고 불투명한 비관세장벽 등의 존재로 인해 시장폐쇄성이 강한 국가에 대한 최고의 무역수지 개선수단이 될 수 있으며, 특정국가 만을 선별적으로 적용할 수 있어 차별적인 대외통상정책수단으로서 이용할 수 있음. • 수입국과의 협상에 의해 바로 실시되기 때문에 관세나 수입쿼터 등과 같은 전통적 보호수단에 비하여 정책수단으로서의 편의성과 용이성이 강함. • 수입제한이 아니라 수출증대수단이므로 대외적으로 자유무역을 촉진시킨다는 인상을 남길 수 있으며, 국내적으로도 강한 정치적 지지를 받을 수 있음.

2. 자유무역과 보호무역의 역사적 평가

2.1 세계무역체제변화의 역사적 개관

자유무역과 보호무역의 정책이 역사적으로 실행되어온 이상과 같은 과정을 단순화시켜 보면, 중상주의적 상업자본주의시대에서부터 오늘에 이르기까지 자본주의의 발전단계에 따라 자유무역과 보호무역이 서로 교차되는 모습을 보여 왔으며, 이러한 역사적 과정에서 각 시대마다 고유한 역사적 배경을 바탕으로 무역정책에 대한 사상 역시 변화되어 왔다. 이러한 역사적 흐름을 〈표 4-9〉가 단순화시켜 요약하고 있다.

〈표 4-9〉 국제무역체제 및 무역정책사상의 전개

시 대	정책기조	역사적 배경	이론적 배경	주 도 국
16~18C중엽 상업자본주의	중상주의적 보호무역주의	• 근대국가의 성립 • 절대왕정시대의 부국강병노력	• 중금주의 • 무역차액론 • 산업보호론	스페인 · 포르투갈 네덜란드 · 영국 프랑스
18C 말~1870년대 산업자본주의	고 전 적 자유무역주의	• 산업혁명과 산업자본주의의 출현 • 교통의 혁명	• 중농주의 • 고전학파의 자유무역사상	Pax-Britannica (영국주도의 자유무역체제)
19C 중엽 이후 산업자본주의후기	고 전 적 보호무역주의	• 국가간 경쟁격화 • 후발국의 산업화	• 산업분화론, • 유치산업보호론	당시 후발국인 미국 · 독일
1870년대~2차대전 독점자본주의	제국주의적 보호무역주의	• 제국주의적 경쟁 • 세계대공황 • 양차 세계대전		제국주의 열강
2차대전~1960년대 (수정자본주의)	전 후 의 자유무역주의	• 국제협력 상실에 대한 반성 • GATT-IMF체제	• 신자유주의론	Pax-Americana (미국주도의 자유무역체제)
1970년대 이후 (복지자본주의)	신보호무역주의	• 세계경제구조변화 • 비교우위구조변화 • 세계적 경기침체 • 정치경제적 요인	• 공정무역론 • 상호주의 • 신중상주의	선진국중심의 보호주의

자유무역과 보호무역에 대한 이러한 역사적 진개과정 통하여 무역정책과 무역정책사상이 내포하고 있는 많은 이론적·정책적 함의(implications)들을 발견할 수 있지만 여기서는 그들 중 몇 가지만 지적해둔다.

우선, 근대 이후 오늘날까지 세계무역의 정책기조는 자유무역과 보호무역이 서로 교차되는 모습을 보여 왔다. 즉, 세계무역체제의 역사적 변화를 아주 단순화시킨다면, 중상주의시대의 강력한 보호체제 → 산업자본주의시대의 자유무역체제 → 19C중엽 이후 2차 대전까지의 보호무역체제 → 전후 GATT를 중심으로 하는 자유무역체제 → 1970년대 이후의 신보호주의체제로의 변화로 요약할 수 있다.

이같이 자유무역과 보호무역은 서로 교차되며 전개되어 왔다고 할 수 있지만 그 내용을 보다 면밀히 관찰하면 세계무역의 보편적 역사는 보호무역의 역사였고 오히려 예외적으로 자유무역체제가 존재하였다. 즉, 16C 이후 500여년의 역사 속에서 진정한 의미에서의 세계적 자유무역체제가 지배한 것은 1860년대와 1960년대 전후 짧게는 15여년, 길게는 20여 년간에 불과하였다. 나머지 대부분의 기간은 전체적으로 보호무역주의가 지배하거나 아니면 일부제국들이 자유무역을 추구하였지만 다른 나라들은 각기 자국의 국익을 앞세워 보호정책수단들을 활용함으로써, 세계적인 차원에서의 진정한 자유무역체제가 이룩되지 못하였기 때문이다.

2.2 세계무역체제의 역사적 결정요인

자유무역체제와 보호무역체제가 교차되며 전개되는 이러한 역사적 과정을 통하여, 자유무역과 보호무역체제를 결정짓는 여러 가지 정치경제적 요인(determinant)들이 작용하고 있고 또한 당시의 무역정책과 그러한 무역정책을 뒷받침하고 있는 무역정책사상이 내포하고 있는 많은 정치경제적 함의(implications)들을 발견할 수 있다. 자유무역체제와 보호무역체제가 부침하는 이러한 역사적 과정을 통하여 우리는 세계무역체제가 형성되고 소멸되는 데에는 세계적 차원에서 본 다음과 같은 몇 가지의 공통된 정치경제적 요인과 상황이 존재하였음을 알 수 있다.

(1) 국제경제적 요인

세계의 산업구조와 경쟁력 변화 어떤 국가이든 자국의 산업을 포기하는 나라는 없는 만큼, 자유무역정책과 보호무역정책의 채택과 변화는 일국의 산업발전과 성쇠, 이러한 과정에서 발생되는 세계적 비교우위(경쟁력)의 부침과 관련된다.

우선 신생산업을 육성해야하는 입장에 있는 나라는 이를 보호·육성하기 위한 보호정책을 추구하였다. 19C 자유무역체제의 주도국인 영국도 그들의 산업이 아직 경쟁력을 갖추지 못하였던 17~18C에는 항해조례·곡물법 등을 통한 보호무역정책을 실시하였고, 20C 자유무역체제를 주도한 미국 역시 공업화를 시작하던 18C에는 해밀톤의 산업분화론을 배경으로 하는 보호무역정책을 실시하였으며, 리스트의 유치산업보호론 역시 당시 아직 경쟁력을 갖추지 못한 독일의 신생공업을 보호육성하기 위한 보호무역이데올로기였음은 재론할 필요도 없다.

반대로 이러한 신생산업이 충분히 발전하여 자국의 국제경쟁력이 확보된 이후에는 자국 상품의 판매를 위한 해외시장의 자유로운 확보를 위하여 자유무역을 채택하는 속성을 나타내었다. 일찍이 영국의 경제학자인 애덤 스미스가 자유무역정책론을 펼쳤고 또한 가장 먼저 산업혁명을 완성함으로써 세계 제1의 산업대국이 된 대영제국이 스스로 자유무역체제를 채택하고 이러한 자유무역체제를 세계적으로 강제하였다는 사실이나, 1~2차 세계대전을 거치는 과정에서 세계 제1의 산업대국이 된 미국이 전후의 새로운 자유무역체제의 리더가 되었다는 사실이, 이러한 명제를 웅변으로 확인해주고 있다.

한편 전통산업이 경쟁력을 잃어 사양화되는 과정에서는 이러한 전통산업을 보호하기 위한 보호주의로 선회하는 속성을 보여준다. 1970년대 후반에 나타난 선진국주도의 신보호주의가 공정무역이나 상호주의와 같은 이념적 깃발을 높이 들고 있지만 결국 후발국들의 추격으로 인하여 경쟁력을 잃게 된 사양산업 내지 정체산업의 보호를 위한 노력임은 두말할 필요가 없다.

따라서 세계무역체제는 전통적인 산업과 새로운 산업의 등장과 쇠퇴, 이에 수반되는 국가간 비교우위(경쟁력)의 변화와 관련되어진다고 할 수 있다. 이러한 사실을 세계적 관점에서 일반화하면, 세계의 산업구조변화와 이에 따른 비교우위구조·무역구조가 이질적·보완적 구조를 나타내고 있는 시대에는 자유무역체제가 가능하지만, 동질적·경쟁적 구조로 전환하는 과정에서는 보호주의가 성행하게 되는 속성을 나타낸다고 할 수 있다. 또한 세계열강들 간 비교우위의 수직적 구조가 안정적일 때는 자유무역체제가 가능하지만 이러한 비교우위의 수직적 구조가 깨뜨려지고 혼란스러운 시기에는 보호주의적 경향이 나타난다고 할 수 있다.

세계적 경기순환 세계적으로 장기적인 경기침체나 경제공황 등 위기가 발생하였을 경우 보호주의가 크게 확산되는 경향을 나타낸다. 예컨대 1980년대 말(1876~1890) 유럽제국의 경기침체, 1930

년대 전후(1929~1939)의 세계적 대공황, 1970년대 선진국들의 장기적 경기침체시기가 보호주의가 팽배하던 시기와 일치하는 것은 결코 우연이 아니다. 실제로 이러한 세계경제체제(세계무역체제)의 변동을 자본주의경제의 장기순환(50~60년 주기의 콘트라티프파동)과 연결하여 해석하려는 학문적 시도들이 있다.

(2) 국제정치경제적 요인

패권국의 존재 근대 이후 500여 년의 역사 속에서 예외적으로 자유무역체제가 성립되었던 1860년대와 1960년대 시기는 세계정치경제의 지배적인 패권국이 존재하였던 시기였다. 따라서 우리는 자유로운 세계경제질서가 성립되고 유지되기 위해서는 이에 대한 의지도 능력도 있는 어떤 헤게모니적 힘(hegemonic power)이 필요하다는 가설을 상정해볼 수 있다.

이러한 관점에서 보면, 1860년대의 자유무역체제는 대영제국이 세계의 공장으로 군림하던 팩스-브리태니커(Pax-Britannica)의 산물이었다고 할 수 있고, 또한 전후 1960년대의 자유무역체제는 전후 새로운 패권국으로 부상한 미국의 주도 하에 이루어진 팩스-아메리카나(Pax-Americana)의 산물이었다. 동일한 논리에서, 1870년대 이후 등장한 보호주의는 영국의 쇠퇴, 1970년대 이후 등장한 신보호주의는 미국의 쇠퇴와 관련된다고 할 수 있다.

이러한 사실은 앞에서 소개한 바 있는 패권적 안정이론(hegemonic stability theory)의 주요한 논거가 되었다. 국제무역체제와 관련한 이 이론의 중심적 주장은, 국제무역체제에 있어 패권국가의 존재가 자유롭고 안정적인 무역체제의 형성과 운영을 위해 필수적이라는 것이다. 말하자면 세계경제질서의 안정을 유지시킬 수 있는 패권국가가 존재하는 경우 국제통상체제는 개방적이고 안정적인 자유무역체제를 유지하지만 이러한 패권국가의 힘이 상대적으로 쇠퇴할 때 국제통상체제는 보호주의적이고 차별적인 성격을 드러낸다는 것이다.

국제체제에 대한 기본정신과 질서 당시의 세계를 가로지르는 일정한 기본정신과 기본질서의 흐름이 어떠한가도 국제체제의 성격을 결정하는 중요한 요인으로 작용한다.

자유무역체제가 성립되는 시기에는 대체로 국제체제에 대한 자유주의적 이데올로기가 지배적인 반면 보호무역주의가 팽배하는 시기에는 민족주의적·중상주의적 사고가 지배적인 경향을 가지며, 역으로 국제체제에 대한 자유주의적 신념이 강할 때는 상호협력을 통한 자유무역체제가 이루어지지만 민족주의적·중상주의적 사고가 강할 때는 상호갈등적인 보호무역체제가 성립된다.

국제적으로 특히 보호주의가 심화되고 확산되는 시기는 신생국독립이나 세계대전과 같은 역사적 사건이 존재하였다. 예컨대 1870년대 독일과 이태리의 민족국가 형성을 계기로 보호주의가 강화되었고, 1차 대전 및 대전 후 몇몇 유럽 신생독립국의 탄생시기 역시 강력한 보호주의가 성행했던 시기였으며, 2차 대전 후 1950년대 말까지 종전의 식민지로부터 독립한 신생독립국 역시 대부분이 보호무역조치를 취하였다. 이러한 역사적 사건들은 결국 경제적 민족주의와 경쟁적 국가주의를 고취함으로써 보호주의적 경향을 더 높이게 되었기 때문이다.

또한 그 시대의 국제체제를 형성하는 기본질서가 일방주의(unilateralism)인가, 쌍무주의(bilateralism)

인가, 다자주의(multilateralism)인가에 따라서 경제의 개방성과 자유화에 영향을 미친다. 일반적으로는 그 체제를 형성하는 기본질서가 일방주의에서 쌍무주의, 다자주의로 올라갈수록 자유로운 무역체제가 형성될 가능성이 높아진다. 또한 지역주의(regionalism)의 경우 이러한 경향이 다자주의적 자유화에 대하여 긍정적으로 작용할 것인가, 부정적으로 작용할 것인가에 대해서는 논쟁이 계속될 뿐 아직까지 이론적으로나 경험적으로 명확한 결론이 나지 않고 있다. 다만 그 동안의 역사적 과정에서 지나치게 배타적이고 폐쇄적인 역내외 차별화를 전제로 하는 지역주의가 팽배할 때는 자연히 다자주의적 자유화가 어려워지고 그 이익도 훼손되는 경향을 경험할 수 있었다.

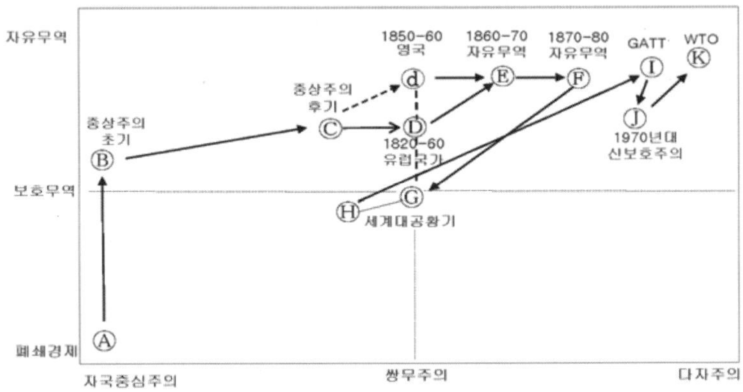

[그림 4-2] 세계무역체제와 기본질서의 시대적 변화

자료 : 池本清 (1981) p.185 일부 수정

(3) 국제적 제도(레짐)의 역할과 기능

국제적으로 잘 규정된 원칙·규범·규칙이나 국제기구와 같은 국제제도·레짐이 존재하는 경우 각국의 대외경제정책은 이를 준수하는 방식으로 채택될 가능성이 높다. 이러한 국제적 원칙·규범·규칙을 위반하는 행위를 할 경우 국제거래의 비용감소·안정된 국가관계유지라는 국제레짐이 주는 편익(benefit)에서 배제될 수 있을 뿐만 아니라 다른 회원국들의 보복(retaliation)을 받을 수도 있기 때문이다. 또한 이러한 행위는 국가의 명성에도 타격을 줄 뿐만 아니라 다른 회원국들과의 마찰로 인하여 국가이익에도 부작용을 일으키게 된다. 반면, 이러한 국제제도·레짐이 올바르게 존재하지 않는 경우 각국은 자신들이 처한 경제 환경에 따라 각자의 이익을 추구하게 될 것이다.

따라서 이러한 국제제도·레짐이 잘 발달되어 있는 경우 자유무역체제가 이루어질 가능성이 높지만 이러한 제도·레짐이 부재하거나 약화되었을 경우 보호주의적 형태가 높아질 가능성이 있다. 실제로 1860년대와 1960년대처럼 자유무역체제가 이룩되었던 시기는, 이러한 자유무역체제를 가능케 하였던 어떤 국제적 체제(system/regime) 내지 국제적 기구(organization)가 일정한 제도적 기능과 역할을 담당하였다.

국제무역체제/레짐 1860년대와 1960년대처럼 자유무역체제가 이룩되었던 시기는, 이러한 자유무역체제를 가능케 하였던 어떤 국제체제(system/regime) 내지 국제기구(organization)가 일정한 제도적 기능과 역할을 담당하였다. 예컨대 19C 자유무역체제의 성립되었던 것은 1860년 1월 체결된 영불통상협정 이후 우연히 형성된 다수의 쌍무적 협정망 형태의 구조 때문이었다.[18] 1960년대 자유무역체제의 성립은 다자간 무역협정에 의한 국제기구로서의 GATT의 제도적 기능에 기초하고 있었음은 물론이다. 반대로 1870년대 이후 영불통상협정의 만료와 함께 종전의 쌍무적 협정망의 붕괴가 보호주의로의 선회를 가져왔고, 1970년대 이후 드러나게 된 GATT의 기능적 한계가 자유무역체제를 뒷걸음질 치게 하는 계기가 되었다.

국제통화체제/레짐 한편 세계적으로 국제무역이 자유화를 통하여 안정적으로 발전했던 시기는 국제통화제도 역시 안정적인 고정환율체제를 유지하였던 반면 보호무역주의 강화되고 무역에 대한 제한이 심화되었던 시기는 환율의 변동이 심한 변동환율체제가 형성되었다. 예컨대 1860년대의 세계적 자유무역체제의 성립과 쇠퇴는 당시 금본위제하의 고정환율체제의 성쇠와 관련되어지고, 또한 1960년대의 세계적 자유무역체제의 성립과 쇠퇴 역시 브레튼우즈체제 하의 고정환율체제의 성쇠와 관련된다고 할 수 있다.[19] 따라서 국제무역체제와 국제통화체제의 안정성 간에도 일정한 상관관계를 지닌다고 할 수 있다.[20]

(4) 무역사상(지배이데올로기)과 세계무역체제

자유무역과 보호무역에 대한 사상은 그 시대가 요구하는 무역정책을 옹호하는 이데올로기적 속성을 나타내고 있지만, 동시에 그러한 사상의 대두가 새로운 무역체제 탄생의 배경이 되어 왔다. 이러한 인과관계와 관련하여 특기할만한 정치경제적 함의들을 몇 가지로 살펴보면 다음과 같다.

일국의 무역정책기조가 자유무역이든 보호무역이든, 동서고금을 막론하고 변치 않는 사실은 어느 나라도 자신의 국가이익을 포기하지 않는다는 것이다. 따라서 무역체제를 논하는 행위의 저변에는 자국이익실현이라는 1차적 목표가 전제되어 있으며 경제적 자유의 신장·인류의 후생증진 등과 같은 고상한 표현은 자국의 국익극대화를 위한 외교적 수식어이거나 오히려 부수적인 목표인 경우가 많다 이것은 자유무역을 주장하거나 보호무역을 주장하는 개별국가의 시대적·경제적 배경을 보다 구체적으로 살펴보면 더욱 명백해진다.

따라서 자유무역정책론이나 보호무역정책론 역시 그 자체 나름대로의 논리적 타당성을 지니고

---

18 1860년 1월 체결된 영불통상협정이 프랑스로 하여금 극도의 보호무역주의를 벗어나 자유무역으로 선회하는 계기가 되었을 뿐만 아니라, 이후 프랑스가 유럽의 거의 모든 나라들과 쌍무적으로 맺은 다수의 자유무역협정이 하나의 비공식적 네트워크를 형성함으로써 결과적으로 유럽 전체의 무역자유화를 가져오는 하나의 체제로서 기능하게 되었다.

19 현실적으로 환율변동으로 인한 자국의 경쟁력약화가 보호주의적 요구를 강화시킨다. 1970년대 초 미국의 철강·섬유제품의 무역규제가 달러화의 고평가 시기와 일치하고, 1970년대 후반 달러 고평가·엔화저평가가 미일무역마찰의 직접적인 원인이 되었으며, 1980년대 초에도 미일간의 환율왜곡으로 일본자동차의 대미수출에 대한 수출자율규제·수입할당제 등이 도입된 바 있다.

20 다만 고정환율제도가 대체로 세계경제의 안정적 발전시기에 채택된 반면 변동환율제도는 세계경제의 불안기 또는 침체기에 사용되었다는 점에 주목할 경우, 변동환율제도 자체가 세계경제의 불안정을 가져왔다기보다는 불안정한 세계경제가 불가피하게 변동환율제도로의 이행을 조장했던 것이 사실이다.

있으며 또한 하나의 보편적 진리로서 제시되고 있지만 여전히 자국의 국익극대화를 위한 이데올로기적 도구로서의 성격을 지니고 있는 것도 사실이다.

예컨대 중상주의적 보호무역사상이 당시 새로이 건설하는 근대국가의 부국강병을 위한 이데올로기였다면, 19C 이후 해밀턴의 산업분화론이나 리스트의 유치산업보호론 역시 당시 후진국이었던 미국과 독일의 산업발전을 위한 이데올로기였으며, 1970년대 이후 신보호주의의 이론적 배경이 되고 있는 공정무역론이나 상호주의 역시 경쟁력이 약화되고 있는 사양산업의 보호를 위한 선진국들의 이익을 옹호하고 대변하는 이데올로기로서의 속성을 지녔다고 할 수 있다.

이 같은 보호무역정책론들이 그 자체 보호무역정책을 추진하는 국가의 국익을 반영하는 이데올로기였음은 별로 놀라울 바가 아니지만, '자유무역만이 최선의 정책이다'라는 교의를 바탕으로 하는 영국 고전학파의 자유무역정책론 역시, 당시 가장 앞서 산업혁명을 완성하고 따라서 가장 강력한 국제경쟁력을 지닌 영국의 국익을 대변하는 제한적인 성격을 지닌 자유무역이데올로기였음을 부정할 수 없다.

이러한 측면이 있음에도 불구하고 경제학자나 정치학자의 사상과 아이디어는, 그것이 옳고 그름을 떠나, 우리가 생각하는 이상의 강력한 힘을 지니고 있다, 정책입안자나 실무자들은 이러한 지적 영향으로부터 자유롭다고 믿고 있지만 실은 자기도 모르게 그러한 논리의 노예가 되어 있는 경우가 많기 때문이다. 이러한 관점에서 자유무역과 보호무역정책의 선택과 무역체제의 형성 역시 그 시대마다의 지배적 정책사상으로부터 영향을 받는다. 따라서 세계무역체제의 형성과 발전을 논함에 있어 그와 관련되는 정책사상의 배경에 대한 역사적 통찰이 매우 중요한 의미를 갖게 된다.

(5) 이해관계집단 간의 경쟁

이 같은 무역정책 및 이데올로기의 역사적 변천은 국제정치체제 및 대외무역정책에 대한 국내이익집단간의 정치적 이해관계 및 그 변화에 기인하는 측면이 강한데 이러한 역사적 과정을 요약하면 〈표 4-10〉과 같다.

〈표 4-10〉 정치적 요인이 경제체제 및 대외정책에 미치는 영향

시 대	국제정치체제	→	경제체제	대외정책	←	국내정치적 이해관계
16~18C 중엽	중세봉건체제붕괴 중앙집권적 근대국가	→	상업자본주의 중상주의체제	중상주의적 보호무역체제	←	봉건사회 잔존 지방세력 〈 신 중앙정부 + 모험자본
18C 말~19C 중엽	유럽의 세력균형 대영제국의 패권	→	산업자본주의 자유주의체제	1860년대 자유무역체제	←	지주계급의 이해 〈 신흥 산업자본의 이해
19C 말~2차대전	영국의 상대적 쇠퇴 열강의 각축 (제국주의)	→	독점자본주의 제국주의체제	극단적·전시적 보호무역체제	←	신흥군부 + 자본가계층의 이해관계
전후~70년대 초반	미국의 단일지배체제 동서간의 대립과 단절	→	동서대립체제 (브레튼우즈 -코메콘)	1960년대 자유무역체제	←	강력한 산업자본 + 노동조합의 이해관계
70년대 후반~	미국의 쇠퇴 (다극화) 동서데탕트 제3세계발전 (NICs)	→	복지자본주의 다극화체제 신경제질서	신보호주의 (자유주의+ 보호주의)	←	사양산업 자본가 + 노동조합 〉 첨단산업종사자 + 소비자

따라서 일국의 대외무역정책은 이러한 정치경제적 이해관계집단의 경쟁유형에 따라 영향을 받지 않을 수 없었는데, 이를 각 시대별로 요약하면 다음과 같다.

(1) 16~18C 중엽까지의 중상주의시대는, 중세봉건체제가 무너지고 강력한 중앙집권적 민족국가가 형성되었던 시기로서 봉건주의 잔존세력인 지방세력과 새로이 등장한 중앙정부(절대왕정)간의 정치경제적 갈등에서 후자가 승리한 결과였다고 할 수 있다. 따라서 중상주의의 보호무역체제는 궁극적으로 근대국가와 근대산업을 이룩하기 위한 절대왕정의 이익추구수단이었고 또한 그들의 이데올로기였다.

(2) 19C 산업자본주의시대는, 유럽제국 간의 팽팽한 세력균형 속에서 영국의 패권적 지위가 서서히 확립되었던 시기로서 산업혁명을 기반으로 한 경쟁력을 활용하여 영국은 자유무역을 주창하고 이러한 자유무역체제를 국제화시켰다. 이것은 동시에 자유무역을 주장하는 지주계급과 보호무역을 주장하는 신흥 부르주아계급 간의 대결에서 후자의 정치적 승리가 이루어졌음을 의미한다.

(3) 19C후반 영국의 쇠퇴와 함께 열강들이 각축하는 이른바 제국주의적 시대가 시작된 이래 2차 대전이 끝나기까지 강력한 보호무역체제가 형성되었던 것은, 신흥군부 및 자본가계층의 정치권력의 산물이었다.

(4) 전후 1960년대 GATT를 중심으로 한 자유무역체제는 새로운 헤게모니국으로 부상한 미국의 국익을 대변하는 체제였으며, 동시에 새로이 등장한 강력한 실업계와 노동조합의 정치적 지지에 기반을 둔 것이었다.

(5) 1970년대 이후의 신보호주의적 경향은, 미국경제의 상대적 쇠퇴와 미국산업의 경쟁력 약화를 반영하는 것인 동시에 그 숫자는 많지만 분산되어 있는 소비자 보다는 작지만 집중된 정치적 힘을 지닌 생산자, 첨단산업의 이해관계보다는 조직력을 지닌 사양산업의 이해관계가 더 크게 반영된 정치적 결과로서의 성격을 지닌다.

〈부록 4-3〉 국제무역레짐과 자유주의 기본정신의 역사적 변천

앞에서 논의한 바와 같이 국제적 차원의 자유무역체제가 형성되었던 것은 1860년대를 전후한 시기와 1960년대를 전후한 시기였고 이러한 시대의 자유무역체제는 나름대로 그러한 체제를 뒷받침해주는 무역레짐이나 자유주의정신(이데올로기)이 존재하고 있었는데 이러한 무역레짐과 이데올로기의 기본성격은 각 시대별로 서로 다른 모습을 보여준 것 사실이다. 이하에서는 이러한 역사적 변천에 대하여 살펴본다.

1. 19세기 자유무역체제의 형성(자유방임적 자유주의)

자유무역정책을 최초로 실시한 나라는 영국이었다. 이러한 자유무역정책의 이론적 배경은 애덤 스미스의 자유무역사상에서 찾을 수 있지만 이러한 사상이 현실에서 실천되기는 결코 쉬운 일이 아니었다. 왜냐하면 그 시대는 아직 곡물법·항해조례·수입관세·수입금지조치 등의 잔재가 그대로 남아있어 정책기조는 여전히 중상주의였으며, 또한 산업혁명 역시 아직 초기적 단계에 머물러있어 구시대와 신시대가 교차하는 시기였기 때문이다. 따라서 실제로 영국의 무역정책기조가 자유무역으로 전환된 것은 산업혁명 이후였고 자유무역이 전성기를 맞은 것은 국부론이 출간된 지 80여년이 지난 뒤였다.

영국에서의 자유무역에 대한 요구가 현실적으로 높아진 것은 19세기 초였다. 이 시기는 산업혁명의 진전에 따른 자유무역의 요구는 물론 식량수입의 필요성이 증대되었기 때문인데 영국의 자유무역운동의 하이라이트는 곡물조례를 둘러싼 지주계급과 산업자본가의 대립으로 나타난 이른바 곡물법(1815년)논쟁이었다. 많은 논쟁들과 우여곡절이 이루어졌지만 1820년대 이후 자유무역운동은 점차 승리를 거두었다. 이후 헛킨슨(Huskisson)관세법개정을 효시로 하여 1840년대에는 필(Sir Robert Peel) 관세법개정이 이루어짐으로써 원료품에 대한 수입관세가 거의 폐지되었으며 제조품에 대한 관세 역시 대폭 인하되었다. 이후 영국정부는 공업선진국이라는 강점을 중시하여 1846년에 '곡물법'을 폐지하였고 1847년에는 항해조례도 폐지함으로써 자유무역주의를 더욱 강하게 추진할 수 있게 되었다.

말하자면 상업자본과 토지자본의 동맹을 타파한 산업자본의 승리가 확립된 것이다. 이후 1850년대에 자유당에 의하여 두 차례에 걸친 대폭적인 관세개혁이 단행되어 원료수입에 대한 관세가 완전히 폐지되었고 식료품과 제품에 대한 관세도 원칙적으로 폐지되었으며 동시에 식민지관세제도도 폐지되었다. 이러한 일련의 관세인하조치로 말미암아 1860년대에 이르러 영국의 자유무역은 현저하게 진전되었다.

이같이 세계에서 가장 먼저 자유무역체계를 확립한 영국은 그것에 그치지 않고 여러 외국에 대해서도 같은 조치를 취할 것을 요구함으로써 국제적인 무역자유화의 물결을 가져오는 계기가 되었다. 당시 영국 최대의 무역상대국은 미국·인도·프랑스였는데 1860년 영불통상협정을 기점으로 세계적 자유무역체계가 형성되기 시작하였다. 영불통상협정의 골자는, 프랑스가 수입금지품목을 해제하고 완제품에 대한 관세율을 인하하는 대신 영국은 공업제품의 수입관세를 철폐하여 상호간 최혜국대우(most-favoured nation treatment)를 규정한 것이었다.

영불통상협정 이후 영국은 1860년대에 벨기에·이태리·독일·오스트리아 등 제국과도 최혜국대우에 의한 통상조약을 체결함으로써 무역의 자유화는 연쇄적으로 파급 확대되어갔다. 말하자면 영불통상협정을 중심으로 하는 쌍무적 통상협정의 네트워크가 전 유럽에 체결됨으로써 자유무역체제가 형성되고 확대되었으며 그 후 20여 년 동안 이른바 자유무역의 황금기를 맞이하게 되었다.

2. 전후 GATT체제의 형성과 성격 (내재화된 자유주의)

이상과 같이 19세기 유럽에서 형성된 자유무역체제는 여러 가지 요인과 시대적 흐름이 우연히 결합된 다수국간의 '쌍무적 협정네트워크'(network of bilateral agreements)형태의 비공식적 구조였다. 이런 점에서 19세기 유럽의 자유무역체제가 20세기에 들어와 2차 대전 후에 공식적 제도(institution)로서 형성된 다자간무역협정체인 GATT와 다른 점이다.

19세기 유럽의 자유무역체제에서는 양국 간에 이루어진 다수의 쌍무협정을 통일적으로 관리하거나 규제할 제도적 기초를 갖추지 못하였고 자유무역체제를 이탈하는 행위를 규제할 어떠한 제도적 기초나 근거를 가지고 있지 못하였던데 대하여, GATT의 자유무역체제는 한번 이루어진 관세인하를 다시 인상하는 것을 어렵도록 하는 나름대로의 구속력을 발휘하면서 무역자유화를 위한 지속적인 다자간협상라운드를 제공함으로써, 엄밀한 의미에서의 국제기구는 아니면서도 사실상의 국제기구와 같은 제도적 기초와 근거를 지니고 있었다. 반면 보호수단 면에서 19세기 유럽의 자유무역체제는 관세 이외의 어떠한 무역제한수단도 동원되지 않았던데 비하여 GATT체제는 원칙적으로 관세로 한정하고 수량적 제한조치를 원칙적으로 금지하였지만 사실상 많은 비관세조치(NTB)들이 범람하였고 또한 특혜무역협정이나 상계관세·

반덤핑관세 등에 대한 예외규정도 두고 있어 투명성 측면에서는 19세기 유럽의 자유무역체제에 비하여 뒤떨어져 있었다고 할 수 있다.

〈표 4-11〉 19세기 유럽의 자유무역체제와 GATT 지유무역체제의 비교

구 분	19세기 유럽의 자유무역체제	GATT체제
기본원칙	조약체결국에 대한 최혜국대우 (비차별주의 원칙)	모든 GATT협정국에 대한 최혜국대우 (비차별주의 원칙)
협상의 방식	양국간 쌍무협정	다자간 협정
관세의 재인상	가능함.	원칙적으로 불가능함. (재인상시 일정한 보상제공 규정)
제도적 기반	없음	사실상의 국제기구로서의 GATT기능
보호의 수단	관세 (사실상 관세로 한정)	원칙적 관세로 한정 사실상 비관세장벽(NTB)만연
특혜무역협정	최혜국대우 위반으로 간주	GATT 24조 예외 허용
상계/반덤핑관세	사실상 없음.	GATT 6조에 규정

자료 : D. A. Irwin (1993) p.99 및 최병선 (1999) p.346.

이러한 점을 다른 측면에서 보면, 19세기 유럽의 자유무역체제는, 개별국가의 사회적 목적의 기치를 고려하지 않는 정통적인(orthodox) 또는 자유방임적인(laissez-faire) 자유주의를 전제로 한 것이었다면, GATT체제는 다자주의적 자유무역체제를 추구하면서도 동시에 국내안정의 확보를 위한 개별국가의 개입과 정책자율성을 인정하고 수용하는 이른바 내재화된 자유주의(embedded liberalism)를 기초로 하고 있었다.[21] 내재화된 자유주의는, 1930년대의 경제적 민족주의나 이로 인한 자국 중심적 보호주의정책을 지양하여 다자주의적 자유화를 기본으로 삼으면서도 19세기 자유무역체제에서와는 달리 국내안정 확보를 위한 개별국가의 정부개입을 어느 정도 용인해주는 수정적 자유주의로의 타협을 의미한다.

말하자면 19세기에 수립된 국제경제질서가 자유방임적 자유주의였음에 대하여 전후에 새로이 수립된 국제경제질서는 내재화된 자유주의에 입각한 제한적이고 관리된 자유주의의 성격을 띠고 있었는데, 이러한 내재화된 자유주의는 뒤에서 논의하는 국제통화질서(브레튼우즈체제)에서는 물론 국제무역체제(GATT체제)에서도 그대로 반영되었다. GATT가 창설되는 과정에서 미국은 다자주의원리에 충실할 것에 강한 집착을 보인 반면 영국은 고용안정이나 국제수지균형을 위한 정부역할의 필요성과 불가피성을 고집하였고 미국은 결국 이러한 현실적 요청을 부분적으로나마 수용하지 않을 수 없었던 것이다.

따라서 이러한 줄다리기 끝에 나온 GATT체제의 목표는 '완전한 자유무역'(free trade)이라기보다는 '보다 자유로운 무역'(freer trade)이었고 이런 점에서 GATT체제는 제한적인 자유화로서의 성격을 지니고 있었다. GATT는 우선 상품무역에 국한하여 서비스나 투자 등에 국한하였고 상품무역 중에서도 농산물이나 섬유류교역 역시 제외되어 있었다. 고용효과가 큰 농업·서비스업·섬유업 등이 자유화될 경우 경쟁력이 떨어지는 국가들의 경우 이에 따르는 조정비용과 사회적 저항이 클 것인 만큼 고용안정을 위한 개별국가들의 정부역할을 일정부분 용인해줄 필요가 높았기 때문이다.

또한 GATT는 결국 많은 예외규정들로 점철되게 되었다. 예컨대 최혜국대우(MFN)를 기본원리로 삼으면서도 기존의 무역특혜협정을 인정함은 물론 회원국들이 새로운 자유무역지대나 관세동맹을 결성할 수 있도록 허용하였고, 수량적 제한조치를 원칙적으로 금지하면서도 국제수지방어나 완전고용달성을 위한 국내정책의 추진으로 대외적 어려움이 있을 때는 예외적 조치가 가능하도록 하였으며, 특정산업이 수입으로 인해 막대한 피해를 볼 경우 긴급수입제한조치(Safeguard)가 허용되는 등 많은 예외를 인정하고 있었다.

3. WTO체제의 형성과 성격(탈내재화된 자유주의로의 전환)

GATT체제가 형성된 이후 1960년대까지 연평균 8%의 속도로 증가하던 세계무역량은 1970년대에 들어와 3% 미만으로 증가속도가 둔화되었다. 이후 선진국을 중심으로 하는 국내산업보호와 수입제한조치들이 증가하면서 이른바 신보호무역주의가 세계적으로 확산되었다. 이러한 신보호무역주의가 팽배하면서 전후에 형성된 GATT체제의 이른바 내재화된 자유주의가 구조적 취약점을 드러내기 시작하였다. 몇 차례의 라운드를 통하여 관세가 이미 충분히 인하되어 무역자유화를 위한 목표로서의 가치가 약화되었으며 2차 대전 이후 내재화된 자유주의를 가능케 하였던 미국의 패권적 지위가 상대적으로 약화되고 새로운 신흥공업국의 출현으로 경쟁이 심화되어 내재화된 자유주의로 인한 비용을 선진국들이 더 이상 감당하기가 어려워졌다.

이러한 어려움에 직면하여 세계는 자유무역질서가 지속되기 위해서는 자유무역질서를 더욱 심화시키고 확산시키기 위한 노력을 선택하게 되었고 그 결과 1980년대 중반 이후 미국의 주도하에 새로운 다자간 무역협상인 UR이 시작되었고 그에 따라 새로운 세계무역기구 WTO가 창설되었다. 이러한 WTO체제를 가로지르는 기본정신은 GATT체제의 내재적 자유주의질서와는 본질적으로 다른 성격을 띠고 있다. WTO체제는 우선 농업·서비스·투자 등을 포함하고 그 대상지역을 제3세계와 구 사회주의권으로 확장하였으며 무역의 확대를 위한 많은 새로운 이슈와 정책영역들을 포함함으로써 무역자유화와의 산업적·지리적·정책적 영역을 확대함으로써 그동안 GATT체제에서 인정하던 개별국가의 자율성과 정부개입의 여지를 대폭 축소시켰다.

또한 WTO체제는 공정무역(fair trade)이나 평등한 경쟁구조(level playing field)에 초점을 두고 국제무역질서를 재편하였다. 각국의 불법적 무역제한조치를 제거하고 분쟁해결절차를 강화하였을 뿐만 아니라 경쟁기회의 평등을 위하여 무역과 관련된 국내정책들까지 규제하게 하였다. 또한 DDA협상과정에서도 나타났듯이 환경·노동·경쟁정책·국제투자 등에 대한 국내정책을 다자간 무역협상의 대상으로 삼고 무역정책과 연계함으로써 다른 정책목표를 달성하려는 시도를 보이고 있다. 이러한 움직임은 결과적으로 개별국가의 경제발전수준이나 국내 정치경제적 목적에 따른 개별국가의 자율성을 그만큼 침해하는 것으로서 GATT체제가 전제하고 있던 내재화된 자유주의에 대한 중대한 도전으로서 탈내재화된 자유주의(disembedded liberalism)로의 전환 또는 시장중심적 신자유주의로의 전환이라고 할 수 있다.

---

21 내재화된 자유주의의 개념에 대해서는 제2장 제2절 신자유주의 국제정치경제론에서 설명하고 있다.

제5장

무역체제 및 통상정책 결정의 정치경제론

국제무역이나 무역정책과 관련된 정치경제적 논의들을 그 성격에 따라 분류하면, ① 국익을 극대화하기 위해서는 '어떠한 무역정책이 바람직한가'를 다루는 규범적 정치경제이론(normative political economy)과 ② 서로 다른 이해관계집단들이 상호 경쟁하고 대립되는 정치경제적 경쟁과정에서 '세계무역체제 및 일국의 대외무역정책이 어떻게 형성되고 변화되어 가는가'를 다루는 실증적 정치경제이론(positive political economy)으로 대별된다.

이렇게 대별하여 볼 때, 전자가 지금까지의 전통적이고 보편적인 접근방법이었을 뿐만 아니라 실제로 많은 정책담당자들이나 정책결정자의 입장에서 주목하는 주제였다면, 후자는 이론적으로나 방법론적으로 많은 취약점을 지니고 있을 뿐만 아니라 정책담당자들이나 정책결정자들의 별다른 관심을 불러일으키지 못한 주제였다고 할 수 있다.

본장에서는 후자의 문제, 즉 세계무역체제가 어떠한 역사적·정치경제적 요인들에 의하여 결정되고 변화되며 또한 일국의 통상정책결정에 영향을 미치는 정치경제적 요인은 무엇인가를 논의하는 실증적 관점의 제이론들을 종합적으로 소개한다. 그러나 국제무역·무역정책·국제무역체제에 관련된 기존연구는 그것의 긴 역사를 반영하듯 매우 방대할 뿐만 아니라 아주 다양하고 이질적이다. 이러한 점에서 이러한 이론연구의 정향을 유형 분류함에 있어서도 통일적이지 못하다. 〈표 5-1〉은 이러한 여러 가지 정치경제적 접근이론들을 나름대로 유형 분류한 것이다.[22]

22 이러한 제이론들은 제7장 제2절(자유무역과 보호무역의 역사적 평가)을 통해 소개하였던 요인들을 체계적으로 이론화한 내용들이고, 그들 중에는 제4장 설충수의 국제정치경제이론에서 소개하였던 이론들도 있다.

〈표 5-1〉 국제무역체제 및 대외통상정책 결정요인에 대한 정치경제이론

구분	관점	결정요인	정치경제이론
국제무역체제	구조	세계정치경제의 구조적 특성과 변화	• 패권적 안정이론, 국제경제구조이론 • 세계경기순환론 등
	제도	국제레짐의 기능과 역할	• 국제레짐이론 (무역레짐/통화레짐이론)
일국의 대외통상정책	환경	국내의 정치경제적 (환경적) 변수	• 안보무역연계론 • 선거주기론 • 수입침투론 등 • 잉여생산력이론 (국내경기순환론)
	수요	이익집단 간 경쟁 행태	• 이익집단이론
	공급	정책결정자의 이념과 인식	• 인식론적 접근이론
		국가 및 제도의 특성	• 국가론적·제도적 접근이론
	전략	국가의 전략적 선택 행위	• 국가전략적 접근이론

제1절 국제무역체제의 결정요인에 대한 정치경제이론

1. 국제무역체제 결정에 대한 패권적 안정이론

1.1 국제무역체제와 패권적 안정이론

제8장에서 살펴본 바와 같이 패권적 안정이론(hegemonic stability theory)은, 자유롭고(개방적이고) 안정적인(효율적인) 국제정치경제질서가 탄생·유지되기 위해서는 정치적으로나 경제적으로 이를 주도할 수 있는 어떤 패권국가(hegemonic state)의 존재가 필요하다고 주장한다. 따라서 패권안정이론은 국제경제 질서의 개방성(openness)·안정성(stability)과 국가 간 힘의 분포(distribution of power)의 상관관계를 논의함으로써 국가 간의 권력구조에 초점을 맞추는 현실주의적 국제정치경제이론이지만, 이러한 시각과 개념이 현실주의(중상주의)나 급진주의 국제정치경제학에도 영향을 미쳐 현실주의자나 급진주의자 역시 이러한 패권의 개념을 원용하고 있어 종합적인 성격을 지니고 있음은 전술한 바와 같다.

패권적 안정이론의 주요한 내용은 이미 제4장을 통하여 설명하였으므로 여기서 재론하지 않지만 이 이론이 국제무역체제의 결정과 관련하여 제시하는 주요한 요점은, 세계경제질서의 안정을 유지시킬 수 있는 패권국가가 존재하는 경우 국제통상체제는 개방적이고 안정적인 자유무역체제를 유지하지만 이러한 패권국가의 힘이 상대적으로 쇠퇴할 때 국제통상체제는 보호주의적이고 차별적인 성격을 드러내므로, 국제무역체제에 있어 패권국가의 존재가 자유롭고 안정적인 무역체제의 형성과 운영을 위해 필수적이라는 것이다. 따라서 이 이론은 한편으로는 '각 국가들이 왜 자유무역정책을 채택하거나 거부하는가'에 대하여 설명하는 동시에 다른 한편으로는 '왜 세계적인 국제무역레짐이 형성되고 해체되는가' 하는 이유를 패권국의 존재와 결부하여 설명하고 있다.

이러한 패권적 안정이론에 대하여서는, ① 국가적 패권현상을 국가적 관점에서 접근하지 않고

세계적 관점에서 접근함으로써 지나치게 국가중심으로 이루어진 전통적 국제정치경제론의 한계성을 탈피하는 거시적 이론화에 기여하였고, ② 국제정치경제의 체제적 수준의 변화를 설명함에 있어 설명의 간결성과 인과관계의 명확성이라는 장점을 가지고 있을 뿐만 아니라, ③ 패권세력과 세계무역체제 간의 상관관계를 역사적 경험에 입각하여 분석함으로써 국제체제변화에 대한 역사적·현실적 시사점을 제공한다는 유용성을 지니고 있음도 전술한 바와 같다.

1.2 패권적 안정이론에 대한 비판

그러나 이러한 패권적 안정이론에 대하여서는 그 유용성 못지않게 그에 대한 비판 역시 다양하게 이루어졌고 특히 1980~90년대에 이르러 주로 자유주의적 전통의 학자들에 의해 많은 비판이 이루어졌다. 패권적 안정이론에 대한 이러한 비판의 기본적인 내용은 이미 제4장을 통하여 설명하였으므로 여기서는 패권적 안정이론과 자유무역체제 간의 상관관계에 대한 비판을 중심으로 소개한다. 이러한 비판 역시 이론적 타당성(논리성)이라는 측면과 경험적 적실성(역사적 해석)이라는 측면으로 나누어 볼 수 있다.

(1) 이론적 논리적 측면의 비판

패권적 안정이론, 특히 자유무역체제를 국제공공재로 파악하는 자유주의적 패권안정이론에 대해서는 ① 자유무역체제가 국제공공재라고 할 수 있는가, ② 자유무역체제가 성립하기 위하여 패권국의 존재가 반드시 필수적인가, ③ 자유무역정책이 패권국의 유일한 최선책인가, ④ 패권국이 자유무역정책을 선호하는 이유가 무엇인가 등과 관련하여 다음과 같은 논쟁들이 이루어져 왔다.

자유무역이 공공재인가? 패권적 안정이론에 대한 비판론자들은 자유무역을 공공재(public good)로 규정하는 패권적 안정이론의 전제에 대하여 자유무역은 공공재의 성격을 갖지 못한다고 비판하였다.[23] 왜냐하면, 패권국가 자신이 이러한 자유무역체제의 지배적인 수혜자일 뿐만 아니라 자유경제체제의 형성과 유지를 위한 공동노력에 공헌하지 않는 무임승차국들에게 무역보복·경제제재·수출금지(embargo)·수입금지·경제단절 등과 같은 수단을 통한 제재가 실제로 가능하기 때문이다. 말하자면 자유무역체제에는 공공재의 기본요건인 비배제성(non-excludability)이 성립되지 않는 만큼 이를 공공재로 규정하는 패권적 안정이론의 분석적 기초에 의문이 제기된다는 것이다.

이러한 비판에 대하여 고와(Joanne Gowa)는, 패권국이 자유경제체제의 무임승차자(free riders)나 이탈자(deviants)들을 실제로 제재하는 것이 매우 어려울 뿐만 아니라 이를 위해서는 여러 가지 제제비용도 소요되므로 이러한 제재비용을 부담할 능력과 의지를 지닌 패권국의 존재는 여전히 필요하므로 자유무역체제는 국제공공재로서의 성격을 지닌다고 주장하였다.[24]

패권국의 존재가 자유무역체제를 위한 필요조건인가? 만약 비판자들의 주장처럼 자유무역이 공공재의 성격을 띠지 않는다면 이는 곧 패권국가의 존재가 자유경제체제를 위한 필요조건이 아니라는 것을

23 Duncan Snidal (1985. Autumn), John A. C. Conybeare (Mar. 1984).
24 Joanne Gowa (Apr. 1989).

의미한다. 따라서 그들은 패권국가의 존재하지 않는 상황에서도 몇몇 국가들의 집단적 노력에 의해 자유무역체제가 형성될 수 있고 또한 반복적인 죄수의 딜레마모형과 같은 조건에 의해서도 자유무역체제는 가능할 수 있다고 주장하였다.[25]

또한 스타인(Stein, 1980)은, 패권적 안정론자들은 패권국가가 자유무역을 추구할 때 자유무역체제가 당연히 형성되는 것처럼 가정하고 있지만, 자유무역체제는 어느 한 국가의 정책에 의해서 이루어지는 것이 아니라 비슷한 힘을 지닌 국가들 간의 협정에 의해 이루어지는데 이때 패권적 지위를 지닌 나라가 어느 정도 자국시장을 열어주고 다른 국가의 중상주의적 보호정책을 용인해 줄 수 있는가가 중요해진다고 주장하였다.

이처럼 자유무역체제는 패권국이 존재하지 않는 경우에도 가능할 수 있으므로 자유무역체제를 위하여 패권국의 존재기 필수적인 것은 아니라는 주장에 대해서도 고와(Joanne Gowa)는, 패권국의 존재가 소수의 국가집단보다 공공재를 제공하는 데에 더욱 효율적일 뿐만 아니라 국가 간에 합의된 원칙을 위반하는 국가들을 제재하는 데에도 더욱 효율적이기 때문에, 비록 소수의 국가집단이 자유무역체제를 이룰 수 있을지라도 패권국에 의하여 자유무역체제가 관리되는 경우보다는 그 효율성이 떨어진다고 주장하였다.

자유무역이 패권국의 유일한 최선책인가? 패권적 안정이론은 패권국의 경우 자유무역정책이 자국의 입장에서 가장 유익한 정책이라고 전제하지만 이를 비판하는 사람들은 패권국은 자유무역 이외에도 자국의 국익을 극대화할 수 있는 다른 수단들을 가진다고 비판하였다.

예컨대 코니베어(John Conybeare)는 최적관세이론을 논거로 하여, 보호무역정책을 통하여 자국의 교역조건(terms of trade)을 개선시킬 수 있는 능력을 보유한 패권국이라면 자유경제체제의 형성과 유지를 위하여 일방적으로 노력하는 것보다 최적관세정책을 채택하여 더 큰 이익을 도모하는 것이 더 합리적이라고 주장하면서, 합리적인 패권국은 자유무역체제보다 최적관세를 통한 보호무역을 선호할 것이라고 주장하였다.

이러한 주장에 대해서도 고와(Joanne Gowe)는, 패권국은 단기적 이익을 위해 자신의 힘을 사용하는 것이 장기적 이익을 해친다는 것을 알고 있으므로 최적관세를 채택하지 않을 유인이 충분히 있고, 역사적으로도 19C중엽 패권국이던 영국이 최적관세수준보다 낮은 관세를 유지하였으며 1930년대 미국이 스무트홀리 관세법을 통하여 교역조건을 개선하려하였으나 오히려 이것이 타국의 반작용을 초래할 것을 염려하여 무역자유화에 중점을 두었다고 비판하였다.

패권국이 자유무역정책을 선호하는 이유가 무엇인가? 대부분의 패권안정이론가들, 특히 자유주의적 패권안정이론은 자유롭고 안정된 국제경제체제라는 공공재를 제공하기 위하여 패권국이 일방적 혹은 이타적으로(altruistically) 비용을 부담한다고 주장하지만 다른 시각을 가진 학자들, 특히 현실주의

---

25 특히 코헤인(Robert Keohane)은 자유경제질서를 형성·유지하는 경우 몇몇 주요 국가들 간의 협력이 패권국가의 존재에 대한 대안이 될 수 있다고 주장하였다. 이러한 주장은 미국의 패권력이 쇠퇴한 1970년대 이후 패권안정이론은 자유경제체제의 약화 또는 해체를 예견하였지만, 이러한 예측과는 상반되게 국제경제체제는 기본적으로 자유경제체제적인 특성을 유지하였다는 관찰에 근거를 둔 것이다.

적 시각을 가진 사람들은 패권국의 이러한 행동이 이기적인 동기에 근거하는 것이라고 주장한다. 예를 들면, 길핀(Robert Gilpin)은 경제규모가 큰 국가가 자유경제체제에 의한 이익의 많은 부분을 취한다고 주장하고 있고, 크라스너(Stephen Krasner)는 패권국은 자신의 특권적 지위를 이용하여 자국에 유리한 방향으로 국제무역체제를 형성한다고 주장하고 있다.

또한 패권국이 자유경제체제의 형성과 유지를 위해 노력하는 또 다른 이유는 부의 극대화 이외의 다른 많은 목적들, 예컨대 국제적 안정이나 정치적 지도력과 같은 것들을 추구하기 때문이라고 주장되기도 한다. 코니베어는 이와 관련하여, "자유무역은 연계현상(linkage phenomenon), 즉 패권국가에 의한 세계안정의 추구라는 목적 달성의 부산물로서 발생하는 것이다"라고 지적하고 있다.

이 밖에도 패권국의 존재와 자본주의체제를 동전의 양면으로 파악하는 세계체제론적 입장이나 〈부록 7-1〉에서 소개하는 바와 같이 자유무역정책 그 자체를 패권국의 제국주의적 팽창의 수단으로 파악하는 자유무역제국주의(free trade imperialism) 등과 같은 급진주의적 견해들 역시 패권국이 자유무역정책을 선호하는 이유를 자유주의자들과는 또 다른 관점에서 찾고 있다.

(2) 역사적·현실적 측면의 비판

전술한 대로 패권적 안정이론은 19세기 영국과 20세기 미국의 패권이 부침하는 과정과 관련하여 자유무역체제의 생성·유지·쇠퇴를 경험적으로 논의함으로써 국제정치경제문제를 추상적으로 다루는 다른 이론들과는 달리 역사적이고 현실적인 함의를 지니고 있다. 그럼에도 불구하고 패권적 안정이론이 기초하고 있는 전제의 비현실성이나 실제의 역사적 현실이 이 이론이 제시하는 바와 일치하지 않는다는 관점에서 패권적 안정이론의 한계성을 논의하거나 그에 대한 대안적 이론을 제시하는 다양한 논의들이 존재한다.

이렇게 국제무역체제의 변화와 패권적 안정이론의 적실성을 역사적·경험적 관점에서 비판한 논의들은 다양하지만 그러한 내용들을 크게 나누어 보면 ① 패권적 안정이론이 역사적 현실과 경험적으로 타당한가, ② 패권적 안정이론이 국가별 무역정책의 차이를 반영할 수 있는가, ③ 패권이 쇠퇴한 이후에도 어느 정도 개방적인 자유무역체제가 유지되고 있는 이유가 무엇인가와 관련된 논의들로 구분해볼 수 있다.

패권적 안정이론이 경험적으로 타당한가? 역사적 경험과 현실을 근거로 패권적 안정이론이 전제하고 있는 전제의 비현실성이나 패권적 안정이론의 비역사성을 지적하고 때로는 그에 대한 대안적 아이디어를 제시하는 논의들이 〈부록 7-2〉에서 보여주는 바와 같이 다양하게 이루어졌다. 그 내용들을 보면 지난 역사를 관찰하여 보면 패권국이 존재하는 시기에 자유무역이 실현되지 않기도 하였고 패권국이 존재하지 않는 시기에 자유무역이 실현되기도 하는 등 패권국의 성쇠와 자유무역체제 간에 어떠한 일관된 정합성이 존재하지 않는다고 주장하기도 하였고, 패권국이 존재하는 시기에 자유무역이 이루어진 것도 그 원인이 패권국의 존재 때문이 아니라 당시의 경기호황·주요국의 무역선호도·주요국 간의 타협적 결과 등에 의한 것이므로 패권국의 존재가 자유무역체제를 위한 필요조건도 충분조건도 되지 못한다고 주장하기도 하였다.

현실주의적 패권적 안정론자인 크래스너(S. Krasner, 1976)는 패권적 안정이론의 전제에 따라 1820년대 이후의 세계무역체제의 개방성과 패권국의 존재여부를 〈표 7-2〉와 같이 6단계로 구분하여 이 이론의 적실성을 평가하였다.[26] 그는 이러한 단계들 중, ①단계(영국의 패권기→개방화), ②단계(영국의 쇠퇴기→폐쇄화), ⑤단계(미국의 패권기→개방화)의 경우는 패권적 안정이론에 의해 설명되지만, ③단계(영국이 패권적 지위 상실하였음에도 오랫동안 자유무역을 지향), ④단계(미국이 패권적 지위를 확보하였음에도 한동안 국제무역체제를 주도하지 않음), ⑥단계(미국의 패권적 지위가 쇠퇴하였음에도 여전히 자유무역에 집착)의 경우는 이 이론에 의한 설명이 어렵다고 평가하였다.[27]

〈표 5-2〉 패권국의 부침과 세계무역체제의 변화(S. Krasner, 1976)

단계 (기간)	패권국의 상황	국제무역체제의 성격	적실성
① 1820~1879년	영국의 국력상승기 (패권기)	곡물조례폐지·영불통상협정 통한 개방적 무역체제 제고시킴.	○
② 1880~1900년	영국의 패권적 지위쇠퇴 시작됨.	무역의 개방성도 낮아졌음.	○
③ 1990~1913년	영국의 패권적 지위쇠퇴 계속됨.	자유무역 지향적 태도 유지함.	
④ 1918~1939년	미국의 패권적 지위확보 시작됨.	강력한 보호무역체제가 형성됨. (미국 국제무역체제 주도 않음.)	
⑤ 1945~1960년	미국의 패권적 지위 확보됨.	GATT출범, 국제무역의 개방성 확대됨.	○
⑥ 1960~현재('76)	미국의 패권적 지위쇠퇴 진행됨.	여전히 자유무역에 집착함.	

패권적 안정이론이 대외무역정책의 국별 차이를 설명할 수 있는가? 패권적 안정이론은 국제경제관계에서의 체제적 수준의 특성을 설명하는 데에는 유용성하다고 하더라도 일국의 대외무역정책의 결정과 특성을 설명하는 데에는 한계를 지닌다고 할 수 있다. 패권적 안정이론이 국가간 무역정책의 차이를 설명하려면, 패권국과 다른 국가와의 권력불균형의 정도와 같은 체제적 수준의 변수들뿐만 아니라 각국의 정책적 성향이나 이익집단들의 분포와 같은 국가적 변수들도 고려하여야 하기 때문이다. 즉, "어떤 국가가 어떤 특정 조건 하에서 패권국가에 의해 지지되고 있는 국제레짐으로 부터 이탈할 것인가? 패권국가가 왜 그리고 어떻게 이탈국가들을 제재하고 협력국가들에게 어떤 형태의 혜택을 줄 것인가?" 등과 같은 질문들이 중요할 것인데 패권적 안정이론은 이러한 측면들을 간과하고 있다.

패권 쇠퇴 이후에도 자유무역체제가 존속하는 이유를 설명할 수 있는가? 패권적 안정이론은 패권의 쇠퇴와 동시에 자유무역체제는 폐쇄적으로 변하게 된다는 전제를 두고 있으나 패권이 쇠퇴한 이후에도 어느 정도 자유로운 개방적 질서가 유지되는 현실을 제대로 설명하지 못한다는 비판이 이루어졌다. 이러한 비판은 특히 1970년대 후반 이후 미국의 패권이 쇠퇴하였음에도 불구하고 왜 개방적인 자유무역체제가 유지되고 있는가 하는 문제와 관련하여 크게 다음과 같은 2가지 관점에서의 논의

26 Stephen D Krasner (1976).

27 그는 이러한 이유로서, 패권국과 자유무역체제의 상호작용에는 반응의 지체현상(delayed reactions)이 있으며 제도의 존재와 역할, 그리고 국제무역체제의 변화를 촉발시키는 어떤 외적 계기(catalytic external event) 등의 존재에도 주목할 필요가 있다고 지적하였다.

가 이루어졌다.

첫째는, 패권국이 쇠퇴하는 경우에도 자유주의적 질서가 유지될 수 있는 경우가 존재한다는 설명으로서 위에서 소개한 패권적 안정론자 크래스너(S. Krasner)의 주장이 대표적이다. 그는 패권이 쇠퇴한 이후에도 자유질서가 계속될 수 있는 두 가지의 경우를 들고 있다. 하나는 쇠퇴하는 패권국이 타 국가들을 설득할 수 있는 지도력이 남아 있는 경우이고, 다른 하나는 관성의 힘이 작용하거나 현실적인 다른 대안이 없거나 어느 정도의 공동이익이 남아있는 경우이다. 이러한 경우 패권의 쇠퇴에도 불구하고 자유주의적 국제레짐이 유지될 수 있다고 본다. 미국의 상대적 패권이 쇠퇴하였음에도 불구하고 자유주의적 질서가 유지되고 있는 것 역시 이러한 맥락에서 이해할 수 있다는 것이다.

둘째는, 1980년대 유행한 패권안정론이나 신자유주의 제도론은 암묵적으로 미국의 상대적 권력이 쇠퇴하고 있다는 것을 전제로 제기되었지만[28] 미국의 상대적 권력이 쇠퇴하였다는 그러한 전제 자체가 잘못되었을 뿐 미국은 쇠퇴하지 않았으므로 이후에도 자유무역체제가 유지되는 것이 패권적 안정이론의 이론적 적실성을 훼손하지 않는다는 주장이다. 이들은, 힘의 개념을 종래의 군사력과 경제력에 한정시키지 않고 보다 확장된 개념으로 정의하면 미국의 권력은 쇠퇴하지 않았고 여전히 패권국으로서의 영향력을 행사하고 있다고 주장한다. 여기에도 다양한 주장들이 있지만 대표적인 몇 사람의 주장을 보면 다음과 같다.

(1) 스트레인지(S. Strange)는 국제관계의 힘을 관계적 힘(relational power)과 구조적 힘(structural power)으로 구분하고 구조적 힘이 관계적 힘보다 더 중요하다고 주장한다.[29]구조적 힘이란 세계정치경제의 구조를 선택하고 형성하는 힘을 의미하는데 미국은 안보·생산·금융·지식이라는 중요한 네 가지 분야에서 아직도 압도적인 구조적 힘을 행사하고 있으므로 이러한 관점에서 보면 미국의 쇠퇴론은 잘못된 전제라고 주장한다.

(2) 러셋(B. Russett)은 '힘의 기저'(power base)라는 관점에서는 미국의 패권이 상대적으로 쇠퇴했을지 모르나 그보다 중요한 '결과에 대한 통제력'(control over outcome)이라는 측면에서 미국의 힘은 쇠퇴하지 않았고 2차 대전 이후 지속성을 유지하고 있다고 주장하였다.[30] 그는 특히, 이러한 결과에 대한 통제가 지속적으로 가능한 이유는 그들의 패권보유기에 구축해놓은 국제제도(레짐)와 미국의 문화적 패권(cultural hegemony)에 의한 지도력 때문이라고 지적하였다.

(3) 유사한 관점에서 나이(J. S. Nye)도 국제체제에서는 물적 자원을 통해 직접적이고 강제적으로 영향을 미치는 경성 권력(hard power)보다는 문화·이데올로기·제도 등을 통해 간접적으로 영향력을 행사할 수 있는 연성 권력(soft power)이 더욱 중요해지고 있다고 주장하면서,[31] 미국은 현재

---

28 1988년 폴 케네디의 저서인 「강대국의 흥망성쇠」 The Rise and Fall of Great Powers는 미국패권의 쇠퇴를 이야기하여 레이건 정부 말기 미국 국민의 근심을 자아냈다.

29 Susan Strange (Autumn, 1987) p.553.

30 Bruce Russet (Spring, 1985) p.208.

31 Joseph S. Nye, Jr. (1990) p.260.

다른 어느 국가보다도 연성권력 자원을 월등하게 소유하고 있기 때문에 다가오는 시대에도 계속 지도력을 발휘할 유일한 국가라고 주장하였다.

(4) 콕스(Robert W. Cox, 1983)는 미국의 헤게모니가 가능한 것은 미국이 국제사회에서 제시하는 각종 양보와 역할 그리고 일반적 원칙에 대해 다수의 다른 국가들이 동의하고 지지함으로써 미국이 자국의 이익을 위해서가 아니라 다수국가의 보편적 일반이익을 추구하고 있다는 신념, 즉 헤게모니의 정당성을 확보하였기 때문이라고 본다. 따라서 그는 미국이 민주주의와 자유시장경제체제 등 인류에 대한 보편적인 호소력을 가진 가치에 입각하여 세계질서를 수립함으로써 헤게모니의 정당성을 여전히 확보하고 있다고 주장하였다.

〈부록 5-1〉 자유무역제국주의론과 패권적 안정이론에 대한 경험적 비판론

1. 자유무역제국주의론[32]

패권적 안정이론과 직접적으로 관련되는 이론이라고 할 수 없지만 패권국이 스스로 자유무역체제를 선택하고 타국들에게도 이러한 체제를 강요하는 기본적 이유가 무엇인가에 대한 정치경제적 해석을 제공해주는 급진주의적 시각으로서 자유무역제국주의론이 있다. 이하에서는 자유무역제국주의론의 기본개념과 이에 대한 일반적 평가를 간략히 소개한다.

(1) 자유무역제국주의론의 기본 개념

1950년대 초까지 역사학계의 통설로 되어왔던 것은, 자본주의의 조국인 영국이 1830년대 이후부터는 제국주의적·침략적 성격을 탈피하고 보다 평화적이고 비군사적인 성격의 자유무역주의를 표방하고 추진함으로써, 성격상 커다란 변화를 나타내게 되었다는 것이다. 이러한 통설은 보델슨(C. A. Bodelsen)과 쉴러(R. L. Schuyler)의 연구에 의해서 대표되고 있다. 이들은 1860년대를 반제국주의가 최고조에 달한 때라고 보았다.

이러한 통설적 주장은, 영국의 지배적인 대외정책이 19세기 중엽에 이르러 '무역은 하지만 지배하지 않는다'는 기본원칙 아래 이른바 평화주의·국제주의·만민주의(cosmopolitanism)에 입각한 자유무역주의로 크게 변모하게 되었다고 말하면서, 이 시기에 크게 대두된 식민지분리론이 이러한 사실을 입증하는 하나의 두드러진 예라고 말하고 있다. 이들은 19세기 중엽의 반제국주의적 주장과 식민지분리론자들의 주장에 관한 사료들을 정력적으로 광범하게 수집함으로써 자신들의 주장을 뒷받침하려 하였고 이를 통하여 그들의 주장은 오랫동안 19세기 영국제국연구사에 있어서의 '권위'라는 평가를 받기도 하고 '정통'이라는 평가를 받기도 하였다.

이러한 통설에 대하여 갤러하(J. Gallagher)와 로빈슨(R. Robinson)은 1953년에 발표한 논문 「자유무역제국주의」를 통하여 이를 비판하며 통설에 도전하였다.[33] 이 논문은 1950년대 초기까지 역사학계의 통설, 즉 대영제국이 1830년대 이후부터는 종전의 제국주의적·침략적 성격을 탈피하고 보다 평화적이고 비군사적인 성격의 자유무역주의를 표방하고 실현시킴으로써 성격상 커다란 변화를 이룩하였다는 주장에 대하여 비판을 가하였다.

그들은 근대에 이르러 두 개의 제국주의 고조현상을 경험하였는바, 하나는 16~18C 중엽까지의 이른바 중상주의시대의 제국주의적 확장기로서 구제국주의(old imperialism)였고, 다른 하나는 1870년대 이후의 신제국주의(neo-imperialism) 또는 경제적 제국주의(economic imperialism)였다고 전제하면서, 그렇다고 해서 이들 두 기간의 중간에 있는 시기가 제국주의적 팽창이 중단되었던 시기가 아니고 그것은 바로 자유무역제국주의(free trade imperialism)의 시기라고 주장하였다. 말하자면, 당시의 자유무역주의란 결코 중상주의적 보호정책의 부정이라는 단순한 '정책부재의 자유방임정책'이 아니라 그것 자체가 세계시장제패라는 적극적 의도와 기능을 지닌 무기이며 수단이었다는 것이다.

따라서 이 시기는 자유무역의 외연적 확장을 위한 정치경제적 조건을 강제적으로 창출하고 그것을 유지하는 또 다른 제국주의 즉, 자유무역제국주의시대였다는 것이다. 이러한 관점에서 본다면 당시의 자유무역이란 영국의 공업독점력을 기초로 한 국제분업체제를 타국에 강제함으로써 세계시장을 자신의 재생산에 적합한 체제로 재편성하는 이른바 제국주의적 무기로서 기능하였던 것이다. 다시 말하면 구제국주의시대에 거대한 제국들은 무기와 군대를 통하여 제국주의적 목표를 추구하였다면 이 시기에는 자무역이라는 체제를 무기로 자신의 제국주의적 목표를 추구하였다는 것이다.

(2) 자유무역제국주의론의 기본적 성격

이러한 이들의 연구대상은 깊고도 광범위하여 그 강조점은 그 때 그때의 논문에 따라 다소 상이하지만 기본적 발상은 대체로 다음과 같이 요약될 수 있다.

통설적 형식성 비판 자유무역과 제국주의를 이질적이고 상호 배척적인 것으로 대립시켜온 통설의 형식성(2분법)을 비판하고 이들이 사실상으로나 개념적으로 병존한다는 가설을 정립하여 이를 자유무역제국주의라고 선명하게 표현하였다.

시간적 2분법 비판 19C 제국적 팽창에 무관심시대인 중기(반제국주의시대)와 팽창에 대한 열중시대인 후기(제국주의시대)로 2분하여 양자를 대립시켜 온 통설을 비판하고 연속성을 주장하였다.

공간적 2분법 비판 형식적·정치적 기준에 따라 공식제국(formal empire)과 비공식제국(informal empire)과를 구분하고 이들 중 전자만을 하나의 독립체로 생각하여 그것만을 분석의 대상으로 하였던 전통적 제국주의 역사연구의 편협함을 비판하고 양자를 하나로 통괄하는 관점을 주장하였다. 따라서 그들은 '가능하면 비공식적으로, 필요하다면 공식적으로 지배권을 확대하려는 원칙' 하에 영국의 대외정책이 시행되어 왔다고 주장하면서 이 양자 간에는 정책상의 기본적인 「연속성」이 있었다고 전제함으로써, '통치하나 지배하지 않는다'는 원칙 아래 19C 영국의 대외 정책이 추구되어 왔다고 주장하는 통설을 비판하였다.

경제적 제국주의론 비판 제국주의 발생의 동기와 요인 중에서 경제적 요인만을 유일 한 것 또는 중요한 것으로 생각하는 종래의 이론을 비판하고 정치문화 등의 제요인, 특히 정책당국자의 주관적 영역에 속하는 전략적 요인을 추출하여 그 역할을 확인하였다.

유럽중심주의사관 비판 제국주의의 출현을 몇몇 유럽선진국의 경제적 현실, 즉 독점형성·자본수출 등을 통하여 설명하는 종래의 편향된 이론을 비판하고 아시아, 아프리카 등의 대응과 반발에서 설명하여 협조이론·주변이론을 주장하였다.

(3) 자유무역제국주의론에 대한 비판

자유무역제국주의라는 개념화를 이룩한 이들의 연구는 학계에 충격인 것으로 받아 들여져 그 후 많은 지지자와 반대론자들의 논란으로 이어졌다. 우선, G·R논문에 대하여 정면으로 대립되는 반론을 제기했던 사람은 맥도나(O. McDonagh)였다. 그는 자유무역 반제국주의(Anti-imperialism of Free Trade)라는 제목의 논문을 통하여 그들의 논문을 반격하였는데 그 요점은 다음과 같다.

(1) 19세기의 이론적 자유무역론자라고 할 수 있는 콥덴(R. Cobden)과 같은 사람은 공식·비공식의 어떤 형태의 제국주의도 반대하고 있는데, 이 점에 비추어 보아 자유무역주의가 그 실제에 있어서 제국주

의적인 것이었다고 보는 것은 잘못이다.

(2) G-R논문은, '1845~60년의 영국의 정책과 일반의 감정이 본질적으로 제국주의적 성격을 지니고 있었다는 것을 입증함으로써 이것과 정면으로 대립되는 신화들을 분쇄했다'는 점에서는 많은 공적을 남겼다. 그러나 당시 제국주의에 대한 끈질긴 반대가 존재하고 있었다는 것을 무시하였고 또한 빅토리아(Victoria)시대 영국의 제국정책에 나타났던 다양성을 부정함으로써 과도하게 보편화시키고 몰인격화 하는 잘못에 빠졌다.

(3) G-R논문에 대한 또 하나의 반론은 플랫(D. C. M Platt)에 의해서 제기되었다. 그는 G-R논문이 자유방임주의와 자유무역의 시대에도 영국의 외교정책에 있어서 무역이 중요성을 가지고 있었다는 것을 강조했다는 점에서 확실히 유익했으며, 이른바 신제국주의시대에 있어서도, 영국정부가 될 수 있는 한 공식적 지배를 피하고 비공식적 지배를 선택적으로 추구했다는 데 주의를 환기시켰다는 점은 정당한 일이었다고 평가하였다. 그러나 그는 G-R논문이 중기 빅토리아시대의 통상정책에 관하여 타국에 깊숙이 관여했다는 점을 지나치게 강조하고 있다고 비판하면서, 이 시기에 있어서 영국은 일관해서 불간섭주의를 고수했던 것이라고 주장하고 있다.

그에 의하면, 나폴레옹전쟁 이후 1850년까지 영국은 농산물의 자급자족을 이루고 있었으므로 국내투자와 국내시장에 중점을 둔 공업화를 겪었으며 해외의 이른바 비공식적제국의 시장에는 거의 이해관계를 갖지 않고 있었다. 즉 영국은 비공식적 경제제국을 확보할 능력도 없었거니와 그럴 필요도 없었다는 것이다. 이 당시에 영국의 영토가 계속 확장된 것은 사실이지만 영국정부가 그것을 필요로 해서가 아니었고 지배영역을 확장하려고 하는 강한 욕구를 나타내고 있었던 변경지의 영국인들에 끌려 들어간 결과였다고 그는 주장하였다.

2. 패권적 안정이론에 대한 경험적 비판론(보충)

앞에서 살펴 본 바와 같이 역사적 경험과 현실을 바탕으로 하여 패권적 안정이론이 전제하고 있는 전제의 비현실성이나 패권적 안정이론과 현실과의 비정합성을 지적하는 논의들이 다양하게 이루어졌고, 그 대표적인 경우로서 크래스너의 주장을 살펴보기도 하였는데 그 외에도 다양한 사람들이 다양한 측면에서 패권적 안정이론의 현실적 적실성을 비판하는 동시에 그에 대한 대안적 아이디어를 제시하는 연구들이 존재하였는데 그들 중 대표적인 논의들을 소개하면 다음과 같다.

(1) 맥키원(T. J. Mckweon, 1983)은, 19세기 유럽의 관세율변화를 기준으로 하여 당시의 자유무역체제가 헤게모니국가인 영국에 의해서라기보다 경기의 호황여부가 결정요인이었다고 주장하였다. 그는 당시의 무역체제에 결정적 역할을 하였던 영불통상협정(1860)체결이 영국이 자유무역체제를 희망하여 주도된 것이 아니라 단지 프랑스와의 정치외교적 관계개선을 목적으로 하여 이루어진 것이며 당시 영국은 막대한 국채를 갚기 위하여 오히려 관세수입에 의존해야 하는 사정에 있었다고 주장하였다. 스타인(Arthur Stein, 1984) 역시 19세기 영국은 결코 자유무역을 지향하는 의지와 능력을 가진 나라가 아니었으며 영국 한나라만이 곡물법과 항해법을 폐지하였다는 사실만으로 영국이 자유무역체제를 선호하고 강요하였다고 할 수 없다고 주장하였다. 그는 당시의 자유무역체제는 최혜국조항(MFN)을 바탕으로 하여 상호 연결된 유럽 주요국간의 쌍무적 자유무역협정의 네트워크(network of bilateral treaties)의 결과일 뿐이라고 주장하였다.

(2) 레이크(D. A. Lake, 1988)는, 패권적 안정이론이 패권국과 비패권국과 같은 2분법적 구별을 하고 있어 19~20세기 역사적 경험을 적절하게 설명하는데 장애가 되고 있다고 주장하면서 헤게모니국가의 존재가 개방적 국제질서를 위한 필요조건도 충분조건도 아니므로 헤게모니국가가 존재하지 않는 국제체

제 하에서도 주요국들의 무역선호도에 따라 자유롭고 개방적인 무역체제의 형성이 가능하다고 주장하였다. 그는 헤게모니국가가 존재하는 헤게모니적 구조는 물론 헤게모니국이 존재하지 않는 구조도 포함하는 국제경제구조(international economic structure)라는 개념을 도입하여 일방적·쌍무적·다자적 기회주의구조 하에서도 자유무역이 가능할 수 있음을 제시하여 패권적 안정이론을 수정·확장하려는 노력을 보여주었다. 그는 어떤 국가의 '생산성'과 '세계무역에서의 비중'이라는 2개의 변수를 가지고 자유무역을 추구하려는 성향(willingness)과 자유무역을 추구할 수 있는 능력(capacity)을 설명하고자 하였다.

(3) 야브로(B. V. Yabrough, 1984)부부는, 거래비용과 기회주의적 보호주의의 관점에서 GATT체제처럼 헤게모니 안정이론의 적실성이 높은 경우와 적실성이 낮은 경우, 예컨대 19세기 영국이 일방적으로 주도한 자유무역체제나 20세기 소수국들이 체결한 협정을 체결한 경우를 구분해서 설명함으로써 패권적 안정이론 자체의 효용성보다는 이를 역사적 사례에서 적용하는 과정에서 분별력이 필요함을 역설하였다.

(4) 러기(John Ruggie, 1982)는 또 다른 관점에서 패권적 안정이론의 전제를 비판한다. 그는 패권적 안정이론가들은 2차 대전 이후의 국제경제질서를 미국의의 패권적 관점에서 정의하지만 현실의 국제경제체제는 자유주의적 다자체제(liberal multilateral system)를 원하는 미국과 좀 더 개입주의적인 체제를 선호하는 유럽동맹국들의 희망이 내재화된 자유주의적 타협으로 탄생한 것이라고 주장하였다.

(5) 코헤인(Robert Keohane, 1980)은 과연 이 이론이 국제레짐의 변화를 얼마나 적절하게 설명하고 있는가를 검토하였다. 이를 위하여 그는, 1967년부터 1977년까지의 패권적 구조의 변화를 국제무역·국제통화·석유의 국제레짐과 비교해본 결과 석유문제에 대해서는 비교적 설명력이 높았으나 국제무역·국제통화 분야의 경우 설명력이 상대적으로 매우 낮은 것으로 나타났다. 따라서 패권적 안정이론은 패권의 행동반경이나 국제레짐의 변화방향에 대한 직관적 예측(first-cut approximation)에 도움을 줄 수 있을 뿐 그 이상의 정확한 예측에는 중대한 한계를 지닌 모형에 불과하고 평가하였다.

2. 기타의 국제무역체제 결정이론

2.1 국제경제구조이론

레이크(David A. Lake,1984·1988)는, 패권적 안정이론은 국가들을 패권국과 여타국으로 구분하는 엄격한 2분법적 전제를 둠으로써 세계무역체제의 현실을 제대로 설명하지 못한다고 비판하고, 패권국의 존재는 자유무역체제에 대한 필요조건도 충분조건도 아니며 패권적 구조가 존재하지 않는 상태 하에서도 주요국들의 무역정책 선호구조에 따라 얼마든지 개방적인 무역체제가 성립될 수 있다고 주장하였다(〈부록 7-1〉 참조).

이러한 전제 하에서 그는, 개별국가는 국제경제구조(international economic structure)와 그 구조 속에 위치하는 자신의 국가적 위상(position of nation-states)에 따라 각기 자국의 이익을 높이기 위한 국제무역전략을 선택하게 되고 그 결과에 따라 국제무역체제의 형태가 결정된다고 하였다.

---

32 이에 대한 주요 참고문헌으로서는 毛利健三 (1978) 및 주종환 (1982).

33 J. Gallagher & R. Robinson (1953).

따라서 그는, 패권국의 존재 그 자체가 자동적으로 자유무역체제를 만드는 것이 아니고, 자유무역체제로부터 얻을 수 있는 이득(benefits of universal free trade)이 자유무역체제를 구축하는 데 소요되는 인프라비용(price of infrastructure)과 다른 나라들을 이러한 질서에 순응하도록 만드는 순응비용(price of compliance)의 합보다 더 클 때 자유무역체제는 구축되는데, 이 조건이 충족된다면 하나의 패권국이 아닌 둘 또는 그 이상의 국가들도 개방적 자유무역체제를 건설하고 유지하려고 할 것이라고 주장하였다.

이러한 관점에서 보면 19C 중엽~1912년의 기간과 1945~1965년의 기간은 각각 영국과 미국 주도의 단일패권국이 자유무역체제를 형성하였던 시기이지만, 1975년 이후 미국의 패권이 쇠퇴한 이유에도 비교적 개방성이 높은 세계무역체제가 유지된 것은 미국·독일·프랑스에 의한 다자주의적 기회주의의 산물이라고 주장하였다. 그는 이러한 전제 하에서 미국의 패권적 지위가 약화되더라도 상대적으로 개방적이고 자유적인 무역체제가 상당기간 계속될 수 있다고 전망하였다.

이러한 전망은 패권적 안정이론과는 상반되는 것이지만 자신이 말하는 국제경제구조이론(international economic structure theory)은, 패권적 안정이론을 배척하는 것이 아니라 패권적 구조 하에서 뿐만 아니라 비 패권적 구조 하에서도 국제체제에 대한 예측력을 높여줌으로써, 패권적 안정이론을 보완하고 확장하는 이론이라고 주장하였다.

어쨌든 이러한 국제경제구조이론은, 국제무역에 참여하는 국가들의 특성과 전략이 어떠하냐에 따라 세계무역체제의 성격이 어떻게 달라질 수 있는가를 모델링한 시도로서, 패권국의 존재여부와 성쇠로서만 자유무역체제의 성쇠를 설명하는 패권적 안정이론을 나름대로 보완하고 확장한 시도라고 할 수 있으며, 또한 1970년대 이후 미국의 패권이 약화된 이후에도 자유무역적인 기조가 계속되어온 이유에 대한 나름대로의 설명을 보태어 주고 있다.

2.2 세계경기순환이론

세계경기순환이론은, 세계경제가 침체하면 보호무역의 한계효용이 체증한다는 점과 세계경제변동에 따라 타국의 의도와 행동에 대한 각국 정책결정자들의 인식이 변화한다는 점에 초점을 맞추고 있다. 즉 경제침체 시에는 보호정책을 통한 한계효용이 증가하기 때문에 각국의 정책결정자들은 무역장벽을 높이려 할 것이고 따라서 보호무역을 요구하는 이익집단들의 요구를 더 쉽게 수용할 것이라는 점을 전제한다.

립슨(Charles Lipson, 1984)은 이와 관련하여, "무역관계에서 국가 간 협력의 효용성은 장기간에 걸쳐 현실화 될 수 있는 것이기 때문에 경제위기시에는 국가 간 협력가능성이 가장 낮다"고 지적하였다. 이러한 과정은 각국 정책결정자들이 지니고 있는 무역상대국들의 의도에 대한 인식의 전환을 초래한다. 즉 경제침체 시에는 정책결정자들이 만약 자신이 즉각 보호무역정책을 채택하지 않는다면 다른 국가들이 먼저 보호무역정책을 채택함으로써 자신들이 손해를 보게 될 것이라는 인식을 가질 가능성이 높다. 따라서 경제 침체 시에는 이로 인한 경제적 손실을 줄이기 위하여 경쟁적으로 보호무역정책을 채택할 가능성이 높다는 것이다. 결국 이러한 세계경기순환론은, 경제성장은 자유무역체제의 형성을 초래하는 반면 경제침체는 보호무역체제를 유발시킨다고 전제한다.

이러한 경기순환이론과 관련하여 실업이나 인플레이션 등 거시경제 상황에 따라 무역정책의 선호패턴이 달라지는 것을 논의한 접근이론들도 있다.

실제로 국내적으로 보호주의압력의 가장 중요한 원천이 되는 것은, 실업이 증대되고 그에 따른 구조조정압력이 강할 경우인데 이러한 경우 그러한 정치적 압력을 완화하기 위한 보호주의가 나타나게 된다. 실업에 따른 이 같은 보호주의압력은 세계경제전체가 침체하거나 경제성장이 둔화되면 더욱 강해지는데 1980년대 이후의 보호주의압력은 이러한 상황을 잘 반영한다. 이러한 상황 하에서는 모든 국가가 공히 자국의 수출을 증대시켜 경제회복을 이룩하려하게 되고 그 결과 수출시장에서의 첨예한 경쟁이 유발되기 때문에, 이러한 경우 보호주의의 주장은 더 쉽게 받아들여진다.

실업의 증대가 이같이 보호주의를 촉발시키는 원인이 되는 반면 인플레이션의 경우에는 자유주의적 경향을 촉발시키는 경향이 있다. 인플레이션문제가 일국의 중요한 경제정책목표로 인식되면 이러한 인플레이션을 수출하기 위한 수입자유화·수출통제·환율의 평가절상 등이 이루어진다. 이것은 정책담담당자들이 수입자유화를 통하여 외국의 값싼 제품들을 수입하도록 노력하기 때문이다. 그러나 인플레이션 문제가 심각하다고 하여 모든 나라가 반드시 자유무역적인 경향을 띠는 것은 아니다. 급격한 인플레이션이 있는 경우 국제수지 악화를 염려하여 오히려 보호주의적 정책을 강화할 수도 있기 때문이다.

2.3 국제통화체제이론

일반적으로 국제통화체제의 안정성과 세계무역체제의 자유성과는 서로 상호적인 관계를 가지는 것으로 인식된다, 일반적으로 국제통화 요인이 보호무역정책을 촉발시키는 경우는 다음과 같다.[34]

국제수지적자의 누적 상당한 규모의 국제수지적자가 누적되는 경우 외환보유고의 고갈을 막기 위한 보호주의가 채택될 수 있다. GATT도 긴급한 국제수지 방어를 위하여 쿼터 등 수량적 수입제한조치를 취할 수 있다고 허용하고 있으며 실제로 많은 개도국들이 이러한 GATT규정에 따른 수입제한을 실시하여 왔다.

환율변동에 따른 불안정성 증대 변동환율의 폭발성(volatility)은 가격책정·투자수익·경쟁력지위 등에 대한 불확실성을 야기하기 때문에 보호주의적 무역정책을 촉발시키는 경우가 있다.

부적절한 환율의 책정 부적절한 환율의 책정은 무역흐름을 왜곡시키고 따라서 보호무역정책을 유발하는 경향이 있다. 예컨대 자국통화의 환율이 고평가(overvalue)되어 있는 경우 그 나라의 수출산업·수입경쟁산업은 환율이 고평가된 만큼 경쟁력이 약화되어 불리해지므로 수출보조금이나 수입보호정책을 요구하게 되고 정부는 이를 외면할 수 없게 된다.

물론 이러한 환율의 고평가는 언제까지 계속될 수 없어 조만간 시정되지만 문제는 이러한 환경

34 최병선 (1999) p.149.

하에서 일단 만들어진 보호정책은 환율이 적정선으로 돌아간 뒤에도 철회되기 어려운 톱니효과(rachet effect)를 가진다. 반대로 환율의 저평가(undervalue)되어 있는 경우에도 보호주의가 강화될 수 있다. 예컨대 1960년대 말부터 1970년대 초까지 환율의 저평가상태에 있었던 독일과 일본의 경우 이로 인한 자국의 경쟁력우위를 최대한 활용하기 위하여 수출산업과 수입경쟁산업에 막대한 투자를 행하였는데, 이후 이러한 환율이 적정선으로 조정되자 막대한 투자가 이루어졌던 몇몇 산업들이 경쟁력을 유지할 수 없게 되었고 이는 보호주의의 요청으로 귀결되었다.

이처럼 환율의 적정선유지는 자유무역 정책노선을 유지하는 데 매우 중요할 수 있는데 〈표 5-3〉은 전후 미국 달러환율의 변동추이와 무역정책방향 사이에 긴밀한 상관관계가 존재하였음을 입증해주는데,[35] 이를 통하여 연구자들은 일국의 대외무역정책의 기조가 실업률보다는 환율의 균형수준에 더 밀접한 관계가 있다고 주장하였다.

〈표 5-3〉 전후 달러의 환율변동 추이와 무역정책 방향(F. Bergsten & W. R. Cline,1983)

시 기	달러 환율	대외무역정책	실업률
① 1950~60년대 초	균형 수준	자유무역 노선	높음
② 60년대 후반~70년대 초	고평가	보호무역 선회	별로 높지 않았음
③ 1971~73년	평가절하로 균형회복	일방적 자유주의 (TR)	최대 실업률
④ 1975~76년	고평가	보호주의적 무역정책	
1978~79년	균형환율로 회복	자유주의 기조	
⑤ 1980년대 초반	BW체제 붕괴, 고평가	보호주의 조치 확대	

즉 ① 달러환율이 균형수준에 있었던 1950년대와 60년대 초 미국은 높은 실업률 하에서도 자유무역노선을 견지하였고, ② 1960년대 후반 및 70년대 초 달러가 고평가되자 실업률은 별로 높지 않았음에도 보호주의적 노선으로 선회하였으며, ③ 1971~73년간 달러의 평가절하로 균형을 회복하자 최대의 실업률 하에서도 일방적인 자유주의를 견지하고 동경라운드에 임하였으며, ④ 1975~6년 달러가 다시 고평가되자 보호주의적 무역정책이 전개되었고 1978~9년 달러가 다시 균형환율로 회복되자 다시 자유주의적 기조로 돌아온 반면, ⑤ 1980년대 초반 브레튼우즈체제가 붕괴되고 달러가 유례 없이 고평가되자 보호주의적 조치를 확대하였다.

물론 국제통화 요인이 언제나 보호주의적 경향을 높이는 것은 아니다. 예를 들면 수출국(브라질, 멕시코 등)이 수입국(미국)에 막대한 외채를 안고 있는 경우, 수출국의 수입국에 대한 보호조치는 외채의 변제를 더욱더 어렵게 하기 때문에 함부로 보호조치를 감행하기 어렵다. 또한 금융위기를 맞은 국가에게 국제기구(IMF)가 자금을 제공하는 경우 그들에게 수입제한적인 정책을 쓰지 못하도록 압력을 가할 수도 있게 된다. 이러한 경우 국제수지적자국은 자유주의적 무역정책으로 나가지 않을 수 없기 때문이다.

35 C. Fred Bergsten and William R. Cline (1983) pp.86-87.

〈부록 5-2〉 레이크의 국제경제구조이론 (보충)

위에서 설명한 레이크의 국제경제구조이론은, 국제경제구조 속에서 각 국민국가의 위치에 따라 그들의 대외무역전략이 어떠한가를 설명하였는데 그는 국제경제구조의 구성요인을 다음과 같이 설명하였다.

국제경제구조의 구조를 형성하는 중요한 요인은 국가별 경제규모의 크기(대국·중규모국·소국)와 노동생산성의 상대적 크기(저생산성국·고 생산성국)이다. 이들 중 경제규모는 최적관세부과능력과 개방경제승수효과 여부를 고려한 변수이고 노동생산성은 차별적인 규모의 경제효과가 작동할 수 있는지를 나타내는 지표이다. 이러한 국가규모와 생산성에 따라 대외무역정책의 선호도가 달라진다. 즉, ① 생산성 높은 국가는 대국이든 소국이든 자유역체제를 선호하지만 다만 대국의 경우 자국의 수확체증산업의 비중을 높이기 위해서 국내적으로 보호무역정책을 수행할 수 있다. ② 생산성이 낮은 소규모국가는 국제무역 없이 규모의 경제를 이룩하기 어려우므로 자유무역에서 벗어 날 수 없다. ③ 생산성이 낮은 대규모국가는 국내시장이 충분히 큰 경우 보호무역정책을 채택할 수 있다.

〈표 5-4〉 국제경제구조와 대외무역전략

국가규모		저 → 〈노동생산성〉 → 고			
∧ 국 가 규 모 ∨	대 ↑	제국주의국	PF〉PP〉FF〉FP	FF〉FP〉PF〉PP ① PF〉FF〉PP〉FP ②	패권국
	중	무역질서 손상국 자유무역 무임승차국	PF〉PP〉FF〉FP FF〉FP〉PF〉PP	PF〉FF〉PP〉FP	기회주의국
	↓ 소	보호주의적 무임승차국 자유무역 무임승차국	PF〉PP〉FF〉FP FF〉FP〉PF〉PP	PF〉FF〉PP〉FP	자유주의적 무임승차국

註 : 1. 국가규모는 세계무역 중 점유 비율 : 대국(15% 이상) 소국(5% 미만)
2. F(자유무역선호), P(보호무역선호) 앞의 부호는 자국, 뒤의 부호는 상대국

이러한 여러 가지 조합에 따라 국가별 유형을 분류하면 〈표 5-4〉에서와 같이 7가지 유형의 국가군으로 분류할 수 있고 이들 각 유형이 선호하는 무역정책유형은 다음과 같이 나타난다.

패권국(고생산성·대국) 18C중반의 영국, 20C 중반의 미국의 경우로서, 경쟁적인 국가가 있어서 보복가능성이 있는 경우는 ①의 선호순위, 그렇지 않은 경우는 ②의 선호순위를 취한다.

기회주의국(고생산성·중규모국) 19세기부터 2차 대전까지와 패권적 지위가 쇠퇴한 1960년대 이후의 미국, 1965~75년경의 독일·프랑스·일본의 경우로서, 대국에 비하여 시장지배력이 재한적이기 때문에 스스로 보호주의를 선호할 가능성 있고, 이러한 국가들은 개방적인 체제를 유지하려는 패권국이 존재하면 무임승차하려는 유인이 강하다. 패권의 쇠퇴기에 이러한 나라들의 성향이 국제무역체제를 결정짓는데 중요하다.

자유주의적 무임승차국(고생산성·소국) 벨기에나 스웨덴처럼 자유무역을 선호하기는 하되 그러한 체제의 창출과 유지에는 무임승차 하려고 한다. 따라서 이런 유형의 나라들은 다른 나라들이 자유무역을 축구하면 자신도 자유무역을 추구하지만 경우에 따라서 보호무역을 취하기도 한다.

제국주의국가(저생산성·대국) 산업혁명 이후 이러한 유형의 국가는 예를 찾을 수 없으나, 이러한 국가들은 국내보호를 통해 수확체증산업의 육성이 가능하고 최적관세의의 부과도 가능하므로 보호정책을 선호하게 된다.

자유무역 무임승차자(저생산성·중소규모국) 대부분의 제3세계국가들과 생산성 낮은 유럽의 국가들이 이에 속한

다. 이들은 생산성이 낮고 국내시장도 협소하므로 자유무역 이외엔 별다른 대안이 없다.

보호주의적 무임승차자와 무역질서 손상자(저생산성·중소규모국) 19C 프랑스와 독일, 전후 대부분의 기간 동안의 프랑스와 일본이 이에 속하는데, 이들은 국내보호를 통한 수확체증산업의 육성을 기도하고 따라서 국제무역질서를 교란하기도 한다.

제2절 대외통상정책의 결정요인에 대한 정치경제이론

일국의 대외무역정책이 어떠한 요인에 의하여 결정되는가에 대한 정치경제이론은 크게 4가지 측면에서 제기된다. 첫 번째의 이론은 대외무역정책의 결정요인을 국내 정치경제 환경적 관점에서 찾으려는 접근방식이고, 두 번째와 세 번째의 이론은 일국의 대외무역정책의 결정과정에 있어서의 정책수요자와 정책공급의 차원에서 찾으려는 접근방식이며, 마지막 접근방법은 각자 자국의 이익을 극대화하려는 무역당사국 간 전략적 차원의 접근방식이다.

즉, 일국의 대외무역정책이 결국 일반국민이나 각종 이해관계집단들의 요구와 경쟁의 산물인 동시에 정책의 의사결정자이고 집행자인 정부와 정책결정자의 선택에 의해 이루어지는바 이때 일반국민이나 각종 이해관계집단은 무역정책결정과정의 수요자인 반면 정부나 정책결정자는 무역정책결정과정에서 공급자이므로 일국의 대외무역정책은 결국 이들 수요와 공급의 상호작용에 의해 결정되고 집행된다고 할 수 있다. 그런데 이러한 수요자와 공급자의 선택은 각국이 처해있는 여러 가지 정치경제적인 환경요인에 의하여 결정된다. 한편 이러한 요인들이 통상정책결정에 영향을 주는 대내적 요인이라면, 일국의 무역정책은 자국의 이익뿐만 아니라 상대국의 이익도 고려하여야 하는 대외적 성격과 상호주의적 성격을 가지므로 이에 따른 국가 간의 전략적 상호작용에 의해서도 영향을 받는다.

이렇게 대외무역정책의 결정과정을 분석함에 있어 ① 수요측면의 입장에서 행해지는 접근방법을 「사회중심적 접근이론」, ② 공급측면의 입장에서 행해지는 접근방법을 「국가중심적·제도적 접근이론」, ③ 국가 간 상호작용의 입장에서 행해지는 접근을 「국가전략적 접근이론」이라고 하는데 이하에서는 이들에 대하여 각각 설명하기로 한다.

1. 대외통상정책 결정의 환경적·수요적 접근이론

1.1 통상정책결정에 대한 환경적 접근이론

자유와 보호에 대한 일국의 대외무역정책이 어떠한 요인에 의해 결정되는가라는 문제에 대해 국내 정치경제 환경적 관점에서 접근하는 제 이론들은 다시 정치적 관점에 치우쳐 있는 안보무역연계론·선거주기론과, 경제적 관점에 치우쳐 있는 잉여생산력이론(국내경기순환론)·수입침투론 등을 들 수 있는데 이들의 기본적 주장은 다음과 같다.

안보무역연계론 안보무역연계론은, 냉전적 양극체제하에서 동맹 내 국가들 사이에서는 자유무역의 실현이 보다 가능하지만 탈냉전적 다극체제하의 이질적인 동맹국들 사이에서는 오히려 보호무역의 가능성이 높다는 점에서, 국가 간의 안보적 상호의존도의 관점에서 국제무역분쟁을 분석한다. 즉 국가 간 쌍무적인 정치·군사적인 협력과 갈등이 양자간 무역관계와 관련되어 있다고 주장한다. 이러한 관점을 미국·동북아간의 통상관계에 적용해보면, 냉전적 양극체제하에서 동북아시아의 동서 긴장을 토대로 한 강력한 정치·군사협력관계는 무역갈등을 완화시키고 경제관계를 협력적으로 유지하게 한 반면 탈냉전적 다극체제하에서 느슨해진 정치·군사 협력관계는 무역 갈등을 증폭시킬 위험이 있다는 것이다(J. Gowe 1989, B. Polins 1984, Snyder 1984).

선거주기론 선거주기론(electoral cycle/political business cycle theory)은 전반적 경제상황이 정치적 선거와 맞추어 순환한다는 것으로, 미국의 경우 현직소유자는 재임기간 동안 일련의 예상할만한 정책패턴, 즉 초기 재임기간 동안 비교적 검약한 재정을 유지하지만 선거에 임박하면 비교적 후한 정부지출을 행하는 속성이 있다는 것이다. 따라서 국민적 지지획득의 차원에서 선거에 임박하여 보다 보호적인 무역정책을 취할 가능성이 있으며, 피해를 당한 산업도 선거(특히 대통령선거)에 즈음하여 보호주의정책을 정부에 요구하려는 경향이 있다고 주장한다. 따라서 근년에 일어난 미국·동북아 무역분쟁은 대통령선거주기에 근거한 국내정치적 요구에 영향을 받은 것이며 특히, 미·일 간의 무역분쟁은 이러한 관점에서 적절히 설명되어진다.

잉여생산력이론/국내경기순환론 잉여생산력이론은 잉여생산능력의 존재가 세계무역에 있어 보호주의적 추세를 가속화시켜 왔다고 주장한다. 이 이론에 의하면, 잉여능력이 존재할 경우 자유무역정책이 약화되기 때문에 잉여생산으로 인한 불황기에는 보호무역정책을 취하고 잉여생산이 없는 경제호황의 시기에 무역자유화로 나가려는 경향이 있다는 것이다(S. Strange 1979·1981·1985·1987).

잉여생산력이론과 동일한 맥락에서 국내경기순환론은 보호무역주의의 중요 결정요인으로서 국내외적 경제상황을 지적한다(I. M. Destler 1986·1987·1992. T. J. McKeown 1983). 그들은, 불경기하에서 기업들은 정부에 대해 보호무역정책을 요구하게 되고 정부는 이러한 요구를 받아들여 보호주의적 무역정책을 취하게 되는 반면 호경기하에서 정부는 보다 자유로운 무역정책을 취한다고 말한다. 이 이론에 의하면 실업률과 GNP성장률로 대변되는 일국의 거시적 경제상황이 무역상대국에 대한 정책에 영향을 끼친다는 것이다. 즉 일국의 실업률이 상승하면 산업으로부터의 보호주의적 정책요구는 증대되고 정부는 이에 보호적 조치를 취하려는 경향이 있다는 것이고, 경제성장률이 정체 혹은 퇴보하는 시기에 수입제한을 위한 국내적 요구는 강화된다는 것이다.

수입침투론 수입침투론은, 수입침투의 증가로 인해 무역수지가 악화되면 보호주의적 국내적 요구가 증대되어 상대국에 대한 수입제한조치를 취하게 하고 이에 따라 경제적 갈등이 발생한다고 설명한다(W. R. Cline 1982, P. Krugman 1986). 일국의 시장으로의 수입침투가 증가하면 할수록 상대국과의 시장개방과 관련한 무역 분쟁의 기회는 증가된다(J. S. Odell 1985). 전통적인 무역이론이 강조하는 기본적인 가정은 무역수지균형의 유지이고 무역수지적자의 지나친 적체는 무역규제의 압력을 증폭시킨다는 것이다.

1.2 통상정책결정의 수요적 접근이론(이익집단 간 경쟁행태, 사회중심적 접근이론)

일국의 통상정책은 종종 조직화된 특수이익집단(special-interest group), 예컨대 농업 관련 단체·철강업계와 노조·자동차업계 등에 의해서 좌우되는 경향이 있다. 통상정책을 결정하는 행위주체는 국가이지만, 국가는 일반국민이나 이해관계집단들의 요구를 수용해야만 하는 경우도 많기 때문이다. 이러한 의미에서 여러 이해관계집단 간의 세력분포, 주요 이해관계집단의 이해관계가 통상정책의 내용과 방향을 결정짓는 주요 요인이라고 할 수 있다.

(1) 통상정책에 대한 이해집단 간 갈등 유형

① 통상정책과 관련하여 사회이익집단들 간의 갈등유형을 설명하는 데에는 두 가지의 큰 이론적 관점이 있는데, 그 하나는 계급간 갈등에 초점을 맞추는 관점이고 다른 하나는 산업간 갈등에 초점을 맞추는 관점이다.

요소(계급) 간 갈등 국제무역에 대한 헥셔-올린(Heckscher-Ohlin)이론의 연장선상에 있는 스톨퍼-사무엘슨(W. Stolper and P. Samuelson)은 무역문제에 관한 국내정치적 이해관계는 기본적으로 생산요소들(production factors) 간의 계급적 투쟁 형태를 취한다고 본다. 그들은 보호무역(자유무역)은 상대적으로 풍부한 요소에 불리(유리)하고 희소한 요소에 유리(불리)한 소득배분이 이루어지므로 무역정책과 관련된 국내정치적 문제는 생산요소간의 갈등양태를 띤다는 것이다. 이러한 해석에 따르면, 자본이 풍부하고 노동이 빈약한 선진국들의 경우 자본가는 자유무역을 선호하고 노동자는 보호무역을 선호하는 반면, 자본이 빈약하고 노동이 풍부한 개도국들의 경우 자본가는 보호무역을 선호하고 노동자는 자유무역을 선호한다는 결론이 나오게 된다.

산업 간 갈등 스톨퍼-사뮤엘슨 등의 견해와는 달리 무역문제에 관한 국내정치적 이해관계는 기본적으로 산업간 갈등형태를 취한다고 보는 입장이 있다. 케언즈(John Cairnes, 1884)는, 생산요소의 국내산업간 이동성이 그리 크지 않으므로 무역자유화는 수출산업에 이익을 주는 반면 수입대체산업에 불이익을 주게 되므로, 수출산업은 자유무역을 지지하는 반면 수입대체산업은 보호무역을 지지한다고 주장하여 일국의 무역정책과 관련되는 국내정치사회적 갈등양상은 산업간 갈등 형태를 취한다고 분석한다. 월러스타인(I Wallerstein) 역시 노동조합이 성장하든 쇠퇴하든 간에 한 산업에 속해 있는 자본과 노동은 무역문제에 관한한 같은 연합 속에 속할 것이라고 파악하여 이와 동일한 입장을 취하였다.

② 이러한 두 가지 모델을 적용시킨 기존의 경험적 분석들이 내린 결론은 서로 상반되는 측면이 있다. 예컨대 어떤 경험적 결과는 스톨퍼-사뮤엘슨의 이론이 국가내의 이익집단들 간의 갈등 양상을 더 잘 설명하고 있음을 보여 주는 반면, 또 다른 경험적 결과들은 국내무역정치에서 산업간 갈

등이 지배적이라는 결론을 뒷받침하기도 하였다. 일반적으로 이러한 두 모델간의 주요 차이점이 무엇인가에 대해서는 다음과 같은 2가지 요인이 작용한다고 할 수 있다.

요소이동성 두 모델이 생산요소의 이동성(factor mobility)에 대하여 다른 가정을 가지고 있다는 것이다. 스톨퍼-사뮤엘슨에 의하면 완전한 생산요소이동성에 따라 생산요소가 어떤 사업에 종사하든 상관없이 일정한 이익을 얻는다고 주장하는 반면 케언즈의 주장은 불완전한 생산요소이동성의 가정에 근거를 두고 있다. 따라서 산업간 생산요소의 이동이 자유로운 경우 요소(계급) 간 갈등형태로 나타나지만 산업간 생산요소의 이동이 어려운 경우 산업간 갈등이 지배적이라는 주장이다.

분석기간 어떤 학자들은 이 문제에 관하여 장기적 이론과 단기적 이론을 구별하고 있다. 그들은 어떤 생산요소들은 적어도 단기간에는 특정산업에 속함으로써 자유로운 이동이 어렵기 때문에 생산요소들의 완전한 이동성을 가정하는 것은 적절하지 않다고 주장하고 있다. 따라서 이들은 단기적·중기적으로는 산업 간 갈등이 지배적이고 장기적으로는 생산요소 간의 계급적 갈등이 있게 된다고 주장한다.

(2) 이익집단 내의 집단행동문제

일국의 대외무역정책이 국내이익집단들의 선호나 요구에 의해 영향을 받는다고 할 때 이러한 이익과 실제의 정책결정을 연계시키는 하나의 과정이 이익집단의 집단행동(collective action)이다. 이러한 집단행동과 정책결과와의 관계에 대한 여러 가지 관점의 정치경제학적 논의들이 있어 왔다. 그들 중 몇 가지 대표적인 연구결과를 소개하면 다음과 같은데 그들의 주장 간에도 서로 상반되는 점들이 존재한다.

(1) 비배제성과 비경합성으로 특징지어지는 공공재의 경우, 이익집단 내 행위자 수(數)가 많으면 많을수록 각각의 행위자가 비용을 부담할 가능성이 더 적다(M. Olson, 1965). 이러한 이유로서는, ① 큰 이익집단 내에서는 어떤 일 행위자의 공헌이 별로 큰 의미를 갖지 못하고, ② 따라서 무임승차문제(free-rider problem)가 더 심각하며, ③ 이익집단 내 구성원 수가 많을수록 집단행동에 필요한 정보를 얻는데 소요되는 비용과 집단조직화를 위한 비용이 크기 때문이다. 이에 따르면 특정산업에 속해 있는 기업의 수가 작고 지역적으로 집중되어 있을수록 정부로부터 높은 보호를 얻어낼 개연성이 높다.

(2) 반면 미국관세법(1824)에 대한 연구는, ① 그 산업의 규모가 클수록(보호무역을 통해 얻을 수 있는 경제적 이익이 크고 정책결정자들에게 보호무역채택의 압력을 가할 수 있는 더 많은 재원을 보유하고 있음), ② 그 산업에 속해 있는 기업의 수가 작을수록(작을수록 보호무역을 위한 집단의 결속력 높음), ③ 기업들이 지역적으로 집중되어 있을수록(정보비용·의사소통비용·기업의 감시비용이 낮음) 그 산업이 높은 보호를 얻어낼 가능성이 높은 것으로 나타났다(J. J. Pincus, 1975).

(3) 19세기 영국의 반곡물법연합(Anti-Corn Law League)에 대한 연구를 통해 ① 그 산업이 집중현상을 보이고 ② 다른 산업들을 포괄하고 있는 기업의 수가 많고 ③ 지역적으로 분산현상이 결합되어 있을 경우에 이러한 이익집단들의 집단행동이 성공할 가능성이 높아지는 것으로 나타났다(C.

Schonhardt-Bailey, 1991).

(4) 무역정책의 결정과정에서 그 산업이나 계층에 의한 집단행동문제와 관련하여 어떤 산업이나 계층이 동원할 수 있는 로비(lobby)의 정도나 액수가 관세율 결정에 있어서 중요한 것으로 나타났다(S. P. Magee, W. A. Brock and L. Young, 1988). 즉, 어떤 산업이나 계층이 로비를 많이 하면 할수록 정부는 이들 이익집단들의 요구를 수용하는 방향으로 정책을 채택할 것이라는 것이다. 그러나 현실세계에 대한 경험적 조사에서 어떤 산업이나 계층에 의한 로비정도를 조사한다는 것은 거의 불가능한 일이다.

(3) 통상정책 수요측면의 정치경제적 특성

대외무역정책의 결정과정에서의 수요측면에 대한 연구들은 위에서 소개한 것 이외에도 다양한 이론들을 제시하고 있어 이들을 모두 소개하기가 매우 어렵다. 어쨌든 이러한 다양한 논의들을 통하여 내려진 몇 가지의 정치경제적 특성들을 요약하면 다음과 같다.

(1) 무역정책결정의 정치적 과정에서의 힘의 크기는, 집중된 소수 집단(특정산업 자본가나 노동자)의 정치적 힘이 분산된 다수 집단(소비자)의 정치적 힘보다 더 크게 작용하는 경향이 있다.[36] 이것은 전자가 후자에 비해 ① 무역정책의 결과에 대해 더 직접적이고 더 큰 이해관계(경제적 영향)를 지니고 있고, ② 더 잘 조직되어 있어 무임승차(free riding)문제를 더 효율적으로 극복할 수 있으며, ③ 투표나 로비활동 등에 필요한 자원을 더 잘 확보 할 수 있고 이를 위한 조직구성이 쉽고 효율적이기 때문이다.

(2) 따라서 무역정책에 대한 소비자집단과 생산자집단 간의 이해관계에 있어 생산자집단의 이해관계가 더 크게 반영된다. 소비자집단은 자유무역의 후생효과를 누리는 다수의 집단이지만 보호무역으로 인하여 개개인이 받게 되는 손실이 한계적이고, 개별적 선호를 집단적 선호로 집약시키는 과정이 생산자집단 만큼 효율적으로 진행되기 어려우며, 소비자는 자유무역의 수혜자이면서도 동시에 특정 산업에 종사하고 있어 자신의 속한 산업의 보호를 희망하는 이율배반적인 성격을 지니고 있는 만큼 소비자집단은 조용한 다수(the silent majority)로 침묵하게 되는 속성을 지니고 있기 때문이다. 이 때문에 나라 전체로서는 보호무역으로 인한 소비자후생의 손실이 생산자보호효과보다 보다도 더 큼에도 불구하고 정부는 오히려 후자의 목소리에 더 큰 영향을 받게 된다.

(3) 동일한 생산자집단이라도 그 정치적 영향력의 크기는 기존산업(사양산업·정체산업·불황산업)의 경우가 신생산업의 경우보다 강하다. 이것은 쇠퇴기로에 있는 기존산업의 많은 노동자와 기업의 손실이 더 크게 부각되기 때문이다(R. E. Baldwin, 1982·1984). 또한 정치적 의사결정자들은 다수가 선호하는 정책을 자신의 입장으로 삼는 경향이 있기 때문에 고용규모가 큰 산업일수록, 특히 노동자 1인당 부가가치가 낮은 산업일수록 높은 보호를 누리게 되는 경향을 보이기도 한다(R. E. Caves, 1976).

(4) 보호의 정책수단에 있어서도 정책수요자들에게 간접적이고 불투명한 정책수단이 직접적이고

---

36 따라서 무역정책의 경우 이른바 중위투표자모델(median voter model)이 잘 작동하지 않는 분야에 해당된다.

투명한 정책수단보다 선호된다. 따라서 수입증가로 수입경쟁산업이 피해를 받을 경우 이론적인 관점에서 바람직한 정책순위는 보조금 > 관세 > 수입할당제 > 수출자율규제조치(VERs)라고 할 수 있지만 현실적으로 선호되는 우선순위는 오히려 수출자율규제조치(VERs) > 수입할당제 > 관세 > 보조금의 순서인 경향이 있다(Stephen P. Magee 1982, 1988). 이러한 현상이 발생하는 이유는 일반 국민(유권자)들에게 미치는 영향이 더 간접적이고 불투명하여 그것의 영향을 일반국민들이 파악하기가 어려운 정책수단을 더 많이 활용하기 때문이다.

이러한 모든 현실적 경향들은 보호무역정책의 사회적 비용을 불필요하게 증대시키는 결과를 가져오지만 이러한 경향들이 앞서 설명한 여러 가지 정치경제적 이해관계의 결과로 나타나는 것인 만큼 무역정책의 이러한 정치적 결정을 개선하기는 현실적으로 매우 어렵다.

2. 대외통상정책 결정의 공급적 접근이론

일국의 대외무역정책은 정부에 의해서 입안되고 실행되는 것인 만큼 정책결정자들이 어떤 아이디어와 이념을 지니고 있는가, 정부가 사회집단으로부터 얼마나 정책적 자율성을 지니고 있는가 등과 같은 정부의 능력과 성격 등이 무역정책의 결정에 영향을 주게 된다. 앞서 논의한 이익집단이 갈등유형과 행동이 국내무역정치시장에서의 수요적·사회적 측면이라면, 이것은 국내 무역정치시장의 공급적·국가적·제도적 측면이라고 할 수 있다. 이러한 공급측면의 논의에 있어서도 대외무역정책의 결정에 무엇이 더 중요한 영향을 미치고 또한 각각의 주체들은 어떤 정향을 가지는가에 대한 많은 논의들이 있다.

2.1 인식론적 접근이론 (정책결정자들의 이념과 인식)

① 일 국가의 경제정책은 때때로 학자·엘리트·정책결정자들이 공유하는 아이디어나 사상에 의하여 영향을 받는다.[37] 역사적으로 자본주의경제의 경제정책기조가 고전적 자유주의에 바탕을 둔 자유주의적 경제정책, 중상주의적 정책, 케인즈적 복지국가정책, 신자유주의적 경제정책 등으로 이어져온 것은 그때마다의 시대적 상황을 반영하는 어떤 공유된 아이디어와 사상을 바탕으로 하는 것이었다. 따라서 일국의 경제정책방향의 선택은 어떤 특정사안에 대한 일치된 인식론적 합의여부가 크게 영향을 미치게 된다.

국제무역에 있어서는 특정한 몇몇 경우를 제외하고는 자유무역이 보호무역보다 무역당사국은 물론 세계경제의 부(富)를 극대화한다는 우월한 정책이라는 인식론적 합의가 학자들 간에 이루어져 있다고 할 수 있다. 반면 이에 대한 예외로서 제기되는 논리는 유치산업보호론·최적관세론·전략적 무역정책론 등과 같은 경제적 관점의 보호정책론과 그밖에 국가안보론·정치적 지지론·사회적 안정론 등과 같은 많은 비경제적·정치경제적 관점의 보호정책론이 있다. 따라서 이러한 인식론 중

---

37 P. M. Hass (1992) pp.1-35, J. Goldstein and R. O. Keohane eds. (1993).

어떠한 쪽이 그 시대의 지배적 이데올로기가 되느냐에 따라 그 나라 통상정책의 방향이 영향을 받게 된다.

② 이러한 사실은 역사적으로도 뒷받침되어 왔다. 16~18C의 극단적 보호무역정책이 중금주의·무역차액론 등과 같은 당시의 지배적인 중상주의사상을 배경으로 하였고, 1860년대 전후의 자유무역체제는 당시 중산층을 대변하는 록크(John Locke)와 같은 자유주의 철학자와 흄(David Hume)·스미스(Adam Smith)와 같은 자유주의 경제학자들에 의한 영국의 계몽주의(enlightenment)사상과 자유주의(liberalism)사상, 그리고 케네(F. Quesney)를 중심으로 한 프랑스 중농주의(physiocracy)의 자유방임론을 그 이론적 배경으로 하였다. 또한 19C 중엽 이후의 고전적 보호무역정책이 산업분화론을 주장한 미국의 해밀턴(A. Hamilton)과 유치산업보호론을 주장한 독일의 리스트(F. List) 등의 국민주의적·경제학을 사상적 배경으로 하였다. 물론 이후 전후에 나타난 새로운 자유무역체제나 1970년대 이후에 나타난 신보호무역주의 역시 대외무역에 대한 이러한 시대적 인식이 무역정책에 일정한 영향을 미쳤음을 부정할 수 없다.

이처럼 일국의 통상정책이나 세계무역체제가 그 시대를 배경으로 하는 아이디어나 사상에 의하여 영향을 받는다는 국제통상에 관한 인식론적 접근방법은, 국제통상정책의 결정이 부분적으로는 정책결정자들과 시민들의 가치의식·정책적 신념·이데올로기에 의해 결정된다는 가정으로부터 출발한다. 그리고 이러한 가치의식·정책적 신념·이데올로기가 변함에 따라 통상정책의 방향과 내용이 변한다고 주장하고 있는데, 최근의 세계무역체제나 무역정책의 기조를 이러한 인식론적 관점에서 논의한 대표적 주장들을 보면 다음과 같다.

(1) 해거드와 시몬스(S. Haggard and B. A. Simmons)는 국제정치경제체제의 변화를 연구하는 4가지의 다른 접근방법을 제시하면서[38] 그들 중 인식론적 접근법은 각국의 정책결정자들이 공유하고 있는 지식·아이디어·이념 등을 국제정치경제체제의 변화에 영향을 끼치는 주요 요인으로 파악하는 것으로 규정하고 있다. 예컨대 20C 초반 미국에서 고립주의자(isolationists)와 국제주의자(internationalists)들 간의 신념과 이념의 대립으로 인해 통상정책 역시 큰 영향을 받을 수밖에 없었는데 이것은 정치지도자들이 가지고 있는 생각·신념·이데올로기가 정책결정에 매우 중요함을 시사하고 있다고 주장한다. 또한 제2차 세계대전 이후에 선진자본주의국가들이 자유로운 무역체제의 형성과 유지에 대체로 동의했다는 사실 역시 이러한 국가의 지도자들이 자유무역의 경제적 이익에 대하여 강한 신념을 공유했기 때문에 가능하였음을 주장한다.

(2) 골드스타인(Judith Goldstein)은 1970년대 국제정치경제현실에 대하여, 패권안정이론은 패권국의 쇠퇴로 국제정치경제의 기조가 보호주의적으로 회귀할 것이라고 예측하였고 이익집단이론도 정책결정자들이 보호무역을 원하는 이익집단들의 요구를 수용하는 방향으로 나갈 것이라고 예측하

38 그는 ① 국가 간 힘의 분배에 초점을 맞추는 구조주의(structuralism), ② 국가 간 연속된 상호과정에 초점을 맞추는 게임이론(game theory), ③ 국가 간 관계의 확산과정에 초점을 맞추는 기능주의(functionalism), ④ 국가정책결정자들의 아이디어와 이념의 특성을 강조하는 인식론적 접근법(cognitive approach)을 들고 있다. S. Haggard and B. A. Simmons (1987) pp.491-517.

였지만, 자유무역의 근간이 유지된 것은 쇠락하는 패권국 미국 내 정책결정자들의 자유주의적 이념과 자유무역의 경제적 이익에 관한 그들의 믿음이 강하였기 때문이라고 주장하였다. 또한 그는, 제2차 세계대전 이후 미국이 산업간 차별적인 통상정책(공산품에 대한 자유무역정책, 농산품에 대한 보호무역정책)을 채택한 것 역시 미국 정책결정자들의 이념과 이러한 이념이 기존제도의 틀로 유입된 결과라고 설명하였다.[39]

③ 이처럼 일반적으로 국가의 정책결정자들이 자유주의적인 이념을 가지고 있는 경우 개방적인 자유무역정책을 채택할 가능성이 높아진다는 이와 같은 인식론적 접근법은 이념이나 사상과 같은 인식론적 합의가 개별 국가들의 대외경제정책을 설명하는 데에 중요한 변수라는 점을 지적하는 데에 중요한 의의가 있다. 그럼에도 불구하고 이러한 접근방법은 그 자체 몇 가지의 한계점을 나타낸다고 할 수 있다.

우선 지적할 수 있는 것은, 이러한 주장을 경험적으로 검증함에 있어 정책결정자들이 가지고 있는 지식·아이디어·이념 등을 어떻게 측정하느냐 하는 문제이지만, 이러한 측정의 문제 외에도 ① 어떤 지식·아이디어와 이념이 중요한가, ② 정책결정자들이 보유하고 있는 지식·아이디어와 이념이 무역정책의 결과들과 진정으로 어떤 인과관계가 있는가, ③ 서로 다른 지식·아이디어와 이념을 보유하고 있는 정책결정자들 가운데 대외경제정책을 수립·집행하는 데에는 누구의 영향력이 가장 강력한가 등과 같은 문제들이 여전히 남는다.

따라서, 정책결정자들과 시민들이 갖고 있는 신념과 이념이 일국의 통상정책의 방향을 결정하는 데에 중요한 요인임을 인정하더라도, 이러한 인식론적 요인들만으로 통상정책의 방향과 내용이 결정되는 것은 아니라는데 많은 학자들이 동의하고 있다. 따라서 많은 학자들은 '통상정책을 결정하는데 있어서는 그에 따른 경제적 이익과 이념의 상호작용과정이 중요하다'는 바그와티(J. Bhagwaiti)의 지적에 동의하고 있다.

2.2 국가적 · 제도적 접근이론

(1) 국가유형별 무역정책의 선호패턴

국가를 사회의 어떤 이익집단의 압력에 지배되지 않고 어느 정도 자율성을 지닌 주체로서 파악하여 무역정책의 결정행태를 분석하는 국가론적 접근이론이 있다. 카젠스타인(P. J. Katzenstein, 1978)은, 동일한 외부환경에 대하여 국가마다 서로 다른 정책대응을 하는 이유를 설명하기 위해서는 국내구조에 초점을 맞추는 접근방법이 월등히 높은 설명력을 지닌다고 전제하고, 강한 국가유형과 약한 국가유형을 통하여 통상정책의 결정행태를 설명하려고 하였다. 그는 이 같은 국가유형은 근대화과정부터 자리 잡아 좀체 사라지지 않는 중요한 설명변수라고 전제하면서 이를 〈표 5-5〉와 같이 유형화하였다.

---

39 Goldstein Judith (Winter 1988) pp.179-217 및 (Winter 1989) pp.31-71.

〈표 5-5〉 강한 국가유형과 약한 국가유형(P. J. Katzenstein, 1978)

강한 국가유형	약한 국가유형
• 국가중심적 정책네트워크 국가	• 사회중심적 정책네트워크 국가
• 국가가 특수이익집단보다 광범위한 집단적 이익을 더 잘 대변함.	• 사회집단이 잘 조직화되어 국가기구와 국가권력의 분권화 이루어짐.
• 이익집단의 반대 불구하고 공익적 정책이 일관되게 관철됨.	• 정책의 일관적 운영 기대 어려움 (정책의 변화 많음.)
• 자유무역정책의 관철이 용이함.	• 각종 이해관계 반영하는 보호정책 선호됨.
• 유럽대륙·일본(한국)계통 무역정책설명 적합	• 영미계통국가 무역정책의 설명 적합

결국 이 이론의 핵심은, 유럽과 일본 등 국가중심적인 정책네트워크를 가진 강한 유형의 국가는 자유무역정책의 관철이 용이한 반면 영미계통의 사회중심적인 정책네트워크를 가진 약한 유형의 국가는 각종 이해관계를 반영하는 보호정책이 오히려 선호될 수 있다는 것이다. 그러나 이러한 국가론적 접근방법에 대해서는, 국가구조 역시 정치적 산물임에도 불구하고 이를 무시하고 매우 비정치적인 주장을 행하여 현실적인 설명력이 약하든지, 또한 국가행위의 이면에서 벌어지는 여러 가지 정치적 요인을 사상시켜버려 무역정책의 방향성을 설명하기 어렵다는 비판을 받기도 하였다.

(2) 정치체제별 무역정책 선호패턴

국내통상정치의 공급측면을 논의하는 경우 학자들은 대개 '정책결정자들이 권력을 유지할 수 있는 가능성을 극대화시키는 방향으로 통상정책을 결정한다'고 가정하고 있다. 즉, 정책결정자들은 '투표나 정치자금 측면의 정치적 이득을 극대화'시키고, '특정 통상정책채택으로 손해를 입은 집단들로부터의 정치적 지지의 상실을 극소화'시키는 방향으로 통상정책의 방향을 결정한다는 것이다. 그러나 이러한 정책결정과정은 국가나 정부가 사회집단들로부터 얼마나 자율성을 가지느냐 하는 문제와 정책결정과정의 제도적 특성이 어떠한가에 달려있다. 그런데 이러한 정책결정의 자율성문제는 결국 어떤 제도적 틀과 환경 속에서 정책 결정이 이루어지는가에 달려 있다.

일반적으로 정치체제적 특성상 비민주적 정치제도와 체제를 유지하는 국가들이 민주적 정치체제와 제도를 유지하는 국가들에 비하여 정책결정과정에서 사회이익집단들의 요구와 이해표출에 덜 제약받게 되는데 그 이유는 다음과 같다.

(1) 어떤 국가가 비민주적인 정치제도와 체제를 유지하고 있는 경우, 그러한 정부는 사회이익집단들의 요구와 이해표출을 더 쉽게 무시할 수 있기 때문에 정책결정과정에서 사회이익집단들의 영향력은 비민주적인 국가에서 약하기 마련이다.

(2) 이익집단들에 의해 행해지는 로비·항의와 다음 선거에서의 제재위협과 같은 정치적 행동은 비민주주의의 국가에서는 덜 효과적이다. 단순히 말하자면, 비민주적 체제 하에서는 정부에 대한 강력한 항의가 대개 금지되어 있는 것이 보통이고, 정책결정자들에 대한 선거 역시 자유롭지 못하고(non-free) 개방적이지 않으며(non-open) 공평하지 못하고(non-fair) 규칙적이지 못하기(irregular) 때문이다.

(3) 또한 비민주적 사회에서는 사회이익집단들로부터의 요구가 정책결정자들에게 잘 전달되지 못하므로 그들의 요구가 정책결과에 반영되기란 매우 어렵다. 따라서 비민주주의 체제하에서는 사회이익집단들이 요구를 잘 수용하지 않는 정부를 제재하기란 어려운 일이다. 정부의 입장에서 보면, 정책결정자들은 정책을 결정하고 수행할 때에, 사회이익집단에 대한 책임의식이 저하되기 때문에 그들은 사회집단들로부터 제약을 덜 받는 것이다.

이와 같이 사회구조는 어떤 이익집단들이 어떤 조건하에서 정책결정에 참여할 것인가 하는 문제에 영향을 끼친다. 따라서 비민주주적 체제를 유지하고 있는 저발전국가들의 통상정책을 연구하는 경우에는 선진민주주의국가들에 적용하는 것과는 다른 분석의 틀이 필요하다. 통상정책을 결정할 때에 독재체제국가는 민주주의국가와는 다른 행동을 보일 것이므로 통상정책 결정과정 역시 다를 것이기 때문이다.

(3) 정부형태별 무역정책 선호패턴

정부형태가 내각책임제인 경우 대통령중심제보다 국제적 약속(자유무역체제)을 더 잘 지킨다는 견해가 있다. 이들은, 내각책임제의 경우 권한이 수상과 내각에 집중되어 있어 정책결정이 집권적으로 이루어지고 개별의원들에 대한 정당의 규율이 강하여 그들 개별 지역구의 이익을 반영하기 어려우므로, 무역정책의 수립과 감독에 시간과 자원을 투입할 동기가 약하여 내각 밖의 이해관계집단이 정책결정과정에 접근하거나 영향력행사 하기가 그만큼 어려워져, 결국 내각이 국민 다수의 이익을 대변하는 정책을 추구하게 된다고 설명한다. 이러한 관점에서 영국·미국·프랑스의 정부형태와 이에 따른 무역정책의 결정과정을 비교하면 〈표 5-6〉과 같은 차이점이 나타난다고 할 수 있다.

〈표 5-6〉 정부형태와 대외무역정책의 차이 비교

국가(정부형태)	대외무역정책의 성격과 정책운영의 일관성
영 국 (내각책임제)	자유무역정책 선호, 정책의 일관성이 유지되는 정부형태임. ‣ 내각이 체결한 대외협정을 의회가 거부 또는 개별의원이 반대하는 예가 별로 없음. ‣ 양당체제하에서 연립내각의 예도 드물고 역사적으로 정당의 규율이 강하여 개별 의원들이 지역구의 이익을 대변하지도 못함.
미 국 (대통령제)	보호무역정책선호, 견제와 균형의 원리에 따라 정책결정권 분산되고 약함. ‣ 대통령과 의회가 별개의 선거 통해 선출되므로 양자간 정책의 주도권경쟁 빈번함. ‣ 집권당과 의회 다수당이 불일치하는 경우 많아 개별의원에 대한 정당 장악력 약함. ‣ 조세와 재정에 관한 헌법상 권한이 의회에 소속되어 궁극적 권한이 의회에 있으므로 무역정책결정에 대한 이익집단의 영향력이 매우 강함.
프랑스 (중간 형태)	영국과 미국의 중간 형태로서 정책결정구조와 체제가 복잡함. ‣ 대통령의 정당이 의회를 지배하는 경우 영국과 유사한 무역정책패턴 보임. ‣ 그렇지 못할 경우 미국과 유사하여 일관성 낮고 이익집단의 영향력 강하게 받음.

이러한 주장에 대해서는, 3권 분립이 전제된 대통령중심제의 정부형태에서는 거부권행사집단이 많기 때문에 정부가 인기 없는 무역정책을 견지하기가 어렵지만 일단 결정된 정책이나 협정을 뒤집기도 어렵기 때문에 정책의 일관성이 높을 수 있고, 내각책임제의 경우 정권교체나 연립내각이 빈번하므로 오히려 무역정책의 일관성 유지가 어려운 측면도 있다는 반론도 제기되었다.

정부형태와 무역정책의 패턴에 대한 이상과 같은 논의에도 불구하고 이에 대한 경험적 연구는 별로 유익한 결론을 보여주지 못하였다. 예컨대 밀너(Milner, 1997)는, 1970~80년대 영국·미국·프랑스의 대외무역정책의 변화를 비교분석한 결과 전반적 보호수준이나 보호대상산업의 유사성이 높아 어느 국가가 더 자유무역적인 정책을 수행하였다고 평가하기가 어렵다고 결론지었다. 그는 또한, 정부형태가 내각제인지 대통령제인지가 가장 중요한 시스템이지만 이러한 단순한 구분만으로 무역정책결정의 패턴을 결정하는 것은 한계가 있는 만큼 입법부와 행정부간의 입법권한의 분배형태가 어떠한가에 주목하여야한다고 주장하였다.[40]

(4) 정책결정주체별 무역정책 선호패턴

일부 학자들은 무역장벽의 수준을 결정하는 데에는 정책결정의 주요임무를 맡는 주체가 누구인가에 따라 무역장벽수준이 달라질 수 있다고 지적한다. 대외무역정책의 결정에 영향을 주는 주요행위자는 공식적 그룹(내부집단)으로서 ① 대통령, ② 행정부(관료), ③ 의회(상원과 하원) 등을 들 수 있고 비공식적 그룹(외부집단)으로서 ① 업계(협회), ② 로비스트, ③ 연구기관, ④ 소비자집단, ⑤ 민간자문위원회 등을 들 수 있다. 이들 중 내부집단으로서의 정책결정참여자들의 무역정책 선호패턴과 관련되는 논의들을 살펴보면 다음과 같다.

의회-행정부 메설린(P. A. Messerlin, 1980·1981)은 행정부에 의한 무역정책결정이 의회에 의한 무역정책보다 더 보호적인 성격을 띤다고 주장하였다. 이같이 정치조직보다 관료조직이 더 보호주의적 경향을 띠는 것은, ① 정치조직은 모든 경제이슈에 대해 광범위한 정책수단을 활용할 수 있는 권한을 가진 반면 관료조직은 특정한 이슈에 대해 제한된 정책수단 범위에 대한 의사결정권을 가지기 때문에 소관 산업에 대한 부분균형적 틀 속에서 정책적사고와 판단을 하므로 무역자유화가 가져오는 사회적 편익에 대하여 무관심하며, ② 관료조직은 자기 조직의 위신유지·조직의 존속과 확장이라는 목표를 위하여 자신의 정책을 차별화하려고 노력하기 때문이라고 분석하였다.

의회-대통령 일반적으로 대통령은 의회의원들보다 더 많은 유권자들의 이익(특히 소비자들의 이익)에 관심을 가지며, 또한 타국과의 대외적 정치외교관계도 고려하여 결정하기 때문에 보다 자유무역지향적 성격을 띠게 된다고 주장한다. 커딩턴과 맥키넌(J. Cuddington and R. Mckinnon)은 1930년대 초 미국의 무역정책이 자유화현상을 보인 것은 국가간 상호관세율인하에 관한 협상권한이 의회에서 대통령에게로 이전된 1934년의 미국상호무역협정법안(1934 U.S. Reciprocal Trade Agreement Act)에 기인한다고 주장하였다.

하원-상원 미국의 경우 일반적으로 하원의원들이 상원의원들과 대통령보다 더 보호무역적인 정책을 선호하는 특성을 보이고 있다고 지적된다.[41] 상원이든 하원이든 의원들의 최대 관심사는 다음 선거에서의 승리인데, 상원은 6년이라는 비교적 긴 임기동안 지역이익과 국가이익을 동시에 고려

40 그는 이러한 분석을 위하여 ① 의제설정권, ② 제안수정권, ③ 비준권과 거부권의 행사형태, ④ 국민투표부의권 등 4가지 요인의 구체적 형태가 중요하다고 주장하였다.

41 S. P. Magee and L. Young (1989).

하는 비교적 중간자적인 입장을 견지하는데 비하여, 하원은 2년이라는 짧은 임기동안 지역구 내 유권자의 이익을 대변하여야 하기 때문이다.

또한 이러한 상원과 하원의 정책선호경향은 의원의 선출제도 및 정치적 지지기반과도 관련된다. 상원은 아무리 작은 주(州)라고 하더라도 하나의 주에서 반드시 2명이 선출되기 때문에 작은 주의 의견을 무시할 수 없는데 캔사스·네브래스카·아이오 등과 같은 작은 주들은 대개 농업중심의 산업구조를 가진 반면, 하원은 인구비례로 선출되므로 상대적으로 규모가 큰 주의 이해관계가 중요한데 이러한 주들은 대개 철강·섬유 등 전통적 제조업중심의 산업구조를 가졌다. 따라서 상원에서는 상대적으로 농업의 이해관계가 중시되는 반면 하원에서는 전통적인 제조업의 이해관계가 중시된다.[42]

말하자면, 행정부(관료)는 소수의 산업에 관여하게 되고 의회의원은 특정지역구에 관심을 갖는 반면 대통령은 전 국민의 경제적 이익에 관심을 가져야만 하기 때문에, 행정부에 의한 무역정책결정이 가장 보호무역적인 성격을 띨 것이고 대통령에 의한 무역정책결정은 가장 자유무역적인 성격을 띨 것이라고 주장한다.

한편 미국의 경우 대통령의 소속정당에 따라 무역정책의 선호도가 달라지는데 일반적으로 공화당은 보호무역 성향이 강하고 민주당은 자유무역성향이 강한 것으로 알려져 있다. 이것은 주로 두 정당의 지지기반의 차이에 기인된다. 역사적으로 미국독립초기인 18C 말 공화당은 북부(연방론 지지, 제조업중심, 보호무역주장)에 민주당은 남부(반연방론, 농업중심, 자유무역주장)에 지지기반을 두었기 때문에, 공화당은 기업의 이익을 중시하여 기업에 대한 지원강화 및 보호무역을 선호하는 반면 민주당은 노동과 환경문제에 관심이 크며 자유무역을 선호하는 입장이 되었다고 분석된다. 그러나 이후의 많은 연구결과에 의하면 초기의 이러한 성향은 점점 퇴색되어 이제는 그 구별도 모호해지고 있는 것으로 밝혀지고 있다.[43]

3. 대외통상정책 결정의 국가전략적 접근이론

3.1 통상정책과 전략적 게임이론

제3장에서 소개한 바와 같이, 게임이론(game theory)은 한 사람의 의사결정이나 행위가 서로에게 영향을 미치는 경쟁적 대립상황에 있어 자기의 이익을 극대화하려는 전략적 행동을 수학적으로 분석·연구하기 위한 이론으로서 흔히 상호의존적 결정이론(theory of interdependent decision)이라고 불리어진다. 합목적적 행위자를 가정하는 수리적 모델로서의 게임이론은 냉전이 극에 달했던 1950~60년대에 당시 미소간의 극심한 군비경쟁(특히 핵전략)문제를 이해하고 그 해법을 찾아내는 방편으로서 주로 사용되다가 1980년대부터는 국제정치경제학연구에 광범위하게 활용되어 왔다.

---

42 김홍률 (2003) pp.41-42 참조. 따라서 상원의원은 미국의 50개 주에서 100명이 선출되지만 하원의 경우 인구비례에 따라 전체 435명이 선출되는데 큰 주의 경우 의원 수가 52명에까지 이르는 반면 1명의 의원만을 선출하는 작은 주들도 있다.

43 김민전 (1995).

따라서 국가와 국가 간의 무역분쟁의 발생과정이나 무역정책의 결정과정 역시 이러한 게임이론을 통하여 국가와 국가 간의 전략적 의사결정의 인과관계를 단순화시켜 분석하고 그 해법을 제시하는 분석의 도구로서 활용되어 왔다. 코니베어(J. A. C. Conybeare, 1987)는 역사적으로 널리 알려진 몇 개의 무역전쟁을 해당국 간에 전개되는 게임이론으로 파악하여 게임이론이 가지는 막강한 설명력을 활용하여 각 무역전쟁의 결과를 다음과 같이 재구성하였다.

(1) 14~17C 영국과 한스(Hanse)족 간에 벌어진 앵글로-한스(Anglo-Hanse) 무역전쟁의 경우, 양측 모두 자신의 이익을 극대화하려 하였으나 결국 양측 모두에게 바람직하지 못한 무역전쟁으로 끝난 경우로서, 이는 양자간의 '반복적인 죄수의 딜레마게임'으로 해석된다.

(2) 1887~1898년 까지 계속된 프랑스와 이태리의 무역전쟁은, 강자의 입장인 프랑스는 계속 일정한 관세를 유지했지만 약자인 이태리는 관세를 폐지하는 불평등한 결과를 가져온 무역전쟁으로서, 강자인 프랑스로서는 '죄수의 딜레마게임'이었지만 약자인 이태리는 '치킨게임'(chicken game)의 효용구조를 가졌다. 이 같은 강대국의 이점은 일본·한국 등에 대한 미국의 일방적이고 공격적인 무역정책에서 그대로 나타나고 있다.

(3) 1929년 미국의 홀리-스무트(Hawley-Smoot)관세법 통과로 절정에 달한 미국과 유럽대륙과의 무역전쟁은, 다수의 행위자간에 공공재제공을 둘러싸고 발생하는 협력을 보여 주고 있다. 최혜국대우라는 공공재제공을 둘러싸고 대부분의 나라들은 모두가 협력하여 이를 유지하고자 하는 '죄수의 딜레마게임'의 구조를 나타냈지만 개별국가들 중에는 협력 보다는 비협력이 우위전략이 되는 '사슴사냥게임'(stag hunt game)의 구조를 나타내었다. 이런 구조를 지닌 스위스 등 몇 개국이 협력을 표시하였으나 미국이 비협력으로 나온 이상 이들 역시 비협력으로 대응하여, 미국은 이 관세법을 통과시켰고 유럽은 유럽대로 이에 상응하는 관세를 부과함으로써 세계경제를 파탄에 이르게 하였다.

(4) 1930년대 중반이후 2차 대전 까지 미국과 유럽제국들은 일정한 국제협력을 달성하여 관세인하에 성공하게 되었는데 이는 최혜국대우(MFN)조항이 가지는 공공재적 성격을 제한하는 몇 가지의 장치들을 사용하였기 때문이다. 예컨대, 조건부 최혜국조항의 적용, 예기치 못한 사태 발생의 경우 이를 철회할 수 있는 조항의 설치 등이 그것이다. 또한 형식적으로는 최혜국조항을 고수하면서도 현실적으로는 다자간협상방식 보다 쌍무적 협상방식을 추구함으로써 이를 피해가는 행태가 협력의 가능성을 높여주었다.

3.2 게임이론에 의한 통상정책 선택의 설명

국제무역분쟁은 외국의 산업으로부터 자국의 산업을 보호하기 위한 국가 간의 갈등관계라고 정의할 수 있다. 따라서 이러한 국가 간의 무역관계를 설명함에 있어서 학자들은 종종 게임이론적 모델을 적용한다. 이하에서는 국제정치경제문제에 대하여 대표적으로 사용되는 주요 게임이론모델들을 활용하여 현실의 국가 간 무역문제에 대하여 분석해본다.[44]

(1) 죄수의 딜레마게임(PD게임)과 의한 보호무역정책

[1] 국가 간의 통상정치를 설명하기 위하여 적용되고 있는 「죄수의 딜레마게임」(PD모델: Prisoners' Dilemma Model)에 관한 기본적 논의는 다음과 같다. 이러한 죄수들의 딜레마 게임이 상정하고 있는 가정은, ① 통상정치에 2국가만이 참여한다. ② 게임에 참여하는 2국가 모두 협력(cooperation)과 기만(defection)이라는 2가지의 전략만 채택할 수 있다. 여기에서 협력은 자유무역의 채택을 의미하고, 기만은 보호무역의 채택을 의미한다. 이러한 죄수들의 딜레마게임(PD게임)과 같은 형태의 국가 간 통상정치모델은 다음과 같이 표현된다.

〈표 5-7〉에서 A국의 입장을 보면, 자국에 가장 유리한 결과는 자국이 보호무역을 채택하고 상대국가가 자유무역을 채택함으로써 상대국을 착취하고 부의 증진을 꾀하는 ⓑ의 경우다. 두 번째로 유리한 결과는 두 국가 모두 자유무역을 채택함으로써 상호 자유무역관계를 형성하는 ⓐ의 경우이다. 세 번 유리한 경우는 두 국가 모두 보호무역을 채택하는 ⓓ의 경우이고, 자국에 가장 바람직하지 않은 경우는 자국이 자유무역정책을 채택하고 상대국가가 보호무역을 채택함으로써 상대국가에 의해 경제적으로 착취당하는 ⓒ의 경우이다. 따라서 A국 입장에서의 선호순위는 ⓑ〉ⓐ〉ⓓ〉ⓒ가 된다. 반면 B국의 입장은 동일한 논리로 그 선호순위는 ⓒ〉ⓐ〉ⓓ〉ⓑ가 된다.

〈표 5-7〉 전략적 국제통상관계(죄수들의 딜레마게임)

		국가 A	
		협력(자유무역)	기만(보호무역)
국가 B	협력(자유무역)	ⓐ (2, 2)	ⓑ (1, 4)
	기만(보호무역)	ⓒ (4, 1)	ⓓ (3, 3)

- A국 선호순위 : ⓑ〉ⓐ〉ⓓ〉ⓒ
- B국 선호순위 : ⓒ〉ⓐ〉ⓓ〉ⓑ

결 과 : ⓓ의 선택

註 : 각 행위의 댓가는 1(최선)부터 4(최악), ( ) 속의 숫자 앞은 A국 뒤는 B국의 값임

이러한 선호순위(preference ordering)와 이익구조(payoff structure)의 특성을 가지고 있는 죄수들의 딜레마게임에서는, 만약 이 게임이 한 번만 행해진다면 국가들은 당연히 보호무역정책을 채택할 것이다. 왜냐하면, 상대국가가 자유무역을 채택하든 보호무역을 채택하든 상관없이 국가들은 보호무역을 선택함으로써 더 높은 이득을 취할 수 있기 때문이다. 죄수들의 딜레마게임이 시사하는 바는 국가 간의 통상정치에서 국가들이 단 한번만 이러한 게임형태의 상황에 처한다면, 국가 간의 협력을 통한 자유무역관계의 형성은 있을 수 없고 모두가 보호무역을 채택하는 결과(ⓓ의 경우)가 나타난다는 것이다. 따라서 이러한 PD게임과정의 결과는 양쪽이 모두 더 큰 이익이 되는 자유무역체제(ⓐ의 경우)가 이루어지지 못하고 그 보다는 모두에게 차선인 보호무역체제(ⓓ의 경우)가 선택된다는 것이다.

[2] 그러나 이러한 경우에도 예외적으로 자유무역체제(ⓐ의 경우)가 채택되어질 수 있다. 그러한 가능성이 있는 경우는 대체로 다음과 같은 2가지 경우이다.

패권적 안정이론이 적용되는 세계 양국 모두 보호무역체제를 채택하는 균형 속에서는 자유무역체제라

44 김석우 (1998) pp.114-120 참조.

는 공공재의 생산이 불가능하고 어느 누구도 최선인 자유무역체제(ⓐ의 경우)를 위해 공헌하지 않지만, 패권국이 존재하는 경우 자신이 국제공공재(자유무역체제)의 생산을 위하여 자유정책을 주도할 수 있으므로 자유무역체제의 형성이 가능할 수 있다고 설명한다.

반복적 게임의 경우 반복적 죄수들의 딜레마게임모델(repeated prisoners' dilemma game)은 국가 간의 통상관계는 일시적인 것이 아니라 지속적이고 상호적인 관계이므로 국가 간의 협력가능성이 제고된다고 설명한다. 이 게임에서 국가들은 상대국과 지속적인 상호작용을 하게 되고, 그로 인해 현재의 통상관계에서의 특정한 전략채택이 현재의 결과에 영향을 끼칠 뿐만 아니라 미래의 관계에도 영향을 끼친다는 점을 인식함으로써, 국가 간 상호협력을 통한 자유무역관계가 형성될 수 있다고 주장하고 있다.

이러한 두 번째의 관점에서 제기된 게임이론모델의 하나가 죄수들의 딜레마 게임에서의 '맞받아치기 전략'(tit-for-tat strategy)이다.[45] 이들에 의하면, 각국은 상대국이 보호무역을 택할 경우 자신도 보호무역을 채택하고 상대국이 자유무역을 택할 경우 자신도 자유무역을 채택함으로써, 국제통상관계에서 부의 극대화를 이룰 수 있다고 주장하고 있다. 이들은 일방적인 기만전략의 채택(즉, 상대국이 자유무역을 채택하고 자국은 보호무역을 채택하는 경우)이 가져올 수 있는 당장의 이익이 미래의 무역관계에서 상대국의 보복전략 채택(즉, 상대국도 보호무역의 채택)에 의해 입게 될 장기적 손해를 보상할 만큼 크지 않다면, 국가 간의 안정된 상호적 자유무역관계의 형성이 이루어질 것이라고 설명한다.

이러한 모델은 1970~1980년대에 상대적으로 자유로운 무역체제유지가 유지된 이유에 대한 설명으로서 패권안정이론에 대한 하나의 대안으로 제시되곤 하였다. 즉, 패권안정이론의 주장, 즉 패권국가의 세력이 쇠퇴함에 따라 자유무역체제 역시 쇠퇴할 것이라는 주장에 근거하여 미국의 패권력이 약화된 1970~1980년대에는 자유무역체제가 약화될 것이라는 주장과는 달리 미국의 패권력이 약화되었던 이 시기에도 비교적 자유무역체제가 유지되었다는 현상을 설명하기 위하여, 국가 간의 지속적인 통상정치 상황에서의 협력가능성을 강조하고 있다.

이 같은 게임이론적 모델은 결국, 국가들은 향후 상대 국가들과의 관계에서 자국이 보호무역정책을 채택함에 따라 상대국들로부터 보복을 받을 것으로 예견할 수 있기 때문에 스스로 보호무역정책의 채택을 자제할 것이라는 논리를 전제로 하고 있다.

(2) 사슴사냥게임(SH게임)과 동맹국의 무역정책

위에서 언급한 죄수들의 딜레마모델은 국가들 상호간의 전략적 상호과정에 의한 게임의 법칙을 경제적인 시각에서만 파악하려는 이론이다. 그러나 국가 간의 통상관계는 그러한 경제적 이익뿐만 아니라 「안보」라는 외부효과와 연계된다. 따라서 강대국은 무역에 따른 경제적 이익뿐만 아니라 안보와 관련된 상대적 힘의 역학관계에 더 강력한 관심을 가진다. 따라서 상호적인 시장개방은 이질적인 국가들 사이에서보다 정치적 우방국들 사이에서 더 쉽게 가능해진다.

---

45 이는 오이·엑셀로드·코헤인(K. A. Oye 1985, R. Axelrod and O. R. Keohane)에 의해 제안된 것으로서, 특히 엑셀로드는 여러 가지 게임전략 중 맞받아치기 전략과 같은 상호성 전략이 가장 효과적인 결과를 얻는다는 것을 강조하였다(R. Axelrod, 1984 참조).

이러한 관점에서 보면 양극체제 하의 동맹국들이 다극체제 하의 동맹국들보다 자유무역을 실현할 가능성이 높아진다고 할 수 있다(J. Gowa 1989). 이렇게 양극체제 하의 동맹국관계가 다극체제 하의 동맹국관계보다 시장개방을 달성하는데 있어 적어도 다음과 같은 2가지 관점에서 더 강점이 있기 때문이다.

(1) 그 하나는 동맹탈퇴의 비용으로, 일국이 대안적인 동맹에 참여하기 위해서 가입중인 현재의 동맹을 탈퇴할 가능성이 다극체제에서보다 양극체제에서 높기 때문이다. 따라서 양극체제하의 동맹에서 동맹탈퇴의 비용이 더 크므로 그 가능성은 낮으며 이로 인해 동맹국간 자유무역의 실현가능성은 증대된다.

(2) 다른 하나의 기준은 동맹국내 약소국을 이용하려는 강대국의 행위를 억제시키는 다른 동맹국들의 능력과 관련된다. 동맹 내 강대국과 약소국 사이의 무역관계는 비대칭적인 것이다. 따라서 이 게임에서 강대국의 지배적인 전략은 PD게임에서와 마찬가지로 최적관세를 부과하는 기만전략이지만 약소국의 지배적인 전략은 자유무역을 고수하는 협력전략이다. 이 게임의 논리적 결과는 강대국의 관세장벽설정과 약소국의 포기이다. 그러나 이러한 경우에도 동맹국간 자유무역은 가능하다.

그렇다면 어떤 조건하에서 동맹국 내 자유무역은 가능한가? 무엇이 동맹 내 패권국이 최적관세 부과를 포기하도록 하는가? 경제적 이익에만 집착하는 전략적 상호과정과는 달리 안보라는 정치적 이익도 고려하는 시각에서 본 동맹국들 간의 무역은 사슴사냥(SH : Stag Hunt)게임으로 표현될 수 있다. 〈표 5-8〉에서 SH게임에서의 행위가 A국에 미치는 선호순서는 PD게임(ⓑ > ⓐ > ⓓ > ⓒ)에서와는 달리 ⓐ > ⓑ > ⓓ > ⓒ이고 B국에 미치는 선호순위는 ⓐ > ⓒ > ⓓ > ⓑ이다. 따라서 ⓐ와 ⓓ라는 두 가지 균형점을 가지는데 만약 이 게임이 반복되면 ⓓ가 아닌 ⓐ가 보다 있음직한 결과가 된다.

〈표 5-8〉 동맹국 간의 통상관계 (사슴사냥 모델)

		동맹국 A	
		협력(자유무역)	기만(보호무역)
동맹국 B	협력(자유무역)	ⓐ (1, 1)	ⓑ (2, 4)
	기만(보호무역)	ⓒ (4, 2)	ⓓ (3, 3)

• A국 선호순위 : ⓐ > ⓑ > ⓓ > ⓒ
• B국 선호순위 : ⓐ > ⓒ > ⓓ > ⓑ
결　　과 : ⓐ의 선택

註 : 각 행위의 댓가는 1(최선)부터 4(최악)까지, ( ) 속의 앞의 값 A국, 뒤의 값 B국

따라서 이러한 SH게임은 상호협력이 지배적인 전략이 되어 그 균형점이 PD게임에서와는 달리 최선의 결과인 ⓐ(상호 자유무역)가 된다. 말하자면 동맹국들 간의 통상관계는 보다 자유롭고 협력적인 면을 보이게 되고 이러한 가능성은 다극체제하에서 보다 양극체제하에서는 더 커지게 된다.

이같이 동맹국간의 통상관계는 PD게임보다는 SH게임으로 더 잘 설명될 수 있는데, 이러한 원리를 현실에 적용시켜 미국과 동북아국가 간의 무역분쟁을 더 잘 설명할 수 있다. 즉, 냉전적 경직된 양극체제 하에서의 미국·동북아시아 통상관계의 균형점은 ⓐ이지만 탈냉전적 이완된 양극체제 하에서의 미국·동북아시아 통상관계의 균형점은 ⓓ라 할 수 있기 때문이다. 즉 미국·동북아시아 통

상관계에서 경제적 이익을 우선시하는 탈냉전시대의 도래는 동맹 내 결속력을 와해시킴으로써 그 균형점을 ⓐ에서 ⓓ로 옮겨가게 할 수 있다.

1950~60년대에 있어서 미국·동북아시아 통상관계를 대변하는 ⓐ에서는 미국의 이익중심은 경제적인 측면보다 정치·군사적인 측면이 강하였다. 그러나 1970~80년대의 미국·동북아시아 통상관계에 있어서 경제적 이익측면의 강화는 그 균형점을 ⓓ, 즉 보다 갈등적으로 가져왔던 것이다. 물론 1990년대 이후 이러한 균형점은 양측의 경제상황 및 신뢰개선 여하에 따라 다시 ⓐ로 환원될 수도 있을 것이다.

제4편

국제 통화 · 금융의 정치경제론

국제통화나 국제금융 역시 국제무역과 함께 국제경제의 중요한 요소일 뿐만 아니라 최근에 이르러 세계경제에서 이들이 차지하는 비중과 중요성이 더욱더 커지고 있어 이 또한 국제정치경제적 관점에서 매우 중요한 의의를 갖는다. 따라서 경제학자들뿐만 아니라 정치학자들 역시 이러한 국제통화체제와 국제금융에 대해 많은 관심을 보여주고 있다.

국제무역이나 국제투자의 원활하고 안정적인 흐름, 즉 국제경제의 안정적 발전을 위해서는 안정적인 국제통화체제가 필수적 요건이 된다. 대부분의 경제학자들은 국제통화체제가 중립적인 메커니즘이라는 견해를 신봉하고 있지만, 국제통화체제의 성격과 내용이 어떠하냐에 따라 국가와 국가 간의 정치경제적 이해관계가 달라질 뿐만 아니라 국내 이익집단 간의 정치경제적 편익과 비용이 달라진다. 따라서 국제통화체제 그 자체가 하나의 중요한 정치경제적 실체가 된다고 할 수 있다.

한편 1980년대 후반 이후 금융의 국제적 팽창과 국제화가 전 세계적으로 급속히 이루어지는 금융세계화가 하나의 지배적인 경향으로 표출되고 있다. 이러한 의미에서 금융세계화란 오늘날, 단순히 국경을 넘는 금융자본 플로(flow)의 양적 확대나 각국 금융시장의 연계강화라는 현상과 의미를 넘어, 경제의 세계화(globalization)라는 거대한 흐름을 추동하는 핵심적 부분으로서 세계경제질서의 질적 변화를 초래할 뿐만 아니라 정치적·사회적 측면에서의 수많은 영향과 문제점을 재생산하는 존재라고 할 수 있다.

이 때문에 세계화라는 실체의 본질과 더불어, 금융의 세계화현상이 어떠한 방향과 내용으로 전개되고 있으며 이러한 금융세계화가 이루어진 배경과 원인은 무엇인가, 금융세계화는 어떠한 영향을 초래할 것인가, 또한 이를 어떻게 관리하고 통제하여 이것의 긍정적 효과를 극대화하는 동시에 부정적 효과를 극소화할 것인가 하는 문제 등이 국제정치경제적 측면에서도 매우 중요한 연구과제가 되고 있다.

이에 제4편에서는 다음과 같은 문제들을 논의한다.

(1) 국제통화체제가 어떤 정치경제적 함의를 가지며 19세기 금본위제 이후 지금까지 국제통화체제가 어떻게 변화되어 왔는가를 역사적으로 분석하고 이를 통하여 앞으로의 국제통화체제를 전망해 본다(제6장).

(2) 오늘날 우리 눈앞에서 전개되고 경제의 세계화의 본질과 영향이 무엇인가를 간략히 살펴보고 이를 바탕으로 경제의 세계화를 주도하고 있는 금융세계화의 원인과 영향에 대한 정치경제적 논쟁의 요체는 무엇인가를 논의한다(제7장).

국제통화체제의 정치경제론[1]

제1절 국제통화체제의 정치경제적 의의

제3편에서는 국제통상의 정치경제적 문제를 논의하였지만 국제통화 역시 국제무역이나 국제투자와 함께 국제경제활동의 중요한 요소로서 이 역시 기본적으로는 경제적 문제이지만 보다 종국적으로는 정치적 문제이기도 하다. 이 때문에 대부분의 경제학자들은 국제통화체제가 중립적 메커니즘이라는 견해를 신봉하고 있지만 많은 정치학자들 역시 국제통화체제에 대해 지대한 관심을 갖게 된다. 따라서 국제통화체제의 본질에 대한 올바른 이해를 위해서는 경제적 관점과 정치적 관점을 종합하는 정치경제적 관점의 논의가 필요해진다.

국제통화체제는 국제경제활동의 안정적 성장과 확대를 위하여 매우 중요한 존재로서 기본적으로는 경제적 관점에서 논의되어야 할 문제이다. 국제통화체제가 안정되지 못하고 환율이 불안정하면 무역이나 투자의 결정이 어려워져 국제경제활동이 위축되므로 국제경제활동의 안정적인 성장과 확대를 위하여 국제통화체제나 국제환율제도는 매우 중요하기 때문이다. 미국이 전후 자유무역의 확대와 발전을 도모하기 위한 GATT체제를 출범시키면서 이와 동시에 IMF체제를 출범시킨 것도 이러한 인식에 기초하였다고 할 수 있다. 안정적인 국제통화체제와 환율제도는 이렇게 자유무역의 확대와 발전을 이룩하기 위해서도 중요하지만 국제통화체제나 환율제도가 불안정할 경우 단기자본의 국제적 흐름이 증대되어 국제금융시장의 불안과 위기가 초래되기도 한다.

이처럼 국제통화체제나 국제환율제도는 국제경제활동의 안정적인 성장과 확대를 위하여 중요한 경제적 문제이지만, 다른 한편으로는 이들의 구조와 운용이 어떻게 이루어지느냐에 따라 국내이익

1 노택환 (2002.6)의 내용 수정 보완함.

집단들이 받게 되는 이해득실이 달라질 뿐만 아니라 개별 국가들이 받게 되는 국가적 이해득실도 달라진다.

우선 국제통화체제를 구성하는 환율제도나 국제수지조정정책 여하에 따라 국내이익집단들이 받게 되는 이해득실이 달라지므로[2] 국제통화체제의 성격과 내용이 국내의 정치경제적 관계에도 영향을 미친다. 따라서 정권유지·경제발전·사회안정 등의 목표를 동시에 추구하는 각국 정부가 이에 대하여 어떤 입장을 견지하느냐가 국내정치적으로 매우 중요하지 않을 수 없다.

뿐만 아니라 국제통화체제는 그것을 구성하는 기축통화나 환율제도가 어떠하냐에 따라 국가 간의 이해관계가 달라지므로 각국 정부는 자국의 이익을 추구하는 과정에서 이에 대한 협력과 경쟁관계가 형성된다. 예컨대 IMF 설립 당시 미국의 경제상황을 대변하는 화이트(White)안과 영국의 경제상황을 대변하는 케인즈(Keynes)안이 상정되어 기본적으로는 전자의 제안이 채택되었지만 통화체제의 골격은 양국의 이해관계를 절충하는 타협적 성격을 띠게 되었고,[3] 1971년 8월 닉슨대통령이 새로운 경제정책을 발표한 배경에는 브레튼우즈체제의 고정환율제도가 자국의 정치경제적 이익을 담보할 수 없다고 판단하였기 때문이었으며, 오늘날 국제통화체제에 대하여 여러 가지 이상적인 개편안들이 제시되어 왔음에도 불구하고 이에 대한 국가 간의 의견합치가 이루어지지 못하는 것은 국제통화체제에 대한 각국의 정치경제적 이해관계가 달랐기 때문에 나타난 결과였다고 할 수 있다.

이처럼 국제통화체제는 그것을 구성하는 기축통화나 환율제도에 따라 국가 간의 이해관계가 달라질 뿐만 아니라 국제통화체제가 채택하고 있는 국제수지균형 매커니즘이 무엇이냐에 따라서도 국가 간의 정치경제적 이해득실이 달라진다. 어떤 나라가 심각한 국제수지 적자에 직면하게 되면 그것이 그 정부에 심각한 정치적 부담이 되어 국제수지문제 그 자체가 정치적으로 매우 중요할 뿐만 아니라 국제수지의 균형을 달성하기 위하여 어떠한 정책수단을 채택하느냐에 따라 개별 국가들의 이해관계가 달라지므로 이것이 국가 간 정치경제적 마찰을 발생시키기는 원인이 되기도 한다.

이상과 같이 국제통화체제는 그 성격과 내용이 어떠하냐에 따라 국내이익집단 간에 서로 다른 편익과 비용을 초래할 뿐만 아니라 국가와 국가 간의 이해득실도 달라지는 정치경제적 영향을 지니고 있다. 따라서 모든 국가들은 세계적인 관점에서 가장 효율적인 국제통화체제를 원할 뿐만 아니라 자국의 이익에 보탬이 되거나 심각한 손해를 초래하지 않는 형태의 국제통화체제를 희망하게 된다.

그런데 이러한 각국 간의 이해득실에 영향을 주는 핵심적 요인들로서 국제통화체제의 기본적 성격을 규정하는 3대 요소는 ① 기축통화, ② 환율레짐, ③ 국제수지 조정메커니즘이라고 할 수 있다.

2 한국정치학회 (2000) p.47 여정동 외 (2000) p.311.

3 전후 통화질서를 둘러싸고 대립되는 양국의 이해관계가 타협적으로 이루어진 내용을 보면 ① 국제무역의 회복을 위하여 고정환율제를 희망한 미국과 대외균형 유지를 위하여 변동환율제를 희망한 영국의 입장이 조정가능한 고정환율체제로 귀결되었고, ② 안정적 통화정책을 중시한 미국과 자율적 통화정책을 중시한 영국의 입장이 금환본위제 하에서 중앙은행의 자율성을 보장하는 체제로 귀결되었으며, ③ 통화의 태환성을 요구하는 미국과 통화의 태환성에 제한을 가하기를 원하는 영국의 입장이 경상거래적 자본이동의 자유화를 인정하되 자본거래적 자본이동을 통제하도록 하는 체제로 귀결되었던 점을 들 수 있다(Berry Ichengreen 2007 박복영, 2008 pp.42-43).

이하에서는 이러한 3가지 요인들이 각각 어떠한 정치경제적 함의들을 가지고 있는가에 대해 논의한다.

1. 기축통화의 정치경제론

1.1 기축통화의 의의와 요건

국제통화체제와 관련하여 가장 먼저 제기되는 정치경제적 쟁점은 국제통화체제의 기축통화를 어떤 것으로 채택하는가 하는 문제이다. 일반적으로 일국의 통화가 국내거래 뿐만 아니라 국제거래에서도 교환의 매개수단·가치척도 수단·가치저장 수단으로 사용될 때 이를 국제통화(international currency)라고 하고 이러한 국제통화 중에서도 세계 각국 정부의 준비통화(reserve currency), 대부분의 국제거래에서 사용되는 결제통화(settlement currency), 외환시장에 대한 개입통화(intervention currency), 기준통화(anchor currency)로서의 기능을 수행하여 국제거래의 중심적 위치를 차지하는 통화를 기축통화(key currency)라고 한다.

〈표 6-1〉 국제통화의 일반적 기능

통화의 기본 기능	민간부문	공공부문
교환매개수단 (medium of exchange) 가치 저장수단 (store of value) 가치척도 수단 (unit of account)	거래통화 (vehicle currency) 자산통화 (portpolio currency) 표시통화 (invoice currency)	개입통화 (intervention currency) 준비통화 (reserve currency) 기준통화 (anchor currency)

이처럼 기축통화란 어떤 국제통화체제의 기본이 되는 통화로서 국제결제나 국제금융거래의 기본이 되는 통화, 주요국들의 공적 준비자산(외환보유고)의 구성에 중심을 이루는 통화를 말한다. 국내경제에서 화폐가 교환수단·가치저장수단·가치척도수단 등으로 사용되는 것처럼 국제경제에서도 이러한 역할을 담당할 국제통화가 필요한데, 이러한 국제통화는 다음과 같은 기본적 요건을 갖추어야 한다.

안정적 유동성 공급능력 국제통화는 충분한 양의 유동성(流動性, liquidity)을 안정적으로 공급할 수 있어야 한다. 그렇지 못할 경우 국제경제거래의 원활한 활동이 제약받게 되고 이것이 세계경제에 심각한 타격을 초래하기 때문이다. 따라서 어떤 국가의 통화가 국제통화가 되기 위해서는 일정수준 이상의 국가경제규모·대외무역규모·자본시장규모·유동성규모 등과 같은 요건을 갖추어야 한다.

국제적 신인성 국제통화는 국제거래에 참여하는 국가들로부터 그 화폐에 대한 신인성(信認性, confidence)을 확보하여야 한다. 만일 어떤 국가가 만성적 적자나 재정위기를 겪는 경우 다른 나라들이 그 나라의 통화를 보유하기를 꺼리게 되어 국제적으로 통용되지 못할 뿐만 아니라 그러한 약세통화를 다른 강세통화로 교환하기 위한 대량의 금융거래가 이루어져 국제통화체제의 위기를 가져올 수 있기 때문이다. 따라서 어떤 나라의 통화가 국제통화가 되기 위해서는 일정한 경제성장과 안정성·대외적 위상·외환정책의 자유성과 자주성 등과 같은 요건을 필요로 하게 된다.

이같이 국제통화는 안정적 유동성공급능력과 신인성유지라는 속성을 동시에 지니고 있어야 한다. 그동안 국제통화체제의 기축통화로서 사용된 금(金)이나 특정국 통화의 역할을 역사적으로 살펴보면, 정화(正貨, 금)를 기축통화로 사용하였던 시기에는 신인성·안정성은 확보되었으나 적절한 유동성공급이 충족되기 어려웠던 반면 특정국의 화폐를 기축통화로 사용하는 경우에는 유동성공급 면에서 큰 문제는 야기되지 않았지만 신인성유지라는 점에서 문제가 발생하였다. 이에 예일대 교수 트리핀(Robert Triffin, 1960)은 유동성과 신인성 간에 발생되는 상충성(trade-off, dilemma) 문제를 논의하였는데 이를 트리핀 딜레마(Triffin dilemma) 또는 국제유동성딜레마(international liquidity dilemma)라고도 한다.

따라서 국제통화체제의 논의에 있어서는 가장 먼저 제기되는 문제는 어떤 통화를 기축통화로 선정하여 유동성과 신인성을 확보할 것인가이고, 이렇게 기축통화가 결정되면 기축통화국이 얼마만큼의 국제통화를 발행할 것이며 국제통화의 창출에 따르는 통화발행특권(시뇨리지 seigniorage)을 어떻게 배분하느냐하는 문제이다. 전자가 기축통화의 선정문제이고 후자가 기축통화국의 편익과 비용 문제이다.

1.2 기축통화의 선정문제

기축통화의 선정문제와 관련하여, 현재까지 국제통화기구가 국제유동성을 직접 창출하여 공급한 예는 SDR과 ECU의 경우에서 찾을 수 있으나 그 사용규모와 방법이 관습적 국제통화인 달러화에 비해 아주 제한적이었다고 할 수 있다. 따라서 실제적으로 금(金)과 같은 금속화폐나 영국 파운드(£) 또는 미국 달러($)와 같이 당시의 초강대국통화가 그 역할을 대신하였다고 볼 수 있다.[4]

그러나 강대국이 발행하는 국제통화는 통화발행의 이익이 한 나라에 귀속되는 반면에 이 국가는 통화·금융정책의 운용에 그만큼의 비용을 추가적으로 부담하게 되는 특징을 지닌다. 따라서 어떤 특정 강대국통화를 기축통화로 사용하는 국제통화제도는 경기침체·국제정세불안·기축통화국의 통화정책 등에 의해서 국제금융거래의 위축이나 파행적 운영이 나타나는 것을 경험해 왔다. 따라서 국제통화체제의 논의에 있어서 기축통화를 무엇으로 할 것인가가 매우 중요한 쟁점이 된다.

그런데 기축통화의 선정과 관련되는 유동성공급능력은 그 국가의 경제규모나 경제력과 관련되고 통화의 신인도(안정성문제)는 통화발행국의 정치적 파워 및 경제력과 깊은 관련성을 지닐 수밖에 없다. 실제로 1차 세계대전 이전에 영국의 파운드화가 그러했던 것처럼 2차 세계대전 이후 미국의 달러화가 기축통화로서의 절대적 역할을 담당하고 있었지만, 1970년대 이후 미국의 경제력이 상대적으로 쇠퇴함에 따라 독일 마르크화나 일본 엔화의 신인도가 증대되었고 그 이용규모도 확대된 바 있다. 동일한 관점에서 비록 지역통화동맹으로서의 제한성을 지니고 있기는 하지만 제도 및 기

4 IMF는 금을 폐화하였기 때문에 국제결제수단으로 사용되기보다는 각국의 중앙은행이 보유하는 공적준비자산으로서의 역할만을 수행하고 있으므로 현행 킹스턴체제에서 그 신뢰성을 확보하고 있는 국제유동성은 ① SDR, ② 주요선진국의 통화($,¥,£ 등), ③ EU의 통화(Euro)로 구성되는데 그 구성 비중 면에서는 미국의 달러화가 가장 중요한 역할을 맡고 있다.

능면에서 잘 정비된 EU의 유로(Euro)가 IMF의 SDR보다 사용규모면이나 신뢰도면에서 우월한 평가를 받고 있는데 이 역시 통화발행국의 정치적 파워나 경제력이 통화에 반영된 결과라고 할 수 있다.

따라서 학자들은 기축통화가 되기 위한 일반적 요건으로서 ① 경제규모(economic size)와 경제력, ② 발달된 금융시장(developed financial market), ③ 그 통화가치에 대한 신뢰성(confidence in the value of the currency)과 국제교환성, ④ 정치적 리더십 또는 역사적 관성(historic intertia) 등을 들고 있다.

1.3 기축통화국의 정치경제적 편익과 비용

(1) 기축통화국의 정치경제적 편익

어떤 나라의 화폐가 국제통화 내지는 기축통화가 될 수 있는가하는 문제가 국가 간 경쟁과 갈등을 유발하는 것은 기축통화국이 됨으로써 받게 되는 정치경제적 편익과 비용이 존재하기 때문이다. 기축통화국은 자국의 화폐가 기축통화로 채택됨에 따르는 이른바 세뇨리지(seigniorage)를 얻게 된다. 세뇨리지란, 중세 유럽의 봉건 영주(seignoir)들이 재정을 보충하기 위하여 스스로 금속화폐를 만들어 유통시키면서 그러한 금속화폐의 액면가치(1파운드의 금화)와 실질비용(0.9파운드의 금)의 차액인 주조차익(鑄造差益 0.1파운드)을 취득하거나 또는 금속본위제 하에서 화폐발행 당국이 금괴(金塊)를 주화(鑄貨)로 바꾸는 것을 허용하면서 실제의 화폐주조 비용보다 높은 화폐주조 수수료를 취득하여 얻은 차익을 말한다.

이러한 세뇨리지 개념이 오늘날에는 '통화발행차익' 또는 '통화발행특권'이라고 하여 통화발행권자가 통화발행에 의하여 얻게 되는 이익 일반을 지칭하게 되었다. 근대에 들어오면서 통화발행권을 정부나 중앙은행이 갖게 됨에 따라 전통적인 주조차익 또는 주조수수료의 개념은 그 의미가 축소되었지만 국제적으로는 자국의 통화가 기축통화나 국제리저브로 이용될 때 그로 인해 받게 되는 기축통화국의 국가이익을 지칭하여 세뇨리지라고 한다.

자국의 통화를 기축통화로 하는 국제통화체제 하에서 기축통화국은 대체로 다음과 같은 직·간접의 정치경제적 편익(benefits)을 얻을 수 있다

통화증발 통한 국제수지 적자 해결 기축통화국은 자국화폐가 국제교환의 보편적 수단으로 통용되기 때문에 어느 정도 국제수지 적자누적이 허용될 수 있다. 왜냐하면 기축통화국은 자국화폐의 발행을 통하여 국제수지적자를 보충함으로써, 별도의 국제수지조정정책 없이 국제수지적자에 수반되는 문제들을 어느 정도 해결할 수 있기 때문이다. 물론 기축통화국의 이러한 통화증발은 타국가로 인플레이션을 수출하는 결과를 가져와 이에 대한 국가 간 갈등의 원인이 되기도 한다.[5] 그러나 기축통화국의 통화증발은 충분한 국제유동성을 공급하여 국제거래를 활성화한다는 또 다른 측면이 있으

5 실제의 연구결과에 따르면 미국에서 발행된 달러화의 55~75% 정도가 해외에서 유통되고 있는데 이것은 미국의 달러팽창에 따른 인플레압력이 그만큼 다른 국가로 분산된다는 것을 말한다. Richard D. Porter and Ruth A. Judson (Oct. 1996) p.899 참조.

므로 어느 정도 묵인되는 특권을 누리는 것이 사실이다.[6] 또한 무역수지 흑자국들은 국제금융시장에서 기축통화표시자금을 운영하려는 경향을 가지는데 이러한 경향이 지속되는 한 기축통화국의 경상수지는 자동적으로 조정되는 메커니즘이 형성된다고 할 수 있다.

자본적 이득 통화발행권자가 누리는 세뇨리지를 좁게 해석할 경우에는 주조차익·주조수수료 등과 같은 개념으로 파악하지만 이를 넓게 해석하면 국내의 통화발행 주체(정부)가 화폐발행을 통하여 얻게 되는 자본이득까지를 포함한다. 통화발행당국인 정부가 일단 발행된 화폐는 이자가 붙지 않는 채권으로서 정부는 이를 발행하여 민간에게 내어주고 그 대가로 자산을 얻게 되므로 발행된 화폐에 대한 청구가 들어오는 시점까지 화폐발행액에 대한 이자소득을 올릴 수 있는 있기 때문이다.

국내의 통화발행주체인 정부가 얻게 되는 이와 같은 자본이득을 세계경제에서는 기축통화국이 누리게 된다. 일반적으로 모든 국가들은 국제적 신인성을 지닌 기축통화국의 예금이나 단기 채권을 보유하려는 경향을 지니므로 기축통화국은 자국의 통화로 표시한 대외채권의 발행이 쉬워진다. 따라서 기축통화국의 대외신용포지션은 일반적으로 단기차입(단기자본수지 +)·장기대부(장기자본수지 -)의 형태를 가지게 되는데, 이때 기축통화국은 이렇게 예탁되어진 외국의 예금으로 장기투자를 행할 수 있게 된다.[7] 이것은 기축통화국이 외국으로부터 저렴한 비용으로 단기 차입하여 그 잉여자금으로 대외투자를 행함으로써 이에 따른 자본적 이득을 누리게 됨을 의미한다.

또한 앞에서 설명한 대로, 기축통화국의 통화발행증대는 인플레이션수출·세계적 인플레이션을 가져올 수 있는데 이때 기축통화국은 이러한 인플레이션으로 인해 대외채무의 실질적 삭감이라는 채무자적 이득을 얻게 된다. 이와 마찬가지로 기축통화국의 통화가 평가절하 되면 기축통화국은 2중의 편익을 누리게 된다. 하나의 편익은 상품의 가격경쟁력이 회복되어 무역수지가 개선되는 효과이고, 또 다른 편익은 자국 통화로 표시된 대외부채의 명목가치는 불변인데 비하여 해외에 보유하고 있는 자국 금융자산의 가치는 올라가는 부의 효과(valuation effect)이다.

환비용·외환위기 위험 제거 기축통화국은 대부분의 국제거래를 자국 통화로 행하기 때문에 다른 나라 기업들이 치르게 되는 환비용이 요구되지 않는다. 같은 이유로, 기축통화국은 금융위기를 겪을 수는 있지만 외환의 부족이나 불안정성으로 인한 외환위기의 발생가능성이나 개도국들이 겪고 있는 통화불일치(miss-matching) 때문에 발생되는 외환위기도 근원적으로 없어진다. 따라서 외환위기를 우려하여 일정한 외환을 보유해야하는 일반국가들과는 달리 외환보유고의 비축도 필요하지

---

6 미국은 실제로 자국통화가 국제통화로 활용되고 있는 특권을 배경으로, 또한 국제유동성 창출의 필요성에 부응하여 만성적 국제수지 적자현상을 유지하는 측면이 있다. 따라서 그렇게 거대한 국제수지 적자의 누적에도 불구하고 동일한 경우 다른 나라들이 겪을 수 있는 만큼의 문제가 발생되지 않는 이유가 되기도 한다.

7 실제 오늘날 세계에는 공식적인 달러화시책(Dollarization)으로 달러를 자국통화로 사용하는 국가들마저 있을 뿐 아니라, 자국 통화량의 30~50%에 해당하는 달러표시예금을 갖고 있는 나라 수만도 20여국에 달하고 있는 것으로 알려져 있다. 그 결과 현재 미국 달러 중 70% 이상이 미국 밖에 있다고 추정되고 있어 약 4천억 달러에 달하는 미국 연방준비은행권을 외국인이 소유하고 있다고 할 수 있다. 따라서 미국은 달러를 수출해서만도 매년 2백억 달러 (5%금리로 추산) 정도 돈을 벌고 있다고 할 수 있다. 이러한 관점에서 보면, 1944년 브레튼우드체제 설립 이후 기축통화로서 달러가 얻은 국제적 세뇨리지는 천문학적인 숫자가 될 수 있다. 이것이 그토록 막대한 재정적자에도 미국이 견딜 수 있는 이유가 되기도 한다.

않으며 어떠한 경우에도 대외적 신용의 안정성을 누릴 수 있게 된다.

기타의 산업적 이득 이와 아울러 기축통화를 발행하는 국가의 금융산업은 그렇지 않은 국가에 비하여 비교우위를 확보하게 되는 이익도 발생한다. 또한 자국 통화가 국제적으로 사용됨에 따른 범용화로 통화가치가 높아져 구매력이 높아질 수 있다. 어떤 연구에 따르면 미국은 기축통화국으로서 얻는 국제적 세뇨리지로 인하여 민간소비를 연 평균 0.5%p씩 높일 수 있는 것으로 추정되기도 하였다.[8]

국가적 영향력의 확대 기축통화국은 해외에 자국의 정치·경제·문화·군사적 영향력을 확대할 수 있는 가능성과 기회를 획득한다.[9] 우선 기축통화국 자신이 세계화폐의 발행과 조정을 주도함으로써 세계경제활동에 대한 영향력과 발언권이 증대될 수밖에 없다. 또한 외환부족국의 경우나 외환위기를 우려하는 국가들은 안전자산인 기축통화를 획득하고 보유하기 위하여 기축통화국과 정치경제적 우호관계를 돈독히 하려는 경향을 가지게 되는데, 이러한 예는 전후 많은 국가들이 미국시장·미국자본·미국원조 등을 겨냥한 대미 우호정책을 펼친 사실에서 잘 나타나 있다. 따라서 어떤 나라가 기축통화국의 위치를 누리게 되면 그 사실 자체 만으로서도 전 세계적 문제에 관심을 갖는 국제주의적 경향을 띠기 쉽다. 만약 이때 그들이 팽창주의적 야망을 가질 경우 이는 제국주의적 정책으로 확대될 가능성도 있게 된다.[10]

(2) 기축통화국의 정치경제적 비용

이렇게 기축통화국은 자국의 통화가 기축통화이기 때문에 받게 되는 국제정치경제적 편익이 크지만 다른 한편 기축통화국은 자신이 기축통화국이기 때문에 부담해야 하는 국제정치경제적 비용(cost) 또한 큰데 그 주요한 내용은 다음과 같다.

정치경제적 부담 기축통화국은 국제통화 발행국이기 때문에 부득이 국제수지가 적자상태가 되기 쉽지만 너무 과도한 적자를 기록하는 경우 결국 통화의 국제신인성을 잃게 되는 딜레마에 빠지기 쉬우므로, 기축통화로서의 국제적인 신인성을 확보하고 유지하기 위한 부담이 부과된다. 또한 위에서 설명한 바와 같이 기축통화국 이외의 국가들이 국제적 신인성을 지닌 기축통화국의 예금이나 단기 채권을 보유하려는 경향을 지니므로 이러한 대외부채에 대한 이자지급부담이 있게 된다.

경제정책의 자율성 제한 자국의 대외경쟁력 향상이나 국제수지 균형을 위해 어느 정도의 환율변경이 필요한 경우, 기축통화국이 아니라면 타국경제에 미치는 지나친 영향을 고려함이 없이 자유롭게 이러한 정책을 채택할 수 있지만, 기축통화국은 자신의 통화가 국내통화인 동시에 국제통화이기 때문에 환율변동에 따른 충격이 광범위하므로 자의적인 환율운용을 행하기가 어렵게 되는 이른바 'n-1문제'가 발생된다.[11] 또한 자국 화폐가 해외에서 유동하는 규모가 증가되어 국내 통화에 대한

---

8 M. Canzoneri et. als. (2008).

9 박경서 (2001) p.305.

10 현실적으로도 오랜 동안 기축통화국의 위치를 누리게 되면 자국의 경제이익이 곧 세계경제 전체의 이익이라고 생각하여 자국위주의 경제정책을 강요하고 자국의 대외통화정책에 대한 타국의 정당한 이의제기를 용납지 않는 이른바 기축통화 증후군(top currency syndrome)을 나타낸다(Susan Strange 1971, pp.215-31).

중앙은행의 통제력과 관리가 약화되고 통화정책의 효과도 약화되어 자국의 거시경제에 악영향을 미칠 수 있다. 따라서 기축통화국은 자국통화가 기축통화가 됨에 따르는 특권적 지위를 향유하는 반면 자국통화의 상대적 가치에는 수동적인 위치에 놓이게 되고 통화 및 환율정책상의 자율성을 제한당하는 부담을 안게 된다.[12]

민감성과 취약성 증대 기축통화국은 자국통화가 국제경제거래의 주요수단으로 사용된다는 사실 때문에 국제경제에서 발생되는 모든 국제금융충격이나 심각한 국제수지불균형으로부터 발생되는 직접적인 영향으로부터 민감하고 취약해지고 자국 통화의 국제적 불법유통이 국내 금융시장의 안정을 저해할 수 있게 된다. 따라서 기축통화국은 다른 어떤 어느 국가보다도 국제 경제·정치·군사적 불안요인에 민감하게 되고 그들의 안정을 유지해야하는 부담을 안게 된다.

2. 환율레짐(regime)의 정치경제론

① 국제통화체제의 형성에 있어 또 하나의 중요한 문제는 어떠한 국제환율제도를 채택하느냐하는 문제이다. 환율제도는 그 때마다의 경제상황이나 국가 간 합의여하에 따라 고정환율제도·변동환율제도·절충적 환율제도가 채택될 수 있다.[13] 고정환율제도와 변동환율제도는 국제통화체제에 있어서 서로 다른 장단점을 지니고 있는 만큼 각각의 제도를 옹호하는 논거 역시 다음과 같이 서로 대립되고 있다.

대체로 고정환율제도 옹호론자들은 안정성·예측가능성 등을 강조하는 반면 변동환율제도 옹호론자들은 효율성·자율성·제도의 단순성 등을 강조하여 각기 서로 그 제도적 우월성을 주장하고 있는데 이러한 주장과 반론의 주요논거들을 보다 광범위하게 요약하여 비교하고 있는 것이 〈표 6-2〉이다.

고정환율제도 옹호론 이들은 ① 환율변동에 대한 불확실성이 제거됨으로써 국제무역과 국제투자가 안정적으로 증대되고 투기가 방지될 수 있으며, ② 변동환율제의 경우와는 달리 세계적 인플레이션의 파급효과가 작으며, ③ 고정환율제 하에서는 국가 간 거시경제정책의 조정이 가능하고 경쟁적 평가절하와 같은 현상이 감소되어 세계적인 정책협조의 가능성이 커질 수 있다는 장점들을 주장한다.

변동환율제도 옹호론 이들은 ① 환율변동에 따른 상대가격의 신축성이 보장되어 자원의 합리적 배분과 후생증대가 이루어지고, ② 환율변동을 통하여 국제수지균형(대외적 균형)이 자동적으로 이루어지므로 각국은 대내적 균형을 위한 국내경제정책을 독립적·효율적으로 운용할 수 있으며, ③ 환율의

---

11 이것은 세계에 n개의 국가가 있다고 가정할 경우 n-1개 국가의 경우에는 정도의 차이는 있지만 환율변동이 자유로운데 반하여, 기축통화국(1개국)은 자국통화가 바로 기준통화이기 때문에 환율을 자유롭게 변동시킬 수가 없기 때문이다. 따라서 미국의 경우 자국통화인 달러가 기축통화가 됨으로써 막대한 국제수지적자의 누적에도 불구하고 환율변경을 국제수지조정을 위한 정책수단으로 사용할 수 없었다. 이 같은 현상을 전문가들은 외환시장에서의 'n-1문제'라고도 한다.

12 R. Gilpin (1986) p.138.

13 고정환율제의 환율변동 폭에 따라 narrow band system과 wide band system이 있으며, 고정환율의 조정방식에 따라 조정가능한 고정환율(adjustable peg)제도와 클로링페그(crawling peg)제도가 있다. 변동환율체제의 경우 관리변동(managed floating)환율 제도와 완전자유변동(freely floating)환율제도 등이 있다.

자유로운 변동으로 국제수지균형이 달성되면 고정환율제에서처럼 고정 환율을 유지하기 위한 외환시장개입이나 국제준비자산의 보유가 필요 없게 되어 국제유동성부족문제도 발생하지 않으며, ④ 환율변동에 의한 국제수지의 자동적 조정으로 어떤 국가의 지속적인 국제수지불균형이 불가능하므로 국제적 비대칭성이 제거되어 국가 간 갈등을 제거하는 동시에 국제통화체제에 대한 신뢰성이 높아질 수 있다고 주장한다.

〈표 6-2〉 고정환율제도와 변동환율제도에 대한 논쟁점

구분		주장 논거	반론 논거
고정환율제도	환율 안정 효과	• 고정환율제는 환율불확실성 제거, 안정성 촉진 (국제무역과 국제투자의 안정적 확대 촉진됨.) • 변동환율제 하에서 선물환시장 통한 환리스크 분산은 비용·효과 면에서 완벽하지 못함.	• 고정환율제 하의 환율조정 시 더 큰 불안정요인 • 변동환율제 경우 명목환율변동은 심해도 실질환율은 오히려 안정되는 장점 있음, 환율불안정성 문제 선물환시장 통해 분산될 수 있음.
	외환 투기 방지 효과	• 고정환율제 하에서는 투기발생 여지없지만 변동환율제 경우 외환투기 계속 발생됨. (환율 불안정성 의한 투기는 일 방향으로 작용하여 환율변동을 더욱 심화시킴.)	• 고정환율제 하의 환율조정 시 엄청난 투기 조장됨. • 변동환율제 하의 환투기는 한 번에 조금씩 이루어지고 방향이 양방향(+, -)이어서 오히려 환율의 안정화 작용 있음.
	인플레 방지 효과 (안정 효과)	• 고정환율제 경우 인플레 수습효과 (국내인플레 → 국지수지 불균형 → 외환보유고 감소 → 시정압력 → 인플레수습)있지만 변동환율제 경우 국제수지불균형이 환율에 의해 조정되므로 정책당국이 과도한 인플레를 방치할 우려 있음. • 변동환율제 경우 국내인플레-평가절하 간 악순환, 환율변동에 따른 톱니효과(ratchet effect)의해 인플레 편향성의 세계적 파급가능성 있음.	• 고정환율제 하에서도 해외인플레수입 위험 있고 (해외인플레 → 경상수지흑자 → 통화량증대 → 인플레) 변동환율제 하에서도 해외인플레 차단효과 작용할 수 있음. (해외인플레 발생 시 자동으로 환율이 변동되어 이를 통한 조정 가능) • 변동환율제 경우 독자적 안정화정책이 가능하므로 각국은 실업과 인플레 간의 상충(trade-off)의 선택 여지 있어 장기적 정책목표 실현할 수 있음.
	국제 협조 증대 효과	• 고정환율제는 국가 간 경제정책조정가능, 경쟁적 평가절하 지양, 국가 간 협조가능성 증대됨. • 1970년대 고정환율제 붕괴 이후 통화체제의 불안정성 증대, 경쟁적인 환율 인상, 보호무역주의가 조장되었음.	• 고정환율제적인 브레튼우즈체제 하에서 실제로 그러한 국제적 정책협조와 조정 있었는지 의문시됨. • 변동환율제도의 경우 어떤 국가의 지속적 국제수지 불균형 이루어지지 않아 오히려 국제통화체제에 대한 신뢰성이 높아짐.
변동환율제도	조정 메커니즘	• 여건변동을 반영한 환율의 변동 이루어지면 정책오류·경제적 불균형 즉시 노출되어 정책의 수정·보완, 금융위기예방 용이해짐	• 환율의 변동으로 나타나지 않는 불균형이 고정환율제 에서 축적되는 경우 오히려 더 극단적인 금융위기의 원인이 될 수 있음.
	대외 균형 자동 달성	• 변동환율제의 경우 환율변동만으로 국제수지, 자동적 조정효과가 큼. • 고정환율제 경우 물가·금리·소득수준 등의 인위적 조정 필요한데 조정의 비용 높음	• 환율변동으로 대외불균형이 자동 조정되기 위해서는 수요의 가격탄력성이 매우 커야 함. (그렇지 못할 경우 불균형 회복이 어렵거나 높은 환율변동이 요구됨.)
	정책 자율성 확보 효과	• 변동환율제 경우 환율변동 통해 대외균형을 유지하므로 환율안정을 위한 과제로부터 자유로워 통화정책의 자율성과 독립성이 높아짐.	• 변동환율제도에서도 통화정책운영의 자율성에 제약이 있음. (실제로 중앙은행은 통화정책이 환율에 미치는 효과를 고려하지 않을 수 없음.)

[2] 이같이 고정환율제도와 변동환율제도에 대한 이론적 논쟁이 다양하게 이루어지고 있지만 그 중 어느 것이 더 좋은가는 관계당사국의 조건 및 그 제도의 운영조건이 어떠한가에 따라 달라진다. 예컨대 오늘날 대부분의 개도국들은 완전한 자유변동환율제의 채택을 기피하는데, 이들은 대부분 소국이고 개방경제체제하에서 극심한 인플레이션을 경험하고 있는 나라들이기 때문이다. 이들 나라가 만약 자유변동환율제를 채택한다면, ① 평가절하에서 오는 경제적 부담을 계속 감당해야할 뿐

만 아니라, ② 그들의 외채가 평가절상국의 통화로 표시되어 있는 경우 외채부담이 극대화되기 마련이고, ③ 일반적으로 그들의 수출품에 수요의 가격탄력성은 낮고 수입에 대한 수요는 경직적이어서 국제수지 적자가 이미 구조적인 상태이므로 평가절하가 이루어지더라도 그것에 의한 국제수지 조정효과는 거의 나타내지 못한 채 환율변동으로 인한 인플레이션효과만을 가중시킬 우려가 있기 때문이다.

③ 이 같은 논쟁과 대립을 반영하듯이 실제의 국제통화체제는 고정환율제와 변동환율제가 교차되는 역사적 과정을 거치며 발전되어 왔다. 후술하는 바와 같이, 국제환율레짐은 1870년대 이후의 금본위제도기(고정환율제도) → 양차 대전기(변동환율제와 고정환율제의 혼란기) → 전후 브레튼우즈체제기(조정가능한 고정환율제) → 1970년대 초 이후(변동환율체제)의 과정을 밟아 왔기 때문이다.

1970년대 초 브레튼우즈체제가 붕괴되기 전까지는 학자들 사이에서 고정환율체제 보다 변동환율체제가 바람직하다는 공감대가 형성되었지만, 변동환율제도 전환 이후 환율의 극심한 변동성과 그에 따른 여러 가지 폐해를 경험한 후에는 '안정적인 환율운용' 내지는 '어느 정도 환율변동 폭의 제한'을 가하는 체제가 바람직하다는 정서를 보여주고 있다. 이같이 어느 제도를 채택하느냐에 따라 세계경제 및 각국경제에 미치는 결과가 서로 다르고 각국의 정치경제적 이해관계도 변화되므로 이에 따른 국제적 협력과 갈등관계가 발생되게 된다. 국제정치경제의 관점에서 환율제도가 국제통화체제의 중요한 내용으로 논의되는 이유도 바로 여기에 있다.

따라서 환율제도(레짐)의 변화에 따른 이러한 정치경제적 관계를 일의적으로 말할 수 없지만, 다만 고정환율제가 대체로 세계경제의 안정적으로 발전하는 시기에 채택된 반면 변동환율제는 세계경제의 불안기·침체기에 채택되었다는 점에 주목할 필요가 있다. 물론 변동환율제도 자체가 세계경제의 불안정을 낳았다기보다는 불안정한 세계경제가 불가피하게 변동환율제도로의 이행을 조장했던 것이 사실이다. 그럼에도 불구하고 일단 세계경제가 불안정을 보이게 되면 경제적 희생을 최소화하려는 국가적 이기주의가 만연하게 되며 이에 따른 근린궁핍화정책들이 실시되게 되는데, 이때 이러한 이기적 정책의 일환으로 변동환율제가 채택되면 이는 필연적으로 세계경제의 불안정을 더욱 증폭시키는 속성을 지니고 있음을 부정할 수 없다.

3. 국제수지조정 메커니즘의 정치경제론

이론적으로는 어떤 한 나라의 국제수지흑자는 다른 나라의 국제수지적자를 통해서만 가능할 수 있기 때문에 국제수지의 균형문제는 그 자체 제로-섬게임(zero-sum game)적 성격을 지니고 있다. 따라서 국제수지균형을 이룩하기 위한 일국의 정책수립과 운영과정은 그 나라의 내부적 정치경제에 영향을 미칠 뿐만 아니라 다른 나라, 더 나아가서는 국제정치경제관계에 영향을 미치기 때문에 종종 국가 간 정치경제적 갈등의 원인이 되기도 한다.

따라서 어떤 국가가 심각한 국제수지불균형, 특히 만성적 적자현상을 나타내면 단순히 그 나라의 경제적 위기와 그로 인한 정치적 위기를 초래할 뿐만 아니라 국제정치경제관계에 영향을 미치고 국제통화체제를 비롯한 세계경제체제에 대한 위기를 초래하기도 한다. 예를 들면 1930년대 대공황 직전 자국의 국제수지방어를 위한 경쟁적 평가절하가 결국 세계적 대공황의 중요한 원인으로 작용하였던 것이 그 대표적 예라고 할 수 있다. 따라서 국제수지균형을 위한 조정문제는 국제통화체제의 중요한 핵심이슈가 된다.

일반적으로 국제수지 조정정책은, ① 대내적 조정방법으로서 총수요관리정책(expenditure changing policy), ② 대외적 조정방법으로서 총수요전환정책(expenditure switching policy), ③ 국제적 유동성(liquidity) 활용방법이 있다. 그런데 이러한 3가지 국제수지조정정책은 모두 그 나름대로의 정치경제적 비용을 수반하고 있기 때문에, 국제수지의 조정정책은 기본적으로는 경제정책이지만 동시에 정치적 정책으로서의 의미도 지닌다.[14] 국제수지조정정책의 이 같은 정치경제적 함의는 다음과 같다.[15]

3.1 총수요관리정책 (대내적 조정방법)

대내적 조정방법으로서 총수요관리정책(expenditure changing policy)이란, 일국의 재정·통화정책 등을 통하여 국민경제의 지출수요를 조정함으로써 국제수지를 조정하는 정책수단이다. 예컨대 일국의 국제수지가 적자상태에 있을 때, ① 정부지출을 감소시키고 조세를 높이는 긴축적 재정정책(fiscal policy)을 채택하여 국내생산 및 소득을 감소시켜 수입을 감소시키거나, ② 통화량을 감소시키고 이자율을 높이는 긴축적 금융정책(monetary policy)을 채택하여 투자·소득·수입을 감소시키고 단기자본의 유입을 촉진하고 유출을 감소시키는 정책수단을 말한다.

이러한 총수요관리를 통한 국제수지조정정책은 대내외적으로 다음과 같은 정치경제적 이해관계를 수반하게 된다.

국내 정치경제적 비용과 저항 국제수지방어를 위한 긴축적 수요관리정책은 국내적으로 상당한 정치경제적 비용과 저항을 수반한다. 이러한 긴축정책은 경기침체를 유발시키고 이것이 심화되는 경우 불황으로 이어져 기업도산·실업증대·임금동결·사회복지제도축소 등과 같은 고통을 수반하게 되므로 이에 대한 정치적 압력이 증대되기 때문이다. 따라서 이 정책은 대중적으로 가장 인기 없는 정책수단이므로 이러한 정책을 선택하는 경우는 다른 적절한 대안을 확보하지 못했거나 그러한 국내이익집단의 요구를 무시할 수 있는 경우에 국한되는 경향이 있다.

국제정지경제적 이해관계 상충 국제수지조정을 위한 일국의 총수요관리정책은 이와 같이 1차적으로는 그 나라의 내부적 정치경제에 영향을 미치는 것이지만 동시에 국제적 이해관계의 상충도 있게 된다. 예컨대 미국이 국제수지 적자를 개선하기 위한 긴축정책을 취할 경우 미국시장에 크게 의존하고 있는 개도국들의 수출에 큰 타격을 줄뿐만 아니라 더 나아가 세계경기에도 영향을 주게 되기 때문이다. 실제로 1970년대 초 미국이 이와 같은 긴축정책을 채택하였을 때 미국의 교역대상국들

---

14 박경서, (2001) p.293.

15 Benjamin J. Cohen, Balance of Payments Policy, (Penguin Books Ltd., 1969) 제3장 David H. Blake & Robert S. Walters, *The Politics of Global Economic Relations*, (Engelwood Cliffs, 1983) 참조.

의 심각한 저항을 불러일으킨 경험이 있었다. 세계의 정치경제적 주도국이 이러한 정책을 선택하여 국방비지출 삭감·군사원조 삭감 등을 취하는 경우 이는 우방의 안보 및 국제정치 문제에 영향을 미치게 된다. 따라서 국제수지조정이라는 경제적 목표를 위하여 국가의 외교적·정치적·안보적 목표를 희생시키는 데 따른 갈등관계가 유발되기도 한다.

이같이 국제수지조정을 위한 이러한 총수요관리정책들은 근본적으로는 경제적 문제이지만 그 정치적 비용 역시 크기 때문에 어떤 정책을 어떤 수준에서 채택하는가하는 대내외적 정치경제적 영향에 대한 종합적 고려가 요구되게 된다. 그런데 이러한 대내적 조정정책들은 이상과 같은 여러 가지 대외적 이해관계를 수반하는 것이 사실이지만, 그러한 정책수행의 1차적 고통이 자국의 국민들에게 지워지는 정책선택이므로, 이는 '자신의 허리띠를 졸라매는'(tighten your belt) 조정정책이라고 할 수 있다.

3.2 총수요전환정책(대외적 조정방법)

국제수지조정방법으로서 총수요전환정책(expenditure switching policy)이란, 총수요의 규모는 일정하다고 하더라도 그 지출의 구성을 달리함으로써 효과를 기대하는 정책으로서, 지금까지 지출되어온 해외수요를 국내수요로 전환하기 위한 정책수단을 의미한다. 예컨대 ① 수출을 증대시키고 수입을 감소시키는 무역정책, ② 자국통화의 대외가치변경(평가절상·평가절하)을 통하여 해외상품에 대한 지출을 국내상품에 대한 지출로 전환하여 국제수지의 개선을 가져오려는 외환정책, ③ 무역과 자본이동에 대한 직접적 통제(direct controls) 정책 등이 이에 포함된다.

이러한 정책수단들 역시 기본적으로는 경제정책이지만 이러한 정책수행에 따른 정치경제적 이해관계가 유발되므로 정치적 선택이기도 하다. 이러한 대외적 국제수지조정정책의 수행에 따른 정치경제적 이해관계의 변화는 다음과 같다.

국내적 이해관계 상충 우선 그것이 무역정책이든 환율정책이든 그러한 정책선택은 국내 산업간·생산요소 간 소득분배변화를 초래하여 국내적으로 정치경제적 이해관계의 상충이 야기된다. 제3편을 통하여 논의하였듯이 무역정책의 선택은 이에 대한 이해관계집단 간의 경쟁을 통하여 채택되는 경향이 있다. 또한 환율변경을 통한 지출전환정책 역시 그에 따른 대내적 이해관계의 상충이 반드시 존재하게 된다.[16]

국제적 이해관계 변화 일국의 국제수지개선을 위한 지출전환정책이 가져오는 영향 중 더 중요한 문제는 국제적인 정치경제적 이해관계의 갈등문제이다. 예컨대 자국의 국제수지개선을 위한 일국의 보호무역정책이나 평가절하조치는 타국의 보복적 무역정책이나 보복적 평가절하조치를 가져와[17]

---

16 예컨대 국제수지조정을 위한 자국통화의 평가절하가 이루어지면 이로 인한 인플레이션압력이 증대되어 일반소비자의 희생이 따르는가 하면, 일반적으로 수출산업·수입경쟁산업 등은 이익을 얻지만 수입산업·차관산업·해외투자산업 등은 손해를 보게 되며, 이러한 과정에서 국제적으로 경쟁력 있는 산업의 희생을 통하여 경쟁력 없는 산업이 그 이익을 향유하는 부작용도 때때로 발생된다.

17 이러한 자국통화의 평가절하는 자국 경제의 허약성을 보여주는 것이며 국가의 대외적 이미지에 손상을 미치게 되므로 그 자체 정치적으로 부담스러운 조치이기도 하다(D. H. Blake and R. S. Walters 1976, 참조).

국가 간 무역전쟁이나 경쟁적 평가절하를 불러옴으로써 세계무역과 세계금융체제의 불안을 야기할 수 있다. 따라서 최초에 이러한 대외적 조정정책을 사용한 국가는 당초목표를 달성하지도 못한 채 국제적인 갈등관계만을 유발하게 되고 종국적으로는 그로 인한 불이익이 자신에게 부메랑으로 돌아오게 된다.[18]

이처럼 국제수지조정을 위한 대외적 조정방법 역시 대내적·대외적인 정치경제적 이해관계를 수반하지만 그러한 정책수행에 수반되는 1차적 고통을 타국에 전가시키는 정책선택이다. 말하자면 '타국에게 부담을 떠넘기는'(stick to other guys) 조정정책, 즉 일종의 근린궁핍화정책이라고 할 수 있기 때문에 이러한 대외조정정책은 국제적으로 다른 나라들의 저항과 비난을 수반하게 된다.

1970년대 후반 이후 미국이 국제수지적자해소를 위한 보호주의정책을 시행하자 그들의 국제수지적자의 더 근본적인 원인이 막대한 재정적자임에도 불구하고 이를 시정하기 위한 스스로의 고통부담은 외면한 채 상대국에 대한 무역제한조치를 통하여 이를 해결하려 한다는 비난이 이루어졌다. 또한 미국이 1971년과 1973년에 달러화의 평가절하를 단행한 것과 1985년 플라자합의를 통하여 달러화에 대한 엔화의 가치를 평가절상 시킨 조치들 역시 자신의 고통부담 없이 그 책임을 외국에 전가하는 행위라는 국제적 비난과 저항이 이루어진 바 있다.

3.3 국제유동성 활용방법

국제수지적자를 조정하는 수단으로서의 마지막 방법은, 보유 금이나 보유 외화를 활용하거나 외국금융기관·국제금융기구·국제금융시장으로부터 차입을 통해 얻어진 국제유동성을 활용하는 방법이다. 이러한 국제수지조정방법이 가지는 특성은, 앞서 설명한 대내적 조정방법이나 대외적 조정방법에서와 같은 대내외적인 정치경제적 문제를 초래하지 않으므로 명확한 갈등관계를 유발하지 않는다는 것이다. 따라서 각국 정부는 이러한 조정정책수단을 활용하려는 경향이 강한 것이 사실이지만 이러한 조정정책은 근본적으로 다음과 같은 한계점을 지니고 있다.

일시적 해결방안 보유 금이나 외화를 이용하여 국제수지적자를 보전하는 방법은 2차 대전 이후 1960년대까지 미국이 주로 사용한 방법이지만, 일시적 적자현상을 단기적으로 해결할 수 있을지는 몰라도 만성적 적자를 해결할 수 있는 근본적 방법이 못된다. 이러한 방법에 의한 균형유지에는 많은 외환보유고가 필요할 뿐만 아니라, 국제수지조정을 위한 외환보유고의 급속한 소진은 국가신인도를 떨어뜨려 이로 인한 새로운 문제가 발생되기 때문이다. 또한 국제대출을 통해 국제수지 문제를 해결하는 방법 역시 대외채무증대에 따른 원리금상환압박과 이로 인한 대내외적 문제점 때문에 장기적으로 바람직한 정책대안이 아니다.

---

18 대외적 조정정책에 의존하는 국가들의 경우 국가들의 관계는 종종 죄수의 딜레마(prisoner's dilemma)와 같은 상황에 처하게 된다. 만약 국가들이 현재의 무역정책, 현재의 환율을 유지한다면 그들 간의 관계는 큰 변화가 없을 것이지만 어느 한 국가가 자국의 이익을 위해 무역제한과 평가절하를 시도하면 외국국가들의 보복을 초래하여 오히려 상황만 더 나빠지는 결과를 초래하게 되기 때문이다(여정동 외 2000. p.322).

국제대부에 따른 부대조건 한편 국제대출을 통해 국제수지 문제를 해결하는 것은 이로 인해 명확히 손해를 보는 집단이 없다는 점에서 정부로서 선호하는 정책이지만, 대부분의 경우 이러한 국제대출에는 공여자의 일정한 '부대조건'이 수반되기 때문에 이 또한 여러 가지 사회·정치적 문제점을 유발시킨다. 국제대출과 연관된 이러한 조건에는, 통화공급축소·정부지출삭감·정부보조금삭감을 요구하는 등 경제의 안정화(stabilization)를 위한 조건유형과 무역자유화·외환자유화·자본자유화 등을 요구하는 경제의 자유화(liberalization)를 위한 조건유형이 있다. 전자가 일시적인 경상수지적자를 해결하기 위한 단기적 성격을 지녔다면 후자는 경제를 더욱 시장중심적으로 운영토록 하는 장기적 정책수단이라고 할 수 있다. 따라서 국제채무국들은 이러한 국제금융기구 및 금융기관들의 요구와 국내 정치사회적 요구 간의 상충 때문에 딜레마에 처하게 되는 것이 보통이다.[19]

3.4 국제수지조정 메커니즘의 선호체계

이상에서 살펴본 바와 같이 국제수지의 불균형을 조정하는 정책수단은 각기 서로 다른 메커니즘과 서로 다른 정치경제적 이해관계를 수반하므로 어떤 나라가 어떤 정책수단을 활용하는가 하는 것은 그 나라의 대내적 정치경제상황과 대외적 국제관계에 따라 달라진다. 경제학자들은 국내균형(물가안정과 완전고용)과 국제균형(국제수지균형)을 동시에 달성하도록 하는 총수요관리정책(재정금융정책)과 총수요전환정책(외환정책)의 정책혼합모형을 제시하고 있고, 정치학자들은 이러한 3가지 정책수단 중 어느 것에 치우치는 극단적인 조치를 회피하면서 대내외적 조정방법을 적절히 조화시켜갈 것을 권고하고 있다.

이런 점을 전제해두고, 이들 각각의 국제수지조정정책에 대한 선호체계에 대해서는 다음과 같은 정치경제적 평가가 가능하다.[20]

정치경제적 이념 따른 선호체계 일반적으로 그들이 속해 있는 집단이나 그들이 신봉하고 있는 정치경제학적 시각(이념)에 따라 국제수지조정정책에 대한 선호체계가 달라진다. [그림 6-1]이 보여주듯이, 금융인집단이나 재정관료 집단들은 유동성활용방법보다는 대내외적 조정방법을 활용한 국제수지조정을 권고하는 반면, 자유주의자들은 가능한 한 자유로운 국제교역을 방해하는 대외적 조정정책을 삼가고 대내적 조정정책과 유동성활용방법을 채택할 것을 권고하며, 급진주의자들은 국제수지개선을 위해 자국의 경제사회적 목표를 희생시키지 않도록 대내적 조정방법을 가능한 자제하고 대외적 조정방법과 유동성활용방법을 선택하도록 주장한다.

국제수지상황 따른 선호체계 자국의 국제수지상황이 흑자인가 적자인가에 따라 조정정책의 선호체계도 달라진다. 흑자국들은 국제수지조정과정에서에 수반되는 고통을 1차적으로 적자국 스스로 감수해야하므로 대내적 조정방법을 선택할 것을 주장하는 반면, 적자국들은 국제수지조정과정에서 야기되는 부담을 흑자국·신용공여자들이 함께 부담할 수 있도록 대외적 조정방법과 유동성활용방법

---

19 이러한 딜레마에 대해서는 Robert A. Kaufman (1987) p.187 참조.
20 Rachard N. Cooper (1968) pp.18-26 박경서 (2001) pp.295-7.

을 채택하기를 선호한다. 그러나 동일한 국제수지 적자국이라도 그 국가의 정치적 고려에 따라 조정방법이 서로 다를 수 있어 이러한 정책선호체계를 일의적으로 말할 수 없다.[21]

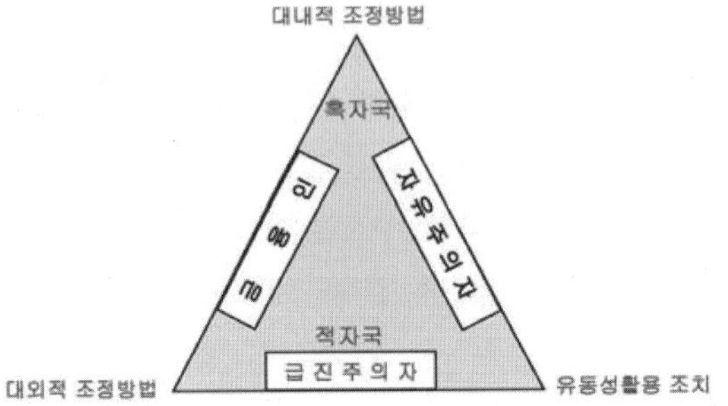

[그림 6-1] 국제수지조정정책수단의 선호체계

자료 : Rachard N. Cooper (1968) p.18, 박경서 (2005) p.302.

제2절 국제통화체제의 역사적 발전과정

1. 국제통화체제의 유형과 기능

[1] 국제통화체제/레짐(international monetary system/regime)은 어느 날 갑자기 어떤 합의에 의해 태동되는 것이 아니라 오랜 세월을 거치며 구체화된 역사적 산물이다. 따라서 지금의 국제통화체제가 형성되기까지의 역사적 배경과 변천내용, 그러한 변천과정의 배후에서 작용하였던 국제정치경제관계의 변화가 어떠하였는가를 이해할 필요가 있다.

모든 국제통화체제는 그 시대마다의 특정한 국제정치경제질서와 관련된다. 앞서 설명한대로 국제통화체제의 성격이 개별국가의 국가이익에 영향을 미치기 때문에 국가들은 국제통화체제의 성격 형성에 영향을 미쳐서 자국의 이익에 기여하도록 노력하기 때문이다. 이러한 관점에서 보면, 19C 국제통화체제가 영국의 정치경제적 이익을 반영한 것이었지만 이후 영국의 경제력 쇠퇴와 더불어 1930년대에 기존의 통화체제가 붕괴되었던 사실, 전후 미국의 경제력 부상에 따라 이를 바탕으로 하는 브레튼우즈체제가 형성되었지만 1970년대 이후 미국경제력의 상대적 쇠퇴에 따라 그 체제의 골격이 동요되었다는 사실은 전혀 놀랄 바가 아니다.

---

21 예컨대 1920년대 영국은 국제수지 적자국이었지만 파운드화가치 회복을 위하여 10%가 넘는 국내실업률을 감수하면서까지 대내적 조정방법을 취하였지만, 1930년대 대공황기에는 대부분의 국가들이 국제수지조정부담을 타국에 전가시키는 대외적 조정방법을 채택하였고, 전후부터 1960년대까지 미국은 유동성을 활용하는 정책을 추구하였다.

〈표 6-3〉 국제통화제도의 변천과정 요약

구 분	통화체제 (존속기간)	지급준비자산 (주요거래통화)	환율제도
IMF 이전 체제	국제금본위체제 (1870~1914)	금본위제 (실제로는 금 + £본위제)	고정환율제도 (금평가기준)
	양차대전 중 혼란기 (1914~1944)	금본위제 파괴, 복귀 실패 (금 · $ · £)	변동환율제와 고정환율제의 혼란기
브레튼우즈 체제	브레튼우즈체제 (1947~1971)	금환본위제 (금 + $, 1968 이후 SDR추가)	조정가능한 고정환율제 (narrow band)
	스미소니언체제 (1971~1976)	금 · $ · SDR 본위 (사실상 $본위제)	조정가능한 고정환율제 (wide band)
브레튼우즈 이후 체제	킹스턴체제 (1976~)	SDR 본위제 ($ + 선진국통화)	자유변동 환율제도
	협조적 변동환율체제 (1985~)	SDR 본위제 ($ + 선진국통화)	협조적 변동환율제도 (목표환율대)

국제통화체제의 유형은 ① 대외지급준비자산이 무엇인가에 따라 금본위제(gold standard) · 금환본위제(gold exchange standard) · 통화본위제(자유본위제) 등으로 구분하고, ② 환율제도에 따라 고정환율체제 · 변동환율체제 등으로 구분된다.[22] 이러한 2가지 기준을 중심으로 지금까지의 국제통화체제의 역사적 변천내용을 요약하고 있는 것이 〈표 6-3〉이다.

2 그런데 이러한 국제통화체제가 그 본래의 역할을 제대로 수행함과 동시에 가장 바람직한 체제로 평가되기 위해서는 다음과 같은 ① 유동성, ② 신인성, ③ 조정성, ④ 통화체제관리기능을 갖추고 있어야 한다. 이들 중 유동성과 신인성에 대해서는 기축통화의 요건과 관련하여 설명한 바 있지만, 국제통화체제가 갖추어야 할 기본적 요건을 다시 정리하면 다음과 같다.

유동성(liquidity) 국제통화체제는 충분한 량의 국제통화를 공급하여 유동성부족 때문에 국제경제활동이 제약을 받는 일이 없도록, 또한 일시적 국제수지불균형을 환율변동으로 대처하지 않고 지급준비금으로 결제하려할 때 소요되는 지급준비금을 용이하게 조달할 수 있도록 하는 유동성공급능력을 제대로 발휘하여야 한다.

신인성(confidence) 국제통화 또는 기축통화의 통화가치가 안정적으로 유지되어 국제적 신인성을 유지할 수 있어야 한다. 일국의 만성적 적자나 경제위기 등은 그 나라 통화의 신뢰성을 떨어뜨리게 되는데 만약 이러한 일이 국제통화 보유국에서 일어나면 이것은 국제통화체제 자체에 대한 혼란으로 이어지기 때문이다.

조정성(adjustment) 국제무역과 국제투자의 흐름을 원활하게 하고 국제무역의 이익을 당사국간에 공평하게 분배하도록 하여야 한다. 그러기 위해서는 국제통화체제가 국제수지조정기능, 즉 각국의 국제수지불균형이 조정되는 절차를 간편하게 하고 그 조정비용도 최소화하는 메커니즘을 발휘하여야 한다.[23]

22 양자의 절충형태로서, 고정환율제도의 변형인 '조정 가능한 고정환율제도', 변동환율제도의 변형인 관리변동환율제가 있으며, 이외에 단일통화연동제 · 복수통화연동제 · 공동변동환율제도 등이 있다.

23 Benjamin J. Cohen (1977) p.28.

체제관리기능 어떤 통화체제가 이상과 같은 유동성·신인성·조정성을 갖추었다고 하여도 그러한 국제통화체제를 하나의 체제(system/regime)로서 형성·유지·관리할 수 있는 메커니즘이 작동되지 않으면 본래의 역할을 다 할 수 없게 된다.[24] 국제통화관계가 무제한적 자유 하에 있을 때 발생할 수 있는 혼란을 방지하기 위해서는 국제통화관계를 조정하고 관리하는 어떤 관리체제와 메커니즘이 존재해야한다.[25]

③ 물론 이상과 같은 요건들을 모두 완벽히 충족시켜주는 국제통화체제는 역사적으로 존재하지 않았다. 그럼에도 불구하고 이러한 요건들은 여전히 중요하여 이러한 기능을 갖춘 국제통화체제를 만들기 위한 노력이 필요할 것이며, 또한 어떤 국제통화체제를 평가하고 분석함에 있어서도 이러한 기본적 요건을 얼마나 어떻게 충족하고 있는가라는 평가기준에 입각하여 살펴 볼 필요가 있다. 이러한 관점에서 금본위제 이후 국제통화체제의 변화를 아주 간략히 요약하고 있는 것이 〈표 6-4〉이다.

〈표 6-4〉 국제통화제도의 기본요건의 변화과정

구 분	유동성	신인성	조정성	체제관리기능
금본위제	• 금의 수요확대 → 가격상승 → 채광 증대로 유동성 확보	• 금 + £의 실질 가치 안정성 통한 신인성 확보	• 물가·정화 플로 메커니즘 통한 대내적 조정방법	• 팩스-브리태니커의 패권적 지도력 → 체제관리능력 확보
양차대전기 (금본위제 붕괴)	• 금 추가확보 한계, • 대공황 이후 영국 금보유량 감소 → 유동성 부족	• 고정환율제 탈퇴, 경쟁적 평가절하, • 파운드가치하락 → 신인성 저하	• 각국의 이기적 정책 (보호무역, 경쟁적 평가 절하) 통한 대외적 조정 방법	• 영국의 경제력 쇠퇴 • 새로운 강국 미국의 능력·의지 없음 → 체제관리능력 약화
브레튼우즈 (BW)체제	• $의 막대한 해외 유출 (해외투자, 원조, 군사비지출)로 유동성 창출됨.	• $의 금 태환성, • 조정가능한 고정 환율제의 안정성 → 신인성 확보	• 유동성 활용방법과 대내적 국제수지조정 원칙 강조 (가급적 대외조정방법 회피)	• 미국의 패권적 지도력 • IMF 등 국제기구 역할 → 체제관리능력 확보
브레튼우즈 체제 이후 (BW붕괴)	• 미국 BOP적자 의한 유동성 공급방식 결국 한계에 도달	• $의 실질가치저하 • $의 금태환 정지 → 신인성 저하	• 조정가능 고정환율제와 IMF의 유동성공급능력 한계로 조정성 저하	• 미국경제력의 상대적 쇠퇴 → 80년대 중반 다자적 협력관리체제

2. 2차 대전 이전의 국제통화체제

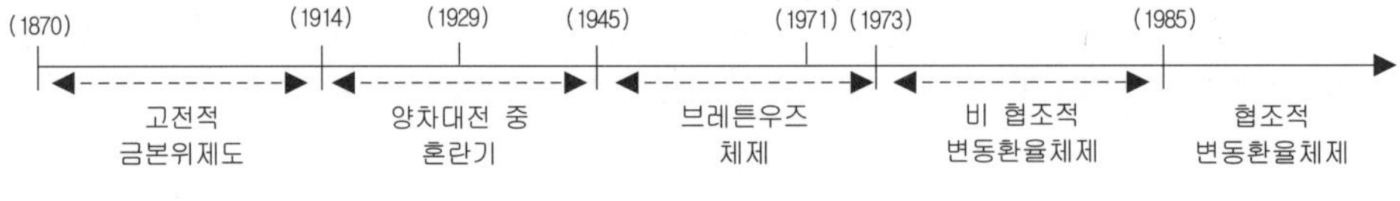

[그림 6-2] 국제통화체제의 변천

24 W. M. Scammell (1983) p.207 및 Robert Gilpin (1990) p.175.

25 국제통화체제라는 용어 속에는 '국제통화관계가 조정·관리되어야 한다'는 의미가 담겨져 있다(한국정치학회, 2000 p.47).

2.1 고전적 금본위체제(1870~1914년대)

1 본격적인 국제통화체제가 언제부터 성립되었는가에 대해서는 여러 가지 견해들이 있지만 일반적으로는 1870년대 영국 파운드화를 기초로 한 금본위제가 확립된 시기를 그 시작으로 본다.[26] 금본위체제(gold standard system)란 금(金)을 본위화폐로 하여 ① 금화의 자유주조를 허용하고, ② 아무런 제한 없이 화폐를 금과 교환토록하며(자유태환성, convertibility), ③ 금화의 자유로운 수출입을 허용하며, ④ 금만을 국제통화 및 준비자산으로 인정하는 제도이다.

이러한 금본위체제는 준비자산의 형태라는 점에서 금본위제였지만 이 시기는 영국의 파운드화가 국제통화·준비자산으로서 기능을 발휘함으로써 사실상은 「금·파운드화 본위제」였다고 할 수 있다. 또한 이러한 금본위체제에서 각국은 자국화폐에 포함되어 있는 금의 량을 정하고 각각의 화폐단위와 금과의 법정교환비율인 금평가(金平價, gold parity)기준으로 환율이 결정되는 「고정환율제도」였다. 이러한 제도 하에서 각국의 중앙은행이 지켜야할 기본적 의무는 이러한 안정적인 금평가를 유지하는 것으로서 이를 위한 적당량의 금 리저브를 보유하는 것이었다.[27]

2 한편, 이러한 금본위체제가 국제통화체제로서 어떠한 장점과 기능을 발휘하였는가를, 앞서 설명한 국제통화체제의 기본적 요건과 관련하여 살펴보면 다음과 같다.

유동성 당시 기축통화로서의 금의 공급이 원활하였던 것이 국제통화체제로서의 유동성(liquidity) 공급능력을 높여주었다. 당시 세계경제의 확대와 화폐수요의 확대에 따라 다른 상품에 대한 금의 가격이 높아지게 되자 더 많은 금 채광이 이루어져 금의 공급이 확대되었기 때문이다.

신인성 금(金)을 본위화폐로 하는 만큼 신인성(confidence)의 문제가 발생하지 않았고 또한 금과 함께 영국의 파운드화가 영국의 경제력을 바탕으로 거의 유일한 국제통화로서의 역할을 수행했으며 런던이 유일한 국제금융센터였기 때문에 국제신인성에 대한 문제가 발생하지 않았다.

조정성 금본위제는 국제수지불균형이 조정되는 절차를 간편하게 하고 그 조정비용도 최소화하게 하는 메커니즘, 즉 국제통화체제의 조정성이 제대로 발휘되었다고 할 수 있다. 이론적으로 금본위제 하에서의 국제수지조정은 이른바 흄(David Hume)의 '물가-정화 플로메커니즘'(prices-specie flow mechanism)에 의하여 자동적으로 조정되는 것이다.[28] 현실적으로도 이 시기에 국제수지 위기가 거의 없었으며 국제수지 불균형조정과정도 잘 이루어졌다. 당시 이와 같은 조정성이 제대로

---

26 물론, 금본위제 그 자체가 시작된 것은 당시 국제무역과 국제금융의 중심지였던 영국이 이 제도를 채택한 1819년이지만 이것이 세계적인 수준에서 확립된 것은 1870년대라고 할 수 있다(Benjamin J. Cohen, 1977. 전게서). 그 후 독일이 1871년, 미국이 1879년에 금본위제를 도입하였다.

27 따라서 국제수지 불균형은 원칙적으로는 중앙은행간 금의 이동에 의해 처리되었다. 그러나 지나친 금의 이동을 막기 위하여 중앙은행들은 국제수지균형을 경상수지측면이 아닌 종합수지측면(중앙은행이 보유하는 금리저브의 유지측면)에서 파악하여 각국들은 이러한 종합수지가 균형을 이루는 한 경상수지에 대해서는 방임적인 태도를 취하였다. 예컨대 1870년에서 1914년까지 영국의 경상수지흑자가 GNP 5%를 초과하는 수준이었지만 당시 활발한 해외투자와 자본거래의 상황에서 이를 문제시하지 않았다.

28 일국의 국제수지 적자 → 금(正貨)유출 증대 → 통화량 감소 → 물가수준 하락(소득수준하락) → 수출증대·수입감소 → 국제수지 균형화(국제수지 흑자 경우에는 그 반대 과정)를 이룩하는 일련의 과정이 금(정화)과 물가수준의 변동에 의하여 자동적으로 달성되는 메커니즘을 말한다.

작동한 이유는 위에서 언급한 '물가-정화 플로메커니즘'이었지만 이러한 메커니즘이 제대로 작동할 수 있는 여러 가지 정치경제적 조건이 뒷받침되고 있었기 때문이기도 하다.[29]

체제관리 메커니즘 당시 금본위제가 효과적으로 운영될 수 있었던 또 하나의 요인은 국제통화체제에 대한 하나의 관리메커니즘이 작동하였다는 사실이다. 당시의 국제금본위제도는 국내적인 금본위제도를 국제적 영역으로 단순히 확대시킨 제도였기 때문에 어떤 국가 간 협약에 의해 성립된 것이 아니었다. 그럼에도 불구하고 이것이 하나의 체제로서 기능할 수 있었던 것은, 당시 영국이 막강한 경제력을 바탕으로 국제적 금·자본거래에 결정적인 영향력을 발휘하였고 따라서 국제통화체제의 관리에 주도적인 역할을 담당하였기 때문이었다.[30]

③ 이처럼 고전적 국제금본위제는, ① 당시 금 생산의 증가로 인해 국제통화로서의 유동성문제가 해결되었고, ② 금 또는 파운드 가치의 실질적 안정성 때문에 신인성문제가 해결되었으며, ③ 국제수지불균형문제는 대부분 자동적으로 조정되었고, ④ 이러한 통화체제가 영국의 지도력 아래 효과적으로 관리·운영됨으로써, 국제통화체제의 유연성과 안정성을 제공해주는 동시에 국내경제의 자율성과 국제경제의 안정성이라는 딜레마를 해결한 성공적인 통화체제로서 기능하였다.

이에 어떤 사람들은, 고정환율제도를 기본으로 하는 금본위제체제가 이룩해 낸 이러한 환율안정을 1973년 이후 환율의 급격한 변동에 따른 여러 가지 혼란과 비교하면서, 금본위적인 고정환율제도로 복귀하기를 주장하기도 하였다. 그러나 위에서 살펴본 것처럼, 이러한 금본위체제하의 성공과 안정이 금본위제도 그 자체의 제도적 기능보다도 이러한 제도적 기능이 가능할 수 있었던 당시의 국제정치경제적 여건과 조건에 기초하였음을 부정할 수 없다. 따라서 단순히 금본위제적인 고정환

29 이러한 역사적 배경으로서는 다음과 같은 점들을 지적 할 수 있다.

① 각국 정부들이 국제금본위제가 요구하는 '게임의 준칙'(rules of the game of the gold standard)을 준수해주었다. 게임의 준칙이란, 국제수지가 국내통화량에 미치는 효과를 상쇄시키는 불태화정책(不胎化政策, sterilization policy)을 시도하지 않음으로써 물가-정화 플로메커니즘의 자동적 조정력이 작동하도록 하는 것으로서, 예컨대 적자국은 통화량을 감소시키고 금리를 인상시켜 해외자본의 유입을 도모하는 동시에 디플레이션을 감수하고, 흑자국은 통화량을 증가시키고 금리를 인하하여 해외로의 자본유출을 도모하는 동시에 국내인플레이션을 감수하는 것이다. 이러한 표현은 케인즈(J. M. Keynes)가 최초로 사용했다고 말해지는데, 길핀은 당시 국제수지조정이 잘 이루어진 것은 흄이 말하는 자동조정기능에 의해서라기보다 이러한 게임의 룰을 준수한 중앙은행의 개입효과였다고 평가하였다(Robert Gilpin, 전게서. p.177).

② 이러한 국제수지 조정방법은 이른바 대내적 조정방법으로서 이로 인한 국제적 갈등의 소지 역시 크지 않았다. 이것은 말하자면, 정부당국이 환율안정·국제수지균형이라는 대외적 목표를 위하여 고용안정·경제성장이라는 대내적 목표를 희생시키는 제도였다.

③ 이러한 조정메커니즘이 현실적으로 작동한 것은 그 당시의 여러 가지 정치경제적 여건 위에서 가능하였다는 점도 무시할 수 없다. 우선, 당시 형성되어 있던 다각적 결제제도가 이미 각국 간의 국제수지균형을 전제하고 있었기 때문에 국제수지의 조정기능은 거의 문제가 되지 않았다. 또한 그 시기에 국제적으로 자유무역관행이 정착되었던 시기였으며 또한 전 세계가 과학 및 기술의 발전·공업화의 확산·무역자유화·국제적 평화·천연자원의 급격한 개발 등으로 경제성장이 활발히 이루어졌던 확장기였으므로, 국제수지균형을 위하여 자신의 경제성장률을 상대적으로 다소 낮게 유지하는 것(국제수지조정을 위한 소득조정)이 별로 큰 문제가 되지 않았다.

30 당시 영국은 팩스 브리태니카(Pax Britannica)의 영향력을 바탕으로 이러한 역할을 감당할 능력과 의지를 지니고 있었다. 당시 영국은행(Bank of England)은 금의 국제적인 유통을 좌우하고 사실상 세계통화정책을 관리하였으며 런던은 세계무역·세계금융·세계자본시장에서 차지하는 헤게모니적 지위를 활용하여 금본위제가 요구하는 게임의 룰을 전 세계 국가들에게 강요함으로써 세계통화질서의 실질적 관리자로서의 역할을 수행하였던 것이다. 당시 영국은행의 주도적 역할에 대해서는 Barry Eichengreen (1987) pp.5-29.

율제도의 복귀만으로 오늘날의 환율변동에 따른 불안정성문제가 해결될 수 있다는 전제 역시 반드시 타당하다고만 할 수 없다.

2.2 양차 대전기의 국제통화체제 (1914~1944)

세계 제1차 대전(1914년)이 발발하자 각국 정부는 지폐의 금태환을 중지시킴으로써 세계 최초의 국제통화체제제인 금본위제는 35여년 만에 붕괴되었다. 또한 각국은 막대한 전쟁비용을 통화증발을 통해 충당함으로써 물가수준이 폭등하였고 경제는 피폐해졌다. 물론 금본위체제 붕괴 이후 과도한 환율변동으로 곤란을 겪던 주요국들은 과거 금본위제시절의 환율안정에 향수를 갖고 1920년대 이후 금본위제를 부활시키려는 끈질긴 노력을 행하였지만 결국 실패로 돌아갔다. 이처럼 제1차 세계대전의 발발로 최초의 국제통화체제인 고전적 금본위제가 붕괴되고 이후 혼란기를 맞이하게 된 배경은 다음과 같다.

신인성과 안정성 파괴 제1차 세계대전이 발발하자 교전국들은 자국의 금 공급원을 보호하고 전시경제 동원체제를 갖추기 위하여 재빨리 고정환율제에서 탈퇴하였다. 당시 영국경제력의 쇠퇴로 인해 기축통화로서의 파운드가 국제통화로서의 신인성을 유지하지 못하였고 통화가치의 결정권이 다시 국가정부의 책임이 되자 이후 경쟁적인 평가절하가 이루어져 환율의 안정성을 확보할 수 없었다.

유동성 부족 금본위체제의 원활한 운영을 위한 금의 충분한 공급이 이루어지지 못하였고, 또한 대공황을 거치면서 미국·프랑스가 주요 금 보유국인 반면 영국의 금 보유고는 빈약하여 국제유동성 공급자로서의 지위 역시 유지하기가 어려웠으며, 각국의 중앙은행들이 금과 더불어 타국의 화폐를 대외 리저브로 사용하는 경향이 높아져 금본위제의 근본적 성격이 희석되기 시작하였다[31].

조정성 붕괴 국제금본위제하의 국제수지조정 메커니즘인 물가-정화 플로메커니즘이 제대로 작동할 수 없었다. 대공황을 거치면서 물가·임금의 하방경직성이 높아져 대외균형을 위한 물가조정이 불가능하였으며, 또한 금본위제가 요구하는 게임의 준칙을 준수하지도 못하였다. 이에 각국 정부는 무역제한수단·경쟁적 평가절하·자본이동통제와 같은 국제수지의 대외적 조정방법에 의존하게 되어 국제통화체제에 대한 민족주의경향이 급속히 높아짐으로써 국내경제의 자주성·자율성이 국제경제의 안정성보다 우선시되고 이로 인해 국가 간 갈등도 더욱 깊어졌다.

관리메커니즘의 붕괴 영국의 경제력 지도력이 종식되고 각국경제의 상호의존성이 붕괴되자 종전의 국제통화체제를 지배했던 관리메커니즘과 정치경제적 조건들이 무너지게 되었다. 영국은 산업의 쇠퇴·전쟁비용의 부담·새로운 강대국들의 등장으로 종전의 패권적 지위가 상실되면서 국제통화체제의 안정적 유지를 위한 지도력을 발휘하지 못했던 반면 새로이 출현한 강대국인 미국의 경우 아직 이러한 지도력을 대신할 충분한 능력도 의지도 갖추지 못하였다.

---

31 Barry Eichengreen (1985) pp.21-25.

3. 전후의 브레튼우즈체제(1947~1973)

3.1 성립 배경과 기본 성격(초기 : 1947~60년대 중반)

① 양차대전의 혼란과 폐해를 경험한 주요 선진국(44개국)들은 제2차 세계대전이 끝나갈 무렵인 1944년 새로운 국제통화체제 구축을 위해 미국 뉴햄프셔주 브레튼 우즈(Bretton Woods)에서 회의를 개최하였다. 그들은 1930년대의 경제적 민족주의에 따른 경쟁적 평가절하·경쟁적 통화블록 형성·국제협조의 부재 등이 경제적 파국을 불러왔을 뿐만 아니라 전쟁의 원인이 되기도 하였다는 점에 인식을 같이하고, 안정적 성장과 고용달성·안정적 국제질서의 창설이라는 목표를 달성하기 위한 새로운 국제통화체제를 모색하기 시작하였다. 그 결과 1947년 3월 30개 회원국이 국제통화기금(IMF : International Monetary Fund)을 창설하여 이른바 브레튼우즈체제(The Bretton Woods System)를 출범시켰는데[32] 이 체제의 기본성격은 다음과 같다.

금환본위제 궁극적인 국제기축통화로서 여전히 금(金)이 사용되어지지만 국제통화의 유동성을 확보하기 위하여 국제결재에는 주로 미국의 달러($)를 사용하며 미국 이외의 국가들이 보유하는 달러는 미국정부가 보유하는 금과 교환될 수 있다는 신뢰를 바탕으로 하는 금환본위제도(gold exchange standard system) 또는 금-달러본위제를 채택하였다.

조정가능한 고정환율제 새로운 통화체제는 환율안정을 최대목표로 설정하였던 만큼 고정환율제를 채택하였다. 미국 달러가 금 가치에 고정되고(금 1온스 당 35$) 다른 나라의 화폐가치는 미국 달러에 고정되는 기준환율(IMF평가)을 정하여 운영한다. 따라서 일시적 국제수지개선을 위하여 자국통화의 평가절하를 할 수 없도록 하였지만 국제수지불균형이 장기적이고 구조적이어서 기초적 불균형(fundamental disequilibrium)인 경우 상하 1% 이내의 변동을 허용하였다. 이같이 국제수지불균형이 기초적인 경우에만 예외적으로 자국 통화의 평가변경이 가능하므로 이를 '조정 가능한 고정환율제도'(adjustable peg rate system)라고도 한다.

국제수지의 대외적 조정방법 지양 국제수지불균형을 해소하기 위해서는 주로 국제유동성 활용방법과 대내적 조정방법을 사용할 것을 원칙으로 하는 체제였다. 이것은 지난 양차대전기간의 경험을 바탕으로 국가 간 갈등을 초래하는 대외적 조정방법을 가능한 피해야한다는 인식을 바탕으로 한 것으로서, 단기적 국제수지불균형을 해소하기 위한 IMF의 창설과 함께[33] 외환부족으로 고통을 받는 국가들에게 중장기적 성격의 자금지원을 위한 IBRD(International Bank for Reconstruction and Development), 즉 세계은행(The World Bank)이 창설되었고, 일시적인 국제수지불균형 해소를 위해

---

32 이러한 논의과정에서 영국의 경제학자 케인즈(J. M. Keynes)안과 미국의 재무장관 화이트(White)안이 제시되었는데 대부분 후자가 채택되었다. 케인즈는 국제청산동맹을 결성하여 무역수지잔액을 상호결제하며 유동성을 확보하기 위하여 Bancor라는 국제기축통화를 창출하고 각국 화폐는 이와 고정환율을 유지하며 실제거래는 각국 화폐로 하지만 국가 간 무역수지불균형은 이것으로 결제하자는 것이었다. 훗날 이 Bancor가 SDR로 태어났다고 할 수 있다.

33 IMF차관은 우선 일시적인 불균형을 해결하는 동시에 가능한 대대적 조정방법을 채택하도록 하며 또한 차관의 조건을 까다롭게 하여 만성적 적자국이 계속 차관에 의존하는 것을 막고 적자당사국경제의 구조조정을 통해 근본적인 해결을 하도록 하였다.

서는 재정통화정책을 통한 대내적 조정방법이 채택되도록 권고되었다.

② 이러한 성격을 지닌 브레튼우즈체제는 출범초기단계에서 제대로의 기능과 역할을 다 해주었는데 당시의 이러한 국제통화체제가 성공적일 수 있었던 이유를 국제통화체제가 갖추어야 할 요건의 관점에서 살펴보면 다음과 같다.

유동성 전후 대부분의 국가들이 국제수지적자를 기록한 반면 미국은 막대한 국제수지흑자를 향유함으로써 극심한 달러부족(dollar shortage)문제가 존재하고 있었지만 이러한 유동성부족을 IMF가 해결할 수 있는 능력이 없었다. 그러나 당시 미국은 해외투자·해외원조·해외군사비지출 등을 통하여 막대한 달러를 해외로 유출시킴으로써 이를 통한 기축통화의 공급과 유동성창출이 활발히 이루어졌다.[34]

신인성 고정환율체제의 유지가 국제통화체제에의 안정성에 큰 도움을 주었고 또한 1950년대 중반까지 타국가의 미국달러 보유량이 미국의 금보유량을 밑돌았기 때문에 미국달러의 태환성에 대한 신뢰 역시 높아 국제통화의 신인성에도 문제가 없었다.

조정성과 관리메커니즘 단기적인 국제수지조정은 IMF를 통해 원활히 이루어졌고 장기적 외환수요 역시 IBRD의 지원이나 해외원조를 통하여 조달되었으며 GATT를 통한 무역자유화가 국제수지조정의 과정을 용이하게 하였다. 더욱이 이러한 국제통화체제의 메커니즘이 전후 새로운 패권국으로 부상한 미국의 막강한 경제력에 의해 뒷받침됨으로써 미국의 패권적 역할이 국제통화체제의 성공을 가져왔다.

3.2 문제점과 개선 노력 (중기 : 1960년대 중반 이후)

이러한 특성을 바탕으로 하여 실제로 브레튼우즈체제는 1960년대 중반까지는 그런대로 순조롭게 운영되었고 전후 세계무역의 확대와 세계경제의 안정적 성장을 위한 기틀이 되었다. 그러나 1960년대 중반을 지나면서 이 체제는 다음과 같은 몇 가지 문제점을 나타내기 시작하였다.

(1) 신인성과 유동성 간의 딜레마

기축통화로서의 미국 달러의 유동성공급과 국제통화로서의 신인성 간의 딜레마(트리핀 딜레마)가 발생하였다. 브레튼우즈체제 하에서 미국은 막대한 달러유출을 통하여 국제유동성을 제공하는 것 외에 자국이 국제수지적자를 시현하였을 때도 즉각 이를 시정하지 않고 이를 방임하거나 조장함으로써 유동성공급문제를 해결하였다. 그러나 이러한 미국의 국제수지 적자정책에 의존한 국제통화체제의 운용은 언젠가는 문제에 직면할 수밖에 없었다.

1950년대 말 미국의 경상수지가 흑자에서 적자로 반전된 후 1960년대에 막대한 재정지출 및 전비지출(월남전) 등으로 경상수지적자가 더욱 심화되었는데, 이로 인한 막대한 량의 달러유출은 국

34 당시 마샬 플랜(Mashall Plan)을 통한 이러한 미국의 해외원조나 해외군사비지출이 국제통화체제의 유동성공급을 위하여 이루어진 것은 아니고 안보상의 이익과 밀접히 관련되어 있었지만 미국은 이러한 지출이 가져올 국제수지상의 불이익을 감수할 충분한 의도를 지니고 있었다.

제유동성문제를 해결하는 데에는 도움이 되었지만 국제통화의 신인성을 해치게 되었다. 따라서 국제외환시장에서 달러 대신 금이나 강세통화에 대한 투기적 수요가 나타나게 되었고 이로 인해 결국 국제통화체제의 안정성이 훼손되게 되었다.[35]

(2) 국제수지조정 메커니즘의 결함

브레튼우즈체제의 국제수지조정 메커니즘의 성과가 기대에 미치지 못하였다. IMF가 채택한 조정가능한 고정환율제도는 이론적으로는 고정환율제도의 장점(단기적 환율의 안정성)과 변동환율제도의 장점(기초적 불균형시 환율조정을 통한 장기적 신축성확보)을 함께 지니고 있었지만, 다음과 같은 이유 때문에 이러한 조정메커니즘이 제대로 작동하지 못하였다.

(1) 경기변동 등 일시적 요인에 의한 단기적 불균형은 총수요관리정책으로 조정되고 기초적 불균형이 있을 경우 환율조정을 통하여 조정되어야 하지만, 그것이 일시적 불균형인지 기초적 불균형인지를 판단하기가 어려워 실제로는 환율이 고정된 채 신축성을 발휘하지 못하였다.

(2) 기초적 불균형이 발생한 경우에도 국제수지 적자국은 국가적 위신실추·정책실패자인 등을 두려워하여 환율조정을 기피한 반면, 국제수지 흑자국 역시 평가절상으로 인한 수출감소·고용감소 등을 우려해 환율조정을 행하지 않아 사실상 환율은 경직적으로 운영되었다. 말하자면 브레튼우즈체제는 '조정가능한 고정환율체제'였음에도 불구하고 실제의 운용은 '고정환율체제'와 유사하게 운용되었다.

(3) 대외균형(국제수지균형)을 이룩하기 위한 정책적 노력이 대내균형달성이라는 목표와 상충되는 문제가 발생하였다. 예컨대 유동성 딜레마를 해결하는 하나의 방법은 미국이 국제수지적자를 시정함으로써 미 달러의 신인성을 높이고 달러의 과잉문제를 해결하는 것인데, 이를 위해서는 환율조정(대외적 조정방법)으로 대응하지 않는 한 긴축적 재정통화정책(대내적 조정방법)을 통한 조정이 이루어져야 하지만, 당시 미국으로서는 이미 고실업·저성장 상태를 보이고 있어 오히려 확장적 재정금융정책이 필요하였다. 말하자면 대내적 경제문제 때문에 국제수지조정문제는 2차적인 고려 상황에 불과하게 되어 국제수지조정을 위한 긴축정책이 채택되지 못하였다.

(4) 이 때문에 가능한 대외불균형의 조정을 지연시키는 경향이 발생하였고 결국 대외불균형이 극히 심화되었을 때 불가피하게 환율조정을 하다 보니 일시적이고 대폭적인 조정이 이루어지게 되었다. 이러한 일시적·대폭적인 환율조정은 투기성 단기자본(hot money)의 국제적 이동을 자극하여 국제금융시장의 불안정을 초래하였다.

(5) 국제수지가 조정되는 과정에서 적자국과 흑자국간 부담의 비대칭성이 발생하였다. 국제수지 적자국은 평가절하를 행하지 않는 한 긴축정책을 통하여 외환보유고감소·통화량감소·경기침체·실업증대의 고통을 감수하며 국제수지균형을 달성하지만, 국제수지 흑자국은 확장정책을 통하여

35 1960년 예일대학의 트리핀(R. Triffin)교수는, 국제유동성공급이 미 달러화에 크게 의존하게 됨에 따라 국제유동성을 충분히 공급하기 위해서는 미국이 경상수지 적자를 감수해야 하지만 이러한 국제수지 적자 감수는 미 달러화의 신인성을 해치게 됨으로써, 국제유동성공급의 적정성문제와 국제적 신인성문제가 서로 상충되는 이른바 유동성딜레마(liquidity dilemma)문제가 발생함을 역설하였다(R. Triffin, 1960).

외환보유고증대·통화량증대·경제성장·고용증대의 과정을 누리며 국제수지균형을 달성한다. 더욱이 흑자국은 그들의 통화량증대에 대한 불태화정책을 실시함으로써 적자국의 수지조정이 더디게 진행되도록 할 수 있다. 이러한 과정에서의 비대칭성 때문에 흑자국은 흑자를 오랫동안 누릴 수 있게 된 반면 적자국은 좀체 국제수지적자를 면하지 못하였다.

(3) 통화체제 관리메커니즘의 결함

국제경제구조에 근본적인 변화가 발생하기 시작하였고 이로 인해 국제통화체제의 관리메커니즘에 문제가 발생하였다.

미국경제력의 상대적 쇠퇴 1960년대 후반 유럽제국과 일본의 경제적 부흥으로 미국경제력의 상대적 쇠퇴현상이 나타났다. 지금까지 미국의 지도력 하에 이끌려왔던 국가들이 이제는 제 목소리를 내면서 국제통화체제에 대한 이견, 기축통화로서의 미국달러의 특권향유에 대한 비판이 이루어졌다. 이러한 현상은 미국 달러화에 대한 일종의 정치적 도전으로서 결국 전체 시스템을 관리하던 리더의 지도력이 손상되었고 이로 인해 국제적 협력이 점점 어려워졌으며 또한 이는 어떤 위기가 나타났을 때 이에 대처할 수 있는 체제수준의 능력이 약화되었다는 것을 의미한다.

체제관리메커니즘의 약화 1970년대에 들어서면서 미국도 이제는 더 이상 국제수지 적자를 계속해도 좋은 특권을 누릴 수 없게 되었다. 이러한 국제수지적자는 국제유동성창출을 위하여 필요한 조치로 환영받는 것이 아니라 미국경제의 불합리한 운영과 국제경쟁력약화현상으로 비난받는 대상이 되었다. 따라서 이제 미국도 다른 나라와 마찬가지로 국제수지균형을 위한 대내외적 조정조치를 취하지 않을 수 없게 되었다.[36] 이에 미국은 지금까지 자국이 부담하였던 국제통화체제의 안정적 운영책임과 비용을 더 이상 혼자서 부담하지 않으려고 하게 되었다.

통화의 상호의존성 증대 1958년 유럽통화의 태환성 확보, 1964년 일본통화의 태환성 확보는 국제금융활동의 폭발적 증대와 함께 통화의 상호의존성을 증대시켰다. 또한 다국적기업의 발전으로 인한 생산의 국제화, 다국적 금융기관의 발전, 유럽금융시장의 발전은 이러한 통화의 상호의존성을 더욱 높였다.

이러한 변화는 개별국가들의 통화관리를 더욱 어렵게 만드는 원인이 된다. 예컨대 어떤 나라가 경기활성화를 위해 저금리정책을 쓰면 자본의 해외유출이 증대되어 기대하던 효과가 상쇄되기 때문이다. 이러한 현상은 모든 나라들에게 적용되지만 국제통화체제제의 세계적 관리자로서의 미국의 경우 더욱더 커다란 제약으로 나타나게 된다. 예컨대 종전에는 아무런 제약을 받지 않았던 경기부양책 같은 국내 재정정책도 인플레이션을 수출한다는 일본과 유럽 국가들의 반발에 직면하게 되어 그 정책선택의 폭이 좁아졌기 때문이다. 따라서 국제수지조정을 위한 대내적 조정정책 역시 그 시행과 효과에 제한이 있게 되었다.

---

36 말하자면 19C 영국이 그랬던 것처럼, 미국 역시 기축통화국의 위치를 고집하다가 달러의 과대평가·심각한 국제수지적자·인플레이션과 실업을 초래하게 되자 기축통화국의 정치경제적 편익보다 그 비용을 더 심각하게 느끼게 된 것이다.

3.3 브레튼우즈체제의 붕괴(말기 : 1970년대 전반기)

이상과 같은 브레튼우즈체제의 문제점과 한계를 극복하기 위한 조치들이 여러 가지 관점에서 강구되었지만[37] 이러한 노력에도 불구하고 소기의 성과를 거두지지 못하자 브레튼우즈체제는 서서히 붕괴되기 시작하였다. 1960년대만 하더라도 이러한 여러 가지 문제점이 있었지만 과거 미국의 정치경제적 실력에 대한 국제사회의 신뢰가 여전히 높았고 SDR이라는 다자간 운영체계가 브레튼우즈체제의 골격을 지켜줄 수 있었지만 1970년대 이후 더 이상 이러한 체제가 존속되기 어려워졌다.

물론 미국이 달러의 금태환을 보장하는 한 이러한 체제는 존속될 수 있었지만 1960년대 후반부터 미국의 무역수지적자가 계속 누적됨으로써[38] 미국의 금태환 약속에 대한 신뢰가 떨어지게 되고 기축통화의 신인성문제가 나타나게 되었다. 이에 프랑스를 비롯한 외국의 중앙은행들이 정부보유 달러를 금으로 태환하기 시작하였고[39] 이러한 일련의 움직임들이 달러불안을 더욱 가중시켜 달러의 투매현상과 마르크 러시(Mark rush) 현상이 심화되었다. 이에 닉슨대통령은 1971년 8월 15일 이른바 신경제정책(New Economic Policy)의 일환으로[40] 달러의 금태환정지를 선언하였는데 이로써 브레튼우즈체제의 기본골격인 금환본위제가 종말을 고하게 되었다.[41]

닉슨쇼크(Nixon shock)라고 불리어진 이러한 강력한 조치에도 불구하고 국제수지 흑자국들은 자국 통화의 평가절상을 행하지 않고 관망하였다. 이에 동년 12월 미국 워싱턴에서 G-10회의가 소집되어 4개월 간 격론 끝에 이른바 「스미소니언협정」(Smithonian Agreement)이 이루어졌다. 이 협정의 주요 내용은 ① 미국달러의 평가절하 및 기타 통화의 평가절상, ② 환율의 변동범위를 확대하는 와이드밴드(wide band system)제도 채택이었다.[42]

---

37 첫째는 IMF체제의 기본 틀을 유지하되 실제운용 면에서의 여러 가지 보완적 조치들을 시행한 것으로서 국제수지불균형을 조정할 수 있는 차입제도를 확대하여 기축통화인 달러화가치의 보호장치를 마련하기 위한 것이었다. 예를 들면 차입사전승인 제도로서 스탠바이협정(standby agreement, 1962), 주요국 중앙은행들 간의 상호신용결제 제도로서의 스왑협정(swap agreement), 선진국들의 공식 금보유고를 풀링하여 금의 안정성을 유지하기 위한 금풀(gold pool)제도, 이중금가격제(two-tier gold market) 등이다. 둘째는 IMF체제의 구조를 변경하여 그 결함을 보완하려는 노력이었는데, 국제유동성이 미국 달러로만 공급됨으로써 발생되는 문제를 해결하기 위하여 IMF는 1968년 특별인출권(SDR : Special Drawing Rights)을 창출하기로 합의하였다. 그러나 이것도 국제통화의 안정적 공급과 신뢰성회복이라는 상충성문제를 해소하는데 결정적인 역할을 하지는 못하였다.

38 1960년 초 미국의 베트남전쟁개입, 1965년 베트남전쟁확대로 전비지출이 급격히 증대되었고 또한 당시 존슨 대통령의 위대한 사회(great Society) 프로그램에 따른 공공교육지출·도시재개발기금확대 등으로 재정적자가 누적되었고 이것이 국제수지적자로 연결되었다.

39 이러한 프랑스의 조치는 달러화의 금태환에 대한 불안뿐만 아니라 미국중심으로 국제통화체제가 운영된다는 점, 미국은 기축통화국 으로서의 세뇨리지를 누린다는 점에 대한 정치적 거부감의 표시였다.

40 당시 닉슨대통령의 긴급조치는, ① 달러의 금태환중지,② 교역상대국들이 그들의 통화를 평가절상하지 않는 한 10% 수입과징금 부과, ③ 인플레이션억제를 위한 임금-물가수준의 동결을 내용으로 하고 있었다.

41 이러한 미국의 조치는, 달러가 국제통화체제의 기축통화로 사용됨에 따라 얻게 되는 편익(benefit)보다는 기축통화를 평가절하 할 수 없음으로 인한 비용(cost)이 더 크다고 인식한데 따른 것이며, 그 때까지 미국이 견지해왔던 이른바 '선의의 무관심'(benign neglect) 정책을 포기하고 적극적으로 자신의 문제를 해결하려는 정책으로의 선회를 의미하는 것이다.

42 보다 구체적으로는 ① 미국달러의 금평가를 현행 1온스당 35$에서 38$로 평가절하(8.5%)하고 마르크 17%, 엔 14%, 기타통화 9%로 전체평균 10% 평가절상하고, ② 중심환율로부터 환율이 변동할 수 있는 범위를 현행 상하 1%에서 2.5%로 확대하여 와이드밴드(wide band system)제도를 채택하며, ③ 미국의 10% 수입과징금을 철폐한다

이러한 협정의 채택으로 미국의 국제수지개선과 달러의 국제신인성 회복을 기대하였지만 미국의 국제수지적자는 계속 악화되었고 달러가치는 계속 하락하여 추가적인 평가절하에도 불구하고 달러의 투매는 계속되고 이로 인해 외환시장 폐쇄가 이루어지기도 하였다. 이에 영국·서독을 비롯한 유럽제국들이 1973년 3월 「브뤼셀협정」(Brussels Agreement)을 통하여 변동환율제를 도입하기로 결의하였다. 이로써 브레튼우즈체제의 기본골격인 고정환율체제 마저 완전한 종언을 고하게 되었고 국제통화체제는 사실상 변동환율제도로 이행되게 되었다.

〈부록 6-1〉 브레튼우즈체제 고정환율제도 붕괴의 정치경제론

1. 브레튼우즈체제 붕괴의 원인에 대한 정치경제론

이상에서 살펴본 바와 같이 전후의 브레튼우즈체제는 1971년대 미국대통령 닉슨의 신경제정책의 선언으로 브레튼우즈체제의 근간이 된 금환본위제가 붕괴되었고 이어서 1973년 브뤼셀협정에 의하여 고정환율제마저 붕괴됨으로써 통화체제가 붕괴되게 되었다. 이러한 고정환율제도를 근간으로 하는 국제통화체제의 붕괴원인에 대해서는 금융세계화(금융의 자유화) 내지 자본세계화(자본이동의 자유화)와 관련하여 다음과 같은 해석이 내려지고 있다.

(1) 불가능한 3위 일치론(경제적 해석)

브레튼우즈체제 하의 고정환율제도가 붕괴된 이유를 경제학적 관점에서는 이른바 불가능한 3위 일치론의 원리로써 설명한다. '불가능한 3위 일치론'(principle of impossible trinity)이란, 어떤 국가가 ① 통화정책의 자율성(monetary autonomy)·② 고정환율제도/환율안정(exchange rate stability)·③ 자본자유화(financial integration)라는 세 가지 목표를 동시에 달성하는 것은 불가능하므로 이들 중 어떤 두 가지 정책목표를 달성하기 위해서는 나머지 한 가지 정책목표를 반드시 포기하지 않으면 안 된다는 원칙으로서 일찍이 1950년대에 먼델(Robert Mundell)에 의해 주장된 바 있다.

예컨대 어떤 나라의 정책당국이 고정환율제도(환율안정)를 유지하면서 통화정책의 자율성도 확보하려면 국경을 넘나드는 자본이동에 대한 자유화를 포기하고 자본이동에 대한 일정한 통제를 하지 않으면 안 된다. 정부가 국내경기침체를 극복하기 위하여 확장적 통화정책을 펴는 경우, 이로 인해 국내이자율이 하락하면(저금리) 국내자본이 해외로 빠져나가게 되고(자본유출) 이러한 자본의 해외이전은 환율상승을 가져오게 되는데(평가절하) 이러한 환율상승을 막기 위하여 통화당국이 보유하는 보유달러를 매각하면 이로 인해 국내통화가 환수되어 확장적 통화정책의 효과가 상쇄되게 된다. 따라서 개별 국가들이 안정적 환율을 유지하기 위해서 통화정책의 자율성을 포기하거나 통화정책의 자율성을 유지하기 위하여 안정적인 환율유지(고정환율제도)를 포기할 수밖에 없는, 통화정책자율성과 환율안정성이라는 두 가지 목표의 상충(trade off)에 직면하게 된다. 이러한 경우 자본자유화라는 추세가 거스를 수 없는 세계적 추세이고 또한 정책당국이 국내경기조절수단으로서의 통화정책(통화정책의 자율성)을 포기할 수 없다면 고정환율제도를 포기할 수밖에 없다는 결론에 도달되게 된다.

이러한 원칙의 관점에서 보면 고전적 금본위제는 환율안정(고정환율체제)과 자본자유화를 취한 대신 통

는 것이었다.

화정책의 독립성을 포기하였고, 브레튼우즈체제는 환율안정(고정환율체제)과 통화정책의 자율성을 추구한 대신 자본자유화를 포기하여 화폐적 자본이동에 대한 통제를 채택하였다. 이러한 '불가능한 3위일치론의 원리'는 1970년대 초 브레튼우즈체제의 붕괴과정에서 그대로 나타났다.

당초 브레튼우즈체제는 고정환율제도를 근간으로 하면서 개별국가의 통화정책자율성을 보장해주기 위하여, 경상지급에 대한 규제를 철폐하여 실물적 자본이동은 자유화하되 화폐적 자본이동에 대해서는 통제를 허용하는 정책을 근간으로 하는 체제였다. 그러나 1970년대 이후 다국적기업의 활동이 늘어나고 특히 석유위기 이후 중동의 석유달러가 국제금융기관으로 유입되면서 유러달러시장 등 국제금융시장이 급속히 팽창하고 발전하였다. 또한 금융수단과 정보통신기술의 발전에 힘입어 자본의 국제적 이동에 대한 개별국가 차원의 통제가 효력을 상실하였으며, 미국과 영국은 뉴욕과 런던을 국제금융시장의 중심지로 만들기 위하여 자본이동에 대한 규제를 완화하기 시작하였다. 이에 따라 주요선진국들은 금융자유화를 경쟁적으로 추구하기 시작하였는데 이는 금융압박과 자본이동에 대한 통제를 전제로 한 자본주의 황금기의 브레튼우즈 메커니즘과는 상반된 것이었다.

전후 브레튼우즈체제의 고정환율제 하에서 개별국가가 통화정책의 자율성을 가질 수 있었던 것은 국제자본이동에 대한 상당한 통제를 기초로 하여 성립되었지만 이러한 국제자본이동이 자유화됨에 따라 더 이상 고정환율제도를 유지하기 위하여 자본이동을 통제하기가 어려워졌고 그렇다고 통화정책의 자율성을 포기할 수도 없었다. 이에 따라 각국들은 브레튼우즈체제의 근간이었던 고정환율제도를 포기하는 결과를 가져왔고 1973년 브레튼우즈체제의 붕괴 이후 점점 많은 국가들이 변동환율체제를 채택하고 있는 것도 이와 같은 맥락에서 이해할 수 있다.

또한 이러한 원리는 1990년대 초 유럽의 ERM의 위기에서도 그대로 나타났다. 1979년 EMS 창설 당시 회원국들은 자본통제를 통하여 고정환율제도와 통화정책의 자율성을 동시에 확보할 수 있었다. 그러나 1980년대 후반 이후 자본자유화가 실시되자 1990년대 초 위기가 발생하였다. 이에 네덜란드는 통화정책의 자율성을 포기하였고, 이탈리아와 영국은 ERM을 탈퇴하여 고정환율을 포기하고 통화정책의 자율성을 지켰으며, 스페인은 자본통제를 재개함으로써 자본자유화를 포기하였다. 이러한 사실은 어느 나라도 세 가지 목표를 동시에 달성할 수 없음을 재확인해주었다.

(2) 내재적 자유주의의 신자유주의로의 전환(정치경제적 해석)

1970년대 초 브레튼우즈체제의 고정환율제도가 붕괴된 원인에 대한 이상과 같은 3위 불일치론이 경제적 해석이었다면 이에 대한 정치경제적 해석은 2차 대전 이후 형성된 내재화된 자유주의가 탈내재화되는 과정으로 이해된다. 제2장 경제적 신자유주의와 관련하여 설명하였듯이, 2차 대전 이후의 자유주의체제는 고전적 자유주의체제와는 질적으로 다른 이른바 '내재화된 자유주의'(embedded liberalism)를 바탕으로 하는 체제였지만 1970년대 후반 이후 '탈내재화된 자유주의'(disembeded liberalism)체제로 전환되면서 여러 가지 불안요인이 증대되고 급기야 커다란 국제정치경제적 격변이 일어나게 되었다는 것이다.[43]

브레튼우즈체제의 내재화된 자유주의질서는 19세기 금본위제도 하에서의 고전적 자유주의질서와는 서로 다른 성격을 지니고 있었다. 고전적 금본위제도 하에서는 고정환율의 유지와 국제통화질서의 안정이 최고의 목표였으므로 국제수지문제는 전적으로 국내가격변동으로 해결하였는데 그러한 매커니즘을 보여주고 있는 것이 흄(David Hume)의 가격-정화 플로매커니즘이라는 것은 앞에서 살펴보았다. 이러한 경우 국제통화의 안정성은 보장되지만 국내경제를 관리하기 위한 개별국가의 정책자율성은 존재하지 않게 된다. 이에 대하여 브레튼우즈체제는 국내통화질서의 안정성에 국내경제정책의 자율성을 내재화하였다.

이와 같이 브레튼우즈체제는 고정환율체제를 기본으로 하여 개별국가의 자율적 통화정책을 허용해줌으로써 개별국가의 정책적 자율성을 보장해주는 시스템 즉, 내재화된 자유주의적 질서를 근간으로 운용되었다. 브레튼우즈체제는 이러한 내재적 자유주의를 실현하기 위하여 국제자본이동에 대한 상당한 통제를 기초로 하였음은 상술한 바와 같다. 어쨌든 이렇게 내재화된 자유주의를 근간으로 하는 브레튼우즈체제는 일시적 또는 부분적인 위기가 없지는 않았지만 1960년대까지 비교적 안정적으로 운영되었다.

전후 자본주의 황금기를 떠받치고 있던 대내적 정치경제체제였던 케인즈적 복지국가가 1970년대 자본주의의 위기 이후 해체되었듯이 전후 자본주의 황금기를 지배하던 대외적 정치경제체제였던 브레튼우즈체제 역시 1960년대 말 이후 붕괴의 조짐을 보이기 시작하였다. 이렇게 전후 황금기의 자본주의의 대외적 조절시스템을 붕괴시킨 결정적 요인은 국제금융시장의 급격한 팽창과 발전이었다. 다국적기업의 활동이 늘어나고 1970년대 석유위기 이후 중동의 석유달러가 국제금융기관으로 유입되면서 유러달러시장 등 국제금융시장이 급속히 팽창하였다. 또한 금융수단과 정보통신기술의 발전에 힘입어 자본의 국제적 이동에 대한 개별국가 차원의 통제가 효력을 상실하였으며, 미국과 영국은 뉴욕과 런던을 국제금융시장의 중심지로 만들기 위하여 자본이동에 대한 규제를 완화하기 시작하였다.

이와 같은 국제경제의 환경변화로 인하여 자유로운 국제무역과 자본이동에 대한 제한과 통제는 다국적기업들의 원활한 활동을 방해하고 더 높은 이윤을 위해 움직이는 자본의 주권을 훼손하는 것으로 인식되기 시작하였다. 또한 개별국가의 정책적 자율성이 사라진 곳에 일국 단위의 통제와 관리에 기초를 둔 '내재화된 자유주의'의 타협은 있을 수 없게 되었다. 이와 같은 대외적 환경 속에서 신자유주의는 세계시장에 대해서도 탈규제·탈조절·민영화·자유화·유연화 등을 구호로 외치면서 자본의 무제한적 활동공간을 보장하는 세계질서를 구축하기 위한 노력, 자본자유화를 통하여 더 높은 이윤율을 얻게 되는 새로운 자본의 조건을 추구하였다.

2. 브레튼우즈체제의 공과에 대한 정치경제론

다른 모든 국제정치경제 현상에 대하여서도 그러하듯이 국제통화체제에 대한 평가 역시 학자들 자신이 어떠한 기본적 정치경제적 이념(ideology)과 시각(perspective) 위에 서 있는가에 따라 그 평가 역시 달라지게 된다. 이러한 평가의 상이는 브레튼우즈체제의 공과에 대한 국제정치경제학자들의 기본적 평가에서 다음과 같이 극명하게 나타난다.[44]

전통적 경제자유주의 브레튼우즈체제가 우리에게 남긴 교훈은 환율제도에 대한 국가의 인위적 개입이 얼마나 폐해가 큰 것인가를 보여준다는 것이라고 주장하면서, 시장기능에 따른 자유로운 환율조정이 최선의 방법임을 강조한다. 국가주도의 고정환율제도는 시작부터 실패할 수밖에 없었는데 그 이유는 국가가 시장만큼 효율적인 환율운영의 메커니즘을 발휘할 수 없기 때문이라고 설명한다.

중상주의 브레튼우즈체제야말로 국제정치경제에 있어 시혜적 패권(benevolent hegemony)의 역할이 얼마나 중요한 것인가를 보여주는 사례라고 규정한다. 그리고 미국이 통화패권(money hegemony)을 효율적으로 담당할 때 세계경제는 번영하였으며 그러한 패권이 쇠퇴하였을 때 브레튼우즈체제는 붕괴되었고 이 때문에 세계경제의 침체가 초래되었다고 주장한다. 따라서 이들은 새로운 통화체제의 구축과 이를 관리할 패권적 구조(hegemonic structure)의 건설이 이루어져야 한다고 주장한다. 만약 이것이 어려워 국제통화체제가 더 이상 초국가적 통화질서를 유지 할 수 없다면 정치적으로 보다 균형 잡힌 체제의 형성이 불가피한만 큼 유럽통화체제와 같은 분권화된 지역통화체제를 수용하되 국가 간 협상을 통한 방식을 강화시켜야한다고 주장한다.

급진주의 브레튼우즈체제의 결과를 자본주의의 수탈, 특히 미국에 의한 민족주의적 정책수행의 좋은 예라고 규정한다. 따라서 미국이 이 체제의 최대수혜자이며 다른 나라들의 희생 위에서 자신만이 경제적 이득을 취하였다고 주장하면서, 브레튼우즈체제야말로 국제정치경제에서 권력(power)이 어떻게 남용되었는가를 보여 주는 사례라고 지적한다.

4. 브레튼우즈체제 이후의 국제통화체제

4.1 킹스턴체제(1976~)

(1) 킹스턴체제의 성립 배경

1973년 10월 중동전쟁이 발발하자 석유수출국기구(OPEC)는 이스라엘을 지원하는 미국·네덜란드 등에 석유금수조치를 취하였고 이어서 원유가격을 1배럴당 3달러에서 12달러로 1년간 4배 인상함으로써 이른바 원유위기(oil crisis)가 촉발되었다. 이러한 원유파동으로 세계는 극심한 인플레이션과 경기침체에 휩싸였지만, 미국은 중동원유에 대한 의존도가 상대적으로 낮았고 원유거래가 주로 달러에 의해 결제되고 있었으므로 원유가격의 상승이 오히려 미국달러에 대한 수요증가로 나타나게 되어 유리한 입장에 놓이게 되었다.

이에 미국은 1974년 그동안 실시하여왔던 자본이동에 대한 규제를 완화하였는데 이에 따라 전세계에 대한 미국의 자금공급이 증가하였다. 이후 산유국들은 넘쳐나는 오일달러(petro-dollars)를 활용하기 위해 미국금융시장에 달러를 공급한 반면 석유수입국들은 원유구입자금 조달을 위해 미국금융시장에서 이를 차입함으로써 미국은 오일달러를 산유국에서 비산유국으로 환류(recycling)시키는 역할을 담당하게 되었다. 이러한 과정은, 한편으로는 80년대에 발발하게 된 개도국외채위기의 원인이 되기도 하였지만 다른 한편으로는 국제자본시장의 발전에 기여하는 결과를 가져왔다.

이러한 과정에서 대부분의 국가들이, 제1차 석유파동에 따른 스태그플레이션을 극복하기 위하여 확장적 거시정책을 채택하는 동시에 대외적 불균형을 극복하기 위하여 변동환율제를 활용하였는데 이러한 정책이 효력을 발휘하여 제1차 석유파동에 성공적으로 대응하였다. 이 같은 변동환율제의 성공적인 성과가 나타나자 변동환율제를 채택할 것을 촉구하는 공식적인 목소리가 선진국정상회담에서 나오게 되었다.

상술한 대로 1971년 12월 스미소니안협정이 체결되었지만 이 협정은 국제통화질서의 혼란을 막기 위한 잠정적이고 과도기적인 대책만을 제시한 것으로서 국제통화체제가 더욱 위기에 빠지는 것을 막았을 뿐 체제가 자기는 근본적인 문제점들을 해결한 것은 아니었다. 따라서 국제통화제도의 전면적 개편을 위한 국제적 협의가 오랜 기간 지속되었다.[45] 이러한 논의를 바탕으로 1976년 1월 IMF가맹국들이 자메이카협정(Jamaica Accords)에 합의함으로써 새로운 국제통화체제로서 킹스턴

---

43 내재화된 자유주의의 개념에 대해서는 제2장 제2절 신자유주의 국제정치경제론에서 설명하고 있다.

44 박경서 (2001) pp.323-4.

45 브레튼우즈체제가 붕괴됨에 따라 국제통화제도개편에 대한 논의가 광범위하게 진행되었다. 1972년 6월 IMF상임이사회가 준비한 보고서(Reforms of the International Monetary System)가 총회에 제출됨과 동시에 이를 전문적으로 다룰 20개국위원회(Committee of Twenty) 설립을 제의하여 동년 9월 제1차 회의가 개최되었다. 동위원회는 6차에 걸친 회의 후, 1974년 6월 개혁안의 골격(Outline of Reform)을 발표한 후 해체되고 대신에 IMF의 자문역할을 할 잠정위원회(Interim Committee of the Board of Governors of the International Monetary System)가 발족되어 설립개혁안을 추진하였다. 1976년 1월 자메이카의 킹스턴(Kingston)에서 열린 5차 잠정위원회회의에서 당시까지의 논의 결과와 선진 10개국의 회의내용을 바탕으로 환율문제, 금융문제 등 국제통화제도 개혁에 관련된 현안문제를 일괄 타결하였으며, 이를 기초로 동년 4월 1일 IMF협정개정안이 IMF총회에서 채택됨으로써 킹스턴체제가 출범하였다.

체제(Kingston System)가 탄생되었다.

(2) 킹스턴체제의 주요 내용

이러한 킹스턴체제는, 1973년에 사실상 붕괴된 브레튼우즈체제에 대한 공식적인 붕괴선언인 동시에 이후 국제통화체제 근간이 된 자유변동환율제도(floating exchange rate system)의 기본바탕을 마련한 것이었다. 이 협정의 주요내용은, ① IMF가맹국들의 독자적 환율제도 선택권 부여, ② 금의 완전 폐화(금의 공정가격제·금평가제 폐지), ③ 공적 준비자산인 SDR의 역할강화, ④ 개도국의 여신공여 확대 및 일시적 국제수지불균형을 조정할 수 있는 추가적인 신용확대장치의 마련 등으로 요약할 수 있다.

이러한 킹스턴체제가 출범으로 세계적으로 어떤 공인된 국제환율체제가 존재하지 않게 되어 각국은 나름대로 자신의 환율제도를 선택하게 되었다. 대다수 선진국들은 변동환율제를 채택하여 외부적 불안정이 국내에 전파되는 것을 피하고 내부적 불안정을 최소화하고자 하였다. 일부 EC회원국들은 1979년부터 공동환율제도인 ERM(Exchange Rate Mechanism)과 공동통화인 ECU(European Currency Unit)를 골격으로 하는 EMS(European Monetary System)를 채택하였다. 반면에 변동환율제도를 채택하기에는 많은 문제를 안고 있었던 대부분의 저개발국들은 고정환율을 그대로 유지하거나, 대선진국통화 페그제도·통화바스켓제도·이중환율제도 등으로 이행하였다.

한편 킹스턴체제에서는 공식적으로 국제준비통화로서 금(金)의 역할을 폐기하는 동시에 SDR을 새로운 주요준비·결제자산으로 공식화함으로써, 국제통화제도는 금환본위제에서 SDR본위제로 이행되었다. 원래의 취지는 국제통화로서의 달러의 역할을 축소시키고 SDR의 역할과 기능을 신장시켜 국제유동성부족문제도 완화시키려고 하였던 것이다. 그러나 실제에 있어 이러한 SDR의 과다창출은 전 세계적 인플레이션을 새로이 야기할 위험이 있었고 또한 국가간 결제를 위한 실제의 운용통화는 미 달러화와 전후 급속한 경제발전을 이룩한 독일과 일본의 통화들이었으므로 SDR의 역할과 기능이 당초의 목표대로 이루어지지는 않았다.

4.2 다자간 협조적 변동환율체제(1985~)

(1) 협조적 변동환율체제의 성립 배경

킹스턴체제 이후 많은 나라들이 변동환율제를 채택함으로써 이 제도가 시대의 대세로 자리 잡게 되었다. 변동환율제 채택국가들은 환율의 불안정성이라는 위험을 용인하는 대신 통화정책의 자율성확보라는 장점을 누리게 되었다. 그러나 이러한 재량적 통화정책은 ① 방만한 통화발행으로 인플레이션이 심화되는 경향을 가져왔고, ② 대내균형을 달성하기 위한 환율의 인위적 조작과 그로 인한 교역상대국의 반발과 보복이 이루어지게 되었으며, ③ 환율변동으로 손해를 보는 집단들의 불만이 높아지게 되었다.

또한 환율변화에 영향을 주는 통화정책을 운용함에 있어 국제적 정책협조 없이 자국 위주의 이기적인 정책을 수행할 경우 그 효과가 미미해지거나 타국에 나쁜 영향을 줄 수 있다. 예컨대 제1차 석유파동(1973)으로 스태그플레이션에 빠진 미국은 실업률을 낮추기 위하여 확장적 통화정책을 실시하였는데 이러한 확장적 통화정책은 미국 달러의 가치를 평가절하시켜 미국과 마찬가지로 경기침체에 놓여 있는 독일과 일본의 경기를 더욱 위축시키는 결과를 가져왔고 결국 세계경기의 빠른 회복에 지장을 주었다. 이 때문에 각국 간의 정책협조를 통한 환율안정과 후생극대화를 이룩하고자 하는 선진국간의 정책협조가 1975년 경제정상회담 이후 부단히 시도되어 왔다. 그러나 많은 노력에 비해 성과는 미미했으며 정책협조의 한계를 드러내기도 했다.

한편 제2차 석유파동(1979)이 일어나자 석유수입국들은 제1차 석유파동 때와 마찬가지로 스태그플레이션을 겪게 되었다. 그런데 대부분의 선진국들은, 확장적 거시정책을 채택했던 제1차 파동의 경우와는 달리, 인플레이션심화를 우려하여 긴축적 거시정책을 채택하였는데[46] 그 결과 1980년대 초반 세계경제는 심각한 경기침체를 겪게 되었다. 미국 역시 긴축통화정책을 채택하여 국내인플레이션을 진정시키고 해외자본유입을 촉진하는 정책을 채택하였다. 그러나 1981년 공화당의 레이건 정부 출범 후 공급주의경제이론에 따른 감세정책을 채택하여 재정수입은 줄어든 반면 정치안보적 목적을 위한 군사비지출은 늘림으로써 연방정부의 재정적자가 확대되게 되었다.

그런데 이러한 정책들은 모두 달러의 가치를 평가절상 하는 결과를 가져 왔다. 즉 긴축적 통화정책은 인플레이션에 대한 기대심리를 낮추어 미국의 실질금리를 더욱 높이게 되었고 이러한 고금리(高金利)는 해외자본유입을 촉진시켜 달러의 수요를 증대시킴으로써 달러의 평가절상(高달러)이 이루어졌다. 또한 레이건 정부 이후 재정적자를 보전하기 위하여 미국정부가 국채를 발행하자 금리가 상승하였고 이는 다시 달러의 평가절상을 초래하였다. 이에 따라 미국 달러는 계속 고평가되는 추세를 나타내었고[47] 이 때문에 미국의 경상수지적자는 더욱 증대됨으로써 보호무역에 대한 요구가 급격히 팽배하게 되었다. 이러한 악순환 때문에 미국은 더 이상 달러의 비정상적 평가절상을 방치할 수 없게 되었다.

이러한 상황에서 미국이 선택할 수 있는 정책은 재정적자규모를 감소하거나 달러의 고평가문제를 해결하는 것이었는데 미국은 후자의 방법을 선택하였다. 사실 당시 레이건 정부는 이전의 카터 정부가 취했던 다자간 관리체제를 버리고 자국의 정치경제적 목표위주의 일방주의적 정책을 추진하였었지만, 이제는 환율결정을 시장에 일임하는데 따른 문제점을 시정하고 다자간 정책조정을 통해 환율안정을 이룩하는 방법으로 정책을 선회하지 않을 수 없게 되었다.

(2) 플라자협정

이러한 미국의 정책노선변경을 바탕으로 하여, 선진 5개국(G-5)이 1985년 9월 뉴욕의 플라자 호텔에서 비밀리에 회동하였다. 그들은 세계경제회복과 보호무역주의 압력의 예방을 위하여 환율

---

46 석유파동으로 인한 스태그플레이션에 대하여 당시 선진국들은 나름대로의 통화정책기조를 유지했다. 즉, 인플레이션이 아직 심각한 상태가 아니었을 때는 확장적 통화정책으로 경기를 촉진시키고, 인플레이션이 심각하다고 판단되었을 때는 긴축적 통화정책으로 대응하였다. 이것이 1차와 2차 석유파동에 대한 대응방식이 다른 이유였다.

47 1980~85년 사이 달러화의 가치는 엔화 대비 21%, 마르크 대비 53%, 파운드 대비 49%평가절상 되고 있어 대외무역은 연 1,300억불에 이르는 적자를 시현하고 있었다.

의 적정선유지와 국제통화체제안정을 이룩할 수 있는 상호정책협조와 시장개입문제를 논의하여 이른바 플라자협정(Plaza Accord)을 마련하였다.

그 주요내용은 주요 통화들의 대달러환율 평가절상을 위해 긴밀하게 협조해야한다는 것이었는데 실제로 이러한 공동노력이 이루어져 일정한 결과가 도출되었다.[48] 이러한 플라자협정의 중요한 의의는 환율안정을 위하여 선진국의 중앙은행들이 상호협조와 공동개입을 행하는 국제적인 협조적 공조체제가 이룩되었다는 것과 함께 일본이 최초로 국제경제운영에 본격적으로 참여하게 되었다는 점이었다.

플라자합의 이후 미국의 달러화는 계속적으로 평가절하 되었다. 이러한 평가절하에도 불구하고 레이건행정부 후기에 들어와 무역적자와 재정적자가 감당할 수 없을 정도로 악화되자 미국경제에 대한 불신이 더욱 팽배하여 해외로부터의 달러유입이 급격히 줄어들고 증권시장의 폭락사태가 일어났다. 이로 인해 세계시장에서의 달러화의 폭락사태가 일어나고 국제금융통화질서가 교란되기에 이르렀다. 이에 미국은 독일과 일본에게 더 확장적인 재정금융정책을 주문하였지만 그들이 이에 응하지 않고 오히려 미국이 긴축정책을 수행하기를 희망하였다. 이에 미국은 할 수 없이 달러의 평가절하를 통하여 대외적 불균형을 개선하려 하였는데 이에 독일과 일본 역시 이에 대응한 환율조작을 행하려 하였다.

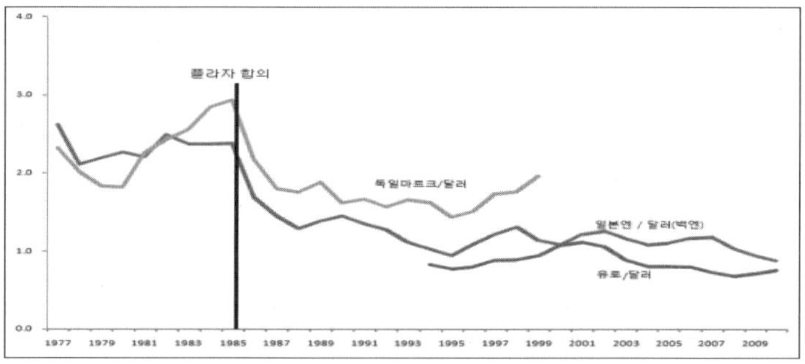

[그림 6-3] 플라자 합의 이후 주요 통화의 환율변화

(3) 루브르협정

이러한 과정에서 1987년 2월 파리의 루브르에서 개최된 선진7개국(G-7)회의에서 이른바 루브르협정(Louvre Accord)이 태동되었다. 중요한 내용은, 환율의 급격한 변동을 막기 위하여 목표환율영역(target zone)을 설정해두고 그 영역을 벗어나면 중앙은행들이 공동으로 외환시장에 개입한다는 것이었다. 이러한 정부개입의 위협은 그 자체 환율의 안정성을 제고시키는 효과를 발휘하였다. 이후 이들은 이러한 공조체제를 유지하면서 각국의 거시경제정책에 대한 공조도 함께하기로 합의

48 플라자협정 이후 2년 동안 일본의 엔화는 65.7%(대달러 환율 237엔에서 143엔으로 변경), 독일의 마르크화는 57%(대달러 환율 3,2마르크에서 1.5마르크로 변경) 평가절상 되었다.

하였다.

실제로 미국은 긴축적 재정정책을 통해 재정적자를 감축하고 독일과 일본은 확장적인 거시정책 기조로 전환하며 미국은 고금리정책을 채택하는 대신 독일과 일본은 저금리정책을 채택하여, 전 세계의 경기침체를 초래함이 없이 미국의 경상수지적자와 독일 및 일본의 경상수지흑자가 개선되고 환율도 안정시키는 효과를 기대할 수 있었다. 따라서 루브르협정은 환율변동의 목표범위를 설정하고 정기적 협의를 통해 환율수준의 유지와 안정을 위한 개입과 거시경제의 구조조정을 다자적으로 결의하고 실천한다는 다자적 위기관리능력을 제고시켰다는 의의를 지니고 있다.

이같이 1985년의 플라자협정과 1987년의 루브르협정 등에서 보여준 선진국 간 정책협조의 가능성은 국제통화질서의 안정에 어느 정도 기여했던 것으로 평가되고 있으며, 선진국들이 보다 적극적이고 실질적으로 정책협조에 참여한다면 현재의 변동환율체제는 보다 안정적일 수도 있을 것이라는 견해가 제시되기도 하였다.

물론 이러한 평가에 대한 반론도 제시되었는데, 그들은 '국제적 합의와 대내적 정책간의 상충문제·목표환율대의 설정·목표환율대의 준수 및 이탈과 관련된 문제들로 인하여 이것은 실제로 아무런 효력이 없으며 이의 내용을 공표하지 않는 것은 정책실패를 은폐하기 위한 것'이라고 주장하였다. 이에 대해 옹호론자들은 '이것마저 없었다면 환율은 더욱 교란적이었을 것'이라고 반박하였다.

(4) 다자간 협조적 변동환율체제의 평가

국제적 정책 공조를 통하여 행해진 이러한 다자간 협조체제는 한편으로는 불가피하고 다른 한편으로는 이를 통하여 모두가 이득을 얻을 수 있는 바람직한 형태였다고도 할 수 있지만 이러한 정책공조에는 다음과 같은 현실적 어려움이 개재된다.[49]

(1) 각국정부의 정책우선순위가 다를 수 있다. 예컨대 미국처럼 실업문제를 중시하는 나라가 있는가 하면 독일처럼 인플레이션을 중시하는 나라가 있기 때문에 정책의 협조에 어려움이 따른다.

(2) 경제문제의 발생원인과 처방에 대한 정책관이 서로 다를 수 있다. 예컨대 미국의 막대한 대일무역적자 원인에 대하여, 미국은 폐쇄적인 일본시장 및 유통구조에서 찾으려하는 반면 일본은 미국의 저축부족에서 찾기 때문에, 미국은 일본에게 시장개방을 요구하는 반면 일본은 미국에게 재정긴축을 요구한다.

(3) 정책공조에 임할 경우 모든 나라들은 자국에 미치는 부정적 파급효과를 우선적으로 걱정하기 때문에 공조가 쉽지 않다. 예컨대 미일간의 무역불균형을 시정하기 위한 방법으로 미국의 긴축적 재정정책과 일본의 확장적 재정정책이 이루어져야 함을 공동으로 인식한다고 하더라도 미국은 긴축재정에 따른 경기침체나 복지지출의 감축으로 인한 자국 유권자의 반발을 우선적으로 우려하고 일본은 확장정책으로 인한 자국의 인플레이션을 우선적으로 우려하게 된다.

49 손정식 (1987) p.790 참조.

제3절 현행 국제통화체제의 문제점과 개편논의

1. 현행 국제통화체제의 문제점

브레튼우즈체제 이후 변동환율체제를 채택한 것은, 환율의 자유로운 변동에 의해 원활한 국제수지조정을 이룩하고 외부의 영향과 제약으로부터 자유로운 국내경제정책의 자율적 운용이 가능하리라는 믿음에 기초한 것이었다. 그러나 예상했던 것과는 달리 시행 30여년이 지난 오늘날 이러한 변동환율제도는, 급격한 환율변동·환율의 과대과소평가·비대칭적 국제경제정책·시장개입과 국가간 정책협조상의 여러 가지 문제점들을 나타내었다. 이러한 문제점들은 크게 보면 ① 대외지불자산 또는 기축통화체제의 문제점, ② 변동환율제의 실시에 따른 문제점과, ③ 국제통화체제관리 상의 문제점으로 나누어 볼 수 있다.

1.1 대외지불자산 및 기축통화체제의 문제점

고정환율제 대신 변동환율제를 채택하게 되면 대외지불준비의 필요성은 줄어들게 된다. 따라서 이러한 변동환율체제 하에서는 적정한 유동성을 어떻게 공급하느냐하는 문제의 중요성은 줄어든 반면 대외지불준비자산의 구성을 어떻게 하느냐라는 문제가 중요하게 되었다. 특히 국제적 신인도가 저하하고 있는 가운데서도 달러가 세계 전체 대외지불준비에서 차지하는 비중이 너무 높고 또한 미국이 국제리저브센터로서의 역할을 일방적으로 담당하고 있는 것이 바람직한가에 대한 논의가 일어나게 되었고, 아울러 금이나 SDR의 기능과 관련되는 논의가 있게 되었다.

대외지불준비자산에 대한 이상과 같은 기존의 논의에 더하여, 최근 미국금융시장을 기점으로 글로벌 금융위기가 발생하고 이에 따라 기축통화로서의 달러화의 위상저하문제가 발생하자, 특정국(미국)의 통화를 기축통화로 하는 현재의 국제통화체제에 대한 회의와 도전이 활발하게 이루어졌다.

달러화의 가치는 상대적으로 저하되는 가운데 EU의 유로화나 중국의 위안화의 위상은 날로 높아짐에 따라 미국만이 누리는 세뇨리지에 대한 불만과 도전이 더욱 거세어짐에 따라 앞으로의 기축통화체제가 달러로부터 유로나 위안화로 이전되는 문제, 또는 현재의 독점적 기축통화체제로부터 복수국의 통화가 공동의 기축통화가 되는 과점적 기축통화체제 등에 대한 논의와 전망이 활발하게 제기되고 있는 바, 이에 대해서는 향후의 국제경제체제의 전망과 관련하여 뒤에서 재론한다.

1.2 현행 변동환율체제의 문제점

[1] 킹스턴체제 이후 국제통화질서가 각국의 독자적인 환율제도로 전환되면서 각국은 변동환율제·고정환율제·관리변동환율제 등 다양한 환율제도를 채택하자 새로운 환율제도에 관심을 기울이게 되었으며 동시에 환율변동이 국민경제에 미치는 영향도 심각하게 인식하게 되었다. 1970년대 초 고정환율제가 붕괴되고 변동환율제로 이행할 당시 많은 경제학자들은 환율이 시장에서 자유롭게

결정되면 환율은 각국 통화의 구매력이나 경상수지 상황과 같은 펀드멘털을 체계적으로 반영하면서 극히 안정적인 움직임을 보일 것이라고 전망하였다.

그러나 현실은 그렇지 못하였다. 환율의 단기적 변동이 심화되고 각국의 이기적인 환율운영으로 환율이 경제의 펀더멘털과 전혀 무관하게 이루어지는 경우가 빈번해졌으며 단기적 환율변동이 급격해지면서 외환위기가 도처에서 발생하는 등, 변동환율제 이후 많은 문제점들이 노정되었다. 우선 변동환율제 채택 이후 환율의 흐름에서 나타난 가장 중요한 문제점은 다음과 같은 두 가지였다.

환율의 단기적 변동 심화 변동환율제 이후 환율의 단기적 변동이 심화되고 이에 따른 환위험(exchange risk)을 회피하기 위한 금융비용이 증가되었다. 따라서 국제무역이나 중장기적 자본이동은 위축된 반면 환율변동을 노린 단기적 투기자본이동은 더욱 확대되어 국제금융시장의 불안정이 초래되었다. 원래 변동환율이란 환율이 시장에 의해 결정되도록 하는 메커니즘이지만 이러한 투기자본의 활성화에 따라 환율이 경제적 기초(economic fundamentals)를 반영하는 것이 아니라 국제적인 투기자본에 의해 영향을 받는 경향이 강하여졌다.

환율제도의 이기적 운영 변동환율제 채택 이후 대부분의 선진국들은 환율의 변동을 시장에 맡겨두지 않고 자국의 국제경쟁력향상을 위한 평가절하를 시도하거나 물가상승억제를 위한 평가절상을 시도하기도 하였다. 이러한 환율제도의 이기적 운영은 분명 다른 나라에게는 부정적 영향을 미치는 또 다른 형태의 근린궁핍화정책으로 평가할 수 있어서 학자들은 이러한 변동환율제도의 운용을 dirty floating으로 표현하기도 한다. 실제로 선진국들은 자국의 경제목표를 위하여 주기적으로 외환시장조작을 감행하였고 시장상황과는 관계없이 자국의 정책목표의 달성에 유리한 환율수준을 유지하기 위하여 노력하였다.[50]

② 이처럼 변동환율제 채택 이후 환율의 변동 폭이 심화되어 이에 따른 환리스크가 증대되고 일부 국가들의 이기적이고 자의적인 환율정책이 이루어진 결과 다음과 같은 왜곡과 부작용이 세계경제에 나타나게 되었다.

경상수지 및 국제유동성의 불균형 이러한 환율 왜곡으로 인하여 주요 선진국통화의 경우 실질실효환율과 장기적 균형환율 간의 격차가 크게 확대되었다. 본래 변동환율제도는 환율신축성을 통하여 국가 간 국제수지 불균형을 효과적으로 조정할 수 있다는 장점 때문에 선호되었지만 이러한 실질환율의 불균형으로 인하여 국제수지 조정기능이 제대로 발휘되지 못하여 각국 간 경상수지 불균형과 국제유동성의 편재현상이 더욱 심화되었다. 말하자면 일부 국가의 자의적인 환율정책으로 인하여 국가간 상품의 가격경쟁력에 왜곡이 발생되어 국제수지 불균형을 더욱 심화시키고 있는 것이다.[51]

---

50 특히 브레튼우즈체제 붕괴에 가장 큰 책임이 있는 미국은 변동환율제 도입 이후 동체제의 불안정을 통한 파생이익을 향유하는 최대의 수혜자가 된 반면 개도국들의 외환거래비용은 점차 확대되고 있어 변동환율이 남북간 후생의 역류효과(backwash effect)에 주요원인으로 작용하고 있다는 비판이 제기되었다.

51 뒤에서 글로벌 불균형과 관련하여 논의하듯이, 미국은 거대한 무역적자에도 불구하고 기축통화로서의 위상유지나 미국으로의 달러환류를 위하여 강한 달러정책(strong Dollar policy)을 유지한 반면, 중국은 위안화의 준고정환율제를 통하여 막대한 무역흑자를 기록함으로써 글로벌 불균형이 누적되고 이것이 세계경제와 국제금융시장의 불안요인으로 작용하고 있다.

보호무역주의 심화 우려 이러한 불균형은 보호무역주의를 심화시키는 결과를 가져왔다. 1970~80년을 통해 전 세계적으로 보호무역주의가 심화되고 지역적 경제블록화 현상이 점차 확대되어 온 데에는 변동환율제의 이 같은 심각한 파행이 개입되어 있었다고 할 수 있다. 변동환율제하에서 통화가 과대평가되면 수입제한조치가 유발되고 이렇게 한번 시행된 수입제한조치는 통화의 과대평가가 조정된 이후에도 그대로 지속되는 경향이 있다. 또한 통화의 과소평가 역시 보호주의를 발생시키는데, 저평가가 조정된 이후에도 수입규제를 회피할 목적으로 자율적인 수출규제를 강요하기 때문이다. 이와 같이 변동환율제에 의한 과대평가와 과소평가는 자유무역기조를 위축시켜 보호주의 정책을 급속히 강화시켜 왔다.

빈번한 외환위기 발생 자국의 거시경제와 괴리된 일부 국가의 이기적인 환율운용은 외환거래에 있어서의 차익거래유인을 발생시켜 금융시장의 변동성을 증폭시키고 나아가 헤지펀드 등 투기적인 자본의 공격을 유발하며 이것이 주기적으로 외환위기를 초래하는 주범이 되기도 하였다. 특히 1980년대 이후 광범위한 세계화가 진행되고 국제자본이동이 확대되면서 이러한 위험성은 더욱 커지게 되었다.

1.3 국제통화 관리체제 상의 문제점

1990년대에 들어와 변동환율제로 인한 국제통화체제의 불안정과 함께, 국제통화체제의 운영과 관련되는 몇 가지의 주요한 국제환경변화가 나타나게 되었다. 이러한 변화는 국제통화체제의 관리와 관련되는 새로운 국가 간 협력과 갈등관계를 형성하게 되었는데 이 또한 현행의 국제통화체제가 안고 있는 과제라고 할 수 있다.

다양한 환율제도에 따른 혼란 킹스턴체제 이후에는 세계적으로 어떤 통일된 국제환율체제가 존재하지 않는 가운데 각국들 나름대로 자신의 환율제도를 선택하게 됨으로써 환율제도는 국가에 따라 매우 복잡하고 다양하여 큰 혼란을 보여준다.

체제관리 메커니즘의 부재 변동환율제 이후 나타난 금융거래의 폭증은 그 자체 국제통화체제의 안정성을 해치는 부작용을 내포하고 있고 안정화를 위한 정부개입도 어렵게 하고 있다. 뿐만 아니라 고전적 금본위제나 브레튼우즈체제가 안정성과 신인성을 유지한 것은 영국과 미국이라는 패권적 존재 때문이었고 국제통화체제의 조정성이 발휘된 것도 이들 헤게모니국가들이 게임 룰의 준수를 강요하였기 때문이지만 현재는 그와 같은 역할을 기대하기 어려워졌다.

더욱이 1980년대 이후 초국적자본이 급격히 증대되어 그들의 이해관계를 좇아 움직이게 되자 이러한 초국적자본이 국제통화체제에 미치는 영향이 지대하게 되었다. 이러한 변화는 필연적으로 국가정책의 자율성을 위협하는 결과를 가져올 뿐만 아니라 향후 국제통화체제의 방향 역시 국민국가의 이해관계와 이들 초국적자본의 이해관계가 어떠한 방식으로 조정되느냐에 따라 달라지게 되었다.[52]

---

52 유현석 (2000) p.118.

국제금융체제의 지역화경향 기축통화로서 미국 달러가 여전히 중요한 역할을 담당하고 있지만 다른 화폐 즉, 독일의 마르크화나 일본의 엔화의 역할이 증대되어 왔다. 또한 유로화(Euro)가 등장하게 되어 국제통화의 단일지배체제(unipolar system)가 양극체제(bipolar system)로 전환됨으로써 국제통화체제에 대한 미국과 유럽 간의 갈등과 협력관계가 더욱 중요하게 되었다. 뿐만 아니라 이러한 유로화 등장으로 나타나는 국제금융체제의 지역화(regionalization) 현상은 일본을 중심으로 하는 아시아지역의 통화체제에 대한 인식을 높이고 있어 국제통화의 다극체제(multipolar system) 역시 가능해질 수 있다. 이러한 현상은 지역 간 갈등을 초래함으로써 세계전체 통화체제의 불안정성을 제고시킬 가능성도 있다.[53]

유로시장의 규모 비대화 유로화폐(euro currency)시장의 규모가 비대해지고 이러한 거대한 국제자본이 관리되지 않는 형태로 존재하게 되어 이로 인한 국제통화체제 관리상의 문제가 발생하였다. 이러한 거대자본의 존재는 우선 각국의 통화 공급의 조정능력을 약화시킬 수 있고 이러한 거대자본이 투기목적으로 유통될 우려가 있으며, 최후의 대출자(lender of last resort)가 없기 때문에 이로 인한 집단적 위험이 발생할 수도 있으며, 국제수지적자를 안고 있는 나라들이 이 시장에서 용이하게 대출을 받을 수 있으므로 이로 인한 금융불안이 초래될 가능성도 있다. 이 때문에 이러한 시장을 규제하려는 움직임도 있으나 이를 규제한다는 것은 외환통제를 행한다는 것이므로 그 자체 한계가 있을 뿐만 아니라 관계 당사국의 이해관계 역시 조정되기가 어렵다.

세계적인 금융위기 1980년대 이후 개도국들의 채무위기와 1990년대 세계적인 금융위기들이 계속되어 왔다. 1970년대 두 차례의 석유파동과 개독도국들의 방만한 재정운영으로 1980년대 개도국들의 채무위기가 고조되어 외환위기·국제통화체제의 위기 등이 우려되었으나 1980년대 후반부터 세계경기가 활성화되고 여러 가지 복합적 요인들에 의해 이 위기는 서서히 해소되었다. 그러나 저개발국들의 채무는 계속 증대되고 있어 언제든지 새로운 채무위기가 발생할 소지를 안고 있다. 1990년대에 들어와서는 동유럽·멕시코·동남아시아·동아시아·러시아·브라질 및 아르헨티나 외환위기 등이 끊임없이 계속되었고 2000년대 후반에는 급기야 자본주의의 심장부인 미국에서 금융위기가 발생하였다. 이러한 외환위기 및 금융위기는 국제통화체제의 안정적 운영을 불가능하게 하는 원인이 되므로 국제통화체제의 안정을 위해서도 해결되어야 할 세계적 과제가 되었다.

1.4 금융위기 이후 국제통화체제 개편의 주요 이슈

브레튼우즈체제 붕괴 이후에 존재하고 있는 현행의 국제통화체제는 시장의 자연스러운 힘에 의하여 형성된 결과물로서 국가 간의 어떤 명백한 조약이나 협약에 의하여 뒷받침된 바가 없으므로 사람들은 오늘날의 국제통화체제를 '무 체제'(non-system)라고 지칭하기도 한다. 이 때문에 위에서 논의한 바와 같은 문제점들이 드러나고 있지만 최근 글로벌 금융위기를 경험하면서 현행의 국제통화체제의 개편문제가 더욱 극명하게 제기되게 된 데에는 다음과 같은 문제점들이 그 배경으로 자리

53 김석우 (2000) p.342, 344.

잡고 있다.

트리핀 딜레마 문제 앞에서 소개한 대로 기축통화국의 경상수지 적자는 충분한 유동성 공급을 위하여 불가피하거나 때로는 바람직하기도 하지만 이런 상황이 계속되면 기축통화의 신인성이 저하된다. 반면 기축통화국이 대외불균형 해소를 위하여 노력하면 통화공급이 줄어들어 국제교역이 위축되고 세계경제가 디플레이션에 빠질 위험에 놓이게 된다. 이러한 문제가 이른바 트리핀 딜레마로서 현행 국제통화체제 하에서는 이러한 딜레마가 불가피하다. 기축통화국의 대외불균형이 어느 정도 불균형을 이루면 문제가 발생하는지는 명확하지 않으나 다수의 전문가들은 1990년대 후반 이후 계속된 미국의 경상수지 적자누적이 2000년대 들어와 이미 미국 달러의 신인성을 저하시키는 수준에 도달된 것으로 평가하기도 하였다.[54]

기축통화의 과도한 특권 문제 기축통화국은 통화발행에 따른 여러 가지 특권(세뇨리지)을 누리게 됨을 앞에서 보았는데 미국은 이미 이러한 특권을 과도하게 누리고 있다. 특히 미국의 경우 세계 GDP에서 차지하는 비중이 20%내외이고 세계교역에서 차지하는 비중도 11% 정도에 불과한 데 비하여 세계 외환거래 중 달러의 비중은 85%수준에 까지 이루고 있어 미국 달러의 영향이 과도하다는 사실을 시사하고 있다. 이러한 미국의 특권에 대해 많은 나라들이 불만을 표시하여 왔고 이러한 불만은 미국이 발생한 글로벌 금융위기 이후 더욱 폭발적으로 나타남으로써 달러를 기축통화로 하는 현행 국제통화체제에 대한 개편논의가 더욱 높아졌다.

글로벌 불균형 조정문제 앞에서 논의한 바와 같이 국제통화체제는 국제무역과 국제투자의 흐름을 원활하게 하고 국제무역의 이익을 당사국 간에 공평하게 분배하기 위한 국제수지조정기능을 발휘하여 각국의 국제수지 불균형이 조정되는 절차를 간편하게 하고 그 조정비용도 최소화하는 조정메커니즘을 발휘하여야 한다. 그러나 현행 국제통화체제는 실질적인 시스템이 아니므로 기축통화의 신인성이 크게 저하되더라도 이를 조정할 제도적 장치가 없으며, 오늘날 금융위기의 원인으로도 지목되고 있는 글로벌 불균형에 대해서도 불균형을 유발한 국가들에게 조정을 강제할 기능을 발휘할 수 없다. 따라서 글로벌 불균형의 원만한 조정메커니즘을 발휘할 수 있는 새로운 국제통화체제가 필요하다는 목소리가 높다.

국제금융위기 문제 미국 등 선진국에서 금융위기가 발생하는 데에는 오랫동안 확장적 통화정책을 견지함으로써 유동성과잉과 자산버블을 만든 거시정책의 실패가 원인으로 작용하였다. 이러한 오류가 발생한 근저에는 중앙은행이 별다른 제약 없이 재량적으로 통화를 발행할 수 있는 불환지폐제도(fiat money system)의 구조적 문제점이 자리 잡고 있다. 이러한 논리는 국내적으로 뿐만 아니라 국제적으로도 동일하게 적용될 수 있다. 기축통화국이 자국의 통화를 자의적인 목표에 따라 재량적으로 발행하여 국제유동성을 확대시키고 이러한 기축통화가 국제적으로 순환되는 시스템이 작동하는 경우 유동성과잉이나 국제적 불균형으로 인한 금융위기는 언제든지 발생 할 수 있다. 이에 금융위기의 재발방지를 논의하는 사람들은 기축통화국이 자국의 통화를 재량적으로 발행할 수 없도록

54 한국은행 (2011.2.14.) p.4.

하는 어떤 제약이 주어지는 국제통화체제의 구축이 필요하다고 주장한다.

과도한 외환보유고의 부작용 자유로운 자본의 이동을 전제로 하는 현행 국제통화체제 하에서는 자본의 국제적 이동에 따른 신흥국들의 외환위기가 빈번하게 발생할 수 있다. 이에 따라 신흥국들은 불규칙한 자본유출입으로 인하여 발생되는 외환위기의 예방을 위해서는 외환보유액을 충분히 확보해두어야 할 필요성이 점점 커지게 되었다.[55] 과도한 외환보유는 해당국의 통화관리에 적지 않은 부담을 줄 뿐만 아니라 대부분의 외환보유액이 미국의 국채매입에 충당되면서 미국경제의 금리 하락·자산 버블 등의 문제를 야기하고 또 다른 금융위기를 유발할 수 있다.

2. 국제통화체제에 대한 개편 논의

이상에서 살펴 본 바와 같이 현행의 국제통화체제가 가지고 있는 문제점 및 그에 대한 개선책은 국제통화체제의 성격과 기능을 어떻게 파악하는가에 따른 이념적 차이에 따라 그 내용이 달라질 뿐만 아니라 각국이 처해 있는 정치경제적 이해관계에 따라 달라진다. 따라서 그동안 이러한 이념적 차이나 각국의 정치경제적 이해관계를 반영한 다양한 국제통화체제 개편논의들이 끊임없이 제시되어 왔다. 국제통화체제의 개편을 논의함에 있어 그 내부에서 가장 중요한 요인은 브레튼우즈체제를 붕괴시키게 된 두 가지의 기본요인으로서 대외지불준비자산 문제와 환율체제 문제였다. 이하에서는 이들 각각에 대한 개편논의의 내용과 전망을 살펴본다.

2.1 대외지불자산(기축통화)의 개편 논의

상술한 대로 달러의 국제적 신인도가 저하하고 있는 가운데서도 달러가 세계전체 대외지불준비에서 차지하는 비중이 너무 높고 또한 미국이 국제리저브센터로서의 역할을 일방적으로 담당하고 있는 것이 바람직한가에 대한 논의가 일어나게 되었다. 이러한 논의는 이미 브레튼우즈체제 하에서도 문제점으로 다루어졌지만 현재도 똑같이 부각되고 있는 문제인데 그동안 달러를 대체하거나 보완하는 체제로서 제시되어 온 대외지불준비자산의 개편안들은 다음과 같다.

금 역할증대론 과거 프랑스는 대외지불준비자산으로서 금(金)의 역할을 옹호하여 왔고 오늘날에도 여전히 금을 포함한 금속화폐의 역할을 강조하는 지지자들이 있다. 그러나 킹스턴체제로 이행하면서 IMF는 금의 폐화조치를 행하였고 미국의 태도 역시 금의 역할을 축소하고 금 대신 SDR의 역할을 높이려고 노력하고 있다. 따라서 오늘날에는 매우 적은 양의 금(金) 거래가 중앙은행간의 거래에서 사용되어질 뿐 근본적으로 금화는 비활동적인 자산이 되었다. 그러나 금은 여전히 각국의 중앙은행이 보유하는 공적준비자산으로서의 상당한 역할을 수행하고 있다. 왜냐하면 금의 가격이 계속 상승함에 따라 리저브 자산 중 금의 비중이 상대적으로 높아졌기 때문이다.

---

55 이론적으로는 자유변동환율제도 하에서는 외환보유고를 많이 쌓아둘 필요가 없는 것이지만 현실에서는 고정환율제도가 폐지되고 변동환율제를 채택한 이후 불안정한 자본의 유출입으로 인한 금융위기를 예방하기 위하여 오히려 외환보유고를 더 많이 쌓아두는 모순이 발생하였다(조윤제 2010.10. pp.167-8).

SDR 역할증대론 킹스턴체제도 궁극적으로 SDR이 국제준비자산으로서 역할을 다해줄 것을 기대하였고 실제로 SDR은 대외 리저브로서의 역할을 증대시켜 오고 있다. 미국과 영국은 자국의 SDR배분액을 충분히 활용하고 있고 개도국들 역시 많은 양의 SDR을 석유수출국들에 팔고 있다. 그러나 SDR은 여전히 세계전체 리저브의 1%정도 수준에 머물고 있어 중심적 리저브로서 기능하는 데는 부족하다. 따라서 SDR이 국제통화 및 국제리저브로서 중심적인 역할을 할 수 있도록 하는 SDR기능의 제고방안 등이 거론되어 왔는데 그것이 이른바 SDR의 대체계정(substitution account) 설정으로서, 이것은 각국의 중앙은행으로부터 달러를 예치 받고 예치금에 해당되는 SDR을 발행하여주는 제도이다. 이러한 계정설정이 이루어지면 달러과잉문제도 제거하는 동시에 SDR의 역할도 제고되는 이상적 상태가 이루어질 것이다. 이러한 대체계정의 제안은 이미 1979년 유고의 베오그라드에서 열린 IMF연차총회에서 이루어졌지만 아직도 합의에 이르지는 못하였다.

복수준비통화제도론 대외 리저브자산 중 달러화의 비중이 너무 높은 점, 이와 관련한 미국의 역할이 너무 큰 점과 관련하여 이를 축소시킬 방안에 대한 논란이 계속되어 왔다. 위에서 언급한 SDR기능의 제고가 이루어지면 문제는 해결되겠지만 이것이 여의치 못하자, 기축통화의 개편문제가 논의되었는데 이것이 복수준비통화제도(multi-reserve currency intervention)이다. 이것은 달러화를 포함하여 여러 나라 통화를 주요 개입통화(intervention currency)로 하여 이 문제를 해결하자는 제안이다. 그러나 이 제안 역시 세계경제가 급변하고 있는 상황에서 빠른 시일 내에 공식적으로 채택되기는 어려울 듯하다. 최근 들어 달러화에 전적으로 의존하다시피 하였던 중앙은행들이 리저브통화를 분산시키고 있어 달러화의 비중이 낮추어지고 있는 것은 사실이지만, 국제리저브로서의 달러의 역할은 세계경제에서 차지하는 미국의 역할보다 여전히 높은 것이 사실이다.[56]

2.2 환율체제에 대한 개편논의

현행 국제통화제의 문제점들을 개선하기 위해서 지난 20여 년 동안 IMF·선진국의 주요 연구기관·저명한 학자들이 국제통화제도 개혁에 대한 연구들을 지속해 왔으며[57] 부분적으로 성과를 거두어 현실적으로 채택된 예도 있었으나, 대체적으로 현실의 많은 문제점들을 해소하기에는 부족한 것으로 평가되어 왔다. 또한 이러한 연구와 보고들은 대부분 당면한 현재의 제도적 문제점에 집착함으로써 지난 수세기 동안 국제통화제도가 경험했던 제도변화의 소중한 경험들을 통찰하는 수준에까지 이르지 못했고 전반적으로 여러 학자들 간에 견해가 상충되는 부분도 많았던 것으로 보인다.

이렇게 많은 환율체제 개편논의들은 여러 가지 관점에서 분류될 수 있지만 대체로 ① 고정환율체제로의 복귀안, ② 변동환율체제의 근간을 유지하면서 변동환율제가 가지는 문제점을 보완하려는

56 세계 전체 대외준비자산 중 달러의 비중은 86.6%('76), 59.0%('80), 51.3%('89), 56.4%('95) 57.1%('97), 65.9%('04)로 1970년대 중반 85%내외를 차지하다가 1980년대 후반~1990년대 중반 50~55%수준으로까지 저하되었고 2000년대 이후 오히려 그 비중이 65%수준까지 증가하였다.

57 미국경제학회의 연차회의 의사록을 보면 지난 20년 동안 매년 한 회기를 국제통화제도에 관한 연구에 사용하였으며, 그 중심과제는 국제통화제도의 개혁에 관한 문제였다(Jacob A. Frenkel, May 1989, p.205).

변동환율제 보완안, ③ 화폐의 통합을 통하여 통화나 통화정책의 단일화를 이룩하자는 안으로 구분할 수 있다. 지금까지 제시되었던 국제통화제도의 환율체제개편안들의 내용과 특징들을 요약하고 있는 것이 〈표 6-5〉이고 각각의 개편논의들의 구체적 내용들을 요약하고 평가한 것이 〈부록 6-2〉이다.

〈표 6-5〉 국제환율체제의 주요 개편안

구 분	명 칭	주요 내용	대표적 제안자
고정 환율제 복귀안	복수 기축통화안 (고정환율복귀안)	미·일·독 3국 통화를 기축통화로 하는 고정환율체제	R. McKinon
	복수 기축통화 + 금환본위제안	미·일·독 3국 통화의 기축통화 + 금환본위제 복귀	小島 清(K. Kojma)
변동 환율제 보완안	목표환율대안	환율변동 폭의 안정화관리	J. Williamson & M. H. Miller
	신축적 환율변동대안	미·일·독 3국 통화 중심의 환율변동 폭 안정화 관리	브레튼우즈위원회
	외환거래세 도입안	단기금융거래에 대한 규제	J. Tobin
단일 통화안 (통화 통합안)	세계중앙은행 창설안 (세계 단일통화안)	세계 중앙은행 창설, 세계 단일통화 창설	R. N. Cooper, F. Heldring R. Mundell
	범EMS안(유로확대안) 지역통화 통합안	유로체제의 세계적 확산 테라 창설, 달러라이제이션 등	P. B. Kennen B. Rietaer

이와 같이 각각의 제안들은 국제통화체제가 갖추어야 할 요건들 중 어떤 것을 더 중요시하느냐에 따라 그 내용이 달라지고 있다. 물론 이상적으로 말하면 국제통화제도 개편의 가장 합리적이고 장기적인 대안은 세계중앙은행을 창설하고 세계단일화폐를 창출하는 방법일 것이다. 그러나 이러한 주장은 현재의 세계정치 및 경제 상황을 감안할 때 현실적으로 실현가능성이 별로 없는 제안이라고 할 수 있다.

고정환율제 복귀안 역시 현실적 실현가능성이라는 점에서 어려움이 많으며 이를 비판하는 사람들은 지금까지의 환율불안정성 문제는 그 근본원인이 변동환율제도에 있는 것이 아니라 각국의 불건전한 정책추진과 국가 간의 정책부조화에 연유한다고 주장한다. 한편 변동환율제 보완안은 환율변동이 가져오는 효율을 추구하되 환율불안정이나 투기자본에 의한 환율변동을 국가개입이나 거래세제 도입을 통하여 해결하려는 점에서 바람직하지만 이 역시 하나의 통화체제로서 실현가능성이 낮고 그러한 효과가 나타나기 위해서는 여러 가지 전제조건들이 필요하다.

이처럼 오래 전부터 국제통화체제와 관련된 다양한 제안들이 이렇게 계속 제시되어 왔지만 각기 여러 가지 제약 때문에 현실적으로 실현될 가능성이 낮아 현재로서는 국제적인 합의를 도출할만한 뚜렷한 대안이 여전히 존재하지 않는다고 할 수 있다.

〈부록 6-2〉 국제정치경제학의 3대 시각과 1970년대의 국제통화체제

앞에서 논의 하였듯이 국제통화체제에 대한 평가는 학자들 자신이 어떠한 기본적 정치경제적 이념(ideology)과 시각(perspective) 위에 서 있는가에 따라 그 평가 역시 달라지게 되는데 이러한 논의의 범위를 좀 더 넓혀 1970년대의 국제통화제도, 국제금융시장, 더 나아가서 IMF의 기능과 역할에 대한 ① 자유주의자, ② 급진주의자(종속이론), ③ 현실주의자(패권적 안정론자)의 논리를 소개하면 다음과 같다.

1. 자유주의적 접근 : 주권궁지(Sovereignty-at-Bay)모델에 의한 분석

이 이론은 중상주의시대의 절대왕정을 바탕으로 한 제국주의국가들과는 달리 현대의 민족국가는 그들의 주권이 점차 제약을 받게 된다고 전제한다. 이처럼 민족국가들이 주권제약을 받게 되는 이유는 기술과 통신의 발달, 다국적기업의 발전, 세계금융시장의 발전, 세계무역의 확대 등에 따라 국가 간의 상호의존성이 증대되어 국제정치경제관계에 있어서 민족국가가 임의적·재량적으로 행동할 수 있는 주권범위가 점차 제한되고 있다는 것이다.

2차 세계대전 이전에 미국은 국내의 물가안정과 경제성장만을 고려하여 달러화를 공급하면 됐지만, 종전 이후 기축통화가 된 달러공급은 국제유동성을 원하는 해외의 달러수요에 부응해야만 했다. 이러한 상황은 1970년대 이후 서독과 일본에서도 발생했다. 1980년대를 전후하여 주요국의 통화들이 세계 각국에 폭넓게 공급된 후 미국은 서독과 일본의 금리 및 경세상황을 고려하지 않은 채 일방적으로 국내금리를 책정할 수 없게 되었으며, 이러한 정책적 제약은 자본 및 외환자유화가 확대될수록 심화되었는데, 마찬가지로 서독과 일본을 포함한 주요 선진국들은 이 같은 정책적 제약을 경험하게 되었다. 또한 방만한 통화·금융정책의 운영은 IMF의 정책 권고를 유발하게 되었고 주요 선진국의 대응적인 정책수단의 사용을 유발하게 되었다.

결국 선진국들은 불가피하게 정책협조의 필요성을 느끼게 되었고, G5-G7 등의 주요 선진국들 간의 정책협조창구가 본격 가동되게 되었다. 특히 경제·통화면에서 통합이 심화된 EU국가들의 경우 개별가맹국의 주권제약은 보다 심화되어 있는데, 많은 경제정책의 집행에 있어 EU의회와 집행위원회에 권고와 감독을 받고 있을 뿐만 아니라 특정부문에서는 정책의 입안 및 집행기능까지를 위임하는 수준에 이르고 있다. 특히 EMS의 ERM의 운영과 관련된 외환시장의 참여국의 자동개입의무와 초단기금융지원 등의 동맹차원의 정책수단의 사용은 80년대 후반 ERM의 안정적 운용에 긍정적인 역할을 하였던 것으로 평가받고 있다.

결론적으로 현재의 IMF가 중상주의적인 발상에서 구축된 통화질서라면 EMS는 주권궁지(Sovereignty-at-Bay)모델에 입각하여 구축된 지역적 통화질서로 파악할 수 있지만, EMS의 경우도 개별 가맹국의 중상주의적 정책집행에 의해 동 체제가 때때로 파행적 운영을 경험하기도 하였다는 것이다. 결국 주권궁지모델이론이 상정하는 세계란 상호의존된 경제 간의 자발적이고 협조적인 관계가 달성되고 자원의 최적 활용을 통해 세계경제의 합리성과 효율성을 극대화함으로써 인류전체의 복지에 기여할 수 있는 세계이다.

2. 급진주의적 관점 : 종속이론에 의한 분석

자유주의자들의 확산이론은 발전된 중심부와 전통적인 주변부가 상호혜택을 주는 관계에 있다고 파악하는 반면, 종속이론은 세계경제가 통합된 전체로서 상호 작용하고 있는 지배적인 중심부와 종속적인 주변부로 구성되어 있고, 종속이라는 상황에 의해 중심부(中心部)에서 자본축적과 발전을 이루어내는 똑 같은 메커니즘이 주변부에서는 경제적·정치적 저발전을 생산하고 있다고 보고 있다.

종속이론의 입장에서 보면 IMF는 자본주의체제를 유지하고 자본의 재생산과 축적을 가능케 하는 미국중심의 제국주의적 금융자본의 국제착취기구의 하나로 파악된다. 즉 IMF는 기금 이용 면에서 선진 제국주의의 입장을 우선하고, 국제결제수단을 기축통화인 미 달러화로 정함으로써 후진국들의 통화가 국제적으로 미 달러화에 종속되는 '통화종속'의 상황을 도출했다는 것이다.

더욱이 미국은 1970년 이후 대외결제의 기준통화인 미 달러화의 인플레이션을 조장하여 가치 인하된 달러화로 선진국의 석유수입대금을 지불함으로써 산유국이 제1차 석유가격인상으로 달성한 이익의 대부분을 실질적으로 빼앗았다고 평가한다. 또한 외환시장이나 금융시장의 불안정이 상품시장의 불안정으로 반영되도록 함으로써 대다수 후진국을 보다 정체하도록 하였다는 것이다. 이와 같이 IMF의 국제통화체제가 미국중심의 제국주의 지배체제로 된 것은 자본주의의 불균등발전법칙이 미국에게 유리하게 작용하였고 미국의 자본주의세계에서 차지하는 정치적·경제적 지위가 압도적으로 우월하였기 때문으로 보인다. 종속이론에 의하면 미국중심의 국제통화체제인 IMF와 변동환율체계의 문제점들은 다음과 같다.

(1) 레닌에 의하면 제국주의 금융자본과 트러스트의 대리기구인 IMF는 세계경제의 각 부문간의 성장률의 차이를 감소시키는 것이 아니라 오히려 증대시키기 때문에 제국주의 제국간의 협력은 그 토대인 각국 간의 역학관계의 변화와 더불어 붕괴되기 마련이라는 것이다. 이러한 관점에서 오늘날의 국제통화질서의 불안정은 성장률의 격차에서 기인된 선진제국간의 역학관계변화와 이에 따른 정책조정실패의 결과로 해석되어 질 수 있다. 때문에 향후 미국이 다른 선진국들을 통제하는 것을 불가능하게 하고 미국중심의 세계질서는 점차 붕괴될 수밖에 없다

(2) IMF가 국제수지 적자국에 제공하는 신용공여에는 항상 부대조건이 붙게 되는데, 그 내용은 차입국에 대한 긴축재정, 공공지출의 축소, 때로는 국제무역과 해외투자에 대한 자유화로 요약할 수 있다. 이러한 부대조건은 대개 개발도상국들로서는 이행하기 어려운 것들이었다. 특히 IMF가 권장하는 자본주의적 경제정책은 국내의 소득불균형을 시정하기 위해 마련된 사회주의적 정책, 외국의 상품과 직접투자로부터 국내 생산업자들을 보호하려는 정책, 그리고 자본주의경제체제와의 경제관계를 단절하려는 차입국의 시도를 포기하도록 강요하게 된다. 결과적으로 IMF는 개발도상국들이 자본주의경제정책을 추구하도록 하여 선진시장경제가 개도국을 완전히 지배하게 만든다는 것이다. 더욱이 부채의 원리금상환에 대한 압박이 개발도상국으로 하여금 계속 국제금융기관으로부터 차관을 얻지 않으면 안 되는 상황으로 몰고 가 오늘날 개도국들의 외채위기를 가중시켰다고 주장하고 있다.[58]

(3) 오늘날 국제통화체제의 변동환율체계는 개도국들과 일반국민들에게는 과중한 비용을 부담지우는 반면 선진국들의 자본가와 은행들에게 엄청난 이익을 발생시키는 비합리적인 제도라는 것이다. 즉, 선진국들의 자본가와 은행들은 방대한 정보망을 구축하고 이에 근거한 공격적 외환투기와 첨단의 금융기법들은 통해 막대한 이익을 올리는 반면, 정보와 금융기반이 취약한 개도국들에게 변동환율에 의거한 외환거래는 일방적으로 불리할 뿐만 아니라 과도한 비용을 발생시키게 된다는 것이다. 더욱이 선진국 내에서조차도 중앙은행이 환율을 조정하기 위하여 막대한 외환시장개입비용을 사용하게 되는데, 대부분의 경우 국가의 정책의도가 표출되어 시장개입의 방향이 예측가능하기 때문에 외환준비금을 자본가들과 은행들에게 분배해 주는 것과 같은 소득의 역류효과(backwash effect)를 발생시킨다는 것이다.

3. 현실주의적 관점 : 패권적 안정이론에 의한 분석

패권적 안정이론(theory of hegemonic stability)에 의하면 개방적이고 자유주의적인 세계경제는 안정적 발전을 위해서 헤게모니적 또는 지배적인 세력의 존재가 필요하고, 그 중에서도 한 국가에 의해 지배되는

헤게모니적 구조는 비교적 정확하고 효율적인 국제체제의 발전에 가장 필요하다는 것이다. 따라서 헤게모니 세력구조의 쇠퇴는 이에 상응하는 국제경제체제의 쇠퇴를 예고하는 것이다.59

패권적 안정이론은 자유주의적 토대 위에서 공개성과 무차별성과 같은 자유시장의 규칙에 근거를 둔 국제경제의 존재와 밀접하게 관련되어 있다. 그리고 이 이론은 헤게모니가 존재하지 않는다고 해서 국제경제가 제대로의 기능을 발휘하지 못한다고 주장하는 것이 아니라, 국제경제질서의 특별한 형태인 자유주의적 국제경제는 헤게모니적 세력이 없었다면 빠르게 발전하지는 못했을 것이라고 주장한다. 이러한 헤게모니적 안정이 이룩되기 위해서는 헤게모니, 자유주의의 이데올로기, 그리고 공통의 이익이 전제되어야 한다.

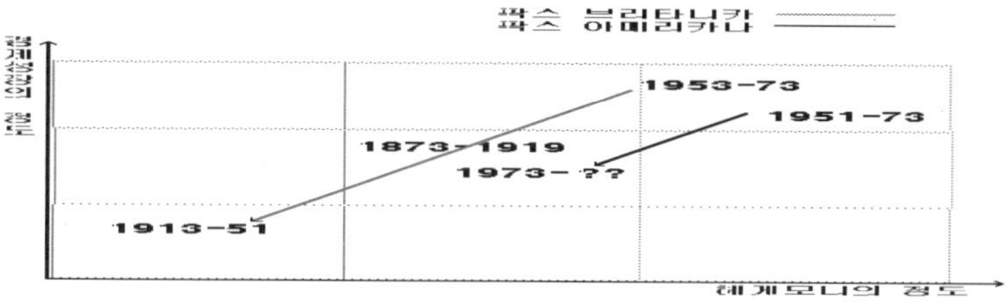

[그림 6-4] 경제성장과 정치적 헤게모니

자료 : W. Arthur Lewis (1984) p.15, R, Gilpin (1986) p.152에서 재인용.

국제통화체제에 있어 헤게모니국의 중심적인 역할은 헤게모니국에게 금융력과 통화력을 제공한다. 19세기의 대영제국, 그리고 훨씬 강력한 예로 20세기의 미국은 봉건시대 군주국가의 특권인 '세뇨리지'를 누려왔다.60 그 대신에 헤게모니국은 개방적인 무역체제와 통화의 공공재(public goods)적 성격을 보장해야 하는 책임을 갖고 있다. 이 이론에 따르면 자유주의 경제체제는 자립적일 수가 없어서가 아니라 지배적인 경제의 활동을 통해서 장기간 유지되어야 한다는 것을 가정한다.61

브레튼우즈체제의 성립이후 1960년대까지 미국의 헤게모니는 세계의 경제, 무역, 통화체제에 상당히 긍정적 역할을 하였다는 것을 명백한 사실이다. 이 당시 미국은 유럽과 일본을 위한 다양한 원조계획을 시행하였고, 이는 냉전시대에 소련중심의 동구권에 공동으로 대처하기 위한 안보정책과도 밀접하게 맞물려 있었다. 유럽과 일본도 어쩔 수 없이 이러한 미국에 의한 관리를 받아 들였다.

그러나 자유세계에 대한 위협의 감소와 유럽과 일본이 통화교환성과 무역경쟁력을 회복한 1960대 중반이후 미국은 국제통화체제를 관리하는 데 어려움을 겪게 되었다. 그 결과 미국의 군사적 리더십이 예전처럼 경제적 리더십으로 쉽게 전환되지는 않았다. 일본과 달리 서구는 처음부터 경제적 조건의 호전을 기점으로 하여 미국으로부터의 정치적 독립을 노린 것으로 보여진다. 또한 미국은 서구와 일본의 경제력의 증가로 인해 리더십을 발휘하기가 어려웠고, 따라서 이에 수반되는 비용의 증가를 부담스럽게 여겼다.

예를 들면 서구와 일본의 대미 수출증가는 50년대에는 미국의 고용에 거의 영향을 미치지 않았지만, 60년대의 전반에는 무시할 수 없는 수준에 이르렀고 미국 내의 이해관계집단의 강한 반작용을 불러일으키게 되었다. 1970년대에 접어들면서 국제통화질서에 대한 관리능력의 한계로 IMF·GATT체제가 혼란에 빠지자 미국은 조속히 자국의 입장을 정리하였다.

1971년 8월 15일 미국의 닉슨대통령은 브레튼우즈협정의 다른 당사국들에 대한 어떠한 사전의 협의나 경고도 없이 미국이 더 이상 국제금융질서의 핵심을 이루는 규칙과 절차를 준수하지 않을 것임을 천명하였다. 이것은 미국이 주도하여 성립시킨 브레튼우즈체제 하의 국제금융질서를 미국 자신이 붕괴시키는 아이러니를 보여주었고, 국제통화질서의 극도의 혼란을 경험하게 되었다. 이로 인하여 국제통화체제에 있어서 미국의 지도력은 결정적인 타격을 입게 되었다.

이후 국제통화질서는 미국에 의한 1원적 관리체제에서 미국이 중심이 된 서방선진국들의 다원적 지도체제로 전환되었다. 이러한 국제통화체제의 다원적 관리체제는 1971년의 스미소니안협정(Smithsonian Agreement)에서 처음 시도되었다. 그러나 스미소니안협정의 성과는 바람직스럽지 못하였으며, 국제통화체제의 혼란은 1976년 킹스턴체제가 정식으로 가동될 때까지 지속되었다. 킹스턴체제의 IMF는 post-hegemony 또는 다원적 관리체제하의 국제통화체제로 볼 수 있는데, 제도적 특징은 국가간의 일반변동환율제도와 금의 폐화 및 새로운 준비 및 결제통화로서 SDR의 역할을 강화한 것이었다.

1960년대 말 이후 국제통화체제의 혼란은 미국이 국내경제문제로 인해 자기중심적이고 이기적인 경제정책을 추구하기 시작하였기 때문이며, 결국 이러한 미국의 국가적 이기주의가 브레튼우즈체제의 근간이 되는 기축통화국으로서의 역할을 포기하게 함으로써 표면화되었다고 볼 수 있다. 그 후 미국은 독일과 일본의 협조하에 국제통화질서의 다원적 관리체제를 가동하여 미 달러화의 평가절하를 유도하기 위한 플라자협상과 환율의 안정적 유지를 위한 루브르협정을 체결하였으나, 일시적인 정책협조의 효과 이외에는 별다른 성과를 얻지 못했다. 헤게모니 안정이론은 국제통화질서의 존속과 작용에 있어서 국가의 정치적 역할을 지나치게 강조하는 경향이 있다. 이것은 이러한 결과를 결정하는데 있어서 동기가 되는 이데올로기, 국내적 요소, 사회적인 힘과 기술진보 그리고 시장 그 자체의 중요성을 과소평가하고 있다는 비판을 받고 있다.

〈부록 6-3〉 국제환율체제에 대한 주요 개편안의 내용과 평가

앞에서 국제환율체제의 주요개편안과 전망을 간략히 살펴보았는데 구체적인 체제개편안의 주요내용과 한계는 무엇이고 이러한 개편안들에 대한 평가와 전망을 살펴보기로 한다.

1. 환율체제 개편안의 주요 내용

국제환율체제에 대한 개편안들은 〈표 6-6〉이 보여주고 있듯이 크게 ① 고정환율체제로의 복귀를 전제로 하는 개편안, ② 현재의 변동환율제를 기초로 제도적 보완을 행하자는 개편안, ③ 세계 단일의 중앙은행을 창설하거나 단일통화를 만들자는 개편안으로 대별해 볼 수 있다.

(1) 고정환율체제 복귀안

이러한 안들은 다음과 같이 단일의 기축통화 대신에 복수의 통화를 기축통화로 하여 이들 간의 환율을 고정시킴으로써 단일 기축통화체제가 갖는 단점을 보완하고 국제통화체제의 안정성을 도모하자는 안이다.

복수기축통화 제안 맥키논(R. McKinnon)은 현행의 변동환율제도를 폐지하고 고정환율제로 복귀할 것을 주장했다.[62] 국제거래에서 널리 사용되고 있을 뿐 아니라 각국 중앙은행의 주요 준비자산이 되고 있는

58 Harry Mardoff (1966) p.98.

59 R.O. Keohane, (1980) pp.130-132.

60 C. P. Kindleberger (1981) p.247.

61 R. Gilpin (1986) pp.116-7.

미국·일본·독일의 3개국 통화를 기축통화로 하여 이들 통화 간의 환율을 고정시키고 여타국 통화를 이에 페그시킴으로써 국제통화제도의 안정을 도모하자는 안이었다. 이 안은 금본위제의 엄격한 금융규칙을 유지하지만 금의 기능은 폐지하여 말하자면 '금 없는 금본위제'를 제창하였다. 그는 고정환율의 기초가 되는 중심환율은 비교 가능한 교역재 바스켓을 구성하여 구매력평가에 의해 결정되도록 하고, 처음에는 이를 기준으로 환율변동을 10% 내로 제한하고 차츰 그 폭을 줄여 나가면서 종국적으로는 환율을 고정시키도록 제안하였다. 이러한 체제가 성공적이기 위해서는 각국의 통화수요가 안정적이어야 하고 참가국의 재정·금융정책의 자율성이 상당히 제한되어야 한다는 점에서 많은 어려움이 따르는 것으로 평가되었다.

〈표 6-6〉 국제환율체제의 주요 개편안

구 분	개편안	제안자	주 요 특 징
고정 환율제 복귀안	복수기축통화안 (고정환율복귀안)	R. McKinon	• 미·일·독 3개국통화를 기축통화로 하고, 교역재바스켓에 의한 구매력평가환율을 중심환율로 하는 고정환율제도 • 참가국의 재정·금융정책의 자주성 제약 가능성 있음.
	복수기축통화 + 금환본위제안	고지마 (小島清)	• BW체제의 금환본위제 + 60년대 이후 세계경제의 위상변화 고려하여 미·일·독의 3대국 통화를 복수 기축통화로 사용 • 엄격한 국제규칙에 의한 조화 및 협력의 가능성 문제, 금 확보에 대한 제약성 문제 따름.
변동 환율제 보완안	목표환율대안	J. Williamson, M. H. Miller	• 변동환율제의 장점 + 환율변동 폭의 안정 통해 단점 보완 (국가 간의 균형환율 산정, 상하 일정범위 내 환율변동 허용, 균형 환율의 주기적으로 새 산정함.) • 국가 간 정책목표 상이로 인한 균형환율 산정의 곤란함.
	신축적 환율변동대안	브레튼우즈 위원회	• 기본적으로 목표환율대안과 유사함, 목표환율 메커니즘을 미·일·독의 3대 통화 간에만 적용, 변동 폭 ± 10%로 확대 • 1994년 IMF총회에서 거부된 바 있음.
	외환거래세 도입안	Jammes Tobin	• 변동환율제 하의 단기적 자본 및 금융거래의 불안정성 규제, 단기외환거래에 대한 세금부과로 국제통화질서 안정화 도모 • 단기거래가 국제금융질서를 저해한다는데 대한 공감대형성, 거래세의 부과에 대한 통일적인 국제협약 필요함
단일 통화안 (통화 통합안)	세계중앙은행안 (단일통화안)	R. N. Cooper, F. Heldring	• 세계중앙은행 창설, 세계단일화폐 발행 통해 근본적 해결 • 각국 중앙은행의 화폐발행과 통화정책에 대한 권한위임 등의 문제로 현실적으로 채택가능성 희박함
	범EMS안 (유로확대안)	P. B. Kennen	• 유로에 미국과 일본 참여, 점차 전 세계적 제도로 확대 통합 • 세계적 환율고정에 근거한 단일통화권의 최적성문제 발생, 이와 관련한 국제적 합의의 어려움 제기됨.
	테라창설안 달러라이제이션	B. Rietaer	• 테라연합 발행, 국제결제통화 창설 • 미국 달러를 통합통화로 사용하자는 달러화(Dollarization) 정책

복수 기축통화 + 금환본위제안 고지마(小島 清)는 기축통화의 신인성을 깨뜨리지 않으면서 적절한 국제유동성공급·환율의 안정화·지속적인 세계경제발전을 지지할 수 있는 국제통화제도의 하나로서 복수 기축통화 금환본위제(multiple key currency gold-exchange standard)를 제안했다.[63] 이 안은 변동환율제로 이행하기 이전의 브레튼우즈체제와 그 내용이 비슷하지만 미국 달러화 뿐만 아니라 일본의 엔화와 독일의 마르크화로 된 복수의 국제통화가 금의 지불보증을 갖는 기축통화가 되고 3국 통화당국 간의 금결제가 일정한 규칙에 따라 인정되도록 하였다. 이 같은 복수 기축통화 금환본위제에 대해서는, 이 제안이 본질적으로 종전의 금본위제나 브레튼우즈체제의 금환본위제와 유사하므로 그 당시 발생되었던 문제점이 다시 재현될 수 있다는 점, 또한 이 제도가 채택되어 성공하기 위해서는 엄격한 국제규칙에 의해 국제협력과 조화를 이루는 것이 전제되어야 하는데 그러한 협력이 현실적으로 실현가능한가 하는 측면에서 비판

이 제기되었다.[64]

(2) 변동환율체제 보완안

고정환율체제로의 복귀보다는 현행의 변동환율제체제를 그대로 시행하되 변동환율체제의 약점인 변동성과 불안정성을 극소화하자는 제안으로서 다음과 같은 제안들이 대표적으로 제안되었다.

목표환율대안 목표환율대안(target zone system)은 고정환율제도와 변동환율제도의 장점만을 취한다는 발상에서 제시된 안으로서. 주요 연구자는 윌리암슨(J. Williamson)과 밀러(M. H. Miller)이다.[65] 주요국 간에 국제수지균형을 이룰 수 있는 균형환율(fundamental equilibrium exchange rate)을 중심환율로 정하고, 이의 상하 일정범위 내에서 환율변동만을 허용하여 환율의 급격한 변동을 피하여 그 충격을 완화하자는 것이다. 이 균형환율은 새로운 경제적 환경에 따라 주기적으로 재산정 될 수도 있고, 따라서 환율은 서서히 움직일 수도 있다. 다시 말하면 이러한 균형환율은 목표환율대의 중심을 나타내는 명목환율과 상호 일치하도록 변동될 수 있다는 것이다. 금융당국은 필요한 경우 외환시장에 개입하고 금융정책을 조정해서 환율이 목표환율대의 경계를 벗어나지 않도록 한다.

이 제도는 고정환율제가 가지고 안정성을 어느 정도 유지할 수 있을 뿐만 아니라 각국이 대내균형을 확보할 수 있는 경제정책의 자율성도 지니고 있다. 물론 각국은 독자적인 금융정책을 사용하는 것이 제한되어 참가국 전체가 협조적인 운영을 해야 하는 제약이 따르지만 상대적으로 재정정책의 재량권이 크서 이를 통해 국내 총수요관리를 할 수 있는 유연성이 주어진다. 이러한 이유 때문에 개편안 중에서 가장 많은 지지를 받고 있다. 그러나 국가간 정책협조의 문제, 그리고 국내적인 정치경제적 압력으로부터의 문제 등이 이 안이 해결해야 할 과제가 되고 있다.

신축적 변동환율대안(브레튼우즈위원회안) 신축적 변동환율대안(flexible exchange rate bands)은 1994년 10월에 개최된 제 49차 IMF/World Bank 그룹 합동연차총회에서 브레튼우즈위원회가 제안한 새로운 국제환율체제안이다. 환율제도의 운용메커니즘 면에서 기존의 목표환율대안과 거의 비슷한 것으로 평가되지만, 신축환율의 구체적인 적용범위가 미·독·일 3국 통화 간의 환율로 제한(변동 폭 ± 10%)된다는 점에서 다소 차이를 보인다. 결국 이 안은 실제 외환거래의 대부분이 3국 통화 간에 이루어진다는 점에 초점을 맞추어 기존의 목표환율대안을 개조한 것으로 볼 수 있으며, 정책협조나 효과 면에서 효율적인 안으로 평가된다. 그러나 이 제안은 학계와 IMF로부터 폭넓은 지지를 받았음에도 불구하고 미국·EU·일본 등 주요당사국들에 의해 총회가 진행되는 동안 거부된 바 있다.

외환거래세의 도입안 이 안은 토빈(J. Tobin)의 제안으로서[66], 현재의 변동환율제도가 다른 환율제도에 비해 결점이 적으며 또한 환율의 신축적 변동이 상대가격 조정을 통해 자원의 효율적 배분을 제고시킨다는 전제하에서, 변동환율제의 이러한 순기능을 살리면서 그 체제가 가지는 문제점을 보완하려는 안이다. 그는 현재의 국제통화위기는 국제적 과잉자본의 과도한 운동 때문에 유발된 것이므로 이를 적절히 규제하는 것이 초상의 방법으로서 이를 위해 일정한 외환거래세를 부과하자는 안이다. 말하자면, 오늘날과 같이 자본자유화 및 금융자유화가 이룩된 환경 하에서 자본 및 금융시장에서의 투기자본이동을 규제함으로써 변동환율제도가 가지는 문제점을 보완해야 한다는 것으로서, 일정한 외환거래세가 부과되면 환율의 단기적 불안정성이 감소되고 국가적으로 보다 바람직한 장기거래가 부양된다는 것이다.

그러나 현실적으로 환율의 단기적 불안정성에 대한 그와 같은 세금효과는 완전히 명확하게 밝혀진 것은 아니어서, 그러한 세금부과가 어느 정도 투기자본의 이동을 억제할 수 있는지가 의문시되며, 또한 보다 전문적인 단기거래자들이 참여하고 있는 외환시장에서는 그들의 거래가 오히려 환율을 안정화시키고 단기불안정성을 감소시킬 수도 있으므로 이러한 세금의 부과가 국제금융거래의 효율을 저해시켜 환율변동에 대해 역기능을 초래할 수도 있다는 비판도 제기되었다. 또한 세계전체가 보편적으로 이러한 세금을 부과하기 위해서는 이를 위한 국제적 협조 등이 필요한데 여기에 따르는 어려움도 지적되고 있다.

(3) 단일통화안/세계중앙은행 창설안

각국의 통화가 서로 다르고 각국이 모두 자국의 국익을 위한 통화정책을 채택하는 한 국제통화체제의 안정성을 확보할 수 없으므로 세계적으로 단일의 통화를 창설하거나 세계중앙은행을 설립하자는 제안으로서 그 구체적 내용은 다음과 같다.

세계중앙은행(World Central Bank) 창설안 쿠퍼(R. N. Cooper)는 각국의 통화가 서로 다르고 각각이 독자적인 관리 하에 있는 한 실질환율의 변동과 이로 인한 국제통화제도의 불안요인은 해소될 수 없으므로 단일통화(single currency)가 창설되어야 한다고 주장했다.[67] 단일통화의 창설은 통화발행과 금융정책 실행의 주체로 세계중앙은행을 설립하고, 각국의 금융정책권한을 이 기관에 위임하자는 안이다. 세계중앙은행의 창설안은 많은 학자들에 의해서 주장된 세계단일통화(world uniform currency) 또는 국제통화(international money)의 발행안과 거의 같은 의미를 지닌다. 환율제도면에서는 완전한 고정환율제도를 채택하는 것이지만, 궁극적으로 환율제도문제와 국제유동성공급문제를 국제통화의 발행으로 해결하는 것이다.

헬드링(Frederick Heldring, 1979), 쿠퍼(R. N. Cooper, 1989) 등의 학자들에 의해 주장되었다. 이 안에 따르면 각국의 독자적인 금융정책은 초국가적 기구인 국제발권은행에 완전 위임되고 각국은 국내정책수단으로 재정정책에 관한 권한만을 갖는다. 만약 일국의 재정적자가 발생할 경우 이의 보충은 통화확대가 아니라 자본시장을 통한 차입에 의존해야 한다. 이 같은 단일세계통화제도하에서는 단일통화발행에 의한 통화정책의 독립적·합리적 수행가능 여부가 이 제도운영의 관건이 되며 각국 간 경제력의 유사성과 요소이동의 안정성, 각국 재정정책의 상호협조 등이 전제되어야 한다.

EMS 확대안 이 안은 켄넨(P .B. Kennen)에 의해 제기되었으며,[68] 기존의 EMS를 미국·일본 및 기타 가능한 국가를 포함하는 광역으로 확장시켜 적용하자는 제안이다. 그러나 이 안은 EMS의 환율의 변동 폭보다 넓은 환율변동(10%)을 허용한 반면 중심환율의 변동조건을 강화함으로써 중심환율이 시장환율에 영향을 미치지 않으면서 일방적인 투기를 허용하지 않을 것이라고 주장했다. 또한 그는 미국은 금을 예치하고 다른 국가들은 미 달러를 예치하는 보완된 대체계정을 만들어 시장개입자금을 가시적으로 확대할 것을 제안했다. 그는 또한 중심환율의 결정이 쉽지 않을 것이라는 전제에서, 구조적인 가중치가 아닌, EMS제도에서처럼 일련의 지표에 대해 상대가격경쟁력의 변화와 같은 가중치를 준다면 결국 환율변동은 적절한 균형 가운데서 임의적으로 정해질 것임을 주장하였다. 결론적으로 이는 각국의 정책협조를 통한 관리변동환율제도를 주장하는 것으로서 현실적으로 미국과 일본이 EMS 체제로 흡수되어 동참할 가능성이 작다고 하겠다.

기타의 통화통합안 최근에 이르러 개도국금융위기에 대한 우려감이 고조되면서 이 같은 금융위기의 발생을 방지하는 동시에 세계경제안정을 위한 세계단일통화 도입논의가 다시 제기되고 있다. 이러한 논의는 ① 최근의 유로탄생을 계기로 위에서 언급한 EMS확대안이 대체된 유로(Euro)통화통합 확대안, ② 후술하는 달라라이제이션(dollarization)을 전 세계로 확대하자는 안, ③ 세계단일통화로서의 테라(Terra)창설안 등이 있다.

이들 중 테라창설안은, 유로화 탄생의 산파역이자 「미래화폐」(*The Future Money*)의 저자인 벨기에 학자 버나드 리태어(Bernard Rietaer)교수가 주창하는 제안으로서, 국제통화로서의 테라(Terra)의 발권기능은 국제원자재 생산업자인 테라연합(Terra Alliance)이 담당하고, 테라에게는 가치저장이나 투기적 기능을 제외한 거래적 기능만을 부여하여 전적으로 국제무역결재에 사용하는 무역용 화폐로서의 성격만을 부여하자는 제안이다. 이러한 국제통화가 성립되는 경우, 테라연합이 국제상품의 수급을 조정할 수 있기 때문에 테라가치를 안정적으로 유지할 수 있으며 화폐단위는 원유·밀·구리·주석 등 국제상품을 표준화한 바스켓에 바탕을 두고 있으므로 이들 상품의 시세가 변할 경우 테라의 실질가치도 자동적으로 변화하기 때문에 각국의 물가에 영향을 주지 않기 때문에 인플레이션을 방지할 수도 있다고 주장한다.

그러나 이러한 구상의 현실성과 실현가능성에 대한 많은 문제점들이 제기되고 있어 논의차원에 그칠 제안으로 파악되기도 한다. 이러한 주요 문제점으로서는 ① 테라바스켓을 구성하는 물품의 현물교역의 비중이 세계교역에서 차지하는 비율이 20% 내외여서 앞으로 이들 교역의 비중이 점차 증대할 수 있다는 점을 감안하더라도 국제통화로서의 대표성과 신뢰성에 문제가 있고, ② 국제상품시세는 어느 가격변동보다도 변동이 심하다는 점을 감안하면 테라가치의 안정성유지가 그렇게 용이하지 않으며 더욱이 테라연합국이 담합하여 이러한 상품들을 무기화 할 경우 세계경제에 또 다른 문제점을 야기 시킬 수 있으며, ③ 거래적 동기·예비적 동기·투기적 동기 등 화폐의 속성들은 상호 연결되어 있어 거래기능만을 분리하여 활용할 경우 결국 통화로서의 기능을 제대로 행하지 못한 채 퇴장할 수밖에 없을 것이라는 점 등이다.

이러한 이유 때문에 모든 국제거래의 결제비중이 50% 수준을 넘고 있는 미 달러화를 세계통화로 하자는 달러라이제이션(dollarization) 확대방안이나 유로(Euro)를 글로벌하자는 제안 등이 제기되기도 하였는데 이들에 대해서는 세계통화의 지역화문제와 관련하여 다시 논의하기로 한다.

2. 환율체제 개편안에 대한 평가와 전망

이상에서 개관하였듯이 각각의 제안들은 국제통화체제가 갖추어야 할 요건들 중 어떤 것을 더 중요시 하느냐에 따라 그 내용이 달라지고 있다. 물론 이상적으로 말하면 국제통화제도개편의 가장 합리적이고 장기적인 대안은 세계중앙은행을 창설하고 세계단일화폐를 창출하는 방법일 것이다. 그러나 이러한 주장은 현재의 세계정치 및 경제상황을 감안할 때 거의 실현 불가능한 주장으로 인식되고 있다.

따라서 가능한 국제통화체제의 개편안은 우선 현실적으로 여러 국가들에 의하여 받아들여질 실현가능성이 높아야 한다. 아울러 새로운 개편안이 갖추어야 할 요건이 있다면 현행의 국제환율체제가 안고 있는 불확실성과 복잡성을 해결할 수 있도록 통화체제의 확실성과 단순성을 갖추어야 한다는 것이다. 이러한 관점에서 지금까지 제기된 환율체제의 개편안들을 평가해 보면 다음과 같다.

고정환율제 복귀안 주로 주요선진국 통화를 중심으로 고정환율 시스템을 유지하려는 복수 기축통화제를 제안하고 있는데 이러한 제안들은 현실적 가능성이라는 관점에서 어려움이 많다. 매키논(McKinnon)안의 경우 중심환율의 결정이 어떻게 이루어지며 이것의 안정성이 보장되느냐, 고지마(小島清)안의 경우 금의 충분한 확보에 대한 제한성이 문제되지 않는가 하는 점과 함께, 두 가지 제안 모두 엄격한 국제협조와 규칙준수가 필요한데 이것이 가능한가, 결국 참가국의 국내경제정책의 자율성이 훼손되어야 하지 않느냐 하는 문제제기가 이루어지고 있다. 한편 이러한 고정환율제 복귀안을 제도의 단순성과 확실성 측면에서 보면 확실성은 어느 정도 보장되겠지만 운용의 단순성이 다소 충족되기 어렵다고 전망된다.

변동환율제 보완안 이러한 개편안들은 환율변동이 가져오는 효율을 추구하되 환율불안정이나 투기자본에 의한 환율변동을 국가개입이나 거래세제도입을 통하여 해결하려는 점에서 바람직하다. 우선 현실적 가능성이라는 점에서, 목표환율대안은 플라자-루브르협정에서 실제로 시도된 바 있다는 점에서 실현가능성이 높다고 할 수 있지만 국가간 정책목표의 상충 때문에 기준환율의 설정합의가 어렵다는 문제점을 내포하고 있다. 신축적 변동환율대안은 목표환율을 적용할 통화를 미·일·독의 3개국 통화로 제한하여 환율과 관련된 정책협조국가의 수를 줄임으로써 정책협조의 신속성과 효율성을 도모하고자 하였지만, 이 안은 목표환율과 환율변동의 범위가 명시된다는 점에서 외환투기의 공격을 받을 가능성이 크다는 취약성을 가지고 있으며 또한 1994년 IMF총회에서 이미 거부된 바 있어 현실가능성이 없어지기도 하였다. 외환거래세 도입안은 단순한 제안이면서도 국제통화질서를 안정화하는 가장 효율적인 수단으로 평가되지만 실제적인 외환거래세의 부과에 대한 주요 선진국들의 통일적 국제협약을 이루는 데에는 현실적인 어려움이 수반될 것이다.

단일통화안/통화통합안 이러한 개편안은 이론적으로는 이상적이지만 현실적인 실현가능성이 별로 없다. 세계가 단일통화지역으로 이행되기 위해서는 환율의 고정·통화정책의 공동목표 설정·공동의 통화정책 운영·세뇨리지(seigniorage)의 배분체계에 대한 합의가 이루어져야하지만 그것이 거의 불가능하다. 또한 국가 간 임금·가격의 경직성이 존재하고 노동의 이동성이 제약되는 환경 하에서 도입이 곤란할 뿐만 아니라 서로 다른 경제환경 때문에 동일한 거시경제정책을 운용하는 것이 매우 어렵고 그러할 경우 발생되는 거시경제정책의 조정비용을 누가 부담할 것이냐 하는 것도 매우 어려운 문제이다. 경제의 지역통합화가 심화되는 상황에서 통화의 통합문제에 대한 논의 역시 앞으로도 계속되겠지만 그렇다고 하여 이러한 통화통합이 쉽게 이루어질 가능성이 높지 않은 것 역시 사실이다.

〈표 8-7〉은 지금까지 논의한 각각의 국제통화체제 개편안들에 대하여 환율의 고정성·유동성 공급·국제수지조정성 등 국제통화체제로서의 기본성격이 무엇이고 그러한 제안들은 실현가능성·단순성·확실성 등의 측면에서 어떻게 평가할 수 있는가를 요약하고 있다.

〈표 6-7〉 국제통화체제 개편안의 성격과 평가

구 분	개 편 안	국제통화체제의 성격			개편안의 평가		
		환율 고정성	유동성 공 급	국제수지 조정성	제도의 단순성	제도의 확실성	제도의 실현에 대한 현실적 어려움
고정 환율제 복귀안	복수 기축통화안	●	미·독·일 3개국 공급	대내적 조정 (재정정책)	▲	●	중심환율의 정립에 대한 합의의 어려움.
	복수기축통화 + 금환본위제안	●	금 + 3개국 공급	대내적 조정	▲	●	금의 확보 어려움 문제, 3국간 상호협력 어려움.
변동 환율제 보완안	목표환율대안	▲	사적유동성 의존	대내적 조정 + 중심환율변경	▲	▲	목표환율의 설정 어려움. 설정에 따른 혼란문제
	신축적 환율변동대안	▲	미·독·일 3개국 공급	대내적 조정+ 3국 환율조정	●	▲	정책협조의 용이성 있음. IMF 총회에서 거부되었음.
	외환거래세 도입안	×	사적유동성 의존	대내적 조정+ 대외적 조정	●	▲	세금에 의한 단기자본이동 제한 효과에 확실성 없음. 과세위한 국제협정 필요함.
통화 통합안	세계중앙은행안 (단일통화안)	●	세계중앙 은행 공급	대내적 조정 (재정정책)	●	●	세계중앙은행 설립의 합의 도출에 어려움 있음.
	범EMS안 (유로통화확대안)	▲	지역통화 당국 공급	대내적 조정 (재정정책)	●	●	주요국들(미국, 일본 등)의 합의 도출에 어려움 있음.

註 : ● (기준에 강하게 만족), ▲ (기준에 약하게 만족, 또는 양면성 있음), × (기준에 만족 안 됨)

62 R. I. McKinnon, (1984), (Fall 1988) pp.351-373. (Winter 1988) pp.83-103.
63 小島清 (1989 a) pp.8-20 및 (1989 b), pp.26-37.
64 村野孝(1989) pp.23-31.
65 J. Williamson, and M, H, Miller (1987).
66 J. Tobin (1982).
67 R. N. Cooper (1987) 및 (1993), pp.322-350.
68 P .B. Kennen (1988).

제7장

금융세계화의 정치경제론

제1절 세계화의 정치경제적 논점[69]

세계화라는 용어는 본디 학문적 문제의식으로부터 시작된 것은 아니었지만 지난 20여 년 동안 크게 변모한 세계정치경제의 변화, 더 나아가서는 일종의 문명사적 전환을 지칭하는 의미를 담게 되었다. 이에 따라 사회과학의 다양한 분야에서 이에 대하여 집중적으로 조명함으로써 그 개념 자체가 보다 새로운 사회과학적 의미를 부여받게 되는 동시에 지난 수년 간 크게 변모한 세계의 정치경제현실 및 이와 관련된 사고를 표현하는 유용한 개념으로서 하나의 학문적 지위를 획득해가고 있다.

언제나 그러하듯 주류경제학자들·정부·국제기구들은 세계화를 통한 경제성장과 효율증대 등 세계화의 경제적 이득을 강조하고 있지만, 다른 한편에서는 목숨을 던져가며 반세계화운동의 깃발아래 거리로 나서는 수만의 사람들이 있다. 때로는 저명한 경제학자들까지도 세계화와 관련된 뜨거운 논쟁에 뛰어들고 있다.

그럼에도 불구하고 세계화의 본질이나 그 함의에 대한 명확한 합의는 이루어지지 않은 채 여전히 논란만 가득하다. 세계화를 바라보는 인식과 관점에 따라 서로 다른 해석을 낳고 있는 동시에 그에 따른 전략적 관점에도 다양한 차이가 있기 때문이다. 이러한 이유로 하여 세계화의 본질과 영향에 대한 정치경제적 논의 역시 매우 다양한 관점에서 이루어지고 있다. 세계화와 관련되는 주요한 정치경제적 논점들을 정리해보면 다음과 같다.

개념화 '세계화를 어떻게 개념화 할 것인가'로부터 '세계화는 과연 오늘날 처음으로 나타난 새로운 현상이고 오늘의 세계경제는 세계화론자들이 정의하는 수준의 진정한 통합을 이룩하고 있는가'

69 노택환 (2005) 주요 내용 요약 및 (2006) 참조.

등과 관련된 다양한 논쟁들이 있다.

배경과 성격 오늘날 우리 앞에 전개되고 있는 '세계화가 이루어진 원인과 배경은 무엇인가'로부터 '이러한 세계화추세는 필연적이고 불가역적인 것인가 그렇지 않은가' 또한 '세계화가 진행되고 있는 오늘날의 자본주의는 이전의 자본주의와는 질적으로 다른 새로운 단계의 자본주의인가 아니면 본질적 속성에는 변함이 없는가' 등과 관련된 논쟁들이 있다.

영향과 대응책 '세계화가 가져올 정치경제적 영향은 어떠하고 이것은 인류에게 어떠한 미래를 가져다 줄 것인가', '세계화로 인한 국민국가의 존재와 역할은 무엇이고 개별국가의 경제정책은 어떻게 변화될 것인가' 등 정치경제적 영향에 대한 논의와 함께 '세계화에 대한 올바른 대응책은 무엇이고 반세계화론이 제시하는 대안은 과연 어떠한 적실성을 가지는가' 등 세계화에 대한 대응책과 관련된 논쟁들이 있다.

세계화를 둘러싼 이상과 같은 정치경제적 논점과 이러한 논점을 둘러싸고 제시된 양쪽의 주장들을 요약하여 정리하고 있는 것이 〈표 7-1〉이다. 이하에서는 이러한 주제들에 대한 여러 가지 논쟁들의 핵심적 내용이 무엇인가를 소개하기로 한다.

〈표 7-1〉 세계화와 관련된 정치경제적 논점 비교

구분	세계화론자의 시각	반세계화론자(회의론·비판론)의 시각
시각	• 주류경제학 • 국제정치경제의 자유주의	• 반주류 정치경제학 • 국제정치경제의 현실주의·급진주의
개념화	• 역사적으로 그 이전 어느 시기와도 비교가 되지 않는 새로운 현상임. • 국제 무역·금융·생산의 획기적인 규모증대와 시장통합이 이루어졌음. • 세계화는 현존하고 진행 중인 실체임.	• 자본주의의 국제화과정이 역사적으로 여러 차례 전개된 바 있고, 오늘날의 세계화가 결코 19C 말의 국제화수준을 초과하지 못하고 있음. • 세계화론자 주장은 지나치게 과장되어 있음. • 세계화는 이데올로기적 허상일 뿐임.
배경과 원인	• 교통통신기술의 발전·이념종식에 따른 세계시장 통합 등 외부적·환경적 변화 의한 자연스럽고 필연적인 변화과정임. • 세계화현상은 정치적·정책적 문제에 대한 독립변수로서 정치 외적인(경제적인) 요인들에 의해 이루어짐.	• 세계화는 외부적·환경적 요인에 의한 것이 아니라 자본주의의 동학·역학관계의 변화 등 정치적 요소의 종속변수임. • 전후 자본주의의 기본적 축적체제(포디즘적 케인즈주의) 붕괴에 따른 자본의 대응, 이를 대변하는 강대국의 정책 선택의 결과임.
본질적 성격	• 세계화는 외부적 환경변화에 따른 현상인 만큼 필연적이고 불가역적인 추세로서 이후 더욱 강화될 것임. • 오늘의 세계화는 단순한 양적 팽창이 아니라 질적 변화까지를 수반하고 있음. • 세계화로 인하여 종전의 자본주의와는 기본 성격과 패러다임이 다른 새로운 글로벌(초국적) 자본주의가 탄생하였음.	• 자본의 대응전략이나 국제정치관계 변화에 따라 세계화의 양태·정도가 향후 얼마든지 달라질 수 있는 가변성 가짐. • 세계화는 자본에 내재한 속성 (어떤 새롭고 역동적인 구조·경제의 등장이 아님.) • 세계체제의 연속성 위에서 세계경제 장기파동이나 헤게모니 변화에 따라 끊임없이 반복·재편되어온 순환적·주기적 과정의 일부임.
영향	• 자원배분의 효율성 증대 • 세계적 규모의 시장통합 • 시장기능의 극대화, 경쟁의 촉진 • 경제의 효율성증대, 후생극대화 • 만민주의·평화주의의 확산	• 빈부격차 심화, 양극화 • 경제적 의존성 심화, 정치적 자주권 훼손 • 서구화 및 미국화 심화 • 정치경제적 마찰과 갈등 격화 • 개도국 경제위기 구조화 • 지구환경 파괴, 인간성 파괴

1. 세계화의 개념화

1.1 세계화의 개념적 정의

(1) 세계화의 다양한 개념정의

상술한 대로 세계화라는 용어는 이제 우리 주변에서 가장 많이 접하는 일상적 용어가 되었음에도 불구하고 세계화의 실체와 본질에 대한 명확한 합의가 여전히 이루어지지 못하고 있다. 따라서 세계화라는 용어는 사회과학의 학문영역에 따라 여러 가지의 의미로 특화되어 사용되고 있다. 다양한 세계화 논의 중에서도 중요한 의미를 지니는 것은 ① 경제의 세계화, ② 정치의 세계화, ③ 사회문화적 세계화 등 3가지 측면이라고 할 수 있는 만큼,[70] 이들 각각의 학문에서 각기 다른 나름의 세계화를 논의하고 있다.

우선 경제의 세계화를 논의하는 경제학에서는 경제의 국제화·자유화로 인한 자본주의 시장관계의 확대라는 관점에서 세계화를 논의하고, 정치학이나 국제관계학에서는 국가관계의 강화·지구정치의 발달·국제제도의 강화·민족국가와 국가주권 약화 등의 관점에서 세계화를 논의하며, 사회문화적 측면에서는 국가 간 문화의 이동·문화적 정체성의 동질화 등의 관점에서 세계화를 논의하는 등 세계화를 각기 자신의 학문적 영역에서 다양하게 정의하고 있다.[71]

이처럼 세계화에 대해서는 논자들마다 서로 다른 정의가 있다고 해도 과언이 아니지만 이렇게 광범위하게 사용되는 세계화라는 용어 속에는 대체로 다음과 같은 다섯 가지 유형의 개념정의가 내포되고 있다고 할 수 있는데, 각각의 학문분야나 정치경제의 기본시각에 따라 그 강조점이나 평가가 조금씩 서로 다르다.[72]

국제화(internationalization) 이는 '세계화 = 국제화'라는 개념정의로서 국가와 국가 간에 사람·재화·자본 등의 이동이 확대되고 그들 간의 상호의존도가 더욱 높아진다는 것을 의미한다. 자유주의자들은 이러한 의미의 세계화를 시장의 확대 또는 통합과 동의어라고 생각하고 시장원리만으로 경제활동이 이루어지게 되어 세계경제는 보다 효율적으로 발전하게 된다고 평가하며 이를 지지한다. 반면 중상주의자들은 이러한 의미의 세계화는 국내의 정치경제를 국민국가 스스로 통제할 수 없게 되는 것을 의미하므로 국가주권의 훼손이라는 관점에서 이러한 의미의 세계화를 비판한다.

자유화(liberalization) 국가와 국가 간에 이루어지는 재화(무역)와 요소(금융·투자)의 이동에 대한 규제와 장벽이 제거되고 국내적으로도 탈규제화·민영화가 이루어져 시장에 대한 국가개입이 제거됨으로써 경제시스템이 시장원리에 따라 작동되는 것을 세계화라고 개념정의하여 '세계화=자유화'를 의미한다. 따라서 자유주의자들은 자유화·규제완화·민영화라는 신자유주의 흐름이 전 세계적으로 확대해 나가는 모습이 세계화라고 정의하면서 이를 지지한다. 반면 중상주의자들은 이러한 개념의

---

70 물론 이러한 3개의 측면 외에도 노동의 세계화, 조직의 세계화, 이데올로기의 세계화 등 다양한 측면의 세계화 논의가 있다.

71 J. Pieterse (1994) p.161.

72 清水耕介 (2003) pp.159-166의 내용 참조.

세계화는 경제분야에만 주목하고 정치적 역할을 무시한다는 이유로 이에 대해 저항한다. 급진주의자나 구조주의자들의 경우 그들이 세계화를 반대하는 것이 주로 이러한 자유화추세를 반대하는 것인 만큼 그들 역시 이러한 개념정의의 관점에 서 있다고 할 수 있다.

보편화 · 표준화(standardization) 이 개념정의는 세계의 어느 곳을 가서 보아도 동일한 패스트푸드 · 영화 · 담배 · 소프트웨어 · 의류가 성행하고 있다는 점에서 세계화란 곧 세계가 표준화 · 보편화 · 평준화되고 있는 상태라고 규정한다.[73] 말하자면 지금까지 지리적 · 문화적 · 정치적으로 구분되어 개별성 · 차별성이 기본이 되어온 세계가 보편성 · 총체성이 기본이 되는 세계로 바뀌어가는 것을 말한다. 따라서 이 개념정의는 상술한 두 가지 정의와 달리 주로 문화적 · 사회적 측면에 주목하고 있다. 이러한 이유로 국제정치경제의 중상주의나 자유주의도 이러한 의미의 세계화에 대해서는 그다지 관심을 보이지 않았다. 다만 급진주의 속에서 반제국주의 등에 관심이 있는 사람들은 일찍부터 이 정의에 주목하여 문화적 신제국주의 · 신식민주의 등을 거론하며 세계화가 초래하는 문화적 지배력을 비판해 왔다.

서구화 · 미국화(americanization) 이 개념정의는 위에서 말한 자유화 · 표준화라는 정의와 상호 관련되는 정의로서 자유화를 통한 표준화가 서구 또는 미국을 중심으로 이루어져 결국 '세계화=서구화 · 미국화'로 종결되어진다고 규정한다. 예컨대 자유화에 의해 세계 각지로 진출한 맥도널드는 지구의 많은 길모퉁이에서 보편화된 풍경을 만들어 내어 그 풍경이 서구적 · 미국적이 되어버려 서구(미국)적 시스템이 결국 글로벌스탠더드(global standard)가 되어 버린다는 것이다.[74] 이 개념정의는 이렇게 사회문화적 측면에 초점이 맞추어져 있으므로 중상주의나 자유주의는 대체로 이에 무관심한데 비하여, 급진주의는 이러한 서구화 · 미국화가 전통적인 생활체계나 시스템을 파괴하는 동시에 세계시민에 의한 아래로부터의 세계화를 훼손한다고 비판하면서 이에 대해 많은 관심을 표명한다.

탈영토화(de-territorialization) 이 개념정의는 영토라는 개념이 서서히 의미를 잃거나 없어진다는 것을 말하는데 실제로 오늘날의 세계화는 국경을 붕괴시키는 새로운 차원의 경제적 통합을 추진시키는 경제적 탈영토화현상을 가져오고 있다.[75] 따라서 이 정의는 국가영역의 경계가 점차 없어진다는 의미에서 첫 번째 개념정의(국제화)를 포괄한다고 할 수 있고, 또한 이러한 상태는 국가 간 장벽이 없어지는 것을 의미하므로 두 번째 개념정의(자유화)가 전제조건이 된다고 할 수 있다. 따라서 '세계화=탈영토화'라는 이러한 개념정의에는 정치경제적 측면만이 아니라 사회 · 문화 등의 범주도 포함된다고 할 수 있다.

(2) 경제의 세계화

이상에서 살펴본 바와 같이 세계화의 여러 가지 개념정의에는 경제적 측면만이 아니라 정치적 · 사회문화적인 측면들도 포함되어 있어 어느 한 측면만을 강조하는 세계화는 불충분한 것이 될

---

73 Andy Green (1997) p.155 및 W. Hutton (1997) p.55.

74 이러한 정의 속에는, 서구(미국)를 중심으로 하는 세계관 · 시스템에 의해 서구(미국)에 유리한 세계관 · 시스템이 정비되어 비서구사회의 저개발과 이익훼손을 초래한다는 의미를 내포하는 동시에 서구(미국)에 의한 위로부터의 일방적인 보편화 과정이 강요됨으로 해석되어진다.

75 A. M. Hoogvelt (1997) 참조.

수 있으므로 세계화를 종합적으로 정의하기 위해서는 정치·경제·사회라고 하는 세 가지 측면을 함께 고려할 필요가 있다.

이처럼 세계화는 경제적·정치적·사회문화적 측면이 모두 포함되어야 하지만, 그럼에도 불구하고 현 시기의 세계화를 추동하는 가장 핵심적인 힘은 '경제의 세계화'에서 발원하고 있다는 데에 많은 학자들이 동의하고 있다. 오늘날 전개되고 있는 세 가지 측면의 세계화 중에서도 가장 가시적인 변화를 드러내고 있는 부분이 경제의 세계화(economic globalization)이기 때문이다. 이 때문에 세계화에 대한 다양한 논의 가운데서도 가장 많은 논쟁의 대상이 경제의 세계화이고 세계화라는 용어를 일반적으로 사용하는 경우 이는 주로 경제의 세계화를 지칭하는 말로 받아들여지는 것도 사실이다.

그런데 오늘날의 세계화를 주도하는 추동력으로서 경제의 세계화를 다시 그 내용에 따라 구분하면 ① 가장 전통적이고 근원적이면서도 지속적인 동력으로서 국가 간 재화의 교역이 자유화·국제화됨에 따라 나타나는 무역의 세계화(globalization of trade), ② 전 세계시장을 대상으로 하여 생산 및 판매 활동을 행하는 다국적기업에 의해 주도되어 온 생산의 세계화(globalization of production), ③ 금융의 자유화·국제화로 인하여 금융거래가 급격히 팽창하고 금융시장이 세계적으로 통합되는 금융의 세계화(financial globalization)가 주요한 내용을 이룬다.[76]

이러한 관점에서 위에서 소개한 다섯 개의 개념정의를 모두 포괄하여 경제의 세계화를 종합적으로 개념화한다면, 경제의 국제화로 인하여 세계시장이 통합되고 국경을 넘는 경제거래가 자유화되어 국가와 국가 간에 재화·서비스거래 및 국제금융·투자행위가 활성화됨으로써 '국경 없는 경제'가 실현되고 경제주체들의 정체성이 보다 표준화·동질화되는 현상과 변화를 의미한다고 할 수 있다.

(3) 국제화와 세계화

그렇다면 우리가 지금 사용하고 있는 '세계화'라는 용어와 유사하거나 대칭적인 개념으로서 '국제화'라는 용어가 있는데 이들 양자의 관계는 어떻게 설정해야 하는가? 아래에서 논의하는 바와 같이 세계화의 본질을 어떻게 파악하느냐에 따라 양자의 개념을 구분하는 것 자체를 찬성하지 않는 주장도 있지만, 대부분의 논자들은 이 두 가지 개념을 구분하여 사용하려 한다.[77]

이렇게 양자를 구분하여 사용하는 사람들은, 국제화(internationalization)란 국가와 국가 간(inter-nation)의 관계를 전제로 하는데 대하여 세계화(globalization)란 국가와 국경의 개념을 넘는 지구촌(global village)적인 관계를 강조하는 개념이라고 규정한다. 따라서 국제화와 세계화는 모두 국가와 국가 간의 상호의존성이 높아지고 유기적인 협력이 강화된다는 특성을 지니고 있지만 다음과 같은 점에서 차별성을 내포하는 것으로 개념화한다.

---

76 실물자본의 국제화·자유화를 지칭하는 '생산의 세계화'와 금융자본의 국제화·자유화를 지칭하는 '금융의 세계화'를 포괄하여 '자본의 세계화'(globalization of capital)라고 한다.

77 물론 이렇게 양자를 구별하는 경우에도 양자의 개념에 대한 해석은 다양하다. 예컨대 국제화-세계화의 관계를 '19C/20C개념-21C개념', '쌍무적 개념-다자주의적 개념'·'국민경제적 개념-기업경영적 개념'·'경제적 개념-정치·경제·사회문화적 개념' 등으로 대비하는 등 그에 대한 해석이 통일적이지 않다.

(1) 국제화는 문자 그대로 '국가' 간의 관계 및 교류에 초점을 두는 것이고 세계화는 '지구 전체'를 하나의 공간으로 통합하는 과정이다. 따라서 국제화는 근대국가의 속성인 영토성과 국가주권에 기초한 국가 간 상호의존관계가 높아지는 과정을 지칭하는데 대하여 세계화는 민족국가 개념을 초월하여 전 인류적·지구적 차원에서 경쟁과 협력을 통한 통합이 이루어지는 것을 말한다.

(2) 따라서 경제의 국제화는 경제적 의미의 국경이 존속하고 개별국가의 경제주권이 존중받는 체제였다면 경제의 세계화는 경제적 의미의 국경이 소멸되고 개별국가의 경제적 주권도 위축되어, 국제관계의 중심축이 쌍무적 관계로부터 범지구적 차원으로 확장되고 국제경제활동이 국제레짐(international regime)에 의해 보호되고 통제되는 체제이다. 따라서 국제화시대의 시장개방과 경쟁은 그 범위가 한정적이었지만 세계화시대의 시장개방과 경쟁은 무한정적으로 확대된다.

(3) 세계화는 국제화가 더욱 발전되고 확장된 것으로서 이는 경제적인 측면에서 나타나는 시장의 통합뿐만 아니라 정치사회적인 단일체·지구촌적 조건을 갖춘 '하나의 세계'라는 조건을 갖춘 것이다.

이와 같이 국제화와 세계화의 개념은 결국 국가·국경의 개념을 전제로 하는 고전적 개념이냐 국경을 뛰어 넘는 지구촌개념이냐 따라 구분되어 고전적 근대국가의 영토성과 국가주권이 전제되느냐 약화되느냐 여부에 주목되고 있다. 이처럼 이론적으로는 국제화와 세계화를 서로 다른 개념으로 차별화하지만 아직도 국제질서에 중요한 행위자(actor)로 기능하는 주권국가로 인하여 이러한 양자의 개념적 차별성이 현실 속에서 명확히 드러나지는 않는 것도 사실이다. 이러한 이유 때문에 세계화에 대한 많은 논의가 혼돈과 모호함을 벗어나고 있지 못한 것 또한 사실이다.

1.2 역사적 관점에서 본 세계화

[1] 국제화와 세계화에 대한 이러한 개념적 모호성과 관련하여 새로운 논쟁점이 대두되게 되었다. 오늘날 우리가 경험하고 있는 이른바 '경제의 세계화'로 인하여 종전의 국제화시대에서는 찾아보기 어려운 세계경제의 양적·질적 변화가 나타나고 있는 것은 사실이지만, '1980년대 이후 나타난 이러한 세계화가 과연 종전에는 유례를 찾아볼 수 없는 현상 내지는 역사적으로 처음 대두된 새로운 현상인가, 아니면 과거에도 있었던 현상이 반복되고 있는 것인가'하는 문제, 또한 '1980년대 이후에 나타난 세계경제 현실이 세계화론자들이 말하는 것처럼 국가의 존재 자체를 뛰어 넘는 수준의 세계적 통합을 이룩하고 있는가 그렇지 못한가' 등에 대한 의문과 문제제기가 그것이다.

이에 대하여 오늘날의 세계경제는 이전의 단계와는 다른 새로운 단계에 도달하였다고 보는 견해들과, 최근에 이르러 경제의 세계적 통합이 종전보다 진전되고 있는 것은 사실이지만 오늘날과 같은 세계화현상은 종전에도 존재하였던 것으로 결코 그때에 비하여 획기적이라고 보기 어렵다는 견해가 대립된다. 전자가 세계화론자(globalist)의 견해이고 후자가 세계화 회의론자(sceptics) 내지 세계화비판론자의 견해이다.[78]

78 D. Held (1997)는 ① 과대 세계화론자 (hyper globalist), ② 회의론자 (sceptics), ③ 변형론자 (transformationist) 등으로 구분하여 세계화에 대한 견해 차이를 논의하였다 또한 세계화론자와 세계화 회의론자들 간의 논쟁을 대립시켜 비교하고 있는 연구로서는 J. Perraton et. al (1997), P. Dicken et. al.(1997) D. Held et.

② 세계화론자들은 오늘날의 세계경제가 이전의 국제화시대와는 다른 모습과 구조를 가진 것으로 설명한다. 1980년대 이후 급속히 팽창한 무역의 세계화 및 금융의 세계화와 함께 다국적기업의 해외직접투자를 통한 생산의 세계화를 통하여 세계경제의 상호의존과 통합이 빠른 속도로 이루어졌음을 주장한다. 이들은 이를 뒷받침하는 여러 가지 현실적인 증거들을 제시하면서 1980년대 이후의 세계는 무역·금융·생산 면에서 규모가 크게 증대하였을 뿐만 아니라 이들의 세계적 통합이 크게 이루어져 역사적으로 그 이전의 어느 시기와도 비교되지 않는 새로운 시대를 맞이하였다고 주장하였다.

이와 같은 세계화론자들의 주장과 예시에 대하여 세계화 회의론자들은, 세계화론자들이 공연한 '야단법석'(much ado about nothing) 떨고 있을 뿐이며 최근의 세계화에 관한 많은 주장들은 상당 부분 과장되어 있다고 비판한다. 그들은 세계화는 마치 신화처럼 갑자기 자리 잡은 것이 아니라 역사적으로 여러 차례에 걸친 자본주의의 국제화과정에 의해 이미 전개되어 오고 있었다고 주장한다. 이에 따라 그들은 세계화의 역사를 1870년대부터 제1차 대전(1914년)까지의 「제1차 세계화」와 1980년대 이후부터의 「제2차 세계화」로 구분한다. 제1차 세계화 시기 역시 상당한 수준의 세계경제 통합이 이루어져 있었으므로 수량적으로 볼 때 1980년대 이후 전개되고 있는 제2차 세계화의 흐름이 이 시기에 비해 결코 더 획기적인 변화를 이룩하였다고 보기 어렵다고 주장하면서 이를 뒷받침하는 많은 실증적 논거들을 제시하였다.

이러한 관점에 서서 세계화론자들의 인식을 비판하는 대표적인 저술이 허스트와 톰슨(Paul Hirst and Graham Thompson)이 공동 저술한 「문제의 세계화」(*Globalization in Question*, 1995)이다. 그들은, 세계화란 역사적으로 자본주의가 국제화되는 과정에 의해 여러 차례 전개되어 왔던 자본주의 시장체제의 전 세계적 확대양상을 극적으로 설명하는 일종의 과대 포장된 말장난에 불과하다고 주장하면서 세계화론자들의 주장을 신랄하게 비판하였다. 그들의 주장은 여기에 그치지 않고 세계화론자들은 자본주의의 희망적 특정성과 가능성만을 지나치게 부각시킬 뿐 지난날 자본주의가 겪었던 역사적 한계에 대해서는 철저히 외면하고 있다고 비판하면서 세계화의 영향을 긍정적으로 평가하는 견해에 대해서도 비판하였다.

세계화회의론자들은 오늘날의 세계가 종전에 찾아보기 어려울 정도의 세계통합을 이룩하였다고 주장하는 세계화론자들의 수량적 근거에 대해서도, 국제무역·국제금융·국제자본이동·국제투자에 대한 현실적 통계치를 1890년대와 1990년대로 나누어 비교분석하였다. 이러한 분석을 바탕으로 그들은, 1980년대 이후 전개되고 있는 오늘날의 세계화가 많은 변화를 보여주고 있는 것은 사실이지만 세계화론자들이 정의하는 세계화의 의미를 충족할 수 있을 정도의 '세계경제적 통합'을 이루고 있는가에 대해서는 많은 한계를 지니고 있다고 비판하였다.

이에 세계화회의론자들은, 세계화론자들의 주장은 세계경제의 통합을 크게 과장하고 있고 동시에 역사적으로 오늘날 세계화의 정도가 새롭고도 유례없이 높다는 일반적인 견해는 잘못된 것이라

al.(1999) 등이 있다.

고 비판하면서, 오늘날의 세계화는 적어도 100년 전의 세계화수준을 별로 초과하지 못하고 있으므로 세계화는 이데올로기적 허상일 뿐이라고 규정한다.

③ 이처럼 오늘날 진행되고 있는 세계화라는 현상에 대하여 세계화론자들과 세계화회의론자들은 극명하게 서로 대립된다. 세계화론자들은 1980년대 이후 세계경제는 국제무역·국제금융·국제생산의 획기적인 규모증대와 시장통합으로 역사적으로 그 이전 어느 시기와도 비교가 되지 않는 새로운 변화를 이룩하고 있다고 주장하면서 세계화는 현존하고 진행 중인 실체라고 규정한다. 반면 세계화회의론자들은 자본주의의 국제화과정이 역사적으로 여러 차례 전개된 바 있는데 오늘날의 세계화가 19세기 말에 나타난 제1차 세계화시대의 세계적 통합수준을 결코 초과하지 못하고 있어 세계화론자들의 주장은 지나치게 과장되어 있으며 따라서 오늘날의 세계화는 이데올로기적 허상일 뿐이라고 규정한다.

그러나 세계화회의론자들의 이러한 주장은 세계경제가 실질적으로 하나가 되는 극단적인 세계화를 이념형으로 상정하는 입장에 서 있는 측면이 없지 않다. 또한 19세기 말의 세계화현상은 국제무역이나 국제자본의 이동이 국민경제에 차지하는 비중과 같은 수량적인 측면에서 본다면 오늘날의 세계화에 버금가는 시장통합을 이룩하고 있었다고 하더라도 당시와 오늘의 세계경제 통합은 질적으로 다른 측면을 보여주는 것도 사실이다.

우선 국제무역에 있어 19세기 말의 경우 선진국의 제조품과 개도국의 1차 산품이 상호 교역되는 수직적 교역·산업간 교역형태를 띄고 있었으므로 오늘날과 같이 다양하고 광범위한 수평적 교역·산업내교역과는 그 성격이 상이하였고 오늘날과 같이 다국적기업에 의한 광범위한 기업내무역(intra-firm transaction)도 이루어지지 않았다.

국제투자 역시 19세기 말 상당한 수준의 자본이동이 있었던 것은 사실이지만 대부분의 투자가 간접투자형태로서 오늘날과 같은 직접투자형태는 일부분에 불과하였다. 또한 무엇보다도 19세기 말에는 금본위제와 고정환율체제에 기초하여 외환시장의 국제화가 충분히 이루어지 못하였던 데 비하여 오늘날에는 변동환율제와 파생금융상품 등 국제금융시장의 복잡한 발달로 외환시장의 자유화·국제화가 폭발적으로 일어나면서 이로 인한 금융의 세계화가 오늘날의 세계화를 주도적으로 이끌어가고 있다. 또한 시장의 통합 역시 19세기 말에는 주로 종주국과 식민지시장 간의 통합형태에 머물러 있어 오늘날과 같은 정치적·지리적 탈영토화경향을 갖지 못하였던 것도 사실이다.

이러한 점에서 19세기 말에 이루어진 세계화현상은 양적으로나 질적으로 오늘날의 세계화현상에는 미치지 못하는 수준이었다고 할 수 있다. 그러나 또 다른 한편으로는 오늘날의 세계화 역시 완전한 수준의 통합을 이룩하고 있지는 못하여 그 역시 일정한 한계를 지니고 있는 것 또 한 사실이다. 역사적으로 오늘날의 세계화가 그 이전 어느 시대와 비교할 수 없을 만큼 높은 시장통합을 이룩하고는 있지만 세계화론자들이 말하는 수준의 완전한 통합에는 이르고 있지 못하기 때문이다. 따라서 일부 자유주의자들이 주장하는 것처럼 궁극적으로 세계가 완전히 하나로 통합되는 시대가 도래 할 것으로 보는 데에도 일정한 제한점이 있다고 하겠다.

2. 세계화의 배경과 성격

2.1 세계화의 배경과 원인

그렇다면 1990년대 이후 나타난 이른바 경제의 세계화현상이 나타난 배경과 원인이 무엇인가? 세계화의 배경과 원인에 대해서도 세계화론자들과 반세계화론자들은 각기 서로 다른 주장을 제기하면서 대립하고 있다.

(1) 세계화론자(자유주의자)의 견해

자유주의자를 포함하는 세계화론자들은, 세계화의 영향에 관해서는 수많은 이론적·실증적 연구들을 행하여 왔지만, 세계화 자체의 기원이나 배경에 대해서는 그다지 진지하게 분석하지 않은 것이 사실이다.[79] 이처럼 세계화의 원인이나 배경에 대한 치열한 이론화를 행하지 않았던 자유주의자들은 세계화가 발생한 배경과 원인을 외부환경변화에 따른 자연스럽고 필연적인 변화로 보는 경향이 있다.[80]

세계화의 배경과 원인을 외부적·환경적 요인에서 찾는 자유주의자들은 대체로 ① 교통·통신기술의 혁명적 발전에 따른 거리의 소멸(death of distance)과 국경 없는 세계(borderless world)의 실현, ② 탈냉전 이후 세계정치경제의 변화에 따른 세계시장의 통합, ③ 자본자유화에 따르는 초국적기업 및 초국적 금융의 역할, ④ WTO출범 등 국제기구에 의한 경제자유화, ⑤ 1980년대 이후 출현하여 개도국의 빈번한 금융위기를 계기로 세계적으로 확산된 신자유주의, ⑥ 환경보전·인구폭발·질병퇴치·양극화 등 개별국가를 뛰어 넘어 전 세계적 차원에서의 협조와 타협이 필요한 전 지구적 차원의 문제제기 등을 주요한 배경으로 제시한다.

세계화의 배경을 외부적·환경적 요인에서 찾는 자유주의자들은 이렇게 다양한 요인들을 예거하고 있지만 그들이 전제하는 세계화의 핵심적 요인은 기술과 시장의 발전이다. 교통·통신의 혁명적 발전에 힘입어 무역과 자본의 국제적 이동이 전례 없이 가속화되어 세계경제가 유례없는 통합을 이룩함으로써 세계화가 촉진되었다고 설명한다. 따라서 그들은 앞으로 기술이 지속적으로 발전하면 할수록 세계경제의 통합도 더욱 증대되어 궁극적으로는 세계경제가 하나로 통합되는 시대가 올 것이라고 예견한다. 또한 기술의 발전이 계속되는 한 세계화의 수준 역시 점차 높아져서 이제 세계화현상은 돌이킬 수 없는 불가역 추세로서 앞으로 더욱 강화될 것임을 전망한다.

이 같은 자유주의적 해석은 이미 오래 전부터 다양한 측면에서 제시되어 왔다. 일찍이 1970년대 초 하버드대학의 버논(R. Vernon)교수는 '급속히 팽창하고 있는 다국적기업의 위력 앞에 국가주권·국가경제력 등과 같은 국가적 개념들이 그 의미를 상실하고 있는 것처럼 보인다'는 화두를 꺼내들며 「궁지에 선 주권」(Sovereignty at Bay, 1971)을 발간하였다. 또한 코헤인(Robert O. Keohane)과

---

79 이강국 (2004. 6. 7) p.1.

80 경제주체가 언제나 어떤 조건 하에서 이윤이든 효용이든 뭔가를 극대화하는 조화로운 세계에서는 외부적인 조건의 변화가 이루어지면 자연스럽게 균형의 변화가 이루어지는 것이라는 것이 경제학의 기본전제이기 때문에 나타나는 자연스러운 결과일 수도 있다.

나이(Joseph S. Nye)교수는 그들의 공저 「권력과 상호의존」(Power and Interdependence, 1977)을 통하여 종래의 전통적인 국가권력중심의 국제관계라는 개념을 상호의존이라는 새로운 개념을 대체하며 이러한 상호의존의 개념을 통하여 국제관계를 설명하려는 새로운 시도를 행한 바 있다.

이러한 지적 전통의 연장선상에서 1980년대 이후 일군의 학자들이 세계화현상으로 인한 국가주권의 무력화 문제를 강조하여 왔다. 일본의 논객 오마에 겐이치(Omae Kenichi, 大前研一)는 「국경 없는 경제」(The Borderless Economy, 1990)와 「국가의 종말」(1995) 등을 통하여 세계경제에서 국민국가는 더 이상 자연스럽지 못한, 아니 오히려 역기능적인 행위자로 변화되었다고 주장하면서 세계화의 확장을 강조하였다. 미국의 라이시(Robert Reich) 역시 그의 저서 「국가의 일」(The Work of Nations, 1991)을 통하여 '더 이상 국가적 상품·기술·기업·산업이나 국민경제라는 개념은 이제 존재하지 않을 것'이라고 주장하였다.

이러한 설명방법들은 결국 세계화라는 현상을 정치적 문제에 대한 하나의 독립변수로 파악하고 과학·기술·교통·통신의 급속한 발전 등 정치외적인(경제적인) 요인에 의해 시장기능이 전 세계적으로 확대·심화되어 세계화가 이루어졌다고 보는 자유주의자(liberalist)들의 관점이다. 이들은 세계화라는 현상 자체를, 국가의 정치를 통하여 좌지우지 할 수 없는 현상으로 파악하여 그 자체 외부환경 변화에 대한 어떤 독자적인 운동법칙을 가지는 것으로 설명한다. 이처럼 세계화가 시장이나 기술발전의 추진력에 근거한 독자적인 운동논리를 지니고 있다고 규정하는 자유주의자들은 자연히 '세계화는 돌이킬 수 없는 불가역적 추세'라고 결론짓는다.

(2) 반세계화론자(현실주의·급진주의)의 견해

이러한 세계화론자들의 견해에 대하여 현실주의나 급진주의 등 반세계화론자들은, 세계화는 기술발전과 같은 외부적·환경적 요인에 의해 이루어지는 것이 아니라 자본주의의 동학이나 역학관계 변화 등과 같은 정치경제적 요소나 이러한 변화에 대응하여 개별국가들이 취하는 정책선택과 같은 정책적 요소의 종속변수임을 강조한다.

우선 현실주의자(realist)들은, 세계화를 추동하는 동력은 기술발전과 같은 외부적·환경적 요인에 있는 것이 아니라 오히려 세계대전·대공황·냉전 등과 같은 국제관계의 조건이나 국제체제의 권력배분 변화에 영향을 받는 것이라고 주장하면서, 세계화라는 현상은 자체적인 운동논리를 가지고 있는 독립변수가 아니라 국제관계의 조건이나 국제체제의 권력배분상태 등이 변화함에 따라 증가하기도 하고 감소하기도 하는 종속변수에 불과하다고 규정한다.[81]

이러한 전제에 서 있는 길핀(Robert Gilpin, 1975)교수는, 19C 말~20C 초에 국제무역과 국제투자가 왕성해지고 경제적 상호의존성이 심화된 것은 팍스 브리태니커(Pax Britannica)라는 국제권력구조의 반영이었고 2차 대전 이후 브레튼우즈체제 하에서 자유무역이 증진되고 다국적기업의 활동이 왕성해진 것 역시 팍스 아메리카나(Pax Americana)라는 국제권력구조로 인하여 가능하였다고 지적하면서, 국제체제의 권력배분관계가 패권적인지 아닌지에 따라 경제적 상호의존성이 달라짐을

81 Ian Clark (1999) p.9 및 윤영관 (2003) p.31.

이론화 하였다. 동일한 맥락에서 헬라이너(E. Helleiner, 1994)를 비롯한 일련의 연구자들은 1980년대 이후 금융의 세계화가 미국을 중심으로 하는 선진국들의 의도적인 금융자유화와 자본자유화정책에 의하여 추진되었음을 주장하였다.

반세계화론자들은 이렇게, 세계화는 기술발전과 같은 외부적·환경적 요인에 의해 이루어지는 것이 아니라 자본주의의 동학이나 역학관계의 변화 등 정치적·정책적 요소의 종속변수임을 강조한다. 따라서 그들은 오늘날의 세계화는 전후 자본주의의 기본적 축적체제(포디즘적 케인즈주의)가[82] 붕괴됨에 따른 자본의 대응전략 그리고 그것의 이익을 대변하는 헤게모니국들의 정책선택의 결과라고 주장한다.

이들은, 자본의 속성을 생각하면 자본주의는 그 기원부터 국제적이었고 1차 대전 이전에도 높은 국제화수준을 보여준 것은 사실이지만, 1980년대 이후에 새로이 발전되고 있는 세계화는 결국 당시에 전개된 자본주의의 동학(dynamics)이나 역학관계의 변화와 관련지어 이해해야 한다고 주장한다. 이들은 세계화의 핵심주체는 결국 '자본'이며 이들의 이해와 압력이 세계화의 길을 여는 정책들로 이어졌다고 전제하면서, 오늘날의 세계화 역시 자유주의자들이 주장하는 것처럼 시장과 기술의 발전에 의해 규정된 자본주의의 새로운 단계로의 질적 도약이 아니라 1970년대에 나타난 자본주의의 구조적 위기에 대응한 자본축적전략의 결과로서, 또한 이들의 이익을 대변하는 핵심적 국가들에 의해 의식적으로 주도된 정책선택의 결과라고 주장한다.

(3) 세계화의 배경과 원인 논쟁에 대한 소평가

이처럼 세계화론자(자유주의)들은 세계화의 배경으로 기술의 발전이나 시장통합과 같은 외부적·환경적 요인을 강조하지만 반세계화론자(현실주의·급진주의)들은 1970년대 이후 나타난 자본주의의 구조적 위기에 대한 자본의 대응전략 및 이에 대응하는 강대국들의 정치적·정책적 선택을 강조한다. 다만 이 경우 급진주의는 자본 및 자본주의의의 내재적 속성이라는 측면을 강조하는데 비하여 현실주의자들은 이러한 자본의 이익을 대변하는 강대국들의 정치적·정책적 선택을 강조하는 점에서 다르다.

세계화의 배경과 관련하여 양쪽이 이처럼 서로 상반된 전제를 두고 있는데 이러한 견해 차이를 한마디로 요약한다면, 세계화론자들은 세계화현상을 정치적·정책적 문제에 대한 독립변수로서 정치외적인(경제적인) 요인들에 의해 이루어진다고 규정하는데 비하여 반세계화론자들은 세계화는 외부적·환경적 요인에 의한 것이 아니라 자본주의의 동학·역학관계의 변화 등 정치적 요소의 종속변수라고 규정한다는 것이다.

---

82 1930년대 세계적인 대공황을 극복한 것은 케인즈경제학을 바탕으로 하는 수정자본주의(mixed capitalism)로서 이러한 체제는 '불황 없는 고도성장경제'를 창출하며 1950~60년대 자본주의 황금기를 맞이하였다. 이 같은 자본주의 황금기는 기술적으로는 포디즘(Fordism)적 생산체제에 의해 뒷받침되고 정치사회적으로는 케인즈주의에 기초하였다고 하여 이를 포디즘적 케인즈주의라고 일컫는다. 여기서 포디즘(Fordism)이란 좁은 의미로는 일관공정시스템·노동의 세분화와 단순화 등을 특징으로 하는 테일러주의를 대규모공장의의 생산 공정에 적용시킨 경영기법을 의미하지만 이러한 기술적·노동조직 측면뿐만 아니라 국가의 개입과 조절에 의해 가능해진 소품목 대량생산체제·대량소비체제의 정치경제적 시스템을 포디즘적 축적체제라고 지칭한다.

생각건대 세계화의 배경과 원인을 보다 균형 있게 이해하기 위해서는 경제적 요인과 정치적 요인의 상호작용이란 절충적 관점에서 이를 바라볼 필요가 있다. 기술발전과 같은 외부적·환경적 요인이 없었다면 오늘날과 같은 경제의 국제화·세계화가 물리적으로 가능하지 못하였을 것이므로 그러한 관점에서 기술의 발전은 세계화의 기본적인 필요조건이 된다. 그러나 이러한 기술이 어느 수준에 도달되면 이로부터 세계화가 어느 정도로 진행될 것인지의 여부는 정치적·정책적으로, 그것도 강대국의 정치적·정책적 선택에 의하여 결정되어지는 것이지 기술에 의하여 결정되는 것은 아니다. 다시 말하면 기술수준이 어떠하냐에 따라 세계화의 한계가 규정되지만 그 한계 내에서 정확히 어느 정도 어떤 형태의 세계화가 이루어질 것인지를 결정하는 것은 정치적·정책적 문제라고 할 수 있기 때문이다.[83]

2.2 세계화의 본질적 성격

세계화의 배경과 원인에 대한 논의와 더불어 제기되는 또 다른 논쟁은 세계화의 본질적 성격에 관한 것이다. 우선 제기되는 첫 번째의 논쟁은 '지금 우리 앞에 전개되고 있는 세계화의 현상과 추세가 필연적이고 불가역적인 것인가 아니면 얼마든지 역전가능성이 있는 것인가' 하는 「세계화 추세의 전망」에 대한 문제이고, 다음으로 제기되는 논쟁은 오늘날 전개되고 있는 경제의 세계화 현상은 종전의 국제화시대에 찾아보기 어려운 양적·질적 변화를 보여주고 있는 것이 사실이지만 '과연 세계화가 진행되고 있는 오늘날의 세계경제는 이전의 자본주의와는 질적으로 다른 단계의 자본주의인가 아니면 본질적 속성에는 변함이 없는가'하는 「자본주의의 본질적 속성」에 대한 문제이다.

(1) 세계화추세의 전망에 대한 논쟁

지금 진행되고 있는 세계화 현상과 추세가 불가역적인가 그렇지 않은가에 대한 논쟁 역시 세계화의 배경과 원인에 대한 인식과 진단을 어떻게 내리느냐에 따라 서로 상반된 결론을 보여준다. 세계화라는 현상의 진행 자체를 국가의 정치를 통하여 좌지우지 할 수 없는 현상으로 파악하여 그 자체 시장이나 기술발전 등 외부환경변화에 대한 어떤 독자적인 운동법칙을 가지는 것으로 규정하는 자유주의자들은 세계화는 돌이킬 수 없는 불가역적인 추세이며 이후 기술의 발전과 더불어 더욱 강화될 것이라고 주장한다.

그러나 세계화라는 현상이 기술발전과 같은 외부적·환경적 요인에 의해 이루어지는 것이 아니라 자본주의의 동학이나 역학관계의 변화 등 정치적·정책적 요소의 종속변수임을 강조하는 반세계화론자들은 자유주의자들의 견해에 동의하지 않는다. 현실주의자들의 경우 세계화라는 자체가 국가와 국제정치에 의해 추진되고 유지되는 것으로서 그러한 역할과 정치적 틀이 존재할 때 세계화는 가능해지므로 반드시 어떤 필연적인 과정이 아니며 또한 이후 자본의 대응전략이나 국가적·국제적 정치관계의 변화에 따라 국가의 역할이나 정치적 틀이 어떻게 변모하느냐에 따라 세계화의 양태와

83 장하준 (2004) pp.17-20 및 114-119.

정도가 얼마든지 달라질 수 있음을 강조한다. 따라서 지금 현재 진행되고 있다고 믿어지는 세계화 경향 역시 향후 핵심적 국가들의 정책이나 의지에 따라 역방향으로 작용하여 세계화의 정도가 약화될 수 있음을 주장한다.

이처럼 양쪽의 견해가 서로 상반되지만 세계화의 배경과 원인을 경제적 요인과 정치적 요인의 상호작용이라는 절충적 관점에서 바라본다면 이 문제에 대한 대답 역시 절충적인 관점에서 내려질 수 있다. 비록 세계화를 허구적 이데올로기라고 비판하는 사람들도 지금의 세계화현상이 상당한 기간 동안 계속 진행되고 강화될 것이라는 데에 대체로 동의하고 있지만, 세계화의 정도와 범위를 결정짓는 기본적인 배경이 자본주의의 위기에 대한 자본과 국가의 대응에 있다는 논리의 연장선상에서 보면 지금의 세계화가 반드시 불가피하고 중단될 수 없는 것은 아니라고 할 수 있기 때문이다.

이러한 관점에서 보면 지금 진행되고 있는 세계화는 어느 시기 어느 단계까지는 계속 진행되어 갈 것이지만, 세계화를 주도하는 국가의 역할이나 국제정치적 틀이 어떤 형태로든 변모하게 되면 세계화의 양태와 정도 역시 얼마든지 달라질 수 있을 것이다. 또한 19C 말에 이루어졌던 세계화가 그것의 부작용으로 나타난 국제금융시장 불안과 국제정치경제의 갈등으로 인하여 결국 1930년대 대공황을 끝으로 막을 내렸듯이 오늘날 세계화 역시 그것이 가져올 부작용과 국제정치경제의 불안요인을 제대로 관리하지 못한다면 지금 진행되고 있는 세계화체제 역시 또 다시 붕괴될 수 있을 것이다.[84]

(2) 자본주의의 본질적 속성에 대한 논쟁

한편 세계화가 진행되고 있는 오늘의 자본주의는 이전의 자본주의와는 질적으로 다른 단계의 새로운 자본주의인가 아니면 본질적 속성에 변함이 없는가에 대해서도 견해가 대립된다. 세계화론자들은 오늘날의 세계화는 세계경제의 단순한 양적 팽창이 아니라 질적 변화까지를 수반하고 있는 만큼 이러한 변화로 인하여 종전의 자본주의와는 그 기본성격과 패러다임이 다른 새로운 글로벌(초국적)자본주의가 탄생하였다고 이론화한다.[85]

반면 반세계화론자들은, 오늘날의 세계경제가 어떤 새롭고 역동적인 축적구조나 어떤 새로운 자본주의체제의 등장이라고 할 수 없고 전후 자본주의 축적구조의 위기에 대한 자본의 대응 및 이를 대변하는 중심국가들의 정책적 선택에 의한 결과이며, 또한 세계화는 가치증식과 축적을 기본으로 하는 자본에 내재한 속성이라는 세계체제의 연속성 명제 위에서 이 문제를 바라볼 것을 강조한다. 따라서 이들은 오늘날의 세계화는 세계경제의 장기파동이나 헤게모니의 변화에 따라 끊임없이 반복·재편되어온 순환적·주기적 과정의 일부임을 강조하면서, 세계화란 세계적 규모의 자본축적과

---

84 장하준(2004)은, 세계화를 기술결정론적으로 받아들여 불가피하고 불가역적인 것으로 받아들인다면 앞으로 진행될 세계화과정의 내용을 국제정치경제적 또는 이념적 주도권을 쥐고 있는 나라들로 하여금 마음대로 규정할 수 있도록 하는 것 밖에 되지 않으므로, 세계화의 배경을 제대로 이해할 때에만 세계화의 긍정적 측면을 살리면서 부정적 측면을 억제할 수 있다고 주장한다.

85 이 문제에 대해서는 ① 기술의 진보를 강조하는 자유주의적 접근뿐만 아니라 ② 새로운 금융축적체제를 강조하는 조절이론이나 ③ 독점자본주의에 후속하는 새로운 초국적자본주의를 이론화 하는 고전적 마르크스주의자들과 같은 정치경제적 접근 또는 급진주의적 시각들이 여기에 포함되어 있다.

세계적 규모의 경쟁 격화가 만들어 낸 현상일 뿐 새로운 자본주의가 아니라고 주장한다.

생각건대 오늘날의 세계화가 가치의 증식과 축적을 기본으로 하는 자본에 내재한 속성의 결과일 뿐이라는 세계체제론자들의 기본시각과 연속성명제는 자본주의의 발전과정이나 자본에 내재하는 운동법칙을 새롭게 이해하는데 대단히 유용한 역사인식과 통찰력을 제공해준다. 그럼에도 불구하고 이러한 접근방법으로는 오늘날의 세계화가 초래한 새로운 현실이나 최근에 전개되고 있는 국제정치경제의 급격한 변화의 본질과 특성을 명확히 드러내는 데에는 일정한 한계가 있는 것도 사실이다. 왜냐하면 이들은 자본주의 성립 이후 자본주의를 세계체제로 보기 때문이다.[86]

따라서 오늘날의 세계화를 더 잘 이해하고 분석하기 위해서는, 세계화로 인하여 어떤 새롭고 역동적인 축적구조나 어떤 새로운 자본주의경제의 등장은 아니며 이 역시 세계경제의 장기파동이나 헤게모니 변화에 따라 끊임없이 반복·재편되어온 순환적·주기적 과정의 일부로 파악하는 그들의 기본시각을 수용하면서도, 오늘날의 세계화를 종전의 자본주의와는 다른 특성과 원리를 가지는 시스템으로 파악하고 인식하려는 시각이나 접근방법에 대해서도 주목하려는 노력이 균형 있게 이루어져야 할 것이다. 아울러 자본주의의 위기와 자본운동의 세계화 간의 관계와 이를 통한 오늘날 자본주의의 성격이 무엇인가에 대한 더욱 세련된 분석과 연구가 이후 계속되어야 할 것이다.

3. 세계화의 정치경제적 영향

3.1 정치경제적 영향에 대한 대립적 견해

세계화의 배경과 본질에 대한 인식론적 견해가 서로 상반되듯 세계화가 가져다 줄 정치경제적 영향에 대하여서도 서로 상반되는 견해들이 극명하게 대립된다. 주류경제학이나 자유주의 정치경제학자들은 당연히 세계화가 가져다 줄 긍정적 효과들을 역설하여 왔다. 그들의 논리는 다양하지만 주장의 핵심은, 세계화가 ① 자원이동의 신속화·최적화를 통한 자원배분의 효율성 증대, ② 세계적 규모의 시장통합, ③ 시장기능의 극대화 및 경쟁의 촉진, ④ 세계적 효율증대와 후생극대화를 이룩할 수 있다는 것이다. 따라서 그들은 세계화의 이러한 긍정적 효과를 극대화하기 위하여 더 큰 자유화와 시장통합이 이루어져야 함을 소리 높여 외쳐대고 있다.

반면 현실주의 및 급진주의적 정치경제학자들이나 수많은 시민단체 및 NGO들은, 세계화가 당연히 인류의 성장과 후생에 도움을 줄 것이라는 순진한 믿음은 그 근거가 튼튼하지 못하여 논쟁의 대상이 되어야 할 뿐만 아니라 세계화가 오히려 인류 대부분의 후생이나 삶의 질을 저하시키는 원인이 될 수 있음을 강력하게 주장하고 있는데 이러한 그들의 반세계화외침은 해를 거듭할수록 더 거세어지고 있다.

이러한 반세계화론자들의 목소리 역시 다양하지만 그들이 주장하는 세계화의 부정적 효과는 대체로, ① 소득분배구조의 불균형이나 불균등발전으로 인한 빈부격차의 심화 및 양극화, ② 세계경제

---

86 놓지 전장환 (1999).

및 시장통합으로 인한 경제적 의존성의 심화 및 정치적 자주권의 훼손, ③ 세계정치경제문화의 서구화 및 미국화(americanization), ④ 정치경제적 마찰과 갈등의 격화, ⑤ 금융·자본의 세계화에 따른 개도국 경제위기의 구조화, ⑥ 세계화가 초래할 지구환경 및 인간성의 파괴 등으로 요약될 수 있다. 따라서 그들은 세계화가 초래할 이러한 부정적 영향을 차단하기 위하여 더 이상의 시장통합이나 자유화를 허용해서는 안 된다고 주장한다.

〈표 7-2〉 세계화의 정치경제적 영향에 대한 견해 차이

긍정론자의 견해	부정론자의 견해
• 자원배분의 효율성 증대 • 세계적 규모의 시장통합 • 시장기능의 극대화, 경쟁의 촉진 • 경제의 효율성증대, 후생극대화 • 만민주의·평화주의의 확산	• 빈부격차의 심화, 양극화 • 경제적 의존성 심화, 정치적 자주권 훼손 • 서구화 및 미국화(americanization)의 심화 • 정치경제적 마찰과 갈등 격화 • 개도국 경제위기의 구조화 • 지구환경의 파괴, 인간성의 파괴

3.2 정치경제적 영향에 대한 다양한 목소리

① 이처럼 세계화가 가져올 정치경제적 영향에 대해서는 동일한 문제에 대해서도 완전히 서로 상반되는 입장에서서 펼쳐지는 극단적인 낙관론과 극단적인 비관론이 교차하고 있다. 세계화가 이렇게 한편에서는 찬사를 받으면서 또 다른 한편에서는 비난을 받고 있는 상반된 현실에 대해서 학자들은 세계화를 '두 얼굴(two faces)을 가진 실체'로 표현하기도 하였다.[87]

이처럼 세계화가 두개의 얼굴을 가지고 있는 만큼 이의 원인과 영향을 논의하는 학문으로서 경제학 역시 두 개가 경제학이 공존한다고 할 수 있다. 이렇게 세계화가 가져다주는 기회와 충격은 이미 1990년대 후반부터 많은 이들의 관심의 대상이 되어옴에 따라 세계화의 영향을 논의하는 서적들이 - 그것을 찬성하는 쪽이든 반대하는 쪽이든 - 세계적인 베스트셀러가 되어왔다.

(1) 뉴욕타임스(The New York Times)를 대표하는 저널리스트 프리드만(Thomas L. Friedman)은 그의 저서 「렉서스와 올리브나무」(Lexuses and Olive Tree, 1999)를 통하여 지역적인 저항에도 불구하고 도도하게 전개되는 세계화의 승리를 낙관적으로 보고하여 전 세계적인 환호를 받았다. 2000년대에 들어와 파이낸셜 타임즈(The Financial Times)의 저널리스트 울프(Martin Wolf)는 「왜 세계화가 세계경제에 도움이 될 수밖에 없는가」(Why Globalization Works, 2004)를 힘차게 주장하며 많은 사람의 갈채를 받았다.

(2) 반면 지구 반대쪽 독일의 언론인 마틴과 슈만(Martin and Schuman)은 그들의 저서 「세계화의 덫」(*Die Globalisierungsfalle*, 1996)을 통하여 세계화가 가져올 사회를 '20 : 80의 사회'로 규정하며 세계화로 인하여 온 세상이 결국 '하향평준화'의 길로 가고 있다고 주장하는 등 세계화의 어두운 측면을 생생하게 고발하여 환호를 받았다. 허스트(P. Hirst)와 톰슨(G. Thompson)은 「문제의 세

87 B. Milanovic (2002) E. A. Aisbett, (2003).

계화」(*Globalization in Question*, 1996)를 통하여 세계화는 자본주의의 희망적 특정성과 가능성만 지나치게 부각시키고 지난날 자본주의의 역사적 한계에 대해서는 철저히 외면하면서 마치 과거와는 다른 새로운 자본주의가 성립된 것처럼 인식하는 오류를 범하고 있다고 비판하였다. 또한 캐나다의 한 경제학자 쵸스토브스키(M. Chossudovsky)는 「빈곤의 세계화」(The Globalization of Poverty, 1997)를 통하여 세계 각국 경제가 상호의존적으로 변화되어 가고 국경을 초월한 기업환경이 조성되며 정보통신발달과 함께 하나로 연결되는 현 시점을 '위기의 시대'로 표현하면서 결국 오늘날 세계화가 빈곤의 확산을 가져오는 가장 큰 원인이 되고 있다고 주장하였다.

(3) 이러한 논의가 진행되는 가운데 이제는 저명한 경제학자들까지도 이 논쟁에 뛰어들었다. 세계은행 부총재를 역임하고 노벨경제학상 수상자인 스티글리츠(J. E. Stiglitz)는 그의 저서 「세계화와 그 불만」(*Globalization and Its Discontents*, 2002)을 통하여 IMF의 잘못된 구조조정정책을 오만과 편견에 기초한 것이라며 신랄하게 비판하여 엄청난 반향을 불러일으켰다. 그는 세계화 그 자체는 좋지도 나쁘지도 않다고 전제하고 시장이 세계적 규모로 확대되는 세계화는 전 인류에게 부와 복지를 가져다 줄 것이라고 믿는다는 점에서 세계화를 지지하는 인물이다. 그러나 한편으로는 시장이 절대 완벽하지 않으므로 시장이 성숙해지기 위해서는 정부의 역할이 중요한데 정부는 순서와 속도라는 두 가지 수단을 통해서 점진적으로 시장의 개혁과 개방을 이루어야 한다고 주장한다. 그는 동아시아의 경제발전 성공을 예로 들면서 문제는 세계화에 있는 것이 아니라 그것이 어떻게 관리되느냐에 있으므로 세계화의 거버넌스(governance)에 문제가 있다고 진단하면서 세계화에 대한 비판의 핵심을 IMF의 역할에 초점을 맞추었다.

이러한 스티글리츠의 주장에 IMF 수석경제학자 로고프(K. Rogoff)를 비롯한 많은 주류경제학자들이 수많은 반 비판을 제기한 바 있다. 이러한 와중에 세계적인 무역이론 연구가인 바그와티(J. Bhagwati)가 「세계화를 옹호하며」(*In Defense of Globalization*, 2004)를 출판하여 이 대열에 서기도 하였다.

② 이러한 논쟁과 더불어 일반 경제학계에서도 이러한 세계화를 주제로하는 진지한 연구들이 축적되어 왔다. 많은 경제학자들이 세계화가 더 나은 세상을 만드는지 아니면 여러 가지 비판처럼 문제점들을 더 심화시키고 있는지를 검증하기 위한 노력을 기울여 왔다. 그러나 경제학계의 이러한 연구들조차 쉽게 합의점을 찾기가 어려웠다. 많은 경제이론과 모델들이 세계화가 경제성장과 후생증대를 가져온다고 역설하고 있지만 이를 비판하는 주장도 만만치 않으며 현실의 역사적 경험이나 실증연구들도 뚜렷한 결론을 보여주지 못한다. 또한 세계화가 빈곤과 소득분배의 악화를 심화시키고 각국 간의 격차를 확대하고 있다는 주장에 대해서도 학자들의 입장은 첨예하게 대립하고 있다.[88]

경제적인 측면에서 가장 핵심적인 논쟁점이 되고 있는 주제는 세계화가 기존의 경제적 불평등을 개선하느냐 아니면 기존의 불평등을 오히려 더 악화시키느냐 하는 문제이다. 이와 관련하여 많은

---

88 이강국 (2005) p.16.

논쟁점들이 있을 수 있지만 세계화가 과연 저개발국들의 경제성장에 어떤 영향을 미치고 그 결과로서 국가들 간의 경제성장률 격차에 어떠한 영향을 초래하는가와 세계화가 세계적인 관점에서든 국내적인 관점에서든 소득분배에 어떠한 영향을 미치는가가 핵심적인 문제이다. 전자가 '세계화와 저개발국의 성장문제'이고, 후자가 '세계화와 소득분배문제'이다. 이와 관련된 논쟁이 여전히 계속되고 있지만 다른 경제학의 논쟁처럼 좀처럼 합의점을 찾기는 쉽지 않아 보인다.

③ 세계화의 배경과 원인을 자본주의 동학이나 역학관계 변화 등과 같은 요소에서 찾는 급진주의나 이러한 변화에 대응하는 개별국가들의 정책선택에서 찾는 현실주의자들이 활약하고 있는 정치경제학 분야에서의 논쟁은 더욱 뜨겁다. 정치경제적인 측면에서 가장 핵심이 되는 주제는 세계화가 국민국가의 성격과 역할과 어떠한 영향을 미치게 될 것이며 현재의 자본주의체제 또는 자본과 노동의 속성에 어떠한 변화를 초래하게 될 것인가의 문제라고 할 수 있다. 이와 관련되는 정치경제적 논쟁의 요체는 다음과 같다.

(1) 세계화와 국민국가의 역할에 대하여, 대부분의 자유주의자들이 「국민국가약화론」으로부터 더 극단적인 「국민국가소멸론」까지를 제시하고 있지만, 현실주의자들은 세계화로 인하여 국민국가의 역할이 오히려 증대될 것이라는 「국민국가강화론」의 대열에 서있고, 보다 절충적인 입장에 서있는 사람들은 국민국가의 역할이 축소되지 않고 다만 부분적으로 그 역할이 변화될 것이라는 「국민국가 역할변모론」을 주장하는 등 이 역시 다양한 논쟁이 이루어지고 있다.

(2) 세계화와 자본주의의 속성과 관련하여, 위에서 논의한 바와 같이, 오늘날의 세계화추세로 인하여 새로운 단계의 자본주의가 도래하고 있다는 「단계론」에서부터 이전 단계와 전혀 다른 새로운 질서로의 진입이 아니라 끊임없이 반복·재편되어 온 과정의 하나로서 자본주의의 위기에 대한 새로운 대응일 뿐이라는 세계체제론적 입장의 「주기화론」 에 이르기까지 다양하다. 후자에 속하는 주장자들 중에는 20세기 말부터 나타난 이른바 세계화라는 세계경제의 변화는 고전적인 마르크스주의(Marxism)에 입각하여 볼 때 오히려 더 잘 설명될 수 있다고 전제하면서 마르크스가 정식화한 자본주의의 주요한 운동법칙들이 세기 말 세계경제현실에서 오히려 분명하게 관찰되고 있다고 주장한다.[89]

(3) 이와 더불어 최근에는 국제경제체제에서 발생된 글로벌 금융위기로 인하여 '지금의 세계화가 과연 어떻게 될 것인가' 또는 '지구적 규모의 시장 확대와 자유화 및 국제화가 더욱 진전될 것인가, 중단될 것인가, 아니면 역전될 것인가'라는 「세계화의 미래」에 대한 현실적 논쟁도 추가되었다.

89 정성진 (1997) 그는 오늘날의 세계화로 인한 그러한 세계경제의 변화내용을 ① 공황의 세계화, ② 궁핍의 세계화, ③ 세계적 양극화, ④ 세계적 프로레타리아트화로 규정하기도 하였다.

제2절 금융세계화의 의의와 배경

1. 금융세계화의 의의

1.1 금융세계화의 의의와 특성

1 제1절에서 논의하였듯이 이른바 세계화(globalization)라는 현상은 오늘날 정치적·경제적·사회문화적 측면에서 모두 함께 이루어지고 있지만 그 중에서도 가장 가시적인 변화를 이루는 부분이 경제적 측면이므로 경제의 세계화(economic globalization)가 오늘날의 세계화를 추동하는 근본적인 힘이 되고 있다. 이러한 경제의 세계화를 다시 그 내용에 따라 구분하면 ① 무역의 세계화(globalization of trade), ② 생산의 세계화(globalization of production), ③ 금융의 세계화(financial globalization)로 구분할 수 있다.

경제의 세계화에는 이렇게 교역·생산·금융이라는 3가지 측면이 있지만 그 중에서도 금융세계화가 세계화의 가장 핵심적인 부분이며 1990년대 이후 급격히 진행되고 있는 금융부분이야말로 세계화가 가장 분명하게 적용되는 영역이라는 사실에 많은 학자들이 동의하고 있다. 이들은 과거의 세계화가 주로 교역세계화에 의해 주도되었다면 현재 진행되고 있는 세계화의 흐름은, 금융의 이동이 기하급수적으로 불어나고 기업이윤의 창출 역시 주로 이러한 금융부문에서 이루어지는 현상, 즉 금융세계화에서 찾아야 한다고 주장한다.[90] 따라서 이들은 최근의 자본주의를 이해함에 있어서도 이러한 금융적 팽창과 금융세계화가 핵심적인 내용을 차지한다고 규정한다.

그런데 금융세계화 역시, 세계화 일반에서와 마찬가지로, 통일적인 개념정의가 이루어지지 못하고 있는데 이를 앞에서 소개한 세계화에 대한 5개의 정의와 연관시켜 개념화하면 다음과 같다.

금융의 국제화(internationalization) 이는 국가와 국가 간에 금융자본의 이동이 확대되고 그들 간의 상호의존도가 더욱 높아진다는 것을 의미하는 것으로 금융시장의 국제적 확대 또는 금융시장의 국제적 통합이라는 말과 동의어로 이해된다.

금융의 자유화(liberalization) 이는 국내적으로 금융에 대한 자유화·탈규제화·민영화가 이루어지는 동시에 국가와 국가 간의 금융자본이동에 대한 규제 장벽도 제거되어 국내적으로나 국제적으로 국가에 의한 시장개입이 제거됨으로써 하나의 통합화된 금융시스템이 시장원리에 따라 이루어지게 되는 것을 말한다.

금융의 탈영토화(de-territorialization) 이는 금융활동에 있어 국가의 영토라는 개념이 서서히 의미를 잃거나 없어져 이른바 '국경 없는 금융'이 이루어진다는 것이다. 이 정의는 국가영역의 경계가 점차 없어진다는 의미에서는 첫 번째의 정의 '국제화'를 포괄한다고 할 수 있고, 또한 이러한 상태는 국가 간의 규제 장벽이 없어진다는 것을 전제로 하므로 두 번째의 정의 '자유화'가 성립조건이라고

---

90 이러한 관점에 서 있는 가장 대표적인 학자들에는 일군의 프랑스학자들(C. S. Michalet, F. Cenais, W. Andreff 등 자본국제화론자)과 영국·미국 등의 비판적 정치경제학자들을 들 수 있다.

할 수 있다. 따라서 이러한 금융의 탈영토화는 금융의 국제화·자유화를 통하여 금융의 세계적 통합이 크게 진전됨을 의미한다고 할 수 있다.

금융의 표준화(standardization)·**서구화**(westernization)·**미국화**(Americanization) 이는 각국의 금융체제·금융제도·금융거래 메커니즘·금융기법 등이 세계적으로 표준화·보편화·통일화되는 상태를 의미한다. 그런데 이러한 세계적 표준화가 주로 서구 선진국 또는 미국을 중심으로 이루어져 그들의 금융시스템이 결국 글로벌스탠더드(global standard)가 되어 버린다는 의미에서 금융의 서구화 또는 미국화로 표현되기도 한다.[91]

② 이처럼 금융세계화(financial globalization)란, 보다 구체적으로는 금융의 국제화·자유화·탈영토화·표준화 등의 개념으로 구분할 수 있지만, 일반적으로는, 금융의 국제화와 자유화로 인해 국경을 넘는 국제금융거래의 규모가 확대되고 금융시장의 세계적 통합이 이루어져 각국의 금융시장과 금융제도가 상호 밀접한 연계관계를 가지는 현상을 포괄적으로 의미한다고 할 수 있다.

실제로 전후 미국의 막강한 경제력과 패권을 바탕으로 형성된 브래튼우즈체제가 붕괴된 1973년 이후 국제금융시장의 실질적인 무국적화가 이루어져 국적 없는 자금(stateless money)의 규모가 천문학적인 수준에 이르는 것으로 파악되고 있다. 이 때문에 하루에 거래되는 전 세계 외환거래액이 전 세계의 중앙은행이 보유한 외환준비금의 합계보다도 더 큰 규모가 되어 그 총액이 세계 총생산(GDP)의 십 수배에 달하고 세계 총수출의 100배 수준을 능가하고 있는 것으로 파악되고 있다[92].

이러한 사실은 금융거래규모가 금액 면에서 거대해졌을 뿐만 아니라 전체 자금이동 중 실물관련 거래비중이 1%에 불과하고 나머지 99%가 금융거래였음을 의미하는 것으로 국제경제거래에 있어 금융의 비중이 급격히 팽창하였음을 의미한다. 1990년대 중반까지만 하더라도 실물관련 거래의 비중이 5~8%정도였고 나머지 92~95%가 순수 금융거래와 관련된다고 보고되고 있음을 고려할 때[93] 최근에 이르러 금융거래의 비중이 실물거래의 그것에 비하여 얼마나 급속히 커져 왔는가를 보여준다.

③ 이렇게 금융의 국제적 팽창과 국제화가 나라나 지역을 초월하여 급속히 이루어짐으로써 금융세계화라는 현상이 하나의 지배적인 경향으로 표출되고 있다. 이러한 의미에서 오늘날의 금융세계화란, 단순히 국경을 넘는 금융자본 플로(flow)의 양적 확대나 각국 금융시장의 연계강화라는 현상과 의미를 넘어, 경제의 세계화를 추동하는 핵심적 부분으로서 세계경제질서의 질적 변화를 초래할 뿐만 아니라 정치적·사회적 측면에서의 수많은 영향과 문제점을 재생산하는 존재라고 할 수 있다.

이 때문에 금융의 세계화현상이 어떠한 방향과 내용으로 전개되고 있으며 이러한 금융세계화가

---

91 세계경제구조는 1980년대까지는 미국으로 대표되는 시장중심적인 대서양자본주의 레짐과 독일로 대표되는 조합주의적 라인형자본주의 레짐이 평화롭게 공존하였지만 1990년대 금융자유화조치 이후 금융시장을 둘러싼 국제경쟁 속에서 영·미를 중심으로 하는 금융제도가 글로벌스탠더드로 자리 잡게 되었다.

92 세계외환시장의 하루 거래량이 1973년 150억 달러 수준에서 1992년 9,000억 달러, 1995년 1조 달러 그리고 2004년 기준으로 770조 달러(전통적인 외환거래 약 470조, 파생금융상품 약 300조) 수준에 도달하고 있다. 이러한 국제금융거래규모는 동년 세계총생산(약 30조 달러)의 16배·세계총수출(약 7.4조 달러)의 100배 수준에 해당된다.

93 F. Chenaias (1996) 및 D. Baker & G. Epstein (1998) 참조.

이루어진 배경과 원인은 무엇인가, 금융세계화는 어떠한 영향을 초래할 것인가, 또한 이를 어떻게 관리하고 통제하여 이것의 긍정적 효과를 극대화하는 동시에 부정적 효과를 극소화할 것인가 하는 문제 등이 국제정치경제적 측면에서도 매우 중요한 연구과제가 되고 있다.

1.2 금융세계화의 특성에 대한 논쟁

① 1980년대 이후 전개되고 있는 이러한 금융세계화에 대하여 대부분의 사람들은 이러한 현상을 우리 인류가 처음으로 경험하는 새로운 현상으로 이해하려는 경향이 있다. 그러나 이러한 경향을 보다 역사적인 관점에서 파악하여, 오늘날과 같은 금융국제화 현상은 종전에도 존재하였고 또한 오늘날의 현실이 결코 그 때에 비하여 더 획기적이라고 보기 어렵다는 견해도 다수 있다. 전자의 입장에 서 있는 사람들이 이른바 세계화론자(globalist)들이라면 후자의 입장에 있는 사람들이 세계화에 대한 회의론자(sceptics) 내지 비판론자들이다.[94] 후자의 입장에 서 있는 사람들은, 세계화론자들이 공연한 '야단법석'(much ado about nothing) 떨고 있을 뿐이며 그들이 최근에 주장하는 세계화에 관한 많은 주장들은 상당부분 과장되어 있다고 비판한다.

그들은, 세계화는 마치 신화처럼 갑자기 자리 잡은 것이 아니라 역사적으로 자본주의의 국제화과정에서 이미 여러 차례에 걸쳐 전개되어 왔다고 주장한다. 따라서 그들은 세계화의 역사를 1870년대부터 제1차 대전(1914년)까지의 제1차 세계화와 1980년대 이후의 제2차 세계화로 구분하고, 제1차 세계화 시기 역시 상당한 수준으로 세계경제가 통합되어 있었으므로 1980년대 이후 전개되고 있는 제2차 세계화의 흐름이 그 시기에 비해 결코 더 획기적인 변화를 이룩하고 있다고 보기 어렵다고 주장한다. 그들은 오늘날의 금융의 세계화 역시 결코 새로운 현상일 수 없음을 다음과 같은 논거를 통하여 주장한다.

금융국제화 수준 그동안 금융거래의 절대적 규모는 엄청나게 팽창한 것이 사실이지만 경제규모에 대한 국제자본이동의 상대적 비율이라는 측면에서 보면 최근의 그것이 1870년대부터 제1차 대전까지의 기간 동안의 수준에 오히려 미치지 못하고 있다.[95] 또한 자본이 국제적으로 얼마나 자유롭게 이동되는가라는 자본이동성(capital mobility)의 관점에서 보아도 19세기 말 이후 제1차 대전까지의 기간 동안 역시 자본의 국제적 이동에 대한 제도적 제약이 거의 없었으므로 이 시기의 자본이동성 수준이 금융의 세계화라고 일컬어지는 오늘날의 그것에 충분히 비견될 수 있다.[96]

---

94 D. Held(1997)는 ① 과대세계화론자(hyper globalist), ② 회의론자(sceptics), ③ 변형론자(transformationist) 등으로 구분하여 세계화에 대한 견해 차이를 논의하였다. 또한 세계화론자와 세계화 회의론자들 간의 논쟁을 대립시켜 비교하고 있는 연구로서는 J. Perraton et. al (1997), P. Dicken et.al. (1997) D. Held et. al. (1999) 등이 있다.

95 예컨대 제1차 대전 이전 영국의 해외투자액은 총저축의 절반을 상회하였고 1880년-1913년 영국의 자본수출은 국민총생산 대비 평균 5%(최고 10% 수준)였음에 대하여 1980년대 90년대 초 일본의 자본수출에 대하여 세계가 놀라워했지만 실제로 이 금액은 국민총생산 대비 2~3% 수준에 불과하였다. 또한 1870~1914년간 주요국의 국내총생산 대비 경상수지적자 비중의 평균값이 3.3%였던 반면 1990년대에는 2.6%였다(A. M. Taylor No. 5943).

96 IMF (1997).

국제금융체제 성격 오늘날 각국의 금융시장은 여전히 국가에 기반을 두고 있는 본국편향성(home bias)을 띠고 있어 국민적으로 분산되어 있고 세계 주식시장은 아직도 국제적으로 통합되어 있지 않아 자기 주식을 해외에 상장할 수 있을 정도의 기업은 아직 극소수일 뿐이다. 이러한 점에서 오늘날의 국제금융체제는 독립적인 국가금융체제가 좀 더 밀접하게 상호 연관되어 있을 뿐 하나의 시장으로 통합되었다고 보기는 어렵다.97

국제적 수렴화 미흡 최근 자본이동의 자유가 증가하였다고 하지만 국제금융이 많은 사람들이 생각하는 것만큼 통합되어 있지 못하다는 사실은 국가별 저축과 투자의 상호관계나 자본비용의 국가간 차이를 통하여 현실적으로 논증된다. 만약 국제금융체제가 완벽하게 통합되어 있다면 개별국가의 국내저축률과 투자율이 그렇게 밀접하게 상호 연관되지 않아야 하겠지만 저축률이 높은(낮은) 나라는 투자율도 높아(낮아) 실제로는 양자의 상관관계가 매우 높다. 또한 자본비용이 위험요인을 할인하는 것이라면 자본자유화가 이루어진 세계에서는 어느 곳에서나 서로 비슷하여야 하지만 국가 간에 자본비용의 차이가 여전히 중대하게 남아있어 국제금융의 통합수준이 그렇게 높지 않음을 반증하고 있다.98

금융불안정성 증대 금융의 자유화와 금융자본의 국제적 이동에 따른 금융위기와 불안정성이 너무 커져서 다시 시장의 사회적 통제에 대한 요구가 높아지고 있다. 이러한 사실은 지금 진행되고 있는 금융세계화의 추세가 향후 오래 지속되기 어렵다는 것을 암시해준다.

따라서 그들은 역사적으로 오늘날 세계화의 정도가 새롭고도 유례없이 높다는 세계화론자들의 견해는 잘못된 것으로서 오늘날의 금융세계화가 100여 년 전 국제금본위제도가 작동하고 있던 제1차 대전 이전에 비하여 더 세계화되어 있다고 보기 힘들며, 이러한 금융세계화추세가 앞으로도 계속된다는 것에 대해서도 확신할 수 없다고 결론짓는다.

② 이러한 주장에도 불구하고 오늘날 금융세계화 현상은 우리 눈앞에서 전개되고 있는 하나의 현실임을 누구도 부정할 수 없다. 위에서 언급한 바와 같이 1990년대 이후 국제금융거래 규모가 급속히 팽창하였을 뿐만 아니라 그 내용에 있어서도 19세기 말의 금융국제화와는 다른 특성들을 보여주고 있기 때문이다. 19세기 말의 자본이동은 저개발국에 대한 플랜테이션·광업투자나 신개척지에 대한 인프라투자 등 장기자본의 성격을 가졌는데 비하여 오늘날의 자본이동은 단기자본의 흐름이 주류를 이루고 있고, 금융시장 및 금융기법의 발전으로 인하여 새로운 금융상품(특히 파생금융상품)이 다양하게 출현하여 금융거래를 주도하면서 국제적 포트폴리오투자가 급등하고 있다는 점이 그 당시와는 뚜렷이 차별화되는 점이다.

이러한 특성들이 오늘날의 금융세계화가 이미 제1차 대전(1914년) 전에도 전개된 바 있는 금융국제화와 구별되는 점이다. 무엇보다도 금본위제와 고정환율제에 기초하여 외환시장이 세계화되지

---

97 R. Gilpin (2001) ch. 10.

98 M. Feldstein and C Horioka (1980) pp.311-19. 이러한 연구를 시발점으로 하여 이후 국내투자와 저축의 연관 정도가 차츰 낮아지고 있다고 보고되기도 하였고 국내의 기업저축과 투자의 연관을 분석하거나 각국의 금리격차를 실증적으로 살펴보는 등 다양한 노력들이 나타나고 있다.

않았던 이전에 비해 최근에는 변동환율제와 파생금융상품 등 금융시장의 복잡한 발달로 외환시장의 세계화가 폭발적으로 나타나고 있다. 따라서 이러한 특성들을 지닌 오늘날의 금융현상을 19세기의 '금융국제화'와 구별하여 '금융세계화'라고 개념화하는 것도 반드시 불가능하지는 않을 것이다.

〈표 7-3〉 19C 말 금융국제화와 20C 말 금융세계화의 비교

구분	19C 말 (금융국제화)	1980년대 이후 (금융세계화)
자본의 성격	저개발국/신개척지에 대한 플랜테이션·광업투자·인프라 투자 등 장기자본 성격	금융자산에 대한 포트폴리오투자 단기자본의 흐름이 주류
금융환경	금본위제와 고정환율제 기초 외환시장이 세계화되지 않음.	변동환율제 시스템 하에서 외환시장의 세계화
금융상품	예금·주식·채권 등 단순한 금융상품	파생상품 등 금융시장의 복잡화

2. 금융세계화의 원인과 배경

이상에서 논의한 바와 같이 금융의 세계화란 국경을 넘는 국제금융거래의 규모가 크게 확대되고 금융시장의 세계적 통합이 이루어져 각국의 금융시장과 금융제도가 상호 밀접한 연계관계를 가지는 현상을 말하는데 이러한 현상이 이루어지게 된 것은 국내적으로는 물론 국제적으로 금융과 자본의 이동에 대한 탈규제화·자유화가 이루어짐으로써 금융자본의 영역이 자유롭게 국경을 넘어 이루어지는 국제화가 실현되었기 때문이다. 따라서 금융의 세계화가 이루어진 가장 근본적인 원인과 배경은 결국 1980년대 이후 국내적으로나 국제적으로 금융 및 자본의 탈규제화와 자유화가 급속히 이루어지게 된 것으로부터 찾아야 한다.

그렇다면 1980년대 이후 주요국들이 이러한 금융과 자본에 대한 탈규제화 및 자유화가 급속히 이루어진 원인과 배경은 무엇인가? 이에 대해서는 개별국가에 따라 각기 서로 다른 동기들이 작용하여 이러한 차이를 고려하는 국가레벨의 분석도 필요하겠지만, 이러한 변화를 가져오게 한 공통의 구조적 원인은 세계경제질서 또는 국제통화금융질서의 성격과 연관된 변화에서 찾아야 할 것이다. 이러한 맥락에서 금융세계화의 배경 내지 원인으로 지적되어 온 요인으로서는 ① 기술 및 첨단금융기법의 발전, ② 유로시장의 팽창·페트로 달러·미국국제수지의 적자누적 등에 따른 국제유동성의 팽창, ③ 브레튼우즈체제의 붕괴와 변동환율제로의 이행, ④ 포드주의 조절양식의 위기나 자본주의 체제의 위기 등 다양한 요인들이 있다.[99]

그런데 이러한 금융세계화가 이루어지게 된 원인과 배경에 대해서는 분석자의 정치경제적 입장에 따라 강조점이 서로 다르다. 자유주의자들은 금융세계화를 기술과 시장의 자율적 발전의 결과로 이해하는 반면, 현실주의자들은 국제관계의 역사적 변화 및 이러한 변화 속에서 개별국가들이 자국의 이익을 위하여 취한 정책적 선택과 의도 때문이라고 파악한다. 한편 급진주의적 시각에서는,

99 백창제 (1996) p.38.

금융세계화는 자본에 내재한 속성으로서 전후에 형성된 자본주의의 기본적 축적체제가 붕괴됨에 따르는 자본의 대응으로 파악하려 한다.

〈표 7-4〉 금융세계화의 원인과 배경에 대한 국제정치경제적 시각

구분	금융세계화의 본질 파악	금융세계화의 구체적 배경과 원인
자유주의	외부적·환경적 변화에 따른 시장 경제적 합리성의 추구라는 관점에서 파악	• 교통 통신기술의 혁명적 발전 • 금융산업의 탈규제화 · 자유화 • 국제자본이동의 자유화 ☞ 불가역적 추세로서 앞으로도 더욱 강화될 것 전망
현실주의	국제정치의 구조적 요인, 특정국 (패권국)의 정치적·정책적 의도의 결과라는 관점에서 파악	• 길핀(R.Gilpin) : 미국의 패권적 능력 약화 → 미국의 선택 (BW체제 붕괴, 변동환율제 이행 등) → 금융세계화 • 헬라이너(E. Helleiner) : 금융세계화는 자국의 금융이익 극대화 위한 약탈적 패권정책 (predatory hegemonic policy) ☞ 세계화 자체가 국가와 국제정치에 의해 형성되는 것으로서 세계화의 양태와 정도 얼마든지 달라질 수 있다고 전망
절충주의	정치와 경제는 상호 영향을 주고 받으며 변증법적으로 변화된다는 관점에서 파악	금융세계화의 진행과 양태는 기술발전과 같은 외부적 환경적 요인과 강대국의 정치적·정책적 선택 의하여 결정 ☞ 세계화 주도국가 역할, 국제정치적 틀의 변모에 따라 세계화의 양태와 정도에 따라 달라질 수 있다고 전망.
급진주의	자본주의의 본질적 속성, 자본주의의 동학(dynamics)이라는 관점에서 파악	• 마르크스주의 : 마르크스적 자본주의 운동법칙의 현실화 • 세계체제론 : 가치증식, 이윤의 창출과 축적을 생명으로 하는 자본(capital)의 본질적 속성의 결과 • 자본의 대응론 : 1970~80년대 자본주의 구조적 위기에 대한 자본의 대응 전략의 결과 (포디즘적 케인즈주의 체제 → 포스트 포디즘적 신자유주의 체제로의 전환)

2.1 자유주의적 해석

① 대부분의 주류경제학자들은 세계화의 영향과 관련하여 주로 그것의 긍정적 영향을 강조하는 수많은 이론적·실증적 연구들을 제시하고 있지만 세계화 자체의 기원이나 배경에 대해서는 그다지 진지하게 분석하지 않은 것이 사실이다.[100] 이처럼 세계화의 원인이나 배경에 대한 치열한 이론화를 하지 않았던 만큼 그 원인에 대해서도 기술발전과 교통통신비용의 하락 등으로 인한 자연스럽고 필연적인 변화로 생각하는 경향이 있다. 자유주의자들이 상정하는 조화로운 세계, 즉 언제나 어떤 조건 하에서도 이윤극대화나 효용극대화를 추구하는 세계에서는 외부적인 조건에 변화가 이루어지면 지금까지의 균형에 대한 새로운 변화가 자연스럽게 이루어지는 것이기 때문이다.

이러한 주류경제학적 설명방법은 결국, 세계화라는 현상을 과학·기술·교통·통신의 급속한 발전 등 정치외적인(경제적인) 요인에 의해 시장기능이 전 세계적으로 확대·심화됨으로써 금융자본의 국제적 이동이 가속화되고 세계금융시장이 통합되는 금융세계화가 이루어졌다고 보는, 국제정치경제의 자유주의적인관점 위에 서있다고 할 수 있다. 이렇게 자유주의자들은, 금융세계화를 외부적·환경적 요인의 변화에 따른 시장경제적 합리성 추구의 결과로서 이해하는 만큼, 기술과 시장의 자

100 이강국 (2004. 6. 7) p.1.

율적 발전 등 다음과 같은 외부적·환경적 요인들을 금융세계화의 배경으로 강조한다.

기술의 혁명적 발전 오늘날과 같은 경제의 세계화가 이루진 것은, 교통·통신기술의 급속한 발전으로 상품과 자본의 국제적 이동에 따르는 비용과 리스크가 극소화되어 이른바 '거리의 소멸'(death of distance)이 초래되었고, 또한 기술의 급속한 발전으로 전통적 의미의 국경이 허물어져 '국경 없는 세계'(borderless world) 또는 '하나의 지구촌'(one global village)이 탄생되었기 때문이다. 금융분야에 있어서도, 정보통신분야의 혁명적 기술발전으로 국경이라는 지리적 제약을 넘어 대량의 정보를 신속하게 실시간으로 전달할 수 있게 되어 방대한 데이터베이스의 구축과 복잡한 파생상품의 신속한 계산이 가능해짐으로써 국제금융거래에 따르는 비용과 위험이 대폭적으로 감소하게 되었다.

금융산업의 탈규제화·자유화 1980년대 이후 미국과 영국을 중심으로 하는 대부분의 선진국에서는 금융기관의 업무나 금융거래에 대한 다양한 제한들이 급격히 완화되거나 소멸되는 탈규제화 및 자유화 정책이 채택되었다. 특히 전통적인 여수신업무만을 주로 하던 은행이 증권·보험 등의 업무에 진출하는 겸업화(universal banking) 경향이 강화되었고 또한 은행의 금융중개자 역할이 감소되는 탈중개화(dis-intermediation) 경향과 채권을 유동화시키는 증권화(securitization)경향이 나타나면서 금융기관에 의한 해외증권발행과 국제금융거래가 비약적으로 증가하였다. 선진국들의 이러한 금융산업의 탈규제화·자유화 경향이 보편적인 국제적 추세로 자리 잡게 되었고[101] 1990년대 들어와 특히 개도국에서도 금융시장개방과 자본자유화가 급속히 진행되어 이 시기 개도국으로의 자본유입을 촉진하는 중요한 요인이 되었다.

국제자본이동의 자유화 정보통신기술의 발전으로 인해 거대하고 급속한 금융자본의 국제적 이동이 가능해지고 국제금융시장의 성장과 금융정보의 확산으로 인하여 국제금융거래의 비용이 대폭적으로 감소함에 따라 모든 나라들이 자본의 국제적 이동을 통제하는 것 자체가 현실적으로 매우 어렵고 비효율적이라는 인식을 가지게 되었고 이것이 국제자본이동에 대한 통제를 포기하는 결정을 촉진시켰다.[102] 말하자면 국내적으로는 물론 국제적으로도 금융과 자본에 대한 탈규제와 자유화가 진행된 것이다. 실제로 1970년대 초 자본이동에 대한 자유화가 꾸준히 진전되었고, 1990년대 이후에는 개도국들의 자본자유화가 급속히 진행되었을 뿐만 아니라 탈냉전으로 인한 사회주의국가들의 시장경제체제화로 인하여 그들의 시장과 경제가 개혁과 개방을 통하여 세계경제에 통합됨으로써 자본이동에 대한 국가간 장벽이 제거되었다. 이렇게 자본의 이동성이 한번 확보되면 돌이킬 수 없게 되는데 금융세계화는 금융산업 자체의 급속한 발전과 더불어 금융산업에 대한 국내적·국제적

---

101 왜 이러한 경쟁적인 탈규제와 자유화가 이루어지게 되는가에 대하여서는, 국제무역의 경우 개별국가들의 보호주의적 경향을 억제하고 자유무역체제를 구축하고 유지하기 위하여 국제협력(집단행동)이 필요하지만 국제금융의 경우에는 국제무역과는 반대로 작용하여 자본통제를 행하는 국제금융질서(체제)를 구축하기 위하여 국제협력이 필요한 반면 자유로운 국제금융질서(체제)를 구축하기 위해서는 오히려 무임승차하게 내버려두면 출현하게 되기 때문이라고 설명한다. 왜냐하면, 개별국가들의 입장에서 보면 자본통제에 협력하지 않음으로써 국제금융 업무를 유인하고 해외자본의 국내유입에 따른 혜택을 누릴 수 있기 때문이다. 따라서 제한적인 국제금융질서를 유지하는 것이 국제정치적으로 오히려 매우 어렵다고 주장한다(E. Helleiner 19994. pp.18-19 및 ch. 9). 이에 또 다른 주장자는 '1980년대의 국가간 경쟁적 금융규제완화 조치는 1930년대 경쟁적 평가절하와 유사한 면이 있다'고 하였다(P. Cerny 1994 p.333).

102 B. Eichengreen and M. Mussa (1998).

자유화 간의 상호작용 속에서 이해되어질 수 있다.

② 이처럼 자유주의자들은 금융세계화의 배경을 기술과 시장의 발전이라는 외부적·환경적 요인에서 파악하므로 앞으로 기술이 지속적으로 발전하면 할수록 세계경제의 통합도 증대되어 궁극적으로는 세계경제가 하나로 통합되는 시대가 올 것이라고 예견한다. 따라서 이러한 기술의 발전이 계속되는 한 세계화의 정도도 점차 높아질 것이므로 세계화 현상은 돌이킬 수 없는 불가역적 추세로서 앞으로도 더욱 강화될 것이라고 전망한다. 말하자면 금융세계화란 국제정치적 상황과 상관없이 그 자체 하나의 독자적 운동논리를 지닌 독립변수로서 국가나 정부는 이에 대해 하나의 방관자일 수밖에 없으므로 세계화로 인하여 국가의 힘과 주권은 약화될 수밖에 없다고 전망한다.

2.2 현실주의적 해석

① 금융세계화가 교통통신기술이나 금융시장의 급속한 발전 등과 같은 외부적·환경적인 요인에 의해 생성·심화되었다는 주류경제학이나 자유주의적 주장에 대하여 국제정치경제의 현실주의(realism)는, 세계화가 기술이나 과학의 발전 등과 같은 요인에 의해서만 설명될 수 없다는 점에 주목하여야 한다고 주장하면서,[103] 금융세계화를 추동하는 동력은 세계대전·대공황·냉전 등과 같은 국제관계나 국제체제의 권력배분의 변화, 그러한 국제관계의 역사적 변화 속에서 개별국가들이 취하는 정책적 선택 등과 같은 정치적·정책적 요인의 종속변수에 불과하다고 주장한다.[104] 따라서 이들은 금융세계화란 국제정치의 구조적 요인이나 특정국(패권국)의 정책적 의도에 기인하는 바가 크다고 주장한다.

따라서 현실주의자들은 오늘날 금융세계화가 급속히 확산되는 것은 결국 금융의 우위를 누리고 있는 미국과 영국 등 헤게모니적 파워를 가지고 있는 국가의 이해관계가 이와 일치하기 때문이라고 해석한다. 이들은 영국의 대처정부나 미국의 레이건정부가 들어선 것은 이들 국가 내부에 신자유주의정책이 본격화되었음을 의미하는 동시에 다른 국가들에 대해서도 대외개방 압력이 높아졌음을 의미한다고 전제하고, 1846년 곡물법폐지가 세계경제의 국제화를 촉발하였던 것처럼 1980년대 레이건-대처리즘의 대두가 금융세계화·경제세계화를 가속화시켰고, 곡물법폐지가 영국 금융자본의 이익을 반영하였던 것처럼 레이건-대처리즘의 대두가 월가를 중심으로 하는 세계금융자본들의 이익을 충실하게 반영하는 방향으로 진행되었다고 해석한다.

또한 그들은, 냉전체제 하에서 정치경제적 헤게모니를 장악했던 미국경제가 1970년대의 석유위기·스태그플레이션·제3세계의 반란 등으로 새로운 세계질서를 필요로 하게 되자 미국은 자국기업의 이윤극대화를 위한 방향으로 세계경제의 재편을 시도하면서 자신의 영향력 하에 있던 국제금융기구(IMF·World Bank)들을 전면에 배치하여 제3세계국가들에게 자유시장경쟁의 이점을 강조하면서 자본자유화와 금융시장개방을 강요하였고 이러한 과정에서 금융세계화가 진전되었다고 규정한

103 장하준 (2004) pp.17-20 및 pp.114-119 참조.
104 Ian Clark (1999) p.9 및 윤영관 (2003) p.31.

다. 따라서 국제정치경제의 현실주의자들이 금융세계화의 원인을 설명함에 있어 패권적 안정이론(hegemonic stability theory)과 결부되어 있는 경우가 많다.

길핀(Robert Gilpin, 1975)교수 등은, 19C 말~20C 초에 국제무역과 국제투자가 왕성해지고 경제의 상호의존성이 심화된 것은 팍스 브리태니커(Pax Britannica)라는 국제권력구조의 반영이었고 2차 대전 이후 브레튼우즈체제 하에서 자유무역이 증진되고 다국적기업의 활동이 왕성해진 것 역시 팍스아메리카나(Pax Americana)라는 국제권력구조에서 가능하였음을 지적하면서 국제체제의 권력배분관계가 패권적인지 아닌지에 따라 경제적 상호의존성이 달라진다는 패권적 안정이론의 관점에서 금융세계화를 논의하였다. 따라서 그들은 금융세계화가 이루어진 가장 근본적인 원인을 브레튼우즈체제의 붕괴와 변동환율제로의 이행으로 파악하고 이러한 변화가 이루어진 것은 미국의 이익을 지키려는 닉슨조치 등과 같은 미국의 정책선택 때문이었다고 해석한다.

또한 헬라이너(E. Helleiner)를 비롯한 일련의 연구자들 역시 1980년대 이후 이루어진 금융세계화가 미국을 중심으로 하는 선진국들의 의도적인 금융 및 자본의 자유화정책에 기인한 바가 크다고 주장하였다. 이들은 1970년대 이후 미국의 정책은 국내경제에 치중한 의도적인 금융자유화정책이었고[105] 이러한 금융자유화정책은 자국의 금융산업의 이익을 극대화하기 위한 약탈적 패권정책(predatory hegemonic policy)이었다고 해석한다.[106] 따라서 그들은, 금융세계화는 미국·영국·일본과 같은 금융 강국에 의한 경쟁적이고 패권적인 이익의 추구와 관련이 있다고 보고 금융의 자유화나 탈규제화가 국제적 추세가 된 것 역시 개별 국가들이 각자 자국의 이익을 쫓아 경쟁적으로 동참하였기 때문이라고 해석한다.

우선 미국의 경우 1970년대 이후 자국의 선도적인 금융산업의 경쟁력을 이익적으로 활용하기 위하여 금융부문의 탈규제와 자유화를 주도해 갔고 이에 영국이 적극 호응하였으며 이후 유럽·일본 동아시아국가들도 금융개방을 밀고 나감으로써 금융세계화가 급속히 진행되었다. 따라서 금융세계화는 미국 등 핵심국가의 의도적인 정책추진의 결과였다고 할 수 있다.[107] 또한 1960년대 후반 이래 계속된 유러시장의 팽창이 금융세계화의 토대를 마련하였지만 이 또한 자신의 국익을 고려한 각국의 선택이었다. 미국의 경우 유로시장의 성장을 방관 내지 지지하는 입장을 취하여 왔는데 이것은 유로시장의 주요행위자들이 주로 미국계 국제금융기관들이었고 이 시장에서 거래되는 금융수단들이 주로 달러($) 표시자산이었으므로 유러시장의 팽창이 미국의 이익에 반하지 않았기 때문이다.

또한 영국은 이러한 유러시장의 근거지로서 런던을 제공하여 이곳을 국제금융중심지로서의 역할을 수행하게 하고 이에 따른 일정한 이익을 향유할 수 있었다. 바로 이러한 이유로 미국이 금융에 대한 탈규제를 실시하면 영국은 런던의 국제금융중심지로서의 지위 유지를 위하여 대대적인 금융개혁을 행하는 과정을 취하여 왔는데 1986년 영국에서 단행된 이른바 빅뱅(big-bang)은 이러한 구조를 잘 보여주는 사례이다. 또한 1980년대 일본 역시 막대한 무역수지흑자의 누적으로 세계최

105 Henry Nau (1990).
106 E. Helleiner (1994).
107 E. Helleiner (1999) pp.166-7.

대의 자본수출국이 되자 이를 활용하기 위한 엔화의 국제화와 금융시장의 탈규제를 추진하였다.

이처럼 금융적 위치가 높은 개별 국가들이 각자 자국의 이익을 증대시키기 위하여 금융 및 자본의 자유화를 추진하였지만 특히 미국이나 영국의 금융 및 자본의 자유화는 다른 나라들로 하여금 똑 같은 길을 걷게 만드는 강력한 힘으로 작용하였고 이것이 금융세계화를 가져왔다고 할 수 있다. 말하자면 선두적인 금융권력을 반영하는 영국과 미국 등이 국제금융체제에서의 그들의 금융적 우위를 활용하기 위하여 금융자유화 압력을 통하여 개방된 세계질서를 유도하였고 이것이 금융세계화의 배경이 되었다는 것이다.

이러한 견해에 따르면, 1970년대 이후 미국 등 선진국에서 실물부문의 수익성하락 현상이 나타나게 되자 금융자본은 국내에서의 적절한 투자기회를 얻지 못한 채 자금의 과잉상태가 발생하자 금융부문 내에서 더 높은 수익을 얻기 위하여 보다 투기적인 금융거래를 모색하거나 실물부문의 수익성이 아직도 상당한 수준에서 유지되고 있던 개도국의 신흥시장으로 진출하기를 원하였다. 이에 따라 금융부문 및 다국적기업과 같이 자본시장개방에 이해를 가지고 있는 그룹들이 정치세력에 압력을 가하게 되고 정부 역시 이들의 이해관계를 반영하여 개도국에 대하여 자본시장을 개방하도록 압력을 가하고 공기업민영화·주식시장활성화 등 그들의 자본시장규모를 증대시키는 정책을 취하도록 압력을 넣었는데 이러한 개별국가의 정치적 작용이 금융세계화를 촉진시키는 배경으로 작용하였다.[108]

이러한 입장에서 보면 1980년대 선진국들이 주도한 금융자유화정책이나 1980년대와 1990년대에 개도국들이 금융 및 외환위기를 겪으면서 취한 자본시장개방정책은 단순한 시장압력의 결과라기보다는 자국의 금융기관이나 기업들의 경쟁력을 강화하고 그들에게 국제금융시장의 막대한 재원에 대한 접근을 용이하게 하기 위한 선진국들의 의도적인 정책선택의 결과였고,[109] 후발 개도국의 경우 내부적 금융위기로 인해 선진국들이 요구하는 금융자유화와 자본시장개방을 채택하지 않을 수 없게 되었다고 할 수 있다

[2] 이상과 같은 현실주의의 해석은, 1960년대 말 이후 미국은 이미 시장을 통제할 수 있는 패권적 힘을 상실하여 브레튼우즈체제를 포기하지 않을 수 없었고 이후 국제금융질서의 안정보다는 자국의 금융적 이익 또는 자국 내 정치경제적 이해그룹의 압력을 반영하여 행동하게 된 것이 금융의 자유화·국제화를 바탕으로 하는 금융세계화의 원인과 배경이 되었다는 것이다. 따라서 이들은, 세계화를 시장이나 기술발전의 추진력에 근거한 독자적인 운동논리를 지니고 있고 이 때문에 세계화는 돌이킬 수 없는 불가역적 추세임을 주장하는 자유주의자들의 견해에 동의하지 않는다.

현실주의자들은, 세계화라는 자체가 국가와 국제정치에 의해 추진되고 유지되는 것으로서 그러한 역할과 정치적 틀이 존재할 때 세계화는 가능해지므로 반드시 이러한 형태로 진행되어야 할 필연적인 과정이 아니며 또한 그러한 국가의 역할이나 정치적 의지와 정책이 어떻게 변모하느냐에

---

108 조복현 (2004) p.1.
109 백창제 (1998) p.93, 구춘권 (2000).

따라 세계화의 양태와 정도가 얼마든지 달라질 수 있다고 주장한다. 따라서 지금 현재 진행되고 있다고 믿어지는 세계화 경향 역시 향후 핵심적 국가들의 정책이나 의지에 따라 역방향으로 작용하여 세계화의 정도가 약화될 수 있다고 주장한다.

2.3 절충주의적 해석

이상과 같이 경제세계화 내지 금융세계화와 관련하여 자유주의자와 현실주의자는 그것의 배경이나 전망에 대하여 서로 상반된 견해를 보여준다. 자유주의자들은 금융세계화의 원인과 배경을 기술·시장 등과 같은 경제적·환경적 요인에서 찾지만 현실주의자들은 국가의 정책·권력배분관계 등 정치적·정책적 요인에서 찾는다. 이러한 기본인식의 차이에 따라 자유주의자들은 세계화는 필연적인 과정으로서 돌이킬 수 없는 불가역적 추세이고 이후 기술의 발전과 더불어 더욱 강화될 것이라고 주장하는 반면, 현실주의자들은 세계화는 필연적인 과정이 아니라 이후 국가정책이나 국제정치관계의 변화에 따라 그 양태나 정도가 얼마든지 달라질 수 있음을 강조한다.

이러한 견해 차이는 결국 시장(경제)과 국가(정치)의 상호관계에 대한 양자의 근본적인 시각 차이를 반영하고 있다고 할 수 있고, 따라서 금융세계화의 배경과 전망에 대한 견해의 차이는 국제정치경제관계에 있어서의 정치와 경제 간의 관계에 대한 질문과 연계된다. 자유주의자들은 시장력의 확대라는 경제적인 변수가 국제정치적 관계를 규정하고 변화시킨다는 입장에 서 있는 반면 현실주의자들은 국제정치적 변수가 국가적 이해관계의 변화가 국제경제적 상호의존과 세계화를 결정짓는 것으로 간주하기 때문이다.

이에 대하여 일부의 학자들은, 두 진영은 모두 경제변수와 정치변수의 분리를 암묵적으로 전제하고 그들 중 어느 하나를 강조하고 있지만 양자는 어느 한쪽이 다른 한쪽을 일방적으로 규정하기보다는 서로가 서로에게 영향을 주고받으며 변증법적으로 변화해 가는 것으로 파악하여야 한다는, 절충적 입장을 보여준다. 국가와 시장은 어느 한쪽이 다른 한쪽을 규정하는 독립변수가 아니라 서로가 서로에게 독립변수이자 종속변수일 수 있으므로 국제관계의 변화역시 정치(국가)와 경제(시장)의 상호관계로 파악할 수 있다고 전제한다.[110]

세계화와 관련하여 이들은, 기술발전과 같은 외부적·환경적 요인이 없었다면 19세기 말이나 오늘날과 같은 경제의 국제화·세계화가 물리적으로 가능하지 못하였을 것이므로 그러한 관점에서 기술의 발전은 세계화의 기본적인 필요조건이 되지만, 이러한 기술이 어느 수준에 도달되면 이로부터 세계화가 어느 정도로 진행될 것인지의 여부는 정치적·정책적 선택(특히 강대국의 정치적·정책적 선택)에 의하여 결정되어지는 것이지 기술에 의하여 결정되는 것은 아니라고 전제한다. 다시 말하면 기술수준은 세계화의 한계를 규정하지만 그 한계 내에서 정확히 어느 정도 어떤 형태의 세계화가 이루어질 것인지를 결정하는 것은 정치적·정책적 문제라고 할 수 있다는 것이다.[111]

---

110 윤영관 (2003) pp.34-35.
111 장하준 (2004) pp.17-20 및 pp.114-119.

이러한 관점에서 바라보면 지금의 세계화가 과연 필연적인 과정으로서 불가역적인가 그렇지 않은가, 지금의 세계화추세는 더욱 강화될 것인가 그렇지 않을 수도 있을 것인가에 대한 대답이 내려진다. 비록 세계화를 허구적 이데올로기라고 비판하는 사람들도 지금의 세계화현상이 상당한 기간 동안 계속 진행되고 강화될 것이라는 데에 대체로 동의하고 있지만, 세계화의 정도와 범위를 결정짓는 기본적인 배경이 자본과 국가의 상호관계에 있다는 논리의 연장선상에서 보면 지금의 세계화가 반드시 불가피하고 중단될 수 없는 것은 아니라고 할 수 있기 때문이다.

이러한 관점에서 보면 오늘날의 세계화를 주도하는 국가의 역할이나 국제정치적 틀이 어떻게 변모하느냐에 따라 세계화의 양태와 정도가 얼마든지 달라질 수 있을 것이다. 또한 19C 말에 이루어졌던 세계화가 그것의 부작용으로 나타난 국제금융시장불안과 국제정치경제적 갈등으로 인하여 결국 1930년대 대공황을 끝으로 막을 내렸듯이 오늘날 세계화 역시 그것이 가져올 부작용과 국제정치경제적 불안요인을 제대로 관리하지 못하면 오늘날의 세계화체제 역시 또 다시 붕괴될 수 있을 것이다.[112]

2.4 급진주의적 해석

이상과 같이 자유주의자들은 금융세계화가 기술이나 금융시장의 발전 등 외부적·환경적 요인에 의해 이루어진 것이라고 보는 반면 현실주의자들은 헤게모니국의 국익이나 이해그룹집단의 압력을 반영한 개별 국가의 정치적·정책적 선택과 의도에 의해 이루어진 것이라고 보는 대립 속에서 양자를 변증법적으로 절충하려는 견해들도 존재한다. 그러나 세계화 또는 금융세계화와 배경과 원인에 대하여 보다 근본적으로 자본주의의 본질적 속성이나 자본주의의 동학(dynamics)과 관련하여 이해하여야 한다고 주장하는 일련의 정치경제학자들이 있다.

세계화의 원인과 배경에 대한 이들 급진주의자의 견해와 주장은 내부적으로 서로 다른 차이가 있지만 대체로 다음과 같은 해석과 주장들이 주류를 이룬다.

마르크스주의적 입장 마르크스주의적 입장에 서 있는 사람들은 오늘날 진행되고 있는 경제세계화나 금융세계화는 일찍이 자본의 국제화와 국가화 간의 모순을 설명한 고전적 마르크스주의에 의하여 설명할 때 더 잘 설명될 수 있다고 주장하면서, 마르크스주의가 정식화한 자본주의의 주요한 법칙들이 오늘날 세계경제의 현실에서 오히려 더 분명하게 관철되고 있음을 공황과 위기의 세계화·세계적 궁핍화·세계적 양극화·세계적 프로레타리아트화 현상 등을 통하여 확인된다고 논증한다.[113]

또한 이들은, 140여 년 전 마르크스가 주장했던 자본주의의 운동법칙이 오늘날에 이르러 어느 때보다도 더 분명하게 현실화되고 있는데 마르크스의 지적 평판이 땅에 떨어진 시점에서의 세계가 가장 마르크스적인 양상으로 전개되고 있다는 것은 역설적이라고 지적하면서,[114] 오늘날의 세계화

112 장하준 (2004)은, 세계화를 기술결정론적으로 받아들여 불가피하고 불가역적인 것으로 받아들인다면 앞으로 진행될 세계화과정의 내용을 국제정치경제적 또는 이념적 주도권을 쥐고 있는 나라들로 하여금 마음대로 규정할 수 있도록 하는 것 밖에 되지 않으므로, 세계화의 배경을 제대로 이해할 때에만 세계화의 긍정적 측면을 살리면서 부정적 측면을 억제할 수 있다고 주장한다.

113 정성진 (1997) 참조.

가 마르크스가 예견한 자본주의의 구조적 위기에 다름 아님을 주장한다. 따라서 이들은, 오늘날의 세계화가 자본주의의 새로운 발전단계로서 우리 시대의 불가피하고도 불가역적인 추세라고 주장하는 이데올로기는 세계화가 초래하는 불평등과 양극화·자본의 이익극대화를 정당화하는 기능을 할 뿐이라고 비판한다.[115]

세계체제론적 입장 종래까지 국제정치경제의 분석에서 사용되었던 국가레벨에서 벗어나 세계적인 하나의 경제체제 즉 세계체제(world system) 통하여 사회체제의 변동을 설명하려는 세계체제론에서는, 자본은 그 출발부터 세계적이었고 따라서 자본주의는 항상 글로벌자본주의로서 존재하였다고 본다.[116]

그들은, 가치증식(valorization)을 생명으로 하는 자본(capital)의 본질은 이윤의 확대와 축적에 있으므로 이윤이 발생하는 곳이라면 세계 어느 곳이라도 침투하는 것이므로 이윤의 창출과 축적을 추구하는 개별 자본들이 경쟁과 협력을 통해 자본주의체제 내에서 초국가적 차원으로 확대해가는 현상은 언제나 일어났던 것으로 규정한다.[117] 따라서 그들은, 자본의 세계화경향은 특정시기의 특정한 흐름이 아니라 자본주의의 역사적 전개과정 전체를 통틀어서 자본에 내재한 보편적 경향으로서 자본주의의 발전단계에 따라 그 운동 형태를 달리하면서 자본의 전체역사에서 관철하였고 다만 1980년대 이후 그 경향이 유례가 없을 정도로 강화되었을 따름이라고 설명한다.[118]

자본주의위기에 대한 자본의 대응론 이러한 입장에 있는 사람들은 오늘날의 금융세계화의 배경을 1970~80년대에 나타난 자본주의의 구조적 위기에 대한 자본의 대응전략으로서 파악한다. 그들은 세계화의 핵심주체는 결국 '자본'이며 이들의 이해와 압력이 세계화의 길을 여는 정책들로 이어졌다고 전제하면서, 오늘날의 세계화 역시 자유주의자들이 주장하는 것처럼 시장과 기술의 발전에 의해 규정된 자본주의의 새로운 단계로의 질적 도약이 아니라 1970년대에 나타난 자본주의의 구조적 위기에 대응한 자본축적전략의 결과라고 주장한다.

따라서 그들은, '1970년대 이래 지속되어온 자본축적의 위기를 극복하기 위한 자본의 총공세가 세계화라는 이데올로기적 허울 속에 위세를 더해가고 있다'고 묘사하기도 한다.[119] 이러한 관점에서 있는 사람들의 주장은, 1970년대 초 자본주의의 위기의 배경과 성격이 무엇이고 이러한 위기를 극복하기 위한 방안으로서 세계화전략이 채택된 배경은 어디에 있는가에 초점이 맞추어져 있는데 주장자에 따라 내부적으로 서로 다른 견해 차이가 없지 않지만, 대체로 1970년대 자본주의 위기를 계기로 포디즘적 케인즈주의 체제로부터 포스트 포디즘적인 신자유주의체제로의 전환이 이루어졌고 이러한 과정이 세계화를 초래한 배경이었다는 것으로 요약된다.

---

114 D. Henwood (1996) p.3.
115 J. Petras (1999) p.4, 정성진 (1999).
116 I. Wallerstein (1979) 이수훈(1994) pp.151-153, 김성구(1998), 임광빈(2000) p.216.
117 이와 관련된 논의로서는 주원덕 (1994), 김진철 (1998) 및 (2001), 김수행 (1995) pp.12-14.
118 김성구 (1998) p.38.
119 김진철 (2001) 서론.

제3절 금융세계화의 정치경제적 영향

세계화(globalization)의 배경과 본질에 대한 인식론적 견해가 서로 상반되듯 세계화가 가져다 줄 정치경제적 영향에 대하여서도 서로 상반되는 견해들이 극명하게 대립되어 왔다.

주류경제학이나 자유주의 정치경제학자들은 당연히 세계화가 가져다 줄 긍정적 효과를 역설하고 강조하여 왔다. 그들의 논리는 다양하지만 주장의 핵심은, 세계화는 ① 세계적 규모의 시장통합·시장기능의 극대화·경쟁의 촉진, ② 자원이동의 신속화·최적화를 통한 자원배분의 효율성증대를 통하여 ③ 세계적 경제성장과 후생극대화를 이룩할 수 있으며 또한 ④ 만민주의·평화주의가 확산될 수 있다는 것이다. 따라서 그들은 세계화의 이러한 긍정적 효과를 극대화하기 위하여 더 큰 자유화와 시장통합이 이루어져야 함을 소리 높여 외쳐대고 있다.

반면 현실주의 및 급진주의적 정치경제학자들이나 수많은 시민단체 및 NGO들은, 세계화가 당연히 인류의 성장과 후생에 도움을 줄 것이라는 순진한 믿음은 그 근거가 튼튼하지 못하여 논쟁의 대상일 뿐만 아니라 세계화가 오히려 인류 대부분의 후생이나 삶의 질을 저하시키는 원인이 될 수 있음을 강력하게 주장하고 있는데 이러한 그들의 반세계화 외침은 해를 거듭할수록 더 거세어지고 있다.

이들의 목소리 역시 다양하지만 그들은 세계화로 인하여 ① 소득분배구조의 불균형이나 불균등발전으로 인한 빈부격차의 심화, ② 개도국 경제위기의 구조화, ③ 세계경제 및 시장통합으로 인한 경제적 의존성 심화 및 정치적 자주권 훼손, ④ 세계 정치경제문화의 서구화 및 미국화(Americanization), ⑤ 이러한 문제들로 인한 정치경제적 마찰과 갈등의 격화, ⑥ 세계화가 초래할 지구환경 및 인간성의 파괴가 우려된다는 것으로 요약될 수 있다. 따라서 그들은 세계화가 초래할 부정적 영향을 차단하기 위하여 더 이상의 시장통합이나 자유화를 허용해서는 안 된다고 주장한다.

〈표 7-5〉 세계화 및 금융세계화의 긍정적 영향과 부정적 영향

구분	세 계 화 일 반	금 융 세 계 화
긍정적 영향	• 세계시장통합, 시장기능과 경쟁 촉진 • 자원배분의 효율성 증대 • 경제의 성장, 후생극대화 • 만민주의·평화주의의 확산	• 금융시장의 세계적 통합 • 자원배분의 효율성 증대 • 경제성장의 촉진 • 경제 및 금융의 안정성 증대
부정적 영향	• 빈부격차 심화, 양극화 • 개도국 경제위기의 구조화 • 경제적 의존성 심화, 정치적 자주권 훼손 • 서구화·미국화(americanization) 심화 • 정치경제적 마찰과 갈등 격화 • 지구환경 및 인간성의 파괴	• 경제성장의 정체, • 경제의 안정성저해 • 소득불균형의 심화 • 국제금융위기 심화 (개도국 금융위기 구조화) • 국민국가의 정책 자율성 약화, 금융의 서구화·미국화 (선진국 금융지배) • 자본주의 체제의 위기 심화

금융세계화(financial globalization)의 경우 역시, 세계화 일반에서와 마찬가지로, 그에 대한 원인·배경·성격 등에 대한 해석이 정치경제적 관점에 따라 서로 다른 만큼 그것이 가져올 정치경제적 영향에 대하여서도 서로 다른 평가와 전망을 내리는 것은 당연하다. 우선 대부분의 주류경제학자나 국제정치경제의 자유주의자 등 오늘날 진행되고 있는 세계화의 영향과 전망을 긍정적으로 평가하는 사람들은 금융세계화가 가져올 영향을 ① 금융시장의 세계적 통합으로 인한 세계적 차원의 자원의 효율적 배분이 이루어지고 이를 통하여 ② 경제성장이 촉진되는 동시에 ③ 경제 및 금융의 안정성 역시 증대될 수 있다고 주장한다.

이와 같은 주류경제학자나 자유주의자들의 긍정적인 평가와 전망과는 반대로 비주류적 정치경제학자나 급진주의자들은, 현실은 그들의 주장과는 달리 부정적인 영향이 높아지고 있으며 실증연구의 결과 역시 그들의 긍정적 전망을 입증하지 못한다고 비판한다. 그들은 금융세계화는 ① 실물투자의 부진으로 인한 경제성장의 정체뿐만 아니라 ② 경제의 안정성저해, ③ 소득불균형의 심화를 초래하는 동시에 ④ 국제경제위기의 심화, ⑤ 국민경제의 정책 자율성훼손이나 선진국에 의한 금융지배가 우려되며, ⑥ 더 나아가서는 자본주의체제의 위기와 같은 부정적 효과가 초래될 것이라고 평가하고 전망한다.

1. 금융세계화의 거시경제적 영향

1.1 경제성장에 미치는 영향

(1) 경제성장 촉진론

금융세계화의 경제적 효과를 긍정적으로 평가하고 전망하는 사람들은, 금융세계화를 통한 금융시장개방·국제자본이동·금융시장통합은 저축의 동원력과 투자의 증대·자원배분의 효율성 증대를 통하여 실물경제의 성장과 발전을 촉진하는 동시에 선진적인 금융상품과 경영기법의 전파를 통한 금융산업의 발전과 시장규율의 증대를 가져와 효율성을 높이고 경제성장을 촉진시키는데 기여한다고 주장한다. 이들은 이러한 금융세계화의 경제성장 촉진효과를 특히 개도국의 경우와 관련하여 다음과 같이 주장한다.

국내투자의 증대 금융세계화는 개도국들에게 경제발전을 위하여 필요한 외국자금의 차입을 가능하게 함으로써 자본조달비용을 낮추는 동시에 저축의 동원력을 높여 국내투자를 증대시킬 수 있다. 개도국의 경우 금융시장이 발전하지 못해서 국내투자 재원이 부족한 경우 외국자본의 국내유입은 투자를 증가시킬 수 있다(S. Fischer, 1998). 외국자본이 공장을 건설하는 등 직접투자가 가장 도움이 될 것이지만 금융투자 역시 생산적 투자로 잘 이어진다면 바람직한 결과를 낳을 수 있다. 또한 자본시장개방과 국제자본유입은 국내자본시장의 유동성을 높여서 자본의 조달비용을 낮출 수 있으며(P .B. Henry, 2003) 외국인이 국내주식을 많이 사서 주가가 높아지면 기업들은 투자를 더 늘리려 할 수도 있으며 소비도 진작시킬 수 있다.

한편 개도국의 경우 일반적으로 행해지고 있는 금융에 대한 정부의 규제와 개입은 저축과 투자의 크기를 축소시켜 경제성장을 지체시킨다. 예컨대 이자율상한을 제한하는 금리규제정책으로 현실의 이자율이 시장균형이자율 이하에서 운용되는 경우 저축의 효율적인 동원을 저지하여 낮은 저축으로 귀결되고 이것이 낮은 투자의 원인이 된다. 금유자유화가 이루어져 이러한 장애가 제거되면 보다 효율적인 저축의 동원과 투자증대가 이루어질 수 있다.

자원의 효율적 배분 금융세계화는 국내적으로나 국제적으로 자금배분의 효율성을 높이고 이를 통하여 경제성장이 촉진된다. 먼저 국내적으로 금융규제가 이루어져 현실의 이자율이 시장균형이자율을 반영하지 못하는 경우 수익성 있는 투자프로젝트를 선별하는 기능을 갖지 못한다. 이자율이 시장균형수준보다 낮은 경우 수익성이 낮은 투자에서도 자금수요가 높아져 초과수요를 낳고 이러한 초과수요상태에서 금융기관이나 정부가 재량적 또는 정책적 자금배분을 결정하게 되면 자금배분의 효율성은 저하되게 된다. 따라서 시장에서 이자율이 결정되고 이에 따라 신용이 배분되도록 하기 위해서는 금융자유화가 필수적이다.

또한 국가와 국가 간에 있어서도 자본자유화가 이루어져 국제적 자본이동이 자유롭게 이루어지면 이 또한 국제적 자원배분의 효율성을 높여 성장을 촉진시키다. 자본의 한계생산성이 체감한다는 신고전파의 전통적 생산함수를 가정하면 개도국이 선진국보다 자본의 수익률이 높을 것이므로 자본시장개방과 금융세계화가 이루어지면 자본은 수익률이 더 높은 개도국으로 이동할 것이며 이는 개도국 뿐 아니라 외국자본에게도 좋은 투자기회를 제공한다. 이렇게 전 세계적인 자본이동의 확대는 세계자본시장의 자원배분의 효율성을 높일 뿐만 아니라 국제투자자에게 위험을 분산(diversify)시킬 수 있는 좋은 기회도 제공한다(S. Edwards 1995).

물론 신고전파의 생산함수는 너무 단순하여 자본이동의 경제적 효과를 분석하는 데 한계를 지니고 있으며 국제적 자본이동은 개도국보다는 오히려 선진국을 중심으로 이루어지고 개도국 중에서도 몇몇 나라에만 집중되고 있는 것이 사실이므로 이러한 주장에는 여러 가지 한계가 따른다. 그럼에도 불구하고 대부분의 성장이론은 해외자본의 유입이 국내투자를 증대시키고 생산성을 향상시켜 경제성장으로 이어질 것이라 주장한다.

금융산업의 경쟁력과 효율성 증대 단순히 투자만 증가한다고 경제성장이 이루어지는 것은 아니므로 경제성장에 있어서는 생산요소의 투입 자체보다 생산성이나 효율성의 증가 등이 더욱 중요한데, 실증적 논란의 여지는 크지만, 국제자본이동은 이러한 측면에서도 도움이 될 수 있다. 특히 금융시장의 개방과 금융세계화는 개도국 금융시장의 발전에도 긍정적인 영향을 미치는데 많은 연구들은 이러한 금융부문의 발전과 시장규율증대라는 경로를 통하여 개도국의 경제성장에 도움이 된다고 주장한다(M. W. Klein and G. Olivei, 1999).

외국금융자본의 국내진출은 선진적인 금융상품과 경영기법을 전파할 수 있고 외국은행들의 접근을 더욱 촉진할 수 있어 상대적으로 낙후된 개도국의 금융기관들도 경쟁을 통해 효율성이 높아질 수 있다. 이는 금융시장이 더 잘 작동하도록 만들어 자원배분의 효율성을 높여주며 또한 외국 금융자본의 진출은 선진적인 기준의 도입 등을 통해 금융규제와 감독의 발전에도 도움을 줄 수 있다.

이처럼 금융세계화로 인하여 국내 금융산업의 경쟁력이 향상되면 이로 인해 경제 전체의 생산성이 증가하는 스필오버(spillover) 효과를 기대할 수 있다. 또한 자본시장이 개방되어 주식시장에서 외국자본의 영향력이 높아지면 글로벌 스탠더드(global standard)의 도입 등으로 투명성이 높아져 기업경영이 효과적으로 감시되고 시장에 의한 규율증대가 증대됨으로써 투자의 효율성이 높아질 수 있다.

이렇게 자본시장의 개방은 결국 금융시스템과 경제 전체를 더욱 효율적으로 만들 수 있다. 이러한 과정을 통하여 금융세계화에 따른 자본자유화와 국제자본이동은 전 세계의 금융자원을 더욱 효율적으로 배분해주고 투자와 생산성을 높여서 전 세계의 경제성장에 도움이 될 수 있다(B. Eichengreen et al., 1998).

(2) 경제성장 정체론

금융세계화가 경제성장을 촉진한다는 이상과 같은 긍정론자의 주장에 대하여 금융세계화를 부정적으로 평가하고 전망하는 사람들은 금융세계화가 금융투자의 증대가 실물투자와 경제성장을 오히려 정체시키는 동시에 더 나아가서는 자본주의의 기생적 성격을 강화시키는 부정적 영향을 가질 수 있다고 다음과 같이 비판한다.

대부분의 국제자본거래가 실물투자보다는 투기적 금융거래로 이루어져 금융부문의 규모가 실물부문의 규모에 비하여 압도적으로 커짐에 따라 실물투자와 경제성장이 오히려 저해한다. 말하자면 금융시장의 지나친 팽창으로 금융관련 이익이 전체 이익에서 차지하는 비율이 높아지고[120] 금융자본의 세력이 산업자본보다 우위에 서는 이른바 자본의 금융화(financialization)현상으로 인하여 산업투자가 오히려 저해되는 악영향을 미침으로써 경제성장이 정체된다.[121]

이러한 금융화 현상은 기업의 경영을 금융적 이해에 종속시킴으로써 실물부문의 생산을 통한 성장과 자본축적 대신에 시세차익만을 추구하는 카지노자본주의를 초래하여 자본주의의 기생적 성격을 더욱 강화시키게 된다. 왜냐하면 금융영역의 이익이란 어떠한 생산적 부(富)도 창조하지 않으면서 산업생산에서 발생될 미래이윤의 기대에 근거한 기생적 이익인 동시에 끊임없이 불확실한 미래를 담보로 현재의 이윤을 선취하는 허구적 이윤이기 때문이다.[122] 이러한 의미에서 금융세계화로 인한 금융자본의 형성과 팽창은 자본주의의 기생성(parasitism)을 집약적으로 표현하고 있다.[123]

---

120 전체 기업의 이윤 중 금융기업이 차지하는 비중이 1980년대 초반 약 15%에서 계속 증가하여 2000년에는 약 40% 수준까지 상승하였고 제조기업들의 금융관련투자도 급증하였다.

121 이러한 금융화현상은 ① 기업으로 하여금 장기적·생산적 투자를 통한 기업경쟁력 증대를 1차적인 목표로 삼기 어렵도록 만들고, ② 실물경제의 수익보다는 자본이득에 관심을 기울이는 금융자본의 특성으로 인하여 금융활동이 투기적이 되기 쉬우며, ③ 각국 정부로 하여금 경기를 부양하여 성장과 고용을 증진시키는 정책보다는 인플레이션을 억제하여 금융자산의 가치를 유지시키는 정책에 우선순위를 두도록 하기 때문이다.

122 G. Dumenil & D. Levy (2002) P. Gowan (1999) 홍수환 역 (2001).

123 김진철 (1998).

(3) 경제성장효과에 대한 실증적 논의

자본이동의 자유화로 인하여 자본시장이 개방되고 전 세계 금융시장이 통합되는 금융세계화가 경제성장에 어떤 경제적 효과를 초래할 것인가에 대하여 일의적으로 말하기 어렵다. 경제적 성과에는 여러 가지 요인들이 영향을 미치므로 개방정책만의 효과를 독립적으로 살펴보기가 쉽지 않을뿐더러 최근 중국은 엄청난 해외자본을 끌어들여 맹렬한 기세로 성장해가고 있지만 라틴아메리카 국가들은 IMF의 권고에 따라 무역과 금융을 개방했지만 경제성장은 정체되고 오히려 위기에 시달려왔던 것처럼 개방의 효과가 한 방향으로 뚜렷이 나타나지 않기 때문이다. 그럼에도 불구하고 학자들은 자본자유화 또는 금융세계화의 경제적 효과에 대한 여러 가지 이론적 분석과 실증연구들을 끊임없이 제기해오며 논쟁해왔다.

1990년대 중반 일련의 경제학자들은 자본개방에 대한 더미변수를 사용하여 자본자유화의 경제성장효과를 분석한 결과 자본자유화가 국내투자나 경제성장을 촉진시킨다는 뚜렷한 증거를 발견하지 못하였다.[124] 이후 이러한 결과를 둘러싼 많은 논쟁들이 이루어졌는데 그 대부분은 실증분석방법과 관련하여 더비변수(0/1)만으로 자본자유화 정도를 제대로 반영하지 못하므로 보다 나은 자본자유화 변수를 개발하고자 하는 노력으로 이어졌고 이러한 새로운 계량분석에서는 자본자유화가 경제성장을 높여준다는 결론을 보여주기도 하였다.

이후에도 새로운 변수의 개발과 활용에 대한 논란이 계속 이루어졌는데 1980년대의 데이터를 기초로 분석한 일련의 연구들은 자본자유화가 경제성장을 이룩하는 경로와 조건이 무엇인가라는 데에 관점이 모아졌다. 그 결과 2000년대 초 어떤 연구는 자본자유화의 경제적 효과가 개도국보다 오히려 선진국에서 더 크다는 것을 보여주었고 자본자유화가 개도국의 생산성도 높여준다고 보고하였고(S. Edwards, 2001) 또 다른 연구는 자본자유화가 금융시장을 발전시키는 효과가 있으며 이를 통해 결국 경제성장을 촉진한다고 주장하였다(M. W. Klein and G. Olivei, 1999). 그러나 문제는 이러한 결론이 별로 튼튼하지(robust) 못하다는 것이었는데 또 다른 계량적 연구는 자본자유화가 금융발전과 성장을 촉진하는 효과는 모호하다는 결과를 보여주기도 하였다(O'Donnel, 2001).

이러한 혼란스러운 결과는 연구의 발전을 더욱 자극하였다. 몇몇 연구자들은 새로운 동학적 패널기법을 도입하여 다양한 계량분석을 시도하였지만 회의적인 결과만을 확인하였고(H. J. Edison et al., 2002), 이후에도 많은 경제학자들이 뭔가 긍정적인 '조건(preconditions)'을 찾으려고 노력하였지만 이러한 시도는 대부분 실패로 돌아갔다. 이에 따라 2000년대 초 IMF경제학자들의 연구조차 많은 이론적 주장과는 달리 자본자유화가 경제성장에 도움이 된다는 신뢰할 만한 증거는 없으며 오히려 산출이나 소비와 같은 거시경제변수의 불안정성을 심화시킬 수 있다는 회의적인 결론을 내리고 있다(H. J. Edison et al., 2003).

2003년 발표되어 커다란 반향을 불러일으켰던 프라사드(E. Prasad et. als. 2003) 등의 연구는 최근까지의 실증연구들을 검토한 이후, '체계적으로 증거를 살펴보면 금융세계화가 경제성장으로 이

124 D. Rodrik (1998) V. Grilli and G. M. Milesii-Ferretti (1995).

어진다는 강력한 증거는 없다'고 보고하였다. 그들은 또한 금융통합(financial integration)이 성장을 촉진한다고 해도, 그 효과가 유의하다는 뚜렷하고 강력한 경험적 증거는 아직 없다고 주장하면서 자본유입의 증가가 경제성장률과 뚜렷한 관계가 없다는 이들의 연구결과를 [그림 7-1]과 같이 보여주었다. 말하자면 거시데이터를 사용한 실증연구들은 여러 전제조건을 고려하더라도 자본자유화와 국제자본의 유입이 장기적 경제성장을 촉진한다는 뚜렷한 증거를 보여주지 못하고 모호한 결과(mixed results)만을 보여주고 있다는 것이다(B. Eichengreen, 2001).

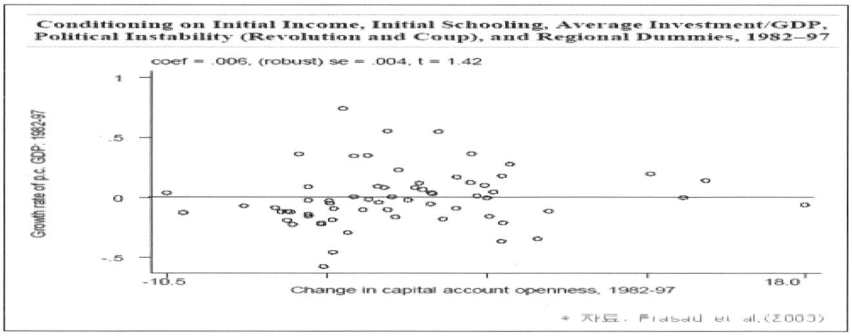

[그림 7-1] 자본시장개방과 1인당 실질경제성장률(1982~1997)

자료 : E. Prasad et. als. (2003) 및 이강국 (2005) p.101.

이상과 같은 거시적 데이터에 기초한 계량연구는 변수의 내생성이나 중요한 변수의 생략 등 모델 자체의 문제점과 적절한 데이터를 구하기 어렵다는 여러 난점에 시달리고 있는 것이 사실이다. 이에 따라 최근에는 한 국가의 거시 데이터가 아니라 기업 등의 데이터를 사용한 미시적 연구들이 활발히 나타나기도 하였다. 대부분의 미시적 연구들은 금융시장이 불완전하다는 전제 하에서 기업의 투자에 내부자금 혹은 현금보유액 등이 미치는 민감도, 이른바 투자의 금융제약(financing constraint)의 정도를 분석하여 자본자유화가 금융시장의 효율성이나 기업의 금융제약에 미치는 효과를 분석하려고 하였다.

대부분의 연구들은 많은 나라들에서, 특히 중소기업의 투자가 높은 금융제약에 직면해 있으며 대기업이나 계열 등 그룹소속의 기업들은 투자의 현금흐름의 민감도가 낮음을 보여주었다. 최근에는 이러한 논리에 기초하여, 금융자유화나 금융발전이 금융시장을 더욱 완벽하게 만들 것이므로 중소기업투자의 금융제약을 완화하는 효과가 있다는 연구들이 쏟아져 나오고 있다. 그러나 이러한 결과도 시기와 지역 그리고 여러 가지 맥락에 따라 영향을 받고 있어 일반화되기가 결코 쉽지 않다.[125]

---

125 이강국 (2005) p.106.

1.2 경제안정성에 미치는 영향

금융세계화가 경제성장을 촉진할 것인가 아니면 경제성장을 정체시킬 것인가 라는 논의와 함께 금융세계화로 인하여 금융시장이 세계적으로 통합되고 국제자본이동이 자유롭게 이루어지면 이것이 경제의 안정성을 증대시킬 것인가 아니면 안정성을 오히려 저해할 것인가에 대하여서도 다음과 같이 견해가 서로 양립되고 있다.

(1) 경제의 안정성 증대론

시장개방으로 인하여 자본이동의 가능성이 높아지면 불필요한 정부의 규제를 완화시키고 위험분산의 기회가 높아지는 동시에 심각한 재정적자나 인플레이션 등 방만한 거시경제정책에 제한을 가하여 정부의 거시경제정책을 규율(discipline)하는 효과를 낳을 수 있다. 라틴아메리카처럼 불건전한 재정·통화정책이 계속되는 경우 평가절하를 우려한 외국자본이 대규모로 유출되는 사태가 발생하므로 각국 정부는 이러한 사태를 막기 위하여 자국의 거시경제정책을 건전하게 유지하려고 노력하기 때문이다. 결국 금융의 세계화가 각국 정부로 하여금 시장친화적인 경제정책을 유도하고 건전한 거시경제의 펀더멘탈(fundamental)을 유지하도록 하는 역할을 수행함으로써 경제의 안정화에 도움을 준다. 실제로 금융세계화 이후 각국의 소비·투자·고용·경기순환의 진폭이 작아지고 경제의 안정성이 높아졌다.

한편, 금융세계화로 인하여 외국자본의 진출이 이루어지면 보다 선진적인 글로벌스탠더드(global standard)를 채택하게 함으로써 금융산업의 투명성이 높아지고 효율성이 높아지게 된다. 또한 금융세계화와 더불어 수반되는 금융혁신은 금융시장의 안정성에 기여하는 일정한 효과를 가진다. 파생상품에 연계된 증권은 사전적인 시장정보의 공개촉진으로 시장안정화에 기여할 수 있으며 금융부실이 발생할 경우 유동화·증권화 등을 통하여 시장 자체의 처리능력이 높아짐으로써 금융불안의 확산이 일정수준에서 억제될 수 있기 때문이다.

(2) 경제의 안정성 저해론

금융세계화를 지지하는 사람들은 금융시장이 완전하다는 전제를 두고 있지만 금융세계화를 우려하는 사람들은 현실적으로 금융시장의 완전하다는 전제는 잘못된 것으로 이러한 금융시장의 불완전성 때문에 금융세계화가 진전될수록 경제의 안정성은 저해될 수 있다.

우선 현실적으로 금융시장의 정보는 불완전하고 비대칭적이다. 정보경제학은 금융시장에서는 정보문제로 시장금리가 균형수준보다 낮고 신용할당(credit rationing) 등과 같은 현상이 일반적으로 일어나고 있음을 보여주는데 이러한 정보의 비대칭성(asymmetric information) 문제는 국제금융시장에서 더욱 심각할 수밖에 없으며 특히 최근에 나타난 급속한 금융혁신은 금융시장의 위험을 더욱 심화시켰다.

한때는 금융시장조차도 완벽하다고 주장하는 시카고학파(Chicago School)의 효율적 시장가설(efficient market hypothesis)이 주목받았지만 최근의 경제학은 적어도 금융시장은 결코 그렇지 않다는 것을 잘 보여준다. 금융시장은 언제나 과도한 기대와 변동 그리고 온갖 비합리적인 행태로 가득 차 있는 등 결코 완전하지 않으므로 금융시장에서는 심각한 시장실패가 일어나기 쉽고 따라서 과도한 버블과 급속한 붕괴가 반복되는 이른바 붐-버스트 사이클(boom-bust cycle)이 나타나기 쉽다. 이러한 불안정한 사이클은 국제금융시장에서 더욱 심각하여 금융시장을 개방한 개도국들의 경우 과다한 자본유입에 의한 일시적 호황과 과도한 자본유출로 인한 심각한 위기를 반복적으로 겪고 있다.

또한, 금융세계화와 병행하여 이루어지는 금융자본주의의 팽창은 그 자체 여러 가지 불안정성을 내포하고 있어 이러한 금융의 불안정성이 경기순환의 진폭을 더욱 크게 하고 경제의 불안정성을 증대시킨다. 금융거래량이 증대되고 금융시장이 통합되면서 금융기관의 상호연관성이 상승함에 따라 시스템리스크가 커지고 새로운 금융수단의 출현으로 금융상품이 복잡화됨에 따라 금융기관의 감독기능 역시 약화되기 때문이다.

이처럼 금융세계화와 이로 인한 금융통합은 금융시장의 안정과 거시경제의 안정에 기여하지 못하고 오히려 금융취약성과 거시경제 불안정성을 심화시키는 결과를 초래한다는 사실이 금융세계화가 진행된 이후 후발 개도국의 신흥시장에서 현실적으로 확인되었다.[126]

(3) 경제의 안정성에 대한 실증적 논의

자본자유화가 경제의 안정성에 미치는 효과에 대해서도 활발히 연구되어 왔다. 금융자유화와 개방이 쌍둥이 위기로 이어졌던 역사적 사례들이 현실적으로 목도되었지만 학자들은 실증적으로도 이러한 영향을 확인하려는 노력을 기울여 왔다. 물론 이는 쉽지 않은 작업이며 연구의 결론도 그다지 뚜렷하지는 않다. 몇몇 연구들은 금융자유화와 개방이, 특히 금융이 덜 발전되고 감독이나 규제 수준이 낮은 국가에서는 불안정과 위기로 이어지기 쉬움을 계량적으로 보였고, 또한 자본자유화가 국내소비의 불안정을 심화시킨다는 연구도 존재한다. 하지만, 최근에는 자본자유화가 은행위기를 발생시킬 확률을 꼭 높이는 것은 아니며 오히려 국내소비 등의 불안정을 완화시킨다는 계량연구도 제시되고 있다. 더 나아가, 1990년대 이후에는 오히려 불안정이 줄어들었으며 개방이 진전되면 불안정이 성장에 미치는 악영향도 완화된다는 관찰도 존재한다.

이상과 같이 금융세계화가 경제의 성장 및 안정성에 미치는 효과에 대한 계량적 연구는 그동안의 온갖 노력에도 불구하고 어떤 일의적인 결론을 보여주지 못하였고, 따라서 금융세계화와 자본자유화가 경제성장을 촉진시키고 경제의 안정성을 가져오는지를 그다지 뚜렷이 보여주지 못한 채 학계와 정책결정자에게 여전히 뜨거운 감자(hot potato)로 남아있다.

이 때문에 금융세계화와 같은 실체의 효과를 이해하는 데에는 실증적 연구보다는 복잡한 권력관계와 각 이해집단들의 요구 그리고 이데올로기 등 광범위한 정치경제적 요소들을 고려하여야 할 필요가가 있다는 주장도 있고, 각국이 처한 개별적 상황과 조건 그리고 이를 만들어온 각국의 역사나 제도적 환경 나아가 정치경제적 역학관계 등을 고려하는 사례연구가 더욱 필요하다는 주장도 제기되고 있다. 또한 세계화 일반의 경제적 영향과 관련하여 국제무역이나 국제투자의 경우와 달리

---

126 조복현 (2004) p.22.

국제금융의 세계화가 가지는 폐해를 차별화하려는 주장도 존재한다. 예컨대 「세계화를 옹호하며」(In Defense of Globalization)라는 저서를 통하여 무역과 투자의 세계화가 더 큰 경제적 이득을 보장할 것이라고 주장한 바그와티(J. Bhagwati) 조차 적어도 단기적 국제금융자본의 이동에 대해서는 비용이 더 크다며 강력히 비판하고 있다.

1.3 소득분배에 미치는 영향[127]

(1) 세계화의 소득분배효과

세계화를 지지하는 사람들, 특히 주류경제학의 성장이론이 전제하는 소득분배효과론은 무역이나 자본의 개방화가 개도국의 성장을 촉진시키는 효과를 통하여 당연히 빈곤의 완화가 이루어지는 동시에 선진국보다는 개도국의 성장률이 더 높으므로 결국은 선후진국간의 수렴(convergence)이 일어나 소득분배의 형평성이 개선된다고 주장한다. 이에 대하여 세계화를 비판하는 사람들은 세계화가 부국과 빈국, 부유층과 빈곤층의 격차를 더욱 확대하여 국제적으로나 국내적으로 소득분배의 불균형성이 더욱 심화될 것이라고 주장한다. 이러한 일반적 논쟁과 병행하여 세계화를 비판하는 사람들은 금융세계화 역시 다음과 같이 소득분배의 불평등성을 증대시키게 될 것이라고 주장한다.

금융세계화에 따른 금융화현상은 모든 저축을 투기적 금융거래로 유인해 금융자본의 이익실현을 용이하게 함으로써 금융자본의 이익은 증대시키는 반면 나머지 대다수 국민들의 소득과 고용은 불안정하게 만들어 부익부 빈익빈을 심화시킨다. 또한 금융세계화에 따른 금융의 국제화는 각국의 경제성장과 경제안정을 해치는 것은 물론 특히 개도국 신흥시장에 대한 시장개방을 강제하여 개도국 경제정책의 자율성을 약화시키고 개도국경제를 선진국 금융자본의 이해에 종속시킴으로써 개도국에 미치는 부정적 영향을 더욱 증대시킨다.

따라서 금융세계화는 국내적으로 금융자본과 나머지 국민다수 간의 소득격차를 더욱 확대시키는 동시에 국제적으로 선진국과 후진국의 성장격차를 더욱 확대하고 개도국경제에 대한 부정적 악영향을 발생시킴으로써, 결국 국내적으로나 국제적으로 소득불균형을 더욱 심화시키는 작용을 한다.

(2) 소득분배효과에 대한 실증적 논의

1980년대 이후 세계화의 진전이 각국 간 그리고 각국 내 모두를 고려한 세계적 소득분배(global income distribution)에 어떤 영향을 미쳤는가에 대한 논쟁이 전 세계 경제학자들과 정책결정자들의 엄청난 관심을 끌고 있다. 이러한 연구들은 일국 차원이 아니라 전 세계적 차원에서 모든 세계 시민들의 지니계수를 추정하여 세계 전체의 분배상황의 변화를 추적하는 것인데, 가장 단순하게 각국 간의 소득격차만 고려하여 각 나라를 단위로 해서 세계적 지니 계수를 그려보면 최근 각국 간의 절대적 소득격차가 확대되고 있으므로 이 계수는 높아질 수밖에 없다.

127 세계화가 소득분배에 미치는 영향에 대한 보다 구체적인 논의는 이강국 (2005) 제5장 참조.

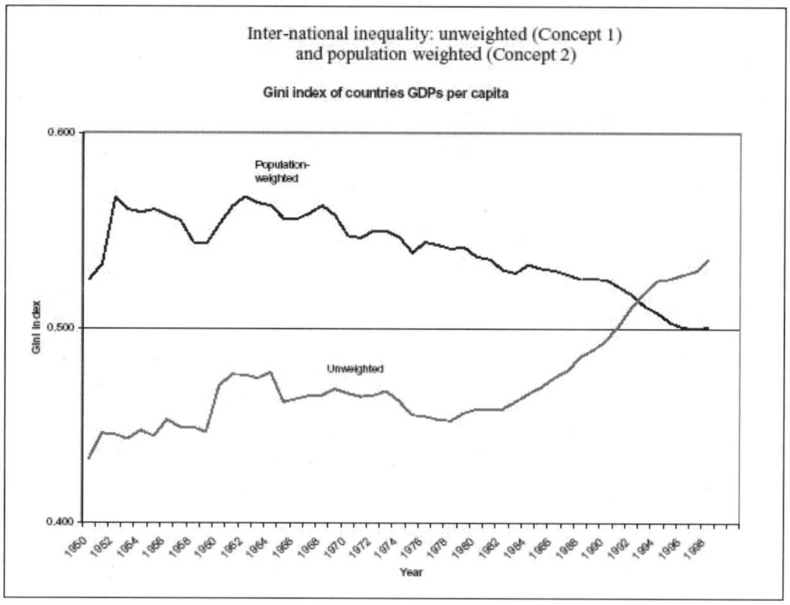

[그림 7-2] 1980년대 이후 전 세계의 지니계수 추이

자료 : B. Milanovic (2002), 이강국 (2005) p.221.

[그림 7-2]에서 아래쪽에 있는 그래프는 구매력평가환율(PPP)을 사용하여 각 국가를 단위로 측정한 지니계수의 평균치 추이를 그린 것인데 1980년대 이후 격차가 크게 확대되고 있다. 반면 위쪽의 그래프는 각국 인구의 격차를 고려하여 인구가중치를 부여한 지니계수의 평균치추이인데 이것은 1980년대 이후 하락하여 소득격차가 줄어들고 있음을 보여준다. 세계화를 긍정적으로 평가하는 사람들은 이를 두고 세계화가 세계적 소득분배구조를 개선하였다는 증거라고 주장하는 반면, 세계화를 비판적으로 평가하는 사람들은 1980년대 이후 중국·인도 등 엄청나게 많은 인구를 지닌 국가들의 경제성장이 상대적으로 높았으므로 이것이 전체 결과를 압도하게 된 것으로서 이들을 제외하면 여전히 지니계수의 평균치가 커지고 있다고 지적한다.

한편 이상과 같은 논의는 1980년대 이후 세계화로 인한 소득분배변화를 각국을 단위로 하여 전 세계적 관점에서 살펴본 것이지만 세계화로 인한 개방정책이 일국 내의 소득분배를 어떻게 변화시켰느냐에 대한 실증적 논의들도 이루어졌다. 이러한 연구는 만만치 않은 작업이었지만 이를 가장 먼저 수행한 사람은 세계은행의 경제학자 밀라노빅(B. Milanovic, 2001)이었다. 그는 세계은행에서 수행된 엄청난 양의 각국 가구조사(household surveys) 자료를 바탕으로 국내의 소득분배를 고려한 개인소득분배의 추정치를 보여주었는데 그 결과는 세계적인 소득불평등이 아주 심각하며 더욱이 세계화가 진전된 시기에 소득분배가 오히려 약간 악화되었던 것이다.

이러한 연구결과에 대하여 또 다른 연구들은 반드시 그렇지 않다는 결론을 보여주면서 이에 대한 논쟁을 심화시켰다. 이후 밀라노빅(B. Milanovic, 2004)은 이러한 반론이 가지는 문제점을 비판하는 동시에 이전의 연구를 잇는 또 다른 실증연구를 통하여 세계화와 개방정책이 소득분배에 복잡한 영향을 미친다는 것을 논증하기도 하였다. 즉, 그는 GDP에서 차지하는 무역량과 외국인직접투자(FDI)의 비중이 높아질수록 가난한 나라에서는 빈곤층의 소득이 더 낮아지지만 중진국 이상의 국가들에서는 빈곤층과 중산층의 소득이 더욱 높아짐을 발견하여 세계화의 소득분배효과가 각국의 소득수준에 따라 다르다는 결론을 보여주었다.

한편 프랑스 경제학자인 부르귀뇽(Francis Bourguignon)과 모리슨(Christian Morrison)은 1820년에서 1990년까지의 기간 동안의 세계 시민사이의 소득분배를 추정하였다. 그들에 따르면, 주로 각국의 경제성장의 격차확대로 인해서 19세기 초반 이래 세계의 소득분배가 악화되는 장기적인 경향이 있지만 1970년대 후반 이후 이전 시기에 비해 소득분배가 특히 악화되는 것 같지는 않다고 주장하였다. 이 역시 중국 등의 극적인 성장에 크게 기인한 것이었지만, 어찌되었든 세계화의 지지자들이 주장하는 바와 같이 1980년대 이후 전 세계의 소득분배가 개선되고 있는 것은 결코 아니라고 할 수 있다(F. Bourginon et al., 1999·2002).

이처럼 시장개방정책과 외국자본의 유입이 국내소득분배에 미치는 영향에 관한 연구들은 이제 막 발전하고 있는 상황이므로 앞으로 더욱 세련된 이론적인 모델과 실증연구들이 전개될 것으로 기대된다. 그럼에도 불구하고 지금까지 이루어진 연구들은 자유화와 시장개방이 소득분배에 복잡한 영향을 미치므로 한마디로 결론짓기 힘들지만, 세계화론자들이 말하는 바와 같은 소득분배의 개선이 이루어지지는 못하며 특히 개도국에게는 전반적으로 악영향을 미치고 있다는 것에 논의를 모으고 있는 듯하다.

2. 금융세계화의 국민국가에 대한 영향

금융세계화(financial globalization)란, 금융의 국제화·자유화로 인해 국경을 넘는 금융거래의 규모가 크게 확대되고 금융시장의 세계적 통합이 이루어져 각국의 금융시장과 금융제도가 상호 밀접한 연계관계를 가지는 현상으로서 금융의 탈영토화·표준화를 수반하게 되는 만큼 필연적으로 개별적인 국민국가의 자율성·자주성·국가주권에 일정한 영향을 미친다. 금융세계화로 인하여 금융의 상호의존성이 높아짐에 따라 자원의 효율적 배분·효율성증대 등과 같은 상호의존성증대가 가져다주는 편익을 누리는 동시에 그것의 대가(비용) 역시 지불해야 하는데 그러한 대가(비용) 중 빠뜨릴 수 없는 하나의 중요한 부분이 금융세계화로 인하여 국민국가의 정책 자율성과 국가주권이 약화될 수 있다는 점이고 이러한 논의는 자본과 국가 간의 우위성문제로 까지 연결된다.

2.1 국가정책의 자율성 약화론

금융세계화를 비판적으로 보는 사람들은 금융세계화가 국민국가의 정책자율성 약화 및 국가정책의 국제적 수렴화 등을 통하여 국민국가의 정책주권훼손이나 국가주권의 약화를 가져오는 중요한 원인이 될 수 있다고 우려한다. 상품의 이동이 증대되고 자유화됨에 따른 무역의 세계화 역시 이러한 문제점들을 수반하지만 금융의 세계화가 국민국가의 자율성과 자주성에 미치는 문제점과 영향력이 더욱 큰 것은 세계화가 국제금융 분야에서 가장 높이 완성되었을 뿐만 아니라 금융시장이 상품시장보다 정책의 변화에 훨씬 빨리 반응하는 본질적 속성을 지니고 있기 때문이다. 금융세계화로 인하여 국민국가의 정책 자율성이 약화되고 국가정책의 수렴화가 이루어질 것이라고 우려하는 사람들의 주장은 다음과 같다.

(1) 불가능한 3위 일치론의 해석

자본의 국제적 이동이 자유화되면 국민국가의 통화정책과 환율에 미치는 효과에 대해서는 일찍이 1960년대 초 먼델과 플레밍에 의하여 체계화되었다. 그들은, ① 개별국가의 자율적인 통화정책·② 환율의 안정(고정환율체제)·③ 자본의 국제적 이동성이라는 세 가지 목표는 동시에 달성될 수 없고 그들 중 어느 두 가지 목표만을 동시에 달성할 수 있으므로 어느 1가지 목표를 포기하지 않으면 안 된다는 이른바 '불가능한 3위 일치론'(principle of impossible trinity/unholy trinity)을 정립하였는데,[128] 이러한 상황을 '개방경제의 트릴레마'(open economy trilemma)라고 부르기도 한다.

이러한 관점에서 보면 당초 브레튼우즈체제는 고정환율제도(환율안정)를 근간으로 하면서 개별국의 자율적 통화정책을 허용하기 위하여 자본의 국제적 이동을 통제하는 체제였다. 그러나 이제 금융의 세계화로 인하여 자본의 자유화와 국제화가 이루어져 국제자본이동에 대한 통제가 사라짐에 따라 개별 국가들이 환율안정이라는 목표와 통화정책의 자율성이라는 2가지 목표 간의 상충(trade off)에 직면하게 되었다.

예컨대 어떤 정부가 국내경기침체를 극복하기 위하여 이자율을 인하(확장적 통화정책)하였을 경우 자본의 해외유출이 일어나기 시작하고 외환에 대한 수요가 증대되어 환율상승의 요인이 발생하는데 이때 환율의 안정을 유지하기 위하여 통화당국이 외환보유고를 풀어 보유달러를 매각하면 국내통화가 환수되어 확장적 통화정책의 효과가 상쇄되므로 오히려 경기를 더욱 침체시키게 되고 때로는 외환부족으로 외환위기를 겪을 수도 있다. 물론 이러한 경우 환율의 자유로운 변동을 허용하면 이자율인하로 자본이 유출되어 환율상승이 발생하지만 이러한 환율상승은 국내외 금리 차이에서 발생될 수 있는 차익거래의 기회를 상쇄시킬 수 있어 통화정책의 목표는 어느 정도 달성할 수 있지만 환율의 안정이라는 목표를 포기해야 한다.

이렇게 자본이 자유롭게 이동하는 상태에서 어떤 나라가 환율안정이라는 정책의 목표를 이룩하기 위해서는 통화정책의 자율성이 포기되어야 하는데 이렇게 통화정책의 자율성이 약화된다는 것은 국내의 여러 가지 거시경제 목표나 사회정치적 목표를 위하여 통화정책을 자유롭게 사용할 수 없다는 것을 의미한다. 이렇게 자본자유화로 인하여 개별국가의 통화정책의 자율성이 약화되는 것처럼 자본자유화는 개별국가의 거시경제정책 상의 자율성과 자국 경제에 대한 정부의 통제력을 약화시키기 때문에 결국 금융세계화는 국민국가의 정책집행능력을 결정적으로 제한한다고 할 수 있다.

128 M. Fleming (1962) R. Mundell (1963) B. Cohen (1993).

(2) 선진금융자본의 이해관계 종속론

세계금융시장통합·자본자유화·탈규제 움직임으로 인하여 급격히 높아진 자본의 이동성(mobility) 때문에 초국적자본은 자신에게 유리한 법률과 제도를 가진 나라로만 진출함으로써 다른 나라 정부로 하여금 자기들에게 유리한 법률과 제도를 강제할 수 있게 된다.[129] 또한 금융세계화로 인하여 개도국이 자국의 금융시장을 개방하는 경우 그들의 경제정책이 국가적 목표나 국민적 요구보다는 선진국 금융자본의 이해 또는 금융시장의 요구에 종속되는 결과를 초래하게 된다.

예를 들면 선진국 금융자본의 관심은 피투자국의 장기적 경제성장이나 경제안정보다 자신의 단기적인 자본이득 실현이기 때문에 각국 정부는 성장과 고용을 증대시키기 위한 경기부양책보다는 자본시장부양을 통하여 금융자본의 이익실현을 가능하게 하는 정책에 초점을 맞추도록 요구받을 수 있다. 이러한 경우 국민경제를 전제로 하는 케인즈주의적 경제정책과 사회정책이 그 존립근거를 상실하게 되고 외국자본을 받아들인 개도국의 거시경제정책이 초국적 자본의 신뢰를 획득하는 방향으로 운용됨으로써 결국 외국금융자본에 의한 정책 자율성의 훼손이 발생하게 마련이다.

이러한 현상을 비판적으로 보는 사람들은, 오늘날의 금융세계화와 금융통합으로 각각의 국민경제로 하여금 세계금융자본 또는 월가(Wall Street)로 대표되는 선진국 금융자본의 이해에 반하는 정책을 채택하기 어렵게 만들어[130] '월가의 세계경제지배'가 이루어졌다고 표현하기도 한다. 이에 따라 국내주식시장은 해외주식시장과 밀접하게 연결되어 있어 선진외국의 금융자본(기관투자자)의 이해에 부응하여 경제를 운영하지 않을 수 없게 되었고, 단기적인 자본이득 증대를 목표로 하는 외국자본의 이해관계에 따라 기업경영 역시 단기수익 극대화와 주가관리를 주요한 목표로 삼게 되었으며, 정부의 정책 역시 고용창출이나 경기부양책보다는 자본시장부양을 위한 정책에 초점을 맞추게 될 것이다.

따라서 금융자본의 세계화 속에서 개별적인 국민국가는 더 이상 절대적이거나 효과적인 경제주체로서의 기능을 상실하고 국민국가의 사회·정치적 통제능력은 무력하게 되었으며, 특히 개발도상국의 경우 자국의 경제적 운명을 선진금융자본의 자금운용행동에 맡기는 결과를 초래하게 되었다. 이에 각국 정부는 세계시장에서의 고립을 감수하며 독자적인 국민국가의 경제정책을 추구하거나 세계시장에 동참하여 월가의 이해를 존중하는 정책을 추구하는 방식 중 하나를 선택하지 않으면 안 되게 되었다.

(3) 초국적금융자본에 대한 규제 한계론

오늘날 금융의 세계화는 정보통신기술의 발달과 더불어 이루어졌는데 이러한 정보통신기술의 발달에 의하여 초국적 금융자본은 국가의 정책변화에 가장 신속하게 대응할 수 있게 되었고, 금융경

---

129 F. Chenais (1996).

130 선진금융자본, 즉 월가의 이해는 ① 자신들의 투자기회를 넓히기 위하여 각국 개별기업의 투명성을 높이도록 강요하여 정보획득을 용이하도록 하고, ② 주가관리를 통한 자본이득을 증대시키기 위하여 개별기업들이 단기 수익성위주의 경영을 하도록 요구하며, ③ 정부가 고용증대를 위한 경기부양책보다는 자본시장부양을 위한 정책에 초점을 맞추도록 요구한다. 조복현 (2003).

쟁이 치열해지면서 초국적 금융자본들은 자신의 경쟁력확보를 위한 회피와 탈출(evasion and exit) 전략을 효율적으로 추진하게 된 반면 이에 대한 정부의 통제유용성은 축소되었으며, 금융상품과 금융시장의 복잡성이 증가되고 자본의 투기적 성격이 높아졌지만 정부의 규제능력은 이에 따라가지 못한 결과 국가는 자신의 권력을 사적 금융시장에 내주게 됨으로써 정책자율성을 상실하게 되었다.

정보통신기술의 발전은 ① 세계 모든 금융시장에서 모든 정보를 실시간으로 동시에 이용할 수 있게 하였고, ② 주요 국가와 금융중심지를 하나의 통합망으로 연결시켰으며, ③ 국경에 관계없이 새롭고 광범위한 시스템과 효율적인 세계시장을 창출하였고, ④ 광범위한 혁신과 다양한 파생금융상품의 개발을 가능케 하였다.[131] 이러한 변화들로 인하여 자본에 대한 국가의 통제가 더 어려워졌으며 거대자본의 흐름을 조절하고 통제하는 민간금융기관들이 새로운 행위주체로 등장함으로써 전통적인 행위주체인 국가의 자율성이 지속적으로 손상되고 무력화되었다.[132] 특히 1980년대 중반 이후 나타난 다양한 파생금융상품시장의 발전은 세계금융의 불확실성과 불안정성을 더욱 가중시키고 정부의 금융시장에 대한 규제를 더욱 어렵게 만들고 있다.[133]

또한 오늘날 급격히 증대되고 있는 초국적 금융자본의 경우 단기적 금융이득을 노리는 투기적 성격을 띠고 있어 금융세계화와 투기화가 불가분의 관계를 맺고 있다. 이에 따라, 금융세계화가 경제성장과 경제안정화에 기여한다고 주장하는 주류경제학에 대하여 비판론자들은 금융세계화와 금융개방이 실제로 경제성장을 가져오는가에 대하여 회의적일 뿐만 아니라 금융시장안정과 거시경제안정에 기여하지 못한 채 오히려 금융취약성과 거시불안정성을 강화시키는 결과를 초래하였다고 주장한다. 또한 이들은 이러한 투기적 자본은 생산적 축적보다는 금융적 확장에 기반을 둠으로써 국민국가의 통치성 자체를 심각하게 왜곡시키는 것으로 지적하였다.

(4) 국가정책의 국제적 수렴화론

이처럼 금융세계화와 그에 수반되는 시장압력에 의하여 개별국가들의 경제정책의 자율성과 독립성이 제한을 받게 되면 개별국가들의 경제정책이 국제적으로 수렴화되는 현상이 발생할 수 있다. 물론, 금융세계화에도 불구하고 이러한 국가정책의 수렴화현상이 발생되지 않을 것이라는 반론이 없는 것은 아니지만, 금융세계화로 인하여 국가정책이 수렴될 것이라고 보는 사람들은 다음과 같은 관점에서 국가정책의 수렴화를 주장한다.

우선 자본자유화가 이루어지면 개별국가는 환율안정을 위하여 거시경제정책의 자율성을 포기하여야 한다는 상술한 '불가능한 삼위일체론' 역시 모든 나라들이 이러한 선택을 동일하게 할 경우 시장의 압력에 의한 경제정책의 수립이 이루어질 것이므로 궁극적으로는 경제정책의 국제적 수렴화가 이루어질 수 있음을 시사하고 있다. 또한 금융의 세계화로 인하여 초국적 금융자본들은 자신의 경쟁력확보를 위한 회피와 탈출(evasion and exit)전략을 효율적으로 추진하는 반면 이에 대한

---

131 Michael Bluementhal (1987) pp.537-8.

132 Walter Wriston (1991) 참조.

133 Robert Wade (1996) 참조.

정부의 통제유용성은 축소됨으로써, 각국 정부는 경쟁적으로 자본자유화정책을 추진하게 되고 초국적 금융자본에 우호적인 거시정책들을 시행할 수밖에 없게 되는 경우 이로 인한 정책수렴화현상이 나타나게 된다.[134]

한편, 금융의 세계화란 각국의 금융체제·금융제도·금융거래 메커니즘·금융기법 등이 세계적으로 표준화·보편화·통일화되는 상태를 의미하는데 이러한 세계적 표준화가 주로 서구 선진국 또는 미국을 중심으로 이루어져 그들의 금융시스템이 결국 글로벌스탠더드(global standard)가 되어 버린다는 의미에서 금융의 서구화 또는 미국화로 표현되고 있음을 앞에서 언급한 바 있다. 이러한 현상 역시 세계 전체의 금융시스템이 하나로 수렴되는 것 또는 미국의 제도와 사상 그리고 경제운영방식을 다른 나라들이 채택하고 닮아 간다는 것을 의미한다. 따라서 이를 비판적으로 보는 사람들은 1980년대 이후 금융세계화의 급속한 전개과정이란 결국 미국금융자본에 의한 세계경제지배의 강화과정이라고 규정하기도 한다.

금융세계화로 인하여 개별국가 경제정책의 수렴화가 이루어진다는 이상과 같은 논의를 보다 확장하여 논의하는 사람들은 금융세계화가 국가정책의 수렴화를 초래하는 것을 넘어 자본주의체제 내에 존재하는 여러 가지 유형의 자본주의가 가지는 특성을 수렴화시키는 결과를 가져올 것이라고 주장한다. 그들은, 자본주의체제 내에는 제도·지배 이데올로기·국가의 역할·정책결정구조 등에서 서로 상이한 모습을 보이는 자본주의 형태, 예컨대 영미식 자본주의·유럽대륙식 자본주의·일본식 자본주의 등이 존재하는데 금융세계화로 인하여 자본주의 전체의 시스템이 영미식 자본주의로 수렴되는 현상이 발생될 수 있음을 지적한다.[135] 따라서 그들은 세계화가 진점됨에 따라 앞으로의 새로운 세계질서가 자유시장과 개인주의 등 자유주의 가치를 근간으로 하는 영미식 자본주의의 방향으로 수렴될 것이라고 주장한다.

이렇게 금융세계화로 인한 국가정책의 수렴화를 우려하는 사람들은, 이로 인하여 국가정책의 자율성이 완전히 상실되는 것은 아니지만 결국 자본시장이 국가정책을 지배하게 된다는 점은 부정할 수 없다고 역설한다. 또한 이러한 정책의 수렴화로 인하여 개별국가의 통화정책에 대하여 교역상대국 간의 민감성이 더 높아질 수 있다고 우려하기도 한다. 예컨대 자본의 국제이동이 충분히 증가하면 자본의 예상수익률(실질이자율)이 국제적으로 수렴하는 경향이 나타나 개별국가의 통화정책이 실질이자율에 영향을 주지 못하는 대신 통화의 상대적 가치(환율)에 영향을 주게 된다. 이렇게 일국의 통화정책의 효과가 이자율이 아닌 환율로 나타난다는 것은 각국의 통화정책이 각국 통화의 상대적 가치평가를 변화시켜 각국의 국제경쟁력에 직접적인 영향을 미친다는 것을 의미하므로 교역상대국의 통화정책에 대하여 서로 민감해질 수밖에 없기 때문이다.

---

134 Herman Schwartz (1994)는 세계화가 사회경제적 복지를 위한 정부정책들을 제한하여 각국의 정책모델들이 유사해지고 있음을, Paulette Kurzer (1993)는 초국적 자본의 권력자원이 증가하여 조합주의국가들이 결국 완전고용과 사회연대정책을 유지할 수 없게 될 것임을, David Andrew (1987)는 각국이 다양한 정책을 나름대로 추진하지만 세계화된 금융체제에 의해 구조적으로 제약된 틀 내에서만 가능해짐을 논의하였다.

135 김석우 (2004).

2.2 금융세계화와 국민국가의 위상[136]

(1) 국민국가약화론(자유주의자의 자본우위론)

1960년대와 70년대에는 다국적기업에 의한 생산자본의 해외진출이 국제자본이동의 주류적인 위치를 차지하였다면 1980년대 후반 이후 급속한 금융자본의 해외진출로 인한 이른바 금융의 세계화가 오늘날 자본세계화의 새로운 특징을 이루고 있다. 이것은 1950~60년대 호황기동안 과잉 축적된 잉여자본이 자본수출이라는 형태로 나타난 것이지만 국민국가 약화론자, 특히 국가에 대한 자본우위론자들은 이러한 초국적 금융자본의 확대가 국민국가의 위상과 역할을 약화시키고 있다고 주장한다.

이들의 핵심적 주장은, 위에서 살펴본 바와 같이, 오늘날의 초국적 금융자본이 전통적인 국민경제라는 개념을 붕괴시키면서 세계화되고 있어 국가정책의 자율성이 상실되고 따라서 국가에 대한 자본의 우위 또는 국가의 위상 및 역할의 약화가 이루어졌다는 것이다. 이러한 국가역할 약화론은 대체로 국제정치경제의 자유주의적 입장에 서 있는 주권궁지모델(sovereignty-at-bay model)·복합적 상호의존모델(complex inter- dependence model) 등의 전통적 입장이지만 1980년대 이후 입지가 강화된 신자유주의자(neo-liberalist), 또는 세계화를 긍정적으로 평가하고 전망하는 세계화론자(globalist)들이나 시장(자본)이 국민국가보다 우월하다고 믿는 시장우위론자들의 견해이다. 또한 이들은 금융세계화의 원인과 배경과 관련하여서는 정보통신기술의 발전이 오늘날의 금융세계화를 가져왔다고 보는 사람들임은 전술한 바와 같다.

이러한 자유주의적 자본(시장)우위론자들의 주장에 대하여서는, 금융의 세계화로 인하여 국가가 정책을 수립하고 이행하는 능력에 어느 정도 제약이 발생하였다는 사실을 너무 과장하여 그러한 제약을 절대적이고 지배적인 것으로 해석하려는 경향이 있으며, 또한 국가는 외부의 변화와 압력에 대해 적응하는 능력이 있으며 그 나라가 가지고 있는 국내구조에 따라 정책선택이 다양할 수 있다는 점을 무시하고 있다는 비판을 받는다.

(2) 국민국가 유지 · 강화론(현실주의자의 국가우위론)

이상에서와 같이 자유주의적 시장(자본)우위론자들은 명시적으로든 묵시적으로든 자본세계화에 의하여 국민국가의 위상이 약화되거나 심지어는 소멸될 것이라는 명제를 함축하고 있다. 그러나 현실주의적 국가우위론자들은 자본의 세계화라는 경향에도 불구하고 자본에 대한 국가의 역할이 약화되기는커녕 도리어 강화되고 있다고 주장하면서 세계화가 결코 국민국가의 위상을 약화시키지 않는다고 역설한다. 그들은 세계화가 자본을 국가로부터 분리시켜 초국적화 한다는 주장은 근거가 없으며 오히려 세계화 과정에서의 경쟁이 전 세계적인 규모로 확대되고 격화됨에 따라 국민국가가 자국자본의 경쟁력강화를 위한 지원과 보호를 강화할 필요성이 더욱 커지고 있음은 물론, 초국적자본 역시 자본축적을 위한 사회적 조건의 유지와 강화를 위하여 국가에 의존할 필요성이 높아지고 있다고 주장한다.

---

136 노택환 2006a 및 2006b 참조.

이에 스탑포드(J. Stopford)와 스트레인지(S. Strange)는 세계화로 인한 상호의존성이 더욱 증대되면서 보다 높은 우위를 차지하려는 국가간 경쟁 또는 기업간 경쟁이 더욱 치열해짐에 따라 기업은 정부와 더욱 크게 밀착되는 동시에 정부는 기업의 통제 하에 있는 자원들에 더욱 크게 의존함으로써 초국적 자본과 국민국가의 상호작용이 더욱 높아짐을 역설하였다.[137] 그들은 세계적으로 경쟁이 확대되고 격화되면서 개별적인 국민국가는 자국 자본의 경쟁력을 높이고 자국의 경제적 이득을 극대화하기 위하여 국제투자와 무역에 깊숙이 개입하면서 자국 자본에 대한 지원과 보조를 강화하여 대부분의 초국적 자본들에게 여전히 안정적인 배후를 형성하는 반면, 초국적 자본의 경우 역시 반국가적이 아님은 물론 오히려 자신을 보호해 줄 능동적인 국가(activist state)를 요구하며 국민국가에 견고하게 닻을 내린 채 자국정부에 크게 의존하고 있다고 역설하였다.[138]

이러한 관점에서 자본세계화에 의하여 국민국가가 약화된다는 주장을 비판하는 사람들은 자본세계화에 의한 국민국가의 약화·소멸론은 세계경제의 통합이 국민국가의 요구에 의해 진행되고 국민국가에 의해 조절되고 통제되었다는 사실, 다시 말하면 자본주의 세계경제는 언제나 조절된 과정이었으며 역사적으로 국민국가는 국가의 경제활동과 세계의 경제활동의 상호의존성이 조절될 수 있는 환경을 만들어 왔다는 점을 과소평가한 것으로서 자본의 세계적 확장은 국민국가의 개입 없이는 불가능하다고 주장한다. 그런 점에서 금융세계화는 바로 국가의 보호 아래 국가의 보호를 통해서 이루어지는 과정이라고 주장한다.

또한 초국적금융자본에 의하여 국민국가가 약화·쇠퇴한다는 시장중심론적 주장을 반박하는 국가중심론적 입장에 서있는 사람들은 시장에 대한 국가의 우위를 주장하며 금융세계화 과정에서의 국가의 역할을 주장한다. 코헨(Benjamin Cohen)은 금융세계화로 인하여 국가의 정책실현에 약간의 제약을 받고 있는 것은 사실이지만 금융세계화에는 한계가 있으며 모든 투자자가 투자국의 통화·재정정책에 똑같이 민감하게 반응하지 못한다고 주장하였다.[139] 또한 헬라이너(Eric Helleiner)는 국가가 금융세계화를 주도하였던 만큼 국가가 여전히 자본시장을 통제할 수 있는 능력을 보유하고 있으며 정부가 통화증발을 감내할 의지와 능력이 있으면 독립적인 통화정책목표를 추구할 수 있다고 주장하면서, 급속한 금융세계화의 결과 처음의 예상과는 달리 비생산적 분야에 투기적 자본이 집중되고 있고 단기자본의 급속한 이동증가로 세계적인 금융위기의 발생가능성이 높아진 만큼 이러한 불행을 예방하기 위하여 국제적인 협력을 바탕으로 한 자본통제를 실시하여야 한다고 주장하였다.[140]

(3) 금융세계화와 국민국가에 대한 급진주의 견해

이상에서 살펴본 바와 같이 초국적 자본과 국민국가의 관계에 대하여 자유주의자들은 국가에 대한 자본의 우위를 강조하는 반면 현실주의자들은 자본에 대한 국가 우위를 강조하는데 비하여 국제

---

137 J. Stopford & S. Strange (1991) p.1.
138 J. Petras and C. Polychroniou (1998) pp.195-6.
139 Benjamin Cohen (1996).
140 Eric Helleiner (1994) 및 (1998).

정치경제의 급진주의적 견해들은 자본과 국가의 관계에 대하여 일치하는 견해를 보여주지 못하고 서로 상반된 입장들이 급진주의 내에서도 서로 교차되고 있다.

전통적 마르크스주의의 견해 일부의 단순한 마르크스주의자들은 국가란 허수아비 같은 존재로서 이른바 자본의 집행위원회라고까지 주장하여 국가를 자본주의 세계경제체제의 외적 요인, 즉 하나의 단순한 상부구조로 파악한다. 이에 일부 급진주의자들은 마르크스적 세계시장론 입장에서 세계화에 따른 세계시장의 역동성이 국민국가의 전통적인 주권을 공동화시키고 있고 자본의 세계화에 따른 초국적 자본의 활동이 국민국가의 전통적인 경제정책을 무력화시키고 있다고 본다. 그들은 초국적 자본의 이동이 국민국가의 영토주권을 무의미하게 할뿐만 아니라 초국적 자본의 투자 없이는 발전국의 성장이나 저개발국의 개발정책이 무의미하게 되었고, 종횡무진으로 움직이는 카지노자본주의에 대해 국민국가는 어떠한 영향도 줄 수 없게 되어 국민국가의 권력은 세계적 차원으로 이전되었으며, 국민국가 차원에서 내려졌던 정치적 의사결정은 세계적 수준의 자본운동에 매여짐으로써 '금융적 공포지배'가 이루어지고 있다고 주장하였다.[141]

국가자본주의론의 견해 이렇게 자본과 국가를 분리하여 국가에 대한 자본의 우위 또는 자본세계화로 인한 국민국가의 약화를 주장하는 견해와는 정반대의 입장에서 국가와 자본을 같은 것으로 간주하는 이른바 '자본으로서의 국가론'을 지지하는 급진주의자들은, 자본의 세계화가 국민국가의 역할을 감소시키지 않을 뿐만 아니라 국가와 자본의 융합이 강화되는 국가자본주의를 강조하였다.

이들은, 자본의 세계화가 오히려 '자본의 국가화' 내지 '국가자본주의화'를 동반한다는 사실이 이미 부하린(N. Bukharin)의 제국주의론에서 정식화되었고, 또한 자본의 국제화와 국민국가와의 관계를 변증법적 모순관계로 이해하여야 함은 1970년대 초에 전개된 다국적기업과 국민국가에 대한 마르크스주의 논쟁에서 재확인되었다고 주장한다.[142] 이들은 이러한 통찰을 이용해서 소련과 여러 탈식민지국가들에 대하여 일관되고 유일한 마르크스적 분석을 행하였고, 더 나아가 개별국가와 개별자본은 완전히 융합되어 모든 국가는 일련의 국민적 기반을 가진 자본의 요구에 따라 행동하고 모든 중요한 자본은 국민국가에 의하여 병합된다고 주장한다.[143]

또한 이들은, 세계화가 자본의 세계적 통합·단결을 강화시키는 한편 노동의 국지적 분절화를 심화시키기 때문에 노동에 대한 자본의 우위가 가속화될 것이라고 전망하는 사람들이 많지만, 오늘날 세계화의 핵심이 자본의 세계화인 한 세계화가 아무리 진전된다할지라도 국민국가는 여전히 남아있을 것이라고 주장하였다. 이들은, 국가는 자본주의적 세계화과정의 근본적 구성요소로서 자본주의적 세계화는 국가의 주관 하에 또한 국가를 통하여 이루어지는 과정이므로 세계화는 실제로 국가를 전제조건으로 요청한다고 규정하였다.[144] 따라서 이들은 세계화가 진전되어 세계경제가 완전히 통합된다든지 진정한 의미의 세계국가가 탄생되는 일은 일어나지 않을 것이고 다음 세기 역시

---

141 이국영 (1998) pp.62-63.

142 정성진(1997)은 이에 관한 주요문헌으로서 Hugo Radice (1975)를 예거하고 있다.

143 Tony Cliff (1988), Chris Harman (1991), 임광빈 (2000) p.258.

144 L. Panitch (1994) p.64 및 E. Wood (1997) p.28.

여전히 국민국가의 시대가 될 것이라고 전망하였다.[145]

세계체제론의 견해 세계체제론자들은, 자본은 자기증식(valorization)하는 가치로서 이것은 이윤확장을 위한 끊임없는 자본의 운동으로 나타나고 무한한 이윤의 확장은 자본의 축적과정을 통하여 더욱 확대되는데 이러한 자본축적과정은 국민국가 차원을 넘어 세계적 차원에서 이루어진다고 전제하고, 따라서 자본의 세계화는 자본 자체의 속성에 기인하며 자본의 세계적 축적과정이라고 규정한다.

이에 월러스틴(I. Wallerstein, 1984, 1999)은 국제화·세계화는 그 자체 자본주의 세계경제에 깊은 뿌리를 두고 있는 자본주의의 속성으로서 오늘날 국제사회에서 일어나고 있는 비국가행위자의 등장·주권국가의 경계붕괴·주권약화 현상들은 주권국가의 형성기부터 항상 존재하여 왔던 것인 만큼 국제화·세계화·포스트 모더니즘 등으로 불리어지는 변화는 기존의 개념으로도 설명이 가능한 현상이라고 주장하였다.

그는 현실주의의 견해와 마찬가지로, 세계화를 선진자본주의국가 위주의 현상임을 강조하고 세계화로 인하여 국민국가의 영향력이 비록 감소한다고 하더라도 국제정치경제질서를 주도하며 최종적 결정권을 보유한 것은 국민국가이고 국가에 대하여 구속력 있는 결정을 내릴 수 있는 상위권력은 존재하기 힘들다는 견해를 피력하였다. 그는 자본주의세계에서 자본축적과 재생산은 국가의 도움 없이는 불가능하고 근대세계체제의 국가들은 세계경제(world economy)라는 세계체제의 하위단위로서 국가적인 것과 세계적인 것을 분리하는 것은 불가능하다고 주장하면서 이 속에서 국가는 자본주의의 고유한 영역에 대한 조정자이자 보증자라고 규정하였다.

이러한 세계체제론적 시각에 따르면, 자본주의세계에서 자본축적과 재생산은 국민국가의 도움 없이는 불가능하고[146] 국민국가는 세계적인 자본축적체제의 성립과 함께 역사적으로 형성되는 것이며 국민국가와 세계경제는 분리할 수 있는 범주가 아니라 동시에 사고되어야 한다고 주장된다. 따라서 세계체제론의 입장에서는 국민국가의 약화·소멸론은 자본 뒤에 숨겨진 국가를 보지 못하게 하는 지배이데올로기로 간주된다. 또한 세계화를 제국주의적 관점에서 해석하려는 사람들은, 세계화란 바로 미국 패권적 제국주의의 정치적 전략으로서 세계적 규모의 자본축적의 위기에 대응하는 착취와 피착취구조 및 계급관계를 재편성하는 것이라고 정의한다.[147]

이러한 관점에서 그들은, 세계화로 인한 국가쇠퇴론은 미국의 패권적 제국주의와 선진국들의 비호 아래 다국적자본과 초국적 금융자본이 더 자유롭게 활동하기 위한 공간의 확보를 위해 만들어진 논리, 선진국의 후진국에 대한 개입주의를 은밀하게 정당화하는 이데올로기적 장치, 노동자권익이나 복지제공의 축소를 정당화하는 신자유주의정책을 자유롭게 수행하도록 하는 편리한 정치적 근거일 뿐이라고 규정한다. 이러한 맥락에서 김수행(2002)은, 자본의 국제화는 자본의 본질적 속성으로서 자본의 국제적 팽창이 전혀 새로운 사실이 아니라고 전제하고 자본의 국제화규모가 커진 것은

---

145 정성진 (1999) 및 R. Boyer (1996) p.59.

146 T. K. Hopkins & I. Wallerstein (1982) E. Baliber & I. Wallerstein (1991).

147 J. Petrass (1999) 및 F. Chesnais (2003) 임의영 (2005) pp.113-114 및 pp.117-118.

사실이지만 그 질적 내용이 크게 변화된 것은 없는 만큼 최근의 신자유주의정책에 의한 자본자유화로 인하여 세계경제의 통합이 양적으로나 질적으로 크게 변화되지는 못하였다 규정하였다.

이러한 관점에서 그는, 자본의 국제화로 인하여 금리·환경기준·노동법·독과점규제 등에 대한 세계적 균일화·통일화가 이루어짐으로써 국민국가의 개입능력이 약화되었다고 보지만 이러한 균일화를 이룩하기는 쉽지 않으므로 이들에 대한 결정과 실행은 여전히 국민국가의 권한과 책임임을 주장하였다. 또한 그는, 세계화로 인하여 국민국가의 존재가 어떻게 되는가와 관련하여 자본은 공권력이 없는 곳에서 자신을 유지하거나 증식시킬 수 없으므로 국민국가는 여전히 중요하며 이때의 공권력이 반드시 국민국가일 필요는 없지만 국민국가 이외의 형태가 크게 대두되지 못하고 있으며, 지금과 같은 세계경제의 혼란과 갈등·빈부격차 속에서 각국의 국민경제는 이기적으로 경쟁하게 되므로 진정한 자본의 세계화를 이룩할 세계정부도 이루어질 수 없다고 역설하였다.

제5편

국제금융위기의 정치경제론

제8장 국제금융위기의 정치경제적 함의

제9장 글로벌 금융위기 이후의 세계경제 전망

1980년대 이후 나타난 금융세계화의 흐름과 더불어 국제금융위기가 더욱 빈번하고 더욱 큰 규모로 발생하면서 지구촌 곳곳으로 확산되고 있다. 이러한 경향은 1997년 동아시아의 외환금융위기 이후 더욱 심화되었고 2008년에는 자본주의의 심장부이자 세계적으로 가장 선진적인 금융시스템과 감독시스템을 갖추고 있다는 평가를 받는 미국에서 금융위기가 발생하는 미증유의 사건이 있었다.

이러한 전 지구적 금융위기에 대해서는 다양한 시각이 제기되었고 위기의 사전예방과 사후수습문제를 놓고도 활발한 논쟁이 벌어지면서 이른바 국제금융체제에 대한 개편논쟁이 활발하게 진행되어 왔다. 이러한 논쟁은 근본적으로 오늘날의 국제금융체제를 어떠한 정치경제적 시각에서 바라보느냐에 따라 그 원인의 진단과 해법대안이 서로 달라지는 만큼, 국제금융위기의 원인과 처방을 둘러싼 많은 논쟁들이 국제정치경제적 이슈가 되고 있다.

아울러 미국에서 발발한 글로벌 금융위기의 파장이 어느 정도 수습되어 세계경제가 다시 이전의 상태로 회복된다고 하더라도 이후의 세계경제 및 국제경제체제는 금융위기 이전과는 다른 형태와 성격을 갖게 될 것이라는 다양한 주장과 전망들 진행되고 있다.

이에 제5편에서는, ① 국제금융위기의 역사적 흐름을 개관하고 그것의 원인에 대하여 이루어졌던 논쟁을 소개하고 최근에 발생한 동아시아 외환금융위기 및 글로벌 금융위기의 정치경제적 함의를 논의한다(제8장). ② 끝으로 글로벌 금융위기 이후 세계경제 및 국제경제체제가 어떻게 변화될 것인가에 대한 다양한 논쟁과 전망들을 살펴보기로 한다(제9장).

제8장

국제금융위기의 정치경제적 함의

제1절 국제금융위기의 역사와 원인 논쟁

1. 국제금융위기의 형태와 역사 개관

1.1 금융위기의 개념과 주요 형태

17세기 네덜란드의 튤립버블에서부터 최근의 미국발 글로벌 금융위기에 이르기까지 세계경제는 금융위기와 경제위기를 반복해가면서 성장하여 왔다. 이렇듯 세계경제의 성장역사는 우리에게 금융위기가 반복된다는 사실을 보여주게 되자 많은 학자들이 금융위기의 반복성을 인정하기도 하였다. 킨들버거(C. P. Kindleberger)는 '금융위기는 오랜 세월을 두고 끊임없이 피어나는 다년생초'라고 규정하였고, 금융저널리스트이면서 역사학자인 그랜트(James Grant) 역시 '과학과 기술은 크게 진보하였지만 금융위기는 반복된다'고 주장하였다.

이처럼 금융위기는 주기적으로 반복되는 특성을 보여주고 있어 오늘날 발생하고 있는 국제금융위기가 반드시 최근에 새롭게 나타난 현상은 아니다. 이렇게 지난 수세기 동안 반복적으로 발생된 금융위기를 뒤돌아보면 그때마다 원인과 형태가 매우 다양하였음을 알 수 있다. 금융위기(financial crisis)가 구체적으로 무엇을 의미하는가에 대해서는 다양한 논의가 있지만 일반적으로는 '경제주체들 간의 신용체계가 급격히 붕괴되어 금융시장 전반에 걸쳐 금융거래가 어려워지고 혼란이 야기되는 등 금융측면에서 발생되는 모든 위기상황'을 지칭하는 포괄적인 개념으로 사용한다.

금융위기를 이렇게 포괄적이고 넓은 의미로 정의할 경우 이러한 금융위기에는 외채위기·외환위기(통화위기)·은행위기·체계적 금융위기 등이 모두 포함되는데 이를 IMF의 정의에 따라 살펴보면 다음과 같다.

외채위기 외채위기(foreign debt crisis)란 국가 또는 민간부문이 대외채무의 과다로 인하여 상환불능상태에 빠져 대외채무를 이행하지 못하는 위기로서, 1970년대 말~80년대 초까지 라틴아메리카를 중심으로 자주 발생하였다.

외환위기/통화위기 외환위기(foreign exchange risk) 또는 통화위기(currency crisis)란 외환시장에서의 어떤 충격이나 투기적 공격 등 시장참가자의 행태변화로 인하여 급격한 외환의 해외유출·외환보유고감소·자국통화 가치절하 등이 수반되어 그 나라 경제에 혼란이 발생되는 경우를 말한다. 따라서 외환위기의 경우 국제금융시장에서 이동이 빠른 헤지펀드 등 단기자본이 시장지배력을 가지거나 국제자본이 실물보다 금융시장에 투자되어 있을 경우에 발생되기 쉽다는 특징을 가진다.

은행위기 은행위기(banking crisis)란 은행의 부실화 또는 이에 대한 우려 때문에 은행이 예금지급불능상태에 빠지거나 자신의 금융 중개기능을 정상적으로 행하지 못하는 상태가 되어 정부가 이를 막기 위하여 대규모 개입을 행하는 경우이다.

체계적 금융위기 체계적 금융위기(systematic financial crisis)란 효율적인 금융시장의 기능이 작동하지 못하여 실물경제에 큰 손실을 가져오는 금융시장의 잠재적 혼란 상태를 말한다.

이처럼 금융위기가 발생되는 구체적 원인과 형태가 나양하여 외채위기·외환위기·은행위기·체계적 금융위위기 등이 각각 개별적으로 나타날 수 있다. 그러나 대부분의 경우 어느 한 가지 유형으로만 발생하지 않고 한 유형의 위기가 선행하면서 다른 유형의 위기로 파급되어 서로가 동반하며 진행하는 복합적인 형태를 띠게 된다. 따라서 금융위기라고 하였을 때 이러한 여러 가지 위기형태를 포괄하는 넓은 의미로 해석하는 것이 반드시 부적절한 것은 아니라고 할 수 있다.

일련의 경제학자들이 금융위기와 외환위기를 겪은 선진국과 개도국을 분석한 결과, 금융자유화가 금융위기를 촉발시키고 이러한 금융위기 이후에 외환위기가 수반되며 이러한 외환위기는 다시 금융위기를 더욱 악화시키는 결과를 초래하는 것이 보편적인 경향이라는 결론을 도출하였다.[1] 실제로 외환위기의 원인이 무엇이든 역사적으로 외환위기를 겪은 많은 국가들이 대내적으로 심각한 금융위기를 겪어 복합적인 위기로 발전하였다.

또한 1980년대 이후 금융세계화가 진전되면서 대내적인 금융자유화와 대외적인 자본시장개방이 함께 이루어짐에 따라 국내금융부문의 취약성으로 인한 대내적 금융(은행)위기와 자본시장개방 이후 유입된 외국자본의 급격한 유출로 인한 대외적 외환위기가 함께 발생함으로써 1980년대 이후의 금융문제는 대부분 쌍둥이위기(twin crisis)의 형태로 발생하는 경우가 많았다.[2]

이렇게 금융위기가 반드시 오늘날에만 나타난 새로운 현상은 아니라고 하더라도 최근에 이르러

1 유재원 외 (2004) pp.123-4.

2 G. L. Kaminsky and C. M. Reinhart (1999) 다만 2개의 위기를 겪은 20개국에서 76개의 외환위기와 26개의 금융위기를 분석한 결과 금융위기가 외환위기를 초래할 확률이 46%였던 반면 외환위기가 금융위기를 초래할 확률은 8%에 불과하였다. 또한 두 위기의 경험여부와 관계없이 90개국의 경험을 조사한 또 다른 연구 역시 금융위기가 외환위기를 초래한 경우는 40% 이상이었고 외환위기가 금융위기를 초래한 경우는 20% 정도였다(R. Glick and M. Hutchison, 1999.)

발생하는 금융위기의 빈도가 잦고 그것의 파장이 커지고 있는 것이 사실이다. 통계에 의하면, 1970년대 이전에 발생되었던 금융위기가 대체로 매년 1.5회 정도 정도로서 국지적인 성격을 띠고 있었지만 최근 30여 년간 발생된 금융위기는 그 횟수가 매년 4, 5회씩으로 늘어났을 뿐만 아니라 점차 대형화·국제화되면서 그 피해 역시 기하급수적으로 증가하였음을 보여준다.[3] 그러한 중에서도 금융위기의 발생빈도가 1980년대 이후 더욱 급격히 증가하였고[4] 또한 선진국보다는 개도국에서 특히 빈번하여 선진국 발생건수에 비하여 2배에 이르렀다.

뿐만 아니라 1990년대 중반까지 일어난 이러한 초기적 금융위기들은 위기가 발생한 영역이 특정 지역에 집중되어 있었고 그러한 위기의 파장 역시 세계경제 자체를 위협할 수준은 아니었지만, 이후 발생된 국제금융위기는 위기발생지역에 참담할 정도의 심각한 폐해를 초래하였을 뿐만 아니라 그러한 위기의 폐해가 결국 세계경제 전체로까지 확산되는 글로벌한 모습을 보여주었다. 이러한 추세를 보다 구체적으로 확인하기 위하여 이하에서는 1970년대 이후 발생된 주요 국제금융위기의 역사를 개관해보면 다음과 같다.

1.2 1970년대 이후 주요 국제금융위기

(1) 1970~90년대 중반의 금융위기

1970년대 이후 발생된 국제금융위기 가운데 초기의 대표적인 금융위기로서는 ① 1970년대 말~1980년대 초 발생된 라틴아메리카를 비롯한 개도국의 금융위기, ② 1992~93년 유럽환율메커니즘(ERM)의 붕괴에 따른 유럽의 금융위기, ③ 1994~95년 멕시코 페소화 붕괴를 시발로 인접국들의 연쇄적 위기가 발생된 라틴아메리카 금융위기 등 3가지를 들 수 있다. 이렇게 1970년대 이후 1990년대 중반까지 발생된 대표적인 국제금융위기의 주요 원인과 구체적 특성을 요약해 보면 다음과 같다.

라틴아메리카 금융위기(70년대 말~80년대 초) 1970년대 말-1980년대 초에 라틴아메리카를 비롯한 개도국에서 발생한 금융위기는 과도한 대외채무 때문에 발생된 외채위기와 외환위기가 복합적으로 나타난 금융위기였다. 라틴아메리카의 경우 정부의 지나친 재정확대정책으로 인한 재정적자 → 이를 보전하기 위한 통화팽창과 높은 인플레이션 → 실질환율 절상 → 국제수지적자 확대 → 부족외환을 충당하기 위한 외자도입으로 인한 대외채무 누적 → 선진국의 금리인상으로 외채부담 증대 → 국가신용도 하락 → 외채조달 어려움, 외환의 해외도피와 투기 → 외환보유고 부족 → 대외지불정지선언의 과정을 밟으며 위기를 맞이하였다. 이처럼 라틴아메리카의 금융위기는 지나친 재정적

---

3 소영일 (2009) pp.5-6.

4 이러한 조사결과는 연구자에 따라 조금씩 차이가 있는데 그 내용을 보면 1980~1997년간 52회, 1980~1995년간 69국에서 26회, 1980~1994년간 IMF회원국 중에서 31회, 1990~1995년간 20개국에서 23회 등으로 보고되고 있다(조복현, "금융자유화와 금융위기", 사회경제평론 제2호, 2003, 10 p.6). 또한 또 다른 연구에 따르면 어떤 나라가 한 해에 위기를 겪을 확률이 5%(1914이전) → 15%(1920~1930) → 6%(1945~1971) → 10%(1973~1998)수준으로 나타났다(M. Bordo, B. EIchengreen & M. S. Martinez-Peria, 2001).

자·국제수지적자·대외채무 등 거시경제여건의 악화에 기인한 외채위기·외환위기였다

유럽의 금융위기(90년대 초) 1992~3년에 발생한 유럽의 금융위기는, 1970~1980년대 라틴아메리카가 겪었던 재정적자 등과 같은 뚜렷한 기초경제여건의 악화 없이, 국제금융시장에서 단기성 투기자본의 급격한 이동으로 인하여 급격한 통화가치 하락과 외환부족사태가 발생하여 나타난 '외환위기' 였다.

당시 유럽은 향후 단일통화권을 구축한다는 장기적 목표 아래 과도기적 조치로서 일종의 준고정환율제도인 유럽환율조정메커니즘(ERM)을 1979년 발족시킨 이후 환율안정을 통하여 경제의 안정적 성장에 비교적 잘 기여하여 왔다. 그러나 시간이 흐르면서 서로 다른 경제상황 하에서 ERM이라는 준고정환율시스템을 공동으로 운영하는데 따른 많은 정책마찰이 발생하게 되었다. 이러한 마찰이 심화되는 가운데 1993년 하반기에 이르러 마르크화를 제외한 유럽의 주요 통화들이 수직 추락하는 사태가 발생하였다. 이러한 사태에 직면하여 ERM은 종전의 환율조정변동 폭 ± 2.5^%를 ± 15%로 확장하여 사실상 변동환율제로 전환하는 위기를 맞이하였다. 이러한 과정에서 발생한 외환부족사태로 인하여 유럽제국들은 외환위기를 피할 수 없었으며 일부 국가의 경우 외환위기와 함께 은행위기 현상이 나타나기도 하였다.

라틴아메리카 금융위기(90년대 중반) 1994~95년 멕시코 페소화의 붕괴를 시발로 하여 라틴아메리카 인접국들이 연쇄적으로 위기를 맞이한 금융위기였다. 멕시코의 경우 1980년대 후반부터 지속되어 온 높은 인플레이션을 안정화시키기 위하여 지속적으로 저환율정책을 사용하여 물가안정에는 성공하였으나 이러한 과정에서 그들의 실질환율이 절상되어 경상수지 적자가 대폭 확대되었다. 이러한 경상수지 적자는 대규모 외자유입으로 보정할 수 있었으나 이로 인해 멕시코경제는 대내외적 충격에 매우 취약해졌다. 실제로 1994년 미국이 금리인상을 단행하자 그동안 멕시코에 머물고 있던 국제투기자본이 서둘러 멕시코를 떠나면서 외국인자본이 급격히 유출되었다.

이러한 외국자본의 급격한 유출을 방어하기 위해 멕시코도 금리를 인상하는 방식으로 대응할 수 있지만 여러 가지 국내정치적 부담 때문에 금리를 인상하지 못하고 그 대신 1994년 12월 20일을 기해 변동환율제를 도입하였다. 당시 멕시코정부는 페소화가 충분히 평가절하 되었다는 믿음이 외환시장에서 발생하면 이탈하는 단기성 투기자본을 다시 불러들일 수 있으리라는 기대 때문에 변동환율제로 변경하는 조치를 취하였지만 이후 페소화는 오히려 더욱 곤두박질쳤고 이로 인해 멕시코는 외환위기를 피해 갈수 없었다. 몇 년 후 브라질 역시 이와 비슷한 과정을 거치며 외환위기를 겪었다.

(2) 1990년대 말 이후의 금융위기

이렇게 1990대 말 이후 나타난 국제금융위기는 ① 1997년 우리나라를 비롯하여 그동안 가장 활기찬 경제로 평가되던 지역에서 발생한 동아시아 금융위기와 ② 2008년 이후 금융과 자본주의의 심장부라고 할 수 있는 미국에서 발생한 글로벌 금융위기가 있다. 이들에 대해서는 뒤에서 다시 자세히 논의할 것이므로 이러한 양대 금융위기의 주요 형태와 의미만을 요약해 보면 다음과 같다.

동아시아 금융위기(90년대 말) 1990년대 말 태국을 시작으로 발생된 동아시아 금융위기는 이전의 금융위기와는 또 다른 성격을 지닌 금융위기로서, 지나치게 유입된 단기성 외화자금이 거시경제의 악화와 같은

근본적인 여건변화 없이 썰물처럼 일시에 빠져나가면서 발생한 '외환위기'였다. 수십 년 동안 기적적인 경제성장을 이룩하여 '동아시아의 기적'이라고까지 불리던 이 지역의 금융위기는 당시 아무도 예상치 못한 것이어서 대공황 이후 자본주의 경제사에서 가장 큰 사건이라고 평가되기도 하였다.

1990년대 이후 개도국들의 자본자유화가 급속히 진전되고 세계자본시장이 통합됨에 따라 국제적 자본이동이 활발하게 이루어지면서 단기성 외화자금이 대규모로 유입되었다. 이러한 단기성 외화자금의 대거유입에 의하여 자국통화가 크게 평가 절상됨으로써 국제수지 적자가 크게 확대되었고 해외에서 유입된 외자의 많은 부분이 부동산 등 비생산적인 부문에 투자되어 자산시장의 버블을 만들었다. 이후 이러한 버블을 제거하기 위한 긴축정책이 취해지자 부동산버블이 붕괴되었고 이러한 버블붕괴에 따라 자금을 빌려준 금융기거관의 부실과 금융시장불안이 심화되자 국내에 투자된 외국자금, 특히 단기적 투기성자금이 급격히 이탈하였고 이에 따른 자국통화의 평가절하압력이 높아졌다. 이에 위기당사국의 중앙은행은 환율을 방어하기 위하여 대부분의 외환보유고를 소진하여 심각한 외환부족에 직면하게 되었다.

이처럼 1990년대 말 동아시아 금융위기는 단기외채의 누적과 무리한 환율방어로 인하여 외환보유고가 소진됨으로써 발생한 '외환위기'였고, 이후 이러한 외환위기가 국내금융시장의 경색을 초래하여 '은행위기' 내지는 '금융시스템의 위기'를 수반하였다.

글로벌 금융위기(2000년대 말) 2007년 초부터 드러나기 시작한 서브프라임 모기지 부실사태로 시작한 금융시장의 불안이 2008년 본격적으로 터지기 시작한 미국발 글로벌 금융위기는 시장의 과도한 유동성을 배경으로 금융회사의 무모한 투자와 대출이 이루어져 이로 인하여 발생된 버블이 붕괴되면서 발생한 '은행위기' 또는 '금융시스템의 위기'였다. 이렇게 시작된 미국발 금융위기는 이후 전 세계적인 금융 및 실물위기로 확산되었고 이후 이것의 여파로 인하여 일부 국가들이 외환위기나 은행위기의 발생위험성에 직면하기도 하였다.

1990년대 말 러시아와 멕시코까지 확산되었던 동아시아 금융위기 이후 세계경제와 국제금융시장은 비교적 큰 위기 없이 새로운 세기를 맞는 듯하였다. 그러나 2007년 초부터 드러나기 시작한 미국의 서브프라임 모기지의 부실사태의 영향으로 2008년 9월 15일 미국의 4대 투자은행의 하나인 리먼 브라더스가 파산보호를 신청하면서 본격적인 글로벌 금융위기가 촉발되었다. 동아시아 외환위기가 발생한지 10년 만에 다시 전 세계가 대규모 금융위기 사태를 맞이하게 된 것이다.

지금까지 발생한 개도국의 금융위기 때마다 위기당사국의 책임을 거론하며 글로벌 스탠더드(global standard)를 외치던 미국 자신이 위기를 맞았을 뿐만 아니라, 전 세계 금융과 자본주의의 심장부이자 금융규제와 감독시스템의 수준이 가장 높은 나라 미국에서 금융위기가 발생하여, 이후 유럽을 거쳐 신흥시장국으로까지 광범위하게 퍼져나갔고 그 파장이 금융시장에 머물지 않고 실물시장에까지 심각한 폐해를 끼친 미증유의 사태가 발생한 것이다. 이에 이러한 글로벌 금융위기사태를 심각하게 인식하는 이코노미스트들은 '미국식 자본주의의 종말'이니 '미국패권의 종말' 등을 운위하며 100년에 한번 있음직한 대전환이 일어났다고 평가하기도 하였다.

2. 국제금융위기의 원인 논쟁

그렇다면 금융위기가 이와 같이 역사적으로 반복되어 발생하는 본질적 이유, 또는 1980년대 이후 금융위기가 이렇게 더욱 빈번하게 발생하는 이유가 무엇인가? 이러한 의문에 대한 논의는 그 이전부터 이루어져 왔지만 특히 동아시아 금융위기 이후 보다 활발하게 이루어져 동아시아 금융위기가 국제금융위기의 원인에 대한 논쟁을 더욱 가열시킨 계기가 되었던 것이 사실이다. 그럼에도 불구하고 이러한 금융위기 자체가 복잡한 현상이고 여러 가지 요인들이 직간접적으로 작용하고 있어 그 원인에 대한 이론 역시 복합적이다.

국제금융위기의 원인에 대한 주요한 논의들을 크게 분류해 보면, ① 실제로 발생한 국제금융위기의 경험을 바탕으로 당해국의 거시경제여건의 취약성이나 자기실현적 예상 등을 통하여 최근의 외환위기 원인을 설명하려는 견해, ② 금융의 자유화와 국제화 등과 같은 금융세계화의 추세가 위기를 더욱 확대시킨 원인이라는 견해, ③ 금융의 본질적 속성이나 1980년대 이후 나타난 금융자본주의의 특성으로부터 원인을 찾으려는 견해, ④ 자본주의체제의 본질적 속성에서 원인을 찾으려는 견해 등으로 분류할 수 있다.

〈표 8-1〉 국제금융위기의 발생 원인에 대한 제 이론

구분		금융위기 발생의 구체적 요인
외환위기 모델	기초경제여건 악화론 (1세대)	• 거시경제적 기초경제여건 약화 (경제성장·경상수지·재정·통화·외환보유고·경제정책 운용 등) ☞ 1970~80년대 남미 위기
	자기실현적 예상론 (2세대)	• 기초경제여건과 상관 없이 향후의 환율변동 등에 대한 자기실현적 예상 (self-fulfilling expectation) ☞ 1990년대 초 유럽금융위기
	제3세대 외환위기모델	• 은행도산모델 (예금인출사태로 인한 은행도산 bank-run) 현대화된 금융공황모델 (금융중개기능 상의 불일치에 의한 위기) • 도덕적 해이모델 (정부가 보장해 줄 것이라고 믿는 방만한 투자) • 위기전염모델 (쉽게 확산되는 외환위기 전염효과 contagion effect) • 군집적 행동모델 (외환금융시장의 비정상적 패거리행동 의한 위기)
금융세계화 원인론	금융자유화 폐해론	• 금융자유화에 따른 금융의 단기화·투기화, 투명성 부족, 이자율변동성 증대로 인한 금융위험성 증대
	금융국제화 폐해론	• 금융구조적 취약성·정책적 오류의 위험성 증대, 금융위기 전염효과의 확대로 인한 위험성 증대 • 위기예방과 관리 위한 시스템부재로 인한 위험성 증대
금융의 본질적 특성론	금융시장의 비대칭적 정보론	• 금융시장의 역선택문제로 인한 금융위험성 증대 • 차입자의 도덕적 해이로 인한 금융위기의 발생 • 군집적 행동으로 인한 금융위기의 발생
	신금융자본주의 (경제 금융화) 폐해론	• 금융규모 팽창과 금융영향력 증대, 금융구조 변화 (펀드화·복합화·유동화/증권화), 금융의 감독기능약화로 인한 금융위험성 증대
자본주의의 본질적 특성론	자본주의의 버블경제론	• 자본주의체제의 본질적 속성(비합리성, 투기성, 금융시장불안전성)으로 인한 버블의 형성과 붕괴(boom-bubble-burst)
	자본주의체제의 구조적 위기론	• 자본주의체제의 구조적 모순(이윤율하락, 과소소비)에 의한 구조적 위기

2.1 다양한 외환위기 모델

여타의 이론들이 금융위기의 발생 원인을 추상적인 관점에서 논의한 것이라면 1980년대 이후 더욱 빈번하게 발생한 실제의 외환위기를 두고 그러한 위기의 발생 원인을 경험적으로 설명하기 위한 다양한 외환위기 모델들이 제시되기도 하였다. 이들이 각기 강조하는 바는 다르지만 대체로 외환위기 발생국에서의 정치경제적 상황이나 국제금융시장의 여건을 전제로 하는 설명으로서 다양한 관점들이 존재한다. 그 내용을 보면, 제1세대 모델로서 '기초경제여건 악화론'과 제2세대 모델로서 '자기실현적 예상론'이 있고 이러한 전통적인 위기모델 이외에 동아시아 금융위기 이후 새로이 제기된 은행도산모델·도덕적 해이론·위기전염론 등과 같은 다양한 제3세대 모델들이 있다.

(1) 기초경제 여건 악화론(제1세대모델)

크루그만(P. Krugman, 1979) 등으로 대표되는 전통적인 제1세대 모델은, 외환위기의 원인을 위기 당사국의 지나친 재정적자·인플레이션·경상수지적자 등과 같은 거시경제의 기초여건(economic fundamentals)의 악화 때문이라는 주장으로서, 1970~80년대 라틴아메리카의 경험을 바탕으로 하여 외환위기의 원인을 설명하는 모델로서 1990년대 초반까지 외환위기의 발생 원인에 대한 지배적인 패러다임이었다.

예를 들어 만성적인 재정적자로 통화증발이 불가피하고 물가상승과 수출경쟁력저하가 초래되면 고정환율의 유지가 어려워지는 상황에서 외환시장의 참가자들이 평가절하가 이루어질 것으로 예상하여 투기적 공격을 감행하고 이에 따라 중앙은행의 준비금이 고갈되면 결국 평가절하나 고정환율 제포기 등이 나타나 외환위기가 발발한다는 것이다. 말하자면 외환위기는 저성장·경상수지악화·재정적자·통화팽창·통화가치하락·외환보유고부족·잘못된 경제정책운용 등과 같은 거시경제의 기본적 문제점 때문에 발생된다는 것이다.

이러한 크루그만 모델은, 정부가 고정환율제도를 채택하여 대외적인 통화가치를 고정시키면서 과도한 재정적자를 통해 인플레이션을 발생시켜 대내적인 통화가치를 떨어뜨리는 정책적 모순을 만들면 언젠가는 이러한 모순이 시장의 힘에 의하여 조정될 수밖에 없고 그러한 조정이 외환위기로 나타난다는 것이다. 따라서 이러한 모델이 갖는 정책적 함의는, 외환위기를 예방하기 위해서는 정부가 정책의 일관성(consistency)을 유지하여야 한다는 점, 또한 경험적으로 팽창적인 재정정책이나 금융정책이 투기적 공격에 선행하여 발생하였으므로 이러한 의미에서 지나친 재정적자·통화증가율·인플레이션 등 거시경제여건의 악화가 외환위기의 예측 가능한 조기경보신호(early warning signal)로서 작용할 수 있다는 점 등이다.

(2) 자기실현적 예상론(제2세대 모델)

이러한 외환위기 제1세대 모델은 1990년대 초 발생한 유럽환율조정메커니즘(ERM)의 위기를 맞으면서 전기를 맞이하게 되었다. 당시 외환위기를 겪었던 프랑스 이태리 영국 등 유럽국가들은 크루그만이 지적하였던 지나친 재정적자·통화증가율·인플레이션 등과 같은 위기의 징후를 보이지 않았음에도 불구하고 외환위기를 맞이하였기 때문이다. 이러한 유럽금융위기를 배경으로 등장한 금융위기 원인에 대한 제2세대 모델은, 기초경제여건의 악화와 같은 문제점이 없더라도 향후의 환율변동 등에 대한 자기실현적 예상(self-fulfilling expectation), 즉 '위기가 발생할 수 있다는 시장참여자의 예상과 믿음'에 의해 실제로 위기가 발생될 수 있다는 모델이다(M. Obstfeld, 1994·1995·1996).

예컨대 외환보유액 부족이나 외채급증 등 어떤 국가가 위기범위(crisis zone)에 속해 있는 경우 시장참가자들이 어떤 예상을 하느냐에 따라 위기가 나타날 수도 그렇지 않을 수도 있는 이른바 복수균형(multiple equilibria) 상태가 나타나게 되는데 이때 시장참가자들이 환율상승(평가절하)이나 위기발생을 예상하여 예금을 인출하거나 투기적인 공격을 하게 되면 실제로 그 행위 자체가 정말로 위기를 촉발시킬 수 있다는 것이다.[5] 실제로 1990년대 초 유럽의 환율조정메커니즘(ERM) 하에서 영국·스페인 등 일부 유럽국가에서 발생된 외환위기는 이러한 성격을 나타내고 있다고 설명된다.

따라서 이 모델은 위기당사국의 거시경제여건의 악화나 정책적 오류 없이도 외환위기가 발생할 수 있다는 모델로서, 제1세대 모델은 재정적자나 인플레이션 등과 같은 변수들을 통하여 외환위기를 예측할 수 있다는 견해와는 달리, 시장의 기대가 어디로 작용하느냐 또는 투기가 발생하느냐 등과 같은 불가측적인 측면에 보다 적극적인 역할을 부여하는 이론적 패러다임의 전환을 가져왔다고 할 수 있다. 따라서 이 모델이 제공하는 하나의 중요한 시사점은 당사국 정부의 경제정책 운영능력과 의지 등에 대한 평판(reputation)이나 신뢰가 외환위기의 결정요소가 될 수 있다는 것이다.

또한 이러한 모델은 1980년대 이후 국제적인 자본이동이 급격히 증대됨에 따라 이러한 국제자본이동이 개별국가의 정책일관성과 무관하게 그 나라가 채택하고 있는 고정환율제도를 붕괴시킬 수 있다는 역사적 현실을 반영한 것이라고 할 수 있다. 이러한 관점에서 이러한 모델이 제공하는 하나의 정책적 함의는, 오늘날과 같이 자본이동이 극대화한 시기에 정부는 고정환율제도와 변동환율제도 중의 어느 하나를 선택하여야 하며 장기적으로는 변동환율제도와 통화정책의 자율성을 선택하는 것이 바람직하다는 것이다.

(3) 제3세대 외환위기 모델

1997년 말 동아시아 외환위기가 발생하자, 경제성장률·경상수지·외채비율 등 거시경제의 기초여건이 다른 개도국들에 비하여 특별히 나쁘지 않았고 지나친 재정적자나 인플레이션 경향을 가지고 있지도 않았다는 점에서 위기원인을 기초경제여건의 악화로 보는 제1세대 모델이 적합하지 않을 뿐만 아니라, 그러한 외환위기가 자기실현적 예상에 의해 발생하였다고 보기도 어려워 제2세대 모델로서 설명하기도 적합하지 않은 만큼, 이러한 위기를 설명할 수 있는 새로운 외환위기 모델이 필요하다는 주장들이 제기되었다. 이에 따라 다양한 제3세대 외환위기 모델들이 다음과 같이 나타났다.

은행도산모델/금융공황모델 마치 은행의 예금자들이 한 순간에 예금을 인출하는 사태로 은행이 지급

5 따라서 이러한 제2세대 모델이 위기당사국의 거시경제여건의 역할을 무시하거나 폄하하는 것은 아니라고 할 수 있다. 이러한 복수균형모델에서 어느 쪽의 균형이 이루어지느냐를 결정하는 데에는 그 나라의 거시경제여건이 영향을 미치기 때문이다.

불능에 빠져 도산(bank-run)하는 것과 같이 금융기관을 통해 유입된 외국자본이 급속히 유출됨으로써 순식간에 외환보유고가 소진되고 유동성 부족문제가 발생되어 외환위기가 발생될 수 있다는 모델이다(I. Goldfajn and R. O. Valdes, 1997). 이 모델은 1980년대 금융자유화 이후에 발생한 금융위기는 대부분 은행위기와 함께 나타난다는 사실에 주목하여 쌍둥이위기(twin crisis) 이론이라고도 불리어진다.

이러한 은행도산과 관련하여 금융기관들이 단기로 자금을 빌려와 장기로 대출을 행하는 금융중개기능에서 그 원인을 찾으려는 이론이 현대화된 금융공황(financial panic)모델이다. 이 모델은 개도국의 은행과 기업들의 해외차입은 주로 달러로 이루어지는 반면 수익은 자국 통화로 발생하기 때문에 원천적으로 통화불일치(currency mismatch) 문제를 안고 있고 따라서 평가절하 때 신용위험에 직면할 가능성이 높고, 또한 단기로 차입하여 장기로 대출하는 은행의 영업행태 상의 만기불일치(maturity mismatch)로 인한 유동성위험에 노출되어 결국 외환위기와 은행위기가 함께 발생할 수 있다는 점을 강조한다. 삭스(J. Sachs, 1998)는 이러한 모델을 통하여 1997년 이후 발생된 동아시아 금융위기를 설명하려고 하였다. 그동안 동이시아지역에 과도하게 투자했던 해외투자가들이 기존 자금에 대한 만기연장을 중지시키고 일시에 자금을 회수해가는 돌발적인 사태로 인하여 외환위기가 심화되었다는 것이다.

도덕적 해이모델 도덕적 해이모델은 부실채권이 발생할 경우 정부가 암묵적으로 이를 보장해줄 것이라고 믿는 금융기관과 투자자들이 보다 높은 수익을 얻기 위하여 방만한 과잉차입·과잉투자 등과 같은 도덕적 해이(moral hazard)에 의하여 자산가치의 버블이 발생하고, 정부의 지급보증 유효성이 상실되는 어느 순간 이러한 버블이 붕괴되는 과정에서 외환위기가 발생될 수 있다는 모델로서 동아시아 외환위기 이후 크루그만(P. Krugman, 1998)이 이러한 가설을 제시하였다.[6]

위기전염모델 위기전염모델은 어떤 나라에서 외환위기가 발생되면 별로 심각한 문제점이 없는 주변국에도 쉽게 확산되는 전염효과(contagion effect) 때문에 외환위기가 발생될 수 있다는 모델이다. (B. Eichengreen et al., 1997), 이러한 위기전염효과가 나타나는 경우는 외환위기를 겪고 있는 나라들 간에 실물경제 측면에서 연계관계가 강하여 한 국가의 외환위기가 경쟁적 평가절하의 형태로 주변국으로 전염되는 경우, 투자자들이 관련국들을 하나의 그룹으로 인식할 경우 한 국가에서 위기가 발생하면 다른 국가에서도 위기가 발생할 것으로 인식하는 경우 등이다.

군집적 행동모델 주식시장이나 외환시장의 경우 때때로 비정상적인 양상을 보이는데 이러한 비정상적 움직임 중의 하나가 군집적 행동(herding behavior)이고 이러한 패거리행동에 의해 외환위기가 발생할 수 있는데 이러한 패거리행동의 발생 원인으로서는 두 가지를 들 수 있다. 그 하나는 다른 투자자들의 행동과 선택을 경쟁적으로 추종함으로써 발생되는 밴드웨건효과(bandwagon effect)이고 다른 하나는 대리인문제(agent problem)로 인한 군집적 행동이 나타나는 경우이다. 대

---

6 P. Krugman (1998) 이러한 크루그만의 도덕적 해이론에 대해서는, 이것이 금융위기의 원인을 분석하는 도구는 될 수 있지만 이것 자체가 외환위기의 원인이 될 수는 없다고 주장하면서 동아시아 위기 역시 제1세대 모델이나 제2세대 모델 어떤 것을 통해서도 잘 설명될 수 있다는 비판도 있다(P. Garber, 1998. 6 참조).

리인문제란 투자대리인들이 다른 대리인들과의 비교를 통하여 보수가 결정되는 한 시장에 대한 자신의 판단이 비록 다를지라도 다른 대리인들과 같이 행동할 유인이 강해짐으로써 그들을 추종하는 경향을 가지는 것을 말한다.

2.2 금융세계화 원인론

전술한 대로 2차 대전 이후 1980년대 이전까지 금융위기가 발생한 빈도는 상대적으로 매우 낮았지만 1980년대 이후 금융위기가 더욱 빈발해진 것과 관련하여, 점차 1980년대 이후에 전개된 금융의 세계화가 이렇게 빈번해진 금융위기의 원인이 아닌가 하는 주장들이 늘어나게 되었다. 특히 1990년대 말 동아시아 금융위기를 겪으면서 이러한 위기가 적어도 금융세계화의 흐름과 무관하지 않다는 인식이 높아지게 되었고, 이후 금융세계화가 국제금융위기를 발생시키는 근본적 원인이 되는 동시에 개도국의 경제위기를 구조화시키는 원인이 된다는 주장이 커지게 되었다.

그렇다면 금융세계화가 왜 금융위기를 초래하게 되는 요인이 되는가? 상술한 대로 불확실성 속에서 신뢰와 예상을 기초로 하여 이루어지는 금융거래는 실물거래와 비교할 때 본질적으로 매우 불안정하기 때문에 금융이 확대되고 팽창되는 것 그 자체가 위험(risk)이 커진다는 것을 의미한다. 따라서 이러한 위험성을 내재하고 있는 금융이 세계화된다는 것은 그러한 위험이 현실화될 수 있는 지역이 더 넓어지고 그것이 현실화될 경우 나타날 파장이 더 커진다는 것을 의미한다. 이러한 관점에서 '금융의 세계화'란 곧 '위험의 세계화'를 의미한다고 할 수 있다는 것이 금융세계화를 금융위기의 원인으로 보는 사람들의 주장이다.

라인하트와 로고프(C. Reinhart and K. Rogoff, 2008)는 19세기 영국의 금융위기에서부터 2008년 미국의 서브프라임위기에 이르기까지의 역사적 자료를 종합하여 수량적 접근을 시도한 결과 해외자본유입이 크게 이루어지는 국가, 국제자본이동이 크게 높아진 시기에 은행위기를 겪을 위험이 높아짐을 확인하였다.[7] 그들은 자본의 국제적 이동이 낮았던 시기인 1930~1969년에는 은행위기가 18번(그 중 16번은 1930년대) 발생하였는데 비하여 자본의 국제적 이동이 높았던 1880~1914년과 1980~2007년에는 39번과 139번 발생하는 등 자본이동성과 은행위기의 빈도수 간에는 높은 연관성이 있음을 보여주었다.

또 다른 연구에서도 1880~2007년 사이의 은행위기와 금융위기가 발생한 확률을 조사하였는데 브레튼우즈체제 붕괴 이후 위기발생 확률이 그 이전에 비하여 2배 이상 높아졌음을 확인하였다(M. Bordo et. al. 2001). 이러한 논의들은 금융자본의 자유화와 국제화가 금융위기의 발생빈도를 높인다는 것을 보여주는 연구로서 브레튼우즈붕괴 이후 금융의 이상 비대화·자유화·국제화를 그 내용으로 하는 금융세계화가 금융위기의 주된 원인임을 역설하고 있다.[8]

그렇다면 금융세계화의 어떠한 측면이 이러한 위기를 발생시키고 또 증폭시키는가? 이에 대해서

---

7 C. Reinhart and K. Rogoff (2008) 이외에 M. Obstfeld and A. M. Taylor (2003)도 동일한 결론 보여준다.
8 황순성·윤여협 (2009).

는 금융세계화를 구성하고 있는 금융자유화와 금융국제화의 진전이 금융이 내재하고 있는 위기적 속성을 더욱 강화시켰다는 논의들이 이루어져왔다. 말하자면, 금융세계화에 따라 대내적으로 금융자유화가 이루어지는 동시에 대외적으로 자본자유화가 이루어짐으로써 자본의 급격한 국제적 이동과 국제화가 이루어졌고 이것이 금융위기를 촉발시키고 심화시키는 위기의 발생원인 내지 촉진요인으로 작용하였다는 것이다.

(1) 금융자유화와 금융위기

그렇다면 금융자유화가 왜 금융부문의 취약성을 증대시키고 결국은 금융위기를 초래하게 되는 요인이 되는가? 이에 대해서는 다음과 같은 이론적 설명들이 제시되어 왔다.

금융의 단기화·투기화 금융활동의 기본적 특성은 상술한 대로 정보가 비대칭적이라는 점과 금융거래가 현재와 미래 사이의 '서로 다른 시점 간의 거래'라는 점인데 이 때문에 금융활동은 단기적이고 투기적인 성격을 가지게 되는데 금융자유화는 이러한 특성을 더욱 강화시키는 속성을 지닌다. 따라서 금융자유화가 이루어지면 금융기관들은 더 높은 수익을 위한 고위험대출·고위험투자를 더 과감히 채택하는 투기적 성격이 강화되어 금융위험이 더욱 높아지고 금융위기가 발생된다는 주장이다.

일련의 학자들은, 금융자유화로 인하여 이자율이 자유화되거나 진입장벽이 제거되어 시장이 경쟁적이 되면 금융기관의 미래이윤을 현재가치로 할인한 면허가치(franchise value)가 저하되게 되는데 이렇게 금융기관의 면허가치가 낮아지면 위험을 회피하려는 유인이 낮아져, 신중한 대출이나 안정적인 투자 대신 위험하지만 더 큰 수익을 가져올 수 있는 보다 과감한 대출이나 투기적인 투자를 행하는 경향을 갖게 된다고 주장한다.[9] 이들은 실증분석을 통하여 금융자유화가 실제로 은행의 면허가치 저하를 가져왔고 이것이 은행취약성을 증가시켰다는 결론을 내리고 있다.[10] 따라서 이들은 금융자유화 이후 금융기관의 투기적 성격이 강하여져 금융위험이 더욱 높아지고 금융위기가 커졌다고 주장한다.

이러한 주장은 금융세계화와 함께 새로운 형태의 국제적 투기자본의 규모가 급격히 커지고 더욱 활발히 활동함으로써 국제금융위기가 촉발되었다는 주장과도 연결된다. 국제적 환투기활동이 결코 새로운 현상은 아니지만 동아시아 외환위기 이후 특히 이러한 환투기가 비난의 대상이 된 것은 이러한 투기의 주체로서 이른바 헤지펀드(hedge fund)가 크게 부각되었기 때문이다. 장기적인 자본보다는 단기적인 자본, 그것도 투기적인 목적을 가진 자본은 변동성이 크고 국제금융시장의 안정에 피해를 줄 수 있는 자본임에 틀림없다. 문제는 자본의 투기성·변동성을 기준으로 자본의 형태를 구분하는 것이 어려울 뿐만 아니라 동아시아 외환위기시 헤지펀드 등의 환투기사례가 분명하게 제시되기도 하였지만 실제로 이들의 활동이 외환위기를 촉발하고 심화시키는데 어느 정도 역할을 했는지를 분명하게 말할 수 없다는 점이다.

---

9 T. Hellman, K. Murdock and J. Stiglitz (2000).
10 A. Demirguc-Kunt and E. Detragiache (1998).

경제의 투명성 부족 금융자유화가 약한 투명성과 결합되어 진행하는 경우 금융위기가 발생할 가능성이 커진다는 주장이다. 경제의 투명성이 높으면 새로운 차입자에 대한 정보를 획득하고 이용하는 학습과정이 빨라 신용배분이 효율적으로 이루어지지만 투명성이 낮으면 이러한 효율적 과정이 이루어지지 못하므로 학습과정이 느리게 되고 그 과정에서 비효율적인 신용배분이 이루어져 금융위험이 커진다는 주장이다. 이들은 실제로 부패를 비투명성의 근사변수로 채택하여 실증분석을 행한 결과 금융자유화가 이루어진 국가들 중 투명성이 약한 국가들은 투명성이 강한 국가들에 비하여 금융위기 발생확률이 10% 이상 높았다고 보고하고 있다.[11]

이자율 변동성 증대 금융자유화에 의하여 이자율이 정부에 의하여 통제되지 않고 시장에 의해 결정되면 명목이자율의 변동성이 커지게 되는데 이러한 변동성이 증대되면 은행의 취약성이 높아질 수 있다. 이자율이 상승할 경우 조달비용(예금이자율)이 운용수익률(대출이자율) 보다 높아 은행은 일시적 유동성위험에 빠질 수 있고 이러한 경우 은행 간 자금시장이 잘 발달되어 있지 못하거나 중앙은행의 적절한 개입이 이루어지 못한다면 은행은 유동성위기에 빠지게 되고 이것이 전 금융제도의 유동성문제를 야기할 수 있다는 것이다(A. Demiirguc-Kunt and E. Detragiache, 1998).

이러한 논의를 바탕으로 많은 위기 관련 연구자들은 금융자유화와 자본자유화가 위기를 발생시킬 수 있다는 점을 중시하여 왔고 실제로 횡단면분석을 통한 비교분석에서 금융자유화를 추진한 국가들이 금융위기를 겪을 확률이 상대적으로 더 높았다는 연구결과를 보여줌으로써 금융자유화가 금융위기를 발생시키는데 매우 중요한 요소라는 사실을 실증적으로 확인해주기도 하였다. 이러한 연구결과를 바탕으로 IMF(1998)마저도 '금융위기가 1980년대 이후 여러 나라들이 취하였던 금융자유화와 관련이 있는 것 같다'고 조심스럽게 언급하기 시작하였고 대표적인 금융자유화론자인 맥키논(R. McKinnon) 같은 학자들도 이러한 사실을 인정하기도 하였다. 현실적으로 금융자유화가 금융위기 → 외환위기 → 금융위기를 더욱 악화시키는 보편적 경향을 나타내기도 하였다.

(2) 금융국제화와 금융위기

국내적으로 금융자유화가 이루어지고 국제적으로 자본이동이 자유화되어 자본시장이 개방되는 금융국제화가 이루어지면 이러한 국제화 자체가 위험과 위기의 발생가능성을 더욱 크고 광범위하게 하는 속성을 지니고 있다. 이러한 점에서 국제금융체제나 금융국제화는 그 자체 본원적으로 불안정하며 심각한 위기에 쉽게 좌우될 가능성을 배태하고 있다. 아울러 다음과 같은 점들이 국제금융위기를 더욱 증폭시키는 요인으로 작용할 수 있다.

구조적 취약성·정책오류 위험성 증대 종전의 통제된 자본시장구조 하에서는 개별국가 경제의 구조적 취약성이나 정책적 오류 등이 어느 정도 용납될 수 있었지만, 금융세계화에 따라 전 세계적인 금융시장의 개방과 통합이 진전됨에 따라 이러한 취약성이나 정책적 오류가 더 이상 용납되기 어려워졌다. 따라서 세계금융시장의 통합되어 각종 위험에 대한 노출이 크게 확대되는 금융국제화가 진전되면 어떤 국가가 위험관리를 소홀히 할 경우 또는 신흥시장국이나 개도국처럼 상대적으로 경제체질

11 G. Mehrez and D. Kaufmann (2000) 및 조복현 (2003. 10) p.17

이 약한 경우 금융위기 상황을 맞게 될 가능성이 과거보다 크게 증대된다.

금융위기 전염효과의 확대 금융의 국제화란 금융기관이나 기업들이, 또한 국가와 국가가 금융거래를 통하여 긴밀하게 연결되어 세계 전체가 하나의 금융네트워크를 형성하게 되었음을 의미한다. 따라서 어느 한 금융기관의 부실화나 파산은 곧 바로 다른 금융기관의 위험으로 이어지고 또한 어느 한 나라의 금융위기가 다른 나라의 금융안정마저 위협하게 된다. 마치 그물의 어느 한 매듭을 잡아당기면 그물 전체가 출렁거리듯이 어느 한 금융기관이나 어느 한 국가의 금융부실이나 파산이 곧 바로 다른 금융기관이나 다른 국가의 위험으로 이어지는 파장을 가지게 되는 이치이다.[12] 1990년대에 들어와 금융세계화가 진전되고 국제금융시장이 한층 통합되면서 금융시장을 통한 전염효과가 그 전보다 훨씬 커졌다. 실제로 1994년 멕시코의 외환위기와 1997년 동아시아 외환위기가 다른 나라들에 미친 전염효과를 살펴보면 이러한 경향이 잘 나타나 있다.

이렇게 어느 한 국가에서 발생한 금융위기가 다른 나라로 파급되는 금융위기의 전염효과는 경제적 의존관계가 높아짐으로써 한 국가의 금융위기가 다른 국가의 경제적 기초에 영향을 끼침으로써 발생하기도 하고 시장정서(market sentiments)의 변화나 경제의 기초여건에 대한 기존정보의 재해석을 불러와 발생되기도 한다. 이에 저널리즘에서는 이러한 금융위기의 파급효과를, 혼돈이론에서 초기 값의 미세한 차이에 의하여 결과가 완전히 달라지는 현상을 의미하는 나비효과(butterfly effect)로 비유하기도 한다.

위기 예방·관리 위한 국제시스템 부재 상술한 대로 금융의 세계화는 곧 위험의 세계화이기도 하여 국제금융거래가 활발해진다는 것은 곧 위험이 현실화될 수 있는 지역이 넓어지고 그것이 현실화될 때 파장도 커진다는 것을 의미한다. 금융이 이렇게 세계화된 상황에서는 위기가 이렇게 국제적으로 전파될 수밖에 없기 때문에 국제적인 수준에서의 위기관리와 대응이 필요하지만 국제적 수준에서 이러한 역할과 기능을 행할 메커니즘이 존재하지 않는다. 이처럼 금융국제화로 인하여 발생되는 금융위기를 예방하거나 관리할 수 있는 기능과 역할의 부재로 인하여 위기가 더 잘 발생되고 더욱 증폭된다.

2.3 금융의 본질적 특성론

(1) 금융시장의 비대칭적 정보론

이 이론은 상품시장에 비하여 금융시장은 정보의 비대칭성(information asymmetry)이 더욱 크기 때문에 기본적으로 보다 불안정한 요소를 내재하고 있으므로 이것이 금융위기를 발생시키는 주요한 원인이 된다고 주장한다. 예컨대 채권자는 채무자에 대하여 채무자 본인만큼 잘 알지 못하는 정보의 비대칭성을 가지므로 금융거래에는 다음과 같은 역선택 문제·도덕적 해이문제·군집적 행태 등이 발생하여 자본시장의 실패가 발생하므로 이러한 현상이 금융위기를 발생할 가능성이 커진다.

역선택 문제 역선택(adverse selection) 문제란 거래대상물의 우열을 판단할 수 있는 정보의 불완전

---

12 박복영 (1999) pp.13-4.

성 때문에 우월한 유형은 도태되고 열등한 유형이 오히려 득세하여 결국 우월한 유형이 시장에서 구축되는 현상을 의미한다. 예컨대 금융기관이 기업에 자금을 대출할 때 금융기관은 개별기업의 신용도를 잘 알 수 없으므로 평균적인 신용도를 가진 기업을 기준으로 하여 다소 높은 대출이자율을 설정한다. 이 경우 견실한 기업은 증자 등 다른 방법으로 자금을 조달할 유인이 많으므로 대출을 받지 않으려 하는 반면 위험기업은 이러한 이자율을 감수하면서도 대출을 받는 현상이 발생하여 금융기관의 대출자금 회수가능성이 더 작아지게 된다. 이러한 경우 금융기관이 대출이자율을 높이면 높일수록 더욱 위험성이 높은 기업만이 금융기관으로부터 대출을 받는 상황이 누적적으로 이루어져 금융의 위험성이 증대되게 된다.

도덕적 해이 자본시장에서의 도덕적 해이(moral hazard) 문제는 자금의 차입자가 차입 후 행동을 변화시킬 수 있기 때문에 발생된다. 자금을 대출받아 투자를 행하는 경제주체는 안전한 사업보다는 성공하였을 경우 보다 큰 수익이 발생할 수 있는 사업에 투자하려는 속성을 가지게 된다. 왜냐하면 만일 이러한 사업이 실패하여 차입금을 상환하지 못하는 상황이 발생하면 금융기관의 입장에서는 어떻게든 기업이 회생되어 대출금을 회수할 수 있는 것이 유리하므로 만기연장이나 재대출 등을 통하여 도산을 막아줄 것이라고 기대하기 때문이다. 이러한 차입자의 감추어진 의도와 행동, 즉 도덕적 해이를 금융기관이 파악할 수 없는 경우 차입자는 금융기관의 자금을 이용하여 양질의 투자기회보다는 위험이 더 큰 투자기회를 선택하려는 유인을 갖게 되므로 금융의 위험성이 증대된다.

군집적 행동 군집적 행동(herding behavior)이란, 일단의 투자자들이 어떤 투자결정을 내리면 여타의 투자자들도 이를 따르는 선택을 하는 것을 말한다. 예컨대 대규모 금융기관이나 기관투자가들이 어떤 지역에 투자를 감행하면 다른 금융기관이나 투자자들도 경쟁적으로 투자한다든지 반대로 위험상황을 감지한 일단의 투자자들이 시장에서 이탈하면 다른 투자자들도 신속히 이를 뒤따르는 행동을 하는 행태이다. 이러한 행동은 단순히 남의 행동을 따라가는 것이 아니라 이 역시 불완전한 정보 하에서 행하는 투자자의 합리적 행동이라고 할 수 있다. 예컨대 투자대상에 대한 평가능력이 떨어지는 소규모 투자자들은 선도적인 투자자들이 월등한 정보 수집력과 분석력으로 의사결정을 하였을 것이라고 기대하고 이를 따르는 것이 합리적이라고 판단하여 행동하기 때문이다. 문제는 이러한 군집적 행동이 국제금융시장에서 금융상품의 가격·환율의 변동 폭을 확대시키고 외환위기를 촉발시킬 수 있다는 것이다.

금융시장의 불완전성 때문에 발생되는 이상과 같은 역선택 문제나 도덕적 해이문제는 대체로 국내적 상황을 전제로 하는 것이지만 국제금융시장에서도 동일한 논리가 적용될 뿐만 아니라, 자본의 자유화·국제화로 인하여 세계자본시장이 통합되면 될수록 투자자가 선택할 수 있는 투자 상품이 확대되고 투자자도 분산되므로 정보의 불완전성이 더욱 심화될 소지가 있다. 따라서 금융기관이 자금차입을 원하는 세계 각지의 투자자들에 대한 정보를 충분히 갖지 못하는 한 위험사업 또는 위험국가에 과잉자금이 투입될 소지가 커지고 투자자의 군집적 행동 역시 더 세계적인 규모로 일어날 가능성이 커져 세계자본시장의 불안정성이 더욱 높아질 수 있다.

(2) 신금융자본주의의 폐해론

이처럼 금융거래는 그 자체 시장불완전성과 불확실성 속에서 신뢰와 예상을 기초로 하여 이루어지므로 본질적으로 매우 불안정한 만큼 금융이 확대되고 팽창되는 것 그 자체가 위험(risk)이 커진다는 것을 의미한다. 그런데 1980년대 이후 이러한 금융부문이 양적으로 확대되고 질적으로 고도화되면서 경제 전체에 대한 금융부문의 영향력이 더욱 커지는 이른바 '금융화'(financialization)현상이 급속히 나타났다. 이러한 금융화 현상에 대하여 어떤 사람들은 새로운 금융패러다임이 출현하였다고 하고 또 다른 사람들은 새로운 신금융자본주의가 출현하였다고 규정하기도 한다.

어쨌든 금융부문이 이렇게 팽창하고 그에 비례하여 경제 전체에 미치는 금융의 영향력 역시 증대됨에 따라 금융이 내재하고 있는 위기적 속성이 더욱 빈번하고 더욱 크게 나타나는 것이 불가피하다. 1980년대 이후 금융부문이 이렇게 팽창하고 그것의 영향력이 확대된 사실을 다음과 같은 점에서 찾을 수 있다,

금융규모의 양적 팽창 자본주의 경제에서 금융이 차지하는 비중이 지난 20~30년 동안 급속히 증대하였다. 전 세계 경제규모(GDP)에 대한 금융자산의 비중을 보면 1980년대 초에 비하여 2000년 중반 3배 이상으로 증가하였고 금융자산의 규모가 자국의 경제규모(GDP)를 넘는 나라가 1990년대 초에 비하여 2000년대 중반 2배 이상으로 증가하였는데,[13] 금융산업의 성장률이 GDP성장률을 크게 상회하고 있기 때문에 이러한 현상은 앞으로 더욱 심화될 것이다.

금융의 영향력 증대 금융부문의 이러한 양적 팽창으로 금융부문이 미치는 영향력이 모든 분야에서 크게 확대되고 있다. 우선 기업부문에 있어 금융주체들의 기업투자진출이 증대되고 재무적 이득을 위한 기업의 M&A가 증대되어 기업부문에 대한 금융의 영향력이 높아졌을 뿐만 아니라 기업 자체의 금융화가 더욱 진전되어 세계적인 다국적기업의 총이윤 대비 금융이윤의 비중이 1980년대 초 15% 수준에서 2000년대 초에는 40% 수준까지 높아졌다. 이러한 사실은 세계적인 기업들이 산업적 투자보다는 금융적 투자에 주력함으로써 금융주도적 이윤창출체계가 이루어지고 있음을 뜻한다. 또한 기관투자가 및 외국자본의 경영개입이 증대되는 등 기업의 주주구성에 변화가 이루어짐으로써 금융자본의 산업지배력이 강화되고 있고, 신용위험 등 금융부문의 충격이 실물경제와 경제성장에 미치는 영향이 크게 증대되어 금융위기가 실물위기로 전이되는 현상이 더욱 빠르고 광범위하게 되었다.

이상과 같은 금융의 팽창과 영향력 증대가 나타난 것은 1980년대 이후 세계적으로 전개된 신자유주의 경제체제와 금융의 탈규제화·자유화라는 토대 위에서 이루어진 것이지만, 다른 한편으로는 다음과 같은 획기적인 금융혁신 또는 금융구조변화에 따른 것이라고 할 수 있는데 이러한 금융구조의 변화가 금융위기를 더욱 빈번하게 발생시키고 위기가 발생하였을 경우 그것의 파장을 더욱 확장시킨 원인으로 작용한 것이 사실이다.

---

13 전 세계 금융자산/GDP 비중을 보면 1980년 109%에서 2005년 317%로 증가하였고 자국의 GDP 대비 금융자산의 규모가 100% 넘는 나라가 1990년 33개국에서 2006년 72개국으로 증가되었다.

금융의 펀드화 금융의 무게중심이 종래 간접금융(은행)에서 직접금융(자본시장/증권)으로 전환되고 간접금융에 있어도 상업은행(commercial bank)으로부터 투자은행(IB : invest bank)으로 중심이 이동되었다. 이렇게 자본시장의 중심이 변화된 금융구조 하에서는 단기적인 수익성증대와 자본이득을 추구하는 투기적 경향이 높아져 취약성이 증대된다. 이와 함께 자산관리의 패러다임 역시 직접투자 방식으로부터 간접투자 방식으로 진화하면서 금융의 펀드화가 이루어졌고 이로 인하여 시장참가 유인(incentive)이 증대되었다. 이러한 금융의 펀드화로 인하여 사모펀드(PEF : private equity fund)나 헤지펀드(hedge fund) 등과 같은 새로운 금융주체의 성장을 촉진하였다.

금융의 복합화 1980년대 이후 금융산업의 팽창과 발전이 이루어지면서 종래까지 은행·증권·보험 등 금융기관이 각기 자기의 영역만을 전문적으로 행함으로써 '규모의 경제'를 추구하던 금융기관의 전업주의가 은행·증권·보험 간의 장벽을 허물고 여러 업무를 겸업함으로써 '범위의 경제'를 추구하는 겸업주의로 전환됨으로써 금융기관의 업무영역에 대한 복합화가 이루어졌다. 또한 금융시장에서 거래되는 금융상품의 구조가 채권·주식·외환 등과 같은 전통적인 금융상품으로부터 옵션·선물·스왑 등과 같은 파생금융상품으로 진화되어 후자의 규모가 폭발적으로 증가함으로써 금융상품의 복합화도 급속히 진전되었다. 이렇게 균형 감각을 상실한 채 위험이 큰 파생금융상품을 무분별하게 경쟁적으로 개발되어 범람하게 되면 이로 인한 리스크 역시 폭발적으로 증대되게 된다.

금융의 유동화·증권화 이렇게 탄생한 파생금융상품은 금융의 유동화를 통하여 확대재생산 됨으로써 새롭고 다양하고 금융상품이 끊임없이 개발되고 보급되었다. 이렇게 금융자산이 유동화되는 과정에서 내재된 리스크의 관리문제가 발생하자 이러한 리스크를 관리하기 위한 목적으로 이후 채권·부동산 등을 담보로 하는 채권을 다시 여러 개로 쪼개어 외부 투자자들에게 판매하여 자금을 조달하는 증권화(securitization)가 급속히 증가되었다.

이러한 증권화를 통하여 금융기관은 소규모 예금유치에 주력할 필요 없이 주식시장에서 바로 자금을 조달할 수 있게 되었고 자신의 위험자산을 외부투자자에 분산시키는 동시에 자신의 대출을 대차대조표에 올리지 않으면서 수수료를 얻을 수 있는 이익을 누리게 되었고, 증권을 매입하는 외부투자자는 높은 투자수익을 얻을 수 있으므로 시장에 참여하는 모든 주체들에게 이익을 창출하는 것으로 간주되었다.

그러나 이러한 증권화 과정에서 금유공학기법을 동원한 파생금융상품은 원래의 자산을 복잡하게 가공하고 여러 자산을 합산하는 과정을 거치므로 채권의 내용이 불투명해지고 위기가 발생할 경우 그 파장이 최초의 위기가 발생한 곳에 국한되지 않고 연쇄적인 위기를 불러오게 된다는 문제점을 안고 있다. 또한 증권화를 통하여 금ㅇ유상품의 만기구조가 왜곡되기 때문에 어느 시점에 신규 참여하는 경제주체의 증가세가 둔화될 경우 메커니즘의 유지가 어려워진다.

이상과 같은 금융의 펀드화·복합화·증권화와 같은 금융구조의 변화는 금융계의 상황이 순조로울 때는 모두에게 이익을 가져다주는 요인이 되지만, 이로 인하여 ① 채무의 정확한 가치산정이나 위험평가에 어려움이 증대되고, ② 금융기관이나 금융상품 간의 상호 연관성을 증대시켜 금융시스템적 리스크를 증대시킬 수 있으며, ③ 금융기관의 위험성에 대한 감독기능이 약화될 수 있다는 리스크를 내재하고 있다. 이러한 리스크가 금융위기를 발생시키는 중요한 원인이 될 뿐만 아니라 일단 위기가 발생하였을 경우 그 파장이 더욱더 증폭되는 원인으로 작용할 수 있다.

2.4 자본주의의 본질적 특성론

자본주의의 본질적 특성론은 오늘날과 같은 국제금융위기가 반복되는 이유를 자본주의체제의 본원적 속성으로부터 찾으려는 견해이다. 마치 마르크스이론이 자본주의에서 발생하는 경제위기를 자본주의체제의 구조적 모순으로부터 찾으려는 것과도 유사한 접근방법이다.

(1) 민스키의 금융불안정성이론/버블경제론

이러한 접근이론들 중 가장 대표적인 이론이 민스키(H. P. Minsky, 1982)의 '금융불안정성이론'(financial instability hypothesis) 내지 '버블경제론'이다. 민스키는 역사적으로 반복되는 금융위기의 본질을 연구하는데 평생을 바친 석학으로서,[14] 금융위기가 자본주의체제의 본원적이고 불가피한 특징으로서 식별가능하고 예측 가능한 경로를 따라 발생된다고 주장하면서 버블경제의 생성과 붕괴 과정을 통하여 금융위기가 발생되는 것이 자본주의의 본질적 특성임을 주장하였다. 그는, 자본주의사회에서 이윤기회가 높아진 특정 분야에 대한 투자 붐(boom)이 발생하게 되는데 이러한 투자 붐이 발생되면 이후 가격상승 → 도취·열풍·거품 → 버블자산의 경쟁적 매각 → 가격붕괴 → 금융위기로 이어진다고 설명하였다.

그에 따르면, 전쟁·풍작 또는 흉작·신기술혁신 등과 같은 외생적 충격이 급격하고 크게 발생되어 부문 간에 이윤기회가 변화되면 새로운 이윤기회가 있는 부문에 대한 신속하고 대규모적인 신용확대가 이루어져 투자 붐(boom)이 형성된다. 자본주의사회에서 호황기에는 투기적 낙관론(speculative euphoria)이 지배하므로 이러한 붐은 투기수요가 많은 상품이나 자산의 가격을 상승시킨다. 이러한 가격상승은 다시 새로운 이윤기회를 창출하고 더욱 많은 투자자를 시장으로 끌어들이는 누적적 과정에 의해 '도취'단계가 형성되고 이후 합리적인 투자행태를 포기하는 '열풍' 내지 '거품'단계로 접어든다. 이러한 단계가 진행되는 어느 시점에서 시장이 절정에 도달하였다고 느끼는 내부자들이 과대평가된 위험자산으로부터 빠져나가기 위한 경쟁적 자산매각이 이루어지는데 이러한 사태에 의해 은행도산·기업파산과 같은 금융공황의 시장신호가 나타나고 이어 자산가격의 붕괴가 나타나면 은행의 대출중단·신용결핍 등의 현상이 발생하여 금융위기가 초래된다.

그는 규제되지 않는 금융시장이란 속성상 불안정하며 일시적인 경제적 상승이나 금융적 안정 이후 미래에 대한 낙관적 기대가 취약한 부채구조를 낳는다는 점을 강조하면서, 문제의 씨앗은 경제가 상승기에 있을 때 나타나는 지나친 낙관에 의해 이미 배태되어 경기하강기에 리스크가 드러난다고 규정한다. 이렇게 민스키는, 금융위기의 원인을 경제행위자의 비합리성과 투기적 속성 또는 금융시장의 불안정성이라는 자본주의체제의 본질적 속성으로부터 찾아 금융위기가 현대자본주의의

---

14 G. Cooper (2008) 김영배 역 (2010) p.4.

본래적인 특징이라고 주장하였다. 말하자면 '정상적인 경제상황'에서 어떠한 '외부충격' 없이도 자본주의경제의 '내적 불안'에 의하여 금융위기가 발생할 수 있음을 이론화 한 것이다.[15]

이렇게 위기의 원인을 자본주의의 본질적 속성이라는 관점에서 논의하는 버블경제론은 민스키 이후 다른 사람의 주장에서도 발견된다. 예컨대 갈브레이드교수는, 자본주의경제의 경기순환에 따라 어떠한 시점에서 붐(boom)이 과도하여 버블(bubble)이 형성된 후 갑작스럽게 붕괴(burst)되면 신용공황이 발생되므로, 개인의 이윤추구를 기본으로 하는 자본주의체제 하에서 금융위기는 피할 수 없는 숙명적 현상이라고 규정하였다. 또 다른 많은 사람들도 이러한 전제에서, 자본주의 역사가 곧 '탐욕의 역사'로서 그때마다 구체적 모습과 내용이 변할 뿐 이러한 본질은 변화되지 않는다고 주장한다. 이처럼 금융위기가 자본주의의 본질적 속성이라는 주장에 대하여 다양한 논란들이 이루어졌는바 대표적인 논의들을 살펴보면 다음과 같다.

(1) 경제행위자들의 합리성을 가정하는 대부분의 경제학자들은 경제변화나 제도변화가 심각한 금융위기를 불가능하게 만들었다고 전제하면서 그럼에도 불구하고 위기가 발생한다면 그것은 그것이 발생한 나라의 독특한 역사적 상황 때문이지 자본주의체제의 본질적 속성 때문에 위기가 야기되는 것은 아니라는 반론을 제기한다.

(2) 프리드만(M. Friedman)과 같은 경제학자들은, 경제행위자는 항상 합리적이기 때문에 기본적으로 투기란 시장경제에서 발생할 수 없고 우리가 '투기'라고 부르는 대부분은 사실상 정부의 비합리적 행동으로부터 스스로를 보호하고자 하는 투자자의 노력일 뿐이라고 주장하기도 하였다.

(3) 킨들버거(C. P. Kindleberger)는, 금융위기가 국내자본주의의 본질적 특성이라고 선언하는 데에는 주저하였지만, 민스키모델이 적어도 국제금융의 영역에서는 적용될 수 있다고 인식하여 국제금융위기가 국제자본주의에 고유한 속성이라는 사실에 동의하기도 하였다.[16]

(2) 마르크스적 자본주의체제의 구조적 위기론

위에서 언급한 바와 같이 민스키의 금융불안정성이론 내지 버블경제론은 위기를 자본주의체제의 본질적 속성이라고 보는 점에서 마르크스(K. Marx)와도 유사한 점이 있다. 다만 민스키는 기본적으로 자본주의체제 내의 '금융시스템적 불안정성'에 주목하고 있는데 비하여 마르크스는 기본적으로 자본주의체제 내의 '실물경제적 위기'에 초점을 두고 있는 점이 다르다고 할 수 있다.

실제로 마르크스주의자들은 오늘날의 금융위기가 발생한 원인에 대해서도, 위기가 금융부문에서 촉발되었지만 그 이면에는 1960년대 중반 이후 계속되어온 자본주의체제의 구조적 모순이 자리 잡고 있다고 전제한다. 그러한 구조적 모순의 내용으로서 그들은 마르크스주의가 전통적으로 제시하였던 과소소비와 이윤율하락을 주요한 요인으로 설명한다. 이들 중 과소소비론은 과학기술혁명과 같은 생산력의 발전이나 자본주의체제의 부채의존적 성격 때문에 발생된 소비부족을 강조하고,

---

15 당시 경제학계에서는 금융시장도 상품시장과 마찬가지로 외부로부터 어떤 충격을 받지 않는 한 효율적으로 작동하며 균형을 찾아간다는 효율적 시장이론(efficient market hypothesis)이 주류를 형성하고 있었지만, 민스키는 이렇게 자본주의체제에 내재한 위기의 가능성을 강조하였다는 점에서 마르크스(K. Marx)와도 유사한 점이 있다고 할 수 있다.

16 C .P. Kindleberger (1979).

이윤율하락론은 자본주의의 이윤율이 하락하는 장기추세나 장기파동의 하락국면으로 인한 이윤율 하락이 금융위기의 근본적 배경이라고 주장한다.

마르크스주의자들은 이렇게 자본주체제의 모순이 금융위기를 발생시키는 구조적 원인이지만 이와 동시에 금융화추세·금융혁신·신용증권화 등의 정세적 요인이 위기를 가져왔고 이러한 위기가 더욱더 팽창한 것은 구조적 요인과 정세적 요인을 연결하는 금융세계화라는 매개적 요인이 작용하였기 때문이라고 주장하기도 한다.[17]

제2절 동아시아 금융위기의 정치경제론

1. 동아시아 금융위기의 전개과정과 특성

1.1 금융위기의 전개과정

1997년 7월 2일 태국정부는 바트화의 환율제도를 복수통화바스켓제도로부터 자유변동환율제도로 변경하였는데 달러당 25바트의 수준에서 안정된 움직임을 보이던 환율이 환율제도 변경 하루만에 20% 정도 폭락하였고, 이것이 아시아 외환위기의 출발점이 되었다. 외환위기가 발생 전 10여 년 동안 태국은 연평균 9%대의 높은 성장을 지속하다가 1996년 성장률이 5.9%로 하락하였고 1997년에 갑자기 외환위기를 맞았다. 이후 태국은 동년 8월에 172억 달러 규모의 구제금융을 IMF로부터 지원받으며 경제안정화와 구조개혁을 실시하면서 같은 달 42개 부실 금융회사에 영업정지명령을 내렸다. 이후 태국 금융시장은 마비되고 경제는 위기에 휩싸였다.

태국에서 출발한 이 같은 외환위기는 단 몇 개월 사이에 말레이시아·인도네시아·필리핀 등 인근국가로 급속히 전이되었고 연이어 대만·홍콩·한국 등 동아시아국가들로 확산되면서 해당지역은 물론 세계금융시장에도 충격을 가하였다.[18] 이러한 금융위기는 실물경제에도 심각한 영향을 미쳐 그동안 높은 성장률을 보였던 태국·말레이시아·인도네시아·필리핀·한국 등 위기가 발생 5개국의 경제성장률이 1998년 -7.9% 수준으로 떨어졌고 전 세계 경제성장률 역시 전년 3.2%에서 1998년 1.9% 수준으로 하락하였다.

이후 이러한 동아시아 외환위기는 1998년 러시아·남미지역으로 확산되었으며 미국의 유수한 헤지펀드회사인 LTCM(Long-Term Capital Management)의 파산사태를 불러일으키는 등 세계 대공황 이래 국제금융사상 가장 크고 심각한 사건으로 평가되었고, 이후 이른바 나비효과(butterfly effect)[19]가

17 윤소영 외 (2010) pp.107-33.

18 1997년 10월 27일 미국의 다우존스지수가 7.18%(554.26p) 하락하였고 태국·한국의 통화가치는 금융위기 이전의 60~70% 수준으로 하락하였으며 인도네시아의 통화는 20% 수준으로까지 하락하였다.

19 원래는 중국 베이징에 있는 나비의 날갯짓이 미국 뉴욕에서 허리케인을 일으킬 수도 있다는 이론으로 미국의 기상학자 에드워드 로렌츠(Edward Lorentz)가 1961년 기상관측을 하다가 만들어낸 이론이다. 이 원리는 이후 카오스이론으로 발전하여 여러 학문에서 사용되는데 처음의 작은 변화가 결과적으로 다른 곳의 엄청난 변화를 초래할 수 있다는

현실로 나타났다는 논평을 받기도 하였다. 그로부터 4~5년간 이들 국가는 외환위기를 극복하기 위한 혹독한 시련을 치렀다. 강도 높은 IMF처방과 구조조정 프로그램으로 심각한 경기침체를 겪었고 많은 금융회사와 기업들이 문을 닫았다. 이에 따라 수많은 근로자들이 직장을 잃어 실업률이 사상 최고치로 치솟았고 환율과 금리는 연일 최고치를 경신하고 주가는 바닥을 모른 채 하락하였다. 금융시장에 공황이 발생하고 실물경제도 최악의 상태로 치달았다.

이렇게 20세기 말에 발생한 동아시아 경제위기는, 세계경제 여건이 상대적으로 순조로웠던 상태에서 그것도 경제적으로 가장 역동적인 지역으로 칭송받고 상대적으로 탄탄한 거시경제적 여건을 지녔다고 평가되던 지역에서 발생하여 최악의 경제 붕괴를 초래하였고, 결국은 이 위기의 여파가 위기발생국을 넘어 더 큰 세계경제로 확산되었다. 이 때문에 동아시아 금융위기가 발생된 원인을 두고 지금까지도 논쟁이 계속되고 있다.

1.2 금융위기의 특성

이상과 같은 동아시아 금융위기는 그 이전에 발생한 금융위기, 특히 빈번하였던 라틴아메리카의 금융위기(외채·외환위기)와 비교하여 특별한 의미를 가진 것으로 평가되었다. 이에 따라 1990년대 말에 발생된 동아시아 금융위기의 특성과 함의가 무엇인가에 대한 다양한 논의가 이루어졌다.

〈표 8-2〉 라틴아메리카와 동아시아 금융위기의 특성 비교

구 분	라틴아메리카 금융위기	동아시아 금융위기
위기 요인	기초경제여건(fundamentals) 문제점 거시적 요인 (경제성장, 물가, 재정적자 등)	특별한 펀드멘털 문제점 없이 발생 미시적 요인 (금융기관·제도, 기업재무구조 등)
외채 성격	경상수지적자 누적에 따른 외채증가 - 공공부문 (공공기관) 외채 누적	경상수지적자 누적에 따른 외채증가 - 민간부문 (기업, 금융기관) 외채 누적
위기 확산	위기의 국지적 성격	금융세계화로 인한 광범위한 위기 확산 (전염효과, 나비효과 등)

민간부문 의한 위기 발생 동아시아 외환위기와 라틴아메리카의 금융위기 모두 실질환율이 평가 절상되어 있었고 경상수지 적자가 누적되어 있었다는 점에서는 공통점이 있었지만, 위기발생 원인이 라틴아메리카 외채위기 경우 공공부문이었다면 동아시아위기 경우에는 민간부문이었다는 점이 다르다. 동아시아 국가들의 경우 라틴아메리카 국가들과 같은 과도한 재정적자가 없었고 또한 라틴아메리카의 경우 외채누적이 대부분 정부나 공기업에 의한 공공부채의 누적으로 발생한 반면 동아시아의 경우에는 대부분의 외채가 금융기관과 기업에 의한 부채였기 때문이다.

미시적 변수 의한 위기 발생 따라서 라틴아메리카의 경우 외채로 인해 경제성장이 둔화되고 이로 인해 금융기관이나 기업이 영향을 받을 수는 있지만 직접적인 영향을 받는 경우가 많지 않았지만, 동아시아의 경우에는 외채를 들여오는 주체가 금융기관이었고 이러한 외국자본이 기업에 대출되는

의미를 담고 있다.

형태를 지님으로써 외국인투자자들이 자금을 회수할 경우 금융기관과 기업이 기업도산과 금융기관의 재무건전성 악화로 직접적인 타격을 입을 수밖에 없게 된다. 따라서 동아시아의 경우에는 외환위기와 금융위기가 동시에 진행되게 되었다. 이러한 점에서 동아시아 금융위기는 경제성장·물가·재정수지 등과 같은 거시적 경제변수가 아닌 금융기관·금융제도의 문제점 등 미시적 경제변수에 의하여 위기가 초래되었다고 할 수 있다.

금융세계화 의한 확산 동아시아 위기의 경우 세계경제 여건이 순조로운 상황에서 그것도 상대적으로 탄탄한 거시경제여건을 지니고 있는 나라들이어서 위기가 발생하지 않으리라고 생각하던 상황에서 위기가 발생하였다. 이러한 사실은 결국 오늘날과 같이 자본이동이 자유화되고 금융세계화가 확장된 상황에서는 위기당사국들의 특별한 잘못 없이도 자본의 급격한 유출로 인한 위기가 올 수 있음을 시사한다. 또한 종래의 외환위기는 발생지역에서의 국지적인 성격을 띠는 것이 보통이고 그 영향 역시 제한적이었지만 오늘날과 같은 세계화시대에는 한 국가 또는 한 지역에서 발생된 위기가 다른 국가 또는 다른 지역으로 신속히 확산되는 광범위한 전염효과(contagion effect)를 가지게 되는데 이러한 전염효과는 세계화가 진전될수록 더욱 강해진다고 할 수 있다. 이러한 점에서 동아시아 외환·금융위기는 위기의 원인과 영향에 있어 금융세계화와 무관할 수 없다.

동아시아 금융위기가 보여주는 이와 같은 특성들은 결국, 거시경제적 기초여건의 안정에도 불구하고 민간부문에 의한 미시적인 쇼크와 대외신인도 하락이 급속한 자본유출로 이어질 수 있으며 이로 인하여 위기가 발생되면 경제세계화로 인하여 신속한 전염효과를 발생할 수 있음을 말하여 준다고 할 수 있다.

2. 동아시아 금융위기의 원인과 해법논쟁

이상에서 살펴 본 바와 같이 동아시아 금융위기는, 1997년 7월 태국 바트화의 대폭락 이후 동아시아 전역이 외환금융위기에 빠져들어 말레이시아·필리핀·인도네시아·홍콩·한국이 속속 외환위기를 맞았고 1998년에 들어 위기의 파고는 러시아를 거쳐 중남미·브라질로 확산되기에 이르렀으며, 그동안 '동아시아의 기적'·'동아시아가치' 등으로 칭송받으며 경제적으로 활기찬 지역에서 발생함으로써 이전에 빈번하게 나타났던 금융위기와는 또 다른 의미를 지니고 있었다. 이에 따라 학계와 관계 그리고 언론계에서는 '왜 이처럼 유사한 성격의 위기가 지구촌 곳곳에서 속발하고 있으며 그 파장이 전 세로 확산되는 것일까'에 대한 다양한 시각이 제기되기 시작했고 위기의 사전예방과 사후수습문제와 관련되는 활발한 논쟁, 이른바 국제금융체제에 대한 개편논쟁이 벌어지게 되었다.

이렇게 동아시아 금융위기의 원인과 해법에 대한 다양한 논의들이 이루어졌지만 그들이 주장하는 위기의 원인을 크게 분류하면 ① 내부결함론(내부원인론), ② 외부조건론(외부원인론), ③ IMF비판론 등 3가지 흐름으로 대별할 수 있다. 해법을 모색하는 것은 원인을 진단하는 것과 무관할 수 없기에 위기에 대한 향후의 대응책이나 국제금융체제 개편방향에 대해서도 이러한 3가지 흐름 위에서 나름의 해법을 제시하며 그에 대한 논쟁이 이루어졌다.[20]

이들 중 내부결함론은 위기당사국의 자체적인 결함과 모순으로 인해 위기가 발생했으므로 무엇보다도 위기당사국의 총체적인 개혁과 구조조정이 중요하다는 관점인데 반하여, 외부조건론은 위기당사국으로서는 어찌할 수 없는 통제 불가능한 초국적 투기자본의 광폭성으로 인해 위기가 발생했으므로 이를 완화하거나 통제할 수 있도록 안전장치를 마련해야 한다는 관점으로서, 특히 신자유주의 흐름과 무차별한 자본자유화 조치로 인해 투기자본의 광폭성이 더욱 조장되었다는 점을 중시하였다. 끝으로 IMF비판론은, IMF가 위기를 사전에 예방하는 능력을 가지지도 못하였고 위기 이후 문제해결의 주도권을 쥐고 있으면서도 잘못된 방식으로 개입함으로써 위기가 오히려 증폭·심화되었으므로 IMF의 대응방식을 개편하거나 수습능력을 제고하는 방안이 적극 모색되어야 한다는 관점이다.

〈표 8-3〉 동아시아 금융위기의 원인 진단과 해법 논쟁 개관

원인론	원 인 진 단	해 법 논 쟁
내부 결함론	위기당사국의 실물경제 및 금융경제 상의 자체 결함으로 위기 발생	위기당사국의 총체적인 개혁과 강력한 구조조정이 요구됨.
외부 조건론	위기당사국으로서는 통제불가능한 초국적 투기자본의 광폭성으로 인해 위기가 불가항력적으로 발생	신자유주의적인 자본자유화에 대한 근본적 재검토가 필요함.
IMF 비판론	IMF의 사전위기 예방능력 부재, 위기 이후 잘못된 대응으로 위기 증폭	IMF의 위기수습 능력 제고, IMF주도 위기수습방식의 개편 필요

자료 : 이찬근, 세계금융체제 개편논쟁, 뉴금융라운드 (모색, 1999) p.96.

2.1 내부결함론(내부원인론)

먼저, 위기당사국의 자체적인 결함과 모순으로 인해 위기가 발생했으므로 무엇보다도 위기당사국의 총체적인 개혁과 구조조정이 중요하다는 내부결함론은 이러한 내부적 결함의 구체적 원인과 그에 대한 해법을 〈표 8-4〉와 같이 제시하였다.

〈표 8-4〉 동아시아 금융위기에 대한 내부결함론

내부결함	원 인 진 단	해 법 대 안
1) 연고(정실) 자본주의, 경제구조적 취약성	• 정부·금융기관·대기업 3각연대 관치금융, 도덕적 해이 • 부채의존형 성장모델의 한계 • 동아시아 발전모델의 한계 (수출부진, BOP불균형, 금융부실)	① 동아시아 발전모델(일본식 국가발전모델)의 전면적 개편 불가피 • 부채의존형 성장모델 폐기, • 재벌·금융·정부·노동 등 경제전반의 포괄적 구조조정 (특히 금융측면의 혁신)
2) 투명성결여	• 기업경영의 투명성 없음. • 리스크 관리능력 없음. • 파산절차가 불투명함.	② 투명성 제고, 글로벌 스탠다드 도입과 적용 • 투명성 제고(회계·감사·공시기준·파산절차) • 금융감독기능강화(감독기능일원화, 중앙은행독립)
3) 불완전한 자본자유화	• 성급하고 무리한 자본자유화가 위기 원인이라는 주장 배격 • 불완전한(부분적) 자본자유화로 경쟁원리 살리지 못함.	③ 철저한 자본자유화와 시장개방 (적대적 M&A 허용, 금융산업의 개방 확장 등)

20 이하의 내용은 이찬근 (1999) pp.95-168을 중심으로 수정하고 보완한 내용임.

(1) 내부결함론의 원인 진단

우선 동아시아 금융위기의 원인을 위기당사국의 내부결함에서 찾는 사람들은 동아시아 국가들의 ① 연고자본주의적 특성, ② 투명성 결여, ③ 불완전한 자본자유화 등을 금융위기를 초래한 주요한 원인으로 지목하였다.

연고자본주의 위기 당사국의 내부결함요인으로 가장 빈번하게 지목되는 것은 연고자본주의(crony capitalism)적 특성. 즉 정실에 따라 끼리끼리 해먹는 패거리적 풍토로 인해 위기가 발생하였다는 관점이었다. 이른바 '정부·금융기관·대기업'간의 3각 연대로 인해 관치금융이 관행화되었는데 이러한 관치금융 하에서는 정부에 의한 암묵적 보증(implicit guarantee)이 전제된다.

따라서 대기업들은 도산위험을 신중하게 고려하지 않은 채 무분별하고 무모한 투자를 감행하였고 금융기관은 방만한 대출을 행하는 도덕적 해이(moral hazard)를 만연시켰다. 그 결과 부채에 의존하여 사업을 마구 확장하는 부채의존형 성장모델(high debt growth model)이 깊숙이 자리 잡았고, 이러한 성장모델은 거품경제(bubble economy)와 금융기관 부실화를 배태시킴으로써 외환금융위기가 초래될 수 있는 극도로 취약한 경제여건을 조성했다.[21] 말하자면 관치금융 등 과도한 경제개입과 이로 인한 연고자본주의 등 동아시아 경제모델이 위기를 초래한 근본원인이 되었다는 것이다.

투명성 결여 두 번째로 지목된 내부결함요인은 위기당사국의 투명성결여였는데 이와 관련된 다양한 비판들이 제시되었다. 예컨대 '한국을 비롯한 위기당사국들은 외채규모가 얼마인지도 은행권에 누적된 부실채권규모가 얼마인지도 몰랐다', '선물환거래의 내역이 무엇인지도 전혀 파악하지 못했고 기업의 공시정보는 퇴행적 회계관행으로 인해 신뢰성과 일관성을 결여했다', '부실기업의 파산절차가 법적으로 투명하지 못해 그때마다 정치적 개입이 이루어졌고 그 결과 외국투자자와 국제금융시장은 초기적으로 나타난 위기의 단초에 대해 극히 신경질적이고 파괴적으로 반응할 수밖에 없었다' 등이 주요한 비판 내용이었다.

불완전한 자본자유화 세 번째로 거론된 내부결함요인으로서는 잘못된 자본자유화 문제였다. 동아시아 금융위기의 원인을 위기당사국의 내부요인에서 찾는 일련의 주장자들은 1990년대 이후 이들이 추진한 무리하고 성급한 자본자유화정책이 금융위기의 원인으로 작용하였다고 지목하였다.[22] 그러나 내부결함론자들은, 동아시아국가들의 성급하고 무리한 자본자유화가 금융위기를 초래하였다는 이러한 관점을 철저히 배격하면서, 자유화가 지나쳐서 금융위기가 발생한 것이 아니라 자유화가

---

21 한국의 태국의 주가가 1975~1994년까지 1,600~1,700% 상승하였고 1995년 이후 외국자본이 유입되면서 과열양상이 심화되었다. 또한 1990년대 고성장기에 동남아 각국의 금융기관들은 저금리의 외자를 도입하여 부동산개발에 대한 대출로 운용하여 높은 수익률을 올릴 수 있었지만 부동산의 공급과잉현상이 나타나면서 거품붕괴과정이 진행되었다.

22 그들은, 당시 위기당사국들이 금융세계화로 인하여 유입된 단기금융자본을 생산적 투자로 이끌 수 있는 적절한 금융인프라나 외국자본에 대한 적절한 규제제도가 취약한 상황에서 무리하고 성급하게 자본자유화를 강행하다가 금융위기를 자초했다고 주장하였다. 그들은, 동아시아 국가들의 성급한 자본자유화로 인하여 그들의 낙후된 금융시장이 국제금융체제에 급속히 편입되게 되자 이들 신흥지역에 투기적인 성격의 외국자본이 대량으로 유입됨으로써 유동성과잉 및 이로 인한 인플레이션이 유발되었고, 또한 실질환율의 절상으로 수출이 위축되고 경상수지 적자가 누적되어 이러한 적자가 다시 외국자본유입으로 충당되는 악순환이 일어나 위기발생국의 재정건전도가 취약해짐으로써 그들의 대외신인도가 하락하였고, 이것이 동아시아지역에 투자하였던 외국자본의 급격한 유출을 심화시킴으로써 위기가 촉발되었다고 설명한다.

완전치 못해 불행한 사태를 맞게 되었다는 자유화의 불완전성 문제를 제기하였다. 그들은, 1990년대 초 위기당사국들이 추진한 자본자유화는 어디까지나 부분적인 자유화였을 뿐이라고 비판하면서 이렇게 불완전한 자유화가 위기원인이었다고 주장하였다.

그들은, 내국인들이 자유롭게 외국금융기관의 서비스를 구매할 수 있도록 허용하지 않았고 외국금융기관이 자유롭게 내국의 금융산업에 진출할 수 없었으므로 위기당사국들이 추진한 자유화는 절반의 자유화에 불과했다고 지적하였다. 그들은, 만일 금융서비스·금융산업의 자유화를 자본자유화와 동시에 추진했다면 내국금융기관과 외국금융기관 간에 치열한 경쟁이 이루어져 내국금융기관들의 경영능력·리스크관리능력 등이 저절로 키워져 위기를 예방할 수 있었을 것이지만 이를 제한하였기 때문에 국내금융기관들이 그들의 고질적인 관행을 고집하고 선진화를 지체함으로써 결국 위기를 맞았다고 주장하였다.

(2) 내부결함론의 해법 대안

이처럼 동아시아 금융위기의 원인과 배경을 위기당사국들의 성장모델이나 투명성결여 및 불완전한 자본자유화 등에서 찾는 내부결함론자들은 자연히 그 해법대안 역시 ① 동아시아 경제모델의 폐기, ② 투명성제고, ③ 완전한 자본자유화시행 등에서 찾으려고 하였다.

동아시아 경제모델 폐기 내부결함론자들은 금융위기 해소를 위한 1차적 과제로서 부채의존형 성장모델 내지 동아시아 경제모델을 전면 폐기처분할 것을 요구하였다. 일본을 원조로 하는 이러한 성장모델을 청산하기 위해서는 기업의 재무 불건전성과 금융기관 부실을 해소하기 위한 국가경제 시스템 전반에 걸친 대수술이 불가피하다는 입장이었다. 금융위기 이후 'IMF프로그램'이라는 이름 아래 한국·태국·인도네시아에 적용되었던 포괄적인 구조조정은 바로 이 같은 입장을 대변한 것이었다고 할 수 있다.

투명성 제고 내부결함론자들은 금융위기에 대한 2차적인 해법대안으로써 각국이 정보의 투명성을 높이고 금융감독기능을 강화할 것을 요구하였고, 이를 개별국가들에게만 맡겨 놓으면 잘 이행되지 않을 수 있으므로 각 분야별로 국제표준(global standard)을 마련해서라도 강제적으로 따르도록 해야 한다고 주장하였다. 이들의 요구사항은 다양하였지만 대체로 ① 회계·감사·정보공시 등에 대한 국제기준 제정을 통한 기업정보 투명성제고, ② 주주이익이 최대한 반영되도록 하는 기업지배구조 개편과 기업파산절차 명확화, ③ 금융감독기능의 일원화 및 중앙은행의 정치적 독립, ④ 은행에만 적용해오던 BIS기준의 모든 금융기능에 대한 적용 등이었다.

철저한 자본자유화와 시장개방 내부결함론자들은 금융위기의 3차적인 해법대안으로서 철저한 자본자유화와 철저한 시장개방을 요구하였다. 이를 위하여 국내외 금융기관 간에 적대적 인수합병(M&A)을 허용할 것과 몇몇 부실은행에 대한 외국자본의 인수 등을 핵심적 위기해소방안으로 요구하였다. 이러한 요구에 따라 한국의 경우 당시 IMF프로그램의 일환으로서 제일은행·서울은행 등의 소유권이 외국자본에 넘어가게 되었다.

2.2 외부조건론(외부원인론)

외부조건론은 위기당사국으로서는 통제 불가능한 국제투기자본의 광폭성으로 인해 위기가 발생했다는 관점으로서, 앞서 살펴본 내부결함론과는 상반된 입장을 취하고 있다. 경제의 세계화로 인하여 자본의 국제적 이동이 급속히 이루어지고 이러한 자본이 투기적 성격을 강하게 띠게 된 것이 금융위기의 근본적인 원인이자 배경이 되었으므로 그 해법 역시 이러한 국제자본과 국제금융의 특성을 제어하고 규제하는 데에서 찾아야 한다고 주장하였다.

〈표 8-5〉 동아시아 금융위기에 대한 외부조건론

외부조건	원 인 진 단	해 법 대 안
1) 외환시장의 거대화	• 세계외환거래규모 급증 (300조$) • 실물적 외환거래 (1.5%) 금융적·투기적 외환거래 (98.5%)	① 토빈세(Tobin tax) 부과 (단기 외환거래에 대한 과세로 투기가 투기를 낳는 paper economy 통제, 외환투기거래 감소)
2) 국제자본의 군집성	• 금융위기 전염성 만연 (전염효과) • 자기실현적 예상 금융위기 (바트효과, 데킬라효과)	② 국별 세이프가드, 자본이동규제시스템 도입 (칠레 : 자본유입규제, 말레시아 : 자본유출입규제)
3) 투기자본의 축적과 폭증	• 헤지펀드 등 투기성 금융자본의 파괴력 거대화 (자본시장 카지노화) • 기관투자가의 투기거래 증대	③ 선진국 투기자본의 원천적 규제 (거래투명성 확립, 금융기관 투기참여 억제, 기관투자가의 유동성 및 자본의 규제)

(1) 외부조건론의 원인 진단

1970년대 이후 선진국을 중심으로 추진한 자본자유화로 인하여 국경을 넘는 자본의 유출입이 용이해지고 확대되었는데 이러한 과정에서 이루어진 금융시장개방과 국제금융의 확대가 아시아지역의 고도성장과 경제발전의 계기가 되기도 하였지만 동시에 아시아 금융위기 발생의 중요한 외부요인으로 작용한 것도 사실이다. 이에 외부조건론자들은 자본자유화와 금융세계화 과정에서 급격히 팽창된 국제자본의 군집성과 투기적 성격이 금융위기의 주요한 원인이라고 강조한다.

외환시장의 거대화 위기당사국의 통제가 불가능한 금융위기의 외부적 요인으로서 가장 빈번하게 지목된 것은 거대한 카지노와도 같이 투기장으로 변모한 외환시장의 거대화였다. 자본이 이윤획득의 기회를 찾아 국경을 자유롭게 넘나들기 위해서는 항시 외환시장의 매개를 통하지 않을 수 없으므로 이러한 자본이동과 함께 외환시장은 천문학적으로 덩치를 키웠다.[23] 이러한 외환시장의 규모팽창에도 불구하고 무역결제와 같은 실물적·경상적 외환거래는 오히려 극히 일부분에 지나지 않고 대부분의 외환거래가 투기성이 높은 자본거래에 집중되었다. 1995년 당시 BIS집계에 따르면 전 세계 외환거래액이 연간 300조 달러에 달하였는데 전 세계의 무역거래는 전체 외환거래의 1.5% 수준인 5조 달러에 불과하였다. 이러한 현실을 두고 외부조건론자들은 외환시장의 투기장화가 얼마나 심각하게 진행되었는가를 알 수 있다고 주장하였다.

국제자본의 군집성 외부조건론자들이 주목하고 있는 새로운 현실은 비교적 거시경제여건이 건실한

23 당시 BIS의 추정에 따르면 1997년 외환시장의 하루 평균 거래규모는 1조 3천억 달러에 달하였는데 1980년대 후반 7천억 달러 수준이었음에 비하여 10년도 안 되는 기간 동안 2배 수준으로 증가되었다.

나라들도 외환위기에 빠져들고 있다는 사실이다. 한 나라에서 발생한 위기가 인접국가에 연이어 파급되는 현상, 그리고 일단 투기자본이 한 나라의 취약성을 지목하고 나면 곧이어 머니게임(money game)이 벌어지면서 실제로 위기를 초래하는 현상이 바로 그것이다. 전자의 경우가 이른바 금융위기의 '전염효과'(contagion effect)로서, 태국의 위기가 아시아전역으로 번졌다는 뜻에서 태국 통화의 이름을 따서 '바트효과'(Baht effect)라고도 하였고 때로는 멕시코의 독한 선인장 술에 빗대어 '데킬라효과'(tequila effect)라고도 불렀다. 후자는 MIT대학의 폴 크루그만(Paul Krugman) 교수가 최초로 이론화한 '자기실현적 위기'(self-fulfilling crisis)모델이 현실화된 것으로서 종래의 외환위기와는 달리 위기당사국의 경제적 펀더멘탈과 관계없이 위기에 빠져들 수 있다는 것이다.

오늘날 국제적으로 이동되는 단기자본은 그 규모가 천문학적으로 팽창하면서 그 움직임은 동물적인 군집성(herding)을 띠므로 이러한 자본의 공세에 안전지대가 있을 수 없다. 1990년대 말 실제로 통화금융위기를 겪은 나라들을 살펴보면 자본자유화를 시행 한 후 외국자본이 대규모로 유입되었다가 갑자기 대규모로 유출되는 과정에서 외환유동성 부족으로 위기가 발생된 경우가 많았음을 많은 학자들이 실증적으로 보여주기도 하였다.

1990년대 들어 일본 등 선진국의 저금리와 신흥시장경제의 경제성장에 대한 낙관적 전망을 바탕으로 이 지역에 대한 자본의 순유입이 꾸준히 늘어나 1996년 절정을 이루었다가 1997년부터 크게 감소하였는데 이러한 감소는 대부분 외환금융위기를 겪은 동아시아국가들에서 현저하였다. 이렇게 외국투자자들이 이 지역으로부터 자금을 회수해 간 것은 이 지역의 경제가 불안해져 투자매력이 상실된 결과였다고 할 수 있지만, 금융위기의 원인에 대한 '현대적 금융공황이론'이 지적하듯이 선진국의 자본이 국제유동성을 과잉공급 하였다가 별안간 회수하면서 이 지역의 외환금융위기가 촉발되고 심화된 측면이 있는 것이 사실이다.[24]

투기자본의 폭증 외부조건론자들이 동아시아 금융위기의 또 다른 발생 원인으로 지목한 것은 미국 등 선진국에서 투기성 금융자본이 거대하게 축적되었고 이러한 국제투기자본이 단기적 이동을 폭증시켰다는 사실이었다. 그들은, 국가 간 자본이동이 활발해지고 외환시장이 국제적인 투기자본의 영향을 크게 받는 상황에서는 필연적으로 통화의 불안정성이 초래될 수밖에 없다고 주장하였다. 말하자면 자본거래자유화에 따라 무차별적으로 국경을 넘나들면서 국제금융시장을 교란시키는 단기적인 투기자본의 폭증이 결국 동아시아의 금융위기를 촉발시켰다는 것이다.

이러한 투기자본의 규모는 1997년 7월 동아시아 금융위기가 시작되던 당시 한국·태국·인도네시아 3국의 주식시장 시가총액의 합계보다 2배 이상 높았던 것으로 알려졌다. 오늘날 투기자본의 대명사로 불리는 헤지펀드의 경우만을 보아도 그 위력이 막강하였다. 당시 IMF연구진의 조사에 따르면, 전 세계 헤지펀드의 숫자는 약 1,200여 개에 달하였고 이들이 아무런 제약 없이 국경을 넘어 움직이고 있는 자기자본의 규모는 1,200억 달러에 이르렀다. 이러한 헤지펀드가 자기자본을 근거로 타인자본을 끌어다 쓰는 재무레버리지(financial leverage)를 10~20배라고 가정하면 헤지펀

24 김인춘 (2013) pp.87-89.

드가 실질적으로 움직인 총자산규모는 어림잡아 1.5~2.0조 달러에 달하였다고 추정할 수 있다.[25]

물론 선진국의 대형 기관투자가인 뮤추얼펀드나 연기금(pension fund)이 움직이는 총자산이 20조 달러에 상당하였으므로 이에 비해 헤지펀드의 규모는 상대적으로 그렇게 크지 않았다고 할 수 있지만, 이러한 헤지펀드의 투자전략이 기관투자의 투자를 선도하고 있을 뿐만 아니라 헤지펀드는 소수 투자자만이 참여하므로 투자내역에 대한 정보공시의무가 면제되는 등 어떠한 규제나 감독으로부터 자유롭고, 펀드매니저에 대해서는 투자이익과 연계한 강력한 성과급이 주어지므로 헤지펀드는 내재적으로 광폭한 투기선호적 성향을 갖게 되므로 이들의 위력을 절대로 과소평가 할 수 없다.

(2) 외부조건론의 해법 대안

이처럼 자본자유화와 금융세계화 과정에서 급격히 팽창된 국제자본의 군집성과 투기적 성격을 금융위기의 주요한 원인으로 강조하는 외부조건론자들은 자연히 이러한 국제적 투기자본의 군집성과 광폭성을 통제할 수 있는 방안을 그 해법대안으로 제시하였는데 그 내용은 단기성 투기자본에 대한 일정한 거래세의 부과, 비상시 자본이동 규제시스템의 설치, 선진국 투기자본에 대한 원천적 규제 등으로 나눌 수 있다.

토빈세 부과 노벨경제학상 수상자인 제임스 토빈(James Tobin, 1978) 교수는 일찍이 1978년에 발표한 그의 논문을 통하여 외환시장의 거대화에 따른 위험과 부작용을 우려했다. 그는 시장이 거대화되면 효율성이나 유동성이 증대되는 순기능을 수반한다고 무조건 안심할 수 없으며 오히려 투기가 투기를 낳는 '페이퍼 이코노미'(paper economy)를 조장함으로써 자본주의의 건전성을 해칠 수 있다고 경고하였다. 그는, '국제금융의 광폭한 운행을 막기 위해서는 약간의 모래를 뿌려야 한다'고 주장하면서 외환거래에 약간의 세금을 부과함으로써 투기성을 통제하자는 이른바 토빈세(Tobin's tax)의 부과를 제안하였고, 이러한 제안은 이후 많은 국제적 관심을 불러오고 있다.

자본이동규제시스템(세이프가드) 외부조건론자들은 세금의 부과만으로 투기자본의 광폭성을 견제하는데 한계가 있으므로 잠재적으로 위기발생가능성이 높은 나라들은 자국의 독자적인 판단에 의해 자본의 유출입을 통제할 수 있어야 한다고 역설하였다. 이러한 주장 대로 칠레는 1990년대 초부터 직접투자를 제외한 모든 외국자본유입에 대하여 총 유입액의 30%를 무이자로 1년간 예치할 것을 요구하는 자본유입통제를 실시하였고, 말레이시아의 마하티르(Mahatir)정부는 IMF와 미국의 반대를 무릅쓰고 경상무역거래를 제외한 모든 자본유출입에 대하여 전면적인 외환통제정책을 실시한 바 있다. 말하자면 금융위기가 발생할 경우 위기 당사국이 일시적으로 자본이동을 제한하는 긴급한 세이프가드(safeguard)를 발동시킬 수 있도록 하여야 한다는 것이다.

선진국 투기자본의 원천적 규제 외부조건론자들은 토빈세를 부과하거나 비상시 자본유출입을 통제하는 것만으로는 역부족이라고 주장하면서 투기적 금융자본을 생성시키고 있는 선진국에서 투기자본을 원천적으로 규제할 것을 요구하였다. 즉, 헤지펀드를 위시한 모든 기관투자자들에 대해 투자내

25 헤지펀드의 경우 어떤 국제기구나 국가로부터 감독이나 규제를 받지 않으므로 그 실제의 규모가 베일에 싸여있지만 어떤 조사에 따르면 2007년 현재 전 세계 헤지펀드의 숫자는 1,2000여 개로 추정되고 그들의 자본규모 역시 2,2조 달러 수준으로 추정되고 있는데 그 숫자와 규모가 급격히 증가하고 있어 그 위력이 더욱 커질 것으로 예견되고 있다.

역을 세세히 공개토록 정보공시요건을 강화해야 하며 일반금융기관의 투기자본 참여에 대해서도 강력한 규제가 필요하다는 입장이었다. 아울러 이미 은행금융기관에 대하여 적용하고 있는 BIS규제방식을 원용하여 기관투자가들에게도 자산운영의 위험성에 맞추어 자본금이나 준비금을 적립하도록 규제해야 한다고 촉구하기도 하였다.

2.3 IMF비판론

IMF비판론은 현행 국제금융질서의 정점에 위치하고 있는 IMF가 금융위기의 예방자로서 또는 위기관리자로서 제대로의 역할을 수행할만한 능력도 없고 최대 주주인 미국과 서방의 이해관계에 편향되어 국제경제기구로서의 면모를 상실했다고 주장하면서, 동아시아 금융위기를 사전에 예방하지 못한 책임뿐만 아니라 잘못된 위기수습책으로 위기를 더욱 증폭시킨 결과를 초래하였다고 비판하면서 IMF체제의 개편이나 폐지 등의 대안을 제시하였다.

〈표 8-6〉 동아시아 금융위기에 대한 IMF비판론

	원 인 진 단	해 법 대 안
1) 잘못된 위기 수습방식	• 중남미식 긴축정책 일률적 처방 총체적 구조조정 금융조건화 • IMF재원능력의 한계 • 서방 채권은행에 편향적 태도	① 최종대부자 기능강화 (재원확충, 세계중앙은행창설) ② IMF기능 분권화 (AMF의 창설) ③ 국제파산절차 확립 (국제파산법원 설립, 채무조정제 등) ④ 부채탕감론 (채권자에게도 응분의 책임)
2) 사전적 예방 능력 부재	• 조기 경보능력의 부재 • 환율조정능력의 부재	⑤ 위기의 사전예방 능력 제고 • IMF에 국가신용평가 기능 부여 • 목표환율대, 세계단일통화 구현
3) IMF역할과 기능 문제	• 변동환율제 하의 IMF역할문제 • 미국주도의 의사결정패턴문제	⑥ IMF 기능과 역할 개편론 • IMF폐지론, IMF · BIS · 세계은행통합안 (영국) • IMF 잠정위원회 권한 강화안 (프랑스)

(1) IMF비판론의 원인 진단

IMF비판론자들은, 현행 국제금융체제의 중추기관인 IMF가 위기의 사전적 예방에 있어서 제대로의 기능과 역할을 행하지 못하였을 뿐만 아니라 무엇보다도 IMF가 중심이 되어 동아시아에 적용한 위기수습방식이 잘못되어 금융위기의 폐해를 더욱 증폭시킨 책임이 매우 크다고 비판하였다. 따라서 IMF비판론의 주요 내용은 크게 IMF의 잘못된 위기수습방식과 사전예방능력의 부재라고 요약할 수 있다.

Ⅱ 첫째로 이들은 IMF의 「잘못된 위기수습방식」이 위기를 더욱 증폭시켰다고 비판하였다. 동아시아 외환위기에 대한 IMF의 처방은 크게 ① 외환안정과 국제수지개선을 위한 긴축적 재정 · 금융정책, ② 외환위기의 근본원인을 금융 및 산업부실에서 찾는 구조조정정책, ③ 외환 및 자본시장에 대한 자유화정책으로 요약할 수 있다. IMF비판론자들은 이러한 3개의 정책방향이 모두 위기당사국의 경제상황과 적합하지 않거나 무리하게 강요함으로써 위기를 더욱 증폭시켰다고 비판하였다.

긴축적 재정·금융정책 강요 당시의 금융위기를 해결하기 위해서는 외환시장을 안정시키고 국제수지를 개선하는 것이 필수적인 요건이었음에 이론이 있을 수 없지만 이를 위하여 과거 중남미국가들에게 적용된 고강도 긴축적 수요관리정책을 채택하도록 강요한 IMF의 권고에는 문제가 있었다는 비판이다.

비판론자들은, 어느 모로 보나 아시아국가들의 경제여건이 중남미국가들과 극히 상이하였고 또한 금융위기의 발생원인 역시 과거 중남미국가들의 경우 거시경제의 불균형에서 비롯된 반면 동아시아국가들의 경우 이와는 달리 채무국의 구조적 취약점 또는 투자자들의 군집적 행동(herding behavior) 등과 같은 미시적 측면에서 기인하였음에도 불구하고, IMF의 위기극복방안은 기존의 긴축적 재정·금융정책으로 일관함으로써 이것이 결국 총수요위축을 초래하여 금융위기를 더욱 증폭시켰다고 주장하였다. 비판론자들은 특히 IMF가 천편일률적으로 고금리정책을 적용한 점을 이해할 수 없다고 비판하였다. 이러한 정책은 해외자금의 유입을 촉진시키고 환율을 안정시키며 국제수지를 개선할 수 있다는 전제에서 이루어졌지만 당시의 경제상황에 비추어 효용성이 제한적이었다.

우선 당시 국내금리가 상당히 높은 수준에 있었음에도 불구하고 외자유입이 부진한 것은 원리금 회수에 대한 신용리스크가 크기 때문이었는데 이러한 상황에서 고금리정책이 외자유입을 촉진시키는 데에는 한계가 있었다. 또한 단기금리를 높게 유지하는 것은 정책의 부작용이 매우 클 수밖에 없었다. 아시아국가들의 경우 기업의 부채비율이 높아 고금리에 따른 이자부담이 대단히 클 수밖에 없었으며, 한편 물가는 비교적 안정되어 있어 고금리정책을 투약하면 즉각 실질금리가 높게 뛰면서 기업의 무더기 도산사태가 발생할 수 있다는 것이 명약관화 했음에도 불구하고 고금리정책을 고집했고, 그 결과 단기적으로 마감할 수 있는 외화의 유동성위기(liquidity crisis)를 총체적인 신용위기(solvency crisis)로 확대 재생산하였다는 것이다.

구조조정정책의 폐해 한편으로 IMF는 실제 자신이 제공할 수 있는 자금력이 보잘 것 없었음에도 불구하고 마치 최종대부자(lender of last resort)인양 협상의 주도권을 행사하면서 극히 이례적으로 금융·산업·노동·무역 등 모든 분야에서의 총체적인 구조조정을 금융지원의 조건으로 요구함으로써 사태해결을 지연시켰고, 자신의 돈으로 사태를 수습할 것도 아니면서 과도하게 개입하여 오히려 돈을 꾸어준 서방의 민간은행과 위기당사국의 민간은행이나 민간기업이 자율적으로 외채협상을 벌일 여지를 축소시키기도 했다. 특히 IMF는 위기당사국의 구조적 취약점을 지나치게 강조하면서 위기 초기단계에 금융감독기준을 대폭 강화하여 많은 금융회사들을 강제로 폐쇄함으로써 불필요한 금융시장 공황사태를 초래하였고,[26] 위기상황에서 구조조정을 동시에 진행함으로써 그렇지 않아도 어려운 경제를 빈사상태로 끌고 갈 가능성을 간과하였다.

전술한 대로 당시 하버드대학의 제프리 삭스(Jeffery Sachs)는, 동아시아 금융위기의 원인을 정실자본주의와 같은 동아시아 모델의 한계와 도덕적 해이 등 위기당사국의 내부적 결함에서 찾은 것과

---

26 이러한 상황에 대하여 비판자들은, 마치 극장에서 불이 나기 시작하였을 때 물을 끼얹기보다 "불이야!"하고 소리치는 것과 같은 역할을 IMF가 행함으로써 시장불안을 증폭시켰을 뿐 시장의 신뢰를 회복하는 데 도움이 못하였다고 신랄하게 비판하기도 하였다.

는 달리, 그동안 아시아지역에 과도하게 투자되었던 외국자본이 공황(panic)에 빠져 일시에 회수되는 과정에서 금융위기가 발생하였던 만큼 대외신인도문제를 급속히 회복하는 것이 위기해결의 핵심이며 급속한 구조개혁은 오히려 상황을 더 악화시킬 것이라고 주장하면서 IMF위기수습방식을 비판하였다.[27] 펠드스타인(M. Feldstein, 1998) 역시 당시 외환위기의 성격이 영구적 지급불능이 아닌 일시적인 유동성부족이었음에도 불구하고 강력한 구조조정을 요구하여 한국경제의 구조적·제도적 문제점을 강조함으로써 국제자본시장에서 부정적인 인식을 심어주게 되었다고 비판하였다.

또한 돈을 빌려 쓴 쪽은 위기당사국의 민간기업이나 민간은행인데도 위기당사국의 정부가 외채상환을 보증하거나 혹은 직접적 구제금융을 끌어들여 상환기한이 도래한 원금을 모두 변제하도록 했고, 더구나 국가위험도가 높아졌다는 이유로 혹독한 가산금리를 적용함으로써 위기당사국은 이중의 부담을 안게 되었다. 반면 서방의 채권은행에게는 원금도 건지고 높은 금리수입도 얻을 수 있도록 배려하는 등 편파적인 처사를 행하였다. 원칙적으로 민간 대 민간의 금융거래에서 사고가 날 경우, 이는 어디까지나 쌍방과실로서 채권자에게도 신용위험을 적절히 관리하지 못한 책임을 지도록 처리해야 함에도 불구하고 IMF는 전적으로 위기 당사국에게만 일방적 책임을 요구하였다.

자유화정책의 폐해 외환위기 이후 IMF는 환율자유화·자본자유화·무역자유화 등 대외경제의 전면적인 자유화정책을 요구하였다. IMF는 한국의 위기수습과정에서 일일 환율변동폭 제한을 철폐하고 변동환율제도를 채택할 것을 요구하였고 자본시장도 완전 개방하도록 요구하였다. 당시 한국정부는 사전에 준비된 외환 및 자본자유화정책에 따라 단계적으로 변동환율제도로 이행할 것을 계획하고 있었지만 IMF의 요구에 따라 1997년 12월 완전변동환율제도로 조기 이행하였고 자본시장 역시 1998년 말까지 완전 개방할 것을 약속하였다.

이러한 자유화는 위기당사국경제가 장기적으로 추진해야 할 방향이었고 또한 나름대로 이러한 과정을 진행하고 있었던 정책이었음에도 불구하고 이에 대한 대비가 제대로 이루어지지 않은 상태에서 자유화가 IMF의 강요에 따라 지나치게 급격히 그리고 수동적으로 이루어짐으로써 이후 많은 부작용을 경험하게 되었다. 환율변동에 따른 환위험을 피할 수 있는 헤지수단 등 제도적 여건이 마련되지 못한 상태에서 환율변동이 전격적으로 이루어짐으로써 환위험에 그대로 노출되거나 환투기에 따른 충격을 피할 수 없는 상황을 만들었다.

② 두 번째로는 IMF의 「사전적 예방능력 부재」가 위기의 주요한 원인이었다는 비판의 목소리가 높았다. 일례로 위기발생 두 달 전에 IMF가 제출한 연차보고서에서는 한국의 거시경제 관리능력을 높게 평가하는 등, IMF에게 조기경보능력이 없음을 그대로 노출했다. 또한 IMF와 긴밀한 협조관계에 있는 무디스(Moody's)나 스탠다드 앤드 푸어스(Standard & Poors)와 같은 국제신용평가기관들도 위기사태에 임박해서야 국가위험을 하향조정함으로서 사태가 파국으로 돌입하는 것을 예방하지 못했다. 뿐만 아니라 각국의 위기사태가 달러·마르크·엔화 등 주요 통화 간의 급격한 환율변동으로 인해 초래된 측면을 배제할 수 없음에도 IMF는 환율조정의 문제에 전적으로 손을 놓고 있고

---

27 Jeffery Sachs (Feb. 3, 1988) 및 (Sept. 11 1998).

오히려 G7재무장관회의가 주요국 간의 환율조정역을 담당하고 있는 만큼 IMF는 존재하지 않는 것과 다름없는 상황이었다.

(2) IMF비판론의 해법 대안

1 IMF비판론자들은, 동아시아 금융위기 이후 IMF가 취한 사후대응방식은 이처럼 명백한 잘못이므로 추후 이러한 실책의 재발을 막아야 한다는 취지에서 다양한 해법대안들을 제시하였고 다른 한편으로는 IMF의 위기에 대한 사전예방능력을 증대시키기 위한 방안도 여러 각도에서 제시하였다.

최종대부자기능 강화 한 나라에서 금융사고가 발생하면 중앙은행이 강력한 자금력을 근거로 사태를 수습하듯이 국제적으로도 이에 준하는 기능이 보강되도록 최종대부자기능이 강화되어야 한다는 주장이 이루어졌다. 이렇게 각국의 외화부족사태를 조기에 진화하려면 국제적으로 충분한 자금의 풀(pool)을 조성해야 한다는 취지에서 IMF의 재원을 획기적으로 확충하거나 세계중앙은행을 설립할 것을 제안하기도 하였다.

기능의 지역분권화 IMF가 전 세계의 위기를 전방위로 관리하는데 문제가 있으므로 IMF의 기능을 지역분권화해야 한다는 주장이 제기되었다. IMF가 지금과 같이 제한된 조직과 인력을 가지고 전 세계의 경찰관·소방관 역할을 맡는 것은 부적절하므로 각 경제권역별로 IMF의 기능을 나누어 맡을 수 있는 기관을 새로 창설하는 것이 바람직하다는 제안이다. 이러한 관점에서 아시아통화기금(AMF)의 설립이 제안되기도 하였다..

국제파산절차 확립 민간 대 민간 차원에서 발생한 금융사고에 대해서는 어디까지나 민간차원의 문제해결이 원칙이므로, 국제적으로 이것이 가능할 수 있도록 국제파산법원을 설치하거나 민간이 채권계약을 맺을 때 유사시를 대비해서 쌍방 간 채무조정원칙, 채권자 상호간의 의견조율방침을 보강토록 하는 것이 바람직하다는 제안이 이루어졌다.

부채 탕감 위기발생시 위기당사국에게만 일방책임을 지우는 것은 형평원리에 어긋나므로 부채탕감을 통해 채권자에게도 응분의 책임을 지워야만 추후 채권자 측의 도덕적 해이가 발생하는 사태를 예방할 수 있다는 제안이다. 사고가 터질 때마다 기존의 IMF지원체제에서는 위험스러운 해외자본의 대출행위에 대해서는 책임을 묻지 않고 오히려 IMF자금을 통하여 구제해줌으로써 채권자들이 피해를 입기는커녕 득을 보고 있는 사정으로 인해 채권자의 도덕적 해이가 초래될 수 있으니, 이들에 대한 부담지우기가 필요하다는 것이다.

위기의 사전예방능력 제고 위기의 사전예방능력을 제고시키기 위한 여러 가지 방안들도 제시되었다. 예컨대 IMF에게 국가신용평가기능을 맡겨야 한다거나, 환율안정을 목적으로 목표환율대(target zone)를 설정하거나 장기적으로는 세계단일통화를 구현해야 한다는 제안 등이 그것이다.

2 한편, 동아시아 금융위기 이후 이상과 같은 IMF체제의 개편이나 기능강화를 요구하는 비판론과 더불어 보다 근본적으로 IMF를 존속시킬 필요가 있는가 하는 「IMF무용론」 내지 「IMF폐지론」도 제기되었다. 전후 IMF가 발족할 당시에는 환율이 고정되어 있었고 국제적 자본이동은 제한되어 있었으므로 IMF는 비교적 수월하게 기능할 수 있었지만, 그동안 고정환율제가 변동환율제로 이행

되었고 자본이동의 자유가 폭넓게 확대되었으므로 이제는 IMF의 존재의의를 심각하게 논의해야 하고 세계경제여건의 변화에 맞추어 IMF를 개혁하여야 한다는 것이다.

이러한 개혁론에 있어서도 현행 IMF의 기능과 골격은 유지하되 새로운 경제여건을 반영하는 부분적 개편을 주장하는 온건론과 IMF는 더 이상 본연의 기능을 수행하지 못하므로 아예 폐쇄하거나 근본적으로 개편하여야 한다는 강경론 등 다양한 논의가 있었다.

(1) 동아시아 위기 이후 하버드대학의 제프리 삭스(Jeffrey Sachs), 케임브리지대학의 존 이트웰(John Eatwell), 미국 존스홉킨스대학의 스티브 행크(Steve Hanke) 등 학계 저명인사들은 IMF가 동아시아 금융위기를 효율적으로 예방하지도 못하고 합리적으로 수습하지도 못하였다고 비판하면서 IMF의 근본적인 개혁을 요구하였다.

(2) 많은 사람들과 정부들이 IMF의 개혁론을 제기하였는데 이러한 가운데 일부에서는 IMF무용론이 제기되기도 하였고 IMF출자금 증액을 반대할 뿐만 아니라 IMF폐지론을 주장하기도 하였다. 예를 들면, 영국 측에서는 IMF와 세계은행 그리고 BIS를 하나로 묶어 통합해야한다는 제안을 내놓았고 미국 의회 역시 IMF를 포함한 국제금융기구들의 근본적인 개혁을 요구하는 보고서를 채택하기도 하였다.

(3) 이러한 비판과 더불어 IMF의 의사결정이 극히 편파적이고 밀실에서 이루어지고 있으므로 현행 미국 주도의 의사결정패턴을 견제하기 위해서라도 IMF의 지배구조개선이나 운영방식의 전환이 있어야 한다는 주장도 제기되었다. 이에 따라 IMF회원국의 경제력을 반영하는 합리적인 쿼터배분 및 개도국의 대표권(voice)확대 등 지배구조와 관련되는 개편안이 제기되었고, 프랑스는 IMF잠정위원회(interim committee)에 보다 강력한 의사결정권한을 부여해야 한다고 제안하기도 하였다.

〈부록 8-1〉 동아시아 금융위기에 대한 해법 대안(보충과 논평)

앞서 살펴보았듯이 신지유주의에 비판적 입장에 서 있는 사람들은 위기발생의 원인으로서 내부결함론보다는 외부조건론을 지지하고 있다. 따라서 문제해결의 방향으로서 시장기능강화론보다는 시장개입중시론을 중요시한다. 그렇다고 이들이 모두 하나의 일관된 입장을 표명하고 있는 것은 아니고 그들 내부에 뚜렷한 구심점을 가지고 있는 것도 아니어서 세계금융질서 개편에 대해서도 대안에 대한 명확한 컨센서스를 이루지 못하고 있다.

그러나 이들의 주장이 주류적인 신자유주의에 대한 이념적 대립으로서 그들의 주장에 대한 대안으로서의 성격을 가지는 점을 부정할 수 없다. 이하에서는 이들이 제시하는 해법대안, 즉 앞에서 소개한 바 있는 ① 투기자본의 원천규제방안, ② 토빈세 과세방안, ③ 목표환율대 설정안, ④ 국가별 세이프가드방안, ⑤ AMF창설방안, ⑥ 채무탕감방안과 여기에 첨가하여 ⑦ 국제파산절차 확립방안에 대하여 논의한다. 각각의 해법 대안들이 주장하는 바가 무엇이고 실제로 그것을 실현시키는 데에는 어떤 현실적 난관이 존재하는지를 보다 상세히 살펴본다. 이러한 해법 대안들 중 ①~④는 사전 예방적 차원의 과제들이고 ⑤~⑦은 사후 관리적 차원의 과제들이다.

1. 사전 예방적 차원의 과제

(1) 투기자본의 원천규제 문제

오늘날 선진국들은 예외 없이 실물경제에 비해 훨씬 그 규모가 비대화된 금융경제를 가지고 있다. 이를 두고 금융경제가 폭과 넓이와 깊이를 갖추게 되었다고 갈채를 보내는 사람들도 있지만 관점을 달리해서 보면 사람들은 이는 선진국 경제의 투기화·카지노화를 의미한다고 해석한다.

선진국을 중심으로 금융자본이 대거 축적된 데에는 몇 가지 중요한 이유가 있다. 1970년대 이후 빈익빈 부익부 현상이 심화됨에 따라 산업자본이 금융자본으로 전환되기 시작했고, 베이비붐 세대가 노령화를 본격 대비하면서 뮤추얼 펀드를 위시한 기관투자가 더욱 성행했다. 또한 미국 밖에서 달러화를 유통시키는 유로달러시장의 발전은 금융자본의 글로벌한 축적현상을 강화했다.

그간 선진국을 중심으로 축적되기 시작한 금융자본은 자본자유화의 물결 속에서 국경을 자유롭게 넘나드는 초국적 양태를 보이기 시작했는데, 특히 주목해야 하는 현상은 해외직접투자(FDI)에 비해 국제간접투자 또는 국제증권투자가 빠르게 증대하고 있다는 점이었다. 이 같은 현상이 발생한 데에는 다음과 같은 몇 가지 구조적인 요인이 작용했다.

(1) 금융시장이 글로벌하게 통합되면서 자본은 돈 되는 곳이라면 어디라도 자유롭게 넘나들 수 있게 되었다. 특히 1980년대 말부터 미국이 주도한 우루과이라운드(UR)로 인해 개도국은 무차별적으로 자본자유화를 강행했고, 이로써 금융시장의 글로벌통합은 더욱 빠르게 진척되었다.

(2) 금융의 증권화(securitization)와 저축의 기관화(institutionalization) 추세도 한몫을 했다. 은행중심의 간접금융에 비해 증권시장 중심의 직접금융이 빠른 속도로 발전하기 시작했고, 개인자금이 뮤추얼펀드·연기금·헤지펀드 등에 몰리면서 기관투자자들이 증권시장의 중심을 이루게 되었다. 기관투자자들은 규모의 경제가 뒷받침되고 투자기법이나 리스크관리의 노하우를 빠르게 축적할 수 있어 국제증권투자를 마다하지 않게 되었다.

(3) 정보기술의 발전이 중요한 인프라를 제공했다. 컴퓨터와 통신기술의 발전은 이른바 전자화폐의 시대를 개막했으며, 자본은 이제 빛의 속도로 투자대상을 좇아 숨 가쁘게 지구를 회전할 수 있게 되었다.

(4) 또 하나 간과할 수 없는 요인이 있다. 초국적 증권투자가 성행함에 따라 상대적인 박탈감을 갖게 된 은행들은 그간의 보수적인 운영패턴을 벗어던지고 고위험·고수익의 대출행각을 벌이기 시작했다. 1980년대를 전후해서 선진국들이 활발하게 추진한 금융규제완화(financial deregulation)는 장기의 안정적인 예금수입원을 갖고 있던 은행들의 입지를 크게 축소했다. 이로 인해 저리의 안정자금이 빠르게 이탈하면서 수익성을 압박받게 된 은행들은 상대적으로 고위험·고수익의 성격을 지닌 대개도국 단기대출을 급격히 증대시키게 되었다. 1997년 동아시아 위기사태를 통해 개도국들이 서방은행에 크게 의존하고 있음이 여실히 판명되었다. 당시, 위기당사국들은 서방은행들이 롤오버(roll-over)를 거부함으로써 막판 궁지에 몰렸으며, 더욱이 장외 파생금융상품을 이용한 위장대출로 인해 많은 피해를 입기도 했다.

(5) 선진국 경제의 카지노화와 관련하여 빠뜨릴 수 없는 또 다른 점은 파생금융상품의 급속한 팽창이다. 현재 파생금융상품의 규모는 본원적 금융상품의 규모를 크게 상회하고 있으며, 이를 이용한 다양한 복합상품이 수없이 개발되고 있어 향후 파생금융상품이 어떠한 파장을 가져올 것인지를 그 누구도 예측할 수 없는 실정이다. 규제의 빈 공간(loop hole)을 교묘하게 빠져나가는 파생금융상품의 특성으로 인해 국제금융 불안이 더욱 심화될 수 있다는 관측이 유력하다.

이상과 같은 논의에 비추어 거대한 투기자본을 원천적으로 생성하고 이를 초국적으로 산포시키고 있는 선진국경제에 대해 어떠한 형태건 원천적인 통제가 필요하다는 의견이 대두되고 있다. 다만 워낙 신자유주의 진영의 입김이 강해 큰 반향을 얻지 못하고 있을 뿐이다. 따라서 신자유주의에 대한 비판진영은 보다 실증적인 연구를 통해 선진국경제에 내재되어 있는 모순을 체계적으로 규명하고 이를 근거로 선진국의 투기자본에 대한 원천규제를 채택할 수 있도록 촉구해야 한다.

스테파니 그리피스-존스(Stephany Griffith-Jones)는 선진국 투기자본에 대한 원천적 규제방안으로서 ① 뮤추얼 펀드·연기금·헤지펀드 등 기관투자자들이 어떤 투자행태를 보이고 있는가를 파악할 수 있도록 투자내역을 상세히 공표하도록 할 것, ② LTCM사태에서도 밝혀졌듯이 중앙은행·국제기구·유력은행들도 투기자본에 가담하고 있으므로 이것이 불가능하도록 강력히 통제할 것, ③ 각종 기관투자자들이 과감한 투기행위를 하지 못하도록 그들에게도 은행에 준하는 유동성규제를 채택할 것, ④ 필요하다면 기관투자자에 대해서도 BIS 자본규제와 같은 방식으로 자산 운영의 위험도에 따라 자본금 혹은 준비금을 적립토록 할 것 등 4가지를 제안하였다.

모두 나름대로 타당성이 잇는 제안들이지만 현행 세계금융시스템 개편논쟁은 어디까지나 선진국들이 주도하고 있기 때문에 이러한 원천규제에 대한 논의 역시 별다른 진전을 보이지 못하였고 논의의 구체성도 크게 미흡하였다.

(2) 토빈세 부과문제

노벨경제학상 수상자인 제임스 토빈교수는 1978년의 논문에서 외환시장에 우수한 두뇌들이 모여들어 인류에 공헌하기보다는 마치 카지노판과도 같은 투기를 일삼고 있다고 경고하면서, 낮은 세율일지라도 외환거래세를 국제적으로 창설해야 한다고 역설했다. 이러한 그의 주장은 1980년대에는 큰 관심을 받지 못한 채 상당 수준 잊혀져 왔지만, 1990년대에 들어와 유럽 각국과 멕시코에서 주목받기 시작하였고 특히 동아시아에서 외환위기 이후 큰 관심을 받기 시작했다.

"국제금융의 광폭한 운행을 막기 위해서는 외환시장에 약간의 모래를 뿌려야 한다"는 토빈교수의 말에서도 알 수 있듯이 교수는 외환시장의 중개기능은 그대로 살리되, 단지 지나치게 투기적인 외환거래의 폭증현상은 제어해야 한다고 주장했다. 외환시장의 투기성을 금융불안의 핵심 요인으로 지목한 그의 통찰과 선견은 국제적으로 큰 반향을 일으켰다. 특히 프랑스가 주도하고 있는 '금융거래과세연합'(ATTAC)은 각국의 시민단체·사회단체·노조·언론 등과 연대하면서 세를 확대시키고 있다. 동 연합은 당초 프랑스의 유력 주간지인 르몽드의 사장(Ignacio Ramonet)이 주창하여 1998년 6월 3일 파리에서 발족했으며, 동년 12월에는 파리에서 10개국 대표가 모여 국제워크숍을 개최하기도 했다. 동 연합은 당시 OECD가 강행하던 다자간투자협정(MAI)의 체결을 저지시키는 데 크게 공헌하기도 했다.

이어서 동 연합은 1999년 1월 파리에서 국제회의를 열어 토빈세에 대한 국제적인 공감대를 확산했으며 토빈세제정을 위한 세계대회를 개최하기도 하였으며, 1999년 1월말 스위스 다보스에서 신자유주의 진영의 연례행사인 세계화포럼이 개최된 때에 맞추어 스위스 취리히에서 '카운터 다보스 회의'를 열어 대안세력으로서의 입장을 명확히 하기도 하였다. 이처럼 토빈세는 신자유주의 비판그룹의 구체적인 행동대안으로 주목받게 되었다. 이에 따라 이에 대한 학술적 논의도 활발한 이루어졌고 이러한 과정에서 다음과 같은 토빈세의 기대효과가 주장되기도 하였다.

(1) 1~0.25% 정도의 낮은 세율의 토빈세를 부과하더라도 높은 투기억제효과를 거둘 수 있다. 전 세계 외환거래 중 거의 80% 이상이 일주일 이내에 만기가 도래 하는 단기거래이므로 명목세율이 낮더라도 단기거래에 대한 실효세율이 상당히 높아 단기 외환거래를 억제하는 데 큰 효과를 거둘 수 있다. 이러한 사실은 대단히 중요한 의미를 가질 수 있다 개도국의 경제발전에 꼭 필요한 장기자본의 이동을 해치지 않으면서도 투기성이 높은 단기자본의 이동만을 억제할 수 있기 때문이다.

(2) 토빈세부과를 통해 상당 규모의 세수확보가 가능하므로 이를 재원으로 유익한 사업을 벌일 수 있다. 물론 과세로 인해 외환거래 규모가 일정부분 축소되기는 하겠지만, 전문가들은 세율이 0.1% 정도로

낮은 수준이라면 최소 40%의 외환거래는 그대로 유지될 것이라고 관측하였다. 이러한 전제에 따르면, 아시아 외환위기 당시 전 세계 연간 외환거래액이 약 300조 달러였으므로 과세조치를 한다 해도 연간 120조 달러의 거래규모는 유지될 것이고, 여기에 0.1%의 세율을 곱하면 연간 세수액이 1,200억 달러에 달한다는 계산이 나온다. 이렇게 얻게 된 1,200억 달러의 자금은 과세 당사국들의 합의 여하에 따라서는 극빈국의 경제발전 지원이나 부채탕감에 사용될 수도 있고, 특별기금을 조성하여 각국의 외환위기 수습에 투입할 수도 있을 것이다.

이처럼 토빈세에는 상당한 기대효과를 가진다고 할 수 있다. 그러나 신자유주의 그룹들은 다음과 같은 여러 가지 기술적인 장애요인을 들어 토빈세 창설을 반대하였고, 이에 대하여 토빈세부과를 주장하는 사람들은 이처럼 다양한 형태의 기술적인 장애 요인이 존재하지만 이를 이유로 토빈세를 거부하기에는 그 근거가 충분치 못하다고 비판하였다.

(1) 세금부과로 인해 외환거래량이 축소됨으로써 외환시장의 유동성이 말라붙고 나아가서는 외환시장의 안정적인 작동이 훼손될 수 있다. 이에 대하여 토빈세부과를 주장하는 사람들은 외환거래의 규모가 워낙 막대하므로 세율을 최소한으로 낮출 경우 여전히 큰 규모의 거래량이 유지될 수 있어서 이는 결정적인 제약요인일 수 없다고 비판하였다.

(2) 낮은 세율의 적용으로는 대형투기사태를 막을 수 없다는 주장이다. 예를 들어 투기꾼들이 1개월 내에 환율이 최소 10% 정도 절하될 것으로 기대하면서 투기게임을 벌인다면 이들이 기대하는 연간 투자수익률은 무려 120%(10% × 12개월)에 달하므로 이에 상응하는 세금이 부과되지 않으면 소기의 성과를 거둘 수 없다는 것이다. 앞서 설명했듯이 0.1%의 토빈세로는 연간 유효세율이 2.4%에 불과하므로 기대수익률이 높은 투기를 억제하기 어렵다는 이러한 주장에는 일견 타당성이 있다.

(3) 전 세계 모든 나라들이 동시에 토빈세를 채택하지 않으면 소기의 성과를 거둘 수 없다. 사실 몇몇 나라들이 세금을 부과하지 않을 경우 투기자본들은 이런 나라들을 통해 자신들이 원하는 외환거래를 실시하려 할 것이다. 현실적으로 전 세계 국가들이 일률적으로 완벽하게 공조를 거둘 것으로 기대하기 어렵기 때문에 이는 중대한 문제점이 아닐 수 없다. 그러나 토빈세부과를 주장하는 사람들은, 몇몇 나라들이 조세회피처(tax haven)임을 선언한다고 해도 막대한 인프라투자가 선행되지 않는 한 국제적인 외환센터로 쉽게 자리 잡을 수는 없기 때문 일단 세계의 주요국만이라도 토빈세를 채택한다면 설사 예외가 있다고 해도 결정적인 제약요인이 아닐 수 있다고 비판하였다

(4) 외환거래에는 현물환거래 뿐만 아니라 선물환을 위시한 다양한 형태의 파생상품거래가 존재하므로 과세가 불가능하거나 불합리할 수 있다. 예를 들어 통화 옵션(currency option)과 같은 파생상품은 소지자가 추후 옵션행사를 포기할 수도 있으므로 포기한 옵션에 대해서 과세를 하는 것은 합당치 않다. 또한 정규거래소 밖에서 임의로 만들어진 OTC옵션은 일일이 거래의 성사를 추적하기 어렵다는 문제를 야기할 수 있다.

이처럼 '돌아가는 바퀴(거래)에 모래(세금)을 뿌린다'라고 비유하며 1970년 대 말에 제기된 토빈세는 뒤에서 살펴보는 글로벌 금융위기가 발생한 이후에는 G20차원에서도 주장되는 등 끊임없는 관심과 지지를 받아오고 있지만 실제로 도입된 사례는 1980년대 스웨덴과 2000년대 브라질 등 그다지 많지 않다. 한 나라에서만 이를 도입할 경우 기업이 세금을 회피하기 위하여 다른 나라로 옮기거나 그 나라에서 거래를 줄이는 부작용이 발생하기 때문이다. 그래서 전 세계 주요국이 동시에 금융거래세를 도입하자는 제안이 나오고 있고 이러한 제안은 글로벌 금융위기 이후 G20차원에서 논의됨으로써 더 힘이 실리기도 하였다.

(3) 목표환율대 설정 문제

1970년대 초 고정환율제가 붕괴되고 변동환율제로 이행할 당시, 경제학자들은 환율이 시장에서 자유롭게 결정되면 환율은 각국 통화의 구매력이나 경상수지 상황과 같은 펀드멘털을 체계적으로 반영하면서 극히 안정적인 움직임을 보일 것이라고 전망했다. 그러나 현실은 전혀 그렇지 못하였다. 적어도 단기적인 환율변동이 경제의 펀더멘털과 전혀 무관한 경우가 오히려 정상적이었고 또한 단기적으로 환율 변동이 급격해지면서 도처에서 이로 인한 외환위기가 발생하였다.

1997년에 발생한 동아시아의 외환위기의 경우도 그 원인을 거슬러 올라가면 1990년대 중반 일본의 엔화 절하가 빌미를 제공했음을 부정할 수 없다. 버블이 붕괴하면서 1991년 이후 장기 불황에 빠져 있던 일본은 수출을 통해 경기를 회복시키고자 1990년대 중반 이후 외환시장개입을 통해 엔화절하를 유도했다. 이로 인해 일본시장에서 가격경쟁력을 상실하게 된 중국은 위안화절하를 단행했고, 이로 인해 중국제품과 전 산업분야에서 가격경쟁을 벌여야 했던 동아시아 각국의 경상수지가 크게 악화되었다. 당시 한국·태국·인도네시아 등은 1990년대 초에 실시한 자본자유화 조치로 외국자본이 빠르게 유입되면서 자국 통화가치가 상당 수준 고평가되어 있는 가운데 중국의 위안화 절하라는 돌발변수에 직면하게 되자 이들의 수출전선에는 초비상이 걸리지 않을 수 없었다. 이처럼 한 나라의 환율변화는 다른 나라들에게 심대한 영향을 미칠 수 있고 때로는 이것이 외환위기를 일으키는 요인이 되기도 한다.

이처럼 자본이 자유롭게 이동하기 시작한 오늘날의 금융환경에서는 한 나라의 경제정책이 곧바로 타국에 영향을 입히게 마련이고 또한 자본의 급격한 이동이 환율을 과격하게 변동시키면서 위기를 초래할 수 있다. 경제학자들이 이상향으로 꿈꾸어 왔던 변동환율의 세계는 기대했던 환율의 안정을 가져다주기는커녕 오히려 환율의 불안만을 심화시킨 것이다. 이러한 배경에서 1980년대 말부터 꾸준히 관심을 끌고 있는 것이 목표환율대안이었다. 이것은 달러화와 엔화 그리고 새로이 출범한 유럽의 유로화 간에 목표환율대를 설정하여 환율변동을 제한된 범위 내에서 안정시키자는 방안이었다. 특히 이 방안이 많은 관심을 끌게 된 것은 유로화가 출범하면서 달러화를 상대로 국제기축통화의 자리를 놓고 치열한 경쟁이 벌어질 경우 환율불안이 더욱 심화될 수 있기 때문이었다.

그러나 시장주의자들은, 지난 1980년대부터 유럽이 운영한 환율조정메커니즘(ERM)이 유럽 통화들 간에 목표환율대를 설정해온 것이라고 볼 수 있는데, 1992년과 1993년의 유럽 각국에서 발발한 외환위기가 입증하듯이 이것이 그다지 성공적이었다고 볼 수 없다는 이유로 목표환율대안을 지지하지 않았다. 목표환율대가 작동하기 위해서는 각국이 환율안정을 최우선의 경제정책목표를 삼아야 하는데 경기불황이나 고실업으로 인해 각국의 경제사정이 어렵게 되면 환율안정을 최우선으로 한다는 합의는 쉽게 깨지고 만다는 것이다. 실제로 목표환율대에서 환율의 변동폭을 너무 좁게 설정하면 국가 간의 합의가 쉽게 깨어질 수밖에 없어 적절한 변동수준을 합의하는 것이 대단히 어려운 기술적 사안이 아닐 수 없고 그렇다고 환율변동범위를 너무 넓게 설정하면 유명무실한 제도가 될 것이다. 이처럼 목표환율대를 설정하고 이를 성공적으로 운영하는 것은 결코 쉽지 않은 과업임에 틀림없다.

(4) 국가별 세이프가드 문제

시장원리를 신봉하고 있는 신자유주의그룹은 '자유로운 자본이동'과 '자유로운 환율변동'을 국제금융질서의 기본요소로 간주한다. 2차 세계대전 이후 브레튼우즈체제가 출범하고부터 1970년대 초까지는 국제적인 자본이동은 상당 수준 제한되어 있었고 환율변동도 자유롭지 못했다. IMF는 경상적 외환거래에 대해서는 자유화를 추진했지만 자본적인 외환거래에 대해서는 각국의 자율에 맡겼으므로 국경을 넘는 자본이동은 극히 제한적이게 되었다. 또한 달러의 가치는 금에 고정되었고 여타 통화들의 가치 역시 달러에 고정되었으므로 고정환율제가 기본 메커니즘이었다.

그러나 1970년대 초 달러의 거듭된 불안을 계기로 고정 환율제는 변동환율제로 광범위하게 이행했고, 이와 더불어 외환 시장의 투기장화가 촉진되면서 자본 이동의 자유화 역시 크게 지척되었다. 신자유주의자들은, 시장의 자기조정기능이 극대화되는 이상적인 세계가 펼쳐질 것이라고 주장하면서 이를 환경하였다. 예컨대 한 나라가 무역수지 적자에 빠지면 이 나라에서는 외화공급에 비해 외화수요가 많아지므로 외국통화의 가치는 올라가고 자국통화의 가치는 내려갈 것이고 이러한 자국통화의 절하는 수출의 가격경쟁력을 높임으로써 무역수지의 균형을 회복시킬 것이라고 주장했다. 그러나 현실은 그렇지 못했다. 1980년대 이후 미국의 무역수지 적자가 누적적으로 증가한 반면 일본의 무역수지 흑자 역시 계속적으로 증대하였다.

자본이동의 광폭성으로 인해 각국은 경제정책의 주권이 제약되는 또 다른 문제를 발생시켰다. 예컨대 미국이 금리를 인하하면 투기꾼들은 상대적으로 금리가 높은 일본으로 자금을 이동하게 되어 달러의 절하·엔의 절상이 이루어지게 마련이다. 만일 이때 일본이 엔의 절상을 원치 않을 경우에는 미국이 금리를 인하한 만큼 자국의 금리를 인하하지 않으면 안 된다. 따라서 오늘날에는 각국의 동반 금리인상·동반 금리인하라는 현상이 자주 나타난다. 이는 외견상으로는 각국의 경제정책이 조화를 이루고 있는 것처럼 보이지만 사실은 경제정책의 주권상실을 의미할 수 있다. 미국은 세계 경제에서의 막강한 지위를 내세워 경제정책주권을 누리지만 타국은 미국의 정책에 종속되는 현상이 빚어지고 있는 것이다. 보다 구체적으로 말하면, 자본이 자유롭게 이동하고 환율이 자유롭게 변동하는 상황에서는 각국은 이자율정책의 자율권을 가질 수 없다. 환율과 이자율은 마치 동전의 양면과도 같이 단단한 고리로 엮여져 있기 때문에 각국이 환율을 안정시키려다보면 이자율정책의 자율성은 상실되고 말기 때문이다.

더욱이 아시아 외환금융위기의 경우 이 같은 환율과 이자율 간의 연결고리로 인해 더욱 큰 모순이 빚어졌다. 투기자본이 급격히 이탈하면서 아시아 각국의 통화가치가 폭락하자, IMF는 추가적인 외자이탈을 막고 외국투자자들의 신뢰를 회복하려면 고금리정책과 재정긴축정책이 불가피하다고 주장하며 이를 강력히 밀어붙였다. 그 결과로 수많은 금융기관과 기업이 도산하고 대규모 실업이 발생하면서 총체적 신용불황이 초래되었다. 케인즈적 발상에 따르면 위기의 조짐을 보이고 있는 경제는 오히려 저금리 확대금융정책을 통해 유동성을 긴급 수혈하고 재정투자확대 정책으로 유효수요를 창출하는 것이 정답이다. 그러나 IMF는, 확대정책을 실시할 경우 인플레 앙등으로 이어지면서 외자이탈이 가속될 수 있다고 이에 반대했다. 따라서 외자의 동요를 막으면서 경기를 부양하려면 위기당사국들은 자본의 자유로운 이동을 제한해야 하고, 그럼으로써 환율과 이자율 간의 연결고리를 한시적으로 끊을 수 있어야만 한다. IMF식으로 투자자 신뢰만을 내세워 총체적인 불황을 불사하기보다는 일시적으로 자본과 외환을 통제하면서 국내경기를 부양할 수 있는 운신의 폭을 확보하는 편이 보다 현명한 처사였을 것이다.

이와 같은 근거에서 IMF식 처방을 전면 거부한 나라가 바로 말레이시아였다. 말레이시아는 1998년 11월 경상외환거래를 제외한 모든 외환거래에 대해 통제조치를 실시하면서 고정환율제로 복귀했다. 이때 IMF와 미국은 마하티르정권을 크게 비판하고 나섰지만, 마하티르수상은 '국제적으로 투기자본을 규제할 조짐이 보이지 않으니 별 도리가 없다', '환율과 이자율 간의 연결고리를 단절시켜야만 말레이시아가 안전하게 경제회생 정책을 펼 수 있다', '다른 나라들은 IMF의 블랙리스트에 오를까봐 이러한 정책을 채택하지 못하지만 말레이시아는 설사 큰 곤경이 닥친다 해도 이를 강행하겠다'라고 선언했다. 말레이시아의 이러한 돌출행동에 대해 서방세계는 격한 목소리로 비난했고 시장만능주의적 입장에 있는 경제학자들도 시대역행적인 조치라며 심심한 우려를 표명했다. 그러나 이례적으로 일본은 말레이시아의 조치를 위기상황에서 선택가능한 대안의 하나라며 제한적인 지지를 보냈고, 미국의 비중 있는 소장 경제학자인 MIT의 폴 크루그만은 공개적으로 마하티르에게 서한을 보내어 성공을 기원했다.

사실 경제학계에서는 그동안 신자유주의의 부상으로 인해 자본 및 외환의 통제를 금기시하였지만 크루그만은 정통 케인지안의 입장에서 말레이시아의 조치를 용감하게 지지하고 나섰다. 그는 '아시아 각국의 위기사태가 20세기 최대의 공황으로까지 확대될 조짐이 보이고 있는데도, IMF가 투자자 신뢰회복을 명분으로 고금리처방을 강행하는 것은 명백한 오류이며, 이로 인해 아시아 각국의 경제정책은 투기자본의 볼모가 되고 말았다'고 비난했다. 크루그만은 더 나아가 '불황에는 금리인하와 재정지출확대가 정통해법이므로 자유로운 자본이동과 변동환율이 제약요인이라면 이들을 한시적으로 유보할 수 있어야 한다'고 주장했다.

이후 자본 및 외환 통제조치에 대한 국제적인 호응이 높아지기 시작했다. 동아시아위기가 러시아를 거쳐 중남미로 확산됨에 따라 IMF의 교조적인 처방에 대한 신뢰가 더욱 급속히 감퇴하였기 때문이기도 하다. 투기자본과 공방전을 치러야 했던 홍콩과 대만은 부분적인 자본규제책을 도입했고, 러시아는 모라토리엄을 선언하면서 전면적 자본통제체제로 복귀했다. 반면 우리나라의 경우 200조 원 이상의 예산을 투입하면서 IMF가 요구한 구조조정을 그대로 밀고 나갔고 많은 사람들의 오랜 희생 위에서 키워온 국민기업과 금융기관들을 엄청난 헐값으로 외국에 팔아넘겼다. 이른바 외국인투자자들의 신뢰회복이 중요하기 때문이라는 명분에서이다. 더욱이 1999년 4월 1일부로 광범위한 외환자유화조치를 단행했고 미국과 일본을 상대로 하는 투자자유협정을 추진하였다.

2. 사후 관리적 차원의 과세

(1) AMF의 창설 문제

동아시아 금융위기 이후 아시아지역에서도 IMF에 버금가는 아시아통화기금(AMF)을 창설해야 한다고 생각하는 사람들이 적지 않았다. 이러한 실체가 만들어지면 IMF에 대해 일종의 경쟁자 혹은 견제자가 되는 셈이므로 이를 통해 다소라도 IMF의 지나친 전횡을 막을 수 있지 않을까 하는 기대 때문이었다. 일반인들의 이러한 주장은 사실 경제적으로도 설득력이 있었다. 아시아는 전체적으로 저축률이 대단히 높고 막대한 외화채권을 보유하고 있어 일단 뭉치기만 하면 IMF와 서방에 의존하지 않고도 자체적으로 위기를 수습할 수 있는 능력을 가지고 있었기 때문이다.

따라서 AMF를 창설하고 세계은행이 그렇게 하듯이 지역채권을 발행하여 지역의 여유자금을 위기극복에 투입한다면 아시아 각국은 서방자본이 휘두르는 신뢰의 게임에서 벗어날 수 있고 자국의 고유한 사정에 맞추어 경제정책을 펼칠 수 있다. 특히 서방자본은 아시아투자를 내심 대단히 매력적이라고 생각하고 있으므로 아시아에 의한 자구책 마련은 서방자본에 대한 간접적인 영향력의 지렛대로서도 큰 의미를 가질 수도 있다. 다시 말해 AMF는 단지 IMF를 견제하는 수단에 그치지 않고 '서방자본 길들이기'의 수단이 될 수도 있다는 이야기였다.

AMF구상이 1차로 제기된 것은 태국이 외환위기에 빠져든 직후인 1997년 8월이었다. 마침 동경에서 일본과 ASEAN 간의 합동 대책 회의가 열렸을 때였다. 당시 일본은 ASEAN측에서 강력히 요청하고 있어 이를 검토하고 있다며 의혹의 눈길을 늦추려 했지만 서방측에서는 일본이 엔화의 세력권을 확대하려는 은밀한 전략을 추진하기 시작했다고 판단했다. 따라서 그들은 이러한 면 AMF가 성사되는 것을 경계하고 있었고 더 나아가 일본이 이를 계기로 아시아에서 강력한 금융리더십을 행사하게 될 것을 우려하는 시각도 없지 않았다.

당시 IMF의 수석 부총재인 스탠리 피셔는 "아시아 위기당사국들이 개혁을 기피하기 위한 통로로 AMF를 활용할 경우 도덕적 해이의 문제를 만연시킬 수 있다"면서 이를 거부했고, 미국의 재무부 부장관 로렌스 서머스는 "AMF는 자칫 1·2차 세계대전을 유발시킨 지역주의·보호주의의 악령을 재현시킬 수 있다"고 경고했다. 미국의 루빈 재무장관은 "어디까지나 IMF만이 세계금융의 유일한 최종 조정자이어야 한다"고 주장하며 AMF창설 기도에 쐐기를 박았다. 결국 서방의 거센 반발로 인해 일본은 1997년 11월 마닐라에서 개최된 14개국 재무장관 및 중앙은행총재 회의에서 AMF구상을 철회하기에 이르렀으며, IMF는 자신에 대한 비판을 무마할 목적으로 같은 해 12월 위기수습자금 확충계획을 서둘러 발표하기도 했다. 이것이 AMF가 당시 수면 밑으로 잠복하게 된 배경이다.

(2) 채무탕감 문제

1980년대 중남미의 외채위기는 10년을 끌었고 당시 부실채권문제로 골머리를 썩던 서방은 결국 1980년대 말 브래디(Brady) 플랜을 통해 일부분 부채탕감을 허용하지 않을 수 없었다. 동아시아 위기 이후 아시아 위기당사국들도 일부 부채를 탕감 받을 수 있을 것인가에 관심이 높았다. 이에 대해 서방측에서는, 아시아 위기당사국들은 중남미국가들에 비해 외화가득능력이 월등히 높고 또한 1980년대와는 달리 달러 금리가 안정되어 있으므로 논의할 가치도 없다고 일축하였다.

그러나 동아시아 금융위기가 발생한 원인이 단지 위기당사국들 자체의 내부결함 때문만이 아니라 선진국에서 생성 확대된 국제적 투기자본의 광폭성이라는 외부조건론의 입장에서 보면 이러한 위기의 원천을 만든 선진국의 책임론으로 연결될 수 있고, 또한 IMF가 서방 채권은행의 입장을 편파적으로 대변함으로써 위기사태를 증폭·심화시켰다는 IMF비판론의 입장도 부채탕감론의 중요한 근거가 될 수 있다.

이에 부채탕감을 주장하는 사람들은, 위기당사국들이 어떤 형태건 서방 선진국진영과 IMF에 적정한 책임분담을 요구하는 것은 대단히 합리적이고 공정한 접근일수 있다고 주장하면서, 먼저 선진국그룹이 책임을 분담해야 할 논리적 타당성을 다음과 같이 제시하기도 하였다.

(1) 세계에 출몰하고 있는 초국적 투기자본은 근본적으로 선진국에서 생성된 것이며, 이로 인해 위기가 빈발하고 있음에도 불구하고 선진국들은 이들 투기자본을 원천통제하기 위한 아무런 노력도 기울이지 않았다. 심지어는 선진국의 일류 상업은행, 중앙은행까지도 여유 자금을 헤지펀드에 운용하는 등 오히려 투기자본을 부추기고 있다.

(2) 아시아 위기당사국들의 내부 결함요인으로 지적되고 있는 것들은 그다지 새로울 것이 없는 익히 알려져 있던 문제점들이다 따라서 이러한 문제점을 잘 알고 있었음에도 서방자본이 아시아에 대거 유입되었다는 사실은 서방자본 스스로 위험관리를 충실히 하지 못했다는 한계를 노출하는 것이며, 이는 다시 말해 채권자의 직무유기 혹은 도덕적 해이의 문제일 수 있다.

(3) 선진국진영은 1980년대 말부터 우루과이라운드협상을 통해 개도국에게 금융자본 시장개방을 강력히 요구했고, 특히 한국의 경우에는 OECD가입의 전제조건으로 광범위한 시장개방을 사전 요건화 했다. 금융인프라가 잘 갖추어져 있지 않은 상황에서 무리하게 자본자유화를 추진할 경우 위기발생의 가능성이 크게 높아질 수 있다는 것이 역사의 교훈임에도 불구하고 이를 간과한 것은 명백히 서방진영의 과오라고 볼 수 있다.

(4) 1994년 멕시코에서 외환위기가 재발한 이후 국제파산절차를 만들어야 한다는 제안이 자주 거론되었는데, 선진국진영에서는 이를 단순한 논의 과제로만 취급했을 뿐, 실행가능한 부도절차를 마련하기 위해 노력했다는 흔적이 없다.

부채탕감을 주장하는 사람들은 또한 IMF책임론과 관련해서도 다음과 같은 몇 가지 근거를 제시하기도 하였다.

(1) IMF가 내부결함론에 일방적으로 경도되어 서방은행의 이익만을 편파적으로 비호했다. 서방은행들은 IMF의 중재로 원금을 전혀 잃지 않았고 오히려 국가위험이 높아졌다는 이유로 가산금리를 2·3배로 높여 받았는데, 이는 형평성에 크게 어긋날 뿐만 아니라 자칫 서방채권은행의 도덕적 해이를 초래할 수

있다. IMF가 이 같은 중재방식을 계속 고집할 경우 서방 채권은행은 오히려 각국의 위기사태를 즐기는 상황이 빚어지고 말 것이다.

(2) IMF는 아시아경제의 고유한 특성을 무시하고 천편일률적인 처방을 내렸으며, 그로 인해 초래된 불황은 IMF의 당초 예상을 크게 벗어나는 수준이었다. 일례로 IMF는 1998년 한국의 경제성장률을 +2%로 예상했으나 실제로는 -5%에 달하는 심각한 불황사태가 도래했으며 이로 인해 한국의 실업률이 9%에 임박하는 등 막대한 사회적 비용을 부담하였다. 따라서 어떤 형태건 IMF는 자신이 저지른 중대한 정책오류에 대해 책임을 져야 한다.

(3) IMF가 미국과 서방자본의 이익을 대변하는 첨병역할을 맡아 1990년대 초부터 개도국들에게 자본자유화를 강력히 요구해 왔으며, 1997년 위기발생 이후에는 IMF의 긴급대출조건을 이용해서 더욱 광폭하게 자본자유화를 요구하고 있다.

(4) IMF는 아시아 위기당사국들에게 유례없이 강력한 포괄적 구조조정을 요구하였다. IMF설립 정관에 비추어 포괄적 구조조정을 요구할 수 있는 근거조항을 찾아볼 수 없는데도 IMF는 월권행위를 자행하면서 심각한 주권침해를 초래한 책임을 면할 수 없다.

이처럼 부채탕감론자들은, 이상과 같은 근거로 선진국과 IMF에 대해 책임을 물을 수 있고 그러한 책임론의 연장선상에서 위기당사국들은 부채탕감을 요구할 수 있다고 주장하였다. 이러한 부채탕감론에 대하여, 선진국이나 IMF가 일정한 책임이 있다고 인정하더라도 책임을 지는 방식이 꼭 부채탕감이어야 하느냐 하는 논란이 제기되기도 하였다. 가톨릭교회가 주도하고 있던 국제적인 부채탕감운동, 이른바 '쥬빌리 2000운동'의 경우 주로 사하라 사막 이남의 아프리카 최빈국만을 수혜대상으로 하는 것으로서 경제적인 논리보다는 인도주의적 관점이나 자선과 시혜의 측면을 중시하고 있는데 이러한 부채탕감방식이 아시아 위기국의 경우로 연결되는 것은 자연스럽지 않을 수 있다는 것이다.

(3) 국제파산절차 문제

지금까지 살펴본 해법 대안들은 모두 시장개입적인 대안들이었다. 하지만, 국제파산절차는 이들과는 달리 시장기능강화적인 특성을 갖는다고 볼 수 있다. 국제파산절차 확립 방안은 당사자 간의 문제 해결을 원칙으로 하기 때문에 IMF나 미국이 과도하게 중간에 개입하는 사태를 방지할 수 있다는 측면에서 관심을 끈다. 국제파산절차확립에 대해 가장 열심인 곳은 유엔무역개발위원회였다. UNCTAD에는 과거 IMF에서 이코노미스트로 근무하다가 IMF의 파당적이고 독선적인 의사결정과 과도한 신자유주의적 경향에 반감을 갖고 자리를 옮긴 사람들이 상당수 진출해 있어, 반IMF적인 해법대안이 나올 수 있는 독특한 국제기구이기도 하였다.

UNCTAD가 제시한 국제파산절차안은 CHAPTER11 이라고 하는 미국의 파산절차를 모델로 삼았다. CHAPTER11의 파산절차는 크게 3단계로 이루어진다. 제1단계는 발의단계로서, 위급한 사태에 몰린 채무자가 법원에 신청을 내면 자동적으로 채무지불정지처분이 내려지고 채권자는 소송 등을 통해 채무자를 압박하는 개별행동을 취할 수 없게 된다. 제2단계는 긴급지원단계로서, 채무자의 구조조정에 필요한 지원금융을 조성하게 되는데 지원금융의 결정여부는 법원의 소관사항으로서 법원은 이를 위해 채권자의 사전동의를 얻을 필요가 없다. 제3단계는 계획이행단계로서, 채무자는 기제출한 구조조정계획에 대해 법원의 승인을 받고 아울러 채권자 50% 이상의 동의(금액으로는 2/3 이상)를 얻어 이를 즉각 실행에 옮겨야 한다.

채권자들은 흔히 위기가 발생하면 일단 자신만이라도 채권을 보전 받으면 그만이라는 생각에서 제각기 담보권을 행사하거나 소송을 제기하는데 이 경우 그 결과는 대단히 파괴적이다. 구조조정을 통해 회생이 가능한 기업들이 도산되는 경우가 많기 때문이다. 따라서 파산절차는 이러한 돌출행동을 방지하고 질서를 유지함으로써 채무자의 회생을 돕는 기능을 하고 있다. 특히 파산절차는 자동적인 채무지불정지조치를 통해 채권자의 군집적인 이탈은 방지함으로써 사태가 악화·장기화되는 것을 막을 수 있다. 반면에 채무자에 대해서는 기업회생을 위한 적극적인 구조조정 계획을 요구하게 된다. 따라서 국제적인 파산절차가 마련된다면 채무국은 모라토리엄과 같은 극단적인 조치를 취함으로써 경제를 파국으로 몰고 가는 불행한 사태를 막을 수 있으며, 아울러 중간 조정역을 맡은 IMF가 편파적으로 채권자의 이익만을 대변하는 사태도 방지할 수 있을 것으로 기대된다.

이처럼 국제파산절차에는 몇 가지 중요한 장점이 있다. 그러나 이를 현실화하는 데에는 누가 제 파산 여부를 결정하는 권한을 갖느냐 하는 문제나 누가 구조조정을 위해 긴급자금을 제공할 것인가 하는 문제 등이 제기되는데 여기에 대한 현실적 대안이 용이하지 않다. 뿐만 아니라 민간기업의 경우와는 달리 국가에 대한 파산선고가 내려졌다고 하여 한 나라의 문을 닫을 수도 없고 국가의 경영진을 교체할 수도 없으므로 국가에 대한 파산이란 사실상 무의미하다는 한계를 지니고 있다. 따라서 국제 파산절차는 오히려 채무국에게 일방적으로 유리한 조치가 될 수 있고 이로 인해 채무국의 도덕적 해이의 문제를 더욱 만연시킬 수도 있다는 문제점을 지니게 된다.

3. 위기 이후 당사국의 교훈 및 국제금융체제 개편논의

3.1 위기 이후 위기당사국의 교훈

동아시아 금융위기의 발생과 그것의 극복과정을 통하여 우리나라나 태국 등과 같이 직접 위기를 겪은 위기당사국이나 국제사회 전반이 이러한 역사적 경험을 통하여 얻을 수 있는 교훈이 무엇인가에 대한 논의도 필요하다. 앞에서 살펴 본대로 동아시아 금융위기가 발생한 원인을 두고 내부적 요인이냐 외부적 요인이냐를 두고 뜨거운 논쟁이 이루어졌고 이론적으로 이에 대한 명확한 결론이 내려진 바도 없지만, 현실적으로 그 원인은 양쪽 모두에게 있고 양자의 연계 속에서 위기가 발생하였다고 평가할 수 있다.

이러한 점을 전제로 할 때, 개별 당사국들이 이러한 금융위기의 재발방지나 사전예방을 위하여 이룩해야 할 과제와 이로부터 얻는 교훈이 무엇인가에 대한 논의 역시 매우 중요하다. 이러한 논의를 위하여 이러한 논의를 위하여 우선 금융위기가 발생할 당시 위기당사국들의 경제상황이 어떠하였느냐 하는 것이 필요하다. 외환위기가 제일 처음으로 발생한 태국의 경제위기는 발생배경과 파급경로 등에서 아시아 외환위기의 전형을 보여주었다고 할 수 있는데 한마디로 말하면 `높은 경제성장률 뒤에 가려진 위험'이었다고 할 수 있다.

외환위기가 발생하기 이전 외환위기국들의 경제상황은 개별국의 경제상황에 따라 조금씩 차이가 있기는 하지만 대체로 높은 경제성장률을 시현하고 있으면서도 ① 경상수지적자 누적에 의한 심각한 대외불균형, ② 부적절한 환율정책과 빈약한 외환보유고, ③ 경상수지적자 보전을 위한 단기외채 급증으로 인한 외채구조의 취약성 및 자산버블, ④ 금융시스템 취약·금융기관의 도덕적 해이·금융자유화에 대한 대처능력 부족, ⑤ 버블붕괴에 따른 부실채권 증대 및 국가신인도 추락, ⑥ 국제투기자본의 공격에 노출되어 있다는 경제상황을 공유하고 있었다.[28]

동아시아 금융위기 당시 위기당사국들이 처하고 있었던 이와 같은 경제적 상황을 고려할 때 개별 당사국들이 이러한 금융위기를 사전예방하거나 재발방지하기 위하여 이룩해야 할 과제가 무엇인가를 살펴보면 ① 안정적이고 견실한 거시경제의 운용, ② 적정한 대외균형의 유지 및 외환보유고의 관리, ③ 단기외채에 대한 세심한 모니터링과 관리, ④ 산업 및 금융 시스템의 선진화·금융감독기능의 강화·금융자유화 및 자본자유화에 대한 적정한 대응, ⑤ 정부정책과 통계의 투명성 제고, ⑥ 투기자본에 대한 국제적 감시와 전염효과 차단을 위한 국제협력체제의 강화가 필요하다는 것으로 요약할 수 있다. 이러한 내용을 <표 8-7>이 요약하고 있고 보다 구체적인 내용은 <부록 8-2>에서 설명하고 있다.

〈표 8-7〉 동아시아 금융위기 당사국의 경제상황과 교훈

	위기당사국의 경제상황	위기당사국의 교훈
높은 경제 성장률 뒤에 가려진 위험	경상수지 적자 누적(심각한 대외불균형) 부적절한 환율정책, 빈약한 외환보유고 단기외채 급증, 외자 의한 버블 발생	안정적이고 견실한 거시경제 운용 필요 적정한 대외균형·외환보유고 관리 필요 단기외자 : 세심한 모니터링과 관리 필요
	산업 및 금융 시스템 취약 금융기관의 도덕적 해이 금융자유화 대처능력부족	산업 및 금융 시스템의 선진화 금융 감독기능 강화 금융 및 자본자유화 관리
	부실채권, 국가신인도 추락	정부정책과 통계의 투명성 제고
	국제투기자본의 공격에 노출	국제적 감시공조·전염효과 차단을 위한 국제협력체제 강화

3.2 국제금융체제 개편에 대한 국제적 논의

(1) 금융체제 개편에 대립적 논의구조

앞에서 살펴보았듯이 동아시아 금융위기의 원인과 해법에 대한 내부결함론·외부조건론·IMF비판론은 제각기 고유한 관점에서 위기의 원인과 처방을 다양하게 제시하였는데, 이러한 해법대안 중 상당 부분이 새로운 국제금융체제 내지 새로운 국제금융질서를 수립하여야 한다는 내용이었다. 그런데 이러한 개편논의 내용을 보면 위기의 원인을 무엇으로 보느냐에 대한 견해 차이를 반영하여 해법방안 역시 중요한 대립적 논의구조를 보여주고 있다. 이러한 대립적 구조를 크게 나누면 ① 시장기능을 더욱 강화할 것인가 오히려 개입을 강화하여야 할 것인가를 둘러싼 대립이 있고, ② 보다 구체적으로는 국제금융 및 국제자본 흐름에 대한 자유화를 증대시켜야 할 것인가 오히려 통제를 강화해야 할 것인가에 대한 대립이다.

□1 우선 시장기능에 대한 대립적 구조로서 시장기능강화론(market-based approach)은 시장기구의 자기조정능력에 대해 변치 않는 믿음을 과시하는 신자유주의(neo-liberalism)적 입장을 대변하

28 김용덕 (2010) 제1장 내용 참조.

는데 대하여, 시장개입강화론(market-intervening approach)은 시장의 불완전성과 실패가능성을 전제로 시장에 대한 규제와 개입이 필요함을 주장한다는 점에서 신자유주의를 비판하는 입장을 반영하고 있다. 앞서 설명한 다양한 해법대안들을 이러한 양대 진영의 구획에 맞추어 도식화하면 〈표 8-8〉과 같다.[29]

〈표 8-8〉 국제금융체제 개편에 대한 대립적 논의구조의 핵심

구 분	시장기능 강화론	시장개입강화론
내부결함론	• 개도국 구조조정 • 글로벌 스탠다드 확립 • 철저한 시장개방·자유화	
외부조건론		• 토빈세 신설 • 국가별 세이프가드 도입 • 투기자본 원천규제
IMF비판론	• 국제파산절차의 도입	• AMF 창설 • 목표환율대 도입 • 부채 탕감
지지 그룹	신자유주의 지지그룹	신자유주의 비판그룹

자료 : 이찬근 (1999) p.112.

시장기능 강화론 이 그룹에 속하는 해법대안들은 주로 금융위기의 원인을 위기당사국에서 찾는 내부결함론이 주장하는 대안들을 지지한다. 이들은, 자본자유화는 불가역의 대세이므로 이를 규제하려는 시도는 시대역행적이라고 단언하면서 무엇보다도 중요한 개혁대상은 위기당사국 자신이라고 전제한다. 따라서 이들은 현행 국제금융질서의 획기적인 개편은 필요하지도 않고 설사 필요하다고 해도 정치적인 역학관계에 비추어 현실성이 없으므로, IMF의 기능을 미세하게 수정·보완하고 혹시 필요하다면 국제파산절차를 마련하는 수준에서 세계금융시스템의 개편문제를 마무리해야 한다는 입장이다.

이러한 시장신봉의 이데올로기는, 시장에 대한 국가개입을 주장한 케인즈주의에 반대하는 하이에크(Friedrich von Hayek)와 프리드만(Milton Friedman)으로 대표되는 미국의 시카고학파에 의하여 개발되었고, 이를 실제의 정책으로 구현한 것은 1980년대 영국의 대처정권과 미국의 레이건정권이었다. 양 정권은 자본의 이익을 중시하는 정책노선을 공식적으로 천명하고 규제완화·민영화·감세정책 등을 광범위하게 실시했다. 이후 부시정권과 클린턴정권은 세계화의 기치를 내걸고 신자유주의를 전 세계로 확산시키는 역할을 수행했다.

월가와 미국 재무부 간의 간단없는 인맥교류를 통해 자본자유화는 신자유주의 노선의 핵심목표로 부각했고, 미국의 주도 아래 구축된 IMF·세계은행·미 재무부 간의 3각 연대에 의한 이른바 워싱턴 컨센서스가 세계 각국의 시장개방·규제완화를 관철시키는 첨병역할을 수행했다[30]. 다보스

29 다만 이 표에 모든 제안이 포함되지는 않았다. 세계중앙은행이나 국제신용보험공사의 설립안·세계단일통화 창설안·IMF폐지론·국제기구통합론 등 아직 논의가 구체성을 결여하고 있거나 장기적으로도 실행가능성이 낮다고 판단되는 대안들은 포함시키지 않았다

30 워싱턴 컨센서스(Washington Consensus)는 1990년을 전후로 등장한 미국의 경제체제 확산전략으로서, 국가위기 발생을 제3세계 구조조정의 전제로 삼아 미국식 시장경제체제(신자유주의)를 대외적으로 확산시키는 전략을 말한다.

포럼(Davos Forum)과 같이 외견상 민간이 주도하는 모임도 세계화의 지지기반을 넓히는 데 일조했으며, 서방 채권자모임인 파리클럽이나 런던클럽은 적절한 압력행사를 통해 채무국들이 세계화를 대세로 수용토록 했다. 무디스 등과 같은 민간신용평가회사도 워싱턴 컨센서스를 집행하는 도구로서 한 몫을 톡톡히 했다. 또한 헤리티지재단, 영국의 애덤스미스연구소, 그리고 미국의 국제관계잡지 포린 어페어스(Foreign Affairs)와 영국의 경제잡지 이코노미스트(The Economist) 등은 이러한 이데올로기의 충실한 홍보역을 맡았으며, 24시간 월드뉴스를 발신하는 CNN은 사람들의 의식과 판단에 큰 영향력을 발휘하기에 충분했다.

〈표 8-9〉 신자유주의 지지그룹과 신자유주의 비판그룹의 비교

	신자유주의 지지그룹 (시장기능 강화론)	신자유주의 비판그룹 (시장개입 강화론)
지지 그룹	• 월가와 미재무부 동맹 • 워싱턴 컨센서스 (IMF-세계은행-미 행정부) • G7연대, 다보스포럼, 파리클럽, 런던클럽 • 헤리티지재단, 시카고학파, 애덤스미스연구소 • CNN, 이코노미스트, 포린 어페어즈	• 서구의 일부 학자 (바그와티, 삭스, 토빈, 폴크루그만, 스티글리츠 등) • 시민단체 (ATTAC, FGS, TWN, SAPRIN 등) • 종교세력 (Jubilee 2000 등) • 국제기구 (UNCTAD 등)
기본 전제	• 자본자유화는 불가역적 대세이다. • 개도국이 시장기능을 활성화 하지 못한 것이 위기발생의 근본 원인이다. • 국제금융질서의 획기적 개편은 불필요하고 정치적으로 현실성이 없다.	• 자본자유화는 폐해가 득보다 크다 • 시장실패를 보완하기 위한 제도적 장치가 필요하다. • 국제금융질서의 획기적 개편을 위한 국제적 연대가 이루어져야 한다.

주: • ATTAC (Association for a Taxation of financial Transactions in Assistance to the Citizen) 프랑스에서 발기된 〈국제금융거래 과세연합〉
• FGS (Focus on Global South) : 동남아의 대안 모색
• TWN (Third World Network) : 제3세계연대 지향 단체
• SAPRIN (Structural Adjustment Participatory Review International Network) 세계은행의 전 총재가 발족한 구조조정 참여감시 국제네트워크

시장개입 강화론 이를 주장하는 그룹은 금융위기의 원인을 위기당사국 밖에서 찾는 외부조건론이 제시한 해법대안들을 지지한다. 이러한 견해를 가진 그룹들 내에서 다양한 스펙트럼이 존재하지만 이들이 대체로 공유하고 있는 기본적 관점은 다음과 같다.

(1) 자본자유화는 폐해가 그 이득보다 훨씬 크다. 글로벌한 차원에서 자본의 효율적인 배분을 기하기 위해서는 자본자유화가 필수이며 자본의 자유로운 이동은 선진기술과 노하우의 이동을 수반함으로써 개도국발전에 기여한다는 신자유주의적 주장은 허구이다. 빈발하고 있는 외환위기가 입증하듯이 자본자유화의 폐해는 심각하다.

이 용어는 미국의 정치경제학자 존 윌리엄슨이 1989년 자신의 저서에서 당시 금융위기를 겪고 있던 남미 제국에 대한 10개항의 개혁처방을 제시하면서 이러한 이름을 붙인 데에서 유래되었다. 이후 1990년대 미 행정부·IMF·세계은행이 모여 있는 워싱턴의 정책결정자들이 이러한 내용의 정책화에 합의를 이루었는데 그것에는 정부예산삭감·자본시장자유화·외환시장개방·관세인하·국가기간산업 민영화·외국자본에 의한 M&A허용·정부규제축소·재산권보호 등이 개도국이 시행해야 할 구조조정조치로서 포함되어 있다. 이후 이에 대한 대칭적 개념으로 중국식 발전모델 또는 중국식 경제전략을 뜻하는 '베이징 컨센서스'(Bejing Consensus)라는 용어가 제기되기도 하였다.

(2) 시장실패를 보완하기 위해서는 제도적인 장치가 필요하다. 한 번의 외환위기로 개도국은 오랜 기간 쌓아온 국부를 일거에 유실하고 있다. 외국자본은 무조건 환영해야 할 대상이 아니며 장기적이고 안정적인 자본만을 선별해서 받아들일 수 있도록 제도적 장치를 마련해야 한다. 따라서 국제적인 차원에서, 지역적인 차원에서 그리고 개별국가 차원에서 각기 단기적이고 투기적인 자본의 생성과 이동을 통제할 수 있어야 한다.

(3) 신자유주의적 움직임에 대응하기 위해서는 조직적으로 대안세력의 진영을 구축해야 하며, 이를 위해 국제적인 연대의 결성이 필요하다. 신자유주의 지지그룹은 경제적인 이권을 정치적인 연대를 통해 조직적으로 비호하고 있으므로 이와 대결해야 하는 카운터 블록도 일정한 정치력의 확보를 중시해야 한다.

앞서 시장기능 강화론을 주장하는 신자유주의 지지그룹은 재계·정계·관계·학계·언론계를 총망라하는 광범위한 조직력과 강력한 연대를 과시하고 있는데 비해, 시장개입 강화론을 주장하는 신자유주의 비판그룹은 서방의 일부 학자·개도국의 시민단체·사회운동단체·노조·종교세력 등이 산발적인 활동을 벌여왔다.

예를 들면, 월가와 미 재무부간의 이권구조를 날카롭게 파헤친 컬럼비아대학의 바그와티(Jagdish Bhagwati), 자본자유화는 미국이 돈 한 푼 안 들이고 세계패권을 유지하려는 전략이라고 규정한 하버드대학의 제프리 삭스(Jeffrey Sachs), 당시 세계은행부총재를 맡고 있으면서도 IMF처방을 체계적으로 비판하였던 컬럼비아대학의 조셉 스티글리츠(J. Stiglitiz), 비상사태 하에서는 외환통제를 한시적으로 허용할 수 있어야 한다면서 말레이시아의 마하티르수상을 지지하고 나선 MIT의 폴 크루그만(P. Krugman), 국제투기자본을 규제하기 위하여 토빈세부과를 주장한 제임스 토빈(J. Tobin) 등이 이를 대표하는 학자들이라고 할 수 있다. 이 밖에 다양한 시민단체·종교세력 등이 있고[31] 이외에도 IMF에 근무하던 이코노미스트 중 신자유주의 노선에 대해 크게 회의를 느껴 자리를 대거 옮긴이들이 있는데 다수 모여든 UN산하의 무역개발위원회(UNCTAD)도 이러한 그룹으로 분류할 수 있다.

② 동아시아 금융위기 이후 그 원인과 해법에 대한 견해의 대립구조는, 급속히 팽창하고 있는 금융·자본·투자의 국제이동을 보다 자유화할 것인가 아니면 이에 대한 적절한 통제를 행할 것인가라는 자본자유화논쟁으로 귀결되었다. 1990년대 말 동아시아 금융위기를 계기로 국제금융의 혼란이 대두되자 많은 경제학계와 정부들이 너무 급속히 팽창하고 있는 금융과 자본의 국제적 흐름에 우려감을 표시하면서 각기 나름대로의 처방을 제시하였는데 이러한 입장 차이를 자본자유화 문제와 관련하여 구분하면 다음과 같은 3개 그룹으로 구분된다.

---

31 프랑스에서 발기된 금융거래과세연합(ATTAC), 동남아의 대안을 모색하고 있는 FGS(Focus on Global South), 제3세계 연대를 지향하는 TWN(Third World Network), 세계은행의 구조조정 프로그램을 감시하는 SAPRIN 등이 대표적인 경우이고 가톨릭을 중심으로 전개된 극빈국 외채탕감운동 'Jubilee 2000'도 주목받는 대상이다.

〈표 8-10〉 자본자유화론과 자본통제론의 대립적 논의구조

유 형	대 응 책 의 주 요 내 용
자본자유화론	• 신중하게 행위 하지 못한 행위자는 시장을 통해 처벌되어야 한다. (인위적인 조정 경우 오히려 도덕적 해이 문제 발생한다.) • IMF관리는 관료적 체제 강화의 전형이다. • 규제로 인한 왜곡 발생문제, 규제의 실효성문제 있다.
자본통제론	• 대규모·단기적·투기적 자본이동의 폐해 막아야 한다. (무역세계화와는 달리 금융세계화가 세계경제에 도움이 된다는 사실 의심스럽다.) • 금융시장의 속성 (정보의 비대칭성, 자기실현적 투기공격, 환율불안정성, 금융 중개기능의 특성 등) 상 국제자본이동은 규제되어야 한다. • 금융자유화로 인한 금융위기가 세계경제에 미치는 영향 심각하다. • 보다 높은 수준의 국제자본 통제 위한 새로운 정책수단·국제레짐 필요하다.
자유화 · 규제 병행론	• 금융자유화의 위험 최소화·도덕적 해이 막는 감독과 규제 병행되어야 한다. • 현행 IMF의 규제역할 강화로 문제점 충분히 해결될 수 있다. (IMF의 투명성 제고, 정보수집개선, 행위규범 제정, 감독기능개선, 최후대부자기능 강화 등)

자본자유화론 자본자유화론자들은 우선, 자본이 과도한 저축률을 가진 지역으로부터 투자가 부족한 지역으로 자유롭게 이동함으로써 자원의 효율적 배분이 이루어져 효율성이 증대될 뿐만 아니라 이것이 저개발국의 경제발전을 향상시키는 길이 된다고 주장한다. 뿐만 아니라 그들은 완전히 개방되고 규제가 전혀 없는 국제금융체제만이 국제금융의 흐름에서 발생될 수 있는 위기나 문제점들을 해결할 수 있는 유일한 현실적인 방식이라고 믿는다. 그들은, 만약 채권국과 채무국이 IMF 등과 같은 국제기구가 그들의 무모한 행위로 인하여 발생되는 문제점을 해결해줄 것이라고 믿는 경우 동아아시아 금융위기에서와 같은 도덕적 해이가 발생하게 될 것이고 반대로 이러한 개입이 없는 경우 신중한 경제행위를 하지 않은 투자자와 채무자가 어려움에 처하는 벌칙을 시장이 주게 되므로, 시장기능에 의존하도록 자유화 하는 것이 경제주체들의 도덕적 해이나 신중하지 못한 행위로 인한 금융위기를 막는 길이라고 주장한다.

자본통제론 자본통제론자들은, 자유로운 국제무역이 세계경제발전에 도움이 된다는 사실은 충분히 입증되었지만 국제금융의 자유화효과에 대해서는 그러한 사실이 입증되지 못하였으며 오히려 금융자유화로 인한 금융위기가 세계경제에 미치는 영향이 심각하므로, 국제금융과 국제자본의 이동에 대한 보다 높은 통제가 필요하다고 주장한다. 물론 이러한 자본통제론의 경우에도 모든 자본이동에 대한 통제가 아닌 투기성 단기자본의 이동에 대한 통제에 대한 합의가 광범위하였다. 이와 관련하여 자본통제론자들은, 몇 차례의 위기 이후 규제문제를 논의하였으나 효과적인 규제를 창출하려는 노력은 커다란 진전을 이루지 못하였다고 지적하면서, 국제금융시장을 다루기 위한 국제적 규제시스템의 도입, 공식기구의 창설, 지역적인 규제체제의 도입 등을 제안하기도 하였다.

자유화와 규제 병행론 상술한 자본자유화론은 비록 그러한 결론이 논리적으로는 옳을지 모르지만 그러한 접근이 실제로 시도된 바도 없고 그러한 과감한 실험을 뒷받침할 만한 실증적 증거도 없으며 대부분의 정부들은 금융문제를 전적으로 시장에만 맡기는 모험을 하려하지 않으므로 그 자체 현실적이지 않다.[32] 따라서 또 다른 많은 경제학자들은 국제금융과 국제자본이동을 자유화하되

IMF의 규제적 역할의 강화를 통하여 국제금융위기나 불안정성문제를 해결할 수 있다고 믿었다. 이들은 이러한 기능을 행하기 위한 IMF의 개혁방안으로서 투명성의 제고·정보수집의 개선·행위규범의 제정·감독기능의 개선·최후의 대부자 기능강화 등을 제안하였다.

(2) 국제금융체제 개편에 대한 주요 논의

동아시아 금융위기 이후 국제금융체제(International financial architecture)가 어떻게 개편되어야 할 것인가에 대하여 서로 다른 견해가 이렇게 대립되고 있는 가운데 실제로 이러한 새로운 국제금융질서를 모색하기 위한 움직임이 시작되었다. 그 이전 이미 1970년대부터 국제금융체제에 대한 비판과 개편논의가 없지는 않았지만 동아시아 금융위기를 계기로 보다 본격적인 논의가 제기되기 시작하였는데 이러한 논의는 글로벌 차원에서는 주로 G7·IMF·FSF(Financial Stability Forum)·G20 등을 중심으로 이루어졌고 지역적 차원에서는 APEC(아시아태평양경제협력체)·ASEAN+3·ASEM(아시아유럽정상회의) 등을 통하여 이루어졌다.

앞에서 살펴본 바와 같이 동아시아 금융위기 이후 각각의 관점에서 다양한 해법대안들이 제안되었지만 글로벌 차원에서의 논의가 이루어졌던 주요 내용을 〈표 8-11〉이 요약하고 있다.

〈표 8-11〉 동아시아 금융위기 이후 국제금융체제 개편논의

<table>
<tr><th>과 제</th><th>구체적 내용과 논의 경과</th><th>비고</th></tr>
<tr><td>1. 대외채무관리</td><td>신흥시장국의 대외채무관리 필요성 제기, 각종 권고사항 제시</td><td rowspan="4">위기 당사국 관련 이슈</td></tr>
<tr><td>2. 외환보유고관리</td><td>건전성 확보방안, 건전성 관리 위한 지표 개발 등</td></tr>
<tr><td>3. 투명성과 국제기준</td><td>개별국가의 경제정보 정확성 및 투명한 공시방법 등에 대한 기준 제정, 실행, 감시 활동 증대 논의</td></tr>
<tr><td>4. 자본자유화 관리</td><td>순차적이고 질서 있는 orderly and well-sequenced 자유화 논의, 건전성 규제 정책 권고</td></tr>
<tr><td>5. 헤지펀드규제</td><td>규제필요성에 대하여서는 공감, 규제 방법이나 강도에 대해서 이견</td><td rowspan="4">선진국 관련 이슈</td></tr>
<tr><td>6. 민간채권자 책임분담</td><td>위기당사국과 함께 민간채권자에 대해서도 일정한 책임 지우도록 해야 한다는 논의 전개
☞ 합의 어려움, 민간투자자의 반대로 논의 중단.</td></tr>
<tr><td>7. 국제환율제도 개편</td><td>새로운 국제환율체제, 환율제도운영 등 논의
☞ 별다른 합의 도출 못함</td></tr>
<tr><td>8. IMF의 개편</td><td>금융시장 감독과 규제에 대한 국제협력과 조정 위한 FSF창설, IMF기구강화와 구조 개선 논의 (폐지부터 개편에 이르는 다양한 논의)
☞ 위기 수습되면서 오히려 IMF체제 중요성과 필요성 강조, 논의</td></tr>
</table>

이에 대한 보다 구체적인 내용은 〈부록 8-2〉에서 설명하고 있지만 주요 내용을 보면 우선 금융이나 자본을 도입하는 입장에 있는 위기당사국과 관련되는 이슈로서 ① 대외채무의 건전한 관리, ② 외환보유고의 적정한 관리, ③ 경제정보의 투명성과 국제기준의 설정, ④ 자본자유화의 관리 문제가 있었고, 자본이나 금융을 공여하는 선진국과 관련되는 이슈로서는 ⑤ 헤지펀드 등 투기자본의 규제 ⑥ 위기발생시 민간채권자의 책임분담, ⑦ 국제환율제도 개편, ⑧ IMF의 개편 문제 등이 있었다(〈부록 8-2〉 참조).

32 Robert Gilpin (2004) p.411.

(3) 위기 이후 국제금융체제 개편논의의 평가

이상과 같이 동아시아 금융위기 발생한 이후 1988년 초부터 새로운 국제금융체제를 강화하기 위한 논의가 다양한 국제기구를 중심으로 3~4년 동안 집중되어 이러한 과정에서 다양한 논의가 이루어졌고 일부 사안에 대해서는 일정한 성과도 있었지만 이러한 논의결과가 가지는 함의를 종합적으로 평가하면 다음과 같다.

(1) 세계도처에서 빈발하는 외환금융위기의 책임이 선진국과 신흥시장국 양쪽 모두에게 있다는 공감대를 처음으로 인정하고 국제금융체제의 건전성과 안정성에 대하여 선후진국이 함께 진지하게 검토하고 논의하는 계기를 마련하였다는 점에 큰 의의가 있다.

(2) 그럼에도 불구하고 외환위기의 예방과 해결을 위한 근본적인 대책이나 제도개선을 이룩하는 데에는 실패하였다. IMF를 포함한 국제금융기구의 개혁방안이나 복잡다기한 환율제도에 대한 근본적인 대책 등에 대한 적절한 해법을 도출하지 못하였고, 투기적 헤지펀드에 대한 규제문제나 민간채권자의 책임분담을 위한 채무조정제도 등에 대한 획기적인 논의도 진전되지 못하였기 때문이다.

(3) 이렇게 전반적으로 새로운 변화나 개혁을 이룩하지 못한 것이 사실이지만 금융위기의 원인으로 지목된 문제들 중 위기당사국(채무자)과 관련된 문제들(자본자유화·대외채무·외환보유고관리·투명성제고 등)에 대해서는 나름대로 여러 가지 권고나 기준의 설정 등이 이루어졌지만 선진국(채권자)과 관련되는 문제들(헤지펀드규제·채무재조정제도·금융기구개편)에 대해서는 논의만 이루어졌을 뿐 별다른 성과를 보여주지 못하였다.[33] 이에 따라 위기 이후 실시한 IMF와 세계은행의 금융부문 평가프로그램(FSAP) 역시 주로 개도국을 대상으로만 시행하여 동아시아 금융위기가 발생한지 10여 년 후에 다시 선진국에서 시작된 글로벌 금융위기에는 아무런 효과를 발휘하지 못하였다. 이러한 점에서 동아시아 금융위기 이후 철저한 사후대응이 이루어지지 못하였던 것이 동아시아 금융위기가 발생한 지 꼭 10년 후에 새로운 글로벌 금융위기를 발생시키는 하나의 배경이 되었다고도 할 수 있다.

〈부록 8-2〉 동아시아위기 이후 당사국의 교훈 및 국제금융체제 개편논의(보충)

1. 금융위기 당사국의 경제 상황과 교훈

(1) 금융위기당사국의 경제상황

이러한 논의를 위하여 우선 금융위기가 발생할 당시 위기당사국들의 경제상황이 어떠하였느냐 하는 것이 필요하다. 외환위기가 제일 처음으로 발생한 태국의 경제위기는 발생배경과 파급경로 등에서 아시아 외환위기의 전형을 보여주었다고 할 수 있는데 한마디로 말하면 '높은 경제성장률 뒤에 가려진 위험'이었다고 할 수 있다. 외환위기가 발생하기 이전 외환위기국들의 경제상황은 각국의 경제발전단계나 개

33 김용덕 (2010) p.139.

별국의 경제상황에 따라 조금씩 차이가 있기는 하지만 대체로 다음과 같은 경제상황을 공유하고 있었다.[34]

높은 경제성장률-경상수지 적자 이들은 모두 1960~70년대 이후 경제발전의 성공적인 모델로서 위기가 발생하기 전 10여 년 동안 5~10% 수준의 높은 경제성장률을 시현하여 경제개발의 성공적인 모델로 전 세계의 부러움과 칭송을 받아왔다. 그러나 이러한 높은 경제성장률 이면에는 많은 구조적인 문제점들이 도사리고 있었다. 1990년대 중반까지 아시아 국가들은 고도성장을 유지하면서도 재정 면에서는 대체로 건전성을 유지하였고 물가도 상대적으로 안정되어 재정부실로 인하여 외환위기가 잦았던 남미와는 상황이 달랐다. 그러나 대외적으로는 경상수지가 누적되어 외환위기가 발생하기 전 10여 년 동안 심각한 대외적 불균형이 지속되고 있었다. 태국의 경우 위기 발생 전 10여 년 동안 경상수지적자가 GDP의 5~8%수준을 기록하였고 말레이시아 등 다른 나라들 역시 이보다는 사정이 약간 나았지만 높은 경상수지 적자를 보이고 있었다.

외채구조의 취약성 이렇게 경상수지적자가 심화되자 외환위기국들은 이를 보전하기 위하여 해외에서 대규모 외국자본을 차입하지 않으면 안 되었고 이를 위하여 대폭적인 자본자유화를 추진하였다. 이로 인하여 총외채규모가 빠른 속도로 누적되었을 뿐만 아니라 총외채 중 단기외채가 차지하는 비중이 매우 높은 취약성을 노정하였다. 일반적으로 자본자유화는 외국인직접투자나 장기자본을 먼저 개방하고 나중에 단기자본을 개방하는 것이 바람직한 순서이다. 그러나 당시 외환위기국들은 이러한 순서를 지키지 않고 엔캐리(Yen carry)자금[35] 등 단기자금을 집중적으로 유치함으로써 단기자금의 비중이 급속히 높아져 이후 이것이 외환위기의 직접적 원인이 되었다.

더욱 큰 문제는 해외금리가 낮은 상태에서 자본유입은 억제하고 자본유출은 풀어주는 비대칭적 자본자유화정책으로 인하여 기업과 민간부문이 해외에서 자금을 많이 조달하여 운용하는 행태를 보였다는 점이다. 따라서 정부는 이러한 자금조달규모를 제대로 파악하지도 못하여 적절히 대응하지 못하였을 뿐만 아니라 이렇게 해외에서 조달된 자금으로 이루어진 현지투자가 부실화되면서 외환금융위기를 가속화시켰다.

산업시스템 및 금융시스템 취약성 동아시아 외환위기 중에서도 한국의 경우는 연이은 대기업의 도산이 외환금융위기를 촉발하고 심화시켰다는 특징을 가지고 있다. 오랫동안 한국정부는 금융을 산업정책의 수단으로 활용하여 한국의 산업구조가 소수의 재벌에 의해 지배되는 불균형적 발전을 이룩하였다. 그 결과 금융부문으로부터 과다한 차입을 기반으로 기업의 규모를 팽창시키는 정책을 수행하여 30대 재벌기업들의 평균 부채/자본비율이 400% 수준에 이르렀다, 이러한 산업시스템으로 인하여 기업의 수익성은 계속 악화되었을 뿐만 아니라 경기변동과 외부의 충격에도 취약한 구조를 가질 수밖에 없었다. 따라서 경기가 호황을 누릴 때는 기업의 수익성도 높고 산업구조의 취약성도 감추어질 수 있었지만 1996년 반도체경기 침체와 엔화의 평가절하로 경기가 하락하면서 우리의 산업구조가 가진 취약성이 그대로 노출되면서 산업의 부실이 가속화되었다.

이러한 시스템의 취약성은 금융부문에 있어서도 다르지 않았다. 1990년대 이후 아시아 국가들은 자본시장개방과 함께 의욕적인 금융자유화를 추진하였지만 금융시스템은 매우 취약하였고 이러한 상태에서 이루어진 금융자유화조치는 금융시스템을 더욱 취약하게 하였다. 금융시장의 발전역사가 일천하였을 뿐만 아니라 금융인프라가 제대로 발달하지 못하여 주식이나 채권발행 등과 같은 직접금융보다도 은행차입을 통한 간접금융이 중심이었고 금융회사 내부의 리스크 관리기능도 취약하였으며 금융감독 당국의 감독시스템 역시 위기를 감지하고 대처할 만한 수준이 아니었다.

도덕적 해이 이러한 산업시스템 및 금융시스템의 취약성은 정부는 물론 기업이나 금융기관의 도덕적 해이를 가져왔다. 직접금융이 발달하지 못한 개도국의 경우 은행들이 거의 모든 금융중개 기능을 수행하게 되고 정부는 정부대로 자신의 목표에 맞는 자원배분을 행하기 위하여 금융에 대한 영향력을 행사하게 된다. 이러한 상황에서 은행은 정부의 지시에 순응하는 대가로 정부의 암묵적인 지급보증이라는 안전망을 누리게 되었다. 그 결과 은행은 위기가 발생하더라도 정부가 재벌이나 대기업을 도산시키지 않을 것이라는 믿음 하에 기업에 대한 신용평가를 소홀히 한 채 경쟁적인 대출을 행하였고 해외차입의 경우 역시 정부의 직간접적 지급보증(government guarantee)을 통하여 무분별하게 이루어짐으로써 철저한 신용평가 없이 무분별한 대출경쟁을 행하여 몸집 불리기에 열중하는 경향이 있게 된다.

또한 이러한 과정을 통하여 해외로부터 유입된 이들 단기자금은 주식과 부동산 등 자산시장으로 흘러들어가 자산거품(특히 부동산거품)을 일으켰다. 이러한 과정에서 금융기관의 도덕적 해이(moral hazard) 역시 만연하였다. 금융기관들은 이렇게 차입된 단기자금을 부동산 등 장기자금에 경쟁적으로 대출하여 대출 붐(boom)을 일으키고 이 과정에서 자금의 조달과 운용상에 심각한 만기불일치(maturity mismatch)와 통화불일치(currency mismatch) 위험에 노출되어[36] 이후 외환위기가 더욱 촉발되는 원인을 조성하였다.

부실채권과 국가신인도 추락 이러한 상황에서도 아시아 경제가 호황을 누렸던 1990년대 전반까지는 은행들이 순조롭게 해외자금을 조달하여 국내에 빌려주고 이를 통해 경제도 빠르게 성장하는 외자의존형 모델에 큰 문제가 없어보였다. 그러나 1996년 이후 세계경기가 둔화되자 금융회사의 부실채권이 급증하였다. 당시 위기국들은 부동산시장의 버블붕괴에 따른 금융기관의 부실화를 막기 위한 조치를 나름대로 취하였지만 그럼에도 불구하고 부동산 등 자산시장의 거품이 꺼지면서 은행의 담보가치가 하락하고 연체가 늘어나면서 금융기관의 부실채권이 누적되게 되었다.

이러한 부실채권의 누적은 이들 국가의 국가신인도를 추락시켰고 이를 우려한 외국자본이 급속히 빠져나가면서 결국 외환위기를 맞게 되었다. 일단 시장의 신뢰가 떨어지면 투자자들은 대출채권을 급격히 회수하려 하고 이러한 행위는 집단적 행태(herding behavior)로 나타나 중장기적으로 채무상환능력이 있는 채무자라도 단기적인 유동성위기 때문에 파산에 직면할 수밖에 없게 된다.

부적절한 환율정책 운용 당시 외환위기국들의 경상수지적자가 심화된 데에는 1995년을 기점으로 이들 국가의 통화가 일본 엔화나 중국 위안화에 비하여 강세로 전환됨에 따른 수출상품의 가격경쟁력 약화가 중요한 요인으로 작용하였다. 당시 위기국들은 대부분, 미국 달러에 고정(peg)시키거나 그에 준하는 고정환율제도를 통하여 환율안정을 도모하고 있어 시장변화에 따른 환율변동이 어려웠을 뿐만 아니라, 환율이 갑자기 오를 경우 외환시장불안정·국가신뢰하락·물가상승 등 정치적으로 민감한 사안이 발생되므로 정부가 무리하게 개입해서라도 환율안정을 유지하려는 정치적 유혹으로부터 자유롭지 못하였다. 따라서 기초경제여건의 하락과 금융시장불안정으로 인하여 자국 통화의 가치평가절하 압력이 가중되고 있음에도 불구하고 실제의 환율이 이를 충분히 반영하지 못하는 경직된 환율정책을 운영하였다.[37]

빈약한 외환보유고 외환위기를 직접적으로 촉발시킨 가장 큰 요인 중의 하나는 정부가 적정한 외환보유고를 확보하지 못하였다는 점이다. 공식적으로 발표한 외환보유고 규모도 부족하였을 뿐만 아니라 이 중 상당부분은 사용가능한 외화유동성이 아니었다.[38] 이렇게 외환보유고가 빈약해진 것은 국제수지의 적자가 누적된 위에 자본자유화와 외환시장개방으로 외국투기자본의 영향력이 높아진 상태에서 무리한 환율방어는 외환보유고의 소진을 초래하여 결국 외환위기를 맞이하는 원인이 되었다.

국제투기자본의 공격 이상과 같은 경제적 여건들이 외환위기를 초래한 구조적인 배경이 되었지만 헤지펀드 등 국제투기자본의 공격이 위기상황을 촉발시키고 악화시키는 역할을 하였다. 상술한 대로 당시 태국은 1983년 이후 복수통화바스켓제도를 시행하였으나 환율 변동 폭이 미미하여 사실상 미국 달러에 고정된 환율체제를 유지하였다. 그러나 경상수지적자와 외채의 누적으로 바트화의 평가절하가 불가피 할 것으로 판단한 헤지펀드들은 역외시장에서 바트화를 차입하여 이 자금으로 태국의 외환시장에서 대규모 바트화 선물환매도를 실시하였고, 그동안 저금리인 일본 엔화를 차입하여 태국 금융자산에 투자하였던 엔캐리 트레이딩(Yen carry trading) 세력들도 바트화 금융자산을 일시에 처분하고 달러를 매입함으로써 바트화의 급속한 평가절하를 가중시켰다. 이러한 사태에 직면한 태국정부는 역외에서의 바트화 차입금지·외환시장에 대한 개입·외환보유고의 투입 등과 같은 방식을 채택하였지만 성공하지 못하였다.

(2) 금융위기 당사국의 교훈

동아시아 금융위기가 발생하였을 당시 위기당사국들의 공통으로 처해있던 이상과 같은 경제상황을 전제로 할 때, 개별 당사국들이 이러한 금융위기를 사전예방하거나 재발방지하기 위하여 이룩해야 할 과제가 무엇인가를 요약해보면 다음과 같다.

안정적이고 견실한 경제운용 태국 등 위기를 겪은 아시아 국가들은 예외 없이 장기간 계속된 경기호황 뒤에 갑자기 경기침체가 도래하면서 위기를 맞았다. 따라서 경기호황 국면에서 지나치게 확장적인 재정금융정책으로 주식·부동산 등 자산버블이 너무 크게 발생하지 않도록 운용하여야 하고, 특히 해외로부터 유입된 자금이 단기성 자금일 경우 자산가치의 하락이나 어떤 외부충격에 의하여 해외로 유출되는 속도가 더욱 빠르기 때문에 이에 대한 세심한 모니터링과 관리가 필요하다. 또한 차입에 의존한 부채경영과 시장을 거스르는 정부주도정책이 만든 경제구조가 결국은 고비용·저효율을 초래하여 금융위기를 초래하였던 만큼, 더 이상 이러한 경제의 비효율성과 전근대성은 오늘날의 글로벌경제에 부합될 수 없다는 것을 인식하고 시장경제에 충실한 견실한 경제운영이 필요하다.

적정한 대외균형과 외환보유고 관리 거시경제의 운용에 있어서도 특히 대외부문에서 경상수지를 건전하게 운용하는 것이 매우 중요하다. 개도국들의 경우 경상수지가 장기간 적자를 지속하거나 갑자기 적자가 확대되어 외채가 증가하는 경우 거시경제의 펀드멘탈이나 장기적 대외지급능력에 문제가 없더라도 단기적인 유동성부족만으로도 외환위기를 맞이할 수 있다는 사실을 동아시아 금융위기를 맞은 위기당사국들의 경험을 통하여 확인할 수 있기 때문이다. 그런데 현재와 같은 달러 기축통화체제 하에서 자국 수출상품의 가격경쟁력을 유지하여 중장기적으로 적정한 대외균형을 유지하기 위해서는 자국 통화의 환율이 거시경제여건과 일치하지 않는 고평가가 장기간 유지되지 않도록 해야 한다.

이러한 자국 통화의 고평가를 회피하기 위해서는 일정한 외화를 달러로 비축하여야 할 필요성이 있을 뿐만 아니라, 동아시아 금융위기에서 보았듯이 외환장의 투기적 공격에 대비하고 금융시장의 혼란을 방지하기 위해서도 달러를 중심으로 하는 일정한 외환보유고의 비축이 필요하다. 동아시아 금융위기 이후 이러한 인식이 높아짐에 따라 이것이 오늘날 문제시 되고 있는 글로벌 불균형의 한 원인이 되고 있는 것도 사실이지만. 자본과 금융의 국제적 이동이 보다 자유로워진 세계에서 적정한 외환보유고의 비축과 관리가 금융위기에 대한 일종의 보험정책으로서의 의미를 가지는 것도 사실이다.

적정한 대외균형의 유지와 일정한 외환보유고의 비축이 금융위기의 발생가능성을 감소시킨다는 사실은 그 자체로서 자명한 일이지만 실제로 이러한 조건이 위기발생에 중요한 의미를 가짐을 확인할 수 있다. 1997년 동아시아 금융위기 당시 대만·홍콩·싱가포르 등 다른 나라들도 위기당사국들과 마찬가지로 투기자본의 공격을 받았지만 위기를 겪지는 않았는데 이들 나라의 공통적 특징은 모두 경상수지 흑자를 기록하고 있었고 외환보유고 대비 단기외채의 비율 역시 매우 낮았기 때문이다.[39]

정책과 통계의 투명성 제고 동아시아 금융위기에서 보았듯이 그 국가에 대한 대외적 신인도의 추락이 대출채권에 대한 급격하고 집단적인 회수를 불러오고 이것이 단기적인 유동성위기를 불러와 치명적인 결과를 초래하였다. 이러한 잘못이 일어나지 않도록 대외채무와 국내금융기관에 대한 적정한 관리가 필요함은 물론, 국제금융시장에서 대외적 국가신인도가 일시에 추락하는 것을 방지하기 위해서는 정부에서 발표하는 정책과 통계의 투명성과 신뢰성이 보장되어야 한다. 필요한 정보를 실시간으로 투명하게 제공하지 않으면 시장에서의 정보의 비대칭성이나 왜곡이 발생하여 조그만 문제가 발생하였을 때 그 국가에 대한 신뢰성이 일시에 추락하고 자금이탈이 급속히 일어나 공황상태가 발생할 수 있기 때문이다. 이러한 투명성제고와 함께 이른바 자기실현적 기대로 인하여 위기가 발생하지 않도록 하는 정보의 관리체제도 필요할 것이다.

자본자유화 관리 및 금융감독기능 강화 외부조건론이 주장하는 바와 같이 동아시아 외환금융위기가 전적으로 자본자유화·금융세계화 등 위기당사국 밖의 외부적 요인에 의해 발생된 것은 아니지만 이러한 외부적 환경변화가 일정한 위기원인으로 작용한 것도 사실이므로 개방화과정에서 단순이 개방을 확대하기만 하는 것이 아닌 자본의 유입과 운용에 대한 일정한 국민국가적 관리가 필요하다. 이와 관련하여, 동아시아 금융위기가 기업이나 금융기관 등 사적 부문이 대내외적 충격을 이겨내지 못하고 유동성부족에 직면하여 위기를 초래한 데에서부터 촉발되었던 만큼, 상시적인 금융시장 감시체제를 구축하여 시스템리스크를 실시간으로 관리하고 감독하는 등 금융기관에 대한 적정한 감독기능이 이루어져야 하고 이를 위해서는 금융감독 역량의 향상도 이루어져야 한다.

국제협력체제 강화 동아시아 금융위기에서 보았듯이, 한 나라에서 발생한 위기는 인근국가, 특히 경제상황이 취약한 국가로 순식간에 이전되는 전염효과를 가지기 때문에, 오늘날의 금융위기는 해당 국가만의 문제가 아닌 국제적 문제가 된다. 따라서 금융위기를 예방함에 있어서나 일단 발생된 위기가 더 많이 전염되지 않도록 하는 조치를 취함에 있어서도 긴밀한 국제적 협력이 전제되어야 성공할 수 있다. 이를 위해서는 IMF 등과 같은 국제기구의 기능과 역할을 강화하기 위한 국제적 노력, 효율적인 국제적 감시활동을 통하여 위험을 면밀히 모니터링하고 위기가 발생하였을 경우 공동으로 대처하는 국제공조체제가 필요하다. 이러한 공조체제를 구축함에 있어서는 IMF나 미국을 중심으로 하는 범세계적 공조체제와 함께 인근국가들과의 협조를 바탕으로 하는 지역적 통화협력과 지역적 금융공조체제를 강화하는 노력도 동시에 이루어져야 한다.

2. 동아시아 위기 이후 국제금융체제 개편논의의 주요 내용

대외채무 관리 아시아 금융위기 이후 건전한 국제금융체제의 강화를 위해서는 신흥시장국의 건전한 채무관리가 필요하다는 논의가 이루어졌다. 1999년 G7 정상회의를 위한 재무장관보고서는 신흥시장국들이 단기 민간차입을 조장하는 제도를 폐지하고 장기채무를 중심으로 차입하며 국내채권시장을 개발하고 확충함으로써 해외차입을 감소시키는 노력을 권고하였고, 2000년 4월 FSF는 각국의 금융당국이 매년 유동성평가보고서 발간, 외환보유고 관리강화, 국내채권시장의 육성 등을 통하여 금융과 외환의 안정성을 높일 것을 권고하였다. 또한 2000년 5월 IMF는 신흥시장국의 외채 및 외환보유고를 건전하게 관리하기 위한 여러 가지 지표들을 개발하여 대외취약성을 평가하고 관리하도록 권고하였고[40], 2000년 10월 G20 재무장관회의도 국가위험관리를 위한 국가부채관리와 외환위기를 예방하기 위한 권고사항을 제시하였다.

외환보유고 관리 1999년 10월 IMF는 중앙은행의 외화자산 운용, 위험관리, 외환보유고 관련 회계기준, 자료의 대외공표 등을 포함하는 건전성확보와 관련된 방안을 회원국들에게 제시하였고 2000년 5월에는 신흥시장국의 적정 외환보유고 관리 및 대외취약성 평가를 위한 외환보유고 관련 지표를 개발하여 이를 사용하도록 권고하였다.[41]

투명성과 국제기준 금융위기를 반복적으로 경험하면서 해당국의 거시경제 및 금융 관련 정책과 통계에 대한 신뢰성 있는 정보부족과 투명성결여가 위기의 원인이 되었다는 비판에 따라 모든 국가의 경제에 대한 정보의 정확성 및 공시방법 등에 대한 국제적 기준을 제정하여 일관성 있게 실행하고 이에 대한 국제적 감시활동을 강하하는 것이 새로운 과제로 제기되었다. 이에 따라 G7 산하에 설치된 FSP는 투명성을 제고하기 위한 12개의 핵심적 국제기준(The 12 Core Principles)을 제정하여 제시하였다, 여기에는 거시경제정책과 관련된 사항, 금융제도 및 금융시장 인프라에 대한 사항, 금융규제와 감독에 관한 사항 등이 광범위하게 포함되었다.

자본자유화 아시아 금융위기를 거치면서 지나친 단기자본의 위험성에 대한 인식과 자본자유화를 신중하게 추진해야 한다는 인식이 개도국을 중심으로 확산되었다. 이후 IMF 이사회도 자본자유화를 적극적으로 지지하던 종래의 입장으로부터 '순차적이고 질서 있는'(orderly and well-sequenced) 자본자유화가 바람직하고 이를 위한 건전성 규제정책을 개선할 것을 권고하였고 2000년 5월에 발표한 '자본통제 및 자유화에 대한 국가별 경험 및 시사점'이라는 보고서를 통하여 이에 대하여 논의하였다. 이후 2000년 10월에 개최된 G20 재무장관회의에서는, 금융외환시장에서는 항상 내재적인 위험과 불안정성이 있음을 주목해야 하고 말레이시아 및 칠레의 사례에서 보여주듯이 적절히 설계된 자본통제는 이러한 위험을 감소시킬 수 있음을 지적하며 동시에 성급한 규제완화에 따른 위험성을 경고하였다.

헤지펀드규제 동아시아 금융위기 이후 일부 학계와 개도국들은 투기적인 헤지펀드를 금융위기의 주범으로 지목하고 이에 대한 직접적이고 강력한 규제를 요구하였다. 이에 대해 헤지펀드 당사를 비롯한 주요 국제금융계와 미국 영국 등 선진국 정부들은 일정한 규제의 필요성에 대하여서는 공감하였지만 규제의 방법이나 강도에 대해서는 다른 견해를 보였다. 미국 정부나 월가(Wall Street)는, 헤지펀드는 각국의 환율정책이나 금리정책의 왜곡을 바로잡고 금융시장이 건전하게 발전할 수 있도록 하는 순기능도 있으므로, 헤지펀드와 거래하는 금융기관들의 영업활동과 건전성을 감독하는 간접적 규제방식은 찬성하지만 헤지펀드 자체에 대한 직접적인 규제와 감독을 행하는 것은 반대하였다. 이 때문에 G7 국가들 역시 헤지펀드의 설립이나 자본금규모 등을 규제하는 직접적 규제방식에 대하여 소극적인 태도를 보였다.

민간채권자 책임분담 종래의 경우 특정 개도국에 위기가 발생하면 채권자는 IMF가 제공하는 구제금융을 통하여 대출채권을 회수하거나 아니면 국가간 채무조정을 통하여 채권을 고스란히 상환 받았지만 동아시아 금융위기 이후 위기당사국의 채무자적 책임과 함께 민간채권자들이 신중하게 대출하지 않은 도덕적 해이에 대해서도 일정한 책임을 지우도록 해야 한다는 논의가 전개되었다.

이에 따라 위기 이후 이와 관련한 다양한 논의가 이루어졌지만 가장 대표적인 논의는 IMF 수석부총재인 앤 크루거(Anne Kruger)가 제안한 국가채무재조정제도(SDRM : Sovereign Debt Restructuring Mechanism)였다. 이것은 IMF협정에 주식회사의 파산절차와 같은 국가채무에 대한 재조정절차를 면시하여 제도화하자는 공식제안이었지만, 월가의 금융회사를 중심으로 하는 민간 채권자들은 채권자의 권리를 침해할 소지가 크고 모든 형태의 채권자그룹을 포괄하여 다수결의 결정을 유도하는 것이 비현실적이라는 이유로 반대의 견을 표명하였다. 이후 이에 대한 많은 논란이 이루어졌지만 월가의 반대와 미국이 소극적 태도를 취하자 2003년 4월 IMF협정문 개정과 관련하여 IMF는 회원국 간의 합의가 어렵고 민간투자자들의 반대가 강하다는 이유로 이에 대한 논의를 중단함으로써 결국 제도화되지 못하였다.

환율제도 개편 위기 이후 개최된 1999년 7월 G7 재무장관회의, 2000년 10월 G20 재무장관회의, 2000년 4월 IMF이사회 등에서 모두 바람직한 환율제도와 관련되는 논의가 이루어졌다. 예를 들면 신흥시장국이 환율제도를 잘못 운용하여 외환위기가 발생하면 위기의 전염효과로 인하여 인근으로 확산되고 결국은 IMF 등이 공적 자금을 투입해야 하므로 과도하게 외환시장에 개입하여 외환보유고를 소진한 나라에 대해서는 공적 자금의 투입을 허용하지 말아야 한다든지, 관리변동제 하에서 불투명한 환율운용을 행하여 외환위기를 초래하는 사례를 예방하기 위하여 고정환율제 또는 변동환율제 중 하나를 선택하는 양극단의 정책(two corner solution)이 바람직하다든지, 어떠한 환율제도를 선택하든지 해당국의 거시경제정책과 일관성을 유지하도록 감시활동과 정책조정이 이루어지도록 한다는 등이 그것이다. 이와 같은 다양한 논의에도 불구하고 새로운 국제환율체제의 창출이나 보다 투명하고 일관성 있는 환율제도 운영 등에 대한 국제적 합의를 도출하지는 못하였다.

IMF 개편 전술한 대로 아시아 금융위기 이후 IMF가 위기의 시전예방능력을 발휘하지 못하였음은 물론 사후적으로 이를 해결하는 능력을 발휘하지도 못하였던 만큼 급변하는 세계경제 상황 및 금융환경에 맞도록 이를 개편하여야 한다는 목소리가 높았다. 물론 이러한 개편론에는 아예 IMF를 폐지하거나 새로운 국제금융기구의 창설을 통하여 대체하자는 주장에서부터 현행 체제의 골격을 유지하는 가운데 부분적으로 개편하자는 주장까지 그 강도가 다양하였다.

이러한 논의과정에서 금융시장의 감독과 규제에 대한 국제적 협력과 조정을 위하여 FSF(Financial Stability Forum)를 창설하기도 하고 기구의 강화와 운영구조의 개선에 대한 논의가 진전되기도 하였다. 그러나 동아시아위기 이후 위기가 수습되면서 IMF를 향한 비판과 대폭적인 개혁요구는 그 강도가 크게 약화되었고, 오히려 G7과 IMF는 위기를 해결하기 위한 IMF체제의 중요성과 필요성을 강조함으로써 이에 대한 논의가 제대로 진전되지 못하였다.

---

34 김용덕 (2010) 제1장 내용 참조.

35 엔캐리란 금리가 낮고 환율이 저평가된 일본 엔화를 차입하여 금리가 높고 환율이 고평가된 국가에 투자하거나 대출하여 금리차익이나 환차익을 취하고자 행하는 국제금융의 차익거래를 말한다.

36 '만기불일치'란 단기자금을 차입하여 장기자산에 투자함으로써 자금의 조달과 운용상 기간의 불일치가 발생하는 것을 말하고, '통화불일치'란 외국통화를 빌려 자국에 대출함으로써 발생하는 환가치의 불일치를 말한다.

37 당시 위기당사국들의 국제수지적자/GDP 비율이 6~7%수준에 있었음에도 불구하고 환율에는 별다른 변화가 이루어지지 않았다.

38 태국 정부는 외환시장과 환율의 안정을 위하여 개입함과 동시에 외환보유고를 투입하여 종전 230억 달러 수준의 외환보유고가 위기 직전 최저 25억 달러 수준까지 격감하였다. 우리나라의 경우에도 1994년 이후 경상수지 적자가 -39억, -85억, -230억 달러로 누적되어 1996년 말 가용한 외화보유액이 294.2억 달러 수준에 불과하였고 1997년에도 경상수지적자가 지속되고 기업과 금융기관의 해외차입 장애로 인하여 외환보유고를 유지하는데 어려움이 발생하여 동년 11월에는 72.6억 달러 수준으로까지 격감하였다.

39 1996년 말 각국의 외환보유고 중 단기외채 비중(%)을 보면 한국 203.23%, 태국 99.69%, 인도네시아 177.59%였음에 대하여 대만 21.31%, 싱가포르 2,60%, 홍콩 22.35% 수준이었다(G, Corsetti et al (1998)).

40 그러한 지표로서는 ① 수출액 대비 외채 비율(외채/수출액), ② GDP 대비 외채비율(외채/GDP), ③ 외채의 평균이자율, ④ 외채의 평균만기, ⑤ 총외채 대비 각 통화표시 외채비율 등 5가지 지표를 개발하여 제시하였다.

41 이러한 지표로서는 ① 단기외채 대비 외환보유고 비율(외환보유고/단기외채), ② 수입액 대비 외환보유고 비율(외환보유고/총수입액), ③ 총유동성 대비 외환보유고비율(외환보유고/총국내유동성) 등 3가지가 있다.

제3절 미국발 글로벌 금융위기의 정치경제론

1990년대 말 동아시아에서 발생된 금융위기는 러시아·멕시코의 금융위기로까지 확산되기도 하였지만 이후 이러한 위기가 진정되었다. 이렇게 동아시아 금융위기가 진정된 이후 세계경제와 금융시장은 비교적 큰 위기 없이 새로운 세기를 맞이하는 듯하였다. 그러나 동아시아 금융위기 이후 10여 년이 지난 2008년 9월 15일 미국의 5대 투자은행 중의 하나인 리먼 브러더스(Lehman Brothers)가 파산보호를 신청하면서 본격적인 글로벌 금융위기기 촉발되었다.

어떠한 관점에서 파악하든 전 세계 금융의 중심이자 자본주의의 심장부라고 할 수 있는, 가장 선진적인 금융시스템과 감독시스템을 갖추고 있다고 평가되는, 동아시아 금융위기가 발생하였을 때 글로벌 스탠더드(global standard)를 외치며 위기당사국들의 책임론을 외치던 미국 자신이 이제는 금융위기의 진원지가 되었다는 점에서 매우 충격적인 사건이 아닐 수 없었다. 또한 이러한 금융위기가 급속히 전 세계로 확산되는 동시에 금융부문의 위기가 곧 바로 실물부문의 위기로 전이되었다는 점에서 유례를 찾아보기 어려운 미증유의 사건이었다.

1. 글로벌 금융위기의 전개과정

2000년대 초부터 미국 FRB가 제로금리에 가까운 초저금리를 유지하는 등 지나치게 확장적인 통화정책을 견지하는 가운데 2004년과 2005년 중반을 지나면서 부동산 등 자산시장의 버블에 대한 우려가 조금씩 제기되기 시작하였다. 이후 2006년 프린스턴대학의 교수 출신 버냉키(B. S. Bernanke)가 미국의 새로운 FRB의장으로 취임하면서 꾸준히 금리를 인상하는 통화정책으로 전환하게 되자 지금까지 치솟기만 하였던 주택가격이 급속히 하락하기 시작하고 부동산시장이 침체하기 시작하였다.

이러한 금리인상과 주택가격 하락으로 인하여 그동안 모기지 론을 통하여 주택을 구입하였던 서민들이 직격탄을 맞게 되었고 이로 인해 서브프라임 모기지의 부실이 가속화되었다. 2007년에 이르러서도 이러한 서브프라임 모기지 론의 부실이 계속 누적되자 모기지채권을 직접 발행한 금융기관은 물론 이것을 기초자산으로 하여 발행된 유동화증권에 투자한 투자은행·보험회사·헤지펀드 등 금융회사들이 연쇄적으로 피해를 입기 시작하였고 이어서 주요 투자은행들의 실적이 악화되면서 신용경색에 대한 우려가 확산되기 시작하였고, 2008년 9월 드디어 리먼 브라더스의 파산으로 본격적인 금융위기가 촉발되었다.

이처럼 리먼 브라더스의 파산으로부터 촉발된 미국발 글로벌 금융위기는, 지나치게 확장적인 통화정책으로 인한 유동성과잉과 자산시장의 버블 → 통화정책의 전환에 따른 서브프라임 모기지의 부실(유동성위기) → 서브프라임 모기지와 관련되는 금융회사의 연쇄적 파산과 펀드의 부실(시스템위기) → 금융위기의 급속한 전 세계적 확산과 세계경제위기(실물경제위기)이라는 과정을 밟으며 발생되고 확대된 세계적인 금융위기였다. 이러한 일련의 위기 진행과정을 좀 더 구체적으로 살펴보면 다음과 같다.

1.1 글로벌 금융위기의 발발

(1) 서브프라임 모기지의 부실(금융위기의 뇌관)

상술한 대로 미국의 금융위기는 2006년 하반기 이래 가속화된 서브프라임 모기지의 부실증대로부터 시작되었다. 미국인들은 보통 모기지대출을 받아서 주택을 구입하는데 이때 모기지(mortgage)란 부동산을 담보로 만기가 20년 이상의 장기대출을 해주는 금융행위를 말한다. 금융기관이 이러한 모기지대출을 해주기 위해서는 예금이나 채권발행을 통하여 대출자금을 확보하여야 하는데 예금이나 채권은 단기적 성격을 가지지만 모기지는 장기적 성격을 지니고 있어 만기의 불일치 문제가 발생되는 만큼 이에 따른 리스크가 존재한다. 그런데 이러한 모기지 중 서브프라임 모기지 론(sub-prime mortgage loan)은, 불량한 신용기록·낮은 신용등급·높은 부채부담률을 가지고 있어 신용등급이 낮은 사람들에게 제공하는 비우량 주택담보대출을 말한다.[42] 이러한 서브프라임 모기지는 미국에서 저금리기조가 지속되고 부동산가격이 급등하면서 2000년 이후 그 발행액과 비중이 급속히 증가하여 2001년 당시 1,900억 달러(전체 모기지 발행액의 8.6%) 수준으로 커진 이후 2006년에는 6,000억 달러(전체 모기지 발행액의 20.1%) 수준으로 까지 확대되었다.

이처럼 서브프라임 모기지의 발행액이 증가하고 전체 모기지 중에서 이들이 차지하는 비중이 증가하는 것은 모기지시장을 취약하게 만드는 원인이 되었다. 담보로 설정된 주택의 가격이 하락하거나 상환해야 할 모기지대출의 이자율이 상승하는 경우, 차입자의 상환부담이 커져 연체(delinquency)가 증가하게 되고 이에 따른 담보주택의 압류처분(foreclosure)이 증가하면서 대출을 행한 금융기관의 부실이 증가되는 악순환이 발생하기 때문이다.

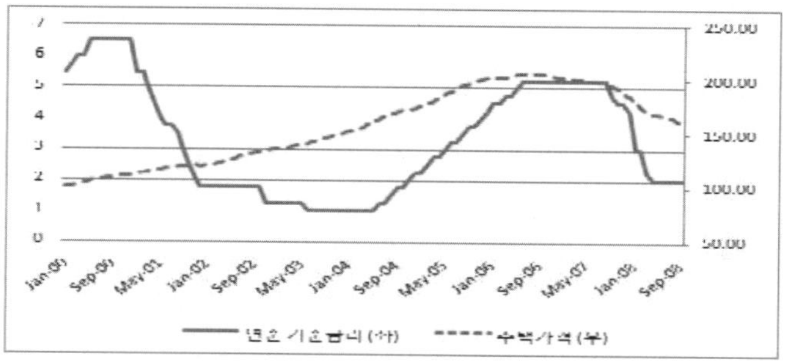

[그림 8-1] 2,000년대 초반 미국의 기준금리와 주택가격 추이

미국의 경우 이와 같은 일련의 논리적 과정이 실제로 발생하였다. [그림 8-1]이 보여주는 바와 같이. 미국이 2001년 중반 6.5% 수준을 유지하던 연방기금 목표금리를 2003년 중반에는 미국

42 미국의 신용등급은 ① Prime(우량등급), ② Alt-A(준 우량등급), ③ Sub-Prime(불량등급) 등 3등급으로 구분되는데 서브프라임 계층은 사실상 모든 금융거래에서 소외되는 계층이다 따라서 서브프라임 모기지에 대한 금리는 일반 모기지에 비하여 2~4%p 정도 높은 수준에서 결정되었는데 그만큼 대출금융기관의 위험 역시 높아지는 상품이다.

역사상 가장 낮은 1% 수준의 저금리로 인하하면서 미국의 주택가격이 계속 상승하게 되자 많은 사람들이 경쟁적으로 모기지 론을 활용하여 주택을 구입하였다. 그러나 2000년대 중반 이후부터 미국의 정책금리가 상승하기 시작하자 주택가격이 하락하기 시작하면서 모기지 론을 둘러싼 일련의 위기상황이 발생하였다.

저금리상태가 유지되면서 주택가격이 상승하는 기간 동안 많은 미국인들은 ① 모기지론을 통한 대출금으로 주택을 구입하고, ② 낮은 이자를 부담하면서 몇 년간 거주하면서, ③ 이후 주택가격이 상승하면 주택을 팔고 모기지론을 조기상환하고, ④ 상환하고 남은 돈으로 더 크고 비싼 집을 담보로 모기지론을 대출받는 과정을 통하여 자산을 증식시켜 갔다. 은행의 입장에서도 이러한 모기지 론이 굉장한 영업이익을 가져오므로 모든 은행들이 끊임없이 이러한 대출을 행하였는데 은행들 간 대출경쟁이 심해지면서 실제로 대출을 받기 어려운 저신용등급인 서브프라임 계층에 대해서도 대출이 확대되었고 심지어는 무서류(no document)·무심사를 통한 대출이 무분별하게 진행되기도 하였다.

이처럼 서브프라임 모기지 론이 급격히 증대된 것은, 2000년대 초반 미국의 확장적 통화정책으로 인한 과잉유동성으로 인하여 금리는 낮은데 주택가격은 계속 상승하게 되자 중산층·서민들이 대출을 통하여 주택을 구입한 데 따른 결과였다. 그러나 또 다른 한편으로는 '내 집 장만하기'(my house)를 위한 미국정부의 각종 지원정책이 이러한 모기지 열풍을 불러온 원인이 되었다. 내 집을 장만하는데 정부가 각종 보호정책을 시행한 역사는 그 이전에도 있었지만 서브프라임 사태 이전까지는 주로 백인 중류계층에 대한 지원이었지만 1980년대 이후부터는 은행계좌를 보유하지 않는 등 주택대출의 일반적인 신청기준을 충족할 수 없는 흑인·히스패닉 등과 같은 저소득층의 주택소유에 대한 정부의 지원정책이 증대되었다.

클린튼(Bill Clinton) 대통령 시절 미국정부는, 서민금융 활성화와 안정적인 주택마련을 위하여 기존의 모기지 론의 심사기준을 대폭 완화한 서브프라임 모기지 론이라는 제도를 새로이 만들고 이러한 대출에 미국 정부기관이 관련법을 만들어 적극으로 관여하였다. 이러한 정책기조는 이후 부시(Gorge W. Bush)정권에서도 계속되었다. 특히 부시정부가 2004년 10월 재선을 향한 선거운동과정에서, 미국의 시민들도 자신의 집을 소유하는 '소유자 사회'(ownership society)의 실현을 통하여 더 강한 미국을 만들겠다는 공약을 내걸자 이후 주택 마련을 위한 각종 정책지원이 뒤따르게 되었다. 보증금 없이 주택담보대출을 받는가 하면 2년 동안 원리금상환을 유예받기도 하였고 증빙서류 없이 대출을 받기도 하는 등 각종 지원 아래서 모든 사람들이 내 집 마련 대열에 동참하였다.

이러한 과열분위기 속에서 이후 미국의 통화정책이 금리를 인상하는 쪽으로 변화하게 되자 그동안 모기지론을 통해 주택을 구입하였던 일반 서민들이 직격탄을 맞게 되었다. 그들 대부분은 낮은 대출상환금(downment)을 유지하기 위하여 변동금리를 택하였는데 그 결과 금리인상은 고스란히 이자부담의 증가로 작용하였다. 상승하는 금리만큼 이자부담도 꾸준히 상승하여 이자부담액이 주택가격 상승률을 넘어서게 되자 이제는 주택을 처분해도 대출금을 변제할 수 없는 상황에 이르게 되었다.[43] 자연히 주택을 급히 매각하려는 사람들이 경쟁적으로 늘어나서 주택가격이 급락하는 가운데 이자부담의 압박은 더욱 커지는 악순환이 일어나게 되었다.

이 때문에 대출금을 갚지 못하여 주택이 은행에 압류당하는 사례가 급격히 능가하여 2008년 미국 금융위기 발생 당시 220만 가구에 달하였는데, 이러한 개인의 파산이 늘어날수록 그에 비례하여 대출을 행한 금융기관의 부실이 늘어나고 모기지 론의 평가손실도 늘어났다. 미국이 겪은 이러한 상황은 다른 서방선진국에서도 별로 다르지 않았다. 영국의 경우, 과거 대처총리가 '부동산소유 민주주의'를 강조하고 그 이후의 수상들이 이러한 정책에 적극 호응하는 정책을 펼친 결과, 런던금융가가 막대한 자금을 투입하여 인위적으로 끌어 올렸던 부동산가격이 글로벌 금융위기 이후 급격히 하락하면서 위기가 증폭되는 모습이 이곳에서도 재연되었다.

(2) 금융기관의 연쇄적 파산(금융위기의 파급경로)

이상과 같이 증폭된 서브프라임 모기지의 부실화는 모기지대출을 행한 금융기관만의 위기로 끝나지 않는다. 이러한 대출을 기초자산으로 하여 발행한 유동화증권에 과도하게 투자한 투자은행·보험회사·헤지펀드 등이 연쇄적으로 피해를 입었기 때문이다. 유동화증권이란, 금융기관이 채권이나 부동산 등 여러 가지 자산을 담보로 행한 대출채권을 여러 개로 다시 쪼개어 외부투자자들에게 새로운 증권으로 판매하는 금융상품으로서, 이를 구조화증권이라고도 한다. 이러한 증권화(securitization) 현상은 1970년대부터 나타나기 시작하였지만 이에 대한 최초의 대규모시장이 미국의 모기지시장이었다.

서브프라임 모기지 론의 경우 위험이 높을 뿐만 아니라 대출기간도 긴 채권이지만 투자은행들이 이러한 장기채권을 담보로 하는 다수의 단기증권을 발행하여 이를 다수의 투자자들에게 판매하는 경우, 모기지금융을 중개한 금융회사는 대출에 필요한 자금을 쉽게 조달하거나 대출금을 조기에 현금화할 수 있고 대출에 따르는 위험을 분산하거나 전이시키면서 금융시장에 이러한 증권을 제공하고 판매하는 과정에서 일정한 수익을 실현하게 되고, 주택소유자는 금융회사로부터 대출을 받고 이러한 대출금에 대하여 매달 모기지를 납부하는 방법으로 주택을 구입할 수 있으며, 이러한 증권을 매입한 투자자들은 일정한 이자로써 보상받게 됨으로써 시장에 참여하는 모든 경제주체들이 이를 통하여 이익을 보는 유익한 메커니즘이 작동하게 된다.

이러한 메커니즘에 따라 서브프라임 모기지를 기초자산으로 하는 유동화증권이 다양한 형태로 나타났고,[44] 그 규모 역시 엄청나게 커졌다. 서브프라임 모기지의 부실이 현실화되기 직전인 2006년 말 현재 미국의 모기지 시장규모가 약 10조 달러(서브프라임모기지 약 1.5조 달러)였는데 모기지를 기초로 한 유동화증권 규모가 약 6조 달러(서브프라임모기지 약 1조 달러) 이상으로 추정되어 이러한

---

43 당시〈CNN〉은 2008년 말 현재 미국의 모기지대출을 받은 가구의 18%가 주택을 팔아도 대출금을 갚지 못한다고 보도하였고, 〈이코노미 닷 컴〉은 집값보다 대출금이 더 많아 언더 워터(under water) 상태에 있는 가구가 1천 200만 가구로 추산하였다.

44 이러한 유동화증권으로서는 자산담보부증권(ABS: Asset Backed Securities), 모기지담보부증권(MBS : Mortage-Backed Securities), 부채담보부증권(CDO : Collateralized Debt Obligation), 대출채권담보부증권(CLO : Collateralized Loan Obligation) 등이 있다.

증권화경향이 매우 높았음을 알 수 있다.

이처럼 증권화를 통하여 자금이 조달되고 운용되는 대규모 모기지시장은 모든 것이 순조롭게 진행되는 경우 여기에 참여하는 모든 경제주체들에게 이익을 가져다주는 유익한 게임이 진행되는 시장이지만, 만약 어떠한 이유로 모기지의 부실이 발생하면 모기지를 행한 금융회사는 물론 이를 기초로 하는 유동화증권의 부실로 이어지고 이들 증권에 투자한 투자은행·보험회사·헤지펀드·연기금 등이 모두 동반하여 대규모 손실을 입게 되는 시장이다. 이러한 일이 실제로 서브 프라임 모기지의 부실로 인하여 발생하였고 이것이 미국 금융시장 전체의 위기로 발전하였다.

〈부록 8-3〉 금융위기의 주범 신용부도스왑(CDS)

글로벌 금융위기 발생 시 위에서 설명한 바와 같은 과도한 증권화로 인한 금융기관의 연쇄적 파산을 더욱 확대시키는데 결정적 역할을 하였던 것이 파생금융상품으로서 이른바 신용부도스왑(CDS : Credit Default Swap)이었다. CDS는 1994년 JP모건이 고안해 낸 새로운 발명품이었다.

원래 은행이 대출을 행할 때 대출금을 받지 못할 경우에 대비하여 법이 정하는 바에 따라 일정한 준비금을 비축해야 한다. 이 때 은행은, 이러한 거액의 준비금을 쌓아놓는 방법 대신에 채권부실화(신용부도위험)의 위험을 보험회사에 부보하고 보험회사에 대하여 일정한 보험금(수수료)을 납부하는 방식으로 헤지(hedge)하는 경우, 대출금을 받지 못할 수 있는 위험을 제3자에게 넘기고 대출채권의 신용도를 높일 수 있으며 또한 그렇지 않았다면 비축해두어야 할 거액의 준비금을 다른 수익성 높은 투자에 활용할 수 있는 이익을 얻을 수 있게 된다. 또한 이러한 과정에서 보험회사는 보험회사대로 CDS와 관련된 새로운 보험상품을 판매하게 되어 더 높은 수익을 올릴 수 있게 된다.

이러한 메커니즘으로 운용되는 CDS는 이후 짧은 시간에 폭발적인 인기를 누리며 급성장하였다. 2000년에 그 규모가 처음으로 1,000억 달러를 돌파한 이후 미국 주택시장의 호황과 더불어 2004년에는 6.4조 달러, 2007년에는 무려 62조 달러 규모에 이르렀다 그러나 2008년 세계 최대 보험회사인 AIG가 보유하던 CDS 4,400억 달러 중 투자은행·보험회사 등과 계약한 140억 달러에 대한 지급이 불가능해지면서부터 문제가 발생하였다. 전통적인 보험에서는 위험발생이 서로 독립적인 현상이어서 어느 쪽의 위험발생이 다른 쪽에 영향을 미치지 않지만 이러한 CDS의 경우 한 군데에서 부도가 발생되면 연쇄적인 부도가 발생하는 구조였기 때문에 그 파장이 일파만파로 번져나갔고, 더 큰 문제점은 이러한 상호관계가 얽히고 설켜서 아무도 그것의 정확한 규모나 범위를 파악하지도 못하는 사태가 발생하였다는 데에 있었다.

이러한 상황 하에서 미국 최대 투자은행 중의 하나인 리먼 브러더스가 파산을 맞이하자 이러한 파산의 여파로 세계 최대 보험회사인 AIG의 생존이 위태로워졌다. 이에 미국정부는 그것의 파산이 가져올 파장을 우려하여 구제금융을 통하여 AIG를 생존시켰지만, 이러한 투자은행과 보험회사 등 서로 다른 금융회사들이 연쇄적으로 파산하게 되는 연쇄적 위기의 배후에는 CDS라는 파생금융상품의 위험한 메커니즘이 그 원인으로 작용하고 있었다. 이후 CDS는 세계를 공포로 몰아넣은 금융위기의 주범으로 지목받게 되었다.

1.2 글로벌 금융위기의 확산과 전이 (금융위기의 매개)

(1) 위기의 세계적 확산

이렇게 시작된 미국발 금융위기는 이후 급속히 전 세계의 금융과 실물부문으로 확산되었다. 100~150여 년의 역사를 지닌 미국 최대의 투자은행들이 연쇄적으로 파산하고 세계 최대의 보험회사가 정부의 구제금융을 받아 가까스로 회생을 도모하는 사태가 발생하리라고는 상상도 못하였던 전 세계 투자자들은 아연실색하였고 국제금융시장은 이러한 사상 초유의 사태 앞에서 공황상태로 빠져들었다. 이에 전 세계는 1930년대 이래 최악의 경제위기에 빠졌다는 두려움으로 숨을 죽이고 연일 각국의 언론과 경제전문가들은 비관적인 시나리오를 쏟아내었다. 이후 세계 각국의 주가는 급락하고 주요국의 환율은 급속히 치솟았으며 국제금융시장의 극심한 자금경색으로 인하여 많은 금융회사들이 도산하고 다수의 국가들이 유동성위기에 직면하게 되었다.

실제로 전 세계 53개국 주요 증시의 시가총액의 40%(세계 전체 GDP의 50%에 달하는 25조 달러) 정도가 허공으로 사라졌고, 미국 전역의 연기금 중 40% 정도가 손실을 입어 지급불능사태를 걱정하여야 했으며 전 세계 헤지펀드 20% 정도가 파산하고 부동산가격이 급락하였다. 이에 2009년 4월에 IMF가 발간한 「글로벌 금융안정보고서」(Global Financial Stability Report)는, 2007년부터 2010년까지 미국·유럽·일본 금융기관들의 손실규모를 4.1조 달러로 추정하고[45] 미국과 유럽의 은행들이 금융위기 이전 수준의 재무건전성을 확보하기 위해서는 약 8,750억 달러(미국 2,750억, 유럽 6,000억 달러) 수준의 자본 확충이 이루어져야 하며 1990년대 중반 수준의 재무건전성을 확보하기 위해서는 이보다 2배 이상의 자본 확충이 필요하다고 분석하였다.

이렇게 미국에서 시작된 금융위기가 순식간에 국경을 넘어 전 세계로 확산되어 전례 없는 글로벌 금융위기로 급속히 확산되었다. 특히 금융패닉은 진원지인 미국으로부터 유럽 → 아시아 → 브릭스(BRICs)로 급속히 전이되어, 금융위기의 진원지와는 직접 관계가 없어 보이는 신흥국들이 외환유동성위기를 겪고 구제금융을 신청하는가 하면 주가가 폭락하고 외환시장이 동요하는 등 금융위기가 순식간에 전 세계적인 현상이 되었다.

금융위기의 국제적 전이가 이처럼 급속히 일어날 수 있었던 것은 금융의 글로벌화에서 그 원인을 찾을 수 있다. 서브프라임 모기지 부실로 대형 투자은행들과 헤지펀드 등 투자자들이 유동성부족에 시달리자 이들은 신흥국에 투자하였던 자금을 회수하기 시작하였고 이로 인해 급격한 자금이탈이 발생하면서 신흥국 금융시장과 외환시장이 큰 혼란에 빠지게 되었다. 이처럼 위기상황은 국제금융시장의 신용거래가 붕괴되면서 더욱 심각한 국면으로 전개되었는데 이에 학자들은 지금까지 과소평가되었던 세계화의 가장 중요한 측면이 바로 `위험의 전이'라는 사실에 주목하였다.

(2) 금융위기의 실물부문으로의 전이

한편 미국발 금융위기는 이와 같은 경로를 거쳐 국제금융시장에 빠르게 확산되면서 빠른 속도로

---

45 금융기관별로는 은행 -2.5조 달러, 보험사 -3,000억 달러, 연기금 등 기타 -1.3조 달러로 추정하였고 지역별로는 미국 -2.7조 달러, 유럽 약 -1.2조 달러 수준으로 추정하였다.

실물경제로 전이되어 지구촌 전체가 실물경제의 동반침체를 겪는 사태가 발생하였다. 대다수 국가의 경제성장률과 수출입실적이 마이너스를 나타내었고 이러한 경기침체로 인하여 나라마다 실업이 증가하면서 극도의 불안이 세계를 엄습하였다. 특히 미국은 위기 이후 600만 명 이상의 실업자가 발생하였고 실업률 역시 한때 10% 수준을 돌파하였으며 경기침체 기간도 2008년 12월 이후 19개월 이상 지속되어 제2차 세계대전 이후 최장의 침체인 동시에 1970년대 2차례의 석유위기 때에도 나타나지 않았던 장기침체를 겪었다. 이에 저널리스트들은 '100년 만의 불황'이라는 말은 과장인 것으로 보이지만 적어도 '50년만의 불황'임에는 틀림없다고 논평하기도 하였다.

금융부문에서 위기가 발생하면 대부분의 경우 이것이 실물투자 및 소비에도 부정적인 영향을 미치는 것이지만 이번의 금융위기는 특히 실물경제에 큰 타격을 입혔다는 특성을 보여주고 있다. 금융불안에 따른 미국의 실물경제 악화가 전 세계적인 수요감소로 직결되었고 이것이 수출의존도가 높은 신흥시장국 경제에 어려움을 가중시키면서 전 세계적인 경기침체를 불러왔던 것이다.

이렇게 금융위기가 실물부문으로 급속히 전이된 것은 금융시스템의 경기민감성과 경기순응성(pro-cyclicality)이 확대된 결과라고 볼 수 있다. 금융위기가 발생하거나 경기위축기에 접어들면 금융회사들은 자산가치 하락과 고객의 파산가능성을 우려하여 경기호황기에 축적한 과도한 레버리지를 해소하는 디레버리징(de-leveraging)과 유동성확보에 나서면서 실물부문에 대한 자금공급을 축소하는 행위를 일시에 행한다. 이로 인해 실물부문의 자금수요자들은 금융부문의 충격에 그대로 노출되었고 소비와 투자 등 전반적인 경기지표들도 급속히 악화되었다.[46]

1.3 유럽의 금융위기 발발

이상과 같이 2008년 9월 리먼 브라더스의 파산으로 촉발된 금융위기는 급속히 전 세계로 확산되어 글로벌 금융위기로 진화하였지만 2009년에 들어와 특히 거시경제와 금융부문이 취약한 동유럽국가의 금융위기로 파급되었고 이어 남부 유럽국가들의 금융시장불안으로 파급되어 여전히 끝나지 않은 위험으로 인식되고 있다. 이러한 유럽의 금융위기의 원인과 양상을 요약하면 다음과 같다.

(1) 동유럽국가의 금융위기

동유럽 국가들은 자본주의 시장경제체제로 전환 이후 서구식 경제성장 모델을 도입하였지만 기본적으로 낮은 생산성과 낮은 대외경쟁력 때문에 경제의 기초체력이 허약한 상태를 면치 못하였고 특히 재정구조가 취약하고 과다한 외채 때문에 대외신인도가 낮았다. 2009년 9월 미국발 금융위기가 본격화되면서 동유럽금융시장에 대한 불안감이 유럽지역으로 확산되자 헝가리·라트비아 등이 급격한 유동성부족으로 구제금융을 지원받아야 했고 나머지 국가들도 비슷한 처지에 놓이게 되자 이들 지역의 금융위기가 더 심화되어 채무이행불능 상태에 빠질 경우 이는 유로존 은행들의 부실로 이어져 결국 서유럽으로 위기가 확산되어 제2의 글로벌 금융위기를 촉발할 수 있다는 우려가 나타났다.

46 김용덕 (2010) p.151.

동유럽 국가들의 이러한 금융위기는 동아시아 외환위기와 마찬가지로 과다한 경상수지 적자와 단기외채 구조 하에서 미국발 금융위기의 여파로 서유럽 금융기관들이 글로벌 신용경색에 대응하기 위하여 동유럽으로부터 자금을 급히 회수하면서 위기가 발생되고 심화되었다. 이러한 점에서 동유럽의 외환위기는 동아시아 금융위기와 남미의 금융위기의 요소를 동시에 지니고 있었다. 체제개혁 이후 경제발전과정에서 외채에 지나치게 의존하면서 국제수지적자가 심화된 점은 동아시아와 유사하고 재정적자가 크고 경제의 기초여건이 부실하다는 점은 남미의 경우와 유사하기 때문이다.

이후 동유럽 국가들 중 자유변동환율제도를 채택하고 있는 폴란드·체코·헝가리·루마니아의 4개국 중앙은행이 환율안정을 위한 공동대응 등 동유럽 국가들의 적극적인 대처와 세계은행 및 유럽부흥개발은행 등 국제금융기구 및 EU의 지원에 따라 최초의 금융위기 상황은 진정되었지만, 결국 이러한 동유럽의 금융위기는 미국에서 발생한 국제금융위기가 새로운 금융위기를 파급시키는 효과와 관련되어 있다고 할 수 있다.

(2) 남유럽국가의 금융재정위기

2009년 말 두바이에서 발생한 이른바 국가부도위험(sovereign risk) 사태를 계기로 남부 유럽지역의 일부국가 포르투갈·이탈리아·아일랜드·그리스·스페인, 이른바 PIGS 국가들의 높은 재정적자와 국가채무문제가 다시 부각되면서 국제금융시장의 불안이 고조되었다. 유로 존 내 만성적 재정적자와 국가채무 우려가 컸던 이들 국가들이 글로벌 금융위기를 거치면서 위기의 대응과정에서 정부재정지출이 더욱 확대된 반면 경기침체로 인해 세입은 감소됨으로써 국가재정이 더욱 악화되면서 국가신용에 대한 우려가 더욱 확대되었고 이에 국제신용평가사들이 그들의 신용등급 및 전망을 잇달아 하향 조정하면서 금융시장불안이 높아지게 되었던 것이다.

이들 국가들이 이러한 금융시장불안을 맞이한 구체적인 이유는 나라에 따라 약간씩 차이를 가지고 있지만 이처럼 모두가 국가의 재정수지 및 경상수지 상태가 극히 나빠 국가신용등급이 하향조정되어 시장의 불안이 더욱 확산되었다는 것이다. 이러한 남유럽국가들의 재정위기와 금융시장불안이 부각되자 유로화의 가치가 급락세를 지속하는 현상을 초래하였다. 이에 따라 그동안 매우 성공적인 지역통합모델로 평가받아 왔던 유로체제의 태생적 한계가 노출되었다는 평가가 대두되면서 이러한 금융위기로 인하여 유로화의 존립기반 자체가 붕괴되는 것은 아닌가 하는 우려가 나오기도 하였다. 유로화의 금리수준·통화량에 대한 통화정책은 유럽중앙은행(ECB)이 결정하는 반면 예산편성·정부지출 등 재정정책은 각 회원국의 정부가 집행함으로써 발생되는 구조적 불일치가 발생할 수 있다는 것이다.

이렇게 유럽의 금융재정위기는 EU내부의 여러 가지 구조적 요인이 원인이 된 것은 사실이지만, 글로벌 금융위기로 인하여 남유럽 국가들이 금융기관부실화와 실물경제 침체를 겪게 되자 금융정상화와 경기부양을 위하여 막대한 재정지출을 행함으로써 재정위기가 폭발하였다는 점에서 글로벌 금융위기에 따른 부정적 파급효과임을 부정할 수 없다. 어쨌든 남부유럽의 금융재정위기는 유로체제 그 자체에 대한 평가인 동시에 이러한 금융시장불안이 세계경제에 중요한 영향을 미칠 수 있는 중요한 변수 내지는 새로운 글로벌 금융위기의 진원지가 되지는 않는가 하는 점에서 주목받게 되었다.

이후 IMF와 미국 FRB의 지원까지 등에 업은 EU에 의한 구제금융·자금지원 등 광범위한 지원책들이 행하여졌고 당사국들의 강력한 긴축재정조치가 시행되기도 하였지만 여전히 이들 지역의 금융시장불안이 완전히 제거되고 있지는 못하다. 설사 이러한 금융시장불안이 미국에서 발생한 것과 같은 국제금융위기로 확산될 가능성은 크지 않다고 하더라도 이러한 위기의 여파가 장기간 지속되면서 글로벌 금융시장의 변동성이 확대될 수 있으며 이들 국가들이 위기를 극복하는 과정에서 재정건전화에 대한 부담 증가로 세계경제의 회복이 지연될 가능성 역시 높다.

2. 글로벌 금융위기의 특성과 함의

미국발 금융위기가 발생하자 위기의 성격을 '신종바이러스에 의한 일시적 독감' 정도로 파악하는 사람들, 1970년대 이후 나타난 신자유주의·탈규제와 자유화·시장개방의 문제점이 위기로 나타난 '30년 중병'으로 보는 사람들, 보다 근본적으로 미국식 자본주의나 미국의 패권이 붕괴되는 '세계경제의 100년 전환'이 이루어지고 있다고 보는 사람들 등 서로 각기 다른 다양한 시각들이 제기되었다.

어떠한 관점에서 파악하든 전 세계 금융과 자본주의의 심장부라고 할 수 있는 미국 자신이 이제는 금융위기의 진원지가 되었다는 점에서 매우 충격적인 사건이 아닐 수 없었다. 또한 이러한 금융위기가 급속히 전 세계로 확산되는 동시에 금융부문의 위기가 곧 바로 실물부문의 위기로 전이되었다는 점에서 유례를 찾아보기 어려운 미증유의 사건이었다. 이에 이러한 글로벌 금융위기를 그 이전에 발생하였던 경제위기와의 대비를 통하여 이번의 금융위기가 가진 특성이 무엇인가를 파악하려는 논의가 이루어졌다.

2.1 1930년대 대공황과 글로벌금융위기 비교

우선 많은 사람들이 이러한 글로벌 금융위기를 1930년대 대공황(the great depression) 이후 최대의 글로벌 경제위기라고 규정하는 데 별다른 의문을 제기하지 않았다. 그렇다면 과연 이러한 글로벌 금융위기가 1930년대의 대공황에 견줄 만큼 심각한 위기이며 양자는 어떤 점에서 유사하고 또 어떤 점에서 다르다고 할 수 있는가?

우선 이러한 금융위기를 대공황과 비교하는 이유는 위기 발생으로 인한 충격이 양자 모두 매우 컸던 점, 또한 위기발생 원인이 양자 모두 주식·부동산 등 자산시장에서 수년 동안 누적된 버블이 붕괴되면서 위기가 발생하였던 점, 위기발생시점의 상황 역시 분배의 양극화가 심화된 상태에서 경기순환 국면의 하나로 발생하였다는 점 등에서 유사점이 많기 때문이다. 그럼에도 불구하고 위기 초기의 경제상황을 보면, 물론 여러 가지 다른 평가도 가능하겠지만, 1930년대 대공황 초기에 비하여 글로벌 금융위기의 경우 상대적으로 견실한 수준을 보였던 것으로 평가되었는데 〈표 8-12〉가 이러한 상황을 보여주고 있다.

〈표 8-12〉 1930년대 대공황과 글로벌 금융위기 초기의 경제지표 비교

구 분	1930년대의 대공황		글로벌 금융위기	
은행도산	9,096개 (50%)	(1930.1~1933.3)	57개 (0.6%)	(2007.12~2009.3)
실업률	25%		8.5%	
경기침체	-26.5%	(1929~1933)	3.3%	('08 2분기~'09 1분기)
주가 최고하락률	-89.2%	(1929.9~1932.7)	-53.8%	(2007.12~2009.3)
물가변동	-25%	(1929~1933)	+0.5%	(2007.12~2009.3)
긴급 정부지출	GDP의 1.5%	(1934)	GDP의 2.5%	(2009~2010)
통화공급 증가	17%	(1933)	12.5%	(2008.9~2009.5)

자료 : FIDC, Federal Reserve: Commerce Department, Dow Jones 삼성경제연구소(2010) p.22.

이렇게 1930년대 대공황과 글로벌 금융위기가 서로 다른 것은 위기가 발생한 초기의 경제충격 정도가 서로 달랐다는 점에서도 발견되지만, 그러한 경제위기에 대처하는 정책적 대응이 서로 달라 위기로 인한 파장과 진폭이 축소되었다는 점에서도 서로 달랐다고 할 수 있다. 말하자면 1930년대 대공황시기에는 한 번도 경험해보지 못한 사태에 대하여 적절한 정책적 대응을 제대로 하지 못하였음에 비하여 이번의 금융위기에서는 1930년대에 겪었던 역사적 경험을 바탕으로 그때와는 다른 신속한 대응이 이루어짐으로써 위기에 대처하는 방법과 능력에 차이가 있었다고 할 수 있다. 이러한 내용을 〈표 8-13〉이 요약하여 보여주고 있다.

〈표 8-13〉 1930년대 대공황과 글로벌 금융위기의 특성 비교

구 분	1930년대의 대공황	글로벌 금융위기
역사적 경험	한 번도 경험해보지 못한 위기사태	대공황의 역사적 경험 통한 대응
통화정책	경직적·안정적 통화정책	공격적 금리인하·통화확대 정책
재정정책	증세·지출축소·균형재정 추구	증세 자제·재정적자 확대
국제공조	각국의 이기적 목표에 입각한 보호주의· 경쟁적 평가 절하 등 근린궁핍화정책	금리·재정 등 거시정책적 공조, 교역자유화를 위한 글로벌 정책공조
위기확산	금융통합수준 낮아 위기확산 속도 느림.	금융세계화로 패닉확산 속도 급속함.

1930년대 대공황 시기에는 그때까지 한 번도 경험해보지 못한 초유의 사태에 직면하여 적절한 정책적 조합과 대응을 행하지 못하였다. 즉, 심각한 불황이 닥쳐왔는데도 불구하고 정책당국은 오히려 금본위제도 하에서의 경직적인 통화정책과 소득세인상을 통한 균형적 재정정책을 견지하는 정책적 오류를 범하였고, 또한 대외적으로도 자국의 이익만을 추구하여 보호무역을 강화하고 경쟁적인 자국통화의 평가절하를 행하는 등 근린궁핍화적인 대외정책만을 고수함으로써 적절한 국제공조가 이루어지지도 못하여, 위기가 더욱 증폭되고 결국에는 치명적인 경제공황(panic)에 이르게 되었다.

그러나 이번 글로벌 금융위기에서는 1930년대의 이러한 정책적 오류를 되풀이하지 않기 위하여, 조기부터 은행에 대한 과감한 공적자금 투입·풍부한 유동성공급·금리인하·재정확대를 통한

경기부양책 등 확대정책을 선제적·공격적으로 행하는 한편, 역사상 최초로 주요국의 중앙은행이 동시에 금리인하와 통화확대를 실시하고 이러한 위기상황에서도 보호무역의 유혹에 빠지지 않도록 하는 국제공조의 틀을 작동시킴으로써, 위기가 가져올 파장을 최소화 하려고 노력하였고 이러한 노력이 소기의 성과를 거두었다.

이러한 점에서 이번에 발생된 글로벌 금융위기가 전대 미문의 경제위기이기는 하지만, 1930년대 대공황과 동일하게 간주하기에는 질적인 차이가 존재하고 따라서 세계경제의 100년 전환이라고 할 만큼 대불황으로 종결될 가능성은 적다고 보는 사람들이 많다. 다만 1930년대에는 국가 간 금융통합의 수준이 낮아 위기가 확산되는 속도가 그렇게 급속하지 않았지만 글로벌 금융위기의 경우 금융세계화의 진전으로 위기의 확산과 전이속도가 매우 급속하였다는 점이 특기할 만하다.

2.2 동아시아 금융위기와 글로벌 금융위기의 비교

(1) 위기의 원인과 성격 비교

한편 글로벌 금융위기가 가진 특성과 함의가 무엇인가를 이해하기 위하여, 1997년에 발생한 동아시아 금융위기와 그로부터 10여 년 후인 2008년에 발생한 미국발 글로벌 금융위기의 원인과 성격을 비교하여 보면 〈표 8-14〉와 같다.

〈표 8-14〉 동아시아 금융위기와 글로벌 금융위기의 원인과 특성 비교

구 분			동아시아 금융(외환)위기	글로벌 금융위기
공통점	정책적 요인	유동성과잉	단기외자의 지나친 도입	저금리정책, 글로벌불균형
		과잉자유화	조급한 금융·외환·자본자유화	금융자유화, 첨단금융기법 발달
	시장적 요인	과잉대출	금융기관·임원 간 과당경쟁	단기 업적주의와 보상체계
		도덕적 해이 의한 증폭	무모한 외자도입·부동산대출, 만기불일치·통화불일치 발생	무차별 대출·레버리지 과잉, 고위험·고수익 상품의 범람
		버블붕괴	과잉유동성으로 인한 부동산 등 자산시장 버블의 생성과 붕괴	
	금융 감독기능 약화		금융건전성 감독역량 부족, 금융규제완화 따른 시장불개입	
차이점	금융위기의 형태		외환위기 → 은행·금융위기	은행위기
	위기의 발생지역		신흥시장국, 개도국	미국 등 선진국

자료 : 김용덕 (2010) p.387 적의 수정함.

먼저 동아시아 금융위기와 글로벌 금융위기의 기본적 특성을 살펴보면, 비록 구체적인 내용에 있어서는 약간의 차이가 있지만, 근본적인 성격에 있어서 양자는 다음과 같은 공통점을 공유하고 있다.

과잉유동성과 버블 동아시아 금융위기의 경우 지나친 외자도입으로 인하여 유동성과잉이 발생하였지만 글로벌 금융위기의 경우 글로벌 불균형에 따른 달러의 환류와 저금리정책으로 인하여 유동성과잉이 발생하여 과잉유동성이 발생한 구체적 배경은 서로 다르지만, 과잉유동성으로 인하여 경제에 거품이 발생하고 이러한 거품이 붕괴되는 과정에서 금융위기가 발생하였다는 점에서 양자 모두

공통점을 지니고 있다. 이렇게 두 번의 위기 모두 과잉유동성을 배경으로 발생한 부동산 등 자산시장버블의 생성과 붕괴(boom & burst)로 인하여 위기가 발생하였다.

과잉대출과 도덕적 해이 두 번의 위기 모두 금융기관의 과당경쟁에 의한 무모한 대출과 투자에서 위기가 발생하였다. 동아시아 외환위기 경우 남보다 빠른 승진이나 보직 때문에 발생한 금융회사 직원의 지나친 실적경쟁이 원인이 되었고 글로벌 금융위기의 경우에도 지나친 단기업적주의와 그에 따른 보상체계로 인한 과다대출(over banking)이 위기의 원인이 되었다. 금융이란 본래 자금이 남아도는 흑자단위(surplus unit)로부터 자금이 부족한 적자단위(deficit unit)가 자금을 융통(financing)하는 것을 말하고 금융회사는 이러한 남아도는 자금을 기반으로 대출이나 투자활동을 행하여 새로운 부가가치를 생산하는 중개산업이다. 따라서 여기에는 반드시 이러한 중개과정에서 발생되는 금융리스크가 따르게 되는데 두 번의 금융위기 모두 이러한 리스크가 원인이었다.

이러한 금융의 본질적 속성에도 불구하고 두 번의 위기 모두 금융회사들이 철저한 사전 심사나 리스크의 관리 없이 과다 대출하고 위기 조짐이 발생하면 무차별적으로 대출을 회수하는 등 금융회사의 도덕적 해이(moral hazard)로 인하여 위기가 증폭되었다. 동아시아 외환위기의 경우 단기외채를 너무 무모하게 도입하여 장기로 대출하는 과정에서 발생한 만기불일치나 통화불일치로 인하여 리스크가 발생되었고 글로벌 금융위기의 경우 역시 금융회사들이 높은 레버리지를 이용해 위험도가 높은 저신용 모기지 대출에 경쟁적으로 뛰어들어 위기를 촉발시켰다.

과잉자유화와 감독기능 미흡 두 번의 금융위기 모두 금융자유화나 규제완화의 과잉이 일정 부분 위기의 원인이 되었다. 동아시아 금융위기의 경우 성급하게 행한 위기당사국들의 금융·외환·자본자유화로 이하여 해외로부터 과다한 단기차입이 일어나 외환위기를 촉발시켰고, 글로벌 금융위기 역시 지나친 금융자율화와 규제완화를 배경으로 고수익을 추구하기 위한 첨단금융기법이 등장하였고 이러한 금융거래가 규제의 사각지대에서 리스크가 증폭되었다. 이처럼 금융자율화와 규제완화로 금융시장 전체의 리스크가 증폭되고 있음에도 불구하고 이를 철저히 감시하고 사전에 이를 제어할 수 있는 감독기능이 제대로 작동하지 못하였다. 두 번의 금융위기 모두 금융에 대한 규제완화로 시장에 대한 개입이 시도되지 않았고 또한 새로운 금융환경의 변화나 새로운 첨단금융상품의 등장에 걸 맞는 감독역량의 향상도 이루어지지 못하여 위기가 발생하였다.

이처럼 두 번의 위기가 발생한 원인과 과정이 본질적으로는 차이점이 별로 없다. 다만 위기의 형태면에서 동아시아 금융위기는 외채위기·외환위기로부터 시작하여 결국 은행위기·금융위기로 전이되었지만 글로벌 금융위기는 은행위기로부터 위기가 시작되었다는 점이 서로 다르다. 또한 동아시아 금융위기는 개도국 내지 새로운 신흥시장국으로부터 발생하여 그 파장이 세계적으로 확산된 반면 글로벌 금융위기는 미국 등 선진국으로부터 시작하여 전 세계로 영향이 파급되었는데 전자의 경우에 비하여 후자의 파급속도와 파장이 더 급속하고 직접적이었다는 점이 서로 다르다.

(2) 위기의 대응과 결과 비교

동아시아 금융위기와 글로벌 금융위기는 위기의 원인과 성격에 있어서는 이처럼 본질적으로는 차이가 없고 위기의 형태와 과정 면에서 차이가 있었다고 할 수 있지만 문제점을 해결하고 위기를 탈출하려는 정부(한국과 미국)의 대응방식은 매우 대조적이었고 따라서 금융위기 이후에 나타난 파장 역시 확연히 서로 다른 결과를 보여주었다.

〈표 8-15〉 동아시아 금융위기와 글로벌 금융위기의 대응과정과 결과 비교

구분	동아시아 금융위기 (한국)	글로벌 금융위기 (미국)
위기 대응 과정	IMF(구제금융)와 협의 통해 정책 결정 최우선과제 : 외환확보, 환율안정 정책방향 : 긴축정책 (재정균형 · 고금리) 환율변동 폭 제한 철폐 적극적 구조조정	미국정부 주도적 정책수행, 국제공조 최우선과제 : 경기침체 최소화 정책방향 : 확장적 재정정책 확장적 통화정책 (극단적 저금리) 적극적 기업구제 노력
정책 결과	초기정책으로 외환확보 · 환율안정 · 경상수지 흑자 전환은 가져왔으나 기업의 연쇄도산 · 경기침체 가속화	확장적 재정정책과 통화정책 통하여 금융위기의 파급력 완화시킴. 발 빠른 기업구제노력으로 구제금융 축소

자료 : 성태윤 외 (2010) p.35 적의 수정함.

이러한 차이점을 〈표 8-15〉가 요약하고 있는데 이 내용이 보여주듯이 위기대응과정에서 한국과 미국은 정반대의 거시경제정책을 채택하였다. 한국은 위기 이후 최우선과제가 부족한 외환의 확보와 환율의 정상화였으므로 긴축적 거시경제정책과 함께 환율변동 폭에 대한 제한을 폐지하고 IMF의 권고대로 산업 및 기업에 대한 강력한 구조조정을 행한 반면,[47] 미국은 위기 이후 최우선과제가 경기침체를 최소화하는 것이었던 만큼 확장적 거시경제정책을 과감하게 펼치면서 기업들의 구제에도 적극적이었다.

이러한 정책시행으로 인하여 한국은 부족한 외환의 확보 · 환율의 안정 · 국제수지의 흑자전환과 같은 성과를 거두었고 이와 더불어 경제전반에 걸친 구조조정을 통하여 금융기관 및 기업의 재무건전성을 한 단계 끌어올리는 계기가 되었다는 평가를 받은 반면 수많은 금융기관과 기업들이 시장에서 퇴출되고 경기의 불황이 심각해지는 뼈아픈 희생을 치렀다. 반면 미국은 경기회복을 최우선으로 하는 확장적 거시정책을 취함으로써 경기침체를 최소화하는데 성공하였고 대형 금융기관의 도산이 국민경제에 미치는 파급효과를 고려하여 위기에 빠진 금융기관과 기업을 정부가 주도적으로 지원함으로써 위기로 인한 금융기관과 기업의 희생을 최소화할 수 있었다.

이렇게 금융위기에 대한 한국과 미국의 대응과정과 결과가 다르게 나타나는 것은, 위기가 발생하기 이전 미국의 금융기관과 기업의 재무구조나 부실규모가 한국의 경우처럼 심각한 상태가 아니었고 위기 이전에도 미국은 어느 정도 저금리상태를 유지하는 등 거시경제 환경이 서로 달랐다는 점

47 이러한 초기 대응정책으로 인하여 여러 가지 거시경제정책 지표가 안정적으로 유지되기 시작한 1998년 4월 이후에는 경기회복과 물가안전에 역점을 둔 확장적 정책으로 전환을 시도하였다. 여기에는 고금리정책에 대한 대내외적인 비판도 어느 정도 작용한 것으로 보인다(성태윤 외 2010 p.18).

도 없지 않지만, 가장 중요한 차이는 다음과 같은 점에서 발생되었다고 할 수 있다.

(1) 위기 이후 정책의 운용주체가 미국의 경우 연방정부가 독자적인 정책을 운용할 수 있었던 반면 한국정부는 IMF로부터 구제금융을 받은 이후 IMF의 권고사항에 따른 정책운용을 행할 수밖에 없었다. 한국의 경우 IMF로부터 구제금융을 받으면서 그들이 권고한 고금리정책을 채택함으로써 그렇지 않아도 재구구조가 건전하지 못하였던 수많은 기업들이 연쇄부도를 맞게 되었고 IMF의 권고에 따른 환율제도의 급격한 변경에 따라 통화가치가 급격히 하락함으로써 수입에 의존하는 기업들이 도산을 맞게 되었다. 반면 미국은 금리를 더욱 낮추면서 가계와 기업의 부채상환부담을 덜어주었고 이것이 금융위기의 파급력을 약화시켜주는 완충역할을 하게 되었다.

(2) 보다 더 근본적인 차이점은 한국의 경우 위기의 발생 원인이 단기외채급증·원화고평가·외환보유고부족 등 모두 외환과 관련된 문제점이었던 반면 미국은 기축통화인 달러를 발행하는 국가이기 때문에 원초적으로 미국은 외환위기가 존재하지 않는 나라라는 점이다. 따라서 한국의 금융위기는 충분한 외환보유고를 확보하지 못한 데 따른 외환위기로부터 출발하였지만 미국은 외환보유고의 개념이 없는 나라로서 위기 이후 미국은 적극적인 양적완화를 통하여 금융시스템의 붕괴와 기업의 도산을 막았을 뿐만 아니라 세계의 투자자들이 안전자산으로서 달러의 선호현상으로 인한 자본이득과 주조차익까지 누리게 되었다.

3. 글로벌 금융위기의 발생원인

이상에서 살펴본 바와 같이 미국발 글로벌 금융위기는 부동산버블에 따른 서브프라임 모기지의 부실화로 촉발되어 이후 관련 금융기관의 연쇄적 파산·부실을 초래하고 이러한 선진국 금융시장의 위기가 이후 세계의 금융시장 및 실물시장의 위기로 확산되고 전이되는 과정을 거치며 발생하였다. 따라서 이러한 위기상황을 발생시킨 보다 직접적인 원인은 미국의 서브프라임 모기지와 이를 둘러싼 금융기관의 연쇄적 파산이었지만 이러한 사태가 발생하게 된 보다 근본적인 원인이 무엇인가에 대한 논의가 광범위하게 이루어졌는데 이러한 논의내용을 [그림 8-2]와 〈표 8-16〉이 요약하고 있다.

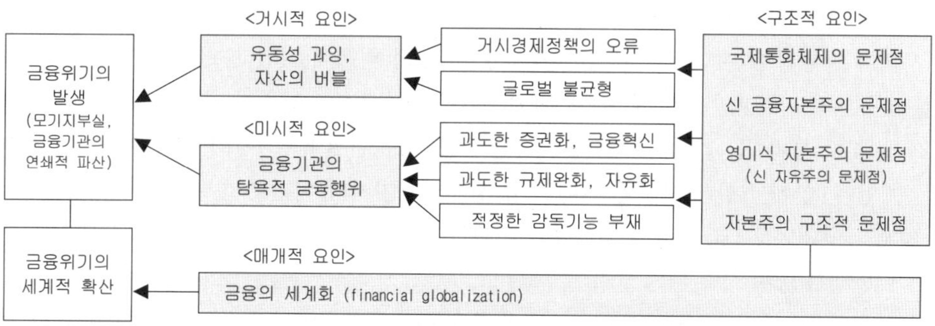

[그림 8-2] 글로벌 금융위기의 발생과 확산의 원인

〈표 8-16〉 글로벌 금융위기의 발생과 확산의 원인에 대한 시각

위기의 기본적 원인	구체적 내용 및 배경적 요인
• 과잉유동성의 창출, 자산시장의 버블 (거시적 요인)	유동성과잉으로 인한 자산버블의 생성과 붕괴 • 저금리정책·확장적 통화정책 등 거시경제정책의 오류 (정부) • 과도한 대출 의존한 자산(주택) 구입 (가계) • 글로벌불균형에 의한 국제유동성의 환류 (대외적 요인)
• 탐욕적 금융행위, 적정한 규제감독의 부재 (미시적 요인)	금융기관의 무모한 대출과 투자, 도덕적 해이 (금융) • 증권화·파생금융상품·금융기법의 과잉 (금융혁신) • 과도한 규제완화(금융자유화), 올바른 금융감독 기능의 부재
• 금융의 세계화 (매개적 요인)	금융세계화 현상으로 인한 리스크의 급속한 글로벌화
• 세계경제/자본주의체제 (구조적 요인)	국제통화체제,· 신금융자본주의· 영미식 자본주의의 문제점, 자본주의체제 자체의 구조적 모순

이러한 금융위기의 발생과 확산의 원인에 대해서는 주장자에 따라 각기 강조하는 바가 다르지만 우선 글로벌 금융위기의 직접적·배경적 요인으로서는 ① 서방선진국에서 발생한 과잉유동성과 자산버블(거시적 요인), ② 금융기관의 지나친 탐욕적 금융행위와 적절한 금융규제감독의 부재(미시적 요인)를 원인으로 규정하고 있고, ③ 이러한 금융위기가 그토록 급속하고 광범위하게 확산된 매개적 배경으로서 금융세계화로 인한 금융리스크의 글로벌화(매개적 요인)를 들고 있다. 그러나 글로벌 금융위기의 발생 원인을 보다 근본적으로 논의하는 사람들은 국제통화체제·금융자본주의체제 · 영미식자본주의의 결함, 더 나아가서는 자본주의체제 자체의 구조적 모순 등 보다 근본적이고 구조적인 요인에서 찾으려고 한다.

이하에서는 글로벌 금융위기의 발생과 확산의 원인을 이해하기 위하여 위기의 직접적 원인으로 지목되고 있는 거시적 요인과 미시적 요인에 대하여 보다 구체적으로 살펴보고 끝으로 구조적 요인에 대하여 간단히 조명한다.

3.1 유동성과잉·자산버블(거시적 요인) – 거시경제정책의 오류, 글로벌 불균형 –

이처럼 미국발 글로벌 금융위기의 발생과 확산의 원인에 대해서는 다양한 논의들이 이루어졌지만 이러한 위기상황을 발생시킨 보다 직접적인 원인은 미국의 서브프라임 모기지의 부실이었고 이러한 사태가 발생된 것은 다시 유동성과잉과 자산시장의 버블에 있었다고 할 수 있다. 역사적으로 주요한 금융위기의 발생과정을 살펴보면 과잉유동성이 발생하여 이것이 자산시장에 거품을 생성하고 이후 이것이 붕괴되는 과정, 즉 버블의 생성과 붕괴(boom & burst) 과정에서 위기가 발생하였음을 알 수 있다. 앞에서 살펴 본바와 같이 서브프라임 모기지의 위기로 촉발된 이번의 글로벌 금융위기 역시 과잉유동성으로 인하여 경제에 거품이 발생하였고 이후 이러한 거품의 붕괴과정에서 금융위기가 발생하였다.

그렇다면 미국을 비롯한 서방 선진국에서 이러한 유동성과잉이 발생한 이유는 무엇인가? 여기에 대해서는 지나치게 오랫동안 진행되어 온 저금리정책·확장적 통화정책으로 인한 거시경제정책의

오류와 1990년대 후반 이후 다시 증대된 글로벌 불균형으로 인한 국제유동성의 환류현상이 그 원인으로 지적된다.

(1) 저금리정책에 의한 유동성과잉

유동성과잉이 초래된 원인에 대하여 많은 사람들은 미국을 비롯한 주요 서방 선진국들이 너무 오랜 동안 저금리정책을 유지하는 확장적 통화정책을 취한 거시경제정책의 오류 때문이었다고 지적한다. 미국의 연방준비이사회(FRB)는 그린스펀(A. Greenspan)이 의장으로 활동하던 2000년대 초반까지 IT산업 버블붕괴와 9.11 테러사건 이후 심화된 불황을 해소하기 위하여 거의 제로(0)에 가까운 저금리를 오랫동안 유지하는 금융완화정책을 견지하였는데, 이렇게 지나치게 낮은 정책금리를 오랫동안 지속한 미국의 확장적 통화정책 기조가 위기의 가장 직접적인 원인이 되었다는 것이다.

종래 필립스곡선(Phillips curve)이 작동하는 거시경제 하에서 이렇게 낮은 금리가 오랜 동안 유지되었다면 경기가 활성화되는 대신 소비자물가가 상승하여 다시 금리를 인상시켜야 하는 압박을 받았겠지만, 2002년 이후 2006년까지 이렇게 낮은 금리가 계속되었음에도 불구하고 별다른 인플레이션이 발생하지 않아 이러한 확장적 통화정책이 계속될 수 있었다. 이러한 비정상적 상황이 발생한 이유에 대해서는 대체로 2가지 원인이 제시된다.

그 중 하나의 원인은, 2001년 중국의 WTO 가입 이후 전 세계에 저렴한 소비재를 대량으로 수출하기 시작하였는데 이렇게 세계의 생산기지로 변한 중국효과(China effect)로 인해 미국의 소비자물가지수(CPI)가 낮게 유지될 수 있었다는 것이다. 또 다른 하나의 원인으로서는 IT를 기반으로 하는 정보기술의 눈부신 발전에 따른 신경제(new economy)를 든다. 정보기술의 눈부신 발전 덕분에 기업의 생산성이 높아졌고 이러한 생산성향상 때문에 제품가격이 낮게 유지할 수 있었다는 것이다.

(2) 글로벌 불균형에 의한 유동성과잉

유동성과잉이 초래된 두 번째의 원인으로서는, 미국의 경우 막대한 국제수지 적자가 계속되고 있는 가운데 중국을 비롯한 신흥국들의 경우에는 막대한 국제수지 흑자가 확대됨으로써 야기된 이른바 '글로벌 불균형'(global imbalance)문제가 제기되었다.

역사적으로 주요한 금융위기의 배후에는 항상 이러한 글로벌 불균형 문제가 자리 잡고 있었다. 1970년대 초반 브레튼우즈체제의 종식과 관련하여 국제경제의 핵심적 이슈가 되었던 문제가 이러한 불균형문제였고, 이후 주요국들이 변동환율제를 채택한 이후 이러한 불균형이 어느 정도 완화되었지만 1980년대 중반 다시 심화되는 모습을 보였는데 이때의 불균형은 이후 플라자합의에 따른 환율조정으로 빠르게 안정되었다. 그러나 1990년대 중반 이후 다시 증가하기 시작된 글로벌 불균형은 2000년대 중반에 이르러 심각한 수준으로까지 확대되었다. 미국의 경상수지 적자가 누적적으로 증가하는 가운데 전통적인 경상수지 흑자국인 일본, 중국을 비롯한 신흥시장국(emerging market countries), 사우디아라비아를 비롯한 석유수출국 등이 막대한 경상수지 흑자를 시현함으로써 새로운 글로벌 불균형이 나타나게 된 것이다.

이들 국제수지 흑자국들은 대외무역을 통하여 쌓아 온 엄청난 유동성의 대부분을 미국 재무부채권에 투자하면서 미국의 국공채시장의 확실한 유동성공급자로 등장하였다. 말하자면 미국의 쌍둥이 적자로 인하여 유출된 달러가 다시 미국으로 유입되는 '달러 리사이클링'(Dollar recycling) 현상이 발생된 것이다. 이렇게 글로벌 불균형으로 인한 막대한 유동성이 미국으로 환류 됨으로써 미국의 채권가격이 오르고 수익률은 낮아짐으로써 미국의 저금리정책이 그렇게 오랫동안 지속될 수 있었다. 이렇게 미국과 신흥경제국들 간의 막대한 글로벌 불균형이 이후 달러의 리사이클링 → 유동성과잉·저금리 → 자산가격 버블의 생성과 붕괴를 초래하여 결국 금융위기를 발생시키는 근원적 메커니즘으로 작용하였다고 할 수 있다.

이처럼 글로벌 불균형이 금융위기의 원인이 되었다고 진단하는 해석에 대해서는 많은 반론들이 존재한다. 예컨대 글로벌 불균형은 금융위기의 원인이라기보다 결과로 보아야 한다는 주장, 신흥경제국들의 과다한 저축과 유동성이 미국시장으로 유입되어 저금리를 초래하였다는 주장은 미국 연방준비은행의 통화량조절능력을 무시한 주장으로서 보다 근본적인 원인은 연준의 통화정책 실패 내지는 연준이 불환지폐의 독점적 발행권을 보유하고 통화를 재량적으로 증발할 수 있는 통화발행제도에 문제가 있다는 주장 등이 그것이다. 이러한 주장에도 불구하고 1990년대 후반 이후 증가되기 시작한 글로벌 불균형이 미국의 유동성과잉을 초래한 것이 사실이고 이러한 유동성과잉이 위기를 발생시키는 데 일정한 인과관계를 가진 것만은 부정할 수 없다.

(3) 거시정책의 오류

이렇게 오랫동안 계속된 저금리정책을 바탕으로 하는 확장적 통화정책과 글로벌 불균형으로 인하여 축적된 신흥경제국 자금의 미국 환류로 인하여 유동성과잉이 초래되었고, 제품과 서비스의 가격이 낮게 유지되는 가운데 이러한 과잉유동성이 자산시장과 원자재시장으로 흘러들어 감으로써 부동산·주식·원유·원자재의 가격이 꾸준히 상승하였다. 실제로 미국의 주택가격은 1996년 이후 10년 동안 전국적으로 90%나 상승하여 2006년 7월 최고조에 달하였고 국제원유가격 역시 2007년 7월 배럴당 150달러 수준으로 사상 최고치를 기록하면서, 주택가격과 원자재가격의 버블이라는 이른바 2대 거품이 형성되게 되었다.

이러한 상황이 진행되는 동안 그린스펀이 임기를 다하고 물러나면서 FRB의 새로운 의장으로 프리스턴대학 교수 출신인 버냉키(B. S. Bernanke)가 임명되었다. 그는, 지나치게 낮은 금리를 오랫동안 유지하여 옴으로써 미국의 경기가 과열되어 있다고 판단하고 취임 후 꾸준히 금리를 인상하는 정책을 추진하기 시작하였다. 이러한 금리인상이 이루어지자 그동안 과잉유동성으로 인하여 형성되었던 부동산버블이 붕괴되기 시작하였다. 이러한 버블의 붕괴는 이후 부동산을 담보로 한 가계대출의 부담증가·대출채권의 부실화·부동산 관련 파생상품의 손실확대·금융기관의 건전성악화로 이어져 글로벌 금융위기를 발생시키는 뇌관으로 작용하게 되었다.

이러한 관점에서 이번의 글로벌 금융위기는 미국 정부가 통화관리를 잘못하여 발생된 문제라고 할 수 있다. 미국 등 선진국들이 저금리를 바탕으로 하는 통화완화정책을 오랫동안 유지함으로써 유동성과잉이 발생되었고 이로 인해 자산의 버블이 생성되고 붕괴되는 과정에서 위기가 발생하도록 한 거시정책적 오류가 이번 금융위기의 주요한 원인이 된 것이다.

이러한 관점에서 위기의 원인을 찾는 사람들은 일국의 중앙은행이 물가안정을 추구함에 있어서 실물경제의 안정성에만 초점을 맞추고 자산가격의 변화에 대해서는 방조적인 태도를 취함으로써 자산시장의 버블을 수용하는 태도를 취한 잘못이 있다고 지적하였다. 그들은 한 걸음 더 나아가 당시 선진국들이 취한 이러한 통화정책은 일종의 금융친화적 정책이었다고 평가하기도 한다. 정책당국이 이렇게 자산가격의 인플레이션에 방관자적 입장을 취한 것은, 자신이 투자한 자산이나 유동화증권 등의 가치가 손상되는 것을 원하지 않는 금융자산가나 금융기관의 이해관계를 반영한 것이라고 해석할 수 있다는 것이다.[48]

이렇게 2000년대 초 계속된 저금리정책을 배경으로 하는 확장적 통화정책으로 과잉유동성과 부동산시장의 버블이 형성되었다가 금리인상 조치 이후 그러한 버블이 붕괴되는 과정에서 금융위기가 발생한 과정을 미국의 통화정책을 중심으로 하여 설명하였지만, 이러한 사정은 EU·영국 등 서방 선진국과 일본·중국 등도 크게 다르지 않았다. 이 때문에 어떤 사람들은, 만약 다른 주요국들이 미국과 같은 확장적 통화정책을 실시하지 않았다면 위기가 발생한 이후의 국제적 영향력이 그렇게 크지 않았을 것이라고 평가하면서, 미국을 비롯한 세계의 주요 선진국들이 동시에 실시한 확장적 통화정책이 미국발 금융위기를 국제적 금융위기로 확산시키는 데에 기여하였다고 분석한다.

3.2 탐욕적 금융행위와 규제 감독기능의 부재(미시적 요인)

이처럼 유동성과잉과 자산시장의 버블현상 그리고 이러한 현상을 초래하게 한 통화정책의 오류와 글로벌 불균형이 금융위기를 발생시킨 환경적·거시적 요인이었다면, 금융기관들은 이러한 시장의 풍부한 유동성을 배경으로 탐욕적 금융행위를 행하였음에 대하여 이러한 금융기관의 탐욕적 행위를 적절히 규제하고 감독할 수 있는 기능과 역할이 부재하였다는 점이 금융위기를 발생시킨 미시적 측면의 원인이었다고 할 수 있다.

(1) 금융기관의 과잉레버리지, 도덕적 해이

우선, 시장의 풍부한 유동성을 배경으로 금융기관들이 과당경쟁에 의한 무모하고 탐욕적인 대출과 투자활동을 감행하였고 이러한 과정에서 모든 경제주체들의 도덕적 해이가 범람하였던 것이 금융위기를 발생시킨 원인이 되었다.

금융기관의 과잉레버리지 금융(finance)이란 본래 자금이 부족한 적자단위(deficit unit)가 자금이 남아도는 흑자단위(surplus unit)로부터 자금을 융통(financing)하는 것을 말하고 금융회사는 이렇게 남아도는 자금을 기반으로 대출이나 투자 활동을 행하여 새로운 부가가치를 생산하는 중개산업이다. 따라서 이러한 금융활동에는 반드시 금융의 중개과정에서 발생되는 리스크(risk)가 따르게 되는데 금융행위의 과잉으로 인하여 이러한 금융리스크가 과도해지면 위기가 발생하게 된다.

이번의 글로벌 금융위기 경우 역시 시장의 풍부한 유동성을 배경으로 금융회사들이 높은 레버리

48 조복현 (2009) pp.235-6.

지(leverage)를 이용해 위험도가 높은 저신용 모기지대출에 경쟁적으로 뛰어들면서 과도한 위험을 감수한 과잉레버리지로부터 출발하였다. 이번 글로벌 금융위기의 뇌관으로 작용하였던 서브프라임 모기지의 경우, 금융회사가 기초자산인 주택을 담보로 대출하면 이러한 대출을 기초로 한 유동화증권이 발행·판매되고 금융회사는 이러한 증권판매로 회수된 대금으로 다시 새로운 대출을 하는 신용창출을 반복적으로 행함으로써 금융회사의 레버리지가 엄청나게 증가하는 과정으로 진행되었다.

이렇게 타인자본을 이용하여 자기자본의 이익률을 높이는 지렛대효과를 레버리지효과(leverage effect)라고 하는데, 예금자보호 때문에 금융당국의 엄격한 규제를 받는 미국의 상업은행(commercial bank) 경우 이러한 레버리지에 일정한 한계가 있었지만 이러한 규제를 받지 않는 투자은행(investment bank)의 경우에는 레버리지가 20~30배 수준에까지 이르렀다. 실제로 2008년 3월 말 미국의 투자은행 베어스턴스(Bear Sterns)의 레버리지 비율이 33에 이르렀는데 이러한 레버리지하에서는 자산가격이 3%만 하락하여도 자기자본금이 통째로 날아가 버리는 결과가 나타나게 되는데 당시 미국의 주택가격지수는 최고점 대비 16% 이상이나 하락하였다. 금융기관의 이러한 과도한 레버리지가 유동성의 과잉과 함께 금융리스크의 과잉을 초래함으로써 금융위기를 발생하게 된 것이다.

경제주체들의 도덕적 해이 이러한 금융기관의 탐욕적 금융행위에는 반드시 금융기관을 포함한 경제주체들의 도덕적 해이가 개재되게 마련인데 이번 글로벌 금융위기와 관련하여서도 이러한 도덕적 해이(moral hazard)가 위기의 주요한 배경으로 작용하였다. 금융서비스 과정에서 모기지 대출을 통하여 투기적인 행위를 감행한 소비자는 물론 금융기관과 감독기관들 모두 자신의 이익만을 추구한 결과 사회적 공익성이나 국가경제 전체에 미칠 파급효과에 대해서는 전혀 고려하지 않는 도덕적 해이를 보임으로써 위기가 촉발되었다.

우선 금융회사의 경우, 단기적 성과에 대하여 막대한 보너스가 지급되는 단기업적주의와 보상체계로 인하여 과다대출(over banking)이 경쟁적으로 이루어지면서, 철저한 사전심사나 리스크관리 없이 과잉대출하고 위기조짐이 있을 때는 무차별적으로 대출을 회수해버리는 등 도덕적 해이가 극심하였고 이것이 위기를 증폭시키는데 기여하였다. 특히 많은 기업과 금융회사의 CEO들이 자신의 임기 내에 나타날 단기적 성과에만 몰두하여 부채비율의 과다에 따르는 경제적 파장을 전혀 고려하지 않는 행태를 보여주었다. 심지어 일부 기관은 국민경제에 미칠 잠재적 위험이나 전체 금융시스템에 미칠 리스크가 존재한다는 사실을 인식하면서도 이를 묵인한 채 자신의 이익만을 추구하는 도덕적 해이 행태를 보였다.

이러한 도덕적 해이는 미국의 정부와 정책당국에 의해서도 이루어졌다. 그동안 금융위기가 발생하거나 대형 금융기관이 파산에 직면할 때마다 그것이 국민경제에 미치는 파급효과나 전염효과를 우려하여 당해 금융기관을 구제하거나 엄청난 액수의 지원을 행함으로써 이른바 '대마불사'(大馬不死, too big to fail)의 관행을 정착시켰고 이것이 금융기관의 도덕적 해이를 조장하였다. 이번의 금융위기 과정에서도 미국 정부가 서민과 중산층의 '내 집 마련'을 돕기 위한 정치적 목표 때문에 서브프라임 모기지론에 대한 광범위한 보증과 지원을 행하였고 주택담보대출 금융기관의 손실이 발생할 경우 이를 정부가 보전하는 체제를 유지하고 비우량 주택담보대출을 증권화 하는 것을 정책당국이 허용함으로써 금융기관의 도덕적 해이가 조장되었다.

이러한 환경 하에서 연방 주택담보대출공사인 프레디맥(Freddie Mac) 등은 주택가격의 거품에도 불구하고 양적 성장만을 추구하는 경영형태를 취하여 결국 스스로 위기를 자초하였다. 또한 서브프라임 모기지를 행한 기타 민간 금융기관들도 대출에 따른 위험을 조심스럽게 평가하지 않고 경쟁적인 대출과 무제한의 유동화증권 발행을 감행하는 탐욕적 금융행위를 행하였다. 이러한 유동화증권의 발행과 유통과정을 보면, 모기지의 최초 개발자와 서비스기관, 유동화증권의 발행자, 증권을 근거로 한 CDS발행자, CDS증권의 판매자, 신용평가기관 등 모든 주체들이 자신의 단기적인 이익을 추구하기 위한 목적으로 사업을 전개하였을 뿐 이것이 가져올 경제적 파급효과나 사회적 위험에 대해서는 전혀 고려하지 않았다.

또한 경제주체 간의 비대칭적 정보공유로 인하여 신용평가기관들 역시 전체 국민경제적 시스템 리스크를 적절히 평가하지 못한 것도 도덕적 해이를 부추기게 한 요인이었으며 심지어는 이러한 신용평가사들이 수익을 올리려는 욕심에서 모기지 관련 상품의 등급을 올바르게 평가하지 않는 도덕적 해이를 보여주기도 하였다. 이러한 사실은 금융위기 이후 개최된 미국 하원의 청문회 등에서 "우리는 수입을 올리기 위하여 악마에게 영혼을 팔았다"고 진술한 신용평가사 임직원들의 증언에서도 극명하게 드러난 바 있다.

(2) 과도한 증권화, 파생금융상품 범람(금융혁신)

이처럼 금융기관의 무모하고 탐욕적인 금융행위가 가능해지고 조장될 수 있었던 근본적인 배경으로서는 1990년대 이후 급속히 진행된 금융혁신, 즉 과도한 증권화와 새로운 금융기법을 활용한 파생금융상품의 범람이 자리 잡고 있었다. 실제로 금융부문에서 위기의 원인을 구체적으로 살펴보면 정보통신기술이 발전하면서 IT기반을 활용한 금융혁신이 신속하게 추진되었고 이렇게 지나친 금융혁신이 시스템 전체를 취약하게 만드는 측면이 있다.

금융기관의 과도한 증권화 금융기관이 개인이나 기업에 대출을 행할 경우 여기에는 ① 신용위험(대출금을 회수하지 못할 위험), ② 금리위험(대출한 고정금리 이상으로 시장금리가 상승하였을 경우 나타나는 위험), ③ 유동성위험(자신이 유동성을 필요로 할 때 대출에 돈이 묶여있을 위험) 등 3가지 종류의 위험이 개재된다. 이러한 경우 금융기관은 이러한 대출을 담보로 하는 유동화증권의 발행과 판매를 통하여 위험을 분산시키거나 다른 곳으로 전이시키면서 수익을 발생할 수 있게 된다. 따라서 이렇게 증권화(securitization)를 통하여 자금이 조달되고 운용되는 대규모 금융시장은 모든 것이 순조롭게 진행되는 경우 여기에 참여하는 모든 경제주체들에게 이익을 가져다주는 유익한 게임이 진행되는 시장이다.

그러나 이러한 증권화는, 장기채권의 단기화로 인하여 금융상품의 만기구조가 왜곡되기 때문에 증권화상품에 관여한 금융기관들의 유동성이 약화되고 끊임없이 신규참여자를 끌어들여야 하는 부담이 발생하여 신규참여자의 증가세가 둔화될 경우 유지되기 어려운 구조적 특성을 지니고 있다.

말하자면 과도한 증권화과정에서 리스크의 본질이 불투명해지고 원천적인 채무자에게 과도한 부담을 주게 되어 파산위험이 커지는 한편 최후의 채권에게 리스크가 집중되기 때문에 증권화 관련 상품의 발행여건이 악화될 경우 매수주체가 순식간에 사려져버리는 이른바 '시한폭탄 돌리기'의 위험성이 존재한다.

따라서 만약 어떠한 이유로 금융기관이 행한 대출이나 이를 바탕으로 발행한 기초자산에 부실이 발생하면 대출을 행한 금융회사는 물론 이를 기초로 하는 유동화증권의 부실로 이어져 이들 증권에 투자한 투자은행·보험회사·헤지펀드·연기금 등이 모두 동반하여 연쇄적인 대규모 손실을 입게 된다. 앞에서 살펴 본대로 미국의 서브프라임모기지 론에서 이러한 증권화의 위험성이 현실로 나타나 이것이 미국 금융시장 전체의 위기로 발전하였다. 미국의 금융시스템은 간접금융을 담당하는 상업은행(commercial bank)과 직접금융시스템 하에서 다양한 투자행위를 행하는 투자은행(investment bank)으로 나누어져 있는데 미국에서 발생한 금융위기는 이러한 증권화를 통하여 양자가 연결됨으로써 금융 전반의 위기로 연결되고 증폭되었던 것이다.

또한 이러한 금융의 증권화가 위에서 말한 글로벌 불균형과 결합하는 경우 그 연결고리는 궁극적으로 해외에서 상황이 끝난다. 막대한 국제수지흑자를 시현하고 있는 중국 같은 나라는 상대적으로 만기가 짧은 증권에 대한 투자에 관심이 많기 때문에 특히 단기화를 중시한다. 글로벌 불균형이 존재한다는 것은 상대적으로 만기가 짧으면서 안정적인 성격의 증권에 대한 수요가 크다는 것을 의미하므로 이렇게 발행된 미국의 증권은 결국 막대한 흑자를 시현하고 있는 중국 정부와 투자자들에 의하여 보유되기 때문이다.

파생금융상품의 범람 한편 1980년대 극심하였던 인플레이션이 해결된 이후 자산(부동산·채권·주식)의 가격이 크게 상승하면서 자산거래와 자산담보부 대출이 큰 이익을 가져오게 되자 이와 관련된 금융산업이 비약적으로 발전하였고, 이러한 과정에서 금융기관의 규모대형화·업무다변화·위험분산화를 가져올 수 있는 다양한 금융기법들이 새로이 개발되면서 선물·옵션·스왑 등 다양한 파생금융상품이 출현하게 되었다.

파생금융상품은 예금·주식·채권·외환 등과 같은 기초자산으로부터 파생된 금융상품으로서 그것의 가격은 물론 그것으로부터 발생되는 수익도 모두 이러한 기초자산의 움직임에 따라 결정되게 된다. 파생금융상품은 이렇게 경제여건 변화에 민감하게 반응하는 금리·주가·환율 등의 장래가격을 예상하여 만든 상품으로 예측하기 힘든 다양한 미래의 위험을 최소화하기 위하여 만들어진 것인 만큼, 그 특성상 일단 계약이 체결되면 미래의 가격변동으로 인한 위험(risk)을 감소시키는 긍정적인 기능을 지니고 있어 그 자체로는 매우 훌륭한 금융상품이다.

그러나 고도의 금융공학기법을 동원한 이러한 금융파생상품은, 계약내용에 따른 잔여의무가 오랫동안 남기 때문에 여기에 얽매일 수밖에 없고, 또한 기초자산을 복잡하게 가공하고 여러 자산을 합성하는 과정을 거치게 되므로 이러한 과정에서 보증기관·신용기관 등 여러 기관들이 관여하여 각종 수수료가 누적됨으로써 높은 코스트구조를 만들기 쉽다. 따라서 이러한 고 코스트 때문에 무리하게 판매규모를 늘려야하는데 이러한 과정에서 커지는 리스크를 왜곡·은폐하고 실적을 조작하기 쉽고 만기가 얼마든지 길어질 수도 있어 그것의 자산가치나 리스크를 측정하기 어려워져 때때로 안전자산으로 재포장되면서 신용도가 높은 자산으로 둔갑하여 금융기관의 대차대조표에 제대로 보고되지 않는 투명성문제를 야기할 수 있고, 여러 금융기관이 관여하므로 어느 한 곳에서 작은 문제가 발생할 경우 다른 곳으로 연쇄적인 파급효과를 발생시킬 수 있는 위험성을 동시에 지니고 있다.

이러한 파생금융상품이 출현한 역사는 오래되었지만 비약적으로 발전을 거듭한 것은 대체로 1990년대 이후였다. 실제로 이러한 파생금융상품시장의 거래규모가 1990년 3조 5천억 달러에서 금융위기의 조짐이 나타나기 시작하였던 2007년에는 596조 달러로 증가하여 무려 170배 폭증하였는데 이러한 규모는 당시 세계의 총GDP규모(약 50조 달러)에 비하여 12배에 이르는 엄청난 규모였고, 이러한 파생금융상품거래 중 50%가 이상이 미국에서 이루어지고 있어 미국 GDP의 25배 수준에 이르렀다.

이번 글로벌 금융위기를 촉발시킨 서브프라임 모기지의 경우 처음에는 주택소유자에게 판매되었지만 이를 기반으로 하는 제2차 채권과 제3의 파생금융상품이 발행되어 미국과 유럽의 거의 모든 대규모 금융회사들이 이러한 상품을 매입하게 되었다. 이번 금융위기에서 문제가 된 파생금융상품 중 가장 최고의 단계가 스왑(swap)이었고 최후의 결정적 작품이 신용부도스왑(CDS : Credit Default Swap)이었으며 이로 인해 많은 금융기관들이 연쇄적으로 파산하는 과정이 발생하였음은 전술한 바와 같다.

이에 이러한 파생금융상품의 위험성에 대하여, 오늘날과 같은 불환지폐제도 하에서 금융기관이 창출한 가짜 화폐 위에 쌓는(sack up) 자산으로서 자산의 권리증(title)만 있고 자산 그 자체는 존재하지 않는다고 비난하기도 하였고, 경제학자 스티글리츠(J. Stiglitiz)는 궁극적으로 손실의 규모가 얼마인지 누가 얼마나 손실을 보게 될 것인지에 대하여 정확한 파악이 곤란하게 되었음을 비판하며 위선(hypocrisy)이 이번에 발생한 금융위기의 원인이라고 지적하였으며, 투자의 귀재로 지칭되는 워렌 버핏(Warren E. Buffett)은 CDS가 내포하고 있는 이러한 폭발적 위험성을 일찍이 간파하여 이를 '금융시장의 대량살상무기'라고 경고한 바 있다.

(3) 과도한 규제완화, 적정한 규제감독기능 부재

이처럼 금융기관의 무모하고 탐욕적인 과잉레버리지와 도덕적 해이로 인하여 금융위기가 촉발되었지만 이러한 금융기관의 탐욕적 행위가 가능해지고 조장될 수 있었던 것은 과도한 증권화와 지나친 파생금융상품의 범람으로 대표되는 금융혁신이 존재하였기 때문이었고, 또 다른 한편으로는 지나친 규제완화(금융자유화) 하에서 이러한 탐욕과 과잉을 예방하고 규제할 수 있는 적절한 금융감독기능과 역량이 제대로 갖추어지지 못하였다는 점이 원인으로 자리 잡고 있었다.

과도한 규제완화(금융자유화) 일정한 금융규제완화는 금융혁신을 유발하여 생산성과 부가가치를 높인다. 그러나 금융산업은 본질적으로 '높은 위험 높은 수익'(high risk high return)을 추구하는 속성이 있으므로 규제가 지나치게 완화되면 적극적인 위험추구(risk taking) 현상이 벌어지게 되고 이는 개별 금융회사의 자체의 리스크뿐만 아니라 금융시장 전체의 시스템리스크를 유발한다. 금융활동의 기본적 특성은 정보가 비대칭적이라는 점과 금융거래가 현재와 미래 사이의 `서로 다른 시점 간의 거래'라는 점인데 이 때문에 금융활동은 본질적으로 단기적·투기적인 성격을 가지게 되는데 금융자유화는 금융시장의 이러한 특성을 더욱 강화시키는 속성을 지닌다. 따라서 금융자유화가 이루어지면 금융기관들은 더 높은 수익을 위한 고위험대출이나 고위험투자를 더 과감히 채택하는 투기적 성격을 지니게 되고 단기적으로 과도한 경쟁을 행하게 되어 이것 금융리스크를 더욱 높이고 금융위기를 발생시킬 수 있다.

이번의 글로벌 금융위기 역시 장기간에 걸친 지나친 금융자율화와 규제완화를 배경으로 금융혁신을 응용하여 고수익을 추구하기 위한 첨단 금융기법과 파생금융상품이 등장하였고 이러한 파생금융상품 거래가 규제의 사각지대에서 이루어짐으로써 리스크가 증폭되었다. 말하자면, 시장에 대한 과도한 믿음에서 비롯된 지나친 금융규제완화로 인하여 시장의 무분별한 모험과 과당경쟁이 '시장실패'를 자초하는 원인이 되었고 규제당국의 건전한 시장감시자로서의 역할까지 불가능할 정도로 규제가 지나치게 완화되어 시장의 감시기능이 망가진 상황에서 벌어진 위기였다고 할 수 있다.

이에 따라 1970년대 후반 이후 미국을 비롯한 IMF·OECD 등 국제기구가 중심이 되어 추진해온 시장주의적 국제경제질서나 금융규제완화가 과연 국제금융시장의 안정과 세계경제의 지속적이고 안정적인 발전을 위하여 바람직한 것인가 하는 문제가 제기되기 시작하였고, 반복되는 금융위기의 원인이 지나친 금융규제완화와 정부기능약화에서 비롯되고 있다는 인식이 확산되기 시작하였다.

금융감독기능의 취약성 이처럼 금융자율화와 규제완화로 금융시장 전체의 리스크가 증폭되고 있음에도 불구하고 이를 철저히 감시하고 사전에 이를 제어할 수 있는 감독기능이 제대로 작동하지 못하였다. 동아시아 금융위기나 이번의 글로벌 금융위기 모두 금융에 대한 규제완화로 금융시장에 대한 개입이 제대로 시도되지 않았고 금융규제완화에 상응하는 적절한 리스크관리시스템의 강화를 통하여 금융회사가 과잉레버리지 등 적극적인 위험추구행위를 행하지 못하도록 관리하는 규제기능을 발휘하지 못하였다.

또한 새로운 금융환경 변화나 새로운 첨단금융상품과 금융기법의 등장에 걸 맞는 감독역량의 향상과 강화도 이루어져야 하는데 이러한 금융감독기능의 진화나 감독기관의 역할제고가 제대로 이루어지지 못하여 위기가 발생하였다. 말하자면 금융감독 당국의 제도적 대응이나 역량의 강화속도가 금융자유화나 금융혁신의 빠른 속도를 따라가지 못하여 금융시스템 내부에 검증되지 않은 문제점과 불안정요인이 잠복하고 있었던 것이다.

오늘날과 같이 복잡해지고 고도화된 금융시스템이 이렇게 규제받지 않는 채로 남아 있는 경우 위장된 형태의 금융사기가 창출될 수밖에 없다. 골드만삭스가 그렇게 높은 수익을 올릴 수 있었던 것은 금융시장에서 규제를 받지 않는 비은행금융기관들이 중요한 역할과 높은 수익을 내는 이른바 '그림자 금융시스템'(shadow banking system)이 살아 있었기 때문이라고 할 수 있다.[49] 실제로 금

49 그림자금융이라는 용어는 2008년 9월 22일자 영국의 이코노미스트가 서브프라임 모기지 위기의 발생 뒤에는 손익이

융 감독기관의 규제 밖에 있는 비은행금융기관의 규모가 급속히 확대되었고 이러한 부문에 대한 위험관리의 공백이 규제의 사각지대가 되어 금융위기의 간접적인 원인으로 작용하였다.

이에 뉴욕대학의 루비니(Nouriel Roubini)교수는, 이번 글로벌 금융위기와 관련하여 금융자율화를 기본철학으로 삼는 영미식 앵글로 색슨모델에 대하여 "자기규율이란 사실상 규제가 없어지는 것과 마찬가지로 시장에는 자율규제가 존재하지 않는다"고 쓴 소리를 하면서, 금융시장과 금융회사에 대한 일정한 규제와 감독기능의 중요성을 강조하였다.[50] 이에 따라 반복되는 금융위기를 근본적으로 해결하려면 금융시장의 지나친 규제완화를 전면적으로 재검토하여 금융시장의 리스크를 적절히 관리하고 위기에 대응할 수 있는 금융감독의 제도와 역량을 획기적으로 개선하여야 한다는 주장이 높아지게 되었다.

3.3 글로벌 금융위기의 구조적 원인

이처럼 미국발 글로벌 금융위기는 유동성과잉과 자산시장의 버블현상 그리고 이러한 현상을 초래하게 한 통화정책의 오류와 글로벌 불균형이라는 거시적 요인과 이러한 유동성을 배경으로 행해진 금융기관의 탐욕적 금융행위와 이러한 금융기관의 탐욕적 행위를 적절히 규제하고 감독하는 기능과 역할이 부재하였다는 미시적 요인으로부터 발생하였다고 할 수 있다. 그러나 글로벌 금융위기의 원인을 보다 근본적이고 근원적인 차원에서 찾으려는 사람들은, 서브프라임 모기지 론의 부실이나 금융기관의 탐욕적 행위 등과 같은 현상적·정세적 요인들보다 이러한 현상들이 발생하도록 만든 현재의 국제경제체제의 구조적 문제점이나 자본주의체제가 내재하고 있는 구조적 모순과 위기요인들로부터 원인을 찾아야 한다고 주장한다.

이렇게 금융위기의 원인을 보다 근원적이고 구조적인 관점에서 찾으려는 사람들이 주장하는 논리들이 매우 다양하고, 특히 이러한 관점에서 논의는 주로 급진주의적 입장에서 활발히 이루어지고 있는데 그들 내부에 있어서도 구체적인 주장이나 강조점들이 매우 다양하여 통일적이지 못하다.

그러나 이러한 관점에서 일반적으로 제기되는 금융위기발생의 구조적 원인들은 앞에서 [그림 8-2]가 보여주는 바와 같이 ① 미국에서 발생한 금융위기를 급속히 확산시켜 순식간에 전 세계적인 현상이 되도록 위기로 확산시킨 매개적 요인으로서 금융의 세계화, ② 오늘날과 같은 과잉유동성과 글로벌 불균형을 창출하기 쉬운 불환지폐의 통화발행제도나 기축통화제도의 구조적 문제점,

---

분명하게 드러나지 않는 보이지 않는 금융시스템이 존재하였다는 의미로 처음 사용한 후 널리 사용되기 시작하였다. 이 용어는 유동화채권과 같은 고수익·고위험 상품이 매매되는 과정에서 새로운 유동성이 창출되는 시스템을 지칭하는 것으로, 투자자에게 자금을 조달하여 대출 등 금융행위를 하는 투자은행·연기금·헤지펀드·사모펀드 등과 같은 비은행금융기관이 행하는 금융을 지칭한다. 미국의 경우 전통적으로 예금을 보호해주는 대신 이를 취급하는 예금은행에 대해서는 엄격한 규제와 감독을 행하였지만 이러한 비은행금융기관에 대해서는 이러한 규제를 행하지 않음으로써 이들 금융기관이 이른바 그림자금융시스템 속에서 급격히 성장하였다고 할 수 있다.

50 그는 "금융시스템의 감독규제에 대한 앵글로-색슨모델은 실패했다. 자기규율이란 사실상 규제가 없는 것과 마찬가지이다. 자기도취와 비이성적인 과잉행위 때문에 시장에는 자율규제가 존재하지 않는다. 누구나 음악이 흘러나오면 일어서서 춤을 추기 때문에 금융회사 내부의 위험관리는 실패하게 되어있다"고 주장하여 영미식 금융시스템의 한계를 비판하였다(2009년 2월 9일자 Financial Times 기고문).

③ 경제의 금융화·금융의 팽창·신금융자본주의의 출현에 따른 금융리스크 확대의 문제점, ④ 신자유주의를 바탕으로 하는 영미식 자본주의의 문제점, ⑤ 이러한 금융위기를 자본주의 체제적 위기라는 관점에서 파악하여 자본주의체제의 이윤율하락·과소소비와 같은 자본주의체제의 구조적 모순으로부터 그 원인을 찾으려는 관점 등이 있다.

〈표 8-17〉 글로벌 금융위기 발생의 구조적 원인에 대한 논의

구조적 요인	구체적 내용 및 배경적 요인
국제통화 및 금융 체제의 문제점	• 재량적 통화발행 가능한 불환지폐제도(fiat money system)의 발행제도 • 기축통화 재량적 발행으로 국제유동성이 확대·순환되는 국제통화체제 • 금융위기 예방과 통화질서안정 기능을 수행하지 못하는 국제금융기구
금융화·신금융자본주의 문제점	• 금융화·금융팽창·금융의 본질적 속성에 따른 위험의 증대 • 신 금융자본주의에 따른 금융리스크의 확산
영미식 자본주의, 신자유주의 문제점	• 영미식 신자유주의적 질서의 문제점 • 미국 주도 글로벌 스탠더드의 문제점
자본주의 체제의 구조적 모순과 위기	• 자본생산성 하락에 따른 자본주의체제의 구조적 모순 (이윤율하락 경향, 유효수요부족에 따른 과소소비 등)

이하에서는 이러한 여러 가지 요인들 중 통화 및 금융체제의 문제점과 자본주의체제의 구조적 위기요인과 관련된 주장에 대해서만 설명하기로 한다.

(1) 국제통화체제 및 금융체제의 문제점

앞에서 논의한 바와 같이 이번의 글로벌 금융위기가 발생된 직접적 원인은 너무 오랫동안 확장적 통화정책을 견지함으로써 유동성과잉과 자산버블을 만든 미국 등 선진국 거시정책의 실패에 기인된 것이 사실이지만, 이러한 오류가 발생한 근저에는 중앙은행이 별다른 제약 없이 재량적으로 통화를 발행할 수 있는 불환지폐제도(fiat money system)의 구조적 문제점이 자리 잡고 있다.

이러한 제도 하에서는 언제든지 통화가 증발하여 유동성과잉을 초래할 수 있는 유인이 잠복해 있기 때문이다. 따라서 오늘날과 같이 정부와 중앙은행이 재량적으로 통화를 발행할 수 있는 통화체제 하에서 이러한 유동성과잉이라는 문제점은 언제든지 발생할 수 있고 이로 인해 언제든 위기를 가져올 수 있다. 이러한 점에서 현재의 금융위기는 근본적으로 국가가 화폐를 지속적으로 불건전하게 만들 수 있도록 하고 있는 통화발행제도의 문제점으로부터 발생된 결과라고 할 수 있다.

이러한 논리는 국내적으로 뿐만 아니라 국제적으로도 동일하게 적용될 수 있다. 기축통화국이 자국의 통화를 자의적인 목표에 따라 재량적으로 발행하여 국제유동성을 확대시키고 이러한 기축통화가 국제적으로 순환되는 시스템이 작동하는 경우 유동성과잉이나 국제적 불균형으로 인한 금융위기는 언제든지 발생 할 수 있다. 국제통화체제의 역사적 변천과정을 통하여 알 수 있듯이, 기축통화국이 통화의 증발을 통하여 화폐의 건전성을 해치는 행위를 할 수 없도록 금과의 연계성 또는 태환성을 보장하는 제약을 없애고 자의적으로 불환지폐를 발행할 수 있도록 변화시킨 과정이 국제통화가 불건전해지고 국제통화체제가 위기를 맞이하게 되는 과정이었다.

따라서 이러한 관점에서 금융위기의 재발방지문제를 논의하는 학자들은, 위기를 방지하기 위한 근본적인 해결책은 정부가 통화를 자의적으로 발행할 수 있는 현재의 불환지폐제도(fiat money system)를 개선하는 것이지만 이것이 매우 어렵기 때문에 결국 어떠한 준칙(rule)에 의하여 안정적으로 통화를 관리하는 방법밖에 없다고 주장한다. 국제적으로도 기축통화국이 자국의 통화를 재량적으로 발행할 수 없도록 하는 어떤 제약이 주어지는 국제통화체제의 구축이 필요하고, 금융위기가 발발하였을 경우에도 모든 나라들이 공조하여 동시에 금리인하를 행하는 것과 같은 단기적이고 임시적인 협조체제를 넘어 세계시장을 축소시키지 않으면서 건전한 국제거래 결제수단을 새로이 찾는 국제공조를 확대할 필요가 있다고 주장한다.[51]

이러한 통화체제의 문제와 더불어 IMF와 세계은행 등 브레튼우즈체제 하에서 만들어진 국제금융기구들의 역할과 기능이 한계를 보이고 있다는 것이 위기의 원인으로 지목되기도 한다. 이러한 논의는 1990년대 말 동아시아 금융위기 이후에도 동일하게 제기되었지만, 그들은 여전히 국제금융위기의 예방과 국제통화질서의 안정이라는 당초의 목적에 걸 맞는 역할과 기능을 수행하지 못하고 반복적으로 발생하고 있는 국제금융위기에 대한 근본적인 해결책을 제시하지 못하고 있다고 비판받는다.

더욱이 동아시아 금융위기 때 IMF는 위기당사국들에게는 고금리와 재정긴축을 요구하는 동시에 부실의 원인을 제공한 기업과 금융기관들에게 강도 높은 구조조정을 요구하였지만, 이번의 글로벌 금융위기에서는 위기발생에 책임이 있는 주체들에게 엄정한 책임을 묻는 대신 오히려 일정한 구제정책을 펴는 일관성 없는 태도를 보여주고 있다고 비판되기도 한다.

(2) 자본주의체제의 구조적 모순과 위기

마르크스주의자들은 오늘날의 금융위기가 발생한 원인에 대해서도, 위기가 금융부문에서 촉발되었지만 그 이면에는 1960년대 중반 이후 계속되어온 자본주의체제의 구조적 모순이 자리 잡고 있다고 전제한다.

마르크스주의적 급진주의 관점에 서 있는 그들은, 대부분의 케인즈주의자들이 글로벌 금융위기의 원인을 금융규제완화에 따른 버블경제형성이라는 측면에서 찾고 위기에 대한 해법 역시 금융에 대한 적정한 규제를 행하고 케인즈적 수요관리정책을 통하여 경기를 회복시킬 수 있다고 주장하여 이러한 금융위기를 순환론적으로 파악하고 있지만, 정책적 개입을 통하여 경제위기를 극복할 수 있다고 생각하는 이러한 사고는 1930년대적 경험을 무비판적으로 원용한 것으로서 1960년대 후반 이후 나타난 이윤율하락에 따른 자본주의체제의 구조적 위기를 간과한 것이라고 비판한다. 이러한 문제의식에서 그들 중의 일부는 이러한 금융위기 보다 그 배후에 존재하는 실물경제의 위기가 중요하다고 강조하면서 위기의 구조적 성격을 인식하여야 한다고 강조한다.

이렇게 실물경제의 구조적 위기나 자본주의체제의 구조적 위기를 강조하는 급진주의자들은 자본주의체제의 구조적 모순으로서 마르크스주의가 전통적으로 제시하였던 과소소비와 이윤율하락을

---

51 김이석 (2008. 11) p.20.

주요한 위기요인으로 설명한다. 주장하는 사람에 따라 구체적인 설명이 동일하지 않지만, 과소소비론은 과학기술혁명과 같은 생산력의 발전이나 자본주의체제의 부채의존적 성격 때문에 발생된 소비부족이 위기의 원인이었음을 강조하고, 이윤율하락론은 자본주의의 이윤율이 하락하는 장기추세나 장기파동의 하락국면에서 발생된 이윤율 하락경향이 오늘날의 금융위기를 초래한 근본적 배경이라고 주장한다.[52]

4. 글로벌 금융위기 이후의 정책적 대응

4.1 위기극복을 위한 정책적 대응

앞서 글로벌 금융위기의 특성과 관련 하여 언급하였듯이 위기 발생 직후 미국정부의 최우선과제는 경기침체를 최소화하는 것이었던 만큼 확장적 거시경제정책을 과감하게 펼치면서 대형 금융기관 및 기업의 도산이 국민경제에 미치는 파급효과를 고려하여 위기에 빠진 금융기관과 기업을 정부가 주도적으로 지원하는 정책을 과감하게 펼쳤다. 이와 함께 미국은 G7국가와 주요 개도국들이 포함되는 G20을 구성하고 역사상 가장 신속하고 과감한 국제적 공조조치를 취하기 시작하였다.

(1) 미국 정부의 정책적 대응

글로벌 금융위기는 처음에는 금융기관의 유동성위기로부터 시작하여 금융시스템위기로 확산되었고 이러한 금융위기는 실물부문으로 확산되는 모습을 보이면서 경기침체로 이어졌다. 이에 글로벌 금융위기의 진원지인 미국은 금융위기를 해소하고 금융시장의 안정을 이룩하는 동시에 경기침체를 방지하기 위하여 재정·금융 양 측면에서 대규모 부양책을 신속히 실행하였다. 불황을 긴축정책으로 대응하다가 심각한 공황을 맞이한 1930년대의 실수를 되풀이 하지 않기 위하여 '버블을 버블로 대처'하는 과감하고 선제적인 다음의 조치를 단행하였다.

자금지원과 구조조정 우선 위기가 발생한 직후인 2008년부터 2009년까지 금융시장의 안정을 위하여 자국 GDP의 5% 수준에 이르는 7,000억 달러 수준의 공적 자금을 주택금융회사 페니메이(Fannie Mae)와 프레디맥(Freddie Mac), 보험회사 AIG, 모기지은행 및 투자은행 등에 구제금융으로 제공하고, 소득세환급 등 총 1,680억 달러 규모의 세제지원을 실시하였으며 소비자 및 중소기업 대출에 2,000억 달러를 투입하는 조치를 단행하였다. 또한 미국 금융당국은 5대 투자은행 중의 하나인 베어스턴스(Bear Sterns)를 JP모건체이스(JP Morgan Chase)로 하여금 인수토록 하고 주요 금융기관의 인수합병이 이루어지는 구조조정을 행하였다. 이후 대형 상업은행의 부실화를 막기 위한 추가 자금을 지원하는 정책을 전개하였다.

저금리정책과 양적완화정책 미국의 FRB는 가격완화정책(PE : Price Easing)으로서 2007년 당시 5.25% 수준까지 올랐던 연방기금금리를 0.25% 이하의 금리수준으로 인하하고 2008년 12월에

---

52 윤소영 외 (2010) p.107-33 마르크스주의자들은 이렇게 자본주체제의 모순이 금융위기가 발생하는 구조적 원인이지만 이와 동시에 정세적 원인으로서 금융화추세·금융혁신·신용증권화 등이 위기를 가져왔고 이러한 위기가 더욱더 팽창한 것은 구조적 요인과 정세적 요인을 연결하는 금융세계화라는 매개적 요인이 작용하였기 때문이라고 설명한다.

는 제로금리 수준으로 인하하는 공격적인 조치를 단행하였다. 이러한 금리인하와 함께 양적 완화정책도 병행하여 실시하였다. 양적완화정책(QE : Quantitative Easing)이란, 기준금리가 제로(0)에 가깝게 유지되는 상황에서 더 이상 금리를 인하하여 유동성을 공급하는 통화완화정책의 효과가 기대되기 어려울 때 통화당국이 발권력을 동원해 화폐를 신규로 발행하여 국채 등의 자산을 매입하는 방식으로 금융시장에 직접 유동성(자금)을 공급하는 비전통적인 통화정책을 말한다.53

미국의 연준은 2010년 3월까지 1,7조 달러 규모의 국채 및 유동화증권을 발권을 통하여 직접 매입하는 양적 완화정책을 실시하였고, 이러한 정책에도 불구하고 여전히 높은 실업률과 부동산침체를 벗어나지 못하자 2010년 11월에 다시 총 6,000억 달러 규모의 국채를 향후 6개월 동안 순차적으로 매입하는 제2차 양적 완화정책을 실행하였다. 이후 미국정부는 2012년 9월 제3차 양적 완화정책을 발표하면서 종전과는 달리 규모와 기한을 명시하지 않고 당분간 이와 같은 정책기조를 계속하겠다는 의지를 밝혔다.

이상과 같은 미국의 과감하고 공격적인 자금투입과 경기부양책은 1930년대의 역사적 경험을 바탕으로 그때의 잘못을 되풀이하지 않기 위한 조치였고 이러한 조치는 1930년대 대공황이 발생된 원인을 설명하는 프리드만(M. Friedmann)의 유동성부족이론, 서머스의 디플레이션기대에 따른 수요부족이론, 버냉키의 은행도산이론 등이 모두 동원된 처방이었다고 할 수 있지만, 후술하는 대로 이러한 양적 완화정책의 현실적 공과에 대해서는 현재까지도 논쟁 중에 있다.

확대재정정책 2008년 미국의 4/4분기 경제성장률이 -3.8%수준으로 크게 위축됨에 따라 미국정부는 8,000억 달러에 달하는 경기부양패키지를 의회에 요청하였다. 금리가 제로수준에 머물러 이미 유동성함정에 빠져있는 상황에서 통화신용정책만으로 경기를 부양하는데 한계가 있었ㄷ건 만큼 과감한 확대적 재정정책이 필요하다는 것이었다. 이를 위하여 오마바정부는 부양패키지 중 1/3은 조세감면에 할당하고 2/3는 재정지출확대에 할당하는 정책을 시도하였는데 이러한 정부의 정책에 대해서는 찬성론과 함께 확대적 재정정책이 가져올 부담을 미래세대가 부담해야 한다는 이유로 비판론이 제기되기도 하였다.

(2) 국제적 정책공조 강화

유례없는 금융위기와 경기침체를 극복하기 위한 개별 국가적 차원에서의 과감하고 신속한 조치들이 이처럼 금융위기의 진원지인 미국을 중심으로 취하였음은 물론, 이후 미국을 비롯한 G7국가와 주요 개도국들이 G20을 구성하고 역사상 가장 신속하고 과감한 국제적 공조조치를 취하기 시작하였다.

우선 세계 주요 국가들이 모두 동참하여 미국과 같은 적극적인 금융시장 안정화조치와 경기부양

---

53 통상적인 통화완화정책(ME)은 금리를 인하하는 가격완화정책(PE)을 통하여 이루어지므로 이러한 양적완화정책(QE)은 극심한 경기침체나 위기상황에서 채택하는 비전통적인 정책수단이다. 2000년대 초반 일본의 경우 금리가 제로수준으로 떨어져도 별다른 효과가 없자 이러한 정책을 실시한 바 있다. 미국의 경우 200여 년의 역사에서 단 2차례, 1930년대 대공황과 이번의 글로벌 금융위기에서 이러한 정책을 채택하였는데 미국의 연준법은 '비상위급상황'(unusual and exigent circumstances)에서 예외적으로 이를 사용할 수 있도록 규정하고 있다.

을 위한 확장적 재정정책을 동시에 시행하였다. 각국 정부는 재정자금을 동원하여 금융회사의 부실채권을 사들이고 은행자본금을 확충해주는 한편 대규모 공공사업을 벌였다. 또한 각국의 중앙은행들도 일제히 금리를 낮추고 전례 없는 막대한 규모의 유동성 공급조치를 감행하였다. 또한 리먼브라더스 파산 이후 미국의 연준(FRB)이 양적완화정책을 실행하는 것과 병행하여 영국중앙은행(BOE)·유럽중앙은행(ECB)·일본의 중앙은행 등도 이러한 양적완화정책에 참여하였다.

또한 미국의 FRB는 위기 이후 유럽(ECB)·일본·영국·스위스 등과 통화스왑의 규모를 무제한으로 확대하였고 한국·멕시코·브라질·싱가포르와 300억 달러 규모의 신규스왑을 체결하였으며 한·일 및 한·중 간에도 300억 달러 규모의 통화스왑이 체결되는 등 국가간 통화스왑의 확대를 통하여 금융위기의 확산을 막기 위한 국제공조체제도 강화되었다. 이와 함께 2008년 11월 글로벌 금융위기의 해결과 세계경제회복을 목표로 출발한 G20정상회의 등을 통하여 세계의 주요국들이 추후 확대적 재정정책과 통화정책을 실행하고 자유시장적 원리를 추구하며 보호무역주의를 지양할 것 등을 결의하고 향후 1년 간 무역 및 투자에 대한 장벽설치를 금지하는 합의에 이르는 등 금융위기를 극복하기 위한 다자적 협력체제를 강화하기도 하였다.

4.2 위기예방을 위한 국내적 대응책

(1) 글로벌 금융위기의 교훈

앞에서 우리는 50년 또는 100년 만에 한 번 정도 발생할 정도의 글로벌 금융위기를 맞이하게 된 여러 가지 원인들을 살펴보았는데 그렇다면 이러한 글로벌 금융위기로부터 우리는 어떠한 교훈을 얻어야 할까? 앞서 동아시아 금융위기와 관련하여 안정적 거시경제정책 운용, 대외부문의 균형유지, 금융감독역량 향상, 정책과 통계의 투명성과 신뢰성 제고, 국제감시 및 전염효과 차단을 위한 국제협력체제 강화 등을 교훈으로 언급하였는데, 이번의 글로벌 금융위기와 관련하여서는 다음과 같은 교훈을 찾을 수 있다.

과잉유동성과 자산버블 관리 금융위기를 방지하려면 과잉유동성과 자산거품에 대한 적절한 관리가 필수적이다. 장기간 계속된 저금리정책과 글로벌 불균형으로 조성된 과잉유동성은 금융회사의 과당경쟁으로 이어져 부동산시장의 거품을 형성하였고 지나친 자산거품은 반드시 붕괴하게 되어있는 만큼 이러한 거품붕괴 과정에서 금융위기가 초래되었다. 그러므로 시장에 과잉유동성이 발생하지 않도록 통화공급을 적절하게 운용하는 거시경제정책의 수행과 함께 지나친 해외자금의 유입도 경계하여야 한다.

과도한 레버리지의 지양 이러한 문제와 더불어 생각하여야 할 문제가 금융시장의 지나친 레버리지(leverage)가 위기를 발생시킨다는 점이다. 미국의 가계가 대출을 받아서 주택을 구입하고 이러한 채권을 기초로 발행한 증권에 투자하는 헤지펀드들이 또 다시 대출을 통하여 확대하는 과정에서 발생된 과도한 레버리지가 미국발 금융위기의 단초가 되었다. 이러한 과잉레버리지는 가계수준에서 그치지 않고 많은 기업들이 지나친 차입을 통하여 성장하는 기업의 과잉레버리지, 거대한 재정적자를 유발하면서 감행하는 정부의 과잉레버리지, 지나치게 많은 흑자와 지나치게 많은 적자를 가진 나라들 간에 발생된 글로벌 불균형으로 인한 국제적 과잉레버리지 모두 금융위기를 촉발하고 확대하는 원인이 된다. 이러한 과도한 레버리지로 인하여 발생하는 불균형은 언젠가는 위기로 종결되기 마련이기 때문이다. 따라서 이러한 레버리지의 역할과 파장에 대한 새로운 인식을 가짐과 동시에 과도한 레버리지가 발생하지 않도록 하는 여러 가지 조치들을 마련해두는 것이 중요하다.

적정한 금융규제와 금융리스크관리 금융시장에 대한 지나친 규제완화는 금융회사의 과도한 경쟁과 리스크를 유발하므로 경계하여야 한다. 적정한 수준의 금융규제완화는 새로운 금융혁신을 유발하여 금융산업의 생산성과 부가가치를 높이게 되지만, 금융에 대한 규제가 지나치게 완화되면 금융회사들이 적극적으로 위험을 추구하는(risk taking) 현상이 심화되어 금융회사와 금융산업의 리스크가 극대화될 수 있다. 따라서 적정수준을 초과하는 지나친 금융규제완화를 지양할 뿐만 아니라 금융규제완화에 상응하여 금융리스크에 대한 관리를 강화하여야한다.

금융위기 확산효과의 차단 오늘날과 같은 금융환경 하에서 개별 금융회사의 미시적 건전성이 전체 금융 시스템의 거시적 안정성을 담보하지 못한다. 또한 금융의 통합화와 글로벌화가 진전됨으로써 금융부문 간 영역이 무너지고 거대한 다국적 금융회사가 출현함에 따라 국경을 초월하는 금융거래가 보편화 되면서, 어느 한 부문에서 발생한 위기가 순식간에 다른 금융부문으로 전이되고 어느 한 지역에서 발생한 금융위기가 전 세계적인 금융위기로 급속히 확산된다. 따라서 금융감독 당국도 이러한 시스템리스크에 적절이 대응할 수 있도록 거시건전성감독체제를 갖추고 감독 역량을 높여야 할뿐만 아니라 더 나아가 각국의 금융감독 당국 간의 국제협력체계를 구축하는 노력도 이루어져야 한다.

글로벌 금융위기 이후 위기발생과 관련된 이상과 같은 문제점에 대한 반성을 바탕으로 하여 이러한 문제점들을 시정하여 새로운 금융위기가 향후에 발생하지 않도록 예방하기 위한 여러 가지 대응책들이 국내외적으로 다양하게 이루어졌는데 우선 국내적 차원에서 이루어진 조치와 논의의 주요 내용을 보면 다음에서 논의하는 바와 같이 ① 안정적 통화정책의 운용, ② 적절한 금융 감독시스템·규제 강화로 대별해 볼 수 있다.

(2) 안정적 통화정책 운용

2001년 이후 미국 등 선진국의 저금리정책에 따른 과도한 신용창출과 자산가격 상승이 서브프라임 모기지 사태의 원인이 되었다는 점에서 위기가 발생한 직후 미국 의회를 비롯한 전문가들이 위기의 원인이 된 과도한 신용창출을 방치한 그린스펀(A. Greenspan) 전 FRB의장에 대한 책임문제를 거론하기도 하였다. 이와 함께 중앙은행이 통화정책의 목표를 물가안정에만 집중하고 운용방식도 통화량이라는 양적 지표 대신에 단기금리라는 가격지표를 통제하는 방식으로 전환함으로써 신용규모를 효과적으로 조정할 수 있는 능력이 약화되었음에 대한 비판도 일어났다. 이에 따라 안정적 통화정책의 운용을 위한 다음과 같은 주장과 논의들이 이루어지고 있다.

(1) 중앙은행의 통화정책목표가 물가안정에만 머물러서는 안 되고 시중 유동성의 적절한 조절과

부동산 등 자산가격의 안정과 금융시장의 안정도 주요한 목표로 삼는 수정이 이루어져야 한다.

(2) 이를 위하여 지금까지와 같이 중앙은행이 은행예금 중심의 지급준비시스템 만으로서는 부족하고 은행권과 비은행권을 포함한 금융부문 전체, 더 나아가 국민경제 전체의 신용 및 유동성을 포괄적으로 관리할 수 있는 통화운용방식의 재설계가 이루어져야 한다. 이를 위하여 일부 국가에서는 중앙은행이 비은행 금융기관의 자산에 대해서도 일정한 지불준비금을 부과하도록 하여야 한다는 주장이 제기되었다.

(3) 중앙은행이 물가안정이라는 목표를 수행함에 있어 물가지수의 산정에 주택가격 등 자산가격을 구성항목으로 포함하거나 중앙은행이 다른 감독수단을 동원하여 자산가격의 변동에 적극적으로 대응하는 시스템을 만들어야 한다. 이러한 주장이 높아지자 2008년 이후 IMF를 중심으로 주택가격 등 자산가격의 변동을 경제성장·인플레이션 등과 함께 거시경제 리스크를 평가하는 핵심적 지표로 삼아야 한다는 주장이 힘을 받고 있다.[54]

(3) 적절한 금융감독시스템 · 규제강화

글로벌 금융위기가 과잉레버리지 등 금융기관의 탐욕적 금융행위와 도덕적 해이에 의하여 조장되었고 이러한 금융기관의 부실이 지나친 규제완화와 적절한 금융감독기능 및 역량의 부재에서 비롯된 만큼, 위기 발생 이후 금융시장 및 금융기관에 대한 적절한 감독 및 규제시스템이 도입되고 보강되어야 한다는 논의가 활발하게 이루어졌다.

특히 금융위기의 진원지인 미국에서는 대공황 이래 가장 강력하면서도 포괄적인 단일의 「금융규제개혁법」제정을 통하여 금융시장 규제감독체계의 개혁을 이룩하였는데 이 법이 포함하고 있는 주요 내용은 다음과 같다.

파생금융상품규제 은행들의 파생상품거래를 규제하고 신용부도스왑(CDS) 등 고위험 상품은 자회사를 통해서만 거래할 수 있고, 파생상품거래의 투명화와 헤지비용의 절감을 위해 연방 차원의 감독을 실시하는 동시에 공식적인 파생금융상품의 거래소와 청산소를 설치하였다.

대마불사 방지 대형금융기관의 부실이 금융시스템 전반의 위기로 확산되지 않도록 재무장관을 의장으로 하고 연방준비이사회(FRB)·연방예금보험공사(FDIC) 등의 기관장이 참여하는 10명으로 구성된 금융안정감시위원회(FSOC)를 신설하여 이들을 감시토록 하고 필요할 경우 금융기관에게 일정한 제약을 부과하거나 자산구성을 재편하도록 지시할 수 있으며 대형금융기관의 부실이 발생할 경우 신속하고 체계적인 청산제도를 마련하여 금융기관을 퇴출시킬 수 있는 권한을 갖는 동시에 금융기관 청산시 그 비용을 국민의 세금으로 처리하지 않고 관련 금융기관이 공동으로 분담토록 하였다.

자기자본 투자제한 투자은행들이 자기자본의 30배가 넘는 차입을 행하고 이러한 자금을 굴려 막대한 수익을 내고 이러한 수익으로 보너스잔치를 벌리는 관행을 바로잡기 위하여 과도한 레버리지에 대한 규제가 이루어져야한다. 금융기관들이 정보 상의 이점을 활용하여 과잉 투자하는 것을 방지하기 위하여 헤지펀드 등에 대한 투자를 자기자본의 3% 이내로 제한한다.

---

54 IMF (2008.4) pp.103-32.

소비자 및 투자자 보호 FRB 내에 소비자금융보호국(CFPB)을 신설하여 신용카드나 주택담보대출 등 소비자금융을 이용할 때 발생할 수 있는 불공정한 수수료나 약탈적 고금리 등에 대한 감독을 강화한다. 또한 복잡한 금융상품을 판매할 때 해당 금융기관도 일정부분 지분을 보유토록 하고 투자자들이 신용평가사를 고소할 수 있도록 하여 투자자를 보호하였다.

물론 이러한 미국의 금융규제개혁법에 대하여서는, 역사상 가장 획기적인 금융규제개혁이 이루어져 '월(Wall)가의 자유방임시대가 종말을 고하였다'는 긍정적인 평가가 있는가 하면, 법안의 논의과정에서 원안에 대한 여러 가지 절충이 이루어져 금융위기의 주범인 파생금융상품이나 대마불사의 문제를 제대로 다루지 못하였고 이후 법의 시행과정에서 월가의 막강한 로비가 이루어질 수 있는 여지를 남겨 두고 법안의 효력이 약화될 우려가 높아 또 다른 금융위기의 씨앗을 뿌렸다는 비판적 평가도 있다.

어쨌든 금융기관에 대한 감독을 강화하고 파생금융상품이 내재하고 있는 리스크를 제어하기 위한 이상과 같은 노력이 미국을 중심으로 이루어지고 있지만 영국 등 다른 주요 선진국에 있어서도 금융시스템의 안정성 확보를 위한 규제감독체계의 개혁에 대한 노력이 진행되고 있으며 이와 관련된 다양한 논의들이 진행되고 있다.

이러한 논의들 속에는 위에서 설명한 파생금융상품규제·금융기관에 대한 감독과 규제강화·소비자 및 투자자 보호문제를 포함하여 ① 은행의 회계투명성 제고 및 신용평가기관의 행태에 대한 규제와 감독문제, ② 금융에 종사하는 임원이나 펀드매니저 등에 대한 단기적 인센티브구조와 도덕적 해이 문제, ③ 금융상품과 금융기법의 발전에 상응하는 감독기능과 역량 강화문제 등도 함께 논의되고 있다. 이러한 논의들과 더불어 오늘날과 같은 금융시장의 탐욕적 시장주의나 머니게임으로부터 도덕적 자본주의로 돌아가야 한다는 추상적인 논의도 이루어지고 있다.

이러한 논의가 진행됨과 동시에 또 다른 한편에서는 글로벌 금융위기의 해결과정에서 지나친 규제완화와 금융자유화가 위기를 발생시키는 원인이 되었다는 이러한 반성이 새로운 금융규제를 높이는 명분이 되어서는 안 된다는 주장, 즉 금융기관의 건전성 규제(prudential regulation)를 위한 감독기능은 당연히 강화되어야 하지만 이것이 금융에 대한 경제적 규제(economic regulation)를 다시 강화시키는 계기로 작용해서는 안 된다는 목소리도 높아지고 있다.

4.3 위기예방을 위한 국제적 대응책 논의

한편 이번의 글로벌 금융위기가 미국에서부터 발생하였지만 그것의 원인이나 영향에 있어서 미국에 한정되지 않고 보다 국제적인 차원의 광범위한 인과관계가 존재하는 만큼 위기극복을 위해서나 앞으로의 위기 재발방지를 위하여서도 국제적인 차원의 공조와 논의가 중요해짐에 따라 다양한 논의와 협력관계가 형성되기도 하였다. 이하에서는 금융위기 이후 국제적 차원에서 논의되거나 공조를 이룬 주요한 대응책들 중 금융규제강화와 관련되는 국제적 논의 내용을 먼저 살펴보고 나머지 문제들은 G20정상회의와 관련하여 그 논의동향을 살펴보기로 한다.

(1) 글로벌 금융규제 논의

금융위기 이후 위기의 재발을 방지하기 위하여 국제적으로 논의된 여러 가지 문제들 중 가장 활발하게 이루어진 과제는 글로벌 금융규제 문제였다. 미흡한 금융규제가 금융위기를 초래하였다는 비판에 따라, 상술한대로 미국을 비롯한 주요 선진국들에 의한 개별국가 차원에서의 금융규제 강화를 위한 노력이 이루어짐과 동시에, 국제결제은행(BIS)이 자기자본 규제 등에 대한 개선작업을 진행하고 G20 산하 금융안정위원회(FSB)가[55] 금융규제에 대한 국제적 공조를 주도하는 등 금융 관련 국제기구나 국제적 협력체를 중심으로 국제적인 차원에서 금융규제를 강화시키려는 노력이 진행되었다.

이러한 과정에서 다양한 논의들이 진행되었지만 가장 먼저 지적할 수 있는 것은, 지금까지의 금융규제 및 감독은 미시건전성 및 개별금융기관의 부실화방지에 초점을 맞추었으나 글로벌 금융위기 이후 거시적 관점에서의 거시건전성 또는 금융시스템의 안정을 위한 시스템 차원의 접근을 강화하는 방향으로 금융규제정책의 기조가 전환되었다는 점이다. 이와 아울러 오늘날과 같이 글로벌화되고 통합된 국제금융체제 하에서는 어떤 한 나라의 금융시장에 대한 거시적 차원의 건전성감독뿐만 아니라 국제적으로 연계하여 유기적이고 효율적인 국제협력체계를 구축하는 일 역시 매우 중요하게 되었다.

이에 따라 글로벌 금융위기 이후 논의되고 있는 금융규제 강화방안은 기존의 미시적 규제를 강화하고 새로이 거시건전성 규제를 보완하는 방식으로 이루어지고 있고 이와 아울러 금융규제와 금융개혁에 대한 국제적인 차원의 논의가 활발하게 이루어져 왔는 바 지금까지 논의되고 있는 구체적인 방안들을 살펴보면 다음과 같다.

〈표 8-18〉 글로벌 금융규제 강화를 위한 주요 개혁방안

구 분	논의되고 있는 구체적 개혁방안
금융기관 건전성기준 강화	• 금융기관의 총 자기자본규제 비율 상향 (8% → 12%) • 규제대상 자본별로 세분화된 규제비율 차별적 적용 • 금융기관의 레버리지 비율 규제 추가 • 유동성위험 관리지표 도입 시도
시스템 리스크의 관리	• 중요 금융기관(SIFI)에 대한 추가적인 자기자본 비율 요구 • 대형금융기관에 대한 규제감독 강화 방안 모색 • 최소 규제자본 초과하는 완충자본의 적립제도 도입 • 은행세(bank tax) 부과 검토
고위험 금융상품 규제	• 그림자금융에 대한 감독기준 강화·별도 감독체계 신설 • 트레이딩계정·재유동화증권에 대한 위험가중치 상향 신용평가방식 • 금융기관 임직원에 대한 단기실적 위주의 보수체계 개선 • 장외 파생금융상품과 헤지펀드 등에 대한 정보공개 및 투명성제고 • 파생금융상품 거래방식의 표준화를 위한 국제적 노력

55 동아시아 금융위기 이후인 1999년 금융시장 안정을 도모하기 위하여 12개국 대표로 구성된 금융안정포럼(FSF: Financial Stability Forum)을 2009년 G20 런던정상회의에서 한국 등 총 13개국이 추가로 참여하는 금융안정위원회(FSB: Financial Stability Board) 확대 개편하였다.

금융기관 건전성 감독기준 강화 금융기관의 손실흡수능력 강화를 위하여 자기자본의 양적·질적 개선을 추진하였다. 바젤은행감독위원회(BCBS)는 총 자기자본 규제비율을 상향(8→12%)하고, 규제대상 자본을 보다 세분화 하여 각각의 자본에 대한 규제비율을 차별적으로 정하는 동시에, 과도한 레버리징과 디레버리징으로 인하여 야기될 수 있는 금융시장의 과열과 불안을 미연에 방지하기 위하여 레버리지 비율에 대한 규제를 추가하고, 유동성 위험관리지표의 도입을 시도 하는 등 은행의 건전성규제 강화를 시도하였다.

시스템리스크의 관리 대형 금융기관들이 부실화되거나 경영실패를 맞이하는 경우 금융시스템 전체가 붕괴되는 시스템 리스크(system risk)가 발생되게 된다. 따라서 각국 정부는 이러한 폐해를 막기 위하여 경영이 악화된 대형 은행들에 대하여 구제금융을 지원하게 되는데 이러한 대마불사(大馬不死) 관행을 근절하고 이로 인하여 발생되는 시스템리스크를 예방하기 위한 조치도 강구되었다. 우선 시스템상 중요한 금융기관(SIFI)56에 대한 추가적인 자기자본비율을 요구하는 동시에 이들의 도덕적 해이를 막기 위하여 대형금융기관에 대한 규제와 감독을 강화하는 방안을 모색하였는데 G20 런던정상회의(2009.4)에서는 이를 위하여 세계 34개 대형금융사에 대한 공동감시단을 구성하기도 하였다. 이와 함께 신용공급의 경기순응성을 개선하기 위하여 최소 규제자본을 초과하는 완충자본의 적립제도를 도입하고, 은행의 과다한 자산 확대 억제를 위한 은행세(bank tax) 부과 등을 검토하기도 하였다.

고위험 금융상품 규제 증권화와 파생금융상품의 발전으로 그림자금융은 크게 성장하였으나 이들이 초래할 수 있는 시스템 리스크의 관리에는 실패한 만큼, 업종에 관계없이 시스템리스크를 유발할 수 있는 금융기관(투자은행·보험사·헤지펀드 등)에 대해서는 감독기준을 더욱 강화하고 별도의 감독체계를 신설하는 동시에, 금융기관의 과도한 증권화와 파생금융사품의 범람으로 인한 금융위험을 규제하기 위한 여러 가지 방안도 강구되었다. 예컨대 신용위험을 평가하는 표준적인 방식에 단기매매차익을 목적으로 행해지는 트레이딩계정이나 재유동화 증권의 위험가중치를 상향조정하는 방식 도입, 금융기관의 과도한 위험투자를 사전에 억제하기 위하여 투자를 결정하는 임직원에 대한 단기실적 위주의 보수체계 개선, 장외 파생금융상품과 헤지펀드 등에 대한 정보공개 및 투명성제고 방안 등이 그것이다.

한편 이번의 글로벌 금융위기에서 신용부도스왑(CDS)이 금융위기를 가중시킨 원인으로 작용했다는 비난이 높아지자 국제스왑파생협회(ISDA)는 계약 및 결제 등 거래조건을 표준화·간소화하기 위한 새로운 표준규약을 발표하는 등 파생금융상품의 거래제도를 개선하고 거래방식을 표준화하기 위한 국제적 노력도 이루어지고 있다.

(2) G20정상회의 통한 논의

이처럼 글로벌 금융위기 이후 위기의 재발을 방지하기 위하여 국제적 차원에서 논의되거나 공조를 이룬 여러 가지 대응책들 중 국제적으로 가장 활발한 논의가 이루어진 분야가 금융규제 강화문

---

56 시스템상 중요한 금융기관 (Systematically Important Financial Institution)은 부실화 또는 파산시 금융시스템과 실물경제에 직접적으로나 간접적으로 심각한 부정적 영향을 미칠 잠재력이 있는 금융기관으로서, 단순히 규모가 큰 뿐만 아니라 금융거래의 연관관계가 복잡하고 국제적으로 영업활동을 하는 금융기관을 지칭하는 것으로

제였지만 이러한 과제 이 외에도 다양한 문제들이 국제적으로 논의되고 공조되었다.

금융위기를 계기로 국제적 논의가 더 활발해진 주요한 주제들을 보면 ① 위기극복을 위한 정책협력 및 위기 이후 출구전략의 시행, ② 글로벌 불균형과 과잉유동성의 해결방안, ③ 금융규제강화를 포함한 국제자본이동의 감시·규제, ④ 국제금융기구의 구조개선 방안, ⑤ 안정적인 국제환율체제 및 새로운 국제통화체제의 구축 등과 관련되는 국제적 공조와 협력문제였다고 할 수 있다. 그런데 글로벌 금융위기 이후 이러한 국제적 공조와 협력문제들의 대부분이 주로 G20 정상회의를 통하여 논의되고 진행되었다.

1999년 9월 IMF 연차총회에서 G7은 동아시아 금융위기 이후 국제금융체제의 개편과 관련된 문제를 논의하는 새로운 협의체로서 주요 신흥시장국 재무장관과 중앙은행총재가 참여하는 「G20 재무장관·중앙은행총재 회의」를 창설하기로 합의한 후 동년 12월 독일 베를린에서 제1차 회의가 소집됨으로써 이른바 G20(Group of Twenty)체제가 탄생하였다.[57]

이후 매년 한 번씩 개최되면서 국가 간 경제 및 금융 현안에 대한 대화를 행하고 안정적이고 지속가능한 세계경제성장을 이룩하기 위한 협력을 증진시킨다는 목표 아래, 초기에는 금융위기의 예방 및 해결을 위한 문제를 집중적으로 논의하였고 위기가 어느 정도 수습된 제5차 회의부터는 고령화문제·세계지역통합 등 세계경제의 현안문제, 국제금융시스템의 부당이용을 방지하기 위한 국제공조문제, 개발자금지원의 효율화 등을 논의하였다.

그러나 2008년 미국발 금융위기가 본격화되자 G7은 이러한 재무장관·중앙은행총재의 회의체제를 「G20정상회의」로 격상하여 당면한 금융위기와 세계경기침체를 극복하기 위한 범세계적 공조체제를 논의하기 위한 기구로 활용하기로 합의하였다. 이처럼 종래 G5 또는 G7에 의해 주도되어진 국제협의체제가 G20으로 변화된 것은 최근 신흥시장국의 급속한 성장과 부상으로 그들의 위상이 그 만큼 높아졌음을 의미한다. 실제로 세계GDP 중 G7이 차지하는 비중이 50%를 약간 상회하는 수준인데 비하여 G20이 차지하는 비중이 85% 수준이어서 세계경제를 위한 협력과 공조체제를 이룩하기 위해서는 이러한 국가들의 동의와 참여가 있어야 실효성이 뒷받침될 수 있기 때문이다.

어쨌든 이러한 결의에 따라 글로벌 금융위기가 발생한 직후 2008년 11월 미국 워싱턴에서 제1차 G20정상회의가 개최되었고 이후 영국 런던(제2차 2009.4)·미국 피츠버그(제3차 2009.9)·캐나다 토론토(제4차 2010.6), 한국 서울(제5차 2010.11) 정상회의가 이어졌다. G20정상회의에서는 다양한 주제들이 다루어졌지만 이 회의가 발족한 배경이 글로벌 금융위기였던 만큼 초기부터 금융위기의 원인진단 및 위기대응을 위한 국제적 정책공조 등이 핵심의제로 설정되었고, 국제금융체제의 개편과 관련하여서도 국제기구(IMF)의 구조 개편, 금융위기 재발방지를 위한 금융규제방안, 글로벌 금융안전망 구축 등이 논의되었다.

---

57 G20에는 기존의 G7과 아시아지역 7개국(한국·러시아·중국·인도·인도네시아·터키·사우디아라비아), 남미지역 3개국(브라질·아르헨티나·멕시코)과 호주·남아공 및 EU로 구성하고 회의에는 IMF와 세계은행 등 국제기구가 참여하는 국제협의체이다.

〈표 8-19〉 G20정상회의(1~8차)의 주요 논의 사항

구분	제1차 (08.11)	제2차 (09.4)	제3차 (09.9)	제4차 (2010.6)
개최지	미국 워싱턴	영국 런던	미국 피츠버그	캐나다 토론토
핵심 의제	위기원인 진단, 정책공조 방안	위기대응을 위한 구체적 처방 논의	이전 협의사항 점검, G20 체제의 강화	재정건전성 강화
주요 합의 사항	• 거시정책 공조 • 보호무역 자제 • 국제금융개혁을 위한 원칙과 과제 논의 • IMF기능 강화 • 신흥국지위향상	• 2010년 5조 달러의 재정 지출, 4% 경제성장 위한 노력 • FSB(금융안정국) 설립 • 보호장벽 신설금지 • 신흥개도국 1.1조$ 지원 • 국제금융기구 개혁노력	• G20 정상회의 연례화 세계최고경제협의체 • 전 세계 균형성장 위한 협력체계 구축 • 2010년까지 금융회사 자본규제안 확정 • IMF지분 5% 신흥국이전	• 선진국 재정적자 감축 • 전 세계 균형성장 위한 국가군별 정책대안 마련 • 차기회의까지 금융규제안 · IMF지분 개혁안 마련 • 차기 서울회의에서 글로벌 금융안전망 논의
구분	제5차 (10.11)	제6차 (11.1)	제7차 (12.6)	제8차 (13.9)
개최지	한국 서울	프랑스 깐느	멕시코 로스 카보스	러시아 상트페테르부르크
주요 의제	• 지속가능한 균형 성장 위한 협력 체계 구축 • IMF기구 개혁 • 국제금융개혁 • 글로벌 금융 안전망 구축 • 개도국개발의제	• 세계경제 성장과 고용 위한 정책 협력 논의 • 국제통화제도 개혁 • 개발 및 무역 • 금융규제 개혁 • 농업 에너지 기후변화 • 사회분야 및 반부패 • 원자재 파생상품 규제	• 세계경제 성장, 개발 위한 정책 협력 논의 • 무역 • 금융안정 • IMF 개혁 • 식량안보 • 기후변화 • 지속가능개발	• 성장강화 및 고용창출주) • 거시경제정책 공조 • 장기투자재원 조성 • 다자무역체제 강화 • 역외조세회피 방지 • 국제금융체제 개혁 • 금융규제강화 • 포용적 개발 촉진

주 : G20정상회의 최초로 최우선과제의 3대 기본 방향 (양질 고용과 투자통한 성장, 효율적 규제 통한 성장, 신뢰와 투명성 통한 성장)을 설정함.

〈표 8-20〉 제5차 서울 G20정상회의(2010.11) 주요 논의 내용

핵심의제	합의된 주요 논의 내용	비고
균형성장 위한 협력 체계 구축	• 중앙은행의 물가안정, 자유무역과 투자 장려, 성장친화적인 재정건전화 정책 • 국제수지의 글로벌 불균형 해소 위한 흑자국과 적자국의 공동 노력 ▸ 과도한 불균형 해결할 예시적(indicative) 가이드라인 2011상반기까지 마련 합의 • 안정적이고 유연한 환율의 운용 ▸ 경제 펀드멘털 반영하는 시장결정적(market determined) 환율제도 운용 ▸ 화원국 간 상호평가시스템(MAP) 구체화 논의 ▸ 환율의 과도한 변동과 무질서한 움직임 경계 (펀드멘털 이탈시 당국개입 허용) ▸ 급격한 자본유입으로 환율변동 심한 신흥국 거시건전성규제(외자유입규제) 인정	기존의 G20회의 이행의제
기구 개혁	• IMF의 개혁 : 유럽선진국의 지분 6% 이상, 2개 이사국을 신흥국으로 이전 합의	
국제금융 규제개혁	• 금융위기 재발방지를 위한 추가적 금융규제 논의 ▸ 국제결제은행(BIS)의 자본규제 세분화 ▸ 주요 대형금융회사(SIFI) 규제 방안 논의 • 기존의 규제 과제 이행점검 (그림자은행 감독강화, 임원보너스 원칙 · 기준 등)	
글로벌 금융안전망 구축	• IMF 대출제도(위기 예방 위한 외화유동성 공급)의 개선 ▸ 여러 나라가 동시에 대출받는 탄력대출제도(FCL) 신설 ▸ 위기발생 이전 위기조짐이 있는 국가에 대한 예방대출제도(PCL)의 확장 • 안정적인 국제통화체제 마련을 위한 노력 강화	신규의제 (코리아 이니셔티브)
개도국 개발의제	• 개도국의 빈곤과 개발격차 해소를 위한 서울컨센서스 합의, 개발 액션플랜 ▸ 개도국의 복원력 있는 성장 위한 인프라 지원 · 인적자원개발 · 농업생산성 증대 ▸ 성장 동반자 인식, 발전노하우이전, 민간주도 투자성장지원, 성장장애요인 제거 • 녹색성장을 위한 G20 정책공조 방안 합의	

글로벌 금융위기 이후 최근까지 이루어진 G20정상회의의 주요 합의내용을 〈표 8-19〉가 요약하고 있고 〈표 8-20〉은 제5차 G20 서울정상회의에서 논의내용을 요약하고 있다. 특히 제5차 G20서울 정상회의 결과에 대하여 회의를 주관한 한국 정부는 G7국가가 아닌 신흥국이 역사상 처음으로 G20의 개최국인 동시에 의장국이 되어 실효성 있는 결과를 도출하고 개도국 경제발전에 대한 개발의제나 국제금융 안전망과 같은 새로운 의제(이른바 코리아 이니셔티브)를 주도함으로써 세계 경제의 안정과 성장에 기여하였을 뿐만 아니라 한국의 국제적 위상을 엄청나게 높였다는 평가를 내리기도 하였다.

그러나 이에 대한 외부의 시각은 서로 상반되는 평가가 동시에 공존하고 있다. 긍정적으로 평가하는 나라들은 지속적인 글로벌 경기회복과 경제성장의 어려움을 해결하기 위한 방법을 논의하여 일정한 성과를 얻었고 위기에 대한 공동대응으로 진전된 해법을 도출하였다고 평가하면서 특히 IMF개혁 등 신흥국들의 의견을 강하게 반영시키고 글로벌 금융안전망 등 한국이 주도하는 코리아 이니셔티브가 성과를 발휘하였다고 평가하였다. 그러나 부정적으로 평가하는 나라들은 무역불균형 이슈 등 핵심적 사항에 대해서는 원칙만 합의했을 뿐 이렇다 할 성과를 내지 못한 회의였다고 평가절하 하였다. 서울회의 이후에도 G20정상회의는 프랑스(6차 2011)·멕시코(7차 2012)·러시아(8차 2013)·호주(9차 2014) 등을 거치며 계속 이어지면서 국제금융체제 개편과 관련되는 나름의 성과를 내기도 하지만 여전히 기대만큼의 어떤 획기적인 성과를 보여주고 있지 못한 것도 사실이다.

제9장

글로벌금융위기 이후의 세계경제 전망

이상과 같은 논의들은 결국 글로벌 금융위기의 영향을 최소화하고 이후 새로운 금융위기가 발생하지 않기 위하여 취해야 할 조치와 노력이 무엇인가라는 관점에서의 논의였지만, 이후 이러한 금융위기가 진정되고 세계경제가 다시 이전의 상태로 회복된다고 하더라도 이후의 세계경제환경은 종전과는 다른 형태로 나타날 가능성이 높다. 말하자면 이번의 글로벌 금융위기가 미국이 주도하는 전후의 세계경제질서에 근본적인 변화를 초래하여 새로운 세계경제질서를 잉태하는 계기로 작용할 수도 있다는 것이다.

이러한 관점에서 과연 새로운 세계경제질서가 가능할 것인가, 그렇다면 어떠한 형태의 세계경제질서가 형성될 것인가 등과 관련된 다양한 이슈들이 논의대상으로 부상하고 있다. 금융위기 이후 새로운 세계경제질서의 지각변동과 관련하여 주목되는 핵심적 주제들은 대체로 다음과 같다.

(1) 글로벌 금융위기 이후 세계경기 및 세계경제의 성장은 어떻게 전망되는가?

(2) 글로벌 금융위기와 더불어 새로운 이슈로 떠오른 글로벌 불균형의 근본적 원인과 이를 둘러싼 갈등의 본질은 무엇이며, 이후 글로벌 불균형은 어느 정도, 어떻게 해소될 수 있을까?

(3) 세계경제의 주도권과 역학구도, 글로벌 거버넌스가 어떻게 바뀔 것인가? 향후 미국의 패권적 지위는 어느 정도 쇠락하고 어떠한 형태로 다극화될 것인가?

(4) 달러 중심의 현행 기축통화체제가 계속 유지될 수 있을 것이며 중장기적으로 국제통화체제는 어떠한 변화를 거치며 나갈 것인가? 안정적인 국제환율제도가 어떻게 도출될 것이며, 글로벌 금융규제의 패러다임이 어떻게 변화될 것인가?

(5) 신자유주의·금융자본주의 경향은 이후 어떻게 변화될 것이고, 앵글로 색슨계 자본주의의 기조나 자본주의체제의 성격 자체가 바뀔 것인가? 또한 그동안 단기성과주의·CEO의 보상체계를 바탕으로 운영된 기업경영의 패러다임이 어떻게 변화될 수 있을까?

(6) 위기 이후 '경제학은 위기를 제대로 예측 못하는 학문'이라는 비판을 받고 있는데 이후 경제학의 패러다임은 변화되어야 하는가, 경제학은 다시 써야 하는가?

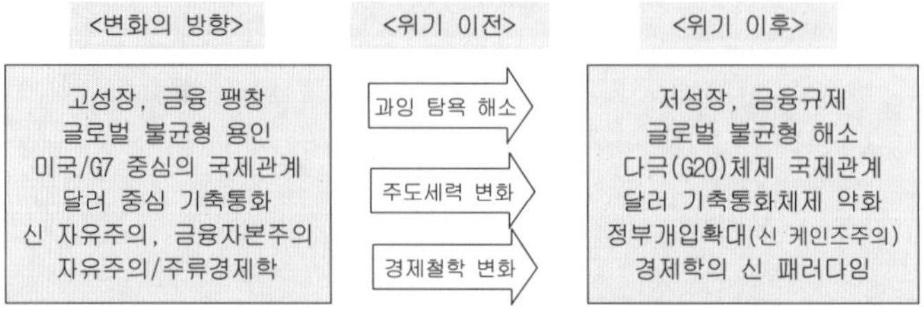

[그림 9-1] 글로벌 금융위기 이후 세계경제 패러다임 변화

자료 : 삼성경제연구소 (2010. 3) p.3 적의 수정.

제1절 세계경제의 성장 전망

1. 세계경기 및 경제성장 전망

1.1 위기국면 탈피와 세계경기 회복

2008년 리먼 브러더스사태로 글로벌 금융위기가 본격화된 이후 세계경제는 심각한 금융 불안과 경기침체를 맞이하여 이른바 '50년만의 불황'을 맞이하였지만, 위기 이후 세계경제는 주요국들의 과감하고도 신속한 선제적 조치와 국제공조를 통하여 위기가 발생한지 2년 정도가 경과한 2010년부터 대공황 이후 최악의 위기상황을 상당히 극복한 것으로 보인다는 평가를 받게 되었다.

2009년 이후 마이너스로 하락한 세계GDP성장률이 2009년 4/4분기에 0/9%로 반등한 이후 2010년 1/4분기 3.8%, 2/4분기 4.1%대로 높아져 실물경제가 가파른 하강세를 벗어났다. 위기 이후 특히 중국·한국·인도 등 아시아 신흥경제국들의 경제성장률이 높아지기 시작하였고 미국이나 유로지역의 마이너스 성장세도 크게 축소되는 모습을 보여주어 경기회복에 대한 기대감이 높아졌다. 또한 국제금융시장의 불안도 예상보다 빨리 진정되어 대부분 국가들의 주가가 위기 이전 수준에 가깝게 회복되었고 외환시장도 안정을 보였으며 국제금융시장의 유동성 경색도 상당히 완화되었다.

이렇게 표면적으로는 위기상황을 벗어나고 있는 것처럼 보이는 것이 사실이지만 여전히 위기는 아직 끝나지 않았다는 우려를 불식시키지는 못하고 있다. 선진국의 GDP수준이나 무역규모가 위기 이전의 수준을 회복하고 있지 못하고 있고 안전자산으로의 쏠림 현상이 지속되는 등 세계경제에 대한 불안감이 완전히 해소되지 못하고 있으며 환율을 둘러싼 국제적 갈등이 증대되면서 국제공조도 약화될 수 있는 조짐을 보이고 있다. 이 때문에 현 시점에서 과연 위기가 끝났다고 할 수 있는지, 향후 세계경제가 정상적인 회복국면에 진입할 수 있을지에 대한 논쟁과 우려가 계속되었다. 이러한 논쟁이 진해되는 가운데 제기된 이슈가 이른바 더블딥(double dip)논쟁과 출구전략(exit strategy) 문제였다.

1.2 더블 딥 논쟁과 세계경기전망

상술한 대로 세계경제가 어느 정도 위기에서 벗어나 금융 불안이 다소 완화되고 실물경제 역시 회복의 조짐을 보이는 가운데 앞으로 세계경제가 완만하나마 계속 성장세를 보일 것인지 아니면 또 다른 침체(더블 딥)에 직면할 것인지에 대한 논란이 확산되었다. 우선 미국의 경제학자 폴 크루그만과 누비엘 루비니 교수 등을 포함 한 일부 학자들은 금융위기로 인한 세계경기의 침체가 다시 침체를 맞아 장래에 더욱 심각한 더블 딥(double dip)이 나타날 수도 있다고 경고하였다. 이들이 이렇게 새로운 경기침체가 나타날 수 있다고 주장하는 근거는 대체로 다음과 같다.

(1) 지금의 경기회복은 일시적 재정지출을 통한 경기회복효과로서 금융위기가 발생한 근본원인(수요위축, 글로벌 불균형, 가계대출 부실, 부동산경기 침체 등)이 완전히 해소되지는 못하여 언제든 새로운 침체가 발생할 수 있다.

(2) 이렇게 정부의 재정지출로 일시적인 경기회복이 이루어졌더라도 민간소비와 설비투자가 회복되지 못할 경우 경기가 다시 침체하는 이른바 더블 딥에 빠질 수 있는데 이를 방지하기 위해서는 정부가 지속적으로 부양책을 실시해야 하지만 정부가 세수의 뒷받침 없이 언제까지 막대한 재정적자를 지속할 수 없다.

(3) 이처럼 당자의 어려움을 모면하고자 근원적인 문제의 해결을 외면하는 것은 새로운 위기를 맞이하게 되는데, 금융시스템 내에 누적된 금융리스크의 폭발성이 여전히 잠재되어 있고 유럽에서 새로운 금융위기가 발생할 가능성도 잔존하고 있다. 또한 무역수지 적자국과 흑자국 간의 충돌에 의하여 세계무역이 위축되는 경우 실물경제 침체 상태가 지속될 수 있다.

(4) 1930년대 대공황의 경우에도 초기에는 불과 얼마 만에 성공적으로 극복되는 것처럼 보였으나 그 후 경제는 본격적으로 불황으로 이어졌고 두 번째의 불황이 오히려 더 길고 더 깊은 형태로 이어져 이른바 더블 딥의 형태를 보여주었다. 또한 [그림 9-2]가 보여주는 바와 같이 1970년대 이후 세계경제는 4차례의 심각한 경기침체를 경험하였는데 이 가운데 제1차 석유파동의 경우를 제외하고는 모두 불황이 한번으로 끝나지 않고 반드시 뒤이어 또 다른 침체가 이어지는 이른바 더블 딥(W형 패턴) 형태로 이어지는 경우가 대부분이었다.

향후의 세계경기에 대한 이 같은 비관론적 전망에 대하여 더블 딥의 발생가능성을 부정하는 낙관론자들은, 전대미문의 공적자금 투입·전격적인 금리인하·은행국유화 등과 같은 비상조치로 인하여 내수회복(내국소비, 설비투자, 서비스산업 활동 증가 등)이 진행되고 수출도 회복세를 나타내고 있을 뿐만 아니라, 이러한 당장의 경기회복과 함께 가계부채의 부실조정이 이루어지고 있고 주요 선진국의 중앙은행제도와 금융 감독체제의 개혁과 강화도 이루어지고 있어 금융위기를 발생시킨 원인요인들이 치유되고 있으며, 특히 G20 등 새로운 국제공조가 강화되면서 더블 딥과 같은 새로운 경기침체는 발생하지 않을 것이라고 주장하였다.

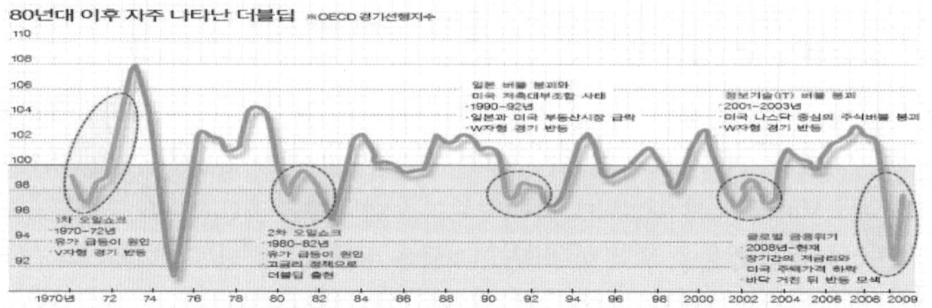

[그림 9-2] 1970년대 이후 세계경기의 흐름과 더블딥

이러한 세계경기 낙관론자들은, W자형 침체를 예상하는 더블 딥론자들의 주장에 대하여 U자형 경기회복론을 주장하기도 하고 때로는 V자형의 가파른 경기회복세를 전망하면서, 더블 딥 주장에 빗대어 경기낙관론자인 버냉키(B. Berrenke)와 위렌 버핏(W. Buffett)의 이니셜을 딴 '더블B(double B)효과'를 주장하기도 하였다. 또 어떤 사람들은 앞으로의 경기회복과 경제성장은 세계지역별로 다른 모습을 보여 U자형(미국)·L자형(유럽)·V자형(아시아 신흥시장) 경기회복이 혼합된 러브(LUV)형이 될 것이라고 전망하기도 하였다.

어쨌든 이러한 논쟁은 현재 진행되고 있는 경제상황에 대한 향후의 전망인 만큼 앞으로의 상황변화에 따라 얼마든지 달라질 수 있으므로 지금의 시점에서 과도한 비관론도 문제가 있지만 성급한 낙관론 역시 경계할 필요가 있을 것이다. 금융위기가 발생한 직후 많은 사람들이 예상하였던 것보다 더 빠르게 위기를 벗어나고 있지만 더블 딥론자들이 우려하는 바와 같은 잠재적 불안요인들이 여전히 상존하고 있는 것도 사실이다.

1.3 세계경제의 뉴 노멀

이 때문에 금융위기 이후 세계경제의 구조변화로 인하여 세계경제의 구조적 뉴 노멀(new normal)에 대한 논의가 확산되었다. 뉴 노멀이란 과거에 대한 반성과 새로운 질서에 대한 모색을 의미하므로 글로벌 금융위기를 계기로 하여 새로운 추구되어야 할 금융질서·성장모델·자본주의체제·국제경제질서 등을 모두 포괄하는 개념이지만, 경제성장이나 세계경기라는 측면에서는 결국 종전과 같은 경제성장률을 시현하지 못하는 저성장시대가 도래할 것이라는 전망을 포함하고 있다.

위기가 발생하기 이전 2003년부터 2007년까지 세계경제는 연평균 5% 가까운 높은 성장세를 보였고 세계교역도 매년 15% 이상 폭발적으로 증가하였다. 그러나 신흥국들이 현재와 같은 성장세를 시현한다고 가정하였을 때 세계경제는 당분간 2~3%의 성장과 8% 내외의 교역증가율을 보일 것으로 전망된다. 신흥국들이 지금과 같은 성장세를 유지할 수 있는가도 문제지만 금융위기 이후 선진국들의 경제성장세가 제대로 복원되지 않는 한 성장모멘텀은 약화될 수밖에 없으며 또한 향후 정부주도의 성장전략이 민간주도로 전환되고 위기극복과정에서 발생한 후유증이 치유되는 데에는 상당한 기간이 필요한 만큼 경기가 회복되더라도 2000년대 초반에 경험하였던 세계경제의 성장과호황은 하나의 기억으로 남을 가능성이 높다고 하겠다.

더욱이 위기발생 이후 주요국들의 국제공조를 통하여 대공황과 같은 파국을 회피할 수 있었지만 최근 경기의 불확실성이 높아지고 정부의 경기부양능력이 약화되면서 환율을 통한 수출증대와 수입제한을 이룩하거나 '은밀한 보호무역주의'(murky protectionism)를 통하여 경기를 회복시키려는 국가 간 경쟁이 격화되어 국제공조가 약화될 조짐마저 보여 이것이 새로운 위험요인으로 등장하고 있다.[58]

따라서 더블 딥과 같은 극단적인 경기침체가 다시 올 가능성은 낮다고 하더라도 시간이 지날수록 세계적 경기흐름이 둔화되어 종전과 같은 경제성장률을 시현하지는 못하는 저성장시대가 도래할 가능성이 높다는 것이다.

미 국 성장활력의 저하로 경기부양이 계속 필요한 상황이지만 이러한 경기부양이 이루어지면 이루어질수록 재정적자의 확대 문제가 심화되는 딜레마에 처해 있다.

유 럽 방화벽구축 등을 통하여 재정금융위기의 극복이 진전되고 있지만 위기국면은 상당기간 지속될 것으로 전망된다.

중 국 미국과 유로존 경기의 침체로 중국의 수출이 정체될 우려가 크고 최근 종전의 평균성장률(8%)에 미치지 못하는 성장률을 시현하고 있다.

일 본 '잃어버린 20년'을 벗어나기 위하여 물가상승 목표제(2%)를 도입하여 양적완화를 실행하고 의도적인 엔저정책을 펼치어 경기부양과 엔고해결이라는 두 가지 목표를 추구하는 이른바 '아베노믹스'를 실행하여 단기적으로 어느 정도 성과를 보이고 있으나 중장기적으로는 그 성공 여부가 미지수이다.

2. 위기수습의 후유증과 출구전략

2.1 위기수습의 후유증

금융위기 이후 이제 우리가 이러한 위기를 벗어나 새로운 경제성장과 경기회복이 이루어질 수 있는 단계에 도달된 것인가라는 문제가 더블 딥논쟁으로 나타난 반면, 금융위기를 치유하는 과정에서 사용한 정책수단과 처방들이 위기수습 후 어떠한 부작용과 문제점을 가져올 것인가에 대한 우려

---

58 은밀한 보호무역주의란 중국정부의 자국산 우선구매조치, 미국정부의 자국산 2차전지 보조금지급 등이 대표적 사례로서 위기 직후 전 세계적으로 78건의 은밀한 보호조치가 시행 또는 입안되었고 G20 국가들 중 17개국에서 47건의 은밀한 조치가 발생하였다고 보고되었다(R. Baldwin & S. Evenett 2009).

와 논의 역시 뜨겁게 이루어졌다. 위기를 수습하기 위하여 채택한 막대한 재정금융지출 확대는 단기적으로는 경기침체에 따른 고통을 완화시켜줄 수 있지만 중·장기적으로는 이에 따른 여러 가지 부작용을 유발할 수 있으므로, 그동안 풀어헤친 재정금융완화정책을 언제 어떻게 정상화할 것인지에 대한 고민도 이루어졌다. 이러한 고민이 이른바 시의적절한 출구전략(exit strategy) 문제였다.

전술한 대로 위기 이후 각국의 중앙은행들이 직접 시장에 개입하여 금융기관을 구제하였고 금리를 최저수준으로 낮추고 통화 공급을 추가적으로 확대하는 양적완화조치도 시행하였다. 총수요감소를 저지하기 위하여 각국 정부는 GDP의 10%에 이르는 적자재정까지 편성하면서 세금을 감면하고 정부지출을 증가시켰다. 이러한 미증유의 부양책을 감안하면 현재와 같은 회복은 어쩌면 당연하다고 할 수 있지만 문제는 이러한 인위적인 부양책의 후유증은 장기에 걸쳐 나타난다는 것이다. 비유적으로 말한다면, 약물위주의 응급조치로 위급한 상황은 벗어났다고 하더라도 발병으로 인한 충격과 체력소진문제는 그대로 남아있는 가운데 과다한 약물주입으로 인한 후유증을 어떻게 치료할 것인가라는 문제라고 할 수 있는데 이것이 출구전략의 핵심적 과제이다.

그렇다면 그동안의 이러한 위기수습책들이 중장기적으로 초래할 후유증으로서는 어떠한 문제들이 있는가? 이에 대해서는 다음과 같이 과다 유동성공급으로 인한 재정건전성악화·인플레이션유발·새로운 자산버블과 금융위기 재발우려 등이 거론된다.

유동성 과잉 우려 관리통화체제 하에서 통화의 공급은 실질자산이 뒷받침되지 않는다는 점에서 버블적 특성이 있으며 재정적자를 충당하기 위한 국공채의 발행도 유사한 성격을 갖는다. 따라서 그동안 통화증발이나 국공채발행을 통하여 진행된 위기극복과정은 결국 버블로 발생한 문제를 버블로 치유하는 과정이었던 만큼 이로 인한 유동성 과잉공급 문제를 피할 수 없다.

재정건전성 악화우려 경기침체에 따른 세수감소와 막대한 재정지출을 동반한 경기부양책으로 주요 선진국들의 재정이 크게 악화되고 있고 국가채무도 증가하고 있어 재정건전성 악화우려가 높다.[59] 이처럼 주요 선진국의 재정적자와 국가채무증가를 개선하기 위해서는 증세 또는 재정지출 축소를 행해야 하지만 경기부담 때문에 지연되고 있고 또한 이 자체가 정치경제적으로 실행되기 어려운 속성을 지니고 있다. 반면 이러한 재정건전화를 위한 이러한 조치는 세계 전체의 소비와 투자를 크게 위축시킬 가능성이 높아 적정한 수준의 조정이 이루어지지 못할 경우 향후 세계경제에 대재앙이 될 수 있다.

---

59 미국·영국·프랑스 등 세계 주요국의 재정적자규모가 GDP대비 10% 수준에 이르렀고 IMF자료에 의하면 위기가 발생하기 전 2007년 선진G20의 국가채무 평균이 GDP대비 62.4%였지만 2009년에는 76.1% 수준으로 증가하였고 2014년에는 86.6%수준으로 증가할 것으로 전망하고 있다. 실제로 글로벌 금융위기 이후 유럽국가들의 재정위기가 계속되는 가운데 미국의 경우 GDP대비 재정적자비율이 2008년 3.2%수준에서 2010년 8.9%로 늘어났고 GDP대비 국가부채비율이 40%에서 62%로 증가한 뒤 2011년에 이르러 100%수준에 이르자 미국정부가 부채한도(debt ceiling)를 상향시키지 않으면 채무불이행(default)에 빠질 수 있는 상황에까지 이르렀다 미국은 2013년 초 16조 3940억 달러였던 국가부채한도를 임시로 16조 6990억 달러로 상향시키는 조치를 취하였지만 다시 이를 재 상향시키지 않으면 10월에 국가부도위기에 빠질 수 있다는 논란이 이루어지고 있다. 이에 우여곡절 끝에 국가부채한도를 2013년까지 총 2조1,000억 달러로 상향 조정하고 향후 10년간 2조 4,000억 달러의 재정지출을 감축하는 정부부채상한 증액협상이 타결되었다. 그러나 이를 계기로 신용평가사가 미국의 신용등급을 강등하자 전 세계 증권시장에서 주가가 폭락하는 소동이 일어나기도 하였다.

인플레이션·자산버블 우려 금융위기 직후 금융중개기능의 약화로 통화량(M2)이 크게 늘지 않았지만 경기회복과 더불어 신용경색이 풀리면 통화량이 급증함에 따라 이로 인한 인플레이션과 자산버블이 발생할 우려가 높고, 또한 지금까지 팽창된 유동성을 장기간 방치하는 경우 이러한 부작용이 발생할 수 있다. 이에 경제학자들은 '경제에는 공짜가 없다'고 주장하면서 '그동안의 위기수습책으로 인하여 추가적인 버블의 싹은 이미 뿌려진 상황이다'라고 경고하면서 무차별적 긴급조치적 경기부양책의 후유증을 우려하고 있다. 경기가 회복되지 않은 상태에서 과잉유동성으로 인한 인플레이션과 자산버블이 발생하면 자칫 세계 전체가 심각한 고물가·저성장의 함정에 빠지고 과거 일본의 '잃어버린 10년'과 같은 어려움을 겪을 수 있다.

새로운 금융위기 우려 위기수습과정에서 행한 경기부양책으로 인한 후유증들이 적절히 관리되지 못하고 심화되는 경우 세계경제는 다시 새로운 금융위기를 맞이할 수 있다.[60] 후술하는 대로 위기수습과정에서 이루어진 선진국들의 양적 완화정책에 의한 유동성의 팽창과 국제이동이 신흥국의 새로운 금융위기를 발생시킬 가능성이 매우 높다.

2.2 출구전략 시행의 후유증

금융위기 이후 위기를 수습하는 과정에서 행한 비정상적인 정책수행은 위기 그 자체를 수습하는 데에는 도움이 되었지만 상술한 바와 같은 여러 가지 휴유증이 예상되는 만큼 이러한 후유증을 최소화하기 위해서는 경기가 회복되는 적절한 시기에 그 동안에 이루어진 비정상적인 상황을 정상적인 궤도로 환원시키는 전략이 필요하게 되는 데 이것이 이른바 출구전략(exit strategy)이다.

이러한 출구전략의 대표적인 정책수단으로서는 금리인상 등과 같은 금융부문의 출구전략과 세율인상·추가세원 발굴·재정지출 축소 등과 같은 재정부문의 출구전략이다. 각국의 경제여건이나 재정상황에 따라 다르겠지만 대체로 금융부문의 출구전략이 먼저 시행되고 중장기적인 관점에서 재정건전성을 높이기 위한 재정부문의 출구전략이 이루어질 것으로 예상된다. 실제로 미국과 일본은 10년의 중장기계획으로 재정건전화를 추진하고 상대적으로 재정적자 문제에 민감한 EU도 재정건전화 문제에 중장기적으로 접근하고 있다.[61]

이러한 출구전략의 시행으로 위에서 설명한 바와 같은 양적 완화정책이 초래할 위험들을 예방하고 관리하는 효과는 있을 것이지만 다른 한편으로 이러한 출구전략은 다음과 같은 새로운 문제점을 발생할 가능성 역시 높은 만큼 적절한 시기에 적절한 수준의 출구전략을 행하는 신중한 접근이 필요하다고 하겠다.

---

60 상술한 대로 이번의 금융위기를 자본주의체제의 구조적 위기로 규정하는 급진주의자들은, 이러한 금융위기가 일정한 부양책을 통하여 해결될 것이라고 보는 케인즈주의적 분석은 지금의 위기를 순환적 위기로 파악하는 잘못을 범하고 있다고 비판하면서, 설사 그러한 부양책을 통하여 이번 위기를 극복하더라도 그것은 일시적일 수밖에 없다고 주장하기도 한다.

61 독일의 경우 2016년까지 재정적자 규모를 GDP의 0.35% 이내로 제한하고 2020년 이후 재정균형을 달성한다는 취지의 법안을 제정하였고 영국도 2010년 이후 매년 재정수지를 GDP 대비 0.5%p 이상 개선한다는 재정운영준칙을 정하였다.

(1) 새로운 경기침체 우려

성급하게 출구전략을 추진할 경우 정부의 적극적인 경기부양책에 힘입은 실물경기의 회복세나 금융시장의 안정성이 다시 악화될 가능성이 있다. 이자율을 너무 빠르게 인상하거나 재정긴축을 성급히 행할 경우 기업의 투자가 위축되고 소비가 억제되어 실업이 증가할 수 있다. 이러한 경우 일시적으로 경기가 회복되었다가 다시 불황에 빠지는 이른바 더블 딥(double dip)현상이 발생할 수 있다. 실제로 1930년대 경기침체 이후 루즈벨트의 성급한 긴축정책이나 1990년대 말 일본의 소비세인상 등 성급한 출구전략으로 경기가 다시 침체되는 이른바 더블 딥을 맞이한 역사적 경험도 있다.

또한 최근의 연구에 따르면 금융위기로부터 발생된 경제위기는 그 정도가 더 심각하고 더 오랜 기간 지속되는 경향이 있어 일반적인 불황의 출구전략과는 달라야 한다는 점이 밝혀졌으며, 경기부양책을 실행하는 경우 경기가 회복하는 효과는 천천히 점진적으로 나타나는 반면 긴축정책의 효과는 더욱 빠르게 나타난다는 이른바 쿠퍼효과(Cooper effect)의 부작용도 존재한다.

따라서 아직도 금융시장에 불확실성이 남아있고 산발적인 금융위기가 지역적으로 발생하고 있으며, 경기회복도 기대만큼 급속히 이루어지지 않은 상태에서 성급히 정부지출을 대폭 줄이거나 세입을 크게 늘리기는 어려우며, 이러한 상태에서 또다시 새로운 금융위기가 발생하거나 새로운 세계경기침체가 발생하면 이에 대처할 마땅한 정책수단이 없어 큰 어려움에 처하게 되는 만큼 성급한 정책전환보다는 '신중한 출구전략'을 시행하여야 된다는 데 세계 주요국들이 일정한 공감대를 형성하고 있다고 할 수 있다.

(2) 재정절벽 위기 우려

성급한 출구전략의 부작용으로 인한 경기의 급속한 침체를 우려하는 대표적 논의가 미국의 재정절벽(fiscal cliff) 문제였다. 재정절벽이란, 재정적자를 감축하기 위한 미국 의회의 법적 조치로 인하여 각종 감세정책이 종료되고 재정축소방안이 시행됨에 따라 정부의 재정지출이 급격히 감소되어 급속한 경기침체가 이루어지는 상황을 말한다. 미국의 만성적인 재정적자를 해소하기 위하여 2011년 미국의회는 '예산통제법'(budget control act)을 제정하여 2013년부터 2022년까지 총 1.2조(매년 5,500억) 달러의 예산을 삭감토록 하였다. 미국이 장기적으로 재정건전성을 유지하기 위해서는 재정적자 감축이 필요하지만 이러한 조치에 따른 급격한 예산삭감이 경기를 위축시켜 경제회복을 어렵게 만들 수 있다는 우려가 이러한 재정절벽 논의로 이어졌다.

한편 미국의 재정건전성을 높이기 위한 또 다른 시도로서 1985년에 발효된 '균형예산 및 긴급적자통제법'은 미국정부의 재정적자규모가 다음 회계연도의 허용한도를 초과할 경우 미리 설정해 둔 목표에 따라 지출예산을 자동적으로 삭감하는 시퀘스터(sequester)제도를 설치해두고 있었다. 상술한 재정절벽위기와 함께 이러한 시퀘스터가 맞물려 더 큰 경제위축을 초래할 것을 우려한 미국정부는 2013년 1월 의회에 시퀘스터의 발동을 저지해달라는 요청을 하였음에도 의회가 이를 받아들이지 않아 동년 3월부터 이러한 제도의 발동됨으로써 급격한 경기침체 위험에 대한 우려가 더욱 커지기도 하였다.[62]

(3) 신흥국 경제위기 발생 우려

2013년 중반 미국정부가 그동안 실행하여오던 양적완화정책을 감축하는 출구전략을 가시화하는 움직임이 나타나자 신흥국의 경제위기설 또는 그동안 신흥국의 경제성장으로 상징되던 '브릭스(BRICs) 추락설' 등이 급격히 확산되고, 실제로 이들 신흥국들의 통화가 평가 절하되고 주식가격이 폭락하는 사태가 속출하였다. 미국이 지금까지 시행해오던 양적완화정책을 중단하는 등 이른바 출구전략이 시작될 경우 신흥국들의 경제위기가 발생할 수 있는 가능성은 대체로 다음과 같다. 이하에서는 미국의 출구전략을 중심으로 설명하였지만 유럽과 일본이 출구전략에 가세할 경우 신흥국의 충격은 더욱더 커질 가능성이 높아지는 것은 물론이다.

(1) 글로벌 금융위기 이후 미국의 연방은행은 미국경제의 회복을 위한 저금리를 유지하기 위하여 지속적으로 채권을 시장에서 매입하는 이른바 양적완화정책을 시행하여 왔다. 이러한 미국의 양적 완화정책으로 증발된 저렴한 달러가 인도 등 신흥국들에 대거 유입하였는데 양적완화정책의 축소가 임박해지면서 미국의 금리가 상승하고 달러가 강세를 띠게 되면 신흥국에 유입된 달러가 대거 유출됨으로써 이들 신흥국에서 외환위기가 발생할 수 있다. 미국정부의 출구전략이 추진되어 유동성이 회수되는 경우 미국의 금융사들은 자금부족에 따른 위험을 차단하기 위하여 디레버리지 국면에 들어갈 것이고 이러한 디레버리지는 신흥국에 투자한 유동성의 급격한 회수로 나타날 것이다.

실제로 금리가 낮은 나라에서 빌린 돈으로 상대적으로 금리 또는 성장률이 높은 나라의 채권이나 주식 등을 사들여 높은 수익을 노리는 캐리 트레이드(carry trade)가 글로벌 금융위기 이후 미국으로부터 신흥국으로 대거 이루어졌다가 미국의 양적 완화 축소로 미국의 금리가 상승하게 되자 썰물처럼 환류하는 조짐을 보여주고 있다.[63] 또한 그동안 고속 성장했던 브릭스(BRICS) 등 신흥국들의 경우 무분별한 신용확대와 과잉투자가 부작용을 나타내고 있는데다 미국의 양적 완화가 축소될 조짐을 보이면서 자금이탈현상까지 나타나 이들의 경제성장률이 더욱 둔화되고 이들 통화의 급격한 가치하락이 나타나는 모습을 보여주고 있다.[64]

(2) 미국의 양적완화 축소는 미국의 금리를 상승시키고 이러한 미국의 금리상승은 금융위기 이후 외채규모가 크게 증가된 신흥국들에게 큰 부담으로 작용하여 외환위기가 발생할 수 있는 여지를 더욱 증가시키게 되었다. 실제로 그동안 중남미나 아시아의 개도국에서 발생한 외환위기가 대부분 저금리가 이어질 때 무분별하게 외채를 도입하였다가 금리가 상승할 때 이자부담을 견디지 못하고

62 시퀘스터의 발동에 따라 2013년 미국의 국방예산이 삭감되고 국방부 내 고용이 삭감되는 등의 조치가 이루어졌으나 삭감예산 850억달 러가 전체예산 3.4조 달러의 2.4%에 불과하여 그 영향력이 그리 크지 않아 우려했던 것만큼의 피해는 발생하지 않았고, 한편 세수증대로 인하여 재정적자가 줄어드는 모습을 보이기도 하여 시퀘스터가 순기능을 할 것으로 평가되기도 하였다.

63 이에 모건스탠리는 이로 인하여 위기가 발생할 가능성이 높은 5개 신흥국, 이른바 F5(Fragile 5)로서 인도·인도네시아·브라질·터키·남아공화국을 지목하기도 하였다.

64 실제로 미국FRB의 양적 완화 축소우려가 불거진 2013년 6월부터 2~3개월 사이에 미 달러 대비 신흥국통화가치는 줄줄이 하락했다. 인도 루피화 15.4%, 인도네시아 루피아화 13.6%, 브라질 헤알화 9.7%, 터키 리라화의 가치는 7.9%씩 각각 내렸다.

외환위기에 빠져드는 경우가 많았다.

미국의 금융위기 이전까지 신흥국들의 경제성장 동력은 주로 수출이었고 이러한 수출은 미국의 소비경기 호황에 힘입은 것이었는데 미국에서 금융위기가 발생하자 신흥국들의 수출이 크게 감소하였다. 수출 감소에 따른 성장둔화를 타개하기 위해 신흥국들은 내수부양에 나설 수밖에 없었고 이러한 내수부양을 위한 투자재원을 금리가 낮은 외화에 의존함으로써 금융위기 이후 신흥국들의 외채규모가 크게 증가하였다(〈그림 9-3〉 참조). 이렇게 신흥국들이 외채를 빌려오면서까지 경기부양을 시도한 것은 미국경제가 다시 회복되면 자국의 수출이 증가되어 그동안 증가된 외채의 상환도 가능해질 것이라는 계산 때문이었다.

그러나 금융위기 전까지 미국의 성장전략은 부가가치가 높은 서비스산업을 확대하는 방법이었으나 금융위기 이후 미국정부는 제조업의 중요성을 다시 인식하여 제조업을 중심으로 경제회복을 꾀하는 전략으로 전환함으로써 미국의 경기가 회복되는데도 신흥국들의 수출은 증가하지 않는 상황이 발생하였다. 이 때문에 신흥국들은 그동안의 내수부양을 위해 도입한 외채를 갚기 어려워졌음은 물론 미국의 양적 완화 축소가 금리상승을 불러와 이자부담까지 커지게 되었다. 따라서 미국이 출구전략을 취하는 것은 미국경제가 그만큼 회복되었다는 것을 의미하므로 이러한 미국경제의 회복에 따른 그 혜택을 신흥국경제가 누릴 수 있는 종래의 공식이 그대로 나타날 것이라고 기대하기가 어려워졌다.

(3) 글로벌 금융위기 이후 중국의 성장률이 둔화되는 상황도 신흥국의 위기발생가능성을 더욱 높이고 있다. 미국의 양적완화 축소는 그동안 대 미국수출을 통하여 성장하던 중국의 경제성장률을 더욱 둔화시키게 되었고 이러한 중국의 성장둔화로 인해 지금까지 중국에 원자재를 수출해오던 브라질·인도네시아 등 신흥국들의 수출이 둔화되어 이들의 경상수지 적자가 더욱 악화되면서 위기가능성이 더욱 높아질 수 있다. 이렇게 신흥국의 경상수지 적자가 증가하는 만큼 대외부채가 증가하게 됨은 물론 이는 이들의 통화가치 하락으로 이어져 해외투자자들의 자금회수를 더욱 부채질 할 수 있다.

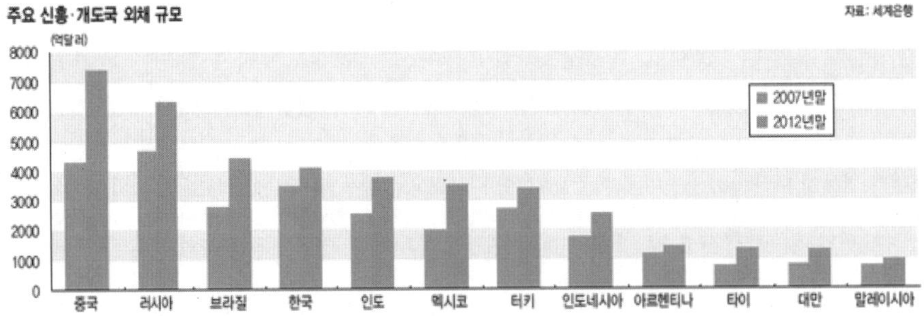

[그림 9-3] 글로벌 금융위기 이후 주요 신흥국의 외채규모 변화

제2절 글로벌 불균형의 전망

1. 글로벌 불균형의 의의와 역사

1.1 글로벌 불균형의 의의

글로벌 불균형(global imbalance)이란 상품·서비스·자본의 이동이 특정 국가나 지역에 편중되면서 대규모 경제권의 대외포지션에 커다란 불균형이 발생하는 것을 의미한다(T. Brake, 2008). 일반적으로 이러한 불균형은 경상수지의 불균형으로 정의하는데 자본의 국제적 이동이 자유로워진 2000년대 이후에는 경상수지 외에 해외자산을 포함한 대외포지션의 불균형으로 정의하려는 시각도 증가하고 있다.

19세기 이후 국제교역이 활발해지면서 선진국들 간이나 선진국과 신흥국 간에 경상수지의 일시적인 불균형이 빈번하게 발생하였지만 이러한 불균형은 다양한 채널을 통하여 균형으로 회귀하는 속성을 지녔던 만큼 그다지 큰 문제가 아닐 수 있었다. 그러나 1980년대 이후에는 기축통화국인 미국의 경상수지 적자규모가 지속적으로 확대된 채 균형으로 회귀하지 않아 이라한 글로벌 불균형 문제가 세계경제의 주요 이슈로 부각되었다.

사실 글로벌 불균형은 오래 전부터 세계경제의 지속가능한 성장을 위협할 수 있는 주요한 리스크 요인으로 간주되어 왔지만, 글로벌 금융위기 이후 이러한 불균형이 세계경제를 극심한 공포로 몰아넣는 금융위기의 발생 원인으로 지목되고 인식되면서 그 위험성에 대한 우려가 더욱 커지게 되고 세계경제의 안정적 성장을 위해서는 이러한 불균형을 축소하는 것이 긴요한 과제라는 공감대가 형성되기도 하였다.[65]

이렇게 글로벌 금융위기의 발발과 함께 또다시 이슈가 된 최근의 글로벌 불균형은 미국의 경상수지 적자가 증대되는 가운데 미국 이외 다수국가(중국, 일본, 한국, 러시아, 베네수엘라 등)의 경상수지 흑자가 지속되는 현상을 지칭하는 것이지만 그 중에서도 가장 주목 받는 불균형이 미국과 중국 간의 불균형문제였고 이것이 글로벌 금융위기의 원인이라는 주장까지 등장하여 양국 간의 갈등관계로 발전하기도 하여 불균형문제가 국제경제적 차원을 넘는 국제정치적 문제로 부각되기도 하였다.

1.2 글로벌 불균형의 역사

글로벌 불균형의 문제를 역사적으로 살펴보면 이러한 불균형이 세계경제의 잠재적 불안요인으로 작용하여 새로운 위기를 발생시키고 이러한 위기를 계기로 새로운 질서가 형성되는 과정을 거쳐온 것이 사실이다. 경상수지를 기초로 하는 이러한 불균형이 세계적 규모로 나타난 것은 1970년대 이후 다음과 같은 4차례였다고 할 수 있는데 그 특징과 경과를 요약해보면 다음과 같다.

---

65 예컨대 2010년 개최된 'G20 서울정상회의'에서 당시 우리나라를 비롯한 일부 국가들이 경상수지의 불균형을 자국 경제규모(GDP)의 ±4% 이내로 억제하는 '경상수지 가이드라인'을 설정할 것을 제안했지만 성사되지는 못하였다. 이와 관련하여 어느 정도의 흑자나 적자가 적정한 수준인가에 대한 논의가 있지만 그럼에도 불구하고 너무 지나친 흑자나 적자를 개선하여 보다 균형적인 국제수지의 운영을 이룩해야 한다는 논의는 계속되고 있다.

〈표 9-1〉 1970년대 이후의 주요 글로벌 불균형

시 기	비 중	적자국그룹	흑자국그룹	경 과
1970년대 초반 (1970~74)	최고 4.5% (1974)	미국	일본, 독일 등	달러신인도저하, 인플레이션 따른 BW체제(고정환율제) 붕괴로 완화
1980년대 중반 (1982~87)	2% 내외	미국	일본, 독일 등	선진국 간 플라자(환율조정)·루브르(수요조정)협정 통하여 완화
1990년대 후반 (1996~00)	2% 내외	미국	일본, 독일 외 일부 신흥국 및 산유국	미국IT버블붕괴 따른 수입축소와 대미 투자자금 유입 축소로 완화
2000년대 중후반 (2002~2008)	최고 6% (2006)	미국, 서유럽 일부 및 동유럽	중국 등 아시아신흥국, 산유국, 일본·독일 등	미국발 글로벌 금융위기의 발생, 위기 발생 후 향후 진행방향 주목

주 : 비중은 세계GDP 대비 경상수지 불균형의 총규모 비중 (%)

1970년대 초반(BW체제종식) 브레튼우즈(BW)체제의 고정환율제도 하에서 미국의 경상수지 적자가 계속 확대된 반면 전후 수출주도적 경제성장을 채택해 온 일본과 유럽(독일)의 경상수지는 흑자가 확대되어 1974년에는 세계GDP대비 불균형규모의 비중이 4.5% 수준에 이르렀다. 경상수지 흑자국들은 자국통화의 평가절상을 막기 위하여 통화증발을 통한 개입을 행하였고 이러한 통화증발은 인플레이션심화· 통화가치하락· 무역불균형심화 과정을 거쳐 다시 통화증발로 이어지는 자기증폭적 효과가 있었다. 이러한 상황 하에서 고정환율제도를 기본으로 하는 브레튼우즈체제가 붕괴되었는데 이러한 붕괴의 가장 직접적인 원인은 미국 달러의 신인도저하였지만 경상수지 흑자국들의 인플레이션 비용문제 역시 변동환율제에 대한 주요국 간 합의가 이루어지도록 하는 배경이 되었다. 따라서 1970년대 초에 나타난 미국과 일본·독일 간의 경상수지 불균형이 브레튼우즈체제의 종식을 가져오는 원인이 되었다고 할 수 있다.

1980년대 중반(플라자합의) 1970년대 초 주요국들이 변동환율제를 채택함으로써 어느 정도의 조정력을 발휘하여 GDP 대비 총 대외불균형 비중이 2% 수준으로 하락하였으나 1980년대 들어와 다시 미국의 경상수지 적자와 일본·독일의 경상수지 흑자 가 크게 확대됨으로써 새로운 불균형문제가 대두되었다.[66] 이렇게 1980년대 중반의 불균형은 소수의 선진국들 간의 문제였던 만큼 G5 등 선진국협의체를 통하여 조정이 이루어졌다. 즉 플라자협정(1985)에 따른 환율조정과 루브르협정(1987)에 따른 수요조정(미국의 재정적자축소, 일본과 독일의 내수진작)에 대한 합의를 바탕으로 안정화가 이룩되어 1987년 이후 미국의 경상수지 적자가 대폭 축소되고 1991년에는 소폭의 흑자를 기록하기도 하였다.

1990년대 후반 1990년대 중반에 이르러 미국경제가 IT중심으로 성장하면서 수입이 늘고 직접투자 및 간접투자가 대거 미국으로 유입되어 달러가 강세를 나타내면서 경상수지 적자가 다시 확대되는 모습을 보이는 등 경상수지 불균형이 고착화되는 양상을 보였다. 반면 전통적인 흑자국인 독일과 일본은 여전히 흑자를 기록하였지만 그 규모가 상대적으로 작고 오히려 산유국·아시아신흥국

---

66 당시 미국의 경상수지 적자의 대GDP비율이 0.2→3.4%로 증가하여 세계 전체 경상수지 적자 중 미국 비중이 3.5→57.5%로 증가한 반면, 미국의 전체 적자 중 대선진국 비중이 80%이었는데 그 중 일본과 독일로 인한 적자 비중이 50%에 이르러 미국 경상수지 적자의 대부분이 일본과 독일의 경상수지 흑자에 기인하고 있었다.

의 흑자가 확대되어 새로운 형태의 불균형이 탄생되었다. 그러나 2001년 미국의 닷컴버블 붕괴와 경기둔화로 인하여 미국의 소비와 투자가 둔화되고 경기둔화에 따라 대미 투자자금의 유입이 감소되면서 미국의 경상수지 적자는 축소되는 모습을 보였다.

2000년대 중후반 1990년대 후반에 나타난 미국의 경상수지 불균형 축소기조가 오래가지 못하고 2000년대 초에 나타난 달러 약세에도 불구하고 불균형이 다시 더 확대된 모습으로 진행되어 세계GDP대비 불균형규모의 비중이 2005년에는 5.9% 수준으로까지 확대되어 금융위기 직전까지 이러한 추세가 지속되었다. 이렇게 불균형이 확대된 표면적 원인으로는 2000년대 초반 유가상승에 따른 산유국의 흑자확대와 아시아신흥국의 경상수지 흑자확대, 2000년대 중반 이후 중국의 경상수지 흑자 확대 때문이라고 할 수 있지만, 아래에서 설명하듯이, 적자그룹과 흑자그룹이 보다 광역화 하는 형태로 진전되었다.

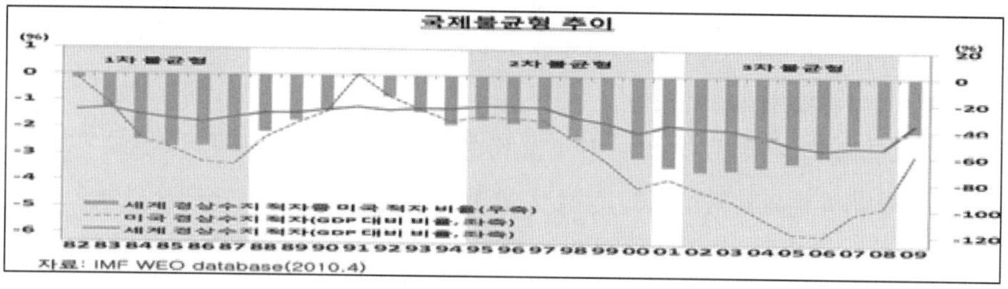

[그림 9-4] 1980년대 이후 글로벌 불균형의 추이

이상과 같이 1970년대 이후 국제적 불균형이 몇 차례 발생하였지만 2000년대 중후반 이후 최근에 발생한 글로벌 불균형은 이전의 경우와는 다른 다음과 같은 몇 가지 특징을 가졌다고 할 수 있다.[67]

(1) 경상수지 불균형의 규모와 지속기간이 크게 증가하였다. 1970년 이후 1995년까지 발생된 불균형의 경우 세계GDP대비 불균형규모 비중이 대체로 1.5~3.5%의 범위에서 등락한데 비하여 1995년 이후의 경우는 그 범위가 크게 확대되어 최고 6%(5.9%) 수준으로까지 크게 확대되었다. 또한 미국의 경상수지적자의 세계GDP 대비 비중이 18를 넘었던 기간 이 1980년대에는 3년에 불과하였던 데 비하여 2000년대에 들어와서는 2009년까지 10년 동안 계속되었다.

(2) 종래의 경상수지 불균형이 소수의 선진국들 간의 문제였다면 최근의 불균형은 지역적으로 더 넓게 확산되어 문자 그대로 글로벌한 수준으로 확대되었다. 경상수지 적자그룹에 미국뿐만 아니라 스페인 · 영국 등 일부 서유럽국가와 동유럽 국가들까지 확대되었고 경상수지 흑자그룹에도 전통적인 일본 · 독일은 물론 중국 · 말레이시아 등 아시아신흥국과 사우디아라비아 등 산유국이 망라되어 불균형문제가 말 그대로 글로벌 차원으로 학대되었기 때문이다.[68] 다만 이러한 적자와 흑자가

67 하나금융경영연구소 (2010.12) pp.3-4 참조.

68 2001년부터 2007년까지의 기간 중 각국의 GDP 대비 경상수지 불균형규모의 비중변화를 보면 적자그룹의 경우 미국

미국과 중국에 집중되어 이들이 글로벌 불균형의 중심적 위치를 차지한 것은 상술한 바와 같다.

(3) 자본의 국제적 흐름이라는 관점에서 투자자본이 선진국(중심국)에서 개도국(주변국)으로 이동할 것이라는 일반적 예상과는 달리 최근의 글로벌 불균형 과정에서는 경상수지 적자국의 자금수요가 신흥국들로부터 조달됨으로써 투자자본이 신흥국에서 선진국으로 이동하는 모습을 보였다.

2. 글로벌 불균형의 발생원인

글로벌 불균형이 발생하는 원인이 무엇인가에 대한 의견은 다양하게 존재한다. 그러나 이러한 원인을 불균형을 확대한 책임이 누구에게 있는가라는 관점에서 보면 결국 「흑자국 원인론」과 「적자국 원인론」으로 구분할 수 있다. 그런데 최근의 경상수지 불균형이 특정 개별국가의 문제라기보다 글로벌 차원으로 확대되기는 하였지만 미국과 중국 간의 불균형이 중심적 위치를 차지하고 있는 만큼, 이러한 논의는 결국 미국책임론과 중국책임론으로 치환하여 설명할 수도 있다. 따라서 글로벌 불균형의 발생원인은 물론 그것의 해결책과 관련하여 미국과 중국 간에 서로 상대방의 책임을 주장하는 공방이 이루어지기도 하였다.

보다 근본적으로 일국의 국제수지가 불균형을 나타내는 이유는 거시경제이론으로서는 저축과 투자의 차이를 뜻한다고 정의할 수 있고, 정책적 관점에서는 정부저축(재정수지의 격차)으로서 정의할 수 있으며, 금융시장 측면에서는 국제거래의 상대가격인 환율이라고 할 수 있는 만큼 글로벌 불균형의 원인 역시 이러한 변수로부터 찾아야 할 것이다. 따라서 글로벌 불균형의 흑자국 또는 적자국 원인론 역시 그 주요 내용은 총지출 · 소비 · 투자 · 저축 등과 같은 거시경제변수, 환율정책 · 수출정책·성장전략 등과 같은 정책적 요인을 중심으로 이루어진다.

2.1 흑자국 원인론(중국책임론)

흑자국 원인론자들은 글로벌 불균형의 발생원인을 경상수지 적자국의 내부요인이 아닌 외부요인에서 찾거나 오히려 흑자국(중국) 요인에서 찾는다. 따라서 불균형의 발생원인을 흑자국의 저축 - 투자 갭 · 성장전략 · 환율정책 등에서 찾는다.

투자부진 · 과잉저축 글로벌 불균형의 원인을 흑자국의 투자부진에서 찾으려는 견해는 중국을 비롯한 동아시아국가들이 내수보다는 수출에 과도하게 의존하는 정책을 추진함으로써 국내투자가 부진해지고 그 결과 흑자가 쌓여 글로벌 불균형을 초래하게 되었다고 진단한다. 특히 1990년대 후반 이후 동아시아 및 산유국의 저축증가 및 투자부진으로 저축 - 투자 갭이 플러스가 되면서 글로벌 저축과잉(global saving glut)을 주도했다고 본다.

2005년 3월 미국 FRB 버냉키(B. Bernanke)의장은 미국 바깥 지역에서의 과잉저축이 미국의

3.9 → 5.2% (2005년 최고치 6.4%기록), 스페인 · 영국 등 유럽선진국 2.0 → 5.0%, 동유럽국가 2.0 → 7.92%로 확대되었고 흑자그룹의 경우 일본 2.1 → 4.8%, 독일 0 → 7.6%, 중국 1.3 → 11.0%로 급격히 증가하였으며 이밖에 말레이시아 14%, 사우디아라비아 27%로 높아졌다.

경상수지 적자를 가져왔다는,[69] 당시로서는 새로운 해석을 제시하였는데 이것이 이른바 '세계적 저축과잉론'이다. 이러한 저축과잉론을 대중화시킨 이론이 마틴 울프(Martin Wolf, 2009)의 '글로벌 불균형론'이다. 그는 세계자본시장에서 신흥국들이 만들어 낸 막대한 무역수지 흑자를 내수 진작에 쓰지 않고 다시 미국에 투자함으로써 미국의 금융 및 부동산에 자산거품을 발생시키는 부작용을 만들었다고 비판하였다.

수출중심 성장전략 · 환율정책 글로벌 불균형의 원인을 정책적 측면에서 찾으려는 시각은 최근의 글로벌 불균형이 중국 등 동아시아국가들이 수출주도적 성장전략을 펼치면서 경쟁적으로 환율을 저평가시키거나 환율을 사실상 고정환율체제로 운용하면서 인위적으로 수출가격 경쟁력을 확보하여 경상수지 흑자를 축적함으로써 글로벌 불균형이 발생하였다고 주장하였다. 이는 결국 시장원리에 따라 발생되는 경상수지의 흑자 및 적자에 대한 지출전환효과를 억제함으로써 지속적인 흑자 및 적자를 고착시키는 역할을 하였다는 것이다.[70]

사실 글로벌 금융위기가 발생하기 이전부터 미국은 전통적으로 자국의 경상수지 적자가 일본·중국 등 주요 교역상대국의 인위적인 통화저평가에 의한 것이라고 주장하여 왔다. 그러나 다른 한편으로 200년대 초반 미국은 중국 위안화의 저평가를 글로벌 불균형의 원인으로 주목하면서 중국의 환율제도를 변경할 것으로 요구하자 중국은 2005년 7월 위안화의 절상을 용인하고 환율변동 폭을 확대하는 조치를 취하였으나 사실상 고정환율제도와 같은 환율운용을 행하였고 2008년 금융위기가 발생한 이후에는 고정환율제도로 복귀하기도 하였다.

이처럼 글로벌 불균형의 발생 원인을 주로 경상수지 흑자국의 저축 – 투자 갭 · 환율정책 · 성장전략 등에서 찾는 흑자국 원인론자들은 그 해법대안 역시 흑자국들 스스로 자신의 지나친 흑자를 축소해 나갈 것을 주장하면서 글로벌 불균형을 해소하기 위해서는 중국이 성장전략 자체가 수출주도에서 내수중심으로 전환되어야 하고 위안화가 큰 폭으로 절상되어야 한다고 요구하였다.

이에 대해 중국은 글로벌 불균형을 해소하기 위해서는 무엇보다도 먼저 미국경제 스스로 과소비를 지양하여 저축률을 높이고 재정적자를 개선하려는 노력이 선결되어야 한다고 주장하였다. 특히 위안화를 절상하라는 요구에 대하여서는 중국과 미국의 제품경합도가 낮아 위안화절상만으로 미국의 무역적자가 해소되기는 어렵다고 비판하고 2008년 금융위기 이후 위안화가 대부분의 통화에 대하여 상대적으로 절상되었다고 주장하였다.

2.2 적자국 원인론(미국책임론)

글로벌 불균형의 원인이 흑자국에게 있다고 주장하는 이상과 같은 흑자국책임론에 대하여 그 원인과 책임이 적자국(미국) 자신에게 있다고 보는 사람들은, 글로벌 불균형의 원인을 흑자국의 과잉저축론 등에서 찾는 것은 자신들의 뼈를 깎는 노력으로 경상수지 적자문제를 해결하지 못한 자신의

69 B. Bernanke (2005).
70 M. D. Dooley et als (2004).

책임과 정책실패를 흑자국들에게 전가하는 무책임한 시도라고 비판하였다. 따라서 그들은 글로벌 불균형은 오히려 적자국의 과잉소비·저축부진·재정적자 누적 등으로 경상수지 적자가 확대되어 발생하였다고 진단한다.

상술한 대로 미국은 전통적으로 자국의 경상수지적자 원인을 일본·중국 등 주요 교역대상국 통화의 인위적인 저평가에 기인하였다고 하여 환율을 글로벌 불균형의 주요요인으로 주장하여 왔다. 그러나 2002년 이후 달러화가 약세를 보였음에도 불구하고 미국의 경상수지 적자가 오히려 확대되자 그 원인을 미국경제의 거시불균형에서 찾으려는 인식이 높아지게 되어 미국의 저축 - 투자 갭 확대 · 높은 소비성향 · 재정적자 악화 · 장기간의 금융완화기조 등이 복합적 원인으로 작용하다는 목소리가 높아지게 되었다.

실제로 1990년대 이후 미국의 저축률은 상대적으로 낮은 상태를 유지하였고 2000년대 초반 이후 더욱 하락하는 모습을 보인 반면 미국의 투자는 상대적으로 높은 수준을 보여 저축과 투자 갭(gap)이 증가추세를 나타내고 있었다. 이렇게 저축률이 하락한 것은 재정수지 적자가 주원인이지만 발달된 금융시장으로 인해 저축의 필요성이 상대적으로 낮았기 때문이고, 반면 투자가 상대적으로 높았던 것은 미국의 생산성이 상대적으로 높아 해외본의 유입이 증대되었고 IT버블이 붕괴하기 전까지 생산성증가에 따른 기대감으로 국내투자 역시 증가되었기 때문이다. 2005년 이후 미국의 저축 - 투자의 마이너스 갭이 확대된 것은 국내 및 해외의 유동성팽창에 따른 자산버블과도 연관이 있다.

이와 함께 미국 등 주요선진국들의 재정수지악화도 경상수지 적자를 확대시킨 원인이 되었다. 미국의 경우 9.11사태 이후 국방비 지출증가 등으로 재정적자가 커졌었고 서유럽 일부 적자국 역시 높은 실업률·복지지출 확대·인구고령화 등으로 재정적자가 확대되었다. 이렇게 미국 등 경상수지 적자국들의 저축-투자 갭과 재정적자가 확대된 것은 자신의 능력 이상의 과지출(민간의 과소비와 정부의 재정적자)을 행한데 있다. 따라서 글로벌 불균형에 대한 적자국 원인론자들은 그 해법대안으로서 적자국 스스로 자신의 과도한 소비와 재정지출을 감축하는 고통을 감수하고 자신의 정책실패를 시정하려는 노력으로부터 출발하여야 한다고 주장하였다.

물론 이렇게 글로벌 불균형의 원인이 낮은 저축률과 재정적자 등 적자국(미국) 자신의 취약점에서 기인된다는 주장에 대해서는 다양한 반론도 존재한다. 특히 하버드대학의 쿠퍼(Richard Cooper, 2005)교수는, 미국의 경우 교육비 · R & D지출 등을 저축에 포함시킬 경우 미국의 저축률이 결코 낮은 수준이 아니고 민간저축률이 경상수지에 미치는 효과 역시 별로 크지 않으며, 또한 1990년대 말 미국의 재정수지가 흑자를 기록하였음에도 경상수지는 적자를 기록하였듯이 실제로 재정수지 적자가 반드시 경상수지 적자의 원인이 되는 것은 아니라고 주장하면서 적자국 책임론의 제한성에 대하여 논의하였다.

2.3 글로벌 자본이동 원인론(미국자산 선호설, 달러의 리사이클링론)

글로벌 불균형의 원인을 논의하는 일부 학자들은 이렇게 경상수지의 만성적인 흑자국과 적자국이 정착되어 있는 가운데 흑자국에서 적자국으로의 자본이동(uphill flow of capital)이 대규모로 확대된 것이 글로벌 불균형의 원인이 되었다고 진단하였다. 글로벌 불균형의 원인을 이러한 관점에서 찾는 사람들 중에는 미국 자산에 대한 선호현상이 글로벌 불균형의 원인이 되었다고 설명한다.

그들은 경상수지 흑자를 누리고 있는 동아시아국가들의 대 미국투자를 보면 더 높은 수익을 추구하려는 민간투자보다도 그들의 중앙은행이 경상수지 흑자를 통하여 축적된 외환보유고를 안전한 자산(채권)에 투자하려는 미국자산 선호현상을 보이고 있는데 이러한 현상이 달러가치를 높게 유지하도록 하는 원인이 되어 글로벌 불균형을 심화시켰다고 진단하였다.

이렇게 글로벌 불균형의 원인을 흑자국과 적자국 간의 과도한 자본이동에서 찾으면서 이러한 자본이동이 일어나는 이유를 미국 자산에 대한 선호에서 찾으려는 학자들은, 안전성과 유동성을 겸비한 국제우량자산의 수요와 공급의 괴리가 글로벌 불균형의 원인이라는 '국제우량자산 수급불균형 가설'을 제시하기도 하였다.[71] 그들은 1990년대 외환위기 발생 이후 신흥국 및 개도국들의 외환위기에 대비하기 위한 예비적 외환보유욕구 및 안전자산선호로 인하여 국제우량자산에 대한 수요는 증대된 데 비하여 1990년대 이후 일본의 자산시장붕괴와 유로존의 경기침체로 미국 이외 여타지역의 우량재산 공급능력이 제한되었다는 사실이 이러한 결과를 가져왔다고 설명한다.

한편 경상수지의 누적적인 적자국인 미국이 이러한 적자를 유지하면서도 경제를 지탱할 수 있었던 것이 외국투자자금의 유입 때문이라면 이러한 자본이동이 이루어지는 근본적인 원인에 대한 논의도 필요해진다. 대부분 국가들의 경우 그들의 대GDP 경상수지 적자비율이 2~3%만 계속되어도 외환위기 위험성이 발생하는데 대하여 미국의 경우 2005년 이후 연속 3년간 이 비율이 6%에 육박하는 모습을 보였음에도 불구하고 그러한 위험에 직면하지 않았다. 이렇게 될 수 있었던 것은 미 달러가 기축통화이기 때문에 누리게 되는 세뇨리지(seigniorage)와 함께 경상수지 흑자국들의 미국 국채매입에 따른 '달러 리사이클링'(dollar recycling) 때문이었던 것이 사실이다.

중국을 비롯한 동아시아국가들은 선진국을 대상으로 거액의 달러를 수출로 벌어들이지만 이로 인해 자국 통화가치가 상승하여 수출경쟁력이 저하되는 것을 막기 위하여 자국통화의 평가절상이 일어나지 않도록 노력하는데 이것이 누적적인 경상수지의 적자에도 불구하고 달러가치가 떨어지지 않는 이유 중의 하나다. 더욱이 1990년대 동아시아 외환위기 이후 IMF의 서릿발 같은 구조조정을 겪은 경험을 통하여 외환보유고 확대전략으로 치달으면서 글로벌 불균형이 더욱 심화되었다. 이렇게 누적된 동아시아 달러뭉치는 안전자신인 미국의 국채를 매입하는 데로 몰렸고 이 때문에 미국은 인플레이션 걱정 없이 마음 놓고 통화량을 증발하였으며, 이러한 달러리사이클이 서브프라임 모기지의 거품을 키웠고 글로벌 금융위기를 발생시켰다.

따라서 글로벌 불균형의 원인을 흑자국과 적자국 간의 과도한 국제자본이동이나 미국자산에 편

---

71 R. J. Caballero (2006) R. Caballero, J,E. Farhi, and P.O. Gourinchas (2008).

중된 선호경향에서 찾으려는 사람들은 이러한 현상이 발생되는 보다 근본적이고 구조적인 원인으로서 특정국(미국)의 통화를 기축통화로 삼는 현행의 국제통화체제의 구조에 문제점에 있다고 평가한다. 이러한 관점에서 글로벌 불균형의 원인을 논의하는 사람들은 그것의 해법대안 역시 국제통화체제의 개편이라는 관점에서 접근하려 한다.

3. 글로벌 불균형의 해법 대안

이상에서 논의한 것처럼 글로벌 불균형의 원인에 대해서는 각기 자국이 처해있는 입장에 따라 이견이 있었지만 이러한 불균형의 해소가 필요하다는 점에 대해서는 동의하는 모습을 보이는 것이 사실이다.

글로벌 금융위기를 거치면서 일단 위기가 발생하면 그로 인한 폐해가 모두에게 예외 없이 미친다는 점을 인식하면서 글로벌 불균형의 축소필요성에 대한 공감대가 점차 확대되어 왔고, G5나 G7을 대신하게 된 G20에서도 이러한 불균형 해소문제를 최상위의 아젠다로 제시하면서 공감대를 확산시켜 왔기 때문이다. 또한 글로벌 불균형의 원인에 대한 진단이 달랐듯이 그에 대한 해법에 대해서도 의견대립과 갈등이 없는 것은 아니지만 글로벌 불균형문제의 해소를 위해서는 흑자국과 적자국, 선진국과 신흥국을 포괄하는 다각적인 접근이 필요하다는 데에 대한 공감대도 형성되었기 때문이다.

이러한 관점에서 이후 주요국 간 거시경제정책 공조방안들이 다양하게 논의되고 있으나 기본적으로 국제수지의 조정방업은 수요조정과 환율조정의 범위를 을 벗어날 수 없다. 이러한 국제수지의 조정메커니즘을 바탕으로 하여 경상수지 흑자국과 적자국 공히 보다 균형적인 국제수지 상태로 접근함으로써 종국적으로 글로벌 불균형이 해소될 수 있도록 하는 정책대안들을 요약한 것이 〈표 9-2〉이다.

〈표 9-2〉 글로벌 불균형의 완화를 위한 정책대안

구 분	X − M	Y− (C+ I + G) = (S−I) + (T−G)
흑자국	• 내수위주 성장, 수출의존형구조 전환 • 환율조정(자국통화 평가절상)	• 소비증가(저축감소) • 정부재정지출 확대
적자국	• 산업경쟁력 강화 통한 수출증대	• 과소비억제, 소비감소(저축증대) • 재정적자 축소(지출축소, 세수증대)

주 Y : 국민소득, C : 소비, I : 투자, G : 정부지출, X : 수출, M : 수입, S : 저축, T : 조세

따라서 이하에서는 글로벌 불균형의 해법 대안으로서 총수요조정방법과 환율조정방법의 구체적 내용과 전망을 살펴보고 이와 함께 글로벌 불균형의 해법대안으로서 국제통화체제개편 문제에 대하여 언급한다.

3.1 총수요 조정방법

글로벌 불균형이 단순한 일국의 대외수지 불균형문제가 아니라 국가 간 거시불균형 문제라는 인식이 높아지면서 이러한 총수요조정의 필요성 더욱 부각되었고 따라서 G20이나 IMF 역시 이러한 수요조정방법을 지향하고 권고하였다.

글로벌 소비구조 개선 지금까지 적자국인 미국은 세계의 최종소비자 역할을 담당하고 흑자국인 아시아신흥국들은 수출증대를 통한 경제성장에 치중하여 왔는데 이렇게 편향된 양쪽의 소비구조가 글로벌 불균형의 원인이 되었다고 할 수 있다. 따라서 경상수지 적자국인 미국의 경우 자신의 분수에 넘치는 과소비를 억제하여 소비감소(저축증대)를 이룩하기 위한 노력을 행하여야 하고, 경상수지 흑자국인 중국을 비롯한 아시아신흥국과 EU 등도 미국의 급격한 소비감소에 따른 파급효과를 완화하기 위하여 자국의 소비증가(저축감소) · 투자증대를 이룩하기 위한 공조적 노력을 행함으로써 글로벌한 소비구조개선이 동시에 이루어져야 한다.

흑자국의 경제구조개편 경상수지 흑자를 기록하고 있는 나라들의 경우 지나치게 수출주도적인 성장전략이나 과도하게 수출의존적인 경제구조를 운영하여 온 것이 글로벌 불균형의 원인으로 작용하였다. 따라서 급격한 수출증대를 바탕으로 높은 경제성장률을 구가하여 왔던 중국의 경우 보다 내수중심적 성장전략으로의 전환이 필요하다. 아울러 전통적인 경상수지 흑자선진국인 독일과 일본 역시 내수를 진작하고 수출의존적인 경제구조를 완화시키는 구조의 전환이 필요하다. 예컨대 독일의 경우 수출제조업에 특화되어 있는 산업구조를 다변화하고 노동소득증대를 통한 내수창출을 중시하는 정책마인드의 전환 필요하고, 일본의 경우도 서비스비중이 낮은 만큼 서비스투자가 활성화될 수 있는 조건을 조성하는 노력이 필요하다.

선진적자국의 재정개혁 미국 등 선진적자국의 지나친 재정지출과 적자재정이 글로벌 불균형의 구조적 원인이 된 만큼 적자국 스스로 자신의 허리띠를 졸라매는 고통을 감수하여 국방 · 복지 등에 대한 재정지출 축소와 함께 세수확대정책을 동시에 추진하는 재정구조개혁을 이룩하여야 한다. 미국의 경우 누적적인 재정적자를 축소하기 위한 노력을 꾸준히 행해야 함은 물론 유럽의 경우도 공공부문 축소 · 과도한 사회복지재조정 등을 통한 재정지출 축소노력과 아울러 산업경쟁력 강화를 통한 세원확충이 필요하다.

이상과 같은 총수요조정방법은 당사국 간 환율조정방법보다 글로벌 불균형을 완화함에 있어 보다 근원적인 방법일 뿐만 아니라 흑자국이나 적자국 모두 자신의 고통을 스스로 감수하는 방법이라는 점에서 더 이상적인 방법이다. 그러나 그 때문에 더욱 강력하고 구체적인 국제적 정책공조가 필요한데 이러한 과정이 원활하게 이루어지기 쉽지 않은 것이 사실이다.

또한 선진적자국의 거시불균형이 민간부문(과잉소비 축소)에서 공공부문(재정적자 확대)으로 이동되었는데 금융위기로 인하여 재정적자 축소가 어려운 것이 사실이고 과거 경험을 볼 때 재정부실문제의 근본적 해결에는 상당한 기간이 소요된다. 따라서 신흥국 등 흑자개도국들이 내수확대를 통한 자생적 성장을 추구하거나 일본·독일 등 선진흑자국들이 수출의존적 구조를 개선하는 것에 오히려 더 많은 기대 모아지고 있지만 이러한 성장모형의 전환 역시 빠른 시일 내에 이루어지기는 어려운 것이 사실이다.

3.2 환율 조정방법

글로벌 금융위기가 발생한 이후 많은 미국의 경제학자와 정책가들은, 미국의 경상수지 적자를 해소하기 위해서는 달러화 약세를 통한 상대가격 변화를 가져와야 하고 이를 위하여 중국의 위안화를 비롯한 아시아국가 통화의 평가절상이 특히 필요함을 역설하였다. 이러한 환율조정방법은 글로벌 불균형을 해소함에 있어 가장 빠르고 가시적인 조정수단으로 주목받는다. 또한 환율과 경상수지 간의 관계에 대한 많은 연구들이 J커브효과의 시차문제나 교역조건효과 등을 제외하면 통화가치변화가 국제교역에 큰 영향 미침을 보여주고 있다. 그러나 이러한 환율조정을 통한 글로벌 불균형의 조정방법은 다음과 같은 제한점을 가지고 있다.

갈등 증폭 우려 환율조정을 통한 국제수지 개선방법은 근본적으로 적자국이 자신의 고통을 감수하는 지출조정정책수단이 아니라 자신의 고통을 상대방 흑자국에게 떠넘기는 지출전환정책수단인 만큼 이에 따른 갈등과 부작용이 초래될 수 있다. 예컨대 적자국은 자국통화의 평가절하를 위하여 경쟁적인 유동성공급 확대 노력을 행하고 흑자국은 자국통화의 평가절상을 막기 위하여 외환시장에 개입하고 자본유출입을 규제하는 국가 간 환율전쟁으로 발전할 수 있고, 적자해소를 위한 적자국의 보호무역조치로 인하여 보호무역주의가 팽배할 우려도 있다.

국제수지 흑자국이 자국의 수출경쟁력 하락이라는 위험을 무릅쓰면서 자국 통화의 평가 절상을 용인할 가능성은 낮은 만큼 환율의 조정을 통한 불균형의 시정이란 일종의 죄수의 딜레마게임(prisoner's dilemma game)이 될 수 있다. 이러한 갈등을 조정하기 위한 한 방법으로 2010년 G20에서는 경상수지 불균형을 일정 수준(예컨대 GDP 대비 4% 이내)으로 억제하는 '경상수지목표제'를 제안하기도 하였으나 결국 합의에 이르지 못하였다.

실효성 우려 환율조정을 통한 글로벌 불균형의 해소방법에 대하여 많은 연구자들은 위안화 절상이 미국의 적자개선이나 중국의 수출억제에 별다른 실효성을 가지지 못한다고 주장하였다. 그들은 중국의 총수출 중 가공무역이 50%를 초과하고 중국과 미국의 상품경합도도 낮아 위안화절상에 따른 미국의 적자개선효과가 미미하며, 중국의 경우 수출입의 환율탄력성이 과거보다 크게 낮아서 위안화절상의 수출위축효과가 기대만큼 크지 않을 것으로 예상하면서 다만 위안화절상이 중국내수 진작으로 이어질 경우 일정한 감축효과가 있을 뿐이라고 분석하였다.

다른 한편으로는 미국의 달러가 평가절하 되더라도 미국으로 수출하고 있는 아시아국가들이 자국의 수출점유율 하락을 우려하여 달러의 하락비율 만큼 가격을 올리지 않는 불완전한 가격전가(incomplete pass-through)현상이 있음을 감안할 때 달러화 약세가 미국의 국제수지를 개선하는 영향도 제한적이다.[72] IMF 역시 「아태지역 경제전망 보고서」(2010.2.29.)를 통하여 중국의 위안화가

72 김용덕 (2010) p.320.

다소 저평가되어 있는 것은 사실이지만 위안화절상이 글로벌 불균형 해소에 미치는 영향은 제한적일 것으로 평가하면서 이를 해결하기 위해서는 각국의 동시적인 시장구조개선과 재정 및 환율정책의 개혁이 필요하다고 언급하였다.

3.3 국제통화체제 개편방법

글로벌 불균형의 발생원인과 관련하여 상술하였듯이 그 원인을 보다 근본적이고 구조적인 관점에서 찾으려는 사람들은 개별국가의 통화인 달러화가 세계의 기축통화로 운영되는 국제통화체제의 모순이 글로벌 불균형의 원인이 되었다고 지적하고 이를 시정하기 위한 방법으로서 국제통화체제의 개편을 그 해법대안으로 제시하였다.

이러한 관점에 서 있는 사람들은 글로벌 불균형은 결국 달러 기축통화체제의 산물이라고 규정한다. 국제거래규모가 커지면 커질수록 기축통화의 공급도 그 만큼 증가되어야 하므로 달러화가 세계의 기축통화로 기능하는 한 미국의 국제수지 적자는 더욱 늘어나야 한다. 또한 달러가 기축통화인 한 국제수지 흑자국들은 국제금융시장에서 기축통화 표시자금을 운영하려는 경향을 가지므로 달러 표시 자산을 보유하기 위한 달러 리사이클링이 발생할 수밖에 없고 이것이 미국의 경상수지의 적자를 지탱하게 하는 원인이 된다.

이러한 관점에서 기축통화를 포함한 국제통화금융체제의 개편을 글로벌 불균형을 완화하기 위한 해법대안으로 제시하는 사람들이 많다. 그러나 주제의 성격상 구체적인 개편방향에 대해서는 다양한 의견들이 제시되고 있는데 대표적인 논의를 몇 가지만 소개하면 다음과 같다.

SDR의 활성화 노벨상수상자이자 콜럼비아대학 교수인 스티글리츠는, 현재와 같은 달러화중심의 기축통화체제는 ① 달러를 기축통화로 사용하는 한 기축통화국의 과도한 국제수지 적자상황이 발생하게 되어 글로벌 불균형이 심화될 수밖에 없으며, ② 개도국들이 향후 발생할지도 모르는 경제위기를 예방하기 위해서 막대한 외환보유고를 확보해야 하는 부담이 생기므로 이것이 글로벌 불균형을 가중시키게 된다고 주장하고, 따라서 그는 국제통화기금(IMF)의 가상통화인 SDR을 활성화 하여 이러한 글로벌 불균형을 완화해가야 한다고 주장하였다.

복수기축통화체제 이와 동일한 이유로 미국의 달러 이외에 유로화나 위안화 등 다수국의 통화를 기축통화로 하는 복수기축통화체제를 주장하기도 한다. 복수기축통화체제는 단일 기축통화체제 하에서 발생하게 되는 기축통화국의 경상수지 적자압력을 감속시킬 수 있을 뿐만 아니라 여러 나라들로 하여금 외환보유를 다변화할 수 있게 해준다는 점에서 글로벌 불균형을 완화시킬 수 있는 이상적인 통화체제일 수 있다. 그러나 복수 기축통화체제는 환율의 단기적 변동성을 높이고 화폐전쟁(currency war)의 범위를 더욱 크게 확장시킬 가능성이 있을 뿐만 아니라 충분한 유동성을 공급해주어야 할 기축통화국의 기능을 충분히 발휘하기 어려운 문제점이 있다.

동아시아 금융시장 활성화 글로벌 불균형을 완화하기 위한 국제통화체제의 개편방향과는 또 다른 차원의 방안으로서 동아시아 금융시장의 활성화를 주장하는 사람들도 있다.[73] 오늘날 글로벌 불균형의 중심이 미국과 동아시아국가 간의 국제수지 불균형인데 이들 간의 국제자금 흐름을 여러 가지 자료와 방법론을 통하여 분석하여 보면 모든 동아시아국가들의 대 미국자본이동이 적정규모를 초과함으로써 글로벌 불균형의 원인이 되고 있다는 것이다. 이러한 결과가 도출된 것은 동아시아 역내의 금융시장이 충분히 발달되어 있지 못하기 때문인 만큼 동아시아 금융시장을 활성화하는 노력이 이 지역의 외환위기를 예방하는 수단이 되는 동시에 글로벌 불균형을 제거하는 방안이 되기도 한다는 것이다.

이처럼 글로벌 불균형을 해소하기 위한 국제통화금융체제의 개편문제는 다양하게 논의되고 있고 또 앞으로 큰 관심을 기울여야 할 주제인 것은 사실이지만, 국제통화체제의 개편전망과 관련하여 다시 언급하는 바와 같이, 단시일 내에 이루어질 수 있는 과제도 아닐뿐더러 인위적으로 조정될 수 있는 문제도 아닌 것이 사실이어서 가까운 시일 내에 실현될 가능성이 높지 않다.

4. 글로벌 불균형의 추이와 전망

4.1 글로벌 불균형의 추이

금융위기가 발생하기 직전인 2006~08년 동안 경상수지의 GDP 대비 총불균형 비율이 5%대 중후반을 기록하였지만 금융위기 이후 세계경제가 침체에 빠지고 교역규모가 축소되면서 크게 축소되어 4%대 수준으로 하락하였다. 그러나 2010년 들어 세계경기가 완만하게나마 회복되면서 다시 확대되는 추세를 보였다. 이에 IMF나 OECD 등 국제기구들은 당분간 글로벌 불균형이 금융위기 이전보다는 낮은 수준을 보이겠지만 점진적으로 확대될 것이라는 전망을 내리기도 하였다.

향후 이러한 글로벌 불균형이 축소될 수 있을 것인지 아니면 다시 확대될 것인지에 대해서는 서로 의견이 대립되고 있지만 금융위기 이후 나타난 글로벌 불균형의 진행상황을 보면 다음과 같은 특성들이 발견된다.[74]

경상수지불균형 축소 주체 금융위기 이후 불균형이 어느 정도 축소되는 데 기여한 나라는 만성적 대규모 적자국인 미국, 국제유가의 영향을 크게 받는 산유국, 흑자규모가 급속히 증가되어 왔던 중국 등이고, 상대적으로 일본이나 유로지역의 경상수지 불균형국가들의 경우 소폭적인 변동을 보였다. 이에 따라 경상수지 흑자그룹 중 산유국과 중국의 비중이 하락하고 유로지역 흑자국(독일·네덜란드 등 6개국)의 비중은 확대되었고, 경상수지 적자그룹 중 미국 비중이 하락하고 여타 지역의 비중은 상승하였다.

순대외자산 불균형 확대 금융위기 이후 경상수지의 불균형은 축소되었지만 순 대외자산의 불균형은 확대되는 추세를 보였다. 글로벌 불균형을 지속가능하게 하는 원인으로서 달러 리사이클링(dollar recycling)이 지적되어 왔는데 글로벌 금융위기 이후 이러한 경향이 더욱 강화되었기 때문이다. 남유럽 재정위기 등 국제금융시장의 불안요인이 커지면서 안전자산 선호경향이 더욱 강해지면서 미

73 이현훈 (2010.12.29.).

74 한국은행 (2011.6.17.) 대외경제정책연구원 (2012.5.17.).

국의 국채에 대한 수요가 증가하였기 때문이다.

정부부문 불균형의 확대 금융위기가 발생하기 전 미국의 불균형확대는 주로 민간부문에서 발생하였으나 금융위기 이후에는 그 원인이 정부부문으로 이전되는 상황을 보이고 있다. 금융위기 이전에는 주로 민간부문의 차입증대 · 저축 – 투자 갭 확대가 불균형의 원인이었지만 위기 이후에는 자산가격 하락 · 디레버리징 등으로 이러한 저축 – 투자 갭은 축소된 반면, 금융위기 이후에는 경기침체를 막기 위한 정부의 재정지출 증대 · 재정수지 확대 등으로 정부부문의 부채가 크게 증가하였기 때문이다. 따라서 글로벌 불균형의 원인이 민간부문의 과잉소비 · 과잉투자로부터 정부부문의 재정적자로 전환되고 있다. 이렇게 정부부문의 불균형이 증가하면 국가신용 악화 · 인플레이션 · 글로벌경제에 악영향을 줄 우려가 커지고 정부지출은 민간소비보다 더 경직적으로 운영되므로 세계경제에 더 큰 영향을 줄 수 있다.

4.2 글로벌 불균형의 전망

이러한 글로벌 불균형의 최근 추세와 관련하여 향후 이러한 글로벌 불균형 추세가 어떻게 변화할 것인가에 대해서는 다양한 견해가 존재한다. 이를 크게 나누어 보면 ① 최근 불균형이 다소 축소된 것은 일시적 현상으로서 글로벌 불균형은 앞으로도 지속될 것이라는 비관론, ② 최근 불균형이 다소 축소된 것은 구조적 현상으로서 글로벌 불균형은 더욱 앞으로도 완화될 것이라는 낙관론, ③ 최근 불균형이 다소 축소된 것은 구조적 요인과 일시적 요인이 혼재되어 있어 글로벌 불균형의 향후 전망은 불확실하다는 신중론으로 나누어 볼 수 있다.

(1) 불균형 지속 가능설(비관론)

글로벌 불균형의 장래를 비관적으로 평가하는 사람들은 글로벌 금융위기 이후 이러한 불균형이 다소 축소된 것은 일시적인 현상 때문이라고 진단하면서 이러한 일시적 요인이 제거되면 글로벌 불균형이 다시 금융위기 이전 수준으로 회복되어 불균형이 지속될 수 있다고 전망한다. 이러한 비관론자의 주요한 논거를 보면 다음과 같다.

(1) 최근 글로벌 불균형이 다소 축소된 것은 금융위기 직후 미국 등의 내수위축, 국제금융시장의 불확실성 증대, 국제원자재가격의 급락 등 일시적인 충격으로 세계교역이 축소되고 세계경기가 침체된 데에 따른 일시적인 현상 때문이다. 따라서 글로벌 금융위기 극복에 따른 경기회복으로 교역이 다시 확대되면 경상수지 불균형 역시 다시 확대될 것이다. 과거에도 경기적 요인으로 인해 위축된 교역은 단기간에 회복되고 이에 따라 글로벌 경상수지 불균형이 다시 확대되는 경향을 보여 왔다.

(2) 글로벌 불균형을 확대시킨 요인이 당분간 해소되기 어려운 만큼 구조적으로 불균형이 해소되기 어렵다. 미국의 재정적자는 향후 10년 이상 지속될 가능성이 높은 것으로 전망되어 2030년까지는 GDP 대비 경상수지 적자비중이 15%까지 확대될 것으로 예상되기도 하며, 중국의 높은 저축률 역시 뚜렷한 변화의 조짐이 없는데다 글로벌 금융위기의 여파로 크게 확대된 정부지출이 다시 정상화 될 경우 추후 중국의 흑자규모 확대가 불가피하다.

(3) 글로벌 불균형은 경상수지 불균형보다는 이와 관련된 자금의 국제흐름(달러 리사이클링)에 기인된 것인데 이러한 자금흐름의 동기에 변화가 없다. 우선 이러한 자금흐름은 주로 신흥국자금의 미국유입에 의한 자금순환과정인데 이러한 자금순환과정은 경제주체들의 합리적 선택과정으로서 자생적 생명력 또는 당위성을 가지고 있어 앞으로도 지속될 수 있다. 또한 위기 이후 신흥국들을 중심으로 하는 외환보유고 비축욕구가 더 커져 이것이 글로벌 불균형을 재확대할 가능성 있는데 실제로 금융위기 이후 이들의 외환보유고가 증대되고 있다

(2) 불균형 조정 가능설(낙관론)

글로벌 불균형의 장래를 낙관적으로 평가하는 사람들은 글로벌 금융위기 이후 이러한 불균형이 다소 축소된 것은 구조적이고 추세적인 요인에 의하여 나타난 결과이며 금융위기 이후의 경제적 변화 역시 글로벌 불균형을 축소시키는 방향으로 작용하고 있는 만큼 이러한 글로벌 불균형의 축소경향은 앞으로도 꾸준히 진전될 것이라고 전망한다. 이렇게 글로벌 불균형이 추후보다 축소되어 갈 것으로 전망하는 낙관론자들의 주요한 논거는 다음과 같다.

(1) 금융위기 이후 글로벌 불균형 규모가 다소 축소된 것은 2000년대 중반 이후부터 나타난 구조적이고 추세적인 변화에 따른 결과이다. 금융위기 이전인 200년대 중반부터 신흥흑자국의 소비가 호조를 보인 반면 선진적자국은 상대적으로 소비가 저조해지는 경향을 보였다. 따라서 2000년대 중반 이후 신흥적자국의 소비 및 수입이 선진적자국들 보다 빠르게 늘어남에 따라 불균형이 축소되는 원인으로 작용하고 있었다. 뿐만 아니라 2000년대 중반 이후 미국 달러가 약세경향을 가진 반면 그동안 크게 저평가된 것으로 인식되어온 중국 등 흑자국의 통화는 강세기조가 지속되었다. 이에 따라 글로벌 불균형을 심화시킨 주원인으로 작용하였던 미국의 대 GDP 적자 비중이 2006년을 정점으로 하락하였고 중국의 대GDP 흑자 비중도 2007년을 정점으로 뚜렷하게 축소되는 모습을 보여 왔고 이러한 경향은 금융위기 이후에 더 급속히 나타나고 있다.

(2) 글로벌 금융위기가 신흥흑자국의 소비(내수)진작을 촉진시키고 선진적자국의 소비조정을 촉진함으로써 불균형의 완화를 위하여 반드시 요구되는 글로벌 수요의 리밸런싱(rebalancing of global demand)을 진전시키고 있다. 수출주도적 성장을 추구해 온 신흥국이 금융위기 이후 대선진국 수출의 불확실성을 극복하고자 내외수요 균형적 성장을 추진하면서 내수가 빠르게 신장되고 있고, 미국·스페인 등 선진적자국의 경우 실업률과 저축률이 급등하면서 민간소비가 크게 축소되는 모습을 보여주고 있다. 또한 금융위기 이후 금융규제의 강화 역시 일시적이기 보다 지속적으로 이루어질 가능성 높은데 이러한 규제강화로 인해 선진국과 신흥국의 금융시스템의 발전격차가 축소될 수 있고, 리스크에 대한 투자자들의 인식개선, 투자효율성에 대한 기준강화 등도 초래해 신흥국의 투자과잉이 해소될 가능성 있다.

(3) 그동안 글로벌 불균형의 확대요인으로 작용하던 신흥흑자국의 외환보유액 증가추세도 둔화될 가능성이 높다. 현재의 외환보유고가 외한위기를 예방하는데 충분한 규모라는 인식이 확산되는 동시에 막대한 외환보유고의 관리비용과 기회비용에 대한 우려도 점증하고 있기 때문이다.

(4) 보다 근본적으로 이러한 불균형(disequilibrium)은 무한적 지속될 수 없는 속성이 있다. 글로벌 불균형이 각 경제주체들의 합리적 선택의 결과일수 있지만 그것이 일정수준 이상 확대될 경우 그것에 수반되는 리스크가 너무 클 뿐만 아니라 글로벌 불균형이 경제적 외부효과에 따른 자원배분의 비효율적 왜곡을 초래하므로 이러한 왜곡은 시정되어야 한다.75

(3) 불균형의 불확실성(신중론)

금융위기 이후 최근에 불균형이 다소 축소된 것에 대한 낙관론과 비관론이 서로 대립되어 있는 가운데 불균형의 추이와 전망이 불확실하다고 보는 신중론은, 그동안 불균형이 다소 축소된 데에는 구조적 요인과 일시적 요인이 혼재되어 있어 아직 결론을 내리기에는 불확실성이 크므로 좀 더 지켜보아야 한다고 주장한다.

최근의 글로벌 불균형이 부동산가격 급락·유가 하락·불확실성 증대 등 일시적인 요인 때문에 상당 폭 축소된 것은 사실이지만 그렇다고 이러한 조정이 모두 경기요인에 의해서만 발생된 것은 아니며, 선진국의 주택가격 하락에 따른 소비위축, 실업의 장기화에 따른 노동시장의 구조적 변화, 금융규제강화에 따른 자본비용 상승 등 위기발생 이후 변화된 경제주체들의 행태 등 구조적 요인에 의한 측면도 있기 때문이다. 이에 신중론자들은, 단기적으로 세계경기가 회복되면서 글로벌 불균형이 확대될 수 있지만 불균형의 정도는 금융위기 이전보다 완화될 것으로 예상되며 중장기적으로는 금융위기의 여파가 수습되면서 민간의 소비 및 투자의 행태 변화와 각국 정부의 정책추진 속도 등에 의해 좌우될 것으로 전망한다.

이러한 신중론의 전망은 경상수지 흑자국이나 적자국 모두 불균형을 축소하는 방향으로의 변동이 이루어지면 국제적 불균형을 완화시키는 긍정적인 결과를 도출될 수 있지만 그러한 과정이 예상대로 진행되지 않을 경우 글로벌 불균형이 다시 확대될 수 있는 가능성도 높다는 것을 강조하고 있다. IMF와 OECD도 [그림 9-5]에서와 같이, 세계경제가 회복세를 보이면서 글로벌 불균형이 어느 정도 확대되다가 이후에는 금융위기 이전보다는 작은 수준에서 정체되는 모습을 보일 것으로 전망하면서 글로벌 불균형의 추가적인 축소를 위한 정책이 노력이 필요함을 강조하였다.

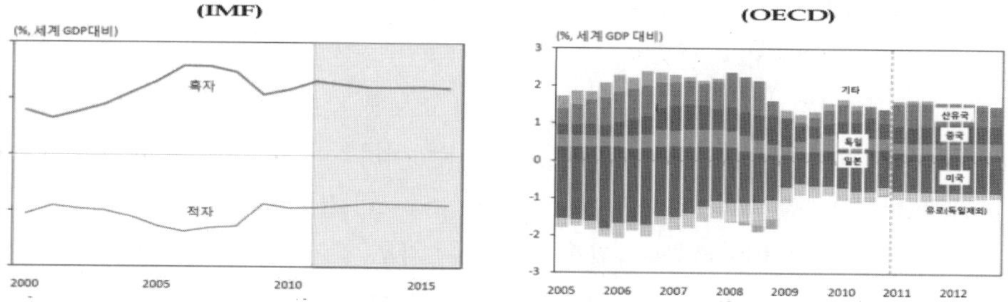

[그림 9-5] 글로벌 경상수지 불균형의 전망

자료 : IMF, WEO (2011.4), OECD, Economic Outlook (2011.5).

75 하나금융연구소 (2010.12) pp.7-8.

4.3 글로벌 불균형의 전망에 대한 평가와 과제

이상과 같이 글로벌 불균형의 향후 전망에 대하여 낙관론과 비관론 등 다양한 견해가 제시되고 있으나 최근에 나타난 불균형지표의 방향 및 속도 등에 비추어볼 때 단기적으로 다시 불균형이 확대되더라도 위기 이전의 수준보다는 완화된 수준으로 진행될 것이고 그 장래는 각국의 실효성 있는 정책추진 여부 등에 따라 달라질 것이라는 신중론이 보다 합리적인 것으로 평가하는 사람들이 많다.[76]

금융위기 이후의 전망에 대한 낙관론이나 비관론 모두 그들이 예상했던 경로와는 벗어나 있는 것이 사실이고 IMF나 OECD 등도 향후 전망에 대해 신중론을 펴고 있기 때문이다. 또한 글로벌 불균형 문제가 선진국뿐만 아니라 신흥국들을 포함하는 세계경제협의체인 G20을 중심으로 경상수지를 지속가능한 수준으로 유지하기 위한 예시적 가이드라인 도입이나 과도한 외환보유고 확충을 지양하기 위한 국제통화체제의 개혁 등 다양한 주제들에 대한 논의를 진전하고 있기 때문이다.

〈표 9-3〉 글로벌 불균형 완화를 위한 해법대안의 평가

해소방안	해법 대안	향후 전망	평 가
소비구조 개선	미국 과잉소비(저저축) 개선	소비억제효과 제한적	다소 낙관적
	중국 과잉저축(과소소비) 개선	내수의 점진적 확대	다소 낙관적
경제구조 전환	흑자국 높은 수출의존도 개선	내수부진 장기화 가능성	중립적(불투명)
	선진적자국 재정적자 개선	재정긴축과 경기 딜레마	중립적(불투명)
환율조정	신흥흑자국 통화의 평가절상	제한적 절상	다소 낙관적

자료 : KIEP (2011) p.87, 한국은행 (2012.5) p.88, 삼성경제연구소(2011.3) p.88 적의 수정.

이러한 관점에서 보면 향후 글로벌 불균형이 단시일 내에 완화되기는 어려워 상당한 기간 동안 지속되겠지만 그 규모는 점차 축소되는 방향으로 진전될 것으로 전망된다. 우선 글로벌 불균형이 단시일 내에 완화되기 어려운 것은 〈표 9-3〉이 보여주고 있듯이 소비구조의 개선이 선진국 · 신흥국 모두에서 빠른 변화를 기대하기 어렵고 경제구조의 전환 역시 그것의 당위성에도 불구하고 조속히 실현하기는 어려움이 있으며 환율조정 역시 모두에게 민감한 문제이므로 급격한 조정 시 갈등이 증폭될 우려가 있기 때문이다.

또한 불균형이 완화되기는 하겠지만 상당한 시간이 소요될 것으로 보는 것은 불균형 완화조건들이 긍정적인 방향으로 작용하겠지만 신속히 충족되기는 어려움이 있기 때문이다. 뿐만 아니라, 앞에서 글로벌 불균형의 원인과 관련하여 논의하였듯이, 글로벌 불균형의 조정은 실물부문의 문제와 함께 달러를 기축통화로 하는 국제통화체제의 메커니즘과도 무관하지 않다. 따라서 글로벌 불균형이 금융위기 이전과 같은 심각한 수준으로 확대되지는 않겠지만 근본적 문제를 해결하기까지에는 상당한 시간이 필요할 것으로 전망할 수 있다.

---

76 동지 한국은행 (2011.6.17.) p.18 KIEP (2012.5.) p.87.

이렇게 향후 글로벌 불균형이 위기 이전보다는 완화된 수준으로 진행될 것이라고 전망함에 있어 더 중요한 문제는 향후 각국이 실효성 있는 정책을 제대로 추진하지 못할 경우 글로벌 불균형이 더욱 심화될 수도 있고, 설령 이러한 불균형이 청산된다고 하더라도 달러위기와 같은 파국적인 방식으로 이루어질 소지도 있다는 것이다. 실제로 한 연구(Bank of Canada, 2010.4)의 시뮬레이션에 따르면 G20차원의 정책공조가 성공적으로 이루어질 경우 국제불균형은 점진적으로 완화될 것으로 보이나 위기 이전의 정책이 고수될 경우 다시 심화될 것으로 예상되고 있다.

따라서 글로벌 불균형 문제를 근본적으로 해소하기 위해서는 개별국가의 차원을 넘어 시스템적으로 중요한 국가(systemically important countries, SICs)들 간의 긴밀한 정책공조가 필요하다. 자국의 이해관계를 지나치게 주장할 경우 국제적 공조의 틀이 와해되어 세계경제의 축소균형이 이루어질 수 있는 만큼 스스로 고통을 감수하는 태도가 필요하고, 글로벌 불균형의 발생원인 역시 복합적인 만큼 이것의 해소를 위해서는 소비구조개선 · 경제구조개혁 · 환율조정 등 다각적인 접근이 필요하다. 미국은 재정건전화 및 국내저축증대에 주력하고, 아시아신흥국은 환율변동성을 감소하는 충격을 흡수하며, 유럽 및 일본은 구조개혁 및 내수 진작을 통한 성장을 촉진하는 등 책임을 공동분담 하는 노력이 필요할 것이다.

제3절 세계경제의 주도권 및 거버넌스 전망

글로벌 금융위기를 겪으면서 전후 패권국가로서의 위상을 지켜왔던 미국의 위상이 어느 정도 쇠락할 것인지, 새로운 패권국가가 부상할 것인지에 대한 관심이 높아졌다. 그 결과 1970~80년대 쌍둥이 적자시절에 유행하였던 '미국쇠퇴론'이 글로벌 금융위기 이후 다시 전면에 등장하였다. 이렇게 미국의 쇠퇴론이 재등장한 것은, 대공황 이후 최악의 경기침체로 세계경제에서 차지하는 미국의 비중이 축소되고 있는 가운데 달러화 약세·막대한 재정적자 등의 문제로 국제적 지도력을 발휘하기가 어렵다는 비관론이 제기되고 있었기도 하지만, 금융위기가 발생 이후 기축통화로서의 달러화의 지위 논란·국제경제기구에 대한 미국의 장악력 약화·신자유주의 및 영미식 자본주의에 대한 비판 등이 고조되면서 더욱 확산되었기 때문이다. 말하자면 글로벌 금융위기는 그동안 미국이 주도해온 자본주의질서나 세계금융질서의 모순을 반영한 것이라는 평가이다.

이러한 미국의 쇠퇴론은 자연히 세계경제에 대한 주도국으로서의 패권국가의 위상약화론과 연결된다. 패권의 전이는 긴 시간에 걸쳐 이루어지고 단순히 경제적 요인에 의해서만 이루어지는 것이 아닌 만큼 누구도 이에 대하여 쉽게 전망하기 어려운 주제이다. 역사적으로 지난 전간기에 당시의 패권국이었던 영국은 '능력'이 부족하였고 새로운 패권국으로서의 역량을 갖춘 미국은 패권국으로서의 역할을 수행할 '의지'를 갖추지 않음으로써 국제무역 및 국제금융 질서의 혼란이 일어났음은 물론 결국 제2차 대전으로 이어졌다는 것이 MIT의 경제사학자 킨들버거(C. P. Kindleberger, 1986)

의 지적이었다.

따라서 패권국의 전이는 국제질서의 불안정성을 대폭 증가시킬 가능성이 있다는 점에서 특히 주목해야할 현상이다. 패권국의 전이가 순조롭게 이루어지지 못하면 세계질서를 주도할 능력과 의지의 비대칭성으로 인하여 이른바 '킨들버거의 딜레마'가 발생함으로써 세계질서의 혼란이 발생할 우려가 있기 때문이다.[77] 그렇다면 글로벌 금융위기 이후에도 미국의 패권적 지위는 계속 유지될 수 있을 것인가? 이와 관련하여서는 다양한 분석이 나오고 있다.

한 때 냉전시대 양극체제의 한 축이었던 소련, 1980년대 새로운 경제의 중심축으로 부상하였던 일본이 미국을 위협하는 국가로 간주되었지만 탈냉전 이후 미국은 일극체제를 성공적으로 유지하여 왔기 때문이다. 그럼에도 불구하고 글로벌 금융위기 이후 위기의 발원지인 미국의 정치·경제·군사적 영향력이 쇠퇴할 것이라는 인식에 대해서는 어느 정도 공감대가 존재하는 것으로 보인다. 1980년대에도 '미국의 쌍둥이적자'로 표현되는 글로벌 불균형이 나타났을 당시 미국은 '플라자합의'라는 이름의 G5회의를 거쳐 엔화의 평가절상을 강제하였고 이를 통하여 불균형을 해소하였다. 그러나 최근의 글로벌 불균형에 대하여 미국이 중국 등 동아시아국가들의 평가절상으로 이를 해결하여야 한다고 주장하였음에도 불구하고 해결이 쉽지 않다. 과거에는 미국 주도로 해결이 가능했던 문제가 이제는 그렇지 못하다는 것 자체가 미국의 주도권이 상당 부분 약화되었다는 것을 보여주는 반증이라고 할 수 있다.[78]

이런 점에서 세계경제의 주도권이 어떻게 변화되고 따라서 금융위기 이후 나타날 글로벌 거버넌스의 모습이 어떻게 나타날 것인가는 미국경제의 향방과 패권국으로서의 위상이 어떻게 변화되느냐 하는 문제에서부터 출발되어야 한다. 미국의 국력은 상대적 규모로만 보면 제2차 세계대전 직후에 가장 컸겠지만 세계의 정치 및 경제 질서를 주도한다는 측면에서 보면 1990년 구소련체제의 붕괴 이후 가장 막강했다고도 할 수 있는데, 1945년 이후 65년간이나 지속되었던 미국주도의 세계질서가 과연 앞으로 어떻게 바뀔 것인가?

1. 미국의 경제주도권 전망

향후 세계경제의 패권이 어떻게 변화될 것인가를 논의하기 위해서는 이러한 미국의 쇠퇴가 일시적인 현상인지 아니면 구조적인 변화인지, 또는 이번의 금융위기 이후 미국경제 및 세계경제가 순조롭게 회복될 것이지 아니면 심각한 경기침체로 빠지게 될지를 평가하는 것이 중요하다. 향후 미국 및 세계경제의 전망이나 이에 따른 경제적 주도권의 변화에 관하여 누구도 확정적으로 예측할 수 있는 시점은 아니지만 여러 전문가들의 견해를 종합해 보면 대체로 다음과 같은 3가지 유형의 전망이 이루어지고 있다.[79]

---

77 박현수 (2011.3) p.244.

78 김용기 (2010) p.152.

79 이지평·최동순 (2009.3) pp.78-85 참조.

1.1 주도권 유지론(쇠퇴를 일시적 현상으로 보는 견해)

이번의 금융위기로 경제적 난관에 봉착한 것은 사실이지만 경제가 회복되면 미국은 다시 국제질서를 주도하는 패권국으로서 예전과 같은 지도력을 발휘할 것이라는 견해로서, 다음과 같은 논거들이 유력하게 제시된다.

(1) 미국경제가 앞으로도 고성장할 것이며 따라서 경제대국으로서의 위상을 유지할 것이다. 미국은 여전히 세계 최고 수준의 고급기술을 보유하고 있어 향후 최소 50년간 최신 기술혁신의 선두주자가 될 것이 분명하고 특히 나노기술과 바이오기술시장을 완전히 석권하고 있다. 또한 이민인구의 유입 등으로 노동인구의 노령화현상도 당분간은 문제되지 않을 것이며 교육·과학·기술 등 특히 인적 자원 등에서 미국은 세계최고의 경쟁력을 보유하고 있다. 금융위기 극복과정에서 달러화의 공급이 가속화됨에 따라 그 가치가 하락할 것은 분명하지만 미국은 여전히 세계 최대의 금 보유국이다.

(2) 위기 이후 미국정부가 추진한 적극적인 경기부양책이 효과를 발휘할 경우 미국뿐만 아니라 전 세계의 경기회복이 조기에 이루어질 수 있고 이러한 경우 글로벌 경제위기가 단기간에 해결되면서 국제통화체제의 개편론 등 위기 이후에 제기되었던 논의들이 수그러들고 예상보다는 빠르게 미국의 주도권이 회생될 가능성이 높다. 이러한 견해에 서있는 대표적인 학자로는 프린스톤대학의 크루그만(P. Krugman)을 들 수 있는데, 그는 미국 정부가 취하는 대규모 재정확대정책은 단기적으로나 장기적으로 매우 긍정적인 것이며 집중적 대규모 경기부양책을 통하여 미국경제 및 세계경제가 호전될 것이라고 전망하였다.

(3) 세계경제에서 차지하는 미국의 비중만 놓고 보면 1980년대 이후 부침을 계속하여 왔고 금융위기 이후 그 비중이 1980년대 이후 가장 낮은 수치로 하향하였지만,[80] 현재로서는 미국에 대항하거나 미국을 대체할 수 있는 세력이 존재하지 않는다. 냉전시대 양극체제의 한 축이었던 소련이나 1980년대 경제의 중심축으로 부상한 일본이 미국의 패권을 위협할 수 있는 존재로 부상하기도 하였지만 결국 이들의 도전은 일시적인 현상으로 끝났다. 물론 중국경제의 지속적 성장은 상대적으로 다른 경제의 비중감소, 특히 미국의 영향력감소와 직결되지만 여기에는 여러 복잡한 변수들의 작용한다. 미국은 복합적인 경쟁력을 지닌 패권국이다. 미국은 여전히 세계최대의 시장이자 세계금융의 중심지요, 기술이나 대학의 경쟁력뿐만 아니라 영화와 오락 등 문화면에서도 세계를 리드하고 있으며, 특히 군사적인 측면에서 미국은 압도적인 지위를 차지하고 있다.[81]

---

80 세계GDP에 대한 미국의 비중을 보면 1980년 23.66%에서 1985년 33.8%까지 상승하였다가 이후 하락하여 1991년 24.92%까지 꺾였지만 IT버블이 한창이던 2001년 32.45%까지 회복하였고 금융위기가 발발한 2008년 26.2%로 떨어졌다.

81 미국의 국방비는 전 세계 국방비의 1/2 정도이며 중국의 경우 미국의 1/7수준에 불과하다(Joffe Josef, 2009).

〈표 9-4〉 미국의 상대적 국력 지표의 변화 (세계 속의 비중, %)

구 분	1946	1975	1985	2005	2008
GDP 비중	58.5	27.9	33.8	27.5	26.2
무역액 비중	18.6	13.3	14.9	12.5	10.7
금준비 비중	75.1	26.7	27.6	29.8	30.7
군사비 비중	-	-	31.0	48.0	53.0
특허 비중	27.0	12.8	12.5	23.2	24.1

자료 : The World Bank, IMF, IFS, WIPO, LG경제연구원 (2009) 자료 인용.

(4) 심지어는 이번의 금융위기가 미국의 금융 권력을 다시 확인시켜주는 계기가 되는 동시에 이를 더욱 강화시키는 계기가 되었다는 주장도 있다. 위기 발생 직후에는 달러화의 가치가 많이 떨어졌지만 이것이 오히려 미국 정부와 기업에게 더 낮은 이자율로 채권을 발행하여 자금을 조달할 수 있는 유리한 환경을 조성하였고, 비록 거시경제면에서 불균형을 보이더라도 세계경제가 불안해지면 '안전으로의 도피현상' 때문에 위기가 고조될 때마다 미국 달러화에 대한 수요가 오히려 증가하고 있는 점을 무시할 수 없기 때문이다.

(5) 영국의 헤게모니가 피크였던 1870년대 이후 1890년대에 이르러 영국의 쇠퇴문제가 세계 최대의 화두였지만 1815년 이후 160년간 쌓아두었던 국제적 인프라가 계속 작동함으로써 미국의 패권시대로 전이되는 데에는 적어도 50여 년이 걸렸듯이 2차 대전 이후 미국이라는 패권국이 세계질서를 만들고 세계경제를 리드하는 특수한 위치에서 구축해놓은 인프라 역시 상당히 오래 지속될 가능성이 높다. 또한 미국경제가 어려움을 겪고 있던 1980년 플라자합의를 통한 엔고로 해결하고 1990년대에는 자생적으로 IT신경제를 일으켰던 역사적 경험도 있다. 따라서 이번 위기를 계기로 미국경제의 취약점을 잘 보강하고 나선다면 세계경제에 대한 미국의 주도권은 계속될 수 있을 것이다.

1.2 주도권 쇠퇴론(쇠퇴를 구조적 현상으로 보는 견해)

이번의 금융위기에도 불구하고 미국의 경제는 조만간 회복할 것이고 따라서 세계경제에 대한 미국의 주도권은 유지될 것이라는 이상과 같은 주장에 대하여, 미국경제의 쇠퇴론자들은 향후 미국의 경제가 다시 회복되는 것이 용이하지 않을뿐더러 이번의 금융위기는 미국의 여러 가지 구조적 문제점들을 노출시킨 것이라고 전제 한다. 따라서 이들은 이번의 금융위기는 결국 미국 중심 일극체제의 경제적 기반을 침식시켜 미국의 국제적 지도력을 약화시킬 것이라고 주장하는데 그 주요한 논거는 다음과 같다.

(1) 글로벌 금융위기 이후 미국경제의 회복전망이 어둡다. 위기 이후 뉴욕대학의 루비니(Nourie Roubini)교수는, 총수요가 총공급에 미달하면서 발생하는 스태그디플레이션(stagdeflation)이 팽배하는 등 글로벌 경제가 총체적으로 위축됨에 따라 U자형의 경기침체가 도래할 것인 만큼 글로벌 경제가 수년 내에 완전히 회복되기는 힘들다고 전망하고, 또한 전통적 통화정책이 무기력해지면서

실험적 정책이 난무하고 있는 가운데 정부가 불가피하게 행하는 각종 정책 수행과정에서 나타나는 작은 정책오류도 심각한 위기상황을 초래할 수 있다고 경고하였다.

또한 하버드대학의 로고프(Kenneth Rogoff)교수는, 미국은 향후 10년 간 성장의 중요성보다는 분배의 중요성을 강조하는 유럽식 자본주의모델을 따를 것이며 이러한 과정에서 성장이 둔화되고 지난 10년간 빚으로 이루어 온 성장을 되갚아나가는 대가를 치러야 할 것이라고 예측하였다. 정부가 시도하는 각종 정책이 제대로의 효과를 발휘하지 못할 경우 90년대 일본이 겪은 '잃어버린 10년'이 재현될 가능성이 높다고 전제하고, 이러한 경우 일본의 장기불황이 그들의 국제적 영향력을 약화시킨 역사가 미국에서도 재현될 가능성이 있다고 전망하였다.

(2) 이번의 금융위기는 영미식 자본주의의 필연적 결과인 만큼 설사 미국의 경제가 회복되더라도 영미식 자본주의의 쇠퇴가 불가피한 만큼 미국의 상대적 쇠퇴는 일정 부분 불가피하다. 설사 그러한 위상이 계속된다고 하더라도 과거와 같을 수는 없는 만큼, 이런 맥락에서 금융위기의 국제적 결과는 미국의 상대적 쇠퇴와 중국의 부상으로 요약될 수 있다.

(3) 세계경제에 대한 미국의 주도권을 낙관적으로 보는 사람들은 과거 미국의 대항세력으로 부상하였던 소련이나 일본의 도전을 물리쳤다는 점을 강조하지만 경제와 안보라는 측면에서 향후의 미래 세력인 중국은 과거 미국의 대항세력이었던 소련이나 일본과는 다르다는 점을 강조한다. 과거 소련은 군사대국이었지만 경제 난쟁이었고 일본은 경제적 거인이었지만 군사외교문제에서 방관자였던데 비하여 중국은 두 가지 측면에서 모두 위협적인 존재가 되고 있다. 특히 1980년대 미국을 위협하였던 독일이나 일본의 경우와는 달리 중국은 미국에 군사력을 의존하지 않고 있으며 경제적 측면에서도 중국은 주변국들에게 '위협'이라기보다는 '기회'로 인식되고 있다는 점도 주목된다.

(4) 과거 대영제국이 세계경제의 패권을 장악한 1800년대 이후 제1차 대전까지 그들이 세계경제에서 차지하는 비중 20% 이상을 유지하면서 이를 바탕으로 세계의 금융강국 및 패권국가로서의 지위를 누려오다 이러한 수준을 하회하면서 쇠락하였듯이 미국경제의 세계 비중 역시 2010년대 중에 20% 이하로 떨어질 가능성이 있는 것으로 보인다. 또한 낙관론자들은 과거 영국의 패권이 미국으로 전이되는데 50여 년의 세월이 소요되었다는 점을 지적하고 있고 고대 로마제국이 쇠퇴하는 데에 300년 이상의 기간이 필요 하였던 것이 사실이지만 과잉신용·도덕적 해이·부의 불균형으로부터 발생되는 미국의 쇠퇴에는 10년이 채 걸리지 않을 수도 있다.

1.3 미국의 상대적 우위 속 다극화체제론

이상과 같이 상반된 주장에 대하여 제기된 제3의 절충적인 견해는, 미국의 경제가 다시 회복되더라도 미국이 세계경제 및 정치질서에 대한 절대적 지위를 유지하기가 어려운 만큼 상대적 쇠퇴가 불가피하다는 전제를 두고, 이러한 과정에서도 미국의 상대적 우위는 여전히 유지되면서 주요 경제대국과의 협력과 공조를 통하여 세계경제가 다자주의적으로 운영되는 다극화가 진행될 것이라고 전망한다. 이러한 견해에 대하여 많은 사람들의 동의하고 있으며 국제정치경제의 논의에 있어서 중요한 위치를 점하고 있는 존스홉킨스대학 교수 후쿠야마(Francis Fukuyama), 컬럼비아대학 교수 스티글리츠(Joseph E. Stiglitz), 하버드대학 교수 조지프 나이(Joseph S. Nye) 등이 이 대열에 참여하고 있다

우선 이들은 미국경제가 점진적으로 쇠퇴할 수밖에 없다는 점에 동의한다. 자본이동이 더욱 높아지고 군사력 우위의 중요성이 덜 중요해지면서 신흥국들이 점차 미국경제의 영향권에서 벗어나 독자적인 위상을 확보하게 될 것이고, 그동안 미국경제의 이념적 기반이자 세계적 기류였던 신자유주의가 약화되고 과잉유동성에 기반을 둔 금융우위의 자본주의 논리 역시 유지되기가 어려우며 그동안 세계화추세 속에서 미국을 중심으로 하는 글로벌스탠더드의 의미도 약화되면서 세계 각국이 각자 나름의 독자적 경제체제를 모색하게 될 것인 만큼, 향후 미국의 주도권이 약화되고 미국의 국제적 입지와 영향력은 축소될 수밖에 없을 것이라고 전망한다.

물론, 이번의 글로벌 경제위기는 미국의 종합적인 국력에 대한 신뢰성의 추락을 배경으로 하고 있지만 과거에 존재하였던 달러위기에서처럼 보다 신속하게 위기가 극복되면서 미국의 주도권이 다시 회생될 가능성을 완전히 배제할 수 없다. 그러나 이번 위기는 상당히 구조적인 측면을 가지고 있을 뿐만 아니라 2007년 이후 미국경제가 이미 장기불황에 가까운 양상을 보이기 시작하였던 만큼 이번 금융위기를 계기로 상당히 손상된 미국의 주도력이 아무 일 없었던 것처럼 원상으로 회복되기는 어려운 것이 사실이다.

이러한 관점에서 보면, 향후 미국정부의 경기회복 노력이 어느 정도 효력을 발휘하면서 미국이 경제력·기술력·정치군사외교력 등 종합적 국력차원에서 상대적 우위를 유지하는 가운데 여러 강대국과 중국 등 아시아 신흥국들의 위상이 높아지면서 이들 간의 협조와 조정을 바탕으로 하는 새로운 균형모델로서 다극화시대가 도래할 가능성이 높다. 이러한 체제가 이루어질 가능성이 높은 것은, 1930년대 대공황 발생 시 주요 강대국들이 극단적인 근린궁핍화정책을 채택함으로써 세계경제가 파국을 맞이하였고, 1970년대 오일쇼크와 1980년대 초반의 불황에서도 주요국의 정책 불협화음으로 인하여 세계경기침체가 더욱 심화되었던 경험으로부터 얻게 된 역사적 교훈 덕분에 금융위기 이후 세계 주요국들이 세계경제의 파국을 피하기 위한 국제적 정책공조와 이러한 공조를 추진하기 위한 협력체가 구성되어 극심한 혼란이 일어나지는 않았던 점이 주목을 받고 있기 때문이기도 하다.

여러 경제기관의 세계경제에 대한 장기전망을 보면, 2010년대까지는 여전히 미국과 EU를 중심으로 한 세계질서가 유지될 것으로 보이나 중국의 영향력은 계속 확대되어 2020년이 지나면서 중국은 미국이나 EU에 비견되는 경제세력으로 세계무대에 등장할 것으로 보인다. 경제력 이외의 군사력이나 인구구조의 변수를 보면 미국의 영향력은 좀 더 오래 지속될 수 있다. 이렇게 볼 때 향후 10년은 새로운 세계질서가 자리 잡는 과도기가 될 가능성이 크며 이 과도기는 기존의 패권국과 신흥강대국이 어떤 관계를 형성하여 가느냐에 따라 순조로울 수도 있고 험난할 수도 있을 것이다. 이러한 위기극복 과정에서 패권의 전이를 포함한 국제질서의 근본적 재편이 이루어질 수도 있고 새로운 질서재편을 위한 과도기적 체제가 형성될 수도 있을 것이다.

2. 향후의 글로벌 거버넌스 전망

이렇게 중장기적으로 세계경제는 미국의 힘이 서서히 약화되면서도 그 상대적 우위가 어느 정도 유지되는 가운데 종래와 같은 미국 중심의 일극체제가 다극화체제로 이행된다고 하였을 때 어떠한 형태의 다극체제가 형성될 것이며 이에 대해서는 어떠한 전망이 내려질 수 있을 것인가?

2.1 다극화체제의 3대 유형

세계경제가 미국을 중심으로 하는 다극화체제로 이행된다고 하였을 때 가능할 수 있는 거버넌스로서는 ① G8을 통한 국제적 공조체제, ② G20을 통한 국제적 공조체제, ③ 미국과 중국을 중심으로 하는 양극체제(G2)라고 할 수 있는데 이러한 각각의 체제가 갖는 특성과 전망을 보다 구체적으로 살펴보면 다음과 같다.

〈표 9-5〉 금융위기 이후 가능한 국제공조체제의 특성 비교

구분	G8 공조체제	G20 공조체제	미중(G2) 양극체제
강점	• 자본주의 내 경쟁 존재하지만 소련 제외한 모든 주체들이 자본주의와 시장경제 신봉하는 공통점과 공감대 존재	• 신흥국의 위상 (경제의 85%, 인구의 65% 정도 차지) 상승 • 금융위기의 피해를 덜 받아 세계 경제 성장견인차 기대	• 경제적 상호의존성 증대로 양국의 협조필요성 증가하고 있음. • 미국과 중국의 경제력·군사력 격차가 점차 축소되고 있음.
약점	• 신흥국들의 경제성장으로 G8의 비중과 위상 축소 • 위기발생 원인자로서 비판 대상	• 이해관계의 상충으로 신속하고 효율적인 의사결정을 통한 영향력 발휘하기 어려움	• 양국 간 갈등 확대 가능성 • 향후 중국의 정치경제적 미래에 대한 불안정성 증대 가능성
전망	• 국제질서의 근본적 변혁보다 부분적 변혁 지향, 기존질서 유지하려는 현상유지적 성격	• 대표성 높지만 다양성으로 인해 국제현안에 대한 합의 수준 높지 않을 가능성	• 신속·효율적 의사결정 기대할 수도 있지만 민감문제·라이벌 의식 의한 비실효성 발생가능성

(1) G8 공조체제

1944년 브레튼우즈체제가 불범한 이래 서구중심의 세계경제질서는 제2차 세계대전 이후 막강한 영향력을 갖춘 미국·IMF·세계은행이 주도하여 왔다. 그러나 1973년 국제통화체제가 변동환율체제로 이행된 이후 미국의 영향력은 상대적으로 약화되고 선진국클럽인 G7위주의 협조적 공조체제로 이행되어 왔다. 특히 1985년 플라자합의 이후 G7의 위상이 한층 강화되면서 세계경제질서와 국제금융의 현안들이 G7중심으로 운용되어 온 것이 사실이다. 이후 사회주의국가들의 시장경제체제로의 전환 이후 소련이 구성원으로 참여하여 G8체제가 되었다.

G8은 이렇게 브레튼우즈체제 붕괴 이후 미국이 채택하였던 국제적 공조체제로서 영미식·유럽식·아시아식 자본주의 체제 간의 내부적 경쟁이 존재하지만 러시아를 제외한 나머지 국가들이 자본주의와 시장경제를 지향한다는 공통점이 있다. 따라서 이러한 체제는 국제질서의 근본적인 변혁보다는 부분적인 변화, 전후에 형성된 국제질서를 유지해가려는 현상유지적 성격을 가질 가능성이 많다.

그러나 1990년대 이후 신흥시장국들이 개방개혁정책을 통하여 성장하면서 G8의 국제적 위상이

점점 줄어드는 추세에 있고, 또한 금융위기 발생 이후 영미식 자본주의에 대한 비판이 높아지면서 이들의 이념적 기반인 신자유주의가 비판받으면서 이들에 의한 주도권이 훼손되고 있다.

(2) G20 공조체제

1990년대 말 아시아 외환위기 이후 G7 위주의 세계경제질서에 대한 비판이 높아지자 이러한 비판에 부응하여 G20재무장관·중앙은행총재회의 체제가 출범하게 되었다. 세계경제체제운영에 주요한 국가들 간에 경제 및 금융정책 현안에 대한 대화를 확대하고 안정적이며 지속가능한 성장을 이룩하기 위함이었다. 이후 운영과정에서 금융시장의 빈발한 위기를 예방하고 이의 신속한 해결을 위한 방안을 논의하여 왔는데 그럼에도 불구하고 장관급회의로서 그 역할에 한계가 노정되어 주요 국제금융 현안에 대한 공감대를 형성하는 역할에 머물고 있었다.

그러나 전례 없는 금융위기를 맞이하여 보다 과감하고 실질적인 국제공조의 필요성이 제기되자 G20정상회의가 개최되기에 이르렀다. 이러한 G20 국제공조체제는 다음과 같은 의의를 지니고 있다고 할 수 있다.[82]

(1) 브릭스(BRICs)로 대표되는 신흥시장국의 경제가 부상하면서 G7이 세계경제에 차지하는 비중이 줄어들면서 이들의 실질적 영향력이 감소하였음에 대하여 G20은 전 세계 GDP의 85%, 인구의 3분의 2, 외환보유고의 80% 이상을 차지하여 명실 공히 세계경제를 대표하는 체제라고 할 수 있다.

(2) 일반적으로 글로벌 거버넌스를 구축하기 위해서는 이를 주도할 국제적 레짐이 필요한데 이러한 국제레짐의 정당성은 ① 적법성(legtimacy), ② 대표성(representativness), ③ 실효성(effectiveness)에 기초하게 된다. 이런 점에서 보면 IMF나 세계은행은 적법성과 실효성은 있을지 모르지만 대표성이 부족하고 UN은 적법성과 대표성은 높으나 실효성 없다. 그런 점에서 본다면 G20은 선진국과 개도국이 거의 반반씩 참여하면서 국가의 수장들이 모이는 회합인 만큼 거기서 합의하면 지켜질 가능성이 높다는 점에서 대표성과 실효성 모두를 가질 가능성이 있다.[83] 따라서 G20은 세계경제의 실질적 영향력을 반영하는 체제로서 21세기 국제경제협력을 위한 최상위의 경제협력체가 구축되었다고 할 수 있고, 특히 신흥시장국들은 금융위기 이후 이의 폐해를 상대적으로 적게 받아 향후 세계경제성장의 견인차로 인식되기 시작하면서 이에 대한 기대가 커지고 있다.

(3) 향후 국제경제 권력이 서방(The West) 중심에서 동방(The East)으로 이동하는 계기가 될 수 있다. 그동안 미국·유럽 중심으로 세계경제의 운용이 주도된 반면 이제는 중국·인도·한국 등 아시아 신흥국을 포함하는 세력권으로의 이동이 진행될 수 있기 때문이다. 그러나 이를 다른 측면에서 보면, 그동안 미국이 전능한 패권을 행사하였지만 이제는 어떤 형태로든 절제된 패권으로 대체될 수밖에 없는데 G20이 이러한 전환의 역할을 하는 매개체가 될 수 있다.

---

82 동지 김용덕, 반복되는 금융위기 (삼성경제연구소, 2010) pp.351-2 및 pp.182-5.

83 그러나 G20은 G7과 마찬가지로 어떤 국제조약에 의하여 출범한 기구도 아니고 스스로 세계경제 최고의 협의체라고 선언함으로써 출범한 정치적 실체라는 점에서 국제적 적법성을 갖추었다고 할 수 없다. 또한 대표성에 있어서도 왜 여기에 포함된 국가들로 구성되었는가에 대한 어떠한 확고한 정당성을 갖기 어렵다.

(4) G20 정상회의는 당면한 금융위기의 극복과 해결이라는 당면과제를 계기로 출범하였지만 이러한 한정된 범위를 벗으나 위기 이후의 국제관리 체제, 예컨대 지속가능한 균형성장이나 다양한 개발이슈 등과 같은 다양한 주제에 대하여 세계경제를 주도할 중심적 협의체로 부상할 수 있을 것이다.

그러나 과연 G20체제가 이상과 같은 역할을 수행하는 세계최고의 협력체제로서의 위상을 차지할 것인가는 좀 더 지켜보아야 한다. 그동안 이루어진 몇 차례의 정상회의과정에서 목격하였듯이 정상회의에서의 논의가 단순한 수사(rhetoric)에 그치지 않고 실질적인 성과를 도출함으로써 국제질서에 대한 유효한 거버넌스로서의 위상과 신뢰성을 높일 수 있을지가 관건이기 때문이다. 실제로 G20 또한 많은 주체들의 참여로 신속하고도 효율적인 의사결정을 통한 영향력을 발휘하는 데에는 한계가 있음을 보여주고 있다. 또한 G20은 서로 유사한 정치경제체제를 공유하는 G7과는 달리, 경제체제(시장자본주의-국가자본주의)나 정치체제(민주주의-권위주의체제)가 서로 다른 집단 간의 논의체로서 협조와 대결이 공존하는 만큼 국제현안에 대한 합의수준이 그렇게 높지 않을 수 있다는 단점도 지니고 있다.

(3) 미중 양극체제(G2)

이러한 이유 때문에 G8이나 G20과 같은 국제적 공조체제보다는 미국과 중국을 2대 축으로 하는 양극체제를 주목하여야 한다는 시각이 힘을 얻고 있다. 이것은 니얼 퍼거슨이(Niall Ferguson)이 이름 붙인 이른바 차이메리카(Chimerica)체제로서, 글로벌 금융위기 이후 미국의 경제적 위상이 크게 약화되면서 향후 세계경제질서가 미국과 중국이 양분하는 구도로 재편되지 않을까 하는 논의가 나오게 된 것이다.

실제로 경제적·군사적 측면에서 아직 중국이 미국에 정면으로 도전할 만큼 강력한 위치에 있지는 않지만 양자 간의 격차가 축소되고 있는 만큼, 전후 냉전시대에 미국과 소련이 양극체제를 형성하였던 것처럼 미국과 중국이 양극체제를 형성하는 질서가 형성될 수도 있다. 그러나 중국은 경제규모가 아직 미국의 1/3수준에 있고 시장경제체제를 운영하고 있지만 사회주의체제적인 성격을 벗어나고 있지 못하며 경제체제 운용도 선진국수준에 크게 미치지 못하고 있다.

대외적으로도 경제적 상호의존성의 증대로 양국 간의 협조 필요성이 점증하고 있는 것은 사실이지만 인권·군사력증강·대만문제 등과 관련하여 양국은 갈등을 보여주고 있으며, 이번에 발생한 글로벌 금융위기의 원인에 대해서나 글로벌 불균형의 해결과 관련하여 서로의 주장이 대립되듯이 향후에도 경쟁의식을 바탕으로 하는 갈등이 계속될 여지가 크다. 따라서 많은 사람들이 세계경제질서가 조만간 미국과 중국의 양강체제로 재편될 가능성은 매우 낮다고 보고 있으며 중장기적으로도 순탄치 않을 것이라고 전망한다.

2.2 다극화체제의 전망

이처럼 향후의 세계질서는 G8이나 G20과 같은 다극체제로 갈지 미국과 중국을 중심으로 하는 양극체제로 갈지 불확실하지만 미국과 중국을 중심으로 하는 양극체제로 가는 경우는 물론이고 다극체제로 전환된다고 하더라도 실질적으로는 그러한 다극체제를 규정할 주요한 핵심적 주체가 미국과 중국이 될 것이라는 예상에 대해서는 이견이 별로 없다.

이러한 관점에서 앞으로의 미중관계가 어떠한 변화과정을 거치게 될지가 매우 주요한 요소가 될 것이다. 그러나 앞으로의 10년, 또는 그 이후의 세계질서를 전망함에 있어서 가장 불확실한 변수는 중국이 과연 앞으로 국내의 정치사회적 안정을 유지하면서 경제가 지속적으로 성장할 수 있겠느냐 하는 것이다. 미국이나 유럽과 같은 선진국의 경우 미래전망에 있어서 그다지 큰 불확실성이 존재하지 않지만 중국의 경우 이러한 불확실성이 상대적으로 매우 크다.

그러한 불확실성의 내용으로서는 ① 중국의 경제력이 지금까지는 급속히 확대되고 있지만 지금의 성장 동력을 10년 후에도 그대로 유지할 수 있을까? ② 중국의 1인당 소득이 5,000달러를 초과하여 1만 달러에 육박하게 되면서 중국 중산층이 더 많은 자유와 민주주의를 요구할 때 과연 중국지도부가 이러한 요구를 어떻게 수용하고 충족시킬 것인가? ③ 중국의 지도부가 과연 앞으로 소득불균형 심화 및 부정부패의 증가와 같은 국내의 모순과 국민의 불만을 제대로 극복하면서 경제발전을 주도하는 지금의 리더십을 유지할 수 있을까, ④ 중국은 그들의 대외적 연성권력으로서 베이징합의(Beijing Consensus)를 내세우고고 있지만 이러한 프레임으로 국제적 리더십을 발휘할 수 있는 메시지를 과연 제대로 창출할 수 있을까 등이 포함된다.

따라서 세계경제의 주도권이 향후 중국으로 이전될 것이라는 장기적 전망에서는 물론 미국과 중국이 주도하는 양극체제가 도래할 것이라는 전망에 있어서도 가장 불확실한 변수는 중국이다. 이런 점에서 중국의 정치와 경제는 앞으로 10년의 세계질서의 변화를 전망함에 있어 가장 큰 불확실성이라고 할 수 있다.

제4절 국제통화체제 및 금융체제 전망

세계를 뒤흔든 금융위기를 계기로 새로운 국제 금융패러다임 도입이 시급하다는 지적이 세계지도자들 사이에 연이어 나왔다. 또한 이번 위기의 확산과정에서 IMF나 세계은행이 아무런 역할도 못한 채 무기력한 모습을 보여주었다는 비판도 제기되었다. 또한 미국의 금융위기가 글로벌 금융위기로 확산되고 개별 국가나 지역 단위가 아닌 국제사회의 공조필요성에 대한 공감대가 높아지자 일부에서 새로운 국제금융체제의 형성에 대한 논의가 이루어지기도 하였다.

이에 일부에서는 이러한 신 국제금융체제를 '신 브레튼우즈체제'라고 명명하고 그 내용으로서 국제금융규제를 강화하고 미 달러 이외의 대체통화를 기축통화로 하는 새로운 국제금융질서라고 정의하기도 하였다.[84] 따라서 이러한 국제금융질서나 국제통화체제와 관련하여 주목되는 내용은 결국 ① 기축통화문제, ② 국제환율체제문제, ③ 국제금융체제 패러다임의 변화 문제라고 할 수 있다.

---

84 현대경제연구원 (2008).

1. 국제통화체제의 전망

1.1 국제통화체제 및 기축통화의 향방

① 제4편 제6장(국제통화체제의 정치경제론)을 통하여 전술한 바와 같이 글로벌 금융위기를 경험하면서 현행의 국제통화체제의 개편문제가 더욱 극명하게 제기된 것은 현행의 국제통화체제가 ① 일국의 통화인 달러를 기축통화로 하는데 따라서 발생되는 트리핀 딜레마 문제, ② 기축통화국이 과도한 특권을 향유하고 있다는 문제, ③ 글로벌 불균형을 조정할 수 있는 메커니즘을 결여하고 있다는 문제, ④ 자유로운 자본이동을 전제로 하는 만큼 금융위기를 더욱 빈번하게 발생시킬 수 있다는 문제, ⑤ 개도국들이 과도한 외환보유고를 관리해야 한다는 부담문제 등을 들 수 있다.

이러한 여러 가지 문제점들을 관통하는 가장 중요한 문제는 결국 기축통화의 선정문제라고 할 수 있다. 실제로 글로벌 금융위기가 발생한 이후 기축통화로서의 달러화에 대한 회의적인 시각과 함께 현행 국제통화체제의 개편을 주장하는 목소리가 높아졌다. 2009년 3월 중국 인민은행총재(저우샤오촨)는 공개적으로 발표한 성명서에서 특정국가로부터 독립되어 있고 장기적으로 가치가 안정된 국제통화의 창설을 주장하며 SDR을 기축통화로 하는 초국가적 준비통화(super-sovereign reserve currency)체제를 주장하였다.

이어 2001년 노벨경제학 수상자인 스티글리츠(J. Stiglitz)가 이끄는 UN의 전문가 패널이 불안정한 달러화를 중심으로 하는 기축통화체제에서 벗어나 SDR중심의 새로운 글로벌 준비제도(global reserve system)의 구축을 제안하였고, 당시 IMF의 총재였던 스트라우스 칸 총재 역시 이것의 타당성에 동의하는 발언을 행한바 있다. 또한 글로벌 금융위기 발생 이후 프랑스 사르코지 대통령은 기회가 있을 때마다 '미국 달러는 더 이상 전 세계에서 유일한 존재가 아니다'로부터 출발하여 기축통화의 개편문제에 대한 발언 수위를 높여갔다.

뿐만 아리나 신흥개도국을 대표하는 브릭스(BRICs)의 기축통화에 대한 도전도 거세어졌다. 메르베데프 러시아 대통령은 2009년 6월에 개최된 브릭스 정상회담에서 국제금융시장의 안정을 위해서는 달러 이외의 추가적인 기축통화의 창설이 필요하다고 역설하고 한 가지 통화로만 표시된 금융상품들로서는 어떠한 통화질서도 성공할 수 없다고 강조하였다. 이후 기축통화로서의 달러화에 대한 이 같은 회의적인 시각과 비판은 브릭스국가들의 공통된 시각으로 자리 잡기도 하였다.

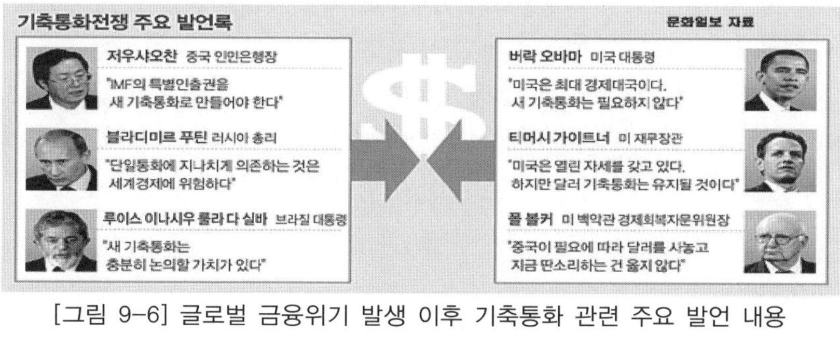

[그림 9-6] 글로벌 금융위기 발생 이후 기축통화 관련 주요 발언 내용

이와 같은 논의들이 다소 정치적으로 제기되는 측면도 없지 않았지만 보다 근본적으로는 세계경제가 특정국가의 통화에 지나치게 의존할 경우 그 국가는 발권력에 의한 시뇨리지(seignorage)를 얻게 되지만 이로 인하여 국제적 불균형이 누적될 수밖에 없는 구조적 문제 때문에 발권국은 과도한 특권(exorbitant privilege)을 누리면서 점차 그것을 확대시켜가는 반면 국제통화금융시스템의 취약성은 더욱더 확대되는 불안정성과 불공평성을 지니고 있다는 비판적 인식으로부터 출발한다.[85]

[2] 일반적으로 일국의 통화가 국제거래에서도 결제통화(settlement currency)로서의 기능을 가질 때 이를 국제통화(international currency)라고 한다. 이러한 국제통화 중에서도 준비통화(reserve currency)·개입통화(intervention currency)·기준통화(anchor currency)로서의 기능을 수행하여 국제거래의 중심적 위치를 차지하는 통화를 기축통화(key currency)라고 한다. 이러한 기축통화는 각 시대마다 초강대국의 등장과 함께 나타났다가 그들의 경제적 쇠퇴나 경제정책의 실패 등을 계기로 그 지위를 새로운 통화에 내어주는 역사적 과정을 밟아왔다.

고대 이후 근세에 이르는 동안 그리스·로마·비잔틴제국·이탈리아·네덜란드의 통화가 그들 나라의 영고성쇠와 함께 차례대로 기축통화의 지위를 누리다가 결국 그 지위를 상실하였다. 18세기에 들어와서는 영국이 초강대국으로 등장하고 영란은행 설립(1694) 이후 영국 금융시장의 발전에 힘입어 스털링화가 기축통화의 지위를 차지하였다가 2차례의 세계대전 중 영국의 경상수지 적자와 재정적자로 인해 스털링화의 신인도가 하락한 가운데 영국의 경제적 지위도 쇠퇴함에 따라 기축통화의 지위를 상실하였다.

20세기에 들어와 미국이 초강대국으로 부상하고 미연방준비위원회의 설립(1913) 등 금융인프라가 확충되면서 기축통화로서의 지위를 확보하였다. 1944년에 출범한 브레튼우즈체제를 바탕으로 미국 달러화가 세계 유일의 기축통화로 부상하였다. 이후 달러화는1960년대 말과 1980년대 초반에 신인도 위기를 맞이하여 그때마다 달러패권시대가 종말을 고할 것이라는 주장이 제기되기도 하였으나 1971년 미국이 취한 금태환조치를 주요국들이 수용하였고 1985년에는 플라자합의에 성공함으로써 기축통화의 지위를 유지하여 왔다. 이처럼 기축통화로서 미국 달러화가 때때로 위기를 맞이하기도 하였지만 미국을 대체할만한 초강대국, 달러화를 능가할만한 경쟁통화의 부재로 기축통화로서의 지위를 유지해 온 것으로 평가된다.

[3] 향후 국제통화질서의 변화와 관련하여서는 대체로 ① 달러를 기축통화로 하는 현행 국제통화질서의 유지가능성, ② 유로화 등 경쟁통화의 기축통화 역할 확대가능성, ③ 복수 기축통화체제의 성립 가능성을 둘러싸고 논의와 전망이 진행 중이다. 그런데 이러한 3가지 전망 모두에 대해서 공히 긍정적 견해와 부정적 견해가 서로 맞서 있는데[86] 그 주요한 내용을 요약하면 다음과 같다.

달러 기축통화 유지가능성 글로벌 금융위기 이후 달러화가 기축통화로서의 지위를 유지할 수 있을 것인가에 대해서 국제정치경제학계에 상반된 견해가 팽팽히 대립되어 있다.[87] 달러의 지위가 유지

85 이경훈 (2009. 2. 24).

86 조석방·김동우 (2010.2) p.4.

87 E. Helleiner and J. Kirshner (2009).

될 것이라고 전망하는 학자들은 ① 기축통화가 갖추어야 할 신인성·유동성·거래성의 양호(E. Helleiner, H. James), ② 기축통화로서의 역사적 관성(M. De Cecco), ③ 현 체제를 통한 미국과 주변국의 상호이득 발생(M. P. Dooley, P. M. Garber), ④ 초강국으로서의 지위 유지(H. James), ⑤ 경쟁국가의 지정학적 한계성(B. Cohen) 등을 그 근거로 하고 있다. 반면 기축통화로서의 달러화의 지위 약화가 불가피하다고 주장하는 학자들은 ① 미국의 쌍둥이적자와 대외부채의 누증(B. Cohen, D. P. Calleo), ② 유로화의 상대적 부상(M. De Cecco), ③ 글로벌 디커플링의 심화(H. James), ④ 미국의 보호주의 리스크(R. I. McKinnon), ⑤ 미국과 주요국 간의 동맹체제 약화(D. P. Calleo), ⑥ 달러화 헤게모니에 대한 반발 증대(J. Kirshner) 등을 그 근거로 한다.

경쟁통화의 역할 증대가능성 글로벌 금융위기 이후 중국의 위안화나 SDR이 기축통화로서 역할을 수행하게 될 가능성에 대한 국제적 논란이 있으나 단기적으로는 성사되기 어렵다는 것이 대체적 의견인 만큼 유로화의 역할증대에 대해서도 서로 다른 전망이 대립되어 왔다. ① 1999년 유로화 출범 전후부터 현재까지 유로화의 역할이 확대될 것이라는 주장(R. A. Mundell 1998, M. Chin & J. Frankel 2008)과 ② 달러화의 지위가 유지될 것이라는 주장(R. I. Mckinnon 1998, R. N. Cooper 2009)이 서로 대립되어 왔다.

복수통화체제 성립가능성 여기에 대해서도 ① 기축통화의 독점적 성격상 단일통화체제가 불가피하므로 복수통화체제가 성립되기 어렵다는 주장(R. A. Mundell 1997, Persaud 2004), ② 기존 기축통화의 신인도가 크게 하락할 경우 복수통화체제가 이론적으로 가능하다는 주장(P. Hartmann 1998), ③ 역사적으로 20세기 초반 복수통화체제를 운영하였던 역사적 경험이 있어 가능하다는 주장(B. Eichengreen 2009) 등이 대립되어 있다. 특히 UC버클리대학 교수이자 2011년 「달러제국의 몰락」을 출간하기도 하였던 아이켄그린은 위안화가 앞으로 10년 이내에 세계 기축통화의 지위를 얻게 될 것이라고 전망하면서 그렇다고 위안화가 달러를 완전 대체한다기보다 달러·유로·위안화가 기축통화로서의 역할을 행하는 다극적 기축통화체제가 구축될 것이라고 전망하였다.[88]

④ 한편, 글로벌 금융위기가 발생 한 이후 달러 중심의 현행 기축통화의 문제점에 대한 논의가 일어나면서 제안된 체제개편안들을 크게 나누어 보면, 언제나 그래왔듯이, ① 새로운 초국적 통화를 만들자는 방안, ② 국제통화기금의 특별인출권(SDR)을 기축통화로 활용하자는 제안, ③ 복수의 기축통화체제로 전환하자는 제안 등이었다.

이들 중 특정국가의 통화가 기축통화가 되는데 따른 문제점을 개선하기 위한 방안으로서 극단적인 방법은 새로운 초국가적 통화를 창출하는 방법이다. 그러나 이러한 방법은, 지금까지도 계속 반복되어 왔지만, 국가 간 합의를 도출하기가 거의 불가능하여 현실성이 없다고 할 수 있다. 따라서 보다 현실적인 방안으로서 SDR(Special Drawing Rights)을 기축통화로 하자는 주장이 제기되고 있

88 이어서 그는 "기축통화가 하나뿐이라는 생각은 잘못된 것이라고 전제하고 하나뿐인 기축통화가 흔들릴 때는 세계경제가 한꺼번에 흔들릴 수 있지만 다극통화체제가 들어설 경우 그 같은 위험을 회피할 여지가 생긴다고 주장하며, 그러한 체제 하에서 세계금융시장이 지금보다 더 안정될 것이라고 전망하였다 조선일보 신년특집, "한중수교 20년, 중국을 다시 본다. - 아이켄그린 교수 대담 -" (2012.3.3.).

는 것이다. SDR은 국제통화는 아니지만 이미 제도화 되어있고 현재에도 부분적으로 국제준비자산의 역할을 수행하고 있는 만큼 현실성이 더 높다는 것이다.

그러나 SDR을 기축통화로 하자는 제안 역시 실현되려면 많은 선결과제들이 해결되어야 한다. SDR이 도입(1969)된지는 오래 되었으나 회원국 간의 공적 거래에서만 사용되어 그 역할은 여전히 제한적이다. 이것이 기축통화가 되려면 공적거래보다 거래규모가 훨씬 큰 민간부문의 무역 및 자본거래에서 폭넓게 활용할 수 있어야 할 것이다. 또한 이를 기축통화로 변경하는 데에는 미국의 동의가 전제되어야 하지만 미 달러화가 기축통화로서의 지위를 잃을 경우 대외불균형을 쉽게 보전하기 어려우므로 미국이 현재 누리고 있는 시뇨리지를 포기하면서 이에 동의할지는 의문이다. 또한 SDR기축통화체제 하에서는 IMF가 SDR공급역할을 담당하여야 하는데 이 경우 IMF는 세계의 중앙은행이 될 것이므로 각국의 중앙은행들 역시 이러한 체제를 찬성하지 않을 것이다.[89]

이처럼 SDR과 같은 초국가단위의 통화를 기축통화로 도입하자는 제안의 현실성이 높지 않음에도 불구하고 중국 등이 이를 주장하고 나선 것은 글로벌 금융위기 이후 제기된 미국책임론이나 달러회의론과 궤를 같이하는 동시에 글로벌 금융위기를 계기로 자국의 영향력과 발언권을 확대하려는 의도에서 비롯되었다고 할 수 있다.

1.2 3대 주요국 통화의 미래 전망

이러한 관점에서 볼 때 새로운 국제통화체제의 성립이나 형태의 문제를 논의함에 있어서 제기되는 중심적인 주제는 결국 세계의 주요 3대 통화 즉, 달러·유로·위안화의 역할과 위상이 향후 어떻게 달라질까에 대한 전망의 문제라고 할 수 있다.

(1) 달러체제 유지 가능성

이러한 논의에 있어 가장 먼저 제기되는 질문은 '기축통화인 달러의 위상이 어떻게 바뀔까'라는 문제이다. 금융위기가 발생한 직후 위기의 진원지인 미국의 금융시스템에 기초하는 달러가 국제적인 신뢰성을 유지할 수 있을지에 대한 논란이 일어났다. 더욱이 글로벌 금융위기에도 중국 등 신흥국들의 타격이 상대적으로 적었기 때문에 위안화와 같은 다른 통화가 달러를 대체하고 기축통화자리를 넘볼 수 있다는 주장도 제기되었다.

그러나 아래에서 논의하듯이 달러에 대한 경쟁통화로서 유로화와 위안화는 아직 기축통화로서의 달러를 대체할만한 위상을 갖추고 있지 못한 것이 사실이다. 이러한 평가를 토대로 하여 전망해보면 달러화 중심의 국제통화질서 또는 기축통화로서 미국 달러화의 위상은 향후에도 상당기간 지속될 것으로 평가되지만 중장기적으로 볼 때는 다음과 같은 측면에서 그 위상이 약화될 가능성이 높다.

미국경제의 어려움 기축통화로서의 미국 달러화의 위상이 어떻게 바뀔 것인가라는 질문은 미국경제의 앞으로의 전망과 직결된다. 미국이 대규모 재정적자로 인해서 금리를 인상하면 일시적으로 달러가치가 상승하겠지만 이 경우 수출이 감소하고 수입이 늘어서 경상수지 적자는 더욱 증가할 것이

---

89 박진호 (2009. 5. 26).

다. 이러한 경상수지적자의 증가는 다시 달러의 신인도저하로 이어지면서 달러가치의 하락을 유발하고 물가상승압력으로 작용할 것이다. 달러가치하락은 중국을 포함한 흑자국으로 하여금 달러 이외의 투자대상을 찾게 만들 것이고 이렇게 되면 미국은 재정적자를 메우기 위한 국채발행이 어려워서 금리를 더욱 인상해야 할 것이다. 결국 미국이 앞으로 수년 내에 총지출을 대폭 삭감하지 않으면 달러의 위상약화는 불가피하며, 따라서 달러에 대한 대안모색이 본격화될 것이다. 물론 이에 대해서는 당장 미국 달러에 대한 대안이 마땅하지 않다는 반론도 만만치 않다.

초강대국의 상대적 지위약화 세계시장에서 미국이 차지하고 있는 비중이 계속적으로 감소하고 있는 가운데 중국 등 신흥시장의 비중이 꾸준히 증가하고 있다. 상당수 연구기관들은 대체로 향후 10~20년 내(2015~2035년)에 중국이 미국을 제치고 세계 제1의 경제대국으로 부상할 것으로 전망하고 있다. 또한 세계 금융시장에서도 미국의 비중이 감소하고 있는 반면 신흥시장국의 비중은 증가하고 있다. 이렇게 미국경제의 비중이 하락한다는 것은 기축통화로서 달러화의 국제유동성 공급능력에 제약이 발생한다는 것을 의미한다. 다만 미국의 보편적 정치이념, 안정적인 정치시스템, 군사력의 우위 등으로 정치군사적 리더십은 상대적으로 견조하지만, 미국발 글로벌 금융위기 발생 이후 미국식 시스템의 신뢰도 저하, 경제구조의 다극화 등으로 세계경제의 정책협의 및 조정기능이 G7으로부터 G20으로 변경되는 등 미국의 조정역할 역시 상대적으로 약화되고 있다. 이렇게 미국의 역할과 리더십이 상대적으로 약화되는 것은 국제통화체제의 관리메커니즘이 약화된다는 것을 의미한다.

통화가치의 국제적 신뢰도 저하 미국의 대규모 경상수지 적자 및 재정적자로 인하여 기축통화로서의 국제적 신인성이 약화되고 있다. 상당수 연구기관들은 이와 같은 미국의 쌍둥이 적자가 상당기간 지속될 것으로 전망한다. 다만 재정적자의 경우 향후 점차 축소될 것이라는 전망도 있지만 국제수지의 경우 비관적인 전망이 더 강하다. 기축통화로서 미국 달러화의 신인도를 유지하기 위해서는 미국의 경상수지 적자의 축소가 필요하지만 이것이 이루어지지 못할 경우 국제유동성의 공급은 커지지만 통화가치의 신뢰성이 무너지는 이른바 트리핀 딜레마(Triffin dilemma)에 직면하게 되어 기축통화로서의 역할을 유지하기가 어려워질 것이다.

거래네트워크의 축소 세계의 교역규모 면에서도 미국의 비중이 지속적으로 감소하고 있는데 중국의 비중이 급속히 증가하고 있어 교역 면에서도 조만간 중국이 세계 제1의 교역국으로 부상할 것이라는 예상이 제기되고 있다. 이러한 미국 이외 지역의 교역비중 증가와 함께 통화 면에서도 지역별 공동통화 움직임이 증대되고 있다. 이러한 사실은 장기적으로 결제통화로서의 달러의 거래네트워크를 축소시키는 요인으로 작용할 것이다. 이처럼 기축통화로서의 달러화의 위상은 ① 미국이 여전히 초강대국으로서의 지위를 유지하고 있고, ② 발전된 금융시장과 풍부한 유동성 공급능력 등을 갖추고 있으며, ③ 유로화나 위안화 등 경쟁통화의 발전에 장기간이 소요된다는 점에 비추어 상당기간 큰 변화가 없을 것으로 전망되지만, 중장기적으로 볼 때는 ① 초강대국으로서 미국의 지위약화, ② 달러화의 신뢰도 저하, ③ 거래통화로서의 네트워크 약화, ④ 잠재적 경쟁통화인 유로화나 위안화의 부상 등으로 인하여 완만하지만 점진적으로 약화가 불가피할 것으로 보인다.

(2) 유로화의 미래 전망

유로화는 미국달러화의 패권을 넘볼 수 있는 기축통화로서의 잠재력을 보유한 통화로서 위치하여 왔다. 과거에는 달러화의 가치가 하락하더라도 이를 대체할 말만 경쟁통화가 존재하지 않아 기축통화로서의 달러화의 위상 자체는 변함없이 유지될 수 있었지만 유로화가 등장함으로써 과거 어느 때보다도 달러화의 위상을 약화시킬 수 있는 경쟁적 통화로서 평가받아 왔다.

유로경제권은 미국경제와 비슷하거나 이를 능가하는 경제규모와 교역규모를 지니고 있어 세계결제통화로서의 역할 수행이 가능하였고, 세계 각국 중앙은행이 외환보유액의 포트폴리오구성에 유로화 표시 자산 비중이 유로출범 당시 18%수준에서 2009년 27%까지 확대되는 추세를 보여 준비통화로서의 역할도 강화되어 왔으며 국제채권 발행 표시통화의 지위도 2004년 이후 달러화를 능가하였다. 유로화는 그동안의 이러한 성공적 운영에 힘입어 달러화를 대체할 1순위 잠재적 기축통화로 부상되어 왔고 유럽지역의 통합통화로서의 위상을 더욱 강화하면서 기축통화로서의 역할도 확대해 갈 수 있는 통화이다.

〈표 9-6〉 글로벌 금융위기 이후 주요국 통화의 외환보유액 비중 변화

	1998	2000	2002	2004	2006	2008	2009	2010
미국 달러	69.3	71.1	67.1	65.9	65.5	64.1	62.1	61.4
EMU 유로	13.8(마르크)	18.3	23.8	24.8	25.1	26.4	27.6	26.3
영국 파운드	2.7	2.8	2.8	3.4	4.4	4.0	4.3	4.0
일본 엔화	6.2	6.1	4.4	3.8	3.1	3.1	2.9	3.8
기 타	8.0	1.8	2.0	2.0	2.0	2.3	3.2	4.5

자료 : IMF (2011).

이렇게 1999년 1월 단일통화체제로 출범하여 이후 10여 년간 순조롭게 정착하여 가던 유럽경제통화동맹(EMU)이 최근 체제위기라는 특별한 수난을 겪고 있다. EMU체제는 근본적으로 ① 단일환율 운용체제의 문제점, ② 회원국 간의 재정통합 부재, ③ 회원국에 대한 지나치게 관용적인 태도, ④ 시스템위기 시 비상대책의 부재, ⑤ 지나친 역내의존성으로 인한 전염효과의 위험성 등과 같은 태생적 문제점을 안고 있었지만 나름대로 성공적인 과정을 밟아왔지만 최근 EMU체제 자체가 붕괴할 것이라는 비관론이 제기되기도 하였다. EMU체제의 위기란 EMU에 속한 몇몇 회원국들의 재정 및 금융위기가 특별한 경로를 통하여 EMU 전체 위기로 확대되는 현상을 지칭하는 바, 실제로 이러한 EMU체제위기가 2009년 이후 현재화되어 유럽뿐만 아니라 세계금융시장의 불안요인으로 작용하고 있다.

이에 따라 2010년 이후 달러화에 대한 유로화의 약세가 현저하게 진행되고 있고 이른바 PIGS로 지칭되는 포르투갈 · 아일랜드 · 이태리 · 스페인 · 그리스 EMU회원국들의 CDS금리가 폭등하는 현상이 나타나 현재까지도 추후의 향방을 단정적으로 말하기 힘든 상황이 진전되고 있다. 이 때문에 글로벌 금융위기와 함께 유로화 붕괴가능성이 계속 제기되어 왔다. 남유럽 회원국 등 유럽 내

경상수지 악화가 두드러지는 국가들을 중심으로 글로벌 금융위기로 인해 금융시장에 부실이 많은 누적된 경우 국가부도가 가능하고 이것이 전체 유로화체제의 붕괴로 이어질 수 있다는 것이다.

또한 유로화에 가입되지 않은 동유럽 국가들의 경제가 유로화의 불안정요인으로 작용하고 있다. 이들 나라들의 경제가 글로벌 경기침체의 영향으로 급속히 악화되고 있는데 이들의 금융기관은 대부분 이탈리아·오스트리아·벨기에·프랑스 등 서유럽 금융기관의 자본참여나 투자를 통하여 운영되고 있는 만큼 이들 지역에 위기사태가 발생할 경우 이것이 다시 이들 지역에 진출해있는 금융기관의 위기로 전이되어 유로화지역의 불안정 요인으로 작용할 수 있다는 것이다.

이처럼 유로는 중앙은행(ECB)이 취약할뿐더러 그보다 더 중요한 요인으로서 유럽경제가 튼튼하지 못하다는 취약점을 지니고 있다. 그리스·이태리·스페인·포르투갈 등 남유럽국가들이 심각한 재정위기를 겪고 있고, 중유럽과 동유럽 신입 EU회원국들도 재정과 외환사정이 취약한 나라들이 많다. 많은 선진국은 고령화로 인하여 복지지출이 증가하고 있으나 재정을 건전화시킬 특별한 방도가 마땅치 않다. 국가 간 경쟁으로 인하여 세금을 올리기도 어렵고 선거 때문에 증세안을 실현하기도 어렵다.

물론 유럽의 장래와 유로화의 미래를 보다 낙관적으로 보는 사람들은, 유로화가 단기적으로 어려움을 겪고 있지만 보다 적절한 정책공조와 조정으로 위기를 극복할 수 있을 것으로 전망한다.[90] 이번 사태를 계기로 독일중심으로 하는 제도보완책을 강구하는 한편 심화되어 있는 회원국 간 불균형을 줄이기 위한 정책적 노력을 기울일 경우 EMU체제가 붕괴되거나 유로화 자체가 소멸할 가능성은 없는 것으로 판단한다. 또한 EMU체제는 '하나의 유럽'이라는 이상을 실현하기 위하여 유럽 각국이 오랫동안 노력해온 산물인 만큼 쉽게 붕괴하지는 않을 것으로 예상하기도 한다. 이에 따라 낙관론자들은, 유로화는 달러화와 함께 기축통화의 중요한 한 부분으로 활용될 수 있을 것이고 시간이 지남에 따라 유로화의 영향력과 신용도도 상승할 수 있을 것이라는 전망을 내리기도 한다.

그럼에도 불구하고 이 과정에서 유럽의 성장세가 둔화되고 간헐적인 위기가 발생할 수도 있어 유로화가 이전과 같은 강세통화의 지위를 유지하기는 어려울 것으로 예상된다. 이런 점에서 유로화가 기축통화가 될 수 있는 중요한 조건들은 남유럽국가 사태를 계기로 훼손되기 시작하였다고 볼 수 있다. 유로화 환율이 대폭 하락하면서 유로화의 안정성이 저하되고 재정위기에 따른 파급효과로 역내금융시스템이 크게 불안정해졌다. 이에 따라 그동안 높아져왔던 국제거래 및 국제통화체제에서의 위상도 상당부분 약화될 소지를 안게 되었다. 이런 점에서 유로화가 달러화를 대신하여 기축통화로 부상할 가능성은 종전 보다 낮아졌으며 유로화를 포함한 복수 기축통화체제의 구축도 그만큼 더 늦어질 것으로 전망된다.

(3) 위안화의 미래 전망

글로벌 금융위기 이후 기축통화의 개편문제와 관련하여 이후 달러를 대체할 수 있는 통화로서 유로화와 함께 중국의 위안화가 거론되기 시작하였다. 더욱이 금융위기와 관련하여 글로벌 불균형

---

90 LG경제연구원 (2009.3).

문제가 주요 이슈로 부각되면서 위안화의 절상문제가 주목을 받으면서 위안화에 대한 관심이 높아졌고 중국의 인민은행장이나 최고지도자 역시 달러 기축통화체제에 대한 이의를 제기하면서 위안화를 부각시키려는 태도를 보여 왔다. 일국의 통화가 기축통화의 지위를 얻기 위해서는 해당국이 일정한 경제력을 보유하여야 하고 그 통화가 국제성·태환성·안정성 등을 갖추어야 하며 이를 뒷받침할 수 있도록 해당국의 금융시장이 선진화·자유화·개방화되어 있어야 한다는 조건이 필요하다. 이러한 점에서 현재의 위안화를 평가해보면 다음과 같다.

경제규모와 경제력 기축통화국이 되기 위해서는 그 나라의 통화가 국제유동성을 충분히 공급할 수 있는 능력을 갖추기 위하여 해당국가의 경제규모가 세계경제에서 차지하는 비중이 상당하여야 한다. 중국의 경제규모가 급속히 성장하고 있어 경제의 규모면에서는 어느 정도의 요건을 충족해가고 있다고 평가된다. 중국은 이미 전 세계에서 제2위 경제대국으로 부상하였고 앞으로도 계속 빠르게 성장할 것이며, 많은 연구기관들의 전망들을 종합해 보면 2015년쯤에 중국의 제조업이 미국의제조업규모를 능가하고 2030년쯤이면 중국의 경제규모가 미국의 경제규모를 추월할 것이라는 예측들을 내어놓고 있다. 다만 경제규모가 이렇게 급격히 증대되고 있음에도 불구하고 1인당 GDP가 아직 5,000달러 수준에 머물러 경제수준은 아직 매우 낮은 단계에 있고 또한 정치적 안정성이나 사유재산의 보호나 법치의 수준도 미흡하다.

통화의 국제화 중국은 1997년 아시아외환위기 이후 중국 국경과 그 주변에서 위안화를 무역결제수단으로 사용 확대하면서 국제화를 시작하였고, 2008년 글로벌 금융위기 이후 달러의존도를 줄이는 방향에서 인식을 제고시키고 세계1위 외환보유고를 바탕으로 유동성 부족국과 통화스왑을 체결하는 노력을 확대하였다. 중국은 또한 2009년 7월에 상하이·선전·광저우 등 5개 도시를 위안화 무역결제 시범지역 지정하여 국제화의 첫발을 내 딛고 이어서 '위안화 기축통화 추진팀 발족'과 '위안화표시 국채발행(HK)' 등을 통하여 국제화를 추진하였다. 그들은 위안화를 우선 국제결제통화로 등장시키고 이어 투자통화로 범위를 확대한 뒤 궁극적으로는 달러에 버금가는 국제통화로 발전시킨다는 3단계전략을 수립하면서 2020년까지는 기축통화로 격상시킨다는 나름의 목표를 수립하였다.

실제로 2009년 국제화 추진 이후 위안화 사용량이 빠르게 증가하였고 말레이시아·인도네시아·베트남 등 동남아 국가에서는 위안화가 광범위하게 통용되었으며 위안화로 외환을 보유하는 나라도 속속 생겨났다. 그럼에도 불구하고 전 세계 외환보유고 중 위안화의 보유비중은 아직도 미미하고 위안화 무역결제규모도 아직 미미한 수준에 머물러 있다. 또한 2011년 이후에는 위안화결제의 규모도 줄었지만 내용면에서도 대부분 중국 본토 모기업과 홍콩 자회사 간의 거래로서 중국과 홍콩 밖에서 이루어진 순수 역외거래는 10% 미만에 머물렀다. 이처럼 위안화는 국제통화가 갖추어야 할 거래의 국제성이 부족하다는 점이 기축통화로 가는데 큰 걸림돌이 되고 있다.

자유화·개방화 위안화가 기축통화로 가는데 가장 큰 장애물은 아직도 정부의 외환관리를 받고 있어 태환성(다른 통화와 자유롭게 교환되는 능력)을 갖추고 있지 못하고 중국의 금융시장의 개방이 아직 초보단계에 머물러 있고 자본시장 역시 개방되어 있지 못하다는 점이다. 외국에서 무역결제대금으로 위안화를 사용할 수는 있지만 위안화로 중국 국내 주식이나 채권을 자유롭게 매매하는 것은 불가능하다. 이렇게 용도가 제한되어 있는 만큼 환금성이 크게 떨어진다. 중국 당국은 외환위기를 우려하여 자본시장을 걸어 잠그고 개방 일정도 늦추고 있다. 전문가들은 낙후된 중국 내의 금융관리체제부터 개혁하고 금융산업의 경쟁력을 키운 뒤에야 기축통화문제를 거론할 수 있을 것이라고 지적한다.

이처럼 중국의 위안화는, 충분한 유동성을 공급할 수 있도록 해당국의 경제규모가 세계경제에서 차지하는 비중이 상당하여야 한다는 점에서는 낙관적인 전망이 어느 정도 가능하지만 나머지 요건에 있어서는 여전히 그 수준이 낮아 기축통화는 물론이고 국제통화로서의 요건도 제대로 갖추고 있지 못한 점이 있다. 따라서 합법적인 사유재산권보호제도와 함께 국제통화 거래에서 위안화의 거래활성화가 더욱 증대되어야 할 것이고 금융시장의 개방과 같은 과제도 해결하여야 할 것이다. 더구나 위안화의 국제화를 위해서는 중국이 자본시장을 개방하고 풍부한 유동성을 공급하여야 하지만 그렇게 되면 중국정부는 환율과 금융시장에 대한 개입을 기반으로 하는 성장정책을 유지하기 어려워진다.

따라서 10년 이내에 위안화가 기축통화로서의 요건을 갖출 수 있을 것이라는 낙관적 전망도 없지 않지만, 중국 위안화가 세계경제의 기축통화가 되기는 적어도 10년 이내에는 불가능하고 추후 20년, 30년 이후에도 어렵다든지 그 이상의 기간이 지나도 불가능할 것이라는 비관적 전망도 함께 존재한다.

1.3 중장기 국제통화질서 변화 전망

(1) 국제통화체제의 단계별 변화 전망

이상에서 논의한 바와 같이 글로벌 금융위기 이후 기축통화로서의 달러화의 지위약화에 대한 우려가 대두되는 가운데 중국 등 신흥국의 경제적 약진으로 인한 세계경제 다극화가 국제통화질서에 미치는 영향에 대한 관심이 증대되어 왔다. 〈표 9-7〉은 현재의 기축통화인 달러화 및 경쟁통화로서 유로화 및 위안화 등 3대 주요통화가 기축통화로서의 역할과 기능을 수행하는 데 요구되는 여건과 위상이 향후 어떻게 변화될 수 있는가를 나름대로 평가하고 전망한 것이다.

〈표 9-7〉 3대 주요 통화의 기축통화로서의 적격성 변화 전망

구 분	평가 기준	단기(5~10년)	중기(10~20년)	장기(20~30년)
미국 달러화	초강대국의 지위	○	△	△ 또는 ×
	(경제적 지위)	○	△	△ 또는 ×
	(정치군사적 지위)	○	○	△
	통화의 신인성	△	△	△
	통화의 거래성	○	○ 또는 △	△ 또는 ×
	발전된 금융시장	○	○	○
경쟁 통화	유로화의 적격성	× 또는 △	△	○
	위안화의 적격성	×	× 또는 △	△ 또는 ○

주 : ○ (강함/충분함), △ (중간), × (약함/미흡함)
자료 : 한국은행 (2010.2) p.12 적의 수정.

이 표가 말해주듯이 미국 달러화가 적어도 단기간 내에 기축통화로서의 지위를 상실하는 일은 발생하지 않겠지만 시간이 지날수록 그 위상이 상대적으로 약화될 수 있는 가능성은 충분히 있다. 이렇게 미래에 달러의 기능과 역할을 보완하거나 경쟁할 대안적 통화로서 주목을 끄는 것은 당연히 유로화와 위안화이다. 이러한 점들을 종합적으로 고려하여 중장기적인 국제통화체제의 변화를 단계별로 전망해보면 현행 국제통화질서 및 기축통화체제는 다음과 같이 단기적으로는 현행의 체제가 유지되는 가운데 경쟁통화의 부상이 이루어지고 장기적으로는 매우 완만하지만 단계적으로 복수통화체제 형태로 이행될 가능성이 높다고 하겠다.

1단계(단일 기축통화체제 유지·경쟁통화의 부상) 향후 상당기간(적어도 5~10년 이상) 동안 초강대국으로서 미국의 지위가 유지되는 가운데 기축통화로서의 달러화의 지위 역시 큰 변화 없이 유지됨으로써 달러화 중심의 단일 기축통화체제가 유지되면서 경쟁통화의 입지도 점진적으로 강화되는 단계이다. 유로화의 경우 유럽 및 인접지역에서 사용국가가 늘어나고 EU의 정치적 통합의 진전으로 국제통화로서의 입지도 지속적으로 강화될 수 있을 것이다. 다만 최근에 전개되고 있는 남유럽국가들의 재정위기로 인하여 유로화의 가치가 절하되고 지역 공동통화로서 유로화 앞날에 대한 우려점이 있는 것이 사실이다. 위안화 역시 중국과 교역상대국 간의 무역결제통화로서의 역할이 커지는 가운데 국제적 교환성부족 문제도 외환 및 자본의 자유화가 진전되면서 어느 정도 개선될 전망이다.

2단계(복수 기축통화체제로의 이행·통화주도권 경쟁) 그러나 중장기적(예컨대 20~30년 이후)으로 보면, 글로벌 금융위기 이후 중국의 경제적 부상 등으로 인하여 초강대국으로서의 미국의 지위가 점진적으로 약화되면서 국제통화체제도 달러·유로·위안화 등을 중심으로 통화주도권 경쟁이 강화되는 복수통화체제로 이행될 가능성이 있다. 이렇게 달러가 단일의 기축통화로서 기능하는 독점체제가 소수의 통화가 복수의 기축통화로서 기능하는 과점체제가 형성되는 경우, 스털링화의 붕괴시기의 역사적 경험에 비추어 볼 때, 주요 통화들 간에 기축통화 헤게모니를 둘러싼 경쟁이 치열해지고 이것이 국제금융시장 및 실물경제에 대한 커다란 불안요인이 됨은 물론 국제경제 질서 전반에 걸친 광범위한 변화가 초래될 가능성도 있다.

(2) 복수 기축통화 체제의 탄생 전망

이처럼 보다 중장기적으로 달러·유로·위안화가 중심이 되는 복수 기축통화체제가 이루어질 가능성이 있다고 하더라도 이러한 체제가 단기나 중기에 이루어질 가능성은 높지 않다. 위에서 살펴본 대로 유로화는 최근의 유럽위기로 인하여 적어도 단기적으로는 기축통화로서의 신뢰성을 확보·유지하기가 어려울 것으로 전망되고 위안화는 중국의 경제규모는 크게 확대되고 있으나 금융 및 자본의 자유화와 국제화에 소극적이어서 사용범위를 확대하는 데에 일정한 한계를 지니고 있다. 따라서 적어도 가까운 미래에 있어서 이러한 체제가 성립되기는 어려울 것이다.

또한 실질적인 복수 기축통화체제가 정착될 경우 이에 따른 세뇨리지 등의 편익(benefit)과 비용(cost)이 어느 한 국가에 집중되지 않고 분산되기 때문에 국제통화체제의 안정성이 높아질 수도 있으나 이는 어떠한 국가 간 협약에 의하여 정해지는 것이 아니라 각국의 정책의지나 시장의 선택

등에 의하여 이루어지므로 정착이 되더라도 상당한 시간이 소요될 것이다. 따라서 앞으로의 국제통화체제는 미 달러화의 역할을 계속 인정하되 신흥시장국의 위상확대를 반영하는 방향으로 미조정되면서 점차 복수 기축통화체제에 근접해 갈 것으로 전망된다.

한편 이러한 복수기축통화체제가 성립되더라도 처음부터 세 개의 통화가 대등한 지위에서 정립되는 체제가 이루어질 가능성은 크지 않다. 앞에서 살펴본 대로 달러에 대한 경쟁통화로서 유로화와 위안화의 성격과 전망이 동일하지 않기 때문이다. 이러한 관점에서 양자의 장단점을 살펴보면, 우선 경제규모면에서 유로존은 세계 GDP의 20% 정도를 차지하고 있지만 점차 감소 중에 있고 중국은 8% 내외를 차지하고 있지만 그 비중이 점차 상승 중에 있다. 금융시장의 발전정도나 자본이동의 개방도 측면에 있어서는 유로존의 경우 미국 다음으로 발전되고 개방된 금융시장을 보유하고 있어 국제화면에서 탁월한 평가를 받지만 위안화의 경우 금융시장이 상당히 낙후되어 있고 자본이동에 제약이 있는 구조를 면치 못하고 있다.

이렇게 위안화는 아직까지 '국가개입이 많은 통화'로서 금융시장의 발전이 낙후되어 있는 점이나 개방도가 낮다는 점 등이 제약요인으로 작용하는 점이 있지만 통화에 대한 지배구조라는 측면에서 보면 상당한 장점이 있다. 따라서 만약 중국에서 금융개혁이 제대로 이루어질 수 있다면 위안화는 달러화에 대한 유력한 경쟁자가 될 것이다. 반면 유로화는 지배구조라는 측면에서 '나라가 없는 통화'로서 회원국의 이익에 반하는 조치를 취할 강제력이 없다는 약점이 있어 최근 유럽의 재정위기에서 보았듯이 정치적 일관성의 부족이나 지배구조의 불완전성이 나타나기 쉽다는 약점을 지니고 있다.

그러나 통화의 국제성을 높이는 일이 짧은 시간에 이루어질 수 있는 일이 아닐뿐더러 중국이 자국의 금융시장이나 자본시장을 자유화하면서 금융개혁을 행하고 자신의 정치경제체제를 변화시키는 것이 생각만큼 간단한 과제가 아닌 것이 사실이다. 따라서 유로존이 지금 겪고 있는 위기를 극단적인 결과를 초래하지 않고 극복하기만 한다면 향후 나타나게 될 복수 기축통화체제의 모습은, 점차 미 달러화 중심에서 달러와 유로가 양분되는 양극체제 양상으로 가다가 장기적으로는 달러·유로·위안화가 중심이 되는 3극체제의 양상으로 가는 변화과정이 등장할 가능성이 높다고 할 수 있다.

2. 국제환율체제 및 국제금융체제 전망

2.1 안정적인 국제환율체제의 구축

1970년대 초 브레튼우즈체제(미국달러화를 기축통화로 하는 금환본위제)의 붕괴 이후 각국은 변동환율제·고정환율제·관리변동환율제 등 다양한 환율제도를 채택해오고 있다. 이렇게 다양한 환율제도는 일부 국가의 자의적인 환율정책운용을 가능하게 하고 이것이 국가 간 상품의 가격경쟁력에 영향을 미쳐 국제무역의 불균형을 심화시키기고 있다. 글로벌 불균형문제와 관련된 논쟁에서 보았듯이 중국은 위안화의 준고정환율제도의 운용을 통하여 막대한 무역흑자를 기록하였고 미국은 막대한 무역적자에도 불구하고 기축통화로서의 위상유지와 미국으로의 달러환류를 위하여 '강한 달러정책'을 유지하여 왔다. 그 결과 수십 년 간의 불균형이 누적되어 세계경제와 국제금융시장의 심각한 불안요인으로 작용하고 있다.

또한 자국의 거시경제와 괴리된 일부 국가들의 자의적인 환율운용으로 외환거래부문의 차익거래 유인을 발생시켜 금융시장의 변동성을 증폭시키고 나아가 헤지펀드의 공격을 유발하며 주기적인 외환위기발생의 주범이 되기도 한다. 특히 1980년대 이후 광범위한 세계화가 진행되고 자본이동이 크게 확대되면서 국제자본시장 통합이 더욱 확대되면서 안정적인 환율제도의 운용이 중요한 문제로 부각되어 왔다. 더욱이 1990년대 들어 선진금융기법 발달·정보통신기술의 진보·투기자본의 급증 등 국제금융환경이 급속히 변화됨에 따라 환율에 대한 국제적 관심이 고조되었고, 1990년대 말 이후 연쇄적으로 발생한 외환위기 이후 안정적인 환율제도에 대한 국제적 논의도 높아졌다.

그러나 이렇게 외환시장의 불안요인으로 작용하고 있는 환율제도에 대해 현재로서는 국제적인 합의를 도출할만한 뚜렷한 대안이 없는 것이 사실이다. 앞에서 논의한 대로 학계에서는 세계단일통화안·고정환율제로의 복귀안·통화통합안 등 다양한 제안이 있어왔지만 그 모두가 여러 가지 현실적 제약 때문에 실현가능성이 낮아 아무런 진전도 보고 있지 못하다. 그러나 국제금융계가 보다 안정적이고 예측가능하며 투명한 국제통화제도를 새로이 창출하지 못하는 한 일부 국가들의 불투명한 환율운용은 불가피할 것이고 헤지펀드들의 공격·국제외환시장의 불안·외환위기의 재발도 막을 수 없을 것이다. 그럼에도 불구하고 금번 금융위기를 극복하기 위한 G20정상회의에서는 국제환율제도에 대한 논의가 제대로 이루어지지 못하였고 다만 글로벌 불균형을 해소하기 위한 국제공조의 일환으로 이 문제가 언급되고 있을 뿐이다. 따라서 이상적이고 바람직한 국제환율제도를 모색하는 일은 여전히 미완의 과제로 남아있다

현실적으로 모든 나라가 변동환율체제로 가는 것은 불가능한 만큼 부분적으로는 환율이 정책적 고려에 의하여 결정되는 것을 인정할 수밖에 없을 것이다. 이러한 경우 과도한 시장개입에 의하여 환율이 극심하게 인위적으로 이탈하는 현상이 장기화되고 국제수지 불균형이 지속되는 것을 방지하기 위해서는 일정한 국제수지조정 메커니즘이 필요하다. 2010년 서울 G20회의에서 합의된 경상수지에 대한 가이드라인은 시장과 정책이 공존하는 현행 환율체제 아래서 과도한 글로벌 불균형이 발생하는 것을 방지하고 조정하는 데에 목적이 있었다. 이에 대한 구체적인 가이드라인이 마련되어 보다 협력적인 정책공조가 이루어지도록 하여야 할 것이다.

최근 독일정부의 경제자문역을 맡고 있는 요셉 포핑거교수는 달러·유로·위안화 3개를 합친 3극체제(tri-polarsystem)를 기축통화로 하는 통화체제를 제안하면서 고정된 환율 대신에 세 개의 화폐가치가 이자율의 차이에 따라 결정되는 방식을 권고하였다. 예컨대 유로존의 이자율이 미국보다 높으면 유로하는 평가절하를 하고 다른 화폐를 사용하는 나라들은 이들 세 가지 화폐 중에 자국화폐를 고정시키고 전체 시스템은 IMF가 모니터하여 이기적인 통화정책을 펼칠 수 없도록 하자는 것이다.

그러한 경우 통화 간의 이자율 차이 때문에 발생되는 차익거래가 발생될 수 없게 된다는 것으로 이론적으로는 설득력이 있다. 그러나 국제통화체제에 대안 모든 제안들이 그러하듯 이와 관련한 복잡한 정치경제적 이해관계가 얽혀있기 때문에 이론적 논리성만으로 제도가 결정되지는 못한다. 이미 기득권을 누리고 있는 미국이 이러한 제도데 찬성하기 어렵고 중국의 경우 역시 자국 통화가 기축통화가 되는 것은 자신의 열망이지만 자국의 통화를 국제적 감시기관에 맡겨 지금의 자율성을 포기할 수 있을지도 의문이기 때문이다.

2.2 새로운 국제통화금융체제의 전망

1 앞에서 현행 국제통화체제의 개편논의와 관련하여 언급하였듯이 논의의 중심에 서 있는 문제는 기축통화 문제이지만 이와 더불어 논의되는 중요한 문제가 현행 국제통화체제가 글로벌 불균형을 조정할 수 있는 메커니즘을 발휘하지 못하고 자유로운 자본이동을 전제로 하는 만큼 금융위기를 더욱 빈번하게 발생시킬 수 있으며 따라서 개도국들이 과도한 외환보유고를 관리해야 하는 부담이 커진다는 문제 역시 새로운 관심을 집중시키는 문제이다. 이러한 문제의 해결은 새로운 국제통화체제의 창설과 함께 해결될 될 수 있는 문제이지만 새로운 국제통화체제가 만들어지지 않는 상황에서라도 일정한 합의가 이루어지면 현재의 문제점을 상당부분 해소할 수 있을 것으로 기대된다.

우선 글로벌 불균형을 조정하는 장치로서는 우선 G20정상회의를 통하여서도 논의된 바 있는 방안으로서 GDP의 ± 5%를 초과하지 않도록 하는 등 과도한 불균형을 해결할 예시적 가이드라인(indicative guideline)에 대하여 합의하여 이를 준수토록 하고 만약 이를 지키지 않아 과도한 대외불균형을 발생시키는 적자국과 흑자국에게는 일정한 페날티를 설정하는 등 글로벌 불균형 조정의 강제성을 부여하는 방식이다. 또한 과도한 국제자본이동이나 단기적 투기자본의 국제적 이동에 대한 국제적 표준을 만들어 금융위기의 발생을 예방하는 동시에 개도국들이 과도하게 외환보유고를 보유할 필요성을 제거하는 금융체제의 확립이 필요하다. 이를 위해서는 IMF가 이러한 자본통제의 합리성을 인정하는 한편 이에 대한 국제적 감시·관리·협력을 이끌어내는 적극적인 역할도 수행하여야 할 것이다.91

이와 아울러 국제통화금융체제의 개편에는 당연히 이를 관장하는 주체가 되는 IMF의 개편도 함께 이루어져야 한다. IMF의 개편방향에 대해서도 다양한 논의가 있지만 주요한 개편방안으로서는 ① IMF재원의 확충, ② 주요국의 경제정책에 대한 감시·감독역할과 조정기능의 강화, ③ 신흥국의 외화유동성위기 시 탄력적으로 대응할 수 있는 대출프로그램의 개선, ④ IMF 지배구조의 개선 등을 들 수 있다.92

이와 같은 방안이 현실화되면 현행의 국제통화체제에서 발생되는 문제점들을 상당부분 해소할 수 있겠지만 그러나 이러한 시스템이 현실화되기 위해서는 광범위한 국제적 합의가 이루어져야 한

---

91 한국은행 (2011.2.14.) pp.9-11.

92 조윤제 (2010.2) pp.180-1.

다는 데에 현실적 어려움이 있는 것이 사실이다.

2 한편 이번 글로벌 위기의 진원지가 금융시장이었던 만큼 금융시장과 금융기업에 대한 규제가 대폭 강화될 가능성이 크다. 가장 주요한 문제점에 대한 규제가 강화될 것이다. 예컨대 ① 과도한 레버리지 규제, ② 신용평가회사에 대한 감독과 은행의 투명성 제고, ③ 금융기업의 지나친 상여금 지급에 대한 규제, ④ 핫머니 등 대규모 단기자본이동 규제 검토 등이 핵심적 과제이다.

금융기업과 금융시장에 대한 규제는 앞으로 몇 년에 걸친 국제공조를 통하여 대폭 강화될 것으로 예상되고 글로벌 금융규제의 패러다임도 점차 변화될 것이다. 특히 금융혁신에 따라 개발된 파생금융상품 등에 대한 규제가 위험관리차원에서 전 세계적으로 확대될 것이며 외화의 유출입·외환투기 등에 대한 국제적인 공조도 모색될 것으로 보인다. 금융규제강화에 따르는 비효율도 크게 증가할 것이다.

그럼에도 불구하고 과학기술의 발달로 금융혁신은 더욱더 증가할 것이며 혁신을 통해 개발된 구조화상품을 완벽하게 규제하거나 통제하는 것은 현실적으로 불가능하므로 규제받지 않는 금융기관은 조만간 재출현할 수 있을 것이다. 또한 글로벌 금융위기 이후 이를 해결하기 위한 다양한 대응책들이 제시되었지만 이러한 노력에도 불구하고 금융의 본질적 속성이나 금융세계화의 본질적 성격상 문제점 해결이 결코 쉽지 않을 것이다.

〈표 9-7〉 글로벌 금융위기 이후 다양한 금융체제 대응책 논의

구 분	대 응 책 의 주 요 내 용	비 고
국내적 대응책	1. 적절한 금융 감독시스템 개선, 규제 강화 (금융기관 감독강화, 파생상품 규제강화)	
	2. 명료성·일관성·신뢰성 있는 거시경제정책 운영	
	3. 도덕적 자본주의 (탐욕주의, 머니게임 지양)	
국제적 대응책	1. 국제적 정책공조·국제적 협력 강화 • 통화협력 증대 • 자본이동 모니터링/금융규제강화	
	2. 새로운 국제금융체제(governance) 설립 • 신-BW체제 ($역할 축소, 신흥국발언권 강화 등)	EU신흥국 등 지지
	3. 기존 국제금융기구의 기능과 역할 보완 • IMF지배구조 및 운영방식 개선 • IMF/IBRD기능과 역할 재정립	미국·영국 등 지지

제5절 자본주의체제 및 경제학의 전망

1. 신자유주의 및 금융자본주의의 향방

1.1 글로벌 금융위기와 신자유주의의 향방

그동안 신자유주의를 국정철학의 기본으로 삼았다고 여겨지는 미국에서 전대미문의 금융위기가 발생하자 비판가들은 그러한 위기의 원인을 신자유주의라고 지목하여 혹독한 비판을 가하였다. 글로벌 금융위기 이후 그 원인을 놓고 20세기 자유시장경제의 간판스타인 노벨경제학상 수상자 프리드만(M. Friedman)에 대한 해묵은 논쟁이 다시 재연되었다. 과연 이번 위기는 시장의 자율과 작은 정부를 주창해 온 신자유주의의 오류에서 비롯된 것일까, 아니면 과잉유동성과 재정확대 등 정부의 비대화에서 비롯된 것일까 라는 문제에서부터 향후 신자유주의적 자본주의의 향방에 이르기까지 광범위한 논쟁이 이루어졌다.

(1) 금융위기의 원인 관련 논쟁

앞에서 우리는 50년 또는 100년 만에 한 번 정도 발생할 정도의 글로벌 금융위기를 맞이하게 된 여러 가지 원인론들을 살펴보았다. 이러한 논의들과 관련하여 제기된 하나의 중요한 논쟁점의 하나가 '위기발생의 원인이 시장의 실패 때문인가 아니면 정부의 실패 때문인가' 또는 '글로벌 금융위기로 인하여 신자유주의는 실패한 독트린인가 그렇지 않은가' 등에 대한 논쟁이었다.

〈표 8-14〉 글로벌 금융위기의 원인과 성격에 대한 견해 대립

구 분	시장 실패론	정부 실패론
금융 위기 원인	• 시장의 실패 때문임 ▸ 월스트리트의 탐욕이 부른 파행적 금융행위로 인한 버블의 형성 ▸ 파생금융상품과 증권화, 단기적 시각 비대칭적 보상 구조가 낳은 위험관리실패 ▸ 신용평가사 · 채권보증사 · CDS의 역기능 등	• 오히려 정부의 실패 때문임. ▸ 클린턴과 부시정부의 저소득층에 대한 무리한 주택보급정책 ▸ 주택버블 야기한 팽창적 통화정책 ▸ 시장실패를 방치한 금융감독과 적정한 규제의 실패 등
신자유 주의	• 신자유주의의 실패를 반증함. (자본주의의 본고장인 미국에서 위기 발생)	• 신자유주의의 실패라고 볼 수 없음. (반자본주의적 제도 · 정책 · 심리, 자유시장 경제를 파괴하는 정책 등에서 유래)
정책적 대응	• 시장실패를 해결하기 위한 적정한 정부의 개입 필요함.	• 금융위기 빌미로 케인즈적 확장정책 이나 새로운 규제정책 회귀 안 됨.

(1) 글로벌 금융위기가 시장실패 때문에 발생하였다고 주장하는 사람들은 월스트리트의 탐욕이 부른 파행적 금융행위로 인한 버블의 형성, 파생금융상품의 활용과 다단계 증권화와 단기적 시각의 비대칭적 보상구조가 낳은 위험관리실패, 신용평가회사·채권보증회사 · CDS의 역기능 등이 시장실패의 전형을 보여준다고 주장하였다. 반면 위기의 원인이 정부의 실패 때문이라고 규정하는 사람들은 클린턴과 부시정부의 저소득층에 대한 무리한 주택보급정책, 주택시장의 거품을 야기한 팽창적

통화정책, 시장실패를 방치한 금융감독부실과 적정규제의 실패 등 정부정책의 실패에 기인한 측면이 강하다고 주장하였다.

(2) 금융위기의 원인을 시장실패로 규정하는 사람들은, 국제금융위기가 자본주의의 본고장으로 일컬어지는 미국에서 발생하였다는 점을 주목하면서, 이러한 금융위기가 신자유주의의 실패를 반증하는 결과라고 혹독하게 비판하였다. 그들은 이번의 위기가 자유무역·개인의 자율과 책임·규제의 최소화·작은 정부 등을 주요 이념으로 삼는 신자유주의를 바탕으로 정부와 통화당국이 시장의 자율적인 조정만을 믿고 자유방임적으로 버려둔 결과에서 비롯되었다고 진단한다. 만약 정부당국의 적극적인 규제와 개입이 있었다면 금융시스템의 붕괴는 막을 수 있었으며, 특히 미연방준비제도이사회(FRB)가 파생상품의 확산 등을 시장에만 맡겨둔 채 규제하지 않은 결과가 금융위기의 직접적인 계기가 되었다고 주장하였다.

이에 대하여 정부실패 때문에 위기가 발생하였다고 주장하는 사람들은 글로벌 금융위기는 신자유주의 때문이 아니라 오히려 비자본주의적인 미국의 제도나 정책·반자본주의적 심리·자유시장경제를 파괴하는 정책 등에서 유래하였다고 주장한다. 예컨대 낮은 이자율을 바탕으로 한 확장적 통화정책은 케인즈적 정책처방을 따른 것이었고, 화폐제도나 금융제도 자체가 정부의 통제 하에 있어 반자본주의적이었으며, 주택에 대한 가수요를 촉발시킨 부시정부의 정책은 정치적 평등주의에 기초한 것이었으며, 각종 금융기관의 도덕적 해이 역시 정부의 잘못된 규제에서 비롯된 것이기 때문이다.

그들은 금융위기가 신자유주의로 인하여 발생되었다고 주장하는 사람들은 자유주의에 대한 기본적 이해의 부족에서 비롯된 그릇된 논리라고 주장한다. 왜냐하면 프리드만은 일관되게 시장규칙에 따라 일정하게 통화를 공급하는 '중립적 통화정책'과 정부지출확대와 과다한 부채를 가장 신랄하게 비판하며 '작은 정부론'을 주창하였는데 이번의 금융위기는 거품을 야기한 과잉유동성 공급·정부부문의 지나친 비대화로부터 야기되었기 때문이라고 주장한다. 그들은, 만약 프리드만의 권고대로 거시적 차원에서는 시장규칙에 따라 일정하게 통화를 공급하는 중립적 금융정책을 채택하고 미시적 차원에서 개별경제주체의 과도한 이익추구를 규제하는 정책을 실시하였더라면 상황은 전혀 달라졌을 것이라고 반박한다.[93] 이러한 관점에서 본다면 이번의 금융위기를 해결하기 위해서는 신자유주의를 폐기할 것이 아니라 신자유주의를 제대로 실행하는 것이 필요하다고 주장한다.

(3) 금융위기발생 이후 세계 각국은 금융위기로 붕괴된 시장에 정부가 직접 개입하는 구조조정을 빠르게 진행하였다. 미국에서도 거대은행은 물론 제조업의 상징이었던 GM마저 지분의 60%를 정부가 보유하게 되고 모든 부문에서 정부규제가 강화되면서 경제의 컨트롤 타워가 시장에서 정부로 이관되었다. 금융위기의 원인이 시장실패 때문이라고 규정하는 사람들은 이러한 현상을 신자유주의의 몰락·케인즈 경제학으로의 복귀·새로운 패러다임으로 변화하는 구조적 추세 등으로 규정하면서 이러한 시장실패를 보정하기 위한 정부개입이 더욱 필요하다고 주장한다. 이에 대하여 반론자

93 정갑영 (2010.5) p.30.

들은, 이러한 논리는 비논리적이고 때로는 감정적이기까지 하다고 반박하면서 이번의 금융위기를 빌미로 케인즈적인 확장정책이나 새로운 규제정책으로 다시 돌아가서는 안 된다는 점을 강조하였다.

(2) 신자유주의 자체와 관련된 논점

이처럼 글로벌 위기 이후 신자유주의에 대한 논쟁은 주로 금융위기의 원인과 관련하여 논쟁되었지만 더 나아가 신자유주의 그 자체의 정당성에 대한 논의에까지 이르게 되었는데 신자유주의 옹호론자의 주요 주장 내용을 살펴보면 다음과 같다.94

(1) 신자유주의 비판자들은 신자유주의가 시장만능을 추구하지만 현실에서 시장은 만능이 아니며 시장은 실패하여 그것을 해결하기 위해서는 정부의 개입이 필요하다고 주장한다. 그러나 신자유주의는 '시장이 만능하다'고 주장하지 않았고 '시장이 만능은 아니지만 더 나은 방법이 없다'고 주장하였을 뿐이며, 또한 시장실패의 문제를 정부의 개입을 통하여 해결하여야 한다는 주장은 그 자체 옳지 않다.

(2) 신자유주의 비판자들은 신자유주의를 채택한 국가들이 제대로의 성장을 하지 못하였고 신자유주의는 소득의 불평등을 초래할 뿐만 아니라 절대적인 빈곤층의 증가를 가져왔다고 주장한다. 그러나 친시장적 개방을 추구한 나라들, 예컨대 중국이나 베트남 등 많은 나라들이 그렇지 않은 나라들에 비하여 더 빠르게 경제성장을 하였다. 또한 어떤 체제 하에서도 소득의 불평등은 발생하는 것으로서 역사적으로 자본주의적 체제를 가진 나라의 소득불평등 정도가 사회주의국가들의 경우보다 오히려 덜 심각하였다.

(3) 비판자들은 신자유주의는 경제학이론에 의해 뒷받침되지 않을 뿐만 아니라 역사적 경험에 의해서도 뒷받침 되지 않는다고 비판한다. 그러나 신자유주의가 전제로 삼는 자유시장경제에 대해서는 멩거(K. Menger)를 중심으로 하는 오스트리아학파에서부터 프리드만(M. Friedman)을 중심으로 하는 시카고학파에 이르는 오랜 이론적 전통이 확립되어 왔고, 역사적으로도 산업혁명 전후의 영국이나 대공황 이전의 미국 등의 경우 신자유주의가 지향하는 '작은 정부·큰 시장'의 이념을 통하여 폭발적인 경제성장을 하였던 역사적 경험이 있다.

(3) 신자유주의 논쟁에 대한 소평가

이러한 논의들을 이론적으로 보면 어느 한쪽의 실패라고 주장할 수 있겠지만 위기가 발생한 과정과 결과를 보면 현실적으로는 양쪽 모두의 실패가 가져온 합작품이라고 할 수 있고, 또한 글로벌 금융위기를 계기로 '작은 정부 큰 시장'이라는 시장지상주의에 어느 정도 제동이 걸린 것은 사실이지만 위기의 원인을 일방적으로 신자유주의정책의 실패라고만 규정하여 정부개입의 정당성을 옹호하려는 태도도 바람직하지 않을 것이다.

이러한 논쟁의 본질은 결국 시장과 정부의 역할에 대한 철학과 전제의 차이에서 비롯된 것이다. 경제운용에 있어 시장과 정부의 역할에 대한 논쟁은 경제학의 역사와 함께 시작된 해묵은 논쟁이고 경제운용의 실제에 있어서도 자유방임적으로 시장을 중시하다가 위기를 맞으면 정부개입이 강화되

94 전용덕 (2009.12).

었고 반대로 정부규제로 인한 부작용이 심화되면 다시 시장의 자율을 강조하는 과정들이 반복되어 왔기 때문이다. 말하자면 시장과 국가는 각기 실패를 반복하면서 서로 주도권을 내주며 자본주의를 발전시키고 진화시켜 왔던 것이다.

자유방임적 시장경제를 신봉하던 고전적 자본주의는 대공황과 제2차 세계대전으로 치명상을 입고 '시장의 실패'를 노정하였다. 자유방임은 독점을 불러왔고 오히려 공정한 경쟁을 가로막는 결과를 초래하였기 때문이다. 그러나 제2차 대전 이후 완전고용을 목표로 하였던 복지국가이념도 재정적자심화와 만성적 인플레이션으로 '정부의 실패'를 낳고 말았다. 이에 정부개입축소·민영화·규제철폐를 뼈대로 하는 신자유주의와 이를 기본철학으로 하는 대처리즘과 레이거노믹스의 등장은 자연스러운 결과였다. 그러나 이러한 신자유주의는 이번의 금융위기를 통하여 또 다른 '시장의 실패'를 보여주었다고 할 수 있다.

따라서 '시장의 효율성만으로 모든 현안을 완전히 해결할 수는 없지만 시장은 그 어떤 대안보다도 더 많은 문제를 효율적으로 해결하여 왔다는 사실을 부인할 수 없다'는 주장과 '맹목적으로 시장자율이 효율성을 보장한다는 논리는 문제가 있으며 특히 공공성이 강한 부문에서의 시장자율은 오히려 더 큰 부작용을 가져올 수도 있다는 점이 이번의 금융위기에서 입증되었다'는 주장이 동시에 맞서고 있는 것이다.

이처럼 많은 논란에도 불구하고 이번 위기를 계기로 시장만능이나 자율과 창의성을 강조하며 작은 정부를 지향하는 신자유주의적 논리는 시장이 가장 우월하다는 믿음이 흔들리면서 상당 기간 후퇴할 수밖에 없을 것이다. 대신 정부 역할의 중요성이 새롭게 부각되고 금융부문은 물론 모든 부문에서 정부개입의 당위성이 제기되고 그동안 추진되어 온 민영화정책이 후퇴하는 대신 금융부문을 포함하여 많은 산업에서 국유화가 다시 추진되는 모습도 나타났다.

그럼에도 불구하고 시장만큼 인간의 창의와 혁신을 극대화할 수 있는 제도는 아직 등장하지 않고 있으며 정부개입의 강화로 일시적인 시장기능의 위축에도 불구하고 시장경제의 이념은 지속적으로 보완되면서 발전할 것이다. 따라서 시장자율을 바탕으로 효율성과 창의성이 극대화되면서 시장기능이 효율적으로 작동할 수 없는 부문에 대한 정부의 제한적인 개입이 이루어져 경쟁과 효율성을 극대화하는 기제가 도입되어야 할 것이다. 아울러 비이성적이고 비합리적인 인간의 행태가 나타나는 분야에서 적절한 균형을 이룩하기 위해서는 시장의 자율성과 정부의 개입을 적절히 조합하는 모형이 개발되어야 할 것이다.[95]

1.2 금융자본주의의 향방

(1) 금융자본주의 폐해론

이상과 같은 신자유주의 논쟁과 더불어 1980년대 이후 이러한 신자유주의를 바탕으로 하여 형성된 이른바 '신금융자본주의'가 심각한 경제위기를 초래하였다는 주장도 제기되었다. 신금융자본

95 정갑영 (2010) p.31.

주의란 1980년대 이후 신자유주의·금융의 탈규제·금융의 자유화와 개방화를 통하여 형성된 체제로서, 금융자산의 양적 팽창과 금융 산업의 고속성장, 경제의 금융화를 통한 금융자본의 기업경영권지배와 실물경제에 대한 금융의 영향력 확대 등을 통한 금융부문의 역할과 영향력이 양적·질적으로 강조되는 구조이다.

금융위기의 원인을 이러한 금융자본주의에서 찾으려는 사람들은 이러한 자본주의가 심각한 금융시장혼란의 원인이 될 수 있음을 경고하였다. 그들은 신금융자본주의의 구조적 특성으로서 ① 금융의 펀드화, ② 금융의 복합화(파생상품화·겸업화·유동화), ③ 금융의 글로벌화 현상으로 규정하고 이러한 3가지 구조적 특성들이 모두 금융의 불안정성을 초래할 수 있는 요인을 안고 있다고 지적하면서 미국에서 발생한 서브프라임 모기지사태의 원인 역시 이러한 메커니즘으로부터 출발하였다고 진단한다.[96]

금융의 복합화와 글로벌화가 심화되면서 실물부문과 금융부문의 연관성이 높아짐으로써 두 부문 모두의 위기가 초래될 가능성이 높아진다고 전제하고 몇몇 신흥시장국의 경우 능력 이상의 글로벌화로 인하여 금융위기와 심각한 경기침체를 이미 경험하였다고 지적하였다. 그들은 또한 자원의 배분을 담당하는 금융까지 시장원리에 내맡기면서 과도한 금융자본의 팽창을 가져왔으며 이는 과잉유동성·거대한 부동산거품을 불러와 금융위기의 씨앗을 잉태하였다고 전제하고, 금융자본의 팽창하면서 통제받지 않는 자본의 증식과 이동으로 금융시스템의 불안정이 잠복하여 왔던 것이라고 주장한다. 따라서 이들은, 금융위기의 원인을 파생금융상품 등에 대한 감독부실 때문이라고 설명하지만 그 밑바닥에는 신자유주의 물결 속에 비대해진 금융자본주의가 존재하므로, 미시적인 금융감독의 문제가 아니라 시장 자체의 위기 문제라고 규정한다.

이렇게 금융자본주의가 발흥하면서 실물경제와 금융 간의 괴리가 점점 증대되었고 이는 자산시장에서 거품이 쉽게 형성되는 것을 용이하도록 한 결과 세계경제는 무수한 자산시장의 거품과 그것의 붕괴에 따르는 경제위기를 경험하였다는 것이다. 이들은 또한 금융위기 이후 나타난 세계적 경기침체에 대하여 일시적 현상이 아니라 지난 20여 년 간 금융이 지나치게 발전한 결과 나타난 구조적 문제라고 주장한다. 심지어는 현재의 경제 상황은 금융자본주의로 알려진 서구 경제발전 단계의 최종적인 붕괴로 볼 수 있다는 분석을 통하여 '금융자본의 실패'를 이야기한다.

그러나 이들은, 금융자본주의의 실패를 이야기 하는 것이 결코 '금융이 중요하지 않다'는 것을 말하는 것이 아니라고 역설한다. 금융이 발전하지 않으면 자본주의가 지금과 같이 발전할 수 없었을 것이고 은행이 없어 자기자본만으로 사업을 했다면 자본주의는 엄청나게 느리게 발전하였을 것이며 주식회사제도를 통하여 유한책임제도를 도입하지 않았다면 현대자본주의가 필요로 하는 대규모 자원동원이 불가능하였을 것이기 때문이다. 그러나 지난 20여 년간 벌어진 현상은 단순한 금융의 발전이 아니라 금융의 논리가 모든 것을 지배하는 금융자본주의의 발흥이었다는 데에 문제가 있었다고 지적한다.[97]

---

96 삼성경제연구소 (2008.6).

(2) 금융자본주의 폐해론에 대한 반론

신자유주의를 바탕으로 하는 신금융자본주의가 지난 금융위기의 원인이었을 뿐만 아니라 이러한 금융자본주의의 실패가 현존하는 자본주의 자체의 붕괴까지도 초래할 수 있다는 주장에 대하여서도 다양한 반론들이 제기되고 있는 것이 사실이다.

(1) 최근의 사태가 주는 교훈을 되새기며 금융산업에 대한 건전성감독을 강화는 등 보완을 해야 할 필요가 있는 것은 사실이지만 이번의 금융위기를 두고 시장경제 시스템이나 신자유주의를 비판하는 것은 넌센스다. 더욱이 최근 일각에서는 금융자본주의의 실패를 거론하고 있으나 이는 대단히 성급한 결론이다.

(2) 이번의 금융위기로 미국의 경제시스템 자체가 무너지는 것은 아니며 미국이 제시하는 방어적 모델이 신자유주의를 완전히 포기하는 것도 아니다. 이번 위기는 금융상품과 금융시장의 발달속도를 감독체계가 제대로 쫓아가지 못한 데서 비롯된 것일 뿐이어서 이후 금융발전에 걸 맞는 금융감독 시스템의 진보가 이루어질 것이다. 미국형 시장경제는 문제가 있으며 그때그때 수정해가는 시스템이다.

(3) 미국 금융위기의 파장이 어디까지 번질지는 확실치 않지만 분명한 것은 미국 금융이 완전히 무너지지는 않는다는 것이다. 미국 금융시장이 몰락하거나 미국자본주의가 끝장나는 것은 아니며, 또한 투자은행의 몰락을 두고 IB시대가 끝났다고 말하지만 이번에 문제가 된 파생금융상품은 그들 업무의 일부분에 불과하므로 사실과는 다르다.

(4) 미국경제의 기조가 크게 달라지지도 않을 것이다. 금융회사들에 대한 감독이 강화되고 일부 파생금융상품 거래에 대한 규제가 도입되겠지만 경제 전반이 정부주도의 규제체제로 회귀될 가능성은 없다. 앞으로 경기가 부진할 수 있겠지만 세계 최고수준의 서비스업·첨단 제조업·농업의 경쟁력이 하루아침에 무너질 리 없고 금융산업 역시 이번 사태를 수습하고 나면 더욱 강력한 모습으로 다시 태어날 것이다.

(3) 금융자본주의의 향방에 대한 소평가

이상과 같은 주장들은 금융위기를 계기로 너무 성급하게 과장된 형태의 신자유주의 몰락론이나 신금융자본주의 폐해론이 제기되었음에 데에 대한 비판이었지만, 지나치게 비대해진 금융과 투기적인 금융행태가 많은 부작용과 위기를 초래하였던 만큼 금융기관과 금융의 건전성·투명성·책임성이 높아지도록 하는 금융시스템 및 금융감독 시스템의 보완과 개선이 보다 높은 수준에서 이루어져야 할 필요성은 두말할 필요가 없을 것이다.

이울러 이번 글로벌 금융위기를 계기로 영미식의 단기수익을 중시하는 경쟁적인 경영관행이나 인센티브시스템에 대한 비판도 고조된 바 있다. 성공 시에 막대한 보수를 받게 되는 평가시스템 때문에 금융기관의 직원들은 리스크가 높은 자산에 투자하면서 수익과 보너스의 극대화에 주력하게 되었고, 이러한 시스템 하에서는 성공할 경우에는 높은 보수를 얻게 되지만 실패 시에는 직장을

---

97 장하준 "금융자본주의의 실패를 바라보며," 조선일보 아침논단 (2008.8.20.).

그만 두는 것으로 종결되는 인센티브의 비대칭성이 존재하므로 당연히 투기적인 투자가 이루어지기 때문이다. 이와 같은 경영관리 상의 리스크를 경영진은 견제하여야 하지만 오히려 고액의 보너스나 스톡옵션을 선호하면서 인센티브의 비대칭성을 즐기고 있었다.

이에 따라 글로벌 금융위기가 발생한 이후 2011년 지구촌에는 '월가 점령'(OWS : Occupy Wall Street) 운동이 요원의 불길처럼 일어났다. 세계의 금융중심지 뉴욕 월가에서 시작된 이 운동은 금융위기의 원인을 제공한 월가의 금융자본을 규탄하며 뉴욕 주코티공원에서 시작된 이후 약 3개월 만에 미국 전역으로 퍼져나갔고 마침내 전 세계 80여 개 국가로까지 번졌다. 사람들은 이를 1999년 시애틀의 반세계화 시위를 계승한 운동으로 평가하기도 하였는데, 이는 월가의 은행과 투자회사들의 최고경영층과 펀드매니저로 대표되는 최상위 1%에 대한 나머지 99% 사람들의 분노, 이른바 '1대 99 사회'라는 극단적인 양극화를 초래한 금융자본주의에 대한 항의가 이 운동의 본질이었다.

비록 이 운동은 충분한 성공을 거두었다고 평가할 수 없을지는 모르지만 이와 관련하여 기업경영의 측면에서 CEO의 패러다임도 한동안 변화될 것으로 보인다. 단기적인 성과주의와 거버넌스, CEO에 대한 평가와 보수, 위험관리의 투명성부족 등이 기존의 패러다임이 갖는 단점으로 부각되어 새롭게 조명될 것이고 또 마땅히 그렇게 되어야 할 것이다.

2. 금융위기와 자본주의체제의 향방

2.1 문제의 제기

1 이상의 논의들이 주로 글로벌 금융위기 발생 이후 제기된 신자유주의나 신금융자본주의의 향방에 대한 논의였지만 보다 근본적으로 미국의 금융위기는 단순한 경제위기를 넘어 영미식 자본주의, 더 나아가 시장경제 자본주의에 대한 회의와 불신으로 이어져 자본주의체제 자체에 대한 논란으로 확대되었다.

글로벌 금융위기가 발생한 직후 150년 이상 자유시장경제를 기본철학으로 삼아왔던 영국의 이코노미스트(The Economist)는 2008년 10월 16일자에 '자본주의가 궁지에 빠졌다'(Capitalism At Bay)라는 주제로 자본주의를 둘러싼 다양한 비판을 소개하고 평가하는 특집을 내었다. 이후 다양한 사람들이 다양한 측면에서 '자본주의의 미래'에 대한 논의를 행하하면서 자본주의 경제시스템 또는 자유금융시스템에 대한 통렬한 비판과 반성이 이루어지고 여기에 대한 반반과 재반박이 이어졌다.

이에 따라 자본의의 미래에 대한 실로 다양한 목소리가 백가쟁명 식으로 제기되었다. 이들의 주장을 보면, 이번 위기에도 불구하고 자본주의의 주요특징인 사유재산권보호·경쟁촉진·자유무역과 시장개방 등은 견고히 유지될 것이지만 맹목적 자본주의에 대한 반성의 목소리가 높아질 것이라는 전제 하에서 나름의 이상적인 자본주의를 제안하였다. 예컨대, 견제와 균형이라는 민주주의의 기본으로 회귀하려는 자본주의, 시장경제에 믿음과 신뢰를 바탕으로 정의와 윤리의식을 접목하는 윤리적 자본주의, 자유방임적 자본주의에 책임성을 강조하는 절제된 자본주의, 자유경쟁의 결과에 대한 책임성을 강화하고 약자를 배려하는 따뜻한 자본주의 등이 그것이다.

이러한 제안들은 모두, 자본주의는 그동안 인간이 만든 경제시스템 중 그나마 가장 효율적인 평가를 받아왔던 만큼 이번 위기를 계기로 자본주의가 역사 속으로 사라지지는 않겠지만 지금까지와는 상당히 다른 양상을 띠면서 발전되게 될 것이라는 인식을 기초로 하는 것들이었다.[98]

미국 월가를 대변하는 월스트리트지는 금융위기 발생 직후 '자본주의가 역사적 전환점에 섰다'는 의미심장한 화두를 꺼내고 30~40년 주기로 이루어져 온 자본주의 큰 흐름이 바뀌고 있다고 역설하였다. 금융위기 이후 자본주의의 향방에 대한 다양한 논쟁이 일어나자 이코노미스트(The Economist)는 또 다시 2008년 12월 18일자 기사에서 '자본주의 신봉자들은 자본주의를 지켜내기 위하여 싸워야 한다. 자본주의는 많은 결점을 갖고 있고 앞으로도 많은 문제점을 드러내겠지만 그러한 결점에도 불구하고 지금까지 인간이 고안한 최선의 경제체제가 바로 자본주의이다'라고 강조하조 이번 위기를 계기로 자본주의를 더 잘 운용하는 법을 배워야 한다고 지적하였다.

확실히 자본주의 시장경제는 그동안 숱한 우여곡절과 위기를 겪으며 발전하여 왔다. 사회주의는 실패와 동시에 몰락하였지만 자본주의는 실패를 극복하면서 진화하여왔다. 이런 의미에서 자본주의의 역사는 '시련의 극복'의 역사였고 400여년의 역사를 가진 글로벌 자본주의는 위기를 통해 발전하고 진보하였다. 위기에 대한 대응을 통하여 단점을 보완하고 새로운 원동력을 찾아 발전하면서 지금까지 번성하여 왔다

② 그렇다면 이후 자본주의는 어떻게 변화되고 개선되어야 하는가? 확실히 기본적으로 자본주의를 대체할만한 체제는 존재하지 않는다. 그러나 이러한 체제가 지속가능하고 안정성을 가져다주기 위해서는 시장을 보완하는 체제가 필요하다. 시장이 일단 작동하면 이념·도덕성이 실종되고 자기 확장적인 본능을 가지고 있기 때문에 제약이 없다면 사이클의 진폭이 너무 커질 속성이 있기 때문이다. 위기 발생 이후 미국과 유럽의 언론들은 이번 위기가 명백한 '시장의 실패'라는데 이의를 달지 않았고 그동안 '정부개입 최소화와 시장주도 경제'를 부르짖던 신자유주의의 위기라고 설명하면서 일부에서는 '국가의 귀환'이라는 표현까지를 쓰기도 하였다.

또한 유럽경제위기로 세계경제에 대한 비관론이 무성한 가운데 2012년 1월에 개최된 다보스포럼에 참석한 국제투자자·애널리스트·트레이드 등 1,209명을 대상으로 한 설문조사 결과 응답자의 70%가 '유럽의 경제위기가 사회적 불안을 야기할 것'이라고 응답하였고 이와 더불어 '현재의 자본주의체제를 바꾸어야 한다'고 응답하였던 것으로 보도되었다. 응답자들은 특히 갈수록 심화되는 빈부격차 때문에 자본주의의 위기가 도래하였다고 답했으며, 상당수 사람들이 정부의 대대적인 시장개입이 있어야 자본주의의 위기를 해결할 수 있는 것으로 인식하고 있었다.

그러나 시장의 후퇴와 국가의 등장이 경제시스템의 지형을 어떻게 바꾸어 놓을지에 대해서는 알 수 없다. 20세기를 거치면서 자본주의는 시장의 실패와 정부의 실패를 반복하며 변화되어 왔지만 지금의 세계경제는 전 세계금융시장이 하나로 통합된 상황이다. 따라서 과거와 같은 형태의 정부주도적 시스템으로 돌아가기도 쉽지 않다. 금융위기가 시장과 국가의 새로운 관계 설정이라는 어려운

98 최홍식 (2010) p.103.

숙제를 던져주고 있는 것이다. 이러한 숙제와 관련하여 대두되는 2개의 화두가 있다. 그 중 하나는 자본주의이념 내의 논쟁으로 대두되어 온 '영미식 자본주의의 변형'문제이고 다른 하나는 최근에 영국의 언론인이자 경제평론가가 제안한 '자본주의 4.0'이다.

2.2 영미식 자본주의의 변형

1 자본주의 경제체제를 운영하는 국가들이 자본주의라는 용어를 공통적으로 사용하지만 그 속에서도 상당한 차이가 있는 다양한 형태의 자본주의가 공존하고 있는데 이러한 자본주의체제 유형은 크게 영미식·유럽식·아시아식 자본주의 등 3가지 유형으로 구분될 수 있다. 이들 3가지 유형의 체제는 지배적 경제이념·경제제도·정치제도 등에서 서로 다른 모습을 보이는데 이러한 차이를 〈표 9-8〉이 비교·요약하고 있다.

〈표 9-8〉 3가지 유형의 자본주의 체제 비교

구분	영미식 자본주의	유럽식 자본주의	아시아식 자본주의
경제 이념	시장 중심적 자본주의 주주 중심의 자본주의 (자유주의·개인주의)	조합주의적 자본주의 이해관계자 자본주의 (사회적 파트너십)	국가 중심적 자본주의 인적관계 중시 자본주의 (국가주의, 가족주의)
경제 제도	분권화/시장경제 분산된 유연한 자본시장 반 독과점적 전통	조직화된 시장 은행 중심적 자본시장 독과점의 용인	통제·폐쇄된 시장 은행 중심의 자본시장 독과점 인정
정치 제도	자유민주주의 분리 정부 조직화된 이익집단	사회민주주의 약한 관료 조합주의적 전통	발전민주주의 강한 관료 국가 - 기업의 밀착 관계

자료 : 김석우 (2010) p.74 일부 수정 보완.

영미식 자본주의 시장중심적 자본주의로서 대부분의 경제활동이 시장에 의하여 시장 안에서 이루어지는 체제로서 정치적으로는 자유민주주의에 기초한다. 시장의 자율성과 창의성을 강조하고 기술혁신과 경제행위주체들의 합리성에 대한 신념을 바탕으로 한다.주요한 경제행위자는 개인·가계·기업이고 국가는 시장실패의 보정·불공정경쟁의 감시·공공재의 제공·낮은 수준의 복지혜택 제공 등 소극적 역할을 담당한다. 따라서 시민들에 대한 세금부담도 높지 않고 GDP에 대한 정부예산 비율도 높지 않다. 경제제도로서 은행보다는 주식을 중시하고 기관투자가가 주로 주식을 소유하면서 높은 주당 이익과 배당을 선호하는 주주 중심의 자원배분시스템이다.

유럽식 자본주의 독일 등 서유럽국가들이 채택하고 있는 사회민주주의의 정치적 특성을 반영하는 체제로서 흔히 조합주의(corporatism)적 자본주의라고 표현된다. 조합주의적 자본주의의 핵심내용은 경제의 주요 행위자로서 노동자·기업·정부가 협의하여 이들 3집단을 모두 만족시키는 방향과 내용의 경제정책을 수립·집행하는 경제체제로서, 개인주의에 형평성을 가미하여 사회적 통합과 안정성을 중시하는 이른바 이해관계자 자본주의(stakeholders capitalism) 체제이다. 이를 위하여 강력한 권한을 위임받은 전국단위의 노동자조직과 기업가조직이 형성되어야 하고, 정부는 노동자들에 대한 복지제공과 실업자보호 역할을 해야 하고 기업에 대해서는 적정 이윤을 확보할 수 있는 수단을 마련해주어야 하므로 노동자의 권익을 보장하고 기업의 이윤을 보장하는 범위 내에서 시장원리가 작동한다.

아시아식 자본주의 흔히 국가중심적 자본주의(statist capitalism)로 표현되는 체제이다. 상대적으로 늦게 산업화에 뛰어든 아시아국가들은 시장기제에 경제운영을 완전히 맡겨서는 선진국을 따라 잡거나 경쟁하기 어렵다고 생각하여 국가의 일정한 역할이 필요하다는 인식이 강하였다. 이에 따라 경제정책의 수립과 집행에 관료들의 역할이 매우 중요해져 이들에 의해 경제가 계획되고 특정 방향의 산업화가 주도되었으며 창출된 부가 분배되는 현상이 나타났다. 이로 인하여 정부가 시장에 개입하여 해외경쟁으로부터 보호·특혜금융 지원·기술적 지원 등을 통하여 의도적으로 특정 산업을 육성하는 산업정책(industrial policy)이 이들 국가들이 채택한 매우 중요한 정책이 되었다. 이러한 체제 내에서 국가와 기업은 긴밀한 협력관계를 구축하고 이러한 과정에서 독과점기업이 출현하기도 하였다. 국제경쟁에서의 경쟁력확보를 위해 대기업중심의 산업화가 이루어져 이른바 재벌이 형성되는 결과를 초래하기도 하였다. 이런 점에서 인적 관계를 중시하는 가족 중시 자본주의(family capitalism)라고도 지칭된다.

2 이러한 다양한 자본주의체제 중 어떤 체제유형이 가장 바람직한 체제인가를 판단하기는 쉽지 않다. 경제체제 운영을 통하여 국가가 추구하는 목적이 매우 다양한 만큼 어느 하나의 기준만으로 어떤 체제가 바람직한가를 판단하는 것은 옳지 않기 때문이다. 또한 이러한 다양한 경제체제의 성과 역시 시대에 따라서 다르게 나타났다.

예컨대 1980년대 한국·일본·독일 등의 경제적 부상과 미국경제의 쇠퇴현상이 나타났을 때 미국식 자본주의에 대한 반성과 함께 아시아식 자본주의와 유럽식 자본주의의 장점이 강조되었고, 1990년대 신자유주의로 무장한 미국경제의 부흥과 함께 유럽과 아시아 경제가 상대적으로 쇠퇴하자 그 반대의 현상이 있게 되자 유럽식 자본주의는 역동성을 가지 못한다는 점에서 비판되었으며, 아시아식 자본주의는 외환위기를 거치면서 정실자본주의(crony capitalism)로 비하되어 낮은 평가를 받았다. 또한 2000년대 미국의 글로벌 금융위기가 발생하자 영미식 자본주의가 비대한 금융자본주의로 진전되면서 극단적이고 비이성적인 투기가 횡행하는 카지노자본주의(casino capitalism)로 변질되었다는 비판을 받게 되었고, 이후 유럽의 재정위기가 발생하자 다시 이들 유럽식 자본주의체제의 문제점이 제기되기 시작하였다.

이처럼 이들 체제의 장단점은 시대적 상황에 따라서 다르게 부각되는 측면이 강한 것이 사실이고, 보다 본질적으로 국가와 시장 간의 역할과 권한의 분배문제는 영원히 해결되지 않는 사안으로서 앞으로도 이러한 상황은 계속될 것으로 판단된다. 그러나 1980년대까지는 시장중심의 영미식 자본주의와 정부가 시장의 실패를 보완하고 사회안전망을 광범위하게 제공하는 독일 등 유럽국가들의 사회적 시장경제체제 간의 경쟁이 있었지만 1980년대 이후 적어도 지난 30여 년간은 영미식 자본주의가 더 득세하였는데 이러한 자본주의체제 하에서 극심한 위기가 발생함으로써 이러한 흐름에 변화를 가져올 가능성이 크다.

전통적으로 영미식 자본주의에 있어 자본조달방식은 기업이 주식·채권을 발행하는 직접금융방식인데 비하여 독일·일본 등은 은행의 대출에 크게 의존하는 간접금융방식을 선호하는 경향이 있었다. 이 때문에 영미식 자본주의에서는 기업경영에 주주들의 발언권이 거의 절대적이어서 이를 '주주자본주의'라고 부른다. 말하자면 주주는 주인(principal)이고 경영자는 대리인(agent)에 불과하다. 반면 독일·일본에서는 은행·노동자·부품업체·소비자·지역주민 등 여러 이해관계자의 의견을 청취하는 방식이기 때문에 흔히 '이해관계자 자본주의'라고도 부른다. 이러한 체제에서는 영미형 기업에서의 주주와 같이 눈앞의 이익을 놓고 재촉하는 집단이 없어 보다 장기적인 관점에서 회사를 경영할 수 있게 되어 이를 '참을성 있는 자본'((patient capital) 이라고 부르기도 한다.

미국자본주의는 상장·효율·일자리창출 등에서 상당히 높은 평가를 받아온 것이 사실이지만 이번의 금융위기에서 나타났듯이 지나친 시장만능주의의 발호로 인해 커다란 불안정·불균형·불평등이 내재하고 있음이 드러나고 있다. 차제에 금융산업의 규제를 강화하고 금융감독을 더욱 철저히 할 방도를 찾아야 함은 말할 필요도 없지만 그것에 그칠 것이 아니라 미국 자본주의의 체질 자체를 개선할 필요가 있다. 영미형 시장만능자본주의의 한계가 명백히 드러난 만큼 유럽식 모델을 심각하게 고려하는 노력도 필요할 것이다.[99]

2.3 자본주의 4.0

2008년 글로벌 금융위기가 발생한 이루 새로운 자본주의의 탄생문제가 논의되는 가운데 '자본주의 4.0'이란 말이 우리 사회의 화두로 떠올랐다. 이 용어를 처음으로 사용한 사람은 영국의 언론인이자 경제평론가인 아나톨 칼레츠키(Anatole Kaletsky)였다.[100] 그는 2010년 6월에 출판한 「자본주의 4.0 : 위기 이후 새로운 경제의 탄생」이라는 저서를 통해 2008년 금융위기로 신자유주의가 붕괴되고 새로운 자본주의로 나아가고 있다며, 이 새 시스템을 자본주의 4.0이라 명명했다.

그는 세계경제에 큰 위기가 있을 때마다 자본주의가 구조적 문제를 드러냈음에도 이를 극복하며 진화해 왔다는 낙관주의를 바탕으로 금융위기 이후 지금의 위기를 극복할 새로운 자본주의가 탄생되어야 함을 강조하였다. 그는 그의 저서 머리에 '2008년 9월 15일에 무너진 것은 단지 하나의 투자은행이나 금융 시스템이 아니고 정치철학과 경제시스템 전체이며, 이 세상을 바라보는 방식과 이 세상에서 살아가는 방식'이라고 전제하였다.

① 그는 이러한 기본인식을 바탕으로 근세 이후 지금까지 전개되어 온 자본주의를 산업자본주의시대의 자본주의 1.0, 수정자본주의시대의 자본주의 2.0, 신자유주의시대의 자본주의 3.0을 다음

---

99 이정우 (2008 가을).

100 아나톨 칼레츠키는 1952년 러시아 모스크바에서 태어나 1966년 영국으로 이주해 케임브리지대학에서 수학을 전공하고, 미국 하버드대학 케네디스쿨에서 경제학석사학위를 받았다. 1976년 〈ECONOMIST〉에 경제 관련 기사를 쓰면서 저널리즘분야에서 일하기 시작하였고, 1979년에 〈FINANCIAL TIMES〉로 자리를 옮겨 이후 12년 동안 뉴욕지국장과 워싱턴 특파원 등을 지냈다. 그리고 1990년부터 현재까지 〈THE TIMES〉의 경제 분야 총괄 에디터로서 균형 잡힌 시각과 깊이 있는 분석, 통찰력 있는 예측으로 높은 명성과 신뢰를 얻고 있다.

과 같이 정의하였다.

자본주의 1.0 18세기 미국 · 프랑스의 정치혁명과 영국의 산업혁명으로 시작되어 미국의 대공황과 함께 막을 내린 산업자본주의시대의 고전적 자본주의이다. 시장을 강조하는 전통적인 자유방임주의 철학에 따라 시장에 대한 정부의 개입을 최소화하는 자본주의이다. 애덤 스미스와 해밀턴에서 레닌, 후버, 히틀러로 대표되는 자본주의로서 1930대 대공황 이후의 세계적인 경제침체와 소득분배의 급격한 악화에 의하여 종언을 고한 자본주의이다.

자본주의 2.0 1930년대 대공황 이후 경제운영에 대한 정부의 역할이 강조되는 케인즈의 개입주의적 자본주의이다. 루스벨트대통령의 뉴딜정책으로부터 영국과 유럽의 복지국가개념을 포괄하는 정부주도의 수정자본주의시대를 대표하는 자본주의이다. 수정자본주의라고 부르는 이러한 자본주의는 1970년대 인플레이션현상과 경기침체가 병진하는 스태그플레이션이라는 또 다른 위기에 처하면서 종언을 고하였다.

자본주의 3.0 1960년대 말과 1970년대에 정부실패로 인한 스태그플레이션이라는 새로운 위기를 맞이하면서 다시 시장주의로 회귀하는 자본주의 3단계, 이른바 신자유주의적 자본주의시대로 또 한 번의 진화를 이룩하였다. 마거릿 대처와 로널드 레이건의 자유시장혁명에 의하여 탄생하여 밀턴 프리드만에서 부시, 폴슨, 그린스펀 등으로 대표되는 시기이다. 세계화와 자유무역을 통하여 다시 정부의 역할이 축소되고 시장의 기능이 강화된 시기로서 1980년대 초 이러한 대처 - 레이건 혁명은 진정한 자본주의의 재발견이라고 널리 칭송받기도 하였다. 이후 극단적으로 시장을 이상화하고 정부의 개입을 불신하면서 금융주도적 시장근본주의가 나타났고 이것이 초유의 글로벌 금융위기를 초래하였다.

〈표 9-9〉 자본주의의 4단계 진화과정

구분	자본주의 1.0	자본주의 2.0	자본주의 3.0	자본주의 4.0
본질	고전적 자본주의	케인즈적 자본주의	자유시장 자본주의	새로운 자본주의
시기	1776~1920년대 (산업자본주의)	1930년대 이후~ (수정자본주의)	1970년대 이후~ (신자유주의 자본주의)	글로벌 금융위기 이후 (적응성 혼합자본주의)
시장과 정부	시장을 강조하는 자유방임주의	정부역할 강조되는 케인즈적 개입주의	다시 시장 강조하는 신자유주의 · 비개입주의	시장과 정부의 상생관계 (양쪽의 불완전성 인정)
종언	세계대공황 (시장실패)	스태그플레이션 (정부실패)	글로벌 금융위기 (시장실패)	?
대표적 인물	애덤 스미스, 해밀턴 레닌, 후버, 히틀러	루즈벨트, 케인즈 닉슨, 카터	대처, 레이건, 프리드만 부시, 폴슨, 그린스펀	?

② 이처럼 최근까지 전 세계를 지배했던 신자유주의는 많은 문제제기에도 불구하고 위세를 떨치며 성장의 반대편에 치유하기 힘든 그늘을 만들어 놓았다가 결국 2008년 세계적 금융위기를 계기로 종말을 선언했다. 그렇다면 그 다음의 대안은 무엇인가? 다시 자본주의 2.0의 수정자본주의 시대로 되돌아가야 하는가. 제3의 길을 찾아야 하는가? 이러한 물음에 대하여 아나톨 칼레츠키는

「자본주의 4.0」이라는 답을 내놓았는데 그의 주장 내용을 요약하면 다음과 같다.

정부와 시장의 상생적 역할 자본주의 4.0 시대에도 이전의 자본주의 단계에서와 마찬가지로 정치와 경제, 정부와 시장의 관계가 다시 정의된다. 정부와 시장의 역할 가운데 하나만 강조했던 이전 시대의 경제인식과는 달리, 정부와 시장 모두 잘못될 수 있다고 전제하고 정치와 경제를 적대적인 관계가 아닌 협력하는 관계로 인식한다. 그는 '새로운 자본주의의 가장 큰 특징은 정부와 시장 모두 잘못될 수 있고 때로는 이런 오류가 거의 치명적일 수도 있다는 사실을 인식하는 데 있다'고 전제하고 정부와 민간은 치명적 오류를 줄이기 위해 서로 긴밀하게 협력해야 할 뿐만 아니라 상호 견제 시스템을 도입할 필요가 있다고 강조한다. 이때 정부의 역할과 영향력은 커지지만 관료주의적인 거대정부로는 사회의 변화요구를 제대로 충족시키기 어렵기 때문에 정부의 크기는 줄어야 한다고 주장한다.

이렇게 자본주의 4.0은 정부와 시장이 서로 협력하는 관계로 발전하는 것을 전제하므로 유능하고 적극적인 정부가 있어야 시장경제가 존재할 수 있다는 인식에 기초하고 있다. 칼레츠키는 부시 행정부가 시장근본주의를 맹신해 충분히 관리할 수 있는 경기사이클을 전 세계적인 금융위기로 키웠다고 비판하였다, 또한 현재의 경제위기가 '이론경제학과 정치이데올로기의 해로운 상호작용 때문에 비롯되었다'고 전제하고 정부가 간섭하지만 않으면 효율적 시장이 모든 문제를 해결할 수 있다는 신고전학파 경제학의 이론적 가정은 정치선전의 형태로 타락했고 시장근본주의 이데올로기를 부추겨 위기를 확대시키는 요인으로 작용하였다고 비판하였다. 따라서 경제를 이해하는 방식의 근본적인 변화가 필요하며 정치와 경제, 정부와 시장의 관계를 새롭게 정의해 자본주의 시스템의 구조적 전환을 이루어야 한다고 주장하였다.

적응성 혼합경제 자본주의 4.0의 또 다른 특징은 복잡성과 불확실성을 인정하고 공공정책이나 경제전략에서 실험정신과 실용주의를 강조한 데 있다. 신고전학파의 주장처럼 시장은 합리적 · 효율적으로 예측될 수 있는 것이 아님에도 통화주의자들이 '인간의 합리적 예측'을 과신해 현실경제와의 간격을 넓혔다고 역설하였다. 현실경제에서는 인간의 합리적 예측이 잘 일어나지 않는 만큼 자본주의 4.0은 예측불가능성을 핵심원리로 실험정신과 유연성을 중시해야 한다고 밝혔다. 이렇게 불확실한 세상에서는 시장의 결정과 정부의 결정 모두 시행착오를 거치며 갈지자 행보로 나아갈 수밖에 없으므로 정부정책은 경제시스템이 변화하는 여건에 적응하면서 끊임없이 진화해가야 한다고 주장하였다.

이러한 관점에서 그는 새로운 자본주의를 '적응성 혼합경제'라고 정의하였다. 민간부문과 공공부문이 모두 중요한 역할을 한다는 점에서 혼합경제이며, 상황과 여건에 따라 정부와 시장의 관계를 포함한 모든 경제규칙들이 끊임없이 변화한다는 점에서 적응성경제이다. 따라서 자본주의 4.0시대의 경제이론과 정책은 ① 인간행위와 경제적 사건들이 원래 예측 불가능하다는 점을 초점을 맞추어 경제체제의 복잡성과 예측불가능성에 대한 인식적 한계를 분명히 하여야 하고, ② 시장경제가 균형상태의 정적인 시스템이 아니라 끊임없이 진화하는 시스템이라는 사실을 인식해야 하며, ③ 효율적인 정부와 역동적인 민간 기업은 서로 배타적인 관계가 아니라 협력적인 관계라는 인식이 필요하다고 주장하였다.

이상과 같은 전제 하에서 칼레츠키는 금융위기 이후 세계경제가 회복되지 않고 자본주의가 진화하지 못한다면 '부와 권력은 미국과 유럽에서 아시아로 빠르게 옮겨갈 것이고 서구의 금융시스템은 위기에 취약하고 불안정한 상태로 유지될 것이며 수출의존도가 높은 국가들의 경제발전 위축이 불가피하다'고 역설하였다.

이러한 칼레츠키의 자본주의 4.0이라는 개념화에 대해서는 아직 많은 논의와 담론이 필요하고 또한 그가 말하는 적응성 혼합경제 역시 새로운 개념이라기보다 적응성과 민간·공공부문의 상호의존적 관계를 좀 더 의식적으로 인식한 것에 불과하다는 비판 역시 제기된다. 그럼에도 불구하고 현재의 경제위기를 '자본주의 시스템의 진화'라는 역사적 맥락에서 바라봄으로써 현재의 상황을 보다 새롭고 명쾌하게 보여주는 역할을 하였다고 할 수 있다. 또한 그가 예언한 대로 글로벌 금융위기 이후 세계적 경기침체와 소득분배 불평등의 심화로 이어질 경우 자본주의 3.0이 종언을 고할 수 있음에 대하여서도 주목할 필요가 있다 하겠다.

3. 금융위기와 경제학의 패러다임 전망

이번 글로벌 금융위기 이후 경제학은 위기를 조기에 예측하거나 예방하지 못하였을 뿐만 아니라 위기 발생 이후에도 그것의 원인과 해결책에 대한 제대로 된 정책적 조언을 하지도 못하였다는 비판을 받았고 경제학계 내부에서도 이에 대한 자성의 목소리가 높아진 것이 사실이다. 그렇다면 이제 경제학의 패러다임은 변화되어야 하고 경제학의 내용을 다시 써야 하는가?

3.1 경제학의 학문적 특성과 금융위기

경제의 세계화가 심화된 이후 경제현상에 영향을 미치는 변수는 무수히 많아졌으며, 국가 간 네트워크가 연계성이 너무 복잡하여 특정 사건이 경제 전체에 미치는 영향이 그 어느 때보다도 커지게 되었다. 이런 상황에서 세계 곳곳에서 나타나는 변화를 예측하는 것은 쉬운 일이 아니다. 실제로 인문사회과학에서는 물론 자연과학에서조차도 미래에 대한 예측을 할 수 있는 능력이 완벽하지 못한 것이 사실이다.

그럼에도 불구하고 경제학자들은 경제학이 미래를 예측하지 못하는 것은 방법론적인 문제라기보다는 학문의 기본적 특성에서 비롯되었다고 전제하고 기존의 경제학이 이번의 금융위기와 관련하여 어떠한 점에서 한계를 가지고 있는가에 대한 다양한 의견을 제시하고 있다.[101]

(1) 기존의 경제학이 일반적으로 제약된 조건에서 자원배분의 효율을 극대화하거나 적정한 균형을 찾는 연구에 치중해온 것은 사실이다. 이 과정에서 경제주체의 합리성을 가정하고 희소한 자원

101 정갑영 (2010) pp.33-36 중심으로 하여 내용 보완.

을 가장 효율적으로 배분하여 적정한 균형을 찾는 과제에 대하여 사회과학의 어떤 분야에서보다도 고급화된 방법론을 활용하고 있다. 그러나 최근 과학기술의 발달과 IT를 응용한 다양한 상품 개발로 모든 산업분야에서 '희소성'이 더 이상 문제되지 않는 부문이 많이 등장하게 되었다. 금융서비스부문에서도 과거처럼 자원의 희소성문제가 심각하지 않게 되었고, 일부 정보재의 경우 오히려 규모의 경제가 발생하는 현상도 등장하였다. 이러한 기본여건의 변화와 함께 자원배분문제에 대한 다른 접근의 필요성이 대두되었다.

(2) 또한 기존의 경제학이론은 대부분 경제주체의 합리성을 전제로 개발되었지만 현실에서는 비합리적으로 행동하는 경우가 많다. 따라서 합리성을 전제로 하는 이론이 틀린 것이 아니라 비합리적으로 행동하는 주체가 있는 경우에도 적용할 수 있는 이론의 개발이 요구되는 것이다. 이러한 관점에서 위기를 계기로 하여 '합리적인 인간'을 전제로 하는 전통적 경제학에 대한 회의론이 확산되기도 하였다.

합리적 기대 또는 전통적 수리경제학 모델로서는 자산가격의 버블형성과 붕괴 등을 예측하거나 해석하는 데에는 한계가 있는 만큼 전통적인 합리성·효율성보다는 인간이 탐욕 등에 의하여 비합리적인 판단을 할 수 있다는 가정에서부터 출발하여 심리학·생물학 등을 접목시킨 행동경제학(behavioral economics)이 부상하기도 하였다. 말하자면 이성적이며 이상적인 경제적 인간(homo economicus)를 전제로 하는 경제학이 아닌 제한된 합리성으로 행동하는 실제적인 인간의 경제적 행위를 연구하고 그 결과를 예측하는 대안적 경제학 연구라고 할 수 있다.

(3) 전통적으로 신고전파경제학에서는 가격기구(price mechanism)에 의해 효율적인 조정이 이루어지며 각 경제주체의 이익추구가 전체적으로 조화되어 국민경제의 균형이 달성된다는 전제를 두고 있으나 개별주체(single actor)가 모두 이익을 추구하면서 사회 전체적으로 후생이 극대화된다는 대전제에 현실성이 결여된다는 지적이 등장하였다. 다시 말하면 기존의 경제학에는 개별주체의 이익추구행동과 거시적인 사회후생의 극대화를 조정해주는 기제(mechanism)가 존재하지 않는다는 비판을 받고 있다. 실제로 시장은 이러한 조정기구로서는 제대로 작동하지 못했었다. 예컨대 개별주체의 이익추구로 인한 과잉투자와 거품의 발생, 그리고 위기가 발생하는 과정이 사회적으로 큰 재앙이 되는 결과를 가져온 것이다.

이러한 관점에서 정부의 역할을 새로이 조명하는 것도 경제학의 새로운 과제로 등장할 것으로 보인다. 이미 중앙은행의 역할은 기존의 교과서를 다시 쓸 만큼 변화한 것이 사실이다. 미 연방준비이사회는 곤경에 빠진 GE와 같은 우량기업을 구제하기 위하여 기업어음을 직접 매입하여 중앙은행과 기업을 연결하는 자금공급자라는 파격적인 역할을 하였다. 이것은 금융경색의 위기에서 중앙은행이 아무리 상업은행에 자금을 공급하여도 기업에게 제대로 공급되지 않는 '유동성함정'의 위기에 대한 긴급조치로서 기존 교과서에 언급되지 않은 중앙은행의 파격적인 정책이었던 것이다. 따라서 중앙은행의 기능과 역할에 대한 새로운 조명이 필요하다는 지적이 있다.

(4) 글로벌 금융위기의 한 원인으로서 '금융혁신에 따른 다양한 파생금융상품의 등장과 적절한

규제의 결여'를 들 수 있다. 일반적으로 네트워크이론에 따르면 네트워크의 연결성이 확대될수록 시스템의 효율성은 크게 증가한다. 그러나 공학 분야와는 달리 금융 분야의 경우 네트워크가 고도로 발달한 시스템에서 문제가 생기면 전 세계가 혼란에 빠질 수 있다는 사실을 이번 위기를 통하여 처음으로 체험한 셈이다.

경제학에서는 주로 개별경제주체의 적정화와 수익극대화 전략을 연구하지만 정작 시스템 자체가 붕괴될 경우에 나타나는 시스템의 불안정성에 대한 연구는 소홀하였다, 거시경제의 안정적 균형을 가져다 줄 시스템의 안정조건이나 적정한 연결성의 정도에 대한 연구가 거의 이루어지지 않았던 상황에서 금융위기가 순식간에 전 세계에 파급되었으니 경제위기가 급속히 확대될 수밖에 없었다. 앞으로도 새로운 금융혁신이 지속적으로 이루어지면서 이에 대한 이론적 분석이나 규제수단이 미처 새로운 형태의 서비스를 쫓아가지 못하는 상황이 등장할 가능성이 상존한다.

그러함에도 불구하고 기존의 경제학은 시스템붕괴에 따른 위기상황에 대처하는 모델의 개발, 네트워크와 금융혁신의 확산 등에 대한 연구가 결여되었다는 지적을 받고 있다. 개별경제주체의 이익추구에 대해서는 효용성이 입증된 이론이 거시경제의 균형과 위험을 설명하는 데에는 한계를 드러낸 것이다. 따라서 향후 경제학의 연구방법론은 개별경제주체와 전체경제를 연결하고 조정하는 기제의 연구와 각 주체의 행동준거가 되는 인센티브를 통합하였을 경우에 나타나는 거시경제적 영향 등 거시경제성과에 영향을 미치는 미시적 기반(micro-foundation of macroeconomic performance)에 대한 연구의 확대가 시급한 경제학의 현안으로 부각되고 있다.

경제학의 한계는 여기서 그치지 않는다. 블랙숄즈(Black-Scholes)의 모형에 따라 금융공학적으로 개발된 파생상품도 원래는 위험을 분산시키기 위하여 만들어졌지만 이것이 결국 금융시스템의 붕괴를 초래할 수 있다는 잠재적 위험을 파악하지 못한 것도 이론적인 취약점으로 지적된다. 역사적인 자료와 실증적인 분석모델의 부족이 결국은 본래의 목적인 위험분산에서 크게 벗어나 시스템의 붕괴를 초래한 것이다. 따라서 시장이나 정부에 의한 조정의 실패와 시스템위기, 경제주체 간의 연계성, 네트워크와 연결된 세계경제의 동시성 등에 대한 연구도 필요할 것이다.

(5) 경제주체의 도덕적 해이도 이번 위기의 중요한 배경이 되었다는 시각이 많다. 금융서비스과정에서 소비자는 물론 금융기관과 규제기관 모두 자신의 이익만을 추구한 결과 사회적 공익성이나 국민경제 전체에 미칠 파급효과를 전혀 고려하지 않았던 것이다. 이러한 현상에 대하여 전통적 고전학파의 경제이론에 따르면 '보이지 않는 손'에 의해 자율적인 조정을 거쳐 균형으로 가야 하지만, 지나친 시장왜곡으로 균형으로 돌아갈 자율적인 복원력을 잃고 시스템 자체의 붕괴에 이르게 된 것이다. 이 과정에서 전문가들마저도 컴퓨터를 활용한 위험모델에 대한 무지로 잠재적 위험을 지나치게 간과하였다. 이와 관련하여 적정한 위험관리의 모형, 불균형상태에서 다시 균형을 이룩하는 기제, 붐과 버스트(boom & bust)의 충격을 최소화하는 모델 등 역동적인 글로벌경제의 부침 가운데 지속적인 안정을 찾을 수 있는 새로운 분야의 연구가 이루어져야 할 것이다.

이처럼 기존의 경제학은 지금까지의 발전과정에서 형성된 학문적 특성 때문에 금융위기와 같은 새로운 현실문제에 대한 분석과 처방에 있어 일정한 한계를 가질 수밖에 없는 측면이 없지 않다. 이에 어떤 사람들은 이미 시장의 가격기구에 의한 '보이지 않는 손'은 존재하지 않고 합리성에 따라 움직이는 경제주체가 극히 적은 현실에서 기존경제학의 유용성이 극히 저하되었다는 주장을 제기하고 있다. 그러나 모든 학문은 시행착오를 거치며 발전하기 마련이며 경제학도 이러한 과정에서 예외일 수 없다. 따라서 기존의 경제학의 다시 써야한다는 방향에서가 아니라 위기를 통해 나타난 기존이론의 한계를 극복하면서 이론의 완전성을 확보해가면서 분석의 영역을 확대하는 것이 경제학계에 주어진 과제라고 할 수 있을 것이다.

3.2 글로벌 금융위기와 거시경제학의 과제

이처럼 글로벌 금융위기 이후 경제학에 대한 비판적 논의가 이루어지고 있는 가운데서도 특히 거시경제학에 대한 비판이 고조되었다. 이와 관련하여 경제학자들 사이에서도 금융위기와 관련된 거시경제학의 문제점에 대한 많은 논의가 진행되고 있다. 2008년에 발생한 글로벌 금융위기는 금융위기가 신흥경제권에 국한된 것이 아니라 금융선진국인 미국경제에서도 발생할 수 있음을 보여주는 역사적 계기가 되었다. 특히 주류 거시경제학은 금융중개 기관의 붕괴라든지 통화당국의 금융시장개입과 같은 비전통적 통화정책에 대한 연구를 간과함으로써 이러한 사태를 예방하지 못하였다는 많은 비판을 받게 되었다.

거시경제학에 국한하여 이야기 하면 거시경제학자들은 2008년 글로벌 금융위기를 예측하지도 못하였을 뿐만 아니라 위기가 발생하지 못하도록 정책적 조언을 하지 못하였다는 점에서 세간의 비판에서 자유로울 수 없다. 이에 크루그만을 비롯한 일련의 학자들은 1970년대 루카스(R. E. Lucas) 이후에 구축된 주류 거시경제학이 미국의 금융위기를 예측하지도 못하였을 뿐만 아니라 그 원인과 대책에 대해서도 설득력 있는 해결책을 내놓지 못하여 기존의 거시경제학을 후퇴시킨 유해한 접근법이라고 혹평하기도 하였다.[102] 이러한 비판에 대하여 써전트(Thmas J. Sargent)는 새 케인지안 모형을 비롯한 DSGE모형은 경제위기를 예측하는 이론이 아니라 정상적인 상황에서 경제가 어떻게 변동되는지를 설명하고자 하는 이론이므로 이러한 비판은 잘못된 것이라고 반박하기도 하였다.

(1) 거시경제학의 주요 논쟁점

이처럼 금융위기에 대한 주류 거시경제학의 유용성과 한계에 대한 다양한 논의들이 있지만 논쟁점이 되는 주요 내용을 요약하면 다음과 같다.

거시경제학의 연구대상 거시경제학은 대공황 이후 케인즈의 일반이론을 계기로 출발하였고 이후 일련의 연구들이 진행되면서 그 이론적 체계가 확립되었고 정책으로도 널리 활용되기에 이르렀다. 거시경제학은 출발 이후 줄 곧 대공황과 같은 경기변동을 어떻게 줄일 수 있느냐에 초점이 맞추어졌다. 다만 이러한 대공황의 원인이 어디에 있느냐에 대하여 케인지안들은 유효수요의 부족에서

102 정용승 (2011).

찾은 반면 프리드만을 비롯한 통화주의자들은 통화정책의 실패에서 찾으려 하였고 이러한 차이가 현대거시경제학의 양대 산맥인 케인즈파이론과 신고전파이론으로 양분되었다.

그러나 거시경제학은 그 출발에서부터 중요한 점들을 간과하였고 이러한 결함이 글로벌 금융위기와 같은 문제에 대하여 한계를 드러내는 원인으로 작용하였다는 논의가 있다. 즉, 거시경제학이 경기변동을 주요 연구대상으로 삼으면서 대공황과 같은 이례적 경제현상을 연구대상에서 제외하는 모순이 잉태되었다. 이러한 모순을 두고 맨큐(Mankiew, 2006)는 거시경제학이 대공황과 같은 쓰나미에 대하여 잔물결에 해당되는 경기변동만을 다루었다고 평가하였다.

한편 거시경제학에서는 장기적 관점의 경제성장을 결정하는 요인이 공급능력에 의해 결정되는 것으로 보고 금융부문은 수요부문으로 취급하는 IS-LM체계에 따라 장기적 경제성장에 영향을 주지 못한다고 본다. 다만 단기적으로 가격 및 임금이 신축적으로 조정되지 않는 경우에는 금융부문이 실물활동에 영향을 미친다고 보아 경기순환과정에 제한적인 영향을 미친다고 보았다. 또한 이론분석과정에서 금융부문에 대하여 효율적 시장가설을 적용함으로써 금융부문의 문제점이 어떠한 거시경제적 효과를 내는지 등에는 큰 관심을 보이지 않았다. 결과적으로 현대거시경제학에서는 화폐 및 금융부문이 실물경제활동에 미치는 영향을 제대로 분석하지 못하였다.

엄격한 과학성의 추구 거시경제학의 연구에 있어 엄격한 과학적 모형을 널리 활용하는 방법론을 채택하였다. 이러한 방법론은 단순하면서도 설득력이 있다는 장점이 있지만 이러한 방법론을 따르는 정도가 지나쳐 방법론 위주의 과학성만을 추구함으로써 이러한 방법론으로 분석하기 어렵거나 불가능한 비주류경제학적 연구나 관점에 대해서는 큰 관심을 기울이지 않았다. 이러한 거시경제학의 방법론은 더욱 진화하여 비교적 복잡한 분석모형을 개발하였는데 대부분의 거시경제 분석에서 채택되는 이른바 DSGE(dynamic stochastic general equilibrium)모형이 그것이다. 이는 완벽한 정보를 가지고 있는 경제주체들의 행위를 가상적인 상황에서 모형화한 것으로 이러한 모형이 경제학자들로 하여금 논리적인 정합성을 갖춘 이론적 분석체계를 갖추게 해주었다.

그러나 이러한 모형은 '현실'보다는 '가상'을 전제로 하는 단순화된 모형임에도 불구하고 이러한 모형을 통하여 얻은 결론을 가지고 경기변동에 대하여 모든 것을 다 알게 되었고 실제 정책적으로도 그 목표를 달성한 것처럼 생각하는 잘못을 범하였다.[103] 글로벌 금융위기가 발생하기 이전 이러한 거시경제학자들의 태도에 대하여 어떤 사람들은 경제학자들의 지성적 허세(pretense of knowledge)로서 이러한 태도가 글로벌 금융위기를 발생시킨 원인(遠因) 중의 하나가 되었다고 지적하였고[104], 과학과 정책(현실)을 혼동하여 공학이 필요한 분야에 과학을 적용하는 잘못을 범하였다는 비판하기도 하였다.[105]

효율적 시장가설 이러한 논의에도 불구하고 그동안 경제학은 위기를 거치면서 진화하여 왔던 만큼 지금 논의되고 있는 경제학의 위기는 신자유주의경제학의 위기일 뿐 전체 경제학의 위기는 아니라

---

103 Olivier J. Banchard (August 2008).
104 Richard J. Caballero (Fall 2010).
105 N. G. Mankiw (May 2006).

는 반론도 만만치 않다. 신자유주의적 경제학은 경제 거품의 존재를 인정하는 않아 글로벌 금융위기를 예측하는데 실패하였다. 반면 비주류경제학 쪽에서는 이미 오래 전부터 경제에 거품이 생겨 금융위기가 닥칠 것을 예고하여 왔다. 예를 들면 로버트 실러 예일대교수는 2000년대 중반부터 '미국 부동산 시장이 거품이 껴 있다'고 경고하였고, 누리엘 루비니 뉴욕대 교수는 미국에서 서브프라임모기지 위기가 발생하기 직전인 2006년에 '왜 중앙은행이 거품을 터뜨려야 하는가'라는 논문을 통하여 거품이 더 커지게 전에 터뜨려야 한다고 주장하였다.

경제학이 글로벌 금융위기를 예측하지 못한 데는 이러한 '효율적 시장가설'을 신봉하는 시카고학파가 주류경제학을 장악한 것이 원인이라는 분석이 많다. 1860년대에 개발된 효율적 시장가설의 요지는 '자산(주식·채권)의 가격에 시장에서 입수가능한 모든 정보가 즉시 반영된다'는 것으로 이러한 경우 시장은 항상 균형상태를 유지하게 된다. 따라서 조금이라도 이익이 되는 정보가 있으면 그 정보를 반영하여 즉시 가격이 상승하기 때문에 거품이란 존재할 수 없다.

이러한 효율적인 시장의 완벽한 작동을 위해서는 정부의 규제완화가 핵심이므로 정부개입을 반대하고 시장만 중시하는 신자유주의적 주류경제학으로 발전하였다. 문제는 효율적 시장은 말 그대로 '가설'일 뿐이지 현실에는 존재하지 않는다는 것이다. 프린스톤대학 폴 크루그만 교수는 이를 두고 '그동안 경제학은 이론적 아름다움을 진실로 착가하여 왔다'는 말로 비유하였다. 이러한 비난에 대하여 2012년 노벨경제학상 공동수상자인 시카고학파의 로버트 루카스교수는 '현실을 모두 반영하는 경제학모델은 불가능하므로 일정한 단순화가 필요하다'고 반박하였다. 그러나 경제학을 비판하는 사람들은 '이론경제학 모델이 현실의 금융위기를 제대로 예측하지 못한다면 경제학의 존재이유가 무엇이냐'고 비판하기도 하였다.

(2) 거시경제학의 발전방향

그렇다면 향후 거시경제학이 추구해야할 학문의 발전방향은 무엇인가?[106]

글로벌 금융위기 이후 세계경제는 심각한 불황국면에 접어들었다. 미국의 금융위기가 유럽으로 전이되어 유럽의 재정위기로 확산되었고 금융위기 이후 약간의 경기회복 기미를 보이던 세계경제는 또 다시 불황국면에 접어들 가능성이 커졌다. 이로써 금융부문의 문제가 경기변동에 지대한 영향을 미친다는 점이 확인되었고 따라서 금융부문이 거시경제 분석의 핵심이 되어야 한다는 점이 명백해졌다.

때문에 금융위기의 재발을 방지하는 것이 주요 정책과제로 등장하였는데 이 역시 당연히 거시경제학의 주요한 과제이다. 또한 금융위기를 겪으면서 금융부문과 실물부문이 밀접하게 상호작용하고 있다는 점이 확인되었고 상호 간에 영향을 주고받는 동태적 관계가 주류경제학이 주된 방법론으로 사용하는 선형방식이 아닌 비선형(non-linear)일 수도 있다는 점도 확인되었다. 이러한 점은 금융부문을 거시경제 분석에 포함시킴에 있어서도 기존의 방법론도에 커다란 변화가 있어야 한다는 점을 시사하고 있다.

---

106 이종규 (2011) 참조.

따라서 앞으로 거시경제학을 연구함에 있어서 보다 유연한 자세와 신축적인 사고방식이 요구된다고 하겠다. 케인즈가 새로운 경제학을 만들면서 고전파경제학의 굴레를 벗어나기 위하여 노력하였듯이 새로운 거시경제학에서는 지금까지 이론적 정합성만을 지나치게 강조하는 경직적 사고방식을 탈피할 필요가 있다. 이러한 학문적 유연성은 기존의 거시경제이론에 금융부문을 접목시킴에 있어서도 필요하다. 예컨대 앞으로의 거시경제이론에 포함되어야 할 금융부문은 더 이상 효율적 시장가설을 전제로 하지 않고 금융부문에서 나타날 수 있는 여러 가지 '비효율적 현상'들이 포함되어야 할 것이고 금융시장 참여자들의 행태 역시 합리적 행위만을 가정하지 않아야 할 것이다.

3.3 글로벌 금융위기와 경제학의 외연적 확장문제

글로벌 금융위기를 경험한 경제학계에서는 주류경제학에 대한 반성이 높아지면서, 앞에서 언급한 바와 같이 경제학 내부에서의 여러 가지 논의들이 이루어지고 있음은 물론, 보다 외연을 확장하여 새로운 시대에 맞는 새로운 경제학이 탄생할 것이라는 다양한 전망들도 나온다. 물론 금융위기 이후 '경제학의 위기'를 외치는 목소리가 더 강렬해진 것은 사실이지만 또 다른 한편에서는 '경제학의 위기는 신자유주의 경제학의 위기일 뿐 전체 경제학의 위기는 아니다'는 목소리도 만만치 않다. 경제학은 위기를 거치면서 계속 진화해 왔기 때문이다.

당초 19세기 태동한 고전파경제학은 시장에 모든 것을 맡겨야 함을 전제로 하는 경제학이었으나, 1930년대 대공황을 거치면서 시장의 실패에 대한 정부의 개입이 필요하다는 케인즈경제학이 주류가 되었고, 1970년대 오일쇼크를 거치면서 정부가 재정을 확대하여도 경제는 살아나지 않고 물가만 오르는 현상이 나타나자 케인즈주의에 대한 반성으로 고전파와 케인즈주의를 종합한 신고전파경제학이 주류를 이루었다가, 2000년대 이후 효율적 시장가설에 바탕을 두고 시장의 만능을 다시 강조하는 신자유주의 경제학이 주류를 형성하였지만 경제의 거품을 인정하지 않고 따라서 글로벌 금융위기를 예측하는데 실패함으로써 다시 신자유주의 경제학의 위기가 논의되게 된 것이다.

그럼에도 불구하고 주류인 신자유주의 경제학 바깥에서는 이미 오래 전부터 경제에 거품이 생겨 금융위기가 닥치게 될 것임을 예고해왔다. 이에 글로벌 금융위기를 실제로 경험한 경제학계에서는 주류경제학에 대한 반성이 높아지면서 새로운 경제학이 탄생될 것이라는 전망이 다양하게 제기되기 한다. 말하자면 기존의 경제학의 외연적 확장을 통한 경제학의 새로운 버전을 기대하는 것이다. 아직까지는 전망에 그치고 있는 것이 사실이지만 그러한 외연적 확장의 전망을 이루는 나름의 논의들을 살펴보면 다음과 같다.

(1) 앞에서 보았듯이 「자본주의 4.0」의 저자 아나톨 칼레츠키는, 앞으로 예측불가능성을 강조하는 경제이론이 핵심원리가 될 것이고 민간과 공공이 모두 중요한 역할을 하는 혼합경제가 대안이 될 것이라고 주장하였다. 따라서 자본주의 4.0시대의 경제이론과 정책은 ① 인간행위와 경제적 사건들이 원래 예측 불가능하다는 점을 초점을 맞추어, ② 시장경제가 끊임없이 진화하는 시스템이라는 사실을 인식해야 하며, ③ 효율적인 정부와 역동적인 민간 기업은 서로 협력적인 관계라는 인식

이 필요한 혼합경제가 대안으로 제시될 것이라고 주장하였음은 전술한 바와 같다.

(2) 또 다른 사람들은, 정부의 규제 없이 기업이 자유경쟁을 행하는 것을 이상으로 여기는 기존 경제학의 패러다임이 아닌 혁신을 이루는 기업이 성장을 이끄는 것을 강조하는 슘페터의 정신을 잇는 이론이 힘을 얻을 것이라고 주장하기도 한다. 60여 년 전 슘페터(Schumpeter)는 볼셰비키 사회주의혁명(1918년), 대공황과 뉴딜정책(1928~1933년) 등을 목격하며 자본주의의 경제 및 사회문제에 대한 「자본주의 · 사회주의 · 민주주의」라는 방대한 분량의 저작을 출판하였다.

그는 자본주의나 사회주의를 나름의 장단점을 지닌 객관적 분석의 대상으로 간주하고 자본주의의 특성을 '기업가정신으로 대표되는 창조적 혁신'이라고 밝혔다. 그는 자본주의 체제의 핵심인 혁신적 기업가는 대기업화·관료화가 진행되면서 사라지게 되고 정치민주화가 달성되면 비판적 지식인들이 경제민주화를 요구하게 된다고 전제하고, 언젠가는 자본주의가 사회주의로 전환될 것이라고 예측하였다. 그러나 이러한 슘페터의 예측은 마르크스가 주장하는 바와 같은 국가의 역할이 강조되는 사회주의가 아니라 국가와 시장이 조화를 이루는 체제를 의미하였다.

(3) 글로벌 금융위기 이후 마르크스(K. Marx)에 대한 관심이 다시 높아지고 있다. 냉전시대가 끝나면서 마르크스를 혁명가로서가 아니라 사상가로서 보는 경향이 높아져 마르크스에 대한 심리적 거부감이 사라지게 된 데에도 원인이 있지만, 글로벌 금융위기 이후 양극화·고용불안·청년실업 등 자본주의의 문제점이 더 크게 드러나면서 자본주의체제 비판의 대명사인 마르크스를 다시 보게 된 측면도 강하다.[107]

이에 급진주의자들은, 자본주의의 모순이 심화되고 위기가 발생하면서 그에 대한 대중의 인식이 높아지게 되면서 자본주의의 실질적 대안으로서 마르크스로 다시 돌아가는 '마르크스 르네상스'의 움직임으로 해석하기도 한다. 또한 영국의 일간지 가디언은 '최근 마르크스가 부활하고 있는 것은 1970년대 좌파운동에 심취하였던 세대와는 관심의 초점이 다르다'고 전제하고 최근 유럽의 젊은 세대들은 마르크스주의를 보다 구조적으로 '계급투쟁'의 관점에서 접근하고 있다고 분석하기도 하였다. 그러나 반론자들은, 마르크스에 대한 관심은 자본주의의 위기가 발생할 때마다 주기적으로 등장하여 왔지만 이미 역사적 검증과정을 거쳐 왔을 뿐만 아니라 오늘날과 같은 IT시대에 마르크스로 돌아가는 것이 적절하지도 않으며, 더욱이 마르크스주의는 자본주의를 비판하는 분석의 준거로서는 유효하지만 대안으로서 보기는 어렵다고 주장한다.

(4) 이처럼 마르크스가 현실적 대안으로서의 실효성을 잃은 상태에서 근대사회와 정치에 대한 또 다른 통찰력을 보인 막스베버에 대한 관심이 높아지고 있다. 막스베버(Max Weber)는 유물사관에 바탕을 둔 마르크스이론에 반대하여 「프로테스탄티즘의 윤리와 자본주의정신」이라는 저작을 통

---

107 정치적 공산주의가 종언을 구한 지도 한참이 지났지만 금융위기 발생 이후 일본에서는 공산당에 가입하는 젊은이들이 급증하였고 프롤레타리아를 다룬 고전소설이 출간 8년 만에 수십 만 부가 팔리고 공산주의자를 주인공으로 한 '마그마'라는 소설이 단기간에 베스트셀러가 되었다. 유럽에서는 '자본론'이 새삼 인기를 끌며 마르크스가 부활하는 모습을 보이기도 하였고, 심지어 자본주의의 본산인 미국에서도 마르크스를 찾는 사람들이 증가하였으며 사회주의자들 중에서는 '자본주의의 위기는 사회주의의 기회'를 외치기도 하였다.

하여 근대자본주의가 기독교의 예정설신앙에서 싹텄다는 명제를 제시하며 '신의 선택 여부는 경제적 성공으로 알 수 있다'는 믿음이 부의 축적을 낳았다고 해석하였다. 그는 또한 20세기 초 유럽의 정치현실을 배경으로 정치의 엄혹한 현실주의적 특성, 근대국가의 폭력성, 지도자의 덕목으로서 책임윤리 등을 논하고 민주주의도 궁극적으로는 정치엘리트에 의한 통치이며 인민은 이들을 선출하는 수동적 역할 이상을 갖지 못한다고 해석하였다.

참고문헌

강태훈 외, 국제정치의 패러다임과 지역질서 (오름, 1999)

경향신문 특별취재팀, 세계금융위기 이후-신자유주의를 딛고 다른 사회를 상상하다- (한스미디어 2010)

구춘권, "금융시장의 세계화에 대한 비판적 정치경제학적 접근," 한국정치학회편 21세기 국제관계론의 쟁점과 과제 (박영사, 2000)

김기수, 미국통상정책의 이해 (세종연구소,1998)

———, 국제통화체제와 동아시아 경제협력 (세종연구소, 2001)

———, 국제통화금융체제와 세계경제패권 (살림, 2011)

김민전,"미 민주·공화 양당의 통상정책변화와 그 원인 연구," 한국정치학회보, 제29.1 (1995)

김석우, 국제통상의 정치경제론 (한울 아카데미, 1998)

———, "국제통화금융의 정치경제론," 여정동 외 현대국제정치경제론 (법문사, 2000)

———, "세계화와 대외경제정책," 세계지역연구논총 제22집 2호 (2004)

———, 국제정치경제의 이해 (한울아카데미, 2011)

김용기, "미국의 세계질서 주도권은 어느 정도 쇠락할 것인가?" 삼성경제연구소, 금융위기 이후를 말하다 (2010)

김용덕, 반복되는 금융위기 (삼성경제연구소, 2010)

김우상 외, 국제관계론강의 (한울, 1997)

김이석, 국제금융위기의 원인과 해법, 한국의 대처방안 (자유기업원, 2008. 11.)

김인준, 위기극복 경제학 (율곡출판사, 2013)

김준형, 국제정치 (오름, 2003)

김진철, "세계화 정치경제학의 본질 : 비판적 고찰," 세계정치경제연구소, 세계정치경제 제5호 (1998)

김홍률, 미국의 통상정책 결정메커니즘과 한국에의 시사점 (KIEP, 2003)

남궁영, 국제정치경제 패러다임과 동아시아 지역질서 (오름, 2011)

노택환, "국제통화체제의 정치경제론," 영남대 산경연구 제10집 (2002.6)

———, "세계화의 배경과 본질에 대한 정치경제적 논점," 산경연구 제13집 (2005.8)

———, "세계화와 국민국가에 대한 전통적 논쟁," 산경연구소, 산경연구 제14집 (2006.8a)

———, "세계화와 국민국가의 역할 전환," 산경연구소, 산경연구 제14집 (2006.8b)

———, 국제통상정책론 (박영사, 2012)

대외경제정책연구원, 중국의 외환정책과 국제통화질서 연구보고서 10-09 (2011)

———, 금융위기 이후 글로벌 불균형의 전개, KIEP지역경제포커스 6.19 (2012.5.17.)

매일경제신문사, 다보스포럼 자본주의를 버리다 (2012)

박경서, 국제정치경제론 (법문사. 2001·2005)

박복영, "금융세계화와 금융안정을 위한 국제협력," 한국정치연구회, 정치비평 (1999)

———, 글로벌 금융위기 이후 국제경제 환경변화와 한국의 대외경제정책 방향 (KIEP 2011)

박원암, "국제통화체제 개편과 지역금융안전망 구축," 한국국제경제학회 하계정책포럼 (2014.6.17.)

박재영, 국제정치패러다임 (법문사, 2002)

박진효, 글로벌 기축통화 논의 내용과 향후 전망, 해외경제정보 제2000-9호 (2009. 5. 26)

박현수, 위기 이후 세계경제질서의 변화와 대응 (삼성경제연구소, 2011.3)
백창제, "금융세계화와 미국," 국가전략 제12권 3호 (1996)
삼성경제연구소, 신금융자본주의 - 새로운 금융패러다임과 세계경제 - 창립22주년 기념 심포지엄 (2008.6)
———, 위기 이후 세계경제의 뉴 노멀, CEO Information 제748호 (2010.3.24.)
———, 위기 이후 세계경제질서의 변화와 대응 (2011.3.31.)
성태윤 외, "금융위기와 국제금융: 글로벌금융위기와 외환위기의 비교를 중심으로," 한국경제의 분석 17 (2010)
소영일, 글로벌 금융위기와 경제성장 종말 (지구문화사, 2009)
손기웅, "신제도주의와 국제레짐," 안병준, 국제정치경제와 한반도 (박영사, 1997)
손정식, 국제경제학 (문영사, 1987)
송영우, 국제정치경제론 (건국대학교 출판부, 2002)
쉐네(Chesnais F.), 김석진·박민수 편역, 신자유주의와 세계화 비판을 위하여, (공감. 1996)
신연재, "마르크스국제정치경제이론과 제국주의론," 여정동 외, 현대국제정치경제 (법문사 2000)
신현종, 세계통상론 (법문사, 1999)
심승진, 국제경제관계론 (법문사, 1995)
안병준, 국제정치경제와 한반도 (박영사, 1997)
안승국, "동아시아 금융위기의 정치경제," 세계지역연구논총 제16집 (2001)
———, "동아시아 금융위기에 대한 통합적 분석," 한국국제정치학회 국제정치논총 (2002)
안영섭, 세계정치경제학 (법문사, 2000)
여정동 외, 현대국제정치경제론 (법문사, 2000)
LG경제연구원, 글로벌 금융위기와 유로화의 미래 (2009.3)
———, 글로벌 임밸런스와 달러화 급락 가능성 (2006.5)
유석진, "세계화·국제화와 정치", 백완기 편, 국제화에 대한 사회과학적 이해 (박영사, 1995)
유재원 외, "한국의 금융·자본자유화가 금융·외환위기에 미친 영향에 대한 실증분석," 한국국제통상학회 국제통상연구 (2004)
유현석,"국제통화체제: 그 전개와 1990년대 위기와 개혁," 안병준 외 전개서 (2000)
윤소영 외, 2007-09년 금융위기논쟁 (공감, 2010)
윤영관, "세계화 : 민족주의의 새로운 지평을 위하여", 계간사상 (1994 : 겨울)
———, "세계화와 탈냉전의 국제질서," 국제관계연구회편, 세계화와 한국 (을유문화사, 2003)
이강국, "글로벌리제이션과 경제발전을 위한 국가의 역할," 사회경제평론 12호 (1999)
———, "세계화의 정치경제학 : 자본주의위기에서 세계화로" PRESSian (http://www.pressian.com) (2004.6.)
———, "국가의 약화 혹은 새로운 지배구조?, 세계화 vs 국민국가," (PRESSian, 2004.12.)
———, 다보스, 포르투 알레그레 그리고 서울 - 세계화의 두 경제학 - (후마니타스, 2005)
이경훈, 달러기축통화체제의 불안전과 불공평, 새로운 사회를 여는 연구원 (2009. 2. 24)
이국영, " 세계화와 국민국가의 변화," 성균관대 사회과학 37.2호 통권47호 (1998)
이균, 국제무역의 정치경제학 (법문사, 2000)
이성규, 무역정책의 정치경제학 (율곡출판사, 2010)
이정우, "미국 금융위기와 자본주의의 미래," 서울대 민교협 심포지움 발표논문집 (2008 가을)
이종규, "금융위기와 거시경제학계의 최근논의에 대한 토론자료" 한국경제학회 한국경제포럼, 글로벌 경제위기와 경제학의 새로운 연구동향 (2011)
이지평·최동순, 미국의 경제적 주도력 약화와 세계경제의 트렌드, LG경제연구원 (2009.3)
이찬근, "세계금융개편논쟁과 아시아의 길," 세계금융체제개편논쟁 : 뉴금융라운드 (모색, 1999)
이풍림, 국제통상관계론 (신아출판사, 2000)
이현훈, "국가 간 포트폴리오투자와 은행대출을 중심으로 살펴 본 글로벌 불균형의 현황과 과제," 한국은행, 금융연구 제447호 (2010.12.29)
임광빈, 위기의 세계정치경제 (들녘, 2000)
임의영, "지구화시대 국가의 거버넌스 전략에 대한 비판적 고찰," 정부학연구 제11권 제1호 (2005)
장윤종, "경제세계화의 구조적 특징과 정부정책방향," 백완기 편, 국제화에 대한 사회과학적 이해 (박영사, 1995)
장하준, 개혁의 덫 (도서출판 부키, 2004)
전용덕, "신자유주의는 실패한 독트린인가?", 자유기업원 CFE Report (2009.12)

전창환, "금융글로벌리제이션과 세기말 자본주의," 사회경제평론 제12호 (1999)
———, "신자유주의적 금융화와 금융주도 자본주의," 사회경제평론 제18호 (2002)
정갑영, "글로벌 금융위기, 100년만의 패러다임 변화인가?" 삼성경제연구소, 금융위기 이후를 논하다 (2010)
———, 위기의 경제학 (21세기북스, 2012)
정성진, "세계화인가 세계적 규모의 자본축적인가," 사회경제평론 제10호 (1997)
———, "세계화의 추세와 자본의 전략," 한국산업노동학회 정기학술발표논문집 (1999.11)
정용승, "금융위기와 거시경제학의 최근 논의", 한국경제학회 한국경제포럼, 글로벌 경제위기와 경제학의 새로운 연구동향 (2011)
정진영, "자유주의 국제정치경제이론," 우철구 편, 현대국제관계이론과 한국 (사회평론, 2004)
조복현, "월가의 세계경제지배와 한국경제 : 금융세계화의 효과," 대안연대회의·참여사회연구소토론회 (2003. 5)
———, "금융자유화와 금융위기," 사회경제평론 제22호 (2003. 10)
———, "금융세계화의 경제적 효과," 한국경제학회, 2004 경제학공동학술발표대회 논문집 (2004. 2)
———, "미국금융위기의 원인: 유동성추구와 금융취약성 강화," 경제학연구 제57집 제1호 (2009)
조석방·김동우, "중장기 국제통화질서 변화 전망," 한국은행 국제국 국제연구팀 (2010.2)
조윤제, "국제통화제도 개혁과 G20," 한국개발연구 제32권 제4호 (2010. 10)
주종환, "자유무역제국주의론의 비판적 검토" 한국경제학회, 경제학연구제30집 (1982)
진덕규, 글로벌리제이션 그리고 선택-국민국가의 미래- (학문과 사상사, 1999)
최공필, "최근 국제금융체제 개편 논의의 배경과 시사점," 주간 금융브리프 20권 16호 (2011.4.16.)
———, "현 금융자본주의 위기의 실체와 미래," 한국경제학회, 한국경제포럼 특집 제4집 3호 (2011)
최병선, 무역정치경제론 (박영사, 1999)
최내욱, 세계화시대의 국내정치와 국제정치경제 (한국학술정보,2003)
최혁, 2008 글로벌 금융위기 (K-Books, 2009)
최홍식, "자본주의 성격이 근본적으로 변할 것인가?" 삼성경제연구소, 금융위기 이후를 논하다 (2010)
하나금융경영연구소, 글로벌 불균형과 환율 재조정, 금융연구 시리즈 제17호 (2010.12)
하영선 외 옮김, 세계정치론 (을유문화사, 2006)
한국경제학회, 글로벌 경제위기와 경제학의 새로운 연구동향, 한국경제포럼 특집 제4집 3호 (2011)
한국은행, 최근 글로벌 불균형 축소논의의 주요 내용, 국제경제정보 제2011-27호 (2011.6.17.)
———, 국제통화시스템의 변경논의의 배경과 향후 전망, 해외경제정보 제2011-6호 (2011.2.14.)
———, "금융위기 이후 글로벌 불균형의 전개(1)" 지역경제포커스 (2012.5)
한국정치학회, 국제관계연구의 쟁점과 과제 (박영사, 2000)
황준성·윤여협, "글로벌 금융위기에 관한 정치경제적 분석," 한독경상학회 경상논총 27.3 (2009.9)
현대경제연구원, 신 브레튼 우즈체제 발족 가능성 (2008)

嘉治元郎, 國際經濟關係 (東京大學出版會)
關下捻, 國際政治經濟學 要論 (晃洋書房, 2110)
毛利健三, 自由貿易帝國主義 (東京大學 出版會, 1978)
阿部清司,國際經濟相互依存論 (稅務經理協會)
野林健 外, 國際政治經濟學 入門 (有斐閣, 2003)
野林健 外, 國際政治經濟學 入門 (有斐閣, 2003)
池本清, 國際經濟體制の硏究 (風間書房, 1981)
川田, 國際政治經濟硏究 (東京書籍, 1998)
清水耕介, テキスト國際政治經濟學 (ミネルヴァ書房, 2003)
河野 勝 外, 國際政治經濟論 (日本經濟評論社, 2003)

Aisbett E. A., "Globalization, Poverty and Inequality : Are the Criticisism Vague, Vested or Valid?," *NBER Conference Pape*r (2003)
Andrews David, "Capital Mobility and State Monetary Relations: Toward a Structural Theory of International Monetary Relations, *International Studies Quarterly* vol.38 no.2 (June 1987)
Axelrod R., *The Evolution of Cooperation* (Harper Collins Publishers 1984)

Baker D. & Epstein G., *Globalization and Progressive Economic Policy* (London: Cambridge Univ. Press, 1998)
Baldwin D. ed., *Neo-Realism and Neo-Liberalism : The Contemporary Debate,* (N. Y., Columbia University Press, 1993)
Baliber E. & Wallerstein I., *Race, Nation, Class* (N.Y., Verso, 1991)
Banchard Olivier J., "The State of Macro", *NBER Working Paper,* No. 14259 (August 2008)
Baylis John *et als, The Globalization od World Politics,* (Oxford University Press, 2005)
Bergsten C. F. and Cline William R., "Trade Policy in the 1980s : An Overview," *World politics and International Economics* (Brookings Institutions, 1983)
Bernanke B., "The Global Saving Glut and the U.S. Current Account Deficit," (2005)
Berry Ichengreen, *Global Imbalance and the Lesson of Bretton Woods* (The MIT Press, 2007) 박복영 역, 글로벌 불균형 (미지북스, 2008)
Bhagwati J., "The Gains from International Trade Once Again," *Oxford Economic Papers,* vol XX (July. 1968)
Bhagwati J., *Political Economy and International Economics* (The MIT Press, 1996)
Bhaldwin R., E. & S. Evenett, *The Collapse of Global Trade, Murky Protectionism and The Crisis : Recommendations for the G20,* CEPR (2009)
Bhaldwin R., E. "The New Welfare Economics and Gains in International Trade", *Quarterly Journal of Economics,* vol LXIV (Feb. 1952)
——, "The Political Economy of Protectionism," in J Bhagwati ed., *Import Competition and Response* (University of Chicago Press, 1982)
——, *The Structure and Evolution of Recent U.S. Trade Policy* (University of Chicago Press, 1984)
Blake D. H. and Walters R. S., *The Politics of Global Economic Relations* (Prentice Hall, 1976)
Bluementhal Michael, "The World Economy and Technological Change," *Foreign Affairs* vol.66 no.3 (winter 1987)
Bordo M., EIchengreen B. & Martinez-Peria M. S., "Is the Crisis Growing More Severe?" *Economic Policy* (2001)
Bourguignon, F. and C. Morrisson. "The Size of Distribution of Income among World Citizens, 1890-1990," manuscript (1999)
——. "Making Sense Of Globalization : A Guide to Economic Issues," *CEPR Policy Paper* No.8 (2002)
Boyer R., "The Convergence Hypothesis Revisited : Globalization but Still Century of Nations?" in S. Berger and R. Dore eds. *National Diversity and Global Capitalism* (Cornell University Press, 1996)
Brake T., et als, "A Framework for Assessing Global Imbalance," (208)
Caballero R. J., "On the Macroeconomics of Asset Shortage," *NBER Working Paper* 2753 (2006)
——. "Macroeconomics after the Crisis : Time to Deal with the Pretense of Knowledge Syndrome," *Journal of Economic Perspectives* Vol.24 No.4 (Fall 2010)
Caballero, R., Farhi J., E., and Gourinchas Pierre-Olivier, "An Equilibrium Model of "Global Imbalances" and Low Interest Rates," AER 98.1 (March 2008)
Canzoneri M. et. als., "Macroeconomic Imperialism of a Key Currency," (2008)
Cairnes J., *Some Leading Principles of Political Economy* (MacMillan 1984)
Caves R. E., "Economic Model of Political Choice : Cananda's Tariff Structure," *Canadian Journal of Economics* 9.2 (May 1976)
Cerny P., "The Dynamics of Financial Globalization : Technology, Market Structure and Policy Response," *Policy Sciences* (1994)
Chesnais F. ed., *La Mondialisation Financiere* (Syros, 2001) 서익진 역, 금융의 세계화 (한울, 2003)
Chesnais F., *La Mondialisation du Capital.:* (La Decouverte & Syros, 1997), 서익진역, 자본의 세계화 (한울 2003)
——. *La Mondialisation Financiere-Genese, Cout et Enjeux* (La Decouverte & Syros, 1996) 서익진 역, 금융의 세계화-기원, 비용 및 노림 (한울, 2002)
Chossudovsky Michel, *The Globalization of Poverty : Impacts of IMF and World Bank Reforms,* (Third

World Network 1997) 이대훈 역, 빈곤의 세계화 : IMF 경제신탁통치의 실상 (당대 1998)
Clark Ian, *Globalization and International Relations Theory* (Oxford Univ. Press, 1999)
Cliff Tony, *State Capitalism in Russia* (London: Bookmarks, 1988)
Cline W. R., *Reciprocity : A New Approach to World Trade Policy?* (Institute for International Economics, 1982)
Cohen Benjamin J., *Organizing the World's Money : The Political Economy of International Monetary Relations,* (Basic Books, 1977)
——. "The Triad and The Unholy Trinity : Lesson for the Pacific Region," R. Higgot et al. eds., *Pacific Economic Relations In the 1990's : Cooperation or Conflict?* (Lynne Reinner, 1993)
——, "Phoenix Risen : The Resurrection of Global Finance," *World Politics* vol.48 no.2 (January, 1996)
Conybeare J. A. C., "Public Goods, Prisoner's Dilemma and International Political Economy," *International Studies Quarterly* 28 (Mar.1984)
——, *Trade Wars : The Theory and Practice of International Commercial Rivalry* (Columbia University Press, 1987)
Cooper G., *The Origin of Financial Crises, Central Banks, Credit Bubble and The Efficient Market Fallecy* (Harriman House Ltd., 2008) 김영배 역, 민스키의 눈으로 본 금융위기의 기원 (리더스하우스, 2010)
Cooper Richard, *The Economics of Interdependence : Economic Policy in the Atlantic Community,* (MacGraw-Hill, 1968)
——, *The Substainability of the U.S. External Deficit* CES Forum, vol.6 (Spring 2005)
Corsetti G. et al, "What Caused the Asian Currency and Financial Crisis? Part I : A macroeconomic Overview," *NBER Working Paper* 5681 (1998)
Cox Robert W., "Gramsi, Hegemony and International Relations : An Essay in Method," *Journal of International Studies* 12(2) (1983)
Cuddington John T, and Mckinnon R., "Free Trade versus Protectionism: A Perspective," in W. Adams *et als.* (eds.) *Tariffs, Quotas and Trade: The Politics of Protectionism* (Institutes for Contemporary Studies)
Demirguc-Kunt A. and Detragiache E., "The Determinant of banking Crisis in Developing and Developed Countries," *IMF Staff Paper,* vol.45 no.1 (1998)
Destler I. M. and Odell J. S., *Anti-Protectionism : Changing Forced in United States Trade Politics* (Institute for International Economics, 1987)
Dicken P. et. al., "Unpacking the Global," R. Lee and J. Wills eds, *Geographics of Economics* (Arnold, 1997) 박삼옥 편역, "세계화논의의 재검토," 경제구조조정과 산업공간의 변화 (한울, 1998)
Dixit A., *The Making Economic Policy: A Transaction-Costs Politics Perspectives* (MIT Press, 1996)
Dooley M. D. et. als., "Thr Revised Bretton Woods Systm : The Effects of Prephery Intervention and Reserve Management on Interest Rate and Exchange Tate in Center Countries," *NBER Working Paper* 10332 (2004)
Dumenil G. & Levy D., *The Nature and Contractions of Neoliberalism, Socialist Register* (Monthly Review Press, 2002)
Edison H. J. et al., "International Financial Integration nd Economic Growth, *IMF Working Paper* No.145 (2002)
Edwards S. eds., *Capital Controls, Exchange Rates and Monetary Policy in the World Economy* (Cambridge University Press, 1995)
——, "Capital Mobility and Economic Performance : An Emerging Economies Different?," *NBER Working Paper* N.8076 (2001)
Eichengreen Barry and Bordo Michael D., "Crises Now and Then: What Lessons from the Last Era of Financial Globalization?" *NBER Working paper* 8716 (2002)
Eichengreen Barry and Mussa M., "Capital Account Liberalization and the IMF," *Finance and Development* (IMF and WB, winter 1998)
Eichengreen Barry, *Gold Standard in Theory and History* (Methuen Press, 1985)

———, "Concluding the International Orchestra : Bank of England Leadership under the Classical Gold Standard," *Journal of International Money and Fiance* 6 (1987)

———, "Capital Liberalization : What Does the Cross Country Studies Tell Us?," *The World Bank Economic Review* 15.3 (2001)

Feldstein M., "Refocusing the IMF," *Foreign Affairs* 77.2 (1998)

Feldstein M. and Horioka C., "Domestic Savings and International Capital Flow," *Economic Journal* 90 (1980)

Fleming M., "Domestic Financial Policies under Fixed and Floating Exchange Rate", *IMF Staff Papers* no.9 (Nov. 1962)

Frieden J. A. and Lake D. A., *International Political Economy* (Routledge, 2000)

Gallagher J. & Robinson R.. "The Imperialism of Free Trade. 1815~1914." *Economic History Review* (1953)

Garber P., "Speculative Currency Attacks - A Historical Perspectives," Deutsche Bank Research, *Emerging Market Research* (1998. 6)

Gilpin Robert, *U.S. Power and Multinational Corporation: The Political Economy of Foreign Direct Investment* (Basic Books, 1975)

———, *The Political Economy of International Relations,* (Princeton University Press, 1986)

———, *Global Political Economy* (Princeton University Press, 2001)

Glick R. and Hutchison M., "Banking and Currency Crisis : How common are Twins?" (FRB of San Francisco, 1999)

Goldfajn I. and Valdes R. O., "Capital Flows and Twin Crises : The Role of Liquidity," *IMF Working Paper* (1997)

Goldstein J. and Keohane R. O. eds., *Ideas and Foreign Policy : Beliefs, Institutions and Political Change* (Cornell University Press, 1993)

Goldstein Judith, "Ideas, Institution and American Trade Policy," *International Organization* 42.1 (Winter 1988)

———, "The Impact of Ideas on Trade Policy : The Origin of U.S. Agricultural and Manufacturing Policies," International Organization 43.1 (Winter 1989)

Gowa J., "Rational Hegemonies, Excludable Goods, and Small Groups : An Epitaph for Hegemonic Stability theory?" *World Politics* XI (Apr.1989)

———, "Bipolarity, Multipolarity and Free Trade," *American Political Science Review* 83.4 (Dec. 1989)

Gowan P., *The Global Gamble : Washington's Faustian Bid for World Dominance* (1999) 홍수환 역, 세계 없는 세계화 (시유시, 2001)

Green Andy, *Educations, Globalization and the Nation State* (St. Martin's, 1997)

Grilli V. and Milesii-Ferretti G. M., "Economic Effects and Structural Determinants of Capital Controls," *IMF Staff Paper* 42.3 (1995)

Haggard S. and Simmons B. A., "Theories of International Regimes," *International Organization* 41.3 (Summer 1989)

Harman, Chris, "The State and Capitalism Today," *International Socialism* 2: 51 (Summer 1991) 이원영 편역, 오늘의 세계경제 : 위기와 전망, (갈무리, 1994)

Hass P. M., "Introduction : Epistemic Communities and International Policy Coordination," *International Organization* 46-1 (1992) pp.1-35

Held D. et als., *Global Transformation* (Cambridge University Press, 1999) 조효제역, 전지구적 변환 (창작과 비평사, 2002)

Held D. et. al., *Global Transformation : Politics, Economics and Culture* (Polity Press, 1997)

Helleiner E. and Kirshner J., *The Future of Dollar* (Cornell University Press 2009)

Helleiner E., *States and the Reemergence of Global Finance : From Bretton Woods to the 1990s* (Cornell University Press, 1994)

———, "Great Transformation: A Polanyian Perspective on the Contemporary Financial Order," *Studies*

in Political Economy No.48 (1995)
Hellman T., Murdock K. and Stiglitz J., "Liberalization, Moral Hazard in Banking and Prudential Regulation : Are Capital Requirements Enough?," *AER* vol.90 no.1 (2000)
Henry P .B., "Capital Account Liberalization , the Cost of Capital and Economic Growth," *NBER Working Paper* (2003)
Hirshman A. O., A Bias for Hope: *Essay on Development and Latin America* (Yale Univ. 1971)
Hirst P. and Thompson G., *Globalization in Question* (Polity Press, 1996)
Hoogvelt A. M., *"Globalization and the Postcolonial World,"* (Johns Hopkins Univ. Press, 1997)
Hopkins T. K. & Wallerstein I. ed., *World System Analysis : Theory and Methodology* (Sage, 1982)
Hutton W. *The State to Come* (Vintage, 1997)
IMF, *International Capital Markets : Developments, Prospects and key Policy Issues. World Economic and Financial Survey* (1997)
——, "Financial Crisis : Characteristics and Indications of Vulnerability," *World Economic Outlook* (May 1998)
——, "The Changing Housing Cycle and the Implications for Monetary Policy," *World Economic Outlook* (2008.4)
——, *Currency Composition of Official Reserve* (2011)
Irwin D. A., "Multilateral and Bilateral Trade Policies in the Third World Trading System : An Historical Perspective," in M. Jamie and A. Panagariya eds. *New Dimensions in Regional Integration* (1993)
Josef Joffe, "The Default Power : The False Prophecy of American Decline", *Foreign Affairs* vol.88 no.4 (2009)
Kaminsky G. L. and Reinhart C. M., "The Twin Crisis : The Cause of Banking and Balance-of-Payment Problems," *American Economic Review* vol.89 no.3 (1999)
Katzenstein P. J., "Conclusion: Domestic Structure and Strategies of Foreign Economic policy," in Katzenstein ed., *Between Power and Plenty: Foreign Economic Policies of Advanced Countries* (University of Winsconsin Press, 1978)
Kaufman Robert A., "Democratic and Authoritarian Responses to the Debt Issues: Argentina, Brazil, Mexico," Miles kahler, *The Politics of International Debt* (Cornell University Press, 1987)
Kemp M. C., "The Gains from International Trade", *Economic Journal,* vol LXXII (Dec. 1962)
Keohane Robert O. & Nye Joseph S., *Transnational Relations and World Politics* (Harvard Univ. Press, 1972)
——, "World Politics and the International Economic System," in C. Fred Bergsten ed., *The Future of the International Economic Order* (Health, 1973)
——, *Power and Interdependence: World Politics in Transition* (Little Brown and Co. 1977)
——, "The Theory of Hegemonic Stability and Changes in International Economic Regimes, 1967-77," in Loe R. Holsti R. M. Siverson and A. L. George (ed.), *Change in the International System* (1980)
——, *After Hegemony* (Princeton University Press, 1984)
Keohane Robert O., *After Hegemony: Cooperation and Discord in the World Political Economy* (Princeton : Princeton University Press, 1984)
——, "Neoilberal Institutionalism: A Perspective on World Politics," in Keohane, *International Institutions and State Power: Essays in International Relations Theory* (Boulder: Westview Press, 1989a)
——, *Interantional Institution and State Power : Essays in International Relations Theory* (Westview Press, 1989b)
Kindleberger C .P. *Power and Money : The Economics of International Politics and the Politics of International Eeconomies* (Basic Books, 1970)
——, *Panics and Crashes : A history of Financial Crisis* (Basic Books, 1979)
——, "Dominance and Leadership in International Economy: Expolition, Public Goods, and Free

Rides", *International Studies Quarterly* 25 (1981)
——, *The World in Depression 1929-1939* rev. ed. (Uni. of California Press, 1986)
Klein M. W. and Olivei G., "Capital Account Liberalization, Financial Depth and Economic Growth mimeo (1999)
Krasner Stephen, "State Power and the Structure of International Trade," *World Politics*, Vol.28 (Aprl. 1976)
——, "The Tokyo Round: Particularistic Interests and Prospects for Stability in the Global Trading System," *International Studies Quarterly*, Vol.23 (Dec. 1979)
Krugman P. "A Model of Balance of payment Crisis," Journal of Money, Credit and Banking 11 (1979)
——, ed., *Strategic Trade Policy and the International Economics* (The MIT Press, 1986)
——, "What happened to Asia?" & "Currency Crises," mimeo (1998)
Kurzer Paulette, *Business and Banking* (Cornell University Press, 1993)
Lake David A., "Beneath the Commerce of Nations: A Theory of International Economic Structures," *International Studies Quarterly* 28 (1984)
——, *Power, Power, Prtection and Free Trade : International Sources of US Commercial Strategy, 1987-1939* (Cornell University Press, 1988)
Lewis W. Arthur, *The Rate of Growth of the World Economy* (The Institute of Economics, 1984)
Lipson Charles, "International Cooperation in Economic and Security Affairs," *World Politics* Vol.37 No.1 (Oct. 1984)
Magee S. P., "Comment on Baldwin's Political Economy of Protectionism," in J Bhagwati ed., *Import Competition and Response* (University of Chicago Press, 1982)
——, "Optimal Odfuscation and the Theory of Second Worst : A Theory Public Choice," S. P. Magee, W. A. Brock and L. Young, Black *Hole Tariffs and Endogenous Policy Theory : Political Economy in General Equilibrium* (Cambridge University Press, 1988a)
——, "Optimal Obfuscation and Theory of Second Worst : A Public Choice," in Stephen P. Magee et als eds. *Endogenous Policy Theory* (Cambridge University Press, 1988b)
Magee S. P., Brock W. A. and Young L., *Black Hole Tariffs and Endogenous Policy Theory : Political Economy in General Equilibrium* (Cambridge University Press, 1988)
Magee S. P. and Young Leslie, "Endogenous Protection in the United States, 1900-1984," in S. P. Magee et als., *Black Hole Tariffs and Endogenous Political Economy in general Equilibrium* (Cambridge University Press, 1989)
Mankiw N. G., "The Macroeconomist as Scientist and Engineer," mimeo (May 2006)
Mardoff Harry, *The Age of Imperialism* (New York: Monthly Review Press, 1966)
Martin Hans-Peter and Schumanm Harald, *Die Globalisierungsfalle* (1996) 강수돌 역, 세계화의 덫 (영림카디날, 1998)
Mckweon T. J., "Hegemony Stability and 19th Century Tariff Levels in Europe," *International Organization* 37(1) (winter, 1983)
Mehrez G. and Kaufmann D., "Transparancy, Liberalization and Banking Crisis," World Bank, *Working Paper 2286* (2000)
Messerlin Patrick A, "Bureaucracies and the Political Economy of Protectionism : Reflections of a Continental Europe," *World Bank Staff Working Papers* No.568 (1980)
——, "The Political Economy of Protectionism : the Bureaucratic Case," *Weltwirtschaftliches Archiv Review of World Economics*, vol.117 no.3 (1981)
Milanovic, Branco. *World Income Inequality In the Second Half of the 20th Century*, World Bank Development & Research Group (2001)
——, "The Ricardian Vice : Why Sala-i-Nartin's Calculation of World Income Inequality is Wrong," mimeo (2002)
——, "Two Faces of Globalization," *World Bank Working Paper* No.2787 (2002)
——, "Can We Discern the Effects of Globalization on Income Distribution?," mimeo (2004)

Milner Helen V., *Interests, Institutions and Information: Domestic Policies and International Relations* (Princeton University Press,1997)
Minsky H. P., *Can 'It' Happen Again? : Essay on Instability and Finance* (Armonk N.Y., 1982)
Mundell R., "Capital Mobility and Stabilization Policy under Fixed and Floating Exchange Rates," *Canadian Journal of Economics and Political Science* 29 (Nov. 1963)
Nau Henry , *The Myth of America's Decline* (Oxford University Press, 1990)
Nye, Joseph S. Jr., *Bound to Lead : The Changing Nature of American Power* (NY: Basic Books, 1990)
Obstfeld M., "The Logic of Currency Crisis," *NBER Working Paper* 4640 (1994)
——, "The Logic of Currency Crises," *Monetary and Fiscal Policy in an Integrated Europe* (European and Transatlantic Studies 1995)
——, "Models of currency crises with self-fulfilling features", *European Economic Review* (April 1996)
Obstfeld M. and Tayler A. M., *Global Capital Market : Integration, Crisis and Growth* (Cambridge University Press, 2004)
Odell J. S., "The Outcomes of International Trade Conflicts : The US and South Korea, 1960-1981," *International Studies Quarterly* 29.3 (Sep. 1985)
Olson M., *The Logic of Collective Action : Political Goods and the Theory of Groups* (Harvard University Press, 1965)
Oye K.,"Globalisation and the State," *Socialist Register* (1994)
Panitch L., "Explaining Cooperation under Anarchy : Hypotheses and Strategies," *World Politics* 38.1 (Oct. 1985)
——, "Rethinking the Role of the State," in James Mittleman ed. *Globalization : Critical Refections* (Lynne Reinner Publishers, 1996)
Perraton J., D. Goldblatt, d. Held and A. McGrew, "The Globalisation of Economic Activity," *New Political Economy* Vol.2 No.2 (1997)
Peterlla, R., "Internationalisation, Multinationalisation and Globalisation of R&D: Towards a New Division of Labour in Science and Technology?," Paper given at Seoul Conference on 'Changing Technology Environment and Policy Responses', STEPI/KIST (Oct. 1991)
Petras J. and Polychroniou C., "Rethinking Globalisation : From the Future to the Past," *Socialism and Democracy* vol.12 no.1-2 (1998)
——, "Globalization : A Critical Analysis," *Journal of Contemporary Asia,* vol. 29 no.1 (1999)
Pieterse J. "Globalization as Hybridization," *International Sociology,* Vol. 9, No. 2 (1994)
Pincus J. J., "Pressure Groups and the pattern of Tariffs," *Journal of Political Economy* 83.4 (August 1975)
Porter Richard D. and Judson Ruth A., "The Location of U.S. Currency : How Much is Abroad?," U.S. Federal Reserve Board, *Federal Reserve Bulletin* (Oct. 1996)
Prasad E. *et. als. Effects of Financial Globalization on Developing Countries : Some Empirical Evidence,* IMF (2003)
Radice Hugo, ed. *International Firms and Modern Imperialism* (Penguin Books, 1975)
——, "Responses to Globalization : A Critique Progressive Nationalism," *New Political Economy* 5 (2000)
Reinhart C. and Rogoff K., "This Time is Different : A Panoramic View of Eight Centuries Of Financial Crises" *NBER Working Paper* 13882 (2008)
Rodrik, D., "Where did All the Growth Go?: External Shocks, Social Conflict and Growth Collapses", *CEPR discussion paper.* No. 1789 (1998a)
——, "Who Needs Capital Account Convertibility?," S. Fischer *et. als.* eds., *Essay oin International Finance* No.207 (Princeton University Press, 1998b)
Ruggie John, "International Regimes, transaction and Change ; Embedded Liberalism in the Postwar Economic Order," *International Organization,* 36(2) (winter, 1982)
Russett B., "Mysterious Case of Vanishing Hegemony . or Is Mark Twain Really Dead?," *International*

Organization, 39(2) (Spring, 1985)
Sachs Jeffery, "To stop the Money Panic," *Asia Week* (Feb.3, 1988)
——, "Global Capitalism : Making it Work," *Economist* (Sept. 11 1998)
——, "Alternative Approach to Financial Crisis in Emerging Markets," M. Kahler ed. *Capital Flow and Financial Crisis* (Cornell University Press 1998)
Samuelson P. A., "The Gains from International Trade," *Canadian Journal of Economics and Political Science,* vol V (May. 1938)
——, "The Gains from international Trade Once Again," *Economic Journal,* vol LXXII (Dec. 1962)
Scammell W. M., *The International Economy since 1945,* 2nd. ed. (Macmillian, 1983)
Schonhardt-Bailey C., "Lessons in Lobbying for Free Trade in 19th Century Britian : The Concentrate on Not," *American Political Science Review* 85.1 (March 1991)
Schwartz Herman, "Small State in Big trouble : State Reorganization in Australia, Denmark, New Zealand and Sweden 1n the 1980s," *World Politics* vol.46 no.4 (July 1994)
Snidal Duncan, "The Limits of Hegemonic Stability Theory," *International Organization* 39,4 (1985. Autumn)
Spero J .E., *The Politics of International Economic Relations* 신정현역, 국제정치경제론 (문맥사, 1987)
Stein Arthur,"The Hegemon's Dilemma: Great Britain, The United States and International Order," *International Organization* 38 (spring, 1984)
Stopford J., Strange S. and Henley J. S., *Rival Firm : Competition for World Market Share* (Cambridge University Press, 1991)
Strange Susan, "The Politics of International Currencies," *World Politics,* 23 No.2 (Jan. 1971)
——, "The Management of Surplus Capacity : Or How Does Theories Sand Up To Protectionism 1970s Style?" *International Organization* 33.3 (Summer 1979)
——, "The Persistent Myth of Lost Hegemony," *International Organization* 41.4 (Summer 1987)
——, "The Persistent Myth of Lost Hegemony," *International Organization,* 41-4 (Autumn, 1987)
Taylor A. M., "International Capital Mobility in History," *NBER Working Paper* No. 594
Tobin J., "A Proposal for International Monetary Reform," *The Eastern Economic Journal* (1978)
Todaro Michael P, *Economic Development in the Third World* (Longman Inc.)
Triffin Robert, *Gold and Dollar Crisis : The Future of Convertibility* (Yale University Press, 1960)
Vernon Raymond, *Sovereignty at Bay : Multinational Spread of U.S. Enterprises* (Basic Books, 1971)
Wade, R.,, "Globalization and Its Limits : Reports of the Death of the National Economy are Greatly Exaggerated," Suzanne Berger & Ronald Dore ed, *National Diversity and Global Capitalism,* (Cornell Univ. Press, 1996)
Wallerstein I., "The Rise and Future Demise of the World Capitalist System : Concepts for Comparative Analysis," *Comparative Studies in Society and History,* vol.16 (Sept. 1974)
——, *The Capitalist World Economy* (Cambridge University Press, 1979)
——, *The Modern World System* (Academic Press, 1980)
Waltz Kenneth, *Theory of International Politics* (Addison Wesley Publishing Company, 1979)
Wolf Martin, *Fixing Global Finance* (Johns Hopkins University Press, 2009)
Wood E., "Technology and Sovereignty," *Foreign Affairs* vol.67 no.2 (winter 1988)
——, "A Reply to A. Sivanandan," *Monthly Review* (Feb. 1997)
Wriston Walter, *The Twilight of Sovereignty* (MacMillian, 1991)
Yabrough B. V. & Yabrough R. M., "Cooperation in the Liberalization of International Trade after Hegemony, What?," *International Organization* 41(1) (winter, 1984)

찾아보기